HISTORIA DE ESPAÑA
SIGLO XIX

Ángel Bahamonde
Jesús A. Martínez

HISTORIA DE ESPAÑA SIGLO XIX

DECIMOTERCERA EDICIÓN

CÁTEDRA
HISTORIA. SERIE MAYOR

1.ª edición, 1994
13.ª edición, 2021

Reservados todos los derechos. El contenido de esta obra está protegido
por la Ley, que establece penas de prisión y/o multas, además de las
correspondientes indemnizaciones por daños y perjuicios, para
quienes reprodujeren, plagiaren, distribuyeren o comunicaren
públicamente, en todo o en parte, una obra literaria, artística
o científica, o su transformación, interpretación o ejecución
artística fijada en cualquier tipo de soporte o comunicada
a través de cualquier medio, sin la preceptiva autorización.

© Ángel Bahamonde
© Jesús Antonio Martínez
© Ediciones Cátedra (Grupo Anaya, S. A.), 1994, 2021
Juan Ignacio Luca de Tena, 15. 28027 Madrid
Depósito legal: M. 28.488-2011
I.S.B.N.: 978-84-376-1049-8
Printed in Spain

*A Eduardo Bahamonde
y Eduardo Martínez*

Prólogo

La presente obra forma parte de una secuencia diseñada previamente sobre historia de España, a partir de unos criterios de racionalidad cronológica que la asignan unos moldes temporales muy precisos: el espacio que transcurre entre 1808 y 1874. Independientemente de convencionalismos académicamente aceptados y de la singularidad de ambas fechas —1808 como emblema de la crisis del Antiguo Régimen y primeras andaduras de la nación por los cauces del liberalismo, y 1874 como colofón de la primera experiencia democrática en España—, este libro entronca con una obra anterior en la que han quedado dibujadas las variables a largo plazo de la crisis del Antiguo Régimen y con un volumen posterior donde se estudian los ingredientes históricos de la España de la Restauración. Por ello, en nuestro dicurso solo se atienden a estas cuestiones en la medida en que, como antecedentes o consecuencias, formen parte del núcleo central de esta obra o sean referencias necesarias para su comprensión.

En los últimos años los replanteamientos temáticos e interpretativos insisten en la necesidad de una mayor valoración de la historia política, como eje central de los discursos del historiador. Pero en esta proposición se encierran realidades diferentes, cuando no divergentes, en un amplio trecho que va desde la consideración de la historia política como un elemento autónomo, desgajado de otros niveles y explicativo en sí mismo, al horizonte de la política como la dimensión más conveniente para integrar el conjunto de las piezas explicativas del devenir histórico, en una especie de resultante cuyos vectores proceden también del mundo de la economía, de la cultura o de la sociedad. Es esta última perspectiva que rige el discurso de este libro, en el que se ha tratado de combinar el hilo conductor de coyunturas de experiencia política y las tendencias de larga duración. Este método permite aglutinar todos los elementos en un solo marco de comprensión, que se mueve bajo la dialéctica de las pervivencias y de las transformaciones a lo largo del siglo. Por ello se busca una historia integrada y no yuxtapuesta en compartimentos estancos. Así, en una columna vertebral política, los agentes sociales, las cuestiones económicas, los comportamientos colectivos, las propuestas intelectuales o las experiencias culturales quedan explicados en su contexto preciso, es decir, en *su* tiempo histórico y en la multiplicidad de los espacios que son el soporte físico del Estado-nación o del mercado nacional como creaciones más singulares del siglo XIX, pero que cobijan distintos ritmos de evolución a escala territorial.

Este libro es el resultado de una larga y rica experiencia de trabajo docente e investigador en equipo de los dos autores, concebido no como división cuantitativa del trabajo, sino como labor integrada en su planteamiento, discusión, investigación y redacción conjunta de ambos. Como afortunadamente suele suceder, hemos compartido inquietudes con una larga lista de compañeros y colegas y particularmente hemos contado con la ayuda, en aspectos como la selección de ilustraciones, estadísticas y materiales o la búsqueda de referencias concretas, de Luis Enrique Otero Carvajal y José Cayuela Fernández, profesores de la Universidad Complutense y de la de Castilla-La Mancha respectivamente, y de M.ª Eugenia Domínguez Jiménez y José Carlos Rueda Laffond, becarios del Departamento de Historia Contemporánea de la Universidad Complutense.

Ángel Bahamonde y Jesús A. Martínez
Universidad Complutense, mayo 1994

PRIMERA PARTE

Ruptura y continuidad en la definición del Estado liberal (1808-1843)

Capítulo primero

El diálogo entre cambios y pervivencias en la España del siglo XIX

Existe un debate abierto sobre la naturaleza del siglo XIX. El siglo de la burguesía, el liberalismo y la revolución industrial como trilogía de un proceso global de ruptura, ha sido puesto en cuestión por otras categorías que asignan a la centuria un carácter de pervivencias de un mundo anterior.

El modelo único e irrepetible británico no puede ser aplicado en toda su extensión a España ni al resto europeo occidental, pero tampoco juzgado bajo un patrón de acusado inmovilismo. El punto medio interpretativo sólo cabe resolverlo atendiendo no ya a diferentes modelos territoriales, con heterogeneidad interna, sino a ritmos de evolución diferentes y a niveles políticos, económicos o sociales que no tienen un solo prisma de acoplamiento. La sociedad del siglo XIX es la resultante de una secuencia de cambios, pervivencias y resistencias.

Para empezar, el desmantelamiento jurídico del Antiguo Régimen se consolida. La cuestión reside en el juego asimétrico de protagonistas sociales, discursos y respuestas colectivas, cuyos contenidos se modifican o resisten en ritmos diferentes, ya sea en el terreno de las prácticas políticas, los comportamientos económicos, las actitudes mentales o los modos de vida. Salvo algunos casos localizados, las viejas estructuras feudales han quedado jurídicamente desmanteladas durante la primera mitad del siglo XIX. Así el Antiguo Régimen, como categoría histórica que encierra una definición estamental de la sociedad, desaparece del mapa legal de España.

Al igual que en el plano político, la extensión del constitucionalismo creó una estructura diferente de Estado, y en el plano económico la nueva definición de propiedad y las libertades económicas coadyuvaron decisivamente a la formación de una economía de mercado, en el plano social también se modificaron las reglas de juego, a partir de un principio teórico, sin correlato necesariamente en la práctica: la movilidad social de los individuos se hacía posible a través de la capacidad, el trabajo y el talento, como trilogía del éxito, identificado con la riqueza que se convierte en el criterio principal, pero no único, de diferenciación social.

Para los contemporáneos, la desigualdad jurídica por el nacimiento dejó paso al mito del burgués emprendedor, quintaesencia de las virtudes de la nueva sociedad liberal. Ahora bien, la supresión legal del Antiguo Régimen no trajo consigo un cambio radical de protagonistas, ni de las relaciones entre ellos. Al fin y al cabo si en la escena política el triunfo del liberalismo moderado es un hecho general a mediados de siglo, y esta variante del liberalismo reposa en el compromiso entre las nuevas elites y sectores de las elites políticas del Antiguo Régimen, en otros planos del devenir social el proceso de reacomodo sigue unas pautas similares. No hubo, pues, una sustitución global de elites, ni un proceso global de ruptura, hegemonizado sólo por las burguesías. Pero tampoco el otro extremo del debate puede ser exagerado. No parece oportuno insistir en la pervivencia del Antiguo Régimen como organigrama social hegemónico, es decir, un siglo XIX dominado por el inmovilismo, recurriendo a la fácil identificación entre Antiguo Régimen y la reproducción de una serie de elementos: Cámaras Altas, naturaleza autoritaria de los gobiernos, predominio de la agricultura, existencia de títulos nobiliarios o de una cultura oficial protegida.

1.1. La crisis del Estado transoceánico

La crisis del Estado del Antiguo Régimen adquiere su plena comprensión si la articulamos en la dimensión transoceánica que tenía la Corona multiterritorial de los Borbones, y que recogía una herencia de tres siglos. En el verano de 1811 los ejércitos franceses ocupaban la mayor parte del territorio de la Península. Lejos de allí, pero no por ello en desconexión con este acontecimiento, aquel mismo verano, el 5 de julio, se proclamaba la independencia de una nueva nación: Venezuela, es decir, el principio del proceso de emancipación de los territorios americanos de la Corona. Ninguno de estos dos fenómenos puede observarse por separado, ni por la época en que se desencadenaron, ni por las múltiples interdependencias de fondo, diseñando una estructura única de comprensión: la crisis del Estado transoceánico, definido como un conjunto territorial, no sólo en términos cuantitativos, sino vinculado por la persona del monarca y por un haz de relaciones económicas y sociales de orden señorial, en las que descansa la esencia de su funcionamiento y la estabilidad de la Corona en términos de despotismo ilustrado, pero también de su crisis.

Había sido un Estado sin parangón entre sus convecinos del Antiguo Régimen, por contener algo tan peculiar como un imperio colonial de carácter estamental a diferencia del modelo colonial británico. Era un Estado que rebosaba contradicciones, como la de que su capital fuera Madrid, una mediana ciudad europea, y su principal urbe México, un núcleo colonial que representaba la mayor ciudad de toda América a finales del siglo XVIII.

Cronológicamente, la fase final del Estado transoceánico puede situarse a partir de 1765, fecha de las reformas ilustradas más avanzadas a ambos lados del Atlántico, para culminar en 1826, año en que se puede considerar plenamente realizada la independencia del área continental americana y año en el que fracasa, durante el Congreso de Panamá, el proyecto de Simón Bolívar de una unión intergeográfica suramericana En el caso de la Península, completa la periodización del proceso el final de la monarquía absoluta con la muerte de Fernando VII en 1833, último y principal pilar de sustentación del Estado transoceánico.

La amplia extensión de este Estado transoceánico sólo podemos concebirla como un entorno colonial en la medida en que fue adquirida por la conquista forzosa y en la medida en que se configuraba como un área de extracción de materias primas en beneficio del principal nexo que sustentaba el sistema: la monarquía desde la Península. Durante los siglos en que perduró el Estado transoceánico, el régimen social que se impuso desde Europa sobre América se correspondía con el sistema señorial de estructura estamental. De esta manera, los privilegios nobiliarios, los dominios eclesiásticos y las labores artesanales constituyeron las auténticas bases de aquella sociedad a ambos lados del Atlántico. Haciendas, plantaciones, encomiendas, repartimientos o cualquier otro tipo de entramado social desarrollado en las Indias, se estructuraba en función de coordenadas estamentales. En la Península y Ultramar, la sociedad y los métodos económicos que se establecieron fueron de carácter horizontal.

La propiedad privada en términos de mercado, con su plena capacidad libre y circulante, no se generalizó a ambos lados del Atlántico hasta después de las independencias allende los mares y de la arribada del sistema liberal en la antigua metrópoli. Lo cual no es óbice para que aquella estructura aquejada de horizontalidad perviviera todavía largo tiempo tanto en el plano económico como en el de mentalidad, en forma de realidades sociales y económicas y también de hábitos.

El Estado transoceánico se había gestado sobre un basamento de relaciones de privilegio, como principal monopolio de una monarquía y no de una metrópoli. El oro y la plata, los derechos fiscales y los cerrados monopolios mercantiles definieron aquel entorno a los dos lados del Atlántico como una unidad distinta y contradictoria del ámbito del Antiguo Régimen. En suma, el Estado transoceánico tenía muchas más connotaciones señoriales que coloniales.

La descomposición de este tipo de Estado entre los siglos XVIII y XIX queda explicada por su dificultad para renovar en los planos social, económico y político su propio funcionamiento. Esta dificultad de «regeneración» interna se hizo más visible cuando se produjo el violento choque con el exterior. Las estructuras del viejo edificio borbónico se estremecieron al ser desplazadas por la máquina de guerra de una nueva y pujante potencia europea: la Francia resultante de la revolución. La invasión napoleónica, al desarticular la monarquía absoluta de los Borbones españoles, coadyuvó a la ruptura del principal nexo que articulaba aquella formidable extensión territorial a ambos lados del Atlántico, haciendo emerger todo un cúmulo de contradicciones en América y España, hasta entonces difícilmente sujetas por el despotismo ilustrado. Desarticulada la monarquía borbónica de Carlos IV, los efectos que se desataron en el reino, virreinatos, audiencias y capitanías generales a partir de 1808, fueron de resultados irreversibles. Fue inútil el intento de continuidad de Fernando VII en 1814. La monarquía ilustrada y soberana del Estado transoceánico feneció en aquella primavera de 1808. Lo que aconteció hasta 1826 en América y hasta 1834 en España fueron, más bien, los últimos coletazos de una crisis.

Las guerras de independencia en España y América forman parte de un contexto internacional mucho más amplio, en el que se barajaban viejas y nuevas cuestiones económicas, políticas y de mentalidades. Se estaba resquebrajando la visión de un mundo antiguo y nacía otro distinto. Chocaban entre sí la noción de poder absoluto y de libertades políticas, la de religión y la de la razón, la de orden teológico y la experiencia científica, la de dominio señorial y la de propiedad de mercado, la de derecho divino y soberanía nacional... en suma la de orden estamental y la de sociedad abierta. En algunas ocasiones se buscaron los pactos como solución de poder entre pasado y presente; en otros momentos se llegó a la confrontación directa en pos de un orden distinto.

Pero ¿el orden nuevo que se estableció en España y en América, tras la desarticulación del Estado transoceánico, puede concebirse realmente como innovador en toda su extensión? Incluso después de la desaparición de aquel modelo de Estado, incluso tras la legitimación de las relaciones de mercado, la herencia del Estado transoceánico continuó siendo preferentemente «horizontal». Los movimientos revolucionarios que se extendieron por América entre 1808 y 1826 en pro de la independencia, se articulaban ideológicamente, en su mayoría, sobre pautas y valores propios del liberalismo. Igualmente en España la Guerra de la Independencia contra Francia acabó gestando un arco ideológico apoyado en los fundamentos del liberalismo, y valga como máximo exponente el entorno que posibilitó la Constitución de 1812. El liberalismo sirvió, por lo tanto, de arma revolucionaria para contrarrestar los vacíos de poder a ambos lados del Atlántico. La cesión de derechos de la Corona en Bayona accionó un conjunto de mecanismos ideológicos, políticos y económicos incompatibles con las formulaciones territoriales de aquel viejo Estado.

La expansión de las nuevas ideas por España y América entre finales del siglo XVIII y principios del siglo XIX constituyeron un proceso irreversible en la última fase del reinado de Carlos III y a lo largo del reinado de Carlos IV. A los déspotas ilustrados se les escapaba de las manos su «sueño de las luces», que empezaba a ser compartido por las cabezas visibles de muchos patricios de ambas orillas del Atlántico. El problema residía en si estas elites imbuidas de nuevos presupuestos teóricos eran capaces de alterar su mundo de privilegios. Las elites del Estado transoceánico hasta 1808 se mostraron muy conservadoras en este plano. Podían pensar y opinar en términos vinculados a la razón y al progreso, pero no obrar en consecuencia de ellos. Al fin y al cabo la mayor parte de la estructura productiva en la que reposaban sus rentas y el lugar que ocupaban en la pirámide social se basaban en valores muy distintos, mucho más cercanos al orden estamental. Hasta 1808, salvo un reducido grupo, la gran mayoría de estas elites prefirió la seguridad que proporcionaba el orden de la Corona multiterritorial antes que insertarse en dudosas aventuras emancipadoras en España o en América. El viejo orden, con todos sus lastres e ineficacias, aportaba el cobijo necesario para perpetuar su poder social. La crisis abierta del Estado en 1808 significó que las elites transoceánicas empezaran a plantearse bajo presupuestos diferentes la autogestión política de sus intereses locales.

La independencia de Estados Unidos y posteriormente la Revolución Francesa se habían configurado como los motores ideológicos del establecimiento de un nuevo tipo de sociedad al actuar sobre los presupuestos ideológicos de la Ilustración española y dotarles de un discurso cada vez más proclive a las soluciones liberales. En América y en España eran conocidos y compartidos por muchos individuos de las elites económicas e intelectuales los conceptos de libertad política, división de poderes, sufragio, igualdad jurídica, libertades económicas y abolición de derechos señoriales. Pero, ¿podían ser aplicados estos conceptos en España y América dentro del Estado transoceánico? La realidad del periodo 1814-1826 mostró la inviabilidad de su aplicación. Es decir, los principios del liberalismo no podían universalizarse a ambos lados del

Atlántico, haciéndolos compatibles con unas realidades sociales y económicas poco flexibles al cambio. En otros términos, no podía pasarse de un fundamento señorial de las relaciones económicas a una estructura de libre mercado en todos los territorios del Estado transoceánico, si no existía el suficiente basamento social que activara las espitas de las transformaciones. Por tanto, las pervivencias y persistencias del régimen señorial, fundamentadas en el antiguo Estado transoceánico, continuarían reproduciéndose parcialmente aún después de la instalación de las respectivas soluciones liberales a ambos lados del océano. Bien es verdad, que la invasión napoleónica acabó con la esencia del Estado transoceánico; bien es verdad que con ello desaparecieron los fundamentos del despotismo ilustrado; bien es verdad que con la desarticulación del Estado transoceánico, los mecanismos del Antiguo Régimen tenían sus días contados, y que el régimen de propiedad de mercado se fue instalando a lo largo del primer tercio del siglo XIX. Pero aunque los protagonistas del Antiguo Régimen entraron en crisis, no lo hicieron tan radicalmente los motores sociales y económicos que los sustentaban, esto es, las elites económicas que habían dominado los territorios del Estado transoceánico continuaron reteniendo unas parcelas básicas del poder económico y social.

En América a partir de 1826 y en España a partir 1834, esta vez con la cobertura de regímenes políticos liberales, las viejas elites respectivas siguieron concentrando *rentas* y *beneficios* bajo los auspicios de la propiedad de mercado. Aunque surgieron elites de nuevo cuño con una cosmovisión diferente, las elites tradicionales, cooptando también a otros sectores de las nuevas elites, continuaron llevando los mismos apellidos y dominando los mismos recursos.

En 1826 podía darse por irreversible la independencia del área americana, y en 1833 desapareció definitivamente en la Península, con la muerte del rey Fernando VII, la enorme «fábrica» política que supuso aquel Estado transoceánico. Había quebrado su columna vertebral, la monarquía absoluta, que sin la potencia económica proporcionada por los territorios de América no podía sostener sus gastos ni sus valores.

Sólo quedó Cuba. La Isla era la principal plataforma colonial después de la pérdida del Imperio continental. Se transformó, pues, en una pieza clave de la configuración del Estado liberal metropolitano. Era el mayor entorno colonial para la obtención de unos excedentes económicos indispensables en varias instancias: para la provisión de recursos con destino a las exhaustas arcas de la hacienda pública, sujetas a un déficit crónico; además, el comercio con Cuba actuaba de equilibrador de la balanza de pagos metropolitana, intercambios sujetos a la política de mercado reservado que permitía la colocación de *stocks* no realizables en el mercado interno español.

España puso en práctica dos formas de actuación para el control de la Isla. Ya que no era posible un acoplamiento *natural* entre las respectivas economías, la metrópoli desplegó sobre Cuba un control coercitivo en su doble versión política y económica. Desde el punto de vista económico España estableció una práctica arancelaria sobre las exportaciones e importaciones cubanas, dirigida tanto a alimentar el erario público, como a favorecer la consolidación de determinados monopolios peninsulares e insulares, en perjuicio de ciertos sectores de la oligarquía productora del azúcar. En el plano político, el posible abanico de soluciones para el control de la Isla se redujo a evitar que en Cuba se desarrollase cualquier opción de corte liberal, con el fin de afianzar el control social y arancelario. De ahí la política de plenos poderes otorgada al capitán general, siempre militares con decisiva influencia en la política metropolitana.

Esta sobrevaloración del espacio colonial cubano viene explicada por la expansión de su economía azucarera, fácilmente observable desde mediados del siglo XVIII, hasta el punto de que en los primeros decenios del XIX Cuba se sitúa como uno de los mayores productores y exportadores de azúcar. Conforme Cuba articule su espacio económico en el mercado mundial, los ámbitos portuarios quedan bajo el progresivo dominio de los comerciantes de origen español, hasta integrarse como una elite de poder capaz de intervenir de forma determinante en los asuntos políticos de la metrópoli. Así, en el terreno político, la Isla se convirtió en una cantera de elites políticas civiles y militares con decisiva actuación en el marco metropolitano, con su cúspide en la Capitanía General. Sin caer en determinismos exógenos, resulta evidente la *presión política* procedente de La Habana que tuvo que soportar en su evolución el Estado liberal del siglo XIX.

1.2. EL LIBERALISMO ESPAÑOL DEL SIGLO XIX: LA PERMANENCIA DEL CONSTITUCIONALISMO

La evolución del liberalismo español no puede establecerse en claves de un fracaso continuo. No cabe llevar a la categoría de paradigma la contraposición de dos modelos válidos para el norte europeo más desarrollado y el sur mediterráneo. Al fin y al cabo, un país como Francia tuvo a lo largo del siglo XIX una evolución más dislocada y contradictoria en la construcción de su Estado liberal que la España decimonónica, en la que desde 1834 siempre hubo una Carta constitucional vigente durante el resto del siglo. El caso español es una secuencia lógica de distintas fórmulas de liberalismo, en una línea ascendente desde formulaciones de liberalismo doctrinario para pasar al experimento democrático del Sexenio 1868-1874 y desembocar en una simbiosis que amalgama principios doctrinarios y democráticos desde los años 80 del siglo XIX.

El análisis del liberalismo español, pues, puede ser contemplado desde una doble perspectiva: bien como una realidad alterada por el intervencionismo militar en forma de pronunciamientos, por la injerencia de poderes de hecho, como puede ser el caso de las camarillas palatinas, y por la permanente desvirtuación del sufragio a través de los métodos caciquiles. O bien como la permanencia de un sistema que mantuvo en lo fundamental sus principios, independientemente de la versión que adquirieran y de su mayor o menor alcance. De esta forma las resistencias enunciadas y los poderes de hecho no eran alternativas a su funcionamiento sino ingredientes que lo caracterizan. Otra cosa muy distinta es una democratización efectiva que calara en el tejido social. A pesar del protagonismo militar en la acción política, la finalidad no era la instauración de una dictadura militar sino la defensa, en último término, de alguna de las versiones del liberalismo. Los militares actuaron en nombre de los partidos que configuraban la familia liberal.

La evolución del sistema liberal estuvo en función de los distintos grupos sociales que se fueron incorporando a su práctica política, y en relación con el progresivo desarrollo económico y social del país. En una primera etapa las versiones del liberalismo español representaban intentos sucesivos de acomodo a las realidades sociales, económicas y culturales cambiantes, sin que ello se resuelva necesariamente en un acoplamiento perfecto.

La evolución política del siglo XIX español se diferencia de los otros países del occidente europeo más en la forma que en los contenidos. Tengamos en cuenta que, a escala europea, sólo dos modelos responden a una dinámica evolutiva, sin sobresaltos, con una adecuación reformista a las nuevas realidades emergentes: Gran Bretaña y Bélgica. Los restantes modelos responden a un esquema de actuación sujeto a toda suerte de desajustes centrífugos que transforman la escena política en una concatenación de avances y retrocesos resuelta en sucesivas confrontaciones violentas que dan como resultado, a mediados de siglo, un consenso defensivo entre los nuevos notables y las elites procedentes del Antiguo Régimen alrededor de un ideario liberal de corte gradualista.

Así, el liberalismo dejó de ser patrimonio político de las alternativas al sistema absolutista para ser adoptado *desde arriba*. Los notables españoles de mediados de siglo, al igual que los europeos, entendieron el liberalismo como un producto de intensidad media y equidistante de los extremos, cuyos principios teóricos serían más o menos desarrollados en la práctica conforme fueran mudando determinadas realidades. En general puede decirse que los progresos políticos del sistema liberal en toda Europa estuvieron condicionados por la capacidad integradora de las elites políticas, por su capacidad para asumir el conjunto de las demandas sociales. Todo ello en función de variables económicas, sociales y culturales: los avances de la sociedad industrial, el nivel organizativo de la sociedad en general y la extensión de la cultura política. Ninguna de ellas, considerada a escala individual, era capaz de asegurar la reproducción autosostenida del régimen liberal.

El acoplamiento entre estos tres niveles fue inestable en casi toda Europa y en España también. Los vaivenes de la política francesa, de la italiana, portuguesa o alemana antes de 1870, aunque tuvieran una sustancia diferente al caso español, acabaron por diseñar una línea de evolución que no se diferenciaba en demasía. La trayectoria del liberalismo español durante los primeros cuarenta años del siglo supone una secuencia inestable de ensayos, en la que el sistema liberal, como molde político, no acaba de encontrar acomodo en un complejo proceso de transición, y se ve relevado intermitentemente por el sistema absolutista de gobierno.

Es con la obra de Cádiz y la Constitución de 1812, cuando el Estado liberal, en términos jurídicos, empieza a tomar cuerpo, pero sólo en el campo de los principios, ya que en la práctica, y en un contexto de guerra, sólo se desplegó tímidamente. La reacción absolutista y excluyente de 1814 ahogó cualquier atisbo del liberalismo emanado de la Constitución gaditana en el marco de una Europa absolutista. De todas formas, la Constitución de 1812 fue punto de arranque y espejo posterior del constitucionalismo español. Así, España fue uno de los primeros países en darse una constitución sobre la base de la soberanía nacional, la división de poderes y los derechos individuales. El texto no dejaba de ser, en sus orígenes y contenidos, una fórmula a medio camino entre los principios liberales, revolucionarios por sus consecuencias al desmantelar jurídicamente las bases de sustentación del Antiguo Régimen, y elementos tradicionales susceptibles de acoplamiento en el nuevo organigrama liberal.

El Trienio liberal de 1820-1823 rescató la Constitución, profundizó jurídicamente en la desarticulación del Antiguo Régimen y empezó a perfilar las familias políticas del liberalismo español, pero fue una breve experiencia con dificultades de sustentación y frágil ante el empuje de una nueva reacción absolutista, guiada esta vez por la intervención militar del absolutismo europeo. De cualquier manera, el turno entre liberalismo y absolutismo cambia de signo a finales de la década de los años 20. La inviabilidad de las estructuras del Estado absoluto, técnica y políticamente, para adaptarse a las circunstancias económicas y sociales cambiantes, provoca que el mismo absolutismo trate de remozarse con reformas administrativas sin alterar sus fundamentos. Con el cambio de década los resortes del Estado son liderados por absolutistas «moderados» con una política denominada de «reformismo fernandino», pero en modo alguno de naturaleza liberal, que se prolongará hasta bien entrada la década de los años 30. De tal forma que ya antes de la muerte del Monarca en 1833 se ha puesto en marcha un proceso de transición pactada que acabará desembocando en el establecimiento del sistema liberal, una vez fracasados todos los esfuerzos por lubrificar el funcionamiento del Estado absoluto. Los principios absolutistas quedaron asociados a los *realistas* de los años 20, que cerraron filas en torno al pretendiente Carlos María Isidro y bajo el nombre de carlistas se convirtieron en los depositarios de la esencia del absolutismo. La cuestión sucesoria y la Guerra Carlista no fueron más que la cristalización de dos formas de entender la salida a la crisis política, escondiendo dos modelos distintos y excluyentes de proyectar el rumbo de la sociedad española.

En este contexto de guerra civil, la fórmula del Estatuto Real de 1834 fue un producto híbrido entre principios recortados del liberalismo y la perpetuación de elementos del Estado absoluto, más de éstos que de aquéllos, al consistir en una especie de *carta otorgada* de la regente María Cristina. Experiencia inviable a corto plazo, que fue sustituida por el restablecimiento de la Constitución gaditana en 1836, nuevamente como columna vertebral del discurso liberal. La evolución del liberalismo español se debate ahora entre dos versiones que se van perfilando nítidamente: la versión progresista, que logra articular una nueva Constitución en 1837 y tiene oportunidad de desarrollar su discurso durante la Regencia de Espartero (1840-1843), y la versión moderada, que balbucea políticamente en 1838-1839, pero que da contenido al primer asentamiento firme y definido del liberalismo español a partir de 1844, coincidiendo con la mayoría de edad de Isabel II, y desarrollando sus principios doctrinarios a partir de la Constitución de 1845. Estas alternativas entre liberalismo y absolutismo, primero, y entre progresistas y moderados, después, tienen como punto de referencia en sus posiciones y en el protagonismo del panorama político los pronunciamientos militares, pieza inexcusable, junto a la trama civil, del proceso de sedimentación del sistema liberal.

El modelo liberal dibujado por la Constitución de 1845 era de naturaleza restrictiva. Había sido creado por un sector de la elite política en parte protagonista de la transición liberal de los años 30. En este aspecto puede ser equiparable al reformismo británico «desde arriba». El moderantismo, más que política de partido, es una formula global de construcción del Estado, que parte del principio de la soberanía compartida, las Cortes con el rey, y un sistema representativo limitado por el sufragio censitario, el falseamiento electoral y la actuación determinante del entorno de Palacio. Superadas las soluciones de urgencia de la década anterior, en un contexto condicionado por la Guerra Carlista, el moderantismo fue el primer intento de articulación del Estado liberal sobre un conjunto de reformas que abarcaban la administración, la justicia, la hacienda, la educación y fijaba las relaciones con la Iglesia a través del Concordato de 1851, que establecía una estrecha ligazón entre ambos marcos institucionales. El hecho de que el asentamiento del Estado liberal se realizase bajo parámetros del moderantismo fue determinante para su evolución durante todo el siglo. Las tesis del moderantismo se convirtieron en el punto nodal de referencia, por aceptación o por exclusión, en los restantes procesos constitucionales. Dada la frágil articulación de la sociedad civil, las elites políticas del moderantismo tendieron a sustituir esa articulación por una organización sustentada en una pirámide de notables que encaja a la perfección con las relaciones clientelares clásicas de comunidades rurales configurando una primera infraestructura del tejido caciquil.

En 1854 el régimen moderado dejó el testigo durante dos años a la otra rama de la familia liberal: el partido progresista, previo pronunciamiento militar, sin un cambio significativo de las elites políticas. Así se abren dos años de reformulaciones. La caída de los moderados estuvo provocada en última instancia por su propio carácter excluyente, fijando una característica de la trayectoria del liberalismo español, posteriormente reproducida, y que obligaba a las partes excluidas a recurrir invariablemente al apoyo de unos militares, convertidos en líderes de partido, para imponer su propio recambio excluyente. Así, las situaciones políticas se sucedían unas a otras por la vía del pronunciamiento.

A la altura de 1854 las diferencias doctrinales entre moderados y progresistas se habían reducido enormemente: los progresistas apostaban por un marco de libertades públicas más amplio, en concreto la libertad de imprenta, además de un sistema de sufragio más extenso, la instalación del juicio por jurado, la democratización del régimen local, la reinstauración de la milicia nacional, y una más efectiva centralización administrativa. De todas formas, esta última cuestión debe ser matizada. A pesar de la vocación centralista de todas las familias liberales españolas, técnicamente resultó un centralismo imperfecto. Ni el sistema de transporte, educación, justicia, o el funcionamiento administrativo lograron llevar a cabo en toda su extensión esa vocación centralizadora, que además convivió con residuos forales hasta 1876. De hecho, el desarrollo del liberalismo español del siglo XIX hay que entenderlo como resultado de un pacto tácito o explícito, según las ocasiones, entre unas elites asentadas en Madrid y otras regionales, dando como resultante una dualidad entre *centralidad*-particularismos locales y regionales. A finales de siglo parte de estas últimas formularán sus propios proyectos políticos, sustentados en realidades culturales diferenciadas.

El bienio 1854-1856, cuya máxima expresión jurídico-política fue la Constitución *non nata* de 1856, dejó su impronta sobre todo en el campo de la economía al reorientar la política económica hacia parámetros más liberales. La legislación bancaria y ferroviaria del periodo permitió una mayor apertura al capitalismo europeo, la construcción de un embrionario sistema financiero y el primer trazado ferroviario español, pieza básica en la estructuración del mercado nacional.

Sin embargo, en la experiencia progresista despuntaron elementos populares que tuvieron su expresión en las barricadas de 1854, recogiendo la trayectoria del *pueblo liberal* durante el Trienio y los años 30, pero todavía sin coberturas políticas que permitieran una alternativa de democratización. Aquí se establecieron los límites de permisibilidad de las elites políticas que optaron en 1856 por una reorientación del proceso bajo la fórmula de la Unión Liberal, especie de partido de centro y producto político híbrido entre los principios doctrinarios y el reformismo más acentuado de los progresistas.

Las tensiones anunciadas en 1854 hicieron crisis en la década de los años 60. La crisis económica, desvelando la inviabilidad de la política económica; el fracaso de la Unión Liberal provocando un régimen político muy restringido y cada vez más aislado, que acabará salpicando a la propia corona de Isabel II (1833-1868), y el debate intelectual y cultural criticando el sistema, animaron a un sector de las elites políticas, militares y económicas a optar por el ensayo del liberalismo democrático. Pero, además, ahora el recambio «desde arriba» vino acompañado de la participación de capas populares, sobre todo urbanas, depositarias de una cierta cultura política. Así se perfiló un marco de crisis que, en último término, ponía de manifiesto el desajuste entre las nuevas demandas sociales y el sistema político. La alternativa estaba servida: la tripleta ideológica formada por el ideario democrático, el krausismo y el librecambismo debían reconducir el rumbo del liberalismo con ocasión de la revolución de 1868.

El ideario democrático llevaba a sus últimas consecuencias los principios del liberalismo. La Constitución de junio de 1869 y su desarrollo posterior estableció un marco de libertades públicas sin parangón posible en experimentos anteriores. La estructuración de un Estado democrático que adoptó la fórmula de la monarquía parlamentaria, en la persona de Amadeo de Saboya (1870-73), basada en una conceptualización sin cortapisas de la soberanía nacional y de la primacía de la sociedad civil.

Pero la imposibilidad de articular un sistema coherente de partidos como basamento del régimen acabó impidiendo su funcionamiento. En este aspecto el fracaso de la monarquía amadeísta representa también el fracaso de un sector de la elite política ejemplificado en los enfrentamientos entre Sagasta, Ruiz Zorrilla o Serrano. A la par, un régimen concebido sin carácter excluyente en realidad no pudo cumplir su voluntad integradora. En términos políticos, carlistas y republicanos protagonizaron alternativas, incluidas las insurreccionales, al sistema. Los levantamientos republicanos de 1869 o la sublevación general carlista de 1872 son buenos exponentes. En términos sociales, sectores populares de origen rural o urbano, que habían pretendido una mayor dimensión reformista, en temas tales como la propiedad de la tierra, la cuestión de las quintas o las relaciones capital-trabajo, vieron frustradas sus aspiraciones. Ni el campesino andaluz consiguió colmar su hambre de tierra, ni el naciente movimiento obrero, con la llegada de la Internacional a España a finales de 1868, encontró cauces para su desarrollo al cuestionarse su legalidad. Tampoco la efímera República (1873-74), instaurada para llenar un vacío de poder tras la abdicación de Amadeo I, encontró suficientes bases políticas y sociales de sustentación. Ni su vocación reformista, ni su proyecto de estructuración federal del Estado lo lograron.

Más allá de las circunstancias políticas coyunturales, el Sexenio democrático (1868-1874) dejó un sedimento perenne en el desarrollo del liberalismo español: formas de organización de la sociedad civil, libertades individuales, niveles de participación, modernización del Estado y del sistema judicial, régimen representativo, extensión del debate intelectual... en parte asumidos, por convicción o imposición, por el régimen político de la Restauración, preparado minuciosamente por Cánovas del Castillo y que se abre en 1875 tras el pronunciamiento del general Martínez Campos y la coronación de Alfonso XII.

El denominado sistema canovista, basado en la Constitución de 1876, es la resultante de las variables históricas del liberalismo español: sincretismo de doctrinarismo y principios democráticos conforme el régimen se desarrolle. Se reproduce la idea de la soberanía compartida, al tiempo que en la práctica diseña un funcionamiento político dominado por el turno de partidos y la utilización del engranaje caciquil. Para Cánovas era la mayor dosis de liberalismo que podía soportar la estructura social y económica del país, buscando un punto de equilibrio que evitara el intervencionismo militar y amortiguara la hipótesis de radicalización social. De todas formas, lo concebía como un sistema elástico, en el que se fueran incorporando reformas que empiezan a cuajar en el decenio de los años 80, dirigidas por Sagasta, y culminan en 1890 con la reinstauración del sufragio universal masculino.

Con todo, el sistema político a finales de siglo distaba mucho de una democratización efectiva. Su capacidad de integración seguía siendo limitada. El movimiento obrero, los nacionalismos y el republicanismo discurrieron por proyectos políticos distintos al encontrar difícil acomodo en las prácticas políticas del sistema. Llamaba a la puerta la España de los revisionismos.

A lo largo del siglo XIX la configuración del sistema político liberal, pues, adquirió un tono reformista *desde arriba* y oligárquico con el asentamiento de las elites que eran producto de la confluencia de tradición y modernidad, abandonándose las alternativas populares y democráticas. También quedó en elaboración teórica la movilidad social con el dibujo secular de los infranqueables límites de la sociedad abierta. La desarticulación del Antiguo Régimen en sus aspectos jurídicos había implicado la definición y construcción de un nuevo Estado, que administrativamente recogía una herencia dieciochesca. Pero todo ello no quiere decir que la sociedad española sufriera una mutación global en sentido de ruptura con un mundo anterior. Las elites del dinero y del poder se reordenaron, sin que existiera una sustitución global de elites, mientras el camino de la industrialización y de las pautas tan queridas por el liberalismo económico sólo se consolidaron lentamente en un privilegiado núcleo de territorios.

Permanencia del constitucionalismo, pero también *relativa fragilidad* del Estado liberal del siglo XIX. Éxito en cuanto que se organizó el organigrama básico de funcionamiento de un *sistema político* —acorde con los principios liberales del gobierno representativo, pero sumamente restrictivo en su dimensión participativa, y mediatizado por la práctica de los poderes de hecho— y de un *sistema administrativo*. Fragilidad porque tendieron a identificarse ambas esferas, política y administrativa, exacerbando la práctica de la *exclusión* que subordinó el natural desarrollo parlamentario, como instrumento de cambio político, al pronunciamiento, es decir se *institucionalizó la práctica de sustitución a través del cambio insurreccional*. Así el Estado fue rehén de una oligarquía de nobles, servidores de Palacio, servidores del Estado, elites económicas... No fue desdeñable la influencia que tuvo en ello la crisis hacendística perpetua del Estado, que desvela sus contradicciones. Un Estado fuerte precisa de recursos suficientes para asegurar sus funciones administrativas con eficacia y para culminar su vocación uniformizadora y centralizadora. La ausencia de recursos influyó notablemente en el *cautiverio* del Estado por parte de unos prestamistas, exteriores e interiores, que ensancharon decisivamente su influencia.

La historia se hizo *nacional*. Las dos grandes coyunturas del siglo, la de 1812, y la de 1868, representan dos grandes aventuras intelectuales por crear un nuevo país, pero trasmutadas en prácticas políticas que distaban de sus productos teóricos y con frágiles bases sociales de sustentación.

Capítulo II

La nación en armas (1808-1814)

2.1. Tres legitimidades confrontadas

La Guerra de la Independencia de 1808-1814 es el evento universalmente aceptado como la puerta de la contemporaneidad en España y el referente de una *historia nacional*. ¿Guerra y revolución? También es práctica generalizada la consideración de que la Guerra de la Independencia vino acompañada de un proceso revolucionario. Independientemente del debate sobre el carácter de esta transformación, así fue percibido por los contemporáneos. No es de extrañar que el conde de Toreno, uno de sus protagonistas, titulara su ya célebre escrito *Historia del levantamiento, guerra y revolución*. No cabe duda de que la guerra aceleró un proceso de crisis política e institucional que desembocó en una revolución jurídica y política que alumbró nuevos horizontes. Otra cuestión es el debate acerca de una revolución social que precisa un entendimiento a más largo plazo.

Y de pronto el tiempo histórico se precipitó. Se desvelaron las tensiones políticas y sociales. A lo largo de 1808 confluyeron en España tres formas de entender la situación, tres proyectos de legitimidad con sus respectivas expresiones institucionales. En primer lugar el entramado institucional del Antiguo Régimen, conjunto disforme francamente caduco, incapaz de plantear alternativas de tipo político y militar a la nueva situación creada por la invasión napoleónica. Es la *legitimidad caduca*, sostenida en el derecho absoluto y divino del Monarca fuera del país, y en instituciones inoperantes por la propia lógica de crisis del Estado absoluto: Junta de Gobierno, consejos —el de Castilla—, audiencias, chancillerías y capitanías generales. En segundo lugar una *legitimidad inestable*, apoyada en una cesión formal de soberanía en las abdicaciones de Bayona, en la invasión militar napoleónica y en una iniciativa reformista, basada en la monarquía de José I, el Estatuto de Bayona y en los *afrancesados*. La tercera, una *legitimidad embrionaria*, cimentada en el levantamiento popular antifrancés en forma de juntas que se extienden por el país, hecho revolucionario en sí mismo, en un discurso que culminará en la voluntad soberana de la nación expresada en las Cortes de Cádiz. Las tres legitimidades se entrecruzan y condicionan, en unas tensiones que confluyen institucionalmente, sobre todo la del Antiguo Régimen y la popular, en las juntas provinciales, la Junta Central y la Regencia, mientras la iniciativa reformista de los Bonaparte no se mantiene aislada, ya que en Bayona han coincidido notables del Antiguo Régimen, primero, y reformistas afrancesados después. El cóctel de la guerra hará que incidentalmente se mantengan desde 1810 el edificio institucional liberal de Cádiz y el frágil aparato estatal josefino, hasta 1813, para desaparecer ambos con el rescate del modelo de legitimidad del Antiguo Régimen, con la vuelta de Fernando VII a España en 1814.

2.2. España, una pieza del sistema napoleónico

Los sucesos del 2 de mayo de 1808 significan el arranque convencional de la Guerra de la Independencia que en términos militares se prolongaría hasta 1814. Este hecho representaba el inicio de la resistencia al proyecto napoleónico de ocupación del territorio. Coinciden dos variables que se van alimentando mutuamente: un contexto exterior dominado por los planes de Napoleón en el que España era una pieza, y la crisis política e institucional interna española y en sentido más profundo la del Antiguo Régimen.

En 1807 Napoleón gozaba de una hegemonía incontestada en Europa continental. La Paz de Tilsit que refrendaba sus victorias frente a Austria, Prusia y Rusia le permitían proyectar su estrategia con respecto a Gran Bretaña para consolidar definitivamente su hegemonía en Europa. La insularidad y el dominio marítimo británico, reforzado después de la derrota de la flota franco-española en Trafalgar en 1805, hacía imposible la aplicación de las estrategias militares que Napoleón había paseado con éxito por el continente. Por ello recurrió a un sistema de bloqueo comercial, allí donde Gran Bretaña podía ser más sensible, en la base económica de su hegemonía. Si se bloqueaban sus rutas comerciales se minaba la base de su riqueza y expansión, es decir, la práctica del desarrollo económico británico. Para ahogar a Gran Bretaña precisaba el concurso de la península Ibérica, después de haberlo conseguido con los países continentales. Con respecto a España, Napoleón podía aprovechar las relaciones seculares que, salvo el breve paréntesis del período republicano de 1793-95, se habían mantenido durante decenios tomando como base los Pactos de Familia borbónicos. De todas formas estas relaciones se vieron adobadas de suspicacias y recelos, sobre todo a partir de 1806, momento en que Napoleón, ocupado en Jena, se sorprende de las posibles intenciones de Godoy en caso de un revés bélico. Era el momento culminante de la preponderancia del valido Godoy en la Corte española, pero también de la acentuación de las resistencias a su política reformista entre las elites españolas más vinculadas a las estructuras del Antiguo Régimen, y por tanto de la aceleración de una crisis política que tendría su máximo exponente en marzo y abril de 1808. Napoleón necesitaba a España en su política de bloqueo antibritánico de forma directa, pero también indirecta como vía hacia Portugal. A pesar de las fisuras, decidió intentar el manejo de los hilos de la trama interna española con el objetivo de soldar la pieza peninsular y lograr el éxito del bloqueo. Con las espaldas cubiertas con la alianza con Rusia después de la Paz de Tilsit, Napoleón centró sus objetivos en Portugal con la colaboración española. Empezó a introducir tropas en España unos días antes de la cita de Fontainebleau.

El 27 de octubre de 1807 se firmaba el tratado de Fontainebleau por los representantes de Francia y España, el general Michel Duroc y Eugenio Izquierdo de Rivera y Lezama, respectivamente. El proyecto dividía Portugal en tres partes. La septentrional para el rey de Etruria en compensación por la incorporación a Francia de la Toscana italiana en 1807, solución bien recibida por la Corte española por tratarse de un nieto de Carlos IV. El sur, es decir, las regiones de El Algarve y de El Alentejo, se cedería a Godoy, mientras que la posesión de la zona central quedaba indefinida hasta la conclusión de la paz con Portugal. En cualquier caso los tres principados quedarían bajo la protección del Rey de España. Hipótesis de reunificación peninsular muy bien acogida en la Corte de Madrid. Era otra de las piezas del reajuste del mapa europeo planeado por Napoleón. Pero además era instrumento y coartada de unos planes de mayor alcance: la ocupación militar de España, ya que el tratado permitía, sancionando una situación ya de hecho, la libre entrada y acantonamiento de tropas francesas en territorio español como paso hacia Portugal. En un mes el ejército francés al mando del general Junot entraba en Lisboa, y el príncipe regente Juan de Braganza huía a Brasil. A pesar de la ocupación de Portugal, los ejércitos napoleónicos continuaron penetrando y asentándose en puntos estratégicos próximos a la frontera francesa.

2.3. La crisis política interna. Conjuras en Palacio

Las tensiones políticas con nudo en Palacio entre las elites españolas fueron adquiriendo mayores dimensiones, para hacer crisis en la conjura de El Escorial en 1807 y en el motín de Aranjuez en 1808, de implicaciones institucionales. Este proceso forma parte de uno más general, el de la crisis del Antiguo Régimen y del rumbo que había tomado la monarquía borbónica de Carlos IV a partir de Godoy. Estos episodios constituyen la cristalización del debate, rivalidad y finalmente conjura, que caracterizan el intento de reacomodo de las elites más tradicionales y sus posiciones en la Corte que habían visto mermadas sus atribuciones, poderes y privilegios por el control que ejercía Godoy y una cohorte de nuevos servidores del Estado. Así buena parte de la nobleza, clérigos y servidores de la Corte habían sido desplazados por la camarilla de Godoy cercana a los Reyes. Estas elites buscan el apoyo del príncipe de Asturias, Fernando, como alternativa a Carlos IV y, sobre todo, a Godoy, con pretensiones de trono. Y en ello ponen empeño a partir de la conspiración, aprovechando y estimulando la impopularidad del valido. Por debajo de todo ello subyacen los temores colectivos de una época de crisis que abarcan al conjunto social, y las dificultades de la política reformista para taponar la crisis del Antiguo Régimen. Política reformista y situación de crisis que ha ido despertando inquietudes y no sólo rivalidades de poder de camarillas cortesanas. La política religiosa que iba más allá del regalismo para plantearse los primeros intentos desamortizadores y el cuestionamiento de la Inquisición. La crisis financiera de la monarquía que aumenta su déficit después de la guerra con Gran Bretaña, y amenaza con una reordenación impositiva o pérdida de privilegios. El deterioro del comercio con los territorios americanos en el contexto de la política de alianzas. La crisis de subsistencias que desde 1804 ha golpeado con mayor fuerza las capas populares. La

Aranjuez, 1808. Carlos IV abdica en favor de su hijo Fernando.

pérdida a largo plazo de peso específico en la toma de decisiones de instituciones como los consejos, sobre todo el de Castilla, y de sectores de la Grandeza de España, que no son sustituidos por una mayor flexibilidad de la maquinaria del Estado y sí por la concentración de poderes en la persona de Godoy, que además no era de origen noble, para mayor recelo de la Grandeza de España. Godoy era el personaje con más poder, pero también el candidato más acreedor a la identificación de las realidades y temores de una crisis global. Por eso es frecuente considerar la Guerra de la Independencia como la coyuntura que precipita un proceso de crisis de funcionamiento del Antiguo Régimen, desvelada con la inoperancia de sus instituciones cuando comience el conflicto.

El proceso de El Escorial y el motín de Aranjuez, dos episodios de la misma trama, son una *revuelta de privilegiados*, a modo de resistencias, pero también primer escalón de una crisis social. La conjura de El Escorial de 1807, que intentaba situar a Fernando en el trono, fue descubierta, dando lugar a la instrucción de una causa de la que da noticia la *Gaceta de Madrid* de 30 de octubre, para concluir con el perdón del Monarca para su hijo, y la absolución judicial, pero con el destierro gubernativo de los implicados de la camarilla, que tenía como cabezas visibles a Escoiquiz, el duque de San Carlos y al duque del Infantado. Un clérigo y dos Grandes de España. El primero era el preceptor del príncipe, consejero de notable influencia en sus decisiones. Fue precisamente Escoiquiz el que brindó a Napoleón una vía diplomática a partir de un arreglo dinástico entre el Príncipe y una Bonaparte. Pero Napoleón había elegido la instrumentalización de Godoy y la vía de la fuerza. También los duques del Infantado y de San Carlos formaban parte del entorno próximo al príncipe Fernando, y los tres muy ligados a la trayectoria posterior del absolutismo de Fernando ya como Rey.

El siguiente intento se situa en el motín de Aranjuez la noche del 17 marzo, pero esta vez adobado con una proyección popular. El origen, objetivos y personajes principales eran los mismos, a lo que se añade ahora el descontento popular por la mayor actividad de las tropas francesas que ya revelan, con una estrategia de ocupación, sus auténticos planes para España. A estas alturas los ejércitos de Napoleón refuerzan su presencia en la meseta norte y Cataluña, con una clara proyección hacia Madrid. Una proclama de Carlos IV el 16 de marzo, con el fin de tranquilizar los ánimos, insistía en la actitud amistosa y de colaboración de los franceses y desmentía el presunto viaje de la familia real a Andalucía para embarcarse hacia América. Detrás de Aranjuez vuelven a situarse la camarilla de Fernando y oficiales del ejército. La novedad reside en un nuevo actor en escena: el pueblo, cuyo descontento es canalizado e instrumentalizado contra Godoy. Y esta vez, el éxito fue concluyente: además de la destitución del valido, el 19 de marzo Carlos IV renunciaba a la Corona en favor del príncipe Fernando. No por ello la crisis política y dinástica quedó cerrada. La reacción fernandina consistió en el desplazamiento del séquito de Godoy y el abandono de cualquier veleidad reformista, como la suspensión de la tímida política desamortizadora. Con estos ingredientes internos Napoleón seguirá actuando.

En efecto, el 23 de marzo, el general Murat, lugarteniente del emperador en España, entraba en Madrid. En la doble estrategia de Napoleón, la parte militar parecía concluida. Faltaba culminar la vertiente política, cuyo fin último suponía el cambio de dinastía. De hecho la actitud de las camarillas, tanto de Godoy como de Fernando, habían convertido a Napoleón en el árbitro de una situación que ahora se dispone a rentabilizar. El primero a partir de la política de alianzas y su estrategia personal en Portugal. El segundo buscando el reconocimiento de su ascensión dinástica. Murat, al negar de hecho este reconocimiento, precipitó los acontecimientos. Napoleón no quería a la familia real en América. La quería en Bayona, ciudad francesa donde legitimaría su propio proyecto como episodio final de la cuestión dinástica. Los hombres de la camarilla del rey Fernando VII, entre ellos nuevamente Escoiquiz, quien escribiría después *Idea sencilla de las razones que motivaron el viaje del rey Fernando VII a Bayona,* le aconsejaron salir al encuentro de Napoleón para conseguir su apoyo. Tras las sucesivas citas fallidas de Burgos y Vitoria, llegó a Bayona el 20 de abril. Godoy, quien también precisaba el concurso del Emperador, se presentó en la ciudad francesa el 26 de abril. A su vez Carlos IV acudía a la cita el día 30. El resto de la familia real saldría de Madrid el 2 de mayo. En los diez primeros días de mayo se sucedieron las *abdicaciones de Bayona,* con un escenario humillante de conflicto entre la familia real española ante Napoleón. La Corona, como símbolo de *legitimidad,* pasó vertiginosamente por varias manos: Fernando VII retrotrae a Carlos IV, éste abdica en favor de Napoleón, quien a su vez eligió a su hermano Luis como rey, que rechazó el ofrecimiento. La Corona acabó en el primogénito de los Bonaparte, José, que, después de muchas dudas, la aceptó el 6 de junio. José I era nuevo Monarca de un país que así se incluiría en la red endogámica-familiar de Estados satélites que el Emperador había diseñado para Europa.

2.4. El 2 de mayo. De motín xenófobo a referente patriótico

El 2 de mayo de 1808 los acontecimientos en Madrid frustraron la estrategia de sustitución dinástica de Napoleón. Un imprevisto *levantamiento popular* inicia las resistencias que se convertirán en una larga guerra concebida y percibida en términos de *independencia nacional*. Con el 2 de mayo fracasaba el proyecto global de Napoleón sustentado en un cambio dinástico sobre la base de un golpe militar, cuyo símbolo había sido la entrada de Murat en Madrid y su logística la previa ocupación militar de lugares estratégicos del territorio español. No es de extrañar que la historiografía nacional del siglo XIX elevara los sucesos de Madrid a la categoría de epopeya nacional: el emblema de la *nación en armas*. La legitimidad recobrada por *el pueblo en uso de su soberanía*. Aunque los hechos en sí mismos hayan sido magnificados y mitificados, lo cierto es que sus dimensiones y consecuencias reales y percibidas fueron determinantes en el fracaso de Napoleón.

Todavía es objeto de debate la naturaleza espontánea o conspirativa del 2 de mayo, lo que no altera su importancia cualitativa y el efecto multiplicador que tuvo posteriormente. En principio, puede ser considerado como una continuación natural del motín de Aranjuez, con su componente popular. En el 2 de mayo se entremezclan los restos de la cuestión dinástica y la culminación de un ambiente crispado contra los franceses, en una situación sensible a la propagación del rumor. Antes de salir para Bayona, Fernando VII había dejado formada una Junta de Gobierno encabezada por el

El 2 de mayo en Madrid frente al Palacio Real.

infante Antonio, que se pliega a Murat y colabora en la salida de los últimos miembros de la casa real hacia Francia, particularmente llamativa la del infante de doce años de edad Francisco de Paula. Las presiones de Murat el día 1 doblegaron la leve oposición de la Junta. Estas tensiones trascendieron a la calle en un día en que la ciudad estaba especialmente concurrida de forasteros por la celebración de mercado. Por eso, en la mañana del día 2, grupos de paisanos se congregaron en las puertas de Palacio. Para entonces había cuajado la idea del «secuestro» de la familia real, del «engaño francés». En la mentalidad popular de una ciudad definida por sus relaciones clientelares, de subordinación y dependencia, la salida de la familia real era todo un símbolo de vacío. La chispa que actúa sobre la ciudad popular fue encendida por los servidores de Palacio al grito de «traición», impidiéndose la salida del cortejo por un alboroto de considerables dimensiones que preludiaba la revuelta. La respuesta desproporcionada de Murat, acorde con su altanería y habituado al éxito de sus presiones, consistió en disolver a la multitud con dos piezas de artillería y nutrida tropa, causando bajas sobre todo entre los servidores de Palacio. A partir de aquí la revuelta se convierte en levantamiento generalizado, abandona el espacio próximo a Palacio para extenderse a lo largo y ancho de la ciudad. Las noticias corren como un reguero a través del rumor en un ambiente ya enrarecido respecto a la presencia de tropas francesas y sus relaciones con la población civil. Esta incomodidad de lo francés se transforma en «odio», y por añadidura la colaboración era ya entendida como invasión. Las actitudes de los soldados franceses percibidas como tropelías, sus ademanes y la distancia del idioma, funcionaron como alteración de las pautas cotidianas de conducta. La idea de secuestro y la actitud de represión eran el punto culminante de estas alteraciones.

La rápida intervención de las tropas francesas señalan una preparación previa a los sucesos. Su estratégico acantonamiento en las afueras de la capital, circundando la ciudad, muestran la previsión ante un posible altercado. En muy poco tiempo Murat dispuso de 30.000 hombres en Madrid. La muchedumbre fue arrinconada hacia otro espacio simbólico del 2 de mayo: la Puerta del Sol. Allí se libró el grueso del desigual combate, con numerosas víctimas entre la población civil. Mientras tanto sorprende la pasividad del ejército español, alrededor de 3.000 hombres que permanecían acuartelados, siguiendo las órdenes del capitán general Francisco Javier Negrete. Igualmente la actitud de la Junta de Gobierno —algunos de cuyos miembros, como Azanza y O'Farril, formarían parte del Gobierno del futuro José I— y del Consejo de Castilla, temerosos de las dimensiones del alzamiento popular, apelando a la calma y la colaboración. Al mismo tiempo la cautela de las elites cortesanas y aristocráticas de postura ambivalente: sus criados luchan en las calles, pero también otean el horizonte de Bayona, lugar al que muchos de ellos acudirán a lo largo del mes de junio.

Después de la Puerta del Sol el espacio del conflicto se trasladó a los cuarteles de Monteleón. Allí la sublevación popular contó con la excepcional colaboración de algunos oficiales que rompieron con la tónica seguida por el grueso de la guarnición española. Se repitieron las escenas de resistencia lideradas por los oficiales Daoíz, Velarde, Goicoechea y Ruiz. A primeras horas de la tarde la superioridad militar francesa acabó por imponerse. Comenzaba una durísima represión, entre el 2 y el 5 de mayo, que actuó de eco y de impulso de una cadena de levantamientos por todo el país. El espacio de la resistencia trascendía los límites de la capital.

Napoleón no lo esperaba. Mucho menos las dimensiones de la respuesta y su naturaleza popular. El 2 de mayo significaba el fracaso del golpe militar como punto decisivo en el proceso de sustitución dinástica. Quizás su gran error en la *cuestión española* fue acudir al empleo de la fuerza y no agotar al máximo las vías de la gestión diplomática o las posibilidades brindadas por la crisis política en el seno de los Borbones españoles y la Corte. Seguramente sobre Napoleón actuaron dos referentes de su experiencia en Europa que a la larga resultaron equívocos. En el plano estrictamente dinástico el fácil destronamiento de los Borbones de Nápoles. En el plano militar y espacial su rápida ocupación del territorio portugués sin apenas resistencia, salvada la jornada del 13 de diciembre en Lisboa. Era el *espejismo napolitano* y el *espejismo portugués*. Respecto al primero despreciaba a la Corte borbónica. Girot de L'Ain, en 1900, ponía en su boca: «No supuse que fuera tan costoso cambiar el sistema de aquel país con un ministro corrupto, un rey débil y una reina disoluta y desvergonzada». Respecto a lo segundo Napoleón subestimó la capacidad de respuesta del pueblo español. Cuando en Bayona recibió las noticias del 2 de mayo quedó «exasperado» y «alertado», descubriendo el sentimiento nacional en la Península. Sentimiento que había desvelado la impericia de Murat en su gestión y represión del asunto español, y en su afán de postularse como candidato al trono de España. Napoleón tampoco entendía este rechazo de un pueblo al que los relatos de viajeros y los informes de los diplomáticos situaban en el umbral del atraso y la ignorancia. En la mente del Emperador se había forjado la idea de salvador y reformador de España, impregnada de presupuestos heredados de la secular política exterior francesa con su noción de fronteras naturales que a los ríos Elba, Rin y Po añadía como frontera sur el Ebro.

Para los españoles comenzaba una guerra de *liberación nacional*. La historiografía anglosajona lo ha entendido como mero episodio en el enfrentamiento franco-británico, protagonizado por Wellington en territorio peninsular, exceptuando interpretaciones como las de Liddle Hart y David Gates, que ponderan la importancia de la participación popular en la guerra. Por su parte, Jean Tulard, el principal biógrafo francés de Napoleón, no duda en calificar la actuación francesa en España con los términos de «patinazo» y «avispero». El propio Napoleón hablaría en su exilio de Santa Elena de su *llaga española:* «Cette malheureuse guerre d'Espagne a été une véritable plaie, la cause première des malheurs de la France».

2.5. Pueblo, nación y resistencia

A lo largo del siglo XIX la Guerra de la Independencia se convirtió en el referente básico de una *historiografía nacional,* a partir de una conceptualización cuyo núcleo es la resistencia del pueblo en armas frente al invasor. Un pueblo que toma conciencia de su papel como *nación*. Pueblo no considerado en términos de una clase social precisa, sino como un colectivo que desarrolla estrategias de resistencia frente a la invasión francesa. El aglutinante de este colectivo es la invasión que se transforma en *guerra popular y nacional*, y por tanto, de liberación frente al expansionismo napoleónico.

Desde la estrategia militar francesa la ocupación se había articulado en un triángulo apoyado en su doble conexión con Francia desde Vitoria-Burgos y desde Cataluña. El tercer vértice era Madrid. El enlace por el valle del Ebro dependía de la ciudad de Zaragoza y la extensión por el litoral mediterráneo de Gerona por el norte y de las derivaciones desde Madrid hacia Valencia por el este. Desde el lado de la sublevación generalizada la secuencia de declaraciones formales de guerra, aparte del caso de Móstoles el mismo día 2 de mayo, se situaban a partir del 25 de mayo en Asturias. A lo largo del mes se habían ido formando *juntas* locales como instrumentos de canalización de la respuesta popular ante el vacío de poder, constituyendo un hecho revolucionario en sí mismo. Al levantamiento de las juntas de Gijón y Oviedo les suceden en un arco temporal que abarca hasta mediados de junio un rosario de juntas y proclamas por todo el territorio peninsular no ocupado (Galicia, parte de la meseta norte y León, Extremadura, Andalucía, Levante, Cataluña). Estas juntas locales se convierten en la expresión política de la guerra. Al principio con un carácter local y surgidas de forma espontánea, paulatinamente se van estructurando en juntas provinciales, a partir de las cuales se constituye en Aranjuez el 25 de septiembre de 1808 la *Junta Suprema Central Gubernativa del Reino,* que declaraba la guerra en nombre de Fernando VII, aunque éste en su dorado retiro francés había felicitado a José I por su entronamiento. Su composición es heterogénea e interclasista, pero tienden a capitalizarlas los notables locales y regionales en una difícil combinación de burgueses, nobles y eclesiásticos, de la que emanan discursos políticos diferentes aunque les una su resistencia al invasor. Desde partidarios del Antiguo Régimen a hombres liberales que se plantean la alteración de las estructuras del país. En la elaboración del discurso de la guerra jugaron un papel influyente los clérigos, añadiendo el efectivo soporte religioso que configuraba una dualidad excluyente: la asociación de la defensa de la patria a la de la religión verdadera.

La evolución de los acontecimientos militares está jalonada a grandes rasgos por tres fases. En primer lugar, la sublevación generalizada se transforma en una guerra que supone el fracaso de la ocupación efectiva por las tropas napoleónicas. La segunda fase desde finales de 1808 hasta 1812, dominada por la hegemonía militar francesa a iniciativa de Napoleón y sus mejores generales, que llegan a las puertas de Cádiz, pero también por las actividades de la guerrilla trastocando la idea convencional de la ocupación. Entre 1812 y 1813, la tercera fase queda condicionada por la distracción de tropas francesas en la campaña de Rusia, su agotamiento por el hostigamiento guerrillero y las actuaciones de las tropas regulares españolas, británicas y portuguesas que empujan a las francesas hasta Toulouse.

A finales de mayo de 1808, cuando la sublevación está generalizada, los principales focos de las tropas regulares españolas están localizados en el noroeste y suroeste del país. Por su parte la disposición de las tropas francesas indica una gran concentración en los alrededores de la capital, con tropas escalonadas a lo largo de la principal línea de comunicación con la frontera francesa, mientras que en Cataluña y Aragón está emplazado el segundo gran contingente. La estrategia francesa se resuelve en tres direcciones: consolidar el eje de comunicaciones Bayona-Madrid, la conquista de Cataluña con proyecciones hacia Valencia y Aragón y la continuación de la ocupación hacia Andalucía, que permitiría en un futuro entrar en contacto con las tropas de Junot en Portugal. El balance, si presenta alguna victoria francesa significativa, como la toma de Santander el 23 de junio o la de Medina de Rioseco el 14 de julio, sin embargo fue negativo en su conjunto quebrando el proyecto de ocupación. Especial importancia tuvo el fracaso ante los *sitios* de Gerona y Zaragoza, defendidos por los generales Álvarez de Castro y Palafox respectivamente, la frustrada toma de Valencia, intentona que el general Moncey abandona el 26 de junio, y sobre todo, por su valor simbólico, la batalla de Bailén el 19 de julio en que las tropas de Dupont son derrotadas por el abigarrado ejército del general Castaños a base de tropas regulares y milicias cívicas apor-

MAPA DE LA GUERRA DE LA INDEPENDENCIA

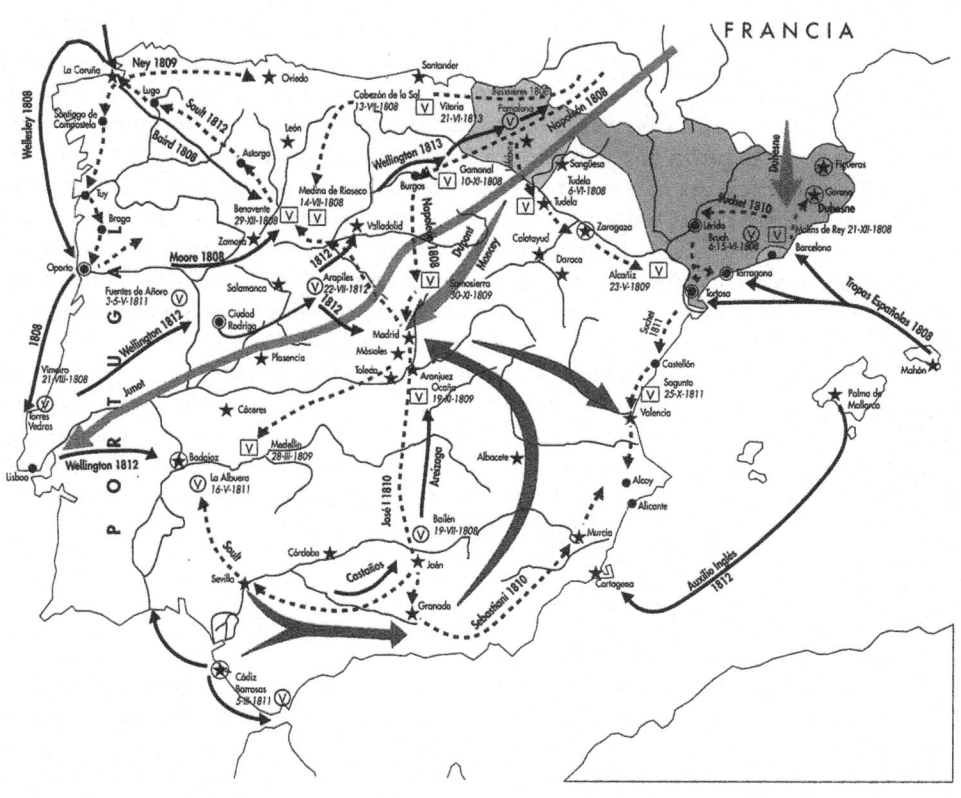

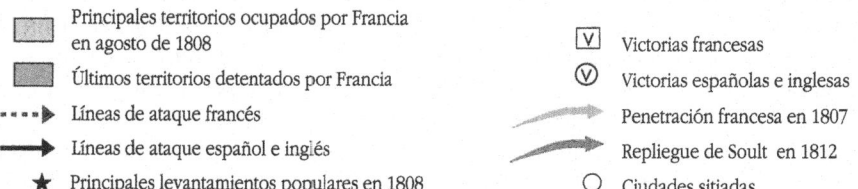

Principales territorios ocupados por Francia en agosto de 1808
Últimos territorios detentados por Francia
----▶ Líneas de ataque francés
——▶ Líneas de ataque español e inglés
★ Principales levantamientos populares en 1808
[V] Victorias francesas
(V) Victorias españolas e inglesas
Penetración francesa en 1807
Repliegue de Soult en 1812
○ Ciudades sitiadas

tadas por las juntas de Sevilla y Granada. A primeros de agosto comenzó el repliegue francés hacia el Ebro con la salida de José I de la capital. Para terminar, el 1 de agosto había desembarcado una fuerza expedicionaria británica en la bahía portuguesa de Mondego; las batallas de Roliça y Vimeiro forzaron a los franceses a firmar el Convenio de Sintra el 30 de agosto y con él la evacuación francesa de Portugal, completada el 30 de octubre. Coetáneamente tropas inglesas al mando de Moore desembarcaron en las costas gallegas.

Las previsiones francesas habían sido demasiado optimistas, después de sus incontestadas victorias por toda Europa. Bien es verdad que ganaron la mayor parte de los enfrentamientos militares, pero los *sitios* de Gerona y Zaragoza y las consecuencias de Bailén, cambiaron cualitativamente la situación. Además las comunicaciones con París se dilataron y llegaron distorsionadas a Napoleón por los informes triunfalistas de Murat. La resistencia era más enconada de lo esperado y la orografía española no permitió la aplicación de las habituales tácticas de movilidad y rapidez del ejército francés. La tortuosa geografía de la Península distaba de las llanuras europeas. Además las dificultades de las comunicaciones y aprovisionamiento descolocaban la logística habitual, hecho que empezó a ser aprovechado por las *partidas*. La proximidad de las sierras al mar entorpeció muchas operaciones hacia el litoral. La hostilidad de la población y el mal conocimiento del terreno hacían el resto. Finalmente la estrategia básica para los franceses de controlar los puertos para lograr sus objetivos de bloqueo marítimo fue frenada por el triple fracaso de Lisboa, Cádiz y Valencia. Por otra parte la *Grande Armée* estaba ocupada en los asuntos centroeuropeos junto con los grandes mariscales napoleónicos. La resistencia a los franceses adoptó dos formas de lucha originales: el *sitio* y la *partida,* esta última expresión militar de la guerra popular.

2.6. Los ecos de Bailén

Los *ecos de Bailén* preocuparon especialmente al Emperador. Se difundieron por las cancillerías europeas en un momento en que se cuestionaban los resultados de las últimas victorias de Napoleón y los acuerdos de Tilsit. Prusianos y austriacos podían tomar buena nota y seguir el ejemplo de la resistencia española. Para evitarlo Napoleón renegoció la alianza con los rusos. Los acuerdos de Erfurt de 12 de octubre de 1808, si no pueden ser considerados como un triunfo pleno de la diplomacia francesa, que recurre nuevamente a Talleyrand, al menos mantuvieron el *statu quo* en la región y permitieron el traslado personal del Emperador y de parte de su ejército, en espera de la llegada del grueso de la *Grande Armée* a España.

Unos efectivos de más de 150.000 hombres fueron enviados a España, divididos en siete cuerpos de ejército al mando de sus mariscales Saint-Cyr, Lannes, Lefebvre, Mortier, Ney, Soult y Victor. En su inmensa mayoría se dirigieron a reforzar a las tropas francesas replegadas en el Ebro, mientras que una columna secundaria al mando de Saint-Cyr penetraba por la frontera catalana. A finales de octubre de 1808 Napoleón abandonaba París en dirección a España para ponerse al frente de las tropas. Puso en práctica su concepción de la guerra relámpago con rápidas operaciones que obligaran al enemigo a negociar y así transformar la acción bélica en un triunfo político inmediato. Su sistema consistió en el de *líneas interiores* con el grueso del ejército por el centro, a modo de cuña, y con derivaciones posteriores en ambos flancos. Su objetivo era asegurar el eje de comunicaciones básico de Bayona-Madrid y su entrada en la capital. Entre el 10 y el 23 de noviembre las batallas de Gamonal, Espinosa de los Monteros y Tudela rompieron las líneas defensivas españolas del Ebro. El 30 de noviembre pasaba Somosierra, y con ello el último foco de resistencia del ejército español. El 2 de diciembre entraba en Madrid. Victoria que combinó con la acción política para atraerse a la opinión liberal, a base del desmantelamiento de figuras jurídicas del Antiguo Régimen, como había hecho en Centroeuropa. Fueron los decretos de Chamartín sobre abolición de derechos feudales, desaparición de aduanas internas, abolición de la Inquisición y supresión parcial de conventos, aspectos que aumentarán la actividad del clero en la resistencia.

La derivación del flanco izquierdo para completar desde el Ebro la campaña de Aragón no culmina por la nueva y tenaz resistencia de Zaragoza a partir del 20 de diciembre de 1808 y hasta el 20 de febrero de 1809. Lo mismo ocurre en Cataluña con el cerco de Gerona, cuyo tercer y definitivo sitio terminaría en diciembre de 1809. No obstante la mayor parte del territorio catalán cae en manos francesas en los últimos meses de 1808. Por el flanco derecho el ejército francés trata de envolver los desplazamientos del británico Moore que amenazaba Burgos y el corte de las comunicaciones francesas con el norte. Aquí se entretiene Napoleón, que el 3 de enero de 1809 recibe alarmantes noticias en Astorga sobre el espacio centroeuropeo y vuelve a Francia. Las tropas de Moore no serían vencidas, pero sí obligadas a reembarcar en La Coruña a mediados de enero de 1809. Durante la presencia de Napoleón, a pesar de las ofensivas victoriosas, las tropas francesas no consiguieron pasar de Madrid hacia el sur.

Durante 1809 los espacios más importantes de la guerra se sitúan en el oeste peninsular, con el objetivo básico francés de conquistar Portugal o al menos el control de sus puertos. Este escenario se prolongará de forma constante a lo largo de 1810. En 1809 fracasa el intento del mariscal Soult por el norte desde Galicia, que después de una secuencia de victorias hasta el mes de mayo, incluida la toma provisional de Oporto, es rechazado por la contraofensiva británica. El ensayo de penetración por Extremadura es frenado en Talavera el 18 de julio. Una nueva intentona de envergadura del mariscal Massena es frustrada en Torres Vedras el 11 de octubre de 1810. Tampoco tuvo éxito otra vez Soult en 1811.

En 1810, además de Portugal, el teatro de operaciones más importantes se traslada a Andalucía. La victoria francesa de Ocaña en el mes de noviembre de 1809 era la antesala de la penetración en Andalucía. Sucesivamente los franceses toman Almadén, La Carolina y Jaén, como preludio de la conquista de Sevilla el 1 de febrero con la simbólica presencia de José I, y cuatro días más tarde el mariscal Victor iniciaba el sitio de Cádiz durante dos años. También durante 1810 las operaciones militares se intensifican en Aragón y Cataluña, con las acciones del mariscal Suchet desde Zaragoza. Enfrentamientos de envergadura fueron los de Lérida, Mequinenza y Tortosa.

2.7. El fracaso de la guerra de conquista

A principios de 1811 en teoría la mayor parte del territorio español estaba ocupado por los franceses, lo que no significaba ni dominado ni controlado. Se trataba de una ocupación en precario y en continua remodelación que imposibilitaba la culminación de estrategias de ocupación del territorio a medio plazo por las propias características de la resistencia española.

Era algo inédito. El transcurso de la guerra rompía con los cánones de las concepciones bélicas de Napoleón, acostumbrado al enfrentamiento directo con ejércitos a partir de concentración de fuerzas y cuyos resultados bélicos implicaban negociaciones y conquistas efectivas del territorio. Pero las tropas francesas se enfrentaban sobre todo a una forma de lucha para la que no servían sus tácticas: la *guerrilla*.

Fuera de toda lógica militar de la guerra esta respuesta popular inauguró un modelo de enfrentamiento en la época contemporánea. La inferioridad numérica, técnica y logística respecto a los franceses, empujó a grupos de combatientes a aprovechar las circunstancias geográficas y sociales para enfrentarse eficazmente a su enemigo.

Los hombres de guerrilla hostigaron continuamente a las tropas francesas, cortaron comunicaciones, distorsionaron informaciones, obligaron a los convoyes a nutrirse de numerosos soldados distrayendo tropas, fijaron cuantiosos efectivos franceses sobre el terreno. Se componían de pequeñas partidas que actuaban con rapidez y por sorpresa, adaptándose al terreno, en operaciones sobre espacios conquistados teóricamente por los franceses. Por eso las victorias puntuales de las unidades del ejército francés y su entrada en una localidad no tenía ninguna efectividad y a veces ni sentido, ya que no suponían el control del espacio o era precisa la fijación de elevado número de tropas.

Si tuviéramos que hacer un ratio entre recursos utilizados y resultados militares obtenidos la guerra de España habría resultado para el Emperador la más costosa en todos los órdenes de cuantas realizó en Europa, salvo la campaña de Rusia, tanto en recursos humanos como logísticos y financieros. La relación entre efectivos militares y batallas en campo abierto fue muy desproporcionada comparándolas con los teatros de operaciones en Centroeuropa. Una de las constantes en la estrategia bélica francesa era la movilidad de sus ejércitos que sólo quedan fijados sobre el terreno el tiempo preciso para obtener un éxito militar y forzar la solución política. Sin embargo en España las tropas francesas aumentaron constantemente hasta finales de 1811, sin que ello tuviera como contrapartida la ocupación efectiva del territorio o la consecución de batallas decisivas. Si los efectivos militares franceses se situaban a mediados de 1808 en unos 170.000 hombres, un año después ya rondaban los 300.000. Entre medias se situan las campañas victoriosas del Emperador, pero sin ser decisivas, ya que apenas lograron mantener relativamente expedita la línea de comunicaciones entre Madrid y la frontera francesa, siempre amenazada por la guerrilla o en aquel momento por las tropas regulares y las británicas de Moore. Además en este caso se trataba de tropas forjadas en las campañas de la *Grande Armée*. Con un nivel inferior de efectivos el Emperador había resuelto anteriormente situaciones comprometidas en Europa. A mediados de 1811 el número de soldados abarca los 350.000, en un momento en que se han frustrado objetivos tan importantes como la conquista de Portugal o la ocupación efectiva del este y sur de la Península. Desde principios de 1812 los preparativos de la campaña de Rusia distraen soldados de España, con un descenso constante en el número de soldados para quedar en unos 90.000 en 1813.

Pero lo más importante fue la infrautilización de estas tropas, al menos en la concepción militar napoleónica. Se ha calculado que el 80 por 100 aproximadamente de los soldados franceses tuvieron que dedicarse a tareas logísticas de protección, vigilancia, escolta, es decir, asegurar redes principales de comunicaciones y abastecimientos siempre amenazadas por las partidas, y a pesar de ello el mantenimiento de estas rutas fue muy frágil. En batallas abiertas, consideradas fundamentales por los franceses para abrir nuevos espacios, solo pudieron utilizar una cantidad limitada de recursos, muy por debajo de las disponibilidades reales existentes en territorio español. Sin embargo, respecto a la guerrilla, sólo para la persecución de Espoz y Mina en Navarra fue empleado un contingente aproximado de 40.000 hombres.

Las pérdidas humanas francesas fueron muy elevadas para los resultados obtenidos. Aproximadamente una media de cien soldados diarios fueron heridos, prisioneros o muertos. Las pérdidas y la inmovilización de tropas obligaron a Napoleón a recurrir a levas extraordinarias desde 1809. Ello colaboró a deteriorar su popularidad en Francia, a malgastar capital simbólico, que de héroe se transformó para muchas familias francesas en *ogre*.

En suma, lo que falló para Napoleón fue *la guerra de conquista*, esa formidable maquinaria de guerra que se alimentaba a sí misma y multiplicaba y aseguraba los recursos de una campaña a otra. De hecho sobre esta práctica descansó toda la trayectoria militar desde los tiempos del Consulado. En 1812 el economista ginebrino Francis d'Ivernois en su folleto titulado *Napoléon administrateur et financier* se planteaba las consecuencias financieras de la guerra de España, todavía en curso:

> Hasta 1809 Napoleón pudo proseguir su carrera triunfante gracias a los despojos de un enemigo vencido para atacar a otros con el fin de despojarles a su vez. Si se exceptúa su incursión en la península española, todas las campañas precedentes fueron tan cortas y tan productivas que conseguía reembolsarse de los gastos de cada campaña y volver con un tesoro que le ayudaría a equipar para el año siguiente a sus levas y mantenerlas en Francia hasta su llegada a territorio extranjero. Pero atravesando los Pirineos, se ha lanzado a una empresa tan costosa que en lugar de obtener de cada campaña 250 millones de francos, se ha visto condenado a desembolsar sumas tan fuertes, que el esquema ha cambiado radicalmente, del beneficio a la pérdida, de los ingresos a los gastos.

2.8. Guerrilleros y guerra popular.
El aprendizaje de la rebeldía colectiva

Los franceses siempre se sintieron extraños en el terreno y en el país. La hostilidad de la población era una prolongación amplificada del 2 de mayo, traducida en la actitud de la guerrilla que ahora aporta los héroes frente al invasor. Se sintieron inseguros en los caminos, las serranías y las poblaciones. Estaban continuamente descolocados para enfrentarse a escaramuzas y emboscadas y no en batallas. Los generales no sabían mover las piezas en un tablero irregular y sin ver las piezas enemigas. No servía la racionalidad y disciplina o las combinaciones audaces de artillería, caballería e infantería que habían exhibido en Europa. Tenían que preocuparse de cómo proteger convoyes o comunicaciones, para lo que no servía el simple aumento de hombres, para enfrentarse a «fantasmas», a «une armée des ombres». Tampoco entendieron el rechazo de la población civil. No comprendían determinadas actitudes cuando tenían asumido el papel de soldados internacionales de la libertad y de la lucha contra los tiranos del Antiguo Régimen.

La guerra popular, y su expresión guerrillera, había elaborado su propio discurso y unas específicas formas de organización. La guerrilla sí se identificaba con el pueblo. Su soporte fundamental era la colaboración popular. Y esta dimensión social acercaba la guerra a la población campesina que se convertía en protagonista y no como simple proveedora de levas. Multiplica la resistencia, su complicidad hace que para los franceses todo campesino sea guerrillero, y así la lógica de la represión estimula el aumento de la resistencia. La forma de organización de la guerrilla se apeó del modelo militar de jerarquía, graduación y relaciones de disciplina, para incorporar pautas de conducta de las relaciones sociales campesinas: vínculos personales, jefes naturales, fidelidad basada en la amistad, idea del valor, aunque con el tiempo tendieron a un mayor grado de organización en términos militares. El discurso que aglutinaba su acción ya había surgido en la respuesta del mayo madrileño. Quedaban alteradas seculares pautas de conducta. Tomaba cuerpo la idea de un nacionalismo popular, muy enraizado con la defensa de su *espacio natural,* de sus particularismos locales, amenazados por una injerencia exterior. Discurso de rechazo a lo «francés», de naturaleza más emocional que doctrinal. Luchaban contra el «invasor», el «saqueador», el «ateo». Napoleón y los franceses eran identificados con todos los males, era el «Anticristo». En este discurso, en las acciones de la guerrilla y en las actitudes de la población civil en general tuvo una influencia de primer orden el clero. Una valoración religiosa que los propios franceses tampoco comprendieron. Por ejemplo, el general Hugo, padre del universal literato francés, quedó perplejo por el pequeño altercado que produjo en las puertas de San Isidro de Madrid el hecho de que entrara en la iglesia con una biblia en la mano. En los campos, el púlpito actuó de eficaz instrumento de difusión del discurso.

La frase invocada de *Dios, patria, rey,* representativa de todo este mundo mental, sería sentida después en diversas sistematizaciones ideológicas. La trilogía aglutinaba el discurso, pero no necesariamente adoptó discursos políticos específicos de defensa del liberalismo o el absolutismo. De la guerrilla saldrían versiones liberales o absolutistas, como las encarnadas posteriormente por *El Empecinado* o el cura Merino. Pero lo cierto es que la guerra fue un campo de aprendizaje de *rebeldía colectiva,* que con horizontes políticos e ideológicos no sólo dispares sino contradictorios, caracterizaría formas de respuesta social durante todo el siglo. Se compaginarán tanto *aspiraciones de cambio* como de *resistencia a las transformaciones.*

La guerrilla no sólo acosó al enemigo y entorpeció sus acciones, sino que colaboró con fuerzas regulares proporcionando información, liberando prisioneros, apoderándose de pertrechos o alimentando la resistencia popular, no exenta de coacciones a la adhesión. Aunque inicialmente la guerrilla se nutrió con un variopinto conjunto social y estaba ligada a las formas de respuesta popular y de organización como juntas locales, a partir de 1809 las partidas llevaron una vida más autónoma y se convirtieron en lugar de destino no sólo de campesinos, sino de restos del ejército regular vencido y de *bandidos románticos.* La tipología social del guerrillero quedó asociada después al *contrabandista* y el *bandolero* por la literatura romántica distorsionando la idea del héroe popular. De todas formas cabría hacer la compleja distinción entre el *guerrillero campesino* —prototipo social mayoritario, pero también caracterizado por ser *guerrillero inestable,* en el sentido de que su participación estaba muy ligada a la lógica de los ciclos de la vida campesina, del ritmo de las cosechas y de las faenas del campo— y el resto de los componentes de la guerrilla en forma de *guerrillero estable.*

Aunque la geografía de la guerrilla es de muy difícil precisión por su propia naturaleza móvil y espontánea, abundaron en zonas de serranía. Omnipresente el guerrillero, los núcleos de mayor actividad se situaron sobre todo en el Pirineo catalán y el Maestrazgo, básicos para entorpecer los movimientos franceses en los dos puertos más importantes del litoral mediterráneo; la parte alta del Ebro y el Pirineo navarro-aragonés, en el eje básico de comunicaciones Madrid-Bayona; y los montes de Toledo, la sierra de Cazorla y la serranía de Ronda, en el eje Madrid-Andalucía.

Según Rodríguez Solís, a lo largo de la guerra funcionaron unas 400 partidas. Su número oscilaba entre un mínimo de 50 y un máximo de 1.000, según las zonas, las circunstancias y el ritmo de las estaciones. Sólo ocasionalmente superaban los 3.000 individuos, lo que nos plantea la diferenciación, sobre todo a partir de 1811, entre la *partida*, y *ejércitos guerrilleros*. Es el caso de las guerrillas de *El Empecinado* y Espoz y Mina, que llegó a contar en su momento máximo con 13.000 hombres en 1813. En estas fechas las partidas más numerosas fueron adquiriendo una estructura militar que rompía con las formas organizativas características de las partidas anteriores. Allí influyó su colaboración más estrecha con el ejército regular, sobre todo porque la progresiva retirada francesa estimuló la concentración y su utilización en una forma militar más convencional.

Sucesivamente el *Reglamento de partidas y cuadrillas* en diciembre de 1808, la *Instrucción del corso terrestre* de abril de 1809 y el *Reglamento de las partidas de guerrillas* de julio de 1812, intentaron, según las circunstancias y la dinámica de la guerra, reglamentar el mundo de la guerrilla, con el propósito de adjudicarle carta de naturaleza legal, buscando mayor organización y operatividad, pero también un mayor control.

2.9. La derrota francesa

La acción de Suchet sobre Valencia en el último trimestre de 1811, que culminó con la toma de la ciudad a principios de enero, señala la última gran ofensiva francesa con éxito. Durante 1812-1813 la guerra toma nuevas directrices que sellaron la derrota francesa. Los preparativos de la intervención napoleónica en Rusia y su desarrollo obligan a la retirada de considerables efectivos humanos y materiales de España. Los 350.000 combatientes franceses del verano de 1811, han descendido en 100.000 unidades un año después, y en otras 100.000 en la primavera de 1813. Además las tropas anglo-portuguesas de Wellington toman la iniciativa desde Portugal, con unas ofensivas a las que se unirán los contingentes de un ejército español más numeroso, organizado y apoyado por la guerrilla. A principios de 1812 las tropas comandadas directamente por Wellington alcanzan unos efectivos de 70.000 hombres bien pertrechados y adiestrados. Los movimientos generales en este período plantean el siguiente esquema. La toma de iniciativa de Wellington y la puesta en marcha de las grandes ofensivas hispano-inglesas. Contando con una logística que incluye los puertos portugueses como lugares de abastecimiento, las tropas aliadas se aseguran el dominio de Extremadura y con ello el posible control de los valles del Duero y del Tajo que facilitaran la penetración hacia Madrid y la meseta norte. Por el lado francés el temor a una ruptura de las comunicaciones con el norte planearon el repliegue escalonado desde Andalucía, primero hacia Madrid, y desde Valencia también hacia Madrid y Cataluña.

En enero de 1812 se inicia la gran ofensiva hispano-británica con las tomas decisivas de Ciudad Rodrigo y Badajoz. El 19 de mayo llegan a Almaraz y a finales de junio a Salamanca. Momento nodal de la ofensiva es la batalla de los Arapiles donde se enfrentan el 22 de julio de 1812 40.000 hombres aproximadamente por cada bando, dirigidos por Marmont y Wellington. Fue una de las acciones más decisivas de la guerra, que permitió a los aliados entrar, por poco tiempo, en Madrid el 12 de agosto, y el 19 de septiembre iniciar el cerco de la ciudad de Burgos. Era el cambio de tendencia definitivo de la guerra. Los franceses comenzaban el largo repliege desde el sur hacia Madrid. Y lo hacían desde Cádiz, con el levantamiento del sitio, dos meses después de que se hubiera aprobado la Constitución de 1812.

Las tropas francesas procedentes del sur y de Valencia vuelven a entrar en la capital a principios de noviembre de 1812, mientras el fracaso ante Burgos de Wellington frenó la ofensiva aliada hasta la primavera de 1813. Mientras tanto los franceses conservaban el eje Madrid-Burgos-Bayona.

En 1813 este eje se rompió y con ello la retirada definitiva francesa, simbolizada por el cortejo itinerante de José I de Madrid a Valladolid y de aquí hacia la frontera. En efecto, la batalla de Vitoria el 21 de junio fue el punto de no retorno. La secuencia continuó en tierras vascas. Entre el 25 de junio y el 31 de agosto, fracasada la contraofensiva del mariscal Soult, nombrado lugarteniente general en sustitución de José I, las tropas aliadas entraron en San Sebastián, para imponerse en la batalla de San Marcial. El 7 de octubre los aliados atravesaban el Bidasoa. Los combates en tierra francesa contemplaron acciones sobre Bayona, Orthez y Tarbes para confluir sobre Toulouse en el mes de abril de 1814.

Con la evacuación francesa de Valencia el 5 de julio de 1813 y con el posterior repliegue del mariscal Suchet hacia Tortosa se inicia la retirada de Cataluña, que sólo quedará completada a principios de junio de 1814. Es decir, en una fecha posterior al tratado de Valençay de 11 de diciembre de 1813 por el que Napoleón reconocía a Fernando VII como Rey de España. Precisamente el retorno del Monarca español se produjo por una Cataluña todavía parcialmente ocupada por las tropas francesas. El 16 de abril los mariscales Soult y Suchet, y el general en jefe de los aliados, Wellington, establecieron el fin de las hostilidades. Figueras era abandonada el 4 de junio de 1814. Concluía la Guerra de la Independencia.

Capítulo III
El proyecto reformista del Estado josefino

Un decreto imperial fechado el 4 de junio de 1808 nombraba a José Bonaparte Rey de España y de las Indias en sustitución de la dinastía borbónica cuyos últimos representantes habían cedido sus derechos a la Corona. Independientemente de la legalidad o no de la cesión, resulta indudable que formaba parte de una estrategia napoleónica de integrar en el sistema imperial la península Ibérica, traspasando a España el *modelo familiar* ya ensayado en otros territorios europeos que asociaba la estabilidad imperial a una endogamia familiar de testas coronadas. El discurso legitimador de esta actuación residía en la capacidad de regeneración que la nueva dinastía ofrecía a sus súbditos en contraposición al caduco Estado borbónico y a la obsolescencia de las instituciones del Antiguo Régimen en España. Al igual que en otras partes este proyecto de transformación adoptó diversas tácticas en función del pacto más o menos implícito con las elites políticas locales y con la correlación de fuerzas medidas en términos de intensidad de las resistencias autóctonas al proyecto. La trilogía institucional de legitimación utilizada por Napoleón, —coronación de José, Asamblea de Notables y Constitución de Bayona—, fracasó ante el sucesivo desenganche de las elites del país y el mayor incremento de la resistencia popular activa en una doble dimensión bélica y política. En este último caso al plantearse un proyecto alternativo con un contenido nacional más preciso.

3.1. Un proyecto equidistante de Napoleón y de Cádiz

Comprender la evolución del reinado de José I requiere tener en cuenta que lo que fue en sus orígenes un proyecto único ideado por Napoleón en la lógica del Imperio, acabó por desdoblarse en dos soluciones divergentes y contradictorias en sus objetivos finales, sobre todo a partir de la batalla de Bailén, en que se desvela una solución imperial basada en la guerra de conquista de un territorio rebelde y una solución josefina que cada vez se plantea más un desarrollo autónomo, y que se proyecta con un carácter nacional apoyado en el colectivo español genéricamente denominado «afrancesado». José I siempre abrigó la esperanza de convertirse en rey efectivo de España y no en lugarteniente y proyección de su hermano, intentando aunar una legitimación de derecho en su dimensión institucional y una legitimación de hecho en su dimensión popular, con instrumentos y discursos de conciliación y atracción para acabar la guerra y asentar su dinastía. La marcha de la guerra fue remodelando ambos proyectos y agudizando sus contradicciones. A medida que fracasa el proyecto nacional josefino en la legitimación de hecho, es decir, en sus apoyos sociales, la resultante es un incremento de la subordinación al mayor apoyo económico y militar del Emperador, cuyos mariscales y jefes militares actuarán como auténticos virreyes en España sin reconocer la autoridad del Monarca y de su Gobierno.

La primera pieza del proyecto napoleónico fue la convocatoria de una Asamblea de Notables en Bayona encargada de aceptar el cambio de dinastía en la persona de José y de debatir el proyecto constitucional elaborado por el entorno del Emperador. Ya en el mes de abril Murat había sugerido la conveniencia de reunir una junta de notables. La convocatoria a instancias del Emperador fue aprobada el 15 de mayo por la Junta de Gobierno que Fernando VII había dejado en Madrid antes de su partida, y publicada en el decreto de la *Gaceta de Madrid* el 24 de mayo. Para entonces, la Corona había sido ofrecida a José Bonaparte el 18 de abril, lo que frustraba las aspiraciones personales de Murat, y sobre todo, la sublevación del 2 de mayo en Madrid había cambiado muchas cosas.

Sin embargo, Napoleón intentó dar unos visos de continuismo a su proceso de reformas y de sustitución dinástica. Para ello quiso contar con la aprobación previa de las instituciones españolas y con el asentimiento de los estamentos privilegiados del Antiguo Régimen. Una comisión constituida por miembros de la Junta de Gobierno y del Consejo de Castilla se encargó de establecer el procedimiento de elección de la Asamblea de Notables. Por presiones francesas se adoptó un modelo híbrido que aportaba elementos tradicionales de la convocatoria estamental a Cortes y elementos procedentes del corporativismo napoleónico. El resultado fue una convocatoria de 150 individuos pertenecientes a la nobleza, clero, ciudades con voto en Cortes, provincias aforadas e instituciones militares y económicas, además de las universidades. Por otro lado, Lebrun presentó el borrador de la Constitución el 29 de mayo al Consejo de Castilla, que ante la coacción de Murat lo aprobó dos días más tarde. Todo ello acompañado de un esfuerzo de Napoleón por extender un discurso de convencimiento basado en la idea de la necesaria regeneración y su papel como protagonista de la misma. De ahí la proclama firmada el 25 de mayo y dirigida a los españoles con la promesa de una *constitution* y de una política reformista.

La generalización de la sublevación a lo largo del mes de mayo dificultó enormemente la elección de la Asamblea, bien por problemas técnicos o por resistencias personales. El 4 de junio Murat tuvo que completar el número de miembros con nombramientos directos que alteraron las normas fijadas en la convocatoria. De los 150 elegidos o nombrados, sólo 65 estuvieron presentes en la apertura de la Asamblea en Bayona el 15 de junio. En suma, una Asamblea compuesta por individuos caracterizados de las elites políticas, económicas y culturales. Algunos de ellos asistieron plenamente convencidos porque habían asumido el discurso napoleónico de la regeneración del país. Pero el hecho de que la mayoría acabara a corto plazo, y, sobre todo, después de la batalla de Bailén, por alimentar las filas de la resistencia o de la inhibición, nos lleva a un complejo marco de motivaciones y actitudes explicativo de una asistencia a Bayona más o menos forzada, pero privada de plena convicción: vacío de poder, las vacilaciones propias de una situación confusa que evoluciona muy rápidamente en el mes de mayo, temor de la insurrección popular o, en el caso de los Grandes de España, la querencia por un continuismo clásico de la nobleza palatina.

3.2. La Constitución de Bayona y la versión josefina del desmantelamiento del Antiguo Régimen

La misión principal de la Asamblea de Notables, presidida por Azanza, y que se disolvió el 7 de julio, fue debatir el proyecto constitucional. En la práctica los debates de la Asamblea no alteraron el texto propuesto, que había sido depurado previamente con alguno de los más destacados afrancesados por convicción, como Azanza, Urquijo y algunos miembros de los Consejos, en asuntos tales como la reforma religiosa o los privilegios de la nobleza.

El texto estaba compuesto de un preámbulo y trece títulos divididos en 146 artículos. Técnicamente puede ser definido como una *carta otorgada,* partiendo del hecho de que no fue producto de un acto soberano de la nación y sí una ley fundamental otorgada por José I, por orden de su hermano, «como base del pacto que une a nuestros pueblos con Nos».

Son innegables los referentes del constitucionalismo francés de la época consular e imperial; sin embargo también son sustantivas las diferencias que acaban diseñando un modelo de raíz francesa pero aplicado a las realidades de la España del momento. No existe, pues, una imitación de la Constitución francesa del año XII (1804), cuya similitud ha sido contemplada forzadamente. Una lógica pragmática que la propia estructura del Imperio exigía, con la paradójica solución de fórmulas más liberales en los estados satélites del Imperio que en el epicentro del mismo, precisado de un orden político extremadamente autoritario que sirviera de sólida plataforma al conjunto.

En efecto, desde el punto de vista técnico la Carta de Bayona recoge un cuadro institucional heredado de las Constituciones francesas de los años VII, X y XII: Senado, Cuerpo legislativo, ministerios, Consejo de Estado y estructura de la justicia. Igualmente es de inspiración francesa la idea de una monarquía fuerte, base de la iniciativa legislativa, pero la confesionalidad religiosa, el mantenimiento de determinados privilegios estamentales, la posibilidad de un embrionario y remoto control del cuerpo legislativo sobre el Monarca, y la declaración expresa de ciertos derechos individuales, la separan de sus referentes franceses. Todo ello permite hablar de un híbrido entre la veta del reformismo ilustrado español de siglo XVIII y el constitucionalismo napoleónico.

Significativamente el texto se inicia con una rotunda declaración confesional que establece la religión católica como única y con prohibición del ejercicio de cualquier otro culto, aunque posteriormente el articulado no especificase las formas de sostenimiento del culto y clero. En este aspecto el texto de Bayona es mucho más explícito que la Constitución francesa del año XII porque desvela, al igual que se hará posteriormente reconociendo determinados derechos de la nobleza, el deseo de compromiso con las elites del Antiguo Régimen.

Sin una declaración expresa de la división de poderes, sí se desprende, sin embargo, una relativa separación de jurisdicciones sobre todo en lo tocante al poder judicial, cuya independencia se invoca. Separación que queda matizada por las interferencias de los poderes ejecutivo y legislativo, en un modelo basado en la concepción de una monarquía autoritaria. El poder ejecutivo reside en el rey, como cabeza de una monarquía «limitada y hereditaria», y en sus ministros. Esta función de centro del poder político está asegurada por la capacidad del monarca para nombrar y deponer ministros, elegir el Senado y disponer de la iniciativa legislativa. En suma, los ministros son responsables ante el rey, por el artículo 31; sin embargo la necesidad del refrendo ministerial para la promulgación de las leyes, y el hecho de que las Cortes, por el artículo 85, pudieran elevar al rey quejas sobre la actuación de los ministros, plantean una embrionaria fórmula de limitación del poder real y un hipótesis de régimen parlamentario que sólo con la práctica podría haberse colmado.

El poder legislativo está desplegado en una secuencia que parte de la iniciativa regia, con sus ministros, y pasa al Consejo de Estado —órgano consultivo de naturaleza técnica que establece el título VIII y que, dividido en secciones, entiende en todos los asuntos de la Administración pública—, que comunica las propuestas a las Cortes para su deliberación a puerta cerrada, aprobación y posterior promulgación por el rey, haciendo constar «oídas las Cortes». En definitiva, la capacidad de las Cortes para elaborar leyes queda mediatizada por el poder del monarca, excepto en el tema presupuestario y el control de su aplicación. Unas Cortes compuestas por 172 miembros divididos en tres estamentos a la manera del Antiguo Régimen: estamento del clero (25 arzobispos y obispos), el de la nobleza (25 «grandes de Cortes»), y el estamento del «pueblo», integrado por 62 diputados de las provincias de España e Indias, 30 diputados de las ciudades principales, 15 representantes del comercio y otros tantos de las universidades. Procedimiento estamental y corporativo que entremezcla la filosofía de la representación corporativa napoleónica y la querencia del ideario ilustrado español por la convocatoria a Cortes estamentales.

Las Cortes, convocadas por el rey al menos una vez cada tres años, serían el fruto de un sistema electoral extremadamente restrictivo, muy lejano del sufragio universal indirecto de la Constitución gaditana. La elección del estamento del pueblo queda en manos de los regidores municipales y curas, mientras que los diputados del comercio y las universidades son nombrados por el rey a propuesta de las propias instituciones.

El título VII establece el Senado. Sus funciones son idénticas a las de la Constitución francesa del año XII. Órgano que no era entendido como cámara legislativa sino como una especie de tribunal constitucional, encargado de la defensa de las libertades individuales y de asuntos relativos a la libertad de imprenta. Los derechos individuales no están sistematizados en una tabla, pero aparecen salpicados a lo largo del texto: libertad de imprenta (art. 39), *habeas corpus* (art. 40), inviolabilidad del domicilio (art. 126), garantías procesales (arts. 127 y 128), garantías contra la detención arbitraria (arts. 129 a 132), abolición del tormento (art. 133), publicidad de los procesos (art. 106).

El poder judicial está desarrollado en el título XI. Concebido como poder independiente (art. 97), se fundamenta en la idea de la unidad de códigos y en el principio matizado de la inamovilidad de los jueces. La organización de los tribunales recuerda el modelo francés: en la base se sitúan los «jueces conciliadores», como inicio de una pirámide que se continúa sucesivamente con los juzgados de primera instancia, las audiencias o tribunales de apelación, y el tribunal de reposición o consejo real. Una *alta corte real* entendería de los delitos personales de la familia real, ministros, senadores y consejeros de Estado.

La existencia del texto de Bayona y la posterior Constitución de Cádiz como resultado de dos proyectos simultáneos de legitimación invita a una comparación en términos de filosofía política. Mientras que el texto gaditano es fruto de una vocación revolucionaria, en el sentido de una consciente y minuciosa ruptura jurídica con el Antiguo Régimen, el Estatuto de Bayona responde a una filosofía reformista en la que sobresale un conjunto doctrinal más próximo al ideario ilustrado. Además responde a una estrategia napoleónica de solución de compromiso a corto plazo, buscando la atracción de los notables del Antiguo Régimen como apoyo sustancial de la monarquía josefina. Aunque no quedara planteado un desmantelamiento explícito del Antiguo Régimen como en el texto gaditano, en Bayona se acercaron los resortes para un desmantelamiento gradual. Sin una declaración expresa de la igualdad jurídica de los ciudadanos, se hace referencia implícita a la cuestión cuando se establece la igualdad ante el impuesto, y la abolición de determinados privilegios, entre ellos como más significativos los de jurisdicción, que quedan suprimidos sin indemnización, al igual que los de acceso a empleos públicos, abiertos ahora a todos los ciudadanos según «los servicios y los talentos». En el tema de los mayorazgos es más prudente el texto: quedan reducidos a aquellos que produjeran al menos una renta anual de 5.000 pesos fuertes —100.000 reales aproximadamente—, siempre con la posibilidad abierta de su transformación en propiedades libres a voluntad del beneficiario y la prohibición de nuevas fundaciones. En el plano económico se articulan un conjunto de principios orientados a la formación del mercado nacional, imbuidos todos ellos del liberalismo económico. Los artículos 88 y 89 recogen las libertades de industria y comercio, el artículo 16 la supresión de aduanas internas, y el artículo 90 la supresión de privilegios comerciales. El reconocimiento constitucional de toda la deuda, «vales reales, juros y empréstitos de cualquier naturaleza», intentaba acallar la inquietud sembrada por los rumores del no reconocimiento de la deuda borbónica, sobre todo de la burguesía comercial tenedora de este tipo de obligaciones. Completan el marco económico unas posiciones sobre la hacienda pública de signo racionalizador, entre ellas la igualdad del sistema de contribuciones y la tajante separación del tesoro público y el tesoro de la Corona.

La organización territorial del Estado está ausente del texto. El acoplamiento del modelo francés será objeto de una legislación ordinaria posterior, como iniciativa de José I, en un contexto en el que desde el principio la estrategia de fronteras naturales del Emperador contempló la incorporación de los territorios situados al norte del río Ebro al Estado francés en forma de departamentos. De todas formas, planea una vocación uniformizadora de la administración territorial al dejar la cuestión de las provincias aforadas a debate de las primeras Cortes que se reuniesen. En este ámbito organizativo la concepción territorial iba más allá de una estricta cuestión peninsular, para redefinir el espacio imperial español. Quedó profundamente alterada la concepción del Imperio, en términos políticos y económicos. Se producía la ruptura del *pacto colonial* como ligamento del Imperio. En efecto, el artículo 87 establecía «los reinos y provincias españolas de América y Asia gozarán de los mismos derechos que la metrópoli». Las colonias se transformaban pues en provincias con igualdad política y su representación en las Cortes, en una fórmula no brindada por las Cortes y la Constitución de Cádiz. Los artículos 88 a 90 fijaban un régimen de libre comercio entre los territorios del antiguo imperio transoceánico, incluyendo la prohibición de todo tipo de privilegios y monopolios comerciales, aspecto en el que estaba interesada la burguesía comercial francesa de los puertos atlánticos.

Parece inútil plantear el debate entre los textos de Bayona y Cádiz en términos de mímesis doctrinal y formal. Al fin y al cabo ambos proceden de un acervo de cultura crítica hacia el Estado absoluto y las instituciones del Antiguo Régimen, por lo que necesariamente se producen algunas similitudes técnicas. Más importante resulta el papel que jugó el texto de Bayona como estímulo y acelerador de la apertura y contenidos de un proceso constitucional en la España de la insurrección. Ambas se plantearon un mismo objetivo, el desmantelamiento del Antiguo Régimen, pero en secuencias temporales y marcos de intereses diferentes, que pueden resumirse en el binomio gradualismo de Bayona *versus* revolución de Cádiz. En Cádiz es la *nación* quien habla a través de sus representantes, en Bayona es Napoleón, como estratega de un Imperio, quien ofrece un texto constitucional a sectores representativos de las elites económicas y políticas del Antiguo Régimen, que en última instancia persigue la articulación de España en el Imperio elevando a categoría constitucional por el artículo 124 la alianza perpetua ofensiva-defensiva entre España y Francia. La importancia de Bayona estriba más como referente intelectual y proyecto político que como una realidad cuajada dada la situación de guerra, las discrepancias cada vez más acusadas entre los proyectos napoleónico y afrancesado y la posterior derrota militar.

3.3. Proyecto nacional josefino «versus» proyecto imperial napoleónico

Una vez jurada la Constitución el 7 de julio en Bayona José I constituyó su primer Gabinete, compuesto por Urquijo, Cabarrús, Ceballos, Azanza, Piñuela, O'Farril y Mazarredo. El 20 de julio el nuevo Rey entraba en Madrid ante la indiferencia generalizada de la población. Diez días después, como consecuencia de la derrota francesa en Bailén, abandonaba la capital. En efecto, Bailén, además de sus innegables repercusiones militares y simbólicas, marca un antes y un después en la evolución política del régimen josefino. Significa que el proyecto esbozado en Bayona queda en suspenso temporalmente y en su lugar tome cuerpo el planteamiento del Emperador basado en la guerra de conquista. En la estrategia imperial España no dejaba de ser más que una pieza satélite de su sistema. Que se le concediera mayor o menor autonomía dependería de cuestiones militares. La secuencia iniciada el 2 de mayo en Madrid, la generalización de la insurrección y la derrota de Bailén le impusieron una solución militar en la que la lógica de la guerra de conquista y sus mariscales se impondrían sobre el inicial esquema de una nueva dinastía regeneradora. A ello se unían las aspiraciones de llevar la frontera sur del Estado francés hasta la línea del Ebro. En suma, Bailén aplazó la construcción del Estado josefino y el asentamiento autónomo de la nueva dinastía tal como se había previsto en Bayona.

El Gobierno de José I, como respuesta inmediata, esbozó un programa de emergencia, dirigido por un lado a la insurrección invocando la concordia y la negociación, y por otro frente a Napoleón, reclamando integridad territorial, sostén económico y mayor independencia política respecto a los mariscales, además de la virtualidad de la política de conciliación con el bando insurrecto. La marcha de la guerra convertirá esta dualidad de programas en algo permanente hasta 1813. Después de Bailén la segunda invasión dirigida personalmente por Napoleón entre agosto y diciembre de 1808 retrasó, a corto plazo, el *proyecto nacional* josefino, y lo cuestionó a largo plazo, al asentarse el *proyecto imperial* con su contenido marcadamente militar. Hasta el final de la guerra cada vez se hará más evidente la contradicción entre ambos proyectos. Para que funcionase el Estado josefino, progresivamente huérfano de recursos propios de todo tipo, se hacía preciso el sostén militar y económico del Emperador, lo que significaba una continua dependencia de los mariscales imperiales y de las arcas francesas. Pero la guerra de conquista imponía otros criterios muy distintos.

Un valor añadido en los problemas del Gobierno de José I fue la deserción en masa de buena parte de las elites de poder y de los cuadros intermedios que en un primer momento por motivos muy distintos estaban dispuestos a colaborar con la nueva dinastía. Sus bases sociales se redujeron alarmantemente a lo largo de segundo semestre de 1808. Sólo quedaron en el ámbito de José I el grupo de los *afrancesados* convencidos, y como elementos de fidelidad insegura los empleados de la antigua Administración que, por mucho juramento que prestasen a la persona del nuevo Rey, estaban presos de continuas vacilaciones según la marcha de la guerra.

Los afrancesados configuraron un grupo doctrinalmente heredero del reformismo de la Ilustración —valoración en la que ha insistido Artola— que políticamente se agrupó en torno a la nueva dinastía en el mes de mayo, rechazando la dinámica de la insurrección. Existe una explicación doctrinal y otra coyuntural. El *colaboracionismo* optó por José I, dentro de un accidentalismo dinástico, tratando de evitar un peligroso vacío de poder. La alternativa de Bayona brindaba una hipótesis reformista, al mismo tiempo que representaba una cierta línea de continuidad en la transmisión de poderes. Además consideraban el entramado político surgido de las juntas revolucionarias como instrumento poco sólido para oponerse a Napoleón. Para este grupo era inútil una oposición frontal, es decir, la guerra, ante unas tropas imperiales incontestadas hasta entonces. Esta táctica impediría la desmembración del territorio y abriría la posibilidad de una paz acoplada al proyecto de Bayona. Una actitud pragmática que descarta una peligrosa aventura política en las filas de la insurrección más por su incierto futuro que por su contenido liberal, todavía no claramente explicitado antes de 1810.

La mayor parte de los miembros del primer Gabinete de José I habían sido ministros con Fernando VII, o bien habían ocupado cargos de responsabilidad en las estructuras del Antiguo Régimen, como militares, diplomáticos o financieros. También la mayoría habían apostado por Fernando VII en la crisis de principios de 1808 frente a Godoy y Carlos IV. El hecho de las deserciones entre agosto y diciembre dejó más depurado el grupo de los afrancesados convencidos, que jugaron un importante papel en la estructuración del Estado josefino, sobre todo después de la marcha de Napoleón en diciembre de 1808, y la segunda entrada de José I en Madrid en enero de 1809.

3.4. Un embrión de Estado

Mercader ha analizado la maquinaria institucional del Estado josefino, con las reformas que siguen unas pautas de inspiración francesa señaladas en el Estatuto de Bayona. Durante su presencia en España Napoleón ya había asestado un duro golpe a las instituciones del Antiguo Régimen. Los decretos de Chamartín habían abolido la Inquisición y el Consejo de Castilla, además de las medidas contra los derechos señoriales, aunque también había anunciado la división de hecho del territorio español en virreinatos militares. A lo largo de 1809 quedará completada la tarea con la supresión de los restantes consejos: Guerra, Hacienda, Ordenes militares, Indias, Marina. José I intentó, acorde con el proyecto afrancesado, construir una nueva estructura de gobierno en lo posible no mediatizada por una excesiva influencia imperial, o, si queremos, de los poderes de hecho de los mariscales. Esta última cuestión siempre influyó decisivamente en estos ensayos de construcción de la nueva Administración. Ya en diciembre de 1808, cuando Napoleón impuso un poder efectivo para sus mariscales, José I renunció eventualmente a la Corona. A finales de 1808 había un sólo poder efectivo de naturaleza militar que dio su impronta hasta el final de la guerra.

La construcción del nuevo organigrama estatal en la parcela de poder ejecutivo se dirigió al diseño de la Administración central y territorial, dejando siempre pendiente la convocatoria a Cortes. Los ministerios, en número de diez, asumieron las funciones de los viejos consejos. Quedaba esbozada la figura del Consejo de Ministros, con el ministro de Estado a su frente, encargado de refrendar decretos y actos de gobierno. Las principales innovaciones consistieron en la especialización ministerial delimitando funciones. Se crearon nuevos departamentos: Negocios Extranjeros, Negocios Eclesiásticos, Interior —que asume funciones políticas y administrativas antes dispersas en el Consejo de Castilla—, Policía General, encargado de la seguridad del Estado, y el de Justicia, que heredaba las funciones del Consejo de Castilla en este ámbito, incorporando la Sala de Alcaldes de Casa y Corte, tribunal circunscrito a Madrid, y creando para los asuntos pendientes las Juntas Contenciosas. El Consejo de Estado quedaba definido como un órgano consultivo, a modo del antiguo Consejo Real, que adquiere relevancia ante la ausencia de Cortes. Y para terminar, José I se rodeó de un Consejo Privado, nombrado discrecionalmente, pero que acostumbraba a reunir a los ministros, presidentes de sección del Consejo de Estado y altos dignatarios, y en la práctica se convirtió en el instrumento básico de gobierno donde se discutían los principales asuntos, sobre todo financieros.

La Administración territorial y local, que en teoría reconocía tres ámbitos: prefecturas, intendencias y municipalidades, estuvo sujeta a los vaivenes de la guerra y los conflictos con la Administración militar imperial. Un principio de orden se estableció en febrero de 1809 con la creación de los comisarios regios, especie de delegados del poder real encargados de contrarrestar los poderes militares. En febrero de 1810, en un momento especialmente favorable para el proyecto josefino provocado por la conquista de Andalucía, Napoleón proyectó nuevamente su estrategia de anexión y organización del territorio, reforzando la política de virreyes-mariscales e incorporando a Francia las provincias españolas situadas al norte del Ebro. Como respuesta la Administración josefina dictó tres decretos significativos en abril de 1810: el primero de ellos dividía al país en 38 prefecturas, a base de sub-prefecturas y municipalidades, incluyendo los territorios al norte del Ebro, lo que implicaba un desconocimiento expreso de las medidas imperiales. El segundo, establecía medidas administrativas para una ulterior convocatoria a Cortes, y el tercero la división del país en quince divisiones militares, sujetas al control del Rey.

El contexto de 1810, especialmente delicado en términos militares para la España de la insurrección, no hacía más que exacerbar las contradicciones entre el proyecto josefino y el napoleónico. Y es que la escasez de recursos de José I seguía siendo agobiante. Era precisa una asistencia financiera a la construcción del nuevo marco institucional, con el problema de que la hacienda de Madrid estaba exhausta. Como solución se ensayó la ya clásica de los empréstitos urgentes y obligados, política que por su coyunturalidad se demostró ineficaz a largo plazo. Una desamortización con fines fiscales fue la otra solución elegida, aprovechando las espitas de la reforma eclesiástica abierta por Napoleón en los decretos de Chamartín de 1808. Las escasas dimensiones prácticas de la desamortización, la imposibilidad de una transformación del sistema fiscal y el poco movimiento generado en la primera Bolsa de Madrid, acentuaron la decadencia financiera y el recurso a nuevas solicitudes de ayuda al Emperador. Las embajadas de José I ante su hermano en 1811 iban en esta dirección, además de reclamar poderes administrativos y militares sobre los mariscales. Napoleón zanjó la cuestión con un aparente y parcial reconocimiento de las reclamaciones de su hermano. A un reducido apoyo económico, se une el mando del ejército del centro y las obligaciones para los mariscales de comunicar sus gestiones al Monarca, lo que en la práctica nunca quedó resuelto.

Sólo como consecuencia de la campaña de Rusia de 1812, Napoleón empezó a valorar el «avispero» español desde otra perspectiva, y de su política de conquista y desentendimiento pasó a concebir el orden en el terreno español en un contexto pretendido de una paz con Gran Bretaña. Era otra estrategia imperial que ahora necesitaba a José como cabeza única del mando militar, y de intermediario para intentar llegar a una negociación postrera con los liberales. Pero para entonces ya era tarde. El Rey estaba agotado en sus crisis y los afrancesados que le apoyaban habían sido víctimas de su proyecto imposible en la práctica, mientras el Estado josefino de hecho era inoperante, cuando no inexistente, bloqueado por las resistencias y la guerra y por el propio Napoleón. Las consecuencias de la derrota de los Arapiles en julio de 1812 y su salida de Madrid entre agosto y noviembre le convirtieron en un Rey itinerante y en un jefe militar teórico del ejército francés de ocupación. En 1813 salía por tercera y última vez de Madrid camino de la frontera francesa.

Capítulo IV

La nación en las Cortes de Cádiz

4.1. La insurrección institucionalizada: las juntas

En los momentos previos de su salida hacia Bayona, Fernando VII dejó constituida por decreto de 9 de abril una *Junta Suprema de Gobierno,* presidida por el infante Antonio y compuesta por Sebastián Piñuela, Miguel José Azanza, Gonzalo O'Farrill y Francisco Gil de Lemus. Sin funciones específicas, era el organismo que asumía la representación del Monarca. Pronto demostró su inoperancia y quedó desbordada por el estallido del conflicto, además de que su presidente salía a Bayona el 4 de mayo completando la marcha de la familia real. Cuando el 5 de mayo llegan las noticias de la sublevación a Bayona, y Napoleón incrementa su presión a Fernando VII para la cesión de la Corona, éste emite dos decretos cediendo la capacidad de declaración de guerra a la Junta de Gobierno y encargando al Consejo Real la convocatoria de Cortes según el modelo del Antiguo Régimen para obtener recursos en caso de que la guerra lo exigiese. Ambos decretos fueron silenciados por una Junta sin presidente y que había lanzado mensajes de calma y colaboración con los franceses el 2 de mayo. Alguno de sus componentes se incorporarían al Gobierno de José Bonaparte, además de colaborar con Murat, lugarteniente de Napoleón. La Junta de Gobierno quedaba descalificada. Tampoco el Consejo de Castilla tenía capacidad de respuesta, e igualmente había recomendado tranquilidad. De todas formas a la altura de 1808 las instituciones del Antiguo Régimen, los consejos, no tenían ni la agilidad, ni la flexibilidad para canalizar respuestas a la situación. En la práctica habían perdido peso específico a lo largo de varias décadas. Hasta aquí el colapso institucional del Antiguo Régimen. Otra cosa eran las elites ligadas al Estado absoluto que, descolocadas, se mantienen expectantes, van a Bayona u orientan su actividad hacia los nuevos organismos surgidos del levantamiento: las juntas.

Durante el mes de mayo se formaron a lo largo y ancho del país juntas, como formas de organización popular, encargadas de dar forma a la insurrección. Surgieron de forma espontánea, independientemente de que tuvieran un basamento histórico en las estructuras tradicionales del poder local, que ahora, ante el vacío de poder, capitalizan la respuesta del pueblo en armas. El fenómeno era revolucionario en sí mismo y en tal sentido fueron el embrión de la revolución liberal, más que por una sistematización y explicitación de principios liberales. La lógica que inauguraron, el ejercicio de la soberanía de hecho, la percepción de un cambio —que luego cuajaría en un discurso liberal— y el aglutinante de lucha contra el invasor en defensa de la trilogía Dios, patria, rey, constituyó la primera arquitectura de la revolución, la *legitimidad embrionaria* que en un proceso no lineal y con múltiples tensiones tuvo sus siguientes escalones en las juntas provinciales, la Junta Central, la Regencia, para desembocar en la ruptura liberal de las Cortes de Cádiz. En la mayor parte de los casos las autoridades locales se pusieron al frente de las juntas, por convicción y a veces por coacción, y en ellas tendieron a incorporarse los notables locales.

Ante la crisis de Estado habían tomado la iniciativa, pero este microcosmos defensivo precisaba de una coordinación más operativa en términos militares y de gobierno que, por otra parte, superara las tensiones entre localidades. Así se extendió la práctica de crear *Juntas Supremas Provinciales* allí donde la situación de la guerra lo permitió. Se constituyeron dieciocho juntas en total y, siguiendo la lógica apuntada, estuvieron encabezadas por personajes ligados a la anterior estructura de poder. Configuradas como juntas de armamento y defensa para racionalizar el esfuerzo de la guerra, en sus dispares manifiestos ya aparecen precisas algunas cuestiones políticas de matiz liberal, sobre todo en el tema de la soberanía, frecuentemente considerada como emancipación del pueblo. Era, pues, una concepción del poder de abajo a arriba de contenido representativo, lo que crearía abundantes fricciones con un Consejo de Castilla desprestigiado al que recusaron por ambigüedad y tibieza en la reacción frente a la invasión. Tampoco tendrá más éxito la propuesta del Consejo de Castilla en el mes de junio de configurar un Gobierno mixto del propio Consejo con las juntas. Éstas tampoco aceptaron la hipótesis de una Regencia. A partir del mes de junio de 1808 se denota una aproximación de las diferentes juntas provinciales con el fin de crear un organismo coordinador, que culminó con la formación de una Junta Central. Este proceso unificador se inició con el establecimiento de acuerdos entre juntas geográficamente próximas. Era el caso de Sevilla y Granada el 11 de junio, o de la alianza entre la Junta Reunida de León y Castilla, y la de Galicia el 30 de agosto. La cuestión es que el manifiesto de la Junta de Murcia el 22 de junio planteó la formación de un Gobierno común. El 16 de julio la de Valencia insistió en sus mismos términos, lo que produjo una adhesión en cascada. Por fin el 25 de septiembre de 1808 quedó constituida en Aranjuez la Junta Central —*Junta Suprema Central Gubernativa del Reino*—, triunfando la tesis de su plena soberanía.

4.2. La Junta Central y el debate sobre la convocatoria a Cortes

La creación de la Junta Central suponía un salto adelante en el proceso de ordenación de los nuevos poderes. Nacía con una vocación coordinadora de las juntas provinciales. Presidida hasta el mes de diciembre por el conde de Floridablanca, tenía como objeto el mantenimiento de una estructura de gobierno y la dirección de la guerra. Pero las discrepancias internas, empezando por las versiones sobre su legitimidad, el alcance de sus atribuciones, la forma y contenido de una convocatoria a Cortes, los conflictos de poderes con la propias juntas provinciales y con organismos como el Consejo de Castilla, y la dinámica de la guerra, en términos militares, y en términos políticos en un ambiente de conspiración, hicieron de ella una Junta inestable que transferiría como salida poderes a una Regencia en enero de 1810 y sin haber resuelto el contenido y procedimiento de la convocatoria a Cortes.

El origen de su legitimidad será tema de debate, en el que subyace la raíz de su soberanía. ¿Era un poder soberano en sí mismo fruto del secuestro del Rey? o ¿su autoridad procedía de una sucesiva transferencia de soberanía del movimiento juntero? Así las primeras disparidades surgieron entre los propios componentes de la Junta. En su composición se dibujaban tres grupos de opinión cuya adjetivación resulta difícil. Una línea conservadora encabezada por su viejo presidente, el conde de Floridablanca, reticente a la convocatoria de Cortes y que entendía y valoraba la naturaleza de la Junta como una especie de consejo de Regencia, sin más atribuciones soberanas, lo que ideológicamente suponía cuestionar su origen en la soberanía popular y por tanto el instrumento para poner coto a los planteamientos de las juntas. Frente a ello la posición de la línea *centrista* mantenida por Jovellanos, que proyecta el poso doctrinal de las formulaciones ilustradas del siglo XVIII: la regeneración del país a partir de los cauces de la *Constitución histórica*, reformable para su aplicación a los nuevos tiempos, con un contenido equidistante tanto del concepto de soberanía nacional como del de soberanía ilimitada del monarca. Es decir, no partidaria del concepto de soberanía nacional tal como había quedado definido por la Revolución Francesa, pero sí de la *supremacía* de la nación en una situación límite argumentada en el secuestro del Rey, la sublevación popular y el vacío de poder de hecho. Por tanto existía un *derecho legítimo de insurrección*, que había abierto una nueva situación, cuyos efectos trata de canalizar de forma pragmática, apelando a esa *Constitución histórica*, como conjunto de leyes fundamentales del reino, que pueden ser objeto de mejora. Por último, el sector plenamente liberal que atribuye un carácter revolucionario a la insurrección popular y a su expresión política en las juntas, reclamando la soberanía nacional como principio constructor de una innovadora estructuración política, sobre la base de la apertura de un proceso constituyente. Hombres como Calvo de Rozas o Quintana acabaron por dar su impronta a la tarea preconstitucional de la Junta desde enero de 1809.

Aunque la idea de una convocatoria a Cortes había sido esgrimida, el manifiesto de la Junta de 26 de octubre obviaba por el momento el tema de la convocatoria de Cortes. La muerte en diciembre de Floridablanca cerraría este primer capítulo, para recuperarse la idea de la convocatoria en 1809. La cuestión estaba en cómo se entendían esas Cortes, para dibujarse dos formas: la de la tradición histórica, es decir, como herencia de Cortes medievales y forjadas a partir del pacto del monarca y los estamentos, y las Cortes en un sentido liberal, como representantes de la soberanía nacional y por tanto con funciones constituyentes.

Así, la formación de la Junta, además de su pretensión centralizadora en la dirección de la guerra, significa la apertura de un largo debate en el tiempo con su horizonte último en la convocatoria de unas Cortes. Era la cuestión a partir de la cual se vertebraron las distintas formas de entender la organización política e institucional ante una situación excepcional. Y así, la heterogeneidad ideológica de los miembros de la Junta plantea el debate en una compleja secuencia en la que cristalizan tensiones internas y estímulos exteriores formalizados por la marcha de la guerra y por un factor nada desdeñable como es el proceso institucional abierto por Napoleón en Bayona, en julio de 1808. En efecto, el análisis de la evolución política de la resistencia española debe tener en cuenta, desde el verano de 1808, el transcurrir político e institucional de la España de José I, que toma la iniciativa en el desmantelamiento del Antiguo Régimen. La construcción del Estado josefino influyó en la toma de decisiones de la Junta Central y de las instituciones de Gobierno de la España resistente. Como en otros lugares de Europa, Napoleón y su proyecto institucional insistían en su impulso regenerador de un país decadente por la corrupción de sus elites políticas y la inoperancia administrativa y política de sus instituciones. El proyecto napoleónico planteaba el desplazamiento del Antiguo Régimen. El estatuto de Bayona de julio de 1808 sentaba las bases de una innovadora organización estatal y los decretos del mes de diciembre, firmados por el propio Napoleón, barrían con la sociedad feudal en su conjunto. ¿Cómo todo ello no iba a influir en una Junta todavía indefinida respecto de un tema tan trascendental como la convocatoria de Cortes y, lo que es más, la naturaleza de las mismas? Influencia que se hace más evidente en la carta que Jovellanos dirige a Cabarrús, dos reformistas ilustrados, uno en la España resistente, el otro en la de José I: «España lidia por su religión, por su constitución, por sus leyes, sus costumbres, sus usos, en una palabra, por su libertad... Dirá V.M. pues es que esta es la cantinela de su partido, que Napoleón no quiere esclavizarla sino regenerarla... pues, que, ¿España no sabrá *mejorar* su constitución sin auxilio extranjero? Pues, que, ¿no hay en España cabezas prudentes, espíritus ilustrados, capaces de restablecer su excelente y propia constitución, de mejorar y acomodar sus leyes al estado presente de la nación?» La regeneración, pues, tenía una versión sin el concurso de Napoleón y su hermano José, pero esta transformación sólo podría consolidarse por la vía rupturista capaz de ofrecer un producto político homologable o superable al que elaboraban los afrancesados en Madrid.

En su actividad como Gobierno, en el contexto de esas discrepancias sobre su soberanía, y de la indefinición de sus atribuciones, la Junta trató de organizar la Administración del Estado y la dirección política recurriendo a la estructura anterior de cinco Secretarías de Despacho: Estado, Guerra, Hacienda, Gracia y Justicia y Marina, cargos para los que fueron nombrados respectivamente Pedro Ceballos, general Antonio Cornell, Francisco Saavedra, Benito Ramón de Hermida y Antonio Escaño. La Junta estaba compuesta por un presidente y 35 miembros, representantes de las juntas provinciales. En su origen era un escalón más de la pirámide de la estructuración del poder de abajo a arriba, y articulado como representación de juntas provinciales, pero en la práctica gubernamental acabó actuando autónomamente. Así en enero de 1809 intentó reducir los poderes que de hecho poseían las juntas provinciales, con el incremento de las tensiones. Sus integrantes tenían una procedencia dispar, donde confluían personajes ligados al funcionamiento del Estado de Carlos IV y también de elites ilustradas de nuevo cuño forjadas al amparo del reformismo y de las ideas liberales. De hecho la composición de la Junta en sí misma ya significaba un desplazamiento institucional de las elites del poder, en buena parte bloqueadas en organismos inservibles, pero todavía con una potencia conspirativa y de oposición política a la actividad de la Junta como el Consejo de Castilla. Pero sus miembros más significados estaban vinculados a la anterior estructura de poder, como sus tres presidentes Floridablanca, marqués de Astorga y el arzobispo de Laodicea, y su secretario general Martín de Garay. Además del poder ejecutivo de cinco secretarías, tres de sus titulares, Ceballos, Saavedra y Cornell habían sido ministros de Carlos IV.

En la dirección militar la Junta dispuso el 10 de noviembre de 1808 la organización del ejército a base de cuatro cuerpos de ejército: Izquierda, Cataluña, Centro y el de la Reserva. Su actuación coincidió con los reveses militares de mayor envergadura, sobre todo desde la llegada de Napoleón a España. Precisamente la toma de Madrid provocó la salida de la Junta de Aranjuez, en una situación itinerante que a través de Talavera y Trujillo la llevó a instalarse en Sevilla el 16 de diciembre. La amenaza francesa la obligó a un definitivo traslado a Cádiz a mediados de enero de 1810, traslado en el que incide su cuestionamiento instrumentalizado por un confuso ambiente conspirativo procedente de instituciones y personas del Antiguo Régimen.

Entre abril de 1809 y finales de enero de 1810, en que la Junta Central se disuelve, la cuestión nodal que dominó su actividad fue la convocatoria de Cortes. Un tenso debate caracterizado por las dilaciones, los anuncios de convocatoria, los informes y las discrepancias respecto al contenido y procedimiento de su convocatoria. Se trató de un pulso sostenido por jovellanistas y liberales, orientado inicialmente a favor de las tesis de los primeros, pero en la práctica resuelto en favor de los segundos ya en la época de la Regencia.

Durante la etapa de la Junta en Aranjuez, Jovellanos había planteado la necesidad de que las Cortes fuesen convocadas. Era la fórmula a través de la *Constitución histórica* para buscar un sincretismo entre la legalidad antigua y la nueva situación creada por la guerra. Frenada la iniciativa por el conde de Floridablanca, la idea vuelve a retomarse en la primavera de 1809, esta vez con el impulso del sector liberal de la Junta representado por Calvo de Rozas, al que se sumaron Jovellanos, Valdés y el marqués de Astorga. Sin embargo, el decreto de 22 de mayo de 1809 convocando Cortes continuó impregnado de los planteamientos de Jovellanos. Indefinido en cuanto a la fecha de convocatoria, recoge la conveniencia de una amplia consulta que aclarase el estado de opinión existente al respecto. Para recabar la información y organizar los trabajos de la convocatoria se creó una *Comisión de Cortes,* formada por Jovellanos, el arzobispo de Laodicea, Francisco Javier Caro, Francisco Castanedo y Rodrigo Riquelme. La amplitud de las respuestas y la complejidad de los trabajos desembocaron en la formación de siete juntas auxiliares de la Comisión de Cortes: Ordenación y Redacción, Legislación, Medios y Recursos Extraordinarios, Ceremonial de Cortes, Hacienda Real, Instrucción Pública y Materias Eclesiásticas. El trabajo de estas juntas auxiliares se extendió a lo largo del segundo semestre de 1809. Frente a la posición influyente de Jovellanos, empezó a tomar cuerpo una alternativa liberal todavía difusa pero que vinculaba la idea de la convocatoria a Cortes con la elaboración de una constitución. Esta tendencia estuvo inspirada en Quintana, Argüelles, Calvo de Rozas, personajes de singular importancia en la trayectoria del primer liberalismo español.

Las juntas ordenaron el material de la consulta. Las respuestas de las instituciones consultadas como ayuntamientos, chancillerías, audiencias, universidades, instituciones eclesiásticas, juntas provinciales... mayoritariamente cuestionaban el edificio político del Antiguo Régimen. Surgieron temas tales como la limitación del poder real, el rechazo de los privilegios estamentales, la división de poderes... la idea de un nuevo contrato social.

La labor de la Junta de Legislación fue de notable importancia. Presidida por Riquelme y con la presencia de Argüelles sus conclusiones se alejaban de los presupuestos de Jovellanos, presidente de la Comisión de Cortes, animaban el debate y se convertían en el primer esbozo de un proyecto constitucional. En ello tuvo indudable repercusión el informe realizado por Antonio Ranz, fruto de un exhaustivo trabajo de recopilación de las leyes fundamentales del reino y de su discusión a la luz de las respuestas recibidas en la consulta al país. El informe fue presentado el 5 de noviembre de 1809. Su contenido era revolucionario. En él quedaba expuesto el basamento de una nueva concepción de las Cortes, como auténtico preámbulo de lo que en Cádiz será realidad: división de poderes, iniciativa legislativa de las Cortes, diputación permanente, reunión automática, al mismo tiempo que hacía referencia a las atribuciones del poder ejecutivo o la abolición del tormento. La cuestión más espinosa se establecía en el modelo de representación, que el proyecto recogía como convocatoria de Cortes estamentales pero con la aprobación de la tesis de Argüelles sobre una sola convocatoria a la población.

Los debates se intensificaron. No llegaron a cuajar en un proyecto definitivo de convocatoria por la interrupción de los trabajos. Los puntos mayores de discrepancia que se prolongarían al año siguiente eran los del procedimiento —estamentos o ciudadanos—, modelo bicameral o una sola asamblea, y la concreción de la labor de las futuras Cortes. En enero de 1810 la Junta Central, obligada por la entrada de las tropas francesas en Sevilla, se traslada a Cádiz. Desprestigiada y puesta en entredicho, se disuelve el 29 de enero de 1810. Es un punto crítico del proceso político e institucional.

Un decreto de esta fecha creaba una Regencia. En cuanto al asunto de la convocatoria a Cortes, después del rosario de vaivenes sobre la naturaleza de la convocatoria, la Junta, resumiendo algunos acuerdos como fruto de un debate inacabado, exponía las siguientes pautas: convocatoria por estamentos, modelo bicameral, iniciativa legislativa, subordinación de la Regencia, y el establecimiento de una diputación de Cortes que fijara el principio de su continuidad.

Sin embargo la Regencia optó por obstaculizar este proceso. El hecho mismo de su nacimiento supone el intento de reconducir la situación creada por el movimiento juntero. Formalmente fue una transmisión de poderes por parte de la Junta Central. En este sentido sería un eslabón más de la cadena entre las juntas y Cádiz. Pero el proceso no es lineal, sino que implicaba algo más: no dejaba de ser una respuesta de la trama institucional del Antiguo Régimen. Sin embargo, la paradoja es manifiesta. La Junta Central, que había establecido unas líneas teóricas y una primera práctica de actuación sobre la convocatoria de Cortes, no logró culminar la secuencia. Al contrario, una Regencia, reticente al tema de las Cortes, y lejana a la idea de la soberanía nacional en cualquiera de sus acepciones, se convirtió muy a su pesar en el puente hacia las Cortes de Cádiz. La solución de una Regencia ya había sido rechazada por las juntas provinciales en la antesala de la constitución de la Junta Central. Personajes como Floridablanca, incluso, intentaron llenar de este contenido los primeros pasos de la propia Junta Central. Ahora instituciones caducas como el Consejo de Castilla y hombres vinculados al Estado del Antiguo Régimen, veían con buenos ojos la creación de la Regencia, que podía ser entendida como una delegación de la soberanía del Monarca. Estaba compuesta por el general Castaños, su primer presidente, el obispo de Orense, que sería segundo presidente, Esteban Fernández de León, miembro del Consejo de España e Indias, luego sustituido por Lardizábal, y por Saavedra y Escaño, ambos secretarios de despacho de Hacienda y Marina respectivamente, durante la Junta Central.

Pero la Regencia se vio desbordada por los acontecimientos. La Junta Central había dejado irresuelta, pero abierta en la práctica, la convocatoria a Cortes. Los diputados elegidos por las ciudades empezaron a llegar a Cádiz, siguiendo la Instrucción de la Junta Central de 1 de enero de 1810. Técnicamente la dificultad de convocar por separado a clero y nobleza era manifiesta. Y la Regencia, en su mecánica dilatoria, ni siquiera llegó a convocar a estos dos estamentos privilegiados del Antiguo Régimen. Mientras tanto, la opinión liberal se hacía patente en la ciudad gaditana, presionando sobre los Regentes. El 17 de junio un manifiesto a la Regencia de Hualde y Toreno recogía este estado de opinión: que no se dilatase la reunión de las Cortes. Al día siguiente la Regencia fijó para agosto reunión de Cortes. No deja de ser nuevamente paradójico que fueran una institución del Antiguo Régimen la que acelerara los acontecimientos brindando una salida óptima para los liberales. Así, el Consejo de Estado en su respuesta a las consultas realizadas por la Regencia, señaló que bastaba la condición de ciudadanos para representar en Cortes. Finalmente la Regencia optó el 19 de agosto por que fueran las propias Cortes quienes decidieran su propia naturaleza. La apertura se fijaba para el 24 de septiembre. Sin pretenderlo quedaba prefigurado el principio de la autodeterminación de las Cortes. De hecho estas empezarían sus discusiones sin un reglamento ni un proyecto de constitución preliminar. Todo daba pie a su primera declaración como representantes de la nación, en uso de su soberanía. Era la hora de la revolución liberal puesta en marcha por unas Cortes Constituyentes.

4.3. La primera afirmación de la soberanía nacional

Los acontecimientos políticos y la marcha de la guerra determinaron una situación de nuevo cuño más lejos de los planteamientos manejados en época de la Junta Central y de los deseos de la Regencia. Las Cortes reunidas en Cádiz se habían proclamado soberanas, frente a los intentos de recuperar las viejas Cortes medievales o el fracaso del modelo representado por Jovellanos. Las indefiniciones, ambigüedades y la prolongada y nunca clara convocatoria de Cortes, se resolvieron por un cauce no previsto, debido a las circunstancias específicas que rodeaban la evolución del conflicto, la existencia en Cádiz de una opinión liberal y la falta de reflejos de las autoridades empezando por la Regencia. Las Cortes partieron de una situación entendida como nueva y este hecho les adjudica el carácter revolucionario, a partir de la reunión en una sola asamblea y la consideración de representantes de la nación, lo que se aparta de la naturaleza de las Cortes estamentales y de las Cortes jovellanistas basadas en la soberanía histórica y la doble Cámara.

En el ritual de juramento de los diputados reunidos el 23 de septiembre ya aparece como cuarta parte del formulario el protagonismo de la *nación*. Después de jurar fidelidad a la religión, la integridad de la nación, y la fidelidad al rey, un ambivalente párrafo escondía una multiplicación de las interpretaciones, pero que en último término hacía a los diputados depositarios de la soberanía nacional en un sentido liberal:

¿Juráis desempeñar fiel y legalmente el encargo que la nación ha puesto a vuestro cuidado, guardando las leyes de España, sin perjuicio de alterar, moderar y variar aquellas que exigiese el bien de la nación?

En el espacio sacro en que se realizó las voces de los diputados juraron con distinto sentido. Para los partidarios del Antiguo Régimen, después de haber jurado fidelidad al rey, la religión y la integridad del territorio, entendieron la cuarta parte como la preservación de las leyes fundamentales. Pero para el grupo de liberales que tenían ideas claras, preparación técnica y sobre todo la iniciativa, convirtiendo sutilmente la convocatoria de Cortes en unas Cortes soberanas, utilizaron la cuarta pieza del juramento como el pilar legitimador en que se agarraban para continuar con su proyecto político. Los diputados eran encargados por la nación, no por el rey. El siguiente paso sería dar un contenido a ese encargo, es decir, definir taxativamente su actuación como depositarios de la soberanía de la nación. El éxito de la estrategia liberal definida y pensada contrastaba con los partidarios del Antiguo Régimen, que continuaron descolocados después de la sutil mutación de legitimidades arropada por las circunstancias de 1810.

Ese segundo paso tomó cuerpo en el primer decreto de las Cortes del día siguiente, es decir, del 24 de septiembre de 1810. La preparación del grupo liberal dio frutos en una estrategia coordinada. El proyecto fue presentado por Manuel Luján y defendido por Muñoz Torrero en una breve disertación cuyo punto nodal era la definición de la soberanía de las Cortes. Fue aprobado después de una discusión en la que se dibujan las actitudes de los diputados y en la que la minoría de los partidarios del Antiguo Régimen empiezan a ser conscientes de que la situación se les había escapado de las manos y tomaba un rumbo insospechado, planteando las primeras resistencias. El texto aprobado estaba compuesto por once artículos en el que se encontraban las piezas maestras del futuro articulado constitucional.

Significativamente, el primero es la clave conductora del resto del decreto. En él las Cortes generales y extraordinarias se declaraban depositarias de la soberanía de la nación. Lo que imprimía el sello de novedad era que la legitimidad de las Cortes se basaba en la nación, y no en el mandato regio, es decir, la nación es la fuente única de soberanía según el substrato ideológico liberal, apartándose implícitamente de la idea de soberanía regia, incluso de la soberanía compartida en el sentido histórico que le había asignado la tradición ilustrada. Los dos siguientes artículos hacían referencia a Fernando VII como Rey y establecían la nulidad de la cesión de la Corona a Napoleón. El artículo cuarto establecía el principio de la división de poderes. Es decir, la crítica al poder absoluto. El poder legislativo quedaba encomendado a las Cortes, mientras que se reservaba el ejecutivo para el Monarca. Sin embargo, la situación de cautividad de Fernando VII hará que en la práctica exista una concentración de poderes en las propias Cortes, toda vez que el articulado fijaba la responsabilidad de los sustitutos del Rey ante las Cortes, filosofía completada en los artículos 5, 6, y 7 dedicados a la Regencia, a la que se reconocía su carácter interino y a la que se exigía el reconocimiento de la soberanía nacional y su juramento a las Cortes, al mismo tiempo que el artículo 11 sentaba el sometimiento a las Cortes de cualquier aparato de poder. Los artículos 8 y 9 habían confirmado a los tribunales de justicia y autoridades civiles y militares, lo que implicaba una legitimación de todos los poderes civiles, militares y judiciales por las propias Cortes y no por una situación anterior o extraordinaria. Para terminar declaraba la inviolabilidad de los diputados, derivada del hecho de ser representantes de la nación soberana.

Este decreto venía a consumar el cambio cualitativo. Las Cortes como proyección de la soberanía nacional se definen como *poder constituyente,* es decir, la creación de un orden jurídico y político nuevo que va mucho más allá de la mera recopilación y sistematización de la legislación anterior tal y como se había concebido en el siglo anterior y como todavía algunos diputados así lo seguían entendiendo. Se apea pues de la idea de leyes fundamentales de la monarquía de acuerdo a la *Constitución histórica,* para formular la racionalización del imperio de la ley con principios nuevos, una revolución jurídica y política que tomará cuerpo con la *Constitución,* como ley única fundamental. El decreto, la labor de las Cortes y su culminación en la Constitución de 1812 eran una ruptura y un hecho revolucionario en sí mismo y en los principios en que se sostenía.

Entre ellos, el de mayor importancia, a partir del que se articulan el resto de principios y el que inauguró el debate jurídico-político más prolongado y de mayor envergadura, fue el de *soberanía nacional*. De hecho, toda la labor jurídica de las Cortes y sus debates, está sujeta a la lógica procedente de la nueva definición de soberanía, desde la concepción misma del poder hasta la forma de entender los derechos, el papel del rey o el régimen señorial, es decir, la propia concepción no sólo de la estructura política y jurídica sino de la organización social.

Los liberales gaditanos fueron los abanderados de una concepción radical y rotunda de soberanía. En múltiples ocasiones a lo largo de los debates constitucionales surgirían los adjetivos que la definirían: «indivisible», «inalienable», «imprescriptible» e «ilegislable». La soberanía *per se* residía en la nación y había residido en ella históricamente, entendida ésta como el conjunto de ciudadanos iguales en derechos, sujetos todos a la misma ley y desprovistos de cualquier forma de privilegio exclusivo de tipo estamental. Pero existían otras formas de entender este concepto. Por eso en torno a las diversas nociones de soberanía se fueron articulando los grupos políticos presentes en Cádiz.

Sigue siendo válida la división convencional en tres grandes estados de opinión entre los diputados. Los absolutistas, partidarios de que la soberanía radicara en la figura del monarca absoluto del que emanan todos los poderes, por lo que la labor de las Cortes debía centrarse en la recopilación y sistematización de las leyes fundamentales de la monarquía al modo y manera del siglo XVIII. El segundo grupo ya tenía su origen en el debate sobre la forma y contenidos de la convocatoria a Cortes durante la etapa de la Junta Central y de la Regencia, protagonizado por Jovellanos. De ahí el calificativo de «jovellanistas». Su consideración de las Cortes parte del concierto entre el rey y la nación, basado en la idea de unas Cortes tradicionales, es decir, los brazos o estamentos medievales, que deben ser consultados en situaciones de emergencia como era el estallido de la Guerra de la Independencia. Recuperar las Cortes tradicionales, pero también apelando a Montesquieu y al derecho natural, la actualización de ese equilibrio de poderes y de las leyes fundamentales que lo sustentan. Así, nobleza y clero serían los cuerpos intermedios como base del equilibrio, traducido en la existencia de una doble Cámara y un «Estado jerárquico». Todo ello constituían los supuestos de la *Constitución histórica de la monarquía*. Los planteamientos jovellanistas desplazados por los liberales durante las Cortes se convertirán, sin embargo, en la idea básica de soberanía recogida en la mayor parte del constitucionalismo español del siglo XIX: la soberanía compartida del rey y las Cortes. El discurso del tercer grupo, el de los liberales, tiene su pilar en la noción de soberanía nacional tal y como quedó reflejada en el artículo 3 de la Constitución: «La soberanía reside *esencialmente* en la nación, y por lo mismo pertenece a ésta exclusivamente el derecho de establecer sus leyes fundamentales». Los términos *esencialmente, exclusivamente* y *establecer* no eran meras licencias lingüísticas, sino expresión de toda la filosofía política que subyace en el ideario liberal. Recalcaban el protagonismo de la nación, único sujeto de soberanía por definición, no compartible y que actúa como poder constituyente capaz de elaborar la ley fundamental. Un *poder constituyente* como premisa de un sistema político de nuevo cuño, basado en la división de poderes, la monarquía como poder constituido delegado, y no como fuente de soberanía, y la igualdad jurídica de los ciudadanos que componen la nación, lo que equivalía a la desaparición de los privilegios y a la consiguiente abolición del régimen señorial.

Por eso la idea liberal de soberanía exigía además una transformación radical en la organización social. La nueva organización del Estado aparecía intrínsecamente ligada a nuevas definiciones económicas y sociales. De ahí que por iniciativa del grupo liberal la secuencia de la legislación gaditana fuera adquiriendo su coherencia en la demolición del régimen señorial como paso previo a la culminación de la Ley Fundamental. Resumiendo esta idea, el diputado García Herreros contraponía como excluyentes la soberanía nacional y la *constitución feudal:* «La nación debe recuperar sus derechos inherentes e imprescriptibles; así se acabarán los derechos feudales y los señoríos particulares; no habrá cotos ni montes; no habrá señores de horca y cuchillo y cesará todo vasallaje».

El ideario liberal, pues, influyó decisivamente en toda la labor de las Cortes. Se trataba de una cuestión más cualitativa que cuantitativa, ya que no era el grupo más numeroso, pero supo enhebrar un discurso sólidamente fundamentado que caló en un amplio abanico de diputados de notable preparación técnica e intelectual. Según los datos de Fernández Almagro, la Cámara estaba compuesta por 97 eclesiásticos, de ellos 3 obispos, 60 abogados, 55 empleados públicos, 37 militares, 16 catedráticos, 35 escaños repartidos entre comerciantes, escritores, médicos y 8 nobles. Número variable a lo largo del período gaditano debido a las suplencias o los retrasos en las incorporaciones, que ha dado lugar a otras mediciones con ligeras variaciones cuantitativas que no alteran una tendencia asentada: dominio mayoritario de unas clases medias intelectuales frente a la minoría procedente de los grupos privilegiados del Antiguo Régimen, hecho a tener en cuenta respecto a las escasas resistencias a la tarea revolucionaria. De todas formas, la cuestión no reside en forzar un correlato necesario entre categorías socio-profesionales de los diputados, y mucho menos su dimensión cuantitativa, y obra jurídica revolucionaria. Este fue el cauce de un estado de opinión que descansó en un conjunto intelectual de profesores, escritores, técnicos que superaban la estricta categoría de clérigos, comerciantes o médicos, eso sí favorecido por la escasa presencia de las figuras sociales más ligadas al Antiguo Régimen: tres obispos y ocho nobles. Difícil precisión que se extiende a las categorías políticas, ya que el hemiciclo gaditano no alberga, por tratarse de la pieza inicial de la historia parlamentaria, partidos y programas definidos.

4.4. La Constitución de 1812 y el proyecto de Estado liberal

La densa labor de las Cortes de Cádiz entre 1810 y 1813 estuvo dedicada a una doble tarea complementaria. Por un lado, el desmantelamiento jurídico del Antiguo Régimen, una de cuyas piezas básicas era el régimen señorial, con la definición de las relaciones económicas y sociales en función de la lógica del mercado. Por otro, la elaboración de una Constitución que diera lugar a la creación de un nuevo sistema político y a una nueva configuración del Estado, que ha sido definido por Artola como monarquía parlamentaria, para diferenciarlo del régimen de monarquía constitucional característico de las Constituciones de 1845 y 1876, dominantes en el siglo, basadas en la soberanía compartida del liberalismo doctrinario.

La Constitución promulgada el 19 de marzo de 1812 consta de 10 títulos y 348 artículos, la más extensa de la historia constitucional española, lo que indica la minuciosidad, escasa improvisación y ambición de un proyecto concebido como duradero en el tiempo, precisamente a partir del principio inmutable de la soberanía nacional y el poder constituyente que asumió.

Del debate todavía abierto sobre los referentes técnicos e intelectuales de la Constitución gaditana, y por consiguiente sus dosis de originalidad, puede entresacarse un triple marco referencial, que hunde sus raíces en el debate de la filosofía política de la Francia del siglo XVIII, en el mundo constitucional anglosajón y en la trayectoria jurídica española. Cuando los diputados gaditanos dieron forma jurídica a los supuestos de la Constitución conocían los referentes de la filosofía política difundidos por la Europa ilustrada del siglo XVIII y que habían ido calando de forma mucho más intensa y precisa de lo que hubieran querido los filtros de la censura del Antiguo Régimen. Los debates en Cortes están salpicados de las referencias a Montesquieu, Rousseau, Locke, Adam Smith, e implícitamente de la riqueza intelectual de la Ilustración francesa y anglosajona: el mundo de la Enciclopedia y el despertar del sentido crítico, los múltiples aspectos del derecho natural contenidos en la difusión de Burlamaqui, Vattel, Beccaria, Filangieri, Condillac... para elaborar el discurso de la separación de poderes, los derechos individuales y la soberanía nacional. En un sentido técnico los diputados gaditanos tuvieron muy presente la Constitución francesa de 1791, lo que no puede argumentarse como una vulgar trasposición de un texto utilizado como modelo formal. Independientemente de la comparación de los contenidos de ambas constituciones, sí parece evidente que los diputados gaditanos trataron de alejarse de una estrecha vinculación con un texto procedente de un país enemigo y contradictorio con la mentalidad de un nacionalismo emocional que legitima su actuación en el pasado histórico propio, proyectando una imagen que sobrevaloraba la riqueza jurídica anterior como fuente principal de inspiración, tal como lo explicitó Martínez Marina en su *Teoría de las Cortes* publicada en 1813. Más allá de la imagen, lo cierto es que los diputados conocían con detalle y recogieron el sedimento jurídico de la casuística legal española, sobre todo en temas referentes a la soberanía y a los límites del poder real, de la publicística y del corpus legal de los últimos siglos.

El sistema político diseñado por la Constitución, apoyado en la columna vertebral de la soberanía nacional y definido como un régimen de monarquía parlamentaria, se sustenta en cuatro elementos principales: división de poderes, limitación del poder real, unicameralidad y un sistema participativo basado en el sufragio universal indirecto. Los legisladores gaditanos no elaboraron una precisa y sistemática tabla de los derechos del ciudadano a la manera de la Declaración norteamericana de 1774 o de la Declaración de los Derechos del Hombre de la Revolución Francesa de 1789, como paso previo a la Constitución. Esta falta de explicitación, que no ausencia, está más relacionada con la idea de que tales derechos se derivaban de la propia lógica del régimen representativo y de la soberanía nacional, como marco de ciudadanos iguales en derechos, que en una interpretación equívoca sobre la mayor o menor naturaleza liberal del régimen gaditano. Pero además parece que en el sentido pragmático de la estrategia de los diputados liberales, basada en la habilidad argumental más que en una imposición emocional e inmediata de sus ideas, también pesaron esta vez las consecuencias de la Revolución Francesa, de la que se tratan de desmarcar, ya que era argumento reiterado de las resistencias de los partidarios del Antiguo Régimen, en un hemiciclo en el que los liberales no contaban con la mayoría. Bien es verdad que a lo largo del siglo XIX uno de los elementos que imprimirán identidad a las Constituciones democráticas será una profusa, amplia y detallada relación de derechos individuales. La de 1812 recoge, no de forma integrada, pero sí de forma salpicada a lo largo de sus articulados, referencias a derechos individuales, cumpliendo así con una parte importante del ideario liberal sin necesidad de haber acentuado previamente el temor de los resistentes.

De esta forma el artículo 4º engarzaba perfectamente la idea de nación con los derechos de sus integrantes: «La nación está obligada a conservar y proteger por leyes sabias y justas la libertad civil, la propiedad y los demás derechos legítimos de todos los individuos que la componen». La igualdad jurídica está contemplada en los artículos 247 y 248, aunque los dos artículos siguientes rompen la unidad de fuero, permitiendo a los eclesiásticos que continuen «gozando del fuero de su estado», y a los militares que también posean «fuero particular». La inviolabilidad del domicilio esta recogida en el artículo 306, la de sufragio en el 29, el derecho a la educación empezaba a ser reconocido en el apartado 6 del artículo 25 para ser desarrollado a lo largo del título IX, las garantías penales y procesales se extienden en el capítulo 3º del título V, con su raíz en el artículo 287: «Ningún español podrá ser preso sin que preceda información sumaria del hecho... y asimismo un mandamiento del juez por escrito, que se le notificará en el acto mismo de la prisión.» La cualidad de *ciudadano* quedaba reglamentada en el capítulo 4º del título II. La libertad de imprenta fue uno de los caballos de batalla del liberalismo español de todo el siglo y el que, más allá de formulaciones abstractas, ofrecía mayores dificultades de su aplicación práctica. La Constitución recoge este derecho en su artículo 371: «Todos los españoles tienen libertad de escribir, imprimir y publicar sus ideas políticas sin necesidad de licencia, revisión o aprobación alguna anterior a la publicación, bajo las restricciones y responsabilidades que establezcan las leyes.» El enunciado constitucional es sintomático respecto a las limitaciones de este derecho. Si este principio innovador asociado al liberalismo no era absoluto ni ilegislable, sino que su valor político imponía un desarrollo legal más preciso, tales limitaciones venían ya formuladas en un decreto de 10 de noviembre de 1810. Este decreto, cuya exposición de la libertad de expresión será recogido literalmente por el artículo constitucional, suprimía los anteriores juzgados de imprenta y disponía que los escritos religiosos estarían sujetos a la censura previa.

Esta limitación estaba relacionada con el lugar que ocupa en la Constitución la materia religiosa. En efecto el artículo 12 exponía sin parquedad el talante prohibicionista respecto a la libertad religiosa: «La religión de la nación española es y será perpetuamente la católica, apostólica, romana, única verdadera. La Nación la protege por leyes sabias y justas y prohibe el ejercicio de cualquier otra». El debate sobre este artículo no se planteó tanto en términos de confesionalidad del Estado o no, tolerancia o no, como lo harían debates de futuras Constituciones, que han dado lugar a valoraciones aplicando categorías equívocas acerca de la asociación de liberalismo-anticlericalismo, el sentido antirreligioso de diputados o el contenido retrógrado del texto. No fue por tanto una discusión teológica o sobre el dogma, sino la forma de en-

Las Cortes de Cádiz de 1812 aclamando la Constitución. J. Viniena.

tender la intervención del Estado en materia religiosa, es decir, las posibilidades o no que abría el texto sobre un proceso de reformas respecto a la Iglesia, con el modelo interpretativo de los inmovilistas como el cardenal Iguanzo o la interpretación reformista basada en la tradición regalista. El carácter sacro o la confesionalidad del Estado era un principio no discutido, lo que subyacía eran las futuras relaciones de la Iglesia con el poder civil respecto a la fórmula por la que el Estado protegería la religión. No se puede plantear únicamente desde la perspectiva prudente de los liberales transigiendo por el ingrediente religioso de la guerra o por el número de eclesiásticos en las Cortes, ni como una dualidad enfrentada liberales-clérigos, ya que los primeros —Argüelles, Toreno...— formaron un común estado de opinión con los clérigos regalistas de inspiración jansenista presentes en las Cortes, como Muñoz Torrero, Espiga, Villanueva, Oliveros...

La legislación ordinaria posterior abolió la Inquisición, por decreto de 22 de febrero de 1813, a la par que se creaban los tribunales protectores de la fe que no llegaron a cuajar. No se puso en práctica una reforma eclesiástica, aunque la propia dinámica de la guerra fue aprovechada por los legisladores para incorporar a la política desamortizadora algunos bienes procedentes de circunstancias excepcionales como los conventos y monasterios suprimidos por José I o destruidos por la guerra. Sí se plantearon en cambio encontrados debates, que concluyeron en proyecto de reformas que pudieran haber desembocado en el futuro en una nueva configuración de la institución eclesiástica. Conviene insistir en que los liberales gaditanos no abordaron su idea reformista con presupuestos antirreligiosos contrarios al dogma, pero sí entendida como reorganización del cuerpo eclesiástico para adaptarlo a las coordenadas del Estado liberal, supliendo unas formas de organización clásicas del Antiguo Régimen. Como ha señalado La Parra, «se planeó distinguiendo, en todo momento, el carácter trascendente de la religión y la Iglesia de sus implicaciones temporales».

Continuadores de la veta jansenista y regalista de la Ilustración y con el referente de la experiencia galicana y de la Constitución civil del clero en la Francia revolucionaria, los liberales proyectaron un nuevo orden eclesiástico basado en la estructura racional y centralizada de sus instituciones que delimitara funciones entendidas como de «utilidad general». Con ello quedarían reorientadas las relaciones entre Iglesia y Estado, sin que ello supusiera la implantación de un Estado laico, y las relaciones con la Santa Sede. En este contexto reformista subyacía una nueva forma de entender la religión, alejada de las formas de religiosidad típicas de la piedad barroca, más atenta a los contenidos externos que a una interiorización más sentida e individual, recogiendo las raíces del humanismo, aplicables al ciudadano liberal. Los principales argumentos del proyecto precedieron a la Constitución y se expresaron en el proyecto de convocatoria de un Concilio Nacional elaborado por la Comisión Eclesiástica de las Cortes y leído en la sesión parlamentaria del 22 de agosto de 1811.

La Constitución de 1812 recogía la división de poderes teorizada por la filosofía política del siglo XVIII, entendida en su versión liberal, y encarnada en el artículo 16 de la Declaración de Derechos del Hombre y del Ciudadano francesa de 1789. Establece, pues, el poder ejecutivo en manos del rey y de sus secretarios de despacho, el poder legislativo en unas Cortes unicamercales y el poder judicial en unos tribunales de justicia para toda la nación e independientes de los otros dos poderes. De hecho esta división de poderes quedó matizada a la hora de plantearse la relación entre los dos primeros, teniendo en cuenta que el poder legislativo quedó diseñado como la columna vertebral de todo el sistema político. La limitación del poder real es una de las cuestiones básicas para comprender la filosofía política de los diputados respecto a la división de poderes. Puede argumentarse en una primera aproximación que la desconfianza hacia el poder absoluto del monarca la encarnan los liberales en la persona de Fernando VII, cuya legitimidad como rey es incierta teniendo en cuenta sus orígenes y el papel desarrollado en Fontainebleau transfiriendo la Corona a Napoleón, pero la cuestión es más profunda y hay que entenderla en el plano de la filosofía política. Como consecuencia de la aceptación del principio de la soberanía nacional la legitimidad de un monarca no estaba en función del origen divino de su poder y por tanto ilimitado, sino como poder delegado por encargo de la nación según determine la Constitución. Esta tenía la tarea de definir y limitar la figura del rey en el contexto político. En suma, la limitación del poder del monarca es un salto cualitativo respecto a la situación anterior. La crítica al poder absoluto del monarca en su versión ilustrada reformista no cuestionaba la esencia del poder, sino que se resolvía en la limitación de su poder absoluto. Ahora la cuestión de fondo adquiría un carácter revolucionario. Para empezar el artículo 2 de la Constitución se oponía a cualquier concepción patrimonial de la Corona: «la nación española es libre e independiente, y no es ni puede ser patrimonio de ninguna familia ni persona». El artículo 15 que establece que la potestad de hacer las leyes reside en las Cortes con el rey no hay que entenderlo bajo el prisma de la soberanía compartida, ya que posteriores artículos se encargan de matizarlo, puesto que la soberanía radica esencialmente en la nación. La naturaleza del rey depende de la Ley Fundamental. Por sus funciones es parte delegada del ejercicio de la soberanía otorgado por las Cortes y la Constitución, pero no es en sí mismo sujeto de soberanía.

El título IV está dedicado al rey, cuya persona es sagrada e inviolable y no esta sujeta a responsabilidad. Sus atribuciones ejecutivas consistían en la dirección del Gobierno y de la Administración (artículo 170 y 171), sanción de las leyes y al mismo tiempo poseía un veto suspensivo durante dos años, después de los cuales estaba obligado a la sanción de la ley si las Cortes lo estimasen oportuno. El poder ejecutivo quedaba completado con la existencia de siete secretarios de Despacho, ministros en un futuro, que necesariamente refrendan las *órdenes del rey* (artículo 225), y son responsables penalmente de sus actos de gobierno. La unión del refrendo y de la responsabilidad penal de los secretarios de Despacho ha sido considerada embrión de la práctica de un *régimen parlamentario* en toda su extensión. De hecho la iniciativa legislativa del monarca quedaba filtrada por el refrendo de sus ministros. Esta limitación venía acompañada de una larga y específica secuencia de limitaciones al poder del rey, en un tono y lenguaje tajante, con doce prohibiciones taxativas que se encuentran sobre todo en el artículo 172, incluidas además en el juramento que el rey debía prestar ante las Cortes. Su contenido responde no sólo a cuestiones de filosofía política liberal para salvaguardar la naturaleza y funcionamiento del sistema, sino también a las particulares condiciones personales y dinásticas de la reciente historia de la monarquía absoluta y los recelos ante las actividades de Fernando VII, es decir, una vacuna legal frente a cualquier veleidad de un Rey que ha conspirado, abdicado y actuado cuando menos de forma dudosa para los diputados liberales.

Se trataba por tanto de apuntalar un sistema político liberal de monarquía parlamentaria, pero con un rey al que la prudencia exigía no dejar ningún resquicio legal abierto a hipotéticas actividades contra el régimen mismo. Las limitaciones se referían a la prohibición al rey sin consentimiento expreso de las Cortes de ausentarse del reino, enajenar o ceder la Corona, o parte del territorio español, establecer alianzas ofensivas o tratados de comercio —aspectos todos ellos que recordaban la reciente trayectoria del Monarca—, imponer contribuciones, expropiar, enajenar bienes nacionales, contraer matrimonio. Pero la más significativa de las limitaciones se refería a su relación con las Cortes: el rey no podía «impedir bajo ningún pretexto la celebración de las Cortes en las épocas y casos señalados por la Constitución, ni suspenderlas ni disolverlas, ni en manera alguna embarazar sus sesiones y deliberaciones. Los que le aconsejasen o auxiliasen en cualquier tentativa para estos actos, son declarados traidores, y serán perseguidos como tales». Los temores no eran infundados. Todo el conjunto de prevenciones legales serían inútiles ante el golpe de Estado que capitalizaría Fernando VII, para quien el texto era inadmisible, en mayo de 1814.

Respecto a las sesiones de Cortes, el capítulo VI disponía la obligatoriedad de una sesión anual a partir de 1 de marzo y durante tres meses consecutivos como mínimo, con posibilidad de prórroga. Entre los periodos de sesiones funcionaría una diputación permanente de Cortes, capítulo X, como garantía de continuidad. Las Cortes, definidas como «la reunión de todos los diputados que representan a la nación», se reservaban el poder legislativo, con unas amplias facultades recogidas en el capítulo VII.

En suma, la cuestión de la soberanía, las limitaciones al poder del rey, el principio de responsabilidad de los secretarios de Despacho y las propias atribuciones del Parlamento, diseñaban el predominio del poder legislativo dentro de ese embrionario régimen parlamentario, que el artículo 14 define como «monarquía moderada hereditaria».

La Constitución de 1812 era muy exhaustiva en la exposición de todo lo relativo al sistema electoral, algo inédito en la historia constitucional posterior, que ya establecería la regulación electoral a través de leyes ordinarias. Derivado de la soberanía nacional debía existir un principio representativo que eligiera los representantes de la nación en un primer ensayo por el que los ciudadanos por el hecho de serlo tenían la capacidad de participar, variar el rumbo político y gobernar indirectamente, a diferencia de la vieja idea estamental del mandato imperativo. Pero el sistema participativo elegido, con una notable complejidad y recogido en los capítulos 1 a 5 del título III, era todavía más rupturista, o si se quiere más avanzado en su momento, al contemplar una fórmula participativa de igualdad política matizada, a diferencia de las posteriores constituciones de 1837, 1845 y 1876, basadas en el sufragio censitario, es decir, los límites de participación impuestos por la riqueza. En la Constitución gaditana tal fórmula puede describirse como sufragio universal indirecto, es decir, partiendo de que el principio de igualdad civil se transforma en igualdad política, los límites de participación son de sexo y edad —varones mayores de 25 años— pero no de riqueza, y en segundo lugar es indirecto al existir filtros en la fórmula electoral: un sistema escalonado de compromisarios a través de una pirámide con sucesivas elecciones en la parroquia, el municipio y la provincia. Así el artículo 45 recoge que para ser elector de parroquia se precisaba ser ciudadano mayor de 25 años y vecino. Los compromisarios de esta primera elección elegían a su vez a los de partido y finalmente éstos a los diputados. Para ser diputado sí se incorporaba una calidad de naturaleza censitaria: además de las condiciones de ciudadanía, residencia durante siete años, edad y sexo, se exigía una determinada renta, traduciéndose la idea del universo del individualismo liberal que asociaba la capacidad de representación a los ciudadanos propietarios. Los diputados elegidos, uno por cada 70.000 habitantes, serían renovados cada dos años y su situación era incompatible con la de secretario de Despacho.

En definitiva, la Constitución estableció por primera vez en la historia del país la representación nacional en contraposición al privilegio histórico, todavía contenido en la Instrucción electoral de 1810, que preveía la elección de diputados a través de las juntas superiores y de las ciudades con derecho al voto en Cortes.

El esfuerzo racionalizador de la Constitución gaditana y la desaparición del régimen señorial obligaron a diseñar un nuevo modelo de organización política y administrativa a escala local y provincial. También en este aspecto la Constitución fue prolija y minuciosa a través de 28 artículos recogidos en el título VI, definido como «Del gobierno interior de las provincias y de los pueblos». A lo largo del siglo XIX esta cuestión quedaría regulada por leyes ordinarias con breves menciones en los textos constitucionales. Los artículos 309 a 323 se dedican al régimen local. Los ayuntamientos estarían compuestos por alcaldes, regidores y procurador síndico. Lo realmente singular es la aplicación de la expresión política de la soberanía nacional al microcosmos local: los ayuntamientos serían electivos, por un sistema de sufragio universal indirecto. Todos los años en el mes de diciembre los ciudadanos de cada pueblo elegirían un determinado número de electores que a su vez nombrarían a los representantes municipales, desde el alcalde hasta el procurador síndico. Democratización municipal en profundidad que respondía sobre todo a la negación del sistema de oficios perpetuos tan extendido en el Antiguo Régimen, lo que lleva a los diputados gaditanos a especificar en el artículo 315 la mudanza anual de los alcaldes, que al igual que el resto de los munícipes no podrían ser reelegidos antes de dos años y en el artículo 318 se prohibía taxativamente la compatibilidad entre representación municipal y el disfrute de un empleo público de nombramiento real. El amplio abanico de competencias de los ayuntamientos queda regulado en los nueve apartados del artículo 321, que establece un sistema de autonomía administrativa relativizado por los artículos 322 y 323, que contemplan la inspección de las diputaciones provinciales en la gestión municipal, sobre todo en cuestiones presupuestarias. Los decretos de 23 de mayo de 1812 entendieron en la formación y establecimiento de ayuntamientos constitucionales y diputaciones provinciales. Además, el decreto de 7 de octubre de 1812 traspasaba la vieja jurisdicción señorial a los alcaldes constitucionales. Por su parte, un decreto de 23 de junio de 1813 fijaba la instrucción para el gobierno económico-político de las provincias. En suma, la Constitución de 1812 diseñó un modelo de ayuntamientos populares, basados en la participación ciudadana, que estará en la raíz del debate posterior de las familias liberales en la forma de entender el municipio desde abajo o desde arriba. Mientras que los futuros progresistas recogerán el testigo de la elección por los vecinos, los futuros moderados, acordes con una idea más centralizadora del hecho político-administrativo, plantearán los ayuntamientos como meros ejecutores de la decisiones del poder central, y por tanto la designación gubernamental de alcaldes.

El concepto provincia deja de ser una expresión geográfica para convertirse en la instancia político-administrativa intermedia entre el Estado y los ayuntamientos, para organizar y racionalizar en términos de control político y gestión administrativa un espacio regional. Es la célula política y administrativa donde se cruzan los poderes central y local. De ahí que su forma de elección sea mixta: mientras que el jefe político de la provincia y presidente de la diputación es nombrado por el rey, y por tanto delegado del poder central, los diputados provinciales son elegidos por los ciudadanos de forma indirecta a través de los electores de partidos «al otro día de haber nombrado los diputados de Cortes». Así las diputaciones se convierten en instrumentos de una centralización matizada por los poderes locales, pero que a su vez sirven de filtro y control de los mismos.

Los principios de uniformidad, organización y racionalización del Estado, y de la igualdad jurídica de los ciudadanos, derivaron en una nueva dimensión filosófica de la hacienda pública —la del Estado, confundida con la real hasta entonces— tanto de los ingresos como de los gastos. Esta cuestión, sin embargo, se presentó muy delicada, porque el trasunto iba más allá de meras declaraciones de principios, para presentar toda la crudeza de la situación hacendística próxima a la bancarrota técnica y las dificultades de resolución aumentadas por la guerra, tanto por el extraordinario volumen que la deuda había adquirido desde el siglo anterior como por el caos organizativo, agravado por la guerra y la dispersión institucional en la recaudación y gestión de ingresos y gastos, dada la relativa autonomía de las juntas en esta materia. De ahí que esta vez la Constitución fuera menos específica y remitiera continuamente al desarrollo de los principios en leyes ordinarias posteriores. Antes de 1812 el principal precedente legal sobre esta cuestión había sido el decreto de 3 de septiembre de 1811 reconociendo todo tipo de deuda pública.

La igualdad ante el impuesto queda recogida en el artículo 339, que adquiere carácter universal y proporcional a la riqueza «sin excepción ni privilegio alguno». El concepto de *presupuesto* se fija en los artículos 341 y 342, como principio ordenador de ingresos y gastos, cuya elaboración correspondería al secretario del Despacho de Hacienda, pero cuya discusión y aprobación reside en las Cortes. Sin quedar definido un modelo fiscal específico, se refiere en su artículo 344, en el contexto de un debate que se prolongará entre 1811 y 1813, a la contribución directa como principal fuente de ingresos del Estado, en sustitución de la complicada fiscalidad indirecta del Antiguo Régimen, y establece una fórmula de repartimiento por cupos provinciales según su riqueza. En cuanto a la regulación administrativa de ingresos y gastos, crea una Tesorería general «para toda la nación», con dependencias en todas las provincias.

Uno de los principios más innovadores de la filosofía fiscal liberal corresponde al control de los ingresos y gastos del Estado. Para ello el texto constitucional contempla la creación de una Contaduría Mayor de Cuentas en el artículo 350. Control reforzado por los principios de publicidad y transparencia del presupuesto público recogidos en los artículos 351 y 352. Así quedaba completada una secuencia institucional con respecto a un sistema presupuestario de nuevo cuño que elaborado (secretario de Despacho), discutido y aprobado (Cortes), gestionado (Tesorería general) y controlado (Contaduría Mayor de Cuentas), consagraba la filosofía liberal en esta materia.

En esta impronta la racionalización del mercado interno aparece señalada en el artículo 354 al abolir implícitamente las aduanas internas, ya que se reservaba su funcionamiento a «los puertos de mar y en las fronteras», dejando la ejecución de este principio a una futura ley ordinaria. Por último, el título VII, «De las contribuciones», se cerraba con una declaración de principios, más virtual que real, sobre la voluntad de arreglo y extinción futura de toda la deuda pública, pero cuidando, eso sí, de establecer una clara diferenciación entre el presupuesto del Estado y los posibles arbitrios extraordinarios destinados al pago de la deuda «con absoluta separación de la Tesorería general». Habrá que esperar al decreto de 13 de septiembre de 1813 para una mayor concreción legal respecto al plan de contribuciones, y la clasificación y pago de la deuda bajo la cobertura de un proyecto de desamortización.

El discurso de la soberanía nacional y la igualdad ante la ley también significaba una nueva noción de fuerzas armadas, las de la nación, no de los ejércitos de la monarquía. Representar a la nación. Contribuir a la nación. Principios de derechos y obligaciones que se completaban con la defensa de la nación. Es decir, se nacionalizan los ejércitos, y las Cortes se atribuyen todo lo relativo a su organización, estructura y funcionamiento, situando al rey como cabeza nominal de las fuerzas armadas. El título VIII, «De la fuerza militar nacional», distinguía entre tropas de continuo servicio y la *milicia nacional*. Se establecía una dualidad entre un ejército permanente encargado de la defensa exterior del Estado, y una milicia ciudadana, como fuerza armada eventual a modo de instrumento de defensa de la nación, es decir de la Constitución. En la mente de los diputados gaditanos estaba presente la institución de la Guardia Nacional de la Revolución Francesa, pero también la larga tradición de cuerpos de voluntarios civiles en épocas anteriores, y la realidad de una nación en armas contra los ejércitos de Napoleón. Una defensa de la revolución liberal que adquirió un carácter descentralizador al asumir el texto constitucional en su artículo 365 su carácter provincial. El 15 de abril de 1814 un decreto fijaba el reglamento de la milicia nacional. La naturaleza, estructura y existencia de la milicia nacional será objeto de profundas divergencias entre las propias familias liberales, sobre todo a partir de los años 30. Frente a una concepción progresista que asocia autonomía municipal y milicia nacional permanente, los moderados acabaron por postular su definitiva extinción.

En la percepción de los diputados gaditanos los principios constitucionales no se defenderían sólo con una fuerza armada, sino con una labor a más largo plazo que fuera calando en las generaciones siguientes: difundir la Constitución a partir de la enseñanza, «constitucionalizar» la nación. Por eso en un país de escasa cultura política y en todo caso acoplado mentalmente todavía a los referentes seculares del mundo del Antiguo Régimen, los liberales gaditanos asociaron *instrucción pública* con *obligaciones civiles*. Los principios constitucionales formarían parte esencial de la educación concebida como bien público y de la que era responsable el Estado. Por eso las Cortes se atribuían también la labor uniformadora de un plan general de enseñanza para toda la nación, «uniforme en todo el reino», en los artículos 368 y 370. Concepto de universalidad que se concreta aún más en la creación de escuelas de primeras letras «en todos los pueblos de la monarquía», donde la educación tuviera como columna vertebral la conjunción de las obligaciones civiles con el catecismo, es decir, Constitución y religión.

Pero milicia y educación eran los elementos externos de su posible defensa. Tan extensa y minuciosa Constitución mostraba en última instancia una extremada vocación por la autoprotección. Su propio articulado era una trabazón autodefensiva, con escasos resquicios para su reforma e impregnado de inmutabilidad. Del articulado constitucional se entresacan una multitud de recelos y prevenciones que evitaran cualquier posible cuestionamiento del ejercicio de la soberanía nacional. Recelos hacia el rey Fernando VII, según se desprende del extraordinario y tajante inventario de prohibiciones taxativas a su actuación. De hecho, la toma de decisiones en cualquier ámbito de organización y funcionamiento del Estado dependía de las Cortes. La fidelidad a la Constitución era el principio básico, por encima de la fidelidad al rey. Para Fernando VII, opuesto radicalmente a la transformación de la naturaleza del poder real desde el derecho divino al de la soberanía nacional, el texto acabaría siendo inadmisible. Para los liberales, Fernando VII no dejaba de ser un Rey sospechoso y protagonista de ilegitimidad desde el origen de su advenimiento, y de ahí su escrupulosidad en el detalle y explicitación de las limitaciones de la autoridad regia. El resultado fue una *Constitución rígida,* concepto de los constitucionalistas que hace referencia a las dificultades de su reforma. Dificultades temporales (artículo 375) y técnicas (artículos 376 a 384). Seguramente los diputados liberales fueron conscientes de ser una minoría y de que el texto constitucional podría ser vulnerable por unas elites políticas y sociales todavía apegadas al conjunto de valores del Antiguo Régimen. Que los opositores al texto constitucional poseían los suficientes resortes para derogarlo quedó demostrado en el golpe de Estado de 1814. Paradójicamente, la coyuntura de la propia guerra, la ausencia del Monarca y la tardía resistencia de sectores nobiliarios y eclesiásticos, habían sido la mejor garantía de su breve sostenimiento.

4.5. La disolución del régimen señorial
y el debate sobre la propiedad de la tierra

En términos políticos e institucionales el desmantelamiento del Antiguo Régimen quedaba resuelto con la promulgación de la Constitución de 1812. Su correlato económico y social, derivado de la plena aplicación de la igualdad jurídica ante la ley, exigió una producción legislativa salpicada temporalmente a lo largo de la existencia de las Cortes gaditanas entre 1810 y 1813. A pesar de la dispersión cronológica, existe una lógica en la secuencia de las medidas legales que alteraron el edificio social y económico del Antiguo Régimen. En unos casos, como la disolución del régimen señorial, se hacía condición necesaria para la elaboración del texto constitucional; en otros era la consecuencia inevitable de su articulado. El resultado de esa lógica fue un paquete legislativo tendente a crear un universo económico basado en las relaciones de mercado, con la consiguiente transformación radical del régimen de propiedad clásico del Antiguo Régimen.

Cuando las Cortes de Cádiz elevaron al conjunto de súbditos de la monarquía a la categoría de ciudadanos de la nación, en la práctica significaba que unos diputados en su mayoría procedentes de las ciudades convirtieran a los campesinos en ciudadanos, si tenemos en cuenta la primacía absoluta del sector agrario en la estructura económica. El tema de la tierra por lo tanto y la transformación de las relaciones sociales en el campo eran el nudo central de la cuestión. El pensamiento ilustrado se había planteado el asunto dentro de un marco estrictamente reformista que ocultaba la médula del problema: los derechos señoriales, a pesar de que los ilustrados habían empezado a asociar el desarrollo económico y la creación de riqueza con la extensión de labradores independientes. Frenaron la amortización, pero no abordaron decididamente la transformación de la propiedad. Cádiz sí lo hará. Y este salto cualitativo lo convierte en revolucionario, aunque con significativas matizaciones. En el contexto legal del Antiguo Régimen aparece una dualidad de derechos: los derivados de la jurisdicción que benefician al *dominus,* es decir, al señor de la tierra, y los de la posesión, es decir, del usufructo de la tierra por parte del campesino que la cultiva, un derecho consuetudinario transmitido de generación en generación y médula de la estabilidad de la sociedad campesina. En este contexto la lucha por la apropiación de un mayor o menor margen de renta centraba el conflicto entre señores y campesinos. La abolición de los derechos feudales iba más allá de la supresión de unos derechos, para plantear asimismo una dimensión social de extraordinario alcance: resolver el problema de la propiedad efectiva de acuerdo a los cánones liberales. Es decir, a quién se adjudica la categoría de pleno propietario sobre unas tierras antes sujetas al pacto forzado del que se derivaba una coerción extraeconómica en beneficio del señor en forma de derechos jurisdiccionales. En la estructura de propiedad del Antiguo Régimen la propiedad enteramente libre era reducida con respecto a las tierras que estaban sujetas a algún tipo de derecho procedente de la jurisdicción. En 1811 el diputado gaditano Antonio y López ofrecía a las Cortes el balance del régimen señorial en España. Sobre un total de 55 millones de aranzadas, eran de señorío realengo 17,6 millones, de señorío solariego 28,3 millones y de señorío eclesiástico 9 millones.

El decreto de 6 de agosto de 1811 declaraba abolido el régimen señorial, que significaba acabar con la célula básica de organización social del Antiguo Régimen. Los estamentos privilegiados, sobre todo la nobleza, dejaban de gozar de la especificidad en el ejercicio de la administración de justicia, en la lógica de un proyecto de Estado que uniformiza la justicia y su ejercicio, cuyo protagonismo recae ahora en la nación a través de sus tribunales. Pero también dejaban de percibir una serie de rentas derivadas del ejercicio de la jurisdicción: tasas judiciales, cánones territoriales, producto de monopolios, caza, pesca, pastos, molinos... Esta abolición planteó una confusa división entre *señoríos jurisdiccionales* y *señoríos territoriales* o *solariegos,* lo que abrió una larga y compleja polémica sólo resuelta en los años 30. El tema del señorío no se resolvió en Cádiz, pues, a la manera francesa, procedimiento que ha sido considerado perfecto por la historiografía, sin tener en cuenta lo insólito y específico de la abolición de los derechos señoriales en el país vecino. En Francia, una coyuntura excepcional derivada de la dinámica de la revolución que congregó a la nobleza feudal en las filas antirrevolucionarias y en el concierto extranjero opuesto a la nación francesa, posibilitó una tajante y revolucionaria disolución del régimen señorial en todas sus dimensiones, desembocando en una masiva transferencia de propiedades al campesinado francés, base del sistema de propiedad agraria desde entonces. En la España de 1811 el pacto de hecho que resultó del bloque nacional frente a Francia y que sustentó la resistencia contra el invasor, incluyó en sus filas a nobles y clérigos, sobre todo cuando elementos destacados de la nobleza se desengancharon del proyecto josefino para incorporarse a la España de la resistencia, o bien colaboraron desde el primer momento en la formación de las juntas revolucionarias. De ahí que la solución adoptada resolviera únicamente la cuestión de los derechos jurisdiccionales, y evitara una definición tajante sobre los futuros derechos de la propiedad efectiva entre el señor y el campesinado usufructuario. En efecto, el artículo 5.º del decreto estableció las diferencias entre el señorío territorial y el señorío jurisdiccional. Es decir, quedaban abolidos los derechos señoriales jurisdiccionales, pero no el señorío territorial, que pasaba a convertirse en propiedad plena del señor. La polémica estaba servida. ¿Los legisladores gaditanos realmente podían hacer una diferenciación tan neta? Desde entonces los campesinos argumentaron la inexistencia histórica de señoríos territoriales en el estricto sentido del término, que hubieran implicado la plena propiedad de la tierra, afirmando que todos eran en sus orígenes de naturaleza jurisdiccional, y durante la edad moderna los titulares de señoríos habrían ido usurpando la plena propiedad y oscureciendo esos orígenes. Multitud de litigios surgieron por la propiedad de la tierra. Los campesinos y los ayuntamientos se opusieron a esa transferencia masiva de propiedad a manos nobiliarias. Cádiz no resolvió el problema, abolía la jurisdicción y los derechos derivados, pero ¿a quién correspondía la propiedad plena? Respecto a los calificados de territoriales era un hecho consumado: desaparecían los derechos pero la propiedad se adjudicaba el señor. Respecto a los jurisdiccionales se situaba el centro del problema, y de los pleitos: ¿a quien correspondía la propiedad de los señoríos jurisdiccionales? Los señores tratarían de calificarlos de territoriales. Los campesinos argumentarían que eran jurisdiccionales, todos en su origen, y por tanto sin propiedad del señor. Durante el Trienio liberal, 1820-1823, la legislación se orientó a que fueran los señores los que demostraran los títulos de propiedad, dirección abortada por la vuelta del absolutismo. En los años 30, en plena Guerra Carlista, la situación cambiaría y los tribunales de justicia tendieron a fallar a favor de los nobles. Desaparecían sus derechos jurisdiccionales —que en la práctica no cobraban— pero se convertían en propietarios plenos de las tierras de señorío. De ahí su concurso al régimen liberal. Mientras, los campesinos y los pueblos perdían su estabilidad consuetudinaria y pasaban de ser usufructuarios de la tierra a depender de las fluctuaciones contractuales —«contratos de particular a particular», como estipulaba el decreto de agosto de 1811— y el diseño de unas nuevas relaciones sociales respecto al agro, con la incertidumbre de los arrendamientos y el hambre de tierra. El artículo 6.º del decreto de 1811 sustituyó el vasallaje por la relación contractual. De todas formas este proceso es uno de los grandes asuntos pendientes por la historiografía. La casuística fue muy compleja y exige variables regionales. Cuando se trataba exclusivamente de derechos, es decir, percepción de rentas de todo tipo, en una especie de señorío fiscal, no existió litigio, como en Huesca. Pero cuando los primitivos derechos se habían extendido por diversas vías a los objetos del derecho —montes, dehesas, tierras, molinos—, los litigios sobre las propiedades se multiplicaron, como en Valencia. En todo caso las elites terratenientes consolidadas a lo largo del siglo XIX, sobre todo desde el lado nobiliario, proceden más de este proceso histórico a largo plazo en que se resolvió el señorío jurisdiccional que de las posibles consecuencias de las desamortizaciones eclesiásticas.

4.6. La creación de los moldes desamortizadores del siglo XIX

Completan el marco legal de la transformación del régimen jurídico de propiedad la desamortización y el proyecto debatido, pero no legislado, de extinción de vínculos y mayorazgos. El decreto de 13 de septiembre de 1813 sobre «clasificación y pago de la deuda nacional» asociaba la desamortización a los problemas hacendísticos. Esta asociación no era una novedad, ya que la desamortización se había unido a la crisis fiscal del Estado a finales del siglo XVIII, dándose el primer momento desamortizador en época de Godoy. Sí resultaba novedoso la naturaleza de los bienes susceptibles de desamortización, y en sus procedimientos, pero sobre todo en la creación de un marco global intrínsecamente relacionado con otros capítulos de la revolución liberal.

Consideradas en su conjunto, las disposiciones gaditanas tendentes a transformar el régimen y la naturaleza de la propiedad, entroncan con la crítica ilustrada a la situación agraria elaborada a lo largo de la segunda mitad del siglo XVIII. Lo que en todo momento se planteó la Comisión de Agricultura de las Cortes fue la mejora, en términos cuantitativos y cualitativos, de la producción agraria. Condición necesaria para ello era la consecución de un mercado más ágil y fluido, superando los estrangulamientos y la falta de elasticidad del sector, cada vez más visibles en los últimos decenios del siglo anterior. Se trataba de un mercado agrario sujeto a un permanente desfase entre oferta y demanda en lo tocante a la propiedad de la tierra. Todo ello se traducía en una permanente hambre de tierras no colmada con la puesta en cultivo de nuevas tierras marginales. La gran extensión de la propiedad amortizada y de las *manos muertas* en general encarecía enormemente el precio de la tierra hasta desmotivar una inversión que se estimaba superior a la hipótesis de ganancia. Se entendía, pues, que la supresión de todo tipo de vinculaciones y *manos muertas* restablecería una situación de equilibrio que a corto plazo desembocaría en una mejora de la producción y de la productividad agraria y por lo tanto del producto agrario final. Más que sus referentes intelectuales fueron revolucionarias las consecuencias de una producción legislativa para su posterior aplicación, es decir, el deseo consciente y la voluntad de convertir teoría en práctica de gobierno. En este contexto se inscribían la disolución de los derechos señoriales y el establecimiento, que serviría de guía durante todo el siglo XIX, de una normativa global sobre cuestiones de desamortización, que tiene su punto culminante en el decreto de 13 de septiembre de 1813. En Cádiz confluyen, por tanto, el análisis concreto de las insuficiencias del sector agrario, es decir, una valoración económica, dimensión destacada por Herr, centrada en el hambre de tierras, pero también surgían otras valoraciones que lo sitúan en el plano de la filosofía política y como una pieza insustituible de la revolución liberal. El decreto desamortizador de septiembre de 1813 es la guía de la política desamortizadora del siglo XIX. Fue «la primera norma legal general desamortizadora del siglo XIX... encierra todos los principios y mecanismos jurídicos de la posterior legislación desamortizadora», en palabras de Tomás y Valiente.

En su articulado convergen varios problemas derivados o acentuados por la guerra y la falta de recursos. Lo que en principio es una medida para allegar recursos al erario que paliasen la deuda de la nación, acaba por hacer referencia a otras cuestiones como la reforma del clero y el patrimonio municipal. El decreto parte de la insistencia en el reconocimiento de la deuda anterior o posterior a 1808, y el compromiso del pago de sus intereses por parte del Estado. De momento el pago de los intereses quedaba asegurado por las rentas de las fincas procedentes del fondo de amortización. Para su amortización el decreto dispone de la venta de *bienes nacionales*. Estarían compuestos de propiedades de afrancesados, temporalidades de jesuitas, Órdenes militares de Alcántara, Montesa, Calatrava y Santiago, Orden de San Juan de Jerusalén, conventos y monasterios suprimidos o destruidos durante la guerra, bienes provenientes del patrimonio real, y la mitad de baldíos y realengos. El procedimiento sería la subasta pública y la forma de pago incorporaría los títulos de deuda contra el Estado. El decreto recogía el amplio debate inaugurado con la presentación en marzo de 1811 de la Memoria de Canga Argüelles y de una serie de disposiciones parciales sobre el tema hacendístico. De la Memoria se desprendieron tres medidas, médula del decreto de 1813: el reconocimiento de todo tipo de deuda, fuera o no anterior a marzo de 1808, que legalizaba las obligaciones contraídas durante la guerra, además de los antiguos vales reales, lo que tranquilizaba los ánimos de los tenedores de estas obligaciones; la posibilidad de vender fincas para la amortización de la deuda posterior a marzo de 1808, «fincas rústicas y urbanas pertenecientes a las cuatro Órdenes militares, los baldíos no necesarios a los pueblos para la manutención de sus ganados, y las fincas pertenecientes a conventos destruidos por la guerra»; en tercer lugar la admisión como pago de estas fincas de los títulos de la deuda. En torno a estas tres cuestiones se irán articulando varias disposiciones legales para culminar en el decreto de 1813. El 22 de marzo de 1811 las Cortes crearon la Junta Superior de Confiscos, dirigida al secuestro de las propiedades de los partidarios del Gobierno afrancesado. Otro decreto se publicaba el mismo día sobre enajenación y venta de algunos edificios de la Corona, admitiéndose como parte del precio vales y créditos. Seis meses más tarde, el decreto de 3 de septiembre de 1811 reconocía toda la deuda anterior y posterior a 1808 siguiendo las pautas marcadas en la Memoria de Canga Argüelles. Por su parte, el decreto de 4 de enero de 1813 abordaba la espinosa cuestión, que había llevado a un extenso debate, de los bienes de realengo y sobre todo los bienes municipales. En su artículo 1.º establecía un principio recuperado en toda su integridad por Madoz en 1855: «todos los terrenos baldíos o realengos y de *propios y arbitrios*... se reducirán a propiedad particular». El destino de los mismos se fijaba en una doble aplicación, basada en criterios fiscales o patriótico-sociales. Así la mitad de ellos se subastarían entre tenedores de deuda posterior a marzo de 1808, teniendo preferencia los vecinos de los pueblos afectados. La otra mitad se repartiría por suertes gratuitamente entre quienes hubieran servido en las filas de la insurrección y campesinos no propietarios de la localidad. En ese último caso se deja entrever un atisbo de reforma agraria, no desarrollado después en los procesos desamortizadores posteriores.

En cuanto a los bienes de la Iglesia las Cortes de Cádiz no afrontaron de forma directa la reforma del clero regular, y mucho menos la del secular. Sin embargo la guerra y el Gobierno josefino habían creado unas circunstancias determinadas que los legisladores gaditanos no podían obviar. Independientemente de la declaración como bienes nacionales de las propiedades de la abolida Inquisición, el 22 de febrero de 1813, el acoplamiento de esa circunstancia y su ligazón con el problema fiscal, dio lugar al decreto de 17 de junio de 1812 por el que definían como bienes objeto de desamortización los de monasterios y conventos extinguidos, disueltos o reformados por la insurrección o por el «gobierno intruso». Con esto último se refería al posible alcance del decreto de José I de 18 de agosto de 1809 sobre la supresión de órdenes religiosas. Toda esta secuencia legislativa es la recogida por el decreto de septiembre de 1813.

Unas medidas desamortizadoras que tuvieron mayor influencia teórica que una realidad prácticamente inexistente. No sólo por los decretos en sí mismos, sino por la serie de debates que habían dado lugar en las Cortes. De ahí la proyección en los sucesivos procesos desamortizadores del siglo XIX de los debates y la legislación gaditana, que crearon la filosofía política para abordar un problema siempre ligado al déficit crónico de la hacienda pública, y al cuestionamiento de la propiedad colectiva considerada como ineficiente. Cádiz abrió nuevas perspectivas, que también enlazaban desamortización con reforma del clero, con la redefinición de los patrimonios municipales, con la reforma del sistema de contribuciones, y en definitiva con la necesidad de un marco de relaciones sociales apoyado en la propiedad libre y particular que combinó el horizonte del labrador rico con una clase media de propietarios procedentes de los principales centros urbanos del país.

4.7. Hacia una definición del mercado nacional

El otro pilar de la doctrina liberal consistió en la instauración de un sistema de libertades económicas encaminadas a la formación del mercado nacional, al menos en términos legales. Este conjunto legal de las libertades económicas de producción, comercio, explotación, industria, si bien se planteaba como condición necesaria para la agilidad de una economía de mercado, se situaba en la lógica resultante de la disolución del régimen señorial. Es decir, la disolución del régimen señorial fue la cuestión nodal que Cádiz abordó con un salto cualitativo respecto a la época ilustrada, mientras que las libertades económicas, algunas ya expresadas teóricamente o practicadas, estaban en un callejón sin salida sin la abolición del complejo entramado legal y de relaciones sociales del régimen señorial. De hecho las libertades económicas eran una aspiración sentida en las proyecciones ilustradas de la segunda mitad del siglo XVIII, pero no llegaron a dar el paso revolucionario respecto a la cuestión central de la propiedad, la producción y la circulación derivadas del régimen señorial.

La libertad de industria y de comercio topaba con la existencia del sistema gremial, ya en franca decadencia estructural y coyuntural a principios del siglo XIX. En los últimos decenios de la centuria anterior las quejas, lamentaciones y solicitudes de ayuda económica de los diferentes gremios ponen de manifiesto una crisis general e irreversible. La queja unánime se refería sobre todo al «intrusismo», lo que desvela que una parte importante de la producción artesanal y manufacturera de la época discurría por cauces ajenos a los gremios. Y es que los obstáculos impuestos por los gremios a la producción y distribución eran evidentes, llegando a límites tales como los que expresaba el artículo 11 de la Ordenanza del Gremio de Cerrajeros de Madrid en 1793, que exigía, entre otras cosas, que sus agremiados «han de presentar su partida de bautismo, información de ser cristiano viejo, de buena vida y costumbres». El pensamiento ilustrado había criticado la estructura gremial como barrera que impedía la racionalización del crecimiento económico, pero también como traba a la expansión de la sociedad civil. Jovellanos planteaba la crítica en esta doble dimensión: «De aquí es que las leyes gremiales en cuanto circunscriben al hombre la facultad de trabajar, no solo vulneran su propiedad natural, sino también su libertad civil.» Conviene no olvidar que los gremios poseían ciertos privilegios extragremiales, como el de intervenir en las elecciones anuales de diputados del común y síndico personero. Un decreto de las Cortes de 8 de junio de 1813 dejaba abolidos de hecho a los gremios al disponer el libre establecimiento de fábricas y el ejercicio de cualquier industria útil.

En cuanto a la libertad de comercio, el marco legal gaditano concatena una serie de disposiciones que empiezan planteando una casuística particular, para desembocar en una óptica más globalizadora, en principio destinada al sector agrario, como principal fuente de riqueza del país, pero generalizable al conjunto de la actividad económica. Respecto al comercio exterior un decreto de 22 de marzo de 1811 permitía la libertad de introducir granos del extranjero, pero de clara coyunturalidad, como demostrará la política proteccionista posterior. De ahí que la libertad de comercio se entiende en los límites del territorio nacional, aplicable a todos los españoles y, por el decreto de 7 de mayo de 1814, extensible a todo extranjero residente que hubiera obtenido su carta de *naturalización*. Especial importancia tuvo el decreto de 8 de junio de 1813, antecedido por el decreto de 14 de enero de 1812 que había dejado abolidas las leyes y ordenanzas anteriores de montes y plantíos. El decreto de junio de 1813 remodeló el mercado agrícola en su conjunto, transfiriendo al campo la nueva filosofía del derecho natural y absoluto de la propiedad particular al permitir la libre utilización de la tierra sin ningún tipo de impedimento, y por tanto el cerramiento de las fincas, que venía a clausurar el largo privilegio del ganadero sobre el cultivador. Pero además incorporaba la libre circulación de los factores en la agricultura, al permitir la libertad de contratación, arrendamientos y comercialización de productos, llevando en este último aspecto hasta sus últimas consecuencias la legislación reformista de la Ilustración.

4.8. La práctica política de las Cortes.
Las tensiones entre los poderes ejecutivo y legislativo

En uso de su soberanía las Cortes gaditanas crearon un nuevo modelo de organización del Estado, echaron los cimientos de una nueva forma de relaciones sociales y desmantelaron los fundamentos del régimen señorial. En la práctica política de 1810 a 1813, también ejercieron la soberanía hasta sus últimas consecuencias, lo que originó constantes fricciones con el poder ejecutivo, es decir, con los consejos de Regencia y sus ministros. La división de poderes quedó matizada por la preeminencia del legislativo en una especie de gobierno asambleario. Desde octubre de 1810, momento en que cesa la primera Regencia, hasta mayo de 1814, se sucedieron otras tres regencias. Las tensiones configuraron un amplio espectro en el que se entremezclan cuestiones técnicas derivadas de la delimitación de competencias, que poco a poco fueron adquiriendo categoría de problemas políticos, entre la mayor tendencia conservadora de los regentes y el predominio de la opinión liberal en el hemiciclo. Los diputados liberales siempre percibieron un obstruccionismo por parte de las regencias en la ejecución de determinadas disposiciones legales, que alcanzará su máximo con las consecuencias políticas del decreto que abolía la Inquisición en febrero de 1813. La Asamblea vertió frecuentes críticas sobre la inoperancia de los regentes en la dirección militar y la recaudación de contribuciones.

El 28 de octubre de 1810 tomó posesión la segunda Regencia, la primera nombrada por las Cortes, compuesta por el general Joaquín Blake, sustituido temporalmente por el general Pedro Palacio, marqués del mismo título, y por el marqués de Castelar, sucesivamente. Los otros dos miembros eran Gabriel Ciscar, —que tuvo como sustituto temporal a Jose María Puig—, capitán de fragata y uno de los más destacados matemáticos de la época, que había sido secretario de Estado de Marina con la primera Regencia, y el también marino Pedro Agar, jefe de escuadra. El 16 de enero de 1811 entró en vigor el reglamento provisional del poder ejecutivo que delimitaba sus funciones y relaciones con las Cortes, cuyos elementos principales eran, respecto a su composición, una Regencia de tres miembros, con una presidencia rotativa, elegidos por las Cortes en votación secreta, y removibles; y unas competencias basadas en la publicación y ejecución de leyes emanadas de las Cortes, recaudación de fondos, presentación de proyectos a debate y nombramiento de empleos, entre las más importantes. Los reveses de la guerra y las dificultades hacendísticas aumentaron las críticas del Parlamento a los regentes, con un problema de fondo: el solapamiento e intromisión del primero en las funciones de los segundos, que el reglamento había tratado insuficientemente de solventar en sus aspectos técnicos. Todo ello culminó con la destitución de los regentes el 11 de enero de 1812.

El 17 de enero del mismo año las Cortes aprobaron un nuevo reglamento del poder ejecutivo, técnicamente más depurado, para evitar conflictos de competencias, pero al mismo tiempo situado en la línea de los debates constitucionales que estaban llegando a su fin y que políticamente planteaban un mayor control del ejecutivo por parte de las Cortes. En esta dirección el nuevo reglamento establecía la responsabilidad de los regentes y de los secretarios de Estado ante las Cortes, a título individual y no de forma colegiada. Además los secretarios de Estado debían presentar una memoria de su gestión. Esto significaba incorporar el principio de la responsabilidad del ejecutivo como médula de sus relaciones con el legislativo. Por otra parte el reglamento disponía una Regencia compuesta por cinco miembros, dos de ellos americanos, con presidencia rotativa cada seis meses y con sus principales competencias en la ejecución de la producción legislativa, la dirección de la política exterior y la propuesta de leyes, oído el Consejo de Estado, organismo nombrado por las Cortes el 21 de enero 1812. Este mismo día era también designada la nueva Regencia, que durará hasta el 8 de marzo de 1813. Sus integrantes fueron el duque del Infantado, Joaquín de Mosquera, Juan María Villavicencio, Ignacio Rodríguez Rivas, y Enrique O'Donnell —conde de La Bisbal—, luego sustituido por Juan Pérez Villamil. Se trataba, pues, de una Regencia de marcado talante conservador y obstruccionista. El resultado podría parecer paradójico en un régimen parlamentario moderno y normalizado, pero las circunstancias específicas de las Cortes gaditanas en 1812 lo explican. Para empezar, la heterogénea Asamblea gaditana era más liberal en su producción legislativa que en su composición. Los diputados liberales, sin ser mayoría, imprimieron una hábil estrategia de pactos, más personales que de grupos políticos definidos, para sacar adelante en coyunturas precisas y temas concretos sus propuestas, amparándose en sus argumentaciones doctrinales. Al mismo tiempo su estrategia de actuación se centró en la actividad parlamentaria, en un momento clave del debate constitucional, desdeñando, por el momento, otras esferas de poder, como la Regencia. Al fin y al cabo la preeminencia del legislativo y su control del ejecutivo hacía de la Regencia una cuestión formal. Por otro lado los diputados más proclives al conservadurismo valoraban de otra forma la Regencia, y encontrarían en ella una parcela de poder ante el triunfo de la tesis liberales en la Cámara.

A lo largo de 1812 se fueron agudizando las tensiones entre la Regencia y el sector liberal de la Cámara. Una vez más los desacuerdos sobre la conducción de la guerra y los problemas hacendísticos actuaron de catalizador en una crisis en la que subyacían cuestiones políticas de largo alcance. Aprobada la Constitución, los liberales empezaron a valorar la composición de la Regencia como un problema político que podía impedir el desarrollo fluido de la práctica constitucional. En agosto de 1812 las críticas militares provocaron la dimisión del regente Enrique O'Donnell. En diciembre las Cortes reprobaron la gestión del Gobierno, sobre todo en Hacienda y Guerra, que había sido nombrado por la Regencia en junio. La sustitución de la Regencia y un nuevo reglamento empezaron a planear en la estrategia liberal. En febrero de 1813 los regentes fueron acusados de inhibición en el cumplimiento de la normativa de la lectura en las iglesias del decreto que abolía la Inquisición. Fue el detonante de la destitución de los regentes, y el nombramiento de otra Regencia, esta vez de talante liberal, el 8 de marzo siguiente, presidida por Luis María de Borbón, arzobispo de Toledo, y completada con Ciscar y Agar, los tres consejeros de Estado más antiguos. La reducción del número de regentes y su procedencia del Consejo de Estado estaban contempladas en el nuevo reglamento del poder ejecutivo aprobado el mismo día 8 de marzo, para adaptarlo a la Constitución. Se acentuaba la responsabilidad política de los ministros, ahora de forma colectiva, de la que los regentes quedaban eximidos. A estas alturas la previsible derrota de las tropas francesas y la hipótesis de vuelta a la normalidad, en un contexto de reorganización y mayor auge de los partidarios del absolutismo, convertían a la Regencia en una pieza importante del entramado político.

4.9. La acentuación de las resistencias. Contrarrevolución, púlpito y pueblo

En 1813, pues, las aguas amenazaban con volver a su cauce. La urgencia de la guerra y las coyunturas políticas que originó empezaban a disiparse, aflorando un conjunto de tensiones en el que las elites más ligadas al Antiguo Régimen, social y doctrinalmente, recuperan las posiciones de las que habían sido apeados por sorpresa. A lo largo de este año, es decir, mucho antes de la vuelta del monarca, significativos sectores de la nobleza, el clero, elites políticas vinculadas al Antiguo Régimen, servidores del Estado... pusieron en práctica una estrategia destinada a corto plazo a dificultar la aplicación de los principios constitucionales, incluidos sus símbolos, y a largo plazo una práctica involucionista coronada por la vuelta del rey absoluto. Desde febrero las respuestas de buena parte de la jerarquía eclesiástica tomaron un tono más beligerante y de oposición frontal, cuyo exponente más visible lo constituyen las resistencias al decreto de abolición de la Inquisición y sus signos. Esta oposición política fue transmutada y proyectada por la jerarquía como una cuestión de dogma, asociando en su discurso el tema de la libertad de prensa y abolición de la Inquisición con destrucción del dogma y anarquía. Una amplia campaña de crítica a las Cortes y de desobediencia pública de la aplicación del decreto, que se proyectó hacia el conjunto clero y de aquí al conjunto pueblo, que más que actitudes absolutistas por definición reciben un mensaje de tradición y dogma amenazados por el «anticlericalismo» de Cádiz. «El pueblo no piensa, sólo obedece, pues esa es la educación que ha recibido. Darle libertad es conducirle a la anarquía. Los principios que ha recibido son aceptados como dogmas y servirán de freno como hasta ahora lo han sido. Los tribunos de Cádiz están tan lejos de la realidad que serán víctimas de sus propias ideas». Eran las palabras del vicario de Ciudad Real en febrero de 1813. El siguiente eslabón fue el debate sobre el clero regular. Todo ello incidía en el universo mental del clero, para quien las reformas y sus proyectos se habían hecho por el poder civil sin contar con el concurso del clero: una cuestión era la celebración de un Concilio nacional, tal como se planteó en 1811, que implicaba la idea de la autorreforma, aunque tutelada y protegida por el Estado, y otra distinta una cirugía clerical impuesta por las Cortes.

Un solo obispo, el de Barbastro —el jansenista Agustín Abad y Lasierra—, alzó su voz contra la Inquisición, a la que calificó de tribunal oscuro que «con mengua de la piedad ilustrada estaba en contradicción con los más santos principios del cristianismo». Sin embargo un nutrido grupo de obispos mostraron su total rechazo y beligerancia al decreto y exhibieron públicamente un obstruccionismo en su aplicación como adelanto de una oposición a cualquier intento de reforma de contenido liberal. En este contexto se inscribe la Instrucción Pastoral de los obispos refugiados en Mallorca por motivos de la guerra: el arzobispo de Tarragona y los obispos de Barcelona, Cartagena, Lérida, Pamplona, Teruel y Urgel. Una oposición a la política de las Cortes que ya había encontrado un claro exponente en las posturas del arzobispo de Santiago y del obispo de Orense, ambos desterrados por las Cortes por su labor obstruccionista y sus llamadas a la desobediencia civil. Añadamos la ruptura de hecho de relaciones con la Santa Sede, con la expulsión del nuncio, monseñor Gravina, implicado en la campaña de descrédito contra las medidas liberales, y tendremos el cuadro completo de unas tensiones que el propio arzobispo de Toledo, Luis María Borbón, se había esforzado en aplacar desde sus orígenes en la pastoral de 3 de enero de 1813. La actitud dialogante del primado de España influyó en su nombramiento, dos meses más tarde, a la cabecera de la Regencia.

La cuestión eclesiástica, aunque posea autonomía propia en su evolución, es la pieza principal en la creación de un estado de opinión y de una campaña política de mayor alcance protagonizada por los elementos más ajenos al ideario liberal. Publicaciones tales como el periódico *El Procurador general de la nación y del rey,* portavoz principal del antiliberalismo, propicio a una solución hacia el absolutismo, o escritos apologéticos como el del padre Vélez, *Preservativo contra la irreligión,* marcaron el tono de una ambientación con triple escenario que hasta mayo de 1814 se desarrollará en torno a la Regencia, en las Cortes y en la calle.

Si la cuarta Regencia, nombrada en marzo de 1813, poseía un carácter más liberal, no sucedía lo mismo con la composición del Gobierno. La nueva Regencia había heredado unos secretarios de Estado mayoritariamente conservadores en consonancia con la naturaleza política de la anterior Regencia. Sucesivas remodelaciones desde finales de marzo intentaron encontrar un nuevo equilibrio político. Personajes tan caracterizados en su futura labor de gobierno con el absolutismo fernandino como el marqués de Casa-Irujo, Jose García León y Pizarro, Luis María Salazar, Vázquez Figueroa o Cristóbal de Góngora, abandonaron paulatinamente sus secretarías de Estado. De todas formas eran técnicos cualificados, a los que recurrirá posteriormente Fernando VII, sobre todo en temas hacendísticos. Es decir, eran más servidores del Estado que absolutistas en el sentido político.

La convocatoria a Cortes ordinarias es otro centro de interés. En su seno los grupos no liberales animaron la oposición política que tuvo en la elección de la sede de las futuras Cortes un momento especialmente conflictivo en el mes de agosto. Mientras los liberales planteaban la continuidad en Cádiz, los que ya se pueden calificar de realistas, o si se quiere de absolutistas, trataban de alejarse de la ciudad liberal para instalarse en Madrid. Por escaso margen se decidió la reunión de las Cortes ordinarias en Cádiz. El 6 de septiembre se nombró una diputación permanente y el 14 las Cortes generales y extraordinarias suspendían sus sesiones. El principio adoptado en el decreto de convocatoria de 23 de mayo de la no reelección de los diputados y la agitación política en la campaña electoral desde el púlpito, la prensa y la calle, dieron como resultado una mayor presencia de diputados no liberales en las nuevas Cortes, cuya primera reunión se realizó el 1 de octubre. El 29 de noviembre optaron por su traslado a Madrid, donde reanudaron sus sesiones el 15 de enero de 1814, prácticamente al mismo tiempo que caracterizados absolutistas intentaban un cambio en la Regencia que preparara la vuelta del rey en su versión absolutista. Aunque la maniobra fracasó, la situación política se deslizaba hacia una solución *realista,* que culminó el 10 de mayo con el golpe de Estado disolviendo las Cortes. Un *crescendo* emblematizado por las algaradas y motines absolutistas del mes de abril.

La estrategia contrarrevolucionaria, a la par que maduraba en su dimensión estrictamente política, se proyectó a la agitación del elemento popular. A la altura de 1814 la inexistencia de una cultura política no podía derivar en un pueblo liberal, como tampoco absolutista, pero sí en un pueblo sensible a valores tradicionales y a cualquier discurso apegado a la tradición y a la *pureza* de la religión. En su morfología, las manifestaciones y motines absolutistas populares de la primavera de 1814, no variaron en sus contenidos del motín de Aranjuez de marzo de 1808 o de las argumentaciones patrióticas antifrancesas de mayo del mismo año. En nombre de la religión, la tradición y determinados valores casticistas, se exacerbó al pueblo contra Napoleón. Los mismos ingredientes se utilizaban ahora contra la Constitución y el liberalismo gaditano. El púlpito como principal, y a veces único, instrumento de difusión de noticias e ideas, se convirtió en el epicentro de estos discursos de agitación. La preparación emocional estaba servida. Solo faltaban las chispas inducidas por agitadores que hicieran estallar la asonada, la algarada o los actos de adhesión absolutista, en forma de procesiones o festejos antiliberales, generalmente acompañados de la ruptura física de los símbolos constitucionales. Esta trama se extendió sobre todo, al encontrar un campo abonado, en las ciudades *levíticas* como Toledo en el mes de abril, donde la secuencia de acciones ofreció un modelo aplicado en otros lugares: preparación y agitación desde el púlpito-manifestación-ruptura de la lápida constitucional en la plaza de Zocodover-manifestación-deposición de las autoridades constitucionales-asalto a las casas de destacados liberales. Generalmente se trataba de acciones no multitudinarias, pero suficientes para impulsar un específico estado de ánimo. La experiencia liberal gaditana cayó sin resistencia popular. El discurso que había calado en el conjunto *pueblo* era más proclive a una respuesta emocional y tradicional que a la trilogía nación-liberalismo-pueblo. Durante el Trienio liberal la asociación de estos factores empezará a tener consistencia para converger en el *pueblo liberal* de los años 30. Un viajero inglés de la época supo dejar preciso testimonio de esta respuesta en el Madrid de 1814:

> Emisarios de Palacio se desparramaron entre las filas del pueblo y persuadieron a los hombres crédulos, ignorantes y fanáticos que las Cortes eran el enemigo jurado

del Estado, que su finalidad era pisotear la religión y establecer sobre las ruinas del trono una república infiel. Los predicadores añadieron a tan mentirosas insinuaciones la autoridad de sus palabras sagradas, y pronto una multitud de espíritus sin luces y de almas ardientes no sufrieron otra cosa que odio hacia los representantes elegidos por España.

Capítulo V

El retorno del Estado absoluto (1814-1820)

5.1. Un modelo extremo de Estado absoluto

Entre el 4 de mayo de 1814 y el 8 de marzo de 1820 la historia española del siglo XIX comprende un periodo bien definido de su trayectoria caracterizado por seis años en los que se restablece en su integridad el Antiguo Régimen, con todo el aparato político, institucional y administrativo del Estado absoluto y con todas las piezas económicas y sociales del mundo estamental. La primera de las fechas, la de un real decreto, resume convencionalmente la anulación de toda la obra de Cádiz y la vuelta al régimen absoluto, y la segunda la recuperación del modelo constitucional con la publicación en la *Gaceta* de la aceptación simbólica por Fernando VII de la Constitución de 1812. ¿Qué había pasado para que en tan breve lapso de tiempo se hubieran producido cambios tan radicales, al menos en términos políticos e institucionales, respecto a la situación precedente? Explicarlo como la pugna lineal reacción-revolución por imponer cada una su modelo es simplificar la cuestión. Para empezar porque ninguna de las alternativas tenían consistencia suficiente. Al contrario, eran débiles, la primera por inviable y en proceso de crisis, la segunda por inacabada y falta de apoyos. Ni el transcurso del periodo es fruto del capricho individual del Monarca y de los vaivenes provocados por las camarillas para finalizar con el éxito revolucionario, como pensaban los liberales, ni resultado de la conspiración liberal como argumento esgrimido por los absolutistas. Fontana ha centrado la cuestión en la inviabilidad de un régimen que no podía adaptarse a las nuevas condiciones sin alterar su funcionamiento político y sus bases económicas y sociales, en lo que ha definido como la *quiebra de la monarquía absoluta*.

En la lógica de la revolución liberal y de su historiografía posterior se trataba de un paréntesis abocado al fracaso y protagonizado por la obstinación del Monarca y de los privilegiados. Pero para los protagonistas del restablecimiento del absolutismo, empezando por el propio Rey, que no conocían los acontecimientos posteriores, aunque algunos sí tenían temor de que se produjesen, el paréntesis habían sido las Cortes gaditanas. Era la lógica de un absolutismo concebido como inalterable.

La vuelta a los principios de lo que la Revolución Francesa había calificado como *Antiguo Régimen,* no era algo inédito en Europa, al contrario respondía al contexto de la *Europa de la Restauración* como modelo sustitutivo de la Europa napoleónica, pero la restauración realizada en España y la represión de cualquier alternativa fue la más recalcitrante y radical entre cuantas se dieron en la Europa del momento. Y este hecho encierra una aparente paradoja: mientras que en otros lugares ocupados de Europa la derrota militar de Napoleón no había significado la desaparición de algunas aportaciones de la revolución extendidas por los ejércitos napoleónicos, como la disolución del régimen señorial, los principios de unidad administrativa y jurídica, los códigos... en España, que precisamente había elaborado muchos principios revolucionarios a través de las Cortes gaditanas o del propio aparato napoleónico de José I, se abandonan todos estos supuestos, incluso aquellos más tímidamente reformistas. Asimilación en contraste con oposición a cualquier cambio. La Europa restaurada había aprendido de las inevitables reformas sin alterar lo esencial de los regímenes absolutos. La España restaurada no. Y esa paradoja tiene alguna explicación, porque la cohorte de protagonistas de la vuelta a la situación de 1808, encabezados por Fernando VII, era la misma que había capitalizado la versión estratégica de naturaleza más absolutista en marzo de aquel año, y opuesta a cualquier reformismo de corte ilustrado susceptible de alterarla. Antes de Cádiz y de la invasión napoleónica ya se había manifestado la crisis política e institucional de la monarquía absoluta y su eventual apuntalamiento en la fórmula más resistente al cambio. Por tanto, la vuelta a 1808 en 1814 era la vuelta al 1808 del motín de Aranjuez y del nuevo rey Fernando y no de Godoy y del depuesto Carlos IV. Pero además con una visión cualitativamente distinta: la amenaza ya no era sólo del reformismo ilustrado y sus implicaciones, ni de una hipotética revolución percibida como un peligro, sino de una experiencia tangible y real como la del período gaditano que, independientemente de su mayor o menor naturaleza revolucionaria o reformista, había socavado los cimientos políticos y sociales del viejo orden. El temor era fundado, de ahí que la Restauración absolutista implicara la anulación de aquel período y de cualquier vestigio que pudiera derivar hacia él.

Este inmovilismo a ultranza quedó agotado en sí mismo en seis años, ya que las fórmulas para taponar la crisis del Estado eran las mismas que las aplicadas antes de 1808 y las causas de su desmoronamiento también, pero todavía más acentuadas. Además, el inmovilismo político, jurídico e institucional no podía borrar seis años de guerra y de experiencia liberal, y tampoco una sociedad que se movía más deprisa y fuera de los moldes de la sociedad del Antiguo Régimen. La debilidad y agotamiento del Estado concluye con una nueva experiencia liberal en 1820, más por la crisis de aquél que por la fortaleza de ésta.

Y es que el desmoronamiento del Estado absoluto en España no sólo es el de sus posesiones continentales, sino el de todo un Estado transoceánico, no en sus dimensiones exclusivamente geográficas, sino cualitativamente como parte de la monarquía borbónica y del sistema mismo del Antiguo Régimen. Es decir, no se trata únicamente de un proceso de independencia de colonias americanas y de sus consecuencias sino, en un sentido más amplio, de la desintegración del Estado del Antiguo Régimen en su conjunto. El problema americano formaba parte de la crisis misma del Estado absoluto, como una de las piezas del mismo modelo, cuyo cordón umbilical era la monarquía absoluta. Así el proceso político durante la Guerra de la Independencia en la Península y la independencia de los territorios americanos de la monarquía son respuestas a ambos lados del Atlántico a la crisis del Estado absoluto.

5.2. El absolutismo español en el marco de la Europa restaurada

Vencidos los ejércitos napoleónicos Europa se reajustó territorialmente y reordenó las relaciones internacionales. Pero también políticamente para apuntalar el edificio de las monarquías absolutas que los principios de la revolución extendidos por Europa habían amenazado. A través de los tres episodios diplomáticos de mayor envergadura —la primera Paz de París el 30 de mayo de 1814, el Congreso de Viena entre el 1 de noviembre de 1814 y el 9 de junio de 1815, y, después de la derrota de Napoleón en Waterloo el 18 de junio, finalizando el Imperio de los Cien Días, la segunda Paz de París, el 20 de noviembre de 1815— las cuatro potencias continentales aliadas Prusia, Austria, Rusia, y Gran Bretaña salen reforzadas, y Francia vuelve a sus fronteras de 1792. Con el objetivo de impedir una nueva aventura de la naturaleza de la napoleónica, los criterios que regirían las relaciones internacionales serían los de equilibrio y conferencias internacionales para la resolución de los conflictos. La Cuádruple Alianza era el resultado diplomático de estos principios. En términos políticos, en Francia se *restauraba* la dinastía borbónica en la persona de Luis XVIII, pero no se restauraba en su totalidad la situación anterior a la revolución y el Imperio, entre otras cuestiones porque era en sí mismo inviable. Así la monarquía absoluta, que se fundamenta en el *legitimismo* con que se trata de apuntalar el Antiguo Régimen en toda Europa, se acompaña de algunas reformas que han calado en Francia y sobre todo porque se introduce el modelo de *Carta Otorgada* que, sin cuestionar la naturaleza absoluta del monarca, introduce un cierto régimen representativo a partir de la existencia de dos Cámaras, una de ellas elegida por sufragio restringido, que no son depositarias de la soberanía y tienen carácter consultivo. La Francia de la Restauración y Europa estaban convencidas de que era el modelo más adecuado para adaptar el régimen francés a las nuevas circunstancias sin alterar los principios fundamentales de la monarquía absoluta en términos políticos.

Aunque en Europa continental existían diferencias sustanciales, como por ejemplo el caso prusiano de asimilación de medidas que alteraban el Antiguo Régimen, como la abolición de la servidumbre, que distaba del ruso como ejemplo más depurado de monarquía absoluta y teocrática, en su conjunto la derrota napoleónica quedaba asociada a la vuelta al Antiguo Régimen, sobre el principio del *legitimismo*: la existencia de la monarquía absoluta como fruto del derecho divino. Frente al pensamiento del que se había nutrido la revolución en torno a la soberanía nacional, la separación de poderes o los derechos individuales, en Europa cuaja una variada gama del pensamiento conservador —Bonald, De Maistre, Chateaubriand...— sobre la base del tradicionalismo y el derecho divino de los monarcas, y que incluía las fórmulas más extremadas del pensamiento reaccionario. Austria, Prusia y sobre todo la Rusia zarista, apelaron al derecho de *intervencionismo* en las relaciones internacionales allí donde surgieran focos revolucionarios que amenazaran nuevamente los principios del absolutismo. Esta política cristalizó ya el 26 de septiembre de 1815 con el nacimiento de la

Santa Alianza, de notables consecuencias para la inmediata historia de España. Modelo de intervencionismo al que se sumarían España y Francia, y del que se descolgó Gran Bretaña, en su habitual política de pragmatismo sólo preocupada en un equilibrio continental.

Así el restablecimiento del absolutismo en España era coherente con este contexto de las respuestas postnapoleónicas, pero la ortodoxia con que lo llevó a efecto y las prácticas que empleó mostraban que la situación interna del régimen era frágil y sensible a la proliferación de focos revolucionarios. Por eso fue la situación española, y no Francia, la que alarmó a la Europa restaurada, y sobre todo a las potencias de la Santa Alianza, cuando el liberalismo inicie una nueva experiencia en 1820, y el régimen absoluto caiga con tanta facilidad como se había restaurado en 1814.

5.3. La morfología de un golpe de Estado

La finalización del conflicto que se adivinaba próxima en 1813 con la retirada de las tropas francesas, excepto el núcleo catalán, ya desveló los problemas políticos y las discrepancias acerca de la naturaleza del régimen en España. Desde la perspectiva de los liberales, y claro está de una buena parte de los diputados gaditanos, Fernando VII debía ponerse al frente del Estado como Monarca constitucional e iniciarse un proceso de normalización de todas las estructuras de su funcionamiento. Para las elites ligadas al Estado absoluto del Antiguo Régimen, tanto sectores sociales privilegiados como los propios servidores del antiguo Estado, la vuelta del «deseado» era entendida de una manera radicalmente distinta: la vuelta de la legitimidad anterior y la finalización de la experiencia *usurpadora* del liberalismo. Aparte de estos sectores con proyectos políticos muy definidos, el conjunto social español de 1814 estaba muy fragmentado después de seis años de guerra, confusión de poderes, y complejidad territorial de la presencia militar, incluso en algunas zonas ni siquiera se había dado en la práctica las experiencias del liberalismo gaditano o del Estado josefino. Fuera de los núcleos de opinión liberal o absolutista —que la terminología liberal de la época empezará a denominar como «serviles»— el conjunto social *pueblo,* mayoritariamente rural, no era en sí mismo políticamente ni absolutista ni liberal. Lo que percibía era la vuelta del Monarca como referente legítimo de la normalización. Si existió entusiasmo popular fue por el regreso del Monarca en sí mismo —aunque tal hecho fuera instrumentalizado en la creación de una opinión favorable al absolutismo—, pero no hubo oposición alguna a la caída del régimen constitucional. Para la definición del *pueblo liberal* y del *pueblo absolutista* habrá que esperar a la coyuntura del Trienio y sobre todo al inicio de los años 30.

El restablecimiento del absolutismo no fue un hecho precipitado, ni espontáneo, ni una pirueta política inesperada e incontrolada del Monarca. Entre diciembre de 1813 y mayo de 1814 transcurre un periodo de debate, presiones y actitudes que culminan en esa dirección.

La complicada situación militar para Napoleón le empujó a zanjar la úlcera española y propuso a Fernando VII su reconocimiento como Rey de España con la devolución de los derechos a los que había renunciado seis años antes en Bayona. Con ello se cerraba el capítulo de las hostilidades, y Fernando VII se comprometía por su parte a respetar los derechos de los colaboradores del régimen josefino. Adquirió forma de

Tratado en Valençay el 11 de diciembre de 1813. A partir de aquí se iniciaron las actividades de los absolutistas para el cambio efectivo de régimen protagonizado por el Monarca.

Las gestiones del duque de San Carlos, uno de los personajes más significativos del absolutismo y muy vinculado al Monarca, en Madrid presentando el tratado de Napoleón con Fernando VII, desembocaron en enero de 1814 en la negativa de la Regencia a reconocerlo. Su argumento se apoyaba en un decreto de 1811 que declaraba nulos los actos del Monarca durante su ausencia del país, al mismo tiempo que la envergadura de tal negociación debería hacerse con el concurso de las Cortes, ante las que debería jurar Fernando VII la Constitución. Esta actitud era significativa en la forma de entender la naturaleza del régimen, e hizo comprender a los absolutistas que el cambio de rumbo exigía otras estrategias. El 2 de febrero las Cortes aprobaban las normas y el protocolo de la vuelta del Rey, con itinerario previsto, entrada en Madrid y juramento de la Constitución.

Los absolutistas redoblaron sus esfuerzos en todos los frentes, en Madrid, y a lo largo de la ruta seguida por el Rey desde su entrada el 22 de marzo en España, que se constituyó en un auténtico rosario de presiones mientras el Monarca y su séquito tenían tiempo de valorar la situación. Clérigos y nobles, antiguos servidores de la maquinaria administrativa e institucional del Estado absoluto, sectores del ejército, personajes y consejeros cercanos a la Corte y al Monarca e individuos integrados en el régimen constitucional, empezando por algunos diputados, van tejiendo la trama y el estado de opinión que culminará con la vuelta al régimen absoluto. La estrategia de conspiración desde dentro del régimen fracasará en febrero, con el intento de que las Cortes nombrasen una nueva Regencia presidida por la infanta Carlota y en la que participarían Pérez Villamil y el general Castaños.

El 24 de marzo el Rey está ya en la zona catalana dominada por las tropas españolas. Después de su paso por Gerona cambia el itinerario diseñado por las Cortes, y se dirige a Zaragoza, para continuar desde allí su viaje a Valencia. El hecho era significativo en sí mismo, sorteando la autoridad de las Cortes, ganando tiempo y labrando un estado de opinión cuyo pulso político ya debió ser tomado en las sesiones que el Monarca celebró con sus consejeros el 11 de abril en Daroca y cuatro días más tarde en Segorbe. Este mismo día otro evento de envergadura se sumaba a la estrategia absolutista: el general Elío, capitán general de Valencia, salió al encuentro del Rey y le transmitió en un discurso su apoyo al régimen absoluto. El día 16 Fernando VII entraba en Valencia. En estas fechas no había dudas de la actitud que tomaría. En la ciudad levantina confluyeron también los representantes de los actores de la trama absolutista en Madrid. Mozo de Rosales era portador de un manifiesto redactado por diputados partidarios del absolutismo el 12 de abril, paternidad en la que destacan el auditor de Rota, Joaquín Palacín, y el que sería después Inquisidor general, Jerónimo Castillón. Firmado, aunque no inicialmente, por 69 diputados, el *Manifiesto de los persas* —así llamado después por comenzar su texto aludiendo a éstos— apelaba a la tradición histórica y a las Cortes medievales y justificaba la vuelta el régimen absoluto desacreditando la labor de las Cortes. Para Fontana su finalidad era la justificación de un acto de fuerza, pero no tuvo más eco político ni doctrinal, dándosele más importancia de la que tuvo. En todo caso fue una pieza más de la estrategia que alimentó el absolutismo. Por su parte Lardizábal y Pérez Villamil llegaron a Valencia con los puntos básicos de lo que luego tomaría cuerpo en el decreto de anulación de la obra gaditana el 4 de mayo.

La segunda quincena de abril acabó despejando las últimas dudas. A Fernando VII no le hizo falta mucho convencimiento para orientar su actitud. Era el resumen de un conjunto de opiniones y actitudes que encajaban a la perfección con la suya. Lo que hizo fue ponerse al corriente después de seis años en Francia. No podía pensarse en un Rey liberal, ya que había sido formado, educado y preparado en y para perpetuar la monarquía absoluta borbónica, aunque los diputados liberales sí pensaron que podía asumir los cambios aceptando la maquinaria constitucional. Difícil mutación precisamente en un monarca que había abanderado nada menos que la reacción conservadora en 1808 frente a cualquier veleidad reformista, sustituyendo a través de una conspiración a su padre en el trono. Desde esta perspectiva biográfica su actitud en 1814 fue lógica. Además debió pesar la memoria histórica reciente de la experiencia de su homónimo borbón Luis XVIII de Francia, guillotinado después de haber aceptado el régimen constitucional. Para terminar, el contexto internacional le era muy propicio.

El 4 de mayo quedó fechado en Valencia, aunque sin hacerse público, el decreto que declaraba sin efecto la Constitución de 1812 y toda la obra jurídica de las Cortes: «... nulos y de ningún valor ni efecto, ahora ni en tiempo alguno, como si no hubiesen pasado jamás tales actos y se quitasen de en medio del tiempo». En el texto quedaba condenada toda la obra gaditana, por ilegítima y usurpadora, al mismo tiempo que justificaba y limpiaba la actitud del Monarca en Bayona. El decreto implicaba la vuelta al estado de cosas de 1808, que en los meses posteriores quedaría concretado en el desmantelamiento de la obra jurídica, institucional y administrativa de las Cortes y el restablecimiento de todas las piezas del Antiguo Régimen. El decreto indicaba algunas promesas de reforma, como la de convocatoria a Cortes, entendida en términos de Antiguo Régimen, sensible a una situación calcada de la de 1808, aspecto que quedaría olvidado después de la eficaz e incontestada vuelta al régimen absoluto. El decreto era la expresión de un golpe de Estado en todas sus dimensiones que debía completarse en los días posteriores. Cuando al día siguiente el Rey sale con su comitiva hacia Madrid, llevaba su alternativa redactada y debajo del brazo. Mientras tanto las Cortes ordinarias, que habían iniciado su segunda legislatura el 25 de febrero, preparaban ingenuamente los fastos del recibimiento y jura. Los días 10 y 11 de mayo asistieron perplejos e impotentes a la consumación del golpe de Estado. El día 10 el general Eguía, nombrado por el aparato absolutista capitán general de Castilla, ocupó Madrid e inició una secuencia de detenciones de las autoridades constitucionales, regentes, ministros, diputados liberales. Mientras, se había ido creando un estado de opinión para recibir y aclamar al Monarca, pero al Monarca absoluto y no al constitucional. El día 11, mientras el Rey llegaba a Aranjuez, las Cortes quedaban cerradas y se hacía público el decreto de 4 de mayo. El régimen constitucional caía sin oposición y el día 13 Fernando VII entraba en Madrid.

5.4. La recuperación administrativa y política del Estado absoluto

La vuelta al conjunto institucional del Antiguo Régimen se produjo en toda su extensión. Se recuperaban las mismas instituciones existentes en 1808, y que habían dado muestras de crisis e inoperancia tanto para taponar la crisis del Estado como para responder a la invasión napoleónica. En cuanto a la Administración central se restablecía el sistema de Consejos, aunque éstos ya estaban en proceso de crisis en lo referente a su actividad y pérdida de poderes ya antes de 1808. De hecho, como ha señalado Artola, se acentúa el gobierno personal del Rey, apoyado en el legitimismo como manifestación de la voluntad divina, y con unos Consejos cuyo papel se ha visto reducido. Respecto a las Cortes estamentales, no se llegaron a convocar nunca, aunque el asunto estuvo presente hasta 1816. El 27 de mayo se restableció el Consejo de Castilla, presidido por el duque del Infantado, dos días más tarde el Consejo de Cámara, el 2 de julio le tocaba el turno al Consejo de Indias, presidido por el duque de Montemar, el 21 de julio el Consejo de la Inquisición, el 11 de agosto el Consejo de Hacienda, presidido por el duque de Veragua, y el 8 de septiembre el Consejo de las Ordenes Militares.

El monarca se rodeaba como gobierno de las secretarías, a modo de ministerios, a las que son asignadas el 19 de julio las atribuciones que tenían en 1808. Las secretarías eran las de Estado, Gracia y Justicia, Hacienda, Guerra, Marina y Ultramar, y desaparecía el 20 de julio la Secretaría de Gobernación de la Península que en la década absolutista iniciada en 1823 capitalizará un programa de reformas. Los secretarios despachaban directamente con el Rey, sin existir deliberaciones conjuntas a modo de los futuros consejos de ministros. La primera secretaría era la de Estado que asumía las funciones de gobierno interior y política exterior. Por otro lado el 31 de marzo de 1815 quedó reinstaurado el Consejo de Estado, en el contexto de la crisis provocada por la vuelta de Napoleón al escenario europeo durante los *100 días,* organismo formado por los personajes más relevantes del régimen en su calidad de secretarios de Estado en activo o ex-secretarios o de consejeros designados por el Rey, de carácter consultivo. Presidido por Fernando VII o los infantes Carlos o Antonio, deliberó a lo largo del periodo sobre los asuntos más importantes de Estado.

En cuanto a la Administración provincial se recuperaba el modelo anterior de 1808, a partir de las capitanías generales —que sustituían en el mando político a los jefes políticos de provincia instaurados por el constitucionalismo gaditano, al tiempo que el 15 de junio se suprimían las diputaciones provinciales—, y las audiencias y chancillerías restablecidas el 25 de junio. También respecto a la Administración hacendística se reponían los intendentes y los subdelegados de rentas. En el capítulo de la Administración local, el 24 de mayo se suspendió la formación de ayuntamientos y el cese de los ya constituidos, sustituyéndose los alcaldes constitucionales y reponiéndose ayuntamientos —que recuperaban sus atribuciones de 1808—, corregidores y alcaldes mayores.

Nada era nuevo. Se ponía gradualmente en vigor el antiguo modelo de Estado, pero también el modelo de organización económica y social del Antiguo Régimen que las Cortes gaditanas habían desmontado al menos jurídicamente. Los antiguos privilegios y derechos recuperaban su definición y contenidos. Se suspende cualquier formulación jurídica desamortizadora de Cádiz y se devuelven los patrimonios del clero afectados durante la guerra a la situación de 1808. Se ponen en vigor las ordenanzas gremiales. Se restablece el Honrado Concejo de la Mesta. El decreto gaditano de disolución del régimen señorial queda sin efecto, al restablecerse éste el 15 de septiembre, aunque se realizarían modificaciones en el sistema de jurisdicciones en noviembre, completadas en 1819, sobre la designación real de oficios para el ejercicio de la justicia. Los privilegios, exenciones fiscales, rentas señoriales de la complicada casuística legal del Antiguo Régimen volvían a sustituir los principios de igualdad jurídica, concepto de propiedad libre, fiscalidad universal... del liberalismo. En la cuestión fiscal, problema de primera magnitud que condicionará la evolución del periodo, se recuperaba el 23 de junio el viejo sistema, medida política en la que influyó, como ha puesto de manifiesto Fontana, la presión popular campesina afectada por el modelo hacendístico de las Cortes. Con ello finalizaba la contribución directa volviéndose al sistema de rentas provinciales y estancadas. En esta cuestión se manifestarán las contradicciones y problemas del Estado absoluto.

Gobernar como si nada hubiera pasado olvidando la crisis institucional, económica y política de 1808 era una entelequia. Para el Rey, y las elites resistentes, no se entendía en clave de crisis, sino justamente al contrario, vuelta a la normalidad. El discurso tiene su punto nodal en el inmovilismo, alejándose la veta reformista, o en todo caso sólo aceptada en términos de gestión administrativa y reducida a algunos capítulos. Cuando este empeño fracase en 1820, el siguiente ensayo absolutista tratará de recuperar, por un sector, una vía reformista que sustente el Estado absoluto sobre todo desde 1826.

Se restablecían las instituciones anteriores. También los procedimientos y las prácticas políticas. En un régimen parlamentario y representativo, como el ensayado brevemente entre 1810-1814, la trayectoria política se cuenta por ministerios y legislaturas, partidos o grupos de notables y programas, pero con la vuelta a los mecanismos políticos del absolutismo no se puede aplicar tal lógica. La concepción y práctica del poder situada en la decisión personal del Monarca y delegada en personajes —secretarios de Despacho— sin consideración de equipo ministerial, respondía a la práctica de institucionalizar los consejeros privados. Como ha indicado Artola, la historia política de estos seis años no responde a homogeneidad ministerial alguna, con programas inexistentes, reiteradas crisis ministeriales —alude a 31 situaciones diferentes— a menudo de causas desconocidas, continuos relevos sobre todo individuales, secretarías ocupadas con frecuencia interinamente, y con desconocimiento de los criterios empleados por el Monarca, aunque tuvieron notable importancia los vínculos personales basados en la fidelidad, además de otras razones como la preparación técnica. En el largo desfile de secretarios —ministros— destaca Hacienda, con nueve personajes en los seis años.

Esta estructura de poder era muy sensible, continuando con una trayectoria anterior a 1808, a los poderes de hecho que se manifestarán en forma de *camarillas,* personajes que tienen acceso privado al cuarto del Rey, ligados a él, que actúan de consejeros personales, más allá de los canales dibujados por la estructura formal de poder como secretarios de despacho o consejeros de Estado, aunque ambas vías eran perfectamente compatibles. Relación clientelar en la que no puede hablarse de grupos definidos, sino más bien de actitudes personales. Esta práctica se prolongará después durante el régimen constitucional, al margen de las instituciones, como un poder de hecho en relación al papel asignado a la Corona en el proceso político. Fernando VII mantiene a sus instructores y fieles consejeros de la época anterior a la guerra e instigadores de la conjura de El Escorial: Escoiquiz, el duque de San Carlos, nombrado secretario de Estado en el primer Gobierno y el duque del Infantado, nombrado presidente del Consejo de Estado. También amigos personales como Ugarte, Ostolaza, Collado o el duque de Alagón, y también personajes como el embajador ruso Tatischeff representando los intereses del Zar en la Corte española con notable influencia desde 1816. El influjo de estas camarillas, a pesar de su importancia, no explicaría la irracionalidad de los constantes vaivenes políticos y de titulares e interinos de las secretarías. Como ha señalado

Fontana «la explicación de tantos cambios no debe buscarse en los caprichos del Rey ni en los manejos de la camarilla, aunque no se pueda negar que ésta ha tenido influencia en desacreditar a algunos ministros y en proponer a otros. La razón fundamental reside en que todos estos hombres se han mostrado incapaces de llevar a cabo la tarea que se les había confiado (...) sin tener en cuenta que lo que se les encomendaba era una tarea imposible: mantener en funcionamiento un sistema político inviable», sobre todo la llamativa Secretaría de Hacienda, porque su labor era la más difícil: ante los apuros hacendísticos —aumento de gastos y necesidades, disminución de ingresos— buscar un sistema tributario que aumentara los ingresos del Estado sin alterar los fundamentos sociales y los privilegios económicos.

5.5. La práctica política y las contradicciones insalvables

El primer Gobierno —o el nombramiento de las primeras secretarías de Despacho— de Fernando VII a la vuelta de Francia tiene fecha, al igual que el decreto que anuló la Constitución, del 4 de mayo en Valencia. El secretario de Estado era el duque de San Carlos, simbolizando el puente histórico con marzo de 1808. La de Gracia y Justicia era ocupada por Macanaz, la de Guerra por el general Freire, la de Hacienda por Salazar, y en Ultramar —departamento que se suprimirá al año siguiente— se situaba Lardizábal, personaje que había formado parte de la Regencia en la época gaditana, representando aquellos partidarios del Estado absoluto que desde las instituciones intentaron bloquear el proceso de convocatoria a Cortes en Cádiz. Hasta finales de año podría hablarse de un primer momento, representado por los personajes activos y cercanos al Monarca en el golpe de Estado y con la función de restablecer todos los mecanismos del Estado absoluto, política desarrollada sobre todo entre los meses de mayo y julio, lo que no quiere decir que con las mismas personas. La inestabilidad fue inmediata. El día 30 se producen los primeros relevos, con el paso de Eguía, militar decisivo en el golpe de Estado, a la Secretaría de Guerra, y de Góngora a Hacienda, mientras Salazar se ocupaba de la Secretaría de Marina. Todavía el 23 de septiembre Perez Villamil, también en un primer plano del golpe de Estado, se convertía en el tercer ministro de Hacienda, y Macanaz era destituido en Gracia y Justicia y enviado al presidio, acusado de infidelidad y corrupción. El año de 1816 se cierra con el cambio del primer ministro o secretario de Estado, el duque de San Carlos, por Pedro Ceballos.

Hasta aquí se había consumado un golpe de Estado sin oposición y se había levantado de nuevo el edificio del Antiguo Régimen, pero se habían mostrado los graves problemas del Estado y las fisuras para afrontarlos. Se concebían sólo como problemas pasajeros provocados por la guerra y la herencia gaditana, sin contemplar que la crisis tenía una naturaleza y unas causas de más largo plazo, ahora acentuadas.

Después de seis años de guerra el país estaba exhausto y destrozado, tanto la estructura productiva, como las arcas del Estado. Por otro lado la Europa de 1814 se enfrentaba a una prolongada y notable coyuntura depresiva: caída de precios sobre todo entre 1812 y 1821 y aún más acentuada en el bienio 1817-1819, depresión que creará múltiples problemas a la agricultura española del periodo. Además el proceso de independencia de los territorios americanos provocaba que el Estado transoceánico no pudiera contar con el volumen de ingresos procedentes de América que había ayudado a taponar el déficit antes de 1808. Aunque esté sujeto a un rico debate, el colapso comercial con América debió de influir notablemente desde 1814. Para terminar, el Estado estaba muy endeudado antes de 1808, pero la guerra duplicó la deuda, estimada en octubre de 1814 en 11.568 millones de reales. Un Estado endeudado y sin crédito, bloqueados los canales de los recursos americanos, y con la caída de los ingresos, el problema hacendístico se presentó desde el principio como el problema de más envergadura del Estado absoluto, no sólo por su naturaleza sino porque con las medidas aplicadas —vuelta a la situación anterior a 1808, y ensayos frustrados de reforma tributaria en 1817— era imposible su resolución. Y se irá agravando, no solamente por la imposibilidad de cubrir gastos ordinarios con la estructura impositiva existente, o el pago de la deuda, sino los gastos extraordinarios a partir de las necesidades del ejército y la marina que colocarán en una posición de debilidad a España en el concierto internacional y comprometerán cualquier posibilidad de contar con una escuadra para taponar la sangría independentista americana.

En 1816 el capítulo hacendístico sigue la misma dirección que el conjunto institucional restaurado: se restablece el Consejo de Hacienda y la Dirección General de Rentas y en junio se vuelve al sistema tributario de 1808, toda vez que ha sido estimulado además por la animadversión hacia el sistema impositivo de la legislación liberal. Como también se ha mencionado, consistió en la supresión de la contribución directa, para recuperar el sistema indirecto de rentas provinciales y estancadas. Esto podría aliviar eventualmente la presión tributaria y provocar el aplauso campesino de la vuelta del absolutismo, pero al mismo tiempo el incremento impositivo también se haría realidad junto a la aplicación de las rentas derivadas del régimen señorial y la caída de precios que colocaría al campesinado igualmente en una situación de descontento en el transcurso de estos seis años. Desde la perspectiva del sistema global de hacienda no se podía solucionar nada con un sistema impositivo que no generaba ni siquiera los recursos ordinarios ya antes de 1808, y que era aplicado ahora a una situación financiera todavía más grave, pero sin recurrir a reformas que alteraran privilegios sociales. Las reformas en todo caso sólo podrían entenderse en cuanto a gestión administrativa. Era lógico teniendo en cuenta que en 1808 el entonces príncipe Fernando y sus consejeros habían capitalizado las resistencias al reformismo de Godoy para aumentar recursos. En 1814 y 1815 la gestión hacendística se movió en este marco, disminuyeron los ingresos y aumentaron los gastos. El 2 de febrero de 1815 entraba el cuarto ministro de Hacienda, González Vallejo. Mientras, se había desplegado la represión de liberales, se había producido la primera intentona de pronunciamiento, y los aliados europeos tejían el nuevo esquema de relaciones internacionales situando a España en un segundo plano.

Durante 1815 y 1816 se prolonga un periodo de relativa homogeneidad, lo que no quiere decir estabilidad, sobre todo en la Secretaría de Estado ocupada por Pedro Ceballos, entre el 16 de diciembre de 1814 y el 30 de octubre de 1816, salvo la breve crisis entre el 23 y 26 de enero de 1816 en que es apartado eventualmente de la Secretaría. La trayectoria de este personaje es harto significativa, ya que está ligada con puestos de responsabilidad a todos los avatares del Estado desde Carlos IV hasta las Cortes del Estatuto Real en los años 30. Independientemente de su sagacidad personal para adaptarse a situaciones cambiantes, y contradictorias políticamente, desvela las posibilidades abiertas en el modelo de transición del Antiguo Régimen al sistema liberal a las elites de poder, apegadas al funcionamiento del Estado. Aunque existió a largo plazo un recambio de elites políticas, tal proceso no fue radical, ni inmediato, y la lenta sustitución de elites llevaba sin embargo implícita una vertiente de continuismo. No fue el único caso, sí de los más llamativos. Ya había sido Secretario de Estado con Carlos IV en 1800, por su vinculación a Godoy; en sentido contrario, en 1808 se incorporó después de la trama de Aranjuez al Gobierno de Fernando VII, y una vez en Bayona, también al de José I. Durante la guerra se brindó a la Junta Central, que le nombró embajador en Londres y en 1812 miembro del Consejo de Estado. En 1814, como se ha visto, fue nombrado secretario de Estado hasta 1816, con dos años al frente, lo que no solía ser frecuente en los Gobiernos de Fernando VII. Todavía participaría como consejero de Estado otra vez con el régimen constitucional del Trienio, y sería propuesto para la Cámara de Próceres en 1834.

En el resto de secretarías los cambios no dejaron de producirse en estos dos años con Ceballos como virtual jefe de Gobierno. La de Guerra pasó de Eguía a Ballesteros el 25 de marzo de 1815, al calor de una reestructuración militar preparatoria ante la nueva presencia de Napoleón, hasta que fue sustituido por Campo Sagrado, posiblemente en relación con las consecuencias del pronunciamiento de Porlier. Los ministros de Hacienda siguieron desfilando en este periodo, sucediéndose Gonzalez Vallejo, Ibarra y López Araujo. Con la crisis de enero de 1816 en que quedó eventualmente destituido el propio Ceballos, también existió un fugaz relevo en Gracia y Justicia, mientras que en Marina entraba con mayor continuidad Vázquez Figueroa. Como se ha indicado, independientemente de las crisis de Gobierno en relación a intrigas personales en las camarillas, detrás de los relevos se esconden los problemas hacendísticos en un país arruinado y endeudado, aumentando las necesidades de gastos militares, y con la misma estructura de ingresos, resultando así las gestiones ineficaces por definición, aparte de las capacidades de los ministros. No por casualidad los relevos se producían en aquellas secretarías que desvelan el bloqueo del régimen, Hacienda, Guerra y Marina. Tres elementos interrelacionados que condicionaban la situación: apuros financieros, posición de España en el concierto internacional respecto a la vuelta de Napoleón y las negociaciones de Viena y París, y la aceleración de la independencia americana y la imposibilidad de organización de una flota.

El recurso a prácticas de fomento de corte ilustrado con el espíritu y limitaciones del siglo XVIII o el intento de mejoras en la gestión administrativa no alteraron la situación. De hecho se prolongó la ineficacia administrativa, y, en todo caso, el impulso de obras relacionadas con la maltrecha infraestructura precisó de mayores ingresos. Las obras del canal de Castilla, el fomento agrícola estimulando nuevas roturaciones, la creación de sociedades económicas, o medidas como el cierre de bosques, eran parches de una política que se encontraba con los mismos tropiezos del siglo anterior, mientras se mantenía el sistema fiscal, el régimen señorial, la propiedad amortizada, las vinculaciones o los reiterados y recuperados privilegios de la Mesta, en un contexto además de depresión y lesiva política arancelaria que hundía los productos agrarios.

En el capítulo hacendístico existían dificultades para calcular cualquier presupuesto, por el desconocimiento real de ingresos y la multiplicación de gastos, no ya los extraordinarios, sino los más cotidianos de la Administración del Estado. Estas dificultades y la gravedad financiera del Estado quedaron desveladas aún más con motivo de las medidas militares que deberían tomarse después de que Napoleón saliera de la isla de Elba y reemprendiera sus campañas. La decisión de preparar un ejército en la frontera, y mucho menos cualquier otra decisión militar de mayor envergadura como la propuesta por las potencias aliadas, tenía correlato con un presupuesto imposible. Ni las deliberaciones del Consejo de Estado, ni la actividad ministerial ofrecieron salida alguna.

Un primer esbozo de reforma hacendística lo constituyó una Memoria que el viejo confesor del Rey, Escoiquiz, presentó al Consejo de Estado en junio de 1815. Se hacía eco de la valoración ya comúnmente admitida de que los ingresos ordinarios no cubrían siquiera los gastos más habituales, haciendo una evaluación del déficit de 500 millones de reales, a los que habría que sumar otros 1.000 millones para sostenimiento del ejército de los Pirineos. Aludió como fuente de ingresos a los auxilios de clero, grandes, «pudientes», empleados, comercio y a los pueblos, que sin embargo sólo cubriría 150 millones. Su plan contemplaba para la amortización de la deuda el recurso de venta de bienes comunales y parte de los de Órdenes Militares, ventas sobre las que además se establecería un censo, cuyos intereses, más los de un empréstito, serían la garantía para una emisión de billetes por unas Cajas de Descuento. De escasa consistencia técnica y de razonamientos disparatados, como ha señalado Fontana, fue además criticado por cuestionar bienes de privilegiados, en este caso las Órdenes Militares, y no llegó a cuajar más que en un decreto de venta de fincas nunca puesto en práctica. Otro intento, con menor imaginación, fue la pirueta del ministro González Vallejo en agosto de 1815 volviendo a la situación anterior a la reforma de 1799, es decir, un modelo todavía más caduco, mecanismo que sólo duro hasta el mes de noviembre.

En enero de 1816 comenzaron sus estudios e informes dos juntas, presididas por Ibarra y unidas en noviembre de ese año. La denominada Junta de Hacienda tenía como objeto el análisis de la situación y la búsqueda de recursos, mientras que la Junta de Economía estudió la fijación de presupuesto de gastos de las secretarías. Esta idea de fijación de gastos y la de una contribución extraordinaria para cubrir el déficit, serían utilizadas en el primer intento serio de reforma hacendística capitalizado por Garay en 1817.

5.6. España y el Congreso de Viena

Entre 1814 y 1816, es decir, el periodo que incluye en la Secretaría de Estado al duque de San Carlos y a Pedro Ceballos, se articula el papel que jugará España en el concierto internacional, no sólo durante el régimen, sino en sus consecuencias y líneas maestras durante el resto de siglo. No cabe duda de que España inicia una época en sus relaciones internacionales marcada por un aislamiento entendido como su paso a segunda potencia después de tres siglos en el primer plano de la toma de decisiones del escenario europeo. Esta nueva situación se puso de manifiesto como consecuencia de las múltiples negociaciones de los tratados de paz y de los acuerdos sobre el nuevo orden político europeo en 1814 y 1815, a los que, después de tres años de fracasos en los que se desveló la debilidad de España, sólo accedió en 1817 como reconocimiento de la nueva situación. Pero también es verdad que el proceso de pérdida de España de su papel entre las potencias hegemónicas se había manifestado al menos desde el siglo anterior. La guerra también en este plano lo precipitó todo, para culminar con las actitudes del Estado absoluto y sus representantes entre 1814 y 1817. Mientras, se estaban desgajando los territorios americanos.

También aquí la paradoja era evidente. El contraste entre el prestigio del país en su lucha contra Napoleón, el capital simbólico adquirido contra el invasor, y los fracasos diplomáticos de sus representantes en Viena y París, y detrás de ellos los Gobiernos y el Rey. España llegó tarde, la mayor parte de las veces, y sin fuerza, siempre, a las negociaciones. No descansaba en una estrategia de política coherente, a veces con doble diplomacia, poco calculada y sobre todo incapaz de aprovechar el prestigio adquirido. Además las maniobras diplomáticas de los representantes no fueron afortunadas, sobre todo las de Gómez Labrador en Viena, y luego en París, cuyos recursos han pasado a asociarse a la escasa sagacidad y falta de habilidad frente a diplomáticos de la envergadura de Metternich, Talleyrand o Castelreagh. Pero el fracaso de Gómez Labrador, o de las gestiones anteriores de Pizarro o de Fernán Núñez, era el de una política exterior. Detrás subyacía la falta de fuerza para negociar sus posiciones. El capital simbólico no suplía la debilidad de un país destrozado, sin recursos, sin ejército bien abastecido y pertrechado, y con un Estado en crisis y de dudoso funcionamiento en su maquinaria administrativa. Tampoco tenía un ejército ocupando Francia. Las que se denominarían a partir de estas fechas *primeras potencias* estaban en una situación de fuerza, Austria, Prusia, Rusia y Gran Bretaña, que sí contaban con ejércitos regulares numerosos y la posibilidad de aumentarlos, más recursos y mejor funcionamiento de sus Estados. Es demostrativo el hecho de que cuando en marzo de 1815 las cuatro potencias acuerden la aportación de un ejército de 150.000 hombres cada uno con motivo del regreso de Napoleón, España apenas pueda alinear a un ejército en los Pirineos para el que no tenía presupuesto, y por eso la propuesta de Gómez Labrador de adherirse en abril a la alianza en condiciones de igualdad no tuvo eco alguno y España continuó en un segundo plano.

El Gobierno no participó en las decisiones de mayor envergadura, y en tal sentido las que afectaban a la reordenación territorial, decidida secretamente por las cuatro potencias en la primera Paz de París. España no tuvo representante en el Congreso de Praga en un primer esbozo de negociaciones antes de finalizar el conflicto, quedó al margen del Pacto de Chaumont a primeros de marzo de 1814 entre las cuatro potencias, y se vio perjudicada en el asunto del ducado de Parma como consecuencia del Tratado de Fontainebleau en abril de 1814 entre Napoleón y el Zar. Pero más importancia aún tuvo el hecho de que el enviado español Fernán Núñez quedara al margen de la elaboración del primer tratado de París el 30 de mayo de 1815, con la argumentación de que la fijación de fronteras era un asunto que no afectaba a España.

Las posiciones españolas y sus tímidas pretensiones territoriales no tendrían éxito ni en Viena, ni en la segunda Paz de París, no sólo por el procedimiento y la falta de fuerza, sino porque además los compromisos sobre la distribución territorial y las relaciones de equilibrio habían sido acordadas ya, como se ha mencionado, desde la primera reunión de París, aspecto desconocido por la diplomacia española hasta la reunión de Viena. Tanto el enviado español por el régimen constitucional, Pizarro y luego Fernán Núñez, como Gómez Labrador por el régimen absoluto para el Congreso de Viena, no tenían como objetivo ampliaciones territoriales, sí una indemnización e impedir cualquier acuerdo sobre asuntos internos, sobre decretos de Cortes en el primer caso, o sobre afrancesados en el segundo. Pero sí la restitución de la Luisiana, en poder de Estados Unidos como consecuencia de la venta realizada por la Francia napoleónica, y, como principal asunto de debate y litigio el intento de que la infanta María Luisa —reina de Etruria y hermana de Fernando VII— y su hijo recuperaran sus derechos sobre el ducado de Parma. En 1801 el Gobierno español había cambiado el ducado y la Luisiana por el Estado de Etruria recién constituido. Sin embargo el acuerdo realizado por el Zar con Napoleón desde Fontainebleau de que el ducado pasara a la archiduquesa María Luisa, esposa de Napoleón, se mantuvo inalterable en París y Viena. Las grandes potencias además se desentendieron del asunto de la Luisiana.

España no firmó, después de no haber participado en el primer tratado de París, tampoco el Acta final de Viena el 9 de junio de 1815. Mientras, la audacia diplomática de Talleyrand —aprovechando las diferencias entre las cuatro potencias sobre Polonia y Sajonia— logró incluir a Francia —que al fin y al cabo había perdido la guerra— en el concierto de cinco potencias desde enero de 1815. España quedó aislada tanto por la escasa capacidad de Gómez Labrador como por las instrucciones contradictorias desde la Corte, y quedó apeada definitivamente de las potencias que decidieron el futuro europeo con la firma dos meses más tarde del Acta final. Tampoco participó en las negociaciones y acuerdos tomados por las cuatro potencias que culminarían en la segunda Paz de París, y en la Cuádruple Alianza, después de la definitiva derrota de Napoleón en Waterloo, el 20 de noviembre de 1815. No quedaban alterados anteriores acuerdos acerca de los intereses españoles. Esta vez Gómez Labrador firmó la accesión al tratado de paz, pero de forma condicional, es decir, no aceptando el punto 11 que recogía los acuerdos de Viena. Finalmente, el 26 de septiembre anterior se había firmado la Santa Alianza a la que tampoco inicial y oficialmente se sumó España.

Concluidos los acuerdos y el nuevo mapa territorial y político europeos, España quedaba al margen. Sólo en 1817 accedería formalmente a ellos, pero en otro contexto y condicionantes, que sin embargo no variarán la importancia asignada desde entonces a España en el ámbito internacional. Durante toda la etapa de Ceballos se había puesto de manifiesto el bloqueo del Estado y su falta de recursos, que le habían impedido en último término, respecto a las relaciones exteriores, asumir compromiso alguno, es decir, el reconocimiento de que en su caso no podría intervenir para apagar cualquier foco revolucionario, ni siquiera para impedir que este surgiera en su propio territorio como consecuencia de la misma debilidad.

5.7. El espejismo reformista

Entre octubre de 1816 y finales de 1818 transcurre otra etapa de perfil relativamente definido, marcado por un tono moderado y reformista, sobre todo en lo relativo a la cuestión hacendística, pero al mismo tiempo, y no por ello contradictorio en el marco absolutista, caracterizado por el mayor peso en los centros de poder de las propuestas de las camarillas más reaccionarias respecto a la política interior y en la reorientación de la política exterior hacia la esfera rusa y la normalización de las relaciones exteriores con la firma de los tratados.

El 30 de octubre de 1816 Ceballos fue sustituido en la Secretaría de Estado por José García de León y Pizarro. Los problemas hacendísticos, los fracasos de la política exterior concluidos con ambigüedad y aislamiento, y el debate interno sobre una amnistía como reconocimiento de la fractura existente en la sociedad española eran las piezas más visibles de una crisis permanente. Pero además el relevo de Ceballos era el resultado de un recambio en la orientación de las elites del poder en su estrategia de acercamiento a la teocrática Rusia y sus influyentes ramificaciones en la Corte. Ello era opuesto a la política exterior seguida por Ceballos, contrario a la adhesión a la Santa Alianza. El ministro saliente también se había opuesto al doble matrimonio del Rey y el infante Carlos con las princesas portuguesas de la Casa de Braganza Isabel y María Francisca. Ambas cuestiones se realizaron sin su concurso. Con una diplomacia al margen de la oficial Fernando VII se había adherido secretamente a la Santa Alianza en junio de 1816. El 14 de febrero del mismo año se acordaban las bodas reales. Este asunto estuvo gestionado con el rey de Portugal, sin la participación de Ceballos y de las relaciones diplomáticas oficiales con el país vecino, por personajes como Lardizábal, el general Vigodet y fray Cirilo de Alameda, de significada orientación reaccionaria. La cuestión de la Santa Alianza era expresión de una estrategia más amplia de acercamiento a Rusia buscando el apoyo en la política interior y en la exterior del Zar, aproximación encargada a Cea Bermúdez y sobre todo instigada y protagonizada por Tatischeff y Ugarte. Ambas cuestiones no estaban desligadas en su trasfondo, era la opción de las elites del poder en forma de camarillas más proclives a la potencia rusa y los fundamentos más inmovilistas del absolutismo. El propio García Pizarro describe en un párrafo de sus *Memorias*, citadas por Fontana, el sostén de su nombramiento: «La diplomacia y el partido nacional unido a ella, es decir parte de los dependientes del influjo ruso, los confidentes de Palacio, el capitán de guardias, la parte del partido nacional unida a los portugueses o, mejor dicho, al interés de las bodas, partido que abrazaba una respetable porción de clero y gentes de respeto e influjo en la corte.»

García Pizarro no se caracterizaba por una orientación reaccionaria, sino más bien moderada, tampoco era un liberal, pero sí el diplomático encumbrado para consolidar y hacer oficial el cambio de rumbo promovido por el grupo de interés en la Corte proclive a Rusia. Junto a él coincidieron a finales de 1816 otros tres ministros de sentido reformista, en sentido técnico y pragmático, que dieron una eventual y relativa coherencia al conjunto ministerial que ensayaba una cierta vía reformista, y eran precisamente las secretarías más sensibles en la expresión de la crisis: Guerra, Marina y Hacienda. Se trataba, por este orden, de Campo Sagrado, que ocupaba la Secretaría desde el 23 de octubre de 1815, Vázquez Figueroa, nombrado el 27 de febrero de 1816 y de Martín de Garay, que sería nombrado el 23 de diciembre de ese año. A excepción de Campo Sagrado, los tres restantes —García Pizarro, Vázquez Figueroa y Garay— se apearán juntos del Gobierno el 14 de septiembre de 1818, dando por concluida esta fase. Reformismo que contempló el intento de reordenación de la flota, la puesta en marcha de una reforma tributaria y el estudio del asunto de la amnistía. La homogeneidad quedó alterada pronto con la incorporación al Gobierno de dos personajes de notoria actitud reaccionaria. El 29 de enero de 1817 era nombrado secretario de Gracia y Justicia —desempeñada interinamente hasta entonces por el secretario de Estado— Lozano de Torres, que había sustituido fugazmente a Ceballos en la crisis aludida del 23-26 de enero de 1816. Era el prototipo de confidente y amigo del Rey, con notables habilidades para las intrigas y, sin apoyatura profesional, intelectual u honorífica, que, como Ugarte, se movieron con notable soltura por la Corte. Más tarde, el 19 de julio, Eguía, general del golpe de Estado de 1814, volvía a la Secretaría de Guerra en sustitución de Campo Sagrado, sustitución igualmente promovida por Ugarte, Tatischeff y el «partido ruso». Ambos personajes bloquearon muchas expectativas, sobre todo la del asunto de la amnistía, que independientemente de las tímidas dimensiones en que hubiera sido planteada, al menos era fruto del reconocimiento de la fractura en la sociedad española por un sector de las elites del poder. El asunto había sido contemplado en la época de Ceballos, precisamente en una exposición realizada por Campo Sagrado, y que en 1817 estaba todavía sobre el papel de las secretarías hasta la llegada de Lozano y Eguía.

La naturaleza y estructura del poder absoluto, formal y de hecho, y del carácter y funciones de las secretarías impiden calificar esta composición del Gobierno en su conjunto como contradictoria. Lo es en el sentido de una perspectiva de bloque y política ministerial de un régimen representativo, pero no del régimen absolutista, cuya filiación política de sus miembros en último término no distaba nada. La diferenciación en todo caso era posibilista, y respondía a la compleja trama de las elites del poder con resultado en estas combinaciones ministeriales, que también realizará Fernando VII en la siguiente etapa absolutista, haciendo coincidir posiciones, en ese momento más definidas, entre absolutistas intransigentes y absolutistas pragmáticos o, si se quiere, reformistas en su acepción técnica.

En estos dos años el proyecto de reforma de mayor envergadura y del que, en definitiva, dependía en buena parte la suerte del Estado absoluto fue el hacendístico, que quedó definido en el *sistema de hacienda* de Garay el 30 de mayo de 1817. Martín de Garay, después de tres años de impotencia, ineficacia, y ausencia de cualquier innovación en materia hacendística que agotó a siete ministros, capitalizó una reforma tributaria que abría expectativas nuevas para el Estado absoluto, aprovechando los informes, estudios y proyectos desplegados por las juntas de hacienda y economía y de la actividad de técnicos como Antonio Barata, José López Juana Pinilla y el joven López Ballesteros, que sería en la siguiente década absolutista el encargado de taponar reformando los ahogos del Estado. Garay no tenía la paternidad intelectual de la reforma, ni era un técnico en materia hacendística, pero le dio el empuje necesario y la ambición política para presentar al Monarca y al Consejo de Estado la iniciativa más radical de las contempladas hasta entonces. Había ocupado antes de la guerra puestos en la Administración militar y en 1808 era intendente de la provincia de Extremadura, para convertirse en vocal en la Junta Central. Después fue nombrado secretario general de la Junta y encargado de la Secretaría de Estado hasta su dimisión a finales de 1810. Al año siguiente fue designado consejero de Estado. Aquí acabó su compromiso con los poderes revolucionarios, de los que se desvinculó entre 1810 y 1814, para exhibir la coartada del cautiverio durante este periodo, y ser rehabilitado por el régimen absoluto con su nombramiento para el Consejo de Estado. Por tanto, su experiencia política y administrativa en la Administración era notable, sobre todo antes de 1810, lo que no le sitúa en una órbita liberal.

En el planteamiento y configuración de la reforma coinciden muchos referentes y ensayos, desde reflexiones del reformismo ilustrado hasta algunas piezas del modelo gaditano de única contribución directa, pasando por los estudios e informes más inmediatos a su gestión. Recogió la idea en sí misma de una reforma tributaria para aumentar los ingresos en los límites que el Monarca y las resistencias de las elites estuvieran dispuestas a consentir. La fórmula consistió en suprimir las rentas provinciales por una *contribución general* repartida entre las poblaciones, excepto en los puertos y capitales de provincia donde se aplicarían derechos de puertas para los productos que entraran en ellas. Lo novedoso era la contribución general, pero no llegaba a los planteamientos de una única contribución directa de la reforma gaditana de 1813, y por otro lado no se habían suprimido las rentas estancadas. Era un sistema mixto que aplicaba una contribución directa, repartida proporcionalmente en cuotas, a los pueblos y una contribución indirecta a las capitales y puertos.

La reforma tuvo notables problemas de aplicación técnica que dio lugar al confusionismo entre unas poblaciones acostumbradas secularmente a otro modelo impositivo. La contribución general y el reparto de las cuotas exigió la elaboración de complicados e imprecisos cuadernos de riqueza. El sistema de evaluación era confuso y los organismos encargados de realizarla —sistema piramidal de juntas locales, juntas de partido e intendentes provinciales— se veían imposibilitados para su cálculo preciso. En la práctica el fracaso en la aplicación del sistema se tradujo en la disminución de los ingresos, aunque siguió en vigor después de la salida de Garay de la secretaría.

El plan de Garay para arreglar el extraordinario volumen de la deuda tuvo menos suerte que la reforma tributaria. Este aspecto fue vetado y no pasó de proyecto, por las resistencias de las elites manifestadas en la oposición del Consejo de Estado, ya que parte del pago de los intereses implicaba el recurso a instrumentos desamortizadores, es decir, a la venta de fincas procedentes de baldíos, maestrazgos de las Órdenes Militares, parte del patrimonio real y bienes del clero secular innecesarios para su mantenimiento. Sólo en agosto de 1818, llegó a publicarse un programa de arreglo de la deuda y el establecimiento de un sistema general de crédito público, pero desvirtuado de sus propuestas iniciales. Además de reconocer la imposibilidad de su liquidación se hacía una clasificación y proceso de reconversión de la deuda, con un plan abocado al fracaso, al descansar en cuanto al pago sobre una impracticable venta de baldíos.

Mientras, se había abandonado cualquier debate sobre la amnistía, se habían redoblado las intentonas de pronunciamiento, y se quemaban etapas independentistas en América, a la par que en 1817 la política exterior ha consolidado su trayectoria de acercamiento a Rusia. La entrada en la Santa Alianza se hizo pública y oficial. Era considerada como una garantía para la estabilidad interior, y al mismo tiempo la posibilidad de recuperar las pretensiones de territorios italianos para los Borbones de Etruria. La estrategia consistía en lograr el derecho de reversión, es decir, que la infanta María Luisa de Borbón y sus sucesores recuperaran Parma al fallecimiento de la archiduquesa María Luisa, al mismo tiempo que aumentara la renta prevista en los tratados y nuevos territorios. La normalización de las relaciones diplomáticas españolas se articuló con el concurso británico y ruso a partir de una propuesta por la que España firmaría la accesión a los tratados de París y Viena, y a cambio se establecería un tratado firmado por las cuatro potencias, España y Francia en el que se revisaría la cuestión sucesoria de Parma a favor de los Borbones. El resultado fue el Tratado de Parma y la accesión de España a los acuerdos de la Europa posnapoleónica entre el 6 y el 12 de junio de 1817. El primero no colmaba las aspiraciones españolas, ya que no modificaba los acuerdos de Viena, en el sentido de que la infanta María Luisa de Borbón no recibió más territorios —el de Lucca— y renta —medio millón de francos anuales— que los allí acordados como compensación. Sí quedaba reconocido el derecho de sucesión en los ducados de Parma, aunque tendría que devolver el de Lucca y permitir una guarnición austriaca en Plasencia. Es decir, no se variaba sustancialmente la situación. Mientras, España se incorporaba formalmente al orden territorial y político establecidos en París y Viena, lo que equivaldría a admitir el papel secundario que a partir de entonces le correspondería en el ámbito internacional.

5.8. La crisis política irreversible. Las intrigas en la Corte

El 14 de septiembre de 1818 culminaba una crisis política de envergadura con la remodelación ministerial más amplia y quizá más importante del periodo. Eran sustituidos los tres secretarios que representaban mayor dosis de homogeneidad: García de León, Garay y Vázquez Figueroa, por Casa-Irujo al frente de Estado, Imaz encargado de Hacienda e Hidalgo de Cisneros que ocupaba Marina. Por razones concretas distintas, pero también conectadas, los tres se habían vuelto incómodos entre las elites del poder —sobre todo García de León—, al mismo tiempo que fracasaban en su gestión, con los casos más visibles de Vázquez Figueroa y Garay. El relevo del Secretario de Estado puede relacionarse en buena medida con la actitud de los que le impulsaron al poder: la camarilla proclive a la influencia rusa, pero también de los hombres de negocios alimentados por la Corte. La reordenación de las relaciones exteriores a base de la proclividad hacia Rusia, colmadas en 1817, empezaba a ser muy sensible a las prácticas de García de León, que contempló otras alternativas respecto al proceso de independencia americano en la hipótesis de una vía diplomática de acercamiento a Francia y de transigencia respecto a los independentistas. Esto suponía la animadversión del grupo de interés ruso, personajes de la Corte y la contradicción con una expedición al Río de la Plata que no acababa de cuajar y en las que se entremezclaban los problemas de organización de la flota. En esas fechas la Francia restaurada de Luis XVIII se había hecho un hueco en el escenario europeo y todavía pretendía realizar méritos en el concierto internacional. Los intereses rusos representados por Tatischeff y Pozzo di Borgo —que tendría una notable influencia en la década absolutista siguiente— eran opuestos a esta posibilidad. Pero en la caída de García de León también se entremezclaron los intereses personales de personajes de la Corte que habían obtenido concesiones, con la coartada de utilizarlas para repoblaciones, en Florida, con el conocimiento previo de las negociaciones de cesión a Estados Unidos; es decir, una situación de ventaja, un acuerdo que les permitiría sustanciales beneficios en una ulterior venta. La actitud de García de León, y más tarde de su sucesor Casa-Irujo, consistente en que no se incluyesen las concesiones realizadas en las negociaciones de cesión a Estados Unidos, equivalía a invalidarlas, provocando las intrigas para que no se ultimase el Tratado, que sólo sería firmado en febrero de 1819, y, después para que no se ratificase, cosa que sólo ocurriría ya con el régimen constitucional en 1821.

Mientras, el asunto de la organización de la flota provocará la caída de Vázquez Figueroa. A un proyecto que tenía como objetivo la expedición al Río de la Plata y que estaba hipotecado por la falta de recursos, se sumó esta vez la gestión ineficaz del secretario de Estado. La Marina contaba con un número de unidades muy por debajo de las necesidades, sobre todo para las expediciones a América. Estas carencias trataron de ser suplidas, en el contexto de la política pro-rusa, con un acuerdo de compra de barcos rusos entre Eguía y Tatischeff el 11 de agosto de 1817, consistente en cinco navíos y tres fragatas por 68 millones de reales, a cuyo primer plazo se haría frente con la indemnización británica por la supresión de la trata de esclavos negros en un acuerdo que se firmaría con Gran Bretaña al mes siguiente. Los barcos llegaron a Cádiz en febrero de 1818. Si bien es verdad que tres de los barcos no estaban en perfecto estado, todos eran de construcción reciente, pero se convirtió en un asunto con dimensiones de escándalo al generalizarse la idea de que estaban podridos. Lo cierto es que no recibieron un examen técnico y las temperaturas hicieron que uno de ellos manifestara el maderaje podrido, y no gozaron de la conservación y cuidados adecuados en una situación de anclaje durante tres años. Más que el asunto en sí mismo la destitución de Figueroa se debió a su gestión ineficaz.

Por otro lado la reforma tributaria no acababa de cuajar por su complicada puesta en práctica. Las resistencias aumentaban por la presión impositiva, además de que para los sectores privilegiados era una reforma atentatoria contra sus intereses como era el caso del clero abocado al pago del subsidio eclesiástico. Aunque Garay fue destituido, la reforma siguió vigente en un intento que se prolongará todavía con los últimos compases del régimen.

Durante 1819 la crisis política se hizo irreversible. Frustradas algunas iniciativas de reforma, el régimen cada vez tenía menos consistencia. En la Secretaría de Estado González Salmón sustituyó a Casa-Irujo, en relación con la cuestión de la Florida, el 12 de junio, y tres meses más tarde el puesto lo pasó a ocupar el duque de San Fernando. En aquella fecha Alós también había sustituido a Eguía en Guerra, y en el mes de noviembre una última remodelación situó a Mozo de Rosales, uno de los inspiradores del *Manifiesto de los persas,* en Gracia y Justicia y a González Salmón en Hacienda. Un callejón sin salida en medio de una crisis global ya irreversible, espoleada por la agudización de la crisis económica y financiera. La recesión caracterizada por la bajada de precios, la contracción de las exportaciones, atizaron a los sectores productivos en un contexto de crisis generalizada en Europa. Además, los menores niveles de protección arancelaria en España hacían que el trigo ruso inundara el puerto de Cádiz. El empeño en la reforma de los responsables de Hacienda sólo se saldaba con el aumento de la presión tributaria, el malestar social y la disminución de los ingresos, que hacía inviable la expedición tantas veces atrasada hacia América, y el descontento de las tropas acantonadas.

La crisis económica agravó la situación, lo que no quiere decir que causal y linealmente provocara la caída del régimen. La causa del fracaso estaba en el funcionamiento del régimen mismo. El problema hacendístico bloqueaba muchas salidas, pero no era la única causa directa del problema de fondo. Más que nada, desvelaba las contradicciones del Estado absoluto en su funcionamiento. En tal sentido Fontana ha escrito: «Fernando VII ha estado intentando, de 1814 a 1820, una imposible experiencia: la de levantar una España postrada y en ruinas sin usar de los remedios drásticos propugnados por el liberalismo. Fernando y un equipo tan interesado como él en mantener intacto el orden establecido del Antiguo Régimen van a probar la descabellada empresa de reconstruir el país y de suscitar su crecimiento económico dentro del marco político y social tradicional. No era poco lo que tenían que hacer: aumentar la recaudación de la hacienda, construir una marina, reconquistar América, fomentar el desarrollo agrícola, superar la crisis de las actividades comerciales e industriales, etc. Y todo ello sin tocar en nada el marco intangible de la vieja sociedad, no molestar excesivamente a los privilegiados. Era esto o la revolución. Sólo que esto era imposible.» Cuando en la nueva década absolutista, inaugurada en 1823, Fernando VII y un sector de los absolutistas, servidores del Estado y elites del poder, aprendan de esta experiencia y comprendan que el bloqueo del régimen llevaba los elementos de la revolución —ahora ya conocían la experiencia del Trienio liberal—, ensayarán un proceso de reformas, tímidas y de sentido técnico, pero susceptibles de abrir las espitas de un reformismo de mayor alcance como sostén del absolutismo mismo, en una estrategia que topará con las resistencias del absolutismo más intransigente.

El detonante de la caída del régimen se sitúa precisamente en la estela del problema americano, la falta de recursos con una reforma tributaria fracasada y la imposibilidad de enviar la flota como fruto de la estrategia elegida, aspectos todos que ponen al descubierto la debilidad del régimen atado en el inmovilismo. La alternativa para sustituir le tomó cuerpo en un sentido liberal, precipitada por uno de tantos ensayos de pronunciamiento, con su contenido militar y civil, realizados durante esta época: el de las tropas acantonadas en Cádiz con destino a América.

La secuencia independentista había sido imparable. Lo que el Estado absoluto se jugaba en América no sólo eran los territorios y la relación cuantitativa de los ingresos al Tesoro o el comercio, ya importantes en sí mismos, sino el modelo de funcionamiento del Estado transoceánico construido a partir de los fundamentos señoriales, en cuya cúspide estaba el monarca. Como algo más que colonias, la quiebra del Estado había empezado a acelerarse allí. Por eso era tan importante taponar la secuencia independentista. Y por eso tan grande la contradicción de intentar hacerlo sin alterar el régimen en la Península. Agotada también aquí, la alternativa vía pronunciamiento, adoptó forma de liberalismo, demostrando que el inmovilismo y las prácticas represivas después de seis años del golpe de Estado sólo habían ampliado la brecha abierta en el país.

5.9. Represión, liberalismo y «pronunciamientos»

La alternativa liberal no era tan consistente en sí misma, en términos sociales, como para derribar al régimen por la fuerza, pero sí lo suficiente como para precipitar su caída y sustituirlo. A lo largo de seis años el régimen absolutista se había caracterizado por el ejercicio de una represión sistemática y amplia cuyo objetivo era anular cualquier oposición al «legítimo» Estado absoluto y descabezar cualquier movimiento susceptible de alterarlo. Las prácticas de la represión de la monarquía absoluta no eran nada nuevo respecto a la situación anterior a 1808, pero en 1814 no podía obviarse la experiencia liberal, demostrando que el «pánico» a la revolución era algo más que una percepción como fruto de la vecina Francia: era la respuesta a una realidad tangible durante cuatro años. De ahí que el fenómeno de la intransigencia, y de los instrumentos de la represión, desplegada por Fernando VII a su vuelta, suponía algo cualitativamente nuevo: el castigo arbitrario basado en la consideración de *delito político*.

La detención de regentes, ministros y diputados del régimen constitucional sólo fue el principio de una larga secuencia. De ahí que la historiografía liberal haya tendido a explicar el periodo con estas claves, es decir, las de la revolución que minan la tiranía del Monarca. La política seguida desde 1814 hizo caso omiso de cualquier planteamiento que implicara transigencia con los liberales, y mucho menos con los afrancesados, como había sido sugerido desde Valençay. La represión de liberales y afrancesados se realizó, como ha señalado Artola, con total desentendimiento de procedimientos legales y escasa fundamentación jurídica, a pesar de los informes emitidos por las distintas comisiones que participaron en las causas. No sirvieron las exposiciones al Monarca ni algunas recomendaciones de ámbito internacional. La represión se prolongó, situando a los liberales, afrancesados o reformistas en la oposición, unos al exilio, otros a la clandestinidad.

Fusilamiento de Lacy en 1817.

La depuración de los afrancesados «colaboracionistas» tuvo su base legal en el decreto de 30 de mayo de 1814 que contradecía el articulado de Valençay. Para los más significados y temerosos significó el destierro. Los restantes que quedaron en España fueron vigilados, depurados de sus empleos e inhabilitados. La dureza de la represión de los liberales quedó acentuada por el Monarca. El real decreto de 15 de diciembre de 1815 recogía condenas de prisión y destierro sin el sostén jurídico necesario, apoyándose en criterios de delito político.

Durante 1815 el régimen se movió en un clima de inseguridad. Se había iniciado la cadena de pronunciamientos. Y Napoleón había vuelto desde su destierro en Elba. Por eso la represión se prolongó. Hubo medidas como la eventual creación de un Ministerio de Seguridad Pública, entre el 12 de marzo y el 8 de octubre de ese año, y la prohibición el 25 de abril de todos los periódicos, excepto la *Gaceta* y el *Diario de Madrid*.

En 1816 ya se había creado un cierto estado de opinión acerca de la necesidad de atemperar algunas posiciones respecto a la represión, sin alterar las líneas maestras trazadas dos años antes y siempre desde la perspectiva de la generosidad del Monarca. El 26 de enero de 1816 se suprimieron las comisiones y pasaron las causas a los tribunales ordinarios. En este mismo mes se difundió entre los responsables del aparato institucional del Estado absoluto la consulta sobre una hipotética amnistía, y el 17 de febrero el secretario de Guerra, Campo Sagrado, presentó ante el Consejo de Estado una exposición con propuestas de amnistía, en la que se hacía eco de la fractura de la sociedad española «dividida en opiniones... división de los partidos... los males que había ocasionado el espíritu de partido de los liberales y serviles...». Sin embargo, los resultados concretos fueron mínimos, en tanto que el proyecto de amnistía general presentado por el secretario de Estado, Ceballos, el 13 de marzo siguiente, era tan limitado que no se extendía prácticamente a nadie, al quedar excluidos todos aquellos que hubiesen atentado contra la religión o la soberanía del Monarca. De hecho la amnistía muy limitada de 29 de septiembre se situó en el contexto de las bodas reales. Además la llegada de Lozano de Torres y Eguía al Gobierno frenó cualquier otra hipótesis. Aunque en 1818 algunas medidas tendieron a suavizar la política represiva, como la autorización del regreso de exiliados, ésta no cambió de dirección, y mucho menos a la hora de reprimir cualquier actividad de las emprendidas por la oposición liberal que ya había adoptado como instrumentos básicos la *conspiración* y el *pronunciamiento*.

En la Europa de la Restauración los revolucionarios volvieron a difundir sus ideales liberales desde las catacumbas, labrándose el héroe romántico en su lucha por la libertad que habría de protagonizar los movimientos políticos y sociales durante tres décadas. La clandestinidad obligó al traslado del debate y la agitación política desde las tribunas, la prensa o los espacios públicos a las actividades y reuniones secretas, con la creación de sociedades que se basaban en los principios de hermandad de la revolución universal. Por el momento su fortaleza doctrinal no se correspondía con sus escasos apoyos sociales, entendiendo por ello unas actividades protagonizadas más por elites que por la participación de unas masas todavía huérfanas de cultura política. Intelectuales, profesionales, propietarios, comerciantes, militares, que despliegan su actividad en el espacio urbano.

La obligada clandestinidad provoca el recurso a las sociedades secretas como instrumento de organización, lo que les confiere un sello de misterio y secretismo tan vinculado a la cultura romántica. Así individuos de las elites urbanas aprovechan cualquier plataforma para extender su discurso y tejer la conspiración. Por eso también aprovecharon las posibilidades abiertas por la naturaleza y estructura de la masonería, lo que no quiere decir que éste sea su origen ni que sea una cantera liberal.

A lo largo de estos seis años en España se fue perfilando la estrategia dual de conspiración civil y golpe de fuerza militar que será durante el resto del siglo el recurso básico para derribar el poder. El *pronunciamiento* era entendido como la cristalización e impulso inicial de una trama de mayor alcance donde participan civiles y militares, pero justamente no existe diferencia entre lo civil y lo militar, sino formando parte de una misma estrategia política. No es por tanto el ejército quien interviene como cuerpo colegiado para instaurar un régimen de naturaleza militar o sostener cualquier otro por la fuerza, sino militares que comparten con sus homólogos civiles la conspiración. De todas maneras esta situación había sido posible por las transformaciones que había sufrido el ejército durante la Guerra de la Independencia: la procedencia de muchos de sus oficiales, las técnicas de lucha en colaboración con la población civil, la extensión de las ideas liberales en un sector del ejército, y la situación en que se encontraban muchos efectivos en difícil proceso de readaptación desde 1814. La *oficialidad de la guerra* y la guerrilla son desplazadas y arrinconadas por el régimen absoluto en favor de la *oficialidad del privilegio*. Un factor de descontento que no invalida el hecho de que se pronunciaran a favor de un proyecto político liberal y en conexión con la población civil.

Ya en septiembre de 1814 uno de los más significados líderes guerrilleros, Espoz y Mina, se levantó pretendiendo tomar Pamplona. A esas alturas el régimen absoluto sólo había dado sus primeros pasos, pero inequívocos. En la actitud de Mina interviene la pérdida de poder de los generales de la guerra, en cuanto a sus atribuciones no sólo militares sino sobre un territorio cambiante. Después de la guerra la reorganización y la falta de recursos provoca el desmantelamiento de numerosas unidades regulares y guerrilleras, con la pérdida de la autonomía y el poder que habían gozado en sus zonas de actuación. Por ello se ha insistido en el caso de Mina sobre este tipo de motivaciones desvinculando su acción del ideario liberal. Independientemente de esta valoración lo cierto es que Mina representaría uno de los puntales básicos del insurreccionalismo liberal durante la siguiente década absolutista.

En 1815 las dimensiones del pronunciamiento de Porlier causaron preocupación en la Corte y consecuencias políticas, provocando el relevo en la Secretaría de Guerra. Sirvió de modelo y aprendizaje en la idea del rompimiento liberal. Juan Díez Porlier, mariscal de campo de origen guerrillero, se pronunció al frente de la oficialidad de la guarnición de La Coruña, constituyó una Junta y proclamó la Constitución el 19 de septiembre. El pronunciamiento quedó eventualmente fortalecido por el apoyo de la guarnición de El Ferrol, pero no trascendió más allá del ámbito coruñés, para quedar abortado tanto por disidencias en la propia columna como por la actividad del cabildo compostelano. Porlier era fusilado el día 26.

El trasunto conspirativo desde 1816 en las sociedades secretas estuvo rodeado por su misma naturaleza de un confusionismo que las propias versiones absolutistas magnificarían posteriormente como causa de la caída del régimen. Durante dos años se realizaron reuniones y se planificaron estrategias por parte de liberales en un primer aprendizaje de trayectorias posteriores como Torrijos, López Pinto, Romero Alpuente o Van Halen, con una estructura que aprovecha las redes masónicas y tienen mucho en común con otros modelos de organización que el poso de la acción revolucionaria regaba en toda Europa.

Entre las intentonas de pronunciamiento destaca la liderada por el teniente general Luis de Lacy en Barcelona el 4 de abril de 1817, por las notables dimensiones de una trama que vinculaba a sus elementos civiles y militares, y por la campaña desatada en favor del General cuando fue apresado. En la insurrección contaba con la oficialidad y parte de la guarnición de Barcelona y contactos militares en Gerona, Manresa, Tarragona, Reus, Tortosa... y con una organización civil urbana y popular que anticipa algunos rasgos del pueblo liberal barcelonés. La fragilidad en la coordinación del movimiento dependió del fracaso inicial de la sublevación en Barcelona, que dejó descolocados a Lacy y a Milans, al mismo tiempo que las delaciones, los titubeos y la llegada de las tropas enviadas para sofocarla hicieron el resto. Éstas mandadas por Llauder, que quince años más tarde apoyaría una solución de apertura del absolutismo, apresaron a Lacy, que pese a la amplia campaña de clemencia organizada por los gremios y fábricas de Barcelona, sería fusilado en Mallorca el 5 de julio de ese año. Igualmente fracasó, a finales de 1818 y primeros de 1819, una conspiración en Valencia, protagonizada por el teniente coronel Joaquín Vidal.

Secuencia de intentonas sin fuerza suficiente para precipitar la caída del absolutismo, pero que se producían en un ambiente de conspiración y de inquietud. Su amenaza tenía más dimensiones en su percepción por el régimen absoluto que su realidad, pero por lo mismo tenía resultados multiplicadores en la represión por parte de un absolutismo inseguro. Una intentona más de la secuencia acabaría por desvelar la propia debilidad del absolutismo. En 1820 la sociedad española se había movido más deprisa de lo que un molde inmovilista estaba preparado para soportar. El problema económico ya había superado al régimen mismo en todos los frentes. El descontento aumentado por la reforma de la hacienda redujo al máximo los apoyos de 1814. El clero no estaba acostumbrado a pagar. La nobleza por su parte veía revisado el régimen señorial en 1818, y aunque no alteraba ningún tipo de derechos sobre la propiedad, sí la jurisdicción. El campesinado, en situaciones muy diversas y plurales, se veía afectado por el diezmo y los derechos señoriales del Antiguo Régimen, pero también por la reforma hacendística que gravaba sus economías por los desiguales y complicados repartos practicados en las localidades. Un serial de contradicciones del Estado absoluto que se quedaba sin apoyos eficaces y ahogado en su funcionamiento. En los núcleos urbanos la sociedad también se había movido más deprisa. El compromiso con la actividad revolucionaria todavía era producto de las elites de la conspiración y del pronunciamiento, pero la opinión liberal había ido aumentando y algunos núcleos eran sensibles a la revolución. No había todavía un pueblo liberal plenamente configurado, pero sí una opinión liberal sedimentada en elites intelectuales, económicas, profesionales o militares que encontraban en la debilidad del absolutismo campo abonado para intentar una nueva experiencia liberal.

El 1 de enero de 1820 el teniente coronel Riego se pronunciaba en la localidad sevillana de Cabezas de San Juan, como punta de lanza de una conspiración tejida en las tropas acantonadas para el prolongado traslado a América y entre la opinión liberal gaditana. El pronunciamiento liberal no triunfó en sí mismo, pero dejó al régimen absoluto al descubierto y demostró su incapacidad para sofocarlo en medio de la pasividad del país.

Capítulo VI

El desmoronamiento del Estado transoceánico: la emancipación americana

6.1. Unas «revoluciones mínimas»

La independencia de la América española debe inscribirse en un largo proceso cronológico de quiebra del Estado transoceánico. Aunque la secesión política se circunscribe al periodo de 1813-1824, los antecedentes de la crisis son mucho más amplios, remontándose a la segunda mitad del siglo XVIII. Y aunque dicho conflicto se salda con la ruptura política, la constitución de los nuevos Estados nacionales supera también el límite del primer cuarto del siglo XIX. Del mismo modo, las dinámicas de emancipación no ofrecen ritmos paralelos en los distintos escenarios regionales. Aun así podemos apuntar tres grandes etapas que, en líneas muy generales, definirían una primera fase «revolucionaria» (1810-1814), un interregno de aparente estancamiento (1814-1817) y una solución a la guerra de independencia (1817-1824).

Sus contenidos políticos son eclécticos. Frente a las invocaciones explícitamente nacionalistas, los programas y textos constitucionales serán deudores, sobre todo, del trasfondo ideológico de las convulsiones internacionales del cambio de siglo. Pero responderán a las necesidades del momento. Un buen ejemplo de ello es el pensamiento y actitud de los dos grandes próceres del independentismo americano, San Martín y Bolívar. Ambos no pueden explicarse sin aludir a las revoluciones norteamericana y francesa. Pero, junto al ideario liberal, comportan una práctica política autoritaria, en apariencia imprescindible ante el vacío de poder, las enseñanzas de la guerra y las necesidades del nuevo mapa iberoamericano. No será extraño tampoco que la articulación de las nuevas elites cuaje en fenómenos tan específicos como el del caudillismo, innegable herencia del ciclo bélico y de los frecuentes enfrentamientos civiles. Las independencias provocaron una compleja reordenación de las elites políticas, pero sin facilitar un acoplamiento de los nuevos intereses sociales dominantes.

Efectivamente, a pesar de su retórica política la emancipación no debe estimarse como una revolución social. Sus directores serán las minorías criollas, blancas, habitualmente relegadas de los puestos de decisión y poder por la Administración española. El papel de los indígenas o de los grupos negros resultará marginal, y su actitud ante la crisis política oscilará desde la apatía a una oposición muchas veces instrumentalizada. Su protesta no afectará nunca a un proceso que respeta las estructuras heredadas de la sociedad estamental impuestas desde la Península. También puede hablarse de una transición desde el modelo de intercambio metropolitano hasta los caracteres de la independencia económica. Se mantendrán los rasgos dominantes en la agricultura o las manufacturas, mientras que se asiste a una reordenación del comercio ultramarino. Antes de la ruptura política con la Península, Gran Bretaña ocupa ya un papel preponderante en esta «redefinición comercial». Y a la altura de los años 30, no es exagerado apuntar que el esquema exportador y la política económica dependen de los ritmos marcados por la nueva metrópoli inglesa.

Estas «revoluciones mínimas» se definen en un ámbito global, la América española. Sin embargo, deben analizarse como dinámicas autónomas. Los nuevos Estados nacionales serán deudores del antiguo marco territorial. Pero, a pesar de ello, combinarán problemas centrífugos e intenciones unionistas. El verdadero reto que se descubre tras el derrumbamiento del Estado transoceánico es el del vacío de poder. Los enfrentamientos civiles que subyacen —y prolongan— la ruptura de los lazos con la Península se escudarán en alternativas «doctrinarias»: monarquía-república; federalismo-centralismo; moderantismo-progresismo... Pero, en realidad, esconden un conflicto soterrado hasta 1810: el de un paisaje plural y el de una sociedad desarticulada. Reflejo de ello es, sin duda, la suerte que correrá el proyecto «panamericano» de Bolívar. La Gran Colombia, constituida en 1819, sucumbirá apenas diez años más tarde a causa del acusado localismo que domina en la América emancipada.

6.2. El reformismo borbónico

El siglo XVIII debe ser interpretado en el escenario americano como un punto de inflexión. En sus últimos años se quebrarán los contenidos políticos y administrativos del modelo transoceánico, madurando distintas tendencias que se verán ahondadas en la centuria posterior. Entre éstas destaca la paulatina —aunque muy limitada— diversificación de sus actividades productivas, por encima de la estrecha dependencia establecida en el pacto colonial. A partir de ella puede rastrearse la configuración de una progresiva imbricación interamericana en forma de un circuito secundario, pero alternativo, al establecido con la Península. Semejante tendencia secular no debe hacernos olvidar la acusada heterogeneidad de las colonias. Prueba de ello es la existencia de diversas realidades y ritmos regionales. El México español presenta abiertas disparidades. Combina importantes procesos de urbanización, la progresiva expansión sobre su frontera norte, o la existencia de un sur mucho más estático donde el peso de las comunidades agrícolas tradicionales es determinante. Tales diferencias marchan parejas con la coexistencia de una economía apoyada en las explotaciones mineras —especialmente significativa en lo referido a la producción de plata— y de una agricultura volcada hacia el mercado regional.

Mayores son las contradicciones que se acusan en Nueva Granada, el virreinato que desde 1739 englobará a los futuros Estados de Colombia, Venezuela y Ecuador. Desde esa fecha adquirirá una importancia administrativa creciente, confrontando un litoral poblacional en el que se incrementa la mezcla de castas. Similares rasgos de disparidad ofrece el virreinato del Perú. A pesar de que desde 1810 se convertirá en el principal bastión realista, cuenta con escasa presencia española. Además su relevancia económica —los enclaves mineros en torno a Potosí— sufre desde mediados de siglo un claro estancamiento. Lima es su epicentro político y social, a la vez que mantiene su importancia como principal nudo comercial en el puerto de El Callao.

El Río de la Plata se nos descubre como un área de especial dinamismo. Buenos Aires es ya su núcleo urbano más representativo. Y su interior se organiza todavía en virtud de la «ruta de la plata», a pesar de su paulatina orientación ganadera. La costa del Pacífico, aunque dependiente del Perú, ofrece, a su vez, marcadas diferencias entre un norte minero, un centro urbanizado y agrario, Santiago y Valparaiso, y un sur ganadero todavía no colonizado que concluye en la localidad de Valdivia.

Sobre este escenario dispar se desarrollaron, sobre todo en el último tercio del siglo, varios proyectos de reforma que afectaron a la relación entre los territorios americanos y los de la Península. Con ellos se pretendieron resolver dos aspectos esenciales: la necesidad de racionalizar política y administrativamente las Indias, y de redefinir unos nuevos intereses económicos trasatlánticos.

Desde España se buscaba un control más eficaz de los recursos ultramarinos. Se produjo entonces una decidida transformación de las principales instituciones y una reordenación del modelo virreinal, al constituirse los ya citados de Nueva Granada y del Río de la Plata. No obstante, la principal novedad residió en la creación desde 1764 de las Intendencias Provinciales, verdaderos «instrumentos de control» que centralizaron prerrogativas judiciales, militares y tributarias. La reformas mantuvieron otras instituciones seculares como las audiencias jurisdiccionales, subordinadas al intendente, o los cabildos urbanos (instituciones municipales).

En la esfera económica las reformas borbónicas pretendieron articular una situación de complementariedad a ambos lados del Atlántico. Se buscaba con ello un esquema colonial más abierto, capaz de responder a los retos y presiones internacionales. Uno de sus antecedentes inmediatos fue el proyecto de Campillo de 1743, en donde se preveían ya la intensificación del tráfico comercial, la introducción de mejoras en la agricultura y la reforma administrativa. Los primeros pasos se dieron con la apertura de los puertos antillanos para el comercio con la Península, entre 1760 y 1765, quedando configurado el nuevo régimen de «libertad de comercio» con el decreto promulgado por Carlos III en 1778. Con él se puso fin al monopolio ejercido en el tráfico comercial por el puerto de Cádiz, a la vez que se contempló una sustantiva rebaja arancelaria. El comercio se ejercería exclusivamente por españoles, pero se permitió su arrendamiento a «compañías privilegiadas», similares a las constituidas en las Provincias Unidas, Gran Bretaña o Francia. Otra novedad residió en la introducción de los «estancos», monopolios de la Corona sobre determinadas actividades o venta de ciertos productos de consumo. No hay duda que las reformas favorecieron una revitalización de algunas actividades comerciales. Sin embargo, su valoración es compleja. Ello supuso un desequilibrio regional aún más acentuado y una especialización sobre todo nociva para las manufacturas locales. A pesar del saldo favorable a las exportaciones españolas, tampoco incidieron en una posible dinamización «industrial» en la Península.

Los desequilibrios étnicos, locales o profesionales de la sociedad colonial apenas quedaron paliados por la política borbónica. Es más, ésta tendió a agravarlos, ampliando las colisiones entre comerciantes y manufactureros o entre mercaderes y propietarios agrarios. Fueron frecuentes también los enfrentamientos entre criollos y españoles, como en el ejemplo de la tensión entre los hacendados venezolanos y la Real Compañía Guipuzcoana de Nueva Granada. O las revueltas provocadas por la presión fiscal o el régimen de los estancos. Entre ellas han de destacarse los motines en Nueva Granada en 1771 y 1778 o la rebelión indígena en Perú en 1780.

6.3. LA INDEPENDENCIA DESDE AMÉRICA

Tradicionalmente la historiografía ha señalado el transfondo de las revoluciones norteamericana y francesa entre el crisol de elementos que coadyuvaron a las independencias en la América española. Aun así, tal impacto debe relativizarse, sin olvidar —en palabras de Joseph Pérez— que «la emancipación hispanoamericana (no es) una mera imitación (ni) un epifenómeno de las revoluciones» con que se cierra el siglo XVIII. Junto a las causas específicamente locales, como es la ruptura paulatina del modelo transoceánico español, semejante contexto configurará un nuevo marco —internacional en su alcance, e ideológico, político y diplomático en sus contenidos. Desde la perspectiva americana, el ciclo revolucionario proporciona un mensaje ecléctico y confuso según sean los intereses de sus receptores. Las noticias de los acontecimientos norteamericanos y franceses son muy limitadas, y no pueden entenderse sin la asimilación previa en algunos círculos de la elite criolla del pensamiento ilustrado, sobre todo en su clave española. Del mismo modo, los sucesos abiertos en 1789 generarán un sentimiento similar al padecido en algunos estratos españoles. El del «terror ante unos excesos» que deben ser atajados y silenciados.

La traslación del ejemplo revolucionario condujo a un fenómeno de radicalización —progresiva o defensiva— entre algunos sectores de las elites intelectuales y políticas. Puede rastrearse así la publicación de textos norteamericanos o franceses, adaptándolos a la situación hispanoamericana —la *Declaración de los derechos del hombre y el ciudadano* en Bogotá en 1793—, la aparición de panfletos, periódicos o «clubs» (como el quiteño *La Escuela de la Concordia*), o el interés de futuros próceres de la independencia, como Belgrano o Miranda, ante la situación abierta en Europa. La reacción oficial en la América española fue también similar a la producida en la metrópoli por la crisis francesa: la censura de prensa, el control de los emigrados y la persecución de los opúsculos revolucionarios. En años posteriores se incrementó la influencia de los procesos revolucionarios. A partir de 1810 se multiplicaron las traducciones de escritos norteamericanos, coincidiendo con la apertura a su tráfico comercial. No debe olvidarse que Norteamérica representará el ejemplo esclavista, tan cercano a los intereses locales de áreas que —como Venezuela— han asistido también a la «emancipación negra» de Haití. Los sucesos en la América del Norte y en Francia facilitaron, asimismo, soluciones políticas desde aquella fecha, ofreciendo puntos de referencia para las propuestas republicanas o para el propio vocabulario de la secesión.

Por tanto, las revoluciones del último tercio del siglo XVIII no deben interpretarse como un elemento que incide de manera determinante sobre los sucesos americanos. En realidad constituyen un ejemplo que insistirá en unas intenciones independentistas que se han articulado a partir de la degradación de las relaciones entre los territorios de la monarquía española.

6.4. La independencia desde la Península

La Guerra de la Independencia representa el marco definitivo que va a provocar las independencias americanas. Al igual que ocurre en la Península, el vacío de poderes será pronto ocupado por el movimiento juntero. Con ello se pretende la concreción de una nueva legitimidad, ejercida nominalmente en nombre de Fernando VII. Pero en realidad representa el primer acto de secesión política respecto a las autoridades —francesas y patrióticas— de la metrópoli. La invasión napoleónica acelera, pues, la descomposición política a ambos lados del Atlántico. Las dos dinámicas nacen autónomas en 1808, y, apenas seis años más tarde, desembocan en realidades individualizadas e independientes.

Hasta la disolución en España de la Junta Central (1810) no se han divorciado los dos procesos, a pesar de que se han producido ya las primeras crisis. En julio de 1808, en México, estalla un conflicto entre el virrey Iturriagaray y el consulado y la Asamblea. Buenos Aires cuenta desde 1806 con una «milicia urbana», constituida para la defensa frente a los acosos británicos. El virrey Liniers será depuesto en 1809 acusado de afrancesado, creándose una Junta de Gobierno de España. En este año se forma también un primer «Partido de la Independencia», promovido por Belgrano y los hermanos Rodríguez Peña. Buscará apoyos infructuosamente en torno al círculo político de la infanta Carlota, hermana de Fernando VII. El nuevo virrey del Río de la Plata, Baltasar Hidalgo de Cisneros, será el encargado también de sofocar una rebelión promovida en el mes de mayo por la Audiencia Revolucionaria en el Alto Perú. Y Abascal, virrey de Perú, someterá en agosto a la Junta Revolucionaria de Quito, que ha declarado la abolición del estanco de tabaco.

La invasión francesa de Andalucía facilita el agravamiento de la situación americana. Entre abril y septiembre de 1810 se suceden las declaraciones secesionistas en Caracas, Buenos Aires, Santiago o Bogotá, ante un poder metropolitano que parece definitivamente extinguido. Se trata de revueltas urbanas, organizadas desde los cabildos abiertos, tendentes a sustituir a las autoridades españolas. Sólo las Antillas y los virreinatos de Nueva España y Perú mantienen a sus autoridades fieles al Consejo de Regencia. Esta crisis coincide en el tiempo con la convocatoria de las Cortes. Hasta enero de 1810 la Junta Central ha enviado comisionados a las colonias y ha establecido un sistema de elección de sus representantes. No obstante, en la primera reunión de Cortes no hubo otra presencia ultramarina que la de los suplentes —americanos residentes en la Península. A pesar de ello, las deliberaciones de Cádiz trocaron la situación americana. Aunque no existió nunca un «frente americanista» explícito, los diputados que representaron a las Indias presentaron ante la Asamblea gaditana un programa reivindicativo en el que se recogían las aspiraciones seculares de la igualdad de representación y ciudadanía, y la ampliación de los márgenes comerciales.

Además de los textos que conforman el corpus reformista y que son extensibles, lógicamente, al otro lado del Atlántico —como es la propia Constitución, el decreto de libertad de imprenta o la supresión de la Inquisición—, otras medidas afectaron de manera puntual al régimen económico y administrativo americano. En octubre de 1810 se promulgó la igualdad de derechos entre los españoles americanos y peninsulares, y un mes después se decretó una amnistía para los secesionistas. Por fin, en 1811 y 1812 se procedió a la abolición del tributo indígena y a la supresión de los servicios personales del indio, la mita y el repartimento.

Hasta 1814 el éxito de los fermentos secesionistas americanos dependieron, en buena medida, de la situación de guerra en la metrópoli. La restauración de Fernando VII se entenderá como el restablecimiento de la legitimidad en la Península y de su capacidad para intervenir frente a los insurgentes. Se abre con ello un ciclo de aparente agotamiento del movimiento iniciado en 1810. Salvo en Buenos Aires y en otros enclaves limitados, se restablece la autoridad española. El definitivo impulso independentista pondrá a prueba, apenas dos años más tarde, la estrategia de la «política de pacificación», en la que se combinan las medidas punitivas, como el envío de tropas al mando de Morillo a Nueva Granada, y los intentos de acuerdo. Estos últimos, favorecidos por la diplomacia española entre 1817 y 1818, contemplaron soluciones como la liberalización comercial y el respeto a la autoridad de la Corona.

La inoperancia del Estado absoluto, sumido en una profunda crisis estructural, hacía imposible la reconstrucción del Estado transoceánico y auspiciaba los aires independentistas. No parece oportuno asignar al pronunciamiento de Riego y la reinstauración del régimen liberal la culpabilidad de una situación que formaba parte de la crisis misma del Estado absoluto.

El pronunciamiento liberal de 1820 está nutrido por los contingentes que iban a ser enviados a América. El movimiento de Riego provocó entonces un giro político que terminó por desbaratar las opciones de una intervención militar efectiva al otro lado del Atlántico. Desde esa fecha tan sólo podrá contemplarse un acuerdo que facilite la solución política a una emancipación prácticamente concluida.

6.5. Las independencias como procesos regionales

La disparidad entre los diversos ejemplos de la independencia de la América española obliga a un estudio particular de cada uno de los movimientos regionales. Aun así pueden señalarse algunos rasgos generales. En primer lugar, los ritmos y la intensidad de los contenidos secesionistas se derivan del grado de circulación de cada área en la lógica del Estado transoceánico. Los virreinatos más antiguos —Nueva España y Perú— son también los últimos en culminar su separación de la metrópoli. En el caso peruano, ésta depende de la dinámica de ruptura desarrollada por dos espacios marginales de aquel esquema: Nueva Granada y el Río de la Plata. Además todo el conflicto está dominado por la necesidad de cubrir un vacío de poder político. Ya se ha apuntado que éste es perceptible desde 1808. Sin embargo, las sucesivas declaraciones de independencia son tardías. Suponen la culminación de las «revoluciones políticas» y la necesidad de configurar nuevas entidades territoriales. Tales entidades derivan entonces de la marcha de las «guerras de emancipación», así como de la eclosión de poderes en ocasiones contrapuestos. Por último, el vacío de poder obliga también a una *alternativa ideológica y formal en lo político*. De ahí las «soluciones constitucionales» y el interés por los ejemplos citados de las revoluciones norteamericana o francesa. Semejante legitimación habrá de consagrar, por un lado, los límites regionales. El habitual conflicto entre centralismo y federalismo refleja una oposición más honda. El de la división administrativa y productiva entre los antiguos espacios virreinales. Ello explicará el choque entre Buenos Aires y Montevideo, Guayaquil y El Callao, Lima y Cuzco o entre la costa y la serranía en Nueva Granada. Por otro, la división de poderes. Requisito indispensable de los regímenes liberales, su viabilidad choca con las tensiones y necesidades bélicas. La guerra provocará las salidas autoritarias. A ello se une el poder político de la elite criolla, representante de la nación emancipada. Ya se ha indicado también que el protagonismo social de la independencia está dominado por tales estratos. De manera secundaria pueden apuntarse tendencias revolucionarias autónomas, siempre llamadas al fracaso. Son los ejemplos de México entre 1810-1815 o de los negros y llaneros de Venezuela a partir de 1811.

6.6. México: de la revolución de Hidalgo y Morelos
a la solución imperial

La independencia mexicana ofrece dos etapas definidas. Entre 1810 y 1815 se establece una primera revolución con claros contenidos «indigenistas». De 1818 a 1821 se culmina la secesión política, en un proceso que no resultará traumático y que cuenta con un sólido consenso social.

La primera fase apuntada coincide con la sucesión de levantamientos producidos en toda la América española. En su versión mexicana presenta unos rasgos característicos muy bien perfilados. En septiembre de 1810 el cura Miguel Hidalgo encabeza una sublevación en nombre de Fernando VII. El movimiento contará desde el primer momento con un apoyo popular mestizo, muy por encima del primer eco que había encontrado Hidalgo entre los círculos militares y la elite criolla de Querétaro. Según se afianza la sublevación, tales contenidos se refuerzan con medidas radicales, como el secuestro de propiedades o la abolición del tributo indígena. La máxima expansión del movimiento insurgente puede fecharse en torno al mes de octubre, momento en que encuentra una mayor resonancia, que se ha extendido por Coahuila, Nuevo León, Nuevo Santander y Texas, y que ha formado un gobierno provisional en Guadalajara. No obstante, la insurrección será desbaratada con prontitud por las autoridades realistas. En el mes de enero se produce la primera derrota de un ejército y un mensaje, en buena medida espontáneo, que ha contado con un carácter periférico y radicalizado, y con un claro rechazo en México y Puebla.

A pesar de la ejecución de Hidalgo, la insurrección logrará reorganizarse bajo la dirección de otro clérigo, José María Morelos. Con él los elementos igualitarios tienden a difuminarse bajo un discurso reformista y nacionalista del que careció en un primer momento. De este modo, hasta 1815 multiplicará sus iniciativas políticas, aprobando un primer texto constitucional, la Constitución de Apatzingan en octubre de 1814, en el que se consagra la independencia y la fórmula republicana. Aun así, esta segunda ofensiva adolece de las mismas limitaciones que la revuelta encabezada por Hidalgo. Cuenta con la abierta oposición de la propiedad agraria, dominada por los terratenientes de las plantaciones de caña de azúcar, y no logra superar su incidencia regional. Después de una primera derrota en Valladolid (diciembre de 1813) como consecuencia de la «guerra total» proclamada por el virrey Calleja, Morelos es detenido y ajusticiado en 1815.

La independencia mexicana culminará en una senda muy distinta a la abierta por este levantamiento. Puede ser estimada como «una solución de conveniencia» ante el derrumbe de la presencia española en el continente americano. Una solución conservadora que se apoya en la transacción entre los distintos poderes de la sociedad local. A causa del levantamiento liberal de 1820, las autoridades mexicanas prepararán la recepción de Fernando VII en el virreinato: Plan de Profesa. Sin embargo, dicha medida supone un acto legitimista donde poder encauzar la ruptura política con la Península. Itúrbide, comandante en jefe del ejército realista en el sur, será el principal promotor de dicha medida. Y su mejor plasmación quedará recogida en el Plan de Iguala, el 24 de febrero de 1821, donde se asegura la confesionalidad católica y se establece una solución monárquica. El Plan estableció también el respeto a la presencia y propiedades españolas, la igualdad de castas y la desaparición del tributo indígena. Bajo las «Tres Garantías», Religión, Independencia y Unión, se proclama, el 28 de septiembre, la independencia formal del Imperio Mexicano.

6.7. El Río de la Plata y la Banda Oriental del Uruguay

El virreinato del Río de la Plata ofrece, en cambio, un proceso de independencia muy temprano, dominado por los sucesos de mayo de 1810 en Buenos Aires. Sus rasgos dominantes son los de una «revolución patricia», sin enfrentamientos étnicos o de castas, capaz de asegurar las jerarquías de la sociedad porteña. El principal conflicto en esta área será, entonces, el que va a enfrentar a las estructuras regionales que componen la unidad del Río de la Plata. El virreinato estaba organizado a partir de tres grandes espacios: el litoral, en torno a Buenos Aires, con una decidida orientación comercial; las provincias del interior, Salta y Tucumán, vinculadas a la demanda de los circuitos mineros peruanos, y una zona de transición, con Córdoba como principal enclave, dominada por las grandes haciendas. Sobre este esquema se inserta también un marco periférico, compuesto por la Banda Oriental, Uruguay, el futuro Paraguay y el alto Perú. Semejante mosaico no podía sino propiciar una decidida tendencia centrífuga, una oposición entre puntos costeros, y entre éstos y los intereses del interior. Dicho conflicto tendrá, con frecuencia, su traducción política y económica en las colisiones entre librecambismo y proteccionismo o entre centralismo y federalismo. La independencia adquirirá, pues, contenidos de enfrentamiento civil agravado, a su vez, por la inestabilidad política.

En 1810 el Cabildo bonaerense, encabezado por algunos patriotas, Saavedra y Belgrano, disolverá la Junta Suprema Regional. En su lugar se constituye una Junta Independiente. Tal medida no encontrará un eco regional inmediato, y hasta 1816 se ve envuelta en una sucesión de crisis políticas. En realidad éstas no hacían sino manifestar la eclosión de diferentes alternativas, muchas veces personales. Se suceden así dos Triunviratos (1811-12), una Asamblea constituyente (1813), un Directorio Supremo (1814-15) y una sublevación federalista (1815). La postura de la antigua Audiencia de Buenos Aires respecto al apoyo a otros focos insurgentes es también dubitativa. Hasta 1815 se promueve el respaldo al movimiento insurreccional en la Banda Oriental o se preparan expediciones como las de San Martín y Rondeau al Alto Perú, controlado por los realistas peruanos. Pero, desde la definitiva declaración de independencia en el Congreso de Tucumán, en 1816, se renuncia a la defensa de la Banda Oriental frente al acoso portugués. Hasta los años 20, momento de estructuración de la futura República

Argentina, en donde incide sobremanera la guerra contra Brasil, Buenos Aires presenta una constitución centralista ante un mosaico de pequeñas entidades, también republicanas, como Santa Fe, Entre Ríos, Tucumán, Córdoba o Rioja.

En el ejemplo de la Banda Oriental, la independencia partió de un movimiento marginal frente al Montevideo españolista. La insurrección patriótica dejará claro desde 1813 su especificidad frente a España, Brasil y Buenos Aires. A partir de 1815, su caudillo Artigas encabeza una «Liga Federal» interprovincial. Su política local se orientará a la dinamización del tráfico comercial, ejemplificado en el Convenio con Gran Bretaña en agosto de 1817 y, por medio del «Reglamento Provisorio», en un esfuerzo por promocionar las colonizaciones agrarias. Una combinación de intereses contrarios a Artigas, los «estancieros», el conflicto con Buenos Aires y la presión portuguesa explicarán el derrumbamiento de la primera experiencia independiente. En agosto de 1816 se ha iniciado la guerra frente a las tropas del Brasil portugués, saldada cinco años más tarde con la derrota del caudillo uruguayo. En julio de 1821, un congreso votará la incorporación de la Banda Oriental al Imperio Portugués como «Estado Cisplatino». Un año más tarde será anexionado, como provincia, a Brasil.

Aunque Chile depende administrativamente del virreinato del Perú, su independencia está íntimamente ligada a la dinámica política abierta en el Río de la Plata. La primera etapa de la secesión chilena se produce entre 1810 y 1813. Una insurrección conservadora constituirá en Santiago una Junta de Defensa. Al mismo tiempo, en el sur se definen los primeros fermentos específicamente independentistas, a la sombra del levantamiento encabezado por O'Higgins. El final de «La Patria Vieja» será el resultado de las divisiones internas en la antigua capitanía general y de la reacción militar desde el norte peruano. La segunda fase, entre 1814 y 1818, es resultado de la intervención militar externa. Los intereses estratégicos frente al bastión peruano favorecen la ofensiva de San Martín desde el Río de la Plata. Una vez liberado el territorio se proclamará la independencia de la nueva república, reconociéndose a O'Higgins como director supremo del Estado.

6.8. El movimiento de independencia en Nueva Granada

Las regiones que componen el virreinato de Nueva Granada componen, a comienzos del siglo XIX, un escenario dispar étnica, social y territorialmente. De aquí, la complejidad de un movimiento emancipador que arranca también de 1810. Sus rasgos particularistas provocarán una brusca inflexión en dicho proceso, y no será hasta 1818-1819 cuando vea completada su liberación. Este localismo se ve reforzado en el ejemplo de la Capitanía General de Nueva Granada, Colombia. Se trata de un marco heterogéneo, donde conviven un reducido número de grandes propietarios agrarios, una sólida burocracia administrativa, una masa minoritaria de esclavos y una creciente base de pequeños campesinos mestizos. Cuenta con un circuito comercial interno en formación y con algunos enclaves artesanales en Cundinamarca y Socorro. Por su parte, la presidencia de Quito opondrá los intereses de los enclaves exportadores de Guayaquil frente a la especialización artesanal de puntos como la propia Audiencia quiteña. La efímera sublevación en esta ciudad, en 1809, manifestará el malestar local ante la presión fiscal o ante los monopolios de la Corona. La definitiva ruptura con la metrópoli fue paralela a la desintegración de la unidad virreinal. Los levantamientos de 1810 en los cabildos de Quito, Pamplona, Cartagena o Socorro fueron el origen del primer ensayo republicano local: la «Federación de las Provincias de Nueva Granada»; un proyecto federal opuesto a los intereses de la también insurrecta Santa Fé de Bogotá, que se mantuvo aislada en dicho movimiento. El conflicto interno en la antigua Capitanía General se saldó con un enfrentamiento civil, resuelto por Bolívar en 1814 al concluir con la defección bogoteña y con la independencia de Antioquia. No obstante, el desembarco español en Santa Marta, julio de 1815, pondrá fin a esta primera emancipación.

El éxito del movimiento independentista en Venezuela fue mucho más breve. El levantamiento en 1810 del cabildo criollo caraqueño en nombre de Fernando VII, la Junta Suprema conservadora de los derechos de Fernando VII, deriva en una república moderada. Sus promotores serán los patriotas más exaltados: Bolívar y Miranda. La conclusión de la denominada «Patria Boba» se producirá dos años después a causa de la ofensiva del realista Domingo de Monteverde. Detrás de este efímero proyecto se ocultan también acusadas fricciones sociales. La revolución ha sido el resultado del malestar de la oligarquía rural frente al aparato administrativo. En su fracaso incidirá, a su vez, la oposición de sectores marginados, en forma de movimientos autónomos o fácilmente instrumentalizables, como las revueltas negras de los años 1810 y 1811. La crisis de la «Segunda Revolución» es fruto, asimismo, de las disensiones en el seno de la sociedad venezolana. Después de la liberación de Caracas en 1813, el modelo político bolivariano tiende a acentuar las contradicciones en el marco agrario. Medidas como el establecimiento de los derechos de propiedad y de los deberes del peonaje, la eliminación de las tierras comunales o el control del ganado por los propietarios tienden a reforzar a la oligarquía terrateniente. Por debajo de la guerra contra las tropas españolas se define, entonces, un enfrentamiento contra los «llaneros», población mestiza de las vastas llanuras venezolanas, acaudillados por el asturiano José Tomás Boves.

Las independencias de Colombia, Ecuador y Venezuela van a resolverse, en su última etapa, a partir de 1817. La «Tercera Revolución» será ahora resultado de un urgente consenso social y de los logros militares. La toma de Angostura, en ese mismo año, perfilará la victoria sobre las tropas realistas. Y la aprobación, ya en 1819, del proyecto constitucional en el II Congreso Nacional, el nuevo sesgo de la República. En él se decide un modelo centralista, con fuerte preminencia del ejecutivo. Se trata de la peculiar interpretación del liberalismo de Bolívar, en la que se combina el autoritarismo, frente al anárquico localismo que imperó entre 1810 y 1815, y los principios doctrinales de la soberanía nacional, la representatividad y el voto censitario. El éxito militar de Bocayá, agosto de 1819, permitió la liberación de la República neogranadina. La emancipación se verá completada con la ofensiva sobre Venezuela, concluida en junio de 1821, y sobre Quito en 1822. Con ello tomará forma el proyecto de unión del antiguo virreinato con la fórmula de la Gran Colombia.

6.9. LA RESISTENCIA EN EL VIRREINATO DE PERÚ

En el Perú de 1810 confluyen todos los elementos para convertirlo en el último bastión de la presencia española en el continente americano. Su papel como centro político de primer orden y como tradicional sede burocrática lo constituye en factor de freno para el éxito insurreccional. A su vez, la capacidad de movilización o protesta de indios y mestizos, un 85 por 100 de la población, es impensable, dada la acusada jerarquización social. Tampoco existe un sustrato ideológico, ya fuese reformista o legitimista, alternativo al vacío de poder provocado por la crisis peninsular. Sin embargo, la economía peruana ha arribado al siglo XIX en una clarísima situación de crisis. Desde el último tercio del XVIII se ha producido una reorientación comercial especialmente nociva para la fachada del Pacífico. A ello se añade también el estancamiento de las tradicionales actividades agrícolas y mineras.

En 1810 no se producirán movimientos conspirativos de importancia en la Audiencia de Lima. Habrá que esperar dos años después para localizar un primer, y frustrado, levantamiento en Huánaco. Esta estabilidad se ve reforzada por la capacidad de intervención desplegada por el virreinato. En 1809 y 1810 ha sofocado las rebeliones de Quito, en la última fecha se ha anexionado a un Alto Perú también insurgente, y en 1813 ha sido capaz de organizar una expedición de castigo contra Chile. La actuación del virrey José de Abascal es también decisiva. Él es el principal impulsor del orden militar. Y fiel a las pautas políticas metropolitanas, ha aplicado algunas reformas, como la abolición del tributo indígena o de la mita, o las mejoras en el aparato administrativo colonial. Hasta 1814 no es perceptible, pues, la ruptura de la situación política peruana. Sorprendentemente además, el movimiento coincide con la normalización de las condiciones peninsulares. El levantamiento criollo en Cuzco no es secesionista. Responde a la situación de excepcionalidad vivida por la región. Su Cabildo se rebelará contra la excesiva presión provocada por la guerra, respaldándose en la solicitud de restaurar la legislación gaditana. El escaso eco encontrado en el litoral, El Callao-Lima, Trujillo, decide su suerte en 1815. Sin embargo, en el contexto de la crisis colonial, se han puesto de manifiesto con claridad los primeros antagonismos locales.

Desde ese momento queda claro que la liberación de Perú será resultado del éxito militar de los insurgentes que operan más allá de los límites del virreinato. A la altura de 1819 se ha producido un estancamiento en la situación militar. La expedición de San Martín desde Valparaíso romperá este precario equilibrio, provocando, a su abrigo, una sucesión de motines urbanos entre los últimos meses de ese año y el comienzo de 1820: en Supe, Lambayeque, Tarma e Ica. No son *motines nacionalistas,* sino *«motines de malestar».* Aunque desde 1816 se ha favorecido una política propia, derogando los monopolios y liberalizando el tráfico comercial, la situación económica peruana se encuentra colapsada. La incertidumbre dominará en la solución del conflicto. Con Lima asediada, se produce la declaración de independencia de los Cabildos del norte, encabezados por el de Trujillo, así como la división en las tropas realistas. La rendición de la antigua Audiencia y la descomposición del enfrentamiento favorece las Conversaciones de Punchaca, entre San Martín y el nuevo virrey, el general José de la Serna en julio de 1821. Aunque no serán respaldadas desde la Península, deciden una solución de compromiso que fue vista con afecto en algunos círculos españoles e, indirectamente, por la diplomacia francesa: la entronización de un príncipe de la casa de Borbón y el «Protectorado» provisional de San Martín. Las primeras medidas de Monteagudo, «protegido» del militar argentino, serán conciliatorias, respetándose la presencia española y aboliéndose el tributo indígena. No obstante, las medidas económicas —la emisión de papel moneda propia desde el Banco Auxiliar y el fracaso de un empréstito con Gran Bretaña— aumentan el malestar en el seno de una élite criolla que soporta, indirectamente, más de diez años de conflicto.

El último episodio de la emancipación se abre con la entrevista mantenida en Guayaquil entre Bolívar y San Martín en 1822. Es el último acto político del «protector». Su proyecto unitario y monárquico fracasaría ante la alternativa bolivariana, triunfando definitivamente las tesis republicanas de una «nueva legitimación nacional». Este ciclo se cierra con la ofensiva del propio Bolívar sobre los reductos realistas, derrotados en Junín en agosto de 1824. Lima es liberada por segunda vez, en un momento en que se produce la defección en las filas realistas del absolutista Olañeta, en el Alto Perú. Es el golpe de gracia para liquidar la resistencia española. La victoria de Sucre, lugarteniente de Bolívar, en Ayacucho se produce el 8 de diciembre de 1824. Y apenas dos meses después concluye la resistencia en el Alto Perú, territorio independiente que desde agosto se invocará como República Bolívar.

Capítulo VII

El liberalismo en el poder. Trienio liberal (1820-1823)

Entre 1820 y 1823 transcurre otro período bien definido de la historia política e institucional caracterizado por una nueva y corta experiencia liberal. El liberalismo, vertebrado en la recuperada Constitución de 1812, se instalaba otra vez en el poder, por el fracaso del Estado absoluto más que por el empuje revolucionario. Pero al mismo tiempo el hecho distaba de ser casual. Era un eslabón más, al que las circunstancias hicieron triunfar, de una larga secuencia de oposición insurreccional que había ido engrosando una opinión liberal como discurso alternativo a la prolongada crisis del régimen absoluto. Esta vez la experiencia liberal no aparecía como el desenlace no previsto de una convocatoria a Cortes en una situación de emergencia y con las elites del Antiguo Régimen descolocadas, sino como fruto del bloqueo del Estado absoluto que se rinde a la evidencia de la crisis. En 1808 la coartada de la invasión había disfrazado tal crisis; en 1820, agudizada e irreversible, tenía todas las salidas taponadas desde dentro del sistema. De hecho la insurrección iniciada en enero de 1820 acabó cuajando dos meses más tarde, sin que existiera una respuesta contundente para sofocarla, poniéndose al descubierto todas las deficiencias del régimen absoluto.

Este islote temporal (1820-1823) entre etapas absolutistas más dilatadas (1814-1820 y 1823-1833) tuvo una enorme importancia cualitativa en el trasunto de la evolución política y social. Si se contempla en la lógica de la revolución es un segundo impulso entre las dos últimas etapas de inmovilismo y crisis del Antiguo Régimen. En la lógica del absolutismo había sido un patinazo fruto de la conspiración, en una situación que se reconduce a la normalidad en 1823. Sin embargo ni el liberalismo del Trienio es en su práctica una mera reposición del referente gaditano, ni los periodos absolutistas que lo envuelven son iguales, ya que entre 1823 y 1834 el absolutismo se debate entre el inmovilismo y una estrategia de remozamiento precisamente razonada por el temor a la revolución. Para todos, liberales y absolutistas, la llegada del Trienio había demostrado que el régimen absoluto, teóricamente inmutable, era vulnerable en sí mismo y no necesariamente por una invasión exterior como la de 1808. Y se prolongó sólo durante tres años, apenas con tiempo para ponerse en marcha con todo lo que implicaba la instalación de un nuevo Estado y unas nuevas fórmulas políticas y económicas, derribado nuevamente por una invasión, también francesa, esta vez contrarrevolucionaria. Pero igualmente el periodo liberal se extingue por su debilidad, entendida como un insuficiente grado de apoyos sociales que todavía no se corresponde con su fuerza y convicción doctrinal. Así esta debilidad es de sentido inverso a la del Estado absoluto, es decir, no como consecuencia de una crisis irreversible, sino de una falta de madurez, a pesar de que es precisamente en el Trienio cuando la opinión liberal empieza a tomar cuerpo en un *pueblo liberal* urbano que adquirirá su definitiva configuración en los años 30.

Con el Trienio despierta más deprisa un mundo urbano y se abren nuevas expectativas de las burguesías ligadas al comercio, los negocios, la propiedad y las profesiones liberales, que dan un nuevo impulso a las formulaciones gaditanas y ensanchan la actividad de intelectuales y hombres de acción, civiles y militares. También el mundo urbano de los oficios y menestrales, pequeños comercios y empleados, se va despertando. Pero todavía de forma insuficiente para constituir un sólido basamento social que sustente el régimen liberal, que precisará de otro modelo de transición política para su definitiva instalación. Por el momento la revolución liberal seguía siendo cosa de elites.

El Trienio liberal recupera la obra jurídica de Cádiz, tanto la Constitución como toda la legislación política y económica, la completa y la desarrolla, pero a su vez incorporando elementos nuevos en aspectos tales como las desvinculaciones, la hacienda o la reforma religiosa, e impulsando en la práctica principios sólo esbozados en el papel en la etapa anterior, y ahora en una situación de normalización consitucional. Mientras tanto, las resistencias del Antiguo Régimen se reorganizan, adoptando diversas estrategias con el recurso al insurreccionalismo y la conspiración, y entre ellas la de la intervención exterior de las preocupadas potencias de la Santa Alianza ante el «quiste español», susceptible de extenderse en la Europa de la Restauración. La invasión exterior de 1823 acabó con el régimen liberal con la misma pasividad en el país que con la que había empezado, actuando sobre un sistema liberal que ya había empezado a desgajarse, si no en principios doctrinales, sí respecto a las estrategias y contenido de la revolución y que convencionalmente se designaron como «moderados» y «exaltados».

7.1. La insurrección de Riego y la instalación del régimen constitucional

Pocos episodios han tenido tanta trascendencia simbólica como el pronunciamiento de Riego, cuya figura pasó a convertirse en el primer gran héroe de la revolución y a quedar asociado con el ideal liberal. Personaje mítico que capitalizaría las señas de identidad del impulso liberal a través de múltiples expresiones populares, como el himno, y que pasarían al acervo de la cultura liberal y de las revoluciones posteriores. Su trayectoria personal, que le llevó de la gloria y el homenaje al patíbulo, simboliza también la de las contradicciones, limitaciones y problemas del transcurso acelerado de la historia del periodo. La figura de Riego no explica el Trienio liberal, pero sí fue el producto casual que la lógica de la situación de 1820 necesitaba.

Rafael de Riego (1784-1823), procedía de familia hidalga asturiana, al calor del ambiente intelectual ilustrado de su padre, dedicado a la literatura y a la administración de Correos. Ingresó en 1807 en el ejército, y estuvo ligado a los avatares militares de la Guerra de la Independencia y sensible a la extensión de las ideas liberales entre la joven oficialidad de la guerra. Capitán en 1808 en la división mandada por el general Acevedo, cayó prisionero y, enviado a Francia, regresó en 1814. Vinculado a la idea de restaurar la legalidad constitucional, el teniente coronel Riego se integró en la trama conspirativa en el ejército expedicionario que se preparaba para taponar la independencia de las colonias. Lideró la única pieza de la sublevación que tuvo éxito inmediato al proclamar la Constitución en la localidad sevillana de Cabezas de San Juan el 1 de enero de 1820.

La acción de Riego formaba parte de una secuencia de conspiraciones e intentonas contra el régimen que se habían redoblado en 1819. Ni siquiera tenía vocación aislada tratando de provocar una sublevación, ya que era uno más de los ingredientes del pronunciamiento que culminaría en una estrategia de conspiración de mayor alcance. En 1819 las tropas acantonadas en las localidades andaluzas para la proyectada expedición a Buenos Aires, se hacen más sensibles a la trama de la sublevación en la que participa parte de la oficialidad y elementos civiles como Istúriz, Alcalá Galiano o Mendizábal, precisamente en torno a Cádiz, cantera de la revolución liberal. El malestar creado entre la tropa ante una dilatada expedición, con el rechazo a un reclutamiento obligado, la inquietud ante un embarque no deseado, las precarias condiciones de vida de la guarnición, la fiebre amarilla, constituían el caldo de cultivo en el que se fue sembrando el discurso liberal, acompañado de proyectos concretos sobre la situación de las tropas expedicionarias. Militares y civiles, como dualismo aglutinador de la revolución liberal, multiplicaron sus actividades. La conspiración fue eventualmente abortada en julio por los generales Sarsfield y por el propio responsable de la expedición, general Enrique O'Donnell, conde de La Bisbal, que conocía los preparativos y con los que inicialmente había mostrado una disposición favorable. La ambigüedad de La Bisbal, manifestada otra vez en marzo del año siguiente, recoge las indecisiones y actitudes cambiantes de muchos personajes que quedarán superados a lo largo de la revolución liberal por la celeridad y cambio que imprimen las nuevas situaciones. Durante el segundo semestre de 1819 la conspiración no sólo siguió su curso, sino que se extendió. La estrategia del movimiento militar contemplaba para el primero del año un triple estallido: Riego en Cabezas de San Juan para dirigirse a Arcos, Quiroga en Alcalá de los Gazules y con dirección a San Fernando y Lopez Baños con las tropas de artillería en Osuna, para confluir sobre Cádiz. Riego se pronuncia en Cabezas, proclama la Constitución y más tarde en Arcos, donde instala su cuartel general. El resto de iniciativas no culminan lo previsto y el día 3 Quiroga es frenado en las afueras de Cádiz, que resiste el ataque de los sublevados. El día 7 Riego, después de pasar por Jerez y el Puerto de Santa María, conecta con Quiroga y Lopez Baños en San Fernando. Las tropas sublevadas, que cuentan con escasos efectivos —siete batallones es el resultado del intento inicial— para imponerse, se reorganizan en la Isla en dos brigadas, pero han perdido el impulso y quedan bloqueadas sin éxito ante Cádiz, al tiempo que las tropas del régimen absoluto también se reorganizan. Ante esta situación, Riego inicia un largo periplo por Andalucía buscando apoyos que resuelvan una situación enquistada a lo largo del mes de enero. Con una columna en torno a los 1.500 hombres sale el 27 de enero recorriendo las localidades de la costa gaditana y malagueña hasta el 20 de febrero en que se desplaza al interior por Antequera, Ronda, y desde allí por localidades sevillanas hasta Córdoba, donde llega el 7 de marzo con 300 hombres. El 11 de marzo está en tierras extremeñas y dos días más tarde, a punto de disolverse, en dirección a Portugal, recibe las noticias de la vuelta al régimen constitucional asumida por el Monarca. Riego fue proclamando la Constitución en su largo trayecto, perdiendo continuamente efectivos y ante la indiferencia de la población. Ni su expedición tenía la fuerza para culminar con éxito, ni la respuesta del régimen absoluto, cuyas tropas siguieron el curso de Riego pero sin concluir en un enfrentamiento, fue suficiente. Y en ello residía la gravedad para el régimen absoluto, que asomaba así todas sus debilidades, hasta la desconfianza en las propias tropas, reorganizadas al mando de Freire, y se mostraba incapaz de acabar con una expedición que no tenía éxito en sí misma y se agotaba poco a poco. Situación tan ambigua que quedó finalmente resuelta con el estallido, lejos de la zona recorrida por Riego, de la sublevación en otros núcleos de la geografía urbana y mes y medio después. Riego no había derrotado el régimen, había demostrado su incapacidad y había dado tiempo a que cuajara una nueva secuencia de pronunciamientos. La extensión del movimiento partió de una nueva versión de la intentona de Porlier, pero esta vez con éxito: la sublevación en La Coruña el 21 de febrero de elementos civiles y militares, dirigidos por el coronel Álvarez Acevedo, proclamando la Constitución y formando una Junta. Esta vez los resistentes fuertes en Santiago no lograron frenar una sublevación que el 23 de febrero se había extendido a El Ferrol y Vigo y después a Pontevedra, Lugo y resto de Galicia. A finales del mes de febrero se sumaron Oviedo y Murcia y a primeros de marzo se había multiplicado en importantes núcleos urbanos como Zaragoza, Tarragona, Segovia, Barcelona, Pamplona, formando parte de una secuencia que culminaría en Cádiz con el enfrentamiento de los constitucionales y los batallones gaditanos de resistentes y la proclamación de la Constitución. Hacía tres días que el Rey y la Corte se habían visto obligados a cambiar de régimen.

A primeros de marzo la extensión del movimiento empezó a demostrar a las elites del régimen absoluto que perdían el control de la situación. Ahogado en sí mismo, el régimen recuperaba la idea de un remozamiento a base un reformismo varias veces anunciado y nunca consumado que culminó, en un ambiente de desconcierto y pesimismo, en la reunión del Consejo de Estado el día 6 de marzo, en la que ministros y consejeros expresaban la crisis del Estado con los problemas hacendísticos como principal exponente, y con la conclusión de una vieja receta teórica para taponar la crisis: la convocatoria de unas Cortes, en sentido del Antiguo Régimen. Ya era tarde. El conde de La Bisbal, al mando de tropas encargadas de frenar la insurrección que salpicaba buena parte de los núcleos urbanos del país, ya se había orientado esta vez por la apuesta liberal y proclama la Constitución en Ocaña, aumentando los temores de la Corte. La actitud de la guardia real en Madrid y del general Ballesteros, que comunicó el día 7 al Monarca que era dudoso el apoyo de la guarnición de Madrid, fueron los últimos eslabones que convencieron a la Corte de la irreversibilidad de la situación. La noche del mismo día 7 el Monarca se comprometía a jurar la Constitución, en un breve decreto publicado al día siguiente. En los días siguientes se producía la libertad de los detenidos, la abolición de la Inquisición, la reposición del Ayuntamiento constitucional en Madrid y la formación el día 9 de una *Junta provisional consultiva,* como organismo de transición hasta la reunión de Cortes. Buena parte de las elites del absolutismo habían admitido la inevitabilidad de la solución, con la conciencia de crisis y en un sentido

Fernando VII jura la Constitución en 1820.

pragmático que evitara la sublevación en Madrid o la llegada de las tropas declaradas constitucionales. Núcleos resistentes del ejército dispersos continuaron varios días su oposición, apoyados en la dificultad de asumir la aceptación del Monarca del régimen liberal, acostumbrados como estaban a la represión radical de las disidencias. Con el tiempo tomaría cuerpo el argumento de las presiones, violencias y cautiverio del Monarca que vio mediatizada su voluntad. Por el momento, si la población, sobre todo rural, no había apoyado la insurrección, tampoco había hecho nada por evitar la caída del régimen. En algunos núcleos urbanos de mayor envergadura, juntas y proclamas dibujaban un ambiente de triunfo liberal. Pero sobre todo en el conjunto poblacional, rural y urbano, empezó a cuajar la idea del cambio y de sus posibilidades reales, para unos en el sentido amenazador de alteración de pautas seculares, para otros de nuevas expectativas. El día 9 de marzo comenzaba el segundo episodio constitucional.

7.2. La transición institucional

El consenso del poder tuvo su expresión en la creación de la citada Junta el día 9 a modo de transición institucional mientras se normalizaba el funcionamiento constitucional con la reunión de Cortes. Se convirtió en el centro nervioso del que dependieron los pasos iniciales y el rumbo del régimen. La Junta sólo recuerda en el nombre y en su papel transitorio a la de 1808, ya que no fue el resultado de una vocación centralizadora de otras juntas, y su propio enunciado de «provisional» y sobre todo «consultiva» refleja bien su naturaleza: no es un organismo fruto de la soberanía, sino que su carácter es consultivo y delegado del Monarca. En realidad elevaba a éste un conjunto de propuestas, que se convirtieron en la práctica de gobierno de los primeros cuatro meses del Trienio. De sus iniciativas dependió la convocatoria a Cortes, y elecciones de ayuntamientos constitucionales, la supresión de la Inquisición, el restablecimiento de los jefes políticos y del Ministerio de Gobernación, la reanudación de la libertad de imprenta, el juramento de la Constitución... Pero por otro lado garantizaba una situación de control y de transición, a modo de consenso, limando temores en las elites del régimen absoluto y del Rey, lo que ha llevado también a interpretarla como el organismo que frenó una ruptura de mayor alcance y moderó el proceso revolucionario. En la Junta confluyeron personajes de distinta procedencia y algunos con responsabilidades en el régimen absoluto o en la epoca de la Junta Central. Para empezar el cardenal arzobispo de Toledo, Luis de Borbón, primo de Rey, el general Ballesteros, Manuel Abad y Queipo —obispo de Michoacán— y el omnipresente Manuel Lardizábal; además el coronel Vicente Sancho, Francisco Crespo de Tejada, Mateo Valdemoro, Ignacio Pezuela, Bernardo de Borja Tarrius y el conde de Taboada.

Mientras tanto y a instancias de la propia Junta, el Rey nombró el mismo día 9 un Gobierno compuesto en su mayoría por personajes liberales, denominado «gobierno de presidiarios», con Pérez de Castro en Estado, Agustín de Argüelles en Gobernación de la Península, Canga Argüelles en Hacienda, García Herrera en Gracia y Justicia, y Antonio Porcel en Gobernación de Ultramar; además Pedro Agustín Girón, marqués de las Amarillas, que representaba el continuismo, y opuesto a la insurrección de Riego, ocupaba la cartera de Guerra. La situación personal de los miembros del Gabinete, el exilio o la cárcel, hizo que tardaran en incorporarse, hasta el mes de abril, y en todo caso Junta y Gobierno actuaron al mismo tiempo hasta la reunión de Cortes de julio, y reconstruyeron en el sentido constitucional las piezas de la nueva restauración política.

7.3. La extensión de la cultura política.
Sociedades patrióticas, prensa y pueblo liberal

En esta etapa se asiste a la eclosión del debate político y sus espacios de sociabilidad, que adquieren las primeras formas de organización gracias a las posibilidades abiertas por los principios y libertades constitucionales. Lo que en Cádiz no fue más que la edificación de un nuevo orden político, y su desarrollo en circunstancias excepcionales, durante el Trienio el debate se animó, la cultura política se extendió en el mundo urbano, y se multiplicó a través de la prensa y las «sociedades de hablar», que encontraron en los cafés sus foros naturales de discusión intelectual y agitación política. Las libertades de expresión y reunión, y la conciencia de los ciudadanos de la posibilidad tangible de alterar el rumbo político, como producto de su participación, alumbraron la idea misma de cultura política, con su lenguaje, formas de organización y transmisión de discursos. Así el liberalismo político toma cuerpo y adquiere práctica más allá de sus formulaciones jurídicas y doctrinales.

Las *sociedades patrióticas* las ha definido Gil Novales como «clubs abiertos a la discusión política», y que, inspirados en la tendencia general de la revolución europea y en el siglo XVIII español —hojas impresas, tertulias de café, Sociedades Económicas de Amigos del País—, actuaron de «cajas de resonancia de la vida pública nacional, en donde todo se habla y todo se discute». De hecho, siguiendo la cuantificación del mismo autor, se desplegaron por 164 poblaciones a lo largo y ancho del país.

Dibujo de una tertulia de café.

Aunque se las ha considerado embrionarios partidos políticos, no fueron ni actuaron como cuerpos cerrados en cuanto a integrantes, proyectos o instrumentos de acción. Su trayectoria estuvo ligada a los avatares del periodo, en un continuo reacomodo de actitudes. Empezaron a formarse desde enero y febrero de 1820. Las primeras fueron las de San Fernando y La Coruña, al calor de la geografía de la insurrección, para convertirse en un ingrediente del movimiento urbano liberal. En Madrid, la sociedad patriótica «Amigos de la Libertad», creada en marzo, instaló su foro de debate en el café de Lorencini, continuada más tarde con la denominación «Amigos de la Constitución» en el café de la Cruz de Malta, que hundía sus antecedentes en las reuniones del café Apolo de Cádiz durante la Guerra de la Independencia. También en marzo se creó en Madrid la sociedad patriótica de «San Sebastián de la Corte», y el 6 de junio se formó la sociedad «Amigos del orden» en el café de La Fontana de Oro, y la sociedad los «Amantes del orden constitucional» se instalaba en la calle Jardines. Durante el mes de marzo se creó la sociedad patriótica de Oviedo, en abril las de Zaragoza, Barcelona, Valencia y Cartagena, y en mayo la de San Sebastián, por citar las de los núcleos de mayor entidad.

El grado de organización difería desde reuniones informales, abiertas e irregulares hasta las sociedades provistas de estatutos, en un proceso de institucionalización. En un principio sus actividades en la creación de un estado de opinión ligado al discurso liberal, la discusión de los asuntos públicos, la difusión y comentario de noticias, y su concurso como soporte más dinámico del nuevo régimen constitucional las convierten en privilegiadas correas de transmisión de la cultura política liberal. Ligadas a la prensa, creando sus propios órganos de expresión, tienden a protagonizar la defensa constitucional con múltiples actos simbólicos o a intentar imprimir el ritmo de la revolución con peticiones a las Cortes. Ahora bien, tendieron inicialmente a despejar cualquier asociación con el radicalismo de los clubes jacobinos de la Revolución Francesa. Los estatutos eran la expresión más clara de su institucionalización. Sin embargo, a medida que transcurra 1820 y sobre todo desde el verano, empiezan a ser percibidas como una amenaza de radicalización. En el mes de septiembre aumentan las acusaciones de su vinculación a actividades radicales y excesos superadores del rumbo del régimen, en un debate que se traslada a las propias Cortes, donde la familia liberal ha dibujado distintas posiciones respecto a su existencia. Mientras los más atemperados, como el ministro Argüelles, empiezan a entenderlas, tal y como estaban formuladas, como incompatibles con los cauces constitucionales de representación, para los exaltados como Romero Alpuente, eran la expresión más depurada del espíritu de la revolución. Una ley de 21 de octubre de 1820, promulgada el 8 de noviembre, fijaba en un sentido restrictivo la existencia de sociedades, quedando suprimidos los estatutos y sometiéndose a denso control a las denominadas desde entonces tertulias o reuniones patrióticas. Esto significó su desarticulación, al menos en la forma y contenidos iniciales, y sólo recuperarán su situación desde el 7 de julio de 1822, con el periodo más radical de la revolución. Pero para entonces las familias liberales y sus estrategias y las circunstancias políticas habían cambiado notablemente.

Las sociedades patrióticas y en conjunto la explosión de la vida política, tuvieron en la prensa el medio de libertad de expresión más característico de los nuevos tiempos. Toda suerte de folletos, hojas, pasquines, periódicos..., inundaron cualitativamente el mundo urbano y adquirieron la categoría política. Bien es verdad que el mundo de las publicaciones había tenido ya un papel de entidad desde la época ilustrada, como instrumento de difusión de ideas entre las elites, sin olvidar la coyunturalidad de la Guerra de la Independencia, pero a partir de ahora la prensa se convierte en un elemento estructural de la vida política y símbolo y medida de la libertad de expresión. La proliferación de periódicos también en su sentido cuantitativo desbordó cualquier otra situación anterior. Gil Novales ha realizado un recuento de 680. Se trataba de una amplísima gama de escritos seriados, hojas, diarios oficiales, órganos de expresión de sociedades, almanaques, publicaciones especializadas en ciencias y artes, literatura, religión o moda, y en un sentido más político la prensa política y satírica, de información, opinión, crítica... Entre una larga nómina destacaron *El Censor,* de vocación afrancesada, los múltiples que se encabezaron como *Diarios* con el nombre de la localidad a continuación, a menudo proclives al liberalismo moderado, o *El Zurriago,* expresión satírica y crítica del liberalismo exaltado, o el absolutista *El procurador general del rey.*

El decreto de 22 de octubre de 1820 estableció la libertad de impresión y publicación sin censura previa. Pero esta declaración de principios queda regulada por los sucesivos artículos y su marco legal de limitaciones. Seguía las pautas marcadas por la legislación de 1810, introduciendo algunas novedades. Una *Junta de protección a la libertad de imprenta,* dependiente de las Cortes, era el organismo encargado de la aplicación de la normativa y protección de la libertad de expresión. Las limitaciones quedaban tipificadas como delitos para los escritos sediciosos y subversivos y de incitación a la desobediencia, con sus respectivas sanciones. La responsabilidad de las publicaciones incluía también a los libreros. El hecho más destacado es la institución del jurado para estos delitos, que se convertirá en uno de los puntos nodales de discrepancia entre las familias liberales. La aplicación de la ley brindaba instrumentos en un sentido restrictivo, pero al mismo tiempo su vocación protectora de la libertad de expresión —en un modelo invocado por las versiones más radicales del liberalismo— abrió los cauces legales de una diáspora de publicaciones aprovechados por todo el arco político, incluidas las publicaciones absolutistas. Un decreto de Cortes de 12 de febrero de 1822 establecía una ley adicional a la de 22 de octubre de 1820 que entendía con extraordinaria minuciosidad en la descripción y consideración de los delitos sediciosos, infamatorios e incitadores.

El incremento de la cultura política tanto en los niveles doctrinales como en los instrumentos de su difusión apuntan hacia una primera e incompleta socialización del liberalismo, sobre todo en los principales núcleos urbanos del país. El liberalismo de las elites políticas tiene un poso doctrinal más asentado como fruto de la experiencia gaditana y del exilio, bañándolo en realidades políticas del occidente europeo, como el parlamentarismo británico o el régimen de Carta Otorgada de la Francia de Luis XVIII. El liberalismo proyecta ahora sus soportes doctrinales a la realidad política de 1820, recuperando y ampliando de forma inmediata los presupuestos de la Constitución y la obra jurídica gaditana. A escala popular esa proyección del liberalismo doctrinal de las elites a lo largo del Trienio adquiere un ropaje emocional en su percepción popular urbana. Es decir, desde abajo los ingredientes del pueblo liberal se constituirán a base de mutaciones emocionales del discurso de las elites liberales. Éste sería el sentido de la socialización del liberalismo y las formas que adopten las respuestas populares urbanas en la dinámica política del Trienio. De ahí que no existiera una opinión pública todavía claramente asentada sobre la idea de un proyecto político liberal, sino un conjunto de emociones que distorsionan el curso doctrinal. Así la toma de decisiones en los centros de poder no reposa en una opinión nacional concordante, sino que traduce un haz complejo de tensiones, en el seno de las familias liberales, pero también de las elites liberales en su conjunto respecto de las elites antiliberales. Por su parte el pueblo realista y su componente principalmente rural se mueve en un estado de ánimo similar, que aprovecha elementos de una cultura apegada a la tradición, a los mensajes del púlpito y al mito del monarca paternal: el buen rey y el mal Gobierno. La trayectoria política del Trienio hará que tanto pueblo liberal, como pueblo realista, basen sus actitudes en claves emocionales, sean fácilmente permeables a los discursos liberales o absolutistas, sobre todo cuanto intervengan cuestiones de tipo económico-social que amenacen con la incertidumbre del cambio o aseguren un horizonte de esperanza. En esta doble ambientación emocional y política, bastará la acción del liberal-agitador o del realista-agitador, con sus respectivos instrumentos de difusión, prensa y sociedades patrióticas de un lado, o púlpito de otro, para exacerbar el motín popular o la partida rural.

7.4. Las elites políticas y las bases de sustentación del régimen. Los anuncios de las disidencias

Las elites políticas liberales, pues, no contaron con un amplio y estable soporte de opinión que asegurara el régimen, sobre todo cuando el conjunto de reformas emprendidas lesionaba los intereses de un entramado social poderoso en los aledaños de la

Corte, la Iglesia, servidores militares y civiles del Estado absoluto, capaces de proyectar sus resistencias en el seno de sectores populares hostiles, principalmente rurales, muy sensibles a bruscas alteraciones de pautas seculares de estabilidad.

La práctica política y las estrategias en presencia hará que liberales y absolutistas no sean cuerpos homogéneos, por un lado, y que las respectivas posiciones se presenten de forma excluyente, por otro. La idea de ruptura de los liberales no tenía su correlato con unas bases sociales de sustentación muy frágiles y en proceso de articulación, cuyo proyecto político anudó unas resistencias más sólidas.

La nobleza de sangre mantuvo al principio una actitud expectante en función del tema central de sus inquietudes políticas: el procedimiento de abolición de los señoríos y una valoración de su suerte como elites de poder ligadas a la de la monarquía. De todas formas la posición de la nobleza no debe entenderse tampoco con el binomio por definición absolutista-antiliberal. Su posición tiene mucho de coyunturalidad tanto en el Trienio liberal como después en los años 30, y en sentido distinto. Ciertamente la nobleza no tiene acomodo institucional y poder político de derecho, aunque siga conservando influencias de hecho, con la Constitución de 1812 y su desarrollo. Además la vocación de las Cortes del Trienio será la exigencia de los títulos de propiedad con motivo de la disolución del régimen señorial, al mismo tiempo que la cuestión de las desvinculaciones no queda del todo resuelta en la práctica. Sin embargo durante los años 30 su actitud será diferente y no dudará en aproximarse a la versión liberal, ya embrionaria en el Trienio, de buscar una fórmula intermedia a base de una reforma constitucional, de la inclusión del Senado o una interpretación favorable en el asunto de los señoríos. Por eso cuando el liberalismo vertebre su política como un reparto de poder, la nobleza lo entenderá como un pacto que le permite conservar privilegios o incluso recuperarlos después de haberlos visto alterados o amenazados también por el propio Estado absoluto. De hecho, a largo plazo, el estamento nobiliario había perdido peso político e institucional durante el Estado absoluto, prolongado con nuevos recortes de jurisdicción en 1818. Por tanto en los años 30 se encontraría con un medio de acoplamiento satisfactorio en el Estado liberal. Por el momento la nobleza no se sentía cómoda con el régimen del Trienio, en un descontento creciente.

Igualmente la posición del clero ante 1820 es expectante y silenciosa, sin el entusiasmo de 1814 y con ciertas reservas, como ha puesto de manifiesto Manuel Revuelta. En general, no existió una primera oposición del clero a la Constitución, y la mayoría admitió inicialmente el nuevo sistema. Por su parte, los liberales trataron de presentar el constitucionalismo en compatibilidad con el catolicismo, conscientes de la influencia social de la Iglesia. La situación cambiará con las primeras medidas en materia eclesiástica que convierten al clero en opositor beligerante al régimen. La ley de reforma de regulares de octubre de 1820 y sus consecuencias desamortizadoras marca el punto de inflexión de una oposición frontal que contribuiría decisivamente al discurso y a la trama de la contrarrevolución.

La sustentación del régimen se concretó en un abigarrado conjunto de intelectuales, profesiones liberales, oficiales de la guerra, comerciantes, «propietarios» en su acepción contemporánea más genérica, y tenedores de vales de la deuda pública. Actividades sociológicamente burguesas, pero cuyo apoyo y la intensidad del mismo no es universal y mucho menos compacto y permanente. Es decir, no se puede utilizar como categoría general para explicar el sostén del régimen. Existe una triple caracterización de esos apoyos: doctrinal, economicista y emocional. El sostén doctrinal corresponde a las elites políticas liberales que acceden al poder, recogiendo su experiencia gaditana. Son una minoría, ampliada en 1820, y compuesta de los intelectuales y profesiones liberales que aportaron la sustancia ideológica y lideraron el proceso de 1810 y el de 1820. Resulta el soporte más sólido y permanente, pero también el más vulnerable por sus disensiones internas y la propia acción de gobierno. La posición de comerciantes, negociantes y propietarios, es más ambivalente y circunstancial. En teoría estarían bien acoplados al discurso del liberalismo económico. Y participan directamente o indirectamente de los presupuestos del régimen y su política, y de compromiso por tanto con la trayectoria liberal, pero sin existir una relación causa-efecto entre actividad económica y práctica política liberal. Por eso cabría hablar también de una posición más economicista de aquellos tenedores de vales de la deuda pública a quienes la desamortización les abría unos horizontes insospechados, pero sin olvidar que el origen de sus fortunas procedía de las instituciones, de los privilegios y monopolios propios del Antiguo Régimen, y de la crisis deudora del Estado absoluto. Para terminar, el liberalismo emocional, compatible con estas dos categorías, viene como consecuencia de la interiorización del liberalismo o la libertad como alternativa también asumida por capas populares urbanas, el mundo de los oficios, del pequeño y mediano comercio, de los menestrales y pequeños rentistas... más ligados a la acción hasta configurar la forma más radical del liberalismo.

7.5. La dinámica política y las tensiones Palacio-Cortes

La dinámica política del Trienio estuvo condicionada por la lógica de la construcción del Estado liberal, y esto deslinda, aunque de forma compleja, dos campos: el de los liberales y el Parlamento y su proyecto político, y el del Rey y Palacio con su cohorte de servidores, cada uno con sus clientelas sociales, reales o potenciales, y sus capacidades de movilización. Posiciones contradictorias provocadas por la propia construcción del Estado liberal, pero también por la práctica política en la que se sustentó y que acabó multiplicando y radicalizando posturas en el interior de la familia liberal que acentuaron sus discrepancias doctrinales y estratégicas.

Independientemente de la consideración de más o menos revolucionaria, atendiendo a los contenidos, de la obra legislativa del Trienio o a la actitud y naturaleza de sus protagonistas sociales, la dinámica política fue concebida por los liberales, y percibida por los resistentes, sobre la idea de ruptura, aunque algunos liberales ya empezaran a evocar la idea de transacción y pacto. Las precauciones e inflexibilidad de la Constitución de 1812 respecto de las competencias y actividades del rey plantearon técnicamente dificultades en la relación entre los poderes ejecutivo y legislativo, sobre todo si se tiene en cuenta que los diputados de 1820 ampliaron la tesis de un Rey cuando menos sospechoso. Así el Trienio fue concebido como un «trágala» en todas sus dimensiones, que tan expresivamente universalizó el cancionero popular. El poder legislativo se adentraba en funciones del ejecutivo y las discrepancias fueron habituales, a lo que se sumaron los enfrentamientos del Rey con sus Gobiernos. Mientras, el Monarca aprovechaba las posibilidades constitucionales para intentar frenar proyectos del legislativo, y al mismo tiempo su marcaje por el legislativo y el Gobierno los utilizó como coartada para iniciar sus actividades contrarrevolucionarias.

Las Cortes convocadas el 22 de marzo de 1820 iniciaron su andadura el 9 de julio, con la jura del Rey y el primer discurso de la Corona. Una primera legislatura hasta el 9 de noviembre del mismo año que tenía como columna vertebral de su actuación las líneas maestras marcadas por el periodo gaditano y el desarrollo constitucional, pero en una etapa en la que también se manifestaron ya las resistencias a la dinámica política y al régimen mismo encabezadas por el propio Rey, y la fractura entre los propios liberales y su forma de entender la revolución. Las medidas políticas buscaron la normalización, aunque de forma inconclusa, para taponar las fisuras abiertas en el contexto de la Guerra de la Independencia respecto a los afrancesados, en términos de perdón, y respecto a la insurrección americana, también con el perdón, a cambio de la finalización del conflicto armado. Pero los asuntos centrales del proyecto liberal consistieron en la transformación del Estado, completando la estela dejada por las Cortes de Cádiz, y en esa lógica toparon con las resistencias al abordar aspectos políticamente muy delicados. El 27 de septiembre se aprobaba la ley de desvinculaciones que suprimía los mayorazgos y cualquier tipo de vinculación, con su transformación en propiedades libres. Y, sobre todo, por sus consecuencias inmediatas: una secuencia de disposiciones relativas a la Iglesia que culminaron el 1 de octubre, y su conversión en ley el día 25 del mismo, con la reforma de regulares. Además en el mes de agosto la caótica situación de la hacienda había impulsado como medida más urgente la reordenación del crédito público y de la hacienda del Estado. El cordón umbilical que unía ambas cuestiones estructurales —hacienda y reforma religiosa— era la puesta en marcha del proceso desamortizador. La reforma de regulares hizo cristalizar la oposición activa y beligerante de los sectores absolutistas, la jerarquía eclesiástica y en general el clero, y del propio Rey, que se habría resistido a la sanción de la ley apelando a sus funciones constitucionales, pero a la que se habría visto forzado. Se inauguraba una constante en la trayectoria política del Trienio: el enfrentamiento entre las Cortes y el Rey, ambos apelando a la Constitución; las primeras con el extremado celo con que desarrollan sus funciones respecto al ejecutivo, mientras el Rey empezará a aprovechar, como se verá más adelante, los mecanismos constitucionales precisamente para bloquear las reformas y además esgrimir el argumento de que le impedían cumplir con sus obligaciones constitucionales. Respecto al Gobierno nombrado por el Monarca, también le resultó muy incómodo, no sólo por su simbolismo —liberales procedentes del presidio— sino por los choques habituales, expresados en ocasiones como el intento de nombramiento por el Monarca de Carvajal para el Ministerio de Guerra. Esta tensión estalló en crisis cuando en el inicio de la segunda legislatura, el 1 de marzo de 1821, el Rey en su discurso ante las Cortes, expresó a través de la «coletilla» añadida para sorpresa de la Cámara y el Gabinete, sus discrepancias con el Gobierno y su política: «He jurado la Constitución, y he procurado conservarla en cuanto ha estado de mi parte. ¡Ojalá que todos hicieran lo mismo! Han sido públicos los ultrajes contra mi dignidad y decoro... Aquellos insultos no hubieran repetido segunda vez, si el ejecutivo tuviese toda la energía y vigor que la constitución previene y las Cortes desean.» El Gobierno fue sustituido.

7.6. Las versiones de la familia liberal. Moderados y exaltados

Entre estas fechas de la primera legislatura, junio de 1820 y marzo de 1821 y del primer Gobierno constitucional, se dibujó la división de los liberales, sobre todo en relación al debate y enfrentamiento respecto a tres cuestiones: la disolución del ejército de la Isla, la disolución de las sociedades patrióticas y la ley de imprenta. El 4 de agosto quedaba desarticulado el ejército formado como consecuencia del pronunciamiento, y que había liderado la iniciativa de la revolución, mandado por Riego, Quiroga, Arco-Agüero y López Baños. Aunque fueron invocados argumentos de racionalización, la disolución de las tropas de la Isla suponía para los moderados de las Cortes y el Gobierno descabezar el núcleo principal de la oficialidad más radical. Para los exaltados, significaba frenar y dejar desprotegida la revolución. La oposición de Riego ante las Cortes y el Rey culminó con las veladas acusaciones que le hicieron de republicanismo y su destierro a Asturias. A ello se sumó el 21 de octubre la disolución de las sociedades patrióticas, focos que protagonizaban la versión más radical de la revolución, y entendidas como el correlato civil y de agitación de la oficialidad radical. Al día siguiente la ley de imprenta ya citada, incluía una casuística de excepciones a la libertad de expresión.

Aun a riesgo de simplificar en exceso la dinámica política y la trayectoria seguida por el liberalismo, en una situación que evoluciona de forma muy acelerada y reacomoda continuamente sus elementos políticos y sociales, se dibujaron esas dos grandes tendencias o formas de entender la revolución que el propio lenguaje político denominó *moderados* y *exaltados*. Las diferencias eran más estratégicas que doctrinales, en sentido estricto, o sociales, y más de personas en torno a ellas que de partidos. Ambos se atribuían la legitimidad y defensa de la *revolución,* y ambos se acusaban de traicionarla. En último término, las divergencias de estas elites políticas liberales se situaban en la actitud respecto a los grupos privilegiados del Antiguo Régimen y respecto a las capas populares, en dos estrategias distintas sobre el curso que debía tomar la revolución.

Los «moderados» o «doceañistas» se arrogaban la herencia del espíritu de Cádiz y el desarrollo de la Constitución, pero evitando cualquier desviación radical o de la revolución espontánea. Dominaron la Cámara y los Gobiernos hasta las jornadas del 7 de julio de 1822. Las tensiones políticas con los exaltados durante 1821 y 1822 tenían un argumento central: los exaltados eran responsables de la agitación, excesos y desórdenes de los núcleos urbanos, protagonizados por las sociedades patrióticas, en una actitud radical que fomentaba la oposición absolutista y la amenaza de revolución social. A lo largo del Trienio los argumentos quedaron entreverados con acusaciones de republicanismo y alteración social. Personajes moderados como Martínez de la Rosa, Argüelles, Pérez de Castro, Bardají, Toreno, lideraron esta versión liberal, que era proclive a un entendimiento, sobre la base del desarrollo constitucional, y de transacción con las elites del Antiguo Régimen. Pero un sector ya empezó a plantear que una transacción o idea de pacto no era posible técnica y políticamente con la Constitución de 1812, lo que llevaba a su consideración de una reforma con dos ingredientes básicos: una segunda Cámara y menos limitación del poder real, de tal forma que el ejecutivo tuviera más capacidad de actuación. Era el planteamiento de Martínez de la

Rosa, y de los «anilleros» —miembros de la sociedad secreta «Sociedad Constitucional» del «anillo de oro»— que proponían esta reforma como objetivo básico. Era una cuestión doctrinal derivada de su estrategia de acercamiento a las elites del Antiguo Régimen. Esta idea de transacción y pacto sería la columna vertebral del liberalismo de los años 30.

Los «exaltados» también se declaraban herederos y legítimos defensores de la revolución que estaría siendo abortada por la tolerancia y actitud de los moderados respecto a la contrarrevolución. Se trataba de una versión más radical del liberalismo, con su fuerza en la oficialidad joven y en sectores radicales urbanos, poderes locales y milicia nacional, con su discurso de agitación en las tertulias, sociedades patrióticas o prensa. Eran más proclives a una estrategia de entendimiento con las capas populares y representantes legítimos del *pueblo liberal*. La elite política exaltada, con personajes que ocupaban un amplio abanico, desde Evaristo San Miguel o Calatrava hasta Romero Alpuente, quedaron en minoría en las Cortes y proyectaron su acción en las campañas de escritos y actuación contra el Gobierno que culminaron con movimientos urbanos de desobediencia civil. Reclamaban el protagonismo de las capas populares en la revolución y acusaban a los moderados de transigir con los contrarrevolucionarios. La proyección del discurso exaltado en la calle tuvo sus episodios más significativos en la «batalla» de las Platerías, septiembre de 1821, y en la secuencia de movimientos urbanos de protesta hasta finales de ese año, y, sobre todo, en las jornadas del 7 de julio de 1822 en Madrid, que marcaron un punto de inflexión con el inicio de la etapa exaltada en el Gobierno.

El «pueblo» no tenía proyecto político autónomo. Sí como *pueblo liberal* que unía sus expectativas a las del liberalismo de las elites en su versión radical, pero durante el Trienio también empezaron a mostrarse los destellos de una inspiración demócrata y republicana, más sentida que formulada políticamente, en un proceso que sólo culminará en los años 60 y 70 del siglo. El pueblo urbano de momento era liberal, pero no autónomo, y entraba en la escena política vinculado a las formulaciones de los exaltados.

Formando parte de la versión exaltada, en enero de 1821 se constituyó la sociedad secreta la *Comunería,* que aglutinando los sectores más radicales del liberalismo quería protagonizar un impulso revolucionario, lo que equivalía desde su perspectiva a defender la Constitución apoyándose en el pueblo. Tenía todos los perfiles del movimiento europeo de sociedades secretas de los años 20 contra el absolutismo, como el carbonarismo italiano. Los comuneros procedían de logias masónicas, de las que se desvinculaban, y que habían actuado de soporte en actuaciones del liberalismo clandestino. La estructura masónica adecuada por su secretismo y forma de organización para la clandestinidad y la conspiración ha llevado a exagerar la participación de la masonería en sí misma en la revolución liberal, identificando masonería-liberalismo, y cuando no invirtiendo los términos: la revolución liberal como fruto de la masonería. Los liberales no eran masones por definición, pero sí algunos individualmente estaban ligados a las logias. En el transcurso del Trienio, sobre todo desde julio de 1822, la postura exaltada que, como la moderada, no era estática ni homogénea, presentó divergencias entre sus líderes que acabaron cuajando en las disensiones gubernamentales de 1823, entre dos líneas que se identificaron como una lucha entre masones y comuneros —es decir, antiguos masones—, cuando en último término se debatía la crisis política de los exaltados en el poder en medio de la contrarrevolución interior y exterior.

7.7. La milicia nacional en la lógica de la revolución

La milicia nacional fue otra de las cuestiones a partir de las cuales moderados y exaltados perfilaron sus posiciones. La milicia nacional siguió la lógica de la revolución, inicialmente con el basamento proporcionado por la Constitución de Cádiz y el reglamento de 1814. Era entendida como cuerpo de ciudadanos civiles armados encargados de la defensa del orden, en el sentido de orden público y orden constitucional como sinónimos, y con el objetivo de actuar como instrumento armado para la defensa de la revolución. La iniciativa del ayuntamiento madrileño y de las sociedades patrióticas cuajó en la organización de la milicia, que tuvo su expresión en el reglamento provisional de 24 de abril de 1820. Recuperaba los aspectos esenciales del reglamento de 1814, pero adquiría un carácter voluntario. Se organizaba la milicia nacional local en las capitales de provincia, cabezas de partido y ayuntamientos que lo solicitasen, pero sus componentes tenían que ser voluntarios y con un carácter restringido: ciudadanos en posesión de derechos que pudieran costearse el uniforme, lo que nutrió la milicia de propietarios, comerciantes, maestros de oficios, es decir, de las capas medias que irán engrosando la oficialidad de la milicia. Además los gastos de armamento se encomendaban a los ayuntamientos, que irán asumiendo las iniciativas y control sobre la milicia.

Como ha destacado Pérez Garzón, el régimen liberal precisó la institucionalización de la milicia nacional para su consolidación, y las Cortes ya reunidas elaboraron un reglamento aprobado el 31 de agosto de 1820. Se establecía la obligatoriedad de la milicia concebida como cuerpo nacional para todo el territorio, bajo la autoridad civil de ayuntamientos y diputaciones. Se excluían varias categorías como las de ciudadanos que no estuvieran en posesión de sus derechos, funcionarios públicos y jornaleros, es decir, se establecía una milicia obligatoria de ciudadanos propietarios, con casa, taller o modo conocido de subsistencia. Pero el reglamento también entendía en la milicia voluntaria, es decir, en la ya existente, aunque sin admitir nuevas incorporaciones. En la práctica la población se resistió al servicio obligatorio, no llegando a cuajar esta fórmula. De hecho en Madrid nunca se organizó de manera efectiva. Pero sí los voluntarios, nudo central de la milicia, ya que el trasunto legal fue asumiendo la práctica y se posibilitó gradualmente el paso de la obligatoria a la voluntaria, ampliando sucesivamente los plazos de admisión. Fueron abriéndose las espitas de un reclutamiento voluntario, que amplió su base social con una interpretación generosa de los poderes locales, que asumieron la admisión y organización y, en la práctica, también la dirección efectiva de la milicia. La milicia legal o forzosa no pasó de una mera formulación teórica y acabó siendo de naturaleza voluntaria apoyada en la versión exaltada que estimuló su formación y carácter abierto. Así la milicia nacional fue adquiriendo protagonismo al calor de la dinámica política y la mayor presencia exaltada.

El decreto de 4 de mayo de 1821 adicional al reglamento de agosto de 1820 autorizaba a los ayuntamientos a recibir voluntarios, con las limitaciones anteriores y «condición indispensable tener casa abierta, propiedad, rentas u oficio con taller para subsistir o ser hijo del que tenga estas circunstancias». Desde las reuniones patrióticas y los ayuntamientos se impuso la organización de la milicia, que en la práctica ampliaba su base social, costeando el uniforme a voluntarios a partir de suscripciones, mientras los ayuntamientos se hacían eco de estas iniciativas, costeaban armamento y asumían el control de la milicia, iniciándose el correlato milicia nacional y alcaldes electos tan querido por la estrategia del progresismo. Los exaltados encontraban un excelente nexo con las capas populares urbanas. Este proceso de fracaso de una milicia nacional obligatoria y el contenido abierto de una milicia voluntaria tuvo su último episodio legal en el reglamento de 29 de junio de 1822. Persistía el carácter obligatorio, pero no sólo de propietarios, sino abierto a la consideración que hicieran los ayuntamientos de todas las incorporaciones, mientras persistían los cupos de voluntarios y se ampliaban a los de dieciocho años. Se especificaba, en un contexto de auge exaltado y de actividades absolutistas, como «principal objeto el sostenimiento de la constitución política de la monarquía». Así, como ha señalado Pérez Garzón, la práctica de la milicia se radicalizó paralelamente a la mayor pujanza de los exaltados, con un carácter abierto en su composición social que los moderados criticaron como desnaturalización de la inicial milicia de propietarios. La admisión controlada por los ayuntamientos y estimulada por los liberales radicales hizo que se nutrieran sus filas con capas populares urbanas. La actuación de la milicia como baluarte de las posturas del liberalismo culminó en el papel jugado por la milicia nacional en Madrid en las jornadas del 7 de julio de 1822 abortando el golpe protagonizado por la guardia real contra el régimen constitucional.

7.8. Los perfiles del Estado liberal: desmantelamiento del Antiguo Régimen y los ensayos de reforma

Junto a la restauración política, las Cortes del Trienio recuperaron el corpus legal de la época liberal anterior y superaron en varios campos cuantitativa y cualitativamente los planteamientos de Cádiz, no sólo en cuanto a la desarticulación legal del Antiguo Régimen sino en relación a un proyecto de construcción efectiva del nuevo Estado liberal que se presumía duradero.

Se puso en vigor la legislación referente a las libertades económicas y funcionamiento del mercado, es decir, las libertades de comercialización, arrendamiento, explotación, cercamiento de fincas, que tenían como pieza legal más importante el decreto de 8 de junio de 1813. Siguiendo las pautas marcadas en Cádiz, las Cortes del Trienio fueron más allá en el ámbito del derecho de propiedad, sobre la filosofía de la propiedad libre, perfecta, circulante, individual, concebida como mercancía. Dieron forma e interpretación al triple proceso puesto en marcha o formulado en Cádiz y que se continuará en los años 30, sobre la transformación del régimen jurídico de la propiedad: desamortización, desvinculación y abolición del régimen señorial. Como se analizará posteriormente, la abolición del régimen señorial tuvo una interpretación radical del incompleto texto de Cádiz. Además de reafirmar la supresión de prestaciones reales y personales derivadas de la jurisdicción, la legislación se orientaba a que fueran los señores los que deberían presentar los títulos de adquisición de propiedades para determinar la naturaleza jurisdiccional o territorial del señorío. Una interpretación que cambió de signo durante los años 30. Como solución a corto plazo se dejaban en suspenso el pago de rentas hasta que los tribunales se pronunciaran en los litigios planteados, siempre con audiencia de los pueblos. La ley aprobada el 7 de junio de 1821 fue vetada por el Rey en dos ocasiones. Su tardía promulgación el 3 de mayo de 1823 imposibilitó su puesta en práctica.

Las Cortes en 1821.

En cuanto a las desvinculaciones, la legislación puede considerarse de nuevo cuño, ya que durante el periodo gaditano no pasó de su debate. La ley de 11 de octubre de 1820 establecía la supresión de todo tipo de vinculación de bienes, que pasaban a la categoría de propiedad libre y circulante, y se arbitraba el reparto de los antiguos vínculos entre el poseedor y el primer heredero.

El tercer pilar de la transformación de los derechos jurídicos de la propiedad, la desamortización, entroncaba con el sempiterno problema de la hacienda pública y con la reforma del clero. La conexión deuda pública-desamortización no suponía una novedad, pero se engarzaba con mayores dimensiones y se vinculaba por primera vez a la reforma del clero. El decreto de 9 de agosto de 1820 disponía la venta en subasta de todos los bienes asignados al crédito público por los decretos de 1813, 1815 y 1818, incluyendo además los de la Inquisición y algunos del patrimonio real. La forma de pago se establecía en vales de la deuda pública y no en metálico, con el objetivo de aliviar la deuda y atraer a los tenedores de vales. La metodología de actuación quedó desarrollada por el reglamento de 3 de septiembre de 1820. El salto cualitativo en la procedencia de los bienes desamortizados se produjo con la ley de reforma de regulares de octubre de 1820, cuyo artículo 23 declaraba aplicados al crédito público todos los bienes de las órdenes religiosas suprimidas. El decreto de 9 de noviembre de 1820, referido al arreglo de la deuda nacional, resumía la procedencia de la masa de bienes: «los bienes de monacales suprimidos y los de los demás conventos regulares extinguidos por la reforma», además de los bienes pertenecientes a las temporalidades de jesuitas y de la extinguida Inquisición. Sólo quedaba excluido el patrimonio del clero secular, principal novedad de la futura política desamortizadora de los años 30. Por último, la ley de 29 de junio de 1821 fijaba alguna variación sustancial en los métodos de ventas como la admisión de parte del pago en metálico.

La desamortización eclesiástica se realizó con tanta profundidad como la duración del régimen lo permitió y supuso el primer intento general y sistemático, llevado a la práctica, hasta constituirse en un claro precedente de la desamortización de Mendizábal. Aunque no existen estudios globales concluyentes, las dimensiones del proceso se han puesto de manifiesto con los estudios, entre otros, de Brines para el País Valenciano, González de la Molina para Andalucía oriental y nuestras investigaciones para el caso de Madrid. Existió un inmediato interés en el mercado desamortizador. Ya en enero de 1821 se vendieron la mayoría de los bienes procedentes de la Inquisición y de las temporalidades de la Compañía de Jesús. El ritmo y volumen de las ventas adjudican al proceso una importancia hasta ahora no suficientemente estimada. Baste señalar que en Madrid el valor total de las ventas superó los 65 millones reales con la venta de 166 fincas urbanas, y en Valencia la cifra alcanzó los 37 millones de reales para 477 fincas rústicas y urbanas. Para el año de 1821 la *Gaceta de Madrid* publicó la cifra de 345.872.622 reales como el monto total de las fincas vendidas en todo el país, cifra que consideramos inferior a la realidad.

Fontana y Moral Ruiz han desgranado el problema de la deuda pública que comprometió la marcha política y la consolidación del sistema liberal. El Trienio había recibido una gravosa herencia del Estado absoluto, simbolizado en el fracaso del proyecto reformista de Martín de Garay. El Trienio liberal cambió la perspectiva de comprensión del problema. La deuda pública era un aspecto que no podía disociarse de la propia lógica de la instalación del Estado liberal, con la consiguiente redefinición de los derechos de propiedad, desamortizaciones y desvinculaciones, al tiempo que se unía al tema de la reforma eclesiástica.

A la llegada del periodo constitucional, los Gobiernos liberales tuvieron que afrontar el enorme monto de la deuda, y buscar soluciones para su amortización. La deuda pública reconocida por el decreto de 9 de noviembre de 1820 se elevaba a 14.020.572.391 reales, de cuya cantidad 6.814.780.363 reales correspondían a créditos con intereses. La deuda reconocida por el Estado comprendía entre otros capítulos las siguientes partidas: Juros y otra deuda antigua, 1.440 millones; vales reales, 1.553; venta de obras pías, 1.671, y atrasos, 6.306.

Las Cortes reconocieron toda la deuda anterior y dieron instrucciones para su liquidación. Entre 1820-21 se habían inscrito para su liquidación 26.955 vales de la deuda con interés, que arrojaban un capital nominal de 55.553.035 reales, y 1.268 vales de la deuda sin interés, que suponían 2.389.835 reales de capital. Una orden de 31 de agosto de 1820 dictada por la Junta Nacional del Crédito Público señalaba, en cumplimiento de los artículos 6 y 7 del decreto de 9 de agosto de 1820, un plazo hasta el 31 de enero del año siguiente para presentar cualquier tipo de reclamación.

Existen cinco fases en la evolución de la cotización de la deuda a lo largo del Trienio: primero una euforia alcista entre marzo y julio de 1820, claro exponente de la conciencia de los tenedores sobre el compromiso de los constitucionalistas del pago de los intereses y de la amortización de los capitales; segundo, un estancamiento hasta noviembre de 1820, produciéndose el derrumbamiento desde esta fecha hasta junio de 1821; posteriormente vino una recuperación desde agosto de 1821 hasta junio de 1822, en que los valores se deprecian estrepitosamente. La deuda con interés reaccionó favorablemente al principio para después caer a medida que las Cortes, en su empeño de amortizarla rápidamente, no cumplían con el pago de los réditos. Por el contrario, los vales consolidados aumentaron constantemente ante las ventajas que ofrecía la conversión en sustanciosas propiedades, procedentes del mercado desamortizador.

El citado decreto de 9 de noviembre de 1820 clasificaba y evaluaba la deuda, distinguiendo la deuda pública interna en dos partidas: con interés y sin él. La deuda sin interés se amortizaría mediante su aceptación en la adquisición de fincas y bienes nacionales, siendo la única admitida en las subastas, mientras que el pago de los intereses de la otra deuda se realizaría mediante un conjunto de arbitrios, entre ellos las rentas y los maestrazgos de las Órdenes Militares, las rentas de la Inquisición, el sobrante de las rentas de conventos y monasterios, las minas, los productos de las obras pías y los bienes secularizados, los productos de la Albufera y del valle de Alcudia, además de otras partidas. Otro punto importante fue la reducción de los tipos de interés al rédito único del 5 por 100, cuyo pago se estableció por semestres. Además se ofrecía a los tenedores de la deuda con interés la posibilidad de extinguir los réditos, consolidándolos o cambiándolos por deuda sin interés.

El decreto tuvo muchas dificultades en su puesta en práctica, sobre todo en la reducción a un mismo tipo de interés. Por otro lado, pronto se hizo visible que la provisión de rentas para el pago de los intereses se hacía insuficiente, además del error técnico que suponía la equiparación de la deuda con interés a la de sin interés, sin tener en cuenta su diferente valor, y que a la deuda con interés no se le permitió por el momento ser instrumento de pago en el mercado desamortizador. El empeño en favorecer a los tenedores de deuda sin interés iba dirigido a premiar su colaboración con el Estado liberal. De todas formas el fracaso del proyecto también estuvo condicionado porque los poseedores de créditos con interés prefirieron consolidarlos antes que transformarlos en deuda sin interés.

Resultado de ello fue un nuevo intento de regulación y amortización de la deuda traducido en el decreto de 29 de junio de 1821. La deuda con interés volvía a ganar su primitivo rédito a partir del 1 de enero de 1822, pagadero una cuarta parte en metálico y el resto en papel. De todas formas se ofrecía la posibilidad de su conversión en deuda sin interés hasta fin de año, con un premio del 12 por 100 del capital. El artículo 26 establecía un cambio significativo en cuanto a la relación existente entre deuda y desamortización, ya que las dos quintas partes del remate de las fincas tendrían que pagarse en créditos con interés. Era el reconocimiento de que la vía establecida en noviembre de 1820 no era la adecuada, sobre todo porque las Cortes desconocían la situación real de la deuda, lo que originaba el suficiente margen de incertidumbre como para retraer al hipotético inversor.

Tampoco este decreto solucionó el problema. Existía un clima de desconfianza y además fuertes discrepancias sobre la realidad de los recursos disponibles para el pago de intereses, entre la Comisión de las Cortes y la Junta Nacional del Crédito Público. El conflicto fue resuelto con el cese de esta última y el nombramiento de otra nueva, constituida por tenedores de la deuda, medida que equivalía a reconocer técnicamente una situación de suspensión de pagos.

La Comisión elaboró varios dictámenes que no sirvieron para arreglar la situación. En definitiva, las Cortes del Trienio intentaron dar una imposible respuesta política al tema de la deuda, con el objetivo de atraer a los tenedores. Así se planteó un ensayo de amortización excesivamente rápido para los recursos disponibles. Cuando posteriormente cambiaron de rumbo, sustituyendo la política de amortización por la continuación del pago de los intereses de la deuda, la inestabilidad política invalidó nuevamente la operación. Quedó sin resolver la apremiante cuestión de la hacienda hasta mediatizar gravemente la evolución política de esta breve experiencia liberal.

No obstante se dieron avances significativos al reconocerse la deuda anterior y al establecerse las bases prácticas de una auténtica desamortización como medio de hacer frente al problema de la deuda.

No fue planteada la reforma tributaria en el estricto sentido del término, como el basamento fundamental para paliar de forma eficaz los agobios del erario público, que intentaron ser tapados a corto plazo recurriendo a los empréstitos y a la desamortización, y a un intento de conseguir mayor eficacia en la recaudación tributaria, reformando impuestos ya existentes. Empréstitos exteriores, aranceles de aduanas, repartimientos interiores y una gama de impuestos indirectos que gravaban el consumo, siguieron siendo los nutrientes de la hacienda pública, a la espera de que en un futuro el incremento de la riqueza nacional, derivada de la liberalización económica, produjera unos frutos tributarios más sólidos. A corto plazo el cálculo fue erróneo y el endeudamiento prosiguió. Especial importancia pudo haber tenido para el mayor dinamismo del mercado agrario interior la reducción del diezmo a la mitad en junio de 1821. Fontana ha señalado que esta disminución de uno de los tributos clásicos del Antiguo Régimen, muy oneroso para las economías campesinas, tenía como objeto la posibilidad de comercialización para los campesinos de una parte de la cosecha, antes absorbida por la Iglesia y el Estado. Pero en la práctica los campesinos sujetos a los mercados locales y a la especulación de los propietarios más poderosos, apenas se beneficiaron de la medida por la caída de precios. Al mismo tiempo la mayor presión fiscal por otros conceptos ayudó al descontento de sectores del campesinado frente al Estado liberal.

Todo este conjunto legislativo relacionado con la transformación jurídica de la propiedad agraria y la construcción de la sociedad liberal se situaba en la lógica de un ambicioso proyecto de los hombres del Trienio, siguiendo la estela del pensamiento ilustrado y del rico debate habido sobre este tema en las Cortes de Cádiz, de aumentar la riqueza del país a partir del sector básico de la estructura económica, es decir, la agricultura. Limpiar, pues, de trabas el campo español y *fomentar* su producción y desarrollo, favoreciendo asimismo las prácticas comerciales. De esta ambientación forma parte un conjunto de disposiciones y una publicística encaminados en ese sentido, así como la legislación proteccionista que plantea la reserva del mercado interior a la producción agraria nacional y en su grado máximo prohíbe la entrada de granos y harinas extranjeros por decreto de 5 de agosto de 1820. Reserva del mercado que, sin embargo, dejaba abiertas las espitas de la exportación agraria en una especie de proyecto de capitalismo agrario, con más visos de futuro que de presente, en el que reposaba una forma peculiar de articulación de la economía española con el mercado mundial.

La cuestión religiosa es otro de los grandes temas del debate político durante el Trienio. La instalación del Estado liberal pasaba por el desmantelamiento del estatus clásico de la Iglesia durante el Antiguo Régimen, con sus privilegios, organización y mecanismos de control. Formalmente el tema apareció unido a los apuros hacendísticos, pero planteaba un problema de fondo: el papel del clero y sus instituciones en el régimen liberal, y las relaciones Iglesia-Estado. Era necesaria, pues, una reforma eclesiástica, que tuviera en cuenta las tímidas experiencias de las Cortes de Cádiz. Una reforma legitimada desde la perspectiva liberal por las vinculaciones y el apoyo de la Iglesia a la monarquía absoluta desde 1814, en un contexto no exento de tensiones, sobre todo en lo referente a la política tributaria, cuando el régimen absoluto se planteó la posibilidad de suprimir los privilegios fiscales del clero.

Por otra parte los liberales emprendieron la reforma eclesiástica también entendida con un contenido hacendístico y desamortizador, en el que se aunaba la crítica liberal a las manos muertas y la necesidad de buscar recursos para las exhaustas arcas del Estado. Téngase en cuenta que las instituciones eclesiásticas poseían un abundante caudal de propiedades a lo largo y ancho del país. De todas formas diversas estimaciones de procedencia liberal exageraron las rentas obtenidas por el clero, hasta llegar a una estimación máxima de 1.525 millones de reales anuales, cifra que Madoz posteriormente dio como buena. A su vez Canga Argüelles, en su *Memoria sobre el estado de la hacienda en 1821,* ofreció una versión más ajustada, situando las rentas globales eclesiásticas en 800 millones de reales. Las discrepancias en cuanto a los datos ponen de manifiesto el desconocimiento que los poderes públicos tenían con respecto a los ingresos eclesiásticos, que los liberales achacaban al secretismo con el que actuaban las instituciones eclesiásticas en lo referente a los temas económicos.

Desde estas perspectivas los hombres del Trienio abordaron la reforma eclesiástica en términos de organización, tratando de acoplar tal conglomerado institucional a las nuevas realidades políticas. La reforma estuvo guiada más que por pautas anticlericales, presentes en algunos sectores del liberalismo exaltado, por un deseo de integración del clero en el marco constitucional. Los liberales comprendieron la enorme importancia del clero como posible vehículo de transmisión de ideas, e incluso de expansión de la idea constitucional. Al fin y al cabo, la Constitución por su naturaleza confesional era perfectamente compatible con la religión católica. Por su parte, el clero en 1820 no se opuso mayoritariamente el restablecimiento de la Constitución. Admitieron inicialmente el nuevo sistema e incluso algunos prestaron un colaboracionismo más o menos activo, que irá disminuyendo conforme el régimen emprenda su política reformista. Sin embargo, la inmensa mayoría del clero se limitó a mantener una actitud expectante, para transformarse en una animadversión que culminó con el concurso de algunos sectores en las conspiraciones absolutistas.

Aunque con sentido distinto, la óptica del reformismo liberal es continuadora del intervencionismo borbónico en cuestiones religiosas, de corte ilustrado, bajo la política regalista. Se trató de una reforma «desde fuera», ante la incapacidad de autorreforma de la Iglesia, en gran medida determinada por las insuficiencias intelectuales de un clero mentalmente identificado con las formas y actitudes tradicionales el Antiguo Régimen.

Desde el punto de vista técnico la reforma eclesiástica pretendía resolver los siguientes problemas. En primer lugar la heterogénea situación administrativa, fruto de una compleja y ambigua casuística legal heredada del Antiguo Régimen, que mantenía la desigualdad jurisdiccional de las viejas diócesis medievales. Una escasa racionalidad en claro desajuste con el proceso de centralización y organización del Estado liberal. En segundo lugar, la reordenación económica de una Iglesia, rica propietaria pero con unas rentas muy desigualmente repartidas en su interior, que establecía un amplia gama de situaciones que iban desde la jerarquía eclesiástica y de los centros neurálgicos de la diócesis, hasta el cura rural, escaso de recursos, pasando por el cura de misa y olla. En tercer lugar, la resolución del problema del excesivo número de clérigos y su inadecuado reparto geográfico. Según el censo de 1797, para una población total de 10.541.221 habitantes, existían 58.490 miembros del clero secular, repartidos entre 17.481 curas y 41.009 beneficiados, y 77.185 integrantes del clero regular, de los que 53.178 correspondían a religiosos y 24.007 a religiosas.

Las medidas reformistas tuvieron su preludio en varios decretos de la Junta Provisional. El 20 de abril se facultaba a los religiosos para opositar a curatos. El 21 de abril se autorizaban las secularizaciones concedidas por los obispos durante la guerra. El decreto de 7 de mayo suspendía toda profesión en las comunidades religiosas y prohibía cualquier venta, permuta o enajenación de bienes. Sin embargo, el grueso de la reforma fue llevado adelante por las Cortes, en las que tomaban asiento eclesiásticos reformistas de inspiración regalista, a partir de septiembre de 1820.

La ley de 6 de septiembre suprimía la Compañía de Jesús, siempre vista con recelo por los liberales, ya que los jesuitas eran considerados como el símbolo de las medidas arbitrarias del absolutismo, además de su influencia decisiva en el campo educativo.

La pieza clave del conjunto reformista fue la ley de 25 de octubre de 1820 sobre la reforma de regulares, que recogía las medidas de secularización decretadas por la Junta provisional. La ley suprimió todos los monasterios de las órdenes monacales: benedictinos, bernardos, jerónimos, cartujos, basilios; los de canónigos regulares de San Benito, de la Congregación claustral Tarraconense y Cesaragustiana, los de San Agustín y Premostratenses; los conventos y colegios de las Órdenes Militares, de San Juan de Jerusalén y todas las comunidades hospitalarias (artículo 18.º), y únicamente se preveía la conservación de ocho de ellos por razones históricas, siempre y cuando sus religiosos quedaran vinculados al ordinario y no admitieran nuevas profesiones (artículo 2.º). De los 308 monasterios y conventos de estas órdenes afectadas quedaron suprimidos aproximadamente 290, lo que da una idea de la amplitud práctica de la reforma.

Los beneficios vinculados a monasterios y conventos suprimidos fueron restituidos a su primitiva libertad y provisión real ordinaria (artículo 3.º). En la provisión de obispados, arzobispados y prebendas se tendrían en cuenta las graduaciones y méritos obtenidos en los claustros (artículo 4.º). Asimismo se indicaban los asignados otorgados a las exclaustrados (artículos 5.º, 6.º, 7.º y 8.º).

El resto de los regulares quedarían sujetos a la jurisdicción de los ordinarios (artículo 9.º), sin reconocerse más prelados que los locales (artículo 10.º), con la consiguiente fractura de la estructura jerárquica. Los artículos 12.º a 16.º limitaban el número de religiosos, favoreciendo las secularizaciones y prohibiendo la fundación de nuevos conventos y profesiones. Los demás regulares que no estaban afectados por la supresión quedaron reducidos y reformados por los artículos 16.º, 17.º y 18.º: no podría haber más que un convento de una misma orden por cada población, siempre que contara con 24 religiosos ordenados *in sacris,* o 12 si se trataba del único existente en la localidad. Quedaban excluidos de la medida los escolapios y el colegio de misioneros para las provincias de Asia (artículo 20.º). Asimismo los conventos y comunidades de religiosos quedaban afectados por los artículos 9.º, 10.º, 12.º y 13.º. Todos los bienes de las comunidades suprimidas o por suprimir fueron aplicados al crédito público y por lo tanto desamortizados (artículo 23.º), así como las rentas sobrantes de las comunidades subsistentes (artículo 24.º).

El restablecimiento de la Constitución de 1812 significaba la puesta en marcha de un sistema político definido por el articulado constitucional, cuyo desarrollo era misión de las Cortes del Trienio y cuyas piezas ya se han expuesto anteriormente. Igualmente el desarrollo constitucional exigía otro conjunto legal de asuntos pendientes de la época liberal anterior relacionados con la organización administrativa o la regulación de actividades del Estado. La brevedad del periodo impidió el pleno desarrollo constitutivo del Estado en su versión liberal. Muchas cuestiones quedaron pendientes, como el Código Civil, que no pasó del mero estadio del proyecto de 1821; el Código de Comercio, que habrá de esperar a la recopilación de Sainz de Andino de 1829; la reforma tributaria, que verá la luz en 1845, de la mano de Mon; la división administrativo-territorial, que a pesar de quedar eventualmente aprobada en 1822, no adquirirá cuerpo hasta la reforma de Javier de Burgos de 1833; el desarrollo de la Administración provincial y municipal; la mayor especialización del organigrama ministerial y la responsabilidad colegiada en forma de Consejo de Ministros, o una articulación más racional de los órganos administrativos del Estado.

El esfuerzo codificador alcanzó su máximo exponente en el Código Penal decretado por las Cortes el 8 de junio de 1822 y promulgado un mes después. Producto de un rico debate en el que se marca la influencia de Beccaria, Filangieri, Bexon y sobre todo, de Bentham, además del Código francés, trataba de aplicar el principio básico liberal de la igualdad ante la ley y la aspiración, en palabras de Tomás y Valiente, de acabar «con la bárbara legislación punitiva del Antiguo Régimen», que según la racionalización del derecho significaba la universalidad —con la supresión de fueros y jurisdicciones, aunque se exceptuaban el fuero militar y el eclesiástico— y la proporcionalidad en la tipificación de los delitos y la aplicación de las penas, limitando la función judicial a la aplicación de las leyes, con la superación del esquema penal del Antiguo Régimen cargado de arbitrariedad en la función de los jueces. Este Código tuvo escasa aplicación en la práctica. El retorno del absolutismo en 1823 puso nuevamente en vigor el derecho penal del Antiguo Régimen, sobre todo la VII Partida y el Libro XII de la Novísima Recopilación. Después de varios intentos fallidos de elaborar un código criminal o de reformar el texto de 1822, por fin en 1848 se aprobará un nuevo Código Penal de duradera proyección en el tiempo.

La ley constitutiva del ejército de 1821 ha sido definida por Blanco Valdés como «la más seria y coherente tentativa de reorganización castrense de todo el siglo XIX». De ella se derivarán en el tiempo inmediato las Ordenanzas, de elaboración incompleta, y el decreto de 1822 sobre distritos militares. Esta ley de 9 de junio de 1821 desarrollaba la concepción militar presente en la Constitución de 1812, que dividía a la fuerza militar en dos grandes clases según sus funciones y principios organizativos: las tropas de servicio continuo y la milicia nacional activa, de la que ya nos hemos ocupado. Se trataba, pues, de organizar un ejército constitucional en relación con la nueva forma del Estado liberal, es decir, la nación en armas. En su artículo 1.º se definía a la fuerza armada como el «conjunto de los españoles que arma la Patria para su defensa». De ahí se desprendía en su artículo 2.º el principio de la generalidad de la obligación militar para todos los ciudadanos: «todos los españoles están obligados a defender la Patria con las armas, especialmente desde la edad de 18 años a la de 50». Por eso las funciones de la fuerza militar eran la defensa exterior y el orden interior, es decir, constitucional, «asegurar la libertad política, el orden público y la ejecución de las leyes». Punto de singular importancia que planteaba los límites de la obediencia a partir del principio de la *desobediencia debida* al superior cuando el abuso de autoridad conculcara el orden constitucional. El sistema de reemplazo se elaboraría a partir del censo de la población, sin admitirse la posibilidad de la permuta. Los ascensos tenían como requisitos la capacidad de leer, escribir, contar y conocer esta ley; a partir de estos presupuestos mínimos el sistema de ascensos era electivo hasta la categoría de sargento, y desde este grado las plazas se asignarían alternativamente, por antigüedad y por elección a través de ternas presentadas por los superiores. La oficialidad quedaría formada en escuelas militares públicas. Por su parte el decreto de 27 de enero de 1822 dividía el territorio español en 13 distritos militares —11 peninsulares y dos insulares— con un comandante de distrito a su frente. El hecho de que el mismo día se hiciera público el decreto de división provincial del territorio español en 52 provincias con su respectivo jefe político al frente de cada una de ellas, permite plantear una efectiva división entre una Administración gubernativa civil y otra de carácter militar. Sin embargo, a la hora de elegir los 52 jefes políticos de las provincias, tal división se esfumaba por el hecho de que prácticamente la mitad de las jefaturas políticas recayeron en militares y no en políticos civiles. «De esta forma tan sencilla —señala Blanco Valdés— se desnaturalizaba en gran medida el equilibrio entre mando militar territorial y mando político gubernativo y se desdecía el proyecto de deslinde competencial-profesional que los decretos de 27 de enero contenían en potencia. Será ésta una muestra anticipada de la quiebra de un modelo civilista que los liberales trienistas se vieron incapaces de mantener al confrontarlo con las exigencias derivadas de su dramática debilidad política en los albores de la España constitucional.» En otras palabras, conforme la contrarrevolución se extienda al igual que las disensiones en el bando liberal, la dinámica política será rehén de unos militares únicos capaces de asegurar la permanencia del orden constitucional.

7.9. La dinámica política y la protesta popular (1821-1822)

Entre marzo de 1821 y julio de 1822 se extiende el periodo más largo y central del Trienio, dominado por los Gobiernos moderados de Bardají y Martínez de la Rosa. Como ya se ha expuesto, las Cortes organizan aspectos básicos en la racionalización del Estado y el desarrollo constitucional, abordando las cuestiones todavía pendientes. Pero la dinámica política contemplará cada vez mayores divergencias entre moderados y exaltados, que ya han optado claramente por estrategias de entendimiento distintas —con las elites del Antiguo Régimen, los primeros, con el pueblo urbano, los segundos— y actitudes contrapuestas: temor al desorden y la revolución espontánea de los primeros, mientras los segundos reclamaban mayores dosis de actividad para frenar la contrarrevolución, que en estas fechas había adquirido notables dimensiones.

El Gobierno nombrado en marzo de 1821 —segundo del Trienio— estaba constituido por Bardají (Estado); Valdemoros (Gobernación), sustituido más tarde por Feliú; Barata (Hacienda), reemplazado después por Vallejo; Moreno Daoíz (Guerra); Cano (Gracia y Justicia); Feliú (Ultramar), relevado por López Pelegrín cuando se ocupe de la cartera de Gobernación, y, finalmente, Escudero (Marina). El Monarca había apeado al Gobierno liberal de «presidiarios», y ahora nombraba una serie de personajes de diversa procedencia, todos de tono moderado, que no tenían su correlato con las Cortes aunque para su actividad de gobierno sólo dependían del Monarca. Mientras las Cortes desplegaban su labor legislativa, las tensiones políticas se acentuaron. En un contexto donde las manifestaciones de la contrarrevolución se hacían más prolijas, el asesinato del cura Vinuesa el 5 de mayo de 1821 en la cárcel, detenido por conspiración absolutista, aumentó el temor a la revuelta urbana. Los clubs patrióticos fueron cerrados en junio, con una política gubernamental que acentuaba las medidas de control y de orden. El jefe político de Madrid, Francisco Copons, sólo duró en el cargo tres meses por haber practicado una política de entendimiento con los exaltados y las sociedades. Durante el mes de septiembre el fantasma de la república se añadió a los argumentos gubernamentales; en Zaragoza fueron detenidas algunas personas acusadas de conspiración republicana, acusaciones que se extendieron a Riego, que fue destituido el día 4 de su cargo de capitán general de Aragón. Todo ello en el contexto de pugna electoral.

La destitución de Riego fue el episodio que desbordó las tensiones y aumentó la protesta urbana. Las manifestaciones de homenaje culminaron en Madrid el 18 de septiembre en la «batalla de las Platerías», expresión que hace referencia a los incidentes con motivo de una procesión cívica con el retrato de Riego. Pero también era el inicio de una extensa campaña de agitación política y crítica al Gobierno por los exaltados y de la multiplicación de una protesta urbana que se generalizaba en los principales núcleos urbanos a finales de 1821. Fueron importantes las manifestaciones de protesta y actitudes de desobediencia en Cádiz y Sevilla, pero también en La Coruña, Zaragoza, Valencia, Cartagena, Barcelona, Murcia, Córdoba, Málaga... Inauguraron la geografía, los protagonistas y las actitudes de los levantamientos populares urbanos de las siguientes décadas. Manifestaciones contra el Gobierno y autoridades, espoleadas inicialmente por la destitución de Riego con toda su carga simbólica y por los discursos de agitación de los exaltados, pero que dibujaron una amplia gama de motivaciones locales. Era el pueblo urbano liberal que se constituyó en protagonista activo, bajo el manto del liberalismo exaltado, que se reproducirá en 1835 y 1836, en 1854, en 1868, en 1873, cada vez con mayor cobertura política a través de progresistas, demócratas o republicanos, que amplifican y distorsionan los ecos de las elites políticas en la capital contra el Gobierno y los acoplan a las realidades locales, en una lógica de descentralización que acabará escapando al control de las propias elites.

El debate entre moderados y exaltados tenía también como ingrediente la campaña electoral que habría de culminar al año siguiente en las segundas Cortes del Trienio. La campaña de los exaltados y los movimientos urbanos deterioraron al Gobierno, que no contaba con la confianza de las Cortes. Las Cortes extraordinarias, abiertas el 28 de septiembre y que se clausuraron el 14 de febrero de 1822 para dar paso a las nuevas Cortes ordinarias, fueron críticas con el Gobierno; sin embargo exaltados y moderados distaron de unanimidad a la hora de definirse respecto a las medidas de represión arbitradas por el Gobierno ante los movimientos populares urbanos, y la discusión de medidas políticas que, como la libertad de imprenta o el derecho de petición en un sentido restrictivo, adquirían forma de ley por dos decretos de Cortes el 12 de febrero de 1822. Las Cortes reprobaron al Gobierno, pero también desautorizaron los movimientos urbanos, adjudicándoles junto al Gobierno la cuota de responsabilidad en los desórdenes. Esta actitud coadyuvó, además de las medidas del Gobierno, a la disipación del movimiento a finales de año.

Las tensiones políticas también se manifestaron en la crisis de Gobierno. El anticipo fue una amplia remodelación en el mes de enero de 1822, con la salida de Bardají y Feliú, en sus cargos de Estado y Gobernación, además de Vallejo y Salvador, suplidos interinamente por López Pelegrín, Cano, Imaz y Escudero, respectivamente. Mientras tanto, la brecha entre moderados y exaltados, acentuada con sus actitudes encontradas respecto a las capas populares urbanas, se abría más en relación a la extensión de las actividades de la contrarrevolución, tanto en la Corte como a través de partidas armadas.

El 28 de febrero de 1822 el Monarca nombró nuevo Gobierno. Recurrió a personajes de tendencia moderada y «anillera». Hombres de las elites moderadas, partidarios de la transacción y el pacto, y opuestos a la dinámica popular percibida como revolución social. Así la aplicación de los principios de moderación y orden suponía una práctica gubernamental no muy distinta de la anterior. Su respuesta frente a las manifestaciones absolutistas fue más bien tímida, permanente acusación de los exaltados. Estaba compuesto por Martínez de la Rosa (Estado), el artífice de la fórmula pactada en la transición de los años 30 a través del Estatuto Real de 1834; Moscoso (Gobernación); Sierra (Hacienda); Balanzat (Guerra); Garelly (Gracia y Justicia); Bodega (Ultramar), y Romarate (Marina). El nuevo Gobierno no amortiguó las discrepancias con las Cortes. Según Artola, el nombramiento de este ejecutivo moderado respondería a la estrategia del Rey frente a la orientación exaltada de las nuevas Cortes. El Rey continuaba por un lado aprovechando las posibilidades de la Constitución con su práctica obstruccionista, que le llevó a devolver nuevamente la ley de abolición de señoríos y fraguando la intervención exterior. Para Gil Novales, las nuevas Cortes, que iniciaron sus sesiones ordinarias el 1 de marzo presididas por Riego, no eran tan radicales como se ha supuesto, ya que su labor legislativa fue de continuidad con las anteriores, ocupadas sobre todo en la publicación de acuerdos ya tomados respecto a la organización del Estado y en aspectos simbólicos de la revolución.

Independientemente de la difícil y móvil evaluación política de sus integrantes —que por lo demás reflejaba el nutrido grupo de elites políticas, económicas y profesionales de la revolución—, las Cortes fueron un vivero de discusión y tensiones políticas en un aprendizaje parlamentario que fue subiendo de tono en su contenido, estilo y lenguaje político. Las Cortes trataron inútilmente de fijar al Gobierno en una actitud más beligerante hacia una contrarrevolución, que de amenaza dispersa había cuajado en oposición armada y con todo tipo de brotes civiles o militares. A finales de mayo y durante el mes de junio, mientras las partidas guerrilleras se habían multiplicado, la geografía de la contrarrevolución aparece salpicada de manifestaciones absolutistas. Entre las de mayor alcance se sitúa la del 30 de mayo con la sublevación de los artilleros de la ciudadela en Valencia invocando al rey absoluto, o la de los últimos días de junio cuando la sublevación correspondió a la brigada de carabineros en Castro del Río.

La trayectoria ascendente de tensiones políticas y conspiraciones absolutistas culminó en los sucesos en la capital entre el 30 de junio y el 7 de julio de 1822 que marcaron un punto de inflexión en el transcurso del Trienio. El 30 de junio el Rey —que permanecía casi siempre fuera de Madrid— regresaba a Palacio después de la clausura de Cortes, y allí se cruzaron las aclamaciones al *rey absoluto* entre la guardia real, al mismo tiempo que grupos de civiles vitoreaban la Constitución. Los enfrentamientos se saldaron con la muerte de un miliciano y el teniente Landáburu —oficial liberal de la guardia asesinado por los soldados, y cuyo apellido designaría la sociedad patriótica radical liderada por Romero Alpuente. El enfrentamiento estaba servido en una crisis que se prolongó siete días. El ayuntamiento movilizó a la milicia, se declaró en sesión permanente y exigió al Gobierno el castigo de los culpables de asesinatos y desórdenes. El ayuntamiento de Madrid, pues, tomó la iniciativa de la defensa constitucional, al que se sumaría la diputación permanente de Cortes. Los guardias reales abandonaron los cuarteles la noche del día 1, y cuatro batallones se situaron en El Pardo. El ayuntamiento, que en la práctica asumía todos los poderes —frente a la ambigüedad del jefe

La milicia nacional y la guarnición se enfrentan a la Guardia Real el 7 de julio de 1822 en la plaza de la Constitución.

político y del Gobierno— se convertiría en el centro neurálgico de la organización de la resistencia de la capital. A las fuerzas movilizadas de la milicia, se sumaba la guarnición local —al mando del comandante de la plaza general Morillo—, generales que acudieron a la sede del ayuntamiento— Riego, Ballesteros y Palarea—, y un grupo de oficiales sin destino en Madrid que formaron el *Batallón Sagrado*, armados por el ayuntamiento y mandados por Evaristo San Miguel.

Mientras, el Gobierno encerrado en Palacio tomaba una actitud ambigua e indecisa haciendo caso omiso de las iniciativas del ayuntamiento y de la diputación permanente. El Gobierno no declaraba la rebeldía de los batallones de la guardia real y se limitaba a dar orden de traslado de éstos, sin ser obedecido, valorando que no constituían una amenaza. El Rey permanecía en una abierta complicidad a la expectativa de un desenlace favorable a los guardias reales. El Gobierno, acusado de inactividad, cuando no de complicidad, acabó encorsetado en Palacio y sin ser admitida su dimisión por el Rey el día 6. Las tensiones entre absolutistas y liberales habían tomado forma en el enfrentamiento guardia real-milicia y autoridades locales y diputación permanente frente al Rey, que había adoptado una actitud connivente, cómplice y que el mismo día 3 habría brindado al Gobierno, Consejo de Estado, jefe político y jefes de cuerpo de ejército una solución absolutista. El enfrentamiento culminó el 7 de julio. Los batallones de guardias reales marcharon sobre Madrid y la milicia nacional y la guarnición local organizaron la defensa en la plaza de la Constitución, sede del ayuntamiento y espacio simbólico. Los guardias reales fueron derrotados en su intento y se replegaron hacia la Puerta del Sol y después hacia Palacio, donde se refugiaron para huir definitivamente, después de un nuevo intento. Pérez Garzón, que ha realizado una minuciosa descripción de los hechos y de su significado, ha destacado el protagonismo de instituciones como el ayuntamiento de Madrid y la diputación permanente y el papel jugado por la milicia nacional, nutrida por un voluntariado amplio, destacando la importancia en su composición social de artesanos jornaleros. En efecto, el carácter más abierto del que fue dotándose a la milicia a iniciativa de los exaltados y del ayuntamiento en la interpretación de sus sucesivos reglamentos, hizo que la mitad o las dos terceras partes de cada compañía de los batallones segundo y tercero estuvieran compuestos de menestrales que vivían de un trabajo eventual y diario. Los exaltados, a través de *El Espectador,* habían estimulado las suscripciones para estos milicianos y un reparto de 8 reales diarios. Así argumenta Pérez Garzón: «Las fuerzas constitucionales ganaron la batalla del 7 de julio. El protagonismo estuvo en la milicia, que aglutinaba en sus tres batallones desde las capas proletarizadas de la población madrileña hasta los aristócratas y banqueros del escuadrón de caballería, incluyendo capas medias como empleados y pequeños propietarios.»

7.10. Los exaltados en el Gobierno (1822-1823)

La lógica de los sucesos del 7 de julio derivó hacia el cambio en la orientación política del Trienio. El Monarca y el Gobierno moderado habían quedado en fuera de juego, ante las iniciativas del ayuntamiento y de las Cortes. Era la hora de los exaltados, que capitalizaban la defensa de la revolución. Tanto el ayuntamiento como la diputación permanente ya se habían dirigido al Rey durante la crisis en diversas ocasiones, instándole al comportamiento que correspondería a un rey constitucional, y la diputación permanente había ventilado los días 6 y 7 la idea de una regencia. Durante todo el mes de julio ambos organismos continuaron insistiendo al Rey en que debía seguir la senda constitucional, y que diera públicos testimonios, con amenaza de una regencia, esgrimiendo el argumento indirecto de la peligrosidad de una solución republicana y democrática de los grupos más exaltados. Ambos organismos exigieron el castigo a los culpables, la depuración de los servidores de Palacio con sus camarillas —fueron destituidos el mayordomo mayor y el comandante de los guardias— y el nombramiento de un nuevo Gobierno. El Rey, en una actitud cínica, había felicitado al ayuntamiento y a la diputación de Cortes y había responsabilizado a los ministros. La diputación de Cortes, ante el continuado obstruccionismo del Monarca, reiteró en diversas ocasiones, como la del 18 de julio, sus argumentos: «¡Ah, señor, cuál sería nuestra desgracia si una funesta desconfianza llegase a indicar a V.M. como indiferente en tales convulsiones! Manifieste V.M. de un modo firme y resuelto su decisión por el sistema constitucional: acompañe las palabras con obras, y la tranquilidad y confianza recíproca será bien pronto restablecida.»

El juicio abierto por las responsabilidades del 7 de julio salpicaba a las más altas esferas políticas y palaciegas, hasta el propio Rey. El proceso sufrió continuas obstrucciones y demoras para quedar finalmente bloqueado. Por su parte, el dictamen de la Comisión de Cortes, ya entrado el año 1823, acabó elogiando al ayuntamiento y la diputación de Cortes y a la milicia, concluyendo con la debilidad del Gobierno y su complicidad indirecta, la del Consejo de Estado y la del jefe político, pero cualquier acusación directa al Monarca quedaba frenada por el concepto de la irresponsabilidad e inviolabilidad del Rey.

La crisis de Gobierno se prolongó hasta el 5 de agosto. El Rey y el Consejo de Estado, en más de una ocasión, frenaron las presiones para el nombramiento de un nuevo Gobierno. Por fin, ese día era nombrado un Ministerio exaltado. El cuarto Gobierno del Trienio se ponía en marcha el 6 de agosto de 1822. Estaba formado por Evaristo San Miguel (Estado), Fernández Gascó (Gobernación), Navarro (Gracia y Justicia), López Baños (Guerra), Egea (Hacienda), Capaz (Marina) y Vadillo (Ultramar).

El Rey había optado por un Gobierno exaltado por la lógica de los acontecimientos y la realidad política, pero consciente de que la solución absolutista pasaba por la respuesta armada y la intervención exterior. Al fin y al cabo, nombrando un Gobierno de esta naturaleza, evitaba cualquier posición de las Cortes que apartara su persona, y brindaba a las potencias exteriores una coartada más de la peligrosidad de un Gobierno no ya constitucional, sino radical, con la percepción de la república como telón de fondo.

El Gobierno estaba en mayor sintonía con las Cortes y con un pueblo liberal urbano, sobre el que se había proyectado la versión exaltada del liberalismo y ahora se había convertido en protagonista activo. Pero no acoplado. La dinámica de la revolución se acelera para dibujar las fisuras entre los propios liberales exaltados. Las invocaciones patrióticas se multiplicaron con funciones cívicas y actos conmemorativos. La política del Gobierno y de las Cortes extraordinarias se orientaron hacia una mayor firmeza militar y política contra los absolutistas y la resistencia armada. Las sociedades patrióticas recuperaron el vigor de 1820 reabriéndose. La milicia nacional continuó su apertura social siguiendo la ordenanza de las Cortes del 22 de junio, prorrogando un año la admisión de voluntarios, muy sensible al ambiente de radicalización política. Las disensiones entre los exaltados se manifestaron en la actitud hacia el Gobierno, en las Cortes, las sociedades patrióticas, la milicia, en dos grupos que fueron denominados como *masones* y *comuneros*. Los primeros eran versión menos radical y se habían situado en el Gobierno; herederos de las sociedades secretas, forjados en el tronco común exaltado que estimuló las sociedades patrióticas, la milicia, y la colaboración popular urbana, representarían el anticipo de los progresistas de la década siguiente. Trataban de recoger el espíritu de 1820. Los comuneros, la fracción más radical de los exaltados, participan del mismo acervo, pero son depositarios de una conciencia, más que programa, democrática y republicana, siguiendo la estela inaugurada por la comunería de 1821. La prensa comunera, la sociedad landaburiana, la milicia ampliada a la menestralía, protagonizaban esta versión más radical.

Las tensiones entre ambos grupos, no disimuladas por las amenazas exteriores ni los avances de la contrarrevolución, con acusaciones mutuas de favorecerla, se tradujeron en la crisis política que alcanzó al Gobierno, en una rivalidad alimentada por el propio Monarca. El 19 de febrero de 1823, clausuradas las Cortes extraordinarias, el Rey intentó destituir al Gabinete San Miguel. Los rumores provocaron una asonada frente a Palacio, que según el testimonio de Miraflores, estuvo salpicada de un grito inédito que quebraba por primera vez el mundo mental del pueblo respecto al Monarca: «Muera el Rey», todo un símbolo que tardaría aún varias décadas en adquirir cobertura política. Ante las presiones, el Rey repuso al Gobierno. Sin embargo, el Rey, con ocasión de la apertura de Cortes ordinarias el 1 de marzo, hacía pública la lista de un nuevo Gabinete nombrado el 28 de febrero, proclive a los comuneros, que en realidad no llegó a entrar en funciones. La lista estaba compuesta por Flórez Estrada, Calvo de Rozas, Díaz del Moral, Torrijos, Zorraquín, Romay. El anterior Gobierno no había dado lectura a su gestión, por lo que la crisis se prolongó en un ambiente de rivalidad entre masones y comuneros, al mismo tiempo que las Cortes organizaban el viaje a Sevilla, con las resistencias del Rey, y la invasión extranjera que comenzó el 4 de abril. El día 23 la reanudación de las sesiones de Cortes en Sevilla sirvió para la lectura de memorias del Gabinete proclive a los masones, pero sin aceptarse el Gabinete Flórez. La crisis de Gobierno quedó nominal y precariamente resuelta por un Gabinete Calatrava en mayo, como resultado de la opción de la mayoría de los diputados, que lo imponen a un Monarca con el que protagonizan un enfrentamiento ya frontal y que culminó con la declaración del delirio del Rey y el nombramiento de una Regencia —actitud advertida ya desde los sucesos de julio— ante su negativa de trasladarse a Cádiz. La invasión de las tropas extranjeras dejó en un segundo plano las disensiones políticas, con unas Cortes aisladas con el Monarca en Cádiz desde mediados de junio, y con la suerte echada para la experiencia liberal.

7.11. La dialéctica revolución-contrarrevolución

Cuando el liberalismo en su versión exaltada como consecuencia inmediata del 7 de julio de 1822 tomó las riendas políticas, ya hacía tiempo se habían abierto las espitas de la contrarrevolución. Bajo esta etiqueta, que acabó desembocando en un proyecto antiliberal, se esconden diversos protagonistas y motivaciones, alimentado por las disensiones políticas de la España liberal —que precisamente sitúan uno de sus puntos nodales de discrepancia en las actitudes respecto a las actividades absolutistas— y por el auxilio de una cobertura exterior.

En sus orígenes la contrarrevolución, entendida como oposición frontal y beligerante al régimen liberal, se ubica en la inmediatez de 1820. Que el Rey y su cohorte más próxima hubiera aceptado como un hecho consumado el régimen constitucional, no significa que el Rey, la Corte y los servidores del Estado absoluto hubieran aceptado la causa liberal, y mucho menos otros protagonistas que desde 1820 acuden a la conspiración o a la revuelta, como una especie de prolongación de su lucha contra el pronunciamiento de Riego. No aceptaron nunca el régimen y sobre su tesis de rey secuestrado buscaron la cobertura de Palacio. Algunos hechos salpicados confirman esta línea, como la continuación en marzo de 1820 de enfrentamientos armados o los intentos de impedir la jura de la Constitución por el Monarca. Abortar el triunfo del pronunciamiento liberal era una cosa y conspirar contra el nuevo régimen otra, que exigía el reacoplamiento y consolidación de las oposiciones. Y en ello influyó decisivamente el liderazgo en la conspiración ejercido desde la Corte misma a partir de finales de año.

La dialéctica revolución-contrarrevolución respecto al Rey se debatía entre el *rey sospechoso* de los liberales y el *rey secuestrado* de los absolutistas. La contradicción para los liberales era evidente: respetar la legalidad constitucional y con ello al Rey y su dinastía, pero la persona de Fernando VII no era liberal ni era fácil su conversión. La actitud del Monarca en 1814 había confirmado las precauciones del texto gaditano en cuanto a la limitación del poder real. Un rey liberal y una Corte liberal eran difícil tarea. La dinámica política y constitucional dará argumentos al propio Monarca para situarse en la cúspide de la conspiración. Aunque el Rey acudiera a razones técnicas y políticas en la mediatización de sus funciones constitucionales por las Cortes y el Gobierno, de hecho actuaron de coartada sobre la que empezó a urdir la trama anticonstitucional. La intromisión del legislativo y el Gobierno en la elección de cargos palatinos, el nombramiento de mandos militares, y, sobre todo, la sanción forzada al Monarca de la ley de regulares de octubre, suponen un punto de inflexión en la conspiración antiliberal. La implicación de Palacio quedó públicamente desvelada con la detención en enero de 1821 del capellán regio Vinuesa, como ya se ha señalado. En febrero la Guardia de Corps en Madrid ensaya un conato insurreccional. Y, al menos desde el mes de marzo siguiente, en un contexto de conspiraciones absolutistas, el Monarca inicia una correspondencia secreta con la Santa Alianza, buscando la cobertura exterior de la contrarrevolución que será decisiva en 1823.

A principios de 1821 cabe hablar, pues, de los primeros perfiles de una estrategia de agitación que se va articulando con centro en Palacio y que aprovecha cualquier resquicio en la Constitución para aumentar las tensiones políticas. Este enfrentamiento entre el Rey y las Cortes, que toma forma triangular con el Gobierno, recoge desde Palacio una argumentación continuamente reiterada: la imposibilidad de ejercer las funciones de Rey constitucional por presión e intromisión del Parlamento, que hacía extensivas a su Gobierno, crítica que escondía un planteamiento consciente de obstruccionismo al reformismo de las Cortes, que tuvo un episodio más significativo en la devolución por dos veces de la ley de abolición del régimen señorial. En marzo de 1821 el Rey había trastocado la dinámica constitucional con su citada «coletilla», en la que presentaba su agravio fingido al Parlamento aprovechando el discurso de la Corona con motivo de la apertura de Cortes, declarando sentirse agraviado por el Gobierno. En otras ocasiones incluso proyectó la imagen de ser el único defensor de la Constitución. El Rey se convirtió en el epicentro de la contrarrevolución.

La oposición del clero, salvo excepciones, se transformó rápidamente en activismo político anticonstitucional sobre la base del púlpito y del sermón, como método de agitación, en un discurso que caló sobre todo entre sectores rurales, donde no existía el antídoto de la propaganda liberal, como era el caso de los núcleos urbanos en los que la difusión del discurso clerical encontraba una competencia en los clubs, la tertulia o la lectura colectiva de impresos en los corrillos de vecindad. La desamortización eclesiástica desde noviembre de 1820, como consecuencia de la ley de regulares, fue determinante en la actitud del clero. Se acabó por diseñar un discurso de *guerra religiosa* que recuperaba los componentes del movimiento antiliberal de 1813-1814, asociando la imagen del rey secuestrado con el anticlericalismo liberal que habría de alterar las tradiciones, las pautas seculares de vida y conllevaría repercusiones económicas negativas.

La contrarrevolución, cuyos embriones proceden ya de 1820, marca un *crescendo* continuado para culminar en 1823, esto es, durante todo el Trienio. Define su propia naturaleza: oposición antiliberal que elige la vía de la conspiración y de la insurrección para acabar con el régimen constitucional. Y en ello reside su cohesión. Sin embargo sus manifestaciones fueron diversas, y también los protagonistas, los métodos y los escenarios. Aunque los discursos de agitación y los métodos tienen como precedente los ensayos antiliberales de 1313-1814, durante el Trienio se consolida esta corriente contrarrevolucionaria que el lenguaje político de la época denominó *realista*, como columna vertebral de las resistencias del Antiguo Régimen y de oposición a cualquier veleidad reformista; inaugura un tronco común y de continuidad con las manifestaciones realistas después de 1823 y su conflicto de mayor envergadura, la guerra de los agraviados o *malcontents* en Cataluña en 1827, y con de la cuestión dinástica en la sublevación por el infante Carlos en 1833. Como ha señalado Aróstegui, realistas del Trienio, carlistas, agraviados y sublevados por don Carlos en 1833 son la manifestación de una misma realidad social y formulación ideológica, progresivamente enriquecida, pero inmutable en su fondo.

La publicística y los discursos de la contrarrevolución insistieron en la ilegitimidad del nuevo régimen como fruto de la conspiración de revolucionarios siguiendo los dictados de la masonería y de militares cobardes que eludían su misión en América. Por eso aparece ligada al propio nacimiento del régimen constitucional y se mueve dialécticamente con los avatares de la revolución liberal. La línea argumental era la del *rey cautivo* en manos de los liberales, norte teórico de su oposición insurreccional, que se prolongará en la década absolutista siguiente para mostrar su disconformidad, esta vez con la política administrativamente reformista de los Gobiernos de Fernando VII.

Ahora bien, el realismo no se debe definir únicamente por sus contenidos ideológicos y la repetición de sus discursos, sino también por sus ingredientes sociales, es decir, los colectivos que apoyaron una fórmula de contrarrevolución proclive a la reacción armada como muestra de su oposición antirreformista. Por ello Aróstegui ha insistido en que «el realismo-carlismo, definido a nivel social y político, nace como respuesta a la primera experiencia liberal generalizada y autónoma. Es decir, las primeras *partidas realistas* rebeldes al gobierno de los liberales en el trienio 1820-1823».

Una aproximación a los contenidos sociales del realismo, esto es, al *pueblo realista*, sitúa su escenario principalmente en el mundo campesino de algunas zonas del país —Cataluña, País Vasco, meseta norte...—, una porción nada desdeñable del mundo de los oficios de núcleos urbanos ligado a las formas más tradicionales del artesanado y vinculado en buena parte a la economía campesina, y a los clérigos. Junto a ellos una numerosa cohorte de desocupados y desarraigados y en general de personas descolocadas estructuralmente por las transformaciones que a largo plazo han ido cundiendo en las economías y las sociedades tradicionales, ahora no sólo amenazadas sino alteradas por un mundo que despierta lentamente. A ello será preciso sumar las coyunturas como la de la Guerra de la Independencia, que después de su finalización continuó prolongando la desarticulación de escenarios habituales de la vida cotidiana, sobre todo en el caso de antiguos combatientes. Para terminar, la coyuntura del Trienio aporta causas más inmediatas y tangibles, desde la aplicación de la legislación económica y social del nuevo régimen hasta las dificultades económicas más inmediatas relacionadas con la crisis agraria. Es decir, un complejo mundo social que nutre las resistencias al cambio. Por arriba las elites del mundo estamental, sectores del ejército, los empleados de la maquinaria institucional del Antiguo Régimen, o los colectivos sociales en su conjunto ligados a la tradición foral, completan la cantera de los opositores activos al régimen. Para todos el liberalismo era alteración, en unos casos más tangible para sus economías o sus privilegios y en general para su mundo mental y pautas seculares de vida.

Los medios y las respuestas de la contrarrevolución se pueden situar en un triple escenario, que unifica elementos político-ideológicos, discursos y mensajes: la contrarrevolución palaciega, la contrarrevolución urbana y la contrarrevolución rural.

Ya se ha señalado anteriormente el papel del Rey y de Palacio en esta trama. En la calle se percibió un contenido provocativo procedente de Palacio que aumentó a lo largo de 1821 y 1822, proyectándose sobre los espacios urbanos, sobre todo el madrileño. El rumor y la provocación configuran el método por excelencia utilizado por la contrarrevolución en la capital del Estado como medio para contrarrestar la influencia de las sociedades patrióticas, los clubs liberales o la prensa o para irritación de la milicia. En realidad *La Fontana de oro* de Galdós es el mejor testimonio de los resultados obtenidos por esta táctica de los *serviles*. La publicística de la época también se hizo eco de lo mismo. Era el mejor sistema para exacerbar los ánimos, dados los contenidos emocionales del liberalismo popular. Tenía como objetivo último la demostración del desgobierno existente, e insistir en la amenaza de una revolución social. Así la contrarrevolución acudió a la provocación, el rumor o la literatura impresa para lanzar unos mensajes que asociaban liberalismo, desorden e inseguridad, en los espacios más proclives a la causa liberal, insistiendo en el peligroso riesgo de las transformaciones frente a una pretendida estabilidad anterior.

La contrarrevolución tuvo su expresión armada e insurreccional en las *partidas realistas* desplegadas en los ámbitos rurales, sobre todo de Cataluña, País Vasco y el norte de Castilla. Aunque se han situado partidas armadas en Galicia en marzo de 1820, su extensión empieza a ser más visible a finales de año e inicios de 1821 por tierras de Burgos, Álava, o Talavera, pero su máxima intensidad tendrá como escenario el interior de Cataluña en 1822. Desde el mes de marzo de 1821 las partidas se multiplican, recogiendo las formas y métodos de lucha guerrillera durante la Guerra de la Independencia. Y tienen su correlato precisamente con el aumento de las actividades anticonstitucionales del Rey y de Palacio y con la acentuación del discurso eclesiástico de agitación, que se nutre desde los textos de la jerarquía a las alocuciones desde el púlpito. En 1822 el insurreccionalismo se ha extendido y provoca el abundamiento de las disensiones en la familia liberal.

En la morfología y protagonistas de las partidas realistas confluyen los discursos ideológicos con las dimensiones sociales, pero en su multiplicación se presentan problemas coyunturales de la situación económica en el campo. Torras ha vinculado la rebeldía en Cataluña con el malestar campesino que las dificultades de 1822 acentúan, buscando las raíces sociales del problema y matizando así la generalización de un campesinado contrarrevolucionario por definición. Por eso los mensajes actúan con más eficacia sobre unos colectivos campesinos sensibles a las alteraciones de la tradición en su universo mental, pero también de las realidades tangibles de naturaleza socioeconómica, con la crisis agraria sobre todo desde 1817, y culminadas con la sequía y las malas cosechas de 1822, que ayudan a nutrir las partidas guerrilleras. Añadamos el malestar por la presión fiscal, ya expuesto, y completaremos el cuadro.

Durante la primavera y verano de 1822 las partidas realistas se han desplegado por el País Vasco, Navarra, Burgos y sobre todo Cataluña, donde dominan toda la zona norte, y se han convertido en algo más que dispersos grupúsculos de guerrilleros. En el mes de junio toman la plaza de Seo de Urgel, permitiendo un cambio cualitativo del movimiento de las partidas. La situación supone una nueva estrategia de acción, la territorialidad, al mismo tiempo que brinda una coordinación y unos objetivos políticos más sólidos. De esta forma la contrarrevolución desembocaba en una nueva estrategia, desde la agitación a la alternativa política de sustitución del régimen, y que se concretó en la creación el 12 de agosto de la *Regencia de Urgel*. En ella confluían muchas aspiraciones, al aglutinar las actividades de la conspiración desde Palacio, desde el exilio y desde la acción armada. Fracasada la intentona de la guardia real en Madrid el 7 de julio, la regencia se convertía en la alternativa por excelencia, además del capital político que adquiría respecto a la ayuda exterior insistentemente solicitada desde la Corte. De hecho, el espacio de la guerrilla reproducía la situación de Cataluña durante la Guerra de la Independencia, pero además la proximidad fronteriza permitía abrigar más esperanzas en la colaboración francesa. El hecho cualitativamente importante fue la articulación de unos objetivos políticos en la insurrección y su institucionalización, pero en la práctica la escasa vida de la Regencia distó de unanimidad de planteamientos políticos. Formalizaron como argumento político el discurso del Rey cautivo con el objetivo de su liberación, pero las discrepancias subieron de tono en cuanto al desarrollo más preciso de su proyecto político. La Regencia estaba compuesta por Mozo de Rosales —marqués de Mataflorida—, Jaime Creux —arzobispo de Tarragona— y Joaquín Ibáñez —barón de Eroles. La Regencia sólo planteó su objetivo central, es decir, la «liberación» del Monarca, pero, como ha manifestado Artola, tuvo «precauciones programáticas» sobre cualquier posible reforma o situación futura del régimen absoluto. La dirección política de Mataflorida imprimió un sello de naturaleza legitimista y opuesto a cualquier apertura por mínima que fuera, mientras otro sector liderado por Eguía vinculaba la necesidad de una apertura que satisficiera a la Francia restaurada y tuviera en cuenta su modelo de Carta Otorgada, para facilitar la ayuda exterior solicitada.

La Regencia no pasó de ser un breve ensayo político. La estrategia política determinó el fracaso de la estrategia de agitación y de partidas armadas. La contradicción se hizo palpable: el hipotético capital político, tanto en el interior como a los ojos de la Europa de la Restauración, hizo vulnerables a las partidas armadas que se fijaron en el terreno, incluso adoptando forma de ejército regular, para defender la Regencia. Así la estrategia guerrillera pierde fuerza, mientras que los liberales desde los sucesos del 7 de julio en Madrid lanzan una decidida ofensiva contra la insurrección. Las tropas constitucionales al mando de Mina en Cataluña desde el 23 de julio de 1822 inician una campaña de éxitos que consiguen la retirada progresiva de las partidas, la toma de Cervera en septiembre y el sitio de Urgel en octubre. La Regencia, sin apoyos exteriores, se trasladó a Francia, donde Mataflorida y su posición legitimista quedó aislada. El testigo político de la contrarrevolución fue recogido por Eguía, con la aprobación de Fernando VII, que gozará del apoyo francés, sabiendo que desde el fracaso de la sublevación de la guardia real en Madrid y de las partidas armadas en Cataluña, la única posibilidad de derribar al régimen era la intervención extranjera.

7.12. LA INTERVENCIÓN EXTRANJERA

La Europa de 1815 había articulado un nuevo ordenamiento de las relaciones internacionales sobre la base del equilibrio y con el objetivo de impedir un nuevo ensayo napoleónico. Por ello en el concierto europeo la fórmula de los congresos vigilantes se convirtió en la pieza diplomática central. En términos políticos el *legitimismo*, entendido como la esencia de las monarquías teocráticas de derecho divino, dio contenido a las respuestas políticas de las potencias continentales, que uncieron a través de la Santa Alianza su compromiso de impedir cualquier ruptura revolucionaria que amenazara la estabilidad política y territorial, por medio del *intervencionismo*. De esta forma el triunfo del liberalismo en España se había convertido en una espina muy incómoda, inédita en la Europa del momento, y susceptible de actuar como ejemplo de un nuevo epicentro revolucionario y cuya influencia empezaba a extenderse a la Europa mediterránea. Portugal, Nápoles, Piamonte, siguieron los pasos de España, mientras que en Grecia se animaba el foco independentista.

Desde 1821 una de las estrategias de la contrarrevolución ya había puesto sus esperanzas en una ayuda exterior. Las peticiones fueron constantes, encabezadas por la correspondencia secreta que Fernando VII mantuvo sobre todo con Luis XVIII de Francia y el Zar ruso, complementadas con numerosas gestiones diplomáticas. El Monarca español había quedado notablemente devaluado en la consideración de sus homónimos europeos al no haber podido impedir la revolución y haber jurado la Constitución. Las reticencias de la ayuda exterior, sobre todo las de la Francia restaurada, se referían a la forma que adoptaría la monarquía española después de una intervención. Consideraban que un restablecimiento en todas sus dimensiones del absolutismo como en 1814 no resolvería la cuestión; se trataba del mantenimiento de la soberanía legítima y absoluta del Monarca, pero con algún grado de apertura, como el ejemplo francés de la Carta Otorgada. Hasta finales de 1822 las gestiones fueron infructuosas, sin que el Monarca o la Regencia de Urgel se comprometieran a orientar su política con algún tipo de reformas futuras, mientras su argumento central era la seguridad del trono. Para entonces la Santa Alianza, a través de tropas austriacas, ya había intervenido en Nápoles como resultado del Congreso de Laybach. En noviembre de 1822, durante el Congreso de Verona, las potencias continentales, Austria, Prusia, Ru-

Fernando VII y Angulema. La contrarrevolución triunfa en 1823.

sia y Francia, que se había integrado plenamente en el concierto europeo y quería exhibir responsabilidades, acordaban, con la oposición británica, una invasión armada de tropas francesas para acabar con el régimen constitucional español. En último término, Francia y el resto de los aliados habían comprendido que no era posible el triunfo de la contrarrevolución desde dentro, ni a través de un golpe político y militar en la Corte, ni a través de la sublevación armada y su cobertura política fracasada en Urgel. Luis XVIII se expresaba así ante las Cámaras de Francia: «Cien mil franceses están preparados para avanzar al Dios de San Luis para conservar el trono de España a un hijo de Enrique IV.» El borbón francés exhibía el objetivo principal y daba nombre a las tropas de invasión. Los «Cien mil Hijos de San Luis», al mando del duque de Angulema, iniciaban su misión el 7 de abril de 1823.

Las noticias de Verona provocaron la multiplicación de discursos patrióticos por el Gobierno exaltado y las Cortes se esforzaron en la misma dirección, llamando a la resistencia, tratando de presentar la situación en los mismos términos de la invasión napoleónica y evocando mayo de 1808. Por su parte, las tropas francesas se cuidaron de cometer errores estratégicos, como la previsión del abastecimiento o el recurso a una oficialidad curtida, pero sobre todo proyectaron una imagen de ayuda: los salvadores que restablecían la legitimidad y el orden, para evitar su identificación como invasores. Esta vez gozaban de la ayuda de las partidas guerrilleras, reorganizadas después de su derrota por las tropas liberales. El anuncio y penetración de las tropas expedicionarias francesas coincidió con la crisis política interna, sobre todo desde el mes de febrero de 1823, que había llevado al solapamiento de dos Gabinetes y las disensiones entre la familia liberal exaltada, que se prolongará, como se ha visto, hasta el fin del régimen constitucional. Por su parte algunos sectores del liberalismo, y entre ellos los más proclives a una solución de transacción y pacto reformando el régimen, veían en la invasión la posibilidad de establecer una fórmula que ligara los poderes del monarca con la representación.

El ejército francés siguió la ruta San Sebastián-Vitoria, y desde allí hacia Madrid, y por el valle del Ebro hacia Zaragoza. El día 13 de mayo llegaban a la capital, sin que encontraran resistencias significativas. Las tropas liberales de Mina, La Bisbal, Ballesteros, Villacampa y Morillo, con escasos medios, organización y debilidad estratégica, apenas lograron frenar la penetración francesa. No contaron tampoco con el apoyo civil, y cualquier intento de estímulo similar al de 1808 fue infructuoso. En teoría se trataba de los mismos protagonistas, espacios, itinerarios, pero las evocaciones a la lucha, la guerrilla, el pueblo y el patriotismo, distaron de la realidad de la respuesta. En 1808 el levantamiento era antifrancés, con el argumento del rey secuestrado, con un carácter popular nacional que tenía más de patriotismo antifrancés que de liberal. En 1823 los liberales no entendieron que el nacionalismo emocional de 1808 no estaba necesariamente edificado todavía sobre un proyecto político liberal consistente, es decir, 1808 había sido una respuesta más antifrancesa que liberal, lo que ayudaría a explicar la aparente paradoja: el invasor era el mismo, pero el de 1808 era hijo de la revolución y el de 1823 del legitimismo. Además en 1823 el argumento de los invasores era el mismo que el del levantamiento de 1808, pero en sentido contrario: el Rey «estaba secuestrado por los liberales». De esta forma los liberales calcularon mal sus soportes sociales y, en general, la respuesta fue la indiferencia.

El día 1 de marzo las Cortes ordinarias iniciaban sus sesiones. Trataron sin éxito de galvanizar una respuesta popular, y organizaron el mismo periplo de 1809-1810: el traslado, con el Rey, a Sevilla, que se inició el 20 de marzo. Con la invasión ya iniciada, las Cortes continuaron en Sevilla las sesiones, mientras la crisis política interna sólo se resolvió artificialmente con el citado Gabinete del mes de mayo presidido por Calatrava. Ante la preparación del traslado a Cádiz, el Rey se opuso y las Cortes declararon la enajenación del Monarca, nombrando una Regencia. La fórmula representaba la máxima injerencia del legislativo en el ejecutivo, independientemente de que a ningún diputado le cabía ya duda del obstruccionismo del Monarca. El día 15 de junio las Cortes abrieron sus sesiones en Cádiz, y organizaron la defensa de la ciudad, por segunda vez capital del liberalismo, que quedó aislada. Entre el 30 y el 31 de agosto se produjo el asalto al fuerte del Trocadero y el 20 de septiembre al de Santi-Pietri. Para entonces la resistencia militar en otras zonas era prácticamente inexistente, salvo algunas guarniciones aisladas e intentos resistentes como el de Riego. Los diputados y el Gobierno, ante el asedio prolongado, optaron por permitir la salida del Monarca, como propuso Angulema, a cambio de olvido y reformas. Fernando VII desembarcaba en el Puerto de Santa María el 1 de octubre. Lo hacía como Rey absoluto, finalizando formalmente la experiencia liberal, aunque en el resto del país ya se había puesto en marcha meses antes la Restauración absolutista en todas sus dimensiones.

Capítulo VIII

El Estado absoluto y la transición.
Entre las resistencias, la reforma o la ruptura (1823-1834)

El periodo 1823-1833, que abarca desde el restablecimiento del absolutismo, como punto final de la experiencia del Trienio liberal, hasta la muerte del monarca Fernando VII, es una época aparentemente definida y homogénea, en términos cronológicos, del reinado. Sin embargo no deja de ser pura convención, por muy simbólicas que resulten las fechas, sobre todo la de 1833. De hecho, incluye también en su última fase la historia de una transición pactada que se consolida en 1834.

La etapa en su conjunto es menos conocida, en el sentido del menor tratamiento historiográfico recibido respecto a otros periodos, y a la que habitualmente se adjudica el término *Década Ominosa* para describirla según la virulencia de la represión absolutista hacia la oposición liberal. Es decir, una etapa considerada coherente e inmóvil, que se resuelve a menudo con la restauración de un absolutismo definido por unos mecanismos de represión singulares, por sistemáticos e intensos, entre cuantos se dieron en la Europa restaurada del momento.

Sin desdeñar esta cuestión de primer orden en el trasunto de la década, la cronología y sus contenidos deben ser revisados, al tratarse de un periodo muy heterogéneo y mucho menos compacto que una nueva década absolutista sin más. Entender la época en términos excluyentes de absolutismo y liberalismo, reacción y revolución, es, cuando menos, una simplificación, ya que la situación política, económica y social provoca la redefinición de estrategias tanto desde el poder absoluto como desde el liberalismo. Para las primeras, un liberalismo compartimentado, clandestino o exiliado, y reprimido, no era el único, ni aun el mayor enemigo, sino las propias resistencias a un remozamiento administrativo del régimen por los partidarios de mantener el Estado absoluto y la organización social y económica a ultranza, y que cuestionaban las versiones y posiciones de un *reformismo sin aperturas* en la forma de entender la crisis del Estado absoluto y los métodos para taponarla. No había división en el absolutismo en términos políticos, ni el Monarca derivó hacia el reformismo, ni los partidarios de las reformas técnicas eran liberales, pero sí representaban otra estrategia para sanear el Estado absoluto sin alterarlo en sus fundamentos, y ambas actitudes —ultras realistas, y reformistas antiliberales— se perfilaron ya desde 1824, pero terminaron por definirse y enfrentarse en torno a la cuestión dinástica.

El restablecimiento del absolutismo ensayó inicialmente aquella respuesta más recalcitrante, pero, sobre todo a partir de 1826, reorientó su estrategia hacia la búsqueda de esa fórmula de reformismo administrativista sin aperturas políticas, mientras se fueron acentuando las resistencias en las más variadas manifestaciones del realismo, desde sectores de Palacio hasta el voluntariado, en una secuencia que tuvo sus puntos de inflexión más notables con la *revuelta de los agraviados* y sobre todo en torno a la cuestión dinástica a partir de 1830 y las actitudes de lo que ya era realismo-carlismo. Los sectores liberales del exterior, a su vez, también perfilaron distintas estrategias, basadas desde 1826 en la insurrección armada organizada, pero de forma heterogénea, hasta que en 1831 se agote la vía insurreccional. Mientras, otros sectores moderados del liberalismo empiezan a contemplar, en tono posibilista, la idea de una transición pactada con los sectores reformistas vinculados al Estado y a Palacio, interesados en evitar la crisis final del Estado y apuntalar la causa isabelina. Así, desde 1832 hasta 1834 se configura un *modelo de transición pactada*, con reformas administrativas, los primeros pasos de liberalización económica en términos de mercado y cierta apertura política, para culminar con el régimen del Estatuto Real de 1834, mezcla de fuertes poderes de la Corona y cierto sistema representativo. Y, en medio, la muerte del Rey, y la sublevación armada del realismo-carlismo convertida en guerra civil. La ruptura liberal, con otros ingredientes y estrategias, tendría que esperar a 1836.

8.1. La vuelta al Estado absoluto. Represión y posibilismo

La situación en 1823 era cualitativamente distinta a la de 1814, y de ello eran conscientes algunos sectores ligados al Estado absoluto y los propios dirigentes de la Santa Alianza. Ello no implica una división del absolutismo, ni mucho menos en esta época, ya que sus principios se concebían como incuestionables, pero sí existían los citados sectores que habían asistido a la inviabilidad técnica del Estado entre 1814 y 1820 y al fracaso del proyecto liberal también en términos técnicos en su breve experiencia. Reformismo técnico que recogiera los ensayos de la anterior etapa sin recurrir a la apertura política, en una especie de herencia del reformismo ilustrado pero aplicado ahora a un Estado en avanzada descomposición. En 1823 la vuelta al absolutismo era distinta. El funcionamiento del Estado estaba más ahogado, pero además muchas de sus instituciones y mecanismos se habían mostrado inservibles. También el empuje del contexto internacional se orientaba de otra forma y las grietas del Estado transoceánico se habían hecho tan grandes que la crisis se había convertido en ruptura. Por eso las posiciones, que no los principios, se remodelan con frecuencia, mostrando una imagen poco lógica si se contempla la impermeabilidad aparente de la anterior etapa absolutista, pero del todo coherente si se atiende a la búsqueda de soluciones de un Estado moribundo sin pasar por una nueva alternativa liberal. Para los más fervientes defensores del absolutismo no se contemplaba la situación en términos de crisis, sino producto de la conjura liberal, término que interiorizaban para definir todo aquello que se opusiera al legítimo sistema, inmutable e incuestionable, aumentando las resistencias. Por eso las primeras decisiones en 1823 se orientaron en esta dirección, esperando que el Monarca y todo el conjunto de las elites del régimen adoptaran a toda costa la misma actitud que en 1814.

El Monarca no abandonó los principios del régimen absoluto, por mucho que la política de la década pueda tener la tentación de calificarse de «reformismo fernandino». Tal reformismo, dependiendo de los distintos ensayos, no era de naturaleza política, sino técnica, aunque a medio plazo abriera las espitas de la alternativa liberal. Su finalidad no era la reforma liberal, ni moderada en sentido político; muy al contrario, siguió teniendo especial aversión a los liberales y se mostró proclive a la represión, más contundente si cabe que en la etapa anterior. Pero sí fue sensible a las consideraciones y presiones de sus consejeros, militares o técnicos, y de un sector de las camarillas de Palacio, y también de sus aliados exteriores, sobre todo de la Francia de Luis XVIII y de las recomendaciones zaristas. De esta forma se combinó represión y posibilismo. Para los partidarios de mantener intacto el régimen en todos sus sentidos (realistas-carlistas) el primer aspecto fue aplaudido, pero no el segundo en cuanto entrañara fórmulas reformistas, dando fruto a una oposición manifestada tanto en Palacio como en sublevaciones armadas que no cuestionaban la legitimidad del Rey pero sí su política. Así, Fernando VII empezó a temer tanto a la insurrección liberal como a los realistas-carlistas. En suma, no había división en el absolutismo, aunque sí en sus prácticas, que al fin y al cabo tenían la misma finalidad: el mantenimiento del Estado absoluto. El trasunto durante diez años consistió, entre reformistas y resistentes, en cómo convencer al Rey en una u otra dirección, para culminar con la cuestión dinástica.

Cuando Fernando VII sale de Cádiz el 30 de septiembre de 1823 ya se había puesto en marcha el funcionamiento político e institucional diseñado seis meses antes, encaminado a una nueva restauración. El 6 de abril de 1823 se formó la *Junta provisional de Gobierno de España e Indias,* presidida por Francisco Eguía y reconocida por Angulema, con un manifiesto dado en Bayona en el que se establecían las líneas básicas de la vuelta al absolutismo. Apelando al legitimismo, se restablecía la situación institucional anterior a marzo de 1820. El poder local fue repuesto con los contenidos y personas de 1820 y destituidos los ayuntamientos constitucionales. Al mismo tiempo se creaban instrumentos de represión: *Comisiones de depuración,* que anulaban nombramientos y ascensos después del 7 de marzo de 1820. Además se creaba el cuerpo de *voluntarios realistas,* de notables consecuencias posteriores al actuar de catalizador de propuestas absolutistas y que venía a proporcionar carta de naturaleza legal a la participación armada del elemento civil para defender sus principios, de forma similar al carácter dado a la milicia nacional por los liberales, ante un ejército heterogéneo en su composición y actitudes. El 9 de abril la Junta se instaló en Oyarzun, mientras las tropas de la Santa Alianza se adentraban en la Península. Una vez que Angulema llegó a Madrid, la Junta, reconstruyendo los mecanismos institucionales del Antiguo Régimen, fue sustituida por una *Regencia,* legitimada por una propuesta de los Consejos de Castilla e Indias, también con el reconocimiento del duque de Angulema. Se recurría así otra vez a una transición institucional, sobre la base del legitimismo, hacia el poder personal del Monarca. La Regencia fue presidida por el duque del Infantado y compuesta por personajes vinculados de forma significativa al absolutismo en su práctica más estricta: Calomarde, como secretario, y el duque de Montemar, barón de Eroles, obispo de Osma y

El general Riego es apresado en septiembre de 1823.

Antonio Gómez Calderón. En esta misma dirección la Regencia nombra un Gobierno presidido por Víctor Damián Sáez, «secretario de Estado», encargado de desarrollar las prácticas de la represión puesta en marcha y de reconstruir el funcionamiento del Estado absoluto.

La vuelta a la situación anterior a 1820 significó una secuencia de disposiciones sobre todo durante el mes de junio, por las que se restablecía el sistema de contribuciones, derogando la normativa hacendística del Trienio, se rehabilitaban las instituciones religiosas suprimidas o reformadas, con la anulación también de los decretos desamortizadores y la devolución de las propiedades eclesiásticas vendidas durante la etapa liberal, se restituían los derechos señoriales, las vinculaciones y todo el conjunto jurídico del Antiguo Régimen abolido durante el Trienio.

El asunto de una represión orientada sistemáticamente a la anulación de cualquier atisbo de liberalismo ejercida con intensidad, empezó a mostrar discrepancias, sobre todo expresadas por el duque de Angulema. La represión no fue cuestionada, pero sí se abrió un debate entre unas prácticas más intolerantes y otras más moderadas, que venía a simbolizar el rumbo por el que se iba a orientar el restablecimiento del absolutismo. La Regencia, continuadora de la línea emprendida por la Junta, fue más proclive a la intransigencia. El *sistema de purificaciones* fue diseñado formalmente o «institucionalizado» en el mes de junio, además de constituirse *Juntas de purificación* en las provincias. Las depuraciones de civiles, por unas juntas que se renovarían en 1824, alcanzaron cifras elevadas que algunos estudios sitúan en 80.000 personas hasta 1828. La represión fue ejercida no sólo con personajes vinculados a la causa liberal y al discurso del Trienio, autoridades locales, miembros de la milicia nacional, compradores de bienes nacionales, sino sobre cualquier individuo sospechoso de actividades liberales, para cometer arbitrariedades como consecuencia de la interiorización de un concepto «liberal» aplicado a todo lo que no respondiera al legítimo sistema absoluto. Entre los partidarios de esta política se encontraban amplios sectores del clero, alarmados por la política liberal, que a sus alocuciones desde el púlpito, de notable influencia en la creación de opinión, se sumó la actuación de las *Juntas de Fe,* ocupadas de taponar la difusión de ideas liberales y heréticas, mientras se demandaba el restablecimiento de la Inquisición. Las depuraciones abarcaron también al ejército, a través de comisiones militares, para esas fechas calado en parte por la ideología liberal y ocupado en el imposible mantenimiento del Estado transoceánico. Por su parte, el acceso al cuerpo de voluntarios realistas quedó regulado el 10 de junio.

En este contexto Angulema protagonizó la primera respuesta de los proyectos de la Santa Alianza, que no acababan en el terreno militar. El 8 de agosto, ante el cariz de la represión, Angulema publicó una ordenanza encaminada a frenarla, aunque se retractaría el día 26. Tanto la Francia de Luis XVIII como la Rusia zarista entendieron, en un sentido posibilista, que el restablecimiento del régimen no debía plantearse en términos intransigentes, siendo partidarios de una actitud tolerante, sin la radical represión, contemplando el asunto de una amnistía, al tiempo que consideraban que el mejor método para evitar futuras veleidades revolucionarias era la adopción del régimen de *Carta Otorgada* practicado en Francia y que no empañaba el principio de legitimidad encarnado por el poder absoluto del Monarca.

Algunos sectores de las elites vinculados al Estado y a medios cortesanos también fueron proclives a esta actitud, imbuidos unos por la cultura ilustrada y afrancesada y partidarios de ensayos administrativos para desbloquear el Estado y no a través de la represión, y otros, entre ellos títulos nobiliarios, conscientes de que el restablecimiento jurídico no podía frenar un proceso de deterioro en la práctica del régimen señorial y sus rentas, de pérdida de poder político e institucional y que al fin y al cabo el protagonismo podía pasar a las capas populares «realistas». De todas formas estas actitudes no fueron ni inmediatas, ni generalizadas, diseñándose y limándose a lo largo de los años 20. Así se abría la posibilidad de distintas estrategias, pero que no entrañaban cuestionamiento del absolutismo, ni de Fernando VII ni de todo lo que representaba. Eran las versiones de lo que convencionalmente se puede llamar «ultra» y «reformismo antiliberal».

El 1 de octubre Fernando VII, a través del Manifiesto del Puerto de Santa María, condenó toda la obra del Trienio y revalidó la actividad de la Junta y de la Regencia, olvidando cualquier compromiso con los liberales en Cádiz. El 13 de noviembre entra en Madrid, cuando ya está desmantelada la obra del Trienio y ha cundido la represión, confirmando el Gobierno presidido por su confesor Sáez.

Los primeros veinte días del Monarca en Madrid ejemplifican la trayectoria de presiones hacia Fernando VII, ventiladas en Palacio, de diversa procedencia en las direcciones antes apuntadas, incluidas las de potencias exteriores. Lo mismo que Angulema había dado muestras de recelo ante la política intransigente, parece que las gestiones realizadas por el enviado ruso Pozo di Borgo, encaminadas a la sustitución del Gobierno ultra de Sáez, tuvieron eficacia, y también la influencia de otros personajes ligados a Palacio, al Monarca o los que recobraban importancia en la maquinaria del Estado absoluto. Entre ellos tuvo especial incidencia en la decisión del Rey, su amigo personal Ugarte, paradigma de la influencia de las camarillas palatinas, sobre todo en el periodo 1814-1820, y que ahora regresaba del exilio. De esta forma el 3 de diciembre es nombrado un nuevo Gobierno, con pieza clave en el marqués de Casa-Irujo (ministro de Estado), amigo de Ugarte, y compuesto además por Ofalia, López Ballesteros, Salazar y Cruz, Gobierno de carácter más moderado y técnico. Desde el punto de vista institucional, ya en la anterior etapa los Consejos, en especial el de Castilla, habían ido perdiendo peso específico y contenidos, todavía no recuperados de su escasa operatividad en 1808. En 1823 habían servido para legitimar la transición hacia el absolutismo, pero sus atribuciones se transferían por delegación del Monarca a los secretarios de Despacho en un proceso iniciado anteriormente. La novedad reside en que la normalización y adaptación institucional a la situación se realizó por un real decreto de Fernando VII de 19 de noviembre de ese año, creando formalmente el Consejo de Ministros. Al mismo tiempo que a primeros de diciembre se nombraba el citado nuevo Gobierno con personajes de tendencia más tolerante, se reinstalaba el Consejo de Estado, de composición ultra, que actuó como organismo vigilante y resistente de los Consejos de Ministros más proclives a la moderación, aunque en él se sentarían también firmes partidarios de la intransigencia. A lo largo de la década las tensiones entre ambos organismos fueron frecuentes en torno a los puntos más conflictivos de las reformas, y que provocó en ocasiones la suspensión de uno u otro organismo. Tampoco el Consejo de Estado era homogéneo: a finales de diciembre de 1823 muchas posiciones se definieron en el interior del mismo después del tenso debate sobre el asunto de la amnistía. Estos enfrentamientos provocaron la suspensión del Consejo de Estado durante 1824 y 1825 (restablecido el 28 de diciembre de este año), periodo bianual que coincide con prácticas reformistas por parte del Consejo de Ministros. Desde 1825 el Consejo de Estado actuó frenando proyectos de reforma del Gobierno.

Respecto al ejército el Monarca también fue sensible a algunas observaciones. A los ojos del absolutismo un heterogéneo ejército no contaba con elevadas dosis de fiabilidad, sobre todo después de los acontecimientos de 1820. De hecho, Eguía sugirió la creación de uno nuevo, pero técnica y económicamente era inviable a corto plazo, por lo que la política consistió en la consolidación del voluntariado realista, ya emprendida antes de la llegada del Monarca, y en la negociación con las tropas francesas para la prolongación de su estancia en la Península, para apuntalar el régimen. Las negociaciones culminaron en febrero de 1824 con el acuerdo de que se instalarían 45.000 soldados franceses en 18 plazas, cada una con un comandante francés y con competencias de gendarmería. El sostenimiento económico corría a cargo de las arcas españolas. El convenio fue renovado anualmente hasta 1828. La política militar contempló igualmente el cierre de los centros de enseñanza militar, entre ellos la «Escuela Militar» el 27 de agosto de 1823, y la abolición del Cuerpo de Estado Mayor en 1824. La necesidad de reforma del ejército fue ensayada en el ámbito formativo y organizativo. El 29 de febrero de 1824 fue nombrada una Junta presidida por el general Venegas para poner en marcha el Colegio General Militar, inaugurado en Segovia el 1 de junio de 1825. Su reglamento de 20 de diciembre de 1824 establecía que los cadetes habían de aportar pruebas de nobleza, excepto los hijos de militares con grado mínimo de capitán. Más tarde se insistiría en este aspecto, suprimido por la legislación liberal anterior, al obligar a realizar pruebas de nobleza, por real orden de 6 de octubre de 1827, a quien no las hubiera realizado. La reorganización del ejército tuvo su episodio legal más importante precisamente el año 1828, en que finalizó la renovación de los citados acuerdos de presencia de tropas francesas. El real decreto de 31 de mayo de 1828 establecía 230 generales y reordenaba el ejército en el Estado Mayor General del Ejército, formado por los capitanes generales, tenientes generales, mariscales de campo y brigadieres. La realidad del número de generales era muy distinta, ya que doblaba las cifras de una reforma cuyas disposiciones no se llevaron a efecto, sobre todo por la coyuntura crítica para el régimen en 1830 —revolución liberal europea y cuestión dinástica— y el inicio de la Guerra Carlista en 1833.

Por otro lado el 13 de enero de 1824 fueron creadas las *Comisiones militares ejecutivas*, para depurar un ejército en su versión liberal ya afectado por la represión del año anterior y el exilio, que ahora se institucionaliza y regula. De todas formas, estas Comisiones, que actuaron hasta agosto de 1825 como tribunales extraordinarios, lo hicieron frente a todos los sospechosos de actividades contra el absolutismo: armas, propaganda, disturbios o delitos políticos. Instruyeron y juzgaron más de mil casos, entre ellos 132 penas de muerte.

El sistema de purificaciones fue aplicado a las universidades por real cédula de 21 de julio de 1824, quedando vacantes las cátedras ocupadas hasta entonces por profesores vinculados a la causa liberal. En el terreno educativo superior el restablecimiento de la Universidad de Alcalá de Henares el 12 de agosto de 1823 se había inscrito en el proceso de reinstalación del conjunto institucional del Antiguo Régimen, al reproducir los esquemas del modelo educativo frente al modelo liberal de Universidad Central creado durante el Trienio.

La relativa homogeneidad de un Gobierno de tono reformista se vio truncada en 1824, con el fallecimiento del marqués de Casa-Irujo el 17 de enero. Le sustituye Ofalia al día siguiente en el Gobierno como ministro de Estado, pero entra en el hueco dejado por éste, Gracia y Justicia, Calomarde, uno de los personajes ultras más significados de todo el periodo. Por otro lado el 2 de febrero Ugarte es nombrado secretario de Estado y del Consejo de Ministros, que influirá, como había hecho en el nombramiento de Casa-Irujo, en la caída de Ofalia en el mes de julio. Detrás de la actitud de este hombre de negocios, de posiciones absolutistas y ligado a las actividades en Palacio de grupos realistas, parece situarse la ofensiva de la diplomacia rusa —antes en colaboración con di Borgo, ahora con el nuevo ministro ruso Ubril— para acrecentar su influencia en la Corte española y desplazar la preeminencia francesa. Será relegado por Cea y perderá influencia en Palacio poco después, al tiempo que la aumenta Calomarde como gran confidente.

Mientras tanto se han puesto en marcha algunas reformas por los ministros López Ballesteros y Cruz que provocan el recelo, sobre todo respecto a este último, de los sectores ultras. El primero publica en febrero las reformas del sistema tributario, inviables a corto plazo y basadas en soluciones administrativas de reajuste impositivo sin alterar en lo fundamental el sistema, abandonando la idea de la contribución única. El segundo, ministro de Guerra, también de actitud moderada, inicia la reorganización del ejército, en el sentido de la mediatización de la influencia del voluntariado. El 28 de febrero ya publicó un reglamento para voluntarios realistas, mal recibido por éstos. El 9 de agosto publicó la reordenación del ejército realista, reduciendo los grados autootorgados. Mientras, las posiciones ultras de disolver el ejército se iban frustrando. En ese mismo mes un hecho multiplicó las respuestas y presiones políticas ultras y sirvió para apear a Cruz del Gobierno. El 3 de agosto desembarcó en Tarifa el coronel Valdés, manteniéndose en su posición hasta el día 19. Fracasada, la intentona liberal se saldó con la represión, 36 fusilamientos, y la sustitución el día 26 del ministro de Guerra Cruz, acusado de dejación o connivencia con Valdés, por el ultra Aymerich, y del superintendente Arjona por el también intransigente Mariano Rufino González.

Para entonces nuevamente la cuestión de la aministía y la represión ya habían provocado la acentuación de las posiciones ultras. Tres meses antes de la intentona de Valdés, el 1 de mayo, se había firmado un decreto de amnistía, publicado en la *Gaceta* el día 20, como fruto de las presiones exteriores que incluyeron la amenaza de retirada de las tropas y la ruptura del convenio firmado el mes de febrero. Más que una amnistía en sentido estricto, se trataba de practicar una represión más cualificada, es decir, frenar las actividades indiscriminadas llevadas a cabo por los voluntarios realistas y los organismos encargados de las «purificaciones». En la práctica la amnistía se demostró muy limitada al contemplarse en su articulado numerosas excepciones. Sirvió para atemperar la presión exterior, pero también para intensificar la oposición ultra. Durante 1824 la represión se institucionalizó. A la creación de las comisiones militares ejecutivas, se sumaron la reanudación de las Juntas de Purificación en febrero, que se extendió, como se ha visto, a partir de julio, a las universidades con un sistema de depuración de profesores y estudiantes, y las Juntas de Fe, establecidas en las diócesis y ocupadas de la supervisión de libros, folletos y todo tipo de publicaciones, también de actividades. En el mes de enero se habían prohibido los periódicos no oficiales, y se había creado la policía de forma oficial, aunque sus actividades llevaran a desvelar conspiraciones ultras, convirtiéndose en un organismo que escapaba al control de éstos. La dualidad represión-pretensiones tolerantes, en el sentido de práctica selectiva, continuó provocando tensiones en el Gobierno y en los círculos de Palacio, como lo muestra el significativo decreto de octubre de aquel año con medidas sobre delitos políticos, incluida la pena de muerte, que fue frenado en su trámite sin llegar a ser publicado.

En el Gobierno, Ofalia fue desplazado el 11 de julio y sustituido por Cea Bermúdez, otro de los personajes políticos clave en la crisis final de absolutismo y de los ensayos reformistas en un sentido administrativo. Este comerciante malagueño había desempeñado misiones diplomáticas en San Petersburgo en 1810, y en 1824 procedía de Londres como Encargado de Negocios. Entre julio de 1824 y octubre de 1825 tuvo ocasión de llevar a cabo un proyecto de remozamiento del régimen, con ciertas dosis de apertura, sin abandonar la práctica de la represión, al modo ilustrado, quizá con demasiadas resistencias de los círculos ultras, que empezaron a multiplicar sus respuestas. En 1832 protagonizaría nuevamente el intento en una transición ya irreversible.

Entre estas fechas se creó la Junta de Fomento de la Riqueza del Reino (enero de 1824) como pieza de la política reformista, y una Junta Consultiva de Gobierno «para examinar el estado actual de la nación», el 13 de septiembre de 1825, que junto con el Consejo de Ministros, no exento de enfrentamientos, eran los instrumentos de la política de Cea y los reformistas antiliberales. Durante 1825 riqueza y educación volvieron a ser los puntos nodales de una política de corte «ilustrado». En julio se publicó la legislación sobre minas y la reglamentación de López Ballesteros sobre los empleados de Hacienda, en octubre se publicó el decreto sobre el arancel general. En el terreno educativo el 14 de octubre de 1824 se había puesto en marcha el Nuevo Plan de Estudios para las universidades, con sentido unificador para todas las del país, según el modelo ya intentado por el reformismo ilustrado del periodo de Carlos IV, con la acentuación del intervencionismo estatal que regulaba todos los aspectos de la vida universitaria. Respecto a la enseñanza primaria, la legislación promovida por el ministro Calomarde, tuvo su expresión en el *Plan y Reglamento de Escuelas de Primeras Letras del Reino,* publicado el 16 de febrero, tratando de responder a métodos y contenidos acordes con el discurso ideológico del absolutismo y que confiaba la enseñanza primaria a las órdenes religiosas. Para la aplicación de las reformas se creó en diciembre la Inspección de Enseñanza.

Detrás del conjunto reformista, sobre todo en el aspecto económico y técnico de López Ballesteros, más que en el educativo de Calomarde, subyacen inevitables problemas políticos, aunque las reformas fueran administrativas en su concepción. Las resistencias ultras se intensificaron en Palacio al igual que a través de la publicística o la revuelta armada. Durante 1825 Cea logró la destitución de Ugarte como secretario del Consejo de Ministros y la sustitución de Aymerich por Zambrano en el Ministerio de Guerra, pero no pudo impedir más tarde su propia caída.

El año anterior, mayo de 1824, se había producido el primer destello ultra en el plano conspirativo, que a partir de entonces simultanearía presiones políticas en el Gobierno y en Palacio con insurrecciones armadas. Así se inauguró una secuencia conspirativa de levantamientos armados de naturaleza compleja, cuando no confusa, tanto por sus participantes como por sus objetivos. En este caso fue la conspiración del brigadier Capapé en Aragón. El año 1825 se inició con la discusión en el Consejo de Ministros del contenido de un folleto, de los muchos que aparecerán de dudosa paternidad, titulado *Españoles, unión y alerta,* terminología en toda su extensión utilizada en múltiples acepciones del tradicionalismo y el involucionismo. Se sitúa cronológicamente en las fechas de la destitución de Ugarte, pero el juez de esta causa apuntó el 26 de marzo hacia colaboradores más directos de la secretaría del infante Carlos, cuyo nombre empieza a estar vinculado a las actividades ultras. En abril Calomarde propuso amnistía para los inculpados en este caso. Las conspiraciones ultras y su multiplicación señalaron al ministro Aymerich el 13 de junio, que fue sustituido por Zambrano el día 27, después de incidentes protagonizados en diversas poblaciones. También fueron destituidos varios mandos militares y el 4 de agosto se ponía fin a las Comisiones Militares Ejecutivas, las causas contra liberales pasarían a tribunales ordinarios. Por su parte el Monarca, sujeto a las presiones desde Palacio y a las resistencias ultras, había publicado un decreto el 19 de abril de 1825 reafirmando el poder absoluto sin ningún tipo de aperturas, que no logró tranquilizar las exigencias de estos sectores.

El 15 de agosto una nueva sublevación ultra adquirió mayores dimensiones. La intentona en Sigüenza protagonizada por el general Bessieres, concluyó con el fusilamiento once días más tarde del General y sus colaboradores en Molina de Aragón, pero también con la expulsión de Madrid de varios personajes vinculados a las actividades ultras. Era un intento de frenar a los realistas. Actitud aparentemente contradictoria, pero lógica en una dinámica administrativa que acababa condicionando el inmovilismo político, esto es, los atisbos de una política reformista desde arriba y las respuestas de los partidarios de mantener intacto el régimen. En todo caso, desde la perspectiva de estos sectores, el recelo o el miedo no era hacia el liberalismo del Trienio, diezmado, reprimido y sin un gesto de conciliación efectiva desde el poder (una semana antes del fusilamiento de Bessieres, había sido fusilado *El Empecinado* en Roa), sino hacia las presiones exteriores y de reformistas en el interior como Cea o en el exterior como Javier de Burgos. La batalla se libraba sobre todo en los medios palatinos y en las exposiciones al Rey, habitual medio de presión colectivo que llegó a ser prohibido por un decreto del 4 de septiembre de 1825, al tiempo que la respuesta en forma de partidas ocupaba al voluntariado y a unas complejas bases sociales de carácter popular.

La creación de la citada Junta Consultiva de Gobierno en septiembre de 1825, como resultado de la política reformista, fue el acto culminante de estas pretensiones. El último trimestre del año se saldó con dos compensaciones a favor de los ultras: la sustitución de Cea por el duque del Infantado en el Ministerio de Estado y el restablecimiento del Consejo de Estado, instrumento básico en el filtro ultra a las reformas. El Consejo de Ministros reunía dos tendencias: el duque del Infantado y Calomarde por un lado, y López Ballesteros, Salazar y Zambrano por otro. Entre el 9 de febrero y el 29 de agosto de 1826 el Consejo de Ministros fue suspendido y sus funciones asumidas por el de Estado. En este mes, sin embargo, la crisis portuguesa y la situación política condicionan la dimisión del duque del Infantado y su sustitución por González Salmón, de talante menos intransigente pero próximo a Calomarde. El reformismo desde arriba continuó su trayectoria, al tiempo que se abandonaban las conversaciones con intermediarios de algunos sectores liberales del exilio.

A partir de 1826 la situación política adquiere un perfil más definido, y no por ello menos complejo, respecto a las posiciones continuamente enriquecidas de las distintas opciones absolutistas, también liberales, que culminarán con la prueba de fuego de la cuestión dinástica. En 1826 se abrió la crisis portuguesa, que actuó de referente en las posiciones de los grupos políticos y del contexto internacional. También se había consumado la ruptura del Imperio transoceánico. Y en el interior, los realistas-carlistas animan sus respuestas armadas, que no cuestionan al Rey, pero empiezan a acentuar el liderazgo del infante Carlos, y que tuvo en la revuelta de los *agraviados o malcontens* de 1827 el conflicto de mayor envergadura, cuyas consecuencias ajustaron aún más las posiciones. Por su parte los liberales en 1826 optan por la insurrección organizada desde el exterior, a partir de las estrategias y grupos de Espoz y Mina y Torrijos. Mientras, el Rey y los reformistas («moderados», «fernandistas») embarcados en las reformas administrativas sin aperturas políticas, hacen frente a las actitudes de los realistas carlistas y de los liberales a través de la represión de los levantamientos. En 1830 el contexto internacional de las revoluciones liberales, las nuevas expectativas del liberalismo español, por un lado, y la cuestión dinástica como punto definitivo de la crisis política del Estado absoluto, por otro, dominan el panorama hasta la muerte del Rey en 1833.

En 1826 el desencadenamiento de la crisis en Portugal influyó en medios cortesanos y contribuyó a definir muchas posiciones en el Gobierno y en la política de Fernando VII. Detrás de la cuestión sucesoria portuguesa, como ocurriría después en la española, subyacían las distintas maneras de entender y proyectar el funcionamiento del Estado y sus contenidos políticos. El 10 de marzo de ese año falleció Juan VI de Portugal. Su hijo Pedro, emperador de Brasil, propició la Corona para su hija María de la Gloria, con la iniciativa de dotar al país de un sistema constitucional, frente a su hermano Miguel, candidato al trono en su versión absolutista. Para los liberales españoles se abrían nuevas expectativas, en su proyecto insurreccional; para Fernando VII era una amenaza liberal. El 15 de junio volvió a recurrir al decreto de 1825 reafirmando el inmovilismo con la promesa de no realizar cambios, algo en sintonía con los medios ultras de la Corte y el Gobierno, al tiempo que en agosto suspendió los contactos que por entonces se habían iniciado con intermediarios, en forma de conversaciones con algunos sectores liberales del exilio. En el mes de septiembre fueron condenados más de un centenar de soldados de la Caballería de Olivenza dispuestos a unirse a los liberales portugueses, y el día 23 de ese mes el Rey solicitaba medidas para evitar el contagio con Portugal, después haber detectado la presencia de liberales españoles en la frontera. En este contexto, a partir de octubre se inicia el apoyo a la sublevación absolutista de Miguel de Portugal, que se refuerza con apoyo logístico de una proyectada invasión de Portugal por parte de refugiados absolutistas portugueses en España. La proyectada invasión fracasó el 17 de enero de 1827, y el Rey, presionado desde el exterior y por el Gobierno, decide poner fin a su apoyo a los miguelistas. Mientras tanto se acentuaban las prácticas de reformismo técnico de su Gobierno.

8.2. Realismo-carlismo y la revuelta de los agraviados

Hasta 1827 los *realistas* («ultras»), como actitud política e ideológica unitaria, multiplicaron su oposición creciente a la política llevada a cabo por los secretarios de Despacho, no tanto por una apertura política inexistente, como por el no cumplimiento del restablecimiento de todas las variables del cuerpo jurídico o institucional del absolutismo y determinadas promesas de 1823. Y este discurso mantuvo una homogeneidad desde las formulaciones realistas del Trienio hasta los años 30 pasando por la revuelta de los agraviados, alimentando en sus estrategias de oposición por los acontecimientos desde 1827, entre ellos las consecuencias de la revuelta, la cuestión del liderazgo en el contexto dinástico y las actitudes realistas carlistas del levantamiento de 1833. Son las piezas de un mismo discurso. La oposición hasta 1827 tuvo su expresión. desde arriba en las presiones en Palacio, la actuación del Consejo de Estado y de ministros como Aymerich y el duque del Infantado, las actitudes del voluntariado realista, y la práctica de conspiraciones armadas como las de Capapé y Bessieres, que no planteaban la sustitución del Rey. Pero sobre todo, antes de la respuesta armada de un conjunto social heterogéneo, las bases realistas de extracción popular, campesina, con religiosos y combatientes realistas desintegrados del ejército, predominaron las exposiciones colectivas al Rey de sus quejas, fórmula habitual desde 1814. Estas formulaciones realistas en proclamas, manifiestos y exposiciones tenían una columna vertebral y coherente que procedía de los sublevados realistas de 1822, pero que se nutre de la oposición a la política del Monarca desde 1823 con la proliferación de la literatura y publicística antiliberal y es recogida por las proclamas de los agraviados en 1827 y se mantendrá en lo esencial en las formulaciones del carlismo después de 1833. El realismo desde 1823 insiste en la reposición de la Inquisición (todavía en enero de 1826 el Consejo de Estado propone su restablecimiento), la falta de purificaciones masivas y el levantamiento de la «alerta» en 1824, el incumplimiento de promesas económicas a los antiguos combatientes del Trienio, las regulaciones de los voluntarios realistas (después de la política del ministro Cruz, y la posterior caída de Aymerich, en 1826 hubo una nueva reglamentación del voluntariado), y la protesta contra las «infiltraciones de liberales» en la Administración y en Palacio y las actividades de las sociedades secretas. En los numerosos escritos de esta naturaleza realista, como el de Mariano Luis de Almagro (1824), un anónimo de 1825 o el de Vicente Álvarez Rivera (1826) se abundaba en los principios inmutables de la monarquía absoluta y en la incuestionada legitimidad de Fernando VII, al que se advertía sobre las conspiraciones de los enemigos del altar y el trono, los liberales, a través de la policía, la actividad de masones, empleados del Monarca disfrazados, al tiempo que insistían en las quejas de la persecución de los auténticos defensores de los principios legítimos y del Rey. Éste será el tono y el contenido de las quejas de los agraviados en una línea de continuidad.

Fuera de esta línea, en contraste con las pretensiones de confusión de sus anónimos autores, se sitúa un controvertido manifiesto, objeto de debate historiográfico en su autoría, contenidos y objetivos, fechado el 1 de noviembre de 1826 y difundido a principios de 1827: el *Manifiesto de la «Federación de realistas puros»*, de dudosa paternidad. Estudiado por Julio Aróstegui, el contenido doctrinal era pretendidamente realista y no era una novedad la proclamación del infante Carlos como rey (ya existían indicios de proclividad dinástica hacia el Infante antes de 1826), pero sus reivindicaciones difieren de las de los realistas del Trienio y de las de los agraviados en 1827, y su terminología y connotaciones se distancian de los escritos realistas: se justifica la sublevación de 1820, no invoca a los realistas ni al voluntariado sino «a la honrada masa del pueblo español», y lo verdaderamente inédito es el ataque, con tono despreciativo y ofensivo, al Rey, cuando la publicística realista atacaba a los servidores del Rey y no a su persona, siempre legítima en sus actos. Este Manifiesto no era realista, y su autoría puede relacionarse desde con liberales en el exilio hasta con grupos relacionados con la crisis portuguesa. En todo caso era una provocación, una invitación a la revuelta, en un confuso ambiente de conspiración que caracteriza el periodo 1827-1833. La reacción oficial, fechada el 26 de febrero de 1827 y firmada por Calomarde, fue una nota de 1 de marzo de ese año en la *Gaceta* con el título «Real Orden comunicada al Gobernador del consejo para que persiga a los que expendan o retengan el infame libelo que se cita».

En 1827 las protestas realistas (o ultras) adquirieron forma de sublevación armada en la «revuelta de los agraviados» en Cataluña o de los «malcontents», significativo punto de inflexión en la trayectoria de las respuestas estratégicas del realismo y en la del reformismo desde el poder, y en torno a las personas que las encarnaban en la familia real: Fernando VII y el infante Carlos. Era un paso más en la oposición de los realistas.

A principios de 1827, pues, el realismo retomaba el recurso a la revuelta armada en forma de partidas, toda vez que el reformismo (conspiración liberal desde su perspectiva) se consolidaba y las reivindicaciones ultras se alejaban. El 11 de marzo de este año Tortosa fue escenario inicial de una secuencia de conspiraciones realistas en Cataluña, en partidas mandadas por el comandante Trillas y el capitán Llevet. El 1 de abril Narcis Abrés se sublevó cerca de Gerona, extendiéndose la sublevación por el norte de Cataluña. Durante cuatro meses la sublevación va cuajando, extendiéndose con el nombre de los «agraviados», durante el mes de julio y agosto hacia Manresa, Vich y Olot. Desde las primeras partidas la sublevación se justifica en función de la defensa de la Corona y de Fernando VII, poco menos que secuestrado por los conspiradores. Cuando el movimiento de los «agraviados» o «malcontents» se ha extendido, una proclama de Bosoms en Berga el 30 de julio confirma y resume los objetivos, ya expuestos en múltiples manifiestos anteriores a 1827. En primer lugar se insiste en que no va dirigido contra el Rey, sino contra los traidores de un Gobierno que actúa contra los auténticos defensores del régimen de 1823, al tiempo que expone las quejas por el tratamiento dado a los voluntarios realistas. En la sublevación confluían unos espacios y un conjunto social heterogéneo que ya había dado contenidos a los realistas del Trienio y los proporcionará con mayor envergadura en la sublevación y guerra civil de 1833. Es el primer movimiento de *masas antiliberal*, como respuesta a la experiencia liberal del Trienio, primero, y a la política del Gobierno de Fernando VII desde 1823. Se trata de capas sociales ligadas al mundo campesino y mundo de los oficios en declive (artesanado de las comunidades rurales y pequeños núcleos urbanos), sectores resistentes a las reformas y más aún a la ruptura liberal, a los que se añaden los clérigos, y oficiales vinculados al voluntariado, conjunto social que a lo largo de décadas, ya bajo la denominación de carlismo, se irá ampliando con otros sectores sociales de extracción urbana y del conservadurismo de territorios forales. Capas populares que tienen como referente al Rey legítimo para mantener la estabilidad de un mundo de corte estamental que se agota, espoleado por la acentuación de la crisis económica en los medios rurales y artesanales, sobre todo en aquellos territorios de autonomía foral —en términos jurídicos, fiscales, militares, con vínculos clásicos de protección— amenazada por los proyectos de centralización del Estado liberal o reformista.

El 28 de agosto los agraviados se instalan en Manresa, y crean un organismo para dar cobertura organizativa e institucional al movimiento, con el nombre de *Junta Superior Provincial de Gobierno del Principado*. El 9 de septiembre un bando dado en esta ciudad por el presidente de la Junta, Agustín Saperes, insistía en la fidelidad de las tropas sublevadas, ya de notables dimensiones en número y extensión, al rey Fernando. La sublevación se había ido extendiendo a Solsona, Olot, Cervera, Vich (29 de agosto), hacia el norte (Gerona) y hacia las comarcas de Tarragona. El 5 de septiembre los agraviados forman una Junta en Cervera, y en los dos días siguientes el dirigente Rafí Vidal entra en Valls y Reus. La sublevación se irá salpicando en otros focos desconectados de Cataluña, durante este año y el siguiente, en Aragón, Valencia, País Vasco y la zona manchega de Castilla.

Las proclamas siempre eran coincidentes en lo fundamental, repitiéndose los alegatos de manifiestos anteriores o de la proclama de Berga. Reivindicaban el cumplimiento de las promesas realizadas sobre el realismo y sobre el voluntariado, restableciendo el absolutismo y la Inquisición, multiplicándose las quejas contra los liberales presentes en los órganos del Estado y en Palacio, en un contexto de descontento social en el campo precipitado por el recrudecimiento de la crisis económica en 1827. Los agraviados, por tanto, no inauguraban ni modificaban los contenidos de la protesta, sino que lo expresaban en forma de respuesta armada. El 4 de septiembre había comenzado a publicarse en Manresa el periódico de los sublevados *El Catalán Realista* con expresión harto elocuente en sus principios: «Viva la religión, viva el rey absoluto, viva la Inquisición, muera la policía, muera el masonismo y toda la secta impía.»

Ante la magnitud de una sublevación dispersa pero extendida, la respuesta del Monarca fue significativa en el discurso del Estado absoluto. El Rey, sensible a sus consejeros, y al que apelaban continuamente los sublevados, optó por tomar la iniciativa como estrategia en un doble plano: encargar la represión de la sublevación a principios de septiembre al conde de España, y realizar un viaje en vez de enrocarse en Palacio. La segunda quincena de aquel mes, Fernando VII viaja a Barcelona, pasando por Valencia y Tarragona, en un periplo por Cataluña que se prolongará desde el 28 de septiembre hasta el 9 de marzo del año siguiente, de forma intermitente, y más tarde también un largo circuito que se amplió por la submeseta norte, Zaragoza, Pamplona y el País Vasco hasta el 11 de agosto de 1828. Un viaje eficaz, al menos coyunturalmente, apoyándose en el legitimismo y en una *política casticista* aprovechando el mundo de las percepciones de sus súbditos que no tardaría ya mucho en quebrarse.

El 28 de septiembre, cuando llegó a Tarragona, instó a través de un manifiesto a deponer las armas a todos los sublevados. Para éstos eran palabras mayores en tanto que habían justificado la insurrección misma apelando al Monarca. Las rendiciones se multiplicaron de forma inmediata. Fernando VII argumentó que aquél no era el camino para atender las demandas, realizando promesas al mismo tiempo que amenazaba con la represión de los insurrectos. A principios de octubre muchas ciudades importantes como Olot y Cervera se habían entregado sin resistencia y el impulso de la sublevación tocaba a su fin. La segunda parte fue la prolongada actividad de represión por el conde de España, sobre todo dirigida contra los líderes del movimiento. El 7 de noviembre varios fueron ejecutados, entre ellos Rafí Vidal y Olives. En octubre una Junta encargada por el Rey para analizar la sublevación había emitido un dictamen exculpatorio, pero no impidió estas prácticas represivas a los *malcontents* en Cataluña, que también se extendieron a los liberales. En sentido estricto, la sublevación había sido liquidada y descabezada ya en noviembre de 1827, pero la represión continuó. El 13 de febrero de 1828, Bosoms fue fusilado en Olot, el Rey prolongó su viaje y se mantuvieron esporádicos focos de partidas realistas o agraviados en Navarra, Palencia o La Mancha.

En la Corte también se habían intensificado las presiones y los movimientos de personajes ultras. La policía, creada en 1824, se había convertido en un instrumento peligroso para los conspiradores ultras, un cuerpo civil nuevo ligado a las actividades del Estado. Por eso en plena sublevación de los agraviados, el 1 de agosto, Calomarde incorporó la policía a su Ministerio de Gracia y Justicia para controlar sus actividades en contra de los ultras. Resuelta la insurrección, en el mes de diciembre de ese año, miembros del Consejo de Ministros pusieron de manifiesto la existencia de personalidades ligadas al Estado y la Corte que habían intentado extender el movimiento de los agraviados.

Las consecuencias de los agraviados marcaron un nuevo rumbo en los realistas. La sublevación había constituido un fracaso político. La respuesta de Fernando VII, la represión y su posterior política, frustró sus aspiraciones temporalmente. Sintiéndose defraudados por un Rey legítimo que representaba sus principios y querían defender, la proclividad hacia la alternativa del Infante empezó a tomar cuerpo. No era nuevo, pero a partir de ahora adquiría consistencia, en el sentido de que, independientemente de la posición del Infante, real o distorsionada, respecto del realismo, este asunto se estaba ventilando en medios políticos y cortesanos. Fernando VII debió percibir esta situación sobre un posible cuestionamiento de su persona. El dudoso Manifiesto de 1826 era inédito, y tampoco estaba plenamente seguro de la evolución del discurso de los agraviados pese a las fervorosas declaraciones de adhesión. Sólo adquiere así sentido el largo viaje del Monarca como un acto de afirmación sobre su persona. Quedaba para los realistas la opción dinástica, en la que subyacía, esta vez sí, un asunto de legitimidad, coartada que ya cuestionaba directamente la persona de Fernando VII. Un episodio más de la secuencia ventilado a partir de 1830: la opción del realismo ya era la sucesión en el infante Carlos.

8.3. La utopía insurreccional del liberalismo español

Entre 1824 y 1826 las intentonas insurreccionales del liberalismo tuvieron un carácter más espontáneo e individual que coordinado. Acciones aisladas de un liberalismo reprimido en el interior y fragmentado en el exilio. En este contexto se sitúan las tentativas de Valdés en 1825 o de los Bazán en 1826 con el desembarco en Guardamar.

Según los estudios realizados por Irene Castells, a partir de 1826 se inicia otra fase con nuevas perspectivas y estrategias caracterizada por los esfuerzos organizativos insurreccionales, en torno a los líderes militares del exilio. Es decir, se pusieron en marcha los intentos de una dirección única y centralizada, con el convencimiento de que era el único instrumento de la vía insurreccional. Las estrategias insurreccionales se aglutinaron alrededor de jefes militares de la emigración: Espoz y Mina, y Torrijos, que representaban dos formas distintas de entender los objetivos y métodos insurreccionales, pero también dos concepciones políticas, ideológicas y estratégicas dentro del liberalismo. Así a partir de 1826 se configuraron dos núcleos conspirativos del fenómeno insurreccional.

Francisco Espoz y Mina representaba una actitud más organizativa que activista, contemplando diversas vías, sin descartar la posibilidad de un pacto con los personajes menos intransigentes del absolutismo. Impregnado de un talante más militarista y ordenancista, formaba parte de una generación de militares liberales de una revolución liberal concebida en términos elitistas y de naturaleza moderada. Menos proclive al pronunciamiento inmediato como brecha de la insurrección, proyectaba la idea de un ejército entrando en la Península. En 1826 no contaba con el liderazgo para asumir la dirección de la insurrección, afectado por el fracaso de las negociaciones del emigrado español Olavarría con representantes del reformismo del Estado absoluto, por sus indecisiones en torno al régimen liberal portugués y la posibilidad de una penetración en España por la frontera portuguesa. Hasta 1829 siguió actuando con su núcleo conspirativo, más en el terreno de la organización e información vinculado a los grupos de liberales en el interior, con un progresivo declive de su actividad en estas fechas, al tiempo que el grupo de Torrijos adquiría mayor protagonismo.

José María Torrijos aglutinó el otro núcleo esencial del insurreccionalismo a partir del exterior. Su figura y su trayectoria, adobados de ideal romántico, ejemplifican las actividades de un sector del liberalismo y de sus estrategias durante el primer tercio del siglo, y simbolizan la lucha en todos los terrenos contra el absolutismo. Carrera militar espectacular y rápida impulsada por su activa participación en la Guerra de la Independencia, inició con una generación de militares liberales la vía de la conspiración para restablecer la Constitución durante el periodo 1814-1820, resuelta de forma triunfante con el pronunciamiento de Riego y el inicio del Trienio. Representó la versión «exaltada», contribuyó a la creación de una sociedad secreta y combatió los levantamientos realistas. Desde su exilio británico fue adquiriendo el liderazgo del proyecto político insurreccional, sobre todo desde 1826, para dirigir en 1830 una estrategia común de penetración en la Península. Su concepción estratégica de la insurrección se concretaba más en el terreno práctico, activista, tratando de acelerar el «rompimiento» a través del modelo de pronunciamiento tradicional, entendiendo por ello el modelo de 1820. Más proclive a la colaboración con el elemento civil y urbano, representaba el liberalismo exaltado en términos políticos e ideológicos, y era partidario de un entendimiento con los radicales británicos de la época, imprimiendo entusiasmo en claves de héroe romántico con acciones inmediatas. Esta actitud tuvo su correlato como fórmula organizativa y política de la insurrección con la creación en 1827 de la *Junta Directiva del Alzamiento de España (Junta de Londres)*.

La Junta fue creada a impulsos de las nuevas condiciones creadas por el régimen liberal portugués de 1826, y desplegó una intensa actividad de contactos internacionales y en el interior sobre todo hasta 1830, con el objetivo de preparar y coordinar el pronunciamiento de forma unitaria. Creada el 1 de febrero de 1827, y liderada por Torrijos, estaba compuesta por 13 miembros, entre ellos Evaristo San Miguel, Francisco Valdés, Flores Calderón, Calatrava, el general Palarea... Este grupo de Torrijos multiplicó las actividades para una insurrección: en relación con los liberales portugueses plantearon estrategias comunes en torno a la idea, ventilada varias veces entre 1826 y 1831, de crear una Unión Ibérica de naturaleza liberal alrededor del emperador de Brasil, que se convertiría en el monarca constitucional. Los planes conspirativos con liberales portugueses se ampliaron en el terreno estratégico o propagandístico a través de sociedades secretas de la emigración europea, algunas adheridas a la Junta de Londres. También este organismo de vocación centralizadora ensayó contactos con independentistas latinoamericanos, sobre todo con liberales mexicanos, con planes insurreccionales comunes en 1829, y, en fin, se preocupó de la obtención de recursos y medios para la insurrección, sobre todo en sus contactos con Lafayette y los radicales ingleses. El grupo de Torrijos fue adquiriendo auge entre 1828 y 1830, al mismo tiempo que en el interior comenzaba a actuar una Junta en Gibraltar, dependiente de Londres, con el objetivo de reconstruir focos liberales en el sur y levante español.

El exilio había constituido focos animados no sólo en el terreno de las prácticas conspirativas, sino en términos políticos, culturales y económicos, a modo de aprendizaje de un sector de la elite liberal dirigente en las décadas posteriores. Esta cantera londinense y parisina, catalizó los contactos de exiliados, políticos, militares, hombres de negocios, comerciantes, y también oportunistas, que se empaparon de ideas y estrategias políticas, prácticas económicas y pautas culturales, aplicadas después en parte al discurso de un liberalismo español, que ya empezó a dibujar diversas versiones en sus contenidos pero sobre todo en sus estrategias respecto a un proceso de transición en términos de reforma o ruptura.

Mientras estos núcleos de Mina y Torrijos actuaban desde el exterior, los liberales del interior aprendieron a convivir con unas prácticas represivas poco relajadas sobre todo hasta 1826. En este contexto las juntas del interior experimentaron continuas reestructuraciones entre 1824 y 1831. Relativamente autónomas, estaban vinculadas, no sin recelo, al exterior, primero a Espoz y Mina entre 1825 y 1829, y rivalizando desde este año con los agentes de Torrijos, dependientes de Londres, desde Gibraltar hacia la zona de Levante. Sus actividades conspirativas se vieron frustradas a menudo por razones técnicas y organizativas, falta de noticias, recursos, divisiones en el exterior, mediatizadas en ocasiones por las infiltraciones de la policía fernandina y conscientes de que la puesta en práctica y éxito del proyecto insurreccional se alejaba cada vez más.

A finales de 1829 el proyecto insurreccional estaba bloqueado. Mina suspende sus actividades, las juntas del interior estaban muy fragmentadas y Torrijos es consciente de las malas condiciones. En 1830 la situación del proyecto insurreccional cambia notablemente de rumbo, recibiendo un nuevo impulso, y esta vez el de mayor envergadura. Mientras en España estalla la cuestión dinástica y se consolidan las posturas en la manera de entender el Estado absoluto, dos hechos influyen en la trayectoria del utopismo insurreccional y abren nuevas expectativas: la decisión de la Junta de Londres de estudiar un pronunciamiento inmediato para la primavera de ese año y los acontecimientos de la revolución liberal en Francia. La actividad insurreccional se multiplicó e intensificó durante el bienio 1830-1831.

El proyecto de la Junta de Londres contempló las vías de financiación a partir de las aportaciones de radicales británicos como Robert Boyd, del francés Lafayette, liberales mexicanos o de financieros franceses a través del banquero español Lorenzo Calvo. También fijó el punto del pronunciamiento y los contactos de los agentes en Gibraltar y en el sur de Francia con liberales en el interior. Finalmente elaboró un manifiesto de tono moderado con la perspectiva de un gobierno provisional. En el terreno organizativo la Junta de Londres se disolvió para reorganizarse respecto a una intervención inminente, con una comisión ejecutiva, dirigida por Torrijos, que dio instrucciones en el aspecto civil a las juntas del interior y en el aspecto militar a los comandantes militares. El pronunciamiento fue retrasado, en parte por las actividades vigilantes del embajador español Cea y el Gobierno británico, y fijado finalmente para primeros de septiembre.

Mientras tanto, a finales de julio, se habían producido en París los acontecimientos revolucionarios y con ellos la eclosión del movimiento revolucionario en Europa, rescatando la idea del universalismo de la revolución liberal, mientras los Estados absolutos de Europa se tambaleaban nuevamente. Este contexto abrió nuevas perspectivas y consolidó la actividad insurreccional de los exiliados españoles, que trascendió de una minoría de conspiradores para extenderse a círculos más amplios de la emigración, con algunos sectores hasta entonces menos comprometidos, al mismo tiempo que París relevaba a Londres como foro de encuentro de liberales españoles y de las actividades insurreccionales. La oposición y la vía de la ruptura se ampliaba, buscándose la coordinación, pero por lo mismo se hacía más heterogénea, no ya en la estrategia insurreccional sino en los planteamientos políticos.

Mientras Torrijos apuntalaba el proyecto en París, el sur francés y Gibraltar, Mina retomó las actividades abandonadas el año anterior y reconoció una Junta de Bayona creada el 22 de septiembre de 1830. Esta Junta, no reconocida por Torrijos ni por los jefes militares que, encuadrados por la Junta de Londres, preparaban la insurrección, respondía a las exigencias de financieros franceses de crear organismos de coordinación, pero también la respuesta de grupos políticos más moderados del exilio. Planteada con vocación unitaria, no la logró ni en términos políticos ni militares. Formada por Vadillo, Sancho, Istúriz y Calatrava, expuso un manifiesto redactado por Toreno en noviembre, apelando a un modelo político moderado de corte británico en tanto consideración de dos Cámaras y prerrogativas reales.

En octubre los proyectos confluyeron, en tan ansiada búsqueda de la imposible unidad de acción, pero de forma coyuntural, precaria y un tanto forzada. Los puntos mínimos eran la oposición a la tiranía y la consecución de la libertad y el orden. Esta colaboración de Torrijos y Mina, y con ello las formas estratégicas y políticas que cada uno entrañaba, se tradujo en las expediciones militares de los Pirineos a partir del 14 de octubre y prolongadas en el mes de noviembre. Financieramente habían contado

Fusilamiento de Torrijos (Antonio de Gisbert).

con el concurso de hombres de negocios, como Bertrán de Lis y Mendizábal, pero las dificultades surgieron más en el terreno político y en la cobertura internacional, con un Gobierno francés ya menos proclive a favorecer las incursiones después del reconocimiento de Fernando VII. En las expediciones no hubo una coordinación, ni respuesta generalizada. Algunos jefes penetraron en la Península: Valdés por Navarra, Mina hacia Vera, a finales de octubre Gurrea y Méndez Vigo por la frontera aragonesa y a mediados de noviembre Grases, San Miguel, Miranda, Baiges y Mateo Miguel por puntos de Cataluña.

Su fracaso no impidió la reanudación de los proyectos insurreccionales. Mina, ligado a liberales del interior y a la Junta de Bayona, continuó sus actividades, más en el terreno político y organizativo, pero fue sobre todo Torrijos el que había intensificado sus acciones a partir del sur de España, en una continua conspiración. En efecto, desde el 5 de septiembre de 1830 y durante 1831 Torrijos siguió preparando, con varias intentonas, el inicio de un levantamiento a partir de Gibraltar. Disuelta la Junta de Londres, sus tareas y las de las antiguas juntas directivas fueron asumidas por la *Junta de Gibraltar,* que intensificó los contactos en el sur con las juntas del interior. Fracasó en dos intentonas insurreccionales, el 24 de octubre por Algeciras (en relación con las incursiones fallidas desde los Pirineos) y el 28 de enero de 1831 por La Línea. El foco insurreccional del sur se consolidaba.

Durante febrero y marzo de 1831 coincidieron en el tiempo y en el espacio (sur de España) dos proyectos insurreccionales organizados de forma autónoma pero con algunas dosis de coordinación. A la intensificación de las acciones de Torrijos, se sumaron los planes de las juntas del interior dependientes de Mina, a iniciativa y coordinación desde Madrid (Junta Central de Madrid) por Agustín Marco-Artu. Entre el 21 de febrero y el 8 de marzo estallaron varios pronunciamientos. Éxito inicial tuvo Manzanares desde el Campo de Gibraltar y Serranía de Ronda, y también estallaron otros focos insurreccionales en San Fernando, Cádiz y Veger. La idea de diversos puntos insurreccionales como base de un movimiento general a partir de Andalucía recordaba la estrategia y éxito de Riego. Esta vez los focos del levantamiento quedaron muy aislados, al tiempo que se desvelaron los proyectos de Marco-Artu para todo el país. Este nuevo fracaso era el último episodio de una eventual colaboración entre los grupos de Torrijos y los de Mina. Mientras, se contemplaban otras actitudes políticas y estratégicas respecto a un proceso moderado de transición por elites políticas y económicas de la emigración. Sólo quedaba el último intento de la utopía insurreccional del liberalismo español, protagonizado por Torrijos y su idea de pronunciamiento en lo que quedaba del año 1831.

La Junta de Gibraltar debía preparar el «rompimiento» por el sur e impulsar el movimiento con los liberales del interior. Torrijos desembarcó en Fuengirola el 2 de diciembre. Una trama desvelada por la delación del gobernador de Málaga, concluida con una emboscada en la que fue detenido el que ya era el principal enemigo del absolutismo. Fue fusilado, junto al grupo desembarcado en Fuengirola, el 11 de diciembre de 1831. Aquí finalizó la trayectoria de una figura emblemática en la forma de entender el liberalismo y una larga secuencia de proyectos insurreccionales basados en el pronunciamiento. Se abandonaba esta estrategia como método de desbancar el absolutismo del poder político y una forma de entender la revolución liberal. El liberalismo llegaría a través de un complejo proceso de transición, que ya estaba empezando a configurarse.

8.4. El reformismo técnico del Estado absoluto

Desde arriba se puso en marcha un conjunto reformista limitado, de corte técnico y administrativo, sin aperturas políticas, que orientó una trayectoria del Estado absoluto reafirmada desde 1826. Fernando VII se rodeó de personajes destacados en su labor técnica, de talante menos intransigente, con la finalidad de desbloquear al Estado y de romper el binomio causa-efecto promovido por la idea liberal de desbloqueo igual a apertura. Impregnados de cultura ilustrada, han sido llamados «fernandistas», o más confusamente «moderados». No eran liberales, pero tampoco proceden, ni se desgajan del realismo y del absolutismo. Se trata de un grupo de colaboradores, que se pueden situar en una tradición ilustrada, reformista y en cierto sentido afrancesada, partidarios de reformas administrativas, y que ocupan secretarías de Despacho, embajadas y otros cargos vinculados al funcionamiento del Estado. No era un resumen de moderados liberales y realistas. Precisamente su heterogeneidad tendrá elementos de lógica en términos políticos por su diferenciación y origen distinto de realistas y liberales, a los que se oponen, caracterizándose por su vinculación al Monarca y la idea de la sucesión femenina. Pero, claro está, son más individuos que grupos. Es preciso citar los ministros López Ballesteros, Salazar, Zambrano, Cruz, Cea, o personajes como Grijalba, Recacho, Pezuela, Balboa..., es decir, una lista definida por actitudes personales, y no por un «partido» estructurado, coyunturalmente coincidentes, y además difíciles de fijar de forma inmutable a lo largo de la década. Por ello, en una situación cambiante que condiciona posturas más estratégicas que de principios, no es de extrañar un conjunto de circunstancias proclives al oportunismo transaccionista o tránsfuga. La trayectoria de Calomarde puede ser definida con estas connotaciones.

Hasta 1826 ya se ha visto cómo se habían puesto en marcha organismos y medidas enfocados a ese conjunto reformista: la Junta de Fomento de la Riqueza del Reino, la Junta Consultiva de Gobierno, o las medidas sobre el arancel, la reglamentación de funcionarios de hacienda, sobre minería o la política educativa. La apertura en sentido político, nunca planteada realmente, quedó abandonada en una limitada amnistía o en el fracaso de tímidos intentos de contacto con moderados de la emigración. Las presiones exteriores y las exposiciones al Rey de reformistas desde el exterior no cuajaron. En diversas ocasiones las autoridades francesas, desde Angulema hasta Casimir Perier, se quejaron del fracaso del objetivo propuesto para España, una vez restablecido el absolutismo y evitada la amenaza liberal: un régimen de Carta Otorgada, según modelo francés, que no entrara en contradicción con el derecho divino de la realeza ni cuestionara la legitimidad, con unas Cortes, sin soberanía, de cierta representación.

También personajes de orientación moderada apelaron al Rey en varias ocasiones. El 24 de enero de 1826, Javier de Burgos realizó una exposición al Rey desde París, donde planteaba la necesidad de reformas que incluyeran una amnistía ilimitada, la venta de bienes eclesiásticos como método de hacer frente a los problemas hacendísticos, pero con la fórmula ya ensayada durante Carlos IV, es decir, autorización papal, y la creación de un Ministerio de Gobernación que impulsara las reformas, en una transición institucional que implicara la desaparición del Consejo de Castilla. Fernando VII se ratificó en su política, haciendo caso omiso de estas exposiciones, tanto de las moderadas como de las realistas en sentido contrario, y eliminando posibilidades de modificación política desde 1826.

Entre los ministros reformistas descuella López Ballesteros, figura clave en el remozamiento del Estado, sobre todo en materia hacendística. Organizó centros administrativos, creando la citada Junta de Fomento, la Junta de Aranceles, Intendencias de Guerra y Marina, y respecto a la Hacienda, la Caja de Amortización de la Deuda, el Gran Libro de la Deuda, la obligatoriedad del presupuesto anual y de gastos de cada ministerio, el tratado para el arreglo de la deuda con Francia y Gran Bretaña, al mismo mo tiempo que pretendía agilizar el mercado interno con el Código de Comercio, la Bolsa o el Banco de San Fernando, y realizaba otros proyectos como la regulación de pósitos, servicios de minas y obras públicas y la primera Exposición Industrial. Trató con todo ello de racionalizar el funcionamiento económico sin alterar principios básicos del Antiguo Régimen.

La coyuntura económica no se presentó muy favorable, pero no podía ser atajada desde esta perspectiva, es decir, con un marco institucional que impedía la plena articulación del mercado nacional. Y de forma interrelacionada la crisis fiscal del Estado y la caótica situación hacendística.

El estancamiento de los sectores económicos se acentuó. En el ámbito agrario el descenso de los precios ya manifestado desde 1817, en relación al aguardiente o la lana, se extiende a los cereales sobre todo a partir de 1827. Según Fontana, el campesinado ahogado por la presión fiscal, desvió hacia el mercado los excedentes que hasta entonces servían para cubrir rentas de naturaleza feudal en forma de diezmos o censos, con lo que en la práctica se estaba desdibujando el régimen señorial. En varias zonas del país los viejos derechos ya no llegan a la nobleza. A ello es preciso sumar la decadencia de la trashumancia mesteña, pese al mantenimiento de los privilegios y de la protección que la legislación absolutista retomó en 1823, 1824 y 1827. A partir de esta fecha, y sobre todo desde 1825, la pérdida del mercado lanero era evidente, ya que la Guerra de la Independencia había perjudicado en número y calidad la cabaña, que no pudo ser recuperada desde 1814, al tiempo que la crisis del textil británico hizo descender las exportaciones y los precios de forma notable respecto al último tercio del siglo anterior. La crisis del textil, en términos globales, ya que experimenta una relativa recuperación en 1825, plantea nuevas estrategias de mercado hacia el interior, buscando la libertad de circulación del mercado interno, bloqueadas ya las posibilidades del mercado colonial, con una generación de fabricantes catalanes agrupados en la «Comisión de fabricantes algodoneros» que impulsan esta estrategia. El sector de la minería trató de recuperarse con una legislación favorable, a partir del citado real decreto de 4 de julio de 1825, confirmando la titularidad de la Corona sobre las minas, y reservando la explotación de las más rentables (Almadén, Río Tinto, Linares, San Juan de Alcaraz, Hellín...) al Estado con fines hacendísticos, mientras se contemplaba para las demás el régimen de cesión. Sin embargo el minifundismo, la falta de tecnología, las explotaciones inadecuadas y la mala calidad de minerales energéticos, siguieron constituyendo lastres de primer orden.

El comercio seguía aquejado de la falta de fluidez interna con un corpus legal que, rescatado por la legislación absolutista, dificultaba los canales de distribución. Pero es sobre todo en esta década cuando varía la situación del comercio exterior como consecuencia de la pérdida definitiva del mercado colonial y el notable descenso de ingresos por aduanas, que la independencia de las colonias había consumado y con ella la secuencia final del Estado transoceánico. Sobre la incidencia, en términos cuantitativos y cualitativos, de la pérdida de las colonias en el comercio exterior y en la evolución económica española del siglo se mantiene un debate entre las posiciones exogenistas, que asignan a la pérdida del Imperio el colapso del comercio y del fracaso del desarrollo económico un papel dominante, y las que consideran que la pérdida de las colonias no fue causa destacada del atraso económico, actuando precisamente el sector exterior como un estímulo a la modernización.

La política comercial de la década se siguió moviendo en pautas proteccionistas. El arancel general de 1826 era, pese a todo, menos proteccionista que el de 1802. Prohibía la importación de más de 500 artículos, y se aplicaba a los demás derechos *ad valorem* entre el 15 y el 25 por 100, lo que suponía suficientes dosis de protección del mercado interior. Para su aplicación se creó en marzo de 1829 el Cuerpo de Carabineros de Costas y Fronteras.

Pero era sobre todo la crisis hacendística la que entrañaba mayores dificultades y la que desvelaba, en versión de Fontana, la quiebra del Estado absoluto, ya que no podía resolverse sólo con medidas administrativas, cuando subyacía un problema político en la raíz misma de la concepción y funcionamiento del Estado absoluto y el sistema de privilegios y exenciones. El problema hacendístico no era una novedad, pero se había agravado. López Ballesteros enfocó sus esfuerzos en esta dirección, con una estrategia consistente en reordenar la hacienda desde la óptica de la racionalización, pero en función del mantenimiento en lo esencial del sistema tributario anterior.

En febrero de 1824 se publicaron una serie de medidas sobre la reforma del sistema tributario, y el arreglo de la deuda, al mismo tiempo que se creaba la Caja de Amortización para asegurar el pago de intereses. El sistema consistía en aumentar los ingresos recurriendo a antiguas rentas y en todo caso sin alterar los privilegios, es decir, el conjunto de exenciones fiscales. El intento del aumento de los recursos se basó sobre todo en el restablecimiento de rentas provinciales, y también, aunque daban lugar a menos ingresos, la contribución de frutos civiles, el subsidio de diez millones de reales sobre el comercio de la Península, además de los clásicos estancos como salinas y tabaco. La recaudación acabó mostrándose a todas luces insuficiente.

Para la racionalización y conversión de la deuda no se incluyó el reconocimiento de la deuda contraída durante el Trienio, lo que aumentó las dificultades de acudir al crédito exterior. Dos reales decretos de 1824 establecían la Caja de Amortización de la Deuda Pública y la Comisión de Liquidación de la Deuda, instituciones completadas al mes siguiente con la Comisión de Inscripción, dedicada a la consolidación de títulos y futuras amortizaciones. A la Caja de Amortización se asignaban cien millones de reales, de los que cincuenta se destinaban a obligaciones de futuros préstamos a un interés del 5 por 100, treinta millones al pago de intereses y cupos de amortización de la deuda consolidada, doce destinados al pago de intereses y amortización de certificados de inscripción, y, finalmente, ocho millones a la amortización de la deuda sin interés. En la práctica sólo un 16 por 100 se destinó al pago de intereses y de la deuda interior reconocida, mientras que el 65 por 100 se adjudicó a préstamos exteriores. La deuda interna quedó dividida y reconvertida en deuda consolidada al 4 por 100, otros títulos convertidos en certificados de inscripción al 5 por 100, y la deuda sin interés se consideró invariable. Respecto a la deuda externa, la apremiante necesidad de financiación y el no reconocimiento de la deuda del Trienio, desembocó en préstamos exteriores con banqueros europeos en condiciones nada ventajosas, que multiplicaron la deuda durante la década de trescientos millones a dos mil millones de reales.

La política de López Ballesteros contó con otra variable que implicaba mayores dosis de innovación e implícitamente consecuencias políticas: ante la débil recaudación se planteaba la reducción de gastos, a través de la fijación de un presupuesto que adecuara unos y otros. Las normas para la gestión del presupuesto datan del 15 de noviembre de 1825, pero su práctica quedó paralizada ante las resistencias sobre todo del Consejo de Estado. De hecho, la gestión de un presupuesto significaba una centralización administrativa, adecuando, asignando y racionalizando partidas, y esta planificación entrañaba dimensiones de naturaleza política, ya que adquiría fuerza el Gobierno ministerial gestionando gastos y así mermando instituciones y privilegios tradicionales. El primer auténtico presupuesto se retrasó hasta el real decreto de 21 de abril de 1828, como consecuencia del espectacular aumento de los gastos y la amenaza de quiebra técnica producida por la revuelta de los agraviados y los acontecimientos portugueses. En noviembre de este año se creaba el Tribunal Mayor de Cuentas, con la finalidad de estudiar y aprobar las cuentas de la Administración, lo que significaba otra institución racionalizadora a la búsqueda de un control también de consecuencias políticas. El relativo equilibrio del presupuesto en 1828 y 1829, sobre la base de la reducción de gastos ordinarios y el recurso al crédito exterior, se vio quebrado en 1830, ante los acontecimientos revolucionarios de Francia, la multiplicación misma del endeudamiento exterior en condiciones poco ventajosas y el aumento de gastos sobre todo militares. En octubre de ese año un plan de reforma financiera del ministro incorporaba la reforma administrativa del Gobierno con la creación de un ministerio dedicado a la Gobernación y Fomento, reforma ya sugerida en diversas ocasiones, y aunque el núcleo de las resistencias políticas se había desplazado a otros planos en torno a la cuestión dinástica, fue objeto de enfrentamientos políticos protagonizados por el Consejo de Estado y como consecuencia su creación acabó retrasándose. En 1831 todavía hubo presupuesto, de forma muy precaria, y en 1832 se produjo la salida del Gobierno de López Ballesteros y con él su proyecto racionalizador a partir del presupuesto.

Entre 1829 y 1831 también se crearon organismos y normativas encaminados a lubrificar el funcionamiento del mercado en la lógica de una cierta dosis de liberalización todavía en el contexto institucional del Antiguo Régimen. Eran piezas concebidas en términos administrativos, pero simbolizaban y demostraban el discurso hacia una economía de mercado, o, al menos, abrían pasos necesarios en esta dirección. Los intentos de creación de un mercado financiero en un sentido racionalizador tuvieron su expresión en el Banco de San Fernando, el Código de Comercio y la Bolsa de Comercio. En 1829 la necesidad de esa racionalización era evidente, ya que en una situación próxima a la bancarrota, el caos monetario tenía su expresión en la existencia de una pluralidad de monedas con paridades desajustadas.

El Banco de San Fernando, creado el 9 de julio de 1829, era heredero del Banco de San Carlos inaugurado en 1782, que había quedado huérfano de recursos, lo que provocó su liquidación ese año. El nuevo Banco iniciaba su andadura con un capital nominal de sesenta millones de reales.

El 30 de mayo de 1829 se sancionó el Código de Comercio, pieza jurídica orientada a la racionalización y uniformización mercantil frente a la enmarañada casuística del Antiguo Régimen, tratando de evitar el confusionismo y la incertidumbre de las

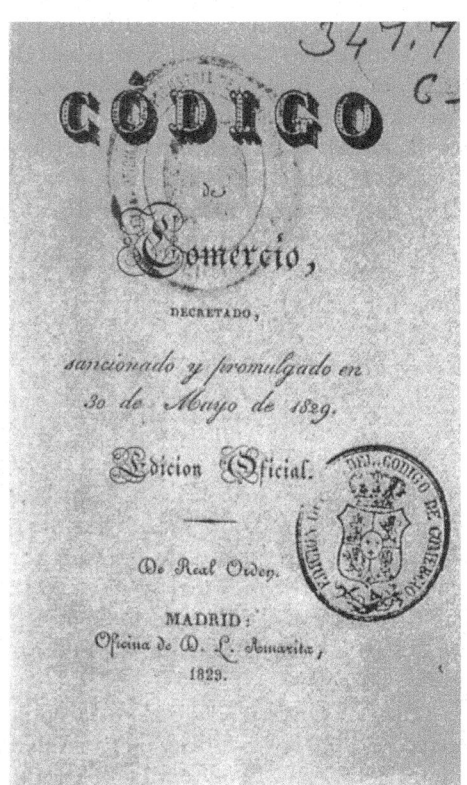

Portada del *Código de Comercio* de 1829.

ordenanzas particulares, según se exponía en el preámbulo. Obra de Pedro Sáinz de Andino, consta de cinco libros relativos a personas que ejercen el comercio y una matrícula general de comerciantes, contratos de comercio, comercio marítimo, quiebras y administración de justicia en los negocios mercantiles. El Código establecía tres tipos de sociedades: colectivas (los socios están obligados solidariamente por el total de las obligaciones sociales), comanditarias (no son responsables solidariamente de todos los asociados) y anónimas, de responsabilidad limitada al capital en que se obligara cada socio. Éste Código tuvo como complemento la «Ley de enjuiciamiento sobre los negocios y causas mercantiles», de 24 de julio de 1830.

El 10 de septiembre de 1831 se creaba la Bolsa de Comercio, como un mercado donde se podían realizar transacciones de mercancías, contratación de servicios, valores comerciales, pero sobre todo se especializó en la negociación de efectos públicos. De todas formas, ninguna de las tres medidas (Banco, Código, Bolsa) tuvieron consecuencias inmediatas.

8.5. La cuestión dinástica y la transición política

El año 1830 presenta un punto de inflexión al coincidir la reordenación de las perspectivas de las tres opciones: mientras entre los liberales aumentaron las expectativas de insurrección alimentadas por la revolución de julio en Francia, en los engranajes del Estado absoluto se fijaron en torno a la cuestión dinástica los dos modelos cada vez más excluyentes: realistas-carlistas y reformistas, ya dibujados antes de 1830. Así, en la cuestión dinástica, más allá de controversias de naturaleza jurídica sobre la base del legitimismo y de razones de índole personal entre la realeza, se resolvía la cuestión política de fondo y los enfrentamientos diseñados parcialmente desde 1824 en la forma de concebir el Estado absoluto.

Desde la perspectiva realista, y ya «carlista», la «conspiración» de liberales y «traidores» había tomado cuerpo e inclinado la balanza de las decisiones del legítimo monarca Fernando VII. Conforme éste había sido más proclive a la consolidación de una línea reformista acentuada desde 1827, es lógico plantear una mayor tendencia carlista entre los realistas, que se incrementó desde la revuelta de los agraviados y sobre todo desde 1830. Después de los agraviados la opción de los realistas no se contemplaba ya a través de una sublevación apelando al Rey, sino de la herencia sucesoria del infante Carlos, por eso basaron sus esperanzas en la sucesión ante un Monarca sin descendencia. La opción se ventilaba así en Palacio.

Por su parte los «fernandistas» en 1829 habían acentuado su política de reformismo. Mientras se crean el Código de Comercio o el Banco de San Fernando y la política de presupuesto todavía frena la quiebra financiera, en términos políticos no hay atisbo de apertura: la represión de liberales por Cataluña, Aragón, Murcia y Valencia protagonizada por el conde de España se extendió, al tiempo que los voluntarios realistas y las partidas sólo estaban en una calma tensa, con algunos destellos insurreccionales en el País Vasco, después de la represión de los agraviados por el mismo conde de España.

En este contexto, la secuencia de la cuestión dinástica fue la siguiente: el 17 de mayo de 1829 había fallecido la tercera esposa del Rey, Amalia de Sajonia. Sólo cuatro meses después, el 26 de septiembre se anunciaba públicamente el compromiso del Monarca con María Cristina de Borbón. La boda se celebró el 11 de diciembre y el 31 de marzo de 1830 se promulgó la *Pragmática Sanción,* que derogaba el Auto Acordado de 1713 por el que se había establecido la Ley Sálica en España, de la mano del primer Borbón Felipe V, y que impedía a las mujeres la sucesión al trono. Así, para sorpresa de los realistas-carlistas, la Pragmática permitía una eventual sucesión femenina al trono de España. El 8 de mayo se anunciaba el embarazo de la reina y el 10 de octubre de 1830 nacía Isabel, lo que cerraba el paso al infante Carlos y a la opción realista-carlista. En poco más de un año la Corona tenía un nuevo heredero.

Para los reformistas «fernandistas» y las elites de Palacio y del Estado menos intransigentes, la sucesión al trono del infante Carlos supondría el bloqueo de las reformas, aunque éstas fueran de tipo técnico a corto plazo. La rapidez de la boda demostraba la urgencia de un heredero. Sólo siete meses separaron la viudedad y el nuevo matrimonio del Monarca, y más eficaz aún resultó el nacimiento de un heredero, independientemente de que fuera varón o hembra. El hecho es que el Infante no iba a ser el nuevo monarca. Por tanto, no es que naciera un heredero, sino que, desde esta perspectiva, se buscó, con tanta rapidez como eficacia. La Pragmática se promulgó con antelación al conocimiento del género del heredero, pero así se prestaba cobertura jurídica y legitimadora a cualquiera que fuese el resultado. Los realistas habían perdido la partida en la revuelta de los agraviados, y ahora, ya carlistas, la perdían en Palacio, todavía en una batalla inconclusa. La diferencia es que mientras en 1827 los sublevados lo hicieron apelando a la legitimidad del Monarca, en 1830 la opción por el Infante tenía su coartada en la legitimidad, ya que la Pragmática, desde la perspectiva carlista-realista, implicaba una ilegitimidad de origen y de ejercicio para la nueva heredera.

Esta situación abrió una crisis política de envergadura entre 1830 y 1833, librada sobre todo en Palacio, que tuvo su punto de inflexión en los sucesos de La Granja de 1832 y sus consecuencias políticas.

La respuesta ultra, realista-carlista, consistió en una permanente política palatina con el objetivo de presionar al monarca, embargado por la «conjura liberal». Además, la caída del Gobierno ultra de Carlos X en Francia con las jornadas revolucionarias de julio demostró a los ultras españoles que ya no podían contar con la presión exterior francesa, sino que el cambio de rumbo dependía de sus actividades en Palacio. Mientras en 1830 y 1831, como se ha visto, los liberales renovaban la vía de la insurrección, con intentonas como las de Valdés, Milans y Mina por los Pirineos o las de Torrijos por el sur. El Gobierno acentuó la represión en ambas direcciones. De hecho, el 1 de octubre se publicó un decreto con medidas «contra los facciosos y revolucionarios» incluida la pena de muerte, completado con el cierre de las universidades el 10 de octubre y el restablecimiento de las Comisiones Militares el 18 de marzo de 1831. La represión hacia liberales alcanzó a elementos de la población civil, más por hechos simbólicos, que por actividades de tipo militar: el librero Millar en Madrid, Juan de la Torre en San Fernando o Mariana Pineda en Granada, convertidos, junto a Torrijos, en emblemas de lucha contra el absolutismo y mártires de la causa liberal. Entre tanto, la situación hacendística del Estado había empeorado, con medidas de endeudamiento exterior muy onerosas, cerrados los circuitos del crédito exterior de hombres de negocios europeos y españoles, como Mendizábal, y ello pese al reconocimiento parcial de la deuda del Trienio. En 1832 estalla la crisis política.

El 20 de enero, como consecuencia del fallecimiento de González Salmón, ocupa el Ministerio de Estado el conde de Alcudia, significado ultra vinculado a Calomarde, con lo que las discrepancias en el interior del Consejo de Ministros se endurecen, en torno a cuestiones básicas como las pretensiones de creación de un Ministerio de Gobernación —discusiones ya planteadas en el Consejo de Estado con especial virulencia desde el mes de febrero del año anterior y que implicaba la pérdida del control de la policía dependiente del ministerio de Calomarde—, o los enfrentamientos en el mes de junio entre López Ballesteros, en un momento crítico de colapso de sus planes reformistas, y el nuevo ministro de Estado.

Las intrigas en Palacio también habían ido aumentando de tono y dibujando posturas que alcanzaban a miembros de la familia real, representadas por la reina consorte, María Cristina y su hermana la infanta Carlota, por un lado, y María Francisca, esposa del infante Carlos, por otro, y con ello el trasunto oportunista que permitían los pasillos de Palacio.

Las conjuras palatinas y las actividades en favor de la causa carlista llegan a su punto culminante en los *sucesos de La Granja* el 18 de septiembre de 1832, cuatro días después de haberse acentuado la enfermedad del Rey. Personajes de notable influencia en Palacio presionan al Monarca, como Antonini, el propio Alcudia y el confesor del Rey, y a la Reina, como Calomarde con la velada amenaza de guerra civil, y consiguen de Fernando VII la derogación de la Pragmática, y por tanto, la validez de la Ley Sálica en España y la imposibilidad de reinado de la infanta Isabel. Los carlistas habían inclinado momentáneamente, y por última vez, la balanza a su favor.

El éxito realista-carlista duró poco. Sólo diez días más tarde, el 28 de septiembre, los «reformistas» y personajes de Palacio vinculados a la causa «isabelina» recuperan terreno y consiguen, a su vez, restablecido el Monarca antes de lo previsto, la anulación de la derogación de la Pragmática y por tanto la legitimidad de Isabel como heredera al trono: supuso una irreversible consolidación de la estrategia reformista, más allá de la cuestión sucesoria. El Gobierno quedó destituido y significó el fin político de Calomarde, mientras se formaba uno nuevo sin presencia de personajes ultras. El «reformismo» de los «fernandistas» adquiría un nuevo tono al desligarse de los presupuestos ultras, lo que significaba un proceso de transición, en el que empezaban a integrarse otras variables, si querían consolidar la línea emprendida. Así se resolvían siete años de enfrentamientos entre ultras y reformistas en el Gobierno y en Palacio, los ultras eran apartados, aunque no por vocación liberal ni del Monarca ni del «reformismo fernandino», se planteaban estrategias de negociación con sectores liberales, y la cuestión dinástica consolidaba y redefinía las posiciones en la manera de entender la organización política, económica y social.

8.6. El reformismo desde arriba o la transición pactada. Cea Bermúdez, Javier de Burgos y Martínez de la Rosa

El Gobierno nombrado el 1 de octubre de 1832 no integraba personajes ultras, pero en modo alguno era liberal. Estaba compuesto por individuos del mismo talante que habían guiado los pasos reformistas desde 1824, moderados, técnicos y herederos de la cultura ilustrada, pero esta vez conscientes de que las reformas administrativas se agotaban en sí mismas y que era preciso abrir las espitas de un reformismo de mayor alcance que desbloqueara la situación sin salida del Estado absoluto. Un reformismo en lo económico y lo administrativo que no tenía su correlato necesariamente en lo político, aunque también esta vez se plantearon dosis de apertura y de entendimiento con sectores moderados del liberalismo, algunos procedentes de la emigración. Era el momento además de apuntalar una fórmula de reacomodo de elites, una vez que el enfrentamiento directo del carlismo cuestionaba la solución isabelina, y por tanto la necesidad de extender los apoyos sociales en esta dirección.

El Gobierno estaba encabezado, como ministro de Estado, por Cea Bermúdez, y compuesto además por Cafranga, en Gracia y Justicia, Encima en Hacienda, Monet en Guerra y Ulloa en Marina. Cea ya había formado parte del Gobierno anteriormente y era personaje encargado de consolidar esa línea de reformismo administrativo, retomando la cultura política del «despotismo ilustrado», después de haber contribuido a frenar, como embajador desde Londres, los proyectos de insurrección liberal en 1830. Le acompañaba en el Gobierno Victoriano de la Encima y Piedra, que heredaba la espinosa tarea hacendística desempeñada por López Ballesteros, en un ministerio clave (Secretaría de Estado y del Despacho de Hacienda) para la práctica reformista. Se trataba de un técnico en el Gobierno, más que un político en sentido estricto, representando esa generación que trató de reformar desde dentro las estructuras del Estado absoluto en los últimos compases del reinado y los primeros de la Regencia, sobre todo en materia hacendística como la pieza angular que expresaba la crisis del Estado. Este personaje gozaba de una amplia formación intelectual y técnica, fundamentalmente en economía y política, como demuestra el repertorio de su biblioteca privada con cerca de 2.000 volúmenes, que incluye un extraordinario listado de toda suerte de obras técnicas de economía y finanzas y desvela un notable conocimiento de estas materias en el mundo europeo, pero también de las corrientes de pensamiento económico con las ideas más coetáneas, sobre todo aquellas que formulan pautas del liberalismo económico. El 5 de noviembre se hizo cargo del Ministerio de Fomento, de nueva creación, con la finalidad de organizarlo. Cesó en el Gobierno el 25 de marzo de 1833. Ahora bien, la actividad de Encima, como la de Javier de Burgos, demostraba que la inviabilidad del Estado precisaba ya de otras respuestas que iban más allá de soluciones técnicas, para contemplar un remozamiento que llevaba implícitas soluciones de cierta liberalización económica y por tanto, de desmantelamiento del Antiguo Régimen, molde muy estrecho y anacrónico para la situación social y económica del país.

En el terreno institucional la estrategia sucesoria isabelina se completa preparando la Regencia, ante el posible fallecimiento de un Monarca enfermo, con la habilitación de la reina María Cristina para que despachara con el Gobierno. Decisión tomada el 6 de octubre, cinco días más tarde del nombramiento del nuevo Gobierno. Pero la estrategia política, perfilado ya de forma irreversible el enfrentamiento directo del carlismo convertido en enemigo principal del régimen, contempló la necesidad de sostenerlo con cierto grado de apertura política, en una idea de transición sin ruptura y desde arriba, en la que participarían personajes moderados del liberalismo a la búsqueda de un sistema híbrido de tono reformista. Los pasos previos se dan en el mismo mes de octubre: el día 7 se publica un indulto general, el mismo día que un decreto sobre la reapertura de las universidades fijada para el día 18 del mismo mes, el día 20 un real decreto establece una amnistía para delitos políticos y el día 30 otro autoriza el regreso de exiliados. Así, entre las filas del liberalismo en su versión más moderada, exiliados que no se habían comprometido con la idea de la insurrección, también reformistas ilustrados partidarios de una apertura, comparten en términos de posibilismo la idea del pacto, sobre todo aquellos exiliados que entendieron que la frustrada utopía del insurreccionalismo no era la vía adecuada. Estrategia no necesariamente homogénea, que irá tomando cuerpo en 1832 y 1833 para quedar consolidada, no sin tensiones, después de la muerte del Monarca, producida en el transcurso de esta transición ya iniciada. Transición no hacia el liberalismo, sino hacia el apuntalamiento del régimen como amalgama de absolutismo y cierto reformismo representativo a modo de Carta Otorgada que culminará con el Estatuto Real de 1834.

El año 1832 finalizó con otra serie de medidas que completaban el rumbo iniciado en octubre. La creación en noviembre del Ministerio de Fomento objeto de disputas y resistencias entre reformistas y ultras, como pieza institucional básica en el proceso racionalizador de la Administración, implicaba la pérdida de poder político por los carlistas, y su alejamiento de la toma de decisiones en el funcionamiento del Estado, en el que todavía tenían influencia. También con esta finalidad, pero esta vez respecto al ejército, el Consejo de Ministros cambió mandos militares el 10 de noviembre. Fueron sustituidos cinco capitanes generales, al tiempo que aumentaban las inspecciones de las tropas regulares dirigidas al control o sustitución de mandos proclives al infante Carlos, y las medidas que trataban de mediatizar la fuerza del voluntariado realista en el capítulo de mandos o de su financiación. También en el mes de noviembre un decreto advertía sobre cualquier oposición al legítimo Gobierno. A finales de año el Gobierno se reestructuró consolidando la línea emprendida con la resolución de una crisis parcial con los relevos de Cafranga y Monet por los de Fernández Pino y Cruz, respectivamente. Este último volvía a encargarse de la política militar, con el objetivo de frenar al voluntariado.

Las respuestas de los carlistas se multiplican en 1833, salpicadas de incidentes en algunos puntos, conspiraciones en Palacio con parte de una camarilla cortesana sensible todavía a la causa carlista, en una espiral apenas contenida hasta la muerte del Monarca que desató el levantamiento armado. En Madrid tuvieron eco los alborotos carlistas del 2 de enero, en el que participó la Guardia Real, y del 19 de marzo, y en León el 14 de enero el obispo Abarca estuvo detrás de los incidentes carlistas. Mientras tanto, la ruptura se consumó entre la familia real y a principios de marzo el infante Carlos preside por última vez el Consejo de Estado y sale del país, junto con la princesa de Beira, al Portugal miguelista. El 20 de junio de 1833 se procedió a la solemne jura de la princesa Isabel como heredera de la Corona y el 29 de septiembre fallecía Fernando VII. Era el último episodio que definía las opciones sobre el futuro del país. Una Reina, Isabel, en minoría de edad, y mientras tanto la Regencia de su madre María Cristina de Borbón que se mantendría hasta su relevo por Espartero en 1840.

Para los realistas-carlistas ya no había ningún obstáculo, ni otra estrategia de sus resistencias que el levantamiento armado y a primeros de octubre una secuencia de sublevaciones inauguraron una guerra civil de siete años, cuyo discurrir precisamente influiría en una transición que derivó hacia la ruptura liberal.

Para la «Reina Gobernadora» María Cristina y los reformistas se planteaba una doble opción que sostuviera la causa «isabelina». Por un lado, la estabilización del régimen por la senda de las reformas administrativas sin profundizar en una apertura política que ya había tenido sus límites con la amnistía y el regreso de exiliados. Era la posición de Cea Bermúdez, partidario del inmovilismo político. De hecho las reformas se habían paralizado durante 1833 y las tensiones habían hecho crisis en el Gobierno. El 25 de marzo los ministros de Hacienda y Gracia y Justicia fueron sustituidos por

Antonio Martínez y Juan Gualberto González, mientras Cruz se ocupa también, interinamente, de la cartera de Marina. Inicialmente, aunque por poco tiempo, la Reina Gobernadora escuchó el planteamiento inmovilista de Cea, frente a las tesis de la necesidad de una reforma política, como lo demuestra el Manifiesto del 4 de octubre de 1833. Este Manifiesto redactado por Cea constituía toda una declaración de principios y programa de la Regencia y se refería a la autoridad real «sin admitir innovaciones», siendo mal recibido por los sectores partidarios de la apertura. Por otro lado, como segunda opción, cada vez fue adquiriendo más consistencia entre sectores de las elites militares, políticas y económicas la idea del reformismo político, más de naturaleza posibilista que por vocación liberal, precisamente para sostener el régimen y la causa isabelina y evitar el derrumbamiento del Estado. Para ello era preciso acelerar el proceso de reformas administrativas y económicas que implicaba un cierto desmantelamiento jurídico del Antiguo Régimen, sin lesionar intereses en el ámbito jurídico de la propiedad, pero sí orientado hacia la formación del mercado nacional, y ensayar una reforma política que, sin cuestionar principios absolutos y poderes de la Corona, introdujera un cierto sistema representativo. Y en este sentido María Cristina empezó a recibir muchos consejos, a los que acabó cediendo.

El primer nombramiento de envergadura, por sus consecuencias en esa dirección, y todavía con Cea en el Gobierno, fue el de Francisco Javier de Burgos, en sustitución de Ofalia, el 21 octubre de 1833 como ministro de Fomento, departamento clave del nuevo impulso reformista. Su trayectoria política era aparentemente contradictoria —colaboró en momentos políticos muy dispares del primer cuarto de siglo, desde el bonapartismo hasta la Regencia de María Cristina, pasando por Fernando VII— pero su actividad estuvo marcada por un sentido pragmático y reformista, de herencia cultural ilustrada, como «servidor del Estado», partidario de reformas administrativas con ciertas dosis de apertura. En él confluyen el técnico, el político y el intelectual. Discípulo de Meléndez Valdés, ocupó sus primeros cargos políticos en 1810, colaborando con la Administración napoleónica, en la subprefectura de Almería, y después como corregidor y presidente de la Junta de Subsistencias de Granada. En 1812 emigró a París, regresando en 1819 para centrar su actividad en el periodismo con una publicación importante de la época: *Miscelánea de comercio, artes y literatura*. Ya en 1826 había expuesto al Rey la necesidad de acentuar el reformismo técnico, como la sugerencia de crear un Ministerio de Gobernación en un sentido racionalizador, y de conceder una amnistía. Durante esta etapa participó en los intentos de remozamiento hacendístico, como miembro de las Juntas de Fomento y Aranceles, intendente de primera clase y consejero del Supremo de Hacienda. Ahora se ocupaba del recién creado Ministerio de Fomento —más tarde denominado de Interior— entre el 21 de octubre de 1833 y el 17 de abril de 1834, siendo además interinamente ministro de Hacienda entre diciembre de 1833 y enero de 1834. Además colaboró en el Estatuto Real y representó a una generación ilustrada de intelectuales que compartieron sus actividades técnicas y políticas con el periodismo y la literatura. Académico de la Lengua, fue autor de numerosas publicaciones, poesías y comedias, y traductor de autores latinos de los que era un extraordinario conocedor. Dejó testimonio de esta época en sus *Anales del reinado de Isabel II*.

Javier de Burgos, figura clave, pues, en este «reformismo desde arriba», sentó las bases de la Administración pública española que recogería la centralización del Estado liberal. Un real decreto de 30 de noviembre de 1833 establecía la división territorial en provincias, racionalización que facilitaría posteriores medidas administrativas, posibilitaría la formación de los censos de población y los de riqueza territorial, y la configuración del mercado nacional. A finales de 1833 envió las *Instrucciones a los Subdelegados de Fomento,* futuros gobernadores civiles, que constituyen todo un programa destinado a desarrollar una nueva política económica, mezcla de ideas ilustradas y del liberalismo económico. En él se analizan la agricultura, la industria, el comercio, la instrucción pública, la beneficencia, las obras públicas... y establece un proyecto de reformas, que se pondrían en marcha en 1834, impulsado desde el poder como «regeneración administrativa». Contempla como obstáculos la intervención arbitraria municipal, la multiplicidad de las excepciones fiscales, los pósitos, los gremios y las tasas. Las medidas propuestas eran la libertad de comercio de granos, fomento y ayuda desde el poder de los nuevos métodos agrícolas e industriales, del riego, del cultivo de plantas (seda, lino...), apoyo de los acotamientos, protección de la industria, libertad fabril, aprovechamiento industrial de los saltos de agua, medidas liberalizadoras del comercio (mejores comunicaciones, uniformidad de pesos y medidas y monedas, fomento de ferias y mercados, apoyo a los consulados y juntas de comercio), fomento de la instrucción pública y de la prensa, impulso de las sociedades económicas...

Durante el último trimestre de 1833 las comisiones, nombradas a tal efecto, fueron preparando los decretos liberalizadores de enero de 1834. Un real decreto de 20 de enero de este año se refiere a los gremios, ya en crisis y considerados como obstáculo para el impulso de la industria. Este decreto no cuestiona su existencia como instituciones jurídicas. De hecho se mantienen las ordenanzas y estatutos gremiales, pero fiel a la filosofía reformista se contemplan desde otra perspectiva: «reuniones de hombres animados por un interés común para estimular los progresos de las respectivas industrias, y auxiliarse recíprocamente en sus necesidades». Por tanto, incluye un conjunto normativo en esta dirección: abolición de su fuero y el monopolio del trabajo, desaparición del monopolio de los gremios dedicados al tráfico de artículos de comer y beber, implantación de la libertad de trabajo, comercio e industria, movilidad de establecimiento en cualquier punto del reino y posibilidad de ejercer varias industrias al mismo tiempo. Continuaron vigentes aspectos como el aprendizaje y exámenes de entrada. Así el reformismo mantenía jurídicamente a los gremios, pero se abolían una serie de trabas que impedían la liberalización.

Era un primer paso hacia su desaparición, que ya fue planteada en 1834. Para que se acoplasen al decreto las organizaciones gremiales, fue encargado a la *Real Sociedad Económica Matritense de Amigos del País,* como cuerpo consultivo del Estado y depositario de las ideas ilustradas, un examen de las reformas que los gremios habían de realizar. El resultado de su estudio sobre los 129 oficios existentes demostró las resistencias de los gremios a las reformas, que incluso solicitaban aumento de las trabas, argumentando su necesidad como garantía de formación de aprendices y seguridad del consumo. El 24 de septiembre de 1834 la Sociedad Económica presentó su informe, a modo de proyecto normativo, en el que se contemplaba como única solución la desaparición de estas instituciones y sus ordenanzas, insistiendo en que sus reglas constituían un impedimento del progreso de la industria y apelando a la libertad contractual y de enseñanza. Por ello se establecía en su articulado el ejercicio libre de cualquier arte y oficio, sin sujeción o aprendizaje, ni examen, se disolvían todos los gremios y derogadas sus ordenanzas, y se contemplaba la libertad contractual entre maestros, oficiales y aprendices según las leyes civiles. Este proyecto no se llevó a efecto, ya que significaba acabar con unas instituciones características del Antiguo Régimen, y superaba los límites de la liberación emprendida. La disolución gremial tendría que esperar a la legislación liberal de 1836.

Otras medidas tomadas en la misma fecha formaban parte del paquete liberalizador. En efecto, un decreto establecía la libertad de comercio: libertad de tráfico, comercio y venta de alimentos y bebidas, a excepción del pan, además de que determinaba la creación de mercados públicos y mataderos y abolía las ordenanzas anteriores: «Quedan abolidas y derogadas todas las leyes, ordenanzas, y providencias generales o particulares dadas en materia de abasto de los pueblos, y todas las ordenanzas y reglamentos locales.» El 29 de enero se establecía la libertad de comercio de granos y semillas: libertad de compraventa, negociación y tráfico, libertad de almacenamiento, abolición de gravámenes, establecimiento de mercados para facilidad del tráfico, libertad de exportación de granos, aunque no de importación de granos y harina extranjeros. Respecto a la ganadería el 20 de enero de 1834 el Ministerio de Fomento acababa con las restricciones que habían perjudicado las cabañas, permitiendo la libertad de ganaderos sobre el número de sementales o de exportación de moruecos.

Esta legislación era de todas formas la respuesta a un ambiente que había ido calando durante los últimos años del reinado, favorable a una liberalización del comercio, industria, transportes, es decir, a la «libertad económica interior». La prensa de la época, y de forma más reiterada en 1832 y 1833, es buena muestra de ello. Pero no es menos cierto que el ideario y la legislación se corresponden a su vez con las aspiraciones de unos sectores económicos que se convertirán en potencial sustrato sociológico de apoyo al régimen, entre ellos comerciantes, hombres de negocios o labradores, para los que la liberalización económica, la formación del mercado nacional y la desaparición de las trabas jurídicas del Antiguo Régimen era una cuestión imprescindible.

8.7. La transición institucionalizada: el Estatuto Real

Mientras se planteaban las reformas administrativas y económicas, en el último trimestre del año 1833 la Reina Gobernadora era cada vez más sensible a las presiones que, desde distintos sectores, tenían como objetivo una reforma política y convocatoria de Cortes frente al inmovilismo que, en plena sublevación carlista, hacía peligrar un régimen todavía falto de contenido político y social. En este sentido se pronunciaba el marqués de Miraflores y el «Consejo de Gobierno» de la Regente que había dejado nombrado Fernando VII para su asesoramiento, y que en su primera reunión del 5 de octubre de 1833 ya había expuesto sus criterios de apertura para evitar el colapso del régimen. También se pronunciaban en la misma dirección sectores del ejército y personajes procedentes del liberalismo en su tono más moderado y posibilista acerca del pacto. Y, finalmente, las propuestas de los embajadores británico y francés, donde se ventilaban desde razones económicas en relación al endeudamiento del Estado español, hasta estratégicas en torno a la reordenación de las relaciones europeas y que cuajarían en la Cuádruple Alianza.

El planteamiento del marqués de Miraflores, como el de Javier de Burgos, y de otros notables próximos a la Corona, era el de transformar un absolutismo sin salida por un reformismo en el que confluyeran distintos sectores moderados, a través de un pacto de participación abierto socialmente a propietarios, comerciantes, ilustrados,

María Cristina de Borbón, reina, gobernadora, retratada por Vicente López.

clérigos, militares... ya que el peligro no era entendido en claves de liberalismo, sino reconocido en el absolutismo-carlismo en armas y sus bases sociales.

El 25 de diciembre el general Manuel Llauder, capitán general de Cataluña, dirigió a la Reina un manifiesto contra el inmovilismo representado por Cea en el que exponía la necesidad de una reforma política. En el mismo sentido se pronunció el capitán general de Castilla la Vieja, Vicente Jenaro de Quesada, cuya propuesta iba más allá al plantear la dimisión del Consejo de Ministros. Y esta actitud adquiría mayor envergadura para la Corona si quería sostener la causa isabelina, en un momento en que un ejército compartimentado, heterogéneo en su procedencia y condicionado por las secuelas de la independencia de las colonias, se dirimía entre esta opción y la carlista. De hecho el 2 de noviembre el coronel Zumalacárregui se había incorporado a los sublevados en lo que ya era una guerra civil. Además la reorganización del ejército, pese a las disposiciones de 1828, estaba pendiente, y el inicio de la guerra civil aplazaba la cuestión. Las medidas de 1832 habían apartado a los mandos vinculados a la causa carlista, se había puesto en marcha el desarme de los voluntarios realistas, la mayor parte de las capitanías generales habían realizado proclamas expresas de fidelidad a la Corona durante el mes de octubre y la política militar continuaba en tono reformista y moderado por el nuevo ministro de Guerra, desde el 16 de noviembre de 1833, el general de Ingenieros Antonio Remón Zarco del Valle. Pero además, ahora, significados mandos de carácter moderado exponían su parecer en la forma habitual de manifiesto, y el hecho adquiría notables dimensiones políticas.

Así también la Corona se hizo posibilista, cediendo a todas estas actitudes, y convirtiéndose en otra pieza del proceso político de transición desde arriba para conservar el trono en la versión isabelina. Y con la Corona, la nobleza, sobre todo los títulos de Grandeza más relacionados con Palacio.

De esta forma entre 1832 y 1834 coinciden los protagonistas de un proceso de transición: elementos políticos de la década absolutista que conjugan reformas administrativas con cierta apertura política, elementos del liberalismo moderado procedente del exilio que atempera sus posturas en una dirección posibilista, sectores del ejército, y la Corona, con sus personajes de camarilla y nobleza detrás. Frente al carlismo, el horizonte no se planteaba en términos de liberalismo (la opción liberal en sentido estricto tenía otros objetivos y otras estrategias y hacia ella derivaría la situación en 1836), ni estaba prevista tal solución, sino hacia esa «tercera vía» al modo de ensayo de Carta Otorgada de la Francia restaurada o con el referente de algunos de los ingredientes del funcionamiento del modelo británico, que conjugaban fuertes poderes de la Corona, y la existencia de un limitado sistema representativo bicameral. El proyecto tomó forma durante 1834. Primero el cambio de Gobierno, después la elaboración del Estatuto Real.

La Regente se decidió a cambiar el Gobierno en la dirección apuntada el 15 de enero de 1834. Cea era sustituido por Francisco Martínez de la Rosa. Después de su experiencia en el Gobierno durante el Trienio en su fase moderada, lideraba esa corriente de exiliados liberales en 1823 que cimentaron su moderantismo en un sentido posibilista, mesurando posturas, y buscando una estrategia de pacto, alejados de la vía insurreccional y los planteamientos radicales en objetivos y métodos. Ahora era el encargado de acoplar una apertura política en sentido moderado con un nuevo sistema político basado en el fuerte protagonismo de la Corona. La fórmula de articulación político-institucional del Estado fue el sistema híbrido del *Estatuto Real,* promulgado el 19 de abril de 1834.

No estaba planteado como una *constitución,* ni tenía tal vocación, pero tampoco era una reproducción institucional del Antiguo Régimen. En realidad era un articulado que establecía una fórmula de convocatoria a Cortes, esto es, una ley que «institucionaliza» Cortes de una forma híbrida, ya que ni responde, teórica o prácticamente, al recurso a Cortes del Antiguo Régimen ni tampoco al modelo liberal que apela a la soberanía nacional. Además de sus posibles referentes, sujetos a debate, como su naturaleza de Carta Otorgada a la manera de la Francia de la Restauración (1815-1830), las influencias del acompasado y reformista proceso institucional británico y las relaciones entre Corona y Parlamento, o el espíritu jovellanista en sus planteamientos sobre el derecho histórico de la nación, el Estatuto era producto de una situación muy específica, en un contexto de guerra civil, como respuesta política e institucional a la confluencia de posturas y de sus intereses enunciada a favor de un proceso de transición pactada. Era el grado de representación que la Corona estaba dispuesta a consentir y el grado de apertura con que los liberales moderados o sectores reformistas estaban dispuestos a conformarse. Así se institucionalizaba la transición.

El contenido de sus cinco títulos y 50 artículos se refiere al sistema de convocatoria de «Cortes Generales del Reino». Convocatoria realizada por la Reina Gobernadora, en nombre de su hija Isabel II, como concesión del trono y no a partir de una soberanía nacional nunca planteada. Se centra en la estructura, composición, atribuciones y funcionamiento, en la forma y en el tiempo, de las Cortes, sin contemplar otros aspectos como el citado asunto de la soberanía, los derechos individuales, las relaciones entre Gobierno y Cámaras... porque en realidad no eran esos sus objetivos. La necesidad de una convocatoria a Cortes había sido el punto nodal de las presiones a la Corona como instrumento de la apertura política. El asunto era cómo hacerlo, sin cuestionar las «leyes fundamentales de la monarquía», y sin dejar la puerta abierta a la eventualidad que permitió la convocatoria de las Cortes en Cádiz en 1810 y cuyo resultado distó mucho de las Cortes estamentales para convertirse en la pieza jurídica de la revolución liberal. Así, debía sortear el planteamiento constitucional de 1812 y la experiencia del Trienio.

El Estatuto tiene una fundamentación jurídica que acude, como base de las leyes de la monarquía, al derecho histórico de la nación, es decir, una legitimidad que se resuelve con las Partidas y la Nueva Recopilación, según el artículo 1.º. Por otro lado, además de la forma de convocatoria, el modelo de articulado significaba abrir las espitas de la representatividad, con funciones muy limitadas y en las dosis que pudiera soportar esa transición pactada.

Las Cortes se componían de dos Cámaras: el *Estamento de Próceres del Reino* y el *Estamento de Procuradores del Reino*. El primero estaba nutrido, en número ilimitado y de forma vitalicia, por las dignidades de la nación: arzobispos y obispos, Grandes de España, como miembros natos y en este último caso hereditarios, y otros nombrados por el rey entre los títulos de Castilla, servidores de la Administración (secretarios de Despacho, consejeros de Estado, embajadores, miembros del generalato o de los Tribunales Supremos), propietarios («territoriales o dueños de fábricas, manufacturas o establecimientos mercantiles») y destacados personajes de la enseñanza, y de las ciencias y letras, todos ellos con una renta anual de 60.000 reales. Se reunían así una amalgama de dignidades, servidores del Estado, propietarios y «capacidades», que conformaban las elites del país, de distinta procedencia socio-profesional y con distintos criterios y valores de diferenciación social, donde confluyen estamentos privilegiados con un conjunto social ligado a la acentuación de funciones del Estado o a sectores económicos más dinámicos, propios de un mundo social y económico en términos de mercado, a los que asigna una participación institucional y política. Ahora bien, el criterio imprescindible era la designación real.

El Estamento de Procuradores era la Cámara de naturaleza electiva. Su carácter de representación pretendía así colmar las aspiraciones de apertura política dando la posibilidad de participación institucional a unos sectores sociales cuyo principal criterio de representación era esta vez la renta. Para ser procurador se precisaban treinta años y una renta anual de 12.000 reales, con una duración de tres años y reelegible. El derecho de sufragio era muy restringido, como regularía al mes siguiente la ley electoral —20 mayo de 1834—, ya que sólo sería ejercido por los mayores contribuyentes de cada localidad.

Las atribuciones de estas Cámaras eran muy limitadas. Tenían un carácter consultivo, deliberando sólo asuntos sometidos «expresamente a su examen en virtud de un decreto real». Para la formación de las leyes se requería su aprobación y la sanción del rey, y también debían votar las contribuciones a propuesta del monarca, pero no tenían iniciativa legislativa. Es decir, no podían elaborar leyes, aunque sí tenían derecho de petición al rey, cuya práctica, sobre todo por el Estamento de Procuradores, se convertirá en un instrumento reivindicativo de todo un programa de cambios de mayor alcance.

La Corona además se reservaba «exclusivamente» el derecho de «convocar, suspender y disolver Cortes», y además el de nombrar a los presidentes y vicepresidentes de los Estamentos. Las sesiones eran públicas, lo que imprimió a los debates una difusión imprevista. Aunque el decreto real de suspensión o disolución de Cortes debía ir refrendado por el presidente del Consejo de Ministros, no se regulaban las relaciones de los Estamentos entre sí, ni respecto al Gobierno, cuestiones que eran remitidas a un futuro reglamento.

Esta fórmula de compromiso, o de transición pactada, que bajo forma de convocatoria de Cortes, establecía el molde jurídico y político de un régimen híbrido de cierto tono representativo y fuertes poderes de la Corona, representaba el reacomodo de sectores de las elites procedentes o vinculadas al Estado absoluto, o de la oposición liberal más moderada, que pretendían resolver así la apertura política al mismo tiempo que la legislación en materia económica y administrativa se enfocaba hacia la liberalización y el mercado. Todo ello en un contexto de guerra civil. El régimen del Estatuto se sostuvo durante dos años, derivando el proceso de transición, con el concurso de la propia guerra, hacia otra fórmula no contemplada en 1834, pero ya irreversible en 1836: la ruptura liberal.

Capítulo IX

La Guerra Carlista (1833-1840)

9.1. El mundo de las resistencias

La guerra civil de siete años, entendida convencionalmente como Guerra Carlista, se integra plenamente en el proceso de disolución del Antiguo Régimen en España, condicionando la trayectoria seguida por el liberalismo español de los 30 e incluso de su formulación moderada en los años 40. Fue precisamente el conflicto que reorientó el rumbo de la transición pactada y desde arriba, representado por el Estatuto Real, hacia la ruptura liberal y la conclusión jurídica del Antiguo Régimen ya de forma irreversible. En este aspecto la insurrección carlista sobrepasa las dimensiones de una cuestión dinástica, concebida como coartada de legitimación, para inscribirse en un plano más complejo en el que subyace la dialéctica resistencias del Antiguo Régimen *versus* instalación del Estado liberal con todas sus implicaciones sociales y económicas. La naturaleza, los objetivos y los instrumentos de la insurrección *realista-carlista* reproducían esquemas anteriores que hundían sus raíces en las partidas realistas del Trienio, la sublevación de los agraviados de 1827, y las actividades del voluntariado realista y de la facción de Palacio más ligada a la persona de Carlos María Isidro y su forma de comprender el Estado absoluto. Una vez agotadas todas las estrategias palatinas del realismo carlista, la muerte del Monarca el 29 de septiembre de 1833 significó el punto de salida de una insurrección armada, a base de partidas irregulares, que se convierte en guerra civil desde 1834.

Cuatro días después de la muerte de Fernando VII, el 3 de octubre, un grupo de voluntarios realistas se alzaba en Talavera de la Reina, proclamando a Carlos María Isidro como legítimo rey de España. Estallido de un conflicto latente y apenas contenido anteriormente por la presencia de Fernando VII. La acción de Talavera inaugura una secuencia de levantamientos faltos de coordinación y más bien vinculados a la fórmula de partidas aisladas, con resultados dispares, pero sobre dependientes de los jefes naturales del voluntariado realista y de protagonistas curtidos en las guerrillas. El salto cualitativo se sitúa en 1834 con la incorporación de jefes militares y unidades regulares del ejército hasta entonces expectantes, que acaban transformando las partidas en ejércitos carlistas. Resultó emblemática la postura del coronel Zumalacárregui que aportó una perspectiva militar y animó las posiciones de los sublevados. La geografía de la sublevación ofrece una plataforma más sólida en el País Vasco y Navarra, y con espacios secundarios, reproduciendo la geografía anterior de partidas, en Cataluña, y con derivaciones en el Maestrazgo, y hacia Valencia y las dos Castillas con una menor intensidad.

Aunque el carlismo es heterogéneo en su composición social y en la interpretación de sus principios doctrinales, actuó como aglutinante el principio de *legitimidad* y los postulados Dios, Patria, Rey, con la cuestión foral y la descentralización de fondo. Se trataba de una respuesta armada como culminación de un proceso enriquecido con el tiempo y redefinido al compás de la guerra civil en versiones sobre todo de tipo estratégico aunque también doctrinal. En todo caso versiones coincidentes en su oposición a las alteraciones de naturaleza liberal, a las que asociaron incluso con cualquier tipo de reformismo aunque fuera administrativo en sus planteamientos. El régimen foral significaba en las zonas más proclives a la sublevación la descentralización secular del Antiguo Régimen, amenazada por la vocación centralizadora del Estado liberal, y unas especificidades que se habían desdibujado parcialmente por la propia centralización del Estado absoluto desde el siglo XVIII. Los Fueros eran la particularidad jurídica que respaldaba un conjunto de privilegios en términos de ejercicio de la justicia, cuestiones fiscales y económicas, y reclutamiento militar. Estas cuestiones afectaban directamente a la vida cotidiana y a las economías domésticas de estos territorios, regulando pautas de conducta de un mundo con seculares vínculos de protección y proximidad muy lejanos a la acción del Estado. Y así era percibida la legitimidad, no sólo en términos de derechos dinásticos, sino como atentado a un modelo de funcionamiento social y económico específico. Por eso el carlismo y su discurso estaba acoplado al tejido social de aquellas zonas de la sublevación, con unas formas de propiedad, unas relaciones sociales y unas pautas de conducta edificadas sobre las especificidades forales.

El carlismo reunió las propuestas políticas del realismo sobre todo entendidas como oposición a las fórmulas liberales del Trienio y al reformismo desde el Estado absoluto, y tuvo como base del insurreccionalismo el voluntariado realista forjado durante toda la década; pero sobre todo aglutinó, y por ello se extendió geográfica y socialmente después hasta convertirse en guerra civil, un heterogéneo cuerpo social con el denominador común de su oposición al cambio liberal y más preocupados por un mundo estable que se cuarteaba que por legitimidades dinásticas aunque éstas fueran percibidas como el símbolo de sus preocupaciones.

La naturaleza de la oposición a las transformaciones liberales o reformistas desde el Estado, impusieron un cuerpo social afecto al carlismo sumamente heterogéneo, como lo fue el bando liberal. No hay un correlato necesario entre determinado grupo social y carlismo, al igual que sucede en la España liberal. Sin embargo existen tendencias significativas que permiten la matización. En cuanto al campesinado, no se trata de un colectivo social genéricamente considerado en una España mayoritariamente agraria, sino de un determinado tipo de campesinado al que se le hace percibir la peligrosidad del régimen contractual liberal como instrumento de alteración de la «econo-

Partida carlista en un pueblo catalán.

mía moral de la multitud». Un campesinado ligado a una singular estructura de la propiedad en unos territorios vinculados a los privilegios forales. Más proclive será a alimentar las filas carlistas el campesinado vasco-navarro que el de otras latitudes.

No olvidemos que ya en la práctica esta situación estable para este tipo de campesinado ha empezado a desdibujarse desde finales de los años 20, pero además el reformismo técnico del Estado absoluto sobre todo en el bienio 1832-34 ha puesto en marcha una plataforma jurídica de cambio que se adelanta a la legislación liberal de 1836-37. Así la respuesta del campesinado que se suma a la causa carlista fue producto del inicio de una quiebra de las relaciones económicas y sociales y del inicio de una secuencia legal planteada por los reformistas respecto a la liberalización agraria y que culminará más tarde con los liberales. En suma, entendida la transformación del régimen jurídico de la propiedad, y de las relaciones que de él se derivan, como secuencia iniciada con un carácter técnico, en el que predominan los asuntos referidos al cambio jurídico en los ámbitos de la producción y distribución, y culminada por el liberalismo radical, en los aspectos que conciernen más directamente a la transformación jurídica del régimen de propiedad, la toma de postura del campesinado carlista coincidiría cronológicamente con los inicios del proceso y no con su momento culminante.

En cuanto a la nobleza no cabe hacer un mero análisis cuantitativo de los títulos que apoyaron a uno u otro bando. En principio nobles los hubo en Madrid y en Estella. Pero sí resulta significativo que la nobleza carlista esté compuesta por pequeños títulos, en situación económica altamente comprometida. Además de componentes ideológicos y mentales, existe un argumento económico nada desdeñable. La cuestión reside en cómo se valora el mayorazgo, en cuanto a su mantenimiento, reforma o abolición. La gran nobleza terrateniente prácticamente brilló por su ausencia en el bando carlista. No quiere decir esto su aplicación decidida en el bando liberal, pero sí un prudente compás de espera y la plena convicción de que la redefinición de la propiedad en términos de mercado iba a asegurar una reproducción saneada de su posición patrimonial. Situación muy diferente a la sentida por las pequeñas casas nobiliarias que apoyaron al carlismo, cuya valoración de los hechos era opuesta a la de la gran nobleza terrateniente. Es decir, el mantenimiento del mayorazgo y del conjunto de privilegios como signos principales de estatus del que emanan unas formas de vida. Cabría hablar de las resistencias a la mercantilización del estatus.

El carlismo tuvo su mayor impronta en ámbitos rurales donde predominan los vínculos clásicos de protección, a base de relaciones personales, más proclives a la quietud, escasamente conectados con la idea liberal del Estado, y ligados por pautas seculares en las relaciones sociales. El tirón inicial del carlismo se situó en estas ambientaciones, dentro y fuera del País Vasco-Navarro, pero el apego a la tradición foral como garante de estabilidad hizo cristalizar el carlismo sobre todo en estos territorios. En la realidad geográfica del carlismo existe pues una relativa contraposición entre campo y ciudad. Relativa porque el carlismo también encontró clientela en las ciudades, conforme la legislación reformista primero y liberal después se radicalice, sobre todo en pequeños y medianos núcleos urbanos de la meseta norte afectando a sectores más ligados a las economías locales campesinas y más influidos por los discursos del púlpito. En las algaradas carlistas de las ciudades están presentes menestrales y artesanos opuestos a una desintegración gremial ya iniciada en la práctica y que se consuma legalmente desde 1834. En las ciudades el componente carlista, siempre minoritario, tuvo un carácter más episódico, esporádico, sujeto a coyunturas precisas y por tanto menos militante, siempre sensible a los discursos procedentes del antiguo voluntario realista, del cura o del noble limosnero, dibujando una red clientelar menos dada a la acción, permanente característica del País Vasco-Navarro.

En última instancia el carlismo fue la cobertura ideológica y de acción que encauzó el desasosiego de un modelo de sociedad en crisis, de un *mundo* que se perdía irremisiblemente.

El apoyo de la Iglesia al carlismo no fue unívoco y estuvo sometido a la trayectoria política de la España liberal. En principio la Iglesia manifestó su fidelidad a Fernando VII y a Isabel II, siguiendo las directrices del Vaticano según la Carta Papal enviada a los obispos en marzo de 1833. Cuando se inició la sublevación las posturas se diversificaron en un haz complejo de respuestas entremezcladas de la Santa Sede, la jerarquía eclesiástica y el resto del clero. Tres posiciones que actuaron con una relativa autonomía, y en todo caso condicionadas por el tono de la política eclesiástica liberal. Sucesos tales como la matanza de frailes en Madrid en 1834, la exclaustración como consecuencia de la recuperación de la ley de regulares en 1835 y los decretos desamortizadores de Mendizábal, acentuaron las diferencias entre el clero y el Estado liberal. Diferencias más profundas en el seno del clero regular y de los curas rurales que influyeron notablemente en la propaganda a favor del pretendiente carlista. Mientras la Santa Sede rompió relaciones diplomáticas después de la condena pública de la política liberal por Gregorio XVI en febrero de 1836, la oposición de la jerarquía española fue más matizada, y aunque predominó una actitud de fidelidad crítica hacia Isabel II, varios obispos se unieron a la causa carlista como los de León, Lérida, Orihuela, Mondoñedo y Solsona.

El ejército, alimentado en número y protagonismo a partir de la Guerra de la Independencia y la cuestión colonial, quedó configurado como un instrumento de nuevo cuño que el Estado intentó racionalizar en 1828. A la altura de 1833 apostó mayoritariamente por la legitimidad en su versión isabelina, incluso colaborando para reconducir hacia una solución reformista y de liberalismo moderado la Regencia de María Cristina. Si bien es cierto que parte de la oficialidad y algunos generales como Eguía, González Moreno, el conde de España o el coronel Zumalacárregui se inclinaron por la legitimidad carlista, el grueso de la oficialidad y del generalato apoyó la causa isabelina, convirtiéndose paradójicamente en un elemento de continuidad y sostén del Estado liberal, frágil en sus cimientos, sometido a vaivenes políticos que reducían su capacidad de decisión y aquejado del sempiterno problema del déficit de la hacienda pública. La guerra civil adjudicó al ejército a partir de entonces un papel de primera magnitud en el engranaje y funcionamiento del Estado liberal, no en términos de injerencia sino como pieza estructural del sistema mismo. Lideran los campos de batalla y después los partidos políticos, configurándose una generación de militares que acabaron simbolizando las versiones políticas del liberalismo, como Espartero o Narváez. La revolución liberal se acostumbró con la guerra civil al recurso a los militares para su estabilidad.

9.2. Las estrategias militares y políticas

El levantamiento de los voluntarios realistas en Talavera en octubre de 1833 fue seguido por una multiplicación de insurrecciones en forma de partidas desplegadas principalmente en tierras vascas, Navarra, La Rioja, Burgos, el Maestrazgo y algunos puntos de Valencia, Aragón, el norte catalán y La Mancha, siguiendo una lógica organizativa en la que venía trabajando la *Junta de Madrid* desde su creación en octubre de 1832. El fracaso de una insurrección generalizada en todo el país, que hubiera supuesto la derrota del legitimismo isabelino, transformó el levantamiento en guerra civil, obligando al cambio de esta táctica insurreccional hacia una concentración militar en aquellos territorios más sólidos (País Vasco, Navarra, norte de Cataluña y el Maestrazgo), sin que ello supusiera el abandono de una estrategia de expansión a todo el país, que en 1836-37 se basó en las expediciones militares que recorrieron buena parte del país. Fracasado este nuevo ensayo, la opción carlista consistió en un nuevo repliegue a los espacios ya tradicionales. La imposibilidad de una victoria militar definitiva por alguno de los dos bandos prolongará el conflicto hasta 1839-40.

Frustrado el levantamiento general de octubre de 1833 por las tropas del general isabelino Sarsfield, que redujo la insurrección en la meseta norte, para traspasar el río Ebro y ocupar Vitoria y Bilbao que se habían proclamado a favor del pretendiente, la dialéctica de la guerra civil tuvo a partir de entonces un doble componente: el intento carlista por extender la sublevación desde el País Vasco hacia el resto de España siempre tomando la iniciativa, y la estrategia liberal de impedirlo a base de la consolidación de la línea del río Ebro como dique de contención después de los éxitos militares carlistas en el territorio vasco-navarro.

En efecto, el nombramiento de Zumalacárregui como comandante en jefe de las tropas carlistas, significó su reorganización y la conquista del territorio vasco, excepto Bilbao y San Sebastián, con una secuencia de victorias frente a los generales isabelinos más reputados. La sucesiva conquista de plazas importantes como Villafranca, Tolosa, Vergara, Eibar, Durango y Ochandiano significaron el dominio casi total de las provincias de Vizcaya y Guipúzcoa y la retirada de las tropas liberales a Miranda de Ebro con el fin de reforzar sus posiciones a partir del río. En este contexto surgió la disyuntiva de tomar Bilbao o dirigirse hacia el sur. La primera opción, auspiciada por el pretendiente, respondía a la lógica de completar el control total sobre Vizcaya para obtener por primera vez un territorio plenamente unificado del cual se derivarían ventajas militares, logísticas y propagandísticas, a lo que se sumaría el valor simbólico y político de la recuperación de una plaza vital para asegurarse el abastecimiento del exterior y conseguir un reconocimiento internacional. La segunda opción, auspiciada por Zumalacárregui, aprovechando el impulso de sus éxitos militares, planteaba la siguiente secuencia: evitar la consolidación de las tropas liberales en la línea del Ebro con la conquista de Miranda, la penetración en la meseta hacia Burgos y de allí a Madrid, a la par que se establecería una continuidad con los focos carlistas del Maestrazgo. En suma, Zumalacárregui valoró principalmente el control militar del valle del Ebro.

Finalmente se impuso la primera opción. El 10 de junio de 1835 quedaba completado el sitio de Bilbao. La resistencia de la plaza y la muerte de Zumalacárregui el 15 de junio cambiaron el curso de los acontecimientos. Desde Miranda de Ebro las tropas liberales acudieron en auxilio de Bilbao obligando al general Eraso a levantar el cerco el 1 de julio. Las consecuencias de la muerte de Zumalacárregui y el fracaso ante Bilbao ensancharon la capacidad de maniobra liberal, y provocaron la pérdida de la iniciativa carlista y de su control total sobre Vizcaya y Guipúzcoa. El 16 de julio de 1835 las tropas isabelinas al mando del general Fernández de Córdova derrotaban a González Moreno, jefe del Estado Mayor carlista, en la batalla de Mendigorría. La guerra quedó localizada en el territorio vasco hasta mediados de 1836. El asedio carlista de San Sebastián quedó también levantado el 5 de mayo de 1836 y posteriormente los liberales conseguían una nueva victoria en Arlabán.

La guerra civil desde su inicio fue adquiriendo dimensiones internacionales, acorde con el contexto inaugurado por las revoluciones liberales de 1830 y la quiebra del sistema de la Santa Alianza. El 22 de abril de 1834 el marqués de Miraflores, embajador de España en Londres, concertaba con lord Palmerston el establecimiento de la *Cuádruple Alianza,* por la que Francia e Inglaterra se comprometían a ayudar al sostenimiento de los regímenes liberales en España y Portugal, frente al carlismo y al miguelismo portugués. Como inmediata consecuencia un cuerpo expedicionario español al mando del general Rodil colaboró activamente en el derrocamiento de los miguelistas con la capitulación de Evora-Monte, al mismo tiempo que Carlos María Isidro se refugiaba temporalmente en Gran Bretaña. El 18 de agosto se firmaron los «artículos adicionales» al tratado de la Cuádruple por los que Francia, Inglaterra y Portugal darían su pleno apoyo al régimen de Isabel II. Un apoyo que nunca se tradujo en la intervención directa de fuerzas regulares aliadas en territorio español, aunque sí fue más eficaz en el plano financiero, en el suministro de armamento y en la colaboración de «voluntarios». Los voluntarios de la legión auxiliar británica, financiada por Inglaterra y compuesta de 10.000 hombres, lucharon en el País Vasco hasta 1837. En la ayuda británica a la España liberal jugó un notable papel Mendizábal por sus estrechas re-

Los carlistas ante Madrid en 1837.

laciones con el mundo financiero de la *City* londinense, mayoritariamente inclinada a la causa liberal. Por su parte la colaboración de los países favorables al carlismo, Rusia, Austria, Prusia, Cerdeña y Nápoles, fue menos eficaz.

La dinámica de la guerra civil siempre estuvo condicionada por los acontecimientos políticos del bando liberal. La transición reformista y moderada aceptada por María Cristina y articulada en el Estatuto Real había derivado, a su vez con la influencia del transcurso de la propia guerra, hacia la ruptura liberal de 1836 con la multiplicación de juntas, el restablecimiento de la Constitución gaditana y la sustitución de los Gobiernos moderados por la versión más radical de los progresistas. Esta situación alarmó a sectores más conservadores y a la propia Regente, al tiempo que fue percibida por los carlistas como el momento oportuno para aprovechar las tensiones políticas y las dificultades financieras en el Estado liberal y retomar la estrategia de la salida del País Vasco y conquistar Madrid. Y como trasfondo las propuestas británicas de una salida negociada al conflicto.

En 1836 y 1837 los carlistas protagonizaron una serie de expediciones a base de columnas móviles y del apoyo de las dispersas partidas carlistas que habían continuado actuando en la retaguardia del ejército isabelino, entorpeciendo comunicaciones y suministros, y en continuo enfrentamiento con las milicias locales de cuño liberal. El preludio de esta nueva estrategia está en la expedición de Guergué hacia el Pirineo catalán para conectar con los focos carlistas allí existentes. El 26 de junio de 1836 partía la expedición del general Gómez, en el momento culminante de la revolución liberal en Madrid. La evolución política del bando liberal había superado el régimen del Estatuto y por ello sectores isabelinos, con el concurso de la propia Regente, no descartaban un entendimiento con el carlismo frente a una guerra vinculada ya con la revolución.

Además de reducir la presión sobre el frente del norte, Gómez pretendía resucitar la idea de un levantamiento generalizado en toda España. La columna recorrió sucesivamente Asturias, Galicia, entrando en Santiago de Compostela, y León, para continuar por las dos Castillas hacia la región levantina, con ayuda de Cabrera. La derrota en Villarrobledo le desvió del camino a Madrid y se dirigió hacia Andalucía, ocupando la ciudad de Córdoba, Extremadura y posteriormente se volvió otra vez a Andalucía, llegando a Ronda el 16 de noviembre, para iniciar la retirada a sus posiciones de origen. El 20 de diciembre alcanzó Orduña. Largo periplo que no contó con batallas de envergadura, y acabó agotándose en sí mismo sin haber conseguido los objetivos previstos. La destitución de Gómez mostró las disensiones en el bando carlista y el convencimiento de que la victoria militar se hacía cada vez más lejana. Sentimiento reforzado con el nuevo fracaso del asedio a Bilbao, iniciado el 14 de noviembre. El desembarco de fuerzas liberales mandadas por Espartero el 25 de noviembre en Portugalete, permitió un mes más tarde que los carlistas fueran derrotados en Luchana y el 25 de diciembre liberado Bilbao.

A partir de 1837 el territorio vasco-navarro dejó de ser el escenario principal de la guerra, que se desplazó paulatinamente hacia el Maestrazgo y Cataluña, donde las partidas iniciales se han ido transformando en unidades militares más organizadas. El nuevo esfuerzo del carlismo intenta reproducir la acción de Gómez, esta vez con la expectativa de entrar en Madrid y animado por la idea de un pacto con la Regente y los sectores más moderados del liberalismo como consecuencia de la proclamación de la Constitución de 1812. En la primavera de 1837 la *Expedición Real*, dirigida personalmente por el pretendiente, penetró en Cataluña y el Maestrazgo uniendo las fuerzas del ejército del norte y del centro, es decir del Maestrazgo, llegando a las cercanías de Valencia, y de aquí hacia Madrid. Es un momento crítico en la evolución del conflicto. Las tropas carlistas llegan a las puertas de Madrid —Arganda y Vallecas— y allí se detienen. Por entonces el ministerio progresista de Calatrava había sido sustituido por el moderado de Bardají, desvaneciéndose en parte la idea del pacto a base de la *reconciliación dinástica*. Al fin y al cabo la Regente esperaba reconducir la situación política por la vía moderada sin el recurso último al acuerdo con el pretendiente. A ello contribuyeron las presiones del general Espartero, contrario a este acuerdo y partidario de ventilar en un futuro el conflicto en términos militares: o bien por la fuerza de las armas o por un acuerdo entre generales de ambos bandos. Disuadida la Regente, Espartero frenó igualmente la amenaza del general carlista Zariátegui, que después de tomar Segovia se dirigía hacia la capital.

El fracaso de la expedición real incrementó las diferencias en el seno del carlismo. Disensiones en las que se entremezclaban cuestiones personales e ideológicas. A estas alturas se hizo evidente la imposibilidad de una victoria militar definitiva. La consolidación del ejército liberal y el mayor protagonismo en las filas carlistas de los partidarios —los denominados *transaccionistas*— de una fórmula política próxima a lo que significaba el Estatuto Real de 1834 y el respeto a los Fueros, encabezados por el jefe de las fuerzas carlistas, general Maroto, favorecieron el final pactado de la guerra. El 31 de agosto de 1839 el Convenio de Vergara entre Maroto y Espartero daba por concluido el conflicto en el territorio vasco-navarro. Espartero se comprometió a trasladar a las Cortes la cuestión del mantenimiento del régimen foral, además de aceptar la integración de oficiales y jefes carlistas en el ejército liberal, con el reconocimiento de grados militares. Carlos María Isidro traspasaba la frontera francesa.

Abrazo de Vergara.

En último término el *abrazo de Vergara* era fruto de la imposición en las filas del carlismo de la línea *transaccionista* frente a los *apostólicos*, defensores del mantenimiento de las posiciones más intransigentes que caracterizaron el realismo en la última década de Fernando VII. Bifurcación doctrinal y estratégica que se había hecho patente sobre todo desde la muerte de Zumalacárregui y que descansaba ideológicamente en dos concepciones diferentes del tradicionalismo, en función del papel del monarca, limitado o no por unas Cortes estamentales, y de la visión más o menos actualizada y posibilista de fueros.

Sólo quedaron focos carlistas en Cataluña y sobre todo en el Maestrazgo, al mando del general Cabrera, que continuó la lucha hasta el 30 de mayo de 1840 en que las tropas de Espartero tomaron Morella. Cabrera se retiró a Cataluña y cruzó la frontera francesa el 4 de julio de 1840.

Capítulo X

El régimen del Estatuto.
De la reforma a la ruptura (1834-1836)

10.1. El Estatuto y la proyección de una opinión liberal

El Estatuto definido como «constitución otorgada incompleta» en palabras de Tomás Villarroya, abrió los cauces para la definitiva instalación del régimen liberal en España. Dotó al país de unas instituciones representativas, de un sistema de gobierno homologable al existente en otros países de la fachada atlántica europea de los años 30, pero con un censo electoral sensiblemente más reducido, que apenas sobrepasaba los 16.000 electores. En realidad, el Estatuto quedó desbordado por su propio funcionamiento a lo largo de 1834 y 1835. No había dejado de ser un producto circunstancial aplicable a un momento histórico determinado por la guerra civil. En este contexto fue un instrumento útil que institucionalizó una confluencia de intereses sociales y políticos alrededor de la Regencia. Pero la propia dinámica de la guerra, unida a un conjunto de demandas sociales y políticas de mayor alcance, transformaron el reformismo «desde arriba» y pactado en una transición no prevista que desembocó en la ruptura liberal de 1836. A la altura de 1834-35 la Regencia se vio incapaz de ganar la guerra y de obtener más recursos para su financiación. Empezó a cuajar la idea de que el sostenimiento de la Corona y la victoria en la guerra civil estaban asociadas a la instalación de un régimen representativo plenamente liberal y a la ampliación de sus bases sociales. El margen parlamentario del régimen era estrecho en el sentido de representatividad y capacidad decisoria, pero los debates en las Cortes tuvieron una notoria importancia en la evolución política desde el reformismo a los planteamientos liberales y en su proyección hacia una opinión liberal que sedimentó también a partir de la prensa, las tertulias y los clubs. Sin embargo, comprender esa trayectoria política del Estatuto significa no sólo estudiar el discurso interno del Estamento de Procuradores, sino también el acontecer «desde fuera» a partir de un debate político que se desplaza a otros ámbitos

Apertura de las Cortes por María Cristina en 1834.

en forma de juntas y milicia nacional, todo ello dialécticamente condicionado por la marcha de la guerra civil.

La convocatoria de Cortes fue publicada el 20 de mayo de 1834. Reunidas el 24 de julio siguiente, estaban compuestas por 104 próceres natos y designados y 188 procuradores elegidos, de los que 130 eran terratenientes, comerciantes, fabricantes y procedentes de profesiones liberales, 53 empleados públicos y militares y cinco eclesiásticos. Más de un tercio de ellos contaba con una experiencia política anterior, bien ligada a las Cortes de Cádiz o del Trienio, o bien vinculada a la administración del Estado. Y además en buena parte habían contado con experiencias políticas desde el exilio en Londres o en París, o eran tributarios de una cultura política desplegada en el contexto liberal europeo. El regreso de exiliados, que se multiplicó en 1834, animó el debate y la actividad política, que recupera sus espacios de sociabilidad como las tertulias en cafés y asociaciones de debate, sus embrionarias formas de organización en clubs como antesala de organizaciones políticas más estructuradas a lo largo de la década, y sus formas de expresión a través de una prensa más numerosa, crítica y dinámica, todo ello al calor de las dosis de apertura del régimen del Estatuto.

El Estamento de Procuradores no era homogéneo políticamente, ni estaba acoplado a grupos perfectamente definidos; sin embargo sus componentes se fueron agrupando en torno a una serie de cuestiones y de personas, adelantándose a dos formas de entender la trayectoria política liberal en términos moderados o progresistas. Utilizando el derecho de petición, un sector del Estamento de Procuradores configuraron todo un programa de reformas en sentido liberal que, si no fueron asumidas por la Regente y el Gabinete de Martínez de la Rosa, sí empezaron a cuajar en una versión progresista del liberalismo que pronto encontró acomodo en las capas medias y populares sobre todo de los ámbitos urbanos, que no formaban parte del «país legal» establecido por el Estatuto. Procuradores como Argüelles, Fermín Caballero o Joaquín María López, plantearon cuestiones tales como los derechos del ciudadano, la libertad de prensa, la organización de la milicia nacional, la reunión de Cortes Constituyentes como emanación de la soberanía nacional. Pero también las peticiones traspasaban el marco político para inscribirse en el desmantelamiento de las estructuras socioeconómicas del Antiguo Régimen, desde la desamortización eclesiástica o civil hasta la extinción de mayorazgos o vinculaciones, pasando por la abolición de los tributos feudales.

Las actitudes de los procuradores se reacomodaron continuamente respecto a las cuestiones de debate en el Estamento, dibujándose las piezas de discursos distintos como consecuencia de su apoyo o de su crítica a los Gabinetes de Martínez de la Rosa, Toreno, Mendizábal e Istúriz —ministerios por este orden durante el régimen del Estatuto—. Así la perspectiva de comprensión cambia: no se trata de partidos y programas definidos y de un conjunto de personajes que cambian de posturas, sino al contrario, personajes que como consecuencia de sus posiciones van moldeando dos ideários, moderado y progresista, en el contexto de un mayor avance de la cultura política.

Así los Gabinetes de Martínez de la Rosa y del conde de Toreno, entre enero de 1834 y junio de 1835 el primero, y entre junio y septiembre del mismo año el segundo, quedaron desbordados, en su política atemperada del Estatuto tal y como había sido diseñada por el pacto desde arriba, por una dinámica política en el Estamento de Procuradores, en la prensa y en la calle para desembocar en la subida al poder de Mendizábal el 14 de septiembre de 1835, verdadero punto de inflexión hacia la quiebra del régimen que culminará un año más tarde con el motín de La Granja, el fin de Estatuto y el restablecimiento de la Constitución de 1812.

10.2. La emergencia del pueblo liberal. Difusión doctrinal y agitación política. Juntas, milicia y prensa

Este proceso tuvo uno de sus puntos decisivos en el movimiento de las juntas en los veranos de 1835 y 1836. El primero dio paso a Mendizábal, el segundo a los sucesos de La Granja y la Constitución de 1812. Las juntas fueron la expresión del *pueblo liberal*. Ello significa la cristalización de una opinión pública liberal que todavía apenas sobrepasaba los límites de los núcleos urbanos, pero que demostraba una potencialidad política de envergadura. Recordaban en su morfología a las juntas de la Guerra de la Independencia y del Trienio como formas organizativas de un primer liberalismo, pero que ahora ampliaban su contenido popular y mesocrático para convertirse en los instrumentos de una versión progresista del liberalismo y en las que subyacía una vocación descentralizadora de la actividad política.

En suma, eclosión de un liberalismo popular relacionado con la depuración en formas y contenidos de los mensajes políticos y con la importancia de la milicia nacional. Agitación política proyectada a una población sensible al efecto multiplicador, y a veces distorsionado, de los discursos políticos que siguen, aunque no necesariamente, una secuencia de transmisión protagonizada por notables políticos, prensa, y milicia nacional. Esta sensibilidad política estaba amplificada por las noticias que llegaban de la guerra, no tanto del más o menos lejano teatro de operaciones del norte, como de la actuación concreta de las partidas carlistas más próximas. En esta ambientación se funden la difusión de los contenidos doctrinales y la proliferación de rumores. La potencialidad del rumor se puso de manifiesto en respuestas de violencia primaria como

Los motines de 1835 en las Ramblas de Barcelona.

las del verano de 1834 en Madrid: asesinato de frailes, en un momento especialmente conflictivo por la extensión de la epidemia de cólera, acusados por el rumor del envenenamiento de las fuentes públicas y de ser partidarios de la causa carlista.

La prensa jugó un papel político de primer orden en la difusión doctrinal y en la agitación política. En 1834 se incrementó la publicación de periódicos, libros y folletos aprovechando los nuevos cauces legales existentes, sobre todo en los más importantes núcleos urbanos del país como Madrid, Barcelona, Sevilla, Cádiz, reconstruyendo el poso liberal del Trienio. El real decreto de 4 de enero de 1834 sobre impresión, publicación y circulación de libros, completado con el reglamento de 1 de junio de 1834 para la aplicación del decreto al mundo de la prensa, creó un marco legal todavía restrictivo, pero que posibilitó la proliferación de publicaciones. En el preámbulo del decreto se invoca la filosofía del justo medio entre «la ilimitada libertad de imprenta» y «las trabas y restricciones que ha sufrido hasta aquí». El principio de libertad de imprenta, no expresado explícitamente, quedaba sujeto a restricciones por la existencia de censura previa. En efecto, los artículos 6 al 10 declaraban objeto de previa censura y licencia todas las obras, folletos y papeles sobre religión, moral, política, geología, historia, viajes y recreo. La vigilancia era ejercida por censores «escogidos e ilustrados en todas las materias sujetas a censura», nombrados por la Regente a propuesta de los subdelegados de Fomento, bajo el control de la Inspección General de Imprentas y Librerías del reino. Las mismas directrices informaban al reglamento citado sobre prensa del mes de junio, en el tema de la censura previa, a lo que se añadían cualidades y responsabilidades a la figura del editor: solicitud de licencia, iguales exigencias económicas que para ser elector, y depósito de una fianza, 20.000 reales en Madrid y 10.000 reales en provincias. El número de periódicos publicados superó el centenar en 1834-35, pero muchos de los títulos correspondían a un mismo editor que así sorteaba problemas de censura, a lo que se unía la duración efímera de muchas de estas publicaciones, dado el desfase entre oferta y demanda. La difusión de periódicos, sin embargo, era muy superior a la venta de ejemplares, a través de una *cultura oral* que sustituye a los bajos niveles de alfabetización, transmisión que frecuentemente amplifica y distorsiona las propuestas doctrinales y las noticias de la prensa escrita. Entre las publicaciones adquirieron relevancia periódicos tales como *El Español, La Abeja* o *El Eco del Comercio*. Este último, inaugurado el 1 de mayo de 1834 bajo la égida de Fermín Caballero, se convirtió en el órgano más autorizado del pensamiento progresista actuando de portavoz oficioso de las peticiones elaboradas por los procuradores afines. Además el periódico insistía constantemente en la necesidad de crear una auténtica milicia nacional como brazo armado del liberalismo y como instrumento militar decisivo frente a la ineficacia consciente o no del ejército regular.

En los movimientos junteros de 1835 y 1836 tuvo un protagonismo destacado la *milicia nacional*. El contenido y las formas de actuación de las milicias ciudadanas fue objeto especial de debate durante el bienio 1834-35. Por su proclividad con la causa carlista, los antiguos voluntarios realistas habían sido desarmados a lo largo de 1833, desde el mes de enero, en que el capitán general de Cataluña Llauder inició el proceso, hasta el decreto de 25 de octubre de 1833 de Javier de Burgos en el que legalmente quedó disuelta esta milicia absolutista, poniéndose además las bases para la creación de una milicia urbana de nuevo cuño. Este es el nombre que recibió en un primer momento este cuerpo de ciudadanos armados. Pérez Garzón ha señalado lo significativo de esta denominación, en la que existe un deseo del legislador de distanciarse del concepto *nacional*, como contraposición a *real*, que había adjetivado a este cuerpo armado durante el Trienio. Por otro lado el término urbano respondía a una de las bases de alistamiento previstas, dado que su organización se limitaba a las capitales de provincia, ciudades y pueblos de cierta importancia.

La ley de 16 de febrero de 1834 reoganizó los cuerpos armados, estableciendo una selección social en función del nivel de contribuciones: 100 reales de contribución directa por fincas en propiedad; 300 reales por subsidio comercial en Madrid, Cádiz, Barcelona, Sevilla y Valencia, 200 en las otras capitales de provincia y puertos y 100 en los restantes pueblos. Además se declaraban aptos los fabricantes y maestros artesanos con talleres abiertos, así como los abogados, escribanos, catedráticos, médicos, arquitectos y los individuos de las Sociedades Económicas. En definitiva, una milicia a base de propietarios y de individuos procedentes de las clases medias, insuficiente a todas luces para hacer frente a las necesidades de la guerra. Una vez más, fue la dinámica de la guerra la que provocó la transformación de este cuerpo urbano armado, con un sentido de democratización, en el tipo de milicia que había dado contenido al liberalismo del Trienio. Se apeló a su concurso para ganar una guerra incierta y cuyos oponentes carlistas tenían trabado un sólido tejido social. Así dos decretos sucesivos de 20 de febrero y 1 de marzo de 1834 permitían el establecimiento de la milicia urbana en todos los pueblos de más de 500 vecinos y anulaba la necesidad de contribuir, sustituida por el ejercicio de artes y oficios o el disfrute de rentas propias. En marzo de 1835 las Cortes aprobaron el reglamento de la milicia urbana, que quedaba definida como una «institución civil, dependiente del ministerio de lo interior en lo general de la Nación, del Gobernador civil en cada provincia y de la respectiva autoridad civil gubernativa en cada pueblo». Así la milicia aparecía vinculada en la instancia más próxima a las autoridades locales, lo que será de suma importancia en el movimiento de las juntas. De ella podían formar parte todos los ciudadanos entre dieciocho y cincuenta años que pagasen una renta que oscilaba entre los ocho reales en pueblos de menos de 2.000 habitantes hasta los 80 reales en Madrid. Quedaban excluidos quienes hubieran tomado las armas en favor del carlismo, incluso aunque hubieran sido indultados, al igual que «los criados de labranza y de ganadería y los jornaleros que no paguen a lo menos 24 reales de constribución directa». Los jefes de batallón eran nombrados por el monarca siempre que pagasen una contribución triple a la del miliciano sin grado, mientras que los oficiales de las compañías recibían su nombramiento del gobernador civil y era necesario el pago de una contribución doble. Resultaba significativo el artículo 24 del reglamento que prohibía a los milicianos deliberar y elevar reclamaciones, exposiciones o quejas a las autoridades, lo que entraría en contradicción con su práctica posterior, cuando se hagan mayoritariamente partícipes de las líneas programáticas progresistas. El real decreto de 5 de febrero de 1836 amplió el alistamiento a la milicia —desde ahora denominada *Guardia nacional*—, aunque continuó guardando un criterio censitario, al mismo tiempo que volvió a establecerse el carácter electivo de la oficialidad.

Las relaciones entre el Gabinete Martínez de la Rosa y las Cortes fueron empeorando a lo largo de 1834. El Gobierno desatendía sucesivamente las peticiones debatidas y elaboradas por el Estamento de Procuradores, que cada vez era más proclive a sentar la doctrina de la subordinación del ejecutivo a las Cortes, lógica del régimen parlamentario. Esto se puso de manifiesto en una petición de noviembre de 1834, cuya lectura no fue permitida: «La conformidad de ideas entre vuestro ministerio y los estamentos es, según la opinión de los procuradores, tan necesaria entre nosotros bajo el sistema que nos rige, como lo es en las demás naciones donde hay gobiernos representativos». Los procuradores solicitaban a la par «una mudanza considerable y casi completa» del Gobierno, es decir, la sustitución del moderado Martínez de la Rosa por un Gobierno más sensible al conjunto de demandas de los procuradores, que la prensa progresista hacía suyas, al igual que la milicia urbana. Existía un divorcio cada vez más marcado entre el Gobierno y la opinión liberal del país. En enero de 1835 se abrió un nuevo frente de oposición al Gobierno, esta vez de carácter militar, que se materializó en el intento de pronunciamiento del día 18 en Madrid con el objetivo de derribar al Gobierno, pero que no se extendió más allá de la ocupación de la Casa de Correos donde fue abatido el recién nombrado capitán general de Castilla la Nueva, José Canterac.

Mientras la vía de la conspiración iba cobrando fuerza en provincias, las tensiones políticas se incrementaron en Madrid. Por fin, el 29 de mayo Martínez de la Rosa cerró las Cortes y días más tarde la Regente aceptaba su dimisión. Le sustituyó el conde de Toreno, en un ensayo de continuidad de la línea moderada que a corto plazo no hizo más que multiplicar las tensiones existentes. El verano de 1835 fue sumamente crítico y decisivo en el camino hacia la ruptura liberal. A las tensiones políticas apuntadas se sumaron variables sociales y económicas que espolearon la agitación. Las malas cosechas y el rebrote de la epidemia de cólera crearon un marco de calamidad que asoló sobre todo el arco mediterráneo, ampliado por los efectos de la guerra. A finales de julio estalló la revuelta popular en Cádiz, ciudad emblemática del liberalismo español, que se extendió inmediatamente a otras ciudades andaluzas, sobre todo Málaga y Granada, y posteriormente a Zaragoza, Valencia, Madrid y Barcelona, donde los sucesos fueron especialmente violentos con la muerte del general Pedro Nolasco Bassa, el incendio de la fábrica de Bonaplata, asociado a fenómenos luddistas, y de varios conventos, al igual que en otras ciudades como Zaragoza. El movimiento popular fue canalizado por juntas, apoyadas en la milicia urbana, y posteriormente coordinadas por juntas territoriales. Las propuestas de las juntas en forma de manifiestos coincidieron en varios puntos básicos, que no dejaban de ser el eco de las peticiones más radicales de los procuradores que conformarán el ideario progresista: libertad de prensa, ampliación de la milicia urbana, alistamiento extraordinario, restablecimiento de las diputaciones provinciales, reunión de Cortes, desamortización eclesiástica, devolución de bienes desamortizados en el Trienio a sus compradores, exclaustración del clero regular... El 14 de septiembre de 1835 dimitió Toreno. Ante la amplitud del movimiento, a la Regente no le quedó más remedio que llamar al frente del ministerio a un liberal radical procedente del exilio británico: Juan Álvarez Mendizábal.

10.3. Mendizábal y la primera ruptura liberal

Mendizábal no sólo representa la forma progresista de entender el liberalismo español, sino que resulta una figura emblemática de la nueva generación de hombres de negocios que se consolidan con la revolución liberal. Además de sus postulados políticos, lo que atraía de su persona eran sus conocimientos en materia de negocios y hacienda, y sus espléndidos contactos con las finanzas londinenses en un momento en que la consecución de empréstitos exteriores se consideraba vital para la financiación de la guerra. Mendizábal puede considerarse como un técnico que a partir de un basamento ideológico liberal intenta reorganizar y modernizar el Estado. El cambio era cualitativo respecto a anteriores ensayos técnicos como los de López Ballesteros, Encima o Javier de Burgos, que no pasaron de una mera valoración administrativa de la modernización del Estado.

Mendizábal absorbió, además de la jefatura del Gobierno, los ministerios de Estado, Hacienda, Guerra y Marina. En su programa se asumían la mayor parte de los postulados defendidos por las juntas, que se fueron disolviendo paulatinamente. Una de las primeras acciones de gobierno fue aprovechar la estructura de las juntas revolucionarias provinciales para crear *Comisiones de Armamento y defensa,* encargadas de racionalizar los esfuerzos de guerra. A esta disolución de las juntas coadyuvó el decreto de 21 de septiembre sobre la creación de las *diputaciones provinciales,* que colmaban las aspiraciones de una mayor participación en la Administración a escala provincial. En términos políticos la declaración programática de Mendizábal comprendía el principio de la responsabilidad ministerial ante el Parlamento y la consecución una declaración de los derechos del ciudadano.

La política militar se articuló en torno a varias medidas: el alistamiento de 100.000 soldados para el ejército regular, que en realidad sólo fueron 47.000, el nombramiento de jefes militares progresistas y la ampliación de la guardia nacional, que aumentó sus efectivos de 30.000 hombres a finales de 1834 a casi 400.000 en 1836. Milicia nacional cada vez más vinculada a la causa del liberalismo progresista y de la autonomía provincial, dada su estructura organizativa. La obtención de recursos para

Mendizábal, por Antonio María Esquivel.

el sostenimiento de la guerra contó con tres fuentes principales: la contratación de empréstitos en el extranjero, la mayor presión fiscal a base de repartimientos provinciales, lo que no supuso una reorganización global y definitiva de la hacienda, que tendrá que esperar a los tiempos de Mon en la década siguiente, y la desamortización del clero regular. La cuestión de la exclaustración del clero regular quedó afrontada por el real decreto de 11 de octubre de 1835 que restablecía en su vigor la ley de regulares del Trienio publicada el 25 de octubre de 1820. Es decir, el decreto ampliaba la supresión del número de órdenes religiosas con respecto al decreto de 4 de julio de 1835, durante el ministerio Toreno, que había suprimido los conventos y monasterios que no tuvieran un mínimo de doce profesos. Quedó completado por el real decreto de 8 de marzo de 1836 y su reglamento del día 24, que suprimía todos los conventos y monasterios de religiosos varones. Todos los bienes procedentes de las comunidades suprimidas o reformadas por esta secuencia de disposiciones, fueron declarados bienes nacionales y después aplicados al crédito público por el real decreto de 19 de febrero de 1836, primera ley desamortizadora de Mendizábal.

El capítulo desamortizador estaba concebido también en el marco de la política respecto a instituciones del Antiguo Régimen. En 1835 fue suprimida la Inquisición, en realidad medida simbólica, y las *pruebas de nobleza,* hasta aquel momento imprescindibles para el acceso a los establecimientos científicos y militares. Finalmente fue abolida la Mesta y con ella todo el conjunto de privilegios seculares.

Con respecto al sistema político del Estatuto, Mendizábal planteó una política de cautela y pragmatismo, es decir, utilizando sus cauces sin perder el horizonte de una reforma constitucional lenta en una especie de transición institucional desde el propio Estatuto. No asumió una ruptura traumática, planteada por las invocaciones al restablecimiento de la Constitución gaditana presentes en algunos manifiestos de las juntas. Su estrategia tuvo como puntos de referencia dos principios, uno de ellos presente en su declaración programática, la responsabilidad ministerial, y otro, derivado también de la declaración programática en el sentido de los derechos del ciudadano, pero además explícitamente expresada en los manifiestos junteros: la presentación a las Cortes de una ley electoral que ampliase las bases del sufragio. Abiertas nuevamente las Cortes en diciembre de 1835, el día 21 Mendizábal presentó la *ley del voto de confianza,* por la que solicitaba plenos poderes a los estamentos para legislar, sobre todo en cuestiones financieras. El hecho resultaba simbólico puesto que significaba aceptar una cualidad propia del régimen parlamentario. Obtuvo el voto de confianza por 134 votos a favor, tres en contra y 12 abstenciones. Artola ha señalado que Mendizábal «se convirtió en el primer beneficiario de una fórmula —delegación de poderes— hasta entonces no prevista por el régimen constitucional». Esa práctica mendizabalina ha sido calificada de «dictadura administrativa de un revolucionario» por Baldó. De hecho tenía las manos libres para iniciar la política desamortizadora.

El segundo aspecto, la cuestión de la nueva ley electoral, ocasionó un vivo debate parlamentario polarizado en torno a dos asuntos, el tipo de sufragio, directo o indirecto, y el modelo de demarcación electoral. El 14 de enero de 1836 la mayoría de los procuradores se opusieron al proyecto apoyado por Mendizábal. Los procuradores eran partidarios de la elección directa pura y la elección por distritos frente a la provincial. El debate abrió una brecha en las filas progresistas. Istúriz y Alcalá Galiano, entre otros, se alejaron de las posiciones mendizabalinas y se aproximaron a las posturas moderadas, que liderarían posteriormente.

Ante esta situación, Mendizábal obtuvo de la Regente el decreto de disolución de las Cortes el 28 de enero de 1836. En las elecciones celebradas en el mes de febrero, las segundas Cortes del Estatuto, los resultados dieron una aplastante mayoría a los progresistas, con 120 representantes sobre 149, reanudándose el debate sobre la ley electoral, en un contexto parlamentario en el que se dibujan dos tendencias: los moderados, partidarios del mantenimiento del régimen del Estatuto, y un bloque mayoritario progresista y radical, favorable a un revisión del sistema constitucional, que en su versión más extrema planteaba la abolición del Estatuto y la convocatoria de Cortes Constituyentes. Las tensiones políticas se incrementaron en la primavera de 1836. Los próceres, los procuradores moderados dirigidos por Istúriz, y la Regente, empezaron a reaccionar sobre lo que consideraban exceso de poder de Mendizábal, por otra parte presionado por los progresistas más radicales como expresaba el programa de *El Eco del Comercio.* El 6 de abril el Estamento de Próceres demandó que Mendizábal diera cuenta a las Cortes del uso del voto de confianza. Un mes después, el mismo Estamento solicitaba la suspensión de la desamortización, al mismo tiempo que la Regente se negaba a realizar los cambios en la cúpula militar exigidos por Mendizábal, en concreto la sustitución de los generales Quesada, Ezpeleta y San Román. Mendizábal se vio obligado a dimitir el 13 de mayo de 1836. La Regente tenía el recambio para intentar atemperar el proceso de radicalización política: los moderados, ahora encabezados por una terna de antiguos exaltados, Istúriz, Alcalá Galiano y el duque de Rivas. Nuevo Gobierno, presidido por el primero, que se encontró frente a una fuerte oposición del Estamento de Procuradores que el 22 de mayo propuso un voto de no confianza al Gabinete, que fue aprobado. Como respuesta Istúriz consiguió la disolución de las Cortes. Carlos Marichal ha insistido en la importancia de aquella sesión parlamentaria. Los 78 procuradores que se opusieron al Gobierno formarían el núcleo del partido progresista, constituido en el verano de 1836, y los 29 procuradores que apoyaron a Istúriz se integrarían en el futuro partido moderado: «El 22 de mayo de 1836 constituyó un jalón decisivo en los anales de la historia de los partidos políticos en España. Desde esa fecha, y particularmente desde las elecciones de julio siguiente, los dos grupos parlamentarios —moderado y progresista— se convirtieron en tendencias políticas nacionales que eventualmente darían origen a los partidos políticos.»

La disolución de las Cortes planteaba un problema legal. El proyecto de reforma electoral había sido aprobado por las Cortes ahora disueltas, pero no promulgado. Por un real decreto de 24 de mayo el texto adquirió todo su contenido legal y sirvió de instrumento que reguló la convocatoria de elecciones en el mes de julio. El nuevo marco electoral amplió notablemente el censo electoral, que pasó de los 16.000 electores a 65.000 y transformó el procedimiento al establecer por primera vez el sufragio directo. La ampliación del censo supuso la consolidación de un cuerpo electoral de propietarios, pero también la incorporación de individuos de las clases medias, las *capacidades* provenientes del mundo de las profesiones liberales, la Administración, la oficialidad del ejército y las titulaciones universitarias. Sin embargo, existía una notable desigualdad en el derecho de participación dadas las diferentes cuotas de contribución en las provincias para poder votar. Así de un total aproximado de 21.000 municipios existentes en España, quedaron enteramente excluidos del proceso electoral 8.253.

Capítulo XI

La ruptura liberal (1836-1840)

11.1. La consolidación de la ruptura liberal

Las elecciones de julio de 1836 supusieron un punto de inflexión en esa trayectoria de transición, en el que los intentos de forzar al máximo el molde institucional del Estatuto se agotaban y la alternativa liberal se planteaba de forma frontal e irreversiblemente. La opinión liberal en sus términos más moderados seguía ligada a una evolución desde dentro, mientras la opinión liberal radical, los progresistas, apostaron por la revolución y el desmantelamiento del Estatuto. Los progresistas eran el nexo con el pueblo liberal, y a él acudieron a partir de una nueva, y más fuerte, secuencia de levantamientos canalizados por la milicia nacional.

Las elecciones significaron el triunfo de los partidarios de Istúriz. Los moderados triunfaron en la mayoría de las provincias, pero los progresistas dieron muestra de su mayor implantación en núcleos urbanos de envergadura como Madrid, Barcelona, Zaragoza, Málaga, Cádiz... El progresismo radical valoró la situación como una nueva amenaza de la contrarrevolución y el inmovilismo del Estatuto, en un momento en que la apuesta radical por la vuelta a la Constitución de 1812 era evidente. Si por otro lado tenemos en cuenta que en la marcha de la guerra la iniciativa seguía en manos carlistas, se completa el cuadro explicativo de los levantamientos del pueblo liberal en los meses de julio y agosto. El 26 de julio la milicia nacional de Málaga se sublevaba, seguida el 28 por Cádiz y el 31 por Granada. A lo largo de los primeros días de agosto se abre una secuencia de levantamientos en Sevilla, Zaragoza, Huelva, Badajoz, Valencia, La Coruña,... y en este sentido se pronuncian unidades del ejército del Norte, que culmina el día 13 con el pronunciamiento de la milicia nacional en Madrid, con apoyo militar. Es en este contexto donde adquiere su pleno significado la actitud de los sargentos que obligaron a la regente María Cristiana en La Granja a jurar la Constitución de 1812. El 13 de agosto un decreto de la Reina Gobernadora restablecía la Constitu-

Los sargentos imponen a María Cristina la Constitución de 1812 en La Granja en julio de 1836.

ción de 1812 «en el ínterin que reunida la nación en Cortes manifieste expresamente su voluntad o dé otra constitución conforme a las necesidades de la misma». El día 15 de agosto el progresista José María Calatrava era nombrado jefe del Gobierno, al mismo tiempo que ocupaba la Cartera de Estado, con Mendizábal como ministro de Hacienda desde el 14 de septiembre, y posteriormente de Marina, y Espartero como jefe del ejército del Norte. La ruptura liberal estaba consumada, porque el restablecimiento constitucional trajo consigo toda la legislación liberal procedente del texto gaditano y de su aplicación posterior.

Nadie mejor que el doceañista Calatrava para simbolizar esta ruptura liberal. Su trayectoria política anterior resumía los distintos vaivenes de la Constitución de 1812. Combatiente en la Guerra de la Independencia, representó a la provincia de Extremadura en las Cortes gaditanas. El restablecimiento del absolutismo en 1814 le significó la condena en el presidio de Melilla hasta el pronunciamiento de Riego en 1820, momento en el que presidió las primeras Cortes del Trienio. Liberal exaltado colaboró activamente en la redacción del Código penal en 1822. En 1823 fue ministro de Gracia y Justicia y eventual jefe de Gobierno. Hasta 1833 siguió la senda del exilio en Portugal, Inglaterra y Francia, para recuperar el protagonismo en las filas progresistas.

Entre los meses de agosto de 1836 y 1837, la actuación del Gobierno presidido por Calatrava se define por tres cuestiones de envergadura interrelacionadas: la organización del Estado liberal bajo los parámetros de la herencia de 1812; la reorientación de la política militar, hacendística y de orden público que agilizase el transcurso de la guerra, y la convocatoria a Cortes que elaboraron la Constitución de 1837. En suma, vincular la marcha de la guerra a la implantación definitiva de la revolución liberal, una política similar a la que Mendizábal había desarrollado desde dentro del Estatuto y que ahora se sustenta en los presupuestos del progresismo liberal.

La puesta en vigor de la legislación procedente de la Constitución de 1812 puede ser contemplada desde diversos planos. En el económico la recuperación legal y su actualización van dirigidas a la redefinición del régimen jurídico de la propiedad, continuando la senda trazada por Mendizábal, ahora en el Ministerio de Hacienda, y a la articulación del mercado nacional, en la trayectoria del liberalismo económico. Así se ponen en vigor la legislación sobre la propiedad y explotación agraria de 1813, la de montes de 1812, las disposiciones antigremiales de 1813, la confiscación de los diezmos eclesiásticos, luego parcialmente suspendida, y sobre todo, desde el punto de vista del desmantelamiento jurídico del Antiguo Régimen, el restablecimiento de la ley de vinculaciones de 1820 y de todas las medidas de disolución del régimen señorial, a lo que se suma la culminación de la tarea desamortizadora, en un proceso que desemboca en la ley de 29 de julio de 1837. La reorganización administrativa de la hacienda pasó por su racionalización a escala provincial con los intendentes específicos en este ramo.

En el aspecto político se amplían los efectivos de la milicia nacional, insistiendo en su papel de milicia ciudadana básica en el enfrentamiento con las partidas carlistas, invocando el espíritu de la ley sobre milicia nacional de 1822; la puesta en vigor de la ley de imprenta de 1820 con la supresión de la censura previa y, sobre todo por sus implicaciones políticas posteriores en la confrontación de moderados y progresistas, el restablecimiento de la legislación de ayuntamientos y diputaciones de 1813 y 1822.

En el plano estrictamente militar la reorganización del Estado Mayor y el nombramiento de Espartero a la cabecera del ejército del Norte perseguían un mayor grado de operatividad en plena ofensiva carlista. Medidas completadas a través de las juntas provinciales de armamento y defensa y con una mayor vigilancia de la retaguardia proclive a la causa del pretendiente, principalmente en lo referido al clero. En este último punto se concatena una secuencia legal: 10 de enero de 1837, incremento de la intervención del Gobierno en los nombramientos de oficios eclesiásticos; 28 de enero de 1837, para evitar que el púlpito se convirtiera en eco del carlismo; 29 de julio de 1837, con la insistencia en la extinción de conventos y establecimientos similares, reacios a la exclaustración, y 5 de agosto de 1837, con la prohibición a los eclesiásticos para ausentarse de sus residencias habituales sin previo permiso de las autoridades competentes.

11.2. La Constitución de 1837

El 21 de agosto de 1836 el Gobierno Calatrava había convocado elecciones a Cortes, según el funcionamiento electoral previsto en la Constitución de 1812. Las elecciones se celebraron en septiembre y octubre, con una reducida participación y con mayoría progresista. En principio la misión de las Cortes reunidas el 24 de octubre de 1836 era reformar el contenido de la Constitución de 1812, pero a la postre acabaron por elaborar un texto diferente a cargo de una comisión nombrada el 31 de octubre, presidida por Agustín de Argüelles, que había participado como redactor de la de 1812, con Santiago Olózaga como secretario y principal inspirador del nuevo texto, a los que se añadían los diputados Ferrer, González y Sancho. Joaquín María Ferrer, diputado durante el Trienio, era un gran conocedor del liberalismo británico y francés por sus prolongadas estancias en los dos países. Antonio González y Vicente Sancho también habían sido diputados durante el Trienio liberal. Todos ellos formaban parte de la cúpula política del partido progresista. El 17 de diciembre esta comisión presentó a las Cortes las bases del proyecto constitucional para su discusión. El texto, que fue promulgado el 18 de julio de 1837, era mucho más breve que el de 1812. Estaba compuesto por un preámbulo, trece títulos desarrollados en 77 artículos, y dos títulos adicionales.

Resulta ya lugar común insistir que la Constitución de 1837 fue elaborada para encontrar un camino intermedio entre la Constitución de Cádiz y el Estatuto Real, lo que equivale a decir la búsqueda de una armonización entre liberalismo y Corona. Lógico planteamiento si tenemos en cuenta que a la altura de 1836 el texto gaditano ofrecía acusados desfases y dificultades para su aplicación técnica, pero igualmente el Estatuto había quedado superado por la dinámica política del período 1834-1836. Por otro lado ambos textos formaban la breve historia constitucional española y es comprensible que sirvieran de guía a los diputados de 1836 a la hora de elaborar el nuevo texto constitucional. El resultado final fue un producto de naturaleza progresista, pero con una vocación integradora de las familias liberales.

Esta Constitución estuvo determinada por un momento muy específico de la trayectoria de la revolución liberal. Planteada esta como irreversible tenía que moldear jurídica, política e institucionalmente diversos referentes del liberalismo con elevadas dosis de participación de la Corona en el proceso político. De ahí que la invocación a la soberanía nacional sólo aparezca en el preámbulo y no esté explicitada a lo largo del articulado. Establece, pues, un régimen de *soberanía compartida*. El artículo 12 precisa que la potestad de hacer las leyes residía en las Cortes con el rey, frente a la Constitución de 1812 en la que el rey solo sancionaba y promulgaba, y poseía un *veto suspensivo* que en 1837 se convierte en *veto absoluto*. Por tanto, se ampliaban las funciones del monarca, a quien correspondía la convocatoria, suspensión y disolución del Congreso de Diputados, no así del Senado, y por consiguiente disminuían las restricciones al poder real, expresión que, por otra parte ya no se utiliza, al ser sustituida por la de «el rey necesita estar autorizado por una ley especial para...». La persona del rey era inviolable y eran los ministros los responsables ante las Cortes. El artículo 46 concedía al rey la facultad de nombrar y separar libremente a sus ministros. Fórmula protocolaria o decisiva, que en el caso español se convirtió en esto último durante la vigencia del texto. Tanto la regente María Cristina como el regente Espartero abusaron de esta prerrogativa para nombrar ministros con criterios personales más que en función de las mayorías parlamentarias.

La Constitución diseña un sistema parlamentario. El artículo 44 fija la responsabilidad de los ministros y el 61 el refrendo ministerial. A diferencia de la Constitución de 1812, las Cortes desarrollan un modelo bicameral. Junto al Congreso de los Diputados se introduce una segunda cámara, el Senado, con similares poderes legislativos, salvo para las cuestiones de contribuciones y de crédito público en las que prevalece el Congreso. Los ministros podían ser diputados y senadores, desapareciendo la incompatibilidad del texto gaditano. El Congreso estaba compuesto por un diputado por cada 50.000 habitantes, artículo 21, siendo elegido por circunscripciones provinciales y por sufragio directo, artículo 22, que la legislación electoral posterior definirá como *censitario*. El Senado estaba compuesto por un número de senadores igual a las tres quintas partes de los diputados, y nombrados por el rey, en lista triple a propuesta de los electores que en cada provincia elijen los diputados al Congreso. Un sistema que entremezcla el nombramiento y la elección, pero que se aleja de la naturaleza nobiliaria que adquirirá el Senado con la Constitución de 1845. Aunque el patrimonio para ser senador establece unas barreras sociales claramente delimitadas y presupone la naturaleza más conservadora de la Cámara Alta.

Los derechos individuales se encuentran sistematizados y ordenados en los artículos del 2 al 12. Resulta significativo el artículo 2, fruto del debate anterior sobre la cuestión, que consagraba la libertad de expresión sin previa censura con la existencia del jurado para entender en delitos de esta índole. Tabla de derechos que constituyen la expresión más depurada del ideario progresista recogido por el texto, junto con el método electivo de diputaciones y ayuntamientos, en los artículos 69 y 70, y con la institucionalización de la milicia nacional en el artículo 77.

La necesidad de consolidar constitucionalmente la revolución liberal llevó a los progresistas a abandonar determinados principios considerados incuestionables en 1820: el sistema bicameral, el veto absoluto del monarca, y, sobre todo, el derecho de disolución, fueron admitidos en la nueva Constitución, que había de sustituir a la mítica de 1812, referencia constante del progresismo español hasta entonces.

La cuestión americana fue abordada de forma muy diferente a la del texto gaditano. Diputados como Argüelles variaron sustancialmente su actitud. Se partía de un estado de ánimo como consecuencia de la experiencia anterior de 1812 y la secuencia independentista. Argüelles, y con él muchos otros diputados, recordaban que la consideración de provincias de los territorios americanos en 1810-1812 había acelerado los procesos de independencia y al invocar conceptos tales como el de soberanía nacional. Aunque no se ajustara del todo a la realidad, ya que las independencias conformaban procesos más complejos, así era percibido. Por eso la mayoría de los diputados de 1837 partieron de una concepción distinta de los territorios americanos todavía vinculados a la Corona. A pesar de que a priori habían sido elegidos representantes en Cortes de los territorios ultramarinos, según el mandato constitucional de 1812, pronto se planteó la cuestión esencial. Acabó por negárseles el asiento en las Cortes. Los diputados dictaminaron que «las provincias españolas de América sean regidas y administradas por leyes especiales». Se les negaba, pues, el derecho a tener representación en Cortes, situación que se prolongaría en el tiempo, sólo parcialmente mitigada desde 1869. Como trasfondo explicativo cabe plantearse el vital papel económico y de prestigio internacional de, por este orden, Cuba, Puerto Rico y Filipinas. En la mente de los diputados de 1837 se asociaba sin duda la formidable plataforma económica que podía suponer en un futuro para el país sobre todo las islas caribeñas. De facto las *provincias* se convertían en colonias sujetas a esas leyes especiales que nunca se explicitaron, pero que en la práctica supuso dejar en manos del capitán general, en una especie de virreinato, el poder efectivo en Ultramar. Así se configuró el régimen de los capitanes generales con toda su cohorte de grupos de presión que tanto influirían en el desarrollo político español del siglo XIX, pero que consiguieron preservar la esclavitud hasta la década de los años 80, sistema de trabajo sobre el que descansó en Cuba el fabuloso negocio del azúcar. Cabe plantearse otra cuestión derivada del asunto americano. La aceptación de estos territorios como provincias, con sus respectivos representantes, hubiera supuesto una concepción distinta en la organización territorial del Estado, y que podría haber sido una corrección embrionaria de tipo federal frente a la vocación centralizadora del Estado liberal.

11.3. Moderados y progresistas depuran sus proyectos

La Constitución fue promulgada el 13 de junio de 1837. No habían transcurrido dos meses todavía cuando cayó el Gobierno Calatrava. Los apuros financieros, los reveses de la guerra, con su secuela de sueldos atrasados a militares y empleados públicos, las disensiones en el campo progresista y sobre todo porque sectores del moderantismo apoyados por la Regente, reforzada en su papel por la nueva constitución, que no ha olvidado los sucesos de La Granja, crearon el ambiente hostil a un Gobierno que cerraba y simbolizaba el ciclo de 1812, por su trayectoria personal y el alcance de su política. Por eso, un hecho aparentemente intrascendente precipitó su caída, falto de apoyos entre destacados progresistas. El 12 de agosto efectivos militares de la brigada Van Halen perteneciente al ejército de Espartero, acantonado en Aravaca, se plantaron mientras no dimitiera el Gobierno, arguyendo el impago de los sueldos y problemas de ascensos. El suceso se inscribe en plena ofensiva carlista que a primeros de mes había tomado la plaza de Segovia y amenazaba la capital por el norte. En suma, unidades del ejército destinadas a hacer frente al avance carlista provocan la retirada de Calatrava. Espartero logró controlar la situación, pero no aceptó sustituir a Calatrava. Lo que no fue óbice para que se iniciase el incremento de una influencia, que, conforme la marcha de la guerra aumente su popularidad, culminará en julio de 1840 con su encumbramiento a la Regencia. Alcalá Galiano escribió líneas muy expresivas sobre esta continuada ascensión que le llevó entre 1838 y 1840 a protagonizar en la sombra decisiones políticas de importancia. El curso de la guerra favorecía esta mayor presencia del elemento militar en la vida pública. Espartero influye en el nombramiento de ministros, la Regente le pide consejo, los ministros de Guerra se subordinan. Es el hombre de la situación, el único capaz de una hipótesis de victoria militar.

Todo ello se ve auspiciado por la debilidad de los Gobiernos que se suceden entre agosto de 1837 y julio de 1840. Nominalmente el 18 de agosto Bardají fue nombrado presidente del Consejo de Ministros, aunque su nombramiento no fue efectivo hasta la celebración de las elecciones el 14 de septiembre. Elecciones convocadas a base de la nueva ley electoral de 20 de julio de 1837, que recogía el espíritu de la nueva constitución: adopción del sistema censitario, con un extensión del cuerpo electoral, configurado por los contribuyentes que pagasen un mínimo de 200 reales de contribución directa, acompañados de los propietarios y las *capacidades* que poseyeran una renta líquida anual de 1.500 reales y de los arrendatarios y aparceros con una renta anual de 3.000 reales. El derecho a voto quedó identificado con el mundo de la propiedad, de una propiedad cambiante a través de los procesos desamortizadores en pleno funcionamiento.

El resultado de las elecciones llevó a las primeras Cortes ordinarias de la Constitución de 1837 a una mayoría de individuos adscritos a la versión moderada, ideológicamente homogénea, pero políticamente dividida en banderías de acusados personalismos al igual que sucedía en las filas progresistas. Así se inaugura una secuencia de Gobiernos y Parlamentos de signo moderado. La gestión de Bardají duró hasta mediados de diciembre de 1837. Le sustituyó Ofalia, el antiguo colaborador de Calomarde, que fue nombrado el 16 de diciembre. Además de sus limitaciones personales, el fracaso del levantamiento del sitio de Morella coadyuvó a su caída a principios de septiembre de 1838, siendo sustituido brevemente por un Gabinete presidido por el duque de

Frías sin apenas apoyo parlamentario, que cayó a su vez a principios de diciembre. Entre el 9 de este mes y el 27 de julio de 1840 ocupó la presidencia del Consejo, y el Ministerio de Estado, el diplomático Evaristo Pérez de Castro, hombre de dilatada trayectoria política: diputado en 1812, y con tareas de gobierno en la fase moderada del Trienio. Las Cortes tuvieron una escasa actividad legislativa a lo largo de este período. Su composición mayoritariamente moderada se truncó en junio de 1839, cuando las elecciones celebradas dieron la mayoría a los progresistas. El Gobierno Pérez de Castro, que había aceptado un juego electoral abierto, sin embargo no respetó el resultado electoral. El 31 de octubre las nuevas Cortes fueron suspendidas y en noviembre disueltas. En agosto se había firmado el Convenio de Vergara que daba por finalizada la guerra civil con el aumento del prestigio de Espartero que, según palabras de Alcalá Galiano, su «influjo en todos los negocios del estado empezaba a ser preponderante». En términos militares su liderazgo era incuestionable, y el propio Espartero había colaborado a ello, rodeándose de una oficialidad afín y evitando cualquier competencia, como se puso de manifiesto cuando abortó la tentativa del Gobierno duque de Frías de crear un ejército de reserva al mando del general Narváez, más proclive a los moderados. Hecho que, por otra parte, resume la confrontación entre moderados y progresistas por atraerse a la oficialidad del ejército. En este contexto es donde adquiere toda su significación la especie de manifiesto, en forma de carta, que dirige a la Regente el 19 de diciembre de 1839, desde Mas de las Matas, cuestionando la disolución de las Cortes realizadas por Pérez de Castro días antes. Las nuevas elecciones de enero de 1840, convenientemente guiadas esta vez desde los ministerios, dieron el triunfo a los moderados. Arreciaron las críticas hacia la Constitución de 1837. Surgieron proyectos tendentes a la restricción del cuerpo electoral, y de la libertad de imprenta. La milicia nacional resultaba incómoda. Y como tema principal la cuestión de los poderes locales. Aspectos todos ellos que les diferenciaban del proyecto progresista, pero igualmente entendido en una distinta gradación en el campo moderado, lo que no invalida la homogeneidad de su proyecto.

En efecto, a altura de 1840 —año clave de este proceso— ya estaban diseñados los discursos angulares de dos proyectos políticos diferenciados, en sus raíces filosóficas, en sus objetivos y en sus referentes sociales. Si queremos, dos formas diferentes de concebir la organización del Estado liberal. El proyecto «conservador», el sustentado por las familias del moderantismo, había ido tomando cuerpo en la actuación de las Cortes del período 1837-40. Aunque en su elaboración recoja referentes lejanos de las sucesivas versiones conservadoras desde Cádiz al Estatuto, tomó sus señas de identidad al calor de la dinámica de la revolución liberal de los años 30. Para los moderados la revolución se había clausurado en 1837, incluso para algunos sectores había sobrepasado los límites previstos. Una excesiva libertad que podía amenazar con desbordamientos del «elemento popular que embaraza por donde quiera la necesaria acción del gobierno». De la idea del *pueblo liberal,* se había pasado a la contraposición entre las elites propietarias, antiguas y nuevas, de origen nobiliario o burgués, todas ellas beneficiadas con la disolución del Antiguo Régimen, únicas aptas para gobernar, por su *capacidad* económica e intelectual, depositarias del liberalismo, y un *pueblo desbordante* presto a la agitación y al desorden, incapaz para gobernar o elegir, que además se expresa a través de instituciones creadas por la revolución, desde la milicia a los ayuntamientos constitucionales, pasando por las eventuales juntas, que en 1835 y 1836, habían demostrado ser los preámbulos de soluciones progresistas radicales.

Entre 1837 y 1840 se concreta en la práctica parlamentaria y gubernamental determinados cuestionamientos significativos. Para empezar, la propia Constitución de 1837. No es que los moderados planteasen una revisión constitucional, sino que intentaron interpretar de forma restrictiva aquellas zonas ambiguas y oscuras del texto constitucional. Aunque la Constitución había sido pactada en el seno de la familia liberal, su espíritu mayoritariamente progresista podía ser reinterpretado en aspectos fundamentales. Y así lo hicieron los moderados con mayoría parlamentaria, esbozando sus propuestas —intervención gubernamental en poderes locales, restricción del sufragio, limitación de la libertad de imprenta, recuperación de la mitad del cobro del diezmo...— que acabaron concretándose, o intentándolo, en la legislatura de 1840, momento en que las tensiones con los progresistas, expresadas sobre todo a partir de la cuestión municipal, se transformaron en un pulso directo que culminó en la revolución de aquel año.

Pero no se trataba sólo de la contraposición de dos proyectos de un liberalismo que se percibe irreversible, apartando la idea de provisionalidad una vez acabada la Guerra Carlista, sino también de dos personas, vinculadas en mayor o menor medida a esos proyectos, y de dos instituciones. Por un lado, Espartero, y con él la mayor parte del ejército victorioso de la guerra civil, por otro, la regente María Cristina, y con ella la Corte como centro de decisiones, no tanto formalmente por las atribuciones constitucionales, sino por los poderes de hecho en torno a las camarillas de Palacio. La guerra civil en un caso y el papel de la Corona en el proceso de transición en otro, dieron el protagonismo a estos dos poderes sobre los que descansó en buena medida la trayectoria del liberalismo español, no como injerencia o intervención desde fuera, sino formando parte de su misma construcción.

Familias moderadas, familias progresistas, María Cristina y las camarillas, Espartero y el ejército, el pueblo liberal y la milicia, son los protagonistas del escenario de 1840.

11.4. La cuestión municipal y la crisis política de 1840. El municipio y la estructuración del Estado

El proyecto moderado cristalizaba en las Cortes de mayoría afín surgidas de 1840. En ellas se discutieron proyectos de ley que los progresistas consideraban contradictorios con el espíritu de la Constitución o con la legislación antiseñorial de 1837. El Senado discutía y aprobaba, aunque no llegaran al Congreso, proyectos sobre limitación de la libertad de imprenta, reducción del cuerpo electoral y restablecimiento del Consejo de Estado. A su vez, el Congreso aprobó la reanudación de la recaudación de la mitad del diezmo como ingreso fiscal destinado al pago del clero. Pero el tema de mayor envergadura fue la cuestión de la Administración local: la reforma de la ley de ayuntamientos. En 1836 se había restablecido la legislación liberal anterior sobre ayuntamientos, procedentes de la época de Cádiz y del Trienio. Siguiendo las pautas marcadas por la Constitución de 1812, los ayuntamientos tenían un carácter democrático, en el sentido de que eran elegidos por los vecinos a través del sufragio universal indirecto. Pero además eran participativos por su modelo organizativo y las competencias que asumían en una variada gama: administrativas, económicas, educativas, beneficencia, obras públicas, gestión de propios y comunes, impuestos y reclutamiento, a las que se añadía, a partir de un decreto de 1812, la jurisdicción civil y criminal de los alcaldes sustituyendo a la jurisdicción señorial. Era la fórmula elegida por la revolución liberal para absorber el microcosmos de poderes del régimen señorial. A la altura de 1837-40 los ayuntamientos constitucionales eran instituciones de poder descentralizadas, que además actuaban como las células básicas en las que descansaba el proyecto progresista, más que por una vocación descentralizadora de éstos, por la clientela social que aglutinaba en torno a los ayuntamientos populares. De éstos dependen competencias claves como la organización y control de la milicia nacional.

Estas democracias municipales estarán en la raíz del movimiento juntero de 1840, sobre todo después del triunfo progresista en las elecciones municipales de diciembre de 1839, especialmente en el arco mediterráneo, Andalucía y Madrid, es decir, la geografía sucesiva de progresistas, demócratas y federales. Desde el punto de vista técnico esta fórmula entraba en colisión con la idea centralizadora del Estado, de inspiración francesa, presente en el proyecto moderado. Socialmente era inaceptable para los moderados, sobre todo después de finalizada la guerra civil, como focos del *pueblo desbordante*. Ya en las Cortes de 1838, el Gobierno Ofalia había presentado un proyecto de reforma de la ley de ayuntamientos en el que se encontraban las claves de la concepción moderada del poder municipal. En primer lugar la limitación del cuerpo electoral a los mayores contribuyentes. La intervención gubernamental en la designación de alcalde entre los concejales: en las capitales de provincia por la Corona y en los pueblos que superasen los 500 vecinos por el jefe político de la provincia. Además quedaban relajadas las funciones de los concejales a la mera deliberación, pero la capacidad ejecutiva residía únicamente en el alcalde, que de hecho pasaba de ser el representante popular a delegado del poder central, aventurando la pirámide de la estructura centralizada Gobierno-jefe político de provincias-alcalde, que tomará cuerpo definitivo en la ley moderada de ayuntamientos y diputaciones de 1846.

Las Cortes de mayoría moderada de 1840 retomaron el proyecto, en un ambiente político caldeado desde los inicios de la legislatura. Los progresistas, durante las primeras sesiones, denunciaron los fraudes electorales, con el consiguiente eco en la calle. El 25 de febrero se declaraba el estado de sitio en Madrid y se suspendían las sesiones hasta el 29 del mismo mes. A primeros de abril comenzó el largo debate sobre la ley municipal que duró tres meses. La estrategia de oposición de la minoría progresista tuvo varios ámbitos: el Parlamento, la calle, la prensa, y, claro está, los ayuntamientos. Se presentaron 123 enmiendas, todas ellas desestimadas por la mayoría moderada. El proyecto fue aprobado el 5 de junio por 114 votos a favor y 17 en contra. La prensa progresista organizó una campaña en todo el país, al mismo tiempo que muchos ayuntamientos enviaron peticiones a la Regente, en un momento además en que los pleitos señoriales se estaban fallando a favor de la nobleza y por tanto con la lesión de los intereses municipales que veían transferidos bienes de propios y comunes.

En este contexto de crisis subyace en última instancia la definición del Estado liberal y su rumbo posterior. A corto plazo representa el cruce de estrategias personales en un conflicto de poder: Espartero y María Cristina de Borbón, vinculados en principio a una solución progresista o moderada respectivamente. Es preciso recordar la onda alcista en que se encontraba la figura del general Espartero, reforzada desde la firma del Convenio de Vergara. Su estrategia pasaba por aprovechar el conflicto abierto por los progresistas, provocando la caída del Gobierno moderado. Ya había forzado una crisis parcial de Gobierno con la salida de militares como Narváez y Montes de Oca por el asunto del nombramiento de su secretario y hombre de confianza, Linaje, como mariscal de campo. Sus siguientes pasos se entremezclan y coinciden con el incremento de la protesta de los ayuntamientos. El día 2 de junio el de Madrid hacía público un manifiesto tajante de oposición a la ley. Este ayuntamiento se había convertido en una pieza básica de oposición donde los líderes progresistas y diputados Joaquín María López y Fermín Caballero habían desplazado su actividad, desde su renuncia al Congreso, como protesta en el mes de febrero, incorporándose a sus puestos municipales para los que habían sido elegidos en los últimos comicios locales de diciembre de 1839.

Por su parte la Regente era consciente de la delicada situación política entre la apuesta moderada por continuar su proyecto, con el que estaba vinculada, y las presiones de la oposición en el sentido de frenar el curso de una ley para la que sólo faltaba su aprobación. Pero también de que Espartero tenía la llave para una salida airosa, de ahí que intentó en su estrategia atraer al General y su prestigio. Espartero por su parte tenía el poder político personal, por uno u otro lado. La Regente se desplazó, hecho significativo, en junio a negociar con el General. María Cristina sabía que el concurso del General le era imprescindible, lo que no ocurría a la inversa.

Temporalmente el espacio de la trama se desplazó a Barcelona, donde el clima de oposición a la ley también era notable. La popularidad del General había crecido muchos enteros en los medios liberales catalanes, porque después del Convenio de Vergara había limpiado de partidas el país catalán. Por eso el recibimiento estruendoso que recibió Espartero del *pueblo liberal* de Barcelona, no tuvo comparación con la acogida a la Regente. En las conversaciones de Barcelona ambos personajes entablaron un pulso político que se cerraría el 12 de octubre con la renuncia de la Regente. La propuesta de María Cristina fue la de ofrecer la presidencia del Consejo a Espartero, pero reservándose el nombramiento de los ministros. La negativa de Espartero consistió en una contraoferta: la Regente debería disolver las Cortes y convocar unas nuevas y *vetar* la ley de ayuntamientos. La actitud de la Regente fue la sanción de la ley el 15 de julio. Ello provocó tumultos en Barcelona en los tres días siguientes. Espartero volvió a la carga presentando como solución la dimisión del Gabinete y la revocación de la ley por María Cristina, que a su vez sólo aceptó la primera condición.

A lo largo del mes de agosto se produce una situación de *impasse* político, con la Regente en Valencia. Un hombre del entorno próximo a Espartero, desde la época peruana del General, Antonio González, fue nombrado presidente del Consejo. A través de él Espartero continuó presionando en los mismos supuestos: disolución de Cortes y anulación de la ley municipal. Igual negativa de la Regente, con la consiguiente dimisión del Gabinete. Tampoco superaron el nivel de provisionalidad los Gobiernos que se sucedieron en muy poco tiempo, los de Valentín Ferraz, Mauricio Carlos de Onís y Modesto Cortázar. La salida a la crisis política vino por la vía insurreccional, el tercer y último escalón en la estrategia de Espartero, coincidente con el grado máximo de crispación por parte de los ayuntamientos progresistas.

El primero de septiembre el ayuntamiento de Madrid se declaró en rebeldía. Al día siguiente fue constituida una *Junta de gobierno provincial,* a base de la corporación municipal y de la diputación, presidida por Joaquín María Ferrer. En los días siguientes el movimiento juntero se extendió a lo largo y ancho del país, con el apoyo de la mayoría del ejército y de la milicia nacional. La acción revolucionaria se coordinó a través de una Junta central, «paradójico eufemismo de una alternativa federal, porque bajo la denominación de central —escribe Pérez Garzón— se hacía referencia a su más genuina etimología de punto equidistante, pero en ningún caso *centralista,* o jerárquicamente superior... surgía como expresión de la soberanía de los ciudadanos, que sólo podía ser nacional si conjuntaba la suma de juntas provinciales». Espartero apoyó el alzamiento juntero, que se negó a obedecer cualquier decreto emanado desde Valencia por la Regente. Mientras, los ministerios eran instituciones fantasmas clausuradas por la Junta madrileña. El poder residía en las juntas. A finales de septiembre Espartero hizo su entrada en Madrid con todo esplendor. El pulso se había inclinado a favor del General. Por fin, la Regente nombró un Gabinete de progresistas encabezado por Joaquín María Ferrer que había presidido la Junta Central. El 6 de octubre los ministros se trasladaban a Valencia para presentar a María Cristina su programa de gobierno que desde luego incorporaba los dos puntos de largo y complejo litigio: disolución de Cortes y anulación de la ley municipal, y la posibilidad de la corregencia con Espartero, lo que no fructificó. El último acto de la trama se sitúa en el 12 de octubre, día en el que María Cristina renunció a la Regencia y partió hacia el exilio francés.

En octubre de 1840 el proyecto progresista y la figura de Espartero quedaron eventualmente ligados. Los contenidos de este proyecto fueron explicitados en el *Manifiesto de la Junta de Madrid,* de 12 de octubre de 1840, que resume el programa de gobierno de la nueva situación política. El Manifiesto está expuesto en claves de oposición al proyecto y a las prácticas moderadas recientes, a los que se acusa de haber aceptado «hipócritamente la Constitución de 1837», que habría sido desvirtuada por la presentación de los célebres proyectos de ley, imprenta, elecciones y ayuntamientos, debatidos por unas Cortes consideradas de dudosa legitimidad, ya que habían sido fruto de la «intervención abusiva de la autoridad política» a la hora de la emisión del sufragio. La ley de ayuntamientos es definida como «un trasunto imperfecto de las municipalidades francesas».

En su parte expositiva llama la atención que el Manifiesto se plantee como primera cuestión el tema de la educación, es decir, la necesidad de ampliar los cauces de transmisión de la cultura política «capaz de formar hombres libres y buenos ciudadanos». Es en este marco donde debería incluirse la formación de la reina niña Isabel: hacer una *reina liberal,* no una *reina de camarillas,* ya que María Cristina había estado «rodeada hasta aquí, por desgracia, de perniciosas influencias». Los temas económicos ocupan un amplio espacio del texto. No dejaban de expresar la preocupación de aquellos sectores de la burguesía comercial y de negocios que habían apostado por la solución progresista, en contraposición a las elites nobiliarias. Se exige la «liquidación» de la deuda pública, entendido el problema en una forma moderna de comprensión que plantea la absorción improductiva de recursos que podrían destinarse a actividades más beneficiosas. Frente al proyecto moderado de limitar, cuando no acabar con el proceso desamortizador, el Manifiesto propone su ampliación y continuación con la incorporación de los bienes del clero secular, en una doble valoración económica y política: «no sólo por su importancia e influencia sobre el crédito, sino garantía del régimen constitucional». Todo ello recobrando los contenidos de la ley de 3 de febrero de 1836. Lo situaban en la lógica progresista de multiplicar una amplia capa de propietarios como sostén social del liberalismo progresista en una visión democrática del fenómeno de la desamortización, que la realidad se había encargado de desmentir y lo hará en un futuro: «a generalizar y distribuir la propiedad entre las clases laboriosas y emprendedoras, como el medio más seguro de extender el círculo de los derechos políticos además de interesar y de comprometer el mayor número posible de ciudadanos en la causa pública». A este contexto se asocia la reivindicación de que se hiciera realidad el contenido del *decreto de las Cortes* de 1837 sobre recompensas militares. El Manifiesto recoge dos supuestos invariables en la publicística política del siglo XIX: la reforma general de la Administración y la reordenación tributaria con el saneamiento del gasto público. La disolución del régimen señorial era contemplada como irreversible haciendo referencia al recurso moderado de recuperar, aunque fuera parcialmente, algunas piezas de aquél, como diezmos, primicias y mayorazgos, y que la contundencia del texto calificó de «odiosidad». Otra cuestión de envergadura y notables consecuencias políticas posteriores era la delimitación de las fronteras entre patrimonio real y patrimonio de la nación, cuya confusión era atribuida a una «apropiación indebida», aunque no aportaba soluciones para resolver la cuestión.

Como era lógico, dada la intensidad del debate, una parte considerable del texto se dedica a la definición de la concepción progresista de los ayuntamientos: la descentralización administrativa en el marco de la racionalización administrativa del Estado liberal. Es el término *administrativo* el que más se repite, sin acudir al concepto de autonomía municipal que marca el tono de un embrionario republicanismo, que posteriormente hará del municipio la primera pieza de la construcción federal del Estado. Pero en 1840 los progresistas se limitan a plantear el equilibrio entre la Administración de los intereses locales y la acción del Estado, «indirecta e invisible»: «los pueblos son los entes morales personificados en sus ayuntamientos, que a la manera de los demás individuos de la sociedad, si bien deben estar subordinados y sujetos por un vínculo común a la autoridad del gobierno, tienen derecho, sin embargo, para administrar independientemente, como aquellos, sus particulares intereses». Apenas unas cuantas líneas sirven de recordatorio en el texto a otros temas, como la necesidad de acelerar o reformar la codificación civil, criminal y de comercio, la inamovilidad de la magistratura o la responsabilidad ministerial.

11.5. La desamortización eclesiástica y la desvinculación

Si en su dimensión política la ruptura liberal de los años 30 contempló la recuperación, aunque a título provisional, de la Constitución de 1812, en los planos social y económico se asiste igualmente a la reactualización de un corpus legal anterior. El desmantelamiento jurídico del Antiguo Régimen se desarrolló en un proceso a largo plazo abierto por las Cortes de Cádiz, que crearon una filosofía de actuación, posteriormente depurada, ampliada y con un primer ensayo práctico de aplicación durante el Trienio liberal. Ahora, con la nueva coyuntura abierta por la guerra civil, los liberales retoman las experiencias anteriores para adecuarlas a los nuevos tiempos, incluidas las medidas reformistas de los últimos momentos de la monarquía fernandina y de los primeros de la transición ejemplificados en el régimen del Estatuto. Así se recupera de manera irreversible la alternativa liberal al tipo de organización social y económica del Antiguo Régimen.

Por sus connotaciones con el pasado, el modelo no es inédito en sus formulaciones, pero sí representa un avance y una forma muy específica de entender la revolución liberal en plena guerra civil. Se establece una nueva concepción jurídica de los derechos de propiedad. Se plantea definitivamente la liquidación de estructuras fundamentales del Antiguo Régimen, como son el señorío, el mayorazgo y las «manos muertas». Se regulan, siguiendo los cánones del liberalismo económico, los derechos de producción y distribución, acompañado todo ello de la supresión del diezmo y de las aduanas internas.

La desamortización eclesiástica forma parte, pues, de un fenómeno más global ligado al discurso liberal. En éste confluyen la nueva definición de los derechos de propiedad, la transformación de su régimen jurídico, que cambia la propiedad amortizada y vinculada clásica del Antiguo Régimen a la propiedad libre y circulante propia del mercado. En este sentido es un ingrediente más en las líneas jurídicas maestras constituyentes del mercado nacional. Otra cuestión eran los contenidos prácticos del proceso y sus implicaciones económicas y sociales. Si la desvinculación y la disolución del régimen señorial no supondrán una transferencia inmediata de propiedad, sólo su mutación jurídica, la desamortización consistió fundamentalmente en la nacionalización y venta de propiedades en pública subasta —fincas rústicas y urbanas— y, por tanto, en el cambio de propietarios, sin olvidar la otra vertiente, igualmente esencial de la dinámica desmortizadora, como fue la desamortización de censos. En su conjunto, la desamortización de Mendizábal se apoya en un doble basamento, doctrinal y coyuntural. En el primer caso, porque es condición indispensable para la puesta en funcionamiento de un esquema de relaciones sociales y económicas propias del liberalismo económico. En el segundo, porque se dio en un momento preciso de singular agobio del erario público. En el programa de Mendizábal la desamortización eclesiástica se ofrecía como la médula de una secuencia de mayor alcance dirigida a la reforma y reorganización del sistema tributario en su conjunto.

La desamortización eclesiástica adquiere forma definitiva en los decretos de Mendizábal de 1836 y 1837. Mendizábal continúa con una línea desamortizadora emprendida en el Trienio: dar un contenido principalmente eclesiástico a la desmortización, que aparece así asociada con la reforma religiosa. Con ello la concepción gaditana de una desamortización más abierta a bienes municipales que a una desamortización eclesiástica en sentido estricto, queda en la práctica en suspenso hasta que sea recuperada en profundidad por Madoz en 1855. Mendizábal aprovecha, pues, la experiencia del Trienio respecto a los bienes del clero regular, pero además la amplía al conjunto del clero, incluyendo el secular. Pero entender esta opción como derivada de un anticlericalismo es desdibujar los problemas centrales de la política desamortizadora. Es cierto que a la altura de los años 30 el clero —independientemente de matizaciones en la tipología de sus actitudes— aparecía vinculado a las resistencias del Antiguo Régimen, como soporte doctrinal y presencia social efectiva, y en una actitud beligerante hacia la experiencia liberal. A este divorcio expreso ya desde el Trienio se sumaba ahora la colaboración, también con sus respectivas matizaciones, con el bando carlista en la guerra civil. Además el clero poseía un número apreciable de propiedades susceptibles de desamortización. Pero la opción mendizabalina partía de otros supuestos: la desamortización eclesiástica era la más viable técnica y políticamente que la de otros patrimonios como los municipales, para poner en marcha su proyecto hacendístico. El primer paso era obtener recursos para arreglar la deuda y restablecer el crédito público, y el segundo, una reforma tributaria en profundidad. Para taponar la deuda, técnicamente contaba con una experiencia de desamortización eclesiástica anterior y también con el basamento de la reforma religiosa reemprendida en 1835; finalmente, era más fácil porque no exigía necesariamente una reforma previa del sistema tributario, pero

Valor de las ventas (1836-1844)

Provincia	N.º de fincas vendidas	Valor en tasación (en miles)	Valor en venta (en miles)	% nacional	Cotización	% provincial Rústicas	% provincial Urbanas	% nacional Rústicas	% nacional Urbanas
Sevilla	6.033	130.377.010	426.436.630	12,36	327,0	45,30	55,70	11,40	14,67
Madrid	4.414	128.785.070	282.301.210	8,18	219,2	22,50	77,50	2,61	21,51
Córdoba	5.285	84.874.950	191.340.800	5,54	225,4	72,09	27,91	5,67	5,25
Valencia	2.093	61.917.920	188.989.290	5,48	305,2	59,88	40,12	4,65	7,45
Toledo	14.251	81.989.000	181.788.000	5,27	221,7	91,74	8,26	6,86	1.47
Salamanca	2.972	74.472.470	158.129.440	4,58	212,3	96,12	3,88	6,25	0,60
Cádiz	1.728	63.034.020	130.898.410	3,76	206,0	43,51	56,49	2,30	7,27
Zaragoza	6.630	58.022.920	128.775.140	3,73	222,0	56,71	43,29	3,00	5,48
Barcelona	508	35.836.130	110.763.820	3,22	310,0	71,59	28,41	3,27	3,09
Jaén	6.170	62.733.190	112.380.770	3,11	171,1	86,63	13,37	3,80	1,47
Badajoz	6.844	51.809.690	103.785.910	3,00	200,3	85,65	14,35	3,65	1,46
Zamora	4.747	50.845.190	90.667.860	2,63	178,3	93,60	6,40	3,49	0,57
Cáceres	2.069	37.242.440	88.812.070	2,57	238,4	86,70	13,30	3,16	1,16
Valladolid	23.868	53.551.770	87.766.550	2,54	163,8	75,80	24,20	2,73	2,09
Granada	3.633	37.561.720	82.238.590	2,38	219,0	82,29	17,71	2,78	1,43
Málaga	1.904	34.200.410	80.938.230	2,34	236,6	42,89	57,11	1,42	4,54
Palencia	15.668	40.659.130	72.429.440	2,10	178,1	73,96	26,04	2,20	1,85
Navarra	3.774	24.564.920	57.781.150	1,67	235,2	77,97	22,03	1,85	1,25
Murcia	1.400	24.279.380	55.921.470	1,62	230,3	85,49	14,51	1,96	0,79
Ávila	1.121	23.443.110	54.312.120	1,57	231,6	87,55	12,45	1,95	0,66
León	14.373	25.450.450	53.596.610	1,55	210,5	84,48	15,52	1,86	0,81
Burgos	5.900	22.017.800	53.329.250	1,54	242,2	69,07	30,93	1,51	1,62
Gerona	1.138	20.608.170	49.503.460	1,43	240,2	85,38	14,62	1,73	0,71
Segovia	696	20.385.840	48.373.380	1,40	237,2	95,80	4,20	1,90	0,20
Huesca	3.132	22.151.390	47.815.970	1,38	215,8	69,67	30,33	1,37	1,42
Alicante	1.005	19.016.275	41.050.755	1,19	215,8	88,22	11,78	1,49	0,47
Huelva	3.227	14.522.540	38.905.370	1,13	267,9	91,30	8,70	1,46	6,33
Guadalajara	18.988	21.860.180	31.702.930	1,09	172,4	83,72	16,28	1,29	0,60
Logroño	7.020	19.797.560	36.269.050	1,05	183,1	70,90	29,10	1,05	1,03
Baleares	245	10.317.840	35.303.670	1,02	342,1	79,03	20,97	1,14	0,72
Canarias	818	13.397.190	34.516.190	1,00	257,6	89,59	10,41	1,27	0,35
Tarragona	656	14.446.420	34.143.540	0,99	228,4	74,92	25,08	1,05	0,84
Lérida	1.122	16.730.100	33.400.570	0,96	199,6	73,72	26,28	1,01	0,86
Teruel	2.126	15.598.350	30.311.060	0,87	194,3	87,89	12,01	1,09	0,36
Coruña	1.385	11.148.160	25.685.930	0,74	230,4	62,89	37,11	0,66	0,93
Cuenca	1.800	14.920.490	24.468.330	0,71	163,9	80,34	19,66	0,80	0,47
Castellón	717	11.348.970	22.020.220	0,64	194,0	77,28	22,72	0,70	0,49
Oviedo	2.413	9.930.910	21.401.650	0,62	215,5	67,40	32,60	0,59	0,69
Ciudad Real	3.468	11.488.740	19.654.980	0,57	171,0	75,27	24,73	0,61	0,47
Almería	1.136	11.116.880	17.043.590	0,49	153,3	92,86	7,14	0,65	0,12
Lugo	1.463	8.006.890	13.774.460	0,39	172,0	86,04	13,96	0,48	0,18
Vizcaya	234	5.618.750	13.612.610	0,39	242,2	23,59	76,41	0,13	1,02
Soria	2.365	5.114.190	11.478.760	0,33	224,4	70,70	29,30	0,33	0,33
Santander	5.700	5.520.090	9.850.220	0,28	178,4	58,95	41,05	0,23	0,39
Orense	1.005	6.362.380	7.597.240	0,27	119,4	71,30	28,70	0,22	0,21
Pontevedra	512	2.445.340	4.206.630	0,12	172,0	67,44	32,56	0,11	0,13
Guipúzcoa	24	528.740	1.454.600	0,04	275,1	97,70	2,30	0,05	

Fuente: F. Simón, *La Desamortización española en el siglo XIX*, Madrid, 1973, págs. 158-159.

desamortizar bienes municipales sin una reestructuración del sistema tributario y, por tanto, sin recursos alternativos para las arcas municipales, hubiera desacoplado aún más las haciendas locales. Se desprende que además políticamente la desamortización eclesiástica tenía un coste político menor ante la opinión liberal, que una desamortización civil, teniendo en cuenta la importancia fiscal, social y militar —y su organización en juntas y milicia— de los municipios en plena guerra civil. En definitiva, la desamortización partía de la necesidad de reducir la enorme deuda acumulada y de fortalecer el crédito del Estado, objetivo más importante que la inmediata obtención de recursos para la financiación de la guerra civil, porque los frutos de la venta de bienes nacionales siempre se obtendrían en un plazo medio de tiempo. También pesó en el ánimo de los políticos liberales la ampliación de las bases sociales del régimen por el incremento del número de propietarios resultante de la venta de bienes nacionales. A ello se une la concreción de una máxima económica básica en el ideario liberal: la extensión de la propiedad individual, libre y circulante como el foco principal de la creación de riqueza.

La secuencia desamortizadora se sustenta en dos niveles. El primero hace referencia a la supresión de instituciones religiosas y la aplicación de sus patrimonios para la extinción de la deuda pública: supresión de la Inquisición (15 de julio de 1834) y de la Compañía de Jesús (4 de julio de 1835); supresión de monasterios y conventos con menos de doce profesos (25 de julio de 1835); devolución de los bienes nacionales adquiridos durante 1820 a 1823 a sus compradores (3 de septiembre de 1835); restablecimiento de la ley de reforma de regulares de 1 de octubre de 1820 suprimiendo o reformando monasterios y conventos (11 de octubre de 1835); decreto de 8 de marzo de 1836 que ampliaba la supresión a la práctica totalidad de los conventos y monasterios de religiosos varones. Por otro lado, el decreto de 19 de febrero de 1836 establecía los principios y mecanismos de la desamortización: se declaraban en venta todos los bienes de las instituciones extinguidas y demás bienes calificados o que se calificaran en un futuro como nacionales. Entre otras cuestiones, el decreto fijaba en su artículo 3.º la subasta pública como norma para realizar las ventas, previa tasación, y en su artículo 10.º como forma de pago se admitía el dinero efectivo o los títulos de la deuda consolidada por todo su valor nominal.

Hasta aquí los bienes contemplados correspondían fundamentalmente al clero regular y otras instituciones, objetos de desamortizaciones anteriores. Sin embargo, el horizonte desamortizador se amplió con el decreto de 29 de julio de 1837 que ensanchaba la supresión a las instituciones religiosas femeninas, suprimía el diezmo, y, sobre todo, incluía en la desamortización por primera vez los bienes del clero secular, ordenándose su venta a partir de 1840. Tomás y Valiente ha señalado que esta segunda ley desamortizadora de Mendizábal, más que a la extinción de la deuda, está ligada a la reforma tributaria y al problema de la dotación de los gastos de culto y clero, ya que éste quedaría sin ingresos al pasar sus patrimonios a bienes nacionales. De ahí que se destinara el producto de la subasta de estos bienes al pago de la dotación de culto y clero. Esta ley prácticamente no se aplicó. En el tema de los diezmos continuó autorizándose su cobro entre 1837 y 1840. En cuanto a la venta de los bienes del clero secular, la política de los moderados frenó su aplicación con el decreto de 16 de julio de 1840, pero al siguiente año, durante la regencia de Espartero, se reabrió el proceso por ley de 2 de septiembre de 1841, que refundía anteriores disposiciones desamortizadoras y disponía la venta de los bienes del clero secular. Venía a ser coetánea de la ley de 14 de agosto de 1841, que intentaba resolver la cuestión de la dotación del culto y clero, creando los derechos de «estola o pie de altar» como fuente principal de ingresos, a lo que unía el repartimiento de lo que faltase entre los vecinos de la parroquia, además de una contribución de culto y clero por un monto de 100 millones de reales. La efectividad de esta disposición fue prácticamente nula. Las ventas de los bienes del clero secular quedaron en suspenso con la llegada de los moderados al poder, por decreto promulgado el 8 de agosto de 1844, y devueltas las propiedades todavía no vendidas por decreto de 3 de abril de 1845. A partir de aquí la política moderada vinculó la cuestión desamortizadora a la reordenación de las relaciones Iglesia-Estado y a las negociaciones con la Santa Sede que culminarían en el Concordato de 1851.

El arco temporal de la desamortización ocupa, pues, el periodo 1836-1850, pero el grueso de las ventas del clero regular se efectuaron entre 1837 y 1840, y entre ellas las más atractivas fincas rurales y urbanas, aunque el goteo de las ventas continuó a lo largo del periodo. Las ventas del clero secular se concentraron en 1842 y 1843. A finales de los años 40 el mercado se animó coyunturalmente con la venta de las encomiendas de la Orden de San Juan de Jerusalén por decreto de 1 de mayo de 1848. En conjunto salió al mercado una amplia oferta de fincas rústicas y urbanas. El valor global de las fincas subastadas y vendidas ha sido objeto de diversas valoraciones. Simón Segura, a partir de la *Gaceta de Madrid*, ha calculado que la masa vendida hasta el mes de abril de 1844 ascendió a 3.273 millones de reales, una cifra inferior en 173 millones a la que aportó Madoz en su *Diccionario*, seguramente porque incluyó las ventas comprendidas entre el mes de mayo de 1844 y julio de 1845. Fontana ha contabilizado 4.455 millones de reales entre 1836 y 1849, cifra en la que se incluyen 360 millones de reales provenientes de los pagos todavía pendientes por compras realizadas durante el Trienio liberal y 635 millones de reales procedentes de los foros y censos. Por su parte Rueda incrementó la estimación anterior en 500 millones de reales aproximados equivalentes a las ventas procedentes de las encomiendas de la Orden de San Juan de Jerusalén vendidas desde 1849. Teniendo en cuenta que los valores de tasación se elevaron a 2.500 millones de reales, de los que 750 millones quedaron sin vender, se desprende que por término medio los remates duplicaron los valores de tasación, lo que implica el interés y la competencia por las subastas.

Si el objetivo principal de la desamortizaación fue el arreglo de la deuda pública, la historiografía se ha preguntado invariablemente por las consecuencias en el terreno hacendístico, situándolas habitualmente en términos de fracaso, porque a lo largo del periodo no se redujo de forma significativa el volumen de la deuda. Seguramente tampoco lo pretendió Mendizábal, sino sólo su arreglo, es decir, la amortización de una parte importante que le permitiera en primer lugar una nueva situación de equilibrio en la que el Estado a partir de sus recursos pudiera hacer frente al pago de intereses y la amortización paulatina de la deuda restante, y, en segundo lugar, el restablecimiento de la confianza nacional e internacional. En conjunto se amortizaron 4.000 millones nominales de la deuda, cifra insuficiente, pero que contemplada desde las previsiones de Mendizábal habría situado el volumen de la deuda en un monto razonable, si la guerra civil no hubiera impulsado las cotas del endeudamiento.

En esta voluminosa transferencia de propiedades hubo diferencias regionales y locales, en cuanto valor y evolución de ventas, número de fincas vendidas, tipo y extensión de propiedades, compradores y consecuencias sociales y económicas. Ha sido uno de los temas más estudiados por la historiografía en las últimas décadas y sin embargo todavía abierto para llegar a conclusiones generales. La tendencia señala que la desamortización no alteró sustancialmente la estructura de la propiedad de la tierra. No creó el latifundio, pero sí un mayor número de latifundistas. Tampoco creó el minifundio, ni la mediana propiedad. Tendió a reforzar unas estructuras de propiedad ya definidas por pautas históricas anteriores. En todo caso, esta masiva transferencia dio la titularidad de las mismas a una nueva gama de propietarios que accede por primera vez a la condición de propietario agrario. Desde la atalaya de las elites económicas residentes en Madrid, a mediados de siglo el grupo de individuos que absorbía un porcentaje importante de la renta nacional, concretado en patrimonios superiores a los 20 millones de reales, éstas participaron abundantemente en el mercado desamortizador, a veces a través de prácticas monopolistas, fruto de una situación de suma influencia en la toma de decisiones políticas. A la altura de 1880 un porcentaje importante de sus patrimonios estaba ocupado por las propiedades agrarias, en primer lugar procedentes de las desamortizaciones de Mendizábal y Madoz, completadas con las compras realizadas posteriormente en el mercado, algunas de las cuales también tenían sus orígenes en bienes nacionales. Cualquier gran burgués residente en Madrid a finales de siglo, es decir, los millonarios por excelencia del país, era ante todo un terrateniente, y el proceso había tenido sus orígenes en las desamortizaciones. Sus compras se dirigieron principalmente a todas las zonas del centro y sur de la Península, aunque abarcaron el conjunto nacional, tanto grandes como pequeñas propiedades.

Estos burgueses madrileños habían sabido adecuarse a la perfección a los procedimientos de compras, tanto en lo que se refiere a las técnicas de la subasta como a las formas de pago, dado que eran rotundos tenedores de títulos de la deuda, además de aprovechar los artículos 4.º y 9.º del decreto desamortizador de febrero de 1836 por los que se podía solicitar la tasación oficial de una propiedad y su inmediata subasta antes de la iniciativa pública con la ventajosa situación consiguiente. Estos burgueses madrileños eran la cúspide de una pirámide configurada por negociantes, especuladores, comerciantes, altos empleados públicos... todos ellos adquirieron títulos de la deuda pública por diversas vías. Era un modelo reproducido a escala más modesta por otros notables locales que se extiende a lo largo y ancho del país. Conforman el grupo urbano de los propietarios que acceden por primera vez a la tierra.

Sin embargo, el porcentaje más importante de compradores se distribuyó en un gran abanico de individuos —grandes, medianos o pequeños propietarios, o arrendatarios— procedentes del mundo rural, sobre todo en la meseta norte, en cuanto a número y volumen de las compras, aunque también estos miembros de las burguesías rurales estuvieran presentes en el sur, pero sin parangón con las compras realizadas por la burguesía «nacional» de Madrid o por las otras burguesías urbanas. Rueda, al sistematizar estudios regionales, ha destacado la complejidad y diversidad de los compradores de bienes nacionales, que iban más lejos de los clásicos negociantes de la desamortización o de los testaferros de los terratenientes, para abarcar un nutrido conjunto de compradores de distintos grupos sociales, muchos de ellos relacionados directamente con una presencia ya anterior en el mundo rural. Situación favorecida por la legislación de 1841 que, aunque seguía los mismos procedimientos para las ventas —posibilidad de pago en títulos de la deuda—, sin embargo exceptuaba a las fincas por una tasación inferior a los 40.000 reales, que se pagaban en metálico y en un plazo de veinte años, lo que significaba abrir la posibilidad de acceso a la propiedad de pequeños y medianos labradores. Sin embargo, resulta evidente la ausencia de los mercados desamortizadores del campesinado no propietario, salvo los arrendatarios más acomodados. Nuestras propias investigaciones insisten en la escasa presencia de la nobleza titulada como compradores. No es sostenible, al analizar los patrimonios nobiliarios, que el componente agrario se incrementara con motivo de la desamortización, por lo menos en lo que respecta a lo más selecto de la nobleza de sangre, a los latifundistas por excelencia. Otra cosa sería el caso de la pequeña nobleza titulada, más apegada a la explotación directa de sus propiedades. Entre 1830 y 1870 esa gran nobleza, sumida en un proceso de reconversión y saneamiento de sus patrimonios, no poseía ni la liquidez ni los títulos de la deuda necesarios para entrar en los mercados desamortizadores, ni tan siquiera a partir de las certificaciones de la deuda recibidas por diezmos, alcabalas, cargas de justicia y privilegios abolidos, que normalmente fueron transferidos a sus acreedores como una de las claves de ese saneamiento patrimonial.

El hecho de que la desamortización no coincidiera con una reforma agraria en profundidad, entendida en su contenido social de la *democratización* de la propiedad, no sólo ha levantado críticas historiográficas actuales, sino también de los contemporáneos, que plantean la gran oportunidad perdida. No sólo la coyuntura y las urgencias fueron determinantes, sino también la lógica del ideario liberal y sus estrategias en los años 30 no contemplaban esos objetivos. En los debates parlamentarios y en la prensa de la época sí se oyó la voz de Florez Estrada, planteando un modelo alternativo en conexión con una soñada reforma agraria vertebrada en la concesión a los colonos de las tierras de la Iglesia en arrendamientos enfitéuticos por un periodo renovable de cincuenta años. De esta manera los bienes nacionales seguirían en poder del Estado y con las rentas de la tierra se haría frente al pago de los intereses de la deuda pública. El problema del hambre de tierras de los campesinos no propietarios es preciso situarlo, más que en la forma en que se hizo la desamortización de Mendizábal, en el procedimiento seguido para la abolición de los señoríos.

Una dimensión nada marginal de la desamortización, aunque todavía escasamente estudiada y con conclusiones provisionales, consistió en la *desamortización de censos*. Tema desbrozado desde el plano del derecho por Clavero y Peset, y metodológicamente por Díez Espinosa, que la han abordado como una cuestión de suma importancia si partimos del hecho de que uno de los objetivos de la desamortización fue la transformación jurídica de la propiedad, de su transformación en plena, individual y perfecta, y, por lo tanto, de su limpieza de los derechos o cargas clásicos del Antiguo Régimen que la gravaban, es decir, *censos, foros,...* Independientemente de su denominación local, este tipo de cargas está presente en todo el país, y responde en sus contenidos a una triple tipología: *censo consignativo*, especie de préstamo hipotecario por el que, a cambio de la entrega de una cantidad de dinero, se contraía la obligación del pago de una renta, canon o pensión fija; el *censo reservativo*, en el que se cede una propiedad a cambio de un gravamen anual; en estos dos casos existía la transmisión del derecho pleno a la propiedad, es decir, coincidían en la misma persona el dominio directo y el dominio útil. Por su naturaleza el tercer tipo de censo, el *censo enfitéutico*, se diferencia jurídicamente de los dos anteriores en que existe una separación marcada entre el dominio directo —el propietario— y el dominio útil —el usufructuario—, se trataba pues de la cesión del dominio útil de una propiedad a cambio de un canon como reconocimiento del dominio directo de otra persona, en una especie de alquiler perpetuo, relación sobre todo presente en Galicia y Asturias bajo la denominación de *foro*.

Estos derechos censales formaban parte de los patrimonios de manos muertas y serán enajenados por la desamortización no siguiendo necesariamente el camino de la subasta pública como las fincas rústicas y urbanas. Así las desamortizaciones del siglo XIX contemplaron dos opciones para la solución de los derechos censales: la redención como mecanismo previo, o la subasta pública en segundo término. Durante la desamortización de Mendizábal la posibilidad de la redención previa quedó entorpecida por las draconianas condiciones establecidas. Los tipos de capitalización fueron muy altos, equivalentes a treinta y tres veces el canon pagado según el decreto de 28 de mayo de 1837, capitalización elevada por el decreto de 23 de abril de 1838 al interés del 1,5 por 100, equivalente a sesenta y seis veces la renta pagada. Si a ello unimos los plazos muy cortos para la redención y la forma de pago en títulos de la Deuda por su valor efectivo, se explica que los campesinos apenas pudieran aprovechar esta vía de redención con el problema de acudir a la pública subasta y entrar en competencia con otros posibles compradores que tenían mejores condiciones para la adquisición de los derechos. El problema más arduo residió sobre todo en los censos enfitéuticos dada su separación de dominios. Los campesinos, poseedores del derecho útil, al no poder redimir los censos primero, ni competir en las subastas después, siguieron pagando el censo a los nuevos propietarios del dominio directo. Paradójicamente, la desamortización de Mendizábal, que perseguía la generalización del estatuto pleno de propiedad, proyectó hacia el futuro una forma de propiedad imperfecta clásica del Antiguo Régimen, y no sólo en Galicia y Asturias, casos estudiados por Villares y Moro respectivamente. En cambio la desamortización de Madoz, al plantear unas mejores condiciones para la redención, facilitó la limpieza total de las propiedades sujetas a los derechos censales, es decir, la unificación de dominios en favor del poseedor del derecho útil en el caso de los censos enfitéuticos.

Otro aspecto destacado en la formulación del nuevo régimen jurídico de la propiedad es la desvinculación. Se trataba de convertir una propiedad inalienable e indivisible, salvo permiso regio, en propiedad plena y circulante. El mayorazgo, prototipo de la propiedad vinculada, había permitido perpetuar el patrimonio de la nobleza en sus mismas manos. Por él se transmitían las propiedades bajo la herencia del primogénito varón. La desvinculación había sido formulada jurídicamente durante el Trienio liberal. En este tema, una vez más, los liberales progresistas rescataban una legislación anterior para reponerla en su total vigencia. En agosto de 1836 se restableció el decreto de 27 de septiembre de 1820 por el que se suprimían la totalidad de los mayorazgos, patronatos, fideicomisos y cualquier clase de vinculación transformándose en propiedad *absolutamente* libre. La ley de 19 de agosto de 1841 concretaba en el aspecto legal la manera de dividirse los bienes pertenecientes a mayorazgos entre los distintos herederos y aclaraba los derechos adquiridos por las desvinculaciones realizadas durante el Trienio liberal y retrotraídas a su origen en 1824. Así la desvinculación fue plenamente confirmada, autorizándose la disposición de la totalidad del patrimonio en caso de fallecimiento del anterior poseedor. A diferencia de la desamortización, la desvinculación no provocó la inmediata transferencia de propiedades, ni implicó expropiación alguna de bienes. Más allá de debates coyunturales y resistencias más simbólicas que otra cosa, el conjunto de la nobleza de sangre, a la altura de los años 30, recibió con alivio la desvinculación de los mayorazgos. Sumida en una profunda crisis económica, con unos patrimonios estancados y cargados de hipotecas, la abolición del mayorazgo se convirtió en la condición necesaria de cualquier estrategia de saneamiento y reactivación de los patrimonios nobiliarios. Asegurando la plena propiedad, la vieja nobleza pudo recomponer su entramado patrimonial. Por eso, a medio y largo plazo, la desvinculación sí desembocó en una transferencia de patrimonios con estrategias de venta, más o menos definidas según la intensidad de las cargas deudoras y la presión de los acreedores.

11.6. La disolución del régimen señorial

La disolución del régimen señorial ya la hemos puesto de manifiesto en sus debates, legislación y problemas sociales resultantes, en la época de las Cortes de Cádiz y durante el Trienio liberal. El liberalismo de los años 30 heredaba una cuestión irresuelta y sometida a polémica, en la que subyace la lucha por la propiedad de la tierra entre señores, municipios y campesinos. Conviene recordar que el decreto de 11 de agosto de 1811 había abolido los señoríos jurisdiccionales y los privilegios y prestaciones nacidos de la jurisdicción señorial. Se establecía, no obstante, una arbitraria diferenciación entre señoríos jurisdiccionales con territoriales. Estos últimos se convertían directamente en propiedades particulares, permaneciendo las relaciones de tipo contractual, es decir, las derivadas del contrato entre antiguo señor y el campesino para la explotación de la tierra. La dificultad de distinguir entre prestaciones de origen jurisdiccional y la ambigüedad jurídica existente entre las diversas clases de señorío provocaron debates y litigios por la posesión de tierras. La ley de 1823, que no llegó a aplicarse, obligaba a los antiguos señores a presentar los títulos de adquisición del señorío para demostrar su naturaleza no jurisdiccional y transformarlo en propiedad particular. Una disposición que favorecía al campesinado y cuya aplicación hubiera podido tener un carácter revolucionario en la estructura de propiedad de la tierra. La inmediata restauración del absolutismo frustró esta tardía intrepretación que dieron al problema las Cortes del Trienio.

Durante los años 30 la interpretación del problema cambió de cariz, orientándose a favor de los intereses de la nobleza. Aunque los decretos de 27 de enero y 2 de febrero de 1837 suprimieron los signos del vasallaje y repusieron en su vigor las leyes de señoríos de 1811 y 1823, un decreto de 26 de agosto del mismo año allanaba la conversión de los señoríos en propiedad privada. Esta disposición, señala Bernal, «difería notablemente de las anteriores: la presentación de títulos no sería necesaria para las tierras poseídas por el señor en aquellos pueblos en los que no habían mantenido la jurisdicción e, igualmente, tampoco sería necesaria la presentación en aquellos señoríos cuando el poseedor hubiese obtenido ejecutorias favorables en juicios de incorporación y reversión a la Corona; por último, y por el plazo de dos meses sólo sería necesario presentar los títulos de adquisición y disfrute de los señoríos en aquellos pueblos en los que el señor había detentado la doble jurisdicción y territorialidad. Así pues, todo quedó reducido a una mera presentación de títulos en los que señoríos solariegos y jurisdiccionales iban unidos, precisamente el aspecto más oscuro y litigioso de todo lo refrente a señoríos, a saber: determinar claramente qué era uno y otro tipo de señoríos.» Lo mismo sucedía con los denominados derechos señoriales: delimitar su origen señorial o contractual. Por supuesto, los municipios y campesinos se inclinaban por el primero, mientras que los señores defendían que tales derechos procedían de contratos acordados. Los señores habían ganado la partida a los municipios y campesinos. Para los legisladores, pues, la cuestión central seguía siendo distinguir si los señoríos eran sólo jurisdicciones —argumentos de los municipios— o también territoriales.

En este contexto de pleitos y reivindicaciones la balanza de la justicia tendió a inclinarse en favor de la nobleza. Quedó a interpretaciones de los tribunales. Entre 1837 y 1841 en Andalucía occidental, como ha destacado Bernal, los tribunales de primera instancia admitieron la territorialidad de los señoríos en todos los casos, apoyándose —ante la inexistencia de títulos de adquisición que además no era exigida— en documentos que hundían sus raíces en la Edad Media y se referían a donaciones, cesiones...; la tendencia es similar para la región valenciana, como han destacado Ruiz Torres o Sebastiá. De todas formas sería preciso un conocimiento más exhaustivo sobre la resolución del conflicto en otras zonas. Por ejemplo, en Galicia la desaparición del señorío no supuso la transformación de los señores en propietarios. Villares ha indicado que la disociación entre jurisdicción y dominio territorial estaba tan generalizada que lo impidió, «a lo más que llegaron los antiguos señores fue a convertir prestaciones jurisdiccionales en rentas asimiladas al foro». Sin embargo las apreciaciones de García Ormaechea en su obra *Supervivencias feudales en España* (1832) permiten sostener la generalización de estas tendencias. En algunas ocasiones los pleitos condujeron a las Audiencias y al Tribunal Supremo en una confusa situación jurisprudencial. Artola, siguiendo a Ormaechea, ha puesto de relieve una evolución de las sentencias del Tribunal Supremo favorable a los señores. Si en julio de 1851 el Supremo presumía el origen jurisdiccional de cualquier prestación satisfecha en los pueblos y territorios del señorío, posteriores sentencias variaron de rumbo. Así en 1868 otra sentencia del mismo tribunal establecía que «emanando los señoríos de una epoca en que era muy frecuente la unión de la propiedad con la jurisdicción, el haber ejercido ésta no prueba que el señorío sea jurisdiccional, porque puede existir éste con independencia del territorial».

El alcance de la legislación de 1837 es preciso situarlo en su momento preciso: la ruptura de una trayectoria anterior, desde los años 60 del siglo XVIII, cuando la legislación sobre reparto de bienes municipales provocó que los vecinos y sus municipios litigaran con la nobleza por deslindar la territorialidad. Así pues, desde campesinos sin tierra hasta grandes arrendatarios tenían un objetivo común antinobiliario. En aquellos momentos la nobleza también litigaba con la Corona por la reincorporación o reversión a ésta. En los años 30 los grandes arrendatarios, labradores independientes, notables de las localidades contemplaron el aspecto de distinta forma: su acceso a la propiedad de la tierra era posible a través de la desamortización, aceptando que la disolución del régimen señorial se inclinara en favor de la nobleza. Los campesinos se quedaban solos.

La abolición de los señoríos, supuso, por tanto, la supresión de los derechos jurisdiccionales y las prestaciones señoriales, pero adjudicó a la nobleza la propiedad de la tierra. La jurisdicción fue sustituida por la propiedad. En el ánimo de los campesinos este conjunto resolutorio se interiorizó como la legalización de una larga e intensa usurpación de tierras.

11.7. Las libertades de mercado

Junto a la abolición del régimen señorial y a la general transformación jurídica del régimen de propiedad, otro pilar de la organización social y económica del nuevo Estado liberal estaba cimentado por un conjunto de medidas encaminadas al funcionamiento del mercado. Se trataba de disposiciones sobre libertad de explotación de la propiedad agraria, del comercio o del ejercicio de la industria. Estas medidas culminaron una secuencia ensayada en los dos anteriores periodos liberales y que de forma irreversible se había empezado a poner en marcha ya a finales de los años 20 —elaboración del Código de Comercio y creación de la Bolsa de Madrid— y principios de los años 30, esto es, durante la etapa de la transición. Ya en 1833 las Ordenanzas de Javier de Burgos habían liberalizado la explotación de los montes, permitiendo el cerramiento de los privados y la libre disposición por los propietarios. En 1834 se estableció la libre introducción de ganado propio o ajeno en propiedades privadas y la libertad de explotación para los cosecheros de uva y propietarios de viñedos. En 1836 la puesta en vigor de un decreto de 1812 insistía en la libre explotación y cercamiento de montes particulares, incluida la comercialización de la madera.

Pero la principal disposición del sistema económico liberal para organizar la explotación y comercialización de los productos agrarios fue la recuperación en 1836 del decreto de 8 de junio de 1813, lo que significaba la libre utilización de las tierras de propiedad particular y el fin de su servidumbre a los privilegios asignados a la Mesta o a las rastrojeras comunales. Con ello quedaba periclitada la larga tradición de privilegios de la ganadería, aunque ya en franca decadencia, posibilitando la libertad de cercamiento de las fincas rurales de propiedad privada. Igualmente se fijaba la libertad de arrendamientos agrarios, precios y almacenamiento y comercio interior de granos. Libertad de comercio ya extendida desde 1834 a la lana, la seda, el pescado y los artículos de comer, beber y arder, excepto el pan.

Por último, la disolución de los privilegios gremiales aseguró el principio de la libertad de ejercicio de una profesión o industria. Un primer paso se había dado en 1834 con la prohibición de que se formaran nuevos gremios. El estado de opinión exigía reformas más globales. El 28 de septiembre de ese año la Sociedad Económica Matritense de Amigos del País elevaba una propuesta al Gobierno en favor de la abolición de los gremios: «Todo español o extranjero residente en España puede ejercer libremente y sin sujeción y aprendizaje ni examen cualquier arte u oficio»... «los contratos entre los maestros, oficiales y aprendices de cualquier arte se harán y cumplirán con arreglo a las leyes civiles». Por fin, el decreto de 2 de diciembre de 1836 restablecía las disposiciones sobre la libertad de industria y comercio de las Cortes de Cádiz. De hecho, quedaban abolidos los gremios como institución jurídica, manteniéndose como organismos canalizadores del reparto de las imposiciones hacendísticas. En definitiva, el mercado nacional aparecía virtualizado a finales de los años 30.

Capítulo XII

La Regencia de Espartero (1840-1843)

12.1. El mito Espartero. El grupo ayacucho

En 1840 los progresistas tenían ocasión de poner en marcha su proyecto político tal como lo había elaborado el manifiesto de la Junta de Madrid. Pero más que nada este cambio político significa la subida de Espartero al poder. Identificar Espartero con el ideario progresista es una valoración incompleta, que no tiene en cuenta otros elementos que mediatizan esta cuestión de partida: la trayectoria y actitudes personales del General, el papel del ejército después del Convenio de Vergara y la existencia de grupos de intereses, vinculados a personas, dentro del ejército como el de los *ayacuchos* relacionados con Espartero. Por último, es preciso añadir que el *pueblo liberal* adopta en Espartero un nuevo mito de la revolución liberal. Así la revolución queda personificada, situación que se mantendrá viva en el tiempo en la mentalidad popular, sobre todo en el mundo urbano, a pesar de negaciones coyunturales, y de las actuaciones políticas del General.

Mitificación de una figura que aparece ante los ojos del *pueblo llano* como el salvador, el único capaz de dar respuestas a las aspiraciones y necesidades del *pueblo*. Estos referentes mentales se formalizan mediante la proyección en una figura, que adquiere el carácter de mito, de sus aspiraciones inarticuladas, de sus anhelos más profundos, merced a la confluencia de una variada gama de circunstancias: la procedencia humilde de Espartero, la defensa de la causa liberal frente a los carlistas, su valor, su hombría, sus ademanes populares, su bonhomía, su afán de justicia... Hijo de un carretero manchego, Baldomero Espartero (en realidad Joaquín Baldomero Fernández) nació en 1793. La Guerra de la Independencia le apartó del seminario y le brindó una imprevista carrera de armas, continuada en el Colegio de Ingenieros de Cádiz, del que salió en 1811 como subteniente. Momento clave en la trayectoria militar de Espartero fue su salida para América en 1815 a las órdenes de Morillo, alejándose del debate y avatares del absolutismo-liberalismo en la Península. En Perú resultó fundamental su relación con el general La Serna, hombre de acusadas ideas liberales, entrando a formar parte de su camarilla. Así Espartero asimila las ideas de militares liberales, seguidores de la Constitución de 1812 y de las prácticas de grupo con relaciones personales de apoyo mutuo, en una idea de fidelidad que Espartero aplicará como base de su actuación durante la Regencia. Este haz de relaciones y prácticas políticas, contemporáneo de una cultura de sociedad secreta clandestina, fue lo que sus opositores durante la Regencia denominaran peyorativamente el grupo de los *ayacuchos,* haciendo referencia a las personas vinculadas a Espartero. En realidad el calificativo estaba en sentido estricto mal aplicado, ya que Espartero no participó en la batalla de Ayacucho —que marcaba simbólicamente el fin de la presencia española en América continental—, pero hacía referencia a los orígenes peruanos de unas prácticas clientelares, que Espartero reproduce entre sus oficiales durante la guerra civil y traslada al ámbito institucional y político durante su Regencia de 1841-43. El entonces coronel Espartero conoció en Perú al resto de hombres bajo las órdenes de La Serna: Canterac, García Camba, Rodil, Valdés, Landazuri, Ferraz, Villalobos. Y entre ellos Maroto, relación que vendría a favorecer el Convenio de Vergara con el que fuera general carlista.

Fue la guerra civil la que encumbró en términos militares y populares a Espartero, sobre todo desde la acción de Luchana, y su reconocimiento después como duque de la Victoria. En 1840 su liderazgo militar estaba en condiciones de convertirse en liderazgo político. Liderazo resultante de una situación precisa, pero no unánime. En el ejército era respetado, lo que no quiere decir que no tuviera opositores. En la política resumía el espíritu progresista, pero chocaba con las estrategias de los líderes civiles del partido. A corto plazo, 1843, ambos, militares moderados y civiles progresistas, constituirían la oposición que les derrocó. A largo plazo sólo mantuvo la fidelidad, considerada por él como el valor más importante en las relaciones, del pueblo. Aunque desdibujado el *mito Espartero* resurgió con fuerza en las barricadas populares de 1854. Volvió a decaer, pero cuando estalle la septembrina de nuevo surgirán voces situándolo como posible candidato al trono vacante o, incluso, como presidente de la República.

Entre el 12 de octubre de 1840, partida de María Cristina al exilio, y el 10 de mayo de 1841, momento en que las Cortes eligen a Espartero como Regente del reino, transcurre un período de interinidad caracterizado por el llamado «ministerio-regencia» provisional de Espartero. Según el mandato constitucional «hasta que las Cortes nombren la regencia será gobernado el reino provisionalmente por el padre o la madre del rey y en su defecto por el Consejo de ministros». Como las dos primeras soluciones no eran posibles, el Consejo de Ministros, presidido por Espartero, tenía tales atribuciones esperando la reunión y designación de Cortes. Para ello, Espartero había cumplido de inmediato las condiciones progresistas: además de la suspensión de la ley de ayuntamientos, la disolución y convocatoria de nuevas Cortes que se reunirían ya en 1841. El retraimiento moderado facilitó unas Cortes de aplastante mayoría progresista.

La elección de Espartero como Regente por las Cortes de 1841 no fue tan unánime como el General y su círculo próximo hubieran deseado. Su éxito político empezaba a no corresponder a sus éxitos militar o popular. Y es que no contaba con la unanimidad del partido progresista, para empezar con la propia concepción de la Regencia: las opciones de la Constitución sobre su composición por una, tres o cinco personas. Sectores del progresismo no compartían la idea de la regencia única, entendiendo que una

Espartero, emblema de la libertad.

regencia tripartita podría implicar un equilibrio mayor entre elementos civiles y militares y un control más preciso, por tanto, de la Regencia, recordando la trayectoria de María Cristina. Por escaso margen, 153 frente a 136, las Cortes votaron a favor de la regencia única. Pero es que además quedaba claro que Espartero no contaba con el apoyo global de los progresistas, ya que su rival en la elección fue una figura clásica de la talla de Argüelles, representante de los partidarios progresistas de una salida civil para la Regencia. Finalmente fue elegido por 179 votos frente a los 110 que obtuvo Argüelles. Se había producido la primera fisura importante entre Espartero y el partido progresista.

Las divergencias continuaron a la hora de nombrar presidente del Consejo de Ministros y en el tema de la *tutela regia*. Nuevamente accede a la jefatura del Gobierno, Antonio González González, persona de confianza del General, que no fue bien recibido por otros líderes progresistas. Espartero tenía una influencia directa así en el Gobierno, además de la Regencia, dos poderes que nunca disociará, frente al pretendido equilibrio constitucional, y de lo que abusará el resto de su mandato. Era un ministerio-regencia permanente.

En el asunto de la tutela regia, los líderes civiles del partido encontraron satisfacción con el nombramiento de Argüelles como tutor. El grueso de los parlamentarios progresistas votaron la propuesta con el significativo voto en blanco de los escasos diputados y senadores moderados. Los progresistas ponían en práctica uno de los principios contemplados en el manifiesto de octubre de 1840: controlar la educación de la Reina, sobre la idea de una *reina liberal*. A su vez este hecho sirvió de argumentación a la conjura moderada. La tesis de la «reina secuestrada» fue una de las piezas básicas y justificativas del discurso conspirativo moderado.

12.2. El recurso moderado al pronunciamiento

Entre 1841 y 1843 la Regencia se resuelve en un complejo marco de inestabilidad política en el que se entremezclan tensiones procedentes de diversos ámbitos. Divergencias en el ejército en las que se yuxtaponen cuestiones ideológicas, relaciones personales y profesionales, como el tema de los ascensos y los puestos de mando, copados por personajes próximos a Espartero. Divergencias en el partido progresista entre los seguidores del General y los líderes civiles que, por otra parte, tampoco formaban una respuesta homogénea. Tensiones entre el partido moderado, con sus apoyos militares, y el régimen político, que va a desembocar en la práctica conspirativa y el pronunciamiento como instrumento de oposición. La conspiración permanente de los moderados tiene su centro en París en la persona de María Cristina, deseosa de recuperar la Regencia y la tutela regia de la que había sido formalmente apartada, hecho este último básico ya que suponía controlar los resortes de Palacio como poder de hecho en la toma de decisiones políticas y económicas. Esta conjura tiene ramificaciones fundamentales entre los militares, personalidades vinculadas a la Corte y al Estado, y un ramillete de banqueros y especuladores, muy conectados a los negocios con Francia.

En septiembre de 1841 estalla el primer pronunciamiento moderado, coordinado desde París. Además de los argumentos antedichos, los moderados aprovecharon el descontento de militares procedentes del carlismo y de los territorios forales. La insatisfacción tomaba cuerpo en las promesas incumplidas del *abrazo* de Vergara, sobre integración y mantenimiento de los grados de los oficiales carlistas y de los privilegios forales. Estaba en cuestión una figura jurídica clave: la *licencia foral*, por la cual las autoridades locales de los territorios forales tenían el privilegio sobre la aplicación o no de determinadas leyes emanadas del Estado, en asuntos fiscales, de reclutamiento militar, aplicación de normas de derecho propio. No es que la *cuestión carlista* fuera la clave del pronunciamiento, pero sí procuró base social y cobertura territorial. Resulta significativo que los principales núcleos de la secuencia de pronunciamientos se situaran en el País Vasco-Navarro.

Con Istúriz y Montes de Oca como responsables inmediatos, el pronunciamiento de septiembre se inicia en Pamplona y Vitoria y culmina en Madrid. La geografía liberal ya clásica del pronunciamiento con tendencia a marcar una dirección desde el sur hacia la capital, en esta ocasión, dibuja un esquema distinto. El día 27 O'Donnell se pronuncia en Pamplona, pero apenas encuentra audiencia. Es el preludio de acciones posteriores más consistentes. Momento clave es el 4 de octubre con la sublevación de Piquer en Vitoria. La amplitud y coordinación del movimiento quedan explicados por la constitución de una Junta Suprema de Gobierno presidida por Montes de Oca, a la par que entre el 4 y el 7 de octubre diversas acciones desembocan en Vergara con la proclamación por el general Urbiztondo de María Cristina como Reina Gobernadora. El mismo día 7 se frustra un intento de asalto a Palacio, con Diego de León al frente, que pretendía apoderarse de la reina niña Isabel y la infanta Luisa Fernanda. Con este suceso fracasó el pronunciamiento, pero no el entramado conspirador que siguió actuando desde París y engrosando sus filas, sobre todo desde el lado militar, ya organizado en la clandestina *Orden Militar Española*, conforme los problemas políticos de la Regencia se acumulen. En este contexto acabarán encontrándose militares que protagonizarán la vida política española en decenios posteriores, como O'Donnell, Concha, Narváez y Serrano. La dura respuesta de Espartero a la intentona de 1841, concebida como castigo ejemplar, consolidó la ruptura de un sector del ejército, ya que el fusilamiento de Montes de Oca y Diego de León vulneraba el acuerdo tácito entre los generales, sostenido por una idea corporativa que amparaba a sus miembros incluso en caso de rebelión. La indignación de parte del generalato multiplicó la actividad conspirativa desde el exilio.

La insurrección moderada había tenido su contrapunto en la formación de juntas en diversos núcleos urbanos, entre los que destacó Barcelona, con fuerte contenido popular. Una vez sofocados los pronunciamientos Espartero ordenó la disolución de estas juntas, que habían contribuido a impedir la propagación del movimiento moderado. Sin embargo, la de Barcelona y otras siguieron actuando de hecho. Juntas que ya no representaban únicamente al progresismo, sino que en ellas confluyeron elementos más radicales de signo demócrata y republicano. Las elecciones municipales de diciembre de 1841 mostraron el primer arraigo del ideal republicano entre las capas populares. Entraba en danza la cuestión social y una primera respuesta política que la abordaba más allá de los contenidos políticos progresistas. En los puntos programáticos de la Junta Central republicana de Madrid, además de la supresión del trono, se exponían temas tales como la reducción del presupuesto del ejército, la obligatoriedad de la enseñanza primaria y el reparto de tierras desamortizadas a los campesinos. En otros lugares se añadió la propuesta de abolición de consumos o el establecimiento de un impuesto para las grandes fortunas como medio eficaz para resolver problemas hacendísticos, y la oposición frontal al sistema de reclutamiento, a las «odiadas quintas». Los resultados electorales llevaron la presencia republicana a importantes municipios españoles, Valencia, Sevilla, San Sebastián, Barcelona, Cádiz, Córdoba, Alicante...

12.3. Las Cortes y las reformas pendientes

A lo largo de 1841, una vez resuelta la cuestión de la Regencia y la tutoría regia, las Cortes se dedicaron a desarrollar lo fundamental del programa progresista. Puntos esenciales como la milicia nacional, el régimen electoral y de imprenta, y los ayuntamientos ya habían recuperado su contenido progresista una vez frenado el intento moderado de 1840 por su redefinición. Ahora se trataba de culminar otras tareas básicas para la consolidación del Estado liberal recuperando el espíritu y parte de la legislación mendizabalina, añadiendo nuevas dosis de racionalidad. La legislación en materia religiosa fue uno de sus ejes centrales, con sus implicaciones, económicas, hacendísticas y políticas. La ley de 2 de septiembre de 1841 renovaba la ley de Mendizábal de 29 de julio 1837, declarando como bienes nacionales los del clero secular sujetos a venta. Esta ley afectaba en la práctica por primera vez a este tipo de bienes, cuyas ventas se prolongaron durante tres años hasta su suspensión por los moderados en 1844. Unos días antes se habían previsto los mecanismos de subsistencia del clero con la ley de mantenimiento de culto y clero de 14 de agosto de 1841. El recurso al diezmo como instrumento fiscal desapareció, y con él una de las últimas figuras fiscales del Antiguo Régimen. Esta legislación eclesiástica se desarrolló en un momento en que las relaciones Iglesia-Estado, y por ende entre el Estado español y Roma, eran especialmente tensas, desde que el nuncio abandonó España en 1835. En marzo de 1841 el papa Gregorio XVI insistía en las injerencias del Gobierno en materia eclesiástica. El 19 de abril el Gobierno suprimió la Congregación de Propagación de la Fe. Tensiones que alcanzaron su máximo exponente cuando se pusieron en marcha las disposiciones en materia desamortizadora y se renovó la obligatoriedad del clero de jurar fidelidad al poder constituido el 14 de noviembre de 1841. El proyecto de ley sobre jurisdicción eclesiástica de 13 de diciembre de 1841 incrementó las protestas de Roma. Estas difíciles relaciones sólo empezaron a ser reversibles con la llegada de los moderados al poder, y a pesar de las concesiones y el espíritu conciliador de estos, no quedarían normalizadas y reguladas hasta el Concordato de 1851.

En materia económica las Cortes aprobaron el nuevo arancel de 9 de julio de 1841, en los orígenes del debate entre librecambistas y proteccionistas que se desarrollará a lo largo del siglo. Era preciso reorganizar una legislación aduanera inoperante y poco racional, cuyo referente inmediatamente anterior era el arancel de 1825, primer eslabón en la evolución proteccionista de la política económica española del XIX. Sin embargo a principios de los años 40 el arancel de 1825 se consideraba escasamente proteccionista, en el momento en que arranca el proceso de modernización de la industria catalana. El arancel de 1841 vino a confirmar esa tendencia proteccionista, y, sobre todo, a racionalizar y explicitar sus contenidos. Fijaba los derechos de importación y continuaba prohibiendo las manufacturas de algodón y hierro labrado, con sus respectivos derivados, al igual que no permitía la introducción de cereales y lana. Ya existía en Cataluña un ambiente asociativo por parte de los fabricantes textiles y trabajadores, que a pesar de sus objetivos diferentes, confluían en la defensa del proteccionismo, como se pondrá de manifiesto en las jornadas de Barcelona de 1842. El punto débil de la legislación económica continuó siendo la sempiterna crisis hacendística, todavía pendiente de una reforma en profundidad. Los presupuestos de 1841 y 1842 se aprobaron con varios meses de retraso.

En el ámbito foral, una ley de 20 de septiembre de 1841, basada en una estrategia centralizadora, suprime la *licencia foral,* es decir, la especificidad jurídica de los territorios forales y la obligatoriedad de aplicación de leyes generales emanadas del Estado, que, como se ha visto, produjo una respuesta sobre todo en el País vasco-navarro vinculada e instrumentalizada por la conspiración y los pronunciamientos moderados, que aprovecharon el efecto impulso para intentar su objetivo básico de acabar con la Regencia de Espartero.

Falto de suficiente apoyo en las filas progresistas, el Gobierno de Antonio González cayó a finales de mayo de 1842. El largo debate que siguió acerca del futuro presidente del Consejo ponía de manifiesto el incremento de las disensiones en el campo progresista, y de las diferencias con Espartero. Después del rechazo de Olózaga, Espartero nombró un Gobierno el 17 de junio de 1842 presidido por el general Rodil, muy próximo a su persona, y cada vez más lejano de la mayoría progresista de las Cortes. Los líderes civiles del progresismo veían con temor la excesiva autonomía del Gobierno con respecto al Parlamento. Espartero se desviaba de su papel de árbitro, replegándose a un círculo íntimo compuesto principalmente por militares vinculados a su persona, que no respondían al contenido parlamentario progresista. Rodil era un claro exponente de este grupo ayacucho entre los que destacaban los generales Seoane, Infante, Linaje, Zurbano, Iriarte, Capaz... Todos ellos ocuparon cargos importantes durante la Regencia esparterista. Rodil había estado destinado en el Perú, participando en la batalla de Ayacucho en 1824. Comandante del ejército del Norte en 1834, había sido nombrado ministro de la Guerra en julio de 1837, momento que aprovechó para impulsar el grupo de jefes y generales que acabarán aglutinándose en torno a Espartero.

12.4. La insurrección del pueblo barcelonés

Mientras cobraba nuevo impulso la conspiración moderada con centro en París y amplios sectores progresistas buscaban una alternativa a Espartero, el año 1842 finalizaba con uno de los episodios que más contribuyó al deterioro de la figura del Regente: la sublevación de Barcelona.

La insurrección del *pueblo* barcelonés es el resultado de una compleja trama en la que se mezclan variables de distinta naturaleza. En una etapa de modernización industrial la estructura social de Barcelona define unas capas populares de componente obrero en un momento especialmente conflictivo en sus relaciones con el mundo patronal, en el que empiezan a dilucidarse problemas nuevos derivados de industrialización que afectan a las relaciones capital-trabajo: temas tales como el asociacionismo, que empieza a despuntar, la jornada laboral, la introducción de maquinaria más moderna, las condiciones de trabajo, los métodos de resolución de conflictos... crearon un clima social en 1840 y 1841, que provoca el mayor dinamismo de la sociedad barcelonesa, tanto de patronos como de obreros. Aprovechando la real orden de 28 de febrero de 1839 sobre sociedades de auxilio mutuo, los obreros barceloneses constituyeron en mayo de 1840 la *Asociación mutua de obreros de la industria algodonera,* presidida por Juan Munts, que en enero de 1842 fue disuelta por el Gobierno, para restablecerse en abril del mismo año. Se trataba de una sociedad de resistencia, de auxilios mutuos y de práctica solidaria. A lo largo de 1842 las negociaciones entre la Asociación y los fabricantes textiles fueron difíciles. Por otro lado ya hemos señalado la extensión del ideario republicano en Barcelona, a través de unos círculos organizativos de cierta consistencia y del activo liderazgo propagandista de Abdó Terrades. Además la Junta, creada frente a la intentona moderada de finales de 1841, con presencia republicana, seguía funcionando de hecho. Por último, rumores y realidades sobre reclutamientos forzosos en pueblos catalanes, completan el contexto explicativo.

En esta ambientación actuó como espoleta la noticia en noviembre de 1842 de que el Regente iba a firmar un acuerdo comercial librecambista con Inglaterra que lesionaría los intereses del textil catalán. La noticia fue percibida como un ataque del Gobierno central y sirvió para aunar en una coyuntura muy precisa a patronos y obreros. El punto de partida de la rebelión consistió en un hecho aparentemente intrascendente, pero que simbolizaba uno de los odios populares más repetidos del siglo XIX: la cuestión de los consumos. En el fielato de la Puerta del Ángel hubo un enfrentamiento entre los encargados del mismo y gente que intentaba introducir vino en la ciudad, para continuar con la detención de varios redactores de *El Republicano,* presentes en los hechos. Aprovechando la estructura de la milicia estalla el movimiento popular. El ejército, comandado por Van Halen, se retira de la ciudad, replegándose hacia el Montjuïc y la Ciudadela. Las tres juntas que se sucedieron al frente del movimiento reflejaban en su composición y objetivos los distintos niveles del conflicto. En la primera y segunda coincidieron fabricantes, propietarios, tenderos, artesanos, obreros y profesionales liberales. La tercera, que funcionó en los últimos momentos de la sublevación, tuvo un mayor contenido republicano.

La respuesta de Espartero también fue en este caso muy dura. Una vez obtenido el voto de confianza de las Cortes, se trasladó a la ciudad, de notoria importancia en su trayectoria personal, y desde Montjuic ordenó su bombardeo. Método castrense en la resolución de los conflictos que acabó con su prestigio personal. En efecto, las consecuencias del bombardeo y la represión posterior, agotaron, por el momento, el potencial esparterista de la ciudad que hacía sólo dos años le había recibido con euforia. Aunque el mito Espartero en Barcelona se reproducirá en 1854, sin embargo las consecuencias del bombardeo del 3 de diciembre de 1842, que acabó con la sublevación, crearía en la imaginería popular barcelonesa la evocación de unas variables de conflicto que se repetirán a lo largo del siglo en los primeros sedimentos del catalanismo político. El general Seoane, del entorno ayacucho, fue nombrado capitán general de Cataluña. La ciudad de Barcelona fue castigada con una multa de 12 millones de reales. El símbolo de Barcelona también actuó sobre Madrid. La vuelta de Espartero fue acogida con una frialdad que contrastaba con el alborozo y la pomposidad de 1840.

12.5. El aislamiento de Espartero

A lo largo del primer semestre de 1843 la conspiración es la norma; más bien conspiraciones en las que alternativamente se unen, colaboran o se separan elementos civiles y militares, políticos progresistas y moderados, sin una estrategia unitaria, pero con un objetivo común: la caída de Espartero. Solamente en este contexto es explicable la aproximación entre políticos progresistas y generales moderados. Se trata de un escenario de crisis que crece y se complica a medida que se agota políticamente la figura del Regente.

El 3 de enero de 1843 fueron disueltas las Cortes y convocadas elecciones para el mes de marzo. Los resultados confirmaron la división del progresismo en al menos tres tendencias: los *legales* de Cortina, los *puros* de López y los *ministeriales,* es decir, los ayacuchos. También ocuparon escaño una minoría demócrata y republicana. Los grandes beneficiados fueron los moderados, que abandonaron la política de retraimiento de 1841. Significativo hecho que aventuraba un cambio en la estrategia moderada: sin abandonar la vía conspirativa, sus notables civiles aprovecharían el hemiciclo parlamentario, con una táctica de acercamiento a políticos progresistas a base de un programa mínimo que incorporaba el respeto a la Constitución de 1837, la amnistía política y la *unión de la familia liberal.* Era el preámbulo de la coalición electoral que se formaría después de la caída de Espartero.

La heterogénea composición de estas Cortes precipitó la crisis política. Para empezar, la oposición al Gobierno Rodil. Espartero se vio obligado a encargar ministerio a Joaquín María López, líder de los progresistas puros, el día 9 de mayo. El nuevo Gobierno planteó el choque frontal con Espartero. Tres puntos vertebraban el dicurso de oposición. La prolongación de la Regencia como máximo hasta octubre de 1844; amnistía para delitos políticos y la exigencia de que el Regente prescindiera de los generales Zurbano y Linaje, emblemáticos del entorno ayacucho. Este último punto ocasionó la dimisión del gobierno López a los pocos días de haberse constituido. Su sustitución por otro presidido por Gómez Becerra, provocó la oposición mayoritaria de las Cortes, que fueron disueltas el 26 de mayo. Con esta crisis política e institucional abierta, tomó protagonismo la vía de la insurrección, con un doble componente militar y civil, este último reproduciendo el tradicional modelo de juntas, con apoyo en la milicia nacional, en las que además de su habitual clientela progresista y demócrata también se incorporaron elementos moderados. Una secuencia de focos insurreccionales que se extiende desde finales de mayo hasta el mes de julio. Una geografía juntera que además de sus centros clásicos en el arco mediterráneo y Andalucía, también aglutinaba a ciudades como Burgos, Valladolid, Cuenca, Coruña y las del País Vasco, donde el elemento moderado tenía mayor presencia. Momento clave fue el desembarco en Valencia el 27 de junio de los generales Narváez, Concha y Pezuela. En Cataluña se unían a la trama militar el general Serrano y el coronel Prim. Serrano, junto a González Bravo constituyó un *ministerio universal,* especie de junta unificadora del movimientos que actuó con los lemas de la mayoría de edad de la Reina y de la Constitución de 1837. Mientras tanto Espartero se había trasladado a Andalucía para sofocar la rebelión, a la par que el fiel Seoane se encargaría de reducir otros focos insurreccionales. Finalmente la derrota de las tropas gubernamentales en Torrejón de Ardoz por Narváez el 23 de julio determinó la entrada de los sublevados en la capital. Como resultado Espartero embarcaba en el Puerto de Santa María hacia el exilio británico. Como situación transitoria Joaquín María López fue encargado de formar Gobierno.

SEGUNDA PARTE

*La construcción del Estado liberal
(1844-1868)*

Capítulo XIII

Moderantismo y liberalismo.
La libertad tutelada

13.1. La versión moderada del liberalismo. El liberalismo doctrinario

El moderantismo, más que como el referente político que agrupó heterogéneamente un conjunto de notables, consistió, en un sentido más amplio, en la dirección seguida por el liberalismo español con vocación de impulsar, moldear y completar la inacabada tarea de construcción del Estado liberal. La centralización del funcionamiento político, jurídico e institucional a todos los niveles consagró unos moldes técnicos que acabaron por configurar el modelo liberal en España. En términos políticos y sociales la trayectoria del liberalismo español, en su versión moderada y su correlato en la organización del Estado, no se apartó en exceso del discurso seguido por otros países europeos en la evolución del sistema liberal, es decir, se nutrió igualmente de un liberalismo recortado de tipo gradualista, ocupado en la toma de decisiones por unas elites de heterogénea procedencia que engloban las burguesías, el mundo de la propiedad, sectores procedentes del Antiguo Régimen, notables y servidores del Estado, que ahora se readaptan en el nuevo discurso político y se reacomodan en la estructura del nuevo Estado. En algunos países europeos fue el resultado de reconducir un proceso en torno a los años 50 del siglo que corregía la versión democrática y popular durante las revoluciones de 1848. La diferencia no es que el régimen liberal español fuera más oligárquico que los demás, en el sentido de unas prácticas políticas que aseguraban el dominio social y económico de aquellas elites, sino en que cronológicamente se configura antes esta estrategia liberal que conjuga liberalismo recortado con fuertes poderes de la Corona, continuando con el espíritu de las revoluciones de 1830 pero sin pasar por las de contenido democrático de 1848, quizá por el agotamiento temprano de la versión progresista en la experiencia anterior y la debilidad de unas alternativas de corte popular, demócrata y republicano a la altura de los años 40, a diferencia de otros espacios europeos, como París, Viena o Berlín. Por lo mismo, tendrá que esperar la experiencia democrática.

Conformar técnicamente el Estado liberal fue el horizonte de la práctica moderada, pero creando un molde de funcionamiento político y económico acoplado a la confluencia de los intereses de las elites. Así, se consolidaron la centralización y racionalización de la organización administrativa en sus aspectos territorial y burocrático clausurando la desarticulación y autonomía propias del Antiguo Régimen, la unificación legal, el sistema impositivo, la educación, las relaciones con la Iglesia... Y todo ello en un conjunto institucional, apoyado en la Constitución de 1845, que sitúa en la cúspide los fuertes poderes de la Corona para mezclarse con un liberalismo recortado que imprime así una naturaleza específica al funcionamiento del régimen.

El moderantismo pues, más que un partido, denominado «conservador» por sus propios mentores contemporáneos, era una forma de entender en términos doctrinales y técnicos la construcción del Estado liberal y el funcionamiento social y económico en que debía sustentarse. Después de la ruptura liberal de los años 30 y la secuencia de disposiciones desarrollando el ideario liberal y la economía de mercado orientadas en un proceso, institucional y de organización social, ya sin retorno al Antiguo Régimen, protagonizado por la versión progresista, ahora quedaba un horizonte abierto en la construcción del Estado. El agotamiento del progresismo a finales de los años 30 y durante la Regencia de Espartero, brindaba la ocasión para moldear el Estado pero también para acoplar el funcionamiento de un régimen que colmara las expectativas políticas y sociales de antiguas y nuevas elites, reconduciendo un rumbo que podía desviarse con excesivos tintes revolucionarios.

Entendido en estos términos el moderantismo debe contemplarse a largo plazo, más allá de una década moderada, en los tres decenios centrales del siglo. Después de la transición pactada (Antiguo Régimen-reformismo) entre 1832-1836, y de la ruptura liberal entre 1836 y 1843, el régimen resultante se articuló en el liberalismo doctrinario, que dio consistencia al liberalismo en España, para quedar eventualmente sustituido por el liberalismo democrático de 1868-74. Ciertamente el moderantismo, expresión del liberalismo doctrinario, tuvo su época más coherente, homogénea y definida, tanto en principios, como en programas y prácticas, en estos diez años (1844-54), pero salvo el breve y frustrado ensayo de los progresistas en 1854-56, que no llegó a cuajar en una alternativa sólida y sí por el contrario aportó un nuevo impulso al mercado nacional inacabado de los moderados, prolongó sus piezas doctrinales hasta 1868, aunque se alternaran versiones estratégicas dentro del mismo esquema: recuperación del moderantismo de los años 40 de matiz más conservador o el ensayo de la Unión Liberal. El agotamiento de ambas versiones en los años 60, dejó las puertas abiertas a la alternativa del ideario democrático.

El moderantismo fue hegemónico en la década, y también en la siguiente, pero no por el incuestionado éxito de una opción dentro del marco liberal resultante de la revolución, sino porque se identificó y confundió con un régimen que, de hecho, era su producto. Partido, en la medida en que pueda definirse así, y régimen se fundieron, y aunque en teoría daba amplia cabida a varias versiones y estrategias, estaban en definitiva integradas en el concurso mínimo del moderantismo, pero no respecto a la alternativa progresista. La marginación del progresismo acabó demostrando la escasa capacidad de integración del sistema, cuando la sociedad española se empiece a mover más deprisa y plantee un conjunto de demandas a las que el régimen restringido y de escasa versatilidad no pueda dar respuesta, y ambos, régimen y partido, y por ende el sistema en su conjunto, acaben bloqueándose. Por eso cuando un joven aprendiz de esta época retome el ensayo del liberalismo doctrinario y del moderantismo histórico, Cánovas del Castillo en 1876, lo planteará recogiendo experiencias anteriores y tratando de integrar en el juego político el bipartidismo como base del sistema, ampliando así su teórica capacidad de integración.

La década adquiere unos perfiles definidos y homogéneos en términos relativos. Imagen de estabilidad, prácticas continuadas de políticas moderadas, ausencia de episodios traumáticos de envergadura respecto a la agitada trayectoria liberal anterior, articulación coherente de una forma de Estado, Gobiernos y Cortes moderados, y en suma, un régimen liberal sereno sobre la base de la conjunción de libertad más orden, más del segundo que de la primera. Pero claro está respecto a otras épocas, después de un complejo y difícil proceso de transición del Antiguo Régimen, adobado por la Guerra de la Independencia, la quiebra del Estado transoceánico con sus colonias, una guerra civil de siete años y una complicada secuencia de Gobiernos. Esta homogeneidad relativa no deja de ser una convención si se atiende a la trayectoria de la década y al funcionamiento de sus piezas, para concluir que el periodo y el partido sustentante fueron heterogéneos y la estabilidad política en la práctica fue menor que la genérica armonía moderada.

La propia naturaleza del régimen invitó a su oligarquización y a unas prácticas políticas que se alejaban de los limitados mecanismos legales e institucionales del régimen, desplazándose la toma de decisiones de un teórico sistema representativo. Las Cortes, ya de por sí de representación limitada, fueron suspendidas a menudo y también las garantías constitucionales. Las decisiones políticas y los problemas de gobierno fueron más bien producto de relaciones clientelares y personales que de discrepancias programáticas. Los Gobiernos, que en general dependían menos de la práctica parlamentaria que de las rivalidades personales, fueron inestables y de escasa duración, salvo el Gobierno largo de Narváez, y el centro de la toma de decisiones estuvo muy cerca de Palacio, en una red de influencias en forma de camarillas. La política dependía más que de un programa hacia los electores, de la capacidad de acción en la Corte y entre los notables del partido. En la práctica, el régimen acabó articulándose en una red de relaciones personales y clientelares y en unas prácticas políticas que desde la suspensión de Cortes hasta el falseamiento electoral, pasando por prácticas de corrupción que alcanzaron niveles de escándalo en los primeros años 50, acabaron adulterando la «legalidad». Esta denuncia de la desvirtuación del régimen agrupó a un sector del partido para el que el régimen era válido en lo fundamental pero había que mantenerlo en prácticas legales: eran los «puritanos», embrión de la futura estrategia moderada de la Unión Liberal.

Mientras tanto, los ingredientes jurídicos para el desarrollo de una economía de mercado habían sido la base de la revolución legal y alternativa del desmantelamiento jurídico del Antiguo Régimen. Ahora, finalizada en lo esencial esa revolución legal, en los años 40, se ponía en práctica la extensión de esa economía de mercado y se multiplicaban las expectativas del mundo de la propiedad y de los negocios. Una década de aprendizaje para una economía concebida con fuertes contenidos agrarios, con elevadas dosis de proteccionismo, y también con una naturaleza de los negocios vinculada a la especulación inmobiliaria, las concesiones del Estado, los valores de la deuda pública o a las transacciones comerciales, que en un contexto de relativo crecimiento distaba todavía de contenidos modernizadores, en un mercado nacional todavía no acoplado a falta de una racionalización del sistema financiero o de transportes, y con prácticas propias todavía de un mundo anterior.

En el terreno social recoge todos los dispersos elementos de las elites del primer tercio del siglo y brinda los instrumentos legales, institucionales y políticos de su acoplamiento. Nobleza de cuna, propietarios, hombres de negocios, comerciantes, militares, servidores del Estado o profesionales, en unas burguesías que adivinan su trayectoria desde el siglo XVIII, pero también las de nuevo cuño de corte mendizabalino, en una nueva generación que protagoniza igualmente las décadas centrales del siglo. Durante la década se configura un modelo de organización social que recoge nuevos ingredientes pero también pervivencias de un mundo anterior, para acabar en un producto que desde las elites adquiere sus propias señas de identidad en el terreno doméstico y de los comportamientos sociales.

13.2. Los militares y el proyecto político moderado

A lo largo de la etapa moderada, que en sentido amplio finalizaría en 1868, resulta sintomática la presencia activa de militares en los centros básicos de la toma de decisiones, hasta tal punto que una historia política del periodo vertebrada de forma clásica podría epigrafiarse sucesivamente como las épocas de Espartero, Narváez, O'Donnell... para ser rematada en sus últimos estertores con los nombres de Prim y Serrano. En efecto, los generales se convierten en algo consustancial con el desarrollo del moderantismo. Están a la cabecera del Consejo de Ministros en diversas ocasiones, sólidamente instalados en el Senado, pero también en otras instituciones de gran alcance como el Consejo de Estado, lideran los partidos y poseen una influencia individual decisiva en la Corte. Asocian, pues, una doble influencia, la *grupal* como representantes de una institución compacta y bien articulada como es el ejército, y la *individual* a través del poder personal y prestigio que acumulan y que puede ser transferido en forma de mitos a otros segmentos sociales menos estructurados que pueden encontrar un mayor nivel de ligazón precisamente por su referencia al mito militar, como es el caso de Espartero entre las capas populares o de Narváez en los estratos más superiores de la sociedad. Prestigio individual que les permitirá moverse cómodamente en Palacio, hecho favorecido por la persistencia de una cierta mentalidad aristocratizante de unos generales, aunque alguno de ellos tenga un origen popular.

Estos generales encontrarán especial acomodo dentro del proyecto moderado. Para empezar hay una línea de contacto que ensambla a generales y proyecto político. El ejército a la altura de los años 40 es el único colectivo perfectamente integrado en unos moldes forjados por un conjunto de valores que tipifican a las fuerzas armadas: cohesión, jerarquía, disciplina, configurando una pirámide de poder en el que la toma de decisiones se hace sin discusión de arriba a abajo. El proyecto político que persigue el moderantismo para la construcción del Estado en la versión liberal restringida propone las mismas características: uniformización, centralización, jerarquización, eficacia en la transmisión de decisiones. El sistema brindado por el moderantismo es perfectamente cómodo para la integración de los generales, como es el ejemplo del Senado. Se puede por tanto hablar de un acoplamiento: un sistema concebido en términos de gobierno fuerte precisa de unos generales, de sus valores, concepciones e influencias, que además de liberales son conservadores. Esto no presupone una intervención en el sistema desde fuera, sino formando parte de la misma construcción y funcionamiento del sistema político.

En otras palabras, los generales van a dar cohesión a un sistema político y de poder que en su dimensión civil no encuentra los suficientes cauces de integración, al menos a la manera moderada, que implica el *control* cuando no la separación del pueblo liberal de su proyecto político. No vendría explicada, pues, de forma simplista esta presencia activa de los generales únicamente por la ausencia de unas clases medias que en otros países de Europa occidental sirvieron de bastiones y de instrumentos de integración a un proyecto político conservador; por lo tanto la explicación tampoco vendría únicamente dada por la imposibilidad de crear un gran partido político civil o de un bipartidismo con la misma naturaleza civil. Los generales colaboraron en la articulación de un sistema clientelar que en otros lugares de Europa encontró su vertebración a partir de elementos civiles.

Como hemos señalado existe un acoplamiento en forma de valores, maneras de actuar y formas de concebir el funcionamiento de una pirámide social. La memoria histórica reciente o más lejana, contribuyó a todo ello. Para empezar, el proyecto moderado tenía como referente negativo próximo al *pueblo liberal desbordante* de los años 30, es decir, al movimiento juntero, a las manifestaciones espontáneas, a los presupuestos descentralizadores con un federalismo implícito en la idea de una autonomía municipal, a las críticas de la desamortización y de la abolición del régimen señorial tal como se hicieron... o sea, el temor permanente a la revolución y como antídoto el orden ante todo. Por otro lado los militares no van a actuar como dictadores cuarteleros, aunque sí trasladarían métodos castrenses en su acción de gobierno, sino como hombres constitucionales. A lo largo de tres decenios con la Guerra de la Independencia, con su actuación durante el Trienio constitucional, momento en que se convierten en defensores del orden liberal frente a la contrarrevolución y sobre todo, con la guerra de los siete años frente al carlismo, se han erigido como *salvadores* del nuevo orden. Todo ello une a los valores naturales de cohesión de las fuerzas armadas un sentimiento grupal de nuevo cuño. Añadamos que dentro de esta perspectiva aparecen nuevas formas de cohesión dentro del estamento militar basadas en la fidelidad a un jefe determinado como había sido el caso de los ayacuchos en torno a la figura de Espartero. A principios de los años 40 se está produciendo en el seno del ejército una sustitución generacional, en cuya cúspide se sitúa Narváez, en la que coinciden todos los especialistas sobre el tema: la sustitución del grupo de interés consolidado alrededor de Espartero por una capa de oficiales jóvenes que van a desarrollar su actividad política a lo largo de la gran etapa moderada. Son los Narváez, Serrano, Concha, Fulgosio, Córdova, O'Donnell, con edades que oscilan entre los 44 años de Narváez en 1843 y desde los 29 a 34 de todos los demás. En estas cohesiones, en las que confluyen valores asumidos, memoria histórica y fidelidad a un líder, reviste gran importancia el otro lado del Atlántico. Primero la gran crisis colonial entre 1810 y 1824, después las Antillas y, principalmente, la capitanía general de Cuba, auténtica cantera de militares luego transferidos a los centros de poder peninsulares. Si a ello unimos que el ejército había tenido en su experiencia histórica más o menos reciente, como la Guerra de la Independencia, la Guerra Carlista o Ultramar, la ocasión de conectar poderes civiles y militares en sus manos, tendremos el cuadro completo de los resortes que permitieron a los militares acoplarse al sistema político y de poder del moderantismo.

13.3. Moderantismo y partido moderado

El moderantismo no estaba perfectamente estructurado en un partido. No es ni tan siquiera un partido de notables, en la acepción politológica de tal concepto, a partir de un programa sistemático, o de lazos de disciplina o jerarquía, y de una organización bien diseñada. Cánovas en su estudio sobre el partido moderado ha destacado la calidad de sus cuadros, y la plataforma periodística en la que se apoyó. Se resuelve en un conglomerado de personalidades a partir de relaciones clientelares. No es un producto estructurado sino que fue alimentado a lo largo de las tres primeras décadas del siglo, no quedando definido el partido hasta los años 40 a través de posturas que se fueron enriqueciendo. El funcionamiento del partido estaba subordinado a la vida parlamentaria. El núcleo reside en los grupos parlamentarios que imponen la estrategia a seguir, a veces no coincidente. Las reuniones electorales, la tertulia política o una prensa de contenido doctrinal hacen las veces de vínculos con la sociedad civil y suplen otras formas organizativas más complejas y coherentes.

En principio podía señalarse que el moderantismo procede de una veta histórica inaugurada por los doceañistas de las Cortes de Cádiz y continuada por las posiciones más atemperadas de los liberales del Trienio y de los años 30. Pero no son estas aportaciones las únicas que hay que tener en cuenta. El hecho del exilio, el contacto con el liberalismo pactado británico, la idea de monarquía constitucional francesa procedente de la revolución de 1830 y la reacción a lo que se percibe como excesos de contenido popular del liberalismo español durante los años 30, constituyen nuevos ingredientes ideológicos que van configurando el ideal del moderantismo. Por eso el moderantismo no es un ideario unívoco. Más bien se trata de algo polisémico con unos puntos centrales comunes. Con los referentes, pues, del conservadurismo gaditano a partir de la idea de tradición histórica y libertad, de la versión «moderada» del Trienio, y de los partidarios de la transición pactada de tono reformista en 1832-34, tanto los procedentes de las filas liberales como del reformismo absolutista proclive al sistema de Carta Otorgada, el moderantismo acaba dando una coherencia al conjunto, con una segunda generación de liberales en los años 30 que sistematizan las posiciones como producto de la guerra civil y las experiencias progresistas. Esta pluralidad queda simbolizada en el origen y evolución de los individuos más significativos del partido. Coexisten personalidades históricas de larga tradición liberal que han ido reconvirtiendo su ideario hasta anclarlo en formulaciones conservadoras, con políticos de nueva extracción, formados en los años 30, provenientes no necesariamente de las filas liberales. A este respecto resulta significativa la incorporación de nobles de sangre, muy alejados del mundo de la política activa en etapas anteriores, o incluso de personas próximas a la causa carlista.

El basamento ideológico que les identifica es el doctrinarismo. Al concepto central de *orden* se une una especial valoración de la institución monárquica con el contenido tradicional que aporta y a la que se asocia la idea de un orden orgánico; por ello se le asigna un papel central en el discurso moderado como garantía del pacto histórico y de la continuidad en la tradición. En términos generales coinciden en que la revolución estaba hecha, y que correspondería apuntalar orden y estabilidad, no sólo en el sentido de orden público sino también institucional.

Convencionalmente se divide al partido moderado en tres tendencias, aunque de hecho se diluye en tantas posiciones como personalidades destacadas existan en el partido. En todo caso son tendencias que se van readaptando en función de nuevas coyunturas y circunstancias. De tal manera que las tendencias quedarán determinadas por principios, estrategias y personalismos.

A la derecha se sitúa la facción más conservadora liderada por Manuel de la Pezuela, marqués de Viluma. Partidarios de una versión muy limitada del liberalismo y de la articulación de un régimen próximo al de Carta Otorgada, centrarán su estrategia en la conciliación con los carlistas a través de un posible matrimonio de la joven Reina con el pretendiente carlista conde de Montemolín, en la idea de la «reconciliación nacional». Balmes es el ideólogo principal del grupo, que postula la menor dosis de liberalismo posible y las mayores de orden, arropado en el discurso de la tradición, con unos límites imprecisos pero cercanos a propuestas autoritarias, al tiempo que cuestionan las prácticas de la política religiosa en temas tales como la desamortización, dotación culto y clero, relaciones con Roma...

En el centro del moderantismo se ubica el grueso del partido. Muy inestable a lo largo de la década en cuanto a sus componentes, representa en sentido estricto la versión ideológica más depurada, aceptada y universalizada del moderantismo. Les define especialmente su pragmatismo posibilista, ejemplificado en un discurso reformista hacia la Administración. Fueron el eje central de la práctica política de la década, traducida desde la elaboración del texto constitucional hasta el abanico legislativo en la construcción del Estado liberal y de unas formas restringidas de integración política. Entre la larga nómina de personajes destacan por su actividad parlamentaria y gubernamental Narváez, Pidal, Mon, Sartorius, González Bravo, Donoso Cortés, Mayans, Castro Orozco, y entre ellos liberales de una primera generación como Martínez de la Rosa y Alcalá Galiano, y personajes procedentes del reformismo administrativista del absolutismo como Burgos y López Ballesteros. También buena parte de la elite militar que además de Narváez, incluía a Córdova, Domínguez, Zarco del Valle, Armero, Pavía... y de la nobleza de cuna como Altamira, Frías, Sotomayor o Peñaflorida. Las líneas maestras de funcionamiento de tan heterogéneas posiciones dependientes de una red de clientelismos, descansaron sin embargo en el binomio Narváez-Pidal que orientó la tendencia moderada en términos gubernamentales y parlamentarios hasta que surgieron las discrepancias. Si el general era el «hombre fuerte de la situación», que ocupaba la cabecera del Gobierno apelando al orden para frenar la revolución, Pedro José Pidal era el civil que coordinaba la actividad parlamentaria y la red clientelar del partido y sistematizaba los moldes políticos de la actuación gubernamental del moderantismo.

Situado más a la «izquierda» el moderantismo tuvo una versión denominada *puritana*, que fue aglutinada por la facción más liberal del partido tanto en principios como en estrategias. Partidarios de mantener la Constitución de 1837, primero, y de una interpretación y desarrollo en sentido integrador de la de 1845 después, insistieron en la necesidad de lubrificar el régimen liberal sobre la base de la alternancia con los progresistas en vez de su marginación. Su oposición a las prácticas arbitrarias que desvirtuaban el régimen moldearon su discurso de la «legalidad», es decir, manteniendo la «pureza» de las leyes frente a la mediatización de las libertades, el falseamiento electoral o la falta de tolerancia, invocando una política de «conciliación liberal», de gobierno con el concurso de las Cortes y de alternancia legal con los progresistas. Más proclives a la autoridad civil estaban liderados por Joaquín Francisco Pacheco y entre ellos figuraban Pastor Díaz, Ríos Rosas, Istúriz, Borrego, Salamanca, marqués de la Vega Armijo, Fernández de la Hoz, Cánovas... pero también militares como Concha, Serrano, Ros de Olano..., es decir, el embrión moderado que nutrirá en los años 50, junto a personajes procedentes del progresismo, la «Unión Liberal».

13.4. Del antiesparterismo al moderantismo en el poder (1843-1844)

En julio de 1843 se concatenan los últimos episodios del final de la Regencia de Espartero. Una eventual coalición de moderados y progresistas había clausurado la trayectoria de un régimen cada vez más aislado. Entre la caída de Espartero y la formación del ministerio Narváez en mayo de 1844, momento en que convencionalmente se inicia el dominio moderado, transcurren diez meses de transición en los que se suceden tres Gobiernos que ejemplifican una situación inestable, de contenido inicialmente progresista (Gobiernos de Joaquín María López y de Salustiano Olózaga) para desembocar en el Gabinete presidido por Luis González Bravo, verdadero puente que propició una situación óptima para que Narváez representara la subida de los moderados al poder. Esta transición entre Espartero y la mayoría de edad de la Reina, y entre Gobiernos progresistas y moderados, no se entiende si se contempla desde la perspectiva de un entramado institucional sólido y de partidos estructurados, con programas y disciplina. En realidad consistía en una tupida red de relaciones clientelares y de actitudes personales, no inmutables y en continua redefinición y enriquecimiento a medida que se sucedían los acontecimientos.

La estrategia de los moderados hacia el poder pasó por la siguiente secuencia. En primer lugar, el consentimiento de un Gobierno presidido por el progresista Joaquín María López (23 de julio-20 de noviembre de 1843), apelando a la unión de la familia liberal, frente a los residuos esparteristas. Al fin y al cabo los progresistas representaban la legalidad constitucional, pero el recuerdo de su pasada colaboración con Espartero les colocaba en una débil situación política. De todas formas la evolución de los acontecimientos no debe verse sólo como resultado de una estrategia consciente y diseñada por parte del moderantismo, sino también facilitada por el intento de los progresistas de recuperar su proyecto político, en esta compleja transición. El coste político de la versión progresista al identificarse con Espartero adquirió las dimensiones del que habían tenido los moderados con la Reina Gobernadora o el que tendría la propia Corona ligada al moderantismo. Los progresistas en 1843 quisieron desligarse de Espartero, con el que se habían identificado en exceso, al menos un sector importante de los mismos, y al mismo tiempo continuar con sus propuestas desde el Gobierno. Para conseguir lo primero tuvieron que aliarse con los moderados, con lo que no podían realizar lo segundo. El fracaso de los líderes civiles del partido, López y Olózaga, fue fruto de la misión imposible de continuar con el proyecto progresista sin alterar el compromiso de coalición antiesparterista que además se había convertido en coalición electoral.

Las elecciones generales celebradas el 16 de septiembre de 1843 dieron como resultado una aplastante mayoría a las *candidaturas de unidad constitucional,* es decir, a esa circunstancial unión entre moderadas y progresistas. En la práctica esta unión distaba mucho de la realidad, a pesar de la retórica oficial. Cuestiones tales como la reforma de la Constitución, sobre todo en lo referente al espinoso tema del veto real, o la mayoría de edad de la Reina, en la que subyacía un problema constitucional, fueron otros tantos instrumentos de los moderados para socavar las posiciones progresistas. Las nuevas Cortes, abiertas el 15 de octubre, en realidad representaron un reforzamiento de los moderados y la fragmentación progresista. Así los moderados consiguieron la proclamación parlamentaria de la mayoría de edad de Isabel II el 8 de noviembre. Aunque esta decisión fue mayoritariamente aceptada por los parlamentarios de ambos partidos, y a ello prestó también su concurso el propio Gobierno, invocando la necesidad de evitar nuevas interinidades en la jefatura del Estado, lo cierto es que constituyó un paso más en la estrategia moderada, uno de cuyos elementos era su mayor influencia en Palacio en la orientación de la joven Reina, pieza clave constitucional en la designación del primer ministro.

Un nuevo escalón en la estrategia de desplazamiento de los progresistas fue el acoso de los moderados al Gobierno, sobre todo después del intento gubernamental de renovar ayuntamientos y de reorganizar la milicia nacional. La crisis se resolvió coyunturalmente con un nuevo Gobierno presidido por el también progresista Olózaga, hasta entonces presidente del Congreso de los Diputados. El nuevo Gobierno continuó la senda trazada por su antecesor, es decir, un proyecto dirigido a reorganizar las filas progresistas, ayuntamientos y milicia nacional, lo que equivalía desde la perspectiva moderada a una ruptura de la política de unión liberal y a frustrar la aparente homogeneidad parlamentaria. Los parlamentarios de filiación moderada empezaron a obstruir la actividad del Gobierno. Como solución Olózaga pretendió disolver las Cortes. Obtuvo de la Reina el decreto el 28 de noviembre, pero la respuesta de los dirigentes moderados con su presión en Palacio consistió en el recurso a un escándalo de notables dimensiones políticas: la Reina habría sido forzada a firmar el decreto de disolución. A pesar de que en el debate parlamentario posterior Olózaga fue exonerado, el objetivo político se había alcanzado: la salida de los progresistas del Gobierno, que habían ligado su suerte a la de su líder.

El 4 de diciembre de 1843 González Bravo formó un nuevo Gabinete de inclinación moderada, pero tratando de rescatar, al menos sobre el papel, la imposible política de la ya de hecho disuelta coalición. Fue una solución temporal preparando la definitiva subida de los moderados al poder, entre cuyas medidas se encuentran la rehabilitación de la ley moderada de ayuntamientos de 1840, la supresión de la milicia nacional, la limitación de la libertad de imprenta, la multiplicación de los cambios en los puestos de la Administración y la creación de la Guardia Civil, respondiendo a un nuevo concepto de entender y organizar el orden público. Los últimos jalones de la subida de los moderados al poder fueron la represión de los pronunciamientos progresistas de febrero y marzo de 1844 en Levante, el regreso de María Cristina de Borbón, utilizado como cobertura de legitimación, y la victoria en las elecciones municipales de marzo en las que los progresistas se retrayeron. A la par, los notables moderados terminaban de configurar su proyecto político sobre bases más consolidadas, en una situación lo suficientemente madura para lograr con el liderazgo de Narváez acceder directamente al poder. Después de provocar la crisis gubernamental, el 4 de mayo Narváez constituía nuevo Gobierno. Los moderados aprovecharon el agotamiento progresista que habían forzado. A la altura de 1844 ya contaban con tres ingredientes básicos de poder y con la coartada de acusar a los progresistas de haber desvirtuado una deseada unión de los liberales. En efecto, apuntalado su proyecto, contaban con fuerza parlamentaria y el control de los municipios, influencia en Palacio con la mayoría de edad de la Reina y el regreso de María Cristina, y además con militares significados vinculados al proyecto moderado, y, entre ellos, una figura capaz de ensamblar todas las piezas: Narváez. Los moderados habían aprendido del error progresista de asociar su ideario a la política del regente Espartero, por eso evitaron repetir la situación con una hipotética regencia de Narváez e insistieron en la mayoría de edad de Isabel, con una jefatura de Estado normalizada, legítima e incuestionable, pero al mismo tiempo con influencia sobre ella. Ambos, Corona y Gobierno moderado, correrían la misma suerte veinticinco años más tarde.

13.5. Narváez y las primeras prácticas de Gobierno moderado (1844-1746)

El 4 de mayo de 1844 se ponía en marcha el Gobierno presidido por el general Ramón María Narváez. El equipo ministerial tenía que construir un modelo de Estado, de corte doctrinario, que recogiera los principios liberales en su versión moderada, estabilizara la revolución con el «orden» y emprendiera las reformas administrativas y económicas con un sentido posibilista y pragmático. La composición del Gabinete con personalidades del partido resume estas expectativas. Narváez, además de la presidencia, ocupaba la cartera de Guerra, Pidal (Gobernación), Mon (Hacienda), marqués de Viluma (Estado), Mayans (Justicia), y Armero (Marina).

El general Narváez es una de las figuras centrales de la época isabelina, ligado a la construcción y crisis del moderantismo, ocupando de forma intermitente siete veces la presidencia del Consejo de Ministros, cuatro en el primer tramo de hegemonía moderada y tres en el periodo de declive de los años 60, como alternativa del sector más conservador del moderantismo frente a la Unión Liberal. Militar de carrera, estuvo vinculado al liberalismo del Trienio en la versión más moderada, ordenancista y menos radical de Espoz y Mina. Después del paréntesis absolutista, fue en la guerra civil cuando protagonizó una rápida trayectoria militar que le llevó en cinco años —1833-1838— del grado de capitán al de general, para irse inclinando hacia las posturas de los generales moderados sobre todo por su oposición a Espartero. Su decisiva intervención en el fin de la Regencia esparterista con la victoria de Torrejón en 1843, le situó en una inmejorable posición para convertirse en el militar que buscaba el moderantismo para afianzar su proyecto, o más exactamente en el hombre fuerte de la situación que fuera capaz de ensamblar las piezas moderadas y apuntalar el moderantismo. No es que fuera un «militar» con sentido corporativo que «interviene» en política, para definir un «régimen de generales», sino el personaje que representa una generación de liberales moderados en el ejército como integrantes de un proyecto de esa naturaleza política. En los inicios del régimen moderado, su posición en la capitanía general de Castilla la Nueva y su papel como aglutinante de la situación moderada le configuraron como el hombre fuerte capaz de estabilizar el régimen. Su figura de hombre duro y de prácticas pretorianas —el *espadón de Loja*, haciendo referencia a la dureza de sus actuaciones y la localidad granadina de la que era originario— se consolidó con su represión de los sucesos de 1848. Su trayectoria política fue relativamente coherente y casi inmóvil desde 1844 hasta 1866, en una secuencia que tendía más a la preservación del orden y *freno de la revolución* que al desarrollo de los ingredientes del li-

General Narváez.

beralismo, por eso su papel era bien recibido por sectores del moderantismo en los años 40. Pero cuando el discurso del liberalismo y de la sociedad española cambie en las dos décadas siguientes, Narváez seguirá estancado en el mantenimiento del orden con una política de fuerza y liderando una versión moderada que fue perdiendo el compás de la situación, para acabar atrincherándose y ligando su suerte a la de un régimen aislado por su falta de representatividad en 1866.

El resto del equipo ministerial resumía con notables del partido una generación de liberales aupada en los años 30 que, distanciados de la versión progresista, querían dar por clausurada la revolución y normalizar el funcionamiento de las instituciones sobre la base de una monarquía sólida. Era lo más granado del partido, pero también resumía la heterogeneidad moderada que se manifestará más tarde. Entre ellos su principal orientador civil, Pedro José Pidal, que coordinaba los resortes del partido y dirigía la mayoría de los parlamentarios moderados. Su figura representa la del político acuñado por la revolución liberal: procedente de provincias, con formación jurídica y práctica de la abogacía, colaborador periodístico, buenas dotes de orador y parlamentario, e intelectual que llegó a ser presidente del Ateneo y académico. Vinculado a la versión más atemperada del moderantismo de los años 30, se significó en la oposición a Espartero, y ocupó la presidencia del Congreso en 1843. Desde el Ministerio de Gobernación y con su influjo en el Parlamento y en el partido dibujó en buena medida las líneas maestras de la práctica del moderantismo y de la construcción del Estado liberal en su versión doctrinaria y equidistante del discurso de los puritanos y del de los más conservadores. En esta misma dirección se situaban los ministros Mon, Mayans y Armero. También formaba parte del Gobierno Manuel de la Pezuela, marqués de Viluma, militar, y con influencia en Palacio, que se había alineado con la idea del Estatuto Real en los años 30. Representante de la versión más conservadora del moderantismo, que concebía, más allá del freno de la revolución, un régimen conservador basado en la integración con el carlismo, la reconciliación con la Iglesia y la restricción de las libertades.

Este Gobierno, que duró 21 meses, hasta el 11 de febrero de 1846, protagonizó una prolija secuencia normativa en la construcción del Estado y en el proyecto moderado: aprobación de una nueva Constitución, leyes de administración local y provincial, de instrucción pública y de reforma fiscal, decreto de imprenta, legislación sobre suspensión de la desamortización y devolución de bienes eclesiásticos, y reglamento de la Guardia Civil. Pero por lo mismo se fueron definiendo a partir de estas cuestiones y otras de envergadura —negociaciones con Roma, reforma de la Administración, el matrimonio real...— las distintas posiciones dentro del moderantismo, desde los vilumistas hasta los *puritanos*.

El moderantismo gozaba de una aplastante mayoría parlamentaria. El 4 de julio de 1844 se habían convocado Cortes, sin el carácter de constituyentes en un sentido formal, pero sí con la finalidad básica de una reforma constitucional. Las elecciones celebradas en septiembre concluyeron con esa mayoría moderada, sobre todo por el retraimiento progresista, quedando una presencia testimonial muy pequeña de éstos y de los candidatos carlistas. En el discurso real de apertura de las nuevas Cortes el 10 de octubre, quedó puesto de manifiesto que la pieza básica de actuación parlamentaria sería, además de las reformas económicas y administrativas, la *reforma de la Constitución*. El 18 de octubre fue presentado el proyecto y el 25 de diciembre aprobado. En el curso de estos debates se dibujaron las tres versiones del moderantismo, aunque las posturas del marqués de Viluma en el Gobierno —sistema de Carta Otorgada y matrimonio de la Reina con el heredero carlista— habían hecho crisis el 27 de junio de 1844 con su dimisión y su sustitución en el Ministerio de Estado por Martínez de la Rosa. Así pues, antes de dos meses se había desvelado la heterogeneidad del partido y la salida del Gobierno de la versión conservadora o *neoabsolutista*. En el debate constitucional los *vilumistas*, minoritarios, reafirmaron sus posiciones, mientras el ala más liberal, también minoritaria, llamados después *puritanos*, se mostraban partidarios de mantener la Constitución de 1837, como Pacheco, Ríos Rosas o Pastor Díaz. Triunfó la versión mayoritaria del moderantismo tal y como fue planteada la reforma por el Gobierno y el alumbramiento en realidad de una nueva Constitución.

Las disensiones internas no habían hecho más que empezar, sobre todo en términos parlamentarios. El espinoso asunto de la desamortización y de la dotación del culto y el clero, consumó la ruptura vilumista o conservadora, partidarios de la devolución de los bienes no vendidos al clero, condena de la desamortización, indemnización a la Iglesia... es decir, el apoyo a los intereses de una Iglesia concebida todavía en términos de Antiguo Régimen. En este contexto, a primeros del año 1845 los diputados vilumistas publicaron un manifiesto con las posiciones de su grupo, al que denominaron *Unión Nacional,* y dimitieron de sus escaños. Todo ello tenía su correlato en las presiones más conservadoras en Palacio. Los moderados como facción mayoritaria del partido, ganaron las elecciones parciales celebradas para sustituir a los conservadores dimisionarios. El último capítulo que tendió a reforzar el alejamiento de las posturas vilumistas fue la cuestión del matrimonio real, al quedar acentuadas sus posiciones de unión matrimonial de la Reina con el conde de Montemolín, unión de las dos líneas dinásticas sobre las que se edificaría una monarquía fuerte y tradicional como base de la «reconciliación nacional». Y esa acentuación fue producto de la abdicación el 18 de mayo de 1845 de Carlos María Isidro en su hijo mayor Carlos Luis de Borbón, conde de Montemolín. Esta decisión revelaba a su vez el triunfo de los carlistas más posibilistas, o, si se quiere, moderados frente a la insurrección armada. El proyecto contó con los argumentos de Balmes, y su difusión en *El Pensamiento de la Nación,* que entendía en la reconciliación de la familia real el medio para fusionar derechos y legitimidades, clausurar una guerra civil que seguía latente a pesar de la finalización del conflicto armado, y para la creación de lo que denominó como «gran partido nacional». Propuesta que, en todo caso, provocó la alarma en las diferentes posturas del liberalismo español, empezando por los moderados más templados, que veían la rehabilitación del absolutismo.

Y, en efecto, el matrimonio de la Reina se convertía en una cuestión de Estado, que actuó como crisol de discrepancias en la forma de entender el régimen. Contribuyó a redefinir posturas políticas, no sólo de vilumistas sino también en el seno del propio Gobierno o de puritanos, como se verá, y fue percibido como una cuestión de vital importancia que se multiplicará en 1846. En último término la cuestión de fondo era la importancia asignada a la Corona, y a los círculos de Palacio por añadidura, en el funcionamiento político, y la importancia de un consorte cuyos consejos serían sensibles a la actuación de la joven Reina.

Mientras tanto la política de aislamiento progresista a partir de prácticas represivas acabó desarticulando a un progresismo dividido. Los moderados diseñaban un régimen en cuyos moldes no era posible la participación progresista con alguna garantía de éxito. Era el molde político e institucional para el propio moderantismo marginando a los progresistas, pero además la política de fuerza de Narváez acentuó su aislamiento. En ello estaba de acuerdo la mayoría del partido, excepto el ala puritana que, con otra forma de entender la estabilidad del régimen, eran partidarios de una integración de los progresistas en el régimen que lubrificara su funcionamiento.

Nárvaez, con el concurso de Pidal, Mon y las cabezas del partido en el Gobierno y en el Parlamento, practicó una secuencia de encarcelamientos, detenciones arbitrarias a sospechosos de conspiración, provocó el exilio de dirigentes progresistas y se realizaron en torno a dos centenares de ejecuciones entre 1843 y 1844, con la coartada de frenar el desorden y la revolución y así reconstruir el país. Justificaciones aireadas en la prensa política moderada que identificaban progresismo con violencias y trastornos. Narváez no se cansaba de argumentar y practicar el «orden» frente a la conspiración progresista. Los límites entre orden y libertades empezaban a ser muy borrosos, pero en todo caso se ensancharon los de orden. En este contexto, el hecho que mayores dimensiones adquirió por la imagen simbólica que definió el régimen fue la respuesta al pronunciamiento de Zurbano en Nájera (Rioja) el 11 de noviembre de 1844. De hecho algunos grupos progresistas no habían abandonado la idea del recurso al pronunciamiento, aunque de forma muy salpicada y descoordinada que no llegó a cuajar en ningún movimiento de envergadura. Aquí se inscribe el pronunciamiento del general Zurbano, que se diluyó en una pequeña partida armada sin apoyos. La represión de los pronunciamientos acabó por desarticular esta estrategia progresista, y el de Zurbano se saldó con una dureza concebida como ejemplar por el Gobierno: la ejecución sin causa de varios pronunciados, entre ellos Zurbano y sus hijos. Se terminó de definir la imagen del Gobierno, al tiempo que en los sectores más liberales empezó a cundir el debate sobre estas prácticas autoritarias.

Durante 1845, simultáneamente, y en parte como consecuencia, a las medidas legislativas y gubernamentales, se fueron multiplicando las disensiones en el seno del moderantismo. Definida la línea conservadora, también la versión puritana fue tomando cuerpo, al tiempo que Nárvaez y la política gubernamental empezaba a ser objeto de críticas en las propias filas parlamentarias doctrinarias, para acabar siendo con testado en el propio Gobierno. Eran controversias a varias bandas a medida que evolucionaba el régimen, aunque todas se orientaban a un cambio de Gobierno, sin agotar necesariamente la figura de Narváez.

Finalizada la prolija legislatura el 24 de mayo de 1845, el Gobierno tomó una serie de decisiones con unas Cortes cerradas que no se abrirían hasta el 15 de diciembre, como el decreto de imprenta del 6 de julio, que suprimía el jurado para este tipo de delitos, apelando al mantenimiento del orden, lo que significaba un aumento notable del control del Gobierno en detrimento de una de las libertades básicas de la revolución liberal. Ello aumentó la oposición de los sectores más liberales, sobre todo el de los puritanos. También se sumó el descontento, incluso en las propias filas moderadas, en torno a cuestiones pendientes como la reforma administrativa o las obras públicas, pero sobre todo la evolución de las negociaciones con Roma, que no habían concluido en ningún acuerdo y sí en una serie de concesiones del Gobierno como la suspensión de las ventas o la devolución de bienes. Los puritanos acentuaron su oposición, trasladada de forma sistemática al ámbito parlamentario después de la apertura de Cortes a finales de año. Esta oposición dibujó más sus posiciones frente a las prácticas del Gobierno insistiendo en la «legalidad», nueva ley de imprenta, resolución del matrimonio real en un sentido liberal, revisión de la reforma fiscal que había generado respuestas populares, nuevo rumbo a las negociaciones con Roma... Las propuestas puritanas fueron todas rechazadas por un Gobierno que seguía controlando la mayoría en las Cortes, pero cuyo desgaste era evidente. A ello se sumaron también las desavenencias en el interior del Gabinete, más por cuestiones personales y estratégicas que por principios de la política seguida, en un marco de actividad de los resortes de Palacio muy sensibles a cuestiones como las negociaciones con Roma o el matrimonial real.

Fue precisamente el asunto del matrimonio real el que acabó convirtiendo las tensiones en crisis final de Gobierno, con la intervención de Palacio. El origen fueron las presiones de María Cristina, y de los intereses franceses, a favor de la candidatura del conde Trapani como rey consorte. Aunque constitucionalmente la Reina no tenía que ser autorizada por las Cortes y decidir sobre su matrimonio dando cuenta de ello después a las Cámaras, la mayoría de los diputados moderados y significados miembros del Gobierno como Pidal y Mon se opusieron claramente a las pretensiones de un candidato de naturaleza conservadora. Las presiones de Palacio acabaron multiplicando las diferencias de criterio en el Gobierno y forzando la dimisión de Nárvaez el 11 de febrero de 1846. Su dimisión, disfrazada de razones personales, había sido precipitada no como consecuencia de procedimientos parlamentarios sino de la influencia de Palacio, constituyendo todo un precedente que se convertirá en mecanismo habitual en el transcurso del régimen.

Capítulo XIV

La construcción política y administrativa del Estado liberal

14.1. La reforma constitucional. La Constitución de 1845

La Constitución moderada de 1845 es la pieza magistral del *orden moderado*. Su origen no se sitúa en un proceso constituyente, sino como una expresa reforma de la Constitución de 1837 llevada adelante por unas Cortes ordinarias, surgidas de las elecciones de 1844, que habían dado como resultado una mayoría moderada casi absoluta, salpicada de algunos escaños carlistas, pero con la ausencia de diputados del partido progresista que había practicado una política de retraimiento. Por eso la reforma constitucional surgió en las filas de los moderados, quienes coparon los puestos de la Comisión encargada de redactar el nuevo texto. Un hecho sintomático es que prácticamente el Gobierno en pleno formara parte de esta Comisión, en la que predominaba el discurso de Donoso Cortés. Esta presencia del ejecutivo y el hecho de que la reforma fuera guiada por unas Cortes ordinarias simbolizan el contenido doctrinal. No se trataba, pues, de un texto únicamente determinado por un acto de soberanía nacional. El pacto entre la Corona, representada por el ejecutivo, y las Cortes, en este caso ordinarias, estaba en la raíz de la teoría de la *soberanía compartida*. Como resultado, lo que inicialmente fue planteado como reforma acabó por culminar en una Constitución de nuevo tipo, pieza angular del moderantismo histórico que encontrará su proyección más allá de la década moderada, informando al periodo 1856-1868 y dejando una profunda huella en la Constitución de 1876.

Desde el punto de vista político la Constitución de 1845 representa un proyecto de Estado de corte elitista, fruto de los grupos sociales dirigentes que habían colaborado en el primer esbozo de construcción del Estado liberal en los años 30. En su desarrollo posterior, la querencia por el sufragio restringido, los tintes aristocratizantes del Senado y el recorte de las libertades son elementos demostrativos de los grupos sociales

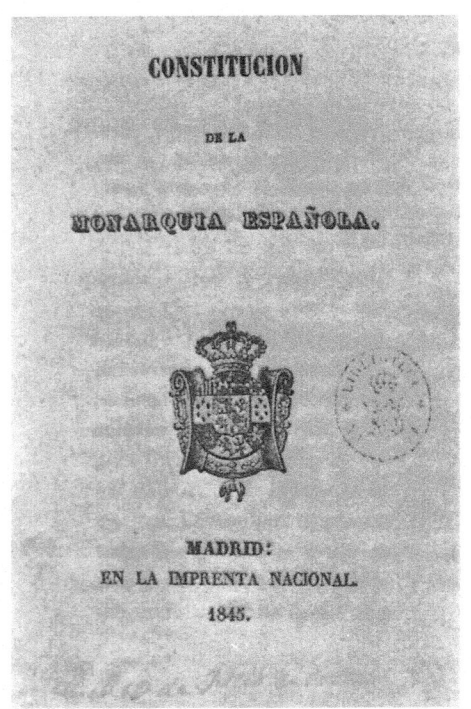

Portada de la Constitución de 1845.

sobre los que reposa el Estado moderado: desde la nobleza de cuna hasta los titulares de fortuna, pasando por las dignidades eclesiásticas y el mundo de las capacidades ilustradas.

Las diferencias con respecto a la Constitución vigente de 1837 son más profundas de lo que pudiera suponer una pimera lectura comparativa de su articulado formal. En primer lugar el preámbulo era harto significativo en su contenido expositivo. Lo que en la Constitución de 1837 era «la voluntad de la nación», en la de 1845 se convierte en «nuestra voluntad y las Cortes del Reino». Plural mayestático que unido a la invocación a las Cortes nos sitúa plenamente en el tema de la soberanía compartida. Cuestión ampliada en el interior del texto constitucional por la ausencia de referencias a la soberanía nacional y porque el artículo 12 así lo explicita: «la potestad de hacer las leyes reside en las Cortes con el Rey». En cuanto a las libertades individuales, ambas Constituciones en principio parecen muy similares. No existe un desarrollo expreso de la extensión de esas libertades, que se deja a posteriores leyes ordinarias. Sin embargo, en la de 1845 aparece una matización relevante con respecto a la libertad de prensa. Mientras que la de 1837 establece que la calificación de los delitos de imprenta corresponde exclusivamente a los jurados, es decir, existe una garantía ajena al ejecutivo, en la de 1845 se elude esta cuestión. Téngase en cuenta que previamenta a la Constitución había surgido una legislación de prensa sumamente restrictiva que fijaba un depósito previo muy elevado para la publicación de periódicos. La ley de 6 de julio de 1845 insiste en este espíritu suprimiendo el juicio por jurados para todo delito de imprenta. De hecho la libertad de prensa quedaba ulteriormente regulada por el ejecutivo, cuya posible arbitrariedad podía llegar a anular el precepto constitucional.

En materia religiosa se establece una figura próxima a la plena confesionalidad del Estado. El artículo 11 declara que la religión de la nación española es la católica, apostólica y romana y la obligación del Estado a mantener el culto y sus ministros. Va más lejos que la de 1837, que simplemente reconocía que la religión católica es la que profesan los españoles. Sin embargo, es posible plantear una cierta tolerancia porque al menos no es taxativamente prohibicionista como la de 1812, que prohibía cualquier otro culto que no fuese el católico. La Constitución de 1845 se sitúa, pues, en un plano de concordia y aproximación a la Iglesia católica, como demuestra la suspensión realizada de venta de bienes nacionales procedentes del clero. El Concordato de 1851 fijará esta postura aproximativa entre Iglesia y Estado.

El rey adquiere una dosis de poder mayor que en 1837. Por un lado, es fuente de soberanía y además posee iniciativa legislativa. En este aspecto un artículo fundamental es el 45, apartado 10, que establece la capacidad del rey para nombrar y separar libremente los ministros. Se trata de una disposición similar a la contemplada en 1837. El problema reside en que el espíritu de este articulado quedará mediatizado por el juego de las camarillas palatinas. La Corona y el Palacio Real acabaran por convertirse en los árbitros del juego político a través de un recurso abusivamente utilizado. El rey concede el decreto de disolución de las Cortes al presidente del Consejo de Ministros que acaba de nombrar, una vez escuchada la camarilla de turno. Posteriormente el jefe de Gobierno, el primer ministro, disuelve las Cortes, convoca nuevas elecciones y fabrica una mayoría parlamentaria acorde con sus intereses, que frecuentemente son más personalistas que ideológicos o de partido. Con ello queda viciada la lógica del régimen parlamentario. Por otra parte, el rey adquiere un mayor marco de libertad que en 1837 en algunas cuestiones como puede ser su matrimonio, que se convertirá en un polémico asunto. La Constitución de 1837 disponía en su artículo 48, apartado 5, que el rey necesitaba estar autorizado por una ley especial para contraer matrimonio, lo cual era extensivo a las personas regias que estuvieran llamadas por la Constitución a la sucesión en el trono. En cambio, el artículo 47 de la de 1845 simplemente expone que el rey debía de poner en conocimiento de las Cortes su matrimonio. Existe otro punto a destacar en el incremento del poder real. Mientras que el Senado en la Constitución de 1837 era semielectivo, en la de 1845 es enteramente producto del nombramiento real y además con un marcado tono nobiliario que establece una vez más la vinculación entre el rey y la nobleza, o, lo que es lo mismo, entre el rey y la Corte, donde la Grandeza de España y los antiguos títulos de Castilla sientan plaza. En su artículo 14 se dispone que el número de senadores es ilimitado y que su nombramiento corresponde al rey en exclusiva. Se exigía para ser senador poseer una edad mínima de treinta años cumplidos y la pertenencia a la nobleza, siempre que gozara de una alta renta o ser individuo perteneciente al generalato, a las dignidades de la Iglesia, ministros o grandes contribuyentes. Por otra parte, el cargo de senador se convertía en vitalicio. En suma, un Senado próximo a la Cámara de los Lores británica en cuanto a su espíritu y composición social, pero sin llegar a poseer el carácter hereditario de la alta cámara británica.

No había por tanto una estricta separación de poderes en lo referente al legislativo y al ejecutivo. Tampoco en el plano judicial, como lo demostrará la práctica posterior. En todo caso el texto constitucional eludía el concepto de poder judicial, que transformaba significativamente en «administración de justicia», aunque reconocía en su artículo 69 el principio de inamovilidad de los jueces.

En cuanto a los poderes locales apenas quedaba planteado el problema de su definición que doctrinalmente había separado a moderados y progresistas. El artículo 74 aplazaba la cuestión: «La ley determinará la organización de las diputaciones y de los ayuntamientos y la intervención que hayan de tener en ambas corporaciones los delegados del gobierno.» Importante este último concepto que posteriormente llevará a unos municipios, en las grandes poblaciones, en cuya cabecera se situará un alcalde nombrado por el Gobierno. Así los grandes ayuntamientos quedaran convertidos en apéndices de los Gobiernos perdiendo en gran medida su autonomía. El tema de la milicia nacional sencillamente no quedaba contemplado, en contraste con el artículo 77 de la Constitución de 1837 que había fijado la formación en cada provincia de cuerpos de la milicia nacional. En lo referente a las *provincias de Ultramar* se continuaba por la senda de diez años antes cuando la capitanía general de Tacón en la isla de Cuba representó un cambio cualitativo en el tema de la representación de las colonias en el Parlamento metropolitano. El artículo 80 seguía negando esta representatividad al disponer que las provincias de Ultramar fueran gobernadas por leyes especiales.

14.2. El sistema electoral y la legislación de imprenta. Un mercado político restringido

El 18 de marzo de 1846 vio la luz otra de las piezas maestras del engranaje político del régimen moderado: la *ley electoral*. Era el correlato jurídico de un ideario de participación política restringida que completaba así el discurso constitucional de 1845, al asegurar a las elites el privilegio de la participación y a los Gobiernos el mecanismo para controlar los procesos electorales. Propietarios de viejo y nuevo cuño y el mundo de las «capacidades», encontraban la horma adecuada de poder político legitimado por la revolución y acompañaban así la otra fórmula de representación, legitimada a su vez por la tradición: el nombramiento senatorial. Las limitadas dosis de participación política cuajaron en un modelo de *sufragio censitario* que restringía notablemente, por su número, y significativamente, por su naturaleza, el sistema electoral anterior elaborado por los progresistas en 1837. El proyecto, puesto en marcha por Pidal en 1845 y que culminó en ley al año siguiente, era la fórmula que imbricaba partido y Parlamento y aseguraba el dominio del primero en el segundo, para acabar confundiéndose ambos en una complicada red de influencias, pero sobre todo, y como consecuencia, era el perfil parlamentario de cada nuevo Gobierno que contaba con los resortes de manejo del proceso electoral.

La unidad electoral era el distrito mejor acoplado a las características de un mercado político limitado y a la mediatización electoral, abandonando la circunscripción provincial anterior. Las provincias se dividían en unos distritos electorales que elegían 349 diputados, uno por cada 35.000 habitantes. El número de electores se redujo notablemente, apelando a la idea del voto cualificado, responsable y consciente. Por ello para ser elector se exigía una contribución directa de 400 reales anuales: el criterio censitario hacía equivalente el derecho de participación en los asuntos públicos con los mayores contribuyentes. El criterio no era una novedad, pero sí su cuantía, que doblaba la cantidad exigida respecto a la legislación anterior. En el caso de las «capacidades» se exigía la mitad, es decir, podían ser electores los contribuyentes con más de 200 reales anuales dedicados a profesiones liberales o intelectuales: médicos, abogados, farmacéuticos, profesores, empleados públicos, miembros de Reales Academias, arquitectos, licenciados o doctores... En suma el mundo de la propiedad y las capacidades. En términos globales la aplicación de la nueva ley reducía el número de electores aproximadamente al uno por 100 de la población, es decir no llegaban a 100.000, cuando el censo electoral anterior se componía de más de 600.000 electores.

En relación a los candidatos, debían cumplir el requisito, además de la edad de veinticinco años, de la obtención de 12.000 reales de renta anual en bienes raíces o el pago de una contribución directa de 1.000 reales anuales, cantidades de envergadura que limitaban el acceso a la condición de diputado a unas elites de propietarios y rentistas de heterogénea procedencia que encuentran su acomodo político. La renta, en términos de propiedad agraria o urbana, o la contribución, que resume otras actividades como el comercio o las profesiones liberales, como fuentes de legitimación política, adquirirían su versión más restringida.

Esta ley electoral se extendió a lo largo de toda la década moderada, aunque Bravo Murillo intentó su revisión a través de un proyecto publicado el 3 de diciembre de 1852, que no llegó a cuajar, proponiendo la drástica reducción del número de diputados y del cuerpo electoral. Pasado el bienio 1854-56, la ley de 1846 fue puesta nuevamente en vigor hasta su sustitución por la de 18 de julio de 1865, que volvía a situar el umbral del voto en los 200 reales de contribución directa y ampliaba el número de electores.

El mecanismo electoral derivado de la ley de 1846 y la normativa para los colegios electorales permitía el control gubernamental e invitaba a toda clase de manipulaciones que mediatizaban el libre ejercicio del voto. Pero no era tanto la desvirtuación del sistema, como un eslabón más del sistema mismo en la forma de entender un modelo de funcionamiento político. Y este eslabón está unido a las leyes de Administración provincial y local, donde se regula el funcionamiento y composición de las diputaciones y ayuntamientos. Para empezar, el jefe político (gobernador civil) como delegado del Gobierno era el encargado de confeccionar las listas electorales al iniciarse el proceso, y de elevar los resultados oficiales, como último tamiz, al Gobierno. Los alcaldes, de nombramiento gubernamental, dirigen el proceso electoral y presiden las mesas electorales. Los electores debían votar en presencia de la mesa. Igualmente el control de las juntas de distrito posibilitaba el falseamiento de los resultados. Una red jerárquica que acostumbró canalizar la intervención gubernamental de los procesos electorales, con una maquinaria político-administrativa, que ganaba elecciones y fabricaba mayorías parlamentarias. Así se fue multiplicando con la década las intervenciones gubernativas, el fraude en la confección de listas y la composición de mesas, y la adulteración de los resultados, que culminaban en unas prácticas fraudulentas legitimadas por el principio extendido después de la *influencia moral del Gobierno*. Quedaba organizada la corrupción electoral en un sistema piramidal en el que entra de lleno la maquinaria administrativa del Estado. No es que la corrupción en sí misma fuera la novedad. En efecto, corrupción ya había existido anteriormente, pero de una forma inorgánica, de abajo a arriba, ahora se invertían los términos a partir de la secuencia Ministerio de la Gobernación-jefes políticos-alcaldes-notables locales. Un sistema que los moderados modelaron y perfeccionaron y se proyectó en el tiempo para practicarse en otras situaciones políticas, incluso de naturaleza democrática, como es el caso de las elecciones a Cortes Constituyentes de 1869 y sobre todo las de la monarquía parlamentaria de Amadeo de Saboya en 1872.

La legislación sobre imprenta también se readaptó al discurso y a la política moderada apartándose de la legislación progresista, más tolerante. Con una visión más posibilista de los derechos individuales, y en tal sentido con la práctica reguladora que los limitaba, la *libertad de imprenta* se convirtió en el caballo de batalla de las visiones más liberales frente a las restricciones del moderantismo. Era un instrumento que definía mayores o menores dosis de apertura del régimen liberal. De hecho era pieza central en la extensión de los principios liberales y democráticos que configuraron los regímenes políticos europeos en los años 30 y 40. La libertad de imprenta era un derecho individual reconocido formalmente por la revolución liberal y también por el texto constitucional moderado en su artículo 2: «Todos los españoles pueden imprimir y publicar libremente sus ideas sin previa censura, con sujeción a las leyes.» El desarrollo legal permitió que su aplicación en versión moderada distara de la solemnidad del principio.

El 10 de abril de 1844 el Gobierno González Bravo estableció un decreto sobre imprenta que acentuaba el control de las publicaciones, dando por concluida la mayor tolerancia de la legislación progresista. Exigía la entrega de un ejemplar al jefe político, una matrícula de impresores, elevaba la exigencia contributiva para ser editor y aumentaba notablemente la fianza que tenían que depositar los editores, que iba desde 40.000 reales a 160.000 reales según las poblaciones. Aunque mantenía el juicio por jurados, aumentaba las exigencias de edad y contribución para formar parte de ellos. En el mismo sentido restrictivo el Gobierno Narváez intensificó el control sobre las publicaciones.

Así el 6 de julio de 1845 se publicó un real decreto que regulaba la libertad de imprenta colmando la óptica moderada sobre el asunto. La propia naturaleza del texto —decreto y no ley discutida y aprobada en Cortes— ilustró sobre las prácticas de actuación del poder ejecutivo, al mismo tiempo que aumentaron las críticas de los sectores más liberales del moderantismo y del progresismo, al ver cómo se regulaba un derecho considerado fundamental cuando las Cortes estaban cerradas. Este decreto recogía el cuerpo doctrinal y contenidos básicos del decreto anterior de González Bravo, pero el salto cualitativo principal consistió en la supresión del juicio por jurados para este tipo de delitos. El jurado era sustituido por tribunales de jueces, constituidos por un magistrado y cinco jueces de primera instancia. Por su parte, actuaban de acusadores públicos los fiscales de las audiencias por encima de los promotores fiscales. Para el Gobierno Narváez la actuación de los jurados era la causa de abusos y desórdenes en el ámbito de la imprenta, apelando a la idea de orden y estabilidad. La prensa entre todos los medios impresos había cuajado a esas alturas de la revolución liberal como un instrumento privilegiado y de primer orden en la expresión de principios dotrinales, en la extensión de la cultura política, en la creación de estados de opinión y de crítica a los Gobiernos. Por eso era un instrumento incómodo para el poder que exigía mayor atención y regulación, además de sus mayores dificultades de control por la rapidez y periodicidad de su publicación. La prensa quedó incluida como los demás medios impresos en las leyes de 1844 y 1845 pero fue objeto —antes incluso de la década moderada— de legislación específica en varias ocasiones a lo largo del régimen isabelino. Así el 18 de marzo de 1846 un decreto sobre el control de prensa establece la posibilidad del Gobierno de suspensión de periódicos y de inhabilitación del editor; aunque tendría una vigencia muy escasa, de apenas mes y medio, la idea sería recuperada en 1852.

El 2 de abril de 1852 otro decreto entendía sobre los aspectos más importantes de la regulación de la imprenta y la prensa. La principal novedad residía en la rehabilitación del jurado y también la disminución de las cantidades de contribución exigidas para ser editor. Pero al jurado tendría acceso un reducidísimo número de los mayores contribuyentes de cada localidad. Al mismo tiempo precisaba y definía los delitos de imprenta contra el orden público, la sociedad y la autoridad: publicación de doctrinas que alteren la «tranquilidad del Estado», incitación a la desobediencia, coerción de la «libertad de las autoridades», provocación de «rivalidades peligrosas entre los cuerpos del Estado y clases de la sociedad», publicación de «noticias alarmantes o falsas» sobre negocios públicos, apología de acciones criminales, propagación de doctrinas «contrarias al derecho de propiedad excitando a las clases menesterosas contra las acomodadas», ofensa o ridiculización a personas, clases o corporaciones. Además agravaba las penas por los delitos, incluidas las de prisión. En el ámbito de la prensa además se exigía un depósito mayor a los editores de periódicos más modestos y económicos, y el Gobierno podía suprimir cualquier periódico o impreso «cuando lo estime peligroso a los principios fundamentales de la sociedad, a la religión, a la monarquía o a la forma de gobierno establecida». Esta ley sólo duró nueve meses con el restablecimiento de tribunales de jueces en vez de jurados y en 1854 el régimen volvía a recuperar la ley del primer Gobierno Narváez de 1844.

En la práctica el control gubernamental moderado mediatizó la libertad de imprenta y sobre todo de la prensa, limitando asuntos espinosos para los Gobiernos, no sólo en el terreno del orden público o la extensión de ideas revolucionarias, sino en la práctica política de los Gobiernos moderados, sobre todo en los primeros años 50. La libertad de prensa quedó como uno de los grandes temas pendientes en la evolución y prácticas del ideario liberal y democrático.

14.3. La reorganización de la Administración

En la organización administrativa del Estado, la acción de los moderados se inscribe en una onda de larga duración que se yuxtapone a la creación del sistema político y que tiene sus antecedentes inmediatos en los contenidos de los administrativistas de los años 20 y primeros años 30, ejemplificados en Javier de Burgos. Si en el plano político la ruptura liberal de los años 30 supuso la consolidación de un sistema político basado en los preceptos del liberalismo, en el plano administrativo se recoge y se da forma duradera en los años 40 a una amplia herencia cuyo horizonte último serían los decretos de Nueva Planta de Felipe V con sus presupuestos racionalizadores, uniformizadores y centralizadores. Todo ello desembocó en una idea de la Administración como columna vertebral del funcionamiento del Estado por encima de los avatares políticos. Era tributaria de la idea ilustrada del reformismo técnico de la Administración —la *reforma de la Administración*— que independientemente de una valoración absolutista o liberal, había llevado a técnicos como López Ballesteros, Encima o Javier de Burgos a buscar una salida al funcionamiento del Estado. Sobre este contexto, la revolución liberal informó los presupuestos racionalizadores y centralizadores de un nuevo sistema político basado en la división de poderes y la igualdad ante la ley. Así los moderados recogían la continuidad de los técnicos al servicio del Estado absoluto en su última década y de las corrientes más pragmáticas y eclécticas del ideario liberal en cuanto configuración y funcionamiento del Estado. Era la respuesta técnica del moderantismo en la construcción del Estado, independientemente de principios ideológicos más o menos depurados, aunque de talante conservador, y por encima del sistema político, para articular la organización administrativa como pieza central de un discurso que tendría sus últimas consecuencias en el proyecto de Bravo Murillo. De tal forma que la Administración —centralizada y racionalizada— se concebía como médula del funcionamiento del Estado para crear un sistema administrativo de poder al que queda subordinado el sistema político. Dentro de un contexto general de *oligarquización* el sistema de poder edificado sobre la Administración se aleja de los moldes constitucionales para incidir decisivamente en el desarrollo de un sistema político vaciado de sustancia por su escasa representatividad y prácticas viciadas.

La reforma administrativa fue realizada por una generación de técnicos bien preparados profesionalmente, abiertos a los grandes debates de la Europa de su tiempo y de formulaciones políticas netamente conservadoras. Así el moderantismo en este aspecto se nutrió también de una cohorte de servidores del Estado, que conocían bien la maquinaria de su funcionamiento.

Escribe Jover que «en el campo de la administración central encontramos una transformación y desdoblamiento de instituciones clásicas, impuesta por la creciente complejidad de la sociedad que ha de ser administrada, antes que una revolución institucional impuesta por la liquidación del Antiguo Régimen y por la implantación del principio de división de poderes». En la evolución de esa Administración central existían jalones de singular importancia como consecuencia de la veta centralizadora y a su vez de la mayor especialización de funciones del propio Estado absoluto.

Por real decreto de 19 de noviembre de 1823 había tomado cuerpo legal el Consejo de Ministros constituido por los «Secretarios de Estado y del Despacho» —así denominados formalmente— o ministros, que el preámbulo considera heredero del Consejo de Gabinete creado por Felipe V el 30 de noviembre de 1714 y de la Suprema Junta de Estado de Carlos III por decreto de 8 de julio de 1787. Sus funciones quedaron fijadas por real decreto de 31 de diciembre de 1824 como órgano deliberativo, entendiendo en asuntos de gobierno y en el nombramiento de empleos. Esta institución se convertirá en la raíz del poder ejecutivo en el sentido liberal del término acoplado al funcionamiento constitucional. Además se había instituido por el mismo decreto de 1823 la figura del presidente del Consejo de Ministros en ausencia del monarca, figura que con el régimen constitucional toma mayor entidad conforme la práctica política imponga la lógica de las decisiones colegiadas del Consejo y con tendencia a deslindarse de los ministerios específicos. Durante la última década absolutista, como se ha visto en su momento, el Consejo de Ministros quedó sustituido temporalmente por el Consejo de Estado.

Las Secretarías de Estado y del Despacho de la monarquía absoluta del siglo XVIII fueron especializando sus funciones durante el primer tercio del siglo XIX. El sistema liberal hereda el nombre y las áreas de competencias —Estado, Hacienda, Gracia y Justicia, Guerra y Marina— adecuándolas al régimen constitucional y a la mayor especialización desdoblándolas o creando otras nuevas a lo largo del siglo. Durante los periodos liberales de Cádiz y el Trienio existieron además los Ministerios de Gobernación de la Península y de Ultramar. En 1832, por real decreto de 5 de noviembre, se establecía el Ministerio de Fomento General del Reino, denominado después por decreto de 13 de mayo de 1834 de Interior y por otro de 4 de diciembre de 1835 de Gobernación del Reino. Se trataba de un departamento considerado clave en el conjunto reformista y racionalizador del funcionamiento administrativo y médula del poder del Estado, donde acaban confluyendo estas dos esferas. El decreto citado de mayo de 1834 asignaba a los subdelegados de Fomento el título de «gobernadores civiles de las provincias» y a escala de partido el de «subdelegados del gobierno civil». Por su parte el real decreto de 16 de junio de 1834 reorganizó el aparato ministerial con la creación de la figura del subsecretario y la división de los ministerios en secciones especializadas. La mayor especialización llevó a la creación en enero de 1847 del Ministerio de Comercio, Instrucción y Obras públicas posteriormente transformado por decreto de 25 de octubre de 1851 nuevamente con el nombre de Ministerio de Fomento, a la par que en el mismo decreto se agregaba al de Gracia y Justicia la dirección general de Instrucción Pública, concentrando además en el Ministerio todos los asuntos religiosos. Por otro lado, Comercio y Ultramar fueron secciones desde 1836 del Ministerio de Marina hasta 1847. Finalmente, el Ministerio de Ultramar se institucionalizó oficialmente por real decreto de 20 de marzo de 1863, aunque en la práctica venía funcionando desde 1858.

En el ámbito de la Administración consultiva en 1834 había surgido el Consejo Real, heredando antiguas funciones del Consejo de Castilla. Suprimido en 1837, los moderados lo restablecieron por ley de 6 de julio de 1845, completada por el decreto de 22 de septiembre del mismo año, como cuerpo consultivo de la Administración pública, presidido por el del Consejo de Ministros y del que formaban parte todos los ministros. El 14 de julio de 1858 será sustituido en sus atribuciones por el Consejo de Estado, compuesto por los ministros, un presidente y 32 consejeros, un fiscal y un secretario. Quedaría reorganizado por ley de 27 de agosto de 1860, que delimitaba sus funciones consultivas y las de conflictos contencioso-administrativos.

La reordenación territorial era uno de los supuestos prioritarios en la construcción del Estado liberal, que, sustituyendo la anacrónica compartimentación y descentralización del Antiguo Régimen, adoptará una estructura centralizada. Racionalización administrativa que había inaugurado la división provincial de Javier de Burgos, y que ahora el moderantismo quería terminar de configurar, tanto en la Administración provincial, como en la Administración local y sus relaciones con el poder central, aspecto que había constituido uno de los puntos nodales de conflicto con el proyecto progresista. La versión moderada contempló, más allá de una uniformización y reordenación territorial, una vocación centralizadora también en el sentido de toma de decisiones, con el diseño de una pirámide que, partiendo de ayuntamientos, continuando en diputaciones provinciales y culminando en el Gobierno central, configuraba una estructura jerárquica que asegurara el control del Gobierno de todos los niveles de la Administración.

Así en enero de 1845 el ministro Pidal pone en marcha una de las tareas fundamentales del proyecto político del moderantismo: la reorganización y nueva estructura de ayuntamientos y diputaciones, con una secuencia de disposiciones entre enero y abril que constituyeron la filosofía y el armazón básico de la estructura territorial del Estado y su modelo de funcionamiento hasta el siglo XX.

La ley de 8 de enero de 1845 sobre Administración local suponía una nueva ley de ayuntamientos con fuerte sentido centralizador, recogiendo los principios de la de 1840 frente a la ley progresista, basada en la democratización de la vida municipal, y que había constituido la última y decisiva trama del conflicto entre moderados y progresistas y el cambio de Regencia de ese año.

El aspecto más importante de la ley, y de su reglamento de 16 de septiembre, era el nombramiento por el Rey de los alcaldes y tenientes de alcalde de las capitales de provincia y cabezas de partido judicial con más de 2.000 habitantes, entre los concejales electos. En el resto de localidades serían nombrados por el jefe político (gobernador civil de la provincia). El Gobierno podía nombrar además, en su caso, alcaldes que sustituyeran a los ordinarios, que a su vez pasarían a ser tenientes de alcalde. La intervención gubernamental en la vida municipal aseguraba el control político de los municipios en detrimento de los progresistas más proclives y con mayor capacidad de respuesta entre las capas populares urbanas y sus instrumentos en juntas y milicia nacional. En un sentido más amplio, el control gubernamental de los resortes de poder locales se dirigía a su mediatización como focos de agitación urbana que habían salpicado la revolución liberal y, en definitiva, la supresión del carácter político de los ayuntamientos, que habían jugado un papel esencial como instrumentos revolucionarios. Formaba parte del ideario del «orden moderado».

La designación de alcaldes y tenientes de alcalde directa o indirectamente permitía al partido moderado el control de esa red jerárquica de clientelismos a partir de un conjunto de notables locales que dominaban los asuntos de su localidad. Pero no era el resultado de un partido estructurado de escasa filiación local, sino del aprovechamiento de notables de las localidades que dominaban todos los resortes de la vida local a partir del clientelismo y de unas relaciones de dependencia y subordinación de tipo personal y familiar, y no políticas, heredadas de las estructuras mentales y sociales del Antiguo Régimen, y que ahora instrumentalizan la acción del Estado. Se estaba edificando así la estructura del caciquismo que será aprovechada por el diseño canovista de la Restauración, al ir más allá de la influencia en los votos para convertirse estructuralmente en el modelo de funcionamiento de la España del siglo XIX y buena parte de la del XX.

La propia naturaleza de los alcaldes adquiere una nueva dimensión. A su carácter de representantes de la localidad, se añade ahora su consideración como delegados del poder central y dependientes de la figura intermedia del jefe político provincial. Así forman parte de la estructura misma del poder central, de tal forma que desaparece la concepción de autogobierno político municipal y defensa de intereses frente a otros poderes, convirtiéndose en eslabón que une la secuencia piramidal administrativa. De hecho los ayuntamientos quedaban limitados a unidades de gestión administrativa. Los alcaldes dependían de la autoridad del jefe político que podía presidir las sesiones de los ayuntamientos, autorizar la publicación de exposiciones sobre asuntos públicos y en determinados casos la destitución de alcaldes y disolución de ayuntamientos.

Para terminar, el sistema electoral respondía a los criterios censitarios muy limitados que informarán la ley electoral de 1846. El derecho de participación de los vecinos mayores de veinticinco años se restringía a los mayores contribuyentes de la localidad y a las «capacidades» —profesionales, licenciados, doctores, clérigos...—, a partir de una escala de contribuciones de elevada cuantía cuyos resultados hicieron que el censo electoral no llegara a la mitad del previsto por la ley anterior. De esta forma se aseguraba en la composición de los ayuntamientos a los notables locales y la elección entre ellos de los alcaldes.

También el 8 de enero de 1845 se promulgaba la ley sobre ordenación provincial, dando normas sobre su administración y reorganizando diputaciones provinciales. El hecho más destacable es la acentuación de la estructura centralizada, al aumentar las competencias de los jefes políticos de provincias, dotándoles de inmunidad y con autoridad delegada del Gobierno para el control de los asuntos de la provincia y de las localidades de su demarcación. Como en el nivel de la Administración local, limitaba la naturaleza y funciones de las diputaciones provinciales, concebidas como piezas administrativas de la centralización del Estado. Todo ello se completó con la creación en el mes de abril de los Consejos Provinciales, presididos por el jefe político de cada provincia y compuestos por miembros de designación real, con funciones consultivas y de actuación de tribunales, entendiendo en asuntos contencioso-administrativos que venían a consumar la merma de competencias de las diputaciones provinciales como organismos que representaban a sus habitantes y a acentuar su dependencia del poder central.

14.4. LA CUESTIÓN FORAL

El proceso uniformizador del Estado liberal tuvo su matización para el País Vasco y Navarra. Los términos del Convenio de Vergara, prometiendo el respeto de la personalidad foral de estos territorios, tuvieron su expresión en la ley de 25 de octubre de 1839 por la que «se confirman los fueros de las provincias vascongadas y Navarra, sin perjuicio de la unidad constitucional de la monarquía». Importante apostilla esta última que se completaba con el artículo siguiente por el que se autorizaba al Gobierno la proposición a las Cortes, una vez oída la opinión de los representantes de los territorios forales, para la «modificación indispensable» que conciliara sus intereses con el general de la nación, y dando poderes al Gobierno para resolver «dudas y dificultades que pudieran ofrecerse». Es decir, la ley establecía el principio del pacto por encima de la imposición, situación contraria a la legislación de 1837, que en plena guerra civil había suprimido las diputaciones forales de las *provincias vascongadas,* el traslado de aduanas a las costas y fronteras de las tres provincias y Navarra y el establecimiento de jueces de primera instancia para la administración de justicia.

La ley de 1839 originó una ambigua situación fruto del compromiso que dejaba abiertas las puertas a futuras interpretaciones, que se prolongaron en versión progresista o moderada a corto plazo en la adopción de acuerdos distintos para el País Vasco y Navarra, y en el mantenimiento a largo plazo, hasta 1876, de algunos residuos forales que convivieron con la legislación uniformizadora del Estado liberal.

Para Navarra el compromiso pactado entre el Gobierno y los comisionados zanjó la cuestión. Un decreto de 15 de diciembre de 1840, confirmado por una ley de 6 de agosto de 1841 organizando la Administración general de Navarra, fijaba el *arreglo* por el que se acoplaba el sistema foral navarro al orden constitucional a partir de los siguientes supuestos. La justicia en su parte dispositiva seguiría funcionando en los mismos términos, es decir, a través de su legislación privativa hasta la realización de códigos generales para todo el Estado. En los aspectos orgánicos y de procedimiento la administración de justicia se ajustaría a la de los tribunales de la nación, teniendo en cuenta para el nombramiento de jueces y magistrados su conocimiento de la legislativa privativa. Respecto a los ayuntamientos serían elegidos por las disposiciones generales —aspecto ya desarrollado por la Orden de la Regencia de 28 de noviembre de 1840—

así como sus atribuciones, excepto las «relativas a la administración económica interior de los fondos, derechos y propiedades de los pueblos, se ejercerán bajo la dependencia de la Diputación provincial con arreglo a su legislación especial». De ahí se derivaban los poderes excepcionales de la diputación provincial sobre los ayuntamientos. Esta diputación sustituía al «Consejo de Navarra y la Diputación del Reino», expresión política e institucional de una situación foral anterior. La nueva diputación, elegida por un sistema específico, pero presidida por el jefe político, tendría las atribuciones del anterior organismo en cuanto a la administración de productos y bienes de los pueblos y de la provincia, y de las atribuciones propias del resto de las diputaciones provinciales de la monarquía. Otros capítulos fueron la obligatoriedad de quintas y reemplazos en cupos bajo el control de la diputación, el traslado de las aduanas del Ebro a los Pirineos y el establecimiento de un concierto económico con el Estado que dejaba gran autonomía a la diputación para el uso de sus recursos fiscales.

Para el País Vasco la situación resultó más conflictiva en un marco complejo en el que se entremezclan resistencias, imposiciones en época de Espartero que contradecían el espíritu pactista de Vergara, y motivaciones contrapuestas en el interior de la sociedad vasca, sobre todo en los temas del traslado de las aduanas a los puertos y fronteras y de la organización municipal. Resulta aparentemente paradójico que los progresistas, más proclives a la democratización municipal y la autonomía local, fueran más intransigentes que los moderados esencialmente centralizadores y uniformizadores, pero que leyeron el tema foral en claves políticas de aproximación que permitiera el encaje de los antiguos carlistas en su proyecto político conservador.

En efecto, Espartero actuó más en esta cuestión como el vencedor de una guerra. La insatisfacción en estos territorios como consecuencia de las reglas para la aplicación del Convenio de Vergara —decreto 5 de diciembre de 1840— y de la normativa acerca del *pase foral* por orden de 5 de enero de 1841, había aproximado las posiciones de sectores del carlismo y la intentona de pronunciamiento moderado de septiembre de 1841. Es en este contexto donde se inscribe —además de una secuencia de dificultades y dudas de naturaleza técnica y política resultantes del citado decreto de 25 de octubre de 1839 manteniendo los fueros—, el decreto de 29 de octubre de 1841 reorganizando la Administración de las *provincias vascongadas*. A este respecto el preámbulo es significativo:

> Encargado el gobierno por el artículo 45 de la Constitución de la conservación del orden público en lo interior, no puede abandonar este cuidado a agentes que se jactan de una independencia absoluta y de una oposición a sus determinaciones, sistemática, no interrumpida y que ha llegado a ser rebelde. El gobierno, si bien no profesa los principios de una centralización extremada que ahogue los intereses provinciales y los municipales bajo el peso de la mano fiscal, proclama la unidad administrativa y la dependencia efectiva de sus agentes en todo lo que concierne a las funciones que la Constitución le confiere...

Respecto del pase foral las críticas recogidas en el mismo preámbulo demuestran la disparidad de criterios entre el Gobierno y las autoridades forales: «Las leyes sancionadas por la Corona... del mismo modo que las disposiciones de gobierno, se sujetan al pase foral que sólo obtienen las que son del gusto de los partícipes del mando. Ni se exime el poder judicial del requisito del pase: sus providencias son fiscalizadas... Así el pase conspira contra la armónica división de los altos poderes del Estado, contra la dignidad de la Corona y de las Cortes, contra las atribuciones del gobierno y contra la independencia judicial y la autoridad de la cosa juzgada...» Así mismo es objeto de crítica lo que el preámbulo considera poder oligárquico y arbitrario en la elección de las autoridades municipales de las tres provincias: «Lo absurdo de semejantes sistemas vincula en castas y familias los cargos públicos, que han llegado a ser patrimonio de algunos. En los ayuntamientos no es la cualidad de español y de vecino la que da derecho electoral activo y pasivo; porque ya es necesario ser hidalgo, ya vecino concejante, ya vizcaíno originario. Los métodos de elección son tantos como los pueblos según sus ordenanzas y prácticas peculiares... mas por regla general vence el privilegio, los oficios municipales se perpetúan en muy pocos que al parecer están en posesión de transmitirlos a sus descendientes.» Insiste el preámbulo en la organización judicial, que es considerada en el caso de Vizcaya anómala y caótica, porque «aún existe allí aplicado el absurdo principio de que la obligación de administrar justicia es un derecho que se compra y que se transmite como las cosas que constituyen la propiedad de los particulares. La creación de los partidos judiciales es una exigencia social que ya no puede dilatarse». Por último se reclamaba en nombre de la unidad constitucional el establecimiento de las aduanas en las costas y fronteras en nombre de «los buenos principios de administración y de economía».

El contenido del decreto asignaba a los jefes políticos y alcaldes las funciones de protección y seguridad pública; la organización de ayuntamientos con arreglo a «las leyes y disposiciones generales de la monarquía», fijándose como momento electoral el mes de diciembre de 1841; las diputaciones generales, juntas generales y particulares serían sustituidas por diputaciones provinciales «con arreglo al artículo 69 de la Constitución, a las leyes y disposiciones dictadas para todas las provincias»; creación de una comisión económica para la recaudación, distribución e inversión de los fondos públicos como medida provisional hasta que se verificase la instalación de las diputaciones provinciales; la organización judicial quedaría nivelada al resto de la monarquía, con la consiguiente división efectiva en partidos judiciales, a la par que dispone la plena ejecución en las tres provincias, sin ningún tipo de restricción de las leyes, disposiciones del Gobierno y las providencias de los tribunales como «en las demás provincias del reino». Por último se trasladarían las aduanas desde el 1 de diciembre de 1841 como fecha más tardía a las costas y fronteras. En definitiva un decreto que hace referencia explícita a la existencia de un conflicto abierto de envergadura, y como antídoto se emplea la política de la *imposición inmediata*. Perseguía la igualación del gobierno interior de las tres provincias al del conjunto de la monarquía, aunque la cuestión fiscal y las quintas quedaban sin tratamiento explícito. Conflictos y resistencias que continuaron desarrollándose. Al año siguiente, una ley de 23 de abril de 1842 estipulaba el establecimiento efectivo de las diputaciones provinciales, y un decreto de 14 de julio del mismo establecía como atribuciones de las mismas las del resto de diputaciones provinciales de la monarquía y «las que en la administración de los productos y arbitrios provinciales que ejercían las extinguidas juntas generales y particulares y diputaciones forales». En la práctica hubo una yuxtaposición de poderes en algunos ámbitos, al funcionar las diputaciones provinciales y las instituciones forales hasta la llegada de los moderados, que restablecieron las competencias de estas instituciones forales.

En efecto, el real decreto de 4 de julio de 1844 firmado por el ministro Pidal resumía la posición moderada en la cuestión foral cargada de argumentos políticos más que racionalizadores en la manera en que entendían el funcionamiento del Estado. El decreto acudía a la ley de 25 de octubre de 1839, manteniendo el principio de la capacidad del Gobierno y de las Cortes para reformar el sistema foral. En su preámbulo evoca el *arreglo conveniente* ya establecido con Navarra, es decir el principio de una solución pactada y consideraba el decreto progresista de octubre de 1841 en términos críticos como transitorio y provisional. El decreto fijaba como fórmula la negociación con los comisionados elegidos por las juntas generales de las tres provincias, al mismo tiempo que éstas nombraban las diputaciones forales «en el modo y forma que ha solido hacerse» recuperando sus competencias, lo que recortaba enormemente las competencias de las diputaciones provinciales. Respecto a los ayuntamientos gozarían de las anteriores atribuciones al decreto de octubre de 1841, salvo aquellos pueblos que hubieran solicitado o solicitasen la legislación común. En lo referente al tema aduanero, fiscal y la administración de la justicia la situación quedaba tal como la había definido el citado decreto progresista de 1841.

Como consecuencia del levantamiento carlista de 1846 un nuevo recorte del sistema foral incorporaba el tema de las quintas, aunque controlado por las diputaciones forales y el principio de igualdad tributaria recurriendo a la fórmula del concierto económico entre las diputaciones forales y el Gobierno central. Dos temas que serán objeto de especial interés en la definitiva desaparición del sistema foral en 1876.

14.5. La Administración del Estado y la organización burocrática

La Administración del Estado centralizado y racionalizado, que incrementó sus funciones y sus poderes, supuso una multiplicación y reordenación de organismos en una red jerárquica controlada por el Gobierno central. La Administración de justicia, hacienda, instrucción pública, gobernación y todas las ramas de actuación del Estado se incluyeron en un proceso de acomodo a los nuevos principios. Y con esta reordenación del tejido burocrático se creó una cohorte de empleados públicos para cubrir técnica y administrativamente la ampliación de funciones asumidas por el Estado liberal. Las funciones técnicas se nutrieron con cuerpos burocráticos de carácter técnico en un proceso de corporativización a lo largo del siglo: carrera judicial, cuerpo de ingenieros, profesorado... que tendieron a ocupar los altos puestos directivos del engranaje burocrático, como han estudiado Alejandro Nieto y Francisco Villacorta. Las funciones del régimen general administrativo alimentaron una amplia gama de aspirantes al empleo público, en su calidad de activos o cesantes. Poderosa atracción hacia el empleo público que la literatura costumbrista denominó como «empleomanía». Estos puestos administrativos estuvieron sujetos a los clientelismos políticos, en una situación confusa que identificaba política y Administración, con los resultados de inseguridad, provisionalidad y dependencia de los vaivenes políticos que forjaron una de las figuras clásicas y preferidas por la literatura y la prensa satírica del siglo, el *cesante*.

Durante los años 30 la reforma de la Administración había sido episódica y parcial a partir de la transición entre el Estado absoluto y los planteamientos del Estado liberal. Las piezas de la Administración se fueron soldando, pero la *reforma administrativa* fue uno de los empeños más reiterados por el proyecto moderado. La centralización del Estado y la «función pública» planteaba la necesidad de una racionalización de la burocracia y una estructuración de los empleos. Hasta primeros de los años 50 sólo se habían producido algunas medidas aisladas, parciales o específicas para algún sector de los empleados públicos, como las de López Ballesteros en 1827 o González Bravo en 1844. Los estudios y proyectos dirigidos por Bravo Murillo sobre la reforma de la Administración culminaron durante su presidencia del Consejo de Ministros en el real decreto de 18 de junio de 1852, que marca un antes y un después en la Administración pública. Su basamento era la uniformidad en el funcionamiento de la maquinaria administrativa y de sus empleados. El decreto reguló todo el sistema de «funcionariado» y racionalizó los empleos de la Administración en cuanto plantillas, categorías, sueldos, turnos, ascensos... de una forma homogénea con normas de carácter general para todas las dependencias de la Administración. Se establecieron las categorías de jefe superior, jefe de administración, jefe de negociado, oficial de administración y aspirantes a oficiales, cada una subdividida en varias clases, y con sus retribuciones correspondientes. Se fijaban las condiciones de ingreso y ascensos en términos concebidos como «carrera administrativa» regulados por un sistema mixto de elección ministerial y antigüedad. Además se regulaban otros aspectos parciales: derechos pasivos, licencias, jubilación, cesantías... De todas formas el desarrollo de la carrera administrativa seguía dependiendo de los clientelismos políticos, no sólo por la existencia de la elección, sino por la imposibilidad del empleado de exigir razones de separación, traslado, suspensión... El intervencionismo político continuó siendo un hecho a pesar de los reglamentos de 1852 para la aplicación de este decreto en los distintos ministerios.

Sus resultados fueron desiguales en la aplicación, pero lo más importante consistió en el establecimiento de las líneas maestras en la concepción de la Administración pública y, aunque fue completada o reformada parcialmente después, reguló la vida administrativa de los empleados públicos durante todo el siglo.

14.6. Codificación. El Código Penal y el proyecto de Código Civil. La administración de la Justicia

Siguiendo las pautas del modelo francés, y la veta ilustrada del derecho natural, que vincula Estado liberal-constitucional con codificación, el moderantismo recogió la trayectoria del liberalismo inaugurado en Cádiz, y continuada en el Trienio, para promulgar los Códigos que completaran la articulación jurídica del Estado, como sistemas de leyes ordenadas, unificadas y racionalizadas en sustitución de la casuística legal del Antiguo Régimen. Los aspectos doctrinales ya recogidos constitucionalmente desde 1812 implicaban la uniformización legislativa de todos los territorios de la monarquía, la igualdad de los ciudadanos ante la ley y el respeto de los derechos individuales, sobre todo el de propiedad individual. Pero la codificación no tuvo una secuencia inmediata ni correlativa al conjunto constitucional. Durante la década moderada los resultados fueron dispares, ya que si por un lado el Código Penal fue reformulado, en lo que respecta al Código Civil solo cuajó en un proyecto de 1851, prolongando una cuestión pendiente hasta la etapa de la Restauración.

El modelo napoleónico desarrollado en Francia ligaba Estado liberal, declaración de derechos individuales y un Código Civil que tuviera como objeto «la tutela de propietarios, la garantía de la libre disponibilidad de la propiedad individual y la protección de la iniciativa económica privada y que además sirviera como instrumento unificador de los ordenamientos jurídicos heredados de la historia, sirviendo, al unirlos, como vehículo de unificación nacional», en palabras de Tomás y Valiente. Los planteamientos doctrinales de 1812 no dieron como resultado la elaboración de un Código Civil al frustrarse durante la etapa gaditana y el Trienio sus respectivos proyectos. El retraso implicó que problemas de carácter jurídico-civil fueran encauzados a partir de la legislación sobre disolución del régimen señorial, desamortizaciones y desvinculaciones culminada en los años 30, es decir, un conjunto legal que significaba la transformación jurídica de la propiedad en los términos de la revolución liberal, realizada antes del Código Civil. El planteamiento de un Código civil según el modelo francés originó un largo y denso debate en los países europeos. En Alemania triunfaron las tesis de una ciencia jurídica autóctona y la consideración del elemento histórico del derecho como parte de la conciencia nacional, mientras que en Italia y España, en sus múltiples intentos por establecer el Código Civil predominaron los aspectos doctrinales y técnicos franceses.

Hasta los años 40 fueron varios los intentos —periodo gaditano (1809), Trienio liberal (1821), años 30 (1832-1834)...— de crear un Código Civil. Tampoco lo lograron los moderados, aunque durante esta etapa se realizó el proyecto más importante —el de 1851— de todos y el que sirvió de modelo para el Código de 1889. De tono afrancesado, siguiendo las pautas del Código napoleónico, contenía ingredientes que no soportaron la crítica de sectores e instituciones en temas que implicaban una notable modernización del derecho civil. Entre otros aspectos asignaba a los tribunales civiles el conocimiento de las causas de divorcio, que no disuelve el matrimonio canónico, único reconocido —«el matrimonio ha de celebrarse según disponen los cánones de la Iglesia Católica admitidos en España»—, pero sí «suspende la vida común de los casados». El proyecto cumplía escrupulosamente con los principios doctrinales de la protección y regulación en un sentido individual de la propiedad, libre y absoluta, e impedía a las instituciones de «manos muertas» —Iglesia, municipios, establecimientos de beneficencia, hospitales, instrucción pública...— la adquisición, por testamento, de cualquier clase de bienes inmuebles, y para adquirir bienes muebles precisaban de autorización especial del Gobierno. Además implicaba la desaparición de todas las normas y contratos que limitaran la libre disposición y circulación de bienes. Otro de los elementos de interés es la supresión de todos los derechos civiles forales, regulación coherente desde el punto de vista de la uniformización jurídica de todo el Estado, pero que tendría que esperar a la etapa de la Restauración para que desaparecieran los últimos residuos forales. El proyecto, sometido a prolongados estudios y debates, nunca fue aprobado y en su lugar se fueron promulgando una secuencia salpicada de leyes civiles que no llegarían a formar un conjunto codificado hasta los años 80, en plena etapa de la Restauración y una vez que la influencia de la Escuela Histórica del Derecho hubiera cambiado la perspectiva de la codificación. Esa secuencia tuvo como episodios jurídicos más importantes, por orden cronológico, Ley de Enjuiciamiento Civil (1855), Ley Hipotecaria (1861), Ley del Notariado (1862), Ley de Aguas (1866), Ley de Registro Civil (1870) y Ley de Matrimonio Civil (1870).

Por ley de 19 de marzo de 1848 se promulgaba un nuevo Código Penal, que adquirió carta definitiva de naturaleza en 1850 con una edición rectificada que estaría en vigor hasta el Sexenio democrático. Se trataba de una nueva formulación que sustituía al primer Código Penal de 1822, y donde confluyen diversos referentes desde Beccaria a Bentham. Su elaboración en primera versión, la de 1848, estuvo asociada a los dirigentes «puritanos». Su principal autor —redactor encargado por la Comisión de Codificación— fue Manuel Seijas Lozano, e influyeron notablemente, aunque no fuera el autor principal, los planteamientos del líder puritano Pacheco, sobre todo sus *Lecciones de derecho penal*, pronunciadas en 1839-40 en la Cátedra de Derecho Penal del Ateneo y publicadas en 1842. El propio Pacheco publicaría después su importante *Comentario* al Código de 1848.

El Código Penal recoge el ideario de la adecuación y proporcionalidad de los delitos y las penas. El sistema de ordenamiento consistió en la descripción de los delitos y la tipificación de las penas, de tal forma que el Código prevé tipos de delitos y penas a los que los tribunales deben adaptar los casos concretos presentados, lo que vincula la calificación del derecho con la del hecho. El contenido se ajusta al molde moderado en la forma de entender las libertades individuales, la propiedad y el orden público. Respecto a las primeras se rebajan las penas de los delitos contra ellas, en cuestiones tales como las detenciones arbitrarias. Por otro lado los atentados contra la propiedad adquieren grado máximo (daños materiales, robo...) y se endurecen las penas relacionadas con delitos de orden público, entre ellas las asociaciones ilícitas (art. 211 y 212), consideradas como tales las que se «hubieran formado sin consentimiento de la Autoridad», en un contexto en el que empezaba a despuntar un movimiento societario entre clases trabajadoras urbanas, en sociedades de resistencia, mutualismo o bajo el manto del obrerismo democrático.

La Constitución de 1812 había establecido los principios doctrinales básicos de la concepción liberal del poder judicial y de la organización de la justicia, sobre la base de la división de poderes y la unificación de jurisdicciones. Sin embargo la brevedad de la experiencia gaditana y del Trienio dejó muchas cuestiones pendientes en el desarrollo práctico de estos principios. En los años 30, durante el bienio 1834-35, se sentaron las bases de la racionalidad territorial de la administración de justicia y de la normativa de su organización y funcionamiento. Siguiendo las posibilidades abiertas por la división territorial en provincias de 1833, el real decreto de 21 de abril de 1834 subdividía las provincias en partidos judiciales a cuyo frente se situaba un juez de partido o de primera instancia. Otro decreto de 26 de enero de 1834 había establecido la demarcación de Audiencias. Igualmente el real decreto de 26 de mayo de 1834 daba cuerpo al Tribunal Supremo recogiendo las atribuciones en la materia de los suprimidos Consejos de Castilla e Indias. Ésta era la arquitectura básica desarrollada en cuanto organización y competencias por el reglamento para la administración de justicia en la jurisdicción ordinaria de 26 de septiembre de 1835, de las ordenanzas para las Audiencias de 20 de diciembre de 1835 y, finalmente, el reglamento del Tribunal Supremo de 17 de octubre del mismo año.

Tal organigrama básico, que sustituía a la complicada y arbitraria trama judicial del Antiguo Régimen, es el que recibían los moderados en la década siguiente. El problema ahora residía en cómo encajar este organigrama en la práctica centralizadora de la versión moderantista. En otras palabras, se planteaba el asunto central de la independencia del poder judicial. Los moderados siguieron la lógica racionalizadora anterior, sin embargo fueron más allá de una política reguladora para cuestionar el principio de la división de poderes en una óptica de centralización absoluta en cuanto a la toma de decisiones y organización de los poderes. Para empezar, la Constitución de 1845 establecía una significativa diferenciación semántica con respecto a la de 1837: el concepto de poder judicial quedaba mutado por el de *administración de la justicia*, es decir, un rechazo implícito de la justicia como poder independiente para subordinarlo al poder ejecutivo, aunque desarrollado a través de órganos propios. Téngase en cuenta que la independencia judicial no viene explicada únicamente por una declaración acerca de la separación de poderes, sino que la independencia efectiva de los jueces estaba intrínsecamente relacionada con las mayores o menores dosis de autonomía y organización interna. Aunque la independencia de los jueces fuera continuamente invocada, un rico debate de la época contemplaba el problema desde estas dos perspectivas. Teóricamente se establecía por los moderados la inamovilidad de los jueces y la real orden de 8 de octubre de 1847 iba en esta dirección, pero la realidad fue muy diferente y la injerencia del ejecutivo en nombramientos y disposiciones reguladoras de la organización interna judicial fue constante.

La práctica racionalizadora e intervencionista se concretó en un conjunto legislativo que tuvo como piezas más importantes el reglamento de juzgados de primera instancia de 1844, encargado de regular la organización judicial inferior con la creación de departamentos o cuarteles en los partidos judiciales, la fijación de turnos de juzgado y las formas de celebración de las audiencias. En este nivel de la justicia las competencias a menudo chocaron con las funciones judiciales atribuidas anteriormente a los alcaldes mayores y corregidores en una situación depurada por el reglamento de 1844 y parcialmente resuelta con la Ley de Enjuiciamiento Civil de 1855. Por otro lado, el real decreto de 5 de enero de 1844 que publica la «Adición al reglamento del Tribunal Supremo y a las Ordenanzas para las Audiencias», sistematizaba el gobierno de la organización judicial superior. Creaba las Juntas Gubernativas de estos altos tribunales, de nombramiento real, asignándolas un amplio abanico de atribuciones —inspección, nombramiento, dirección, provisión de interinidades, cesantías...— que facilitaba la intervención del ejecutivo en la composición y actuación de los tribunales. El real decreto de 4 de marzo de 1850 ratificaba la creación de las Presidencias de Sala de las Audiencias del Tribunal Supremo, institucionalizadas por real decreto de 9 de diciembre de 1843, acentuando la capacidad de nombramiento por el ejecutivo y relegando los criterios de antigüedad a un segundo plano. La racionalización tuvo otro episodio legal concordante con la organización burocrática de los empleos de la Administración en su conjunto, con el real decreto de 7 de marzo de 1851 estableciendo normas para la provisión, suspensión, jubilación, ascensos de jueces y magistrados, y al año siguiente se elaboraba el escalafón de funcionarios del orden judicial. La maquinaria de la justicia quedó racionalizada, pero se acentuaron las formas de intervención del ejecutivo ya presentes en las etapas anteriores. «La selección de jueces —escribe Sainz Guerra— muestra el clima conflictivo existente hasta las mismas puertas de la ley de 1870. La designación de los miembros de la judicatura estaba en manos del gobierno, que empleaba criterios de conveniencia propia, alejándose de una cada vez más necesaria objetividad. Este arbitrio gubernamental no solamente iba en detrimento de la imprescindible formación de la judicatura sino que, por encima de todo, dañaba la credibilidad de jueces y magistrados, a quienes se seguía viendo como fieles servidores de los políticos de turno». Habrá que esperar a la ley de 1870 para que la organización judicial culmine su andadura organizativa con un esquema perfectamente estructurado en cuanto distribución territorial y funciones.

14.7. La reforma hacendística

La construcción del Estado liberal exigía de manera perentoria una reforma tributaria en profundidad, o en términos más exactos, la creación de un sistema tributario eficaz que sustituyera a la inorgánica y fragmentada malla hacendística del Antiguo Régimen, francamente ineficiente y anacrónica como fuente recaudatoria. La idea de una reforma fiscal ya fue planteada por las Cortes de Cádiz, pero los vaivenes políticos la habían aplazado continuamente, salvo una breve experiencia durante el Trienio liberal. La propia lógica de restablecimiento del absolutismo había obviado esta tarea, empeñándose en arreglar la hacienda del Estado con reformas administrativas sin alterar los fundamentos del sistema de exenciones y privilegios. De ahí el fracaso de los ensayos reformistas de Martín de Garay en 1817 y de López Ballesteros durante los años 20. En la década siguiente y en el contexto de la Guerra Carlista, la desamortización obvió y sustituyó la creación de un marco hacendístico moderno que regulase ingresos y gastos, ya que las previsiones del incremento de los ingresos como consecuencia de la venta de bienes nacionales sería la solución, al menos a corto plazo. La conclusión fue que el incremento sucesivo de los gastos extraordinarios, sobre todo en la financiación de la guerra civil, no había encontrado su correlato en unas formulas recaudatorias más eficaces. El Estado había llegado a unos límites de endeudamiento insostenibles que amenazaba con una suspensión técnica de pagos. En la inmediata antesala de la reforma tributaria de los moderados cabe hablar de un Estado empeñado con una red de contratistas y especuladores que habían nacido principalmente al calor de la Guerra Carlista y de los abastecimientos y financiación del bando liberal.

En 1843 la deuda flotante, exigible a corto plazo, se elevaba a 2.500 millones de reales, incluidos los sueldos de los empleados públicos y los haberes de las clases pasivas. Unamos a todo ello la fragilidad del crédito exterior, receloso de un Estado incapaz de hacer frente a las obligaciones contraídas. La reforma tributaria fue el primer empeño del Gobierno Narváez, y en concreto de su ministro de Hacienda Alejandro Mon. Existía ya una publicística abundante que se había ocupado del tema en los últimos treinta años. Especie de arbitrismo hacendístico, uno de cuyos últimos exponentes era Ramón de Santillán. Sus apuntes serán claves para establecer la filosofía de la reforma. En efecto, Ramón de Santillán fue el teórico del nuevo sistema tributario que vio la luz por la ley de 23 de mayo de 1845. El conjunto reformista pasó por dos etapas sucesivas. En primer lugar la atención a la coyuntura inmediata, es decir, resolver la cuestión del enorme monto de la deuda flotante. Como solución se acudió al desarriendo de la renta del tabaco, pieza clave en el sistema de contratas del Estado y la conversión de la Deuda. El 4 de febrero, previa negociación, la deuda flotante se consolidó. Nacía *el tres por 100 consolidado*, que se convirtió en uno de los valores más duraderos y seguros en la España del siglo XIX. El célebre 3 por 100 permitió sedimentar una capa de rentistas procedentes de las clases medias, emblema del bienestar económico del periodo 1857-1865.

La creación del sistema tributario, más que un producto de nuevo cuño, se basa técnicamente en la sistematización y racionalización de los numerosos impuestos heredados del Antiguo Régimen. Transformación posibilitada por los cambios jurídicos que en el plano económico se habían sucedido en los años 30. La redefinición del estatuto de propiedad por la desamortización y desvinculación, la abolición de los diezmos y de los derechos señoriales, configuran el nuevo universo jurídico que permite un cambio cualitativo más allá de una mera reordenación técnica. Y es aquí donde reside la novedad del sistema Mon. Es decir, sin la transformación jurídica de los derechos de propiedad y de toda la cohorte afín que deja abolida la propiedad señorial, esta reforma no hubiera sido más que otro ensayo de los experimentados durante el Estado absoluto. Ahora se adaptaba el sistema tributario a las nuevas relaciones sociales y económicas nacidas de la edificación del Estado liberal. Había que adecuar la dinámica fiscal a los principios liberales de igualdad y proporcionalidad ante el impuesto.

El sistema Mon se articulaba sobre la base de dos tipos de impuestos: directos e indirectos. Los primeros se subdividían a su vez en tres categorías. La *contribución sobre el cultivo, inmuebles y ganadería* —es decir, la contribución territorial—; el *subsidio industrial y de comercio* y el *derecho de inquilinato*. Los dos primeros gravaban el producto obtenido de la propiedad de un bien y el tercero era de tipo personal, un gravamen de los alquileres que superasen los 3.000 reales en Madrid, 2.000 reales en capitales de provincia y 1.500 reales en el resto de poblaciones, que pronto cayó en desuso por la imposibilidad técnica de su recaudación.

Cuantitativamente la contribución territorial era el ingreso previsto más importante, estimándose en un 25 por 100 del total de los ingresos. Porcentaje que equivalía a 350 millones de reales para el primer ejercicio, que la presión de los grandes propietarios territoriales consiguió rebajar a 300 millones. La carencia de un soporte administrativo hacendístico centralizado, obligó a recurrir para la recaudación al método de cupos provinciales y municipales, que recordaba a los antiguos *repartimientos*.

Por otra parte, el subsidio industrial y de comercio combinaba el pago de la patente, es decir, el ejercicio de una profesión, con los ingresos derivados de la misma. También aquí se aplicaron los cupos. Eran los «gremios» los encargados de repartir el cupo de contribución entre sus asociados, gremios que si desde el punto de vista jurídico estamental habían quedado abolidos, se conservaron como unidades de recaudación fiscal, pero vaciados del contenido sociológico que habían tenido durante el Antiguo Régimen. Se trataba de un impuesto reorganizado que ya había surgido a finales del siglo XVIII de otros varios y se había aplicado a las rentas derivadas de la actividad mercantil e industrial para igualarlas a las rentas territoriales, réditos de censos y de otra especie de la riqueza mobiliaria. En 1824 se fijó su cuantía en 10 millones de reales y en 1835 en 14 millones. Ahora, con la reforma, se elevó a 40 millones, aunque el Gobierno sólo solicitó 25. Los comerciantes afectados empezaron a percibirlo como mero incremento injustificado de la presión fiscal con fines recaudatorios. La *Sociedad Mercantil Matritense,* y las *Juntas de Comercio* de Madrid y Barcelona, encabezaron una protesta expresada en la sucesiva presentación de peticiones al Gobierno y a la Reina, al mismo tiempo que la protesta trascendía a la calle.

Los impuestos indirectos afectaban a la circulación y consumo de bienes. El de menor envergadura era el derecho de hipoteca aplicado a la transmisión de bienes, incluidas las herencias. El grueso de los impuestos indirectos recaía sobre el consumo con los *derechos de puertas y consumos* como capítulos fundamentales. Gravaban, en frase de los contemporáneos, los *artículos de comer, beber y arder,* menos el pan, las legumbres y las hortalizas e igualmente se recaudaban a escala municipal. Los tipos impositivos ofrecían una amplia gama que dependía del tamaño de las poblaciones, en una relación directamente proporcional: a mayor población mayor gravamen, en una pirámide recaudatoria en cuya cúspide se situaban Madrid y Barcelona. Para compensar la rebaja de 350 a 300 millones de la contribución territorial, se fijaron unos ingresos sobre el consumo de bienes de 180 millones de reales, equivalentes al 60 por 100 del valor supuesto a la contribución territorial. Los *consumos* socializaron la práctica del impuesto, con indudables repercusiones sociales y políticas. Tendían a gravar a unos sectores populares desfavorecidos económicamente, que lo percibieron en todo momento como algo injusto en los cánones de la «economía moral de la multitud». Lo valoraban como una exacción establecida por una clase política presa de los terratenientes que transfería la disminución del gravamen sobre la propiedad hacia el consumo popular, por ello los consumos se convirtieron en una de las variables explicativas de los conflictos sociales del siglo XIX. El furor de la muchedumbre, sobre todo en época de crisis de subsistencias, se expresó en la quema de fielatos y en el maltrato de los *consumeros*. La abolición de los derechos de puertas y consumos fue utilizada como bandera política sucesivamente por los progresistas, demócratas y republicanos, que reivindicaron su abolición, efectiva durante 1854-56 y 1868-74. Suspensiones temporales, pero nunca abolición definitiva, porque la perpetua crisis hacendística y la imposibilidad política de incrementar el gravamen sobre la propiedad rústica o urbana, obligaron a su restablecimiento.

La reforma Mon de 1845, además de crear un sistema tributario en la acepción propia del término, significó una elevación sustancial de la presión fiscal. Fuentes contemporáneas insistieron en que comparativamente con otros países europeos, España se había situado en la cabecera de la presión tributaria *per cápita,* cuando el resultado comparativo de la *riqueza del reino* con otros países difería notablemente. La reordenación impositiva no sólo estuvo en función de necesidades eventuales en las arcas del Estado vacías por la acumulación de la deuda, sino que fue planteada a largo plazo desde la perspectiva de unas mayores necesidades de un Estado con vocación centralizadora y de fomento de la riqueza. Al menos teóricamente el Estado se planteaba la necesidad de vincular modernización política y modernización infraestructural, sobre todo en el aspecto de las comunicaciones: mejora de caminos, construcción de canales, extensión de las obras públicas, ferrocarriles, telégrafos y la modernización de servicios postales. Una actuación del Estado más compleja que exigía un sistema de captación de recursos más sólido y eficiente. En la práctica el Estado liberal siguió ocupando la mayor parte de sus presupuestos en gastos corrientes y en el servicio de la deuda, limitando los gastos de inversión en infraestructura, en un círculo vicioso que hizo arraigar entre la población, y sobre todo en la percepción de las clases medias, la idea de un despilfarro generalizado de los recursos disponibles. Sin embargo, la gestión directa del Estado o su acción indirecta como cobertura de la iniciativa privada, resultaron básicas en temas tales como la construcción del telégrafo o del tendido ferroviario. En los años 40 una de las preocupaciones de los Gobiernos moderados fue la dotar a España de una red telegráfica.

El sistema Mon continuó vigente a lo largo del siglo XIX. Las posteriores reformas solo fueron apéndices técnicos que apenas alteraron los fundamentos de esta filosofía impositiva que, de hecho, se proyectó hasta bien entrado el siglo XX.

14.8. La instrucción pública

En el terreno educativo los moderados continuaron con la trayectoria anterior de la revolución liberal que dotaba a la enseñanza del carácter de asunto público —*interés general*— y del que por tanto debía ocuparse el Estado. La *instrucción pública* exigía por parte del Estado una normativa y además la acentuación de sus funciones a través de las escuelas públicas y la regulación de las privadas. Era el correlato en el ámbito educativo —formación de ciudadanos— de la construcción del Estado liberal, basado en el intervencionismo estatal y en un modelo de centralización con fuerte referente francés. Fue también el ministro Pidal, que incluía en su cartera estas competencias, el que elaboró un real decreto publicado el 17 de septiembre de 1845 sobre instrucción pública, conocido como el Plan Pidal, aunque su protagonista fue el director general Antonio Gil de Zárate. Se organizaban los distintos escalones de la enseñanza con los planes generales de estudio. Pero sobre todo, a partir de este Plan se normalizó la estructura de la enseñanza y las actividades de los centros docentes oficiales y privados.

La enseñanza secundaria se dividía en dos grados: elemental, de 1.º a 5.º, con base humanística y un conjunto de asignaturas de ciencias, y de ampliación, 6.º y 7.º, que reunía materias de las futuras carreras universitarias. Los centros públicos de enseñanza secundaria se denominaban *institutos,* y sus costes se atendían desde organismos públicos. Los establecimientos privados, según el decreto, «son aquellos cuya enseñanza se sostiene y dirige por personas particulares con el título de Colegios, Liceos o cualquier otro». Respecto a estos centros privados se establecían tres categorías: 1.ª donde se imparten todas las materias de la enseñanza elemental y dos al menos de las de ampliación; 2.ª donde se imparte el ciclo elemental y 3.ª dedicados a alguna parte de la enseñanza elemental. Para abrir estos establecimientos privados era precisa la autorización gubernativa y se establecía la distinción de propietario y director para resolver la complicada herencia de establecimientos en los que el propietario-director no era licenciado. Para abrir, por tanto, un establecimiento de segunda enseñanza era obligatorio que su dueño, además de la autorización gubernativa, depositara una cantidad de 10.000 reales para los de 1.ª clase, 6.000 para los de 2.ª y 3.000 para los de 3.ª, mientras que los directores debían ser doctores (1.ª clase), o licenciados (2.ª y 3.ª). Ambos, propietario y director, podían coincidir en la misma persona si reunía todos los requisitos.

En cuanto a la enseñanza universitaria, con un control total del Estado, estaba dedicada a la especialización y se exigía la enseñanza secundaria elemental y de ampliación para continuar así estudios en las facultades mayores de Medicina, Farmacia, Jurisprudencia o Teología. Para obtener el título de doctor se cursaban dos años (8.º y 9.º), en Ciencias o en Filosofía. En la enseñanza universitaria también se ampliaron las materias referentes a Ciencias.

Guardias civiles del siglo XIX.

14.9. El orden público. La creación de la Guardia Civil

En el contexto de la idea genérica de *orden* moderado como freno a las veleidades revolucionarias y el mantenimiento de la estabilidad del régimen en términos políticos, administrativos e institucionales, el moderantismo buscó los intrumentos de *orden público y seguridad ciudadana* entendidos como piezas de la construcción del Estado y su vocación centralizadora. Es decir, el concepto de orden público, más allá de la creación de un nuevo cuerpo armado para mantener el orden, pasaba a convertirse en el instrumento de un sistema global de orden acoplado a la idea de centralización, control gubernamental y organización racionalizada del Estado. Así se cumplía una de las premisas básicas de la veta doctrinaria del moderantismo: defensa del orden y de la propiedad, aunque en la práctica supusiera un detrimento de la otra premisa del liberalismo: el ejercicio de las libertades individuales.

Esta idea de orden público y seguridad ciudadana cuajó en la creación el 23 de marzo de 1844 de la *Guardia Civil* durante el Gobierno González Bravo, confirmada e impulsada por el primer Gobierno Narváez por decreto de 13 de mayo de 1844 y con reglamento de 9 de octubre del mismo año. Aunque posteriormente tuvo algunas redefiniciones en algunos ámbitos de competencias hasta encontrar su acomodo en el funcionamiento del Estado, las líneas maestras, en cuanto a naturaleza, estructura y objetivos del nuevo cuerpo armado, dirigido por el duque de Ahumada, quedaron definidas en 1844.

Esta lógica de centralización del Estado y control gubernamental no se planteó con vocación de medida coyuntural, al igual que otras variables del Estado, sino como consecuencia de entender el orden público como institución permanente, vinculada al ejército y a las órdenes de la autoridad civil delegada del Gobierno, dotada de eficacia, preparación técnica y autoridad, en un proceso que fue sedimentando lentamente a lo largo del siglo.

La Guardia Civil respondía al modelo de seguridad nacional, como ha estudiado López Garrido, homogéneo en sus competencias y funcionamiento, dependiente del control gubernamental, frente a la descentralización de cuerpos armados locales. Su carácter de cuerpo armado de ámbito nacional, centralizado, jerarquizado, reglamentado e instruido, le diferenciaba de la dispersión de cuerpos de ciudadanos civiles armados con actuación autónoma, en relación a los poderes locales, y desligados en todo caso de un gobierno central. Nacía, pues, desde una perspectiva distinta a la de la milicia nacional, de hecho convertida en instrumento revolucionario del liberalismo en su versión progresista. La Guardia Civil no respondía a las mismas necesidades y objetivos de la milicia nacional, aunque parcialmente esta se ocupara entre sus actividades del mantenimiento del orden, y en todo caso del orden revolucionario. La milicia nacional era producto histórico de la revolución y de su defensa. La Guardia Civil era producto de la defensa del orden una vez clausurada por el moderantismo la revolución. En suma, aunque la milicia nacional fuera disuelta en 1844, no eran organismos necesariamente excluyentes, sino fruto de planteamientos distintos, de hecho fueron cuerpos simultáneos durante el Bienio progresista y el Sexenio democrático.

Sus objetivos, competencias y funciones, limados en los años siguientes a su creación, tenían como proyecto básico el mantenimiento del orden, la seguridad pública y la protección de las personas y de las propiedades «dentro y fuera de las poblaciones», que iría ampliando con funciones de auxilio y beneficencia pública. Fue adquiriendo el perfil y la función de autoridad. Un reglamento de 1852 amplió los anteriores objetivos con el de «auxilio en la ejecución de las leyes», con lo que adquiría capacidad de maniobra para restablecer la autoridad, sin permiso previo ni orden directa de la autoridad civil: «Todo jefe, oficial o individuo de tropa de esta fuerza, se halla obligado respectivamente a sofocar y reprimir cualquier motín o desorden que ocurra en su presencia, sin que sea necesario para obrar activamente la orden de la autoridad civil.» La Guardia Civil se convertía así en la autoridad misma, delegada explícita e implícitamente del Gobierno, incluso allí donde no llega directamente la acción del Estado. Era el referente y emblema de autoridad en poblaciones y caminos.

Los fines eran civiles, pero su naturaleza y estructura era militar. Aquí residía su principal innovación. No eran civiles eventualmente armados, sino profesionales de naturaleza militar especializados en la defensa del orden. Organizados e instruidos militarmente sobre los principios de jerarquía y disciplina, los guardia civiles fueron formados con el «espíritu de cuerpo» característico de la mentalidad militar, dependientes de sus jefes de cuerpo y de las autoridades civiles (jefes políticos-gobernadores civiles). En 1844 contaba con unos efectivos cercanos a los 6.000 hombres, más de doscientos oficiales organizados en compañías de caballería e infantería, que se desplegaron por todo el territorio, para duplicarse los efectivos —12.000 hombres— en veinte años y adoptar la organización de tercios. Pasaron a integrarse en la vida de las poblaciones —en esa concepción militar y a la vez civil—, a partir de la casa-cuartel en las localidades, método que se apeaba de la autonomía propia de la vida y objetivos específicamente militares. También se incorporaron al paisaje rural. Para muchas poblaciones y durante mucho tiempo, con un precario sistema de transportes y comunicaciones, la Guardia Civil se convirtió en el único referente de una autoridad central y de la existencia misma del Estado.

14.10. Relaciones Iglesia-Estado. El Concordato con la Santa Sede

La llegada de los moderados al poder y su proyecto de Estado contempló como uno de los objetivos prioritarios, y asunto pendiente de la revolución liberal, la reordenación de las relaciones con la Iglesia. Y en ello eran coincidentes, en lo fundamental, todas sus tendencias, abriendo una política de acercamiento a Roma y a la jerarquía eclesiástica española. El proceso de restablecimiento de relaciones con la Santa Sede y la adecuación del funcionamiento del Estado con el de la Iglesia fue lento y complicado, con frecuentes gestos, medidas parciales y negociaciones que duraron siete años, para culminar con la firma del Concordato con la Santa Sede en 1851. Para los moderados no se trataba de un arreglo coyuntural, sino de la redefinición de las relaciones Iglesia-Estado una vez asentado el modelo moderado de entender la revolución liberal. Buscaban un acuerdo global y como pieza imprescindible el reconocimiento de Isabel II por Roma. Y en ello pusieron todo su empeño, pero todo pasaba por el delicado asunto de la desamortización y la situación económica del clero.

La animadversión de la Iglesia se había multiplicado después de los decretos de Espartero de 1841 que habían puesto nuevamente en marcha la venta de bienes del clero secular, lo que significaba un proceso de enajenación patrimonial de envergadura. Los moderados, que ya en aquel año no compartían la política desamortizadora en relación al clero secular, tuvieron en el horizonte de su política la paralización de las ventas del clero secular, y al tiempo el intento de que Roma legalizara las ventas ya realizadas, tanto las del clero regular como las del secular, es decir, no desamortizar más a cambio del reconocimiento por el Vaticano de las ventas consumadas. En compensación el Gobierno ponía en marcha una serie de concesiones económicas en el tema referente al culto y clero. Y en ello residió el punto nodal de las negociaciones con la Santa Sede durante la década.

El primer eslabón de esta política fue la iniciativa gubernamental de 1844 con el Gabinete Narváez. El ministro de Hacienda Mon presentó un real decreto a la Reina, que fue sancionado el día 26 de julio y promulgado el 8 de agosto de 1844, por el que se suspendían las ventas de bienes del clero secular, aplicando sus rentas al mantenimiento del culto y el clero. En un primer borrador de la exposición de motivos del decreto, su redactor, Sainz de Andino, iba más allá al figurar la devolución de bienes. Por el momento el texto definitivo contempló sólo la paralización de las ventas, y su argumentación se dirigía a la mala situación económica del clero, al tiempo que declaraba la voluntad firme del Gobierno de «respetar y hacer respetar» las enajenaciones realizadas hasta la fecha, tanto del clero secular como del clero regular. Este era el mensaje y la búsqueda del equilibrio entre las concesiones a Roma y el mantenimiento y reconocimiento oficial de las ventas ya realizadas, en función del incuestionado derecho del amplio abanico de propietarios relacionados con la desamortización. Se trataba así de armonizar los intereses de uno de los componentes de su basamento sociológico, los propietarios, con los de la Iglesia, impidiendo nuevas ventas pero sin cuestionar las anteriores ni su argumentación.

En el mes de marzo de 1845 las Cortes aprobaron una ley de dotación de culto y clero que allegaba recursos para su mantenimiento. El 3 de abril de 1845 se daba otro paso más en la dirección emprendida, al promulgarse un real decreto por el que «los bienes del clero secular no enajenados y cuya venta se mandó suspender por real decreto de 26 de julio de 1844, se devuelven al mismo clero». Un salto cualitativo como concesión económica a la Iglesia, pero el asunto de la dotación del culto y clero, como compensación a la enajenación patrimonial planteado por Roma, fue considerado insuficiente y provisional, convirtiéndose en un punto central de las negociaciones, sólo definitivamente resuelto con el propio Concordato.

Las negociaciones oficiales habían comenzado en este contexto, durante el mes de marzo de 1845, con la aceptación de credenciales por el Vaticano, pero el trasunto era complicado al confluir muchas cuestiones en la búsqueda de un nuevo acoplamiento Iglesia-Estado. En la Constitución promulgada ese año se constató la voluntad de acercamiento a la Iglesia con la declaración de confesionalidad y la obligación del Estado del mantenimiento del culto y clero. Además el modelo parlamentario había incluido en la composición del Senado las dignidades eclesiásticas, con lo que arzobispos y obispos tenían un canal institucional de representación en una Cámara, la que precisamente se designaría como el foro principal que entendería en asuntos eclesiásticos.

Las negociaciones frecuentemente suspendidas tomaron un nuevo impulso al calor de nuevas iniciativas consistentes en la legislación sobre culto y clero, pero sobre todo con el papado de Pio IX, que envió en 1849 al nuncio Brunelli. En 1848 y 1849 dos leyes complementarias sobre el culto y clero: la primera estableció provisión de prebendas y beneficios eclesiásticos, y en la segunda se regulaba la dotación de culto y clero, arbitrándose las partidas de dotación incluida una contribución específica, al tiempo que el Gobierno planteaba la necesidad de una solución definitiva con el estudio de una futura «ley sobre el arreglo definitivo del clero». Mientras, se aceleraban las negociaciones.

El *Concordato con la Santa Sede* fue firmado el 16 de marzo de 1851, por los plenipotenciarios Brunelli y Bertrán de Lis, ratificado el 1 y 23 de abril y promulgado en España por la Ley de 17 de octubre de 1851. La firma se produjo con el Gabinete Bravo Murillo, pero su último impulso correspondió al tercer Gabinete Narváez, y, considerado a más largo plazo, fue el resultado global del proyecto moderado.

El Concordato regulaba en todos sus aspectos —jurisdiccionales, económicos, administrativos...— unas relaciones Iglesia-Estado de nuevo cuño, clausurando una espiral de discrepancias en torno a la revolución liberal, y las respuestas de la Iglesia, con un marco normalizado de relaciones.

En cuanto a la resolución de los principales puntos de discrepancia, la desamortización y la dotación del culto y clero, es decir, la cuestión económica del clero, fueron incluidas específicamente y desarrolladas en el Concordato, aunque su articulado entendía todas las cuestiones jurisdiccionales, disciplina eclesiástica, prerrogativas de la Corona, atribuciones respectivas... La Iglesia aceptó como hecho consumado el fenómeno desamortizador respecto a las ventas realizadas hasta 1844, pero no las legitimaba expresamente, en todo caso se comprometía por el artículo 42 a no impugnarlas ni cuestionarlas a sus compradores y herederos. Por su parte el Estado reconocía la capacidad de la Iglesia para adquirir bienes, pero sobre todo asumía la obligación de los gastos de culto y clero —en términos formales era un precepto constitucional—, incorporando para su consecución contenidos que procedían en su mayoría de la ley de dotación citada de 1849. Por los artículos 31 a 33 quedaban fijadas las dotaciones del clero según criterio jerárquico (160.000 reales anuales los arzobispos, 90.000 los obispos, hasta la escala de 2.000 a 4.000 de coadjutores y ecónomos). También se fijaban los gastos del clero. Para cubrir todas estas dotaciones se recurría principalmente a los productos de los bienes devueltos al clero por la ley de 1845 y de una imposición sobre propiedades rústicas y urbanas. Pero además el Estado se obligaba a devolver a la Iglesia, además de los bienes ya devueltos por la ley de 1845, los bienes del clero regular femenino no enajenados todavía (artículo 35) y todos los bienes eclesiásticos no comprendidos en la ley de 1845 y que estuvieran todavía en poder del Estado, esto es, bienes de regulares no vendidos (artículo 38). Ahora bien, respecto a estos bienes devueltos por los artículos 35 y 38, la Iglesia se comprometía a venderlos en pública subasta en la forma canónica —enajenación canónica— y a la colocación de su producto en inscripciones de la deuda del 3 por 100. Para la Santa Sede se colmaban las compensaciones en torno a la situación económica del clero —mantenimiento de culto y clero por el Estado— y se clausuraba totalmente la desamortización con la devolución de bienes.

En el plano de los mutuos reconocimientos se culminaban aspectos ya establecidos. Así el Concordato ultimaba la legitimación de la monarquía de Isabel II, ya reconocida, como uno de los pilares para apuntalar el régimen y por tanto la finalización de la oposición, al menos en términos formales, de sectores eclesiásticos al Estado liberal, a la par que se reconocía la religión católica como «única de la nación española», con la novedad añadida al principio constitucional de que «con exclusión de cualquier otro culto».

En el aspecto organizativo la Iglesia se renovaba, adoptando una nueva división y circunscripción de diócesis. De hecho, sobre la anacrónica distribución territorial del Antiguo Régimen se habían mezclado las políticas liberales del Trienio y de los años 30, pero faltaba una elevada dosis de racionalización en la organización eclesiástica. La nueva organización de diócesis del Concordato era el correlato de la reforma territorial y administrativa del Estado, es decir, guardaba pautas de coherencia con la lógica de instalación del Estado liberal al intentar adaptar territorialmente las circunscripciones eclesiásticas a la división provincial aunque no necesariamente coincidente. Así se integraban diócesis menores, desapareciendo ocho, se cambiaban algunas sedes de acuerdo a la realidad urbana del siglo XIX y se creaban tres nuevas diócesis: Madrid, Ciudad Real y Vitoria.

Además se rescataban las prerrogativas de la Corona, en relación con el derecho de patronato (patronato regio), en la línea del regalismo borbónico, por el que se actualizaba la intervención parcial o total de la Corona en la selección y designación de la jerarquía eclesiástica. Por su parte la Iglesia se aseguraba, a partir de una regulación, la intervención en la enseñanza. Finalmente se reformaba el régimen de seminarios, se establecían disposiciones sobre disciplina eclesiástica y se garantizaba la protección del poder civil a la Iglesia.

Con el Concordato finalizaba formalmente el contencioso entre la revolución liberal y la Iglesia, ventilado a partir de asuntos de primera magnitud como la desamortización y la dotación de culto y clero, pero iba más allá al establecer las nuevas reglas de juego entre un Estado que ya no era absoluto y una Iglesia que debía actualizar su situación una vez desaparecida jurídicamente la organización estamental de la sociedad. Por eso eran unas nuevas reglas de juego que no correspondían a las del Antiguo Régimen sino a las de la sociedad liberal, y esta vez, en ello reside la novedad, habían sido fruto de la negociación y no de la intervención del Estado o de la animadversión eclesiástica manifestada en múltiples respuestas. Se hacía compatible el liberalismo, una forma de liberalismo, con la Iglesia, que adaptaba su funcionamiento y aceptaba las nuevas reglas en el contexto europeo de extensión de las ideas liberales. Se articulaban así las nuevas relaciones Iglesia-Estado, delimitando poderes y funciones, con un Concordato que se presentó como un éxito político del moderantismo y de la diplomacia vaticana, regulando las relaciones hasta el siglo xx.

Capítulo XV

Teoría y práctica del régimen constitucional. Parlamento, Gobierno, Palacio

15.1. La mediatización del parlamentarismo

Si las Cortes de Cádiz moldearon un sistema constitucional que no tuvo aplicación práctica por la reacción absolutista de 1814, y si la puesta en vigor en 1820 de este modelo constitucional tampoco pudo sedimentar en una práctica política estable dada la brevedad de la experiencia, será en la *época isabelina* cuando por primera vez un sistema político organizado por constituciones articule una práctica política. El análisis de este sistema tendrá que reposar en un plano formal influido por los principios contenidos en las leyes fundamentales y en la concreción práctica de la actividad política. Dos dimensiones complementarias, teoría y práctica, en cuyos desfases y desequilibrios se sitúan las claves de comprensión para el estudio de esa actividad política. Los años 30 inauguran una situación política de nuevo cuño que en parte toma sus referentes del cuadro constitucional de 1812, pero que en gran medida se edifica sobre postulados revisados procedentes del doctrinarismo, es decir, de la adecuación de los fundamentos liberales a la realidad de una transición política en la que resulta evidente el fuerte peso específico de *herencias estamentales,* como resultado del papel jugado, autorreformándose, de determinadas elites procedentes del Antiguo Régimen, como es el caso de la nobleza, cuyo papel es vital para acordar una solución pactada a la transición. De esta manera, el modelo de prematura *monarquía parlamentaria* vislumbrado por los diputados gaditanos no llegó a cuajar en la nueva ambientación política nacida desde 1834. Dejará su paso a una *monarquía constitucional,* trasunto de la aludida solución pactada. Este nuevo modelo político se asienta en tres realidades constitucionales: Estatuto Real de 1834, que aunque no es en sentido estricto una constitución, da inicio al acervo constitucional moderado del siglo xix; la Constitución de 1837, primer ensayo constitucional progresista, y la Constitución de 1845, carta magna por excelencia del

El antiguo edificio del Congreso de los Diputados.

moderantismo con evidente proyección en el resto del siglo. Sin embargo las tres tienen un tronco común, independientemente de su adjetivación política: el *doctrinarismo* que depura el principio de 1812 de la soberanía nacional, buscando un acomodo en el marco constitucional a los residuos de la sociedad estamental hasta desembocar en la fórmula de la soberanía compartida de las Cortes con el rey.

Existe una asentada trayectoria historiográfica de los estudios sobre las constituciones en sus aspectos teóricos, técnicos y formales, y cuyo análisis preciso desarrollamos en sus capítulos correspondientes. Sin embargo otras aportaciones, como las de Tomás Villarroya y Marcuello, entre otros, han establecido las distancias con la teoría y han hecho hincapié en el estudio de la práctica constitucional, lo que ha contribuido a conocer mejor el funcionamiento del Estado liberal antes de 1868. El asunto central reside en la función reservada a la Corona, a las Cortes y al Gobierno en el esquema doctrinario y en la relación teórica y práctica entre estas esferas de poder, resueltas en un complejo marco de interferencias en el que los poderes constitucionales aparecen atravesados por poderes de hecho, derivados de las camarillas palatinas y de las presiones individuales o colectivas sobre el monarca, en forma de influencias decisivas que distorsionan la práctica constitucional. Para empezar la soberanía compartida está acompañada de la bicameralidad de las Cortes, el Estamento de Próceres en 1834 —luego Senado en 1837 y 1845— y el Estamento de los Procuradores en 1834 —después Congreso de los Diputados en 1837 y 1845. La composición del Senado elegido por el rey, de manera ilimitada en la Constitución de 1845, señala la intromisión institucionalizada de viejos grupos estamentales en el sistema político liberal y se convierte en uno de los centros de irrupción de la Corona en la vida parlamentaria, partiendo de la capacidad colegisladora del Senado y de la Cámara Baja. En efecto, el doctrinarismo concede al monarca unas prerrogativas formales y reales mucho más amplias y explícitas que la Constitución de 1812. «La soberanía nacional suponía —en palabras de Sánchez Agesta— un primado de las Cortes que la representaban; esta soberanía histórica del rey y las Cortes supone cuando menos, una equiparación de ambas instituciones, que cede fácilmente en una primacía de la Corona como órgano estable.» Primer hecho a destacar, la estabilidad de la Corona frente a la mudabilidad de la representación nacional. Lo que en términos teóricos supone una igualación, en la práctica política del moderantismo desembocará en la supremacía de la Corona sobre el Parlamento. Si en un régimen de monarquía parlamentaria el monarca aparece como una institución neutral, por encima del juego político —teniendo en cuenta que el régimen parlamentario supone en todas sus consecuencias llevar a la práctica el principio de la responsabilidad de los ministros ante el Parlamento, situándose el rey por encima de esta dialéctica—, en una monarquía constitucional el rey actúa en principio como *poder moderador* con tres prerrogativas básicas inherentes a la función regia: nombrar y separar libremente los ministros, facultad de disolver Cortes y veto absoluto e ilimitado. El rey arbitra los conflicto entre el ejecutivo y el legislativo, y asume, pues, funciones legislativas, fruto de la lógica de la soberanía compartida, ejecutivas y al mismo tiempo modera conflictos. Todo ello en un marco en el que la responsabilidad política de los ministros no está contemplada en los textos constitucionales, sólo la responsabilidad penal. Pero en la práctica parlamentaria del periodo se puso en marcha un embrionario proceso de responsabilidad política.

El sistema político del moderantismo ha sido denominado como el de la «doble confianza». Los Gobiernos eran nombrados por el rey, luego poseían la confianza regia, y de facto la del Parlamento. Así la Corona adquiría un protagonismo político que, dependiendo del uso que hiciera de sus prerrogativas, le podía llevar más lejos de su función moderadora. En la práctica política de la época así sucedió. Isabel II y sus Regentes predecesores tuvieron un papel político decisivo que alteró la vida parlamentaria y tendió a vaciar de sustancia los contenidos constitucionales de las Cortes, caso más visible en la época de la Reina porque su juventud, inexperiencia y escasa preparación fueron sensibles a un juego de influencias que convirtieron el Palacio en un fermento de conspiraciones políticas y en el espacio político decisivo más allá de los límites constitucionales.

De esta manera la Corona —y las influencias que sobre ella se ejercieron— se convirtió en el factor decisivo de los cambios políticos por encima del Parlamento, a partir de una práctica sobradamente repetida en los treinta años de vida constitucional moderada. Lo importante era conseguir la confianza regia, es decir, la confianza de Palacio. El falseamiento electoral se encargaba del resto de la trama. Partiendo de la capacidad ilimitada para disolver las Cortes y suspender sesiones, una crisis de Gobierno, un conflicto entre el Gobierno y el Parlamento, o entre el Gobierno y la Corona, se resolvía con el nombramiento de un nuevo Gobierno, independientemente de que éste gozara o no de la mayoría parlamentaria, y en caso extremo en la disolución del Parlamento y en la convocatoria de nuevas Cortes. El nuevo jefe de Gobierno beneficiado con el nombramiento convocaba elecciones e intentaba fabricar unas Cortes a su conveniencia. El proceso podría repetirse de forma continuada. Además un sistema de partidos políticos fragmentados por los personalismos y aquejado de corrupción

Palacio Real. El salón del trono en 1845.

electoral, contribuyó a provocar que los políticos buscaran en la confianza de la Corona, más que en la confianza parlamentaria, el mecanismo para acceder al Gobierno.

Siguiendo los análisis realizados por Marcuello sobre la práctica política en la España isabelina, uno de los ingredientes más significativos del desarrollo político fue, en el contexto anteriormente descrito, el reforzamiento del poder ejecutivo, y no sólo del monarca, en detrimento del poder legislativo. Existió una invasión —al contrario de la práctica política del modelo constitucional de 1812— del Gobierno en esferas constitucionalmente adscritas a las Cortes. Las Constituciones del periodo no especificaban las funciones precisas de los ministros: se limitaron a indicar que la designación de los ministros era función de la Corona y la necesidad del refrendo ministerial para el ejercicio de la autoridad regia. Pero al ser el rey irresponsable políticamente, la responsabilidad caía en los ministros. Ahora bien ¿qué tipo de responsabilidad? Tanto la Constitución de 1837 como la de 1845 fijaban esta responsabilidad en la dimensión de lo penal, pero el silencio era total en lo referente a la responsabilidad política ante las Cortes. La cuestión es que los ministros se fueron convirtiendo, conforme la Administración estatal se hacía más compleja y especializada, en cabeceras de ese entramado administrativo y tendieron a ejercer la función de Gobierno en Consejo de Ministros, asumiendo los actos de gobierno de cada uno de ellos de forma colegiada. El Consejo de Ministros acabó de asumir de hecho como acto de gobierno prerrogativas no marcadas por la Constitución. De ahí se derivaron fricciones ocasionales entre el monarca y el Gobierno en temas tales como el nombramiento de empleos públicos o militares. En tales ocasiones la negativa de la firma del rey era entendida como pérdida de la *con-*

fianza regia, preámbulo de la dimisión del Gabinete, independientemente de que contase o no con mayoría parlamentaria. A lo largo de la etapa moderada cada vez fue más visible la injerencia del poder ejecutivo en las competencias de las Cortes, a través del uso indiscriminado del real decreto, en materias propias de aquéllas como leyes orgánicas o del presupuesto del Estado.

«La práctica mostraba —en palabras de Marcuello— los riesgos de aquella exaltación de la Corona que los doctrinarios habían propiciado en el diseño del régimen de las dos confianzas, ya que éste llevaba en germen las condiciones para el peligroso deslizamiento hacia una situación en la que, rompiéndose el frágil equilibrio Corona-Cortes, acabase prevaleciendo el criterio político de aquélla y se diese la existencia de Gobiernos basados en la exclusiva confianza regia, que no sintiesen la necesidad de poseer mayoría parlamentaria y que desarrollasen su acción política sin la concurrencia de las Cortes.» Este peligroso deslizamiento se convirtió en realidad en los últimos tiempos de la década moderada y en los años posteriores a 1864, cuando la elección de Gobiernos dependa de forma más estrecha de los minoritarios círculos cortesanos de influencia y camarillas palatinas. Entre 1851 y 1854 los moderados, que habrían sido los principales beneficiarios del sistema, dejaron de *controlar* el poder moderador de la Corona. Otro tanto sucedió desde 1864, con la crisis de la Unión Liberal. Los círculos cortesanos y los Gobiernos se hicieron cada vez más autónomos de las Cortes, y la fragmentación de los partidos —moderados y la Unión Liberal— en personalismos favoreció esta situación. A ello es preciso sumar la práctica de la *exclusión* llevada a cabo por los moderados, que habían aprovechado al máximo un sistema político entendido como una especie de coto cerrado que excluía a los progresistas y encenegaba la alternancia en el Gobierno, a pesar de la advertencia de los *puritanos,* el ala más aperturista de los moderados, partidaria de la incorporación de la familia progresista al juego político efectivo. La experiencia de la Unión Liberal entre 1857 y 1864 tampoco fue proclive al funcionamiento del turno. La marginación de los progresistas, en tiempos de la década moderada, y de progresistas y demócratas en la década de los 60, se tradujo en el retraimiento como una forma de protesta contra el fraude electoral, y en la adopción de un modelo insurreccional de cambio político en su doble vertiente, civil, las juntas, y militar, el pronunciamiento, buscando el recambio constitucional en 1854 y el cambio de dinastía en 1868. Pero el problema no había residido en los textos constitucionales doctrinarios sino en la práctica política que se hizo de los mismos. Otros usos políticos de la Constitución hubieran podido conducir progresivamente a un régimen parlamentario si el sistema hubiera mostrado una capacidad de incorporación que la excesiva oligarquización del mismo, la inestabilidad en el funcionamiento de los partidos, la práctica de la exclusión, el falseamiento electoral, el apartamiento del *país real* y la forma en que la Corona ejerció su función mediadora, impidieron, evitando así el deslizamiento hacia un régimen parlamentario con la responsabilidad efectiva de los Gobiernos ante las Cortes.

El sistema político del moderantismo edificó un mercado político sumamente restringido en el que se hacían evidentes las diferencias entre el *país formal* y el *país real.* El principio de la igualdad de los ciudadanos ante la ley no tuvo su correspondencia en el plano político. Quedó definido un sistema escasamente participativo, reservado a las elites del dinero y del poder, un fragmento de las cuales procedían directamente de la sociedad estamental. Desde arriba quedaron cerradas las espitas a cualquier evolución democrática del sistema. La experiencia del Trienio y la acción popular de los años 30, tendentes a identificar liberalismo y pueblo, hizo que las elites del poder y del dinero buscaran una fórmula excluyente y pactada entre ellas que evitara toda desviación popular y democrática, todavía no plenamente formulada en términos teóricos, como un proyecto alternativo. Así el doctrinarismo se convirtió en la expresión política de unas oligarquías. La oligarquización del poder se realizó en un doble sentido: el de la participación electoral y en el control de cualquier desviación procedente de la ciudadanía. La estructuración político-administrativa del Estado moderado actuó de andamiaje de la práctica política. Por debajo, el caciquismo antropológico hizo el resto en una sociedad española de innegables componentes agrarios a mediados del siglo XIX. En este aspecto el caciquismo no fue un invento de Cánovas del Castillo en tiempos de la Restauración, sí lo fue su organización y sistematización para cumplir unos fines electorales y políticos. De una manera más inarticulada, el caciquismo actuó convenientemente en tiempos del moderantismo e incluso en épocas del Sexenio democrático. El moderantismo abusó de lo que gráficamente Jover ha denominado la *práctica de la suplantación*.

15.2. El matrimonio real: un asunto de Estado. El debate sobre la legalidad y la tolerancia (1846-1847)

Entre 1846 y 1847, la relativa estabilidad moderada y el proyecto de construcción del Estado liberal se vieron alterados por la sucesión de Gobiernos. Sin el referente de Narváez en el Gobierno, se trataba de buscar una fórmula que acoplara el partido y el grupo parlamentario al Gobierno, y, con el concurso de Palacio, para recuperar una acción común sobre todo respecto a algunos puntos de controversia pendientes, como las negociaciones con Roma, el matrimonio real o la reforma de la Administración. Difícil situación que agotó seis Gobiernos, y una multiplicidad de gestiones, acuerdos y presiones en el partido y en Palacio, incluido un segundo ensayo Narváez y un Gobierno puritano, y entre éstos una variada gama de combinaciones entre las elites del moderantismo.

Para empezar, la Reina ofreció en febrero de 1846 la formación de Gobierno al marqués de Viluma, postura de Palacio que fue contestada por el grueso del partido haciéndolo inviable. La solución, precaria por su eventualidad, fue acudir al marqués de Miraflores, que ya había jugado anteriormente, sobre todo en 1843, el papel de aglutinante del moderantismo atemperado y de los intereses de Palacio. El gobierno Miraflores, que ocupó la presidencia y el Ministerio de Estado, el 15 de febrero de 1846 reflejaba este ensayo de soldar las piezas moderadas, al estar compuesto por Arrazola en Gracia y Justicia, Istúriz en Gobernación, Roncali en Guerra, Peña Aguayo en Hacienda y Topete en Marina. Pero estos estaban más cerca del puritanismo que de Narváez o de los notables Pidal y Mon. El consenso fue un espejismo. Sólo duró un mes, y en su caída se interrelacionaron todas las discrepancias personales y estratégicas del heterogéneo moderantismo que afloraron nuevamente y con más fuerza en los enconados debates parlamentarios de tonos agrios y descalificadores. Y en la tupida red de clientelismos e intereses, las presiones de Palacio, con el tema del matrimonio real de fondo al postular nuevamente la candidatura Trapani, a la que era opuesto Miraflores. Aunque gozaba de la mayoría parlamentaria, en la discusión sobre la confianza al Gobierno, el propio contenido y la forma del debate empujó a Miraflores a presentar su dimisión.

El recambio consistió en un segundo Gobierno Narváez, que se había opuesto a su antecesor, lo que demuestra que la retirada del General sólo era una actitud temporal y quizá estratégica para recoger nuevamente el testigo del Gobierno, demostrando a sus opositores en el partido la inevitabilidad de su concurso y la confianza que ya se consolidaba en Palacio. Pero también Narváez duró muy poco, como un elemento más de la secuencia de Gobiernos, con lo que la eficacia al recurso Narváez no se resolverá sólo por su voluntad, sino cuando sea resultado nuevamente del consenso moderado, y para eso tendrá que esperar una tercera ocasión, al calor de que su idea del orden cuaje como freno a los conflictos del 48. De hecho, Narváez se rodeó de personajes de filiación conservadora vilumista o moderados muy «templados», lo que anulaba las posibilidades de éxito. Recurrió a Pezuela, Egaña, Burgos y Orlando, alejándose del núcleo central del partido. Sólo duró diecinueve días, después de haber disuelto las Cortes, publicado una legislación de prensa en sentido restrictivo y puesto en marcha medidas de orden público, al tiempo que se ponía en vigor la ley electoral ya elaborada anteriormente. Todo un programa anunciador de su tercer y prolongado Gobierno de 1847. Esta dimisión por segunda vez de Narváez es más lógica si se atiende al contexto estudiado, animada por nuevas disensiones internas a las que no fueron ajenas confusas operaciones en la Bolsa, y otra vez discrepancias acerca del matrimonio real.

Frustradas las operaciones del recurso a la idea de la conciliación o a Narváez, el grupo mayoritario del moderantismo en torno a Pidal y Mon retomaron el gobierno. Presidido por Istúriz, y formado por los citados Mon y Pidal y por Díez Caneja, general Sanz y general Armero, ejerció el poder gubernamental entre el 6 de abril de 1846 y el 27 de enero de 1847. Las implicaciones políticas de la cuestión del matrimonio real siguieron protagonizando el discurso político, pero también los conflictos planteados por las insurrecciones —progresistas primero, carlistas después— y por el debate en el moderantismo acerca de la legalidad, la tolerancia y las posiciones respecto a los progresistas, que en versión electoral consiguieron un relativo éxito en las elecciones.

Respecto al primer asunto se multiplicaron las tensiones en la primavera y el verano de 1846, para concluir con la boda de Isabel II el 10 de octubre. Más que un asunto formal, cuya decisión dependía en último término de la Reina, supuso una complicada trama en la que cristalizaron distintas posiciones políticas e implicaciones internacionales y se entremezclaron las posturas de Palacio y sus relaciones con las casas reales europeas. Se ha visto cómo alguna de las candidaturas había contribuido a la crisis de Gobiernos anteriores. Era percibido como un asunto de primera magnitud en el que se ventilaban muchas cuestiones de índole política, y en las que subyacían los fuertes poderes de la Corona en la toma de decisiones y en la maquinaria constitucional. Así, la importancia del futuro rey consorte obligaba a un esfuerzo político nacional e internacional en el debate.

Desechada la candidatura del pretendiente carlista conde de Montemolín y la idea de Balmes de la «reconciliación» por todo el amplio arco del liberalismo español, excepto por la versión conservadora vilumista, otras candidaturas de príncipes españoles fueron abandonadas. En realidad, no se trató de una secuencia de descartes en un sentido lineal y racional, sino en un complejo entramado de variadas propuestas con la influencia de unas sobre las otras. Un segundo candidato, el infante Enrique, hijo de Francisco de Paula y Luisa Carlota, sólo contaba con el concurso de sectores más liberales en versión progresista y el apoyo de Londres, por su vocación hacia estas posiciones políticas, candidatura rechazada por el núcleo central del moderantismo. La propuesta de otro príncipe Borbón, esta vez napolitano, el ya citado Francisco de Paula de Borbón-Sicilia, conde de Trapani, resultó también inviable, una vez que había creado notables tensiones en las filas moderadas y entre los Gobiernos y la Corte, al quedar con escasos apoyos como el de Narváez, pero con la oposición de la mayor parte del moderantismo por la vocación muy conservadora del candidato, al tiempo que María Cristina y Palacio buscaban ya otras alternativas.

Este asunto adquiría, en un contexto dominado por regímenes monárquicos en Europa, notables dimensiones internacionales, sobre todo en la rivalidad entre Francia y Gran Bretaña por extender su área de influencia en la Corte española y con ello el desplazamiento del centro de gravedad en uno u otro sentido de las relaciones internacionales europeas. Las diplomacias británica y francesa intensificaron sus actividades, cada una en función de sus intereses, pero planteados no tanto en términos de consolidación de sus candidatos como de impedir que la propuesta rival triunfara. Así fracasaron los proyectos, todos considerados con mayor o menor ánimo en Palacio, relacionados con las respectivas casas reales: el del duque de Aumela, hijo de Luis Felipe de Orleans, por la oposición británica, y el de Leopoldo de Sajonia-Coburgo, vinculado a la monarquía británica, por la oposición francesa. Ni un Orleans ni un Coburgo podían convertirse en rey consorte. De hecho, en la conferencia de Eu en 1845 las dos potencias así lo plantearon formalmente. Bloqueadas estas cinco posibilidades, María Cristina fue sensible, con la influencia francesa, a la reconsideración de una candidatura apenas planteada como tal y descartada inicialmente: la del infante Francisco de Asís, duque de Cádiz, primo de la Reina y hermano del candidato progresista infante Enrique. Fue un candidato más por exclusión del resto que por convicción, y, de hecho, por sus características personales había sido considerado en principio el menos idóneo. Tampoco parece que fuera del agrado de la Reina y el propio candidato había puesto de manifiesto su apoyo a otra candidatura. Pero era el menos problemático en términos políticos nacionales e internacionales, aunque no evitara la insurrección carlista, y animara la oposición progresista apoyada por Londres.

La dinámica política durante el Gobierno Istúriz estuvo condicionada por el levantamiento progresista en Galicia y por los focos insurreccionales carlistas, en un momento en el que se anima el debate político en el moderantismo sobre prácticas tolerantes y las relaciones con los progresistas. Cuatro días antes de la formación del Gobierno, el 2 de abril de 1846, había estallado un levantamiento en Lugo dirigido por el coronel Solís y extendido a Santiago y con menor intensidad a Vigo y La Coruña. El progresismo retomaba los ensayos insurreccionales después de los intentos ahogados por Narváez. La táctica reproducía los habituales esquemas del pronunciamiento por varios puntos en un levantamiento que acabó descoordinado y limitado a algunas poblaciones gallegas. Los instrumentos fueron nuevamente la formación de juntas, práctica habitual de la revolución liberal, que culminaron con la formación el día 15 de abril en Santiago de la Junta Superior de Galicia. Los contenidos y las propuestas del levantamiento eran de naturaleza progresista, aunque se entremezclaban reivindicaciones políticas básicas como Cortes Constituyentes, milicia nacional... con el asunto del matrimonio real en relación a la candidatura del infante Enrique, con aspectos que han sido considerados como el primer referente del galleguismo y con la puesta en primer plano de la oposición al régimen tributario —los «consumos»— que se convertirá en uno de los capítulos reivindicativos populares. El levantamiento concluyó con la derrota de los pronunciados el 23 de abril por las tropas del general José de la Concha, y fue completada con la represión posterior en forma de prisión o fusilamientos.

Mientras sectores del progresismo habían recurrido a la insurrección, arrinconados por la falta de integración del sistema moderado y sus prácticas, en 1846 sus dirigentes también realizaron un último ensayo de la estrategia de la participación por las nuevas posibilidades brindadas por el Gobierno Istúriz. Esta mayor tolerancia tuvo su concreción en la amnistía de octubre de 1846, y en una mayor permisividad hacia los progresistas que aprovecharon esta situación en la campaña electoral después de la disolución de las Cortes en el mes de octubre. Las elecciones supusieron un relativo éxito de los progresistas que si cuantitativamente —40 escaños— no amenazaban la primacía moderada, podría significar una recuperación electoral de mayor envergadura. Obtuvieron escaño la elite del partido: Olózaga, Mendizábal, Cortina... para alarma de los sectores más conservadores del moderantismo, lo que deterioró notablemente al Gobierno Istúriz. Mientras, se acentuaba la oposición puritana en el otro extremo, alimentando las disensiones en el precario equilibrio del ensayo Istúriz. Finalmente el Gabinete se vio obligado a dimitir como consecuencia de la reunión de las Cortes el 31 de diciembre, al ser derrotado el candidato gubernamental, Bravo Murillo, a la presidencia del Congreso.

Hasta el 28 de enero de 1847 no se formó un nuevo Gobierno, esta vez presidido por el duque de Sotomayor (marqués de Casa-Irujo) y con la idea de una coalición entre moderados y puritanos —integrado por Santillán, Bravo Murillo, Seijas Lozano y Roca de Togores, además de Pavía y Baldasano—, que sólo duró dos meses en el habitual contexto de discrepancias entre el Gobierno, partido y Palacio, alimentadas por el rumor como pieza política. Era la antesala de la oportunidad esperada por la versión puritana del moderantismo, cada vez con más fuerza política.

El 27 de marzo de 1847 Joaquín Francisco Pacheco formó Gobierno con la elite «puritana». Integrante de esa segunda generación de liberales de los años 30, Pacheco reproduce buena parte de las características del político isabelino. Con bufete de abogado, destacó sobre todo por su labor de jurista con la publicación de varias obras —como *Estudios de legislación y jurisprudencia* (1834), o *Comentario a las leyes de la desvinculación* (publicadas en 1842-43 en el *Boletín de Jurisprudencia*)—, pero sobre todo en el terreno del derecho penal. En el curso académico 1839-40 del Ateneo explicó «Lecciones de derecho penal», publicadas después con el título *Estudios de derecho Penal* y *El Código Penal concordado y comentado* (1848-49). Preocupado por las relaciones entre derecho y política, se movió más bien en propuestas de tipo «práctico» que en la elaboración o difusión de un cuerpo teórico, y fue un ecléctico en sus planteamientos, guiados según su expresión por «el buen sentido y la prudencia». Profesor ateneísta, académico, periodista en buen número de publicaciones, sobre todo en *La Abeja* o *La ley,* con dotes de escritor y orador, desarrolló una intensa labor política parlamentaria liderando la corriente «puritana» del moderantismo. Representaba las aspiraciones de los sectores más liberales del mismo, en un grupo que tenía sus orígenes en la oposición a la reforma constitucional en 1845, como partidario de una «liberalización» del régimen. Esto suponía combinar el orden y las conquistas de la revolución con el *gobierno de las leyes,* y con la integración de otros sectores políticos —progresistas— que permitiera desarrollar el principio del turno pacífico, idea central desarrollada después en la época de la Restauración, precisamente por uno de sus seguidores, Antonio Cánovas del Castillo.

Acompañado en el Gobierno por Pastor Díaz, Salamanca, Mazarredo, Sotelo, Vaamonde y Benavides, no logró proyectar este ideario en la práctica política del régimen. Su rodaje ya dependía en exceso de la marginación progresista, de los cabildeos de Palacio y de las discrepancias internas de un partido volcado más en el orden y la «ilegalidad» que en la práctica tolerante de las libertades.

El 2 de septiembre de 1847 un real decreto de amnistía era un gesto de política tolerante que se extendió a personajes simbólicos como el progresista Olózaga o el viejo Godoy, pero no logró una integración de los progresistas en el régimen. La oposición del grueso del partido moderado impulsada por Pidal se acentuó ante las propuestas de liberalización (prensa, censo electoral...) y empezaba a pensar más en Narváez que en Pacheco. Tampoco contó con el concurso progresista, en un proceso de debate doctrinal. Además, en las Cortes eran minoría, lo que obligó a su disolución el 5 de mayo.

Para entonces el insurreccionalismo carlista se había extendido a Toledo y Valencia. Las tensiones en Palacio también se multiplicaron. Pero además las críticas a la gestión económica y financiera del ministro Salamanca tuvieron notables consecuencias políticas, bloqueando la actividad gubernamental, en una secuencia de dimisiones que desembocaron en la de Pacheco el 31 de agosto de 1847.

En términos políticos, la fuerte oposición del grueso moderado a los puritanos y el fracaso de su Gobierno, venía motivado por una hipotética instrumentalización puritana que condujera a los progresistas al poder. En aquellas fechas el general Serrano había ido adquiriendo mayor peso en los círculos palatinos y su proclividad a una solución puritana o progresista acentuaba la virtualidad de esa hipótesis. El Gobierno híbrido formado el 12 de septiembre era reflejo de la heterogeneidad de la situación presidido por el moderado García Goyena y compuesto por los puritanos Salamanca y Sotelo, los progresistas Ros de Olano y Escosura y el general, también moderado, Fernández de Córdova. Precaria solución, débil y transitoria, que no podía durar mucho. Narváez, ya en la recámara, volvía, auspiciado por el núcleo central del partido. Con ello no desaparecieron las discrepancias internas en el partido, pero lo que aglutinó al moderantismo fueron sus posiciones frente a unos acontecimientos que podían derivar hacia el progresismo y de aquí a las desviaciones revolucionarias. Era la hora de cerrar filas en torno al orden y a Narváez, práctica confirmada con la alarma del movimiento revolucionario de 1848, incluidos los propios puritanos, aunque estos hubieran preferido haberlas cerrado en 1846 alrededor de las libertades.

15.3. El orden sobre la revolución.
Las barricadas del 48 y el ideario demócrata (1847-1851)

Más de tres años duró el tercer Gobierno Narváez, con una estabilidad poco usual respecto a la trayectoria anterior. Continuidad que sólo se vio alterada eventualmente por el fugaz Gobierno del conde de Cleonard el 19 de octubre de 1849 que duró varias horas y únicamente explicable en un contexto de versatilidad del ejecutivo dependiente de los poderes de hecho.

Era la conclusión de múltiples ensayos en las filas del moderantismo que acabaron recurriendo otra vez al General como emblema de la versión doctrinaria sobre la base del orden, una vez que las posiciones más liberales no habían dado con el respaldo y la

La fraternidad universal republicana simbolizando las revoluciones del 48.

fórmula gubernamental adecuada en su estrategia de apertura del régimen, percibida por aquellos sectores conservadores, y en general por la mayoría moderada, como la amenaza de la revolución. Así el orden y las reformas económicas y administrativas volvían a convertirse en el discurso central del régimen, clausurando el debate sobre la legalidad y la tolerancia. El Gobierno Narváez se consolidó precisamente a partir de 1848 con su actuación en el freno del movimiento revolucionario en España.

El Gobierno formado el 5 de octubre de 1847 estaba constituido además por Sartorius, Bertrán de Lis, Orlando, Ros de Olano y Fernández de Córdova, la mayoría de inclinación conservadora. Las expectativas iniciales con una retórica habitual recuperaban el discurso de la *reconciliación liberal*, la apertura y el orden, con gestos como la vuelta de Espartero. Pero fueron las noticias de París, y sobre todo la caída de Luis Felipe de Orleans, que desplegaron la alarma entre los sectores del moderantismo, las que reorientaron el curso de los acontecimientos: las disensiones internas, ya estructurales, quedaron soterradas para dejar paso al apoyo colectivo a Narváez, incluso por parte de los puritanos. De esta forma, la situación creada por el peligro percibido de la revolución apuntaló el Gobierno y le proporcionó éxito prolongado. Narváez protagonizará una política de poderes excepcionales, como fruto del consenso moderado, en los límites del régimen constitucional, que ya no parlamentario, y que distaba muy poco en la práctica del ejercicio de una dictadura bajo la forma de una «dictadura legal». El orden frente a la revolución.

Los ecos de las barricadas de París transmitían los nuevos contenidos de la revolución. Superada la revolución liberal moderada de los años 30, se abría camino el ideario democrático, popular y republicano. Pero además la revolución tenía como coprotagonistas, bajo el genérico manto del pueblo, nuevos sectores sociales resultantes de la industrialización, y con ello reivindicaciones de naturaleza social y laboral, como el tiempo de la jornada, las condiciones de trabajo, o la protesta por el desempleo, junto a la revisión democrática de la revolución liberal: sufragio universal, acentuación de las libertades individuales, república parlamentaria y soberanía popular. Con epicentro en Francia, recorrió buena parte de Europa y en Berlín, Viena o Roma, los contenidos políticos y sociales se entremezclaron con la eclosión de los respectivos nacionalismos. En general, el movimiento revolucionario era percibido como un atentado no sólo al orden y la estabilidad, sino al orden social edificado sobre el inviolable principio de la propiedad. Las barricadas del 48 eran la expresión de la utopía del «pueblo» y la democracia que subían al escenario de la historia a través de la «primavera de los pueblos».

El triunfo del movimiento revolucionario en París en febrero sembró la alarma. El monarca liberal Luis Felipe era sustituido por una república democrática. En un contexto de crisis económica sensible al levantamiento y con la estrategia progresista del recurso insurreccional, toda vez que se habían abandonado las expectativas de apertura y tolerancia del régimen, Narváez tomó la iniciativa a finales de febrero y presentó a las Cortes un proyecto de poderes excepcionales para garantizar el orden, que se convirtió en ley el 13 de marzo. El día 22 del mismo mes se suspendían las Cortes, que no serían abiertas nuevamente hasta el 15 de diciembre. El 26 de marzo estalló el primer intento de sublevación en Madrid. Con la cobertura de la citada ley de poderes excepcionales, el Gobierno suspendió las garantías constitucionales del artículo siete relativo a detenciones, prisión y allanamiento del domicilio, lo que le proporcionaba instrumentos de primer orden en la práctica de la represión del levantamiento.

La insurrección en Madrid no adquirió la naturaleza y dimensiones del movimiento en París y en otros puntos de Europa. Tampoco respondía a idénticos planteamientos. Pero sí fue precipitada por una situación teóricamente oportuna para la estrategia progresista de conspiración, que en la práctica todavía se demostró débil. En términos cualitativos la insurrección se presentaba de forma más compleja que el resultado del ideario progresista. De forma embrionaria, y a veces confusa, se manifestaban los planteamientos democráticos y populares, mezclados con las primeras piezas del discurso republicano, que empieza a tomar cuerpo en las respuestas también de Levante y Cataluña. Una nueva generación de progresistas de agitación representan la revisión de los principios y la estrategia de los viejos progresistas como Mendizábal, Cortina, Madoz... Son Orense, Gándara, Pi y Margall, Ordax, Rivero, Garrido... parte de la cantera de los sucesivos desplazamientos del progresismo hacia la izquierda en términos de ideario y organización demócrata, republicana y obrerista. También el intento de la insurrección, con naturaleza más propia de *motín,* reproduce la geografía popular urbana de las futuras barricadas de 1854 y de los años 60 —los barrios del sur de Madrid y sus caminos hacia el centro— y sus protagonistas del mundo de los oficios, de los tenderos y de los hipertrofiados servicios bajo el común denominador de «pueblo» sensible cada vez más a aquellos discursos.

Frenado y reprimido el intento del mes de marzo, nuevamente el 7 de mayo la capital protagoniza otra insurrección progresista, con características de pronunciamiento clásico con participación militar y civil, que acabó ahogado en la plaza Mayor por la acción militar de los primeros sables del régimen. Este movimiento se extendió a otras zonas del país, sobre todo Andalucía y Levante, con la táctica del pronunciamiento

Las barricadas de 1848.

progresista, que no llegó a cuajar. También se saldaron con la represión —varios fusilamientos y elevado número de deportaciones— al cobijo de los poderes excepcionales. Entre las medidas se incluyó la expulsión del embajador inglés como consecuencia del apoyo británico a las actividades insurreccionales del progresismo, que se había materializado en armas para la sublevación.

Como eco, durante la primavera y el verano de 1848, la geografía mediterránea, sobre todo en Cataluña, estuvo salpicada de movimientos insurreccionales en forma de partidas armadas de matiz republicano, al menos como interiorización política de sus respuestas, que tuvo como momento de mayor envergadura el estallido en Barcelona de una revuelta a finales del mes de septiembre. En esta ciudad el programa de la conspiración recogía un ideario democrático que incluía el sufragio universal y la abolición de las quintas, pero en las partidas armadas más de carácter rural y de pequeños núcleos urbanos de Cataluña —los *maitiners*— coincidían planteamientos más confusos no siempre de tono republicano. A ello es preciso sumar que en Cataluña desde la primavera se habían desplegado partidas carlistas, sobre todo en los Pirineos, que se mezclaron, más que aliaron, como grupos perfectamente diferenciados en sus bases sociales y problemas cotidianos, con las otras partidas de *maitiners*. Desde el punto de vista del carlismo, por segunda vez se alzaba en armas como intento insurreccional generalizado que duraría hasta 1849, en lo que se ha denominado con cierta convención «segunda Guerra Carlista».

El movimiento revolucionario en España, si es que se le puede asignar naturaleza de tal, fue abortado y reprimido con éxito militar y político para el Gobierno. En realidad no puede estudiarse en las mismas claves que para otros puntos del occidente europeo, porque fue producto sobre todo de una secuencia de iniciativas insurreccionales del progresismo marginado del régimen que precipitaron su acción, pero al mismo tiempo balbucearon los ingredientes demócratas que se irían desgajando del programa estrictamente progresista. También se adivinaron los matices republicanos y las formulaciones del obrerismo democrático. Su frustración consolidó el moderantismo como forma doctrinaria, recortada y «desde arriba» del liberalismo en España.

De hecho con el fracaso del movimiento revolucionario de 1848 en el occidente europeo, se vio interrumpida la versión democrática y popular del liberalismo —también de los nacionalismos— como alternativa política a corto plazo basada en el sufragio universal, la república parlamentaria y la idea de democracia social como culminación de la noción de soberanía popular. Pero al mismo tiempo las barricadas del 48 incitaron a un consenso defensivo entre antiguas y nuevas elites en torno al ideario liberal de corte gradualista y limitado. En España la configuración todavía muy embrionaria, y con menor empuje, de los postulados democráticos, se tradujo, pues, en un movimiento frágil y con distinta naturaleza, al mismo tiempo que el consenso defensivo en España ya se había ido articulando en los años 40 sobre la base del moderantismo, que acabó taponando eficazmente las iniciativas de sublevación.

Narváez consolidó su posición política con tan contundente respuesta al 48, adobada por los discursos de Donoso Cortés acerca del posibilismo en el ejercicio de la «dictadura necesaria», que justificaba los medios con la coartada del orden. En la reapertura de las Cortes el 15 de diciembre se proyectó un debate sobre la actuación del Gobierno con las críticas progresistas, pero quedaron en minoría, dado el respaldo parlamentario de todas las versiones del moderantismo a las prácticas del Gobierno. También fueron aplaudidas con manifiesta adhesión por los notables y propietarios fuera de las Cortes. Respecto al exterior, el régimen obtuvo el reconocimiento de Austria, Prusia y la Santa Sede que, junto a otras variables de las relaciones exteriores, fue entendido como una recompensa por la contribución al freno de la revolución en Europa, para entonces solo con eventual éxito en Francia.

Respecto a la oposición progresista era irreversible su marginación del régimen a la espera de mejores ocasiones de renovar la estrategia insurreccional, mientras mantenía una presencia testimonial en las Cortes. Pero sobre todo la oposición se diversificó. Del tronco progresista se consumó la separación de la versión demócrata en forma de nuevo partido.

Las fisuras en el partido progresista ya se habían manifestado en algunas posiciones con motivo de las elecciones de 1846 y durante el bienio 1847-1848. Frente a las posiciones más habituales del progresismo representadas por Mendizábal o Cortina —a través de *La Nación* y buena parte de la minoría progresista en Cortes— y consistentes en la libertad de imprenta con el jurado, responsabilidad ministerial, milicia nacional, modificación de las leyes de ayuntamientos y diputaciones, revisión del censo y el sistema electoral... fueron tomando cuerpo las ideas de naturaleza democrática del sufragio universal, amplia declaración de derechos incluido el de asociación sin restricciones... representadas por jóvenes progresistas como Orense, Ordax, Rivero, Aguilar, Puig, Becerra o Martos. Junto a ellos otros jóvenes demócratas como Cámara, Garrido o Terrades, que ampliaban su horizonte doctrinal con referentes republicanos y del socialismo utópico.

Como consecuencia de la elaboración de un texto programático del partido progresista en la reapertura de Cortes, las fisuras se hicieron insalvables. Apartándose del ideario más definidor del progresismo, un grupo de diputados elaboró el manifiesto de 6 de abril de 1849 que exponía los principios doctrinales del *partido progresista democrático*. La primera parte contiene una escrupulosa declaración de derechos «emanados de la libertad y de la igualdad» que debían ser reconocidos y garantizados, con las principales novedades de la «libertad de conciencia», «la de reunión pacífica», «la de asociación», y «el derecho a la instrucción primaria gratuita», principios inéditos en los textos progresistas. Después incorpora una exposición de «principios políticos, administrativos y económicos», sobre la base de la soberanía nacional y su forma «lógica y genuina», la democracia: sufragio universal directo, una sola Cámara encargada de hacer las leyes como representación nacional, separación de poderes, monarquía constitucional hereditaria como consecuencia de la voluntad nacional, con funciones ejecutivas y responsabilidad ministerial, juicio por jurados, libertad de imprenta sin trabas, milicia nacional, ayuntamientos y diputados por elección popular, reconocimiento como religión del Estado la católica, sin persecución en la práctica de otras. Además en los principios de actuación del Estado señala la Administración democrática entendida en términos locales, provinciales y generales, y su papel en el fomento de la instrucción pública, beneficencia, ejército —milicia nacional, ejército activo y marina—, administración de justicia sobre la base de la unidad —abolición de fueros—, independencia y responsabilidad, sistema fiscal con contribuciones proporcionales y la reforma de los consumos, derechos de puertas... Finaliza con un «programa práctico de gobierno» con medidas concretas basadas en los principios enunciados, como la reforma de la Constitución en Cortes Constituyentes elegidas por sufragio universal, milicia nacional armada, imprenta libre, libertad de reunión, abolición de fueros y privilegios, nuevas divisiones territorial y militar, reforma impositiva, culminación de la desamortización, escuelas gratuitas, abolición de quintas...

Constituyó todo un cuerpo doctrinal del ideario democrático que tendría que esperar veinte años para ponerse en práctica, pero en todo caso representaba un salto cualitativo al superar los términos en los que la revolución liberal fue concebida en los años 30. Para las dos primeras generaciones de liberales era el límite máximo de la revolución, muy borroso además, ya que incorporaba cuestiones percibidas como atentados a la propia revolución: radicalismo en cuanto a derechos individuales, sufragio universal o cuestionamiento de la propiedad por las versiones socialistas y republicanas hacia las que se dirigía el radicalismo democrático. El partido demócrata fue punto de confluencia de las tendencias socialistas y republicanas, aunque en sentido estricto los demócratas no concebían una forma distinta del principio de propiedad del resto de moderados o progresistas, y vertebraron su discurso sobre la monarquía parlamentaria y democrática. Pero este acercamiento, a veces con mezcla de idearios y estrategias, de demócratas, republicanos y socialistas, alarmó a los sectores progresistas que se deslindaron claramente desde 1851, después de haber intentado colaborar electoralmente. Progresistas históricos de la segunda generación de liberales como Cortina y Mendizábal se apartaron del ideario democrático y acabaron representando en los años 50 la línea más conservadora del progresismo.

Mientras los progresistas estaban marginados del régimen, y desde 1849-51 divididos, los moderados se afianzaron en el poder un quinquenio más. Después de la amenaza del 48 y de la relativa suavización de la crisis económica de 1847-48, intentaron recuperar el discurso de la reforma de la Administración, la economía y las comunicaciones hacia la estructuración técnica del Estado liberal, en una secuencia de actuaciones impulsadas sobre todo por los ministros Sartorius y Bravo Murillo: obras públicas con la ampliación de la red de carreteras y telegráfica, abastecimientos de aguas, la adopción del sello de Correos, sistema métrico decimal de pesos y medidas, reforma arancelaria, instituciones de beneficencia promovidas por el Estado, creación de la Escuela de Ingenieros de Montes, legislación sobre minería...

Pero fueron precisamente el funcionamiento de la maquinaria administrativa y el aumento de los gastos públicos y su gestión los que desvelaron otra vez las fisuras políticas. Por otro lado Narváez había ido perdiendo fuerza en Palacio, sobre todo por la oposición del Rey consorte y en cuya actitud y en la de algunos personajes de la Corte —como el marqués de Bedmar, nuevo favorito real, fray Fulgencio, sor Patrocinio, cuya influencia según Comellas ha sido exagerada—, se sitúa su eventual sustitución por Cleonard el 18 de octubre de 1849. Pero la merma sensible del poder del General en Palacio no era definitiva. A lo largo de 1850 fue extendiéndose un debate sobre el funcionamiento administrativo y sus relaciones con intereses particulares, para culminar con las críticas acerca de la corrupción administrativa. El aumento de los gastos del Estado, su gestión y operaciones dudosas en relación con negocios particulares fueron desatando un clima al que no escapó el Gobierno ni el resto de la etapa moderada. En el Gobierno la actitud racionalizadora y de política de reducción de gastos del ministro de Hacienda, Bravo Murillo, chocó con la de otros ministros que se negaron al recorte de sus respectivos presupuestos, concluyendo con la dimisión del primero a finales de noviembre. Las críticas hacia la gestión de un Gobierno ya en crisis cristalizaron en el debate de las Cortes en el mes de diciembre sobre los presupuestos del año siguiente. Narváez sin el apoyo de Palacio ni de buena parte de las filas moderadas optó por la dimisión, hecha oficial el 10 de enero de 1851. Una vez normalizada la situación política, en el sentido del orden moderado y sin la amenaza de la oposición, el concurso del General ya no era imprescindible.

15.4. El ensayo de Bravo Murillo.
La Administración sobre la política (1851-1852)

Entre 1851 y 1854 la inestabilidad de un régimen estable entra en una etapa irreversible de agotamiento. Sin oposición política de envergadura, el moderantismo, tal como había sido articulado, fue víctima de sus propias contradicciones. El único aglutinante parecía haber sido el orden entendido como peligro de la revolución, pero las relaciones personales y clientelares, los proyectos políticos dispares, el funcionamiento limitado del régimen al partido y a su naturaleza oligárquica, las actitudes personales en claves de privilegio respecto al funcionamiento del Estado, fueron diluyendo la escasa homogeneidad de un sistema sólo coherente respecto al progresismo y la revolución. Un ensayo para reconducir la situación fue el proyecto protagonizado por Bravo Murillo en 1851-52, pero su fracaso y el de los supuestos en los que descansaba abrieron una secuencia de crisis que multiplicó los defectos del sistema a través de los Gobiernos Roncali, Lersundi y Sartorius en un terreno abonado que desembocó en la revolución de 1854.

El encargo de formación de nuevo Gobierno a Bravo Murillo responde a la lógica de la evolución del régimen. De hecho era el ministro de Hacienda dimitido del Gobierno Narváez, que había tratado de poner orden y racionalizar los gastos públicos sobre la idea del fomento de la prosperidad por encima de principios doctrinales. Pero más allá de una medida de emergencia de Gobierno, Bravo Murillo encarnaba un proyecto de mayor envergadura que incluiría el intento de modificación del régimen mismo.

Juan Bravo Murillo formaba parte de la generación de los años 30 que se instaló en Madrid y adquirió prestigio como consecuencia de sus actividades en el mundo de la abogacía con un conocido bufete de la época. Diputado desde 1836, estuvo vinculado al periodismo político con Donoso Cortés y también al periodismo jurídico compartiendo con Pacheco la creación del *Boletín de Jurisprudencia*. Destacado por su sentido práctico, participó activamente en los debates sobre la reforma constitucional de 1845. Había sido ministro de Gracia y Justicia con el Gabinete del duque de Sotomayor, ministro de Comercio, Industria e Instrucción Pública con Narváez, en 1847, y de Hacienda en 1849. De notable formación humanística y conocedor de materias financieras, era más pragmático que doctrinal. Su pensamiento, mezcla de tradición y liberalismo, evolucionó hacia el conservadurismo, cercano a las posiciones vilumistas. Más proclive al orden que a las libertades, primó en él un sentido pragmático orientado al buen funcionamiento de la Administración por encima de principios doctrinales, en un posibilismo político que le llevaría a recortar aún más el régimen.

Es, pues, en el contexto del clima político de 1850 caracterizado por las rivalidades personales y clientelares, la corrupción administrativa, la idea de falta de programas e idearios específicos, donde se sitúa el ensayo capitaneado por Bravo Murillo, con una visión técnica y administrativa por encima de la «política». Era entendida como la receta para taponar las brechas que se abrían en el moderantismo como partido y como régimen, y que habían permanecido soterradas con las prácticas de Narváez. Se ha buscado una contraposición en los proyectos y realizaciones de Bravo Murillo entre política y Administración. Sin embargo, sólo desdeñó la primera, en cuanto fuera practicada en sí misma y encerrada en la retórica, pero no en cuanto atendiera a lo que consideraba su finalidad esencial: el método para la consecución eficaz de la segunda. Bravo Murillo era heredero de una cultura política de raíces ilustradas que tuvieron su continuidad en los técnicos al servicio del Estado absoluto en su última década, y de las corrientes más pragmáticas del ideario liberal en tanto configuración y funcionamiento del Estado. Así, independientemente de principios ideológicos más o menos depurados, puede ser comprendido como la respuesta técnica del moderantismo, en términos similares a los representados por Javier de Burgos o López Ballesteros para el Estado absoluto o por Mendizábal para la versión progresista del Estado liberal. Para Bravo Murillo la reforma de la Administración, la gestión eficaz de sus gastos y el impulso de los *intereses materiales* y de la *riqueza del reino,* eran las piezas centrales del discurso, que en términos políticos se acoplaría con una versión tan restringida del liberalismo que prácticamente derivaba hacia soluciones autoritarias.

La revolución estaba hecha. El orden público conseguido. Ambas cuestiones entendidas desde el moderantismo. Faltaba el *fomento de la riqueza* y la *buena administración,* aplicando la máxima que supeditaba política a Administración, o en los términos expresados más arriba: aquélla en función de ésta. Comellas ha señalado: «La administración, es decir, el ejercicio del poder al servicio de la utilidad pública: tal fue la idea central de Bravo Murillo como gobernante.» Por ello asoció gobernar con administrar. Y una Administración que debía ser concebida estructuralmente, esto es, como columna vertebral del funcionamiento del Estado y sin dependencia directa de vaivenes políticos coyunturales.

El Gobierno formado el 14 de enero de 1851, respondiendo a estos planteamientos, tenía un carácter técnico, y al mismo tiempo reclutado en las filas más conservadoras del moderantismo, pero sin ser un Gobierno directo o indirecto de los líderes del partido. Bravo Murillo ocupó la Presidencia y Hacienda; Bertrán de Lis la cartera de Estado; González Romero, Gracia y Justicia; Arteta, Gobernación; Fernández Negrete, Fomento; conde de Mirasol, Guerra, y Bustillo Marina. Al poco tiempo el mariscal de campo Lersundi se hizo cargo del Ministerio de Guerra —nombramiento no bien recibido por la elite militar—, y con la crisis de abril una remodelación ministerial incorporó a Miraflores en Estado, y el cambio de Bertrán de Lis a Gobernación y de Arteta a Fomento, con la salida de Fernández Negrete. Nuevos cambios se producirían en 1852, en relación con el proyecto de reforma constitucional, al dimitir Arteta para quedar sustituido por Reinoso en Fomento.

Durante el bienio 1851-52 Bravo Murillo puso en marcha una secuencia de proyectos de envergadura en materias administrativas, hacendísticas y de obras públicas tal y como planteaba en su programa de Gobierno, para colmar así una de las cuestiones pendientes del discurso moderado. Proyectos que en sí mismos no provocaron la oposición, pero sí fueron utilizados como coartada de crítica en las escasas reuniones de Cortes. El límite que el conjunto de familias políticas pusieron a Bravo Murillo fue el proyecto que alteraba el funcionamiento del sistema político e institucional.

En el terreno de la Administración, objetivo prioritario en su forma de entender la política como se ha visto, ordenó el funcionamiento burocrático de ministerios clave como el de Hacienda, recuperó la idea de un Ministerio de Fomento encargado de cuestiones económicas en sustitución del de Comercio, Industria e Instrucción Pública, materia esta última que pasaba a Gracia y Justicia, pero sobre todo logró elaborar, y publicar dos meses antes de su dimisión, el decreto de octubre de 1852 sobre la regulación del empleo público, como referente racionalizador de la Administración durante todo el siglo, aunque en la práctica tardaría en ponerse en marcha. Pieza básica en la articulación y funcionamiento del Estado a partir de una filosofía administrativa que, con un sentido universalizador, establecía los criterios de la función pública en cuanto entrada, ascensos, escalafón, sueldos, clases pasivas... en la idea de carrera administrativa apartada de las cesantías y discrecionalidad de los avatares políticos.

Respecto a las cuestiones hacendísticas, punto problemático y definidor de las políticas durante toda la transición y formación del Estado liberal, recogía su experiencia anterior como ministro de Hacienda y miembro de comisiones encargadas del estudio de la deuda. A este asunto ocupó la mayor parte de atención en sus primeras tareas de Gobierno. A pesar de la reforma Mon, cuyos criterios se mantienen en lo esencial, los gastos del Estado habían crecido notablemente y la deuda se había disparado en una espiral sin fin. Bravo Murillo tenía que adecuar la nueva situación creada por el crecimiento de los gastos del Estado a las posibilidades de su financiación, acoplando gastos e ingresos que evitaran el ciclo del déficit presupuestario y la idea que había cundido del despilfarro. Ajustó el presupuesto del Estado, para el que preveía un superávit en el ejercicio de 1851, pero sobre todo logró la aprobación de la ley de 1 de agosto de 1851 por la que se reordenaba la deuda. La deuda del Estado se dividió en perpetua y amortizable (mediante subasta y sin interés). El aspecto más importante reside en la deuda perpetua: conversión de la deuda —por tercera vez, después de las de Mendizábal y Mon—, del valor de la consolidada al 3 por 100. Es decir, se convierte toda la deuda consolidada del 4 por 100 y 5 por 100 a la de 3 por 100, aunque la conversión de los títulos del 4 sufrieron una rebaja del 20 por 100, mientras que la conversión de los del 5 fue directa. El segundo capítulo de la deuda perpetua —además de la consolidada al 3 por 100— era la diferida, en un sistema de pago a 20 años, que se iniciaba al 1 por 100 y culminaría 19 años después con el 3 por 100. Con ello trató de restablecer el crédito público, garantizando el pago de intereses.

En el capítulo de obras públicas consolidó la idea del impulso del Estado vinculado a la gestión del gasto, el fomento de la riqueza y la consolidación del mercado nacional. El 3 de diciembre de 1851 se promulgó una nueva ley de ferrocarriles, que incorporaba un plan ferroviario y acentuaba el papel del Estado en la construcción, que seguía en manos de compañías privadas. El asunto de las concesiones y los negocios fraudulentos siguieron siendo motivo de frecuentes escándalos entre 1852 y 1854. La reordenación ferroviaria tuvo que plantearse nuevamente con la ley general de ferrocarriles del bienio progresista. La política hidráulica fue el aspecto más notorio, en cuanto a realizaciones, de las obras públicas. A la continuación del Canal de Castilla, se sumó el inicio, en 1851, de la canalización del Lozoya que culminaría en 1859 con el abastecimiento de aguas a la capital. El 11 de agosto se iniciaban las obras del canal de Isabel II. En 1852 el proyecto de canalización del Ebro se consolidaba con la creación de la Real Compañía de Canalización del Ebro. Por otro lado el 17 de diciembre de 1851 la ley de puertos fijaba áreas prioritarias y establecía el marco de actuación del Estado para el fomento y construcción de dársenas, muelles, faros... También se concebía un amplio plan de reconstrucción naval, que incluía el impulso de la flota de guerra.

La gestión de Bravo Murillo distó mucho del consenso, sobre todo por las implicaciones políticas de su programa, que además tomaron cuerpo con el proyecto de revisión constitucional. El orden público sí había escondido eventualmente diferencias, pero el ideario técnico, pragmático y administrativista exigía un cambio de rumbo de funcionamiento político e institucional del régimen mismo, no tanto por su sentido conservador como por la limitación de los centros de poder hasta entonces configurados por el régimen. El discurso de la buena Administración y el fomento de la riqueza y el orden, por encima de las rencillas políticas inútiles, no fue suficiente para que los moderados cerraran filas en torno al sustituto de Narváez. Al contrario, la actitud de las familias del moderantismo que condicionaban la dinámica política mostraron su oposición al Gobierno desde los primeros momentos, como lo demuestran los debates parlamentarios y la prensa. La oposición se acentuó a medida que las prácticas de Gobierno eludían al Parlamento cerrando frecuentemente las Cortes, mientras los debates frenaban sus proyectos cuando estaban abiertas. Para Bravo Murillo resultaba inadmisible que cuestiones como el arreglo de la Deuda u otras de naturaleza administrativa fueran bloqueadas por discusiones «políticas». En efecto, con el argumento de que gobernar-administrar con las Cortes abiertas no era posible, recurrió a su disolución en cuatro ocasiones: abril, julio y diciembre de 1851, quedando suspendidas durante un año hasta la apertura de 1 de diciembre de 1852, para quedar disueltas y convocadas unas nuevas para el año siguiente.

Durante 1851 y 1852 fue madurando su proyecto de reforma política e institucional para acoplarlo como correlato de su ideario y práctica de Gobierno y Administración, quizá animado por la experiencia de Luis Napoleón Bonaparte en Francia desde diciembre de 1851, que cambió la naturaleza de una república democrática en una república presidencialista con fuertes poderes del ejecutivo. El contenido del proyecto difundido desde el mes de mayo de 1851 se articulaba sobre el objetivo de una *reforma constitucional* o *revisión constitucional* pero que, de hecho, suponía una nueva Constitución. Con ello pretendía el fortalecimiento del poder ejecutivo, la reducción de la influencia de las Cortes y de los partidos o familias políticas, remozando el sistema para lograr una *buena Administración* como argumento. En realidad cambiaba su naturaleza y se enfocaba hacia soluciones autoritarias, aunque fuera fruto de una versión pragmática y posibilista del moderantismo y no resultado de un corpus ideológico de naturaleza absolutista o vilumista.

Las Cortes abiertas el 1 de diciembre de 1852 no pasaron de la elección de presidente, y al no resultar elegido el candidato gubernamental —era un síntoma evidente de la oposición al Gobierno y a su proyecto— quedaron disueltas. El día 3 se hacía público a través de la *Gaceta* el proyecto de reforma constitucional al tiempo que se convocaban nuevas Cortes. El texto consistía en 42 artículos y uno adicional y ocho leyes orgánicas complementarias.

La idea central residía en el fortalecimiento del poder ejecutivo en detrimento de las Cortes. El proyecto no incluía una relación de derechos y libertades que quedaba remitido a una de las leyes orgánicas con un carácter muy restrictivo y cuya suspensión en ejercicio dependía únicamente del Gobierno. La función de legislar reproducía la fórmula de las Cortes con el rey, pero se establecía la posibilidad de legislar por decreto con carácter de urgencia mientras las Cortes no estuvieran reunidas. El sistema representativo quedaba muy limitado, con un Congreso reducido a 171 diputados —menos de la mitad— y con una base censitaria que se restringía a los 150 mayores contribuyentes de cada distrito. El Senado sería nato, vitalicio y hereditario, utilizándose como una fórmula de acceso las propiedades vinculadas, modelo jurídico de propiedad de Antiguo Régimen abolido desde 1836. Se reforzaban los poderes del ejecutivo sobre las Cortes que celebrarían sus sesiones a puerta cerrada.

Su contenido y el procedimiento utilizado por Bravo Murillo que vinculaba el texto del proyecto a unas nuevas Cortes con un sentido plebiscitario, y la prohibición de que el texto fuera discutido en la prensa, fueron los episodios que multiplicaron las actuaciones de la oposición de un arco político muy amplio. La fórmula adquiría tintes de golpe de Estado desde dentro y fue entendido como el cuestionamiento del régimen representativo. La oposición se expresó en la prensa, en manifiestos, en las firmas que se recogieron, en una secuencia de dimisiones, en la actitud de militares como Concha, Serrano, Ros de Olano..., tanto por los progresistas como por la mayoría de los moderados, en una actitud coincidente de oposición cuyo inmediato antecedente sólo se encontraba en la oposición a Espartero. Bravo Murillo quedaba aislado, y la Corona, tanto la Reina madre como Isabel II, fueron sensibles a la situación practicando otra vez una actitud posibilista que no quería vincular la suerte de un proyecto con la de la Corona. Para las filas moderadas quedaba desdibujado el régimen, pero más allá de aspectos formales como los derechos individuales o el sistema representativo —conculcados en diversas ocasiones con la coartada del orden— subyacía una cuestión de fondo: los centros de poder que proporcionaba el funcionamiento del régimen quedaban alterados. En tal sentido Tuñón de Lara ha expresado que entendían en la dictadura del ejecutivo un alejamiento de su participación directa o indirecta en el poder: «El proyecto de Bravo Murillo respondía tan poco a las necesidades del momento que suscitó la oposición total de las elites del poder.» El proyecto de Bravo Murillo se salía de las reglas de juego articuladas en 1845. Once días después, el 14 de diciembre de 1852, se hacía pública su dimisión en la *Gaceta*.

15.5. LA CRISIS INTERNA DEL RÉGIMEN (1853-1854)

El fracaso de los proyectos de Bravo Murillo no puede ser entendido como el cierre de la única vía de salida de un régimen en crisis. En realidad su proyecto político alteraba la esencia de su funcionamiento como había sido concebido en 1845, y el régimen no hacía sino volver a discurrir, aunque no se habían abandonado nunca, en las prácticas sobre las que se había edificado: relaciones clientelares y personales en los asuntos políticos, económicos y administrativos, intervencionismo de la Corona y del entorno de Palacio, fragmentación del partido, marginación del progresismo, liberalismo recortado y restringido pero con principios de régimen parlamentario. Sin embargo, tras el paréntesis de Bravo Murillo, durante el que no habían desaparecido estas prácticas, faltaron piezas referenciales que habían permitido el funcionamiento del régimen, como Narváez, o eventuales entendimientos de familias políticas, alrededor del orden frente a la revolución, es decir una confluencia de intereses en el triángulo de toma de decisiones que conectaba Palacio-Gobierno-Cortes. Desde 1853 la atomización y el choque de intereses entre las familias políticas moderadas se traducen en una inestabilidad gubernamental que, mezclada con asuntos de corrupción administrativa con rango de escándalo político, van creando un contexto de crisis que, junto a otras variables, desembocó en julio de 1854. Sin Narváez, sin el control suficiente de Mon-Pidal, ni el empuje puritano, sin mayorías parlamentarias y con la participación de Palacio más directa, el clima de deterioro se acentuó durante 1853 y 1854. La última ocasión no fue Bravo Murillo para evitar la crisis, porque el intento de reconducción inicial sobre el discurso de la reforma de la Administración y el fomento de la riqueza había derivado hacia soluciones fuera del régimen. Se abrió una secuencia de crisis, pero las dificultades procedieron de la imposibilidad de encontrar un consenso dentro del mismo, sometido a sus contradicciones y sin la coherencia que le había dado su oposición al progresismo y la revolución. La crisis del partido era la del régimen con el que se había identificado, pero las alternativas se ventilaban ya en un sentido liberal: desde fuera por los progresistas y desde dentro por un sector que partiendo de la estrategia puritana planteaba una apertura liberal.

Fueron tres los Gobiernos que se sucedieron con este panorama en los diecinueve meses siguientes, presididos cronológicamente por Federico Roncali (15-XII-1852 a 14-IV-1853), Francisco Lersundi (15-IV-1853 a 17-IX-1853) y Luis Sartorius (18-IX-1853 a 17-VII-1854). El Gobierno del primero, general Roncali, conde de Alcoy, ejemplificó la inestabilidad de la situación. En su nombramiento influyó la posición de María Cristina como reflejo de la mayor actividad de los círculos de Palacio, y su composición no incluía políticos moderados de primera fila, ni tenía el consenso del partido. Las elecciones de febrero no variaron la situación, las dificultades del Gobierno en las sesiones de marzo sin el apoyo parlamentario acabaron con la secuencia habitual: disolución de Cortes en abril y dimisión del Gobierno el día 14 del mismo mes. Otra vez se dejó sentir la influencia palatina en el nombramiento de su sucesor, anteriormente ministro de Guerra con Bravo Murillo, el general Lersundi. Condicionado por María Cristina, el Gobierno incluyó personajes de diferentes familias moderadas, pero en modo alguno, como el anterior, logró amortiguar la oposición. Formaba parte de él Egaña, de la línea más conservadora, pero también personas vinculadas a Sartorius como Esteban Collantes. Igualmente formaron parte en algún momento del Gobierno Moyano y Bermúdez de Castro. La oposición de los distintos sectores moderados incluía la de militares como Narváez, O'Donnell, Ros de Olano o Serrano, para los que el hecho de que la titularidad de los dos ministerios hubiera recaído en generales no cambiaba la situación. Se multiplicó el clima de intrigas, de rivalidades, no ya de familias moderadas, sino personales, y de inestabilidad. Situación ya habitual, pero es que además, en términos cualitativos, los Gobiernos nacían con el sello de la provisionalidad. Durante este Gobierno y el siguiente, presidido por Sartorius, se empezaron a elevar a categoría de escándalos políticos las actividades especulativas y de corrupción administrativa, no por inéditas sino por su proliferación y sobre todo porque se utilizaron como arma política, en asuntos relacionados con las contrataciones de materiales o transportes y en las concesiones ferroviarias, en las que aparecían implicados personajes de la elite económica y política y de Palacio. Ambiente ejemplificado por el escándalo de un contrato de carbón piedra para la flota de Filipinas durante el Gobierno Lersundi, y que provocó la dimisión del ministro de Marina, o por la contratación de carros de piedra para el canal del Manzanares en el caso del Gobierno Sartorius, en el que se vio inmerso su ministro de Fomento, Esteban Collantes. Y para ambos Gobiernos, las concesiones ferroviarias, que actuaron de detonante de la crisis política. Aspecto que no era nuevo, pero pasaba a primer plano de la vida política, para culminar en 1854 con detenciones y censura de prensa para los protagonistas que hubieran debatido y denunciado la cuestión de los ferrocarriles.

La debilidad del Gobierno Lersundi, dio paso al último de la década, el de Luis José Sartorius, ennoblecido como conde de San Luis. Abogado, pero sobre todo periodista, cuyos artículos y la fundación de *El Heraldo* en 1842 le situaron en excelente posición política dentro del moderantismo, con la protección de Narváez, que le llevó al Ministerio de Gobernación entre 1847 y 1851. Había sido un eficaz gestor en este período, pero sobre todo destacó su habilidad, lo mismo que en el terreno periodístico, para intervenir en los procesos electorales desde el Gobierno, con prácticas que adulteraban los resultados, para quedar como el precursor de actividades de corrupción electoral que formarán parte estructural del sistema. Se convirtió en uno de los notables del partido, agrupando a sus propios partidarios, denominados «polacos», por alusión a su origen. Prototipo del político de intriga y de negocios, estuvo relacionado con cuestiones financieras cercanas a María Cristina y al consorte Fernando Muñoz. Pese a las iniciales expectativas reformistas y a incluir en el Gobierno personajes como Castro Orozco, Domenech o Roca de Togores, su Gobierno quedó identificado con estas prácticas de corrupción administrativa que acabaron clausurando la década, sobre todo en el tema de las concesiones ferroviarias. Precisamente en relación con este asunto cuajó el primer frente de oposición en el Senado. Abiertas las Cortes el 19 de noviembre, el Gobierno trató de que el tema de las concesiones no fuera discutido y examinado por la Cámara Alta. Las tensiones entre el Gobierno y los senadores se multiplicaron en los debates de la comisión y en el pleno sobre si debía o no entender en la cuestión, y en ello subyacía el papel y prerrogativas del Senado. Representaban la oposición senatorial personajes como el banquero Antonio Guillermo Moreno, Joaquín María López, el duque de Rivas o los generales Infante, de la Concha o Ros de Olano. El 9 de diciembre el Gobierno fue derrotado en el Senado. El tema de los contratos ferroviarios se había convertido en el punto nodal de una lucha política de mayor envergadura en el contexto de la crisis del régimen. La respuesta fue la disolución de las Cortes al día siguiente, la censura de prensa con la prohibición de publicar asuntos relacionados con las concesiones y los debates en el Senado, para ampliarse con cualquier crítica a la Administración, abriéndose una secuencia de secuestros. También practicó la depuración de empleados públicos, el cese de seis consejeros reales, entre ellos Sainz de Andino y Arteta, y de los generales José de la Concha y Ros de Olano —todos se habían significado en el Senado— y varios miembros del tribunal de guerra y marina, detenciones de políticos y periodistas, y traslado de otros militares significados como O'Donnell, Infante y más tarde Serrano, Chacón, Zabala, Messina, San Miguel... Con la obstinación y las prácticas del Gobierno Sartorius se iba el último halo de la década moderada, con un amplio abanico de oposición, en un régimen cada vez más quebrado, aislado y aquejado de una crisis de representación. El molde político e institucional de 1845 ya no servía, o no servía con los mismos ingredientes, porque la situación política, económica y social había empezado a moverse más deprisa, y con nuevos contenidos, que la capacidad de integración del régimen. Mientras las elites buscaban nuevo acomodo, la situación había empezado a cambiar también «desde abajo». La agonía del Gobierno se prolongó entre los meses de febrero y julio de 1854, con una oposición múltiple.

15.6. Las tres «revoluciones». De Vicálvaro a las barricadas. El pueblo demócrata

El Gobierno logró la oposición de todos. Buena parte de las filas del moderantismo, progresistas, demócratas... con proyectos muy dispares, pero coincidentes en que el objetivo inmediato era la caída de Sartorius. Sin embargo, lo que se ventilaba en un clima de conspiración y de crisis política y económica, era la crisis de representación y el propio funcionamiento del régimen, en la que volvían a coincidir reformulaciones desde las elites del moderantismo y el modelo de revolución liberal de corte progresista a partir del papel del *pueblo liberal* como en 1835-36 y 1840, pero esta vez con una agitación y horizonte político que se ensanchaba con las formulaciones del ideario democrático y con propuestas de contenido social superadoras del propio liberalismo progresista. «Desde arriba» sectores amplios del moderantismo buscaban un cambio de Gobierno, pero también una redefinición estratégica, que no doctrinal, del régimen que, sin cuestionar la veta doctrinaria con la Constitución de 1845 y el papel de la Corona, bascular en un sentido liberal, con el respeto a las leyes y ampliando la capacidad de integración del régimen para evitar así el aislamiento y el bloqueo al que había llegado. Se trataba de la extensa oposición a Sartorius, paradigma de los vicios del régimen, procedente de los seguidores de Mon-Pidal, Narváez... pero sobre todo de la línea puritana como Ríos Rosas, Cánovas, marqués de la Vega Armijo, Fernández de los Ríos, y buena parte de la elite militar como O'Donnell, Serrano, Dulce... y en general un nutrido grupo de las elites económicas, políticas y militares, que buscaban como recambio la mayor acentuación del liberalismo en el moderantismo y la reordenación económica. No tendrían reparos en la integración del progresismo, en lo que eran los cimientos de la Unión Liberal. Sus líneas de acción fueron la oposición parlamentaria —y en concreto su actitud en el Senado— y la campaña de prensa de críticas al Gobierno, pero cerradas las Cortes y perseguida la prensa, optaron como recurso básico por el pronunciamiento según el modelo ya clásico de la revolución liberal, sobre todo desde febrero de 1854, dirigido por generales moderados. Al principio no contaban estratégicamente con los elementos civiles progresistas, y mucho menos con las capas populares urbanas, pero el fracaso y la indefinición posterior de sus intentonas desde el 28 de junio al 7 de julio, pasando por la «vicalvarada» del día 30, les empujaron a una colaboración con los progresistas a partir del día 7 de julio y a la ampliación de sus objetivos iniciales aunque manteniendo los principios del régimen. Era, cronológicamente, la primera revolución o, en sentido estricto, el pronunciamiento moderado que la precipita.

En segundo término, la conspiración progresista se había acentuado después de diez años de marginación y sucesivos intentos de recuperación. Su estrategia incorporaba la conspiración civil y militar de sus notables con apoyo popular, en forma de revuelta con sus instrumentos en las juntas, las barricadas y la milicia nacional. Sus objetivos consistían en un cambio de modelo de régimen, acentuando las libertades, Cortes Constituyentes y reformulación de la legislación económica. Su oposición e ideario reflejado en la prensa adquirió mayor protagonismo a partir del Manifiesto de los sublevados moderados en Manzanares el 7 de julio y con las barricadas en Madrid desde el día 17 hasta que sus dirigentes controlaron la situación poniendo los límites de la revolución, es decir, desde el 19 de julio con el llamamiento de la Reina a Espartero para gobernar. Era la segunda «revolución». Pero esta vez los progresistas no eran los únicos exponentes del pueblo liberal. A su flanco izquierdo, con los límites confusos de unas barricadas con dinámica propia, y «desde abajo», se situaba la tercera revolución, o la revolución popular donde calaban los mensajes más radicales del ideario demócrata, también republicano, con los principios de sufragio universal y la soberanía popular, que significaban no sólo un cambio de Gobierno, ni de régimen, sino una concepción distinta de la naturaleza y funcionamiento del modelo de Estado, y al mismo tiempo mezclados con mensajes de contenido social vinculados con el socialismo utópico o los aldabonazos del movimiento obrero en algunos puntos del país, apenas diferenciado del discurso popular demócrata y republicano. Sus instrumentos y poder estaban en las barricadas y en algunas juntas de los barrios populares de Madrid, sobre todo en las jornadas del 17 al 19 de julio, en un proceso frenado por la estabilización progresista que acaba con la dualidad de poderes.

Así cada una de las estrategias —moderada, progresista, democrática popular— de las tres oposiciones, de límites complejos, triunfa con la incorporación de la siguiente, pero que entraña su propia superación. Cronológicamente se pasó del pronunciamiento militar moderado a la colaboración civil progresista en la conspiración y de aquí a las barricadas, es decir, la trilogía pronunciamiento militar-conspiración civil-revuelta popular, confluyendo un amplio y dispar abanico de oposición, caracterizado por la multiplicidad de poderes que se resuelve con el inicio del Bienio progresista en julio de 1854. Desde las elites la oposición recuerda la coalición antiesparterista de 1843, pero ahora se recompone el régimen liberal eventualmente con el ideario progresista. Por abajo la revolución liberal había fijado sus límites por el momento. Mientras tanto, la Corona salía ilesa pero avisada. En la próxima ocasión en que las elites proyecten reordenar el régimen política y económicamente lo harán prescindiendo de los Borbones y apoyándose precisamente en el ideario democrático, ahora abortado en su práctica, y acompañado de una dinámica popular más sólida y autónoma.

Entre los meses de febrero y julio se produce la secuencia de conspiraciones de tan heterogénea procedencia. El ambiente de agitación política —proyectos de sublevación, manifiestos, hojas de protesta, actividad de la prensa...— es animado por el deterioro de la situación económica y la propia intransigencia del Gobierno atrincherado en la censura, detenciones, depuraciones, traslado de militares... El 5 de febrero fueron detenidos en Madrid los dirigentes demócratas, mientras tanto los generales moderados, liderados por O'Donnell, proyectaron de forma independiente —sin el concurso progresista— la vía del pronunciamiento. Un punto de inflexión en esta trayectoria irreversible lo constituyó el pronunciamiento el 20 de febrero en Zaragoza del brigadier Hore. El Gobierno declaró el estado de sitio en todo el país —que ya no sería levantado—, y acentuó sus prácticas represivas: cierre del Ateneo en Madrid, detenciones y exilio de políticos entre los que se encontraban González Bravo y Alejandro Castro —téngase en cuenta que los dos habían formado parte de la Comisión de diputados y senadores, también compuesta por el duque de Sotomayor, O'Donnell y José de la Concha, del 9 de enero, para coordinar los términos de la crítica y oposición al Gobierno con los directores de periódicos—, y de periodistas como Manuel Rances y López Roberts —director y redactor respectivamente de *El Diario Español*—, Alejo Galilea —director de *El Tribuno*—, Bustamante —redactor de *Las Novedades*—. También fueron perseguidos Rua Figueroa, Cánovas, Fernández de los Ríos, Coello, Lorenzana, y el Gobierno continuó con la política de alejamiento de Madrid de generales como Serrano, Zabala, Manzano y Nogueras.

La crisis coincide con el agravamiento de la situación económica durante la primavera de 1854, variable que contribuirá al estallido de la revuelta popular urbana de julio. El alza del precio de los granos en septiembre de 1853 anunciaba la carestía del año siguiente. La subida de precios de artículos básicos tuvo su exponente en el precio del pan, que se elevó notablemente en Madrid desde el mes de febrero de 1854, subida desde el año anterior más bien relacionada con la exportación de trigo y las malas comunicaciones que como consecuencia de malas cosechas. A la carestía se unió el crecimiento de las personas desocupadas en la capital sobre todo desde el mes de junio en que descendieron los empleos de obras particulares y de las del Canal de Isabel II. El aumento del paro y la mendicidad no pudo ser taponado con los intentos de autoridades locales y gubernamentales con obras públicas que tendían a paralizarse. En otras zonas también se mostraron síntomas de conflictividad como en alguna localidad de Zamora y Vizcaya, pero de mayor envergadura y con otras características fue la huelga de tejedores catalanes entre el 22 de marzo y el 3 de abril. La naturaleza de este conflicto originado en Sans estaba más bien en relación con el desempleo, y sobre todo el temor al mismo, provocado por el recelo ante la incorporación a la producción textil de máquinas modernas, las *selfactinas (self acting)*. La huelga se reprodujo en el mes de julio, en el contexto de la sublevación de Barcelona. De todas formas desvelaba los grados de organización del societarismo obrero catalán y anticipaba la huelga general del año siguiente con la respuesta obrera catalana ante la crisis del sector y la caída de salarios.

Al mismo tiempo las dificultades financieras del Tesoro se habían agravado. Los asuntos de agio y especulación, con el tema estrella de los ferrocarriles, no favorecían el clima financiero, y la respuesta de unas elites económicas que buscaban ya una reorientación del rumbo de la economía española y no solamente se desvinculaban del Gobierno, sino que algunos hombres de negocios contribuían financieramente a la conspiración. El Gobierno en sus pasos iniciales ya había intentado obtener recursos drenando fondos procedentes de las cajas de ahorro a partir de un decreto de junio de 1853, que autorizaba a estos organismos la imposición de fondos en la Caja General de Consignación y Depósitos. Este aspecto del decreto, junto con otros sobre los plazos de reintegro, bajo interés a los depositantes o regulación del funcionamiento de los Montes de Piedad, aireados por una campaña de prensa en oposición al Gobierno, tuvieron un efecto contrario y acabaron con retiradas de numerario que obligaron al Gobierno a drenar fondos hacia las cajas. En abril de 1854 el Gobierno intentó una segunda operación para obtener fondos, esta vez procedentes del Banco de San Fernando. Los intentos de que la entidad dirigiera recursos al Tesoro culminaron con la destitución de su gobernador Ramón de Santillán y con la oposición de las elites financieras. Pero la decisión que tendría más consecuencias sociales fue la del 19 de mayo de 1854, por un real decreto que, para frenar eventualmente los apuros financieros del Gobierno, adelantaba un semestre las contribuciones territorial e industrial. Este hecho adquiría dimensiones políticas al quebrar definitivamente las relaciones del Gobierno con el mundo de la propiedad ya sensible al cambio de rumbo político.

Mientras tanto los diarios eran frecuentemente secuestrados y sus redactores perseguidos, sobre todo desde que a finales de diciembre la prensa acentuara sus posiciones críticas, como lo ejemplifica el manifiesto firmado por *La Época*, *Las Novedades*, *La Nación*, *El Diario Español*, *El Tribuno*, *El Oriente* y *El Clamor Público* el día 28, críticas que se empezaron a extender implícitamente hacia la actitud de la Corona. La represión del Gobierno impulsó el nacimiento de publicaciones clandestinas, cuya naturaleza y tono recordaban a la eclosión de la prensa liberal y su papel durante el absolutismo. El tono era muy crítico y mordaz, denunciando las prácticas de corrupción, asuntos que relacionaban negocios de esta índole con personajes de la Corte y, sobre todo, con María Cristina, y con la acusación a la Reina de la responsabilidad y permisividad de estos actos y los del Gobierno, al mismo tiempo que entraba, como otro tipo de publicaciones satíricas ilustradas, en la vida privada de la Reina. Todo ello hacía tambalearse la idea de arbitraje y equilibrio de Isabel II, cuya figura empezó a experimentar la quiebra de las relaciones en las que se había asentado el trono, es decir, la percepción de la Reina por encima del mal gobierno. Catorce años más tarde la crisis del régimen pasaría por la caída de la propia Reina.

La corriente de conspiración del moderantismo a través del pronunciamiento y liderada por militares como O'Donnell, Dulce, Messina, Echagüe, Ros de Olano... maduró en el mes de junio. El día 13 se produjo una intentona. El día 28 tampoco se consolidó el proyecto en el Campo de Guardias de Madrid que impulsaría el general Dulce, director general de caballería, y al que se sumaría O'Donnell. En un manifiesto dirigido a la Reina los objetivos de los sublevados se referían sólo al cambio de Gobierno en el contexto constitucional, la fidelidad al trono y a los principios doctrinarios de libertad y orden, y planteaba la integración de otros grupos políticos en el régimen. Los generales moderados habían evitado el concurso de la conspiración civil, sobre todo de progresistas y demócratas que conspiraban simultáneamente. En realidad era el recurso clásico a una secuencia iniciada con la oposición parlamentaria y de la prensa, y con el apoyo de algunos financieros. La intentona no cuajó por el conjunto de indecisiones que la rodearon. A las medidas de estado de sitio ya existente, el Gobierno sumó la expulsión del ejército de O'Donnell, Messina y Ros de Olano, el envío del militar Milans del Bosch como mediador y la preparación de fuerzas en la capital. Un bando del capitán general de Madrid, general Lara, creaba un tribunal permanente de guerra.

Las tropas sublevadas, correspondientes al arma de caballería, dirigidas por O'Donnell se concentraron el 30 de junio en los campos de Vicálvaro. La llamada «vicalvarada» fue un hecho intrascendente en sí mismo y en todo caso un pronunciamiento inconcluso que ponía de manifiesto, como en otras tantas ocasiones de la práctica del pronunciamiento, la imposibilidad del triunfo inmediato de los pronunciados utilizando sólo esta vía e insuficiente para cambiar la actitud de la Corona, y al mismo tiempo las debilidades del propio Gobierno para imponerse. Técnicamente no tuvo resolución alguna entre la caballería de O'Donnell y las tropas gubernamentales, sobre todo de artillería, mandadas por el ministro de la Guerra, general Blaser, salvo que ambos contendientes se atribuyeron una victoria inexistente en el terreno militar. Mientras el Gobierno retiraba sus tropas hacia Madrid y trataba de mantener el orden público, consciente del clima social y político tenso, y suspendía diarios, los sublevados se dirigieron hacia el sur —entre el día 1 y 4 de julio se sitúan en Aranjuez— esperando la multiplicación del pronunciamiento en otras localidades o el estímulo de la colaboración civil hasta entonces no contemplada. Y aquí se produce un cambio cualitativo que transformó la «vicalvarada» y sus objetivos en un llamamiento a la participación civil —los progresistas y demócratas habían seguido una dinámica propia, aunque sí habían colaborado civiles moderados— ampliando las demandas iniciales para incluir planteamientos invocados por progresistas y demócratas. Este cambio de estrategia situaba la sublevación en la dualidad ya clásica de la revolución liberal que reunía los ingredientes de pronunciamiento militar y conspiración civil apelando al pueblo liberal, pero los militares pronunciados y moderados sabían que significaba transformar sus expectativas iniciales. Esta actitud se tradujo en el *Manifiesto de Manzanares,* ciudad manchega donde confluyeron O'Donnell y Serrano, y que con el concurso de un comité liberal civil en el que participaba activamente Cánovas, se establecían como objetivos no sólo el cambio de Gobierno, sino la conservación del trono sin las camarillas que lo desvirtuaban, el «Gobierno con las leyes», el mantenimiento de los empleos y grados militares y civiles, la rebaja de impuestos, pero sobre todo se especificaba la remodelación de las leyes electoral y de imprenta, la descentralización de poderes locales y la institucionalización de la milicia nacional, al tiempo que significaba un llamamiento a la formación de juntas, instrumento arquetípico de la revolución liberal. Eran planteamientos que invitaban a la colaboración progresista.

La sublevación cobró impulso con la proliferación de pronunciamientos. Ya el día 5 de julio algunas partidas armadas se habían sublevado en localidades valencianas, partiendo de Alcira, y después del manifiesto el coronel Buceta se sublevó en Cuenca, y el 13 de julio el regimiento de caballería de Montesa se sublevó en las cercanías de Madrid dirigiéndose al sur al encuentro de los pronunciados. Pero será sobre todo desde el día 14 cuando se extienda la sublevación. Entre el día 13 y 14 el manifiesto se difunde en Madrid redoblando la actividad progresista y demócrata, al mismo tiempo que el gobernador civil intimidaba con la aplicación de consejos de guerra para los difusores de noticias alarmantes, advertía sobre la hora de cierre de los establecimientos y la tenencia de armas, tratando de abortar el triple instrumento de la revolución: la circulación de noticias impresas, la agitación en los foros políticos como cafés y el ar-

Reparto del Manifiesto de Manzanares en julio de 1854.

mamento de la población civil. El mismo día, 14 de julio, el pronunciamiento del comandante Manso en Barcelona se transformó en una sublevación de mayor envergadura con participación popular, dirigida por las autoridades y el propio capitán general que desembocó en la creación de una junta. El 15 se pronunció la guarnición de Valladolid con el general Nogueras. El día 16 la sublevación se extendió a Valencia, Zaragoza, Sevilla y Granada. Ese mismo día un amplio sector del moderantismo insistía a la Reina en la responsabilidad de las camarillas palatinas y el Gobierno, pero advertía que se estaba empezando a ventilar la responsabilidad de la propia Corona.

El día 17 el Gobierno de Sartorius, acosado en todos los frentes, dimitió. En las provincias sublevadas se habían formado juntas revolucionarias. Mientras tanto la tensión social y política en Madrid estalló en revuelta popular, proyectada y encauzada inicialmente por los progresistas y demócratas, pero cuya dinámica entre los días 17 y 19 de julio empezó a desbordar a los propios progresistas. Era el tercer escalón de la revolución, con su expresión, después del pronunciamiento y la conspiración civil, en las barricadas. Así, mientras los dos Gobiernos que se suceden en dos días trataron de frenar la situación —uno, el de Fernández de Córdova, con la repuesta armada, otro, el del duque de Rivas, aceptando hechos consumados, en los límites de la revolución—, los progresistas trataron de conducir e instrumentalizar la situación con la creación de una junta —hasta aquí la dualidad de poderes—, pero al mismo tiempo las capas populares continuaban con la vida propia de las barricadas con importante participación del elemento demócrata y con sus propias juntas.

En efecto, la Reina mandó formar Gobierno el día 17 al general Fernández de Córdova, de difícil aceptación por el amplio abanico de sublevados, y cuya respuesta fue la intervención de las tropas para frenar la revuelta popular que se extendía por la ciudad. La sublevación popular en la tarde de ese día 17 era resultado del llamamiento progresista y demócrata y el ambiente de agitación que de los discursos en los cafés se trasladó a la calle. Pero no es menos cierto que las capas populares urbanas que afluían desde los barrios del sur hacia el centro —inaugurando el recorrido de una geografía urbana revolucionaria que se repetirá en varias ocasiones en los siglos XIX y XX— eran sensibles a los discursos progresistas y demócratas que cuajaron, en un ambiente de carestía y de problemas cotidianos, al interiorizar como causa de sus males los Gobiernos de camarilla, la corrupción y las actividades de personajes como María Cristina, reclamando con más fuerza la vuelta de Espartero. Se produjeron enfrentamientos con las tropas en los puntos de Mayor y Cebada, y sobre todo incidentes en la Plaza Mayor, Casa de Correos, gobierno civil y ayuntamiento. Esa noche los progresistas, después de haber obtenido armas en el gobierno civil, trataron de formar una primera junta en el ayuntamiento para realizar una exposición a la Reina que recogía principios progresistas y demócratas, y que acabó en un fracaso después de la falta de acuerdo entre sus miembros, y con el desalojo del ayuntamiento por las tropas de Gándara. Mientras tanto la revuelta en la calle adoptó una forma de respuesta de primitivismo rebelde y acción directa dirigida al asalto e incendio de las casas de aquellos hacia los que se había proyectado la responsabilidad de la situación. Fueron asaltadas las casas y palacios de Salamanca, Sartorius, Collantes, conde de Vistahermosa, del gobernador civil conde de Quinto... y el Palacio de las Rejas, residencia habitual de María Cristina.

En la madrugada del día 18, con las dimensiones que había adquirido la sublevación y las dificultades de las tropas para sofocarla, un nuevo Gobierno trató de reconducir la situación. Presidido por el duque de Rivas, se formaba con voluntad conciliadora y sobre la idea de coalición: los moderados Ríos Rosas y Mayans, los progresistas Cantero, Gómez de la Serna y Roda, permaneciendo Fernández de Córdova como el único referente de la situación anterior al levantamiento. Era un intento de estabilizar la situación «desde arriba» y de hecho poner límites a la sublevación, que ya había alarmado a sectores de las elites ante unas capas populares desbordadas. Los proyectos del Gobierno, y su propia composición, eran una amalgama de los moderados de talante aperturista y los sectores atemperados del progresismo que se encuentran en las raíces del modelo híbrido de la Unión Liberal posterior. Planteaba el respeto a la Constitución, la convocatoria a Cortes, la libertad de imprenta según la ley de 1845 y la suspen-

Visita de las barricadas de Madrid en julio de 1854 por el general Evaristo San Miguel.

sión del anticipo de contribuciones. En el Gobierno colaboraban personajes procedentes de la frustrada junta que se había intentado formar en el ayuntamiento.

El nuevo Gobierno y su actitud no lograron encauzar la situación. A pesar de intentos de mediación realizados desde el ayuntamiento y del gobierno civil, el conflicto urbano se había extendido y la multiplicación de poderes era un hecho el día 18. La revuelta popular en Madrid, estudiada por Urquijo, adoptó la forma de barricadas y al amanecer del día 19 la ciudad alojó un gran número de ellas, con el nuevo paisaje urbano de la revolución, sobre todo en la zona sur y en las calles céntricas de Montera, Sevilla o Peligros. Se habían creado juntas de distrito. El fenómeno de las barricadas representa la respuesta del conflicto social urbano del colectivo *pueblo* en la ciudad preindustrial adaptado a la morfología urbana. Allí coincidían los individuos de la ciudad popular, menestrales, jornaleros, personajes ligados al mundo de los oficios y del pequeño comercio, también empleados en menor número, y liderados en las juntas y la milicia por propietarios o miembros de profesiones liberales. En ellas participaron mujeres, niños y ancianos, e interiorizaron los discursos demócratas o republicanos de sus líderes, que ya incluían contenidos sociales. Era el traslado del discurso de la revolución liberal de los cafés a las barricadas.

Entre las Juntas de distrito creadas adquirió especial relevancia por su organización, persistencia y radicalización en sus planteamientos la *Junta Auxiliar de Salvación y Defensa del Cuartel del Sur* —«Junta del Sur» o «Junta del Cuartel del Sur». Colaboraron en su formación los miembros más radicales procedentes de la Junta del ayuntamiento del día 17 y que se habían mostrado discrepantes con los que se orientaron al programa representado horas más tarde por el Gobierno del duque de Rivas. Esta Junta del Sur, basada en la defensa de las barricadas de la zona, con nudos principales en las plazuelas del Progreso y Cebada, superaba en sus formulaciones el proyecto progresista, alentada por los demócratas. Coincidían el ideario demócrata de las libertades y el sufragio universal con los planteamientos del obrerismo democrático, socialismo utópico o el republicanismo.

Mientras tanto —entre el Gobierno y la Junta del Sur, entre las tropas y los integrantes de las barricadas—, puritanos, progresistas y algunos demócratas crearon el día 19, ante el cariz de los acontecimientos, la *Junta de Salvación, Armamento y Defensa de Madrid*. Era el momento de frenar la revolución. Las barricadas, que ya no controlaban, superaban los límites de la revolución misma en la forma en que había sido planteada. Sus objetivos eran claros: «dar una acertada dirección del movimiento popular, economizar sangre y salvar las instituciones». Presidida por un respetado y anciano líder del liberalismo español, el general Evaristo San Miguel, estaba compuesta por Fernández de los Ríos, Sevillano, López Mollinedo, general Valdés, general Iriarte, Crespo, marqués de la Vega de Armijo, Escalante, Aguirre, Conde González, marqués de Tabuérniga y Ordax. En ella había personajes presentes en la junta del día 17, se incorporarían otros procedentes de la Junta del Sur menos radicales y algunos notables, desde el banquero Sevillano al demócrata Ordax, pasando por el moderado puritano marqués de la Vega Armijo. La solución que brindaba la Junta a Palacio era el nombramiento de un Gobierno dirigido por Espartero. La Corona en actitud nuevamente posibilista aceptó, ya que no le quedaba otra solución de consenso: Espartero o la radicalización de las barricadas, después de que había agotado sus intentos de reconducir la situación con dos Gobiernos.

La tarde del día 19 de julio Espartero era llamado a formar Gobierno, al mismo tiempo que se ordenaba el alto el fuego a las tropas, ya en desventaja respecto a la revuelta popular. La Junta, apoyada en el prestigio de San Miguel y en la invocación de Espartero, recuperando la memoria popular del mito del general, desplegó un llamamiento por las barricadas al cese de las hostilidades. Aunque no de forma inmediata logró el alto el fuego e incluyó en la Junta a algunos miembros de la Junta del Sur. Pero la fórmula elegida para mantener el orden, reconducir la revolución por un lado atemperando a los barricadistas y el control de las tropas por otro, mientras regresaba de su retiro Espartero, fue la de una transición institucional con el nombramiento de San Miguel como capitán general de Madrid y «ministro universal interino». Así confluía el poder de la Junta, que actuaba como Gobierno provisional, y el de la autoridad militar. El día 29 Espartero entraba en Madrid. Se ponía en marcha el programa progresista, aunque el inicio de este nuevo ensayo era fruto de un consenso de las elites políticas, económicas y militares liberales, en el que no entraban los moderados más recalcitrantes ligados a los últimos Gobiernos de la década y tampoco los demócratas de las barricadas, que pronto quedaron marginados. En 1843 una coalición de moderados y progresistas frente a un Espartero aislado se había resuelto a favor de los primeros, con la complacencia de la Corona. En 1854 otra coalición de moderados aperturistas y progresistas frente al moderantismo aislado se resolvió al contrario, a favor de los segundos, aunque esta vez con el recelo de la Corona, y paradójicamente alrededor de Espartero. Pero también se habían configurado otras fuerzas políticas y sociales con proyectos y respuestas distintas que trascendían los límites del liberalismo moderado y progresista, para representar nuevos contenidos de la revolución. Frenadas en esta ocasión, sin embargo condicionarán a partir de entonces el rumbo de la vida política y social.

Capítulo XVI

La alternativa progresista y la superación de su proyecto político (1854-1858)

16.1. Una versión de continuismo doctrinario

Nueva y corta experiencia de los liberales progresistas entre 1854 y 1856, denominada convencionalmente *Bienio progresista*, que habían capitalizado la revolución de julio. Sin su concurso el intento de los moderados «vicalvaristas» no habría cuajado, y su actitud había sido decisiva en el freno de los contenidos democráticos y populares de las barricadas. Aparentemente estos dos años figuran como un islote en el contexto de la larga trayectoria del moderantismo, arrebatando coyunturalmente la hegemonía de los moderados en el discurrir del liberalismo español. Sin embargo, el Bienio tuvo más de continuidad que de ruptura, en el sentido de que no se alteraron en lo fundamental los supuestos básicos en los que había descansado hasta entonces el doctrinarismo y el funcionamiento del Estado liberal. Desde luego los progresistas sí intentaron un cambio de régimen trasladando el ideario de 1837 y reproduciendo en buena parte los planteamientos de las juntas provinciales creadas con la revolución de julio de 1854, pero sin culminar en un nuevo ordenamiento del liberalismo que mantuvo el armazón doctrinario básico empezando por las funciones de la Corona. Fue un cambio más de Gobierno, que introdujo algunos ingredientes de la versión progresista, que de régimen.

Lo que sí se puso en marcha —y el único legado progresista que se prolongó en la década siguiente— fue la reorientación de la economía para culminar la estructuración del mercado nacional. Y en ello eran coincidentes las elites económicas y políticas, hombres de negocios, comerciantes, propietarios, que habían visto el agotamiento del discurso económico en el bienio 1852-1854. De hecho, moderados y progresistas no se diferenciaban en este sentido. Coincidentes en esta reorientación económica, las elites además estaban abiertas políticamente a los cauces del liberalismo, sin cuerpos cerrados y de ahí que los límites fueran muy borrosos entre sectores del progresismo y los moderados críticos —«vicalvaristas»— que habían participado en la revolución. Ni los progresistas actuaban como cuerpo conjunto, —además estuvieron condicionados desde el principio por sus aliados coyunturales de las filas del moderantismo que apelaban a la *unión liberal*—, ni representaban ya la versión más radical del liberalismo, ya que su ideario no colmaba un conjunto de aspiraciones sociales y políticas que habían encontrado su cauce en las barricadas y en las propuestas demócratas. Los progresistas también habían encontrado el límite de su revolución. Su ideario no se acoplaba del todo con el del pueblo liberal. Eso sí, les quedaba respecto a las capas populares el mito Espartero y algunas propuestas incorporadas por las juntas. La historia del Bienio, por tanto, es la del difícil equilibrio entre las presiones de moderados «vicalvaristas», progresistas más atemperados y Corona, asociados al discurso del unionismo para apuntalar el régimen sólo reformándolo, y la oposición de los diferentes discursos demócratas en un marco de crisis económica y conflictividad social. Se resolvió en una permanente provisionalidad y en la difícil salida de las Cortes Constituyentes.

16.2. Los progresistas entre los moderados y los demócratas

El día 28 de julio de 1854 Espartero volvía a convertirse en el hombre de la situación, once años después de haber dejado el poder acosado por una coalición de moderados y progresistas. Lo que volvía era el *mito liberal* en el que confluían los intereses y aspiraciones de progresistas y moderados unionistas y el *mito popular* de los componentes de las barricadas. Aquel día entraba aclamado y vitoreado por la Puerta de Alcalá. Era el *pueblo* de las barricadas y la milicia nacional. Por la tarde el gesto de su abrazo público con O'Donnell en casa de Manuel Matheu, destacado hombre de negocios de la capital, significaba el de las elites liberales como la otra versión del 54 y sellaba el pacto coyuntural entre progresistas y moderados «vicalvaristas» que daba por concluida la revolución, todavía con barricadas sin desmontar, con civiles armados y con juntas que tenían poderes efectivos. Era un débil consenso liberal por las discrepancias de los respectivos proyectos políticos e institucionales en los que se apoyaba, pero que servía para normalizar la situación.

El nuevo Gobierno, nombramiento publicado el 1 de agosto, era reflejo de las dos primeras secuencias de la revolución, pero no de la tercera, es decir, sin el concurso demócrata. Formalmente construido sobre la idea de la síntesis de los liberales entre moderados unionistas y progresistas, o en sentido más estricto formado por personajes atemperados del progresismo, sobre todo, pero con difíciles límites con el moderantismo unionista, estaba integrado por un progresista «puro» como José Allende Salazar en Marina, los progresistas más atemperados José Alonso en Gracia y Justicia, Francisco Luján en Fomento y Francisco Santa Cruz, amigo personal de Espartero, en Gobernación, el financiero Collado en Hacienda, también progresista atemperado más proclive al unionismo, y el moderado puritano Joaquín Francisco Pacheco. La columna vertebral eran los progresistas. Pero el nexo gubernamental del pacto liberal lo constituyó el propio O'Donnell ocupando la cartera de Guerra. El binomio gubernamental Espartero-O'Donnell, y las opciones que representaban, se ponía en marcha.

Los progresistas capitalizaban el triunfo de la revolución, pero al mismo tiempo estaban presos de la trayectoria que había seguido la revolución misma. Su ideario se basaba en una recuperación de los principios de 1837 y de la situación quebrada en 1843, y el programa de actuación se vertebraba en las formulaciones de las juntas, en concreto la de Zaragoza, y no en el programa de Manzanares defendido por los moderados «vicalvaristas». Se trataba de un cambio de régimen sobre la base de los principios progresistas con la convocatoria de Cortes Constituyentes. El programa incluía, pues, nueva Constitución, eliminación de la censura previa, descentralización, reforma del sistema tributario, milicia nacional como garantía del cambio político, ampliación del sufragio, y reordenación económica en el ámbito legal de la desamortización, minas, ferrocarriles, red financiera..., es decir, la reordenación económica.

El proceso de normalización institucional pasaba por el desmantelamiento de los poderes revolucionarios de las juntas y las barricadas. Espartero visitó las barricadas madrileñas el 31 de julio, que ya se habían empezado a desmontar desde el día 24. Al día siguiente presidía como homenaje el desfile de sus defensores. El día 2 se habían desmantelado las barricadas sin el recurso a la fuerza, para cuyo derribo el ayuntamiento pagaba 6 reales diarios a 2.000 jornaleros, dándose prioridad en todas las obras públicas a los barricadistas, todavía armados, que fueron desprendiéndose de las armas mediante su compra por el ayuntamiento, al mismo tiempo que se encuadraban en la milicia nacional. Así, buena parte de los jornaleros de las barricadas pasaban a la milicia nacional, mientras que el desarme se había asociado a la cuestión del desempleo. Todos eran ingredientes de la política de normalización.

El mismo día del simbólico desfile de los barricadistas, 1 de agosto, aparecían los nombramientos de los ministros y otro decreto, de mayor importancia si cabe, que transformaba las juntas formadas al calor de la revolución —juntas provinciales de gobierno, armamento y salvación—, en juntas consultivas, es decir, quedaban desprovistas de cualquier poder ejecutivo, incluso se suspendieron las medidas que habían tomado en relación a la supresión de contribuciones. Esta transición de los poderes revolucionarios significaba la clausura formal de la revolución desde abajo.

Respecto a su ideario y programa, los progresistas para empezar rescataron piezas jurídicas de las anteriores experiencias progresistas de la época del Trienio y de los años 30, mientras se proyectaba el cambio de régimen constitucional, ya en términos discrepantes tanto con sus coaligados moderados como con los demócratas. Además de rescatar provisionalmente la ley de imprenta de 1837, el día 7 de agosto se restablecía la ley de Gobierno local de 1823, el 11 de agosto se convocaban elecciones de acuerdo a la ley electoral de 1837, y más tarde, el 15 de septiembre, se ponía en vigor la legislación sobre la milicia nacional de 29 de junio de 1822. Esta recuperación de la legislación progresista anterior fue comprendida en términos de interinidad, mientras se articulaba un nuevo armazón constitucional, pero la interinidad fue tan prolongada que nunca se normalizaría un régimen de nuevo cuño, con un Gobierno y unas Cortes hipotecados por la actitud moderada y la de la Corona y la conflictividad social. Pero además los progresistas trataron de restaurar la situación de 1843 con la reposición de las autoridades y de los empleados públicos de aquella fecha, lo que implicaba una depuración de funcionarios y la recuperación de las administraciones de 1843. Desde el 1 de agosto se reclamó a las autoridades locales de 1843 la vuelta a sus puestos, también los integrantes de la milicia, así como los empleados de la Administración, pero aunque los cambios en la realidad fueron mucho más modestos, la cuestión de fondo es que legitimaba la situación de 1843 y por tanto la deslegitimación del paréntesis moderado de toda una década. En este asunto los moderados discreparon notablemente y plantearon el mantenimiento de la situación de los funcionarios para evitar depuraciones, lo que equivalía a decir que el nuevo periodo liberal asumiera sus anteriores etapas y se legitimara también con la década moderada. El otro asunto de controversia fue el de la naturaleza del régimen asociada a la convocatoria de Cortes.

Para los progresistas, y también demócratas, siguiendo los principios de la Junta de Zaragoza, de los manifiestos en general de las juntas y de las barricadas, las Cortes debían de ser Constituyentes, al mismo tiempo que unicamerales, prescindiendo del Senado. Para los moderados, en términos ya recogidos en Manzanares, las Cortes debían ser ordinarias y su finalidad sería reformar la Constitución de 1845 en asuntos tales como la libertad de imprenta, papel de las Cortes y de la Corona, sistema electoral, para evitar los errores de la década, pero siempre respetando la Constitución, y por tanto la existencia del Senado. Y mientras tanto subyacía el problema de la «legalidad»: Constitución de 1845 o de 1837. En relación también con la convocatoria se planteaba el problema del sufragio según la ley electoral de 1837 o de 1846. El día 11 de agosto el Gobierno convocó Cortes, y lo hacía según la perspectiva progresista: «Constituyentes», a partir de una sola Cámara y de la ley electoral de 1837. Esto, junto a la reposición de autoridades de 1843, equivalía al reconocimiento de la legalidad de 1837, aunque en sentido estricto y formal la Constitución de 1837 no se restableció. Una provisionalidad que se presumía corta. Los moderados aceptaron esta situación, en un discurso que seguía apelando a la unión de los liberales, pero a cambio, y como pieza central de ese discurso, el asunto de la Corona y su dinastía quedaba fuera de toda duda y además como columna vertebral del proceso. La propia convocatoria señalaba: «Las Cortes Constituyentes serán sin duda en 1854 un nuevo lazo entre el trono y el pueblo, entre la libertad y la dinastía, objetos que no pueden debatirse, puntos sobre el que el Gobierno no admite duda ni discusión». Esta posición de progresistas y moderados acentuó las divergencias de sectores demócratas que en pleno discurso revolucionario habían planteado la responsabilidad de la dinastía y los republicanos las críticas hacia la Corona misma como sistema. Las múltiples divergencias entre las fuerzas de la revolución estaban servidas ya desde los inicios del Bienio, como ilustra esta convocatoria de Cortes, en cuestiones de fondo como la propia naturaleza y funcionamiento del régimen. La Corona de Isabel II no solo había salido ilesa, sino reforzada como pieza inalterable y legitimadora del liberalismo, aceptando de forma posibilista la situación —es decir, la de hechos consumados—, pero al mismo tiempo que le permitirá acentuar sus presiones para evitar cualquier desviación revolucionaria y recuperar el proceso hacia el moderantismo.

Mientras progresistas y moderados unionistas canalizaban la revolución con esta fórmula de convocatoria de Constituyentes, el apuntalamiento de la Corona y la recuperación provisional del andamiaje progresista anterior, y escondían, también provisionalmente, sus posturas divergentes, los demócratas se apearon de esta perspectiva de la revolución y acentuaron su discurso crítico, capitalizando el caudal revolucionario en su versión popular. Las barricadas habían sido desmanteladas, sus participantes desarmados o integrados en la milicia nacional, las juntas transformadas y Espartero estaba en el poder, pero algunas demandas populares de juntas y barricadas no habían sido asumidas, y la conflictividad social no se había apagado sino multiplicado a la espera de colmar las expectativas creadas, en un contexto de crisis económica agudizado en el verano de 1854. La carestía se intensificó y el intento de aumentar las obras públicas por las autoridades no taponó el crecimiento del desempleo de jornaleros, al mismo tiempo que aumentó la protesta de los trabajadores del textil y su grado de organización. También se sumaron los efectos de la epidemia de cólera en aquel verano. A mediados de agosto los jornaleros de la construcción en Madrid realizaron una huelga como protesta por sus bajos salarios, se extendieron motines en núcleos urbanos contra el precio del pan, las exportaciones de trigo y los consumos, y las ocupaciones de tierras en algunas localidades extremeñas, manchegas y andaluzas, al tiempo que las respuestas luddistas coincidían en el tiempo con formas de respuesta obrera más organizada en Cataluña. Tipología de conflictividad muy heterogénea, donde confluyen respuestas sociales muy distintas en sus motivaciones, instrumentos y protagonistas —motines, huelgas, ocupaciones de tierras— y con diversos grados de organización, pero que dibujaron un marco de crisis que se prolongó el resto del año y se multiplicó durante el Bienio.

En este marco los demócratas, sobre todo a partir del *Círculo de la Unión*, animaron el debate y las críticas al Gobierno, y trataron de dar cauce al descontento popular. Todo ello cristalizó en un asunto de notables dimensiones políticas durante el mes de agosto: las exigencias de juicio de María Cristina, como actitud simbólica que resumía las protestas contra el agio y la corrupción de los últimos Gobiernos moderados, y que ya se habían expresado durante las jornadas revolucionarias con el asalto de varias casas y quema de propiedades. El caso de María Cristina era la prueba de fuego para el nuevo Gobierno, detrás del que se ventilaba toda una cohorte de políticos, negociantes y funcionarios ligados al régimen moderado, entre ellos ministros, para los que se exigía depuración y enjuiciamiento. Los demócratas querían una comparecencia de la Reina madre ante las Cortes, hecho que Palacio y buena parte de las elites no estaban dispuestas a consentir. La salida buscada por el Gobierno fue la expatriación el 28 de agosto, sorteando los grupos de civiles apostados frente a Palacio ante los rumores de su salida. La expulsión, clandestina, fue confirmada oficialmente por la publicación del decreto que además se refería a la confiscación de sus bienes. La tensión hizo crisis y la respuesta popular estimulada por los demócratas se transformó en las barricadas levantadas el 28 de agosto. Sin la fuerza y envergadura de las de julio, esta respuesta de dimensiones políticas fue ahogada, con el concurso indeciso al principio de la propia milicia nacional, concluyendo con la represión de sus dirigentes demócratas que al mes de haberse formado el nuevo Gobierno progresista entraban en la cárcel. El referente del Gobierno fue el orden y la búsqueda de la estabilidad que permitieran la celebración de elecciones y la actividad de las Constituyentes. Pero al mismo tiempo el sentido del precario consenso entre progresistas y unionistas, con concepciones distintas e incompatibles, se establecía frente a la ideología demócrata, es decir frente a la tercera revolución de julio, y el discurso se desligaba así de los orígenes populares de las barricadas. El 2 de septiembre la Junta de Salvación, ya sin sentido, se autodisolvía.

Las elecciones se celebraron entre el 4 y el 6 de octubre de 1854. Durante la última semana de septiembre se habían desarrollado las elecciones municipales para completar la parcial reposición de los concejales en sus puestos de 1843, lo que acentuó la actividad electoral. La convocatoria del mes de agosto se había realizado según la ley electoral de 1837, que implicaba la ampliación del sufragio e incluía algunas modificaciones en tal sentido. La proporcionalidad de un diputado por cada 50.000 habitantes de 1837 se ampliaba a uno por cada 35.000, lo que significaba la elección de 349 escaños respondiendo al criterio de la circunscripción provincial como unidad electoral. Para ser elector las condiciones seguían siendo censitarias: 200 reales anuales de contribución directa, o 1.500 de renta anual, o 3.000 reales anuales por arrendamiento o aparcería, o propiedades por valor en alquiler de 2.500 reales. Aunque suponía una ampliación del número de representantes y del sufragio respecto a cualquier convocatoria de la década moderada, la participación seguía siendo muy restringida —sólo votaban aproximadamente uno de cada diez ciudadanos— sin alterar cualitativamente el funcionamiento y naturaleza restrictiva del sistema.

La herencia de la revolución fue reivindicada por los tres grupos políticos de mayor entidad que habían protagonizado cada una de las tres fases de la revolución, y esta idea percibida en forma de legado se redobló ante el proceso electoral. Los progresistas, en el Gobierno, tenían como programa unas Cortes de naturaleza constituyente, recuperando la situación de 1843, y como grandes principios los de soberanía nacional, la milicia como garante de libertades y orden, libertad de imprenta, democratización de poderes locales, reforma impositiva, liberalización económica y desamortización, al tiempo que entendieron el trono de Isabel II como incuestionable. Mientras, los moderados unionistas recordaban los principios de Manzanares, con la idea de respetar la Constitución del 45, pero sobre todo apelaban a su idea de «unión liberal», interiorizando el triunfo de la revolución con la síntesis de los partidos liberales, e incluían algunos principios generales defendidos por los progresistas como la libertad de imprenta, elección y reorganización de la milicia y reforma de la Administración. Su manifiesto electoral de 17 de septiembre se orientaba en esta dirección, pero no acababa con las ambigüedades e incluso contradicciones en relación a contenidos progresistas. El manifiesto comenzaba: «La revolución de julio no ha sido el triunfo de un partido contra otro partido; es la nación entera quien se ha levantado contra un sistema de Gobierno corruptor y opresivo, condenado por sus vicios y errores», y sus límites se establecían en los principios consignados «ya en el memorable manifiesto de Manzanares, ya en las actas de la mayoría de las juntas provinciales», solapando así ambiguamente Manzanares y las juntas. Después acudía a dos cuestiones básicas: soberanía nacional y trono de Isabel II, para enunciar a continuación una serie de puntos: orden público —incluyendo en este principio la función básica de la milicia nacional—, libertad de imprenta, elección popular de ayuntamientos y diputaciones, reforma de los presupuestos, profesionalización en la reforma de la Administración, desamortización, responsabilidad ministerial, construcción de ferrocarriles y descentralización «prudente» de las Administraciones locales. La idea y sobre todo las bases programáticas de la «unión liberal» no estaban acabadas, para terminar confundiéndose en actitudes de progresistas como Joaquín María López o el propio San Miguel, que bascularon hacia estos presupuestos compartiendo el manifiesto con personajes moderados como González Bravo. En el fondo eran versiones distintas de unión liberal, en una idea que no terminaba de configurarse —lo hará en el transcurso del Bienio— y que se basaba en una declaración de intenciones forzada por las consecuencias de julio, ya que progresistas y moderados «vicalvaristas» seguían conservando las diferencias de Manzanares y las juntas. Coincidían en el remozamiento político del régimen y en la liberalización económica, con la única frontera clara respecto al ideario demócrata.

Los demócratas, por su parte, también eran resultado de múltiples referentes, aunque les identificaban algunos principios básicos del ideario democrático y el legado popular de la revolución. El programa del 27 de septiembre establecía las diferencias con otros grupos políticos: el principio básico de «omnipotencia de la asamblea constituyente» se derivaba de la forma de entender la revolución, sin ninguna autoridad superior, como desarrollo del ejercicio de la soberanía nacional y, por tanto, el derecho de los diputados a cambiar el contenido, en fondo y forma, del régimen. Y como principios de la nueva Constitución: «inviolabilidad de derechos individuales» ilegislables (libertad de conciencia, enseñanza, imprenta, reunión, asociación), libertad del sufragio electoral, unidad de fuero para todos los españoles en causas civiles y criminales, establecimiento del jurado como base de la reforma de la administración de justicia, descentralización administrativa, reforma radical del sistema tributario (abolición de contribuciones indirectas, y sus ingresos sustituidos por «las grandes economías», modificación de aranceles en sentido liberalizador), abolición de quintas, reforma del ejército sobre milicias provinciales, milicia nacional voluntaria, desamortización civil y eclesiástica, enseñanza gratuita y obligatoria, responsabilidad de funcionarios públicos, además del enjuiciamiento de «los autores y cómplices de las depredaciones hechas en estos últimos tiempos en daño al Estado». Por su parte los demócratas republicanos recogían los presupuestos más radicales de las juntas y barricadas, y aunque su diferenciación todavía era confusa con el grueso de los demócratas, incorporaban con la idea de república referentes del socialismo utópico y las cuestiones sociales. Era la tendencia más radical de los demócratas, con principios superadores de la propia revolución liberal.

Con una participación aproximada del 70 por 100 del censo, el resultado dio una mayoría de diputados seguidores del programa progresista y en segundo lugar diputados próximos al programa unionista. Además lograban representación 20 diputados demócratas. La Cámara se reunía el 8 de noviembre de 1854. La tarea constituyente tenía que dar contenido al régimen y además trazar el reformismo económico en cuestiones básicas del mercado nacional. En términos sociales *desde arriba* las elites económicas y políticas trataban de recomponer el liberalismo como fórmula política constitucional y parlamentaria, y como fórmula económica aplicando un sentido más abierto pero con los mismos supuestos básicos. *Desde abajo* la conflictividad social se multiplicaba tanto en intensidad como en proliferación de respuestas en forma de ocupaciones de tierras, motines o huelgas, que buscaban coberturas ideológicas y políticas alternativas.

16.3. La Constitución «non nata» de 1856

La definición del régimen tuvo como punto de partida la aprobación el día 30 de noviembre, con la oposición de la veintena de diputados demócratas, de la forma de Estado apuntalando la cuestión del trono. La Cámara presidida por Evaristo San Miguel establecía como pieza básica la monarquía constitucional en la persona de Isabel II, declaración formal que no era ninguna novedad. Pero para la oposición demócrata, el hecho era significativo por cuanto había sido objeto de votación. Así sobre este principio y el de la soberanía nacional, una comisión se puso a trabajar sobre las bases de una nueva Constitución, cuyo contenido, fruto de notables debates, alguno de ellos inéditos, pasó a estudiarlo el pleno en octubre de 1855.

El texto reproducía en algunos aspectos el ideario progresista de 1837 y lo completaba. Puede considerarse como el producto más acabado de los planteamientos de la revolución liberal tal y como había sido planteada en los años 30. Su importancia sólo fue formal, como texto nunca desarrollado y puesto en vigor.

El principio básico era el de soberanía nacional, en su artículo 1.º, y del que se derivaban todos los poderes públicos, superando el principio de la soberanía compartida en el plano teórico, punto posteriormente matizado. La declaración de derechos es ampliada en su sentido político: libertad de imprenta con el jurado para la calificación de delitos, derecho de petición, igualdad ante la ley —un solo fuero para todos los españoles en causas civiles y criminales—, igualdad ante empleos públicos, servicio militar, y contribución proporcional, seguridad individual contra detenciones arbitrarias y separación de domicilio, prohibición de destierro fuera de la Península, supresión de pena de muerte para delitos políticos, prohibición de confiscación de bienes, y finalmente era tolerante en la práctica religiosa, ya que ningún ciudadano podría ser perseguido por creencias religiosas «mientras no las manifieste en actos públicos contrarios a la religión», al tiempo que mantenía y protegía el culto y clero católicos. Aunque fueron discutidas no se aprobaron propuestas realizadas por los demócratas en asuntos tales como el derecho al trabajo y la educación.

El poder legislativo residía en «las Cortes con el rey». En este sentido se mantenían los poderes de la Corona en cuanto a la iniciativa legal, además de la sanción y promulgación de las leyes y el derecho de veto. Pero la autonomía de las Cortes pretendía quedar garantizada por una serie de mecanismos: las dos Cámaras, Congreso y Senado, de carácter electivo —y no el anterior nombramiento real de senadores—, plazos mínimos de convocatoria y de sesiones, realización autónoma de sus reglamentos y nombramientos de las mesas, iniciativa legal y veto de cada una de las Cámaras, reuniones por separado..., además de una diputación permanente de Cortes. Las funciones de las Cámaras eran iguales, excepto en cuestiones fiscales y crédito público, en las que prevalecían las decisiones del Congreso.

Los poderes de la Corona son similares a los de 1837, aunque se incluyen algunas limitaciones. Además de sus funciones legislativas, reúne el poder ejecutivo, nombra y separa libremente ministros, incorporándose la responsabilidad ministerial. Precisaba estar autorizada por leyes especiales para asuntos relacionados con el territorio español, tratados, amnistía, matrimonio real, enajenación del patrimonio de la Corona... y contaría con un Consejo de Estado. Otros capítulos del texto se referían a la independencia judicial, gobiernos locales y provinciales electivos, presupuestos y contribuciones, y milicia nacional en cada provincia.

El articulado pretendía evitar arbitrariedades y abusos de los poderes del ejecutivo como los practicados durante la década moderada, tratando de reforzar los mecanismos parlamentarios, aunque la Corona todavía conservaba notables poderes. En la misma dirección se remitía a siete leyes orgánicas el desarrollo de algunos de los principios, que se considerarían parte integrante de la Constitución: Consejo de Estado, ley electoral, relaciones entre Cámaras, Administración provincial y local, organización de tribunales, ley de imprenta y milicia nacional. Eran asuntos por tanto constituyentes en su realización y sujetos a las condiciones constitucionales en caso de una reforma, tratando de evitar la proyección coyuntural del ejecutivo en estos temas.

Su discusión y prolongado debate animó la política parlamentaria, pero el contenido aprobado nunca llegó a ser promulgado y por tanto a entrar en vigor. Conocida en la historia constitucional española como Constitución *nonata* de 1856, acabó bloqueada. La experiencia progresista terminaba sellada con dos años de interinidad.

16.4. La reorientación de la economía

En sus dos periodos legislativos las Cortes Constituyentes protagonizaron una densa labor por el número de leyes promulgadas. Sin embargo destacaron como actividad más fecunda, por su importancia y duración, aspectos relacionados con la arquitectura legal de la modernización económica, orientada a una configuración más acabada del mercado nacional. Se trataba de una mayor articulación del mercado en términos financieros y de transportes y en la culminación del proceso desamortizador. Era el correlato económico de la acentuación de los principios de la filosofía liberal, que no distinguía a moderados y progresistas, en el ámbito de la propiedad y de la circulación de factores de producción. En todo caso, una reorientación del rumbo del capitalismo español que trató de desbloquear su trayectoria buscando una mayor apertura al exterior, y que permitirá una agilización del mercado y un impulso del crecimiento económico durante una década. Y en ello coincidían el conjunto de las elites económicas.

Como analizaremos con mayor detalle posteriormente, en la articulación del mercado nacional fue pieza clave la edificación de un sistema financiero que permitiera la canalización y racionalización de los recursos. El sistema financiero quedó reordenado a partir de la ley de sociedades anónimas de crédito de 28 de enero de 1856. Con una vocación de apertura al exterior permitió la creación de sociedades de crédito, las más importantes de procedencia francesa, que conectadas con hombres de negocios españoles, crearon la primera estructura financiera que impulsó el volumen de negocios y orientó en buena parte sus actividades a la construcción ferroviaria. Destacaron por su importancia la *Sociedad Española Mercantil e Industrial,* la *Sociedad General de Crédito Mobiliario,* la *Compañía General de Crédito de España,* las tres en relación con las principales líneas ferroviarias concedidas, o la *Compañía Catalana General de Crédito.* Entre los financieros españoles destacaron las actividades de Sevillano, Collado o Salamanca, vinculados a la actividad política.

Por su parte la ley de bancos de emisión tenía como uno de sus objetivos levantar las restricciones que la anterior ley de 1851 había impuesto a la circulación fiduciaria. De hecho el Banco de San Fernando tenía en circulación la cifra máxima de 120 millones de reales que permitía dicha ley. La coyuntura alcista invitaba al aumento de la circulación. A partir de 1856 la emisión de billetes tendría como límites el triplo del capital efectivo o del encaje metálico. Pero sobre todo la nueva ordenación del sistema financiero permitía la existencia de bancos de emisión, uno por localidad. Había por tanto pluralidad de bancos de emisión, ya se tratara de bancos privados o sucursales del Banco de España, nueva denominación que sustituía a la de Banco de San Fernando. La cuestión de un solo banco de emisión por cada plaza quedó desarrollada por una real orden de junio de aquel año, por la que se daba prioridad al establecimiento de bancos privados frente a sucursales del Banco de España. De tal forma que éste acudió allí donde no cuajó la iniciativa privada, con sus dos primeras sucursales, Valencia y Alicante, en 1858.

Este primer andamiaje financiero tuvo su correlato con la nueva normativa para la construcción ferroviaria a partir de la ley general de ferrocarriles de 3 de junio

Volumen de la desamortización de 1859 a 1895

	N.º de fincas	Valor tasación	Valor en venta	% valor en venta	Valor unitario
Madrid	28.316	103.017.599	162.711.922	9,180	5.746
Badajoz	17.652	62.637.967	128.905.239	7,272	7.313
Sevilla	14.508	50.871.096	114.105.327	3,903	7.864
Cáceres	9.792	48.382.624	89.292.959	5,037	9.118
Barcelona	2.768	56.263.534	78.446.677	4,425	28.340
Burgos	9.993	38.990.605	75.977.187	4,226	7.603
Toledo	22.517	37.275.447	75.961.702	4,285	3.373
Zaragoza	13.455	31.838.732	60.796.857	3,620	4.512
Ciudad Real	6.552	38.565.322	59.418.709	3,380	9.145
Valencia	11.273	31.264.992	56.896.292	3,210	5.047
Cádiz	4.812	37.494.221	56.442.473	3,184	11.729
Córdoba	11.226	25.190.700	54.632.307	3,082	4.856
Segovia	7.399	28.378.302	53.667.288	3,028	7.253
Guadalajara	24.614	29.042.626	50.567.794	2,853	2.054
Salamanca	5.439	21.344.592	45.782.986	2,583	8.417
Valladolid	8.144	20.458.370	44.200.700	2,493	5.427
Jaén	9.789	21.468.538	40.278.741	2,272	4.114
León	10.208	18.627.357	37.186.838	2,098	3.642
Zamora	5.147	20.730.767	36.753.883	2,073	7.140
Ávila	5.651	16.243.976	34.701.345	1,957	6.140
Palencia	11.805	14.446.843	32.591.050	1,838	2.760
Oviedo	18.445	11.460.690	27.779.941	1,567	1.506
Huelva	4.705	11.455.516	27.772.401	1,566	5.092
Murcia	5.126	15.584.377	26.799.800	1,512	5.228
Granada	5.363	12.122.189	26.320.021	1,485	4.907
Málaga	7.078	13.633.256	23.742.225	1,339	3.354
Soria	6.338	12.000.408	23.316.839	1,705	3.678
Albacete	2.979	12.386.069	20.212.224	1,140	6.784
Cuenca	4.675	10.520.579	18.797.320	1,060	4.020
Coruña	5.927	7.295.260	17.880.299	1,008	3.015
Tarragona	3.592	8.107.934	15.837.849	0,893	4.401
Logroño	16.971	8.026.732	15.276.448	0,861	900
Navarra	2.629	8.562.283	14.176.236	0,799	5.392
Lérida	7.012	7.756.846	13.256.846	0,781	1.976
Huesca	2.724	8.119.723	13.465.252	0,759	3.615
Teruel	5.644	7.852.785	12.701.274	0,716	2.250
Gerona	2.122	6.477.652	11.967.021	0,675	5.639
Castellón	2.926	6.481.200	11.209.764	0,632	3.855
Alicante	2.589	5.742.319	11.108.446	0,626	4.290
Pontevedra	5.388	3.842.363	10.082.972	0,568	1.871
Almería	2.015	2.716.666	5.809.208	0,327	2.882
Canarias	1.308	2.587.583	5.806.150	0,327	4.432
Guipúzcoa	410	3.099.948	5.458.368	0,307	13.313
Baleares	484	3.299.291	5.455.514	0,307	11.271
Santander	3.145	2.490.439	5.259.760	0,846	1.672
Álava	1.391	2.062.086	4.994.627	0,281	3.590
Orense	4.989	1.230.961	2.434.027	0,137	487
Vizcaya	347	1.711.336	2.854.390	0,093	8.225
Lugo	2.232	869.454	2.111.318	0,119	945
		949.531.095	1.772.308.833		

Fuente: F. Simón, *La Desamortización española en el siglo XIX,* Madrid, 1973, pág. 261.

de 1855, que posibilitó un auge constructor durante una década configurando la red básica ferroviaria española. Lo mismo que antes de 1854 el asunto de los ferrocarriles había dibujado el atraso en la articulación del mercado, con la escasa agilidad de la construcción y se había convertido en el emblema de la corrupción y la especulación en la cuestión de las concesiones con dimensiones políticas de envergadura, a partir de 1856 se convirtió en el símbolo del crecimiento, la movilidad de capitales y de un sistema económico más abierto y modernizado. La circulación del crédito con un entramado financiero más sólido drenó el auge inversor hacia los ferrocarriles. Esta ley general de 1855 concibió un plan general con la vocación racionalizadora del Estado liberal a partir de una trama radial con centro en Madrid, al mismo tiempo que el Estado creaba un marco inversor adecuado con un sistema de subvenciones estatales, franquicias arancelarias para la importación de materiales y un método de concesiones a través de las Cortes. Su vinculación al soporte financiero que permitió la ley de enero de 1856 hizo posible que la atracción de capital extranjero —dinero, tecnología y manufacturas— y que los tres grandes establecimientos de crédito franceses impulsaran la creación de las tres compañías más importantes (*Compañía de los caminos de hierro del norte de España, Madrid-Zaragoza-Alicante,* y los ferrocarriles andaluces). En 1868 se habían construido 5.400 kilómetros de línea. Había sido uno de los episodios legales más importantes de la política progresista del Bienio.

La política progresista del Bienio quedó definida también por una tercera cuestión de envergadura, tanto por su naturaleza como por sus consecuencias sociales y económicas inmediatas y a largo plazo: la ley general de desamortización de 1 de mayo de 1855. Este capítulo está ligado a una secuencia más general, la de la desamortización a lo largo del siglo, en la lógica de la revolución liberal. El asunto de la desamortización eclesiástica se había dado por clausurado en la etapa moderada con la finalización de ventas y devolución de bienes no vendidos al clero en 1844, y sobre todo por el Concordato de 1851. Sin embargo la desamortización no se había apeado del ideario progresista, y de hecho las juntas de 1854 la habían tenido en su horizonte reivindicativo. Completar la desamortización, en términos generales y no sólo eclesiásticos, se había convertido en una seña de identidad progresista. En un sentido más amplio significaba ultimar el cambio jurídico de la propiedad y su conversión en libre e individual.

El proyecto fue presentado por el ministro de Hacienda, Madoz, el 5 de febrero de 1855 y, después de un denso debate, convertido en ley el 1 de mayo del mismo año. Pascual Madoz era uno de los líderes más destacados del liberalismo progresista, curtido en el exilio y la revolución liberal de los años 30, abogado, impulsor de la estadística —entre 1845 y 1850 publicó el *Diccionario geográfico-histórico-estadístico de España y sus posesiones de Ultramar,* en 16 volúmenes, que aportó una útil y copiosa información sobre todas las localidades del país—, y vinculado a empresas de negocios como «La Peninsular» en los años 60. Desde la revolución de julio había sido gobernador de Barcelona, y desde enero a julio de 1855 se había encargado de la cartera de Hacienda para taponar el déficit crónico que empezaba a ahogar la marcha del Bienio.

La ley tenía un carácter general, es decir, afectaba a todos los bienes en régimen jurídico conocido como «manos muertas», no libre ni circulante. Este era un cambio cualitativo, y cuantitativo por la amplitud y duración de las ventas, respecto a desamortizaciones anteriores. Su artículo 1.º era manifiesto al declarar en situación de venta los bienes del Estado, clero, órdenes militares, cofradías, propios y comunes de los pueblos, beneficencia e instrucción pública y «cualesquiera otros pertenecientes a manos muertas, ya estén o no mandados vender por leyes anteriores». Terminaba con cualquier propiedad amortizada y declaraba en venta bienes desamortizados anteriormente o los que incorporaba la propia ley. Así, propiedades urbanas, rurales, censos y foros, pertenecientes a la Iglesia, al Estado, y sobre todo a los municipios y otras instituciones civiles, como beneficencia e instrucción, fueron subastados y vendidos, en unas dimensiones que duplicaron el conjunto de la desamortización de Mendizábal, y en un periodo, que salvo algún paréntesis, se prolongó todo el siglo. Un amplio e intenso proceso de transformación de propiedades amortizadas en propiedades plenas y circulantes.

Respecto a los bienes de la Iglesia, los progresistas apelaban a la recuperación de un proceso interrumpido por los moderados, pero su argumentación era de índole hacendística y de naturaleza jurídica de la propiedad. En realidad conculcaba el Concordato de 1851, al poner en venta los bienes del clero secular y regular que habían quedado sin vender, por mucho que los diputados progresistas se empeñaran en mostrarlo jurídicamente compatible con el Concordato. De hecho no lo consideraron un asunto central, tratando de sortearlo, como señala Tomás y Valiente, a base de argumentos políticos respecto al poder del Estado, la riqueza pública, y los límites del poder de la Iglesia. En la práctica los bienes del clero regular que quedaban por vender eran muy pocos, sin embargo los del clero secular no enajenados por la anterior etapa progresista eran muchos, por lo que la ley Madoz afectó a este tipo de propiedades que alcanzaron, según los cálculos de Simón Segura, una tercera parte del valor de los bienes vendidos. La ley, junto al texto constitucional, provocó las resistencias de la Iglesia a la política progresista y la Santa Sede interrumpió las relaciones diplomáticas.

Pero la cuestión de mayor envergadura, en buena parte inédita en el proceso desamortizador anterior, eran los bienes municipales, de propios y comunes, que se vieron afectados por la privatización masiva de sus patrimonios. Los bienes de propios pertenecían como instituciones a los municipios, y eran normalmente superficies cultivadas en lotes por los vecinos, y con el producto de las rentas se satisfacían gastos de las corporaciones, entre ellos enseñanza o higiene. En este tipo de bienes consistió el grueso de la desamortización. Respecto a los bienes comunes, o de aprovechamiento común, es decir, los pertenecientes a la comunidad de los vecinos de utilidad libre y gratuita como dehesas para ganado, aprovechamiento forestal o roturaciones para cosechas suplementarias, quedaron ambiguamente exceptuados por la ley en su artículo 2.º, y en todo caso remitía a la solicitud de los municipios el carácter de esa excepcionalidad. En la práctica buena parte de los bienes del común quedaron enajenados como bienes municipales, superando tres millones de hectáreas de montes públicos.

Hasta entonces los patrimonios municipales no se habían visto apenas alterados en la práctica por la legislación liberal anterior. Y en todo caso la venta de propios dependía de criterios municipales desde 1834. En 1851 una encuesta había desvelado la oposición mayoritaria de los pueblos a privatizar sus propiedades. Ahora suponía el nudo central de la desamortización, y en conjunto la venta de este tipo de bienes significó la mitad del valor de ventas de toda la desamortización. Fue el tema principal del debate en las Cortes entre moderados y progresistas. Los progresistas insistían como coartada de sus argumentos en la necesidad de variar la forma de propiedad apelando a los principios de individualidad, riqueza y progreso económico. Los moderados, que habían aceptado los términos de la desamortización eclesiástica anterior, argumentaron la peligrosidad de conculcar la propiedad, aunque fuera institucional, porque el paso siguiente sería el cuestionamiento de la propiedad privada individual, en un ejercicio de percepción de los mensajes y discursos de las barricadas meses antes. Además los moderados Moyano y Borrego esgrimieron argumentos respecto a la forma en que debía realizarse el proceso similares a los realizados por Flórez Estrada para la desamortización de Mendizábal.

Aunque se exhibieron argumentos teóricos, políticos o jurídicos, por progresistas y moderados, en el fondo como principal causa de la ley subyacía la cuestión hacendística. Se volvía a vincular desamortización con el déficit crónico de la hacienda pública. De ahí que técnicamente se orientara al saneamiento de la deuda, al destinar los fondos de la venta de bienes del Estado, el 20 por 100 de la de bienes municipales y también parte de los del clero a la amortización de títulos de la deuda, a su aplicación al déficit del presupuesto y a obras públicas. Por otro lado, como compensación a las instituciones, el 80 por 100 del producto de ventas de bienes municipales, clero y en el caso de instituciones de beneficencia e instrucción pública el 100 por 100, se invertían en títulos de la deuda al 3 por 100 a nombre de las instituciones por el valor nominal de esas ventas. Por eso los progresistas hablaron de cambio de propiedad: de inmobiliaria a mobiliaria, patrimonios rústicos o urbanos por títulos. La experiencia de anteriores desamortizaciones había cuajado en la orientación del problema hacendístico: en esta ocasión el medio de pago era en metálico —aunque una disposición del ministro de Hacienda siguiente, Bruil, autorizaba la emisión de deuda para aplicarse al pago de bienes desamortizados— y no con títulos de deuda, cuyo valor real estaba muy debajo del nominal. Por ello el Estado, con el metálico de las ventas, compraba títulos en circulación pero por su valor de cotización, con lo que el método era más eficaz para retirar deuda pública del mercado por debajo de su valor nominal. El 31 de mayo de 1855 se publicaba una instrucción para la ejecución de la ley.

Las ventas de esta desamortización general y sistemática se pusieron en marcha rápidamente, y entre 1855 y 1856, hasta su suspensión temporal entre 1856-1858, se habían vendido fincas por un valor cercano a los 870 millones de reales, a lo que hay que sumar más de 900 millones por redención de censos. De hecho la fórmula más accesible de redención de censos a los campesinos era uno de los aspectos novedosos del tema. Sobre todo en la franja norte, abundaron los cultivadores que accedieron a la propiedad mediante la redención de los censos o cánones con que estaba gravadas, una redención que se hacía mediante el pago de la capitalización de forma menos gravosa que durante la desamortización de Mendizábal, como ya se ha visto en su capítulo correspondiente. Por eso en algunas zonas del norte, junto al mayor fraccionamiento de las propiedades, parte de los campesinos lograron el acceso a la propiedad. Pero en general, y en la mayor parte del país, los campesinos no sólo no accedieron a la propiedad de la tierra sino que sufrieron las consecuencias de la expropiación de bienes de propios y comunes. Unas consecuencias sociales y económicas de notable envergadura para la historia de la segunda mitad del siglo. Aunque es un tema sujeto a debate, no cabe duda de que en términos económicos y sociales consolidó la estructura agraria desde el punto de vista de la propiedad. Se acentuó el latifundismo del centro y sur de la Península, ya que propios y comunes ocupaban en estas zonas grandes extensiones de terreno. Los campesinos quedaron privados del uso colectivo de los bienes, y la privatización de las tierras contribuyó a arruinar pequeñas explotaciones por la competencia de las grandes explotaciones, salvo en el norte del país. Por otro lado, las arcas municipales se vieron privadas de una de sus principales fuentes de ingresos —el producto de los bienes de propios— y tendieron a aumentar la presión impositiva.

En términos sociales la transferencia de propiedad y de recursos de bienes de propios y comunes a manos particulares, compradores del mundo de los negocios, notables locales o arrendatarios, significó un escalón más en la frustración del campesinado de amplias zonas del país en el acceso a la tierra, después de la disolución del régimen señorial y la desamortización anterior. Ello contribuyó al aumento de la conflictividad social en el campo a largo plazo.

16.5. En los orígenes del movimiento obrero.
Asociacionismo, conflicto fabril y huelga general en Cataluña

El transcurrir del Bienio estuvo, desde sus inicios, ligado a la conflictividad social. No es que irrumpiera o coincidiera espontáneamente en 1854-56, pero sí que estalló después de la menor tolerancia, cuando no de la represión, de la década moderada. Ciertamente en ello influyó la mayor permisividad fruto de la apertura política. Además a la altura de 1854 la situación económica precipitó movimientos de protesta social que adquirieron mayor grado y formas nuevas, junto con otras antiguas, de canalización y respuesta. La contradicción de los progresistas era precisamente la de combinar la represión, apelando al orden, con promesas de apertura y tolerancia. El Bienio había nacido al calor de una reestructuración de los proyectos políticos y económicos de las elites, y de la conflictividad social «por abajo», y es a partir de ella, y su multiplicación en una coyuntura crítica, como se expresan y cristalizan las disensiones entre las elites del liberalismo en 1856.

Para el mundo fabril catalán el Bienio es un importante punto de inflexión, como ha señalado Casimir Martí. En estas fechas se habían extendido las consecuencias sociales propias de su proceso de industrialización, y se habían adoptado formas de respuesta en torno a los problemas de organización, relaciones capital-trabajo y condiciones de vida. El tema central de debate y conflicto se situó alrededor del *asociacionismo*. La llama societaria del movimiento obrero catalán, en su mayor parte bajo la forma de sociedades de socorros mutuos, no se había apagado después del prohibicionismo de la década moderada. Pero ahora, en 1854, las primeras sociedades creadas al calor del trienio esparterista, resurgían con fuerza, en el sentido de su crecimiento numérico, grado de organización y objetivos. Se abrían expectativas con el Bienio y un compás de espera del movimiento societario ante las promesas gubernamentales había frenado en el verano de 1854, por el momento, la agitación social en la geografía textil catalana, en buena medida por el funcionamiento del mito Espartero. Junto a la cuestión de la libertad de asociación, los temas más importantes de las reivindicaciones consistían en el establecimiento de comisiones o jurados de arbitraje para la resolución de los conflictos laborales y la jornada de trabajo. La vocación tolerante y de diálogo con que el nuevo Gobierno comenzó su andadura quedó ejemplificada en la actitud del gobernador civil de Barcelona, personaje tan significado como Madoz, en agosto de 1854, al lograr un entendimiento entre patronos y obreros a partir de una comisión paritaria, sobre la utilización de las selfactinas y el aumento de salarios. De hecho, en los últimos meses de 1854 y los primeros de 1855, el modelo de acuerdos colectivos entre patronos y obreros cuajaron en asuntos relacionados con los salarios, reducción de la jornada, tiro de piezas, como el realizado en Sabadell en noviembre de 1854, o el pacto firmado en abril de 1855 entre hiladores de lana de Sabadell, Tarrasa y Barcelona con sus patronos. A partir de 1855 la recién creada *Junta central de directores de la clase obrera,* como representantes de las asociaciones obreras de Cataluña, aumentó su papel en la resolución de conflictos en los núcleos fabriles. Mientras las relaciones capital-trabajo ensayan estas fórmulas de relaciones laborales, el Gobierno acompañó la actitud tolerante con el control de las asociaciones. Madoz a finales de 1854 había recogido información sobre características, responsables, objetivos... de las asociaciones obreras, como primer paso para su control. En 1855 se extendió el debate sobre la libertad de asociación que adquirió dimensiones políticas de envergadura: por un lado, la presión de movimientos de protesta, publicaciones, escritos... concibiendo la libertad de asociación como el crisol y emblema de la solidaridad y organización obrera; por otro, el Gobierno con su idea de control del asociacionismo obrero y la ambigüedad entre tolerancia y orden. En medio, los debates de Cortes que no llegaron a cuajar en ninguna normativa clarificadora del asunto.

En la primavera de 1855 el difícil equilibrio laboral y la conflictividad social latente ya tuvo alguna de sus manifestaciones en localidades catalanas y en otros núcleos del país. En el mes de abril, el nuevo gobernador civil Franquet había prohibido acciones, tanto de patronos como de obreros, como el cierre de fábricas o abandono del trabajo, al mismo tiempo que se estrechaban los cauces del asociacionismo ante la necesidad de aprobación por las autoridades. En el mes de mayo los puntos de las negociaciones empezaban a quebrarse, por la tendencia a la libre contratación y los síntomas de recesión en la producción textil. Un acontecimiento en el mes de junio actuó de espoleta de una conflictividad amortiguada eventualmente, pero no desaparecida, que resurgía con todo su potencial: el dudoso juicio y ejecución de José Barceló, dirigente de la sociedad de tejedores, acusado de un crimen. La respuesta adquirió forma de huelgas en Barcelona, Mataró, Badalona e Igualada. A su vez, la dureza del bando del capitán general de Cataluña, Zapatero, el 21 de junio, marcó la irreversibilidad de la espiral conflictiva, con la prohibición de las asociaciones:

> Siendo ya indispensable para la conservación del orden público en Cataluña, constantemente amenazado por las disensiones fabriles; y tan necesario y urgente terminar éstas; debiendo castigar la autoridad (...) todo el que directa o indirectamente se propase a coartar la voluntad de otro para que abra sus fábricas o que concurra a trabajar en ellas, si no se accede a la exigencia que colectivamente se intente imponer (...) Para llevar a efecto la anterior disposición se declaran suprimidas en el acto todas las asociaciones que hoy existan entre fabricantes u operarios que no se hallen autorizadamente establecidas, y las que puedan substituir porque tan sólo tengan un objeto filantrópico o de socorros mutuos, sin la menor referencia a las actuales disensiones fabriles, sobre precios o paga de trabajos, continuarán bajo la inmediata dependencia de la autoridad local y con sujeción a la militar...

A los dos días la huelga se había extendido a otras localidades como Roda, Manlleu o Vic, y el día 2 de julio marcó un hito en la trayectoria del movimiento obrero: el inicio de una *huelga general*. Lo inédito es su planteamiento *general* y la consolidación de un instrumento de respuesta específico de las clases trabajadores, alejándose de la desarticulación y espontaneidad del motín o de la revuelta. Pararon las fábricas de Barcelona y otros núcleos fabriles, Badalona, Igualada, Vic, Mataró, Sabadell, Sans... En esta última localidad fue asesinado José Sol y Padrís, presidente del Instituto Industrial de Cataluña y diputado. Entre los días 3 y 5 de julio la huelga adquirió su mayor tono y agitación, sobre todo en Barcelona, donde sus calles y plazas recogían el lema y espíritu de la huelga: «¡Viva Espartero! Asociación o muerte. Pan y trabajo». Triple expresión del mundo mental de las clases trabajadoras en el que todavía aparece ligado el mito de la revolución liberal encarnado en Espartero, con la elaboración de un discurso nuevo, tanto en organización como en objetivos.

El día 5 salieron hacia Madrid dos comisiones con el fin de buscar una solución con el concurso de Espartero. Tenían orígenes distintos. Una era mixta en su composición y respondía a la actitud de las autoridades civiles locales por mediar en el conflicto. De hecho el ayuntamiento y la diputación de Barcelona, también el obispo de Vic, habían tratado de extender un mensaje pacificador. El ayuntamiento había actuado de foro de encuentro entre autoridades civiles y delegados obreros, quedando integrada la comisión por Creus, de la diputación provincial, Pou, concejal, Cerdá, comandante de la milicia nacional, y los obreros Beltrán y Bonanda. La otra comisión estaba constituida por representantes obreros, Joan Alsina, Joaquín Molart y Pere Francés, para exponer ante Espartero tres cuestiones básicas recogidas en una alocución del 5 de julio y firmada por la *Comisión de la clase obrera de Cataluña:* derecho de asociación, jornada laboral de diez horas y jurado de fabricantes y obreros para resolución de conflictos, en un texto que terminaba con vivas a Espartero, la milicia nacional y la libertad por un lado, para culminar con vivas a la libre asociación, orden, trabajo y pan.

Mientras tanto, entre el día 5 y el 8, la represión se acentuó, al tiempo que la huelga comenzaba a remitir. Un bando del capitán general del día 5 ordenaba la salida de Barcelona de los «forasteros indocumentados», y las detenciones se multiplicaron. En este contexto el día 10 el coronel Saravia, enviado por Espartero, llegó a Barcelona, difundió un documento y se entrevistó con delegados obreros. La eficacia de la misiva fue notable. En ella Espartero aprovechaba la mitificación de su persona y lograba frenar la huelga, a cambio de estudiar las condiciones de trabajo y la situación de los obreros. El día 11 la huelga finalizaba. Era el último eslabón entre progresistas y clases trabajadoras, que a partir de aquí orientarán su discurso con alternativas demócratas y republicanas o en la línea del societarismo reformista, pero apeándose del referente progresista. En este sentido Tuñón de Lara ha escrito: «los progresistas, que un año más tarde serían expulsados del poder político, empezaban a cortar puentes —y, por consiguiente, posibilidades de futuras alianzas— con los medios obreros».

La huelga había finalizado, pero no la tensión social de los núcleos fabriles, que se reproducirá desde finales de 1855 y sobre todo en mayo de 1856. El Gobierno aprovechó el reflujo de la pacificación esparterista. En el mes de agosto el gobernador civil de Barcelona ordenó la depuración en la milicia nacional de «personas perturbadoras, obreros, y demás que no inspiren confianza» y la elaboración de una relación de sociedades obreras y su situación respecto a la legalidad.

El Gobierno, siguiendo las promesas de Espartero, trasladó el 8 de octubre a las Cortes la cuestión obrera a través de su ministro de Fomento, Manuel Alonso Martínez, con un *Proyecto de ley sobre ejercicio, policía, sociedades, jurisdicción e inspección de la industria manufacturera.* Entre otras cuestiones el proyecto establecía la libertad de contratación, se otorgaba a los fabricantes poderes disciplinarios se establecían entre las sanciones hechos como el «abandono colectivo del trabajo»; para la constitución de asociaciones se exigía autorización gubernamental previa y se restringían a las de mutualidad, limitando el número de miembros a 500, con la obligatoriedad de su ámbito local y el control de sus recursos económicos. Finalmente se refería a la constitución de jurados para resolver los conflictos con un pretendido carácter mixto.

Mientras, el movimiento en favor de la libertad de asociación tomaba fuerza. En septiembre se publicó un documento, cuya redacción ha sido atribuida a Pi y Margall, de indudable importancia en la cristalización del movimiento. Se trataba de una *Exposición* de la clase obrera para ser presentada ante las Cortes Constituyentes, y que quedaría avalada por una campaña de firmas. La Exposición, dirigida a los diputados, tenía como punto central el de la asociación, percibido como el instrumento de resolución de los problemas de la clase obrera:

> No pretendemos que ataquéis la libertad del individuo, porque es sagrada e inviolable; ni que matéis la concurrencia, porque es la vida de las artes; ni que carguéis sobre el Estado la obligación de socorrernos, porque conocemos los apuros del Tesoro. Os pedimos únicamente el libre ejercicio de un derecho: del derecho de asociarnos. Hoy se nos concede sólo para favorecernos en los casos de enfermedad o de falta de trabajo; concédasenos en adelante para oponernos a las desmedidas exigencias de los dueños de talleres, establecer, de acuerdo con ellos, tarifas de salarios, procurarnos de artículos de primera necesidad a bajo precio, organizar la enseñanza profesional y fomentar el desarrollo de nuestra inteligencia, atender a todos nuestros intereses.

La campaña de recogida de firmas de este proyecto, en el que destacó la iniciativa y actividad del periódico *El Eco de la clase obrera,* se difundió en Barcelona, Madrid, Sevilla, Málaga, Córdoba y otras localidades, culminando con la recogida de 33.000 firmas, según los datos aportados por Seco Serrano, de las que 22.000 procedían de Cataluña. La amplitud del movimiento era evidente. Siguiendo a Tuñón de Lara significaba «probablemente el primer gran movimiento a nivel nacional que hacía salir a los trabajadores de su casuística local y tomar conciencia de problemas a nivel de clase, en la categoría de lo que hemos convenido llamar objetivos *societarios*». La Exposición fue presentada el 29 de diciembre de 1856 ante la comisión parlamentaria presidida por Madoz. La delegación estaba compuesta por Molar y Alsina, representando a los obreros catalanes, Sánchez y Valle a los de Madrid, aunque en esta localidad solo se habían recogido 600 firmas, Mesa por los de Málaga, y Simón y Badía, director de *El Eco de la clase obrera.* Este periódico había salido a la luz el 5 de agosto de 1855 en Madrid, precisamente como el objetivo principal de la creación de un estado de opinión que actuase sobre las Cortes en un momento en que se estaba debatiendo la cuestión del asociacionismo. Aunque fuera publicado en Madrid, no se debía a la pujanza de las clases trabajadoras madrileñas, todavía en un frágil estadio de formación y organización caracterizado por claves preindustriales. Más bien fue difundido en Cataluña.

Ni los debates de Cortes, ni el proyecto de Alonso Martínez, ampliamente cuestionado en los sectores obreros, ni los estudios de las comisiones parlamentarias, cuajaron en resolución alguna. Tampoco las reclamaciones de las sociedades obreras, la gestión de los representantes obreros y la *Exposición,* consiguieron sus objetivos. El Bienio se apagaba sin comprometerse con la cuestión obrera, ya con importantes niveles de presión y organización, que resurgiría con fuerza una década más tarde después del nuevo prohibicionismo de los moderados.

La eclosión de la conflictividad social durante el Bienio, en realidad nunca apagada, se multiplicó a finales de 1855 y sobre todo en 1856, en forma de motines contra los impuestos, el precio del pan o la escasez, que enlazaban con las protestas y ocupaciones del verano de 1854. La geografía de los motines, sobre todo de carácter urbano, estaba ligada a las actuaciones de la milicia nacional.

16.6. Milicia nacional, crisis política y límites del Bienio progresista. La ruptura del pacto Espartero-O'Donnell

La milicia nacional, institución emblemática de la revolución liberal, expresó en su trayectoria, contenidos sociales y actitudes políticas durante el Bienio, las discrepancias en torno a los límites de la revolución y a las funciones y concepción misma de este cuerpo armado, desvelando las contradicciones del partido progresista. Éste había capitalizado la existencia de la milicia al servicio de la revolución liberal, asociándola a su ideario. Como consecuencia de la revolución de julio la milicia nacional había recuperado su situación de 1843 —otro de los extremos rehabilitados después de su clausura por el paréntesis moderado— e incluso en septiembre de 1854 se ponía en vigor la legislación inspirada en la de 1822. Había jugado un importante papel como aglutinante en las jornadas de julio entre los barricadistas a los que posteriormente absorbió y encuadró; así las capas populares quedaban incorporadas a la estructura miliciana con los batallones y jefes de 1843. Para los progresistas la milicia nacional actuaba como instrumento legal que permitía la integración de las barricadas populares en un cuerpo armado, organizado y controlado. Pero por lo mismo, la integración de estos sectores populares urbanos nutrió la milicia nacional también de estos colectivos sociales y de presupuestos demócratas y republicanos. Como ha señalado Urquijo, en ella se alojó la variante más radical del liberalismo, como una institución armada que se alimentó de contenidos democráticos superadores del liberalismo progresista en el poder. Su composición social era heterogénea, pero distaba de su rasgo original de cuerpo de ciudadanos propietarios. Los jefes y oficiales elegidos sí eran propietarios, comerciantes y miembros de profesiones liberales, como protagonistas de la versión progresista del liberalismo, pero la tropa se ensanchó al colectivo *pueblo* formado por un artesanado y pequeños comerciantes que apenas se diferenciaban en su situación e inquietudes de los jornaleros dependientes del trabajo asalariado. Entre la oficialidad predominó el liberalismo progresista, pero entre las capas populares de la tropa se extendían los planteamientos demócratas y republicanos. Por eso la milicia nacional, aunque organizada e inicialmente controlada con la legislación de 1854, acabó convirtiéndose en un elemento peligroso para el mismo Gobierno progresista. La milicia nacional empezó a destacarse en el impulso, participación o liderazgo de la geografía motinera entre 1854 y 1856 y el Gobierno se esforzó no sólo en su control sino en la asignación de una naturaleza distinta: instrumento de orden una vez apuntalada su idea de revolución.

Las protestas populares en forma de motines o huelgas vinculadas a la actitud de la milicia nacional en muchos puntos, tenía una vertiente de notables dimensiones políticas: la del debate sobre el papel de la milicia nacional en relación al orden y la revolución. En marzo de 1855 las dimensiones políticas adquirían un tono alarmante para el propio Gobierno: los jefes de la milicia de Madrid —cuya fuerza era evidente al contar con unos efectivos aproximados de 30.000 hombres, bien armados— canalizaban el tono crítico hacia el Gobierno, cuestionando algunos ministros. Como respuesta el 11 de abril de 1855 se prohibía a la milicia la discusión, deliberación o representación sobre asuntos públicos. Esto abría una serie de disposiciones y debates sobre la milicia que se escapaba al control del Gobierno. Depuraciones, medidas de desarme de elementos opuestos al Gobierno e intentos de hacerla depender del ejecutivo con una orden del 6 de junio de 1855, anulada después, fueron los siguientes pasos de un distanciamiento entre el Gobierno progresista y la milicia nacional. El 7 de enero de 1856 un batallón de milicianos se sublevó en Madrid mientras estaba de guardia en las Cortes.

Las Cortes reprodujeron un largo y tenso debate acerca de la regulación de la milicia nacional, cuyas bases se aprobarían en junio de 1856 en medio de la crisis final del Bienio. La concepción progresista sobre la milicia tanto en el Gobierno como en la comisión parlamentaria había cambiado de signo: debía ser instrumento de orden dependiente del ejecutivo sin naturaleza política, quedando despojada de su carácter inicial. La exigencia de propiedad, profesión o establecimiento para formar parte de ella, servicio obligatorio y no voluntario, centralización en el Ministerio del Interior desvinculándola de su dependencia exclusiva de las autoridades locales, eran otros tantos ingredientes de la versión de las Cortes del Bienio sobre la milicia. La oposición de los demócratas se basaba en su consideración como institución política en defensa de las libertades, descentralizada, voluntaria, y dependiente de las autoridades locales, electiva y autónoma del poder ejecutivo.

El aumento de la conflictividad en la primavera de 1856 dio argumentos a favor del orden. La milicia nacional, convertida en una fuerza armada de naturaleza popular y depositaria de principios democráticos, no sólo era entendida como un instrumento incómodo sino muy peligroso en el discurso de la revolución. El ejército dominado en sus resortes de mando por O'Donnell veía reforzados sus objetivos de desarme de la milicia.

En los meses de junio y julio de 1856 la conflictividad social se multiplicó. En la meseta norte castellana la protesta social adquirió forma en la destrucción de fábricas de harina, depósitos de grano y motines. Las dimensiones del conflicto de las provincias trigueras desató la crisis política. Los rumores, las noticias alarmantes, la creación de estados de opinión alimentaron las distintas percepciones de los acontecimientos. El ministro Escosura, que reflejaba la culminación de esa especie de callejón sin salida del Gobierno progresista entre el orden y la revolución, acusó de instigación a los elementos clericales en la raíz de la protesta castellana. Versión adobada con las denuncias de actividades carlistas, apelando a la memoria histórica de la guerra civil, asociadas al insurreccionalismo contrarrevolucionario. En sentido contrario, la amplificación de los rumores acerca de una conspiración republicana y socialista, y de la situación de anarquía, apuntalaron los argumentos de O'Donnell. La crisis expresada en el enfrentamiento entre los dos ministros, Escosura y O'Donnell, se resolvió a favor del segundo con la dimisión del primero. En un sentido más amplio representaba el agotamiento del Bienio y de la forma condicionada por la que había discurrido. Detrás de Escosura dimitía Espartero. O'Donnell, que había recibido el apoyo de la Corona, se erigía en el hombre fuerte dos años después de Vicálvaro. Con su llamamiento para formar Gobierno el 14 de julio acababa la experiencia del Bienio: había tardado dos años en reconducir la situación y en hacer triunfar el proyecto de la «vicalvarada».

Con el estado de sitio, el control del ejército, el apoyo de la Corona y las Cortes con sus sesiones suspendidas, cualquier respuesta fue abortada. Las Cortes Constituyentes no se habían disuelto, pero sí habían suspendido sesiones el 1 de julio. A lo largo de la primavera, los moderados unionistas —el «Centro Parlamentario»— con O'Donnell y Alonso Martínez al frente habían tratado de que las Cortes finalizaran su labor constituyente y se disolvieran. Los progresistas querían apuntalar el complicado edificio constituyente y se negaban a disolverse en tanto no se aprobara el conjunto de leyes orgánicas que completaran el texto constitucional. Las Cortes habían aprobado la celebración de una nueva apertura de sesiones después del verano con este objetivo. Así cuando las tensiones políticas hicieron crisis a partir de la conflictividad social, la respuesta de las Cortes, suspendidas sus sesiones, fue testimonial, con la oposición sobre todo de los diputados demócratas.

Por su parte la milicia nacional se levantó en Madrid. Las barricadas, dirigidas por elementos demócratas, y los batallones de milicianos no fueron suficientes frente a las tropas del ejército. Los reductos milicianos quedaron bloqueados en los barrios del sur de la capital. El 16 de julio era disuelto el ayuntamiento de Madrid y también la milicia hasta una hipotética reordenación que concluyó con su disolución definitiva el 15 de agosto.

El inestable pacto Espartero-O'Donnell se había roto, o lo que es lo mismo, el inestable pacto de la versión progresista de la revolución con la versión «vicalvarista» unionista de 1854. Los progresistas estuvieron hipotecados desde el principio por la presencia de los moderados unionistas y por el papel de la Corona, que influyó en la desviación del rumbo otra vez hacia el moderantismo. El régimen progresista del Bienio estuvo así preso de una permanente provisionalidad. En el otro extremo acabó desvinculado de las capas populares, que se acomodaron a otros discursos demócratas y republicanos.

Por todo ello se ha dicho más arriba que tuvo más de continuismo que de ruptura. A corto plazo fue una bomba de oxígeno para el remozamiento del régimen liberal, constitucional y parlamentario, pero no cuajó en nuevo ensayo, para dejar el camino libre otra vez a las prácticas doctrinarias menos abiertas. En términos económicos quedó completada la trama jurídica de la revolución liberal. El Bienio había demostrado los límites de la revolución liberal en los términos en los que había sido entendida en los años 30. Había acudido a los referentes jurídicos y políticos de esta época, pero no podía obviar el doctrinarismo moderado y su molde de Estado liberal.

16.7. El primer ensayo O'Donnell y la rectificación del Bienio progresista (1856)

El 14 de julio de 1856 O'Donnell recibió el encargo de la Reina de formar Gobierno, sustituyendo a Espartero. Era un hecho de mayores dimensiones que el de un cambio de Gobierno. Significaba el cambio de rumbo por parte de la Corona y de un sector de las elites políticas para reconducir los pasos de un liberalismo de corte progresista que empezaba a verse superado por nuevas demandas sociales y políticas. Las disposiciones inmediatas adquirieron todos los tintes de golpe de Estado. Como ocurriera en más de una secuencia del liberalismo español, el mismo personaje que había precipitado el cambio de régimen con la «vicalvarada», fue, en aparente paradoja, el que acabó con él. Así, O'Donnell, que en 1854 terminó con el régimen moderado, en 1856 también daba fin a un bienio de dominio progresista. Quizá porque la senda emprendida por el liberalismo en 1854 no fue la pretendida por el General y lo que representaba, pero tampoco en 1856 proyectó en sentido estricto la vuelta en toda regla al régimen moderado anterior. Era el embrión de la *Unión Liberal*. O'Donnell reunía condiciones de prestigio dentro del ejército y contaba con el apoyo de buena parte de la jerarquía militar. Además controlaba resortes básicos del poder desde su puesto de ministro de Guerra con el Gobierno de Espartero.

La primera medida el mismo día de su nombramiento consistió en la declaración del estado de sitio, otorgando amplias facultades a los capitanes generales. En sentido contrario contó con la oposición de la milicia nacional, que acabó siendo disuelta un mes más tarde, el 15 de agosto. Dos meses de transición cuyo objetivo principal estuvo en el restablecimiento del «orden», previo al cambio jurídico y político que rectificaba el proyecto progresista. El 14 de septiembre se ponía fin a las Cortes Constituyentes del Bienio —y con ellas su Constitución *non nata*— y se restablecía la Constitución de 1845. Desde la perspectiva del Gobierno era la fórmula constitucional más adecuada entre todas las ensayadas, capaz de conjugar el orden y las libertades. Hasta aquí el Gobierno O'Donnell cumplía con las previsiones de la Corona, de su entorno y del moderantismo más estricto, pero al mismo tiempo planteaba la conveniencia de reformas tendentes a asegurar el régimen parlamentario y evitar los abusos del poder ejecutivo anteriores a 1854. Apelando a la futura labor de las Cortes, introducía un *Acta adicional* a la Constitución, con el objetivo de completarla y garantizar su cumplimiento. El hecho en sí mismo adquiría tintes dictatoriales, pero el Gobierno lo justificó por sus fines. El Acta contenía algunas propuestas abanderadas por los progresistas en cuanto a derechos individuales —jurados para delitos de imprenta—, ampliación del sistema representativo —en lo referente a senadores y ley electoral de diputados—, y funcionamiento de sus instituciones —duración de las Cortes por un periodo mínimo de cuatro meses— y restricción de los poderes de la Corona que debía ser autorizada por leyes especiales para conceder amnistías, enajenar patrimonio de la Corona, contraer matrimonio, y además debía oír al Consejo de Estado en determinados casos. También se limitaban sus poderes en relación con el régimen de gobierno local —nombraría alcaldes en las poblaciones mayores de 40.000 habitantes. Fue un efímero instrumento que pretendía restablecer la fórmula moderada, adobada con avances progresistas, con la finalidad de ampliar el sistema representativo y no incurrir en los errores de la anterior etapa moderada, dando un sentido abierto a la Constitución de 1845. Solución que no satisfizo a nadie, ya que al mismo tiempo se convertía en el primer escalón de las disensiones con la Corona. Disensiones que se acentuaron con motivo del mantenimiento de las leyes desamortizadoras del Bienio, que precipitaron la caída del Gobierno O'Donnell el 10 de octubre.

16.8. Narváez y la alternativa moderada al Bienio progresista (1856-1858)

Cuatro días más tarde era suprimida el Acta adicional, con lo que se restablecía en su integridad la Constitución de 1845 y se abría una nueva etapa moderada de Narváez desde el 12 de octubre de 1856 hasta su dimisión en el mismo mes de octubre del año siguiente.

Apenas en quince días, no sólo se derogó el Acta adicional, sino que se restablecieron los elementos más definidores del moderantismo al cobijo de los fuertes poderes de la Corona, y se eliminaba la labor política del Bienio progresista. Se mantenía en su integridad el Concordato de 1851, suprimiéndose todos los atisbos legislativos que fueran susceptibles de alterarlo (13 de octubre), suspendiendo las leyes de desamortización (14 de octubre); se volvía a poner en vigor la fórmula moderada sobre organización y funcionamiento de ayuntamientos y diputaciones, a través de la legislación de 1845, que contemplaba la intervención gubernamental (16 de octubre), y se resucitaba la ley moderada de imprenta de 6 de julio de 1845 que recortaba notablemente la capacidad de oposición política (2 de noviembre). En suma, los elementos a partir de los cuales se habían vertebrado históricamente las discrepancias entre los discursos progresista y moderado.

La práctica política de Narváez volvió a poner en marcha los métodos del moderantismo más conservador, más proclives al *orden* que a las *libertades,* infringiendo incluso preceptos constitucionales, dinámica que la revolución de 1854 y la política de O'Donnell de 1856 habían tratado de frenar. Las intervenciones del poder ejecutivo vulneraron en diversas ocasiones la Constitución y el sistema representativo. Entre las libertades, la más castigada volvió a ser la de imprenta. La Ley de Imprenta de 13 de julio de 1857 introducía la censura previa para periódicos, exigía un cuantioso depósito a los editores, establecía una relación compleja de delitos de imprenta y un tribunal de jueces de primera instancia para entender en tales delitos. La base representativa volvió a situarse en unas pautas muy restringidas rescatándose la Ley Electoral de 1846.

El 16 de enero de 1857 se convocaron Cortes. Las elecciones celebradas el 25 de marzo concluyeron con una gran mayoría moderada y con escasos diputados progresistas. El 4 de mayo de 1857, a los tres días de abiertas las nuevas Cortes, el Gobierno Narváez presentó un proyecto de reforma constitucional. En primer lugar incluía una nueva composición del Senado: senadores por designación regia, natos (dignidades de la Iglesia y el Estado) y hereditarios. Estos últimos serían Grandes de España que acreditasen una renta de 200.000 reales, pero además se facultaba mediante futura ley a constituir vinculaciones sobre bienes para asegurar la institución hereditaria. Medida bien acogida en círculos conservadores y palatinos, que no solo consolidaba un determinado concepto de representación, sino que establecía la posibilidad de rescatar un instrumento propio del Antiguo Regimen, como las vinculaciones, en contradicción con los derechos de propiedad definidos por la revolución liberal. En segundo lugar, establecía que los reglamentos del Congreso y del Senado serían objeto de una ley, impidiendo así su autonomía en cuanto a la redacción de sus reglamentos internos. Después de amplios debates, el proyecto quedó convertido en ley constitucional de 17 de julio de 1857. De todas formas, en la práctica sólo se aplicó en cuanto a los senadores de designación regia o natos por cargo o dignidad. La senaduría hereditaria no se practicó, ya que no se llegó a promulgar, ni por este Gobierno ni por los posteriores, la ley que debía desarrollar el restablecimiento de vinculaciones. Tampoco se aprobó ley alguna sobre los reglamentos parlamentarios. Las innovaciones que quedaron intactas del Bienio fueron las de índole económica.

En esta misma dirección emergen las piezas de un pragmatismo en el terreno económico que tomará cuerpo en la actuación de la Unión Liberal hasta 1864. En 1857 se inauguraba el Canal del Ebro y en junio de 1858 el Canal de Isabel II, no como innovaciones del Gabinete Narváez, sino fruto de una trayectoria anterior que ahora cristaliza. Correspondió a esta época el definitivo impulso de los estudios estadísticos, con la elaboración en 1857 del primer censo de la población de España. Para terminar, en 1857 se publicó la Ley de Instrucción Pública, conocida por el nombre del ministro correspondiente, «Moyano», que trataba de sistematizar en el terreno educativo las funciones asumidas por el Estado en respuesta al concepto de una enseñanza pública que difícilmente se desliga de la tutela eclesiástica y se inscribe como un ingrediente más de la política de los Gobiernos. En suma, reformas administrativas e inmovilismo político.

El Gobierno Narváez duró un año. El 15 de octubre de 1857 dimitía el General. El motivo que precipitó tal decisión era reflejo de una situación controlada por los círculos palatinos. Aunque no estén claros los motivos concretos, lo cierto es que la Corona le retiraba su confianza. A Narváez le sucedieron los breves mandatos gubernamentales del general Armero y de Istúriz, de contenido moderado, en un contexto de inestabilidad que precipita la subida al poder de O'Donnell y su proyecto de Unión Liberal.

Capítulo XVII

La Unión Liberal en el poder (1858-1863). El liberalismo pragmático

17.1. Una versión estratégica del doctrinarismo

En junio de 1858 Isabel II llamó de nuevo a O'Donnell a la presidencia del Consejo de Ministros. Esta vez podría llevar adelante una estrategia ya esbozada en 1856. La búsqueda de la estabilidad política, en un clima de expansión económica, tuvo sus frutos en la experiencia de la *Unión Liberal,* traducida en el Gobierno más largo en lo que iba de siglo: desde junio de 1858 a enero de 1863.

Sería demasiado optimista calificar la Unión Liberal como «partido político de centro». No dejaba de ser una agrupación de notables, más en el campo de las relaciones personales que de unos principios doctrinales específicos sometidos a disciplina programática de partido. Coincidieron actitudes personales en una versión estratégica del doctrinarismo.

De todas formas, tampoco puede definirse como una mera confluencia de políticos progresistas y moderados y escenario común para amortiguar sus discrepancias internas, sino que acabó configurándose como un proyecto político que aspiraba a su propia identidad en el terreno de las estrategias que en el de los principios. Pretendió ser una fórmula política, basada en el liberalismo recortado, a base de un pragmatismo que permitiera alejar el discurso del liberalismo español, tanto de un atrincheramiento miope ligado al mundo de las camarillas, como de las veleidades revolucionarias de un sector del progresismo más proclive a un encuentro con los demócratas. Ante todo los hombres de la Unión Liberal —«unionistas»— abundaban en el pragmatismo buscando un régimen representativo acorde con las nuevas perspectivas en el terreno económico, o, dicho de otra forma, las dosis necesarias de liberalismo que la estructura social y económica del país podía soportar según su valoración, fórmula que retomaría Cánovas del Castillo en la época doctrinaria de la Restauración de 1876. De hecho la experiencia unionista fue campo de aprendizaje del joven Cánovas.

En definitiva, la búsqueda del equilibrio doctrinario, a través de una solución que limitara los poderes de la Corona e inyectara propuestas progresistas, pasó por la búsqueda de un consenso entre las elites políticas. Así la Unión Liberal fue fruto de reajustes de estas elites políticas una vez que habían sido establecidas en lo fundamental las bases del Estado liberal. De hecho la Unión Liberal provocó la recomposición de las filas moderadas y progresistas. Con respecto a los últimos años de la década moderada el régimen representativo quedó ensanchado, asegurando la presencia de los restos moderados y progresistas pero con unas Cortes mayoritariamente unionistas, como resultado de la habilidad gubernamental en los procesos electorales depurándose los mecanismos de intervención del ejecutivo en la «fabricación» del poder legislativo, aprovechando las posibilidades de la centralización administrativa y de la toma de decisiones del Estado liberal. Era otro campo de pruebas recogido por la articulación política de la España de la Restauración años más tarde. Así se aseguraban esas dosis necesarias de liberalismo diseñadas desde el poder.

El pragmatismo unionista inauguró como prioridad política el *progreso económico*. Era algo inédito en un proceso político que hasta entonces había estado ocupado en la estructuración del Estado liberal, en el desmantelamiento jurídico del Antiguo Régimen y en la formulación del ideario político, con sus distintas versiones, salvando una guerra civil de envergadura. En el periodo 1836-1856 se establecieron las bases jurídicas y el marco legal del desarrollo de una economía de mercado. Ahora se debían garantizar esas virtualidades en la práctica. Así la preocupación prioritaria del Gobierno se convirtió en el «bienestar de los gobernados», en el «bien general del país», en el impulso y fomento de *los intereses materiales*. Era la hora del desarrollo económico con una fórmula política adecuada.

En un clima de euforia económica, se multiplicaron las inversiones, se abrieron las espitas del crédito y del capital exterior, las construcciones ferroviarias se convirtieron en el emblema de la época y una fiebre societaria caracterizó el impulso económico, que mezclaba la riqueza en general con el mundo de los negocios particulares. La riqueza sería antídoto del fantasma de la revolución social, pero la política del Gobierno, ampliando el intervencionismo del Estado sobre todo en lo que se refiere a infraestructura, estableció más que nunca una red de relaciones personales que vinculaban la política a los negocios, rivalizando en un mundo de influencias. El hombre de negocios y el pragmatismo fueron sustituyendo al mito liberal de los ideales abstractos de la época de la transición, para consolidar una clase de lujo vinculada a los centros de poder.

Se han buscado los orígenes del «unionismo» en los diversos jalones de ruptura en las filas moderadas desde 1848. El grupo liderado por Pacheco de los «puritanos» había manifestado su oposición a las tendencias más autoritarias del moderantismo que, desde su perspectiva, desvirtuaban el espíritu y la legalidad de la Constitución de 1845. El propio O'Donnell adoptó igualmente una actitud de oposición a la política dura de Narváez de aquel año de 1848 con respecto a la represión de los conatos revolucionarios. Los «puritanos» de Pacheco, Ríos Rosas, Pastor Díaz, también habían mostrado su disconformidad y colaboración para abortar los proyectos de corte autoritario de Bravo Murillo de 1852, prestando su concurso a la coalición que acabó con la década moderada en 1854. Sin embargo, los orígenes inmediatos hay que buscarlos en la formación en marzo de 1856, como fruto de una larga serie de reuniones, del *Centro Parlamentario,* en el que confluyeron diputados y personajes políticos de diversa proceden-

O'Donnell.

cia: Cantero, marqués de Perales, Alonso Martínez, Cortina, Luzuriaga, Ríos Rosas, Coello, Ros de Olano, Laserna, Serrano, Prim, Concha, Vega de Armijo, Bayarri... hasta un total de 81 parlamentarios.

El Gobierno O'Donnell de 14 de julio de 1856 recogió las líneas de actuación allí esbozadas, como un primer ensayo del unionismo. Mientras tanto la actitud estratégica de un sector del progresismo nutrió también las filas de la embrionaria Unión Liberal. Así los «resellados» apostaron por el apoyo a O'Donnell en tanto defendiera el régimen parlamentario consolidando la monarquía constitucional, restableciera el orden y ampliara las libertades individuales. En 1858 se integraba decididamente en el proyecto unionista un sector significativo del progresismo.

El centro neurálgico de la Unión Liberal tendió a bascular más hacia los presupuestos moderados, de los que procedían buena parte de sus hombres. A los citados Pastor Díaz, Ríos Rosas, Cánovas y el mismo O'Donnell es preciso mencionar a José Posada Herrera, Alonso Martínez y al marqués de la Vega de Armijo, y a los militares de primera fila Serrano, Concha, Topete, Dulce y Ros de Olano. De origen progresista destacan personajes como Cantero, el marqués de Perales y los militares Prim, Hoyos y San Miguel. La Unión Liberal era el resultado de dos procedencias heterogéneas, por lo que las actitudes personales, la posición respecto a determinados temas y el clientelismo hacen difícil precisar grupos compactos y mucho menos una columna vertebral que articulara el círculo de dirigentes del partido, los parlamentarios y el Gobierno. Ahora bien, las líneas maestras trazadas en 1858 permitieron la estabilidad de un lustro tanto en términos gubernamentales como parlamentarios.

17.2. La acción de gobierno: «influencia moral», apertura política y parlamentarismo

El Gabinete formado por O'Donnell el 30 de junio de 1858 superó notablemente la duración de cualquier otro durante el reinado de Isabel II. La imagen de estabilidad de un Gobierno que perduró hasta el 17 de enero de 1863, contrastó con el clima de crisis gubernamental perpetua que había caracterizado los pasos políticos del liberalismo. Cuatro años y medio, sólo alterados por algún breve reajuste ministerial.

La presidencia y las carteras de Guerra y Ultramar se concentraban en O'Donnell. Líder y aglutinante de la Unión Liberal, su prestigio en el ejército, la confianza de la Corona, y la política desarrollada sobre todo en el terreno de las relaciones internacionales fueron algunos de los motivos principales de la estabilidad gubernamental. De ahí que se asegurara además la dirección de estas dos carteras ministeriales. En el Ministerio de Gobernación se situaba José Posada Herrera, procedente de las filas «puritanas» del moderantismo aunque sus primeros pasos como político fueron de índole progresista. Fue una de las figuras destacadas del unionismo, apelando al pragmatismo y al uso de métodos por encima incluso de principios legales. Su labor propició la mayoría parlamentaria, y la mayor eficacia en la centralización de las decisiones políticas a través de los gobiernos civiles. El resto de carteras no fueron ocupadas por significados líderes procedentes del moderantismo o del progresismo, a modo de «ministerio de notables», sino producto de ese sincretismo buscado por la fórmula unionista: Saturnino Calderón en Estado, Pedro Salaverría en Hacienda, el marqués de Corvera en Fomento, luego sustituido por el marqués de la Vega de Armijo, Santiago Fernández Negrete en Gracia y Justicia, y José de Quesada en Marina, donde le sucedieron José Mac-Crohon y Juan de Zabala.

Las líneas de actuación del Gobierno tuvieron como marco el doctrinarismo constitucional de 1845, manteniendo sus principios al modo «puritano» e introduciendo ingredientes vindicados por las filas progresistas. Se mantenía, pues la legalidad constitucional, pero orientándola al funcionamiento de una monarquía constitucional, sobre la base del Gobierno representativo y el respeto al Parlamento. Se olvidó de la derogada Acta adicional de su etapa anterior, y no abordó la cuestión planteada por la reforma constitucional de 1857: ni presentó las leyes que debían desarrollarla, ni el proyecto de su derogación prometido desde 1861.

En segundo lugar el Gobierno planteó en su programa el *progreso material del país*, incluyendo elementos de progresismo: la continuación de la política desamortizadora, desde luego en el terreno civil, aun cuando la desamortización eclesiástica sería objeto de negociación con Roma; la descentralización administrativa a través de un régimen local y provincial más autónomo, pero sin olvidar la *acción tutelar* del Estado; la libertad de imprenta, con un jurado para delitos de esta índole, tratando de conciliar derechos constitucionales legítimos con ciertos límites. Con todo ello el unionismo pretendía conjugar por fin en la práctica la libertad con el orden, ansiado binomio de la versión liberal doctrinaria. De hecho, la actitud del Gobierno fue más tolerante —aunque no dudó en reprimir sublevaciones carlistas y republicanas— que en cualquier periodo moderado, mantuvo las Cortes abiertas y controló el orden público. Respecto a la regulación de los derechos de asociación quedaron fijados por la ley de 1861, que sin embargo no se hacían extensivos a las relaciones capital-trabajo, tema objeto de algunas intervenciones parlamentarias, como las de Nicolás María Rivero en febrero de 1862 y la de Moret, en diciembre de 1863, solicitando la libertad de asociación para estos fines. Previamente, en noviembre de 1859, el Gobierno había establecido normas para la creación y regulación de las sociedades de socorros mutuos.

El 20 de septiembre de 1858 el Gobierno convocó elecciones para diputados a Cortes, que se celebraron el 31 de octubre. El resultado otorgó una amplia y cómoda mayoría a la Unión Liberal y aseguró una representación minoritaria a moderados y progresistas. Dos objetivos se cumplieron a la perfección: la consecución de una mayoría parlamentaria incuestionada y suficiente para apoyar al Gobierno, y la participación en el juego parlamentario de las opciones más ortodoxas del moderantismo y el progresismo, evitando así un alejamiento que las orientara hacia métodos insurreccionales. Para ello fue necesaria una práctica electoral que garantizara tales resultados. El Gobierno, con su ministro de Gobernación Posada Herrera, se encargó de diseñarla y manejarla. El hecho no era una novedad en sí mismo, pero sí lo fue el perfeccionamiento de los métodos, la sofisticación y habilidad de la tupida red de relaciones clientelares desde el Gobierno a las localidades, y la justificación política proporcionada por el Gobierno.

Un decreto de 6 de julio de 1858 sirvió para rectificar las listas electorales. De hecho era una aspiración progresista ante los mecanismos introducidos por la ley electoral moderada, todavía vigente, de 1846, basamento del modelo de intervención gubernamental. El limitado sistema representativo de aquella ley se acompañaba de notables vacíos en las listas electorales, electores falsos o inclusiones indebidas. Según el Gobierno eran de tales dimensiones los errores que el decreto de junio de 1858 permitió rectificar cerca de la mitad del cuerpo electoral de 1857. La medida fue objeto de un intenso debate político, considerada ilegal por los moderados y aplaudida por los progresistas.

El Gobierno declaró públicamente su intención de respetar y garantizar la imparcialidad de las elecciones. Se refería, claro está, a los métodos que habían presidido habitualmente la intervención gubernamental: imposición de candidatos, coacciones, fraude y presiones de todo tipo. Pero al mismo tiempo justificaba otros métodos más eficaces en sus resultados y con la apariencia de legalidad: lo que el propio ministro Posada calificó de *el influjo legal* que tenían derecho a ejercer los gobernadores civiles, inaugurando la práctica de la denominada irónicamente *influencia moral del Gobierno*. Así el influjo administrativo, la utilización de los instrumentos del Estado al servicio del Gobierno, las recomendaciones y las orientaciones del voto, en un contexto de falta de aprendizaje electoral, imperfecciones técnicas y ausencia de instrumentos sólidos e independientes de participación, hicieron del clientelismo la tónica habitual. Y los gobernadores civiles dirigiendo las elecciones cumplieron su papel a la perfección, coordinados gracias al telégrafo y la capacidad organizativa de su ministro, denominado a partir de entonces el «Gran Elector». De esta forma el Gobierno de la Unión Liberal cumplía la ampliación del sistema representativo, pero distorsionado y marcado por la artificialidad.

Las Cortes adquirieron mayor protagonismo. En primer lugar por una estabilidad inédita hasta esa fecha. La composición del Congreso elegido el 31 de octubre de 1858 se prolongó hasta el 12 de agosto de 1863, casi agotando el límite permitido por la Constitución. La inestabilidad política y la falta de acoplamiento entre gobiernos y parlamentos, había empujado con frecuencia a los primeros a la disolución de los segundos, convirtiendo en caso habitual una práctica que debía ser excepcional por parte del ejecutivo. Ahora se prolongaban casi cinco años, apoyando al Gobierno, animando el debate político y proporcionando un clima de estabilidad política desconocido. Pero además sus periodos de funcionamiento también se prolongaron por encima de los límites habituales.

Otra cuestión fueron sus realizaciones, sujetas a controversia. Pero en todo caso la mayoría unionista funcionó homogéneamente y apoyó al Gobierno hasta donde sus contradicciones y fisuras lo permitieron, tiempo suficiente para otorgar mayor protagonismo al funcionamiento parlamentario que la limitada actividad de las Cortes hasta entonces. La estabilidad del Gobierno y el juego parlamentario hizo que la Corona interviniera, al menos directamente, en menor medida que lo había hecho hasta ese periodo, lo que no quiere decir que los medios cortesanos perdieran su poder de hecho.

El Gobierno O'Donnell continuó con la labor administrativa que articulaba el Estado liberal, sus funciones y los cuerpos técnicos a su servicio, completando la trayectoria anterior. Entre las leyes más importantes aprobadas en las legislaturas unionistas destaca la Ley del Notariado de 28 de mayo de 1862. En los notarios, a diferencia de los anteriores escribanos, confluía la doble naturaleza del profesionalismo liberal y el funcionario público, y por esta ley se dibujaron las atribuciones específicas de la carrera notarial, al tiempo que nacían los colegios de notarios. La carrera de notario adquiría una forma funcionarial especial por la que eran los funcionarios públicos autorizados para dar fe de todas las relaciones contractuales y actos extrajudiciales. El reglamento posterior del 30 de diciembre de 1862 establecía las líneas de la carrera en cuanto al control del ingreso y la provisión de plazas y traslados diseñando una jerarquía territorial de las notarías. Eran las bases del notariado moderno.

El 8 de noviembre de 1861 se aprobó la Ley Hipotecaria, que venía a cubrir otro de los huecos en el funcionamiento de la economía de mercado, regulando aspectos de primer orden en el ámbito de la propiedad. Por ella se reorganizaba el Registro de la Propiedad y se incluía a los registradores como funcionarios públicos (ingreso por oposición, jubilación, cesantías, derechos pasivos, ...) en una fórmula mixta.

En el terreno de la organización judicial el 9 de abril de 1858 se organizó el ministerio fiscal, y el 9 de noviembre de 1860 se estructuró la carrera fiscal. A pesar de ello la modernización de la justicia todavía tendría que esperar en muchos de sus aspectos a la legislación del Sexenio democrático.

Los cuerpos burocráticos de carácter técnico al servicio del Estado también continuaron con su organización y regulación, siguiendo pasos anteriores. Así el 17 de marzo de 1859 se creó el Cuerpo de Ingenieros de Montes del Ministerio de Fomento. Respecto a los cuerpos del profesorado, que habían alcanzado su organización como carrera especial facultativa por la ley Moyano de 1857, la labor unionista se centró en el desarrollo de sus principios, publicando los reglamentos de aplicación de la ley el 24 de mayo de 1859, con lo que se regulaban formas de ingreso, sueldos... de los tres grados de organización de la enseñanza, es decir, maestros, catedráticos de instituto y catedráticos de universidad.

El contencioso en torno a la desamortización eclesiástica seguía siendo una prueba de fuego de primera magnitud en el terreno político. Los hombres de la Unión Liberal seguían contando con la animadversión en este capítulo de los moderados más conservadores, medios cortesanos y jerarquía eclesiástica, pero por otro lado la desamortización —cualquiera que fuera su naturaleza— continuaba siendo un recurso hacendístico básico, sobre todo en un momento en el que la política de fomento de la economía y la política exterior exigían abundantes ingresos. Cumpliendo con su programa, O'Donnell por decreto de 2 de octubre de 1858 restableció la Ley Madoz, pero excluía los bienes de la Iglesia, volviendo así a la situación de septiembre de 1856.

La solución del conflicto de la desamortización eclesiástica pasaba por una negociación con Roma en el contexto del Concordato de 1851. Las gestiones de un «hombre fuerte» de la Unión Liberal como Ríos Rosas dieron sus frutos en el Convenio de 25 de agosto de 1859, convertido en ley el 4 de abril de 1860. El Gobierno español se comprometía a no realizar, de forma unilateral, ninguna venta ni conmutación de bienes eclesiásticos y reconocía la capacidad legal de la Iglesia para adquirir y retener en propiedad toda clase de bienes, con lo que se clarificaba la situación de los bienes que la Iglesia adquiriera a partir de esa fecha. Sin embargo, respecto a la situación de los bienes eclesiásticos anteriores a la firma del Convenio, se fijaban dos situaciones. Quedaban en poder de la Iglesia los bienes enumerados en los artículos 31 y 33 del Concordato y en el artículo 6 del Convenio, y los demás bienes —no desamortizados y no exceptuados por los artículos citados— quedaban sujetos a una permuta por títulos de la deuda consolidada del 3 por 100. La Iglesia recibía, por tanto, títulos de la deuda a cambio de unos bienes que fueron sometidos por ley de 7 de abril de 1861 a la Ley Madoz, y por consiguiente con la posibilidad de ser vendidos por el Estado y no por la Iglesia.

17.3. Las disidencias insurreccionales. De La Rápita a Loja

La estabilidad gubernamental y parlamentaria y el auge económico no evitaron el estallido de conflictos, protagonizadas por fuerzas políticas situadas fuera del sistema. Estas formas de oposición, tanto por su naturaleza y objetivos, fueron muy diferentes entre sí. Los carlistas perseguían un objetivo político-dinástico, mientras que las conmociones populares que salpicaron medios campesinos andaluces se situaban en el marco de rebeldía provocado por la secular hambre de tierras, aunque empezaban a encontrar una cobertura de tipo político en un difuso ideal republicano, asociado al reparto de tierras.

Ya en 1857, durante el Gobierno Narváez, se había producido una revuelta armada en la campiña sevillana, cuyo emblema fueron los episodios de El Arahal, que dieron lugar al viraje de un movimiento, inicialmente de contenido político, llevado adelante por elementos republicanos apeados de las posiciones menos radicales y espontaneístas de los dirigentes del partido demócrata, hacia una escenografía simbólica de la rebeldía campesina: quema del registro notarial, saqueos, asalto al cuartel de la Guardia

Civil. La represión alcanzó notables dimensiones. Cuatro años después, el 28 de junio de 1861, una insurrección de similares características se extendió en las zonas colindantes de las provincias de Granada, Córdoba y Málaga. Esta vez el centro de la acción se situó en Loja. Significativo lugar que había visto nacer a Narváez, y donde funcionaba una sociedad secreta de naturaleza republicana. Nuevamente fue identificado el objetivo político de los dirigentes de la revuelta, la proclamación de la república, con la idea del reparto de tierras. En cuatro días el ejército restableció la situación. Llama la atención que en un contexto no sujeto a una coyuntura agraria deprimida por la tradicional crisis de subsistencia, varios miles de campesinos fueran tan sensibles al discurso de agitación de unos intelectuales republicanos, como para protagonizar una respuesta que escapa a la lógica económica coyuntural para inscribirse en un problema de fondo referido a la estructura de la propiedad de la tierra, no resuelto por los sucesivos procesos desamortizadores y la abolición del régimen señorial. A diferencia de Narváez, el Gobierno O'Donnell ejerció una represión más limitada en términos cuantitativos, con una visión más práctica desde el punto de vista político para evitar que Loja se convirtiera en coartada de la oposición política.

El carlismo seguía constituyendo una opción política al margen del sistema. Después de un largo paréntesis, fue precisamente en el momento de mayor estabilidad del Estado liberal, cuando decidió su nueva puesta en escena, utilizando la vía del pronunciamiento, quizás animado por el desplazamiento de tropas a Marruecos. Los carlistas habían mantenido en lo esencial no sólo sus aspiraciones dinásticas, sino su cuerpo doctrinal y sus medios organizativos, sin buscar estrategias de acoplamiento a las nuevas condiciones creadas por la consolidación del Estado liberal.

El 1 de abril de 1860, Carlos Luis de Borbón, conde de Montemolín, inició un levantamiento, dirigido militarmente por el general Ortega, capitán general de Baleares, con el desembarco en San Carlos de la Rápita. Efímero intento que se cerró con la detención del pretendiente carlista y su renuncia a cualquier derecho sobre la Corona. Favorecido por la amnistía general por delitos políticos concedida por el Gobierno O'Donnell el 1 de mayo, falleció unos meses más tarde. Su hermano Juan se convirtió en el nuevo aspirante, que tardó unos meses en renunciar a sus derechos en beneficio de Isabel II, rama borbónica en el poder que tenía asegurada la sucesión desde el nacimiento del heredero Alfonso en 1857. La renuncia de Juan de Borbón sólo se explica por la heterogeneidad del carlismo, también sujeto a discrepancias internas, pero sobre todo falto de perspectivas después del fracaso en La Rápita.

A partir de este momento el carlismo entró en un proceso de reconversión, reafirmando principios doctrinales y apuntalando su esquema organizativo a la espera de nuevas expectativas que irán creciendo con la década a medida que se acentúe la crisis del régimen isabelino. La princesa de Beira, viuda de Carlos María Isidro, conducirá esta reordenación. En primer lugar, los carlistas cerraron filas en torno a la designación del hijo de Juan de Borbón, Carlos, que adoptará el nombre de Carlos VII, como heredero de la línea carlista y asignándole los derechos a la Corona. Por otro lado, el 25 de septiembre de 1864, la princesa de Beira en la «Carta a los españoles» expuso los principios doctrinales del carlismo, abundando en el sentido confesional, la condena del liberalismo, y afirmando el origen divino del poder y la legitimidad dinástica. Se inscribe en la conducta seguida por el Vaticano, a través de la encíclica *Quanta Cura* y el *Syllabus,* condenando el liberalismo como atentado contra la religión católica. La alternativa doctrinal estaba configurada. El resto dependía de la caída de Isabel II, y de las estrategias de acceso al poder: vía parlamentaria o vía insurreccional. La evolución del Sexenio, sobre todo desde 1870, acabó impulsando la segunda.

17.4. Una política exterior de prestigio

Otra dimensión no menos importante de la actividad gubernamental, y al mismo tiempo pieza esencial de su estabilidad, consistió en una política exterior que buscaba la recuperación y el prestigio internacional, después de que la construcción del Estado liberal tuviera que soportar la descolonización americana, la guerra civil carlista y las disensiones internas de las familias liberales. La política exterior desvió buena parte de los esfuerzos políticos, absorbió recursos, atrajo la atención de la opinión pública, eclipsando a veces los acontecimientos internos e incluso fue el elemento más definidor de la política de la época. Hasta los años 50, la política española había estado ocupada en toda su extensión con la instalación del Estado liberal. En un contexto de relativo aislamiento, y acostumbrada a un papel de segundo orden, el propósito del unionismo de buscar un reconocimiento estable por otras potencias en la dinámica de las relaciones exteriores no deja de ser sorprendente.

Se trató de una política exterior intervencionista, cuya columna vertebral se situaría en la recuperación del prestigio internacional, pero sin formar parte de un proyecto global calculado y coherente de intervención exterior, como señala Jover, y no implicaba además alteración alguna del territorio. En último término las oportunidades de intervención fueron brindadas por las estrategias de las políticas exteriores británica y francesa. Los eventos de esta política exterior están jalonados por la Guerra de Marruecos (1859-60), la reincorporación de Santo Domingo (1861-65), la expedición a México (1861-62), la guerra del Pacífico (1863-66), y la expedición a la Conchinchina (1857-63).

De todas maneras estos conflictos localizados no eran enteramente resultado de una improvisación de la Unión Liberal para poner en marcha una política intervencionista. El origen de estas situaciones era anterior. Lo inédito fue la forma de respuesta y su justificación. Estamos ante los casos de África y del Caribe. Incluso la expedición a la Conchinchina se había puesto en marcha un año antes. Al mismo tiempo, si la idea central era la rehabilitación del papel de España en el terreno internacional, debía aprovechar las posibilidades que ofrecían conflictos localizados y sin riesgo de naturaleza territorial. Los conflictos suceden en zonas de reordenación estratégica y de expansión de las grandes potencias, que constituirán focos de redistribución colonial en los goznes del cambio de siglo. Son los intereses franceses, británicos y estadounidenses en el Caribe, y franceses y británicos en el norte de África y el sureste asiático. De hecho, las intervenciones en México e Indochina formaron parte de las estrategias francesa e inglesa, y la Guerra de Marruecos y la anexión de Santo Domingo gozaron del consentimiento de estas dos potencias hasta donde no perjudicaran sus intereses. La primacía franco-británica había quedado puesta de manifiesto en la Guerra de Crimea y tenía diseñados sus planes de expansión, tanto los referentes a Napoleón III en Francia, como a la consolidación del imperio británico. Tampoco el papel español en el Caribe hubiera sido posible sin la guerra civil norteamericana.

Esta política exterior tuvo importantes dimensiones de política interna, en un juego causa-efecto. A la consolidación del Estado liberal, protagonizada por una genera-

Guerra de África.

ción de políticos volcada en los asuntos interiores, se suma ahora la estabilidad política, con un respaldo de la mayoría parlamentaria a las acciones de gobierno dentro de un clima de expansión económica. Aunque las operaciones exteriores fueron costosas, la construcción de la flota, el aprovisionamiento del ejército y el recurso a los presupuestos extraordinarios tuvieron un efecto multiplicador sobre la economía.

La Guerra de Marruecos fue la que mayor alcance político y económico adquirió, la que mayor impacto causó en la opinión pública, alimentando una exaltación nacional en letargo desde los días de la Guerra de la Independencia, y la única que supuso alguna consecuencia territorial a largo plazo. El contencioso no era nuevo. Sí las posibilidades y forma de respuesta. Ceuta y Melilla, enclaves españoles en el norte de África, además de los insulares Vélez de la Gomera, islas Chafarinas e islas Alhucemas, habían sido objeto desde los años 40 de frecuentes ataques por tropas rifeñas que alteraban unos desdibujados límites territoriales sobre todo en lo referente a Ceuta. La acción diplomática no había tenido sus frutos a pesar de la firma de varios convenios (Tánger, 1844; Larache, 1845; Tetuán, 1859) que no se cumplieron. Uno de esos incidentes provocó la extensión del conflicto cuando todavía estaba reciente la firma del último convenio con el Sultán de Marruecos. El hecho en sí mismo no tuvo más importancia que los anteriores, pero sirvió para justificar la intervención apelando al honor y la dignidad nacional.

La declaración de guerra de España el 22 de octubre de 1859 no fue improvisada. O'Donnell dio cuenta a las Cortes y consiguió esta declaración del Congreso de los Diputados. El día 1 de octubre ya había presentado un proyecto de ley, aprobado posteriormente, en el que establecía la fuerza de ejército para 1860 en 100.000 hombres, pero ampliable hasta 160.000 si fuera necesario, con el consentimiento de las Cortes.

Y otro proyecto complementario el día 21 de octubre en el que se arbitraban recursos extraordinarios en caso de que el ejército excediera de 100.000 hombres, pasando a engrosar los presupuestos generales para 1860. De esta forma el Gobierno consiguió apoyo político, en medio del entusiasmo de las Cortes, cumplió con las normas constitucionales y se aseguró la ampliación del ejército y los medios para sostenerlo.

La estrategia militar española consistió en el traslado de las tropas desde la Península hasta Ceuta, para quedar allí concentradas e iniciar el avance por la costa hasta Tetuán y Tánger. El mando fue asumido por el propio O'Donnell contando con el concurso de los generales Prim, Ros de Olano, Echagüe y Zabala. Después de un costoso traslado hasta Ceuta —el remozamiento y modernización de la flota no fue suficiente para agilizar la logística del transporte—, fue en los alrededores de esta plaza militar donde surgieron los primeros combates. A primeros de enero de 1860 las tropas españolas comenzaron su avance hacia Tetuán. En el transcurso, Prim y sus tropas de caballería protagonizaron uno de los episodios que más carácter épico adquirió: su victoria en condiciones adversas en el valle de los Castillejos. Este hecho contribuyó notablemente a alimentar la exaltación y el orgullo nacional, a dotar de tintes heroicos la guerra de África y, sobre todo, al nacimiento del *mito Prim,* que como Espartero y O'Donnell, tendría que empezar a labrar con un hecho de armas su trayectoria política para alcanzar la categoría de mito nacional.

El avance hacia Tetuán culminó con la entrada de las tropas españolas el 5 de febrero. A partir de entonces la continuación de las operaciones en dirección a Tánger preocupó a Gran Bretaña, que no estaba interesada en una instalación española en el Estrecho. El último y decisivo episodio militar fue también el más cruento: el 23 de marzo el ejército español derrotó en Wad-Ras a las fuerzas de Muley-el-Abbas que se retiraron a Fondak. El camino a Tánger estaba abierto, y Gran Bretaña presionó a ambas partes para establecer las negociaciones de paz, que concluyeron con el Tratado de Tetuán de 26 de abril de 1860, ajustado posteriormente el 30 de octubre.

Por este tratado quedaban ampliados los límites de Ceuta y reconocidas otras posesiones españolas (Melilla, Alhucemas, Vélez de la Gomera) ratificando el convenio de 1859; además España obtenía el terreno costero de Ifni, para establecer una pesquería. Al mismo tiempo se fijó una indemnización de guerra de 400 millones de reales. Por último, el tratado de comercio de octubre de ese mismo año permitía a España el comercio en términos favorables con Marruecos. Con ello se reordenaron las relaciones de España con el norte de África hasta la redistribución colonial de principios del siglo xx, pero el tratado de Tetuán fue una realidad mucho menos tangible que las expectativas creadas por la guerra. El éxito magnificado en términos de nacionalismo no tuvo su correlato en términos económicos y sociales.

La idea de orgullo patrio satisfecho hizo que a partir de entonces el norte de África fuera percibido como un patrimonio nacional y tratara de resucitarse, en una espiral de éxitos y fracasos militares, en el primer tercio del siglo xx. Se había convertido en el reducto testimonial de la presencia española en el contexto internacional, papel que se reforzará después de la humillación del 98. También fue a partir de entonces cantera de formación de las elites militares con una renovada vocación africanista de la política exterior española.

En el terreno político el Gobierno O'Donnell salió reforzado. Logró un consenso político desconocido, al menos en lo esencial, y la estabilidad gubernamental que lo permitió acabó consolidándose, independientemente de las primeras discrepancias políticas internas. El entusiasmo generalizado de buena parte de las elites políticas hizo que esta operación de prestigio pasara a engrosar las piezas del nacionalismo español del siglo XIX. O'Donnell y Prim aumentaron su capital político —uno indiscutible líder del unionismo, otro relevará en el liderazgo progresista a Espartero— y su capital simbólico: uno, duque de Tetuán, otro, marqués de Castillejos. Los dos, las piezas políticas claves de la década.

La otra cara del éxito político e ideológico la constituyeron los problemas de índole social y económica. Las pérdidas humanas, nada desdeñables, fueron argumentos de crítica que emergerán en el futuro cada vez que Marruecos suponga una sangría poblacional, y la resistencia a las quintas se reveló como una de las respuestas del conflicto social más características de la época, integrándose en el programa político de la oposición demócrata y republicana.

Por su parte, las ventajas económicas y territoriales fueron mínimas en comparación con las dimensiones propagandísticas que adquirió el hecho en la opinión pública, la prensa y los medios políticos. Ni las indemnizaciones se cubrieron en la cantidad y forma establecidas en el tratado, ni el acuerdo comercial fue tan ventajoso, ya que los mayores beneficios fueron para Gran Bretaña y Francia. Por último, los gastos militares, aunque repercutieron en el auge económico, a medio plazo acabarían pesando en los síntomas de la crisis económica que empezó a despertar en 1864.

El asunto de Santo Domingo protagonizó un mayor debate político, pero en todo caso representó, frente a la iniciativa de Marruecos, una política de hechos consumados: la decisión unilateral de incorporación a España realizada por Santo Domingo, en un clima político internacional favorable, caracterizado por la anuencia francobritánica y la guerra civil norteamericana. Santo Domingo, república independiente desde 1844, se desenvolvía en un difícil cruce de intereses en la región del Caribe. Para empezar la amenaza de anexión por parte de la otra mitad de la Isla, Haití, creció en la década de los años 50. Igualmente eran notorios los intereses de Estados Unidos en el contexto de su estrategia en la zona y de la rivalidad que ello suponía con otras potencias tradicionales en el área: Francia, Gran Bretaña y España. Las aspiraciones estadounidenses sobre el enclave de Samaná pusieron en entredicho la viabilidad de una *protección* norteamericana, al convertirse en un peligro de absorción tan real como el procedente de Haití. Así la política dominicana terminó por bascular hacia una mayor aproximación a España, con la que había firmado el 18 de noviembre de 1855 un tratado de reconocimiento, paz, amistad, comercio, navegación y extradición, bien visto por Francia y Gran Bretaña. La situación, por tanto, no era nueva para el Gobierno de la Unión Liberal. Además en el interior de la Isla la situación económica era alarmante, bloqueada por el mal funcionamiento de las instituciones, y los problemas sociales marchaban al unísono, o al menos estas fueron las justificaciones esgrimidas, junto a la amenaza exterior, por el presidente general Santana, líder del partido en el poder, para proclamar la anexión a España.

Esta fórmula era insólita. Como ha estudiado Cristóbal Robles, el Gobierno dominicano decidió unilateralmente la incorporación del país a España con un acto de proclamación de Isabel II como Reina soberana de Santo Domingo, después de haber sido ratificada la decisión por los ayuntamientos de la República. La noticia llegó al capitán general de Puerto Rico, Echagüe, el 27 de marzo de 1861, a través de una carta de Santana, fechada nueve días antes, portada por Manuel del Monte, presidente del Congreso nacional dominicano. Faltaba la aprobación española.

El Gobierno O'Donnell pidió informes al capitán general de Cuba, Serrano, sobre la voluntad de una reincorporación ausente de coacciones. Para el Gobierno español, la anexión podría significar un instrumento de consolidación en las Antillas. Además, traería ventajas comerciales y la posibilidad de explotación de las minas de carbón de Samaná. Pero también se valoró, como resultado de los informes, la iniciativa dominicana como un acto unánime y libre. Por decreto de 19 de mayo de 1861, la República Dominicana era anexionada a la Corona española. Se organizó la administración en la Isla, tratando de compaginar las instituciones incorporadas de España junto con leyes existentes en la antigua república. En la cúspide se estableció el gobernador superior civil y capitán general. En agosto de ese año se organizó la administración de justicia y desde el 6 de octubre se pusieron en marcha códigos españoles. Por su parte la Iglesia estableció un arzobispado.

Sin embargo las iniciales impresiones de Serrano y de los medios políticos en la Península habían sido demasiado optimistas. Haití y Estados Unidos mostraron su disconformidad. En la Isla, la maquinaria de la Administración española y los planes de reforma no acabaron de cuajar entre la población autóctona. El clima de inestabilidad empezó a desvelar que la demanda de anexión distaba de ser unánime, o en todo caso precipitada, y los primeros síntomas de animadversión empezaron a adquirir tintes independentistas en 1863. El conflicto civil se transformó en insurrección en febrero de ese año. La amnistía, por decreto de 27 de mayo, no pudo impedir una insurrección de mayores dimensiones en agosto, y el 25 de diciembre los sublevados declaraban la guerra a España. En la Península, el debate político sobre la posibilidad de derogación del decreto de anexión fue tomando cuerpo. Las tesis del abandono de Santo Domingo acabaron imponiéndose y durante la presidencia de Narváez, el 1 de mayo de 1865, el decreto de anexión quedó derogado. El proceso se había saldado con un fracaso.

Los acontecimientos de la anexión de Santo Domingo estuvieron muy cercanos cronológica y especialmente al otro hecho de reordenación de la política española en el Caribe: la cuestión de México. Responde a otros móviles y circunstancias, pero se sitúa igualmente en la órbita de las estrategias francesa y británica en la zona. La política de Juárez en México, embarcada en perpetuos conflictos internos, en los que se traslucía el enfrentamiento entre reformistas y conservadores en torno a su proyecto modernizador, empezó a lesionar determinados intereses extranjeros, sobre todo desde 1860 en lo referente al impago de deudas. Suficiente argumento para justificar la intervención de Gran Bretaña, Francia y España, por el Tratado de Londres de 31 de octubre de 1861, con un cuerpo expedicionario que, formado por los tres países, ocuparía puertos del litoral, comprometiéndose a no ocupar posiciones en el interior del territorio mexicano y a no intervenir en sus asuntos internos.

Las fuerzas españolas, unos 6.000 hombres, al mando de Prim, partieron de La Habana y en diciembre de 1861 ocuparon Veracruz y San Juan de Ulua. Una vez reunidas con las otras dos fuerzas aliadas llegaron a Orizaba, donde españoles y británicos respetaron el compromiso de no intervención, mientras Francia ya había dado muestras de los propósitos de Napoleón III de establecer una monarquía en la persona del archiduque Maximiliano de Austria. Ante esta situación, el general Prim se entrevistó con representantes del gobierno mexicano, firmando la Convención de La Soledad, de 19 de febrero de 1862, por la que México aceptaba entrar en negociaciones. Mientras tanto el almirante francés Julien de la Gravière intentaba sin éxito convencer a españoles y británicos de continuar el proyecto de Napoleón. El 9 de abril en Orizaba se rompió definitivamente el acuerdo entre los tres países. Españoles y británicos regresaron al tiempo que Francia se aventuraba en la imposición del efímero régimen de Maximiliano.

La intervención menos explicable es la referente a la expedición a la Conchinchina. Aunque no fuera concebida dentro de un planteamiento estratégico global en la región, podría haber servido para incrementar la influencia de España en aquella zona del Pacífico a partir de las Filipinas y de sus otros enclaves insulares. Sin embargo sólo se contempló en relación a los proyectos franceses de penetración en el sureste asiático. Era parte del precio de la colaboración española con la Francia de Napoleón III. El pretexto fue el asesinato de obispos y misioneros españoles. La expedición mandada por los franceses, tenía un contingente más nutrido de españoles enviados desde Manila al mando del coronel Palanca. El 5 de junio de 1862 España y Francia dieron por finalizada la empresa, estableciendo un tratado de paz con el rey de Anam. Las conquistas territoriales, Saigón, pasaron a Francia, que abría una importante brecha en la zona, base de una futura consolidación imperial en el sureste asiático. España sólo obtenía el reconocimiento de su ayuda y una escasa indemnización.

La reanudación de las relaciones de España con sus antiguas colonias independizadas de Suramérica fueron lentas, difíciles y costosas. La secuencia independentista y los recelos que alimentó, las distorsionadas estructuras políticas y el bloqueo de cualquier proyecto modernizador en las jóvenes repúblicas, y la política española orientada hacia la consolidación de su propia forma de Estado, impidieron términos de colaboración o entendimiento. Mientras, Gran Bretaña aumentaba su influencia sobre todo en las relaciones comerciales.

En la etapa de la Unión Liberal se presentaron signos contradictorios respecto a las repúblicas. Al tiempo que se establecían relaciones con algunos países, estallaban conflictos resueltos por la vía militar, lo que da idea de la ausencia de un proyecto global claramente definido de actuación con las antiguas colonias y la escasa utilización de recursos diplomáticos. El contencioso en México finalizó en 1862 con la retirada española y los preliminares de paz. El 9 de julio de 1859 se estableció un tratado con Argentina, el 12 de febrero de 1861 el Gobierno español reconoció a Bolivia, el 12 de agosto de ese mismo año firmó un convenio con Venezuela con la consiguiente reanudación de relaciones, y el 29 de mayo de 1863 reconoció a Guatemala.

En cambio la vertiente intervencionista de la política española tuvo su lado negativo en la llamada Guerra del Pacífico con Perú, Chile y Ecuador, entre 1863 y 1866. Las relaciones entre España y estas repúblicas habían sido muy tensas, y los recelos aumentaron después de la reincorporación de Santo Domingo y de la intervención en México. Hasta entonces España no había reconocido a Perú, aunque se habían producido intercambios de cónsules. Ahora el rechazo del Gobierno peruano consistió en su negativa a admitir representantes diplomáticos españoles. Por su parte el Gobierno español, proclive a una política de *expediciones,* envió algunas unidades navales a las costas del Pacífico en una demostración de fuerza. El contencioso quedó a merced de cualquier nimio incidente. Fuera por un agravio a la bandera española o por las controversias desatadas con ocasión de las investigaciones por la muerte de varios súbditos españoles, la flota allí enviada tomó las islas Chinchas y después el puerto de El Callao, forzando a Perú a negociar un tratado. En 1866 el nuevo Gobierno peruano, aliado con Chile, declaró la guerra a España. El almirante español Méndez Núñez

La fragata Almansa.

bombardeó Valparaiso y El Callao, puerto en el que entró el 2 de mayo de 1866. El enfrentamiento tuvo un resultado confuso, que sólo prolongó las hostilidades hasta el armisticio de 1871 con Perú, Chile y Ecuador. Nuevamente los objetivos habían sido poco precisos y los resultados no reportaron ventaja alguna. Para entonces el panorama político español ya era distinto.

La política exterior española, salpicada de estos intervencionismos de distinto signo, no alteró el papel que España jugaba en las relaciones internacionales. En ningún caso, salvo la ampliación de los límites de la plaza de Ceuta, significaron remodelaciones territoriales. Tampoco contribuyeron a la expansión de la influencia española en otras zonas, como una hipotética recuperación de su papel en América Central y del Sur. En esta época las relaciones políticas y diplomáticas con las antiguas colonias fueron a remolque del fenómeno migratorio. Más que un acercamiento entre Gobiernos se consolidó un flujo, nunca desaparecido, de relaciones personales y familiares a ambos lados del Atlántico, visible sobre todo en los casos de Argentina, Uruguay, Venezuela y México.

Tampoco parece que se acentuara el prestigio internacional invocado como causa de las intervenciones. Cuando menos actuó como una pieza del organigrama estratégico de Francia y Gran Bretaña en su expansión a Ultramar. Sí tuvo repercusiones en la política interior. No necesariamente se iniciaron empresas militares para distraer a la opinión pública de problemas internos, justamente en un momento de ausencia de conflictos de envergadura. Sin embargo colaboró en la estabilidad política interior y en la articulación de un consenso político en claves de nacionalismo. Así en el interior del país fue percibido como un éxito, que acrecentó el prestigio del Gobierno, y quizás su prolongación.

17.5. La crisis de la Unión Liberal

Después de casi un lustro de gobierno ininterrumpido, O'Donnell dimitió de la presidencia del Consejo el 27 de febrero de 1863. Con su caída finalizaba la experiencia de la Unión Liberal en el poder, tal como fue concebida, y se abría otro lustro de inestabilidad política en el que se ensayaron diversas soluciones, cada vez más alejadas de los cauces constitucionales, que acabarán por arrastrar a la Corona en una crisis global resuelta por la revolución de septiembre de 1868. En 1863-64 se suceden los Gobiernos moderados de Miraflores, Arrazola y Mon, para dar paso a un nuevo intento de solución Narváez en septiembre de 1864, que duró nueve meses, relevado por el último Gobierno de O'Donnell como imposible dique de contención de la crisis, hasta que en julio de 1866, las soluciones más proclives al autoritarismo de Narváez, julio 1866-abril 1868, y González Bravo, abril-septiembre de 1868, protagonizaron el último estertor del periodo isabelino.

La caída de O'Donnell en febrero de 1863 tiene difícil explicación sobre la base de hechos objetivos y concretos. Debe ser entendida en los clásicos y repetidos conflictos originados por los personalismos de esas agrupaciones de notables que eran los partidos políticos de la época, más que por el contenido de una política coronada por el éxito en todos los frentes. La Unión Liberal no era un producto homogéneo y las disensiones internas siempre estuvieron latentes en claves personales. Lo que se estaba planteando en último término era una sustitución de elites en las más elevadas instancias del poder político, después de una prolongada acción parlamentaria y de gobierno, con sus inevitables desgastes, a lo que tampoco fue ajeno el entorno de Palacio. Esta dinámica fue más determinante que la desdibujada actividad de los partidos de oposición, progresista, demócrata y moderado. Desde 1861-62 empezaron a alejarse de la órbita O'Donnell figuras tan significativas como Ríos Rosas, Alonso Martínez, Cánovas, Pastor Díaz y Concha, a la par que un militar tan prestigioso como Prim se distanciaba buscando su propio liderazgo político, y que unionistas de origen progresista y caracterizados líderes del progresismo histórico, como Olózaga y Madoz, acentuaron sus críticas hacia O'Donnell, por su ligazón a la Corte y por una política que no acababa de colmar las aspiraciones progresistas.

El 17 de enero de 1863 O'Donnell había formado nuevo Gobierno que sustituía a su «Gobierno largo», tratando de recomponer la situación tras el desgaste de cinco años. El cambio, sin embargo, fue muy discreto. O'Donnell conservaba las carteras de Guerra y Ultramar, mientras continuaban el marqués de la Vega Armijo y Pedro Salaverría. Entraban Francisco Serrano en Estado, Francisco Luján en Fomento y José María Bustillo en Marina, además del breve paso de Pastor Díaz por Gracia y Justicia. Esta vez un efímero Gobierno que duró mes y medio.

O'Donnell también se propuso la formación de nuevas Cortes. Al fin y a la postre estaban cerca del límite de duración previsto en la Constitución y además se oxigenaría el espectro político. El objetivo del Gobierno O'Donnell era también el de proponer a unas nuevas Cortes la abolición de la Ley constitucional de 1857. Ya en la apertura de Cortes de noviembre de 1861 el Gobierno había manifestado su intención de proponer esta derogación, pero nunca llegó a hacerlo, manteniendo una actitud ambigua, quizá por la previsible oposición de los poderes cortesanos. Ahora en 1863 volvía el tema al primer plano del debate político.

La negativa de la Reina a disolver Cortes precipitó, o sirvió de excusa, para la dimisión de O'Donnell. Su caída demostró inmediatamente las tensiones. Afloraron las discrepancias en todos los grupos políticos. Se ponía en marcha otra vez la batalla abierta entre las elites políticas, apenas soterrada por el equilibrio O'Donnell. Las dificultades en la formación de nuevo Gobierno se multiplicaron. La Reina pulsó distintas opciones, todas abortadas por incompatibilidades más personales que de programas. De todas formas recurrió más que nada a soluciones cercanas a un moderantismo también fracturado y heterogéneo. De ahí que a partir de entonces todos los Gobiernos adolecieran de falta de consenso.

17.6. El retorno de los moderados y los «obstáculos tradicionales»

El 2 de marzo de 1863, el marqués de Miraflores formó Gobierno. Era nuevamente el recurso a los moderados a través de una figura clásica del liberalismo. Su tendencia dialogante no le valió el apoyo ni de unionistas, ni, en sentido contrario, de moderados más conservadores. La inestabilidad fue constante. Además de la presidencia del Consejo, Miraflores ocupó las carteras de Estado y de Ultramar, y trató de buscar una imposible armonía confiando ministerios a personajes moderados, sin acusado liderazgo en el panorama político y con las menores animadversiones posibles. Contó con Rodríguez Vaamonde en Gobernación, José Sierra en Hacienda, Rafael Monares en Gracia y Justicia, Manuel Moreno López en Fomento, además del marqués de La Habana en Guerra. El ministerio pronto fue reajustado, siendo el aspecto más sobresaliente la entrada de Alonso Martínez en Fomento.

El Gobierno convocó nuevas Cortes, esta vez después de que la Reina sí autorizara la disolución de las anteriores, el 12 de agosto de 1863. La convocatoria y el proceso electoral estuvo rodeado de un debate político sobre la corrupción y las medidas que impedían el libre ejercicio de reuniones electorales, que orientó a los progresistas en su estrategia de *retraimiento* a partir de entonces.

Las nuevas Cortes, compuestas por moderados y unionistas, eran muy heterogéneas y difícilmente apoyaban al Gobierno. Así el ministerio Miraflores presentó el 16 de noviembre de 1863 un proyecto que trataba de zanjar el asunto de la Ley constitucional de 1857. Consistía no en su derogación, según el proyecto O'Donnell, sino en su modificación, suprimiendo la posible facultad de crear vinculaciones por los Grandes de España, y estableciendo la senaduría hereditaria para aquellos Grandes que transmitiesen por herencia una renta de 200.000 reales. Al mismo tiempo introducía la autonomía reglamentaria de las Cámaras, sustituyendo las previsiones de la Ley de 1857. El texto del proyecto no fue aprobado en el Senado. La dimisión inevitable se produjo el 16 de enero de 1864.

Fue sustituido por el moderado Arrazola al día siguiente. El nuevo presidente del Consejo apeló al «moderantismo histórico», contando con personajes de esta orientación como Francisco Lersundi y Claudio Moyano. Pretendía regresar al juego político protagonizado por los partidos clásicos. La oposición de la Unión Liberal en las Cortes, presididas por Ríos Rosas, fue tenaz. El intento de Arrazola de disolverlas provocó su dimisión. Sólo había durado seis semanas.

Tercer ensayo. El 1 de marzo de 1864 formaba Gobierno otro histórico del moderantismo, Alejandro Mon, pero procedente del «puritanismo» y temporalmente unido al discurso de la Unión Liberal. Y con él, en la misma dirección, personajes moderados y de la Unión Liberal, como Francisco Pacheco en Estado, Cánovas en Gobernación y Pedro Salaverría en Hacienda. Era el sector político que se situaba en los borrosos límites entre el moderantismo y las posiciones unionistas. Ello permitió al menos que el Congreso aprobara el 20 de abril de 1864 su proyecto de derogación de la Ley constitucional de 1857, concluyendo con una prolongada y ambigua situación, después de un intenso debate y la oposición de las filas más conservadoras del moderantismo. Se restablecía así en toda su extensión la Constitución de 1845, fórmula percibida por el Gobierno y la amplia mayoría de esas Cortes como la pieza adecuada para la estabilidad del régimen, precisamente cuando los inicios de su desintegración eran visibles. Nuevamente las disensiones internas provocaron la caída del ministerio Mon en septiembre de 1864. Las rivalidades personales y la presión de las camarillas de Palacio continuaban siendo los puntos nodales de un transcurrir político inestable.

Por otro lado, la ley de 22 de junio de 1864 promulgada durante el Gobierno Mon, que regulaba otra vez el derecho de reunión electoral, fue más tolerante que la política restrictiva de Miraflores. Sin embargo no logró convencer a los progresistas para que adoptaran una actitud de participación. Por entonces los progresistas, aunque tampoco de forma homogénea, habían optado ya por el *retraimiento* electoral como estrategia. Esto significaba un alejamiento del juego parlamentario y la búsqueda de nuevas estrategias fuera del sistema. En suma, era el primer paso hacia el insurreccionalismo, hasta entonces amortiguado durante la etapa O'Donnell.

Por su parte, la Corona no había dado decididas muestras de contar con los progresistas en el ejercicio del Gobierno. La memoria histórica del Bienio progesista todavía estaba presente y las camarillas de Palacio no estaban dispuestas a ceder sus parcelas de influencia, determinando decisiones de la soberana. El intento de Arrazola de volver al juego político sobre la base de los partidos históricos sólo quedó en retórica. Los mecanismos electorales fraudulentos, la restricción de la libertad de reunión, por las sucesivas leyes de 1863, 1864, 1865 y 1866, y una libertad de imprenta controlada, empujaron, o al menos fue la coartada, a los progresistas al *retraimiento*. A ello es preciso sumar las leyes de gobierno provincial y local de 1863, 1864 y 1866, que suponían una merma cada vez mayor de la autonomía administrativa en beneficio del control gubernamental. Para terminar, tampoco había sido modificada la ley electoral.

Todo ello llevó a los progresistas a hablar de los «obstáculos tradicionales» que impedían su acceso al poder. La actitud de *retraimiento* distó inicialmente de ser unánime. El debate se mantuvo a lo largo de 1864 y 1865, entre buena parte de la elite del partido en Madrid —Prim, Madoz, Ruiz Zorrilla— más proclive a considerar la participación, sin descartar otras estrategias, y otro sector de la elite del partido, liderado por Olózaga, apoyado en los notables locales del progresismo, partidarios del *retraimiento* en toda su extensión. Muchos de estos últimos estaban ya cercanos al ideario demócrata. El triunfo de esta posición era algo más que una negativa a la participación electoral: se trataba de una estrategia global que cuestionaba el sistema en sus fundamentos. Los progresistas, de oposición política pasaron a la oposición al régimen mediante la vía insurreccional y una colaboración más estrecha con los demócratas. En este contexto se fue despejando el liderazgo progresista en la figura de Prim. Héroe militar con dotes políticas, aprovechará el mito para capitanear los pronunciamientos que irán identificando su nombre con el emblema de *Libertad*.

Para entonces también habían sonado los primeros aldabonazos de la recesión eco-

...omica, y la oposición política se multiplicaba con la extensión del ideario democrático. Debate político, intelectual y doctrinal en las filas demócratas, en su versión republicana o no, que apuntaban ya diversas alternativas al sistema. Al fin y al cabo los demócratas empezaron a ganar cotas de influencia en el seno de las clases ilustradas urbanas, a la par que aportaban no sólo cuerpo doctrinal sino un modelo de organización propia de partido que pretendía superar los moldes clásicos del partido de notables. Sujetos a ese debate interno, tanto en lo referente a la forma de Gobierno, monarquía o república, como a los mismos fundamentos filosóficos del ideal demócrata, versión individualista *versus* socialista, los demócratas fijaron las pautas de su acción política a través del «Manifiesto del Comité central democrático», de 15 de marzo de 1865. Desde las cátedras de la Universidad Central, el Ateneo y la prensa, las críticas también se multiplicaron, al mismo tiempo que las respuestas gubernamentales, sobre todo desde 1865, consistieron en la acentuación de los métodos de censura y represión.

17.7. Hacia la vía autoritaria

El 16 de septiembre de 1864 un nuevo Gobierno de Narváez sustituyó al de Mon. Formado por elementos moderados de corte conservador y a la sombra de Palacio, recuperó para la política su actitud autoritaria y dura de 1848 y 1857. La intransigencia provocó la exacerbación de la crítica política, la oposición intelectual y el definitivo alejamiento progresista. El hecho de mayor trascendencia fue la represión de la noche de San Daniel en 1865, como resultado de la protesta estudiantil, y que desacreditó a Narváez ante la opinión pública con un mayor nivel de cultura política. El 21 de junio de 1865 fue relevado por O'Donnell hasta julio de 1866.

En el nuevo Gobierno se encontraban otra vez Posada Herrera, Alonso Martínez, Cánovas, Bermúdez de Castro y el marqués de la Vega Armijo, emblemas del deteriorado unionismo, a los que acudió O'Donnell tratando de rescatar el equilibrio y la estabilidad de su anterior mandato, pero sobre todo para frenar las fisuras del sistema. Suponía por parte de la Corona el intento de remendar la situación, utilizando el prestigio de O'Donnell y su pasado éxito de consenso. Pero las condiciones ya no eran las mismas. Aun así O'Donnell hizo un esfuerzo por conseguir la integración de los progresistas, que por entonces habían empezado a absorber miembros procedentes del unionismo. Para ello trató de ejercer una política más tolerante, rehabilitando catedráticos separados por los sucesos de San Daniel, iniciando un proceso de apertura con la prensa, y, sobre todo, a través de una nueva ley electoral, aprobada el 18 de julio de 1865, que ampliaba el cuerpo electoral, al rebajar la cuota impositiva, facilitar el voto a las *capacidades,* y regresar al sistema de elección provincial de 1837, sustituyendo al sistema moderado de distritos.

Todos los esfuerzos fueron inútiles. La disolución del Congreso el 10 de octubre de 1865 y la convocatoria de elecciones en diciembre tuvo como respuesta, igual que en 1864, un nuevo manifiesto progresista el 20 de noviembre, ratificando la irreversible postura de retraimiento. La vía insurreccional había quedado activada, y los objetivos empezaban a centrarse en la caída del propio trono. El 2 de enero de 1866, días después de abrirse las nuevas Cortes, Prim se sublevaba, iniciando dos años de continuos pronunciamientos. Un mínimo consenso empezaba a gestarse, pero entre la oposición y a costa de la Corona.

La sublevación de los sargentos del cuartel de San Gil el 22 de junio de 1866 acabó por demostrar el fracaso de la intentona de reconversión del régimen por O'Donnell. El fusilamiento de los protagonistas acabó también con las últimas expectativas de apertura. La figura de O'Donnell también se asoció a la represión del régimen, a través de prácticas que no se diferenciaban de las de Narváez. O'Donnell caía el 10 de julio, después de haberse promulgado dos días antes una ley sobre suspensión de garantías constitucionales.

Un nuevo Gobierno Narváez, desde el 10 de julio de 1866 hasta su muerte el 23 de abril de 1868, y el de González Bravo, entre esta fecha y el 19 de septiembre de 1868, acentuaron la política de mano dura y de restricciones. El *orden* contra la *revolución* fue su máxima. El Gobierno actuó al margen de las Cortes, vulnerando los principios constitucionales, recurriendo a los métodos represivos. Suspendidas las sesiones de Cortes el 11 de julio de 1866, y también las garantías constitucionales, y dando por finalizada la legislatura el 2 de octubre, Narváez gobernó por decreto. En octubre de 1866 publicó varios decretos que entendían sobre la depuración de profesores y contenidos de enseñanzas y la reforma de las leyes sobre organización y atribuciones de ayuntamientos y diputaciones en sentido centralizador, y en mayo de 1867 aparecieron otros dos decretos sobre imprenta y orden público, recortando ambos derechos. Las nuevas Cortes reunidas el 30 de marzo de 1867 fueron inoperantes, y las funciones parlamentarias y el poder legislativo quedaron aún más lesionados con el nuevo reglamento del Congreso de 25 de junio de 1867.

La historia de este último bienio es, por tanto, la de la pérdida progresiva de apoyos de un régimen cada vez más aislado y dependiente de las camarillas palatinas, en un clima de conspiraciones que llegó hasta el seno de la familia real. Mientras tanto, la oposición consolidaba su recurso al pronunciamiento y lograba unas mínimas bases de acuerdo a partir del pacto de Ostende de 1866. Progresistas, demócratas y unionistas tenían como único denominador común su estrategia a corto plazo: acabar con el régimen y la dinastía que lo encarnaba.

Capítulo XVIII

La evolución del mercado nacional. Entre una economía cerrada y la apertura al exterior

18.1. Estado, mercado nacional y fracaso de la estrategia «cerrada» de los años 40

Las relaciones entre Estado y economía a lo largo del siglo XIX están determinadas por el paulatino desmantelamiento de las prácticas mercantilistas del Estado absoluto —monopolios, proteccionismo, participación—, atravesadas por el régimen señorial. En teoría el liberalismo económico planteaba una retirada estatal del ámbito económico dejando al mercado el predominio en la asignación de recursos. Sin embargo en todo el conjunto europeo estos presupuestos doctrinales se ejecutaron en la práctica a diferente ritmo según la voluntad política de los poderes públicos y de la capacidad de influencia sobre los mismos de los grupos de interés más o menos articulados o de la influencia de determinadas clientelas políticas asociadas a individuos de las elites económicas. Así el debate proteccionismo-librecambismo, uno de los puntos nodales de la desarticulación de esas prácticas mercantilistas, adquirió un tono diferente en los distintos países europeos, según se percibieran las posibilidades internas para el despegue industrial. En la propia Gran Bretaña, cabecera de la industrialización, la derrota definitiva del proteccionismo tuvo que esperar a 1846 con la abolición de la ley de granos. En el caso español es visible la interferencia de la ruptura del Estado transoceánico y la pérdida del mercado colonial, independientemente de la importancia que se atribuya a este hecho, lo que al coincidir en el tiempo con la crisis interna del Antiguo Régimen y la construcción del Estado liberal, hizo asimétrico lo que en teoría estaba planteado como una evolución paralela que llevara al unísono la renuncia de las prácticas mercantilistas y el desmantelamiento de las relaciones económicas del Antiguo Régimen con su máximo en la abolición del régimen señorial. A la par que durante su primer ensayo práctico de 1820-1823 el liberalismo derrumbaba la sociedad señorial y

Cuadro 18.1

La fiebre especuladora de los años 40: proyecto de Madrid como capital financiera

Sociedades reales

Clases de sociedades	Número	Capital nominal (en reales)	Capital desembolsado	% desembolsado
Seguros	7	725.000.000	78.113.000	10,77
Industria del papel	3	44.800.000	4.622.500	10,32
Industria del azúcar	1	7.500.000	3.175.000	42,33
Industria metalúrgica	1	24.000.000	15.000.000	62,50
Industria tipográfica	2	42.000.000	3.577.600	8,52
Industria de tejidos	1	50.000.000	16.875.000	33,75
Industria de gas y productos químicos	2	62.000.000	15.000.000	24,19
Industria de coches	1	20.000.000	7.355.000	36,77
Industria minera	1	50.000.000	No consta	—
Fincas urbanas	1	100.000.000	8.435.000	8,43
Líneas marítimas	1	50.000.000	No consta	—
Ferrocarriles	2	85.000.000	28.591.600	33,63
Compañías de diligencias	8	94.500.000	42.000.000	44,44
Obras públicas	1	200.000.000	1.200.000	0,62
Comercio al por mayor	9	660.000.000	132.325.550	20,05
Bancos y sociedades de préstamos	11	1.595.000.000	570.877.000	35,79

Sociedades proyectadas no realizadas

Clases de sociedades	Número	Capital nominal (en reales)
Seguros	2	110.000.000
Industria del papel	—	—
Industria del azúcar	—	—
Industria metalúrgica	1	25.000.000
Industria tipográfica	3	49.000.000
Industria de tejidos	—	—
Industria de gas y productos químicos	2	124.000.000
Industria de coches	—	—
Industria minera	2	207.200.000
Fincas urbanas	2	260.000.000
Líneas marítimas	—	—
Ferrocarriles	3	490.000.000
Compañías de diligencias	—	—
Obras públicas	6	730.000.000
Comercio al por mayor	10	659.200.000
Bancos y sociedades de préstamos	9	801.584.000

Fuente: Elaboración propia a partir de los datos de P. Madoz, *Diccionario Geográfico-Histórico-Estadístico de España y sus posesiones de ultramar,* Tomo X, Madrid, 1849, págs. 956 a 961.

las relaciones estamentales, respondía a la pérdida del Imperio con la reivindicación de los principios proteccionistas para el sector exterior. Un proteccionismo agrario que posteriormente se vería acompañado de similar tendencia por el sector punta de la industrialización española: el textil catalán. Así el mercantilismo quedaba disociado de su noción global: mientras el proteccionismo continuó aplicado al sector exterior, la legislación económica y social de los años 30 edificó un mercado interno bajo presupuestos liberales. La articulación real y no sólo virtual estará sujeta, entre otros condicionantes, a partir de entonces, a las mayores o menores dosis de proteccionismo exterior. De ello se derivarán diversas formas de integración de la economía española en el mercado mundial. La tendencia secular se dirige hacia una reducción paulatina del proteccionismo que culminará con la potencialidad librecambista de la legislación de 1869 al abrir el horizonte de un futuro librecambismo truncado en 1875. En efecto, el arancel de 1841 en época de Espartero planteaba una reducción arancelaria pero todavía conservando un fuerte componente prohibicionista en el tema agrario, algodonero o ferretero. El arancel de 1849, a pesar de corresponder a una etapa de gobierno moderado reafirmó la tendencia a la rebaja de derechos y a la reducción de las partidas prohibidas. El arancel de 1869 respondería a la concreción del ideario demócrata que vincula el desarrollo de la economía española a una mayor competencia con el exterior.

Una vez desmantelado el Antiguo Régimen y asegurada la pacificación del país, el mundo de los negocios conoció entre 1840 y 1847 una época de auge desconocida hasta entonces. Además de consolidarse el despegue de la industria textil catalana, la burguesía mendizabalina sostiene lo que los contemporáneos denominaron una *fiebre societaria* sin parangón anterior. Se descubre la sociedad anónima, y periódicos de la talla de la *Guía de Comercio* insisten en las ventajas de la *asociación*. Un clima de confianza y euforia recorre los medios económicos del país. Lo que en principio podía parecer una onda especulativa empujada por un selecto grupo social que había asegurado las palancas de su acumulación al servicio de la causa liberal durante la guerra civil, se convierte en una estrategia de crecimiento puesta de manifiesto en el análisis de las escrituras de constitución de las múltiples sociedades surgidas. En efecto, cabe hablar de estrategia global. Las preocupaciones de las elites económicas se dirigen en primer lugar a la constitución de un basamento financiero con la formación de innumerables sociedades con vocación participativa en otros ámbitos de la economía. En total se constituyeron 11 *bancos y sociedades de préstamos* por un capital nominal de 1.595 millones de reales y 7 *sociedades de seguros* con un nominal de 660 millones de reales. A ello se unen otras 11 sociedades del mismo tipo, proyectadas y no realizadas, que en conjunto pretendían absorber un nominal de 900 millones. El segundo escalón estaría dirigido a la creación de grandes sociedades de producción. Se constituyen 12 empresas industriales orientadas a diversos sectores: papel, azúcar, metalurgia, tipografía, tejidos, productos químicos, coches y minería, con un capital nominal que en total ascendía a 300 millones de reales, con otras ocho sociedades no realizadas. En tercer lugar el ámbito de la distribución se sustentó en 9 compañías de *comercio al por mayor*, que representan un capital nominal de 660 millones. En último lugar, el transporte y las obras públicas con 13 sociedades y un nominal de 527 millones de reales.

A finales de los años 40 el fabuloso proyecto se había hundido como castillo de naipes. La explicación radica en variables coyunturales y estructurales. Se ha insistido mucho en la influencia negativa de la crisis financiera europea de 1846-1847, primera crisis de tipo moderno que asolaría el mundo de los negocios europeos, sin tener en cuenta las escasas vinculaciones directas de la economía española con los grandes centros financieros internacionales. En realidad sin la crisis internacional el proyecto no hubiera funcionado, porque estaba aquejado de fuertes carencias estructurales internas. La explicación va más allá de atribuir el fracaso a una conducta especulativa o a la impericia de los hombres que plantearon esta estrategia: burguesías de reciente formación, acostumbradas al negocio especulativo y protegido durante la guerra civil, que desconocían las prácticas del mercado. Lo que constata el fracaso fue la imposibilidad de llevar adelante un proyecto global de modernización económica a base únicamente de recursos internos. Después de 1848 sólo se mantienen siete de las sociedades anónimas creadas en los años anteriores: la *Fábrica de papel continuo de Rascafría, Azucarera Peninsular, Camino de Hierro de Madrid a Aranjuez, Ferrocarril de Langreo, Metalúrgica de San Juan de Alcaraz, Diligencias Postas Generales* y *La España Industrial*. Del conjunto de los capitales nominales propuestos por las sociedades sólo se logró desembolsar entre un 25 y un 30 por 100. Había existido un acusado desfase entre las posibilidades del ahorro nacional y los proyectos empresariales, a lo que se unía la ausencia de un entramado financiero canalizador del pequeño y mediano ahorro hacia estas ofertas industriales. Lo importante es que la elite económica de la época sacó de la crisis una serie de conclusiones sobre las que replantearon el viraje hacia otro tipo de estrategia global. Siguiendo las páginas de las revistas económicas de la época se puede realizar un inventario de estos replanteamientos. El mundo empresarial llegaba a la conclusión de la insuficiencia de los recursos interiores para cualquier otro esfuerzo global de esta magnitud: falta de una organización financiera estable que canalizase eficientemente los recursos, carencias tecnológicas para asegurar tareas básicas de infraestructuras, escasas posibilidades de ahorro interior, limitada capacidad de gestión empresarial, ineficaz acción reguladora del Estado. La estrategia introvertida no podría colmar las exigencias reales de la estructuración del mercado interno. Como conclusión definitiva las elites económicas apostaron por la consecución de una estrategia más extravertida, sin renunciar por ello al proteccionismo arancelario, que vinculase el desarrollo de la economía nacional al capital y la tecnología extranjeros sobre la base de una articulación más estrecha con el mercado mundial a partir de los centros financieros de París y Londres.

18.2. La apertura al exterior. Inversiones extranjeras y ordenamiento financiero (1854-1868)

Esta reorientación de la economía española en sus relaciones con el exterior cuajó durante el bienio 1854-56, tuvo como fuerza inductora a los progresistas en consonancia con su mayor proclividad aperturista, y como marco de referencia el atraso comparativo en la construcción de ferrocarriles con respecto a otros países europeos. La acción del Estado fue imprescindible creando el contexto legal apropiado que superase las limitaciones de la ley de ferrocarriles y de la legislación sobre sociedades anónimas de los años 40. Así el paquete legislativo del Bienio progresista incorporó en un mismo plano los siguientes elementos: construcción de los ferrocarriles, constitución de sociedades de crédito, liberalización de la entrada de capital extranjero, liberalización de las tasas de interés, desamortización, excepciones arancelarias para entrada de tecnología y materiales aplicada al ferrocarril, circulación fiduciaria.

El nuevo ordenamiento bancario, objeto de vivos debates en las Cortes, reposó en dos piezas legislativas básicas publicadas en la *Gaceta de Madrid* el 29 de enero de 1856: la ley de sociedades de crédito y la ley de bancos de emisión. La ley de sociedades de crédito posibilitó un ordenamiento más eficaz en la creación de compañías, la llegada masiva de capitales, sobre todo de procedencia francesa, y el reordenamiento de los recursos financieros interiores. Éstas podrían desarrollar un amplio abanico de actividades desde los préstamos al Gobierno hasta las operaciones clásicas de la banca comercial y las de promoción industrial. Para iniciar sus operaciones la ley exigía desembolsar al menos un 10 por 100 del capital autorizado y la posibilidad de emitir obligaciones hasta un monto equivalente a diez veces su capital desembolsado. El Ministerio de Hacienda estaría informado mensualmente de las operaciones de las compañías y el Gobierno se atribuía al derecho de inspección. Los Rothschild extendieron sus actividades en España, hasta entonces de importancia secundaria, limitada a la presencia de sus apoderados en España Weisweiller y Bauer y de su representante español el marqués de Salamanca. Aprovechando un contexto de expansión por toda Europa, los Rostchild impulsaron sus negocios en España más allá de los habituales préstamos al Estado. Crearon la *Sociedad Española Mercantil e Industrial,* y su correlato ferroviario en la compañía *Madrid-Zaragoza-Alicante.* Los más significativos banqueros del Segundo Imperio francés, los Pereire, con sus innovadoras concepciones sobre el negocio bancario, constituyeron el *Crédito Mobiliario Español,* homónima de la casa central parisina, con su apéndice ferroviario en *Los Caminos de Hierro del norte de España,* y la fundación de múltiples compañías como *Gas Madrid.* Por último, los Prost, asociados a otros banqueros parisinos, formaron la *Sociedad General de Crédito,* muy interesada en los ferrocarriles andaluces.

Por su parte la ley de bancos de emisión no se concretó en la concesión del monopolio de emisión en el Banco de San Fernando, recién bautizado por la ley como Banco de España, sino que creó un marco descentralizado, «un sistema de pluralidad de emisión» en palabras de Tortella. Podía establecerse un único banco de emisión en cada capital de provincia, bien como banco privado, bien como sucursal del Banco de España. La emisión no podía exceder del triple del capital desembolsado o del encaje metálico. Para iniciar sus operaciones se exigía tener desembolsado el 100 por 100 del capital nominal, y el Gobierno se arrogaba el derecho de inspección a través del gobernador del Banco de España en sus sucursales o de comisarios regios para los bancos privados. Aquí residen las piezas claves de la primera organización bancaria moderna en España. En la cúspide de la pirámide financiera se situaban, pues, las sociedades de crédito y los bancos de emisión. Respecto a las primeras, las tres sociedades filiales de la banca francesa, se les unió un conjunto de compañías con mayor presencia del capital español, distribuidas regionalmente y vinculadas al tipo de negocios de los espacios territoriales donde actuaban, pero con un especial interés en el ámbito ferroviario. Entre las más importantes, la *Catalana General de Crédito,* presidida por Antonio Busi, director del *Diario de Barcelona,* y con Ramón Bonaplata entre sus componentes, se especializó en ferrocarriles catalanes y poseía una cartera de inversión muy desarrollada. También destaca la transformación de la *Sociedad Valenciana de Fomento,* creada en 1847, inspirada por José de Campo, y que ahora se acogía a la nueva legislación para transformarse en sociedad de crédito y quedar ligada al marco regional de los ferrocarriles valencianos.

A partir de 1856 se fueron constituyendo los primeros bancos de emisión, inician-

Cuadro 18.2

Organismos de crédito por acciones existentes en España
A 31 de diciembre de 1864*

1. Madrid	Banco de España (1829, 1856), 40,7 Sociedad Española Mercantil e Industrial (1856), 15,2 Crédito Mobiliario Español (1856), 114,0 Compañía General de Crédito en España (1856), 33,25 Sociedad General Española de Descuentos (1859), 3,75 Banco de Madrid (1853), 4,1 Crédito Ibérico (1863), 4,75 Sociedad Española General de Crédito (1863), 6,0 Banca de Madrid y Londres (1864), 0,1 Compañía General de Crédito, Depósitos y Fomento (1864), 2,4 Sociedad Central Española de Crédito (1864), 6,25 Sociedad Española de Crédito Comercial (1864), 3,1
2. Barcelona	Banco de Barcelona (1844), 5,0 Caja Barcelonesa (1855), 1,0 Sociedad Catalana General de Crédito (1856), 9,0 Crédito Mobiliario Barcelonés (1856), 12,0 Caja Catalana (1856), 3,0 Crédito Mercantil (1864), 6,25 Crédito y Fomento de Barcelona (1864), 5,0
3. Valencia	Sociedad Valenciana de Crédito y Fomento (1846, 1859), 4,0 Sucursal del Banco de España (1858) Crédito Valenciano (1858), 1,5, Caja Mercantil de Valencia (1864), 1,5 Crédito Mercantil de Valencia (1864), 1,0
4. Valladolid	Banco de Valladolid (1857), 1,5 Crédito Castellano (1862), 11,7 Unión Castellana (1864), 5,4 Sociedad de Crédito Industrial, Agrícola y Mercantil (1864), 5,1
5. Santander	Banco de Santander (1857), 1,75 Crédito Cántabro (1861), 5,4 Unión Mercantil (1862), 3,0
6. Bilbao	Banco de Bilbao (1857), 2,5 Crédito Vasco (1861), 3,0 Bilbaína de Crédito (1862), 3,75
7. Cádiz	Banco de Cádiz (1846), 5,0 Crédito Comercial de Cádiz (1860), 1,1 Compañía Gaditana de Crédito (1861), 1,25
8. Sevilla	Banco de Sevilla (1857), 4,0 Crédito Comercial de Sevilla (1862), 1,25
9. Jerez de la Frontera	Banco de Jerez de la Frontera (1860), 1,5 Crédito Comercial de Jerez (1862), 1,0

* Las cifras entre paréntesis representan la fecha o fechas fundacionales. Las cifras fuera del paréntesis representan el capital desembolsado en millones de pesetas.

	Organismos de crédito por acciones existentes en España A 31 de diciembre de 1864*
10. PAMPLONA	Banco de Pamplona (1864), 1,1 Crédito Navarro (1864), 0,6
11. MÁLAGA	Banco de Málaga (1856), 2,5
12. HUESCA	Crédito y Fomento del Alto Aragón (1861), 2,25
13. ZARAGOZA	Banco de Zaragoza (1857), 1,5
14. TARRAGONA	Banco de Tarragona (1864), 1,25
15. LA CORUÑA	Banco de La Coruña (1857), 1,0
16. SAN SEBASTIÁN	Banco de San Sebastián (1862), 1,0
17. BURGOS	Banco de Burgos (1863), 1,0
18. OVIEDO	Banco de Oviedo (1864), 1,0
19. PALENCIA	Banco de Palencia (1864), 1,0
20. VITORIA	Banco de Vitoria (1864), 1,0
21. PALMA DE MALLORCA	Banco Balear (1864), 1,0
22. SANTIAGO	Banco de Santiago (1864), 0,75
23. CÓRDOBA	Crédito Comercial y Agrícola de Córdoba (1864), 0,75
24. REUS	Banco de Reus (1863), 0,6
25. VIGO	Sociedad de Crédito y Fomento de Vigo (1864), 0,6
26. LEÓN	Crédito Leonés (1864), 0,4
27. ALICANTE	Sucursal del Banco de España (1858)

Fuente: Tortella, G., *Ensayos sobre economía española a mediados del siglo XIX*, Madrid, Ariel, 1970, págs. 86-87.

do la marcha el *Banco de Málaga, Banco de Sevilla, Banco de Valladolid, Banco de Zaragoza, Banco de Santander, Banco de Bilbao.* Estos dos últimos desarrollaron una cartera de valores al compás de la exportación de cereales castellanos y de la actividad industrial vasca, respectivamente.

En un escalón inferior se situaban lo que el lenguaje de la época denominó los *comerciantes capitalistas,* de limitados recursos, con ámbitos locales de actuación muy ligados al préstamo privado y en conexión con el auge del mercado inmobiliario, derivado de la transformación y ensanche de las ciudades. En estos estratos medios de la pirámide financiera se localizan también las Cajas de imposiciones y las *tontineras,* que ahora encontraban su máximo de expansión. Especial novedad son estas últimas, definidas como «sociedades o compañías accidentales de cuenta en participación». Un tipo de empresas de marcado carácter especulativo y muy inestables en su funcionamiento al concentrar sus operaciones en los títulos de la deuda pública. Las tres más importantes fueron *La Tutelar, El Montepío Universal* y *La Peninsular.* En su conjunto llegaron a negociar entre 1857 y 1862 más de 700 millones de reales efectivos en valores de la deuda. En los escalones inferiores se emplazaba toda una cohorte de pequeños prestamistas y usureros que reproducen prácticas rentísticas y están ausentes de cualquier promoción de cierta envergadura.

En suma, en el nuevo rumbo imprimido a la economía española confluye la acción del Estado creando un nuevo marco legal más eficaz y seguro, del que se deriva una mayor apertura al exterior, y que se resuelve en un esqueleto bancario y del sistema financiero construido en lo esencial, aunque no únicamente, por la banca extranjera francesa y conectado con la edificación de la red básica ferroviaria. Nueva organización donde todavía continúan existiendo componentes especulativos que crearon inestabilidad.

El Estado y las elites económicas interiores percibieron las nuevas expectativas abiertas por la expansión francesa en los mercados europeos. Las investigaciones realizadas por Rondo Cameron demuestran el dinamismo de las finanzas francesas allende sus fronteras, sobre todo a partir de 1850, cuando en las principales ciudades europeas se abran filiales de los Pereire y de los Rothschild. Durante todo el siglo las inversiones exteriores francesas tuvieron una vocación esencialmente europea. Entre 1810 y 1851 el mundo europeo absorbió el 96 por 100 del capital total exportado por Francia, que tendió a concentrarse en la periferia mediterránea y en Bélgica, sin apenas atravesar el Elba y el Danubio. En la segunda mitad del siglo el capital francés diversificó sus ámbitos geográficos: resulta significativa la penetración en la Europa balcánica oriental y el reforzamiento de sus inversiones en la cuenca mediterránea occidental. Sectorialmente el 50 por 100 de las inversiones se colocan en empréstitos públicos: el 35 por 100 alimenta la fiebre europea del ferrocarril, financiando activamente la construcción de las redes, en estrecha conexión con las exportaciones de material ferroviario de la industria francesa, en un contexto de rivalidad entre los Pereire y los Rostchild por la obtención de concesiones de líneas. Por último, el 15 por 100 del capital exportado se canalizó hacia la industria, coadyuvando el despegue industrial belga o a la puesta en funcionamiento de los recursos de la Cuenca del Rhur. En el caso español se sigue una tónica similar, aunque con matizaciones. Durante el periodo 1816-1851 Cameron sitúa el monto de las inversiones francesas en España, Italia y Portugal en 1.550 millones de francos de los que un 10 por 100 corresponden a inversiones privadas. Entre 1852 y 1881 las inversiones francesas en estos tres países se incrementaron espectacularmente hasta los 5.400 millones de francos, pero lo importante era el cambio de su naturaleza. En este periodo las inversiones privadas absorbieron el 60 por 100 del total exportado. Más concretamente en el caso español se produjo la asociación antes comentada en el sector ferroviario: capitales, tecnología, materiales y técnicon franceses colaboraron activamente en la construcción de la red básica entre 1856 y 1865. Sin embargo no sería exacto plantear únicamente la inversión exterior, ya que un porcentaje importante de los recursos financieros encaminados al ferrocarril procedía de fuentes internas. Lo que hicieron principalmente las compañías francesas fue organizar el conjunto de la trama. El Estado colaboró activamente en la financiación ferroviaria canalizando el pequeño y mediano ahorro hacia el sector a través de un nuevo título de la deuda pública especializado: las subvenciones del Estado para ferrocarriles. La revisión de la política de ferrocarriles culminó en la ley general de junio de 1855, complementada por el RD de 15 de febrero de 1856, que desarrolló las formas del subsidio estatal a las compañías ferroviarias, aunque en la práctica la casuística fue muy amplia. Pedro Tedde ha calificado el sistema de financiación mixta, en el que la subvención estatal ocupa un máximo del tercio del coste presupuestado. El resto corría a cargo de las compañías que además de sus propios recursos y de las subvenciones del Estado, sujetas a tensiones especulativas, canalizaron fondos ajenos a través de la emisión de obligaciones al 6 por 100. Se ha calculado que aproximadamente el 50 por 100 del total invertido en ferrocarriles procedía de ahorradores nacionales y la otra mitad provenía del exterior, en el que se incluyen capitales españoles situados fuera del país. Las inversiones extranjeras hasta 1865 tuvieron como centro el ferrocarril, apenas se proyectaron hacia el sector servicios, y fueron inapreciables en el sector industrial. La crisis de 1866 cerraría este primer ensayo de la estrategia extravertida de la economía española.

18.3. LA ECONOMÍA ESPAÑOLA Y EL MERCADO MUNDIAL.
LIBRECAMBISMO «VERSUS» PROTECCIONISMO, REFORMAS ECONÓMICAS
Y COMERCIO EXTERIOR (1869-1874)

A la altura de 1870, cuando los demócratas librecambistas tuvieron la ocasión de llevar las riendas de la política económica, como consecuencia de la revolución de septiembre de 1868, España había empezado desde hacía quince años a articularse de forma más integrada en el mercado mundial. El contexto internacional había creado nuevas pautas a partir del viraje librecambista británico de finales de los años 40, y la posterior firma del tratado comercial franco-británico de 1860 inaugurando una secuencia librecambista para el resto de países europeos. Esta mayor integración provocó transformaciones radicales en el comercio exterior español como condición necesaria para asegurar los proyectos de modernización económica emprendidos. El sector exterior, pues, se convirtió en un acicate fundamental para el crecimiento económico. Variación en la estructura del comercio exterior e importación de capitales fueron de la mano. La tendencia secular al déficit de la balanza comercial, en parte explicada por las necesidades de la modernización, quedó compensada por las importaciones de capital. Hay que tener en cuenta que, salvo la breve época coincidente con la guerra de Crimea, el saldo de la balanza comercial siempre fue negativo. Los análisis realizados por Prados de la Escosura en la reconstrucción del comercio exterior permiten esta-

Cuadro 18.3

Balanza de mercancías de España 1815-1899

	10 pesetas-oro				10 pesetas-oro		
	(1) Exportación f.o.b.	(2) Importación c.i.f.	(3) Saldo (1)-(2)		(1) Exportación f.o.b.	(2) Importación c.i.f.	(3) Saldo (1)-(2)
1815	123,1	231,0	−107,9	1860	286,8	394,3	−107,5
1816	90,9	208,0	−117,1	1861	311,1	463,6	−152,5
1817	101,1	163,1	−62,0	1862	253,7	478,2	−224,5
1818	146,0	159,1	−13,1	1863	303,8	581,5	−227,7
1819	104,8	155,2	−50,4	1864	323,9	574,3	−250,4
				1865	266,6	481,9	−215,3
1820	107,8	151,5	−43,7	1866	301,9	434,6	−132,7
1821	109,6	105,2	4,4	1867	390,4	368,6	21,8
1822	110,6	111,3	−0,7	1868	393,8	452,4	−58,6
1823	89,3	114,4	−25,5	1869	444,8	394,9	49,9
1824	89,9	169,1	−79,2				
1825	140,3	143,8	−3,5	1870	345,9	405,2	−59,3
1826	83,4	134,3	−50,9	1871	458,4	475,2	−16,8
1827	98,9	130,0	−32,0	1872	506,7	615,0	−108,3
1828	104,9	123,8	−18,9	1873	596,3	422,1	174,2
1829	115,1	132,4	−17,3	1874	516,3	537,0	−20,7
				1875	539,5	476,7	62,8
1830	98,5	115,3	−16,8	1876	452,6	529,5	−76,9
1831	125,2	115,6	9,6	1877	563,4	490,8	72,6
1832	89,2	92,4	−3,2	1878	532,1	479,2	52,9
1833	131,9	123,2	8,7	1879	537,6	515,9	21,7
1834	115,0	103,0	12,0				
1835	110,5	136,8	−26,3	1880	739,8	626,5	113,3
1836	141,1	164,3	−23,2	1881	756,5	572,3	184,2
1837	135,1	134,7	0,4	1882	748,3	689,3	59,0
1838	115,5	142,0	−26,5	1883	816,9	819,1	−2,2
1839	148,8	145,4	3,4	1884	707,7	687,6	20,1
				1885	744,9	676,3	68,6
1840	144,2	146,9	−2,7	1886	800,9	706,0	94,9
1841	124,9	139,0	−14,1	1887	746,7	677,5	69,2
1842	140,5	150,6	−10,1	1888	796,9	659,3	137,6
1843	127,7	136,1	−8,4	1889	819,1	796,2	22,9
1844	154,3	160,4	−6,1				
1845	154,0	153,9	0,1	1890	832,7	802,8	29,9
1846	168,4	171,5	−3,1	1891	893,4	688,7	204,7
1847	192,9	163,1	29,8	1892	860,2	554,7	305,5
1848	120,2	158,0	−37,8	1893	756,4	513,5	249,9
1849	138,6	154,7	−16,1	1894	750,4	626,4	124,0
				1895	791,9	612,1	179,8
1850	168,5	178,6	−10,1	1896	1.023,7	663,6	360,1
1851	150,4	175,6	−25,2	1897	1.034,3	691,3	343,0
1852	141,1	191,3	−50,2	1898	837,1	526,0	311,1
1853	195,9	200,2	−4,3	1899	866,0	815,5	50,5
1854	240,8	223,7	17,1				
1855	335,4	267,4	68,0				
1856	333,3	341,8	−8,5				
1857	345,0	386,0	−41,0				
1858	206,4	384,7	−178,3				
1859	254,6	326,5	−71,9				

Fuente: Prados de la Escosura, L., *De Imperio a nación*, Madrid, Alianza, 1988, págs. 250-253.

Cuadro 18.4

Principales productos importados 1792-1879

1792 (%)		1827 (%)		1855/59 (%)		1875/79 (%)	
1. Algodón Hilado	(11,2)	Tejidos Algodón	(21,3)	Azúcar	(9,6)	Algodón, rama	(12,3)
2. Tejidos Lino	(11,0)	Tejidos Lino	(12,6)	Algodón, rama	(8,8)	Azúcar	(4,5)
3. Cacao	(8,0)	Azúcar	(9,5)	Trigo	(7,1)	Maderas	(4,3)
4. Azúcar	(7,2)	Tejidos Lana	(6,2)	Hierro y Acero, manufacturas	(5,7)	Lino y Cáñamo, hilaza	(4,2)
5. Tejidos Lana	(7,1)	Algodón, rama	(5,6)	Tejidos Lana	(4,5)	Carbón	(3,9)
6. Bacalao	(5,7)	Tejidos Seda	(5,6)	Tejidos Algodón	(4,4)	Material ferroviario	(3,6)
7. Trigo	(5,4)	Lino y Cáñamo, en rama	(3,7)	Bacalao	(3,9)	Tejidos Lana	(3,4)
8. Maderas	(3,8)	Maderas	(3,6)	Harina de Trigo	(3,8)	Tejidos Algodón	(3,3)
9. Lino y Cáñamo, en rama	(3,5)	Bacalao	(3,5)	Cacao	(3,1)	Cueros y Pieles	(3,2)
10. Ganado	(2,7)	Canela	(3,3)	Lino y Cáñamo, hilaza	(2,9)	Bacalao	(3,0)
11. Harina de trigo	(2,5)	Cacao	(3,1)	Maderas	(2,7)	Trigo	(2,6)
12. Seda, en rama y torcida	(2,1)	Cueros y Pieles	(2,8)	Carbón (c)	(2,6)	Betunes	(2,4)
13. Arroz	(1,8)	Tintes	(1,4)	Tejidos Seda	(2,5)	Hierro y Acero, manufacturas	(2,4)
14. Tejidos de Seda	(1,8)	Hierro y Acero, manufacturas	(1,2)	Maquinaria	(2,3)	Maquinaria	(2,3)
15. Hierro y Acero, manufacturas	(1,7)	Arroz	(1,0)	Cueros y Pieles	(2,1)	Aguardiente	(2,2)
1-15.	(75,5)		(84,4)		(66,0)		(57,6)

Principales productos exportados 1792-1879

1792 (%)		1827 (%)		1855/59 (%)		1875/79 (%)	
1. Aguardiente	(16,2)	Aceite	(17,0)	Vino	(26,0)	Vino	(26,6)
2. Lana	(15,7)	Vino	(16,6)	Harina	(9,3)	Plomo	(10,9)
3. Vino	(9,9)	Lana	(9,6)	Plomo	(8,1)	Cobre, mineral	(7,0)
4. Tejidos de Seda	(8,2)	Plomo	(7,4)	Aceite	(6,5)	Pasas	(5,3)
5. Tejidos de Lino	(4,9)	Aguardiente	(6,0)	Pasas	(5,4)	Harina	(3,8)
6. Pasas	(3,8)	Pasas	(5,5)	Trigo	(5,1)	Mercurio	(2,5)
7. Hierro manufacturas	(2,7)	Harina	(3,0)	Lana	(2,9)	Ganado	(2,4)
8. Barrilla	(2,6)	Corcho	(2,9)	Corcho	(2,6)	Corcho	(2,4)
9. Tejidos de Lana	(2,6)	Tejidos de Seda	(2,8)	Garbanzos	(1,8)	Aceite	(2,2)
10. Tejidos de Algodón	(2,5)	Naranjas	(2,7)	Aguardientes	(1,6)	Hierro, mineral	(2,1)
11. Papel	(2,3)	Seda	(2,6)	Ganado	(1,3)	Naranjas	(2,0)
12. Aceite	(1,7)	Barrilla	(2,4)	Sal	(1,2)	Calzado	(1,8)
13. Seda	(1,7)	Papel	(1,6)	Arroz	(1,1)	Esparto	(1,7)
14. Almendras	(1,2)	Almendras	(1,3)	Avellanas	(1,1)	Lana	(1,3)
15. Sal	(1,1)	Ganado Tejidos de Lino	(1,1)	Naranjas	(1,0)	Pieles y Cueros	(1,2)
1-15.	(77,1)		(82,5)		(75,0)		(73,2)

Fuente: Prados de la Escosura, L., «La evolución del comercio exterior», 1790-1929», *Papeles de Economía,* núm. 20 (1984), págs. 141 y 143.

blecer las grandes líneas maestras. En general el sector exterior fue alejándose de una estructura monoexportadora. Las exportaciones fueron diversificándose paulatinamente con el siglo al socaire de las transformaciones del mercado interior. Desde luego no ofrecen estas exportaciones la estructura de un país industrializado: no son las manufacturas las que tipifican, pero sí resulta evidente el abandono progresivo de ciertos capítulos que habían supuesto el grueso de las exportaciones a principios del siglo. Como tendencia general se observa la decadencia constante de la lana, que en 1792 ocupaba el porcentaje más importante, hasta una posición inapreciable en 1879, al igual que sucedió con el aguardiente. Por el contrario los capítulos ascendentes fueron el vino y el aceite, y, sobre todo, los minerales, en lo que incidió de forma decisiva la legislación liberal de 1869.

Más significativas resultan las variaciones acaecidas en la estructura de las importaciones: la progresiva disminución de los artículos alimentarios y el paralelo incremento de las materias primas y, principalmente, de los bienes de equipo en consonancia con el aumento de la producción industrial interior. Entre las materias primas, las importaciones que más crecieron fueron el algodón en rama, en relación con la industria catalana, y las de carbón, que venía a paliar el déficit energético interior. Las importaciones de bienes de equipo tendieron a sustituir en su importancia relativa a las de bienes de consumo. El descenso de las importaciones de bienes de consumo manufacturado queda ejemplificado por los textiles, que representaban un 40 por 100 del total importado hacia 1830 para caer a un 15 por 100 en la mitad del siglo y a un 5 por 100 en los años 80. En este momento los componentes de las importaciones ofrecen el siguiente balance: alimentos, 31,38 por 100 sobre el total; maquinaria, 24,33; fibras textiles, 18,72; tejidos, 7,98; combustibles, 5,64; productos químicos, 2,30 y una larga casuística que absorbía el 9,65 por 100. A lo largo del siglo, por tanto, se había transformado sustancialmente la estructura del comercio exterior español. La diversificación de exportaciones e importaciones correspondía a la acentuación de una línea extravertida y a los comienzos de una estrategia de industrialización. Un mayor dinamismo del sector exterior con su correlato en el crecimiento económico interior. No obstante se acusaba un retraso comparativo con respecto a otros países europeos continentales que, si a principio de siglo ofrecían un grado de concentración de su sector exterior más o menos similar al español, sin embargo lo fueron diversificando de manera más acelerada que España.

La pérdida del imperio colonial en las primeras décadas del siglo supuso una transformación de los mercados exteriores españoles, que se tradujo en una reorientación hacia los mercados europeos, contrarrestándose las consecuencias de la pérdida de un gran mercado protegido. Por el lado de las exportaciones a finales del siglo XVIII, según Prados, el 44 por 100 del total se dirigía a Hispanoamérica. Esta reorientación tuvo como protagonistas a Francia y Gran Bretaña, lo que no suponía ninguna novedad ya que habían copado un porcentaje importante de las exportaciones durante el siglo XVIII, hasta alcanzar el 25,5 por 100 del total cuando finalizó el siglo. Sesenta años después Francia y Gran Bretaña eran los principales clientes, de tal manera que el 51,5 por 100 de las exportaciones se dirigían a estos dos países, poniendo de manifiesto una evolución que continuará desarrollándose en años posteriores. Así en 1875 las ventas a Francia y Gran Bretaña suponían el 50 por 100. Por el lado de las importaciones se observa un transcurrir similar. Igualmente se partía de la importancia que durante el siglo anterior habían tenido las compras a los dos países hasta situarse en el 35,8 por 100 del total importado en 1792. Durante la primera mitad del siglo se aceleró el proceso. En 1860 Francia y Gran Bretaña eran los principales proveedores en bienes de equipo, manufacturas y alimentos. Unas importaciones que representaban el 52,4 por 100 del total. Cifra en aumento hasta 1880 en que el porcentaje se situó en el 56,5 por 100.

Los demócratas del Sexenio fueron más lejos que los progresistas del Bienio en su valoración de las ventajas de una integración más profunda de la economía española en el contexto internacional. Durante el Bienio la acción del exterior se había entendido en la lógica del *auxilio,* la necesidad de tecnología, capitales y gestores. Los demócratas de 1868 valoraban la cuestión en términos de la necesidad de una mayor competencia con el exterior, de un contraste que asegurase mayores cotas de modernización y de crecimiento. Esta vocación extravertida incorporaba ingredientes políticos y doctrinales en un largo debate proteccionismo-librecambismo que venía desarrollándose desde decenios atrás y se prolongaría más allá del Sexenio, pero que había alcanzado una especial intensidad en los años 60.

Las tesis proteccionistas habían sido defendidas por fabricantes y cerealeros. La voz cantante procedió de los industriales del textil catalán y de sus primeras asociaciones, portavoces, según los principios de la *industria infantil,* de la necesidad de proteger los embriones industriales de la competencia exterior para su desarrollo futuro. Un discurso elaborado y adaptado a las circunstancias de cada momento por el asociacionismo catalán: la *Junta de Fábricas* de 1847, el *Instituto Industrial de Cataluña* de 1848 y el *Fomento de la Producción Nacional* de 1869. Por el contrario la defensa del librecambio partía de los sectores mercantiles del país. A lo largo de la primera mitad del siglo las *Juntas de Comercio* de diferentes ciudades españolas ya se habían expresado en esta dirección. La reivindicación alcanzó su máximo nivel teórico y de elaboración con la creación y expansión de la *Asociación para la reforma de los aranceles* en los años 60. En su interior confluyó la intelectualidad demócrata que por coherencia doctrinal abanderó la causa librecambista. Ésta había sido una constante en los comerciantes españoles, sobre todo aquellos vinculados al mercado exterior o al capital extranjero. Para los comerciantes el término *librecambio* se utiliza en una doble acepción, interior y exterior, al igual que para los teóricos demócratas, hasta componer un discurso arbitrista en el que todos los males de la economía se atribuían al sistema proteccionista, desde la incapacidad de los fabricantes para adaptar los nuevos «adelantos mecánicos y económicos de las fábricas semejantes de otros países, lo que no favorece la perfección de la industria propia», hasta la rigidez de la demanda. Según esta perspectiva el sistema arancelario proteccionista encarecía las importaciones del extranjero y favorecía un sistema de impuestos indirectos basado en los derechos de puertas y consumos que entorpecía la circulación interior, creando de hecho una tela de araña aduanera que compartimentaba el mercado interno.

Asimismo la polémica librecambismo-proteccionismo posee una lectura estrictamente política. Históricamente las tesis proteccionistas procedían de las prácticas mercantilistas del Antiguo Régimen y habían sido hechas suyas por el partido moderado, a pesar de la corrección a la baja del arancel de 1849. Existía una correlación entre la idea de un Estado fuerte clásico de los moderados y el desarrollo de una producción nacional escasamente relacionada con el exterior. Una proclividad hacia la autarquía que la realidad económica de mediados de siglo mostraría como inviable, pero muy relacionada con las teorías de la centralización política. El pensamiento demócrata se había elaborado a base de una discusión interna sobre las posibilidades del liberalismo llevado a su más alto nivel de evolución, de las influencias del pensamiento democrático europeo, pero también como contraposición al ideario moderado. Si la revolución de 1868 fue el primer gran derrumbamiento del moderantismo histórico, además de la creencia en unos determinados valores económicos, la pura coherencia política llevó a los demócratas a oponerse a las formulaciones proteccionistas tan caras a los moderados. En suma, la explicación del librecambismo de los demócratas del Sexenio se imbrica en una doble perspectiva: continuar la senda abierta por los progresistas del Bienio y acabar con los puntales que habían definido el moderantismo histórico.

Las Cortes de 1869 aprobaron el arancel de Figuerola, ministro de Hacienda y uno de los prohombres de la *Asociación para la reforma de los aranceles*. Era un arancel librecambista más que por sus consecuencias inmediatas por la enorme potencialidad que acarreaba la base 5.ª de la ley de bases arancelarias promulgada poco antes que el arancel. Estaba en proyecto un radical viraje hacia el librecambio y hacia la concepción de los aranceles, no como elementos de protección, sino como instrumentos meramente recaudatorios. No es posible establecer el balance de un librecambismo que de hecho quedó en suspenso en 1875 en su base 5.ª y posteriormente fue suprimida con el arancel de 1877.

La lógica política llevó a los nuevos Gobiernos democráticos a culminar el amplio proceso desamortizador consolidado por Mendizábal y continuado por Madoz. Esta vez le tocaba el turno al subsuelo encorsetado en un marco legal que dificultaba las inversiones en minería. Las correcciones anteriores realizadas por el Estado liberal apenas habían cambiado un ápice la filosofía legal sobre el tema. La propia lógica del proteccionismo hacía preservar las riquezas del subsuelo para un futuro indeterminado, cuando la industria nacional alcanzase unas cotas mayores de tal manera que pudiera funcionar la relación demanda nacional-recursos del subsuelo. En efecto, la legislación minera de 1825, 1849 y 1859 era muy restrictiva. La legislación de 1825 sirvió de marco, apenas matizado, para las dos siguientes. Contemplaba el subsuelo como patrimonio de la Corona, cuya explotación tomaría la forma de privilegio. Las concesiones eran temporales y la explotación estaba sujeta a un elevado gravamen fiscal, luego rebajado en 1849 y 1859. La legislación de 1868 reforma radicalmente el contexto, favoreciendo la concesión, asegurando la inversión y fijando una ventajosa situación fiscal. Las minas pasaron a ser propiedad de la nación, lo que suponía mucho más que la mera retórica. Bastaba el permiso del gobierno civil. Las concesiones se ortorgaban de hecho a perpetuidad y la fiscalidad quedaba reducida al 1 por 100 de la riqueza bruta extraída, además sin inspección fiscal, y con un canon de superficie casi inapreciable. Juan Muñoz ha atribuido una especial importancia a este cambio legislativo como principal impulsor de la llegada masiva de capitales extranjeros al sector; sin embargo pueden considerarse otras variables. En primer lugar las sempiternas exigencias recaudatorias del Estado, ahora en un especial momento crítico en cuanto a la crisis hacendística se refiere, sobre todo cuando han quedado abolidos los derechos de puertas y consumos. Igualmente el incremento de una demanda internacional sobre las materias primas por parte de aquellos países de industrialización más evolucionada, y las expectativas sobre el subsuelo español eran claras, si se tiene en cuenta que era uno de los más ricos del mundo en aquellas fechas, cuando todavía África estaba por conquistar y América del Sur por explotar.

La legislación de 1868 abrió los cauces de una segunda oleada de inversiones extranjeras, antes centradas en el ferrocarril, y que ahora acabarán por controlar los recursos básicos del subsuelo español. Las consecuencias de estas inversiones han sido objeto de amplio debate historiográfico, en el que se proyectan mensajes hacia el presente. Para Sánchez-Albornoz «las minas terminaron por convertirse en una suerte de enclaves extranjeros sólo ligados territorialmente a España pero sin articulación con el resto de la economía, salvo en el caso del hierro». En la misma onda se sitúan Ramón Tamames y Juan Muñoz. El extremo opuesto lo ocupa Gabriel Tortella: «Ejercieron una demanda de mano de obra, estimularon el desarrollo de una tecnología minera nacional, de una industria de bienes de equipo y de explosivos, que ocasionaron considerables inversiones en infraestructuras, como la construcción de ferrocarriles y puertos y vinieron a paliar el déficit en la balanza de pagos.» Es un tema abierto. En el caso del hierro la nueva situación coadyuvó, según los análisis de González Portilla, al despegue de la industria siderúrgica vasca, sobre todo por la presencia de capitales vascos en la explotación del hierro de Somorrostro y en la combinación de los beneficios de la venta de hierro a Gran Bretaña y de la importación desde allí de la energía necesaria. Sin embargo la explotación del cobre y el plomo, enteramente en manos extranjeras, no se tradujo en un proceso industrializador afín. La balanza comercial quedó aliviada, pero las expectativas tributarias resultaron frustradas al convertirse en un auténtico paraíso fiscal. Además la penuria hacendística forzó en 1870 a la concesión de la explotación y comercialización del mercurio de Almadén a los Rothschild por un periodo de cincuenta años, en condiciones muy ventajosas para los financieros franceses, y en 1873 la venta de las minas de cobre de Río Tinto al capital británico por 92.800.000 pesetas.

La crisis de 1866 había tenido unos efectos negativos para todo el entramado societario originado en el Bienio y desarrollado en época de la Unión Liberal. Los políticos del Sexenio se replantearon la situación en un momento de extremas dificultades para el erario público, cuestión que va a interferir en los planes de ordenamiento monetario, financiero y mercantil. Para empezar la ley sobre libertad de creación de sociedades mercantiles e industriales de 19 de octubre de 1869 pretendía recrear la plataforma de confianza que relanzara el mundo de los negocios. La política monetaria del ministro Figuerola se encaminó en la misma dirección: restablecer la confianza de la moneda en el marco de los acuerdos de la Unión Monetaria Latina, creada en 1865. Una medida destinada además a incrementar las relaciones económicas con Francia. El decreto de 19 de octubre de 1869 fijó un nuevo sistema monetario cuya unidad de referencia era la *peseta,* dividida en cien céntimos y con un valor metálico similar al franco. En teoría las monedas en circulación se acogían a un patrón bimetálico. Eran de oro las de 5, 10, 20, 50, y 100 pesetas y de plata las de 5 pesetas y las divisionarias de 1, 2, 0,50 y 0,25 pesetas, acompañadas de monedas de bronce de 1, 2, 5 y 10 céntimos de peseta. Se fijaba una equivalencia legal entre el oro y la plata de 15,5. A corto plazo el problema residió en que España, a diferencia de otros países europeos, no adoptó a partir de 1870 el patrón oro. El incremento de la oferta de plata en los mercados internacionales elevó la relación oro-plata a 1/16. Como consecuencia los países bimetalistas sufrirían una hemorragia de oro y la universalización de la plata como patrón monetario, lo que tendría repercusiones negativas para las propuestas de crecimiento económico. El decreto de 21 de marzo de 1871 acentuó el fenómeno. Se redefinía la peseta en un peso de 5 gramos de plata a ley de 900 milésimas y se decidía la acuñación de nuevas monedas de oro de 25 pesetas con un contenido de 8,061 gramos de oro de 900 milésimas. Es decir, se estaba depreciando el oro con respecto a la plata en un momento de mayor presencia de ésta en los mercados internacionales y con ello la mayor salida de oro y el incremento de su sustitución por la plata. A medio plazo el problema residía, pues, en el abandono paulatino del dinero de pleno contenido y su sustitución por el dinero fiduciario. Un problema con el que se enfrentaron los políticos del Sexenio. De hecho, desde la ley de bancos de emisión de 1856 había sido visible en España una paulatina extensión del dinero de papel. Se ha calculado que en 1865 el dinero fiduciario era un 10 por 100 del total de dinero en circulación. Por otra parte el hecho de que España mantuviera una balanza comercial sujeta a un perpetuo déficit hacía inviable la permanencia estable de un sistema metálico y mucho menos basado en el oro. España no poseía minas de oro ni una balanza comercial excedentaria. El corolario era la necesaria expansión de la circulación fiduciaria, además de la importación de capitales. Pero de una moneda de papel universalmente aceptada que sirviera de instrumento efectivo de intercambio, en un ambiente donde existían sobradas sospechas sobre el dinero de papel, como lo confirman las escrituras de préstamos privados que hemos consultado en la documentación notarial. Dada esta tendencia resultaba necesario un nuevo ordenamiento que asegurase la confianza del público en el dinero de papel. El sistema descentralizado de emisión vigente desde 1856 fue abundantemente criticado. Por fin el 19 de marzo de 1874 el Banco de España obtuvo el privilegio de emisión de moneda, lo que a medio plazo posibilitó una situación estable y ordenada del dinero metálico por dinero fiduciario. Los antiguos bancos emisores se transformaron bien en sucursales del Banco de España o tuvieron que cambiar su horizonte.

El privilegio de emisión descansaba, además, sobre razones hacendísticas. Se trataba de establecer las bases de un modelo más estable de tratamiento de la deuda para evitar las desventajas del Estado en la consecución de anticipos que habían mediatizado hasta entonces su actuación, dadas las onerosas condiciones de los prestamistas y la inmediatez con que siempre fue intentado el arreglo de la deuda. Ahora se vinculaba Hacienda y banco emisor, permitiendo sentar las bases de una estabilidad a medio plazo sin recurrir a las urgencias y las negociaciones desventajosas, además de que el Banco de España, al financiar al Tesoro, aseguraba la canalización de recursos ajenos hacia la deuda pública. En este contexto nacía en 1872, con participación del Banco de París y de los Países Bajos, una institución financiera muy relacionada con la negociación de la deuda exterior en el mercado parisino, el Banco de Castilla.

En suma, los políticos progresistas y demócratas abrieron la economía española hacia el exterior. Por lógica política, argumentación doctrinal e imperio de las circunstancias aceleraron la creación de un modelo extravertido que reposaba en las inversiones de capital y en la tecnología extranjera. Inversiones de capital que tuvieron como sector preferente los ferrocarriles, en el caso francés, a lo que se sumará las inversiones en minas desde 1869, sobre todo de capital británico. Esta apertura significaba correcciones sustanciales en la política comercial, intentada por los hombres del Sexenio pero contrarrestada posteriormente por el viraje proteccionista de la Restauración. El problema reside a la hora de plantearse los costes de la apertura. El debate se sitúa entre la perspectiva de una dependencia y subordinación de la economía española que situaría al país en una posición tercermundista en lo referente a la pérdida de soberanía en la toma de decisiones o en el bloqueo de las posibilidades de una *acumulación originaria nacional*. Y, otra, que se plantea la cuestión en términos de *necesidad* y *realismo*.

La primera insiste en lo inadecuado de la ley ferroviaria sujeta a los intereses del capital francés o en la *colonización* del subsuelo español. En esta perspectiva la industrialización española habría sufrido las consecuencias de una construcción ferroviaria a base de materiales y técnicos extranjeros que no estimuló la producción interna; una industrialización que además no contaría con el efecto multiplicador del ferrocarril. Además la «esquilmación» del subsuelo no habría permitido un acoplamiento entre las materias primas y las posibilidades de una industria nacional. La segunda perspectiva plantea la ausencia de cualquier alternativa viable. A la altura de 1850 ni la capacidad de capitalización interior, ni las formas de movilización de capitales, ni el nivel tecnológico, ni los métodos de gestión hubieran desembocado en la construcción de la red básica ferroviaria en un espacio corto de tiempo. Tampoco los niveles de industrialización del país habrían sido capaces de proveer a los ferrocarriles de los materiales necesarios. El mismo esquema se traslada al sector de la minería. Quizás el debate deba plantearse en otro marco de análisis: la incapacidad de un Estado débil para controlar de forma organizada y eficaz la penetración extranjera. Aquí sí existió subordinación en forma de una influencia excesiva en la toma de decisiones por parte de los poderes económicos relacionados con el extranjero. De hecho hubo una constante mediatización exterior en la evolución política del Sexenio.

18.4. El sempiterno problema de la crisis hacendística

Uno de los problemas insolubles a lo largo del siglo XIX fue el déficit crónico de los presupuestos del Estado. En su evolución inciden tres variables explicativas: la herencia de una situación hacendística caótica y deficitaria a finales del Antiguo Régimen; la imposibilidad de una corrección a tiempo por los vaivenes políticos que acompañan a la dialéctica absolutismo-revolución liberal en el primer tercio del siglo y las carencias del nuevo sistema impositivo liberal que al entrar en contradicción con la nueva estructura de gastos del Estado, convierte el déficit presupuestario en una constante estructural durante todo el siglo, sin que sucesivos replanteamientos resuelvan la cuestión. Entre 1850 y 1880 el presupuesto del Estado sólo se cerró con superávit en 1876. Dato más que significativo si se tiene en cuenta que se refiere al periodo posterior a la reforma hacendística de Mon-Santillán de 1845. España se fue adaptando muy lentamente, y de forma insuficiente, a la modernización del sistema hacendístico. Hasta esa fecha de 1845 no empezó a acoplarse a las nuevas exigencias del Estado liberal.

Desde el último tercio del siglo XVIII la crisis hacendística se presentó como insostenible. El aumento de los gastos del Estado, y la emisión de un extraordinario volumen de Deuda, entraba en contradicción con un sistema recaudatorio limitado e inelástico por la lógica de la sociedad estamental y sus privilegios, e irracional por la amplia y complicada casuística impositiva sin fin que hacía ineficiente, cuando no imposible, su gestión racional. La racionalización de este anacrónico sistema ya se lo planteó el pensamiento ilustrado, sobre todo con la aportación teórica de la contribución única, que expresaba la necesidad de mejorar los rendimientos, inaugurando una controversia que escondía la cuestión central: los privilegios fiscales o la universalidad del impuesto. Era la contradicción del Estado absoluto de finales del siglo XVIII y principios del XIX: cómo aumentar y mejorar la recaudación sin lesionar los intereses de los grupos privilegiados. En la práctica sólo acudió a reformas administrativas o

CUADRO 18.5

Gastos, ingresos y saldo presupuestario (1801-1843)
(Millones de reales y porcentajes)

	(1)	(2)	(3)	(4)	(5)	(6)
1801(a)	877	770	−107	—	—	—
1802(a)	1.123	1.044	−79	—	—	—
1803(a)	1.130	1.054	−76	—	—	—
1805(a)	972	669	−303	—	—	—
1806(a)	1.074	668	−406	—	—	—
1807(a)	936	678	−258	—	—	—
1813(c)	950	466	−488	179,6	529	259
1813(a)	340	324	−16	—	189	180
1814(a)	225	230	−5	142,9	157	161
1815(c)	1.021	865	−156	159,7	639	542
1815(a)	559	493	−66	—	350	309
1816(a)	513	435	−78	161,7	317	269
1817(a)	690	819	129	172,7	399	476
1819(a)	852	1.015	163	129,1	660	786
1820(c)	715	530	−185	111,4	642	476
1822(c)	665	665	0	114,0	583	583
1827(b)	415	567	152	88,1	471	644
1828(b)	448	594	146	86,1	520	690
1830(c)	593	586	−7	75,4	786	777
1831(b)	599	704	105	81,2	738	867
1834(a)	642	617	−25	89,3	719	691
1835(a)	786	616	−170	96,3	816	640
1835(c)	895	760	−135	—	929	789
1836(a)	915	629	−286	96,0	953	655
1837(a)	1.224	581	−643	97,7	1.253	595
1838(a)	1.211	642	−569	91,0	1.331	705
1839(a)	2.044	1.246	−789	90,8	2.251	1.372
1841(c)	1.149	825	−324	78,2	1.469	1.055
1842(c)	1.279	878	−401	82,3	1.554	1.067
1843(c)	1.279	867	−412	70,1	1.824	1.237

Notas: (1), Gasto total del Estado; (2), Ingresos totales menos los procedentes de emisión de Deuda de cualquier tipo; (3), (2)-(1); (4), Índice de precios (1913 = 100); (5), (1) en términos reales; (6), (2) en términos reales.

a) Ingresos y gastos realizados; b) Gastos presupuestados e ingresos realizados (o de caja); c) Ingresos y gastos presupuestados. (Los gastos de 1841-1843 incluyen el Presupuesto especial de Culto y clero.)

Fuente: Comin, F., *Hacienda y Economía en la España contemporánea (1800-1936)*, Madrid, Instituto de Estudios Fiscales, 1988, vol. I, págs. 92-93.

Cuadro 18.6

Ingresos, gastos y saldo presupuestario del Estado
(Millones de pesetas)
(1850-1874)

	(1)	(2)	(3)	(4)	(5)	(6)	(7)	(8)
1850	326	326	0,6	4	0,7	5,1	330	14
1851	320	352	−31,6	−27	−39,7	−34,4	325	−9
1852	335	348	−12,9	−10	−16,5	−12,9	338	−9
1853	350	361	−11,1	−11	−15,2	−15,2	352	−1
1854	352	379	−27,0	−27	−34,0	−34,0	365	−18
1855	299	368	−68,5	−52	−79,6	−60,7	380	−43
1856	394	460	−65,9	−66	−69,0	−69,0	459	−34
1857	437	491	−53,6	−54	−54,5	−54,5	497	−19
1858	456	497	−41,6	−42	−49,9	−49,9	471	−30
1859	523	517	6,0	6	6,2	6,2	539	11
1860	503	612	−109,0	−65	−114,7	−68,7	580	−79
1861	506	652	−146,1	−131	−154,4	−138,2	571	−114
1862	533	665	−131,7	−130	−129,2	−127,4	535	−127
1863	559	683	−124,0	−121	−107,3	−104,6	589	−132
1864	504	705	−200,9	−186	−167,8	−155,7	880	−130
1865	547	725	−178,0	−139	−159,9	−124,7	613	−157
1866	580	684	−104,0	−101	−87,0	−84,5	583	−102
1867	573	693	−119,7	−118	−108,0	−106,4	779	−124
1868	501	678	−177,1	−149	−180,0	−151,5	787	−154
1869	479	751	−271,5	−270	−272,6	−271,2	636	−221
1870	471	804	−332,7	−331	−304,5	−302,9	710	−269
1871	473	713	−240,2	−238	−262,6	−260,0	548	−217
1872	506	728	−222,0	−219	−245,9	−242,5	529	−224
1873	558	789	−231,4	−227	−257,5	−253,0	668	−260
1874	696	708	−12,5	−10	−13,5	−11,0	779	−81

Notas: (1), Ingresos ordinarios del Estado reconocidos y liquidados (quedan fuera todos los Recursos extraordinarios); (2), Gastos totales del Estado, reconocidos y liquidados; (3), Saldo presupuestario (1-2); (4), Ingresos totales del Estado, menos los ingresos por Deuda y menos los gastos totales; (5), (3) en pesetas de 1913; (6), Saldo presupuestario en pesetas de 1913; (7), Ingresos totales del Estado; (8), Ahorro del Estado.
Fuente: Comin, F., *op. cit.*, pág. 299.

medidas coyunturales, tímidos ensayos desamortizadores, o nuevas emisiones de vales reales, con el consiguiente incremento de la espiral de endeudamiento. Fontana ha destacado cómo la cuestión hacendística expresaba las contradicciones del Antiguo Régimen y su crisis política, que acabaría desembocando en la quiebra del Estado absoluto.

La alternativa liberal sí planteó en términos de ruptura la cuestión hacendística. Pero sus planteamientos teóricos no pasaron de frustrados intentos. Siguiendo el planteamiento constitucional los liberales de Cádiz concibieron la universalidad del impuesto, filosofía que no cuajó en un desarrollo práctico, condicionado además técnicamente por la Guerra de la Independencia. Durante el Trienio liberal las reformas hacendísticas funcionaron mal, no consiguieron un incremento significativo de la recaudación y fueron muy limitadas en el tiempo. Durante los periodos absolutistas de 1814-1820 y 1824-1833, se restableció el esquema del Antiguo Régimen, acentuando la contradicción apuntada y recurriendo a medidas de tipo administrativo, en una tarea imposible, como las de Martín de Garay y López Ballesteros que no alteraban lo sustancial del sistema impositivo.

Los avatares políticos de los años 30 y la guerra civil retrasaron una reforma en profundidad. Nuevamente las urgencias a corto plazo dieron más importancia a medidas coyunturales que a replanteamientos globales continuamente aplazados. Frente a la reforma tributaria liberal, los medios elegidos fueron el recurso a la desamortización, los empréstitos y la creación de algún impuesto nuevo de forma aislada.

La hacienda liberal nace con la reforma tributaria de Alejandro Mon y Ramón de Santillán en 1845, cuya filosofía y criterios se prolongan durante todo el siglo. Los trabajos de Comín han resuelto viejas controversias, inexactitudes y puntos oscuros de la evolución de la hacienda española del siglo XIX, aclarando así una pieza básica para la comprensión de la economía española en su conjunto y el papel del Estado.

Rechazando el principio de la contribución única gaditana, el nuevo sistema se caracterizó por la refundición, sistematización y racionalización de antiguos impuestos. En sentido estricto los cinco impuestos básicos son la resultante de concentrar la dispersión anterior y sólo uno de ellos era realmente nuevo, el impuesto de inquilinato, que de hecho no entró en funcionamiento. Sin embargo la transformación fue radical. En palabras de Comín fue «coherente, sistemático y general», de gran pragmatismo fiscal buscando la mayor eficiencia recaudatoria y de gestión. Respondía a la lógica liberal de igualdad ante el impuesto, es decir la generalidad y la universalidad territorial. Se trataba de un sistema mixto, con predominio de los impuestos indirectos. Los directos se fijaban sobre las fuentes que generaban las rentas o productos, es decir, sobre la tierra, el ganado o la actividad comercial. El impuesto directo no contemplaba las rentas personales. Finalmente se planteaba como un sistema abierto que permitiera sucesivas adaptaciones a circunstancias nuevas.

En la práctica este nuevo sistema hacendístico no se va a traducir en una estabilidad presupuestaria. Muy al contrario, la tónica dominante el resto del siglo será la persistencia del déficit crónico de la hacienda pública, con su correlato en el desarrollo de la espiral de endeudamiento: en 1850 la deuda ascendía a 3.900 millones de pesetas y a principios del siglo XX a 12.300 millones de pesetas. El sistema nació con un conjunto de insuficiencias. Para empezar dejó fuera las rentas de capital y los rendimientos del trabajo, de esta forma se intentaba teóricamente favorecer al sector industrial y descansar la recaudación tributaria sobre la agricultura. Por otro lado, la presión fiscal no estuvo igualmente repartida por las carencias de la gestión que alteró el principio de la proporcionalidad. Y, finalmente, la rigidez al alza de los impuestos directos, provocó una mayor presencia de impuestos indirectos. La conclusión última es que el incremento de los ingresos y la mayor eficiencia recaudatoria no guardó relación con el mayor aumento del gasto público derivado de las nuevas funciones asumidas por el Estado liberal. El déficit tendió a perpetuarse y a autoalimentarse.

Más que en su filosofía, el lado débil de la reforma residió en su aplicación, es decir, las dificultades técnicas de la gestión, insuficiencias estadísticas y la incapacidad de un control efectivo sobre el fraude. Todo ello derivó en una abultada ocultación que falseó los fundamentos del sistema. Así se frenó la lógica de un sistema pensado para transferir recursos de la agricultura —el sector teóricamente más presionado— a la industria, para desembocar en una maquinaria de ocultación en beneficio, sobre todo, de los grandes propietarios agrarios. Existió el caso extremo de algunas provincias, valga el ejemplo de Córdoba, donde lo ocultado superaba a lo recaudado. Tortella ha llamado la atención sobre la paradoja de que durante la segunda mitad del siglo, siendo el principal capítulo tributario el de *inmueble, cultivo y ganadería,* sólo aportaba el 20 por 100 de los ingresos, cuando la agricultura era el primer componente de la renta nacional. Hecho más sorprendente si se toma en consideración el enorme incremento de tierras en el mercado como consecuencia de las desamortizaciones. Todo ello significó un bajo rendimiento recaudatorio en asintonía con el incremento de los gastos públicos. La resultante fue que para cubrir el déficit no se recurrió a la corrección de las carencias del sistema fiscal y sí a la continuada emisión de deuda pública y su renegociación en un círculo vicioso que se alimenta a sí mismo: déficit-emisión de deuda-servicio de la deuda-nueva emisión de deuda-situaciones técnicas de bancarrota-renegociación y arreglos. Se entiende por «arreglo» el reconocimiento de una insolvencia y la imposibilidad de resolución sobre una nueva e inmediata emisión de deuda. La espiral deudora era de tal magnitud que temporalmente el Estado dejaba de cumplir las obligaciones contraídas: pago de intereses y amortizaciones. La solución se buscaba en una negociación entre el Estado y sus acreedores, por la que el primero consigue disminuir el monto de sus obligaciones a cambio de un reconocimiento más sólido de las mismas y del pago de intereses futuros. Esto es en esencia el arreglo de Bravo Murillo en 1851.

El problema es que esta secuencia enrarecía cada vez más la confianza hacia el Estado de sus prestamistas interiores y exteriores. A mediados de siglo la Bolsa de Londres suspendió la negociación de los valores de la deuda exterior. Otro tanto sucedió posteriormente con la Bolsa de París. Los empréstitos exteriores se negociaron cada vez en condiciones menos ventajosas conforme el Estado se hacía más insolvente hasta desembocar en la bancarrota hacendística de 1870-1874. El Estado se convirtió durante la segunda mitad del siglo en rehén de los grandes prestamistas exteriores e interiores, que obtienen notables ventajas políticas y económicas. Así lo que en principio podría parecer un ruinoso negocio para el prestamista, encubría una especulación beneficiosa a base de concesiones y privilegios, desde los Rothschild y las minas de Almadén hasta los marqueses de Urquijo y Salamanca o Manzanedo y su influencia sobre los Gobiernos de su época. El servicio de la deuda acabó por convertirse en el capítulo más importante del gasto público, llegando a su máximo en 1870 en que supera la mitad del presupuesto con motivo de la abolición temporal del impuesto de consumos. A largo plazo en la estructura del gasto, entre 1850 y 1890, la partida «deuda pública y clases pasivas» absorbió un tercio de los gastos, igual proporción que el destinado a gastos militares, de orden público y de mantenimiento del clero, y situándose por encima del presupuesto atribuido a los otros ministerios, y desde luego muy superior a la inversión del Estado en obras públicas.

18.5. El inmovilismo agrario en cuestión. Producción y productividad en el campo español

Lo que convencionalmente se ha denominado como *revolución agrícola* es un fenómeno localizable en un reducido número de países europeos a lo largo del siglo XIX. Consolidado durante el siglo anterior en Gran Bretaña, extendido después a la fachada atlántica europea y a regiones muy delimitadas de la Europa central, se caracterizó por una transformación radical de los sistemas de producción: la progresiva desaparición del barbecho, que fue sustituido por la rotación de cultivos; la diversificación de cultivos en estrecha ligazón con la expansión ganadera; el aumento del número de cerramientos y la tendencia a la concentración de parcelas para racionalizar su uso; los nuevos tipos de instrumental agrario en maquinaria y abonos. Todo ello provocó como resultante un aumento sostenido de la productividad y del excedente comercializable, estimulado por la demanda de los núcleos urbanos que no dejaban de crecer. La agricultura rompió definitivamente en el siglo XIX el círculo vicioso del autoabastecimiento y se convirtió en una pieza básica de la configuración de los mercados nacionales. Este esquema es aplicable, con ciertas variantes no sustanciales, a Inglaterra, Francia, Bélgica, Holanda, Dinamarca, Prusia, regiones del oeste alemán y, más allá de los mares, a Estados Unidos, pero este esquema se separa significativamente de las realidades agrarias de la Europa mediterránea.

Estas transformaciones agrarias estuvieron correlacionadas con los auges de la industrialización. El incremento de la producción aumentó las disponibilidades alimentarias y permitió la consolidación al mismo tiempo del crecimiento demográfico y del aprovisionamiento regular y estable de los nuevos centros industriales. La alimentación más barata tendió a frenar el alza salarial y, al absorber un menor porcentaje de las rentas familiares, posibilitó una mayor demanda de productos industriales. Asimismo, el crecimiento de las rentas agrarias amplió la demanda campesina de bienes industriales, tanto de consumo como los relacionados con la renovación del utillaje agrario. En segundo término, el incremento de la productividad alimentó la emigración rural. Por último, el aumento de los excedentes agrarios aportó capitales hacia otros sectores, bien de forma automática a partir del intercambio, bien a través de los mecanismos tributarios o de forma indirecta a través del sistema financiero.

El problema reside en hasta qué punto estas transformaciones agrarias y la relación entre la agricultura y otros sectores económicos respondieron en la España del siglo XIX al esquema apuntado. Un panorama objeto todavía de un vivo debate y sin conclusiones finales, pero sí con el cuestionamiento profundo de la interpretación tradicional, que insistía en el quietismo casi absoluto del campo español, y que cargaba sobre el atraso agrario la responsabilidad del limitado crecimiento industrial del siglo. Para empezar, una comprobación empírica, el crecimiento demográfico del siglo XIX tuvo que sostenerse en un incremento de la producción agraria. Efectivamente este aumento de la producción se convierte en una constante desde 1830 hasta que la crisis agraria de los últimos decenios del siglo plantee el cambio de la coyuntura. Un auge asociado a la constitución de un capitalismo agrario sustentado en un mercado interno en proceso continuado de articulación. Los últimos análisis historiográficos insisten, en una visión cada vez más alejada del estancamiento, en las ponderadas renovaciones lideradas por García Sanz, Garrabou y Jesús Sanz. Factores endógenos y exógenos se conjugarían en la lógica del crecimiento, por supuesto inferior a otras regiones más desarrolladas de Europa. Garrabou ha sintetizado perfectamente esta nueva interpretación: «A pesar de que el crecimiento del producto agrario no es equivalente a las tasas espectaculares que se observan en otras economías europeas, el hecho de poder alimentar cada vez mejor a una población en crecimiento y de abastecer las demandas adicionales de los países industriales con la rapidez, la variedad y en la cuantía con que lo hicieron nuestros agricultores, nos permite mantener que estamos lejos, en nuestra opinión, de una agricultura inmovilista y atrasada.» La evolución agraria del siglo XIX estaría condicionada por la estructuración del mercado interior y por la incorporación de la producción nacional a los mercados internacionales, una vez consolidadas las transformaciones jurídicas de la reforma agraria liberal en su triple vertiente: la desamortización, la abolición del régimen señorial y la desvinculación, a lo que se uniría toda la legislación conexa que posibilitó el establecimiento de la propiedad perfecta, la libre disposición de la misma y los usos del mercado.

Los trabajos de Gonzalo Anes han mostrado claramente la escasa articulación del mercado agrario español a finales del siglo XVIII. Buena comprobación de ello es la enorme disparidad de los precios entre diversas regiones productoras y los «cuellos de botella» provocados por las dificultades, técnicas y jurídicas, de los intercambios interregionales. A finales del Antiguo Régimen el intercambio agrario se resolvía en la yuxtaposición de mercados comarcales y locales sin apenas conexión entre sí y con una marcada tendencia al predominio de las economías agrarias de autoabastecimiento, esquema sólo roto en los casos particulares del abastecimiento de grandes núcleos urbanos como es el caso del Madrid, analizado por Concepción de Castro o Ringrose. La imposibilidad de un despegue agrario se explica por los encorsetamientos institucionales y jurídicos del Antiguo Régimen que emergen con fuerza en la coyuntura depresiva de los primeros decenios del siglo XIX.

El proyecto liberal, llevando hasta sus últimas consecuencias los planteamientos intelectuales de la España ilustrada, tenía como horizonte el desarrollo de un capitalismo agrario como pieza angular del desarrollo económico y la riqueza del país. Esto suponía en primer lugar, más que una revolución en la estructura de la propiedad de la tierra, en la eliminación de todas las trabas jurídico-institucionales que se oponían a la instauración de la propiedad perfecta y a la constitución de un mercado nacional. Prácticamente desde las Cortes de Cádiz este planteamiento quedó atravesado por la quiebra del imperio colonial americano. Coexistían, por tanto, dos objetivos complementarios: acabar con el Antiguo Régimen respecto al mercado interior, y reorientar el sector exterior agrario buscando un nuevo acomodo en el espacio europeo. Éstos fueron los elementos que enhebraron una política de actuación entre 1820 y mediados de siglo. Resulta sintomático el arancel de 1820 que pone en marcha el proteccionismo agrario del siglo XIX, reservando el mercado interno para la producción nacional, pero a su vez planteando la libertad de exportación.

Durante la primera mitad del siglo la configuración práctica del mercado interior se hizo sobre la base de una mayor especialización a escala regional, según sus ventajas

CUADRO 18.7

A) Modelo de distribución de la producción agraria en el Antiguo Régimen (hacia 1800)

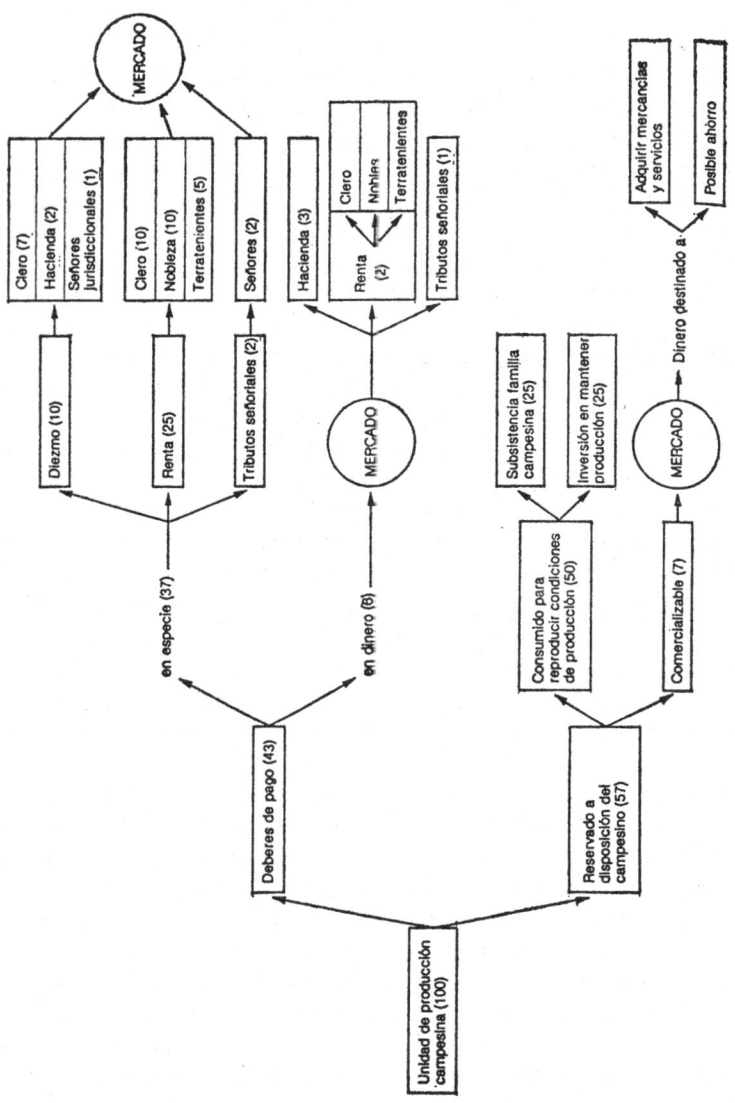

Fuente: García Sanz, A., *Historia agraria de la España contemporánea,* Barcelona, Crítica, 1985, vol. I, págs. 66-67.

*B) Modelo de distribución de la producción agraria
tras la reforma agraria liberal (hacia 1860)*

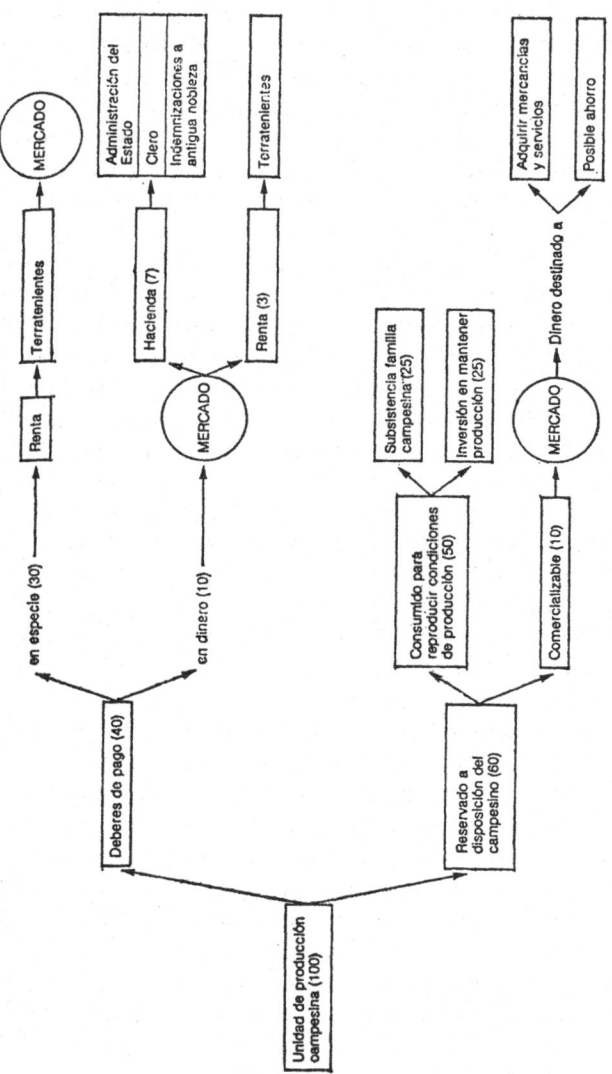

Fuente: García Sanz, A., en *Historia agraria de la España contemporánea*, Barcelona, Crítica, 1985, vol. I, págs. 66-67.

naturales, que impulsara los intercambios. Agustín Kondo, al analizar la trayectoria de los precios agrarios durante este periodo y su mayor nivelación, constatación de una integración más sólida, ha señalado la presencia de tres modelos de especialización agraria interregional que se complementarían. El modelo septentrional propio de Galicia, Asturias, Santander, País Vasco y Navarra, estaría definido por el limitado crecimiento del trigo, la expansión del maíz y el aumento de productos alternativos como la patata. El modelo interior característico de Aragón, las dos Castillas, León, Extremadura y parte de Andalucía, vendría explicado por el elevado crecimiento de la producción de cereales, sobre todo el trigo, más allá de las necesidades provocadas por el aumento demográfico, consolidando la posición anterior de este conjunto como exportador de granos al resto de las regiones. Por último el modelo mediterráneo contemplaría el retroceso del cereal y la expansión del viñedo y de otros cultivos arbustivos y arbóreos, configurando unas zonas importadoras de cereal y exportadoras hacia Europa de esta nueva producción especializada. Todo ello se traduciría en el incremento de la producción sin una mejora sustancial de los rendimientos en el caso del cereal que, al situarse por encima de las necesidades demográficas, posibilitaría la consecución de un excedente agrario destinado a la exportación hacia los mercados internacionales, lo que a la larga, en unión de la exportación de recursos mineros, permitiría la importación de *inputs* industriales o servicios provenientes del exterior.

En los dos primeros tercios del siglo, existe un doble acoplamiento, el del mercado interior y el de la producción española a las demandas de los países europeos en proceso de industrialización. En el primer caso el proteccionismo arancelario actuó de elemento impulsor creando un marco de rentabilidad que a largo plazo tendría como contrapartida negativa el acomodo a unas formas tradicionales de producción y la escasa mecanización del campo. La más sólida articulación del mercado consiguió salvar los problemas técnicos derivados del transporte terrestre gracias al comercio de cabotaje cuya importancia queda emblematizada en el puerto de Santander como principal espacio exportador de productos castellanos hacia otras regiones españolas. Las 3.800 toneladas de harina que salieron por este puerto en 1857 se convirtieron en 80.000 a la altura de 1863. Posteriormente la construcción del ferrocarril favorecería la relación directa entre las paneras castellanas y los principales núcleos de consumo de litoral mediterráneo. En lo que respecta a los mercados exteriores la producción agraria entre 1820 y 1870 se orientó en dos direcciones. En primer lugar los restos coloniales, fundamentalmente las Antillas y más que nada Cuba, estimulado por la prolongación de la práctica proteccionista interior a los ámbitos coloniales, pasando a constituir para esta última un elemento más del complejo haz de relaciones comerciales que vinculaban la economía azucarera de la Gran Antilla a las economías europeas del siglo XIX. En segundo lugar, los mercados europeos, sobre todo Gran Bretaña y Francia, donde el intercambio respondía a la lógica de un país periférico en contacto con economías más desarrolladas: productos agrarios especializados a cambio de tecnología y maquinaria industrial. Unas exportaciones basadas en el aceite, el vino y otros productos arbóreos. Una especialización exportadora que tomará más auge a partir de 1850 y que encontrará en el caso del vino una magnífica oportunidad desde mediados de la década de los 70 en la crisis de la filoxera francesa.

La expansión agraria hasta los años 70 hizo que la agricultura continuara siendo el principal componente de la renta nacional, dado el limitado crecimiento industrial existente hasta entonces. España era un país agrario con escasos niveles de urbaniza-

CUADRO 18.8

Evolución de la superficie agraria de España en 1860-1926
(miles de ha)

	1860	1900	1910	1926	1860-1926
1. Sup. agrícola	16.012	17.819	18.884	21.121	+5.109
2. Montes públicos	10.186	7.105	6.538	6.643	−3.543
3. Montes privados	(18.777)	(20.262)	(19.506)	(17.799)	−978
4. Total superficie forestal	(28.963)	27.367	26.044	24.442	−4.521
5. Improductivo	(5.500)	5.289	5.547	4.912	−568
6. Total general	50,475	50.475	50.475	50.475	—

Producción de cereales (en miles de quintales)

	1795	1895	1925
1. Trigo	14.256	25.399	38.523
2. Centeno	3.571	5.211	6.585
3. Alimentos (1+2)	17.827	30.610	45.108
4. Cebada	5.389	10.881	19.973
5. Avena	832	1.307	3.702
6. Maíz	1.878	5.110	6.324
7. Piensos (4 + 5 + 6)	8.099	17.298	29.999
8. Total general (3 + 7)	25.926	47.908	75.107

Tasas de crecimiento acumulativo anual de la población
y de la producción de cereales

	Población	Producción	Producción por hab.
1795-1895	0,57	0,62	0,05
1895-1925	0,79	1,51	0,72
1795-1925	0,62	0,82	0,20

Fuente: Garrabou, R.-Sanz Fernández, J., *Historia agraria de la España contemporánea*, Barcelona, Crítica, 1985, vol. II, págs. 114-122-123.

ción y con una población activa vinculada mayoritariamente a las faenas agrícolas. La estructura de la propiedad favorecía este hecho. De ahí la escasa capacidad liberadora de mano de obra del campo, por otra parte no excesivamente demandada por otros sectores económicos. Aquí reside el «talón de Aquiles» del campo español durante el siglo XIX, configurador de una sociedad agraria en permanente conflicto por el hambre de tierras sobre todo en La Mancha, Andalucía y Extremadura. La sustitución de factores fue prácticamente inapreciable. El trabajo humano continuó siendo el factor principal de producción. A pesar de la aparición de una literatura o de una prensa que reclamaba la incorporación de la maquinaria, la mano de obra abundante y barata se sitúa en la raíz de la rentabilidad y de los beneficios derivados del campo español. El caso extremo lo constituye Andalucía occidental. Bernal ha estudiado los componentes del auge de la agricultura andaluza hasta los años 60 y sus limitaciones, fruto de la especial configuración de la estructura de propiedad. Aquel auge vendría posibilitado por el incremento de la superficie cultivada y la diversificación de la oferta: aumento de la cebada entre los cereales, maíz, patata, cultivos tropicales como la caña de azúcar o algodón en el litoral, la expansión del viñedo con los demandados caldos, la ampliación del olivar, en un marco que atrae inversiones, con capitales de diversa procedencia, adquiriendo tierras y buscando la rentabilidad segura y el poder político que se deriva de la posesión de la tierra. Pero este potencial modernizador quedó bloqueado por la escasísima innovación tecnológica apenas salpicada de algunas excepciones, como la estudiada por Heran. Esto hizo descansar sobre el jornalero andaluz, con salarios próximos a la mera subsistencia, toda la producción, sujeta a una estructura de la propiedad basada en el latifundio.

Las escasas innovaciones técnicas del campo andaluz son generalizables a la mayor parte del sector agrario español del siglo XIX. El campo demandó pocos bienes de producción, lo que supondría una frágil relación directa entre la agricultura y la industria. Sin embargo, exige realizar algunas matizaciones. En primer lugar, la aportación de la agricultura a la hacienda española, una vez realizadas las reformas de Mon, que plantearía la importancia de los recursos agrarios en la creación de obras públicas e infraestructura por parte del Estado a partir de 1850. He aquí una primera relación indirecta a tener en cuenta. Además, como ya hemos señalado, el desarrollo agrario sirvió de acicate para determinadas industrias a escala regional vinculadas al mundo agrario, como en el caso de la industria harinera castellana, vitivinícola andaluza o en la agricultura valenciana de exportación. Esta sería una perspectiva desde el lado de la industria que no se ve estimulada por una demanda agraria prácticamente inexistente, pero puede ser contemplada desde el mundo campesino aunque el panorama ofrezca los mismos resultados: la oferta industrial no se acopló a las necesidades agrarias y ello hizo que la poca mecanización del campo tuviera procedencia extranjera, según se desprende de la maquinaria exhibida en las ferias industriales de la época.

A grandes rasgos puede señalarse que los criterios empresariales apenas se introdujeron en el mundo de los latifundios, auténticas fuentes de poder de todo tipo, mientras que resultaban del todo inaplicables en las áreas minfundistas. En Galicia, la estructura agraria, estudiada por García Lombardero y Villares, entre otros, basada en el minifundio, mantuvo una agricultura tradicional de subsistencia, con escasos medios técnicos y abundante mano de obra. La reforma agraria liberal aquí no alteró el sistema de foros y subforos. El aumento de cultivo de bosques y tierras marginales, la introducción de la patata y el maíz sobre todo en el interior o la tendencia a la supresión del barbecho, más como intensificación del trabajo que como modernización agraria, no apearon al campo gallego a mitad de siglo de la producción para el autoconsumo, sólo rompió la tónica la evolución ganadera, soporte del intercambio agrario gallego por el lado del vacuno. La exportación de reses a Gran Bretaña y Portugal se incrementó entre 1848 y 1880 de 6.013 cabezas a 212.799. La posterior prohibición de la entrada del ganado vacuno gallego en Gran Bretaña quedó paliada por el mercado interior.

El incremento de la producción agraria global española fue constante en la primera mitad del siglo. En primer lugar lo confirman los datos de la superficie cultivada. La expansión fue enorme en el caso de los cereales, cuya superficie creció en un 50 por 100 entre 1800 y 1860. La de la vid en un 300 por 100, y también el ritmo de crecimiento del olivar fue muy apreciable. El correlato del aumento de la superficie lo tenemos en el aumento de la producción. La de los cereales se acrecentó en el mismo periodo en un 90 por 100 aproximadamente, cuya responsabilidad recae en el trigo, pero también en la cebada y en el maíz. La producción global de vino pasó de 4 millones de hectolitros a principios de siglo a 11 millones en 1860 y la de aceite se duplicó. Estos incrementos son sobre todo perceptibles a partir de 1840. Pasada la coyuntura depresiva de 1817-1823 y el estancamiento de 1823-1835, la nueva situación surgida de la reforma agraria liberal está en la raíz de la expansión. Se roturaron nuevas tierras, no siempre marginales, lo que provocó que la ley de los rendimientos decrecientes siguiera su curso. La desamortización de Madoz aceleró la ocupación de nuevas tierras. La conclusión fue que el aumento de la producción no vino acompañado de un paralelo crecimiento de los rendimientos por hectárea, al menos en el caso de los cereales en general y del trigo en particular que fue muy inapreciable, al igual que en el olivar. Situación persistente durante la segunda mitad del siglo, sólo rota por la agricultura de exportación mediterránea, cuyos rendimientos más elevados muestran la dualidad agraria del campo español, entre los cultivos tradicionales y el sector de exportación.

En lo que se refiere a la ganadería su evolución estuvo marcada por la profunda alteración de la reforma agraria liberal y por el incremento de la demanda de carnes de los núcleos urbanos. Acabaron los privilegios de la Mesta con la legislación sobre cerramientos de fincas, aunque determinadas costumbres tradicionales y servidumbres como la derrota de las mieses, continuarán practicándose posteriormente. A mediados de siglo la estructura de la cabaña ganadera había sufrido una significativa transformación con respecto a la de un siglo antes, basada en la notable disminución porcentual del ovino, el incremento del porcino y el aumento más acusado del equino. Sería la resultante de la decadencia de la ganadería trashumante, relevada por la ganadería estante integrada en las explotaciones agrarias para el abastecimiento de carne y leche.

El alza continuada de los precios hasta los años 70 señalan los decenios de mayor rentabilidad para los propietarios agrícolas. Un incremento de la renta global campesina, desigualmente repartida entre los agentes humanos que participan en la misma. De ahí el desequilibrio entre la elevación de los ingresos de los terratenientes o medianos propietarios, incluso la de los arrendatarios más pujantes, y el mantenimiento de unos jornales campesinos muy bajos.

La expansión agraria reposaba sobre unas frágiles bases de sustentación, lo que produjo la continuación en España de las crisis de subsistencias en un tiempo más lejano que en otros países europeos más desarrollados, cuyas últimas hambrunas no pasa-

Estampa a plumilla de la siega a mediados del siglo XIX.

ron la frontera de 1850. Sin embargo en España dieciséis años después la crisis de 1867-1868 todavía causa problemas de escasez, ahora sí paliadas en parte por el ferrocarril. En efecto, las crisis decenales clásicas de Antiguo Régimen se habían dado en España en 1804, 1812 —en este caso una hambruna relacionada con las distorsiones inmediatas provocadas por la Guerra de la Independencia—, 1817, 1823-1824, 1837, 1847, 1856-1857 y 1867-1868. Contempladas desde un gran núcleo urbano como Madrid estas crisis suponen la movilización de la autoridad para conseguir el pan barato, *capturando* la producción de las zonas cerealeras más o menos próximas, fabricando pan mezclado con patatas o reclamando por parte del ayuntamiento la libre importación de cereales. A nivel general eran los momentos en que el proteccionismo agrario se cuarteaba.

En los últimos decenios del siglo XIX los agricultores del occidente europeo vieron cómo se prolongaba una crisis de naturaleza distinta a las crisis tradicionales, como la última hambruna de los años 40. Y es que se estaba asistiendo a un reordenamiento de la economía mundial agraria. Entre 1873 y finales de siglo los precios agrarios cayeron notablemente a causa de la irrupción de cereales y carne más baratos procedentes o bien de países jóvenes, como Estados Unidos, Canadá, Australia o Argentina, que habían incrementado su productividad con la incorporación al campo de mayores dosis de capital tecnológico, o de una Rusia que había aprovechado las reformas que siguieron a la abolición de la servidumbre para acrecentar notablemente su producción. La crisis ponía de manifiesto la contradicción entre las economías agrarias, menos eficientes y dinámicas, como la española, y las nuevas economías agrarias de los países ultramarinos, que en plena revolución de los transportes podían situar su producción en los puertos españoles a unos precios competitivos. Ante esta situación se abría una doble opción para la agricultura española. Bien incorporar nuevas tecnologías y sistemas de producción más eficaces buscando la competitividad en los mercados, dentro de un marco de apertura hacia el mercado mundial, o bien atrincherarse en un proteccionismo más acusado. La primera opción resultaba inviable a corto plazo por razones sociales y económicas. Al fin y al cabo no se puede disociar la evolución del sector agrario del contexto global socio-económico. La estructura de la propiedad de la tierra, la abundancia de una mano de obra barata, las carencias de la oferta industrial y la trayectoria anterior, componían un cuadro negativo para una respuesta inmediata. Se eligió la segunda opción, que tenía como horizonte una agricultura rentable artificialmente a base de la protección y de los precios políticos resultantes. Además el ambiente de las agriculturas europeas era proclive a seguir la misma dirección. Por todas partes se demandó mayor proteccionismo del Estado: defensa arancelaria, creación de ministerios específicos, petición de subvenciones, mayor preocupación por la enseñanza agraria. A la par, los agricultores constituyeron asociaciones propias que les permitían actuar como grupos de interés y de presión frente a los poderes públicos. En esta demanda de mayor protección los agricultores solían coincidir con los intereses de determinados sectores industriales, igualmente dispuestos a defenderse detrás de las barreras arancelarias. Así sucedió también en España. Pasada la proclividad librecambistas del Sexenio, la etapa de la Restauración se encaminó hacia un proteccionismo más rotundo que encontró su máxima con el arancel de los años 90.

Pero esta respuesta también vino acompañada, cuando las condiciones lo hicieron posible, de un intento por incrementar las tasas de productividad y acentuar los niveles de especialización en los sectores más capaces de penetrar en los mercados exteriores. Estas transformaciones se consolidaron en Gran Bretaña, zonas del sur de Francia, llanuras flamencas, Renania, Holanda, Dinamarca, valle del Po, la llanura Suiza, o, por supuesto, el levante español, lugar donde se desarrollaron con toda su potencialidad los cultivos especializados desde mediados de siglo, cristalizando una pujante economía agraria de exportación. A la altura de 1900 la superficie cultivada del trigo había disminuido considerablemente en España, de 5.100.000 hectáreas en 1860 a 3.700.000, síntoma indicador de una similar reducción de la superficie global del cereal de 9 millones de hectáreas aproximadamente a 7 millones. Por el contrario se había incrementado en el mismo periodo la superficie dedicada a la vid, de 1.200.000 hectáreas a 1.450.000, a pesar de la contracción finisecular derivada del fin del auge producido por la enfermedad de la filoxera en Francia. Igual sucedió con el olivar, que evolucionó desde las 859.000 hectáreas de 1860 a las 1.350.000 de 1900. Todo ello tuvo su repercusión en la producción final. Entre las mismas fechas disminuyó la de trigo aproximadamente un 14 por 100, mientras que la de vid se duplicó y la del olivar aumentó en un 50 por 100. Desde 1875 las exportaciones de trigo, que realmente nunca habían tenido mucha importancia, se vuelven insignificantes. En cambio las exportaciones de aceite de oliva representaron sucesivamente 18 millones de pesetas en el quinquenio 1855-1859, 20 millones entre 1885-1889 y 24 millones entre 1895-1899. El salto más espectacular correspondió a las naranjas, que a mediados de siglo participaban escasamente en las exportaciones, pero que consolidan una mayor presencia a través de su constante crecimiento desde los 2,7 millones de pesetas del quinquenio 1855-1859 a los 19 millones de 1880-1884 y a los 42 millones de 1895-1899. Las almendras y el corcho siguieron una evolución similar, mientras que para el vino común a finales de siglo había pasado su edad de oro del periodo 1875-1889, coincidente con los problemas europeos de la filoxera.

18.6. ¿Fracaso o atraso de la industrialización española?

Con respecto a otros países del occidente europeo, la España del siglo XIX ofrece muestras evidentes de atraso económico. Sin embargo, tal idea no debe conducir a una conceptualización absoluta. El término *atraso* no es sinónimo de inmovilismo. Sobre la valoración del desarrollo económico español del siglo XIX existe un denso debate, aún abierto, con planteamientos interpretativos contrapuestos. En los años 70 de nuestro siglo la corriente historiográfica predominante valoró la centuria anterior como el siglo del *fracaso* de un proyecto nacional de revolución industrial, que fuese homologable al clásico binomio británico algodón más siderurgia. El principal portavoz de esta teoría, Nadal, ha sostenido que la causa fundamental de este fracaso residió en la inadaptación del sistema político y social a las nuevas circunstancias económicas que la pérdida del estatus imperial provocó en el país. La inexistencia de «un mercado interior en estado de formación avanzado» y la falta de integración de la economía nacional, facilitadas ambas por una agricultura atrasada, un escaso crecimiento demográfico, la carencia de recursos energéticos y buenas condiciones para el transporte, y unas estructuras socioculturales rígidas y anquilosadas, constreñirían la industria a su mínima expresión, reducida a enclaves como el catalán o el vasco. La economía española por tanto quedó a lo largo del siglo XIX en una posición «periférica», rezagada de la mayoría de los países occidentales centrales, pero al mismo tiempo separada de aquellas naciones cuya industrialización se ha iniciado muy tardíamente, ya en el siglo XX. Esta matización que Nadal aportaba ha sido olvidada en otras caracterizaciones del fracaso industrial español, al igual que la de José Acosta, que ha presentado a una nación subdesarrollada, fuertemente dependiente, en estado *cuasi*-colonial, sometida a las directrices del capital extranjero y a los términos de intercambio del comercio exterior. Es por ello por lo que a los defensores de la noción nadaliana del fracaso se les ha acusado de *exogenistas*, es decir, que dan más importancia a factores externos tales como la pérdida de las colonias y la inserción de la economía española en el naciente sistema mundial regido por Gran Bretaña.

Este cuerpo teórico ha sido ampliamente combatido en la última década por los denominados *endogenistas*, encabezados por Gabriel Tortella, defensores de la inserción de España en esta economía mundial, hacia la que debería haberse abierto mucho más, y que señalan como principales factores del atraso las causas geográficas, sociopolíticas y culturales internas de la Península. Fuertemente críticos con las prácticas aislacionistas y proteccionistas que se han dado tradicionalmente en la historia española, prefieren el término «atraso» al de «fracaso» y relativizan el peso de éste, recalcando el lento pero existente camino hacia la modernización del país. Por ello han partido de la elaboración de nuevas series estadísticas y de modelos contrafactuales, es decir, valorando las alternativas posibles a las decisiones económicas que se tomaron realmente. Tortella ha recalcado así la inevitabilidad de la desamortización del suelo, los efectos dinamizadores de la explotación minera, en concreto en el País Vasco, tesis que sigue siendo muy discutible, el papel bienhechor de la inversión extranjera para la economía y lo dañino del proteccionismo sobre una industria ineficiente, y por último, el grado de complejidad y flexibilidad de la estructura productiva española y la diversificación de sus exportaciones a lo largo del tiempo, lo que la aleja de cualquier parecido con los actuales países subdesarrollados. Partiendo de este punto de vista, Leandro Prados de la Escosura replantea muchas de las tesis de Nadal. En concreto, niega el peso de la pérdida de las colonias como causa destacada del atraso, afirma el efecto positivo del comercio exterior sobre la economía, que habría sido más importante de haberse dado un mayor grado de apertura, y responsabiliza del atraso, no a la agricultura, que según él incrementó su productividad, sino a una industria ineficiente que fue incapaz de competir en los mercados exteriores, por lo que necesitaba sobreprotección, y de restar mano de obra al campo, que no fue, por tanto, presionado hacia la mecanización. La visión final resulta mucho más optimista que antaño, alejando a España de los sistemas bloqueados del *Tercer Mundo* y acercándola al crecimiento del resto de Europa, si bien con un considerable retraso.

Esta visión más optimista es compartida también por Albert Carreras, partiendo de los niveles de la producción industrial española: el siglo XIX no puede ser caracterizado como una época de simple estancamiento, con periodos de crecimiento muy rápido entre 1830 y 1860 y más ralentizado desde esta fecha. Los principales elementos del atraso industrial español se situarían, bien en el primer tercio del siglo XIX, marcando un punto de partida netamente retrasado con respecto a otros países europeos, bien en el periodo 1935-1950, como consecuencia de la guerra y sobre todo de la opción aislacionista del régimen de Franco.

En suma, cualquier explicación sobre la evolución de la industria española en el siglo XIX que pretenda tener un carácter global, debe plantearse la cuestión tanto desde el lado de la oferta como desde la demanda. En la España decimonónica una tupida red de carencias, desfases y distorsiones estructurales encenagan los canales de la acumulación interior. Parte de este atraso es atribuible a la persistencia de estructuras anacrónicas en el campo que perfilan un conjunto de baja productividad, aunque no de in-

CUADRO 18.9

Tasas de crecimiento, entre promedios quinquenales, de la producción industrial española, 1831-1905

	(en %)
1831-35/1841-45	4,3
1841-45/1846-50	4,6
1846-50/1851-55	6,0
1851-55/1856-60	4,0
1856-60/1861-65	2,2
1861-65/1866-70	0,7
1866-70/1871-75	5,4
1871-75/1876-80	2,2
1876-80/1881-85	3,5
1881-85/1886-90	0,1
1886-90/1891-95	3,2
1891-95/1896-1900	1,8
1896-1900/1901-05	2,3

Fuente: Carreras, A., «Un nuevo índice de la producción industrial española: 1831-1980», *Papeles de Economía española*, núm. 20 (1984), pág. 112.

movilismo. La desamortización, la disolución del régimen señorial y la desvinculación consolidaron las anteriores estructuras de propiedad, y las posteriores dificultades económicas de la nobleza de cuna ocasionaron transferencias de propiedad en el interior de las elites sin mayores cambios sustanciales. La puesta en cultivo de nuevas tierras desembocó más en el aumento de la producción que de la productividad. El acceso de las burguesías al mercado de tierras se saldó con la extensión generalizada de los comportamientos rentísticos: es decir, los propietarios actúan más como empresarios de rentas agrarias que como empresarios agrarios. En los latifundios la maximización de las rentas se basó en la mano de obra abundante y barata y la presión sobre los salarios con la subsiguiente demanda interna bajo mínimos y falta de innovaciones técnicas. La propia precariedad de los minifundios reforzó esta tendencia.

Los recursos mineros en los que España era rica (hierro, plomo, cobre, mercurio) entraron en una acelerada explotación en el último cuarto de siglo, pero no trajeron como consecuencia un fenómeno de desarrollo industrial paralelo en estas áreas, con la posible excepción del País Vasco. Su aportación a la industrialización no resultaría, por tanto, significativa en términos directos, aunque al colaborar decisivamente en la balanza comercial permitió la importación de *inputs* de todo tipo, básicos para el equiparamiento de la industria. Tampoco se dio un sustancial *tirón* de los ferrocarriles sobre la industria pesada como podría haber ocurrido, tema también objeto de debate en la época y la historiografía posterior. La desvinculación entre la construcción del ferrocarril y la producción siderúrgica interior fue percibida por los industriales del ramo como una auténtica tragedia, como la ocasión perdida para el despegue definitivo. El auge ferroviario de 1860-65 culminó en una masiva importación de hierro extranjero, sin embargo la incidencia sobre la producción interior fue escasa. Se lamentaban los industriales en 1862: «España, que sólo consume tres millones de quintales de hierro, recibe del extranjero 1.800.000. Nuestras fábricas a la hora presente habrían podido producir lo bastante para abastecer el mercado, pero lo ha impedido el estímulo que debe darse a las empresas de ferrocarriles, que tienen el privilegio de importar libre de derechos todo el hierro que necesiten.» Lo que ha puesto en duda la historiografía posterior es si el nivel tecnológico de la industria siderúrgica de aquella época le hubiera permitido hacer frente al colosal incremento de la demanda ferroviaria.

Por otro lado, el déficit crónico de la hacienda pública absorbe recursos que, si bien posibilitan la financiación estatal del tendido ferroviario a través del régimen de subvenciones, consolidan el *rentismo* de las elites y las capas medias y canalizan inversiones hacia áreas improductivas. La elite económica madrileña de mediados del siglo XIX —síntesis de la nacional— es una compacta mezcolanza de caseros de fincas urbanas, prestamistas a corto plazo, tenedores de deuda pública y perceptores de rentas agrarias. Los promotores de empresas son una pequeña minoría, siempre limitados por la escasez de recursos y la ausencia de una red bancaria articulada. Entre 1830 y 1870 las prácticas del banquero madrileño, desde Norzagaray hasta Carriquiri o Gaviria están asociadas a negocios con el Estado y al esquema antedicho.

En resumen, atraso técnico, escaso excedente y baja productividad, distribución negativa de la renta, extensión del rentismo, deficiencias de la red bancaria y control de recursos básicos por parte del capital extranjero, conforman los frágiles cimientos sobre los que se asienta el edificio industrial, resuelto a través de estructuras artesanales y de empresas familiares en condiciones de autofinanciación al abrigo de un régimen de protección arancelaria hasta las tímidas correcciones de 1869.

18.7. La industria siderúrgica. Málaga, Asturias, Vizcaya

El sector siderúrgico ha sido considerado uno de los puntales básicos de la primera industrialización en los países de Europa. Por ello la historiografía se ha ocupado con detenimiento de la especificidad del sector en España y de su análisis regional. Los trabajos de Nadal, Ojeda, González Portilla y Escudero, entre otros, han creado una sólida base de explicación.

La evolución de la industria siderúrgica pone de manifiesto las insuficiencias energéticas del país y las dificultades para la aplicación de las innovaciones tecnológicas procedentes del exterior. El despegue de la moderna siderurgia europea del siglo XIX siempre estuvo asociado a la abundancia del coque; de ahí la dependencia en su localización espacial de las fuentes de energía. El binomio hierro-coque permitió la utilización más eficaz de las nuevas tecnologías y la superación de las desventajas del carbón vegetal, cada vez más escaso, sobre todo en los países mediterráneos sometidos a una profunda deforestación de alcance irreparable. En España los tres focos siderúrgicos que se desarrollan sucesivamente a lo largo del siglo XIX revelan la crisis del carbón vegetal, su sustitución por la hulla asturiana, demasiado cargada de impurezas, y el definitivo triunfo del coque británico como elemento impulsor del despegue siderúrgico vasco en íntima colaboración con el mineral de hierro del anticlinal del Somorrostro, especialmente revalorizado gracias a los nuevos avances tecnológicos, desde el convertidor Bessemer hasta el procedimiento Martin. Un despegue asentado fuera de los límites cronológicos de este libro.

El periodo 1830-1874 es la época de la imposible consolidación de la siderurgia andaluza, pionera en la apertura de altos hornos, que asoció los capitales del puerto de Málaga, el mineral de la región y el carbón vegetal. A mediados de siglo ya resultaba evidente la precariedad de un esfuerzo industrial cuyo futuro estaba seriamente cuestionado por su limitada competitividad, puesta de relieve en los elevados costes comparativos de producción. A comienzos de los años 30 se habían instalado dos fábricas en Marbella y Málaga, *La Concepción* y *La Constancia,* por iniciativa de la familia Heredia. Posteriormente se abrió algún otro establecimiento. Treinta años después la decadencia era irreversible.

Las ventajas comparativas de la naciente siderurgia asturiana, a la altura de 1850, acoplada a la hulla de la cuenca del Nalón, provocaría el desplazamiento geográfico de la siderurgia española hacia el norte como preludio de una situación completada en los años 80 con el desarrollo de la siderurgia vasca. Según las estadísticas mineras en 1856 el 44 por 100 de la producción siderúrgica interior procedía del núcleo andaluz, el 20 por 100 de la ferrería tradicional vasca y el 16 por 100 de la región asturiana. Un decenio después el vuelco era considerable: un cambio hacia lo que se ha denominado la localización más racional de la trama siderúrgica. En 1868 el foco andaluz proporcionaba un contingente casi inapreciable, por debajo del 5 por 100 sobre el total interior. Por el contrario, la siderurgia asturiana se sitúa en pleno proceso de expansión, con centro en la zona de Mieres-La Felguera, absorbiendo el 46 por 100 de la producción nacional. Los primeros pasos dados entre 1844 y 1849 por *La Asturiana Mining Company,* creada con el objetivo de explotar minas de carbón e instalar altos hornos en la zona de Mieres, fueron continuados por la *Compagnie minière et metallurgique de Asturies*

Cuadro 18.10

Producción siderúrgica española
(Medias anuales en miles de toneladas)

Años	Hierro colado					Hierro forjado (sistema directo)
	España	Málaga	Sevilla	Oviedo	Vizcaya	España
1861-1865	45,65	12,43	2,22	13,17	11,73	12,15
1866-1870	42,56	1,91	1,36	19,24	10,73	13,08
1871-1875	45,53	3,08	1,38	24,90	8,72	5,08
1876-1880	62,57	3,36	1,43	28,84	17,24	4,50
1881-1885	131,59	1,51	1,38	40,08	76,71	3,05

Fuente: Nadal, J., *El fracaso de la revolución industrial en España 1814-1913*, Barcelona, Ariel, 1977, pág. 167.

Cuadro 18.11

Producción de hierro colado (en miles de toneladas)

Años	España	Málaga	Asturias	Vizcaya
1856	15,22	4,81	2,65	3,15
1861	34,53	17,05	10,33	
1862	48,10	10,47	16,54	8,65
1863	45,33	10,36	6,88	12,56
1864	50,77	12,14	16,08	12,80
1865	49,53	12,16	16,04	12,90
1866	39,25	5,50	13,16	9,79
1867	41,93	0,89	21,15	10,00
1868	43,16	0,70	19,72	11,11
1869	34,48	0,72	15,72	10,42
1870	54,00	1,74	26,44	12,31
1871	53,60	3,65	20,93	15,45
1872	56,46	1,96	26,33	14,80
1873	42,82	2,04	23,45	9,00
1874	37,87	3,20	27,59	1,44
1875	36,90	4,55	26,21	2,90
1876	44,49	5,99	30,39	5,35
1877	46,91	4,35	24,15	8,65
1878	66,76	2,57	29,63	17,46
1879	68,74	1,97	29,16	20,54
1880	85,93	1,92	30,86	34,20
1881	114,39	1,83	38,14	62,99
1882	120,06	0,91	47,34	58,92
1883	139,92	1,86	38,52	85,23
1884	124,36	1,37	40,10	68,13
1885	159,22	—	36,30	108,29

Fuente: Nadal, J., *El fracaso...*, *op. cit.*, Apéndice 6.

entre 1862 y 1865, y por la *Houilliere et metallurgique des Asturies* hasta 1868. Pero el caso más significativo fue la constitución de la *Sociedad Metalúrgica Duro y Cía.*, en 1857, en cuyo consejo de administración tomaban asiento destacados comerciantes de la región y de Madrid, además de algún político: Pedro Duro, Julián Duro, Vicente Bayo, Federico Victoria Lecea, Alejandro Mon, y los marqueses de Pidal y Campo de Sagrado. En 1859, la fábrica instalada en La Felguera ponía en marcha su primer alto horno.

Las estadísticas de 1868 señalan que el País Vasco proporcionaba el 26 por 100 del total interior, como preámbulo de un salto cualitativo que tomará cuerpo diez años después, cuando la siderurgia vasca acelere su modernización tecnológica al abrigo de la exportación de mineral de hierro a Gran Bretaña y a la importación de combustible de esta procedencia. A finales de siglo los altos hornos de la cuenca del Nervión desplazarán en importancia a los asturianos, sentando una preponderancia que no oculta el modesto lugar de la producción siderúrgica española en el contexto europeo, lo que provoca la presión de los fabricantes vascos para conseguir mayores tasas de protección arancelaria. La historia había tenido un anticipo en 1841 con la apertura de la fábrica de *Santa Ana de Bolueta*, posteriormente completada con la fábrica *Carmen* de Baracaldo, de la familia Ybarra, desde 1855, y la de *San Martín*, en Beasaín, en 1862. Estos primeros ensayos respondían a una estrategia de modernización que intentaba superar la crisis de la ferrería tradicional vasca agudizada por la competencia de los productos británicos y por las consecuencias del arancel de 1841. El salto definitivo se inició en 1873 con la adquisición por el marqués de Mudela, Francisco de la Rivas, de un establecimiento todavía inconcluso de origen británico que empezó a funcionar en 1879: la fábrica de *San Francisco* en Sestao. Mudela era uno de los prototipos de los que hemos denominado en otro lugar burguesía mendizabalina. Sucesivas operaciones especulativas y afortunadas compras de tierra, le auparon como uno de los principales empresarios vitivinícolas de La Mancha, lo que plantea la incorporación en los orígenes de la moderna siderurgia vasca de capitales del interior, fenómeno que ensancha el horizonte de la exclusiva relación bilateral País Vasco-Gran Bretaña como plataforma única de la expansión siderúrgica vasca. En 1882 la compañía de los Ybarra se transformó en la sociedad anónima *Altos Hornos y Fábricas de Hierro y Acero*. En el mismo año

CUADRO 18.12

Producción media anual de mineral de hierro en Vizcaya

Quinquenios	Toneladas	Porcentaje respecto de la producción de España
1861-1865	81.776	40,45%
1866-1870	159.055	50,72%
1871-1875	243.720	38,79%
1876-1880	1.144.927	67,44%
1881-1885	3.329.231	80,82%
1886-1890	4.009.702	77,21%
1891-1895	4.394.683	81,80%
1896-1900	5.487.026	69,54%

Fuente: González Portilla, M., *La formación de la sociedad capitalista en el País Vasco 1876-1913*, San Sebastián, L. Haramburu, 1981, vol. 1, pág. 50.

nacía *La Vizcaya* y en 1888 la sociedad anónima *Iberia*. Tripleta fundida en 1902 en la sociedad *Altos Hornos de Vizcaya*, el símbolo por excelencia de la siderurgia vasca.

18.8. Cataluña, la fábrica de España

A mediados del siglo XIX Cataluña se presenta como la punta de lanza de la industrialización española. Está en proceso de constitución un tejido industrial que supera los cauces del artesanado tradicional para asentarse en la fuerza de vapor, en la organización del trabajo a partir de la fábrica y en la presencia de una burguesía industrial en la plena acepción del término. Según los datos de Pérez Moreda, a la altura de 1860 la estructura de la población activa en la provincia de Barcelona refleja a la perfección la extensión de una cultura industrial: la industria ocupa el 41,4 por 100, mientras que la agricultura un 37,5 por 100 y los servicios el 21,1 por 100. El origen se ha situado en los últimos decenios del siglo XVIII en que cristalizó una larga tradición artesanal y comercial anterior. Siendo el símbolo de esta industrialzación el algodón, el debate historiográfico surge sobre las variables que hicieron posible las transformaciones acaecidas en la coyuntura finisecular del siglo XVIII. Ha sido matizada la explicación tradicional que vinculaba en una relación causa-efecto el surgimiento de la industria textil con el mercado colonial, una vez realizada la apertura del mismo por el reformismo borbónico. Se suponía que junto con el aprovisionamiento de materias primas americanas la mayor parte de la demanda se realizaba en Indias. Las revisiones posteriores han insistido en la importancia del mercado interior catalán y de zonas próximas como principal acicate de la industria, que ofrece una evidente capacidad de modernización. La cuestión es que Cataluña aprovechó unas condiciones excelentes para iniciar la aventura industrial sobre un basamento sólido. Independientemente de la importancia que se le conceda al mercado colonial, lo cierto es que Cataluña, con centro en el puerto de Barcelona, estaba inscrita en una trama comercial muy desarrollada desde etapas anteriores. Una actividad comercial que supo rentabilizar al máximo las transformaciones agrarias en el siglo XVIII en el terreno de la vid. La exportación de aguardientes generó unos beneficios óptimos y lubricó los canales de la acumulación. El sistema de contrato *rabassa morta* era el soporte agrario de esa comercialización exterior hacia los puertos del litoral mediterráneo y al mundo colonial. Pero no fue sólo el aguardiente el único elemento de la trama. A ello se añadió desde principios del siglo XIX el azúcar y el tráfico de esclavos con Cuba ofreciendo unas constantes que se prolongarán al menos hasta 1860, como han demostrado Fradera y nuestras propias investigaciones: la no ruptura de las relaciones entre Barcelona y América, que en la primera mitad del siglo XIX encuentra su máximo en las Antillas. Importante base comercial del crecimiento industrial.

Sobre una sedimentada tradición manufacturera y artesanal que se va ligando a inversiones procedentes de la comercialización, a la altura de 1760 se ha asentado una importante industria lanera que importaba materias primas de Castilla y Aragón. Maluquer y Torras han aportado en diversos aspectos el contexto de este crecimiento: mejora de la oferta con la aplicación de innovaciones técnicas y el bajo coste de mano de obra, con la consiguiente disminución de los precios relativos, a lo que se une la utilización más extendida de la fuerza hidráulica. Mientras, el estímulo del mercado procedía del consumo interno de la región y zonas adyacentes auspiciado por el incremento poblacional. A la par el sector de la exportación se desarrolla sobre todo en la fabricación de aguardientes y la construcción naval. Un marco en el que estalla el símbolo de la industrialización de Cataluña, el textil algodonero, desde 1770 aproximadamente. Hasta estas fechas la especialización había residido en el estampado y acabado de telas crudas procedentes de Francia y Alemania. Ahora sería el turno del hilado y fabricación de tejido. Cataluña aprovecharía las ventajas de unos costes comparativos menores del algodón con respecto a la lana, tanto de la materia prima como de las posibilidades de mecanización que permitían aprovechar las bases ya existentes del sector lanero sin grandes inversiones. La explicación de García Baquero asociando directamente el primer impulso algodonero con el mercado americano, en la triple conexión algodón de Indias, capitales comerciales y mercados americanos, fue continuada pero matizada por Martínez Shaw y posteriormente replanteada. Nadal ha señalado que en el mejor de los casos sólo una quinta parte del total producido fue absorbido por los mercados coloniales de la época, en una explicación generalizada que insiste en un mercado interior activo centrado en Cataluña y regiones adyacentes. En todo caso, como ya hemos señalado antes, el marco de explicación debe tener en cuenta el trasiego comercial y los beneficios derivados del mismo.

Una vez superada la crisis política de la transición hacia el nuevo régimen liberal y la pérdida del imperio americano, por lo ya señalado de menores consecuencias para la industria catalana de lo que se había supuesto, el textil catalán acentúa su proyección hacia el mercado interior español. Desde los años 30 se asiste al despegue definitivo del algodón catalán, configurando treinta años de revolución industrial: mecanización, organización más eficaz del trabajo, incremento de la demanda... en un contexto proteccionista con tendencia a la baja de los aranceles de 1841 y 1849. Prados de la Escosura ha establecido la tendencia a largo plazo. Entre 1800 y 1913 el consumo per cápita del textil catalán se duplicó, con una etapa de especial aceleración entre 1830 y 1860, y de limitado crecimiento entre 1860 y 1890. Según las reelaboraciones de Carreras, a partir de Nadal, Maluquer e Izard, entre 1835 y 1861 resulta evidente el despegue de la industria algodonera catalana. Primero, las importaciones de algodón en rama pasan de 2,9 toneladas en 1835 a 15,3 en 1850 y a 20,1 en 1861. Segundo, el incremento de la mecanización queda ejemplificado en el número de los husos me-

CUADRO 18.13

Importaciones de algodón en rama (en toneladas)

Años	Barcelona	Málaga	España
1816	867		
1817	1.109		
1818	1.137		
1819	1.996		
1820	2.013		
1821	?		
1822	?		
1823	?		
1824	2.647		
1825	1.318		
1826	2.417		
1827	2.782		

Años	Barcelona	Málaga	España
1828	?		
1829	?		
1830	?		
1831	3.902		
1832	?		
1833	?		
1834	3.416		
1835	2.912		
1836	3.682		
1837	4.341		
1838	5.178		
1839	3.740		
1840	8.387		
1841	8.449		
1842	4.933		
1843	2.672		
1844	7.078		
1845	15.419		
1846	6.898		
1847	7.426		
1848	10.753		
1849	12.351		11.908
1850	15.271		15.744
1851	14.768		15.343
1852	15.958		16.166
1853	14.968		16.257
1854	14.647		16.958
1855	17.131		17.155
1856	25.808		27.554
1857	14.217	612	17.292
1858	18.767	850	21.407
1859	21.773	?	24.369
1860	21.207	?	23.930
1861	20.053	1.297	26.570
1862	11.435	791	12.714
1863	14.841	1.335	16.556
1864	12.450	953	13.814
1865	12.832	1.052	14.570
1866	16.671	1.434	19.008
1867	18.192	1.409	20.518
1868	20.364	1.018	22-417
1869	16.195	842	19.630
1870	23.168	2.012	26.804
1871	31.441	1.297	35.160
1872	25.094	1.548	28.037
1873	23.263	2.010	27.245
1874	34.136	2.144	37.821
1875	29.742	2.386	33.722
1876	35.202	2.396	39.178
1877	30.398	2.009	33.963
1878	31.105	2.172	35.951
1879	31.499	2.356	36.746
1880	40.400	1.859	44.778
1881	41.143	2.398	45.085
1882	42.011	2.064	46.385
1883	48.570	2.867	54.297
1884	47.594	3.244	52.622
1885	43.484	2.692	48.803
1886	41.379	2.557	45.812

Fuente: Nadal, J., *El fracaso...*, *op. cit.*, Apéndice 7.

La Maquinista terrestre marítima de Barcelona.

cánicos: 27.000 en 1835, 623.000 en 1850 y 763.000 en 1861. Tercero, el uso del vapor experimenta un crecimiento paralelo: 115 caballos de vapor en 1835, y 9.960 en 1861.

El caso de la industrialización catalana es el ejemplo paradigmático del perfecto acoplamiento entre un proyecto industrializador y el aprovechamiento de las condiciones que lo optimizan. El algodón más que la lana permitió acoplar diferentes realidades que desembocan en la industrialización. Cataluña se especializó en la producción de bienes de consumo y no en una industria pesada para la que no poseía las ventajas requeridas: materias primas y carbón. A la altura de los años 60 Cataluña era la principal región industrial de España, a la que abastecía en la mayor parte de sus necesidades textiles. El problema residía en el raquitismo del mercado interior español. La crisis de los años 60 en la que se encadenan los efectos de la Guerra de Secesión americana y la crisis económica de 1866, multiplicada por la inestabilidad política del Sexenio, ralentizaron el crecimiento a la espera de una nueva fase de expansión ya en tiempos de la Restauración con nuevos retos como la *saturación* del mercado interior.

La defensa más acusada de las tesis proteccionistas marcará la respuesta política de la burguesía industrial catalana. El desarrollo catalán tuvo una gran influencia sobre el conjunto de la industria textil española. Según los datos aportados por Nadal sobre fuentes fiscales, entre 1856 y 1900 resulta evidente el incremento del peso específico del textil catalán en el conjunto de la contribución industrial global de este ramo. De forma paralela disminuyó el porcentaje del textil de otras zonas: Castilla la Nueva del 3,51 al 0,92 por 100; León, del 3,54 al 0,93; Castilla la Vieja, del 6,40 al 1,97; Aragón, del 2,59 al 1,28; País Valenciano del 6,80 a 4,48 y Andalucía, del 7,05 a 5,51. «Las ganancias que acabamos de mencionar se obtuvieron a expensas de los telares manuales, de los sectores no algodoneros y de las regiones textiles no catalanas», argumenta Nadal. Era la derrota de unas estructuras artesanales frente al empuje de los nuevos aires de la revolución industrial.

Además Cataluña tuvo una gran capacidad de atracción de industrias textiles antes especialidad de otras regiones. Fue el caso de la industria lanera, que durante la edad moderna había sido patrimonio de Castilla, dada su ventaja como productora de una materia prima de excelente calidad. Sin embargo en el siglo XIX no superó el estadio artesanal, mientras que Cataluña pudo aplicar al sector lanero sin dificultades todo el entramado técnico, comercial y humano de la industrial algodonera. Un caso similar es el de la seda valenciana y murciana, industria tradicional de estas regiones que a mediados del siglo XIX tiende a concentrarse en Barcelona. A pesar de una materia prima de buena calidad, la seda levantina permaneció en un estadio artesanal, sobre la que inciden elementos negativos como la competencia de otros cultivos más rentables como los cítricos, el descenso de la demanda de los sederos lioneses, y la enfermedad del gusano que desveló las carencias estructurales acumuladas.

No obstante la industria textil catalana no arrastró a una industria metalúrgica o mecánica a su servicio. En este aspecto antes de 1880 el balance catalán es muy frágil, más allá de algunas empresas significativas como el caso de la *Maquinaria terrestre y marítima*, creada en 1855 a partir de la fusión de otros establecimientos.

18.9. Otras formas de industria. Artesanías y talleres

En definitiva antes de la Restauración solamente en Cataluña existe una cultura industrial asentada a cualquier nivel que se considere. En el País Vasco habrá que esperar a los dos últimos decenios del siglo para que cristalicen plenamente unas relaciones industriales similares. Pero ¿esto significa una quietud industrial absoluta en el resto de España? En los últimos años los avances historiográficos han permitido establecer una valoración mucho más depurada del producto industrial durante los dos primeros tercios del siglo XIX. Además, los análisis regionales han permitido abrir nuevas perspectivas y llegar a una conclusión: la importancia de la industria artesanal en la producción final española, no desarrollada bajo los símbolos de la revolución industrial. Nos referimos a los múltiples talleres, manufacturas embrionarias, formas de trabajo a domicilio, que salpican el territorio español y que en épocas de la Restauración darán lugar en su evolución a embrionarios desarrollos industrializadores bajo pautas más modernas. Es una lenta transición que adquiere niveles de desarrollo diferentes dentro de un mismo sector de unas regiones a otras.

En la industria agroalimentaria coexisten diversas formas de producción pero to-

CUADRO 18.14

Producto Interior Bruto, población y PIB per cápita de las regiones españolas, 1800-1983

	Madrid			País Vasco			Cataluña			Valencia		
Año	PIB	Pob.	PIB/cáp.	PIB	Pob.	PIB/cáp.	PIB	Pob.	PIB/cáp.	PIB	Pob.	PIB/cáp.
1800	2,7	2,4	1,1	2,0	2,7	0,7	8,3	8,1	1,0	5,7	8,0	0,7
1860	9,6	3,1	3,1	3,0	2,7	1,1	13,3	10,7	1,2	7,7	8,1	1,0
1900	9,1	4,1	2,2	4,0	3,2	1,3	16,3	10,6	1,5	7,7	8,5	0,9

	Baleares y Canarias			Murcia			Galicia			Asturias y Cantabria		
Año	PIB	Pob.	PIB/cáp.	PIB	Pob.	PIB/cáp.	PIB	Pob.	PIB/cáp.	PIB	Pob.	PIB/cáp.
1800	3,7	3,5	1,1	1,8	2,8	0,6	5,5	10,8	0,5	4,5	5,2	0,9
1860	2,3	3,2	0,7	1,9	2,5	0,8	5,9	11,5	0,5	3,6	4,8	0,8
1900	2,7	3,6	0,8	2,3	3,1	0,7	7,1	11,0	0,6	5,1	4,9	1,0

	Aragón, Navarra y Rioja			Andalucía			Castilla-León			Cast.-La Mancha y Extrem.		
Año	PIB	Pob.	PIB/cáp.	PIB	Pob.	PIB/cáp.	PIB	Pob.	PIB/cáp.	PIB	Pob.	PIB/cáp.
1800	10,5	9,6	1,1	25,7	18,0	1,4	15,6	14,8	1,1	14,0	14,1	1,0
1860	8,8	8,7	1,0	21,6	18,9	1,1	11,4	13,5	0,8	10,9	12,3	0,8
1900	7,8	7,6	1,0	16,8	18,8	0,9	11,4	12,5	0,9	9,9	12,1	0,8

Fuente: Carreras, A., *Pautas regionales de la industrialización española (siglos XIX y XX)*, Barcelona, Ariel, 1990, páginas 12-13.

davía son dominantes las más tradicionales, lo que no es óbice para insistir en la importancia que tiene la industria harinera en la economía castellana o, posiblemente en un grado superior de evolución, la industria vitivinícola para La Mancha y, principalmente, Cataluña y Andalucía, donde el sector de la exportación está alimentado de los apreciados caldos de la región. En Valencia las transformaciones agrarias de la segunda mitad del siglo y el desarrollo de una agricultura para la exportación, estimulan un desarrollo industrial nada desdeñable y muy vinculado a esta realidad: química, metalurgia y madera. En el norte de Cataluña surge una industria corchera en relación con el desarrollo vitivinícola. En Aragón, con centro en Zaragoza, se observa una decadencia paulatina de su textil tradicional, compensada con el desarrollo de la industria harinera que busca sus mercados en Cataluña. En todas partes aparecen talleres metalúrgicos destinados a unas necesidades inmediatas. En resumen, se desarrollan industrias locales para un mercado próximo pero sin alcance nacional. En Madrid se aprecia desde la mitad de siglo un cierto dinamismo industrial desconocido en épocas anteriores, con un sector punta, el tipográfico y editorial, que incorpora desde los años 60 innovaciones tecnológicas, para convertirse en la divisa de la industria de la capital. Junto a ello evoluciona el gran taller vinculado al consumo de lujo o la manufactura protegida, como la fábrica de tabacos, que absorbe en sus mejores momentos 2.000 jornaleras. Los talleres de la M.Z.A. se convierten en el principal representante de la industria maquinaria de la ciudad. En casi todas las ciudades de cierta envergadura los ensanches promovidos desde los años 60 o las remodelaciones de los viejos cascos, tienen una enorme capacidad multiplicadora sobre el conjunto del sector secundario. Todo este conjunto a escala nacional toma fuerza e impulso del ferrocarril, aglutinador del mercado interior, y por la demanda que se deriva del mismo.

Diferentes tipologías y objetivos, dispares formas de producción, son las variables que explican un sistema industrial que el ferrocarril integra. Industrias con una vocación nacional al socaire de la protección, como la catalana y la vasca fundamentalmente; industrias de alcance regional, vinculadas a las transformaciones agrarias y a los estímulos provenientes de los centros urbanos a los que se subordinan, e industrias locales en las que el incremento poblacional o sus transformaciones morfológicas sirven de acicate.

Según las estimaciones de Carreras el producto industrial español fue apreciable entre 1835 y 1936. En este largo plazo existe una profunda unidad en las tasas de crecimiento, con desniveles marcados por el punto de inflexión de los años 60. Entre 1835 y este decenio resulta visible el mayor crecimiento con las tasas del 4 por 100 anual aproximadamente. Después de los años 60 se produce un frenazo, con tasas anuales del 2 por 100, síntoma de un crecimiento más ralentizado, pero constante. Utilizando un indicador más integrador como es el producto interior bruto, entre 1800 y 1900 las regiones de crecimiento más rápido serían Madrid, País Vasco, Cataluña y Valencia, mientras que Canarias, Baleares, Murcia, Galicia, Asturias y Cantabria, se sitúan en un escalón intermedio, y Andalucía y la España interior ofrecerían el crecimiento más lento.

Capítulo XIX

Las comunicaciones en la construcción del Estado y en la formación del mercado nacional

19.1. Los ferrocarriles

Mientras los países europeos de la fachada atlántica habían articulado su red básica ferroviaria, como factor y símbolo de modernización a partir de los años 30, en España apenas se había puesto en marcha el trazado de la red que articulara y ampliara su mercado nacional. Este retraso es más llamativo si se tiene en cuenta que no existían alternativas eficientes al transporte ferroviario. La modernización de la red rutera, el impulso del transporte por diligencias desde 1816 y el sistema de arriería, no llegaron a esbozar una estructura eficiente de transportes. Además la inexistencia de un sistema de canales interiores que animaran el tráfico fluvial hacía más necesaria la construcción de una red ferroviaria. En efecto, aparte de su efecto multiplicador sobre el conjunto de la economía, el ferrocarril fue el factor imprescindible para la articulación de espacios económicos, porque no existía más alternativa.

El año 1855 con la *Ley general de ferrocarriles* establece una línea divisoria en la evolución del sistema ferroviario en España. Hasta esa fecha bien podría hablarse de la prehistoria del ferrocarril, a partir de medidas parciales, concesiones limitadas y sin una óptica globalizadora, ahogada además por la escasa tecnología y la ausencia de instrumentos financieros que posibilitaran los proyectos. Esta fase previa coincidió con el auge societario de los años 40. Entre las innumerables sociedades anónimas que se constituyeron a partir de 1842 aparecían las primeras compañías ferroviarias, más bien de corte especulativo, y que no soportaron los envites de la crisis de 1847.

Antes de 1855 sólo funcionaban 475 kilómetros de líneas. La primera unió Barcelona con Mataró en 1844. Siete años después el marqués de Salamanca inauguraba el tramo comprendido entre Madrid y Aranjuez, como primera fase de un proyecto destinado a enlazar Madrid y Alicante, posteriormente ampliado a Albacete. Otra línea fue la de Valencia-Játiva, directamente relacionada con la expectativa de empalmar con la proyectada línea de Alicante. Más tarde comenzó a funcionar la línea de Langreo al puerto gijonés de El Musel con el fin de comercializar el carbón asturiano. Además existían las de Barcelona-Granollers, Molins del Rey-Barcelona, Jerez-Puerto de Santa María y Sabadell-Moncada.

Este primer esbozo constructor tuvo como marco legal la real orden de 31 de diciembre de 1844. El texto combinaba el papel rector del Estado y el *concurso de los particulares,* definido de manera ambigua. El Estado reserva el derecho de la concesión a «sujetos de conocido arraigo que ofrezcan, además, las garantías que el gobierno estime suficientes». Se establecía un plazo de 12 a 18 meses para la presentación de la documentación, con la reserva de la propuesta sobre otras que llegaran posteriormente. La realidad fue más allá del espíritu de la disposición. Un ambiente especulador y acaparador de concesiones marcó la tónica subsiguiente. Entre 1845 y 1846 se otorgaron concesiones por más de 6.500 kilómetros. En total fueron otorgadas más de 23 líneas, que en su inmensa mayoría no llegaron a cuajar en la práctica. Sólo subsistieron cuatro de ellas, que a la altura de 1854, apenas habían construido 186 kilómetros de tendido, es decir, el 3 por 100 con respecto a las longitudes autorizadas. Primer fracaso del ferrocarril en España, que debe ser atribuido a las imprecisiones del texto legal y a la fiebre especulativa de los años 40, pero también a insuficiencias tecnológicas y de instrumentos financieros adecuados. En suma, el problema planteado era si el país, a partir únicamente de sus recursos propios, era capaz de levantar la red ferroviaria. Por otra parte la real orden de 1844 dejaba sin establecer las formas de participación económica del Estado en la construcción del tendido ferroviario.

En 1850 una comisión parlamentaria analizó la situación para reconducir la política ferroviaria. Se trataba de diseñar un plan general de ferrocarriles trazado por el Estado, independientemente de quien se encargara de su construcción. El estudio realizado concluyó con la idea de una trama radial con centro en Madrid y cuatro arterias principales que conectaran la capital con los principales puertos del país. Seguramente, además de los criterios económicos, en el dictamen de la comisión primó la lógica centralizadora del Estado liberal. En los años inmediatos la política gubernativa en materia de ferrocarriles no tuvo en cuenta estos planteamientos. Continuó el sistema de las concesiones individuales a base de criterios de clientelismo político y de relaciones personales en el que se entremezclaban personajes de la camarilla palatina. La corrupción alcanzó notables escándalos que alimentaron la oposición política y contribuyeron al deterioro de los Gobiernos moderados. Después de la «vicalvarada» la cuestión ferroviaria fue uno de los ejes de la acción política de los progresistas.

La ley general de ferrocarriles de 1855 actuó de referente normativo, a partir de la que se diseñó y construyó una red con mayor vocación racionalizadora, con la multiplicación de las líneas y los kilómetros de vías y con el apoyo en un nuevo sistema financiero. La nueva legislación sobre sociedades de crédito y ferrocarriles estableció los marcos adecuados de acción y financiación. El capital extranjero aportó dinero, tecnología y manufacturas, en un contexto inversor privilegiado por las subvenciones estatales y las franquicias arancelarias a la importación de materiales. Todo ello estimuló la construcción del tendido a un ritmo vigoroso que permitió la instalación de una red básica entre 1856 y 1866.

Así pues, la ley de bases de 3 junio de 1855 recogía nuevamente el espíritu de la encuesta parlamentaria de 1850, en cuanto que se adoptaba un plan general y se respeta-

El ferrocarril de Aranjuez en 1851.

ba la trama radial centrada en Madrid, ordenando las líneas en dos grupos, las de interés general y las de servicio particular. La ley otorgaba las concesiones a un plazo de 99 años, preveía la revisión de las tarifas cada cinco, establecía un sistema de subvenciones por kilómetro proyectado y de franquicias para la importación de material durante el periodo de construcción de la línea y los diez años siguientes, además de plantear la posibilidad de que el Estado construyera directamente. La facultad de concesión de las líneas residía en las Cortes, intentando poner coto a la especulación anterior. Un hecho técnico importante consistió en el ancho de la vía, fijado en 1,67 metros, es decir, un ancho diferente al de los ferrocarriles europeos.

El correlato necesario para que la ley fructificara en la práctica fue su soporte financiero. Nadie dudaba de la necesidad de importar capital extranjero. La ley de sociedades de crédito de 28 de enero de 1856, que fijó las bases de actuación de las sociedades anónimas de crédito, establecía un contexto legal seguro que animó la recepción de capitales extranjeros, fundamentalmente de origen francés, que constituyeron poderosos establecimientos de crédito pronto vinculados al negocio del ferrocarril. En enero de 1856 fue autorizada la creación de la *Sociedad de Crédito Mobiliario Español*, aprobándose sus estatutos por real orden de 22 de marzo del mismo año. Con un capital de 114 millones de pesetas esta filial de la *Societé de Crédit Mobiliére Française* constituyó en diciembre de 1858 la *Compañía de caminos de hierro del norte de España*, con un capital de 95 millones de pesetas, encargada en principio de la construcción de la línea que ligase Madrid con la frontera francesa por Irún, como parte de un proyecto más global dirigido a construir el conjunto de la red de la mitad norte del país.

Perteneciente al grupo financiero de los Rothschild nació la *Sociedad Española Mercantil e Industrial*, autorizada definitivamente por real orden de 6 de mayo de 1856, con un capital social de 76 millones de pesetas. En unión con directivos de la compañía francesa *Grand Central*, adquirió al banquero madrileño José de Salamanca la línea Madrid-Almansa y la concesión para prolongarla hasta Alicante, además de obtener la concesión de la línea Madrid-Zaragoza. El proyecto era el de unir Madrid con la frontera francesa, a través de Zaragoza, con posteriores prolongaciones hacia el Mediterráneo y Portugal. En diciembre de 1856 quedaba constituida la compañía *Madrid-Zaragoza-Alicante (M.Z.A.)* con un capital de 114 millones de pesetas. Posteriormente la MZA adquirió al marqués de Salamanca la línea Castillejo-Toledo y obtuvo las concesiones para las de Alcázar de San Juan a Ciudad Real y Manzanares-Córdoba.

Ambas compañías, siguiendo las pautas de rivalidad que sus grupos financieros matrices tenían en Europa, compitieron por las líneas de otros ámbitos geográficos en España. Es el caso de Cataluña. Hasta 1878 la MZA integró a la *Compañía de Zaragoza a Barcelona*, mientras que la compañía del norte absorbió las de *Lérida-Barcelona, Barcelona-San Juan de las Abadesas* y *Barcelona-Almansa-Tarragona*.

El tercer gran grupo francés presente en España estaba dirigido por los banqueros parisinos Prost y los hermanos Guilhou, que formaron la *Compañía General de Crédito en España*, constituida definitivamente por real orden de 14 de mayo de 1856 con un capital de 100 millones de pesetas. Su ámbito de actuación fue Andalucía a partir de la concesión de la línea Sevilla-Jerez-Cádiz y posteriormente de las de Córdoba-Málaga y Granada-Bobadilla, conjunto finalmente enlazado a través de Utrera-Morón. En conexión con hombres de negocios de la región como el marqués de Casa Loring, en 1877 quedó formalizada la *Compañía de los Ferrocarriles Andaluces*.

En definitiva una aportación de capitales extranjeros que resultó básica para la construcción del primer tendido ferroviario español. Aportación que a la altura de 1868 puede estimarse entre 1.000 y 1.200 millones de pesetas. La política de captación de recursos por parte de las compañías prefirió el sistema de la emisión de títulos de renta fija, es decir, de las obligaciones, con respecto a capital desembolsado en acciones. Formula más apropiada si se tiene en cuenta que esta atracción del ahorro europeo se realizaba a través del mercado financiero parisino y la escasa solvencia financiera de España, si partimos del hecho de los frecuentes impagos de los intereses de la Deuda pública en periodos anteriores, a lo que se unía una mentalidad dominante en la época que antepone criterios de seguridad a los de riesgo.

En 1868 se habían abierto al público un total de 5.400 kilómetros de vía. Según cálculos de Tortella el total del capital desembolsado por las compañías más importantes a finales de 1867 se elevaba a 482,3 millones de pesetas, mientras que por venta de obligaciones el monto sobrepasó en la misma fecha los 593 millones de pesetas. Por su parte las subvenciones recibidas del Estado, también a la altura de 1867, habían sido de 259 millones de pesetas.

A pesar de explotaciones deficientes y de ejercicios financieros deficitarios, el ferrocarril resultó el instrumento indispensable para que España pudiera conseguir un sistema de transporte más barato y eficaz en comparación con la dotación anterior. Es lo que Gómez Mendoza ha definido como el *ahorro social* que supuso el nuevo sistema de transportes: «Los ferrocarriles españoles eran necesarios, ya que no se contaba con un medio sustitutivo rápido y barato. Por tanto, cabía esperar un ahorro social elevado, al menos en comparación con otros países mejor dotados en transportes que España.» El mismo autor ha calculado para 1878 que el ahorro social producido por los ferrocarriles representaba un 15 por 100 de la renta nacional. Consideración que está en el epicentro del debate historiográfico sobre el alcance del ferrocarril en la economía española de mediados del siglo XIX. Mientras que Tortella se planteaba el modelo de un país de recursos limitados, drenados por el Estado hacia el ferrocarril y no hacia la

LÍNEAS DE LAS PRINCIPALES COMPAÑÍAS FERROVARIAS

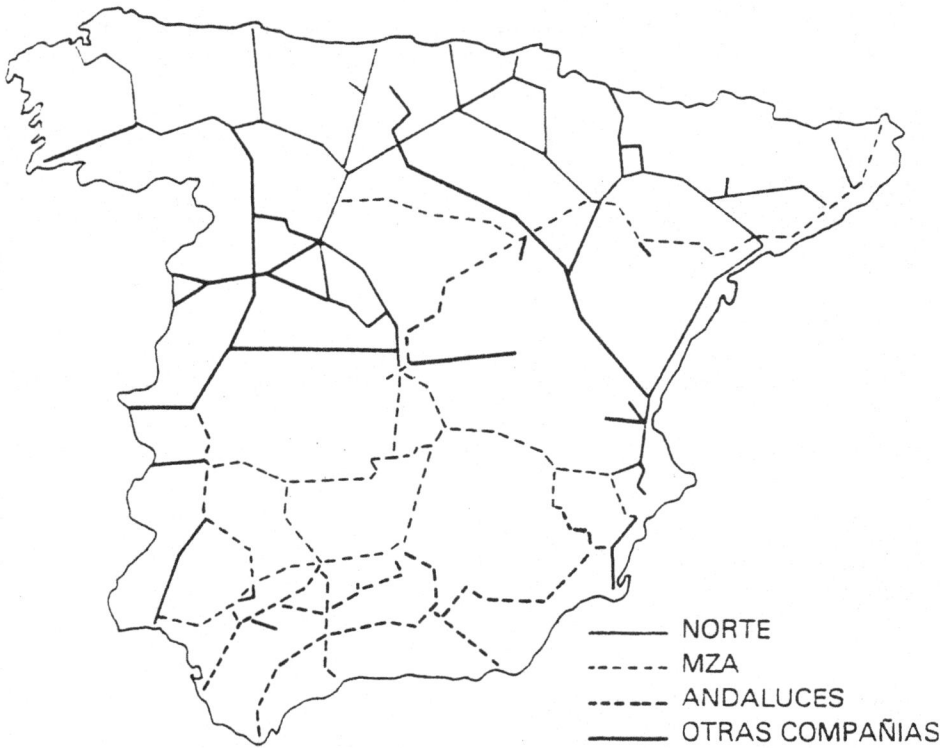

Fuente: Gómez Mendoza, A., «Los efectos del ferrocarril sobre la economía española 1855-1913», *Papeles de economía*, núm. 20 (1984), pág. 161.

industria, con el consiguiente efecto negativo sobre el desarrollo industrial, y con una construcción apresurada, mal diseñada y que superaba la demanda nacional, Gómez Mendoza ha insistido en la inevitabilidad de su construcción como instrumento articulador y creador de demanda interior.

19.2. Caminos y diligencias

La política ilustrada de la segunda mitad del siglo XVIII contempló el arranque de la modernización de la red viaria española. Valga como emblema la real orden de 10 de junio de 1761 que planteaba «hacer caminos rectos y sólidos en España, que faciliten el comercio de unas provincias a otras, dando principio por las de Andalucía, Cataluña, Galicia y Valencia». Una estrategia constructora en la que el Estado se hacía con el protagonismo de la construcción de la red radial, dejando a las ciudades la financiación de las redes comarcales y regionales. La ausencia de un aparato técnico y burocrático adecuado ralentizó los trabajos durante los primeros años. Sin embargo, se

CUADRO 19.1

Ferrocarriles españoles: kilómetros de vía en explotación (a fin de año)

	1857	1858	1859	1860	1861	1862	1863	1864	1865	1866	1867
1. Madrid-Zaragoza-Alicante	358	481	537	655	712	816	1.048	1.163	1.425	1.425	1.425
2. Norte	0	0	0	310	378	525	663	663	730	730	730
3. Tudela-Bilbao	0	0	0	0	0	0	250	250	250	250	250
4. Sevilla-Jerez-Cádiz	28	28	28	131	165	165	165	165	165	165	165
5. Córdoba-Sevilla	0	0	130	130	130	130	130	130	130	130	130
6. Alar	50	89	89	105	105	105	105	107	107	138	138
7. Barcelona-Zaragoza	34	34	66	187	355	366	366	388	388	388	388
8. Zaragoza-Pamplona	0	0	0	63	179	179	179	200	200	218	272
9. Barcelona-Sarriá	0	0	0	0	0	0	5	5	5	5	5
10. Barcelona-Francia	67	67	95	135	145	174	174	174	174	174	174
11. Tarragona-Valencia-Almansa	68	87	138	133	138	138	138	220	220	371	371
12. C. Real-Badajoz	0	0	0	0	0	0	0	0	216	340	340
13. Noroeste	0	0	0	0	0	0	122	122	122	173	225
14. Barcelona-Tarragona	28	28	28	29	29	29	29	29	29	102	102
15. Lérida-Reus-Tarragona	0	13	13	13	13	13	33	44	44	55	55
16. Córdoba-Málaga	0	0	0	0	0	0	38	38	38	209	209
17. Zamora-Orense-Vigo	0	0	0	0	0	0	0	88	90	90	90
18. Langreo	39	39	39	39	39	39	39	39	39	39	39
19. Total	672	866	1.163	1.935	2.388	2.679	3.484	3.820	4.372	5.002	5.108
20. Aumento anual		194	297	772	453	291	805	336	552	630	106

Fuente: Tortella, G., *Los orígenes del capitalismo en España*, Madrid, Tecnos, 1973, pág. 182.

construyeron algunos tramos básicos como los pasos de Pancorbo o el puerto de Pajares. En conjunto durante el periodo 1749-1779 se pavimentaron más de 400 kilómetros de caminos.

El nombramiento del conde de Floridablanca como secretario de Estado en 1777 supuso un fuerte impulso en la construcción de caminos. Para paliar la desorganización administrativa del *ramo de caminos,* éste quedó incorporado a la *Superintendencia de Correos y Postas* por real decreto de 8 de octubre de 1878. Durante los catorce años en que Floridablanca ocupó la Secretaría se construyeron más de 1.000 kilómetros de carreteras, del total de más de 1.700 kilómetros levantados en la segunda mitad del siglo. Este ritmo de construcción será superado con creces durante los ocho primeros años del siglo XIX, en los que dirigirá el ramo de caminos el ingeniero canario Agustín de Betancourt, director, por otra parte, de la recién creada Escuela de Ingenieros de Caminos. Durante el periodo de 1780 a 1808 se construyeron más de 1.200 kilómetros, con una media de 150 anuales frente a los 40 kilómetros de media en los cincuenta años anteriores. Una dirección técnica más cualificada, una inversión más eficaz y determinados acontecimientos como los viajes regios a Cataluña y Levante, explican este incremento de la pavimentación de los caminos.

Al analizar la red viaria en 1808 destacan zonas como la estrella central que parte de Madrid, el gran avance de la carretera entre la capital y La Junquera a través de Valencia, un gran nudo en el polígono formado entre Irún, Santander, Burgos y Pamplona, y, por fin, los extensos tramos terminados entre Madrid y Cádiz. Cabe añadir las limitadas mejoras de los tramos no pavimentados y los 1.000 kilómetros de caminos transversales habilitados, que hicieron posibles el desarrollo del transporte de mercancías por medio de carretas y el de personas en coches de caballos.

La política caminera del siglo XIX se puede dividir en tres etapas bien diferenciadas. La primera, que abarca de 1814 a 1833, en la que prevaleció la labor de reconstrucción y arreglo sobre la meramente constructiva. Una segunda etapa, de 1834 a 1856, en la que el aumento del ritmo de construcción hará posible la finalización de la red radial y el despegue de las vías transversales. Una tercera etapa, entre 1856 y 1868, en la que se lograron unas cotas de construcción desconocidas hasta entonces, llegando en los seis últimos años de este periodo a los 900 kilómetros anuales de media, sobre todo en lo referente a la construcción de las redes transversales y provinciales.

Los efectos devastadores de la Guerra de la Independencia se habían dejado sentir de forma considerable en la estructura viaria, sobre todo en la destrucción de los puentes, numerosos debido a la quebrada orografía de la Península, y en el abandono y deterioro de la red, más que nada en los caminos que no habían sido pavimentados en el último periodo. A todo ello es preciso añadir el exilio de numerosos ingenieros del ramo de caminos, afrancesados o liberales, incluido el propio Betancourt. El esfuerzo reconstructor, facilitado por la infraestructura lograda antes de la guerra, hizo posible que a partir de 1816 comenzaran a funcionar líneas privadas de diligencias para el transporte de viajeros. La paulatina vuelta de los ingenieros exiliados redundará en un incremento de los kilómetros de caminos construidos. Entre 1834 y 1840, a pesar de la Guerra Carlista y las penurias hacendísticas, se construyeron cerca de 500 kilómetros de nuevas carreteras, doblando el promedio anual de la etapa anterior. A finales de los años 50 la red radial comenzada noventa años antes había culminado. Hasta 1868 el aumento de la red de carreteras secundarias rellenará los huecos dejados por las carreteras generales. En esa fecha la red caminera se elevaba a 18.000 kilómetros, de los cuales un 50 por 100 aproximadamente habían sido construidos desde 1830.

Los ensayos durante el siglo XVIII de establecer un servicio estable para el transporte de viajeros habían fracasado. Tanto los proyectos de particulares, como el de Lavañini en 1742, Florensa, Nadal y Dumani, un año después, y el de Musante en 1799, o los intentos de establecer sillas de posta oficiales a instancias de Campomanes y Floridablanca, se desvanecieron tras otros periodos de funcionamiento. Solamente tuvieron cierta continuidad en los años anteriores a la Guerra de la Independencia las líneas de sillas de posta entre Madrid y los Sitios Reales, la que unía Perpiñán con Figueras y la de Madrid con Cádiz.

Habrá que esperar a 1816 para que se cree en Barcelona la *Sociedad de Diligencias y Mensajeros de Cataluña,* encargada de mantener el servicio estable entre la capital catalana y Valencia en 1818, con Madrid en 1819, y Madrid con Sevilla y Bayona a partir de 1821. En años posteriores esta compañía se dividió en dos, la primera, que mantuvo el nombre original, se ocupó de las líneas en Cataluña, Aragón y Levante, y la segunda, la *Compañía de Reales Diligencias,* con sede en Madrid, se hizo cargo de las demás líneas. Aunque en un principio a estas compañías se les concedió el monopolio del transporte de viajeros, éste se liberalizó a partir de 1828, fecha en la que surgieron otras empresas. La liberalización de las concesiones supuso un abaratamiento del transporte de viajeros.

19.3.. El correo: de renta de la Corona a servicio público

El correo había pasado a convertirse en renta real a partir de 1706, con motivo de las penurias hacendísticas derivadas de los gastos de la Guerra de Sucesión. A partir de esta fecha comienza para el correo una nueva etapa en la cual se combinarán dos concepciones: renta real y servicio público. Si la primacía del correo como renta será casi absoluta durante los primeros años del siglo XVIII, la necesidad de un correo más eficaz irá abriendo paso a la consideración del correo como servicio público desde la segunda mitad del siglo XVIII. Decenios en los que el correo había pasado de ser un servicio irregular y gravoso para la Hacienda a convertirse en una fuente de ingresos, cada vez mayores para el Estado, a la vez que su radio de acción se había extendido dentro y fuera de la Península. Por otra parte, no podemos olvidar que el correo estaba satisfaciendo la imprescindible comunicación de una máquina burocrática que había aumentado considerablemente desde la llegada de la dinastía borbónica.

El nombramiento de Campomanes como asesor general de la Renta de Correos y Postas del Reino significó la introducción de los presupuestos reformistas ilustrados en la gestión y organización de la Renta de Correos en 1757. Con Campomanes se inicia medio siglo de presencia ininterrumpida de políticos ilustrados en este ramo de la Administración: Wall, Grimaldi, Floridablanca, Aranda, Godoy, Saavedra y Urquijo. Todos ellos fueron, además de secretarios de Estado, superintendentes generales de Correos. A pesar de la disparidad ideológica de los mencionados, su común política reformista dejó una honda huella en el correo de la época, que se tradujo en una ingente labor de reorganización e incorporación de nuevos servicios y en un desarrollo legislativo que culminaría con las Ordenanzas de 1794. Pero lo más importante de su labor, que se deja traslucir a través de las circulares y ordenanzas, es la nueva concepción que tienen sobre el correo. Sin dejar de ser una renta de la Corona empezó a diseñarse como servicio público, sobre todo en lo concerniente a favorecer la correspondencia comercial y la difusión de impresos y periódicos. En la segunda mitad del siglo XVIII la labor de los políticos ilustrados tuvo su reflejo en la Renta de Correos a través de la racionalización de las tarifas y la aparición de nuevos servicios como los impresos y periódicos, el reparto a domicilio, los buzones, así como los correos marítimos, cuyo funcionamiento quedó fijado en 1777 por la *Real Ordenanza del Correo marítimo*.

La crisis del Antiguo Régimen repercutió negativamente en la Renta de Correos, que se desenvolvió en una situación caótica a partir de 1808. A los desastres derivados de la guerra y de la vuelta al trono de Fernando VII por su política de depuraciones, hubo que añadir consecuencias funestas en el terreno material: la destrucción y abandono de gran parte de la infraestructura viaria; y en el terreno político, la persecución y el exilio forzoso de los «afrancesados» y el exilio voluntario de personajes de la talla de Agustín de Betancourt, director general de Caminos y creador de la Escuela de Ingenieros del mismo ramo. Los intentos de reorganización y reforma del correo fueron

CUADRO 19.2

Correspondencia extranjera recibida en España en 1853

Procedencia	N.º de cartas
Francia	504.968
Inglaterra	62.984
Portugal	44.083
Italia (Incluida Cerdeña)	22.630
Bélgica	17.407
América (fuera de las colonias españolas)	9.554
Prusia	7.197
Otros Estados de Alemania	7.129
Suiza	5.174
Austria	4.141
África	83
Turquía	4
Total	685.354

Fuente: Bahamonde, A. (dir.) - Martínez, G. y Otero, L. E., *Las comunicaciones en la Constitución del Estado contemporáneo en España: 1700-1936*, Madrid, Secretaría General de Comunicaciones, 1993, pág. 87.

a remolque de los acontecimientos políticos. La situación cambiará a partir de la década de los 40, cuando comience a aplicarse una serie de reformas, que tendrán su colofón en la década siguiente con la aplicación obligatoria del franqueo previo por medio de los sellos postales.

En este aspecto el nuevo Estado liberal continuó la senda abierta por los ilustrados del siglo XVIII. Comprendió la importancia de la modernización de los servicios postales para el mejor funcionamiento del Estado, requisito imprescindible para garantizar una comunicación fluida y eficiente entre el Gobierno y los aparatos administrativos provinciales y locales. Así tomó mayor cuerpo la concepción del correo como un servicio público. En el plano económico la mejora del correo era un instrumento de primer orden para la articulación del mercado nacional, al fin y al cabo las relaciones comerciales son inviables sin un trasiego continuado de información.

Los cambios políticos acaecidos tras la revolución de 1854 y los nuevos criterios económicos configuraron el marco en el que se desarrolló la modernización del correo español, con la consiguiente repercusión en los itinerarios y expediciones: la paulatina conversión de las líneas radiales, sustituyendo las Sillas-Correo por oficinas ambulantes ferroviarias; la extensión de las líneas transversales y comarcales, incrementando extraordinariamente los itinerarios peatonales. A partir de 1865 el correo llegará periódicamente a la mayor parte de los núcleos de población.

En 1855 se creó la primera Administración ambulante por ferrocarril en el tramo Madrid-Albacete. La intención de utilizar el ferrocarril para el transporte del correo se remontaba al 31 de diciembre de 1844, fecha en la que se promulgó la primera real orden autorizando la creación de empresas de caminos de hierro, que preveía la obligatoriedad del transporte gratuito de la correspondencia, aunque en la práctica los convenios entre empresa y Estado particularizaron este extremo en cada caso concreto.

En 1868 apenas había un solo kilómetro de ferrocarril en uso que no fuera transitado por alguna de las oficinas ambulantes de Correos. Las repercusiones fueron de índole variada: un aumento de la velocidad en la trama principal de los itinerarios del correo, que repercutía en el resto del entramado postal; se ganó en seguridad y en regularidad, sufriendo en menor escala los efectos del persistente bandolerismo o de los agentes climáticos; y un ahorro, que se evidencia en los datos de 1859, en los que de las once expediciones establecidas nueve eran gratuitas para el correo y sólo se pagaba en las de Madrid-Alicante y Almansa-Valencia, a razón de un real y medio por kilómetro recorrido. Ese mismo año el kilómetro en las líneas generales de posta había costado 3,27 reales, mientras que en ferrocarril costaba 0,50 reales. Un evidente ahorro social.

El tendido de la red ferroviaria básica había permitido sustituir el transporte del correo por diligencias en todos los itinerarios principales, excepto en el de Galicia, región que no quedó enlazada con Madrid hasta 1883. La red ferroviaria de vía ancha pasó de los 5.118 kilómetros en 1867 a los 12.253 en 1935, extendiéndose a lo largo de multitud de líneas transversales. Aún fue más importante el desarrollo de la red de vía estrecha: de los 138 kilómetros de 1867 a los 5.184 de 1935. Este incremento de la red ferroviaria tuvo su correlato en el aumento de la velocidad y capacidad de carga y en el gran ahorro económico que supuso sustituir la carrera de posta en diligencia por la estafeta ambulante por ferrocarril, aumentando su eficacia conforme avanzó la electrificación de las líneas desde 1920. El desarrollo de las conducciones ferroviarias no hizo desaparecer a la tradicional diligencia. Para cubrir el transporte de viajeros en los lugares a donde no llegaba la red ferroviaria, se habían establecido líneas de diligencia que enlazaban las localidades y pueblos de la zona con las estaciones del ferrocarril, gracias a la red de carreteras que sextuplicó su longitud entre 1868 y 1935. Donde no era posible establecer la conducción en diligencia, se recurría a itinerarios a caballo o peatonales.

La utilización de *vapores-correo* fue contemporánea al empleo del ferrocarril para el transporte de la correspondencia. El 1 de abril de 1850 zarpó de Cádiz el vapor-correo «Blasco de Garay», que acababa de ser botado en Inglaterra, con destino a La Habana donde recaló tras 23 días de navegación, después de hacer escala en Canarias, Puerto Rico y Saint Thomas (Islas Vírgenes). Era uno de los cuatro que la Armada Real usaba para el porteo de la correspondencia entre las Antillas y la Península. Godoy había incorporado a la Real Armada, en 1802, el servicio de los correos marítimos, que habían pertenecido hasta entonces a la Renta de Correos, situación que se mantuvo hasta 1827. En 1809 la Junta Central, entonces en Sevilla, promulgó un reglamento para el servicio de los Correos Marítimos que fijaba expediciones mensuales a Canarias, La Habana, Veracruz y Cartagena de Indias, y una bimestral al Río de la Plata. Las vicisitudes de la guerra contra Napoleón y la independencia de las colonias hicieron que tales viajes fueran más esporádicos hasta desaparecer en 1823. Para mantener la correspondencia con las posesiones antillanas el Gobierno recurrió a los barcos correo de Inglaterra, Estados Unidos y Francia para la particular, mientras que la oficial se enviaba a través de Correos de Gabinete, que con pasaporte de comerciantes particulares embarcaban en los navíos citados.

A partir de 1850 la Armada Real se ocupará del correo con las Antillas hasta 1857. De las dificultades que tenían entonces estos vapores da idea el corto periodo de tiempo que prestó este servicio una compañía particular con sede en La Habana: la *Transatlántica Española-Zangróniz Hermanos y Cía*. De 1857 a 1861 una compañía francesa, la

Cuadro 19.3

Distribución provincial de ingresos por la venta de sellos de franqueo, timbres de periódicos y los valores de efectos de deuda pública circulados en el año 1862

	A	B	C	D
Álava	2,43	0,12	2,45	0,19
Albacete	1,49	0,05	1,49	0,02
Alicante	1,71	0,53	1,73	0,08
Almería	1,00	0,14	1,00	0,004
Ávila	1,43	0,11	1,43	0,30
Badajoz	1,29	0,20	1,29	0,04
Baleares	1,06	0,36	1,07	0,12
Barcelona	3,09	4,75	3,17	20,34
Burgos	1,70	0,70	1,72	0,09
Cáceres	1,34	0,20	1,34	0,00
Cádiz	3,73	2,31	3,80	1,96
Canarias	0,72	0,20	0,73	0,07
Castellón	0,96	0,07	0,96	0,02
Ciudad Real	1,61	0,06	1,62	0,01
Córdoba	1,43	0,32	1,44	0,15
Coruña	1,38	0,83	1,40	0,94
Cuenca	1,23	0,19	1,24	0,00
Gerona	1,62	0,35	1,63	0,24
Granada	1,34	0,34	1,35	3,59
Guadalajara	1,80	0,15	1,81	0,05
Guipúzcoa	3,23	0,16	3,24	1,00
Huelva	0,73	0,04	0,73	0,004
Huesca	1,28	0,37	1,30	0,01
Jaén	1,22	0,07	1,22	0,03
León	0,83	0,80	0,86	0,03
Lérida	1,19	0,20	1,20	0,27
Logroño	2,38	0,24	2,40	0,03
Lugo	0,57	0,49	0,58	0,02
Madrid	8,19	75,54	10,04	58,27
Málaga	1,86	0,42	1,87	1,18
Murcia	1,58	0,11	1,59	1,37
Navarra	2,11	0,33	2,12	0,86
Orense	0,53	0,23	0,54	0,006
Oviedo	1,25	0,89	1,27	0,13
Palencia	1,77	0,56	1,80	0,01
Pontevedra	0,89	0,25	0,90	0,009
Salamanca	1,17	0,26	1,18	0,12
Santander	3,13	0,96	3,18	1,08
Segovia	1,85	0,14	1,85	0,02
Sevilla	2,35	1,55	2,39	2,16
Soria	1,29	0,23	1,31	0,005
Tarragona	1,57	0,26	1,58	0,13
Teruel	1,19	0,14	1,19	0,04
Toledo	1,69	0,24	1,69	0,03
Valencia	1,63	1,16	1,65	0,34
Valladolid	2,91	0,60	2,94	0,07
Vizcaya	2,93	0,73	2,98	1,60
Zamora	0,98	0,13	0,98	0,005
Zaragoza	2,61	0,71	2,63	2,75
Total	1,86	100,00	1,93	100,00

A. Recaudación per cápita de sellos de correos.
B. Porcentaje de la recaudación del timbre de periódicos.
C. Recaudación per cápita de sellos de correos + timbre de periódicos.
D. Porcentaje del valor de los efectos de Deuda Pública.
Fuente: Bahamonde, A. (dir.), *op. cit.*, págs. 83-84.

CUADRO 19.4

Datos postales del periodo 1842-1868

Año	N.º total de cartas	N.º de cartas oficiales	Ingresos (en reales)
1841	(—)	(—)	18.198.669
1842	(—)	(—)	19.824.367
1843	(—)	(—)	18.090.381
1844	(—)	(—)	22.376.944
1845	(—)	(—)	24.181.383
1846	19.018.978	912.015	26.193.018
1847	19.780.012	972.141	26.872.812
1848	(—)	(—)	26.761.261
1849	20.497.171	(—)	26.998.540
1850	20.968.042	(—)	21.297.980
1851	21.381.230	(—)	22.083.687
1852	23.579.654	1.590.835	32.637.466
1853	24.128.921	1.549.542	32.071.949
1854	26.515.463	(—)	29.348.896
1855	30.282.264	(—)	20.569.526
1856	31.915.950	2.248.268	20.155.341
1857	38.704.788	2.301.097	31.448.955
1858	42.594.733	2.802.743	33.886.789
1859	46.490.426	2.945.083	36.875.571
1860	54.434.806	2.961.256	40.168.674
1861	59.447.863	2.837.719	41.938.917
1862	63.459.883	3.631.377	44.276.241
1863	64.647.567	3.656.726	44.768.549
1864	64.008.031	3.453.701	47.316.299
1865	64.559.322	3.573.957	40.586.178
1866	65.606.335	3.746.769	39.679.891
1867	66.945.064	3.899.955	39.724.148
1868	70.861.705	4.108.364	40.583.554

Fuente: Bahamonde, A. (dir.), *op. cit.*, pág. 82.

Gauthier Hermanos y Cía, y el consorcio formado por varios navieros catalanes bajo el nombre de *Compañía de Vapores Españoles Correos Transatlánticos* aseguraron la comunicación postal con las Antillas. En 1861, en un intento de regularizar e incrementar la comunicación entre la metrópoli y el Caribe, salió a concurso una línea que, con periodicidad bimensual unió Cádiz con Cuba, Puerto Rico y Santo Domingo. Por fin el transporte de correspondencia quedó bajo el monopolio del *holding* familiar de Antonio López, marqués de Comillas, a través de su naviera, *Antonio López y Cía (Compañía Transatlántica Española, S.A.* a partir de 1881). En 1851 Antonio López y Patricio Satrústegui habían fundado en Santiago de Cuba esta compañía, que ganó en septiembre de 1861 la subasta para el transporte de la correspondencia entre España, Cuba, Puerto Rico y Santo Domingo. En 1884 la Compañía amplió su horizonte adquiriendo al marqués de Campo su contrata de la correspondencia con Filipinas. Por fin, en 1887 la *Transatlántica* se hizo cargo de todas las líneas oficiales del Estado español. De esta manera, la empresa constituyó una tupida red marítima que unía a la Península con Baleares y Canarias, las posesiones del norte y de la costa occidental africanas, las colonias antillanas, Filipinas y Suramérica. Monopolio de hecho que los Comillas mantuvieron hasta la década de 1930.

El método de franquear previamente la correspondencia se venía realizando desde el siglo pasado en numerosos países por medio del pago en metálico. El aumento de la correspondencia en Europa durante las primeras décadas del siglo XIX animaron a las Administraciones a buscar un sistema que simplificara y que acelerara este trámite. La aparición del sello en Gran Bretaña provocó que en la década de 1840 prácticamente todos los países europeos y Estados Unidos siguieran el mismo derrotero: la rebaja de tarifas y la adopción del sello. En España se intentó en 1843 instaurar el franqueo previo por medio de *sobres sellados,* pero no se realizó. No fue sino hasta 1849, cuando el Gobierno presentó para su aprobación un estudio sobre el uso del sello de Correos. El decreto de 24 de octubre de dicho año anunciaba la entrada en vigor de la nueva modalidad de franqueo. Para animar a los remitentes al empleo del sello se fijó una tarifa preferencial, mientras que se mantenían los precios de 1845, como tarifa disuasoria, para el franqueo en destino. La correspondencia certificada debía franquearse obligatoriamente con sellos.

En 1867 cabe hablar, en la plena acepción del término, de que la concepción dieciochesca del correo como un conjunto instrumental para la provisión de rentas había quedado superada por una nueva concepción en la que primaba la idea de servicio público. El correo llegaba hasta el último ayuntamiento del país. De ahí un incremento desconocido hasta entonces del volumen de una correspondencia cada vez más diversificada, que no solamente animaba a los habitantes de los pueblos a usar el correo, sino también a los comerciantes de las ciudades, que contaron a partir de entonces con un medio barato para introducir o anunciar sus productos en el mundo agrario. Además el correo introducía, hasta en los lugares tradicionalmente más aislados, un factor de carácter sociológico: mostraba a todos los españoles la capacidad del Estado para estar en continua comunicación con todo el país, fenómeno reforzado por la instalación durante estos años de la red electrotelegráfica.

19.4. El telégrafo

Si la modernización del correo fue pieza básica en la consolidación del Estado español contemporáneo, otro tanto cabe decir del telégrafo, sobre todo del eléctrico. En el caso del telégrafo óptico sus orígenes coinciden con el despertar del siglo XIX. El telégrafo eléctrico todavía esperó medio siglo para entrar en funcionamiento.

Entre 1850 y 1855 se asiste a un proceso de sustitución del ya obsoleto telégrafo óptico por el eléctrico. Las circunstancias lo exigían. Por toda Europa occidental los postes telegráficos se asociaban cada vez más a un paisaje también definido por las vías del ferrocarril. Además, la articulación del mercado nacional precisaba del *hilo de cobre* transmisor de las noticias. No es de extrañar, pues, que la mayor animación en el tendido telegráfico coincida con los momentos del Bienio progresista, 1854-1856, sobre todo si tenemos en cuenta la cadena legislativa, que alteró los fundamentos del sistema financiero, completó la nueva definición de los derechos de propiedad con la desamortización civil y puso en marcha una política ferroviaria que desbloqueaba los esbozos inconexos de la etapa moderada. En gran medida el telégrafo estructuró el conjunto.

La red telegráfica nació con una acusada vocación radial, en consonancia con la aspiración centralizadora del Estado liberal, aunque en los primeros decenios del siglo XX su disposición quedará completada por el trazado de líneas transversales que acabó por diseñar una estructura en forma de malla, que paulatinamente terminó reflejando una tela de araña. A diferencia del telégrafo óptico, de naturaleza *aúlica,* es decir, empleado sobre todo por los miembros de la Corte, del Gobierno, del ejército y de los agentes de orden público, el telégrafo eléctrico bifurcó su servicio: político y civil. Si en otros sectores de la realidad económica España anduvo a la zaga de otros países europeos, no sucedió lo mismo con respecto del telégrafo. Todos los indicadores así lo señalan. Desde la política inversora hasta la rápida incorporación de los *inputs* tecnológicos procedentes del exterior pusieron de manifiesto el enorme interés tanto del Estado como de la sociedad civil por un medio fundamental en la transmisión de noticias, que en los albores del siglo XX encontraría la competencia de los primeros proyectos del sistema telefónico.

La historia del telégrafo se resuelve en una secuencia que encuentra a lo largo de su camino varias soluciones tecnológicas: el telégrafo óptico, el eléctrico, la telegrafía sin hilos y otras variantes de la radiotelegrafía, hasta culminar en el teletipo, cuya expansión encuentra acomodo en las empresas periodísticas y en el *boom* financiero de los años 20 del presente siglo.

En Francia, Inglaterra, Alemania y también en España, diversos científicos habían experimentado una variada gama de modelos y sistemas para la emisión de la palabra a través de signos visualizables a distancia. Quizás el sistema más consolidado fue el del francés Claude Chappe, quien en tiempos de la Revolución logró imponer su sistema de señales ópticas, a través de las cuales y del correspondiente código, se podían transmitir signos alfabéticos y numéricos a distancia. Presentó su innovación ante la Convención el 22 de mayo de 1792, recibiendo un año más tarde una subvención para

RED DE LA TELEGRAFÍA ÓPTICA EN ESPAÑA, 1844-1857.

Fuente: Bahamonde, A. (dir.), *op. cit.,* pág. 132.

la construcción de una línea entre Lille, en el norte de Francia, y París. En total 230 kilómetros, en los que sobresalían las 22 torres, la última de las cuales era la cúpula del Louvre. En el perfeccionamiento de su sistema contó Chappe con la inestimable ayuda de Abraham Louis Breguet, relojero suizo que residía en París, quien incorporó algunos dispositivos al primitivo prototipo de Chappe. El éxito de esta primera línea posibilitó la creación de una completa red de telegrafía óptica en Francia, bajo la dirección de Chappe, hasta su muerte en 1805. Cuando a mediados del siglo XIX apareció la telegrafía eléctrica en Francia el entramado de las líneas de la telegrafía óptica alcanzaba casi los 5.000 kilómetros.

A raíz de las primeras experiencias de Chappe, varios países comenzaron a ensayar sus propios sistemas de telegrafía óptica. España no fue ajena a esta corriente. En la historia de la telegrafía óptica española se encuentra la figura omnipresente de Agustín de Betancourt. Era uno de los científicos españoles que habían sido favorecidos con el apoyo del conde de Floridablanca y enviados a estudiar a la capital francesa. Durante su primera estancia en París, de 1781 a 1784, hizo amistad con el relojero suizo A. L. Breguet, colaborador de Chappe en el diseño del nuevo invento. Esta circunstancia posibilitó que el ingeniero canario adquiriera un amplio conocimiento de los diversos modelos de telégrafo óptico existentes. Incluso llegó a presentar, junto con su colaborador y amigo Breguet, un proyecto a la Academia de Ciencias del Instituto de Francia, que a pesar de la buena valoración recibida por científicos de la talla de Coulomb o Laplace, fue desechado por la influyente oposición de Chappe, por aquel entonces en la jefatura de los telégrafos franceses.

Vuelto Betancourt a España, con el apoyo de Urquijo, ministro de Estado, consiguió de Carlos IV una real orden, con fecha de 17 de febrero de 1799, por la que se aprobaba el proyecto para la instalación del telégrafo óptico en España. Posiblemente el tramo Madrid-Aranjuez fue el único que se construyó, entrando en funcionamiento a partir de agosto de 1800.

La crisis del Antiguo Régimen, con sus negativos componentes tanto bélicos como económicos, frustraron la continuación de la obra de Betancourt. Porque tampoco tuvo mayor proyección de futuro el telégrafo óptico que desde los primeros años del siglo XIX funcionaba en Cádiz, ideado por Francisco Hurtado, teniente coronel de ingenieros. El sistema de tipo semafórico, similar al que posteriormente utilizarían los ferrocarriles, se instaló a partir de 1805 a base de cuatro líneas que unían Cádiz con Sanlúcar de Barrameda, Medina Sidonia, Chiclana y Jerez, alguna de las cuales funcionaron hasta 1820.

Fue Juan José Lerena, teniente de navío liberal exiliado en 1823, quien recogió el testigo de los ensayos anteriores. Quedó encargado en la década de 1830 de instalar una red de telegrafía óptica entre Madrid y los diferentes Sitios Reales. La real orden de 8 de febrero de 1831 disponía la construcción de una línea de prueba entre Madrid y Aranjuez, terminada el 30 de mayo del mismo año. En años posteriores se siguió ampliando la red: el 24 de julio de 1832, Madrid-San Ildefonso, con torres intermedias en el Puerto de Navacerrada y en Hoyo de Manzanares; en marzo de 1834, Madrid-Carabanchel de Arriba; en julio de 1834, San Ildefonso-Riofrío; el 28 de agosto de 1834, Madrid-El Pardo. Este primer núcleo, proyectado como el embrión de la futura red de telegrafía óptica en España, no pasó de tal estadio ante su escasa utilización. En 1836, la crisis política y hacendística imposibilitaron la continuidad del proyecto de Lerena.

Habrá que esperar a la década de 1840 para que la instalación de las líneas telegráficas ópticas registren un nuevo impulso. El decreto de 1 de marzo de 1844 establecía las condiciones que el nuevo trazado debía cumplir. De los cuatro proyectos presentados fue elegido el firmado por José María Mathé, coronel de Estado Mayor y colaborador de Lerena. De las numerosas líneas previstas sólo se construyeron tres, que enlazaban la capital con Irún, Cádiz y La Junquera. En consonancia con la filosofía de la política moderada, la concepción del uso del telégrafo óptico estuvo estrictamente vinculada a la cuestión del mantenimiento del orden público. Se concibe, pues, al telégrafo como un instrumento gubernamental, tanto en el plano político como militar.

Cuando todavía se estaba intentando terminar la red de telegrafía óptica, se encomendó al mismo José María Mathé el estudio de los sistemas de telegrafía eléctrica entonces en uso, para la adopción del más adecuado en nuestro país, por una real orden del Ministerio de Gobernación de 7 de mayo de 1852. Durante los años 1853 y 1855 se construyó la línea Madrid-Irún, con una extensión de 613 kilómetros y en la que se emplearon 1.297 postes de primera dimensión y 10.823 de segunda. El primer tramo, Madrid-Guadalajara, fue inaugurado el 5 de julio de 1855. La estación de Zaragoza quedó abierta el 11 de agosto; Pamplona, el 18 de octubre; San Sebastián el 22, e Irún el 27 del mismo mes. El ramal de Bilbao fue terminado el 27 de noviembre de 1855. En los diez años que median entre 1853 y 1863 quedó constituida la primera red de telegrafía eléctrica, con una serie de líneas radiales, que partiendo de Madrid enlazaban con todas las capitales de provincia y principales ciudades, incluyendo las islas Baleares y Ceuta y excluyendo a las islas Canarias y Melilla. Estas líneas principales acaba-

RED TELEGRÁFICA ESPAÑOLA. SITUACIÓN EN 1863

Fuente: Bahamonde, A. (dir.), *op. cit.*, pág. 147.

rían siendo unidas por otra serie de líneas transversales. En total se construyeron 10.000 kilómetros de líneas y 194 estaciones, de las que sólo estaban tendidas sobre el ferrocarril la línea de Palencia a Santander.

Hasta finales de siglo continuó extendiéndose la red de forma desigual. Entre 1866 y 1879 se construyeron 5.869 kilómetros y sólo en los trece años siguientes se volvió a recuperar un ritmo alto de construcción, con 12.263 kilómetros. Al terminar el siglo la extensión de las líneas construidas había alcanzado la cifra de 32.494 kilómetros, con un total de 1.491 oficinas dispersas por toda la Península.

Las redes de telegrafía submarina en España, las que unían a la Península con los archipiélagos balear y canario y con los territorios del norte de África, fueron siempre de titularidad estatal, salvo los diez primeros años del cable canario, que estuvo a cargo de dos empresas concesionarias británicas. Por el contrario, el resto de las líneas internacionales que recalaban tanto en territorio de la metrópoli como de las colonias fueron propiedad de empresas privadas o estatales extranjeras.

La red de telegrafía submarina estuvo orientada a solventar la secular incomunicación de los territorios insulares, pretendiendo en el caso del archipiélago canario que se convirtiera en un punto privilegiado para unir la Península con los territorios antillanos. El resto de las líneas se orientaron a la comunicación de todas las posesiones del norte de África, de un claro interés estratégico-militar. Fue este tipo de interés el que propició el tendido del primer cable telegráfico submarino español entre Tarifa y Ceuta en 1859.

La aspiración por establecer un cable submarino con Baleares se había plasmado en una real orden de 31 de mayo de 1858. Se adjudicó la contrata al comerciante británico Horacio J. Perry. El tendido del cable comenzó el 29 de agosto en Ciudadela (Menorca) y después de enlazar con Mallorca e Ibiza concluyó la primera fase del tendido en el cabo de San Antonio (Jávea), el 7 de septiembre. La segunda fase del proyecto que uniría a Mahón con Barcelona no concluyó hasta el 16 de enero de 1861. Debido a la rotura de los cables de Jávea y Barcelona, en 1870 se procedió a tender nuevas líneas para restablecer la comunicación con las Baleares.

En sólo dos años, de 1872 a 1874, se enlazó la Península mediante cables submarinos con tres países europeos, a través de las líneas establecidas por dos compañías extranjeras. El primero de los cables comunicó en diciembre de 1872, Halmouth (Inglaterra) con Bilbao. También desde Inglaterra (Porthcurno) se tendió una línea hasta Vigo en 1873, a cargo de la *Eastern Telegraph Company,* encargada igualmente de realizar el enlace entre Vigo y Lisboa. En 1874 el Gobierno español otorgó la concesión para una línea submarina entre Barcelona y Marsella, capaz de garantizar la comunicación de Cataluña, en un momento de extrema inseguridad de las comunicaciones con Europa, porque el ejército carlista tenía la capacidad de cortar la línea principal Madrid-Irún.

La comunicación telegráfica submarina con el archipiélago canario se demoró hasta la década de 1880, entre otras razones porque a Canarias se la incluyó en la línea transatlántica entre la Península y Cuba, línea que nunca se llegó a construir. Por fin, en diciembre de 1882 se dio la concesión a una compañía encabezada por el médico, ingeniero y aventurero polaco Tadeo Oksza Orzechouski. Tres meses duró la operación de tendido de los cables, abriéndose la línea al servicio el 12 de febrero de 1884, que partiendo de Cádiz enlazaba directamente con la isla de Tenerife. Desde ésta última llegaba a Gran Canaria, Lanzarote y La Palma. En los primeros años de la década siguiente se procedió a unir telegráficamente a la Península con los territorios españoles del norte de África.

Mientras que Cuba se había comunicado telegráficamente con el continente americano en 1867, la unión de Filipinas con el continente asiático no se llevó a cabo hasta 1880. Ocho años más tarde España comunicaría por telégrafo las islas de Panay, de los Negros y Cebú con Manila.

19.5. La socialización del telégrafo

Mientras que el telégrafo óptico había sido de uso casi exclusivo por parte de la Real Casa y, subsidiariamente, de los aparatos gubernamentales, el telégrafo eléctrico plantea un marco de utilización más complejo, que, partiendo de una nunca olvidada concepción de orden público, desemboca en el mundo de la Bolsa, perfilando una secuencia en la que se entremezclan la política, las finanzas, el comercio y el periodismo. Si por sus objetivos el telégrafo eléctrico estaba obligado antes o después a su plena socialización, la paulatina reducción de las tarifas aceleró el proceso.

Entre 1856 y 1870 las tarifas se reducen continuamente. Al igual que sucedió con el servicio postal la concepción de servicio público acabó desplazando a la idea de renta. Caben matizaciones a esta afirmación: no es que el Estado desdeñara un ingreso seguro, sino que comprendió que el abaratamiento del servicio traería consigo un incremento de la demanda y, por tanto, un aumento de los ingresos a medio plazo. Entre 1870 y finales de siglo las tarifas quedaron congeladas. Significó un nivel bastante satisfactorio en el uso del telégrafo. Quizás hablar de plena socialización sería excesivo, pero los datos a nuestra disposición permiten indicar que las clases populares, aunque fuera de manera ocasional, llegaron a utilizar este servicio. Sobre todo en el primer tercio del siglo xx, cuando las tarifas telegráficas continuaron ocupando un porcentaje cada vez menor de las rentas personales.

El aumento más espectacular en el tráfico telegráfico se dio entre 1860 y 1880, periodo en el que el crecimiento económico corre parejo al abaratamiento de tarifas y al aumento considerable de líneas y estaciones telegráficas. En cuanto al tráfico interior, resulta notable la desigualdad existente entre las estaciones de las capitales de provincias y las situadas en el resto de las localidades, que apenas absorben el 5 por 100 de la correspondencia. Los datos de 1880 nos aproximan a la desproporción geográfica en la utilización del telégrafo. En ese año el 31,5 por 100 del flujo telegráfico total correspondía a Madrid y el 15,6 por 100 a Barcelona. El movimiento de las diez capitales con más tráfico (Madrid, Barcelona, Sevilla, Valencia, Málaga, Cádiz, Santander, Bilbao, Zaragoza y La Coruña) suponía el 85,8 por 100 del total nacional. De estos datos se desprende una confirmación esperada. Son los núcleos urbanos más dinámicos por sus actividades económicas o políticas quienes absorben el grueso del tráfico telegráfico. En este aspecto resulta un indicador muy fiable a la hora de contrastar los procesos de expansión y estancamiento económico, así como del grado de desarrollo de la estructura institucional del Estado liberal y de la articulación de la sociedad civil a escala territorial.

En el tráfico internacional la desproporción era aún más acusada: 15 países intercambiaban con España el 98,7 por 100 de los telegramas recibidos y expedidos, repartiéndose el resto de la correspondencia entre 25 países. Superioridad absoluta del tráfico telegráfico con Europa. En este panorama destaca la escasa relación con las nuevas repúblicas de habla española, hecho explicado por la confluencia de dos variables: la debilidad de los intercambios económicos y las dificultades diplomáticas.

La aparición del telégrafo determinó el enorme desarrollo del mundo periodístico durante la segunda mitad del siglo XIX. Gracias al telégrafo surgieron las primeras grandes agencias de noticias, tanto en el ámbito nacional como internacional. En 1865 se constituyó la *Nilo Fabra,* que dos años después tendría distribuido por España y Portugal un número considerable de corresponsales. En 1870, la Nilo Fabra pasó a ser una filial de la agencia francesa *Havas.*

CUADRO 19.5

Longitud de las líneas telegráficas y número de oficinas, 1855-1900

Año	Long. de líneas	N.º de oficinas
1855	713 km	14
1865	11.253 km	215
1875	12.259 km	262
1885	18.219 km	914
1895	28.797 km	1.428
1900	32.494 km	1.491

Fuente: *Statistiques des communications télégraphiques de L'Union Télégraphique International*, 1855-1936.

CUADRO 19.6

Años en que fueron terminadas las líneas electrotelegráficas y estaciones intermedias

1854	Madrid-Irún. Alcalá de Henares, Guadalajara, Alcolea del Pinar, Calatayud, Zaragoza, Tudela de Navarra, Pamploma Alsasua, Tolosa y San Sebastián.
1855	Alsasua-Bilbao. Vitoria.
1856	Madrid-El Pardo.
	Madrid-El Escorial.
	Barcelona-La Junquera. Gerona y Figueras.
	Calatayud-Teruel. Daroca y Monreal.
	Calatayud-Soria. Almenar.
1857	Bilbao-Santander. Castro-Urdiales y Santoña.
	Venta de S. Rafael-Segovia-La Granja.
	Venta de S. Rafael-Ávila.
	Medina de Rioseco-Gijón. Mayorga, León, Pajares y Oviedo.
	Madrid-Almansa. Aranjuez, Castillejo, Tembleque, Alcázar de San Juan y Albacete.
	Almansa-Alicante.
	Madrid-Cuenca. Tarancón.
	Zaragoza-Barcelona. Huesca, Barbastro, Lérida, Valls, Tarragona.
	Valencia-Tarragona. Castellón de la Plana, Vinaroz, Tortosa y Reus.
	Vitoria-Logroño. Haro.
	Madrid-Tembleque. Aranjuez y Castillejo.
	Tembleque-Andújar. Manzanares, La Carolina y Bailén.
	Manzanares-Ciudad Real. Almagro.
	Andújar-Cádiz. Córdoba, Écija, Carmona, Sevilla, Jerez, Puerto de Santa María y San Fernando.
	Valladolid-Palencia.
	Palencia-Vitoria. Burgos, Briviesca y Miranda de Ebro.
	Andújar-Málaga. Jaén, Granada y Loja.
	Madrid-Yelves (Portugal). Santa Cruz de Retamar, Talavera de la Reina, Navalmoral de la Mata, Trujillo,

	Mérida y Badajoz.
	Trujillo-Cáceres.
	Puerto de Santa María-Sanlúcar de Barrameda.
	Sevilla-Huelva. La Palma del Condado.
	Granada-Almería. Guadix.
	Benavente-Ciudad Rodrigo. Zamora, Salamanca y Tamames.
	Castillejo-Toledo.
1858	Rioseco-Coruña. Benavente, Puebla de Sanabria, Verín, Orense, Tuy, Vigo, Pontevedra, Caldas de Reis, Padrón y Santiago.
	Coruña-Ferrol-Lugo. Betanzos.
	Almansa-Valencia. San Felipe de Játiva.
	Alicante-Cartagena. Orihuela y Murcia.
	Cádiz-San Roque. Vejer, Tarifa y Algeciras.
1859	Tarifa-Ceuta.
1860	Badajoz-Sevilla. Zafra, Monasterio y Ronquillo.
	Carcagente-Jávea.
	Jávea-Isla de Ibiza-Isla de Mallorca-Isla de Menorca. Ibiza, Palma de Mallorca, Inca, Pollensa, Mahón y Ciudadela.
1861	Barcelona-Isla de Menorca-Monjuïc y Mahón.
	Bailén-Baeza.
	Palencia-Santander. Reinosa y Torrelavega.
1862	Santander-Ferrol. Llanes, San Vicente de la Barquera, Torrelavega, Villaviciosa, Gijón, Avilés, Luarca, Ribadeo, Vivero y Puentes de García Rodríguez.
	León-Lugo. Astorga, Villafranca del Bierzo y Nogales.
	Loja-Antequera. Archidona.
1863	Teruel-Murviedro (Sagunto). Sarrión y Segorbe.
	Zaragoza-Vinaroz. Quinto, Hijar, Escatrón, Alcañiz, Morella y San Mateo.
	Lérida-Alcañiz. Fraga y Caspe.
	Valladolid-Soria. Peñafiel, Aranda de Duero y Burgo de Osma.
	Salamanca-Cáceres. Béjar, Plasencia y Baños.
	Vigo-Lazareto de San Simón.
	Huesca-Canfranc. Jaca y Ayerbe.
	Vitoria-San Sebastián. Arechavaleta, Mondragón, Santa Águeda, Oñate, Vergara, Placencia, Elgoibar, Deva, Azpeitia, Cestona, Guetaria y Zarauz.
	Baeza-Úbeda.

Fuente: Bahamonde, A. (dir.), *op. cit*, págs. 148-149.

TERCERA PARTE
Los límites de la sociedad abierta

Capítulo XX

El componente humano en la sociedad española: régimen demográfico y movilidad espacial

20.1. La caracterización del régimen demográfico

Las dinámicas de transición manifestadas en torno a los procesos de industrialización cuentan con los componentes demográficos como su primer indicador básico. En una proyección histórica amplia, las revoluciones económicas cifradas en la Europa Occidental a partir del último tercio del siglo XVIII aluden, en primer término, a una «Revolución Demográfica» que provoca la completa redefinición de las pautas vitales del conjunto de la sociedad. La rectificación de la cesura que supuso el siglo XVII provocó no sólo la superación de una etapa de claro estancamiento humano, sino la transformación estructural de las bases poblacionales clásicas de unas sociedades eminentemente agrícolas. En líneas muy generales se trasladó como nota característica —que no generalizable— la tendencia sostenida a un crecimiento regular, como respuesta a la limitación de las cotas catastróficas de mortandad, la ampliación de la esperanza de vida y al aumento absoluto de la natalidad.

Las aportaciones historiográficas referidas al concepto de «Revolución Demográfica» son amplísimas y desbordan el estricto campo de la Demografía Histórica. De ellas conviene retener una primera idea fundamental: la que alude, en su interpretación más clásica, a los efectos estructurales provocados por el crecimiento poblacional que acompañaron (en forma de causa y efecto) a la industrialización contemporánea y a los fenómenos de urbanización.

En el ejemplo español, el crecimiento demográfico ha sido entendido, primero, como «una falsa pista» para el correcto análisis del fenómeno de la industrialización (Nadal). El incremento poblacional registrado en el siglo XVIII y en la primera mitad del XIX se ha concebido más como un indicador autónomo de los cambios económicos que como un componente de una «frustrada Revolución Industrial nacional». No obs-

CUADRO 20.1

Censo de la población española de 1857: distribución provincial de la población

Provincias	Habitantes	Provincias	Habitantes
Álava	96.398	Lérida	306.994
Albacete	201.118	Logroño	173.812
Alicante	378.958	Lugo	424.186
Almería	315.664	Madrid	475.875
Ávila	164.039	Málaga	451.406
Badajoz	404.931	Murcia	380.969
Baleares	262.893	Navarra	297.422
Barcelona	713.734	Orense	371.818
Burgos	333.336	Oviedo	524.529
Cáceres	302.134	Palencia	185.970
Cádiz	390.192	Pontevedra	428.886
Canarias	233.784	Salamanca	263.516
Castellón	260.919	Santander	214.441
Ciudad Real	244.328	Segovia	146.339
Córdoba	351.536	Sevilla	463.486
Coruña, La	551.989	Soria	147.468
Cuenca	229.959	Tarragona	320.593
Gerona	310.970	Teruel	238.628
Granada	444.629	Toledo	328.755
Guadalajara	199.088	Valencia	606.608
Guipúzcoa	156.493	Valladolid	244.023
Huelva	174.391	Vizcaya	160.579
Huesca	257.839	Zamora	249.162
Jaén	345.879	Zaragoza	384.176
León	348.756		
Total			15.464.340

tante, en los últimos años ha vuelto a destacarse esta cuestión como una pauta esencial del cambio operado entre 1830 y 1930 (Prados de la Escosura). El crecimiento económico español resultaría un hecho, aunque habría de situarlo en un plano global de atraso. Los datos poblacionales más básicos (esencialmente, la tasa de crecimiento) expresarían, en cambio, una «rezagada» modernización, aunque en relación con una perspectiva que entiende al siglo XIX y a los primeros años del XX como de claro «recorte de distancias» respecto a Europa Occidental.

El cálculo de las magnitudes demográficas depende todavía de aproximaciones parciales. Los diversos repertorios documentales adolecen de errores de bulto. No olvidemos que partimos para los recuentos del siglo XIX del muy discutido Censo de Godoy (1797). Y que no contamos con datos censales uniformes en el tiempo hasta 1857. El lapso intermedio entre ambas fechas debe completarse con materiales de muy distinta índole y fiabilidad: padrones, recuentos que derivan de medidas administrativas o datos parroquiales. Aun así existe una práctica unanimidad en estimar el comportamiento demográfico de los dos primeros tercios del siglo XIX como una secuencia más próxima a los índices del siglo XVIII que a los del siglo XX. Esto quiere decir que se apunta una fase de «transición demográfica», pero que todavía son determinantes las características de un «régimen poblacional tradicional», propio de las sociedades del Antiguo Régimen. Esta situación se traduce en varios rasgos dominantes.

En primer lugar, el XIX contempla un innegable crecimiento humano que deriva en un crecimiento vegetativo sostenido en su proyección secular. No obstante, la población española conoce distintos ritmos y disparidades locales, y en su conjunto, se mantiene todavía dentro de «parámetros extremos»: altas cotas de natalidad y mortalidad, baja esperanza de vida, años con mortandad catastrófica, abultada mortalidad infantil...

Además, persisten los «ritmos agrarios». Estos son perceptibles en indicadores como la natalidad y la nupcialidad, o en los movimientos de población (migraciones interiores), en los que todavía existe un sentido estacional. No debe olvidarse tampoco que el conjunto de la población se ve sacudida cíclicamente por crisis de subsistencia, fruto de causas naturales (sucesión de malas cosechas). Tales ritmos reflejan una realidad social y antropológica más profunda. Los comportamientos estructurales de la población definen marcos sociales diferenciables y mecanismos de segregación. No olvidemos, por ejemplo, el peso de la mortalidad diferencial. Ésta se perfila en el escenario urbano y en el rural, y los envites epidémicos o el transfondo endémico tienden a destacarla. Asimismo, otros elementos íntimamente ligados a las cadencias poblacionales inciden en las pautas de religiosidad (la propia idea de la muerte), en los roles sexuales y familiares o, incluso, en el derecho de primogenitura y en las pautas del trabajo. No deben obviarse, sin embargo, las novedades perfiladas en la centuria. Se apunta, aunque muy débilmente, una transformación en la estructura ocupacional. El peso del sector agrario es absoluto, pero a la altura de 1860 se ha percibido un fortalecimiento relativo del sector «industrial», al recoger alrededor del 17 por 100 de la población. Semejante inclinación debe ponerse en relación con los perfiles que adquiere la urbanización. Perfiles dependientes, sin duda, del reforzamiento de las pautas de atracción, singulares y con distinto sentido, que ejercen Barcelona o Madrid.

20.2. Crecimiento y crisis poblacionales

En nuestra aproximación a la realidad demográfica de los dos primeros tercios del siglo XIX debemos utilizar categorías distintas a las de «Revolución» o «Explosión», empleadas para sustantivizar al ejemplo británico. Miguel Artola propuso, en su día, la de «distanciamiento» respecto al conjunto de indicadores de la Europa Occidental. Vicente Pérez Moreda, la de «modernización secular» de largo alcance, culminada en los treinta primeros años del siglo XX, pero manifestada dubitativamente en algunos indicadores de la centuria anterior. Ante ambas magnitudes —la realidad europea y la tendencia cifrada en España entre 1900 y 1930—, podemos considerar las ideas de «retraso» y de «lentísima rectificación». En el primer caso, porque sigue, aun a considerable distancia, la tendencia continental. En el segundo, porque el siglo XIX presenta disparidades locales muy acusadas. Éstas supondrán el punto de arranque en algunas zonas (Cataluña, País Vasco) para la paulatina rectificación de sus aspectos más regresivos a partir del nuevo siglo. Desde esta doble perspectiva podemos explicar la evolución general de la población española y la especificidad de sus indicadores demográficos y regionales. La población creció de manera sostenida a lo largo de todo el siglo. Pasó de un volumen de 10,5 millones de habitantes estimados en el Censo de Godoy a una cantidad próxima a los 19 millones cien años después.

Semejante tendencia presenta unos rasgos particulares respecto a los índices europeos. La idea de crecimiento enlaza con la propensión del conjunto del continente, y su tasa media anual (0,48 por 100) es la propia de la Europa Meridional (entre un 0,65 y un 0,40 por 100). Incluso el crecimiento absoluto español supera, con su aumento del 61,7 por 100, el presentado por Francia, que se mantuvo en torno al 51 por 100. No obstante, las pautas españolas se mantenían *estructuralmente* alejadas de los dígitos ofrecidos por el área noroccidental europea. Sus tasas de mortalidad y natalidad eran muy altas (24 y 34 por mil respectivamente) y tan sólo pueden resistir la comparación con los datos ofrecidos por otros «enclaves tradicionales» de la Europa Oriental. Esta situación provocaba el ralentizamiento del crecimiento poblacional. La sociedad española no asistió hasta fecha muy tardía a un despegue de su natalidad que permitiese, en una fase de «transición demográfica», un afianzamiento de su expansión demográfica. En semejantes parámetros incidieron también los efectos de la altísima tasa de mortalidad y de la comparativamente muy baja esperanza de vida al nacer.

Asimismo, tal y como se deduce del cuadro anterior, el siglo XIX presenta ritmos muy distintos. Hasta 1833 se asiste a un crecimiento limitado (alrededor de un 118 por 100 respecto a los datos de finales del XVIII), consecuencia de las dificultades sociales, económicas y bélicas del arranque de la centuria. Los años centrales del siglo son, por el contrario, de evidente rectificación en su sentido global, al incrementar dicho índice hasta el 121 por 100 respecto a las estimaciones de 1833. La última fase de la centuria establece hasta qué punto dicha rectificación es meramente coyuntural, al decrecer, de nuevo, hasta un 118 por 100. Si nos atenemos a las previsiones establecidas por Miguel Artola tales inclinaciones se reafirman al alza. La primera mitad del siglo (1797-1857) refleja unas tasas anuales de crecimiento modestas, en torno a un 4,8 por mil. Desglosándola en dos periodos, hasta 1834 la tasa es, tan sólo, del 3,9. Por el contrario, la fase central presume una media próxima al 6,3 por mil.

Deben retenerse dos elementos de dicha evolución general: las ya señaladas altas tasas vitales y la irregular secuencia anual. Desde luego existen varios factores que explican la cesura entre el primer y el segundo tercio del siglo. Jordi Nadal ha señalado la desaparición de determinados envites epidémicos —como la peste—, la mejora en la dieta y la extensión y popularización de algunos cultivos (maíz o patata). Otras medidas institucionales facilitan esa misma senda. Durante la primera mitad del siglo se frena la emigración hacia América y se emprenden políticas repobladoras. Además, los procesos desamortizadores facilitan una primera alteración en el régimen de propiedad y explotación agraria que debe tener traducción en el comportamiento demográfico. Sin embargo, son unas mejoras sin suficiente eco frente a las constantes seculares que explican la irregularidad anual en el crecimiento español. No puede hablarse de mejoras sanitarias hasta finales de la centuria, coincidiendo con las primeras campañas gubernamentales y con la extensión del espíritu «higienista» finisecular. A lo largo del siglo se repiten los choques epidémicos. Los del cólera, los más representativos, se suceden en 1833-1835, 1854-1855 o en 1865-1866. También se reiteran las crisis de subsistencia. Con frecuencia son la conclusión «natural» ante la mala situación sanitaria de la sociedad española. Se repiten en los años 1803-1805, 1811-1812, 1817, 1857 y, de nuevo, en 1868.

El modelo, ya clásico, reseñado por Ernest Labrousse para la Francia que asiste a las revoluciones de 1789, 1830 y 1848 puede rastrearse en el ejemplo español. En torno a la mitad del siglo persisten las bruscas oscilaciones agrarias características de la economía del Antiguo Régimen. Éstas unen, en una misma secuencia, las malas cose-

CUADRO 20.2

Evolución de la población española y tasas medias anuales de crecimiento intercensal (1797-1900)

Años	Población (miles)	Tasa de crecimiento
1797	10.536	
1821	11.662	
1787-1821		0,34
1833	12.287	
1857	15.455	
1860	15.645	
1821-1860		0,76
1877	16.622	
1887	17.550	
1897	18.109	
1900	18.594	
1860-1900		0,43

Fuente: Pérez Moreda, V., «La modernización demográfica, 1800-1930. Sus limitaciones y cronología», en Sánchez Albornoz, N. (Comp.), *La modernización económica de España, 1830-1930,* Madrid, 1985.

CUADRO 20.3

Movimiento natural de la población española (1857-1887)

Años	Nacimientos	Defunciones	Diferencia
1857	35,3		
1858	35,8	28,0	7,3
1859	35,8	28,5	7,3
1860	36,5	27,2	9,3
1861	39,8	26,7	13,1
1862	38,8	38,8	11,7
1863	37,8	28,8	9,0
1864	38,9	30,9	8,0
1865	38,2	33,0	5,2
1866	37,8	28,3	9,5
1867	37,8	29,5	8,3
1868	34,8	32,9	1,8
1869	36,1	33,0	3,1
1870	35,8	30,6	5,2
1878	36,0	30,4	5,6
1879	35,7	30,4	5,3
1880	35,4	30,0	5,4
1881	37,0	30,1	6,9
1882	36,1	31,3	4,8
1883	35,5	32,6	2,9
1884	36,6	30,5	6,1
1885	36,2	37,9	1,7
1886	36,6	29,9	7,4
1887	36,0	32,7	3,3

Fuente: Romero de Solís, P., *La población española en los siglos XVIII y XIX,* Madrid, Siglo XXI, 1980, pág. 264.

chas por causas naturales, su incidencia catastrófica en la estructura poblacional, y sus efectos nocivos sobre el resto del entramado productivo y sobre el conjunto del mercado. De aquí que afecten a los fenómenos de crisis social (motines, levantamientos...) o al clima de malestar político. El ejemplo de 1868 es paradigmático en este sentido. Los estudios de Nicolás Sánchez Albornoz han puesto de manifiesto su carácter «dual» al constituir la última de las grandes crisis puntuales sucedidas durante la Edad Moderna y al combinar otros factores ya no exclusivamente agrarios. A pesar de ello sus efectos poblacionales son claros. La coyuntura de los años 1865-1870 provoca una clara retracción en el crecimiento vegetativo nacional. Su fase más crítica se sitúa en el bienio 1868-1869. Repite todavía los rasgos propios de un régimen cíclico, «poblacional y socialmente antiguo»: la honda fractura en la producción genera un correlato de hambre, epidemia y agravamiento de las dolencias endémicas en una sociedad desprotegida frente a la muerte.

20.3. LAS PAUTAS REGIONALES

El análisis del comportamiento poblacional en torno a 1868 ofrece otro indicador interesante: la acusada heterogeneidad de los distintos datos regionales. En torno a aquel año las variaciones en el saldo vegetativo eran altas en las Islas Canarias (21,7 por 100), elevadas en la fachada cantábrica (11,7 por 100 en Galicia, 12,7 por 100 en Asturias), y significativas en algunos puntos del Mediterráneo (9,7 por 100 en Alicante, 9,1 por 100 en Murcia, 4,3 por 100 en Málaga). En contraposición, algunas zonas del interior decrecieron. Madrid ofreció un saldo de −2,9 por 100, Valladolid de −6,9 por 100 y Zamora de −6,1 por 100.

Tales índices constatan un ritmo secular. El caso canario es excepcional. Mantuvo a lo largo de todo el siglo un «régimen peculiar», basado en un exagerado crecimiento dependiente, en buena medida, de su capacidad de atracción inmigratoria. Baleares sostuvo una tendencia similar, aunque con unos montos totales mucho menos significativos. Atendiendo al conjunto peninsular y según los datos estimados por Pérez Moreda, el litoral cantábrico manifestó una tasa media de crecimiento anual próximo al 5,5 por mil; Cataluña, del 8,1; la región valenciana del 6,4. Por el contrario, las comarcas castellanas, leonesas y aragonesas se mantuvieron, tan sólo, en unas cotas respectivas del 3,9, 4,3 y del 2,8 por mil. Esta situación era fruto de diversos condicionantes. Respondía a los distintos ritmos y pautas de las poblaciones regionales o a factores locales coyunturales. Así, Extremadura, un área tradicionalmente deprimida en el contexto nacional, ofreció una tasa de crecimiento importante para todo el siglo: un 8,4 por mil hasta 1857 y un 5,2 desde esa fecha hasta 1900. No obstante, y en líneas muy generales, se imbricaba también con una dinámica que, arrancando de siglos anteriores, tendía a reforzar los componentes poblacionales del litoral frente a los del interior. Una dinámica que combinaba, sin duda, las ventajas de la actividad económica periférica y de las prioridades espaciales establecidas en los movimientos interiores de población.

CUADRO 20.4

Distribución regional de la población española (en %) en 1797, 1860 y 1887

	1797	1860	1887
Andalucía	18,2	18,9	19,5
Aragón	6,3	5,7	5,2
Asturias	3,5	3,4	3,4
Baleares	1,8	1,7	1,8
Canarias	1,6	1,5	1,7
Castilla N.	11,2	9,6	10,1
Castilla V.	12	10,4	9,8
Cataluña	8,2	10,7	10,5
Extremadura	4,1	4,6	4,7
Galicia	10,9	11,5	10,8
León	5,9	5,4	5,5
Murcia	3,6	3,8	4,1
Valencia	7,9	8,2	8,3
P. Vasco-Navarra	4,8	4,7	4,6

Fuente: Livi-Bacci, M., «Fertility and Nupciality Changes in Spain from the Late 18th to the Early 20th Century», en *Population Studies*, XXII, 1968.

20.4. Movimientos migratorios y movilidad espacial de la población. Un fenómeno rural.

La movilidad espacial de la población es una de las grandes variables demográficas del siglo XIX, sobre todo durante su segunda mitad. La abolición del régimen señorial, la superpoblación agraria, las transformaciones técnicas, la mejora de los transportes y las expectativas de una vida mejor en otro lugar, ligado esto a la ideología liberal, uno de cuyos elementos es precisamente la idea del ascenso social, animaron u obligaron a millares de campesinos a cambiar su residencia habitual, ya fuera en dirección a los núcleos urbanos o como integrantes de la corriente migratoria transoceánica, en un proceso repetido a lo largo y ancho de Europa.

Las corrientes migratorias internas durante el siglo XIX hasta 1860 aproximadamente fueron de escasa magnitud. Sin embargo a lo largo de la segunda mitad del siglo el fenómeno se incrementa para auspiciar un nuevo contexto que acabará por consolidarse en el primer tercio del siglo XX. Conviene distinguir dos formas de migración, a veces complementarias, la estacional sujeta a los ritmos de las cosechas y a factores coyunturales muy precisos, como puede ser el caso de la construcción del ferrocarril a mediados de siglo, que movilizó un significativo contingente poblacional, y las migraciones definitivas, que implican la ubicación en un nuevo espacio pero no la ruptura de lazos con los lugares de procedencia. En el caso español, a diferencia de países de más arraigada cultura industrial, los movimientos migratorios internos no entran necesariamente en la lógica de la configuración de mercados de mano de obra industrial. Más que un fenómeno de atracción, lo que funcionan son los factores de rechazo originados en los ámbitos rurales. En esencia cabe hablar, pues, de migración campo-ciudad no siempre deseada por esta última. En algunas ciudades se repiten asiduamente a lo largo del siglo los bandos municipales ordenando la expulsión de los nuevos pobladores, sobre todo en momentos de crisis económica, cuando el paro se extiende entre los vecinos del lugar. Estos factores de rechazo fueron de tal intensidad que lograron compensar el *apego al terruño* clásico de las sociedades tradicionales.

El estudio de las migraciones interiores debe tener en cuenta, a su vez, un fenómeno esencial como es la urbanización. El rasgo primordial de la movilidad geográfica establece una línea de relación entre el éxodo rural y el marco urbano. Aquél incide igualmente sobre los componentes peculiares del comportamiento poblacional en el espacio de determinadas ciudades.

Desde 1850 se dibujan tres centros principales de destino por motivaciones diferentes: Madrid, Barcelona y País Vasco; esto en lo que se refiere a los grandes flujos migratorios que a fuerza de repetirse adquieren una condición estructural a mediados de siglo, para consolidarse definitivamente en los primeros decenios del siglo XX. Pero también habría que contar con los movimientos migratorios de corto trayecto entre ámbitos rurales y núcleos urbanos próximos a ellos, resueltos por tanto a escala regional. Respecto de los primeros Cataluña ya había sido una especie de avanzadilla en la primera mitad del XIX conforme se acentúa su industrialización. Situación confirmada y reforzada desde 1850, hasta el punto de que en los decenios finales de la centuria un cuarto de la población barcelonesa aproximadamente procedía de otras zonas. La emigración hacia el País Vasco es más tardía, al igual que su consolidación industrial. En el ejemplo de Madrid las pautas serían similares a las de Barcelona pero por motivos políticos y administrativos más que económicos, a lo que se une la oferta de empleo del servicio doméstico proveniente de las capas medias y burguesas de la ciudad y a la *cultura de la pobreza* que extiende los mecanismos asistenciales y de beneficencia, ya estén estructurados o en forma de la *sopa boba* conventual, con una capacidad suficiente de atracción, sobre todo para la población de las zonas próximas a la capital en momentos de crisis económica.

El conjunto de las capitales de provincia ofrecieron unas tasas de crecimiento que doblaron durante la primera mitad del siglo los ritmos de la España rural. Durante el segundo tercio de la centuria los contingentes urbanos se incrementaron en un 140 por 100. Se partía, desde luego, de un importante grado de urbanización, comparable al ofrecido por Francia. No obstante, no debe obviarse el bajísimo porcentaje de población que residía en estos centros: sólo un 9,4 por 100 en 1836 y un 10,8 por 100 en 1857 respecto al total de la población.

Uno de los más interesantes dinamismos demográficos es el patentizado en el ámbito catalán. Habitualmente se le ha resaltado como el único comportamiento poblacional que resistiría la comparación con las tendencias propias de las sociedades industriales europeas. No hay duda de que Cataluña presentó la más significativa rectificación de aquellos indicadores regresivos propios del conjunto de la estructura demográfica nacional, sobre todo en lo referido a la limitación de las elevadas cotas de mortalidad. Esto, y la importancia creciente de algunas áreas como receptores de la emigración interior, se tradujo en un sustantivo incremento de sus dígitos. En 1797 la población catalana suponía un 8,14 por 100 del total nacional. En 1834 puede estimarse que constituye un 8,56, y en 1860 un 10,67 por 100. No debe olvidarse, sin embargo, que dicha tendencia encuentra una particular traducción en el escenario del Principado. El aumento de la población en Barcelona es, a su vez, paralelo al estancamiento del componente humano en Lérida o Gerona.

Como se ha señalado, la presión inmigratoria afecta —en ocasiones de manera de-

CUADRO 20.5

Impacto de la inmigración sobre la población madrileña en 1850, según las diez principales provincias de origen

Provincia	Número	% Población Total	% Población Inmigrante
Oviedo	17.195	7,76	14,21
Toledo	10.980	4,95	9,07
Guadalajara	6.521	2,94	5,39
Lugo	5,960	2,69	4,93
C. Real	5.349	2,41	4,42
Alicante	4,670	2,11	3,86
Cuenca	4.178	1,88	3,45
Valencia	3.579	1,61	2,96
Burgos	3.537	1,60	2,92
Segovia	3.458	1,56	2,86

Fuente: Ringrose, D. R., *Madrid y la economía española, 1560-1850, Ciudad, Corte y País en el Antiguo Régimen*, Madrid, 1985.

terminante— a los ritmos característicos de aquellos escenarios urbanos que la acogen. El Madrid de mediados del siglo XIX es, sin duda, uno de sus ejemplos más claros, como ha puesto de manifiesto Antonio Fernández. El siglo XIX constata un crecimiento efectivo de la población madrileña. Se registra un incremento desde los 204.000 habitantes considerados para 1800 hasta los 540.000 censados cien años después. Sus ritmos son similares a los arriba descritos. La etapa que abarca desde 1808 hasta 1845, se definiría por el estancamiento e incluso la regresión. Entre 1845 y 1860 se produciría, en cambio, un claro crecimiento del vecindario de la Villa. Entre 1860 y 1868 asistiríamos a una nueva contracción, rectificada, con un ritmo dubitativo, desde 1869 hasta la conclusión de la centuria. La ciudad es muy sensible a los efectos de las catástrofes demográficas puntuales y frente a las crisis epidémicas de naturaleza periódica. La debilidad de este entramado queda de manifiesto a partir de la nota más característica de dicho modelo: Madrid presenta un saldo en su crecimiento vegetativo negativo, únicamente rectificado por el componente inmigratorio.

La inmigración en Madrid ofrece, además, varias constantes seculares. Es fruto de las provincias adyacentes a la capital del reino, y es continuación de una tendencia perfilada en las centurias anteriores. Presenta, a su vez, otros rasgos que superan el campo estricto de la demografía e inciden en la caracterización de su mercado de trabajo o de sus tensiones sociales. Ringrose ha puesto de manifiesto, por ejemplo, la importancia de la emigración femenina soltera desde el ámbito castellano, componente esencial para la demanda de servicio doméstico en la Villa. Puede añadirse también el sentido temporal que adquiere parte de este movimiento de población rural, coincidiendo con los ritmos estacionales agrarios o con las fases de depresión económica.

20.5. Emigrantes españoles hacia América

La emigración exterior española durante el siglo XIX sólo es explicable, en su globalidad, si evitamos considerarla como una mera secuencia de factores de rechazo y atracción, no interdependientes, resueltos a escala regional. No existe en sí mismo ningún factor con el suficiente peso que explique la corriente de la segunda mitad del siglo, en principio hacia el mundo colonial, sobre todo a Cuba, y posteriormente hacia el conjunto de las repúblicas americanas, con preferencia hacia la zona del Río de Plata. Es preciso, pues, articular los *push-pull factors* en un sistema global de comprensión, en un marco de referencia superior que proporcione una visión completa. Siempre han existido factores de rechazo que han actuado con mayor o menor intensidad según coyunturas muy precisas, pero que en los últimos siglos no habían provocado una transferencia tan considerable de población como la que experimenta España entre 1850 y 1914.

El crecimiento demográfico, el estrangulamiento de contextos protoindustrializados en distintas áreas regionales, la presión malthusiana sobre unos recursos limitados, las prácticas de herencia y el derecho del *hereu*, la excesiva división de la propiedad agraria, la fisura de determinadas prácticas mercantiles, la crisis del artesanado tradicional en regiones en vías de industrialización o las consecuencias de la industrialización sobre el artesanado de otras zonas, la pervivencia de las crisis de subsistencia hasta más allá de la mitad del siglo, o la sustitución de factores productivos, diseñan contextos proclives a la emigración a escala local o regional. Pero la interrelación de estos múltiples factores sólo adquiere consistencia cuando se enmarcan en una estructura comprensiva más amplia, en estrecha conexión con las transformaciones provocadas por la implantación del sistema liberal que redefine las relaciones políticas, sociales y económicas.

En el plano económico la *revolución liberal*, entendida como la crisis a largo plazo del modelo mercantilista, creó las condiciones para el funcionamiento del mercado nacional, generando un haz de repercusiones mutuas que transformaron profundamente las relaciones anteriores entre economías de alcance regional. Igualmente todo el proceso de redefinición de los derechos de propiedad, desvinculación, desamortizaciones y abolición de las «manos muertas», alteró la estabilidad de las comunidades campesinas y sus sistemas colectivos de protección. Especial importancia tuvo la desamortización de Madoz que al actuar sobre bienes de propios y comunes rompió los esquemas de reproducción de las pequeñas economías campesinas, a su vez determinadas por la continuada tendencia al alza de los precios de la propiedad agraria y de los arrendamientos. La supresión del señorío, la libertad de industria y comercio y la nueva definición política del ciudadano provocaron la movilidad espacial y social de la población, que la mejora de los transportes adecuó a las necesidades de los mercados de mano de obra.

Los gobiernos españoles tardaron en comprender las ventajas económicas y sociales de la emigración. De ahí los tres comportamientos que se encadenan a lo largo del siglo XIX: prohibicionismo, permisibilidad y facilidad. En un primer momento abordaron la cuestión bajo parámetros estrictamente mercantilistas: la riqueza fundamental de un país era su capital humano. Sin embargo, la valoración del tema a través de los criterios del liberalismo económico hizo variar las estrategias: el desempleo controlado hacía de regulador salarial, pero el excedente excesivo de población desempleada ponía en entredicho el crecimiento de la renta y generaba inestabilidad social.

Por otro lado, pronto fue evidente que los emigrantes continuaban conservando unos lazos privilegiados con sus lugares de origen, lo que traducido en términos económicos, significaba la recepción de un rosario de pequeñas remesas de dinero y, en el mejor de los casos, cuando el emigrante conseguía «Hacer las Américas», y retornaba a la patria, el trasvase de importantes patrimonios. Las pequeñas economías campesinas quedaran alimentadas por estas transferencias. Las remesas procedentes de Cuba tuvieron una importancia singular en la balanza de pagos, como factor parcialmente compensatorio del déficit de la balanza comercial.

No resulta, por tanto, fuera de lugar calificar a esta emigración de económica. Aunque no se vislumbre un factor económico de rechazo inmediato, en algún ejemplo en concreto, parece innegable el basamento económico, en una instancia cercana o lejana, del conjunto de las corrientes migratorias. A veces se invoca el espíritu de aventuras como variable explicativa principal, pero tal circunstancia no puede desligarse de un entramado explicativo de superior categoría. No basta con resaltar la tendencia más marcada a la emigración de las regiones costeras frente a las del interior, más proclive a los flujos migratorios a escala nacional. En todo caso cabría hablar de predisposición basada en la interiorización de unos hábitos donde abundan los referentes marítimos. Al fin y a la postre, no fueron las clases medias las que emigraron, si hacemos la salvedad de la emigración administrativa a las áreas coloniales, siempre de carácter temporal. La misma naturaleza tiene la emigración técnica, es decir, el envío a Ultramar de agentes y apoderados de firmas comerciales. Un porcentaje muy localizado de indianos que retornaron de Cuba se inscriben en este contexto.

La emigración política en el siglo XIX fue minoritaria en términos cuantitativos, pero de enormes repercusiones cualitativas, por lo que supone de intercambio de corrientes ideológicas. El emigrante político, generalmente procedente de las clases medias ilustradas, era un propagandista en potencia, pero también, cuando retornaba al país, el introductor de nuevas tendencias y corrientes de pensamiento. Está fuera de dudas el papel jugado por las sucesivas oleadas de emigrantes políticos españoles entre 1812 y 1834. Afrancesados y liberales del Trienio moldearon su cultura liberal en París y Londres.

Aunque el incremento de los flujos migratorios y el marco legal no deben inscribirse en una relación simplista causa efecto, lo cierto es que la real orden de 16 de septiembre de 1853, liberalizando la emigración española hacia América, fue una condición necesaria para racionalizar la emigración masiva que se puso en marcha a partir de 1860. Sin embargo, las nuevas disposiciones, más que adelantarse al futuro, eran la consecuencia de una situación de pasado que venía arrastrándose desde hacía más de veinte años: la emigración clandestina.

A la altura de 1850 resultaba evidente el desfase que existía entre el marco legal vigente y la magnitud que había alcanzado la emigración clandestina hacia América del Sur. Igualmente era visible la quiebra de las prácticas pobladoras dirigidas al establecimiento de colonos en zonas agrarias del interior, de muy baja densidad de población, como instrumento de modernización del campo. En definitiva, las teorías mercantilistas sobre la población hacían aguas ante los avances de las formulaciones liberales y ante la realidad de los fracasos acumulados. Desde la muerte de Fernando VII hasta mediados de siglo la contraposición de las teorías mercantilistas y de las liberales habían ido decantándose hacia el predominio de estas últimas.

El primer paso significativo fue la real orden de 24 de diciembre de 1834 facilitando la concesión de pasaportes para quienes desearan emigrar a los dominios de Indias. La reducción de los trámites para la obtención del pasaporte mediante expediente gubernativo quedaba supeditada a las siguientes limitaciones: que el peticionario no pretendiese abandonar a su familia, sobre todo en el caso de los menores de edad o en el de las mujeres casadas, sustraerse a la acción de la autoridad, evadirse del servicio de armas o del cumplimiento de compromisos contraídos.

En los años siguientes el incremento de la emigración clandestina, sobre todo la de procedencia canaria y gallega, y los primeros contratos diplomáticos entre España y las nuevas repúblicas americanas, crearon un ambiente proclive a la derogación de la legislación prohibicionista. Estado de opinión en el que tuvieron mucho que ver los informes elaborados por los cónsules españoles en Montevideo y Buenos Aires, en los que se hacían eco de las condiciones infrahumanas en que se desenvolvía la emigración clandestina, por otro lado imposible de frenar. Se hacía, pues, necesario regularla en un momento en el que la nueva estrategia diplomática respecto a las repúblicas americanas valoraba la emigración como un factor más para incrementar la influencia española en aquellos países. Por fin, la Real Orden del Ministerio de Gobernación del 16 de septiembre de 1853 levantó la prohibición de emigrar a las repúblicas de América del Sur. Aunque en la parte preliminar de la R.O. se hace referencia únicamente a la emigración procedente de las Canarias, la minuciosa reglamentación —que recoge disposiciones relativas a la expedición de pasaportes, a las garantías de todo tipo que habrían de darse a los emigrantes, a los contratos o a las fianzas que tendrían que depositar armadores y capitanes de buques—, en su artículo decimocuarto, se hacía extensiva a todos los puertos españoles donde se realizasen expediciones de emigrantes.

Viraje legal culminado en disposiciones posteriores: La R.O. de 12 de enero de 1865 proclamando el derecho estatal en cuestiones migratorias, pero que insistía en «la facultad de emigrar que tienen todos los españoles»; la R.O. de 30 de enero de 1873, suprimiendo la fianza de 320 reales por emigrante a los armadores de buques, prevista en la R.O. de 1853; los reales decretos de mayo de 1882, creando un negociado de emigraciones en el Instituto Geográfico y una sección encargada de esta materia en la Dirección de Agricultura, y la R.O. de 8 de abril de 1903 facilitando la expedición de pasajes sin pasaporte, con la sola presentación de la cédula personal.

Antes de 1880 el grueso de la emigración española se encaminó en una dirección prioritaria: el área colonial antillana y, sobre todo, la isla de Cuba. Existe una surtida gama de variables que explican este fenómeno: desde motivos de facilidad legal hasta el hecho de que se trataba de un flujo migratorio tradicional enraizado en el pasado, pero la mayor intensidad de la corriente de población peninsular hacia Cuba durante el siglo XIX está determinada por las singulares relaciones que mantuvieron la metrópoli y su colonia.

Si comparamos el ritmo cronológico de la emigración masiva española con otros países del occidente europeo se pone de manifiesto su carácter tardío: cuando la europeo-occidental, sobre todo de origen británico y alemán, se ralentiza, la española se incrementa, coincidiendo con la de otros países de la Europa mediterránea, como la italiana, o de la Europa oriental, como la rusa. Para el caso español la clave explicativa posiblemente resida en la confluencia de dos factores. Por un lado, el lento proceso en la instalación global del sistema liberal y la consiguiente persistencia de estructuras tradicionales y preindustriales; por otro, la emigración exterior aceleró su ritmo cuando los movimientos migratorios internos habían concluido en su primera y fundamental fase. De ahí la correlacción existente entre la modernización económica española emprendida desde finales del siglo XIX y el aumento de los flujos migratorios hacia el exterior. Así la emigración transoceánica, en primer lugar, y hacia Argelia, reemplazó a los movimientos migratorios de corte nacional en todas las fachadas marítimas españolas.

La cronología de los flujos migratorios presenta un crescendo continuado a lo largo del siglo XIX para desembocar en la emigración en masa de los decenios finiseculares. Después de una interrupción derivada de las guerras de independencia de las colonias continentales americanas, la corriente se reanuda en la década de los años 30 sobre todo en dirección a Cuba, pero hasta mediados de siglo también es perceptible un trasvase ilegal de población hacia las repúblicas iberoamericanas, incluso antes del establecimiento de relaciones diplomáticas. El déficit de mano de obra de algunas de estas repúblicas, sobre todo las del Río de la Plata, atrajo a millares de canarios y gallegos que de forma clandestina atravesaban el Atlántico, sujetos a toda clase de malos tratos por parte de armadores y capitanes de buque, en unas condiciones que no debían de variar mucho de las que sufrían los culíes chinos que desde Macao se trasladaban a Cuba. La cuantía de estos movimientos es difícil de determinar, pero los despachos enviados por los encargados de negocios y representantes de la Corona indican que este tipo de emigraciones tomó un mayor incremento en la década de los años 40, haciendo inevitable el cambio del marco legal en 1853.

En sus Memorias, Antonio de Barras escribe que la mayor parte de los emigrantes españoles instalados en Cuba, a mediados del siglo XIX, procedía de las aldeas de las provincias del norte. En 1855, el 70 por 100 de los emigrantes también de origen español ubicados en Argentina provenían de la cornisa cantábrica, tendencia que se refuerza años después. Galicia, Asturias, Cantabria y el País Vasco fueron, pues, las zonas proveedoras por excelencia de emigrantes hacia las Américas. En la fachada mediterránea, Cataluña fue el principal espacio emisor de emigrantes transoceánicos, mientras que los excedentes de población de Alicante, Murcia y Almería elegían Argelia como lugar de destino: en 1833 vivían en Argelia 1.291 españoles, cifra que pasa a 58.510 en 1861, para elevarse hasta los 114.000 en 1881. Se observa, por tanto, la contraposición de dos modelos de comportamiento migratorio: la periferia marítima que acaba resolviendo sus tensiones poblacionales en la emigración exterior, y las regiones del interior que realizan sus movimientos migratorios a escala nacional.

En la parte occidental de la cornisa cantábrica se conjugaron toda una gama de factores de rechazo que explican el triste liderazgo de estas regiones en la corriente migratoria hacia Ultramar: crecimiento vegetativo por encima del promedio español; fenómenos de desindustrialización; excesiva división de la propiedad; valor de los jornales por debajo de la media general española, fenómeno muy acusado en las cuatro provincias gallegas, crisis agraria. Añadamos la tradición de una cultura marítima que en su vertiente comercial vasca, cántabra y catalana actuó como elemento de primera consideración en el hecho de emigrar, y la oposición al servicio militar, y tendremos el cuadro completo de una emigración que afectó sobre todo a población joven en edad de producir. Conforme avanzó la primera mitad del siglo XIX la nueva configuración del servicio militar, según los patrones liberales, exacerbó lo que vino en denominarse la cuestión de las quintas. Principalmente en épocas de conflictos bélicos, como pudieron ser la Guerra Carlista o posteriormente, las guerras en Ultramar, se extendió el rechazo a realizar el servicio militar. El aumento de los prófugos corrió paralelo a los motines de quintas. Una parte, difícil de calcular, de estos prófugos optaron por la emigración.

Ciertamente el legislador del siglo XIX tuvo en cuenta el problema. En la R.O. de diciembre de 1834 sobre la concesión de pasaportes a los dominios de Indias, el peticionario debía demostrar que no pretendía evadirse del servicio militar. En 1842 se decidió conceder pasaportes a los jóvenes entre 18 y 25 años «siempre que afiancen el poner sustitutos que por ellos sirvan la plaza de soldados que les quepa en las quintas que en lo sucesivo se ejecuten». Las RR.OO. de noviembre de 1853 y enero de 1854 continuaban insistiendo en la fianza para la misma franja de edad. La R.O. de 1 de octubre de 1856 exigía el depósito de 6.000 reales o una fianza equivalente para los jóvenes en edad militar. En el mismo sentido se pronunciaba la R.O. de 20 de noviembre de 1867.

20.6. Los principales centros emisores. Galicia, Asturias, Cataluña, Canarias

Hasta finales del siglo XIX Galicia ofrece dos tendencias migratorias diferentes que ponen de manifiesto los problemas de articulación del espacio gallego, pero sobre todo unas tradiciones que proceden de siglos anteriores, y unos vínculos económicos de distinto signo que condicionan esta dualidad. La Galicia interior es proclive a la emigración hacia el interior de la Península, mientras que las zonas costeras proyectan su emigración hacia el Atlántico.

La primera tendencia puede quedar reflejada suficientemente en el caso madrileño. Durante todo el siglo la corriente migratoria más rotunda, en términos cuantitativos, que se ubica en la capital es la gallega. Se trata de un flujo constante, estructural, que apenas presenta variaciones a lo largo de la centuria. Tanto en 1850 como en 1898 el componente gallego en Madrid abarca entre 4 y 5 por 100 de la población total de la ciudad. Incluso haciendo la salvedad de las provincias que circundan a Madrid, Lugo es la primera provincia española en el envío de emigrantes. Si tomamos como referencia 1898, el peso de la Galicia interior dentro del núcleo gallego domiciliado en Madrid se hace evidente. De un total de 21.378 gallegos, el 64 por 100 proceden de Lugo. Un muestreo que hemos realizado, a base de los empadronamientos, sobre 2.000 gallegos residentes en la capital en 1870, eleva la cifra de los originarios de pueblos del interior hasta el 90 por 100, poniendo igualmente de relieve la correlación existente entre actividad económica y flujo migratorio. Mientras que el emigrante originario de la costa desempeña en la capital actividades relacionadas con el sector terciario, público o privado, pero casi siempre dentro de un nivel de cierta cualificación, la emigración procedente del interior configura un universo ocupacional más complejo, en el que en todo caso predominan actividades no cualificadas.

El contrapunto de estos movimientos migratorios hacia el interior lo tenemos en las estadísticas oficiales que se empiezan a publicar en España desde 1885. La migración exterior gallega diseña un modelo diferente al de la España interior, según los datos de 1886, a pesar de sus imperfecciones, el 87 por 100 de los emigrantes exteriores gallegos son originarios de La Coruña y Pontevedra. Sin embargo cuatro años después parece observarse un descenso relativo de estas dos provincias: el 77 por 100. Y lo que es más significativo, los emigrantes lucenses se incrementaron en un 100 por 100 entre 1886 y 1890 y los de Orense aumentaron en más de un 40 por 100, incrementos muy superiores a los de otras provincias gallegas. Se está rompiendo, pues, la dualidad que al menos hasta los años 80 había funcionado: Galicia costera / emigración atlántica y Galicia interior / resto de España. Dualidad rota por la incorporación de cada vez más amplios sectores de gallegos del interior a la emigración atlántica. Los datos referidos a los inmigrantes gallegos en Buenos Aires reafirman esta visión. En 1855 el 96 por 100 procedían de La Coruña y Pontevedra. Treinta años después la situación no se ha alterado en lo fundamental: el 94 por 100. Sin embargo, a la altura de 1900 ya emergen variaciones indicativas de una nueva tendencia consolidada en años futuros: para el periodo 1900-1910, el 15 por 100 son originarios de Lugo y Orense, cifra que en 1918 pasa a ser el 33 por 100 y en 1930 el 47 por 100. En definitiva, se está produciendo un proceso sustitutorio: parte de los contingentes gallegos que tradicionalmente se habían diseminado por la Península, toman ahora la vía exterior.

No obstante, conviene tener en cuenta los datos anteriormente expuestos referidos al Madrid de finales de siglo, ciudad en la que viven 21.400 gallegos, soporte básico en el crecimiento poblacional de la capital. Esta sustitución de áreas de atracción migratorias plantea la insuficiencia de vincular con carácter determinante la posible atracción provocada por el crecimiento económico y el ritmo y dirección que toman los movimientos migratorios. La aceleración del crecimiento económico español desde las décadas finales del siglo y, en general, el proceso de modernización emprendido, que se articula en una onda de larga duración, no fueron factores suficientes para retener y reproducir la emigración tradicional gallega hacia el interior, que aunque no desaparece, encuentra en la emigración transatlántica un competidor que termina por predominar.

La presencia gallega en América tomaría un mayor auge en el siglo XVIII para sufrir la interrupción, observada igualmente en el conjunto peninsular, impuesta sucesivamente por las guerras coloniales, las independencias y el posterior cuadro legal prohibicionista. Esquema válido para la emigración a las nuevas repúblicas, aunque es perceptible la existencia de una emigración clandestina, pero que no sería aplicable para las colonias del Caribe que permanecen bajo el dominio español, donde tal ruptura no se daría. La crisis del prohibicionismo y la liberación de la emigración abriría las espitas a gran escala durante la segunda mitad del XIX y sobre todo durante el periodo 1860-1877. Entre 1853 y 1882 los emigrantes de procedencia gallega se elevaron a 325.000, lo que situaría a Galicia en el primer lugar español: supondría el 60 por 100 del total español en las épocas de *mayor salida* y el 40 por 100 en las de *menor éxodo*.

La evolución de la emigración asturiana ofrece similitudes con la gallega. Mientras que los concejos del interior dirigen sus preferencias a Castilla y a otras regiones españolas, los concejos de la costa engrosan los flujos migratorios trasatlánticos. Siguiendo la tónica general es Cuba el principal país receptor, situándose a continuación Argentina, México y a considerable distancia el resto de los países latinoamericanos. El lugar de destino indicado por los solicitantes de pasaportes en Asturias en 1859 son un excelente indicador: de un total de 3.155 pasaportes, el 90,5 por 100 eran con destino a

Cuba, mientras que los restantes se repartían por este orden: Argentina, México, Uruguay y Puerto Rico. El destino de los pasajeros embarcados para América y Filipinas entre 1885 y 1887 ofrecen un balance similar aunque ya es perceptible el descenso relativo de Cuba y el paralelo ascenso de Argentina y México: Cuba, 70, 9 por 100; Argentina, 18,5; México, 5; Puerto Rico, 2,5; Uruguay, 2,3; Filipinas, 0,5; Brasil, 0,3. Se ha calculado que entre 1830 y 1930 emigraron un total de 330.000 asturianos. El ritmo de las salidas dibuja un *crescendo* modesto, pero continuado desde 1835 hasta 1887, con un total de 50.000 emigrantes. En los años 80 la corriente se acelera incrementándose extraordinariamente el número de salidas. Era el comienzo de las emigraciones masivas, apenas recortadas por la pérdida de las colonias, que se extiende al menos hasta la crisis de 1929.

Por su origen social y su trasfondo económico la emigración catalana durante el siglo XIX adquiere unos rasgos singulares que la diferencian de otros modelos. Por término medio representó el 10 por 100 aproximadamente del total español. Se trata de un flujo migratorio que al menos hasta 1870 se dirige mayoritariamente a las colonias antillanas, alrededor de los dos tercios del total, con especial preferencia a Cuba. Según los datos del *Anuario Estadístico de España* para 1860-61, sobre un total de 2.054 pasajeros catalanes embarcados hacia América en 1860, el 60 por 100 tomó el destino cubano, el 22 por 100 se encaminó hacia el Río de la Plata y el resto, por orden de importancia, se repartió entre Puerto Rico, México, Brasil y otros países americanos.

Según la misma fuente, el 72 por 100 de los 3.350 emigrantes a América procedían de la provincia de Barcelona, el 22 por 100 de Gerona, el 5 por 100 de Tarragona y el 1 por 100 de Lérida. Se cumple, pues, la misma correlación observada en otras partes: son las comarcas marítimas las que alimentan el grueso de la emigración, con una notable presencia de personal cualificado en actividades mercantiles o artesanales.

Si en términos cuantitativos esta vinculación de la emigración catalana con el área colonial antillana se corresponde con la misma tendencia seguida por otras regiones españolas, sin embargo, desde el punto de vista cualitativo responde a las estrechas relaciones mercantiles mantenidas por los comerciantes catalanes en el entorno caribeño. Que un porcentaje considerable de los emigrantes fueran atraídos por las casas de comercio de catalanes en Santiago de Cuba o Nueva Orleans, lo pone de manifiesto. Unas vinculaciones comerciales sólidamente establecidas desde la liberalización del comercio con América en la segunda mitad del siglo XVIII, alteradas durante los primeros veinte años del siglo XIX, para consolidarse posteriormente.

A mediados de siglo los comerciantes de origen catalán eran pieza básica en el engranaje reproductor de la economía azucarera cubana. Su papel primordial en los ámbitos portuarios, de hecho reservados por la política colonial a los hombres de negocios de procedencia peninsular, colocaron a los comerciantes catalanes en el primer plano del negocio de la trata, del comercio complementario con Estados Unidos y Gran Bretaña, y en una posición aventajada en la financiación de la zafra a los hacendados.

La crisis del negocio de la trata, la diversificación de las fuentes de aprovisionamiento del algodón, la Guerra de los Diez Años y las políticas de atracción puestas en marcha por otras repúblicas sudamericanas, redujeron porcentualmente la importancia de la emigración catalana a Cuba desde 1870. Incluso, según las estadísticas oficiales, durante el quinquenio 1885-89 la región del Río de la Plata se convirtió en el primer foco de recepción de emigrantes catalanes con el 62 por 100 del total. Cuba pasaba a situarse en segundo lugar con el 22 por 100. Desde los años 80 se estaba perfilando un nuevo modelo migratorio catalán, caracterizado por la sustitución de Cuba por Argentina, que alcanzará su plena dimensión en el primer tercio del siglo XX.

A la altura de 1870-80 Canarias es la provincia española que posee el índice emigratorio más elevado, con una media anual de 18 emigrantes por 1.000 habitantes, en íntima conexión con el formidable crecimiento vegetativo de las Islas, que superaba en más del doble a la media española. Se trata de una corriente migratoria de carácter secular. En este aspecto los emigrantes del siglo XIX seguirían unas pautas establecidas anteriormente y que nunca quedaron frenadas por los obstáculos jurídicos, dadas las altas cotas de emigración de naturaleza clandestina, animada por quienes huían del cumplimiento del servicio militar, situación que se extendió a lo largo de todo el siglo.

Hasta el último tercio del siglo XIX, al menos, en la emigración canaria tuvo una elevada participación la emigración familiar de tipo nuclear, aún en edad productiva, que se encamina mayoritariamente hacia Cuba, con fuertes ramificaciones en Venezuela y Uruguay. Teniendo en cuenta la ausencia de cualquier proceso protoindustrializador en las Islas, la inmensa mayoría de los emigrantes eran de origen campesino. Estaríamos ante una presión malthusiana sobre unos recursos limitados, que se resuelve en un flujo emigratorio estructural cuyo mayor o menor intensidad depende de las diversas coyunturas de los sucesivos monocultivos del campo canario.

20.7. Los límites de la urbanización. La jerarquía de las ciudades

En el occidente europeo del siglo XIX el crecimiento urbano fue uno de los rasgos característicos. A partir de 1850 el fenómeno de la urbanización adquirió un impulso espectacular aunque con acusadas diferencias espaciales. El crecimiento de las ciudades fue rápido y continuado. Londres, que contaba con dos millones y medio de habitantes en 1851, superó los cuatro millones en el decenio de los 80. La población de París pasó de un millón a dos millones en el mismo periodo. Berlín, que en 1849 albergaba 378.000 habitantes, superó ampliamente el millón en 1900, al igual que Viena, que en 1846 tenía 400.000 habitantes y 700.000 en 1870. Los casos de Hamburgo, San Petersburgo, Moscú y Roma ofrecen un panorama similar. Así las ciudades se convirtieron en el espacio físico y emblemático en el que se desenvolvían las nuevas formas sociales y económicas. La ciudad rompió las pautas tradicionales de comportamiento, los usos y las costumbres. En este espacio surgió el hombre arquetípico de la ideología liberal. El poder de atracción del mundo urbano fue considerable. Las masas rurales lo seguían percibiendo, con o sin razón, como un espacio de libertad, y, de hecho, las ciudades protagonizaron el grueso de los procesos de modernización y despertaron estímulos secularizadores, con la consiguiente quiebra de las pautas de sociabilidad del mundo rural, asentadas en valores religiosos y vínculos clásicos de protección. En la ciudad el individuo y las relaciones personales tendieron a disolverse en la sociedad de masas. Acabaron dibujándose dos espacios de actuación claramente delimitados: lo público y lo privado, mientras que en las sociedades tradicionales ambos habían permanecido confundidos, allí cundieron nuevas concepciones del tiempo, del movimiento y del espacio.

De tal manera que el crecimiento urbano del siglo XIX está intrínsecamente asociado y auspiciado por el conjunto de transformaciones que impuso el nuevo régimen liberal. Los procesos de urbanización están ligados a las masivas transferencias de población rural hacia estos nuevos destinos. Para que ello se produjera era preciso una confluencia de cambios jurídicos y de mejoras técnicas. El desmantelamiento del régimen señorial favoreció la movilidad de hombres y propiedades. Los adelantos en los transportes agilizaron las transferencias humanas. Los procesos desamortizadores permitieron la alteración morfológica de los espacios urbanos.

Conviene, sin embargo, no pecar de optimismo en el caso español. El aumento de la urbanización es la divisa de países como Inglaterra, y en general de los espacios correspondientes a la fachada noroccidental atlántica. En cambio en la Europa mediterránea el crecimiento de las ciudades fue más limitado. En el censo español de 1860 el sector primario continuaba absorbiendo al 63 por 100 de la población, frente al 13 por 100 del secundario y el 24 por 100 del terciario, este último claramente hipertrofiado por la enorme extensión del servicio doméstico. En España habrá que esperar al gozne de los siglos XIX y XX para que se produzca el definitivo despegue urbano. Así la construcción del sistema liberal tuvo que acoplarse a una sociedad mayoritariamente rural, donde lo urbano sentaba calidad, pero no cantidad, lo que a la larga hizo depender el funcionamiento de un frágil entramado liberal en las relaciones personales, de subordinación y dependencia propias del mundo rural, que en los últimos decenios del siglo derivó en el caciquismo como forma de dominación política. La revolución liberal fue un fenómeno fundamentalmente urbano, se elaboró y se consolidó en las ciudades, pero tuvo que reproducirse en el campo a base de estas prácticas tradicionales y clientelares.

A mediados del siglo el nivel de urbanización en España era similar al francés: el 24,6 por 100 de la población española vivía en núcleos de más de 2.000 habitantes, frente al 27,3 por 100 de Francia. Desde mediados del siglo XVIII el tamaño medio del centenar de ciudades españolas más importantes no había experimentado ningún tipo de crecimiento espectacular, aunque sí un avance continuado, pasando de 13.500 habitantes en 1750 a 25.000 en 1857. Desde mediados de siglo la población urbana española se incrementó a un ritmo superior al de la población total, pero a un compás inferior al europeo occidental. Entre 1850 y 1900 España multiplicó por dos su grado de urbanización. En 1900, el 32 por 100 de la población residía en núcleos que superaban los 10.000 habitantes y el 40 por 100 en municipios de 2.000 a 10.000 habitantes. Sin embargo, en Alemania la tasa de urbanización se multiplicó por cuatro y en Gran Bretaña por tres. Dos ejemplos que vinculan dos formas sucesivas de urbanización. La primera estaría relacionada con los cambios políticos y sociales de la instalación de la sociedad liberal; la segunda, asociada a los efectos de la industrialización, más limitados en el caso español. La cuestión es que a la altura de 1877, solamente cinco ciudades españolas superaban los 100.000 habitantes: Madrid 397.816), Barcelona (248.943), Valencia (143.861), Sevilla (134.318), Málaga (115.882); otras ocho traspasaban el listón de los 50.000 habitantes: Murcia, Zaragoza, Granada, Cartagena, Cádiz, Lorca, Valladolid y Bilbao. En conjunto estas trece ciudades representaban el 9,45 por 100 del total español, cifrado en 16.634.345 habitantes.

Estas ciudades responden a características económicas y sociales diferentes. Se yuxtapone en el conjunto un núcleo urbano que es el centro estatal de la toma de decisiones políticas y económicas, Madrid; ciudades ya de marcado contenido industrial como Barcelona o de actividades mercantiles asociadas al sector portuario como Valencia y Cádiz; centros políticos y administrativos de carácter provincial como Valladolid y Zaragoza, y cabeceras comarcales en zonas agrarias prósperas como Lorca. Un inventario de las ciudades comprendidas entre los 10.000 y 50.000 habitantes ofrecería un espectro similar, en el que sobresaldría la *ciudad levítica,* es decir, el núcleo cuya vida económica y social estaba ligada a la serie de servicios que emanan de la presencia del obispado y su cohorte eclesiástica. En suma, la pirámide urbana de los años 70 no tiene su correlato con distintos grados de industrialización, sino que en sus diversos niveles está más bien ligada y dibujada por el mundo de los servicios políticos y administrativos. De hecho no son precisamente los núcleos industriales los que predominan, es decir, donde el crecimiento urbano se vincula a los impulsos de la industrialización, sino ciudades preindustriales y protoindustriales, que conjugan su actividad económica con el papel de servicios políticos, laicos o eclesiásticos. Muchos núcleos crecieron al calor de la divisiones eclesiásticas —obispados—, militares —capitanías generales—, educativas —universidades—, reordenadas a lo largo del siglo, pero continuando una trayectoria anterior. Fue sobre todo la configuración de la estructura territorial administrativa del Estado liberal, a partir de la división provincial, lo que condicionó la evolución de núcleos urbanos en buena parte del territorio, al convertirse en polos de atracción ligados a los servicios administrativos en capitales de provincia, sustituyendo con pautas racionalizadoras y centralizadoras la anacrónica atomización del régimen señorial.

En 1836, el 9,4 por 100 de la población española residía en las capitales de provincia; en 1857 se observa un ligero incremento que expresa una tendencia consolidada a lo largo de la segunda mitad del siglo: el 10,8 por 100 correspondiente a 1857 se eleva hasta el 16,6 por 100 en 1900. La evolución de la ciudad contemporánea es tributaria directa de los procesos desamortizadores. Y lo es en cuatro niveles, todos ellos relacionados: jurídico, en cuanto transformación del régimen legal de propiedad; económico, con el trasvase de propiedades que impulsan los mercados inmobiliarios; social en cuanto desarrollan unas burguesías que actúan sobre la ciudad, y urbanísticos en el sentido de racionalización del espacio urbano, morfológicamente al reordenar los cascos viejos y diseñar los ensanches, y funcionalmente al posibilitar su especialización social y económica.

El proceso desamortizador ligado al discurso liberal implicó el cambio jurídico de la propiedad amortizada, cerrada, vinculada, y su trastoque en propiedad libre, circulante, es decir, concebida como mercancía. Era una de las piezas maestras de la transformación del régimen jurídico de propiedad del Antiguo Régimen a propiedad capitalista. Pero además, este proceso significó una transferencia de propiedades que mediante su nacionalización y venta en pública subasta provocó el cambio de sus propietarios. Los antiguos propietarios eran instituciones eclesiásticas o civiles, y así miles de propiedades pertenecientes al clero, los municipios o instituciones educativas, sanitarias o de beneficencia, pasaron a manos individuales. Aunque la desamortización tuvo algunos episodios tímidos a finales del siglo XVIII, durante la Guerra de la Independencia o el Trienio liberal, sus consecuencias fueron limitadas. La envergadura del proceso sobre las ciudades se situó a partir de la desamortización de Mendizábal entre 1836 y 1843, de naturaleza eclesiástica, y desde la desamortización de Madoz en 1855, que incluyó propiedades urbanas procedentes de hospitales, hospicios, casas de misericordia... La importancia por su número de las propiedades eclesiásticas y civiles en algunas ciudades hizo que se multiplicara la producción de espacio urbano. La desamortización eclesiástica, sobre todo del clero regular, afectó considerablemente a ciudades como Madrid, donde no existía ninguna institución eclesiástica que no tuviera representación. Pero también afectó notablemente a Sevilla, Cádiz, Córdoba, Málaga, Valencia, Barcelona, Valladolid y Zaragoza que, según datos de Simón Segura, concentraron el 71 por 100 de la venta de bienes urbanos del clero durante la desamortización de Mendizábal.

La enorme masa de fincas puestas en movimiento configuró un mercado inmobiliario de nuevo cuño susceptible de incrementar la rentabilidad del capital y generar una corriente inversora, dentro de las nuevas reglas de la oferta y la demanda y el libre acuerdo entre vendedores y compradores. Era un auténtico aprendizaje de los mecanismos del libre mercado, resolviendo en la práctica las tesis del liberalismo económico. La remodelación de los viejos cascos de las ciudades absorbió una corriente de capitales, que obtuvieron sustanciosas plusvalías por la compraventa de edificios y solares y por la construcción de inmuebles para alojar a los nuevos contingentes poblacionales. El aumento del precio y del valor del suelo urbano alimentó una doble corriente formada por caseros y especuladores.

Se trataba de un mercado sujeto a múltiples iniciativas individuales. Apenas existieron los grandes promotores inmobiliarios y el mundo empresarial casi nunca estuvo presente como tal. Al menos hasta 1870, casos como los de *La Peninsular* o el marqués de Salamanca, que operaron respectivamente en el interior del casco urbano y en el ensanche de Madrid, fueron excepcionales. Habrá que esperar a finales de siglo para que despegue una estructura financiera de actuación en el mercado inmobiliario.

20.8. Los espacios urbanos. De la ciudad histórica a los Ensanches

A pesar de que la población española a lo largo del siglo XIX sea eminentemente rural, a la altura de 1850 el desequilibrio entre población y estructuras urbanas se hacía insostenible a causa de los movimientos migratorios que se dirigían a las principales ciudades del país. Si la primera respuesta a este fenómeno, en gran medida gracias a los cambios de uso del suelo que posibilitó la desamortización, fue el incremento de la densidad por metro cuadrado y el aumento de altura de los edificios, pronto se demostró que esta estrategia estaba superada. En las décadas centrales del siglo surgió una prensa médica. Títulos tales como *El siglo médico* o *La España médica* y autores de la talla de Méndez Álvaro introdujeron en España el discurso higienista, en principio de procedencia francesa. Méndez Álvaro no dudaba, al igual que otros médicos, en relacionar las excesivas tasas de mortalidad que abrumaban a las capas populares de las principales ciudades españolas, con las pésimas condiciones de habitabilidad. Las epidemias de cólera que casi con una exacta periodicidad decenal asolaban los centros urbanos españoles, colaboraron a que el discurso higienista tomara amplitud. Existía, pues, escasez de suelo urbano edificable y paralelo a ello la imposibilidad de plantear estrategias urbanísticas a medio y largo plazo. Las ciudades tenían que romper definitivamente con las cercas que las rodeaban, por motivos fiscales o defensivos, y extender sus espacios más allá de los centros tradicionales.

Al mismo tiempo que surge el discurso higienista lo hacen las primeras voces que reclaman el ensanche de las ciudades. Nace así un término que resume la principal realización urbana de las ciudades españolas del siglo XIX: el *Ensanche*. Se trata de un sistema de planteamiento concebido como respuesta a la escasez de suelo urbanizable, que viene explicado por razones de higiene, de calidad de vida, pero también con un deseo expreso de buscar una nueva racionalidad que apartara a las ciudades de los vericuetos irracionales de la ciudad histórica. La idea de habitabilidad se adoba con la necesidad de nuevos servicios económicos, sociales y de recreo que se integren en la nueva trama urbana. Como modelo, el Ensache viene definido por la presencia de un plano geométrico sustancialmente diferente del plano de la ciudad tradicional. Todo ello supone una ruptura a partir de la cual se puede ajustar teóricamente el espacio urbano necesario para asegurar un crecimiento equilibrado que pueda absorber las corrientes migratorias que se encaminan a la ciudad. En los decenios centrales del siglo asistimos a una destrucción simbólica: murallas y cercas son derribadas. Burgos lo hace en 1831, Almería en 1854, San Sebastián en 1864, Valencia en 1865, Madrid y Barcelona en 1868. Aunque ahora se generaliza bajo parámetros u objetivos más complejos, la idea de ensanche no resultaba ninguna novedad. Jovellanos, como representante del racionalismo del siglo XVIII, ya se había planteado la necesidad de dotar a Madrid de nuevo espacio a partir de una trama rectangular. Asímismo el capitán general de Cataluña, marqués de Mina, había estimulado desde 1753 el ensanche de la Barceloneta, a través de un plano ortogonal. Pero fue la desamortización, las expectativas que creó y el surgimiento de los mercados inmobiliarios, los que permitieron socializar la realidad del Ensanche.

En este ambiente resulta paradigmático el ingeniero catalán Ildefonso Cerdá, autor del Plan de Ensanche de Barcelona, aprobado en mayo de 1860. Aunque su libro más conocido sea la *Teoría general de la urbanización*, publicado en 1867, ya hacía años que Cerdá había divulgado varios artículos sobre cuestiones de urbanismo. Baste como ejemplo su conocido trabajo publicado en 1856, por la *Revista de Obras Públicas*, titulado «Anteproyecto para el Ensanche de Barcelona». Cerdá recogía un espíritu presente desde que en 1835 se había organizado el Cuerpo de ingenieros civiles de canales, caminos y puertos, y que el plan ortogonal se convirtiera en doctrina de esta escuela especial.

El plan de Ensanche de Barcelona, *L'Eixemple*, puede ser definido como una extensa red cuadrangular formada por una urdimbre de calles paralelas al mar atravesadas por una trama de calles perpendiculares, configurando un tejido de mallas o manzanas cuadradas. Tratándose de una rica ciudad industrial como Barcelona, en su ensanche se contempla la necesaria mixtura entre núcleos residenciales y servicios de todo tipo, tanto económicos como asistenciales, además de espacios dedicados a zonas verdes, conformando una nueva ciudad abierta cuyo símbolo son las plazuelas determinadas por los ángulos seccionados de las manzanas en forma de chaflanes. Cerdá previó en su proyecto la ocupación de 1.500 hectáreas de terreno, lo que contrasta vivamente con las 220 hectáreas de la ciudad amurallada, que se encuentra descentrada con respecto al Ensanche.

La realidad desvirtuó el plan Cerdá, al igual que sucedió en los ensanches de otras ciudades españolas. En resumen, se produjo una mayor densificación de las construcciones por metro cuadrado, con la consiguiente desaparición de los espacios verdes y el aumento de la altura de los edificios. Igualmente quedó sin realizarse el gran parque a orillas del Besós concebido por Cerdá.

En julio de 1860 fue aprobado el Plan de Ensanche de Madrid, elaborado por el ingeniero y arquitecto Carlos María de Castro. Resulta innegable la vinculación que

Plano del ensache de Madrid.

existe entre el proyecto de Castro y las teorías urbanísticas del ingeniero catalán Cerdá. «Sin Cerdá —señala Bonet Correa— el anteproyecto de Castro hubiera sido distinto, o por lo menos hubiera carecido de su coherencia interna, de su decidida morfología de manzanas regulares y amplios espacios libres con zonas verdes que, de haberse realizado íntegramente, hubiera dado a la capital de España una fisonomía más placentera y humana.» La idea de *manzana,* tal como la aplicó Castro, procede de Cerdá. En Madrid la filosofía del Ensanche responde a un doble estímulo: el discurso político de la capitalidad y la presión demográfica sobre el espacio histórico de la ciudad. La primera de las cuestiones aparece sempiterna en la publicística del siglo XIX, desde Mesonero Romanos hasta Fernández de los Ríos. Es la lamentación de que la capital del Estado liberal sea una ciudad vieja y degradada impropia de esta función. Era preciso crear un espacio simbólico, un decorado a tono con la capitalidad. En cuanto a la presión demográfica, la atracción de Madrid había hecho insostenible la capacidad de absorción del casco viejo. Inmediatamente después de la desamortización se había actuado sobre el espacio tradicional a través de una estrategia de *macización* y de *verticalización*. Ello posibilitó la absorción de 100.000 personas entre 1830 y 1860. El Ensanche de Castro plantea una concepción de la nueva ciudad, técnicamente inspirada en Cerdá, pero socialmente concebida sobre otros criterios. Mientras que el proyecto de Cerdá tiene un carácter más interclasista, el de Castro plantea radicalmente la zonificación social del espacio, su segregación clasista, además de su diferenciación funcional, económica y administrativa. En su trama ortogonal quedaron bien definidas las distintas zonas: a ambos lados de la Castellana, las zonas residenciales aristocráticas y de la gran burguesía; las clases medias en los barrios de Salamanca y Argüelles; los trabajadores al sur de la calle de Alcalá, más allá del Retiro; Chamberí se convertía en el barrio fabril al igual que la zona de Embajadores y Puente de Toledo; los espacios verdes se concentraban en el Retiro y en el depósito del canal de Isabel II, además se salpicaba toda la trama de manzanas destinadas a este fin; la zona agrícola se localizaba en las riberas del Manzanares.

El plan Castro quedó desvirtuado en la realidad, por la alteración de su contenido. Pasado el primer impulso del marqués de Salamanca, el ritmo de construcción fue muy lento. Las presiones de los propietarios de terrenos ante el Gobierno obligaron a éste a reducir las limitaciones a que estaban sujetas las edificaciones. Las nuevas disposiciones del decreto de 6 de abril de 1864 se encaminaron a incrementar la rentabilidad media por pie edificado: permiso para edificar en altura cuatro plantas; la contracción del espacio destinado a patios interiores; la disminución de la superficie dedicada a jardín y la reducción de la altura mínima de los pisos.

Por otra parte, el plan Castro fue criticado por concebir una ciudad cerrada en sí misma. Así, Bonet Correa escribe:

> Castro trazó una ciudad concéntrica sin proporcionarle las ventajas que esta opción podía suponer de ser deliberada. Su trama ortogonal, sin tener una verdadera articulación con el centro, quedaba también aislada de los áridos terrenos vacíos que la rodeaban. Sin conexión con la región ni el territorio, carente de industrias y polos de atracción, Madrid vivía encerrada en sí misma, dentro de su caparazón, de espaldas a los agros y pueblos de la provincia (...) Entre la estructura interna de la capital y el territorio periférico, programáticamente vacío, la diferenciación era total sobre todo al no existir *banlieue* ni residencial ni industrial.

Ángel Fernández de los Ríos, uno de los más severos críticos de Castro, ya había señalado alguno de estos problemas en 1868, al concebir la ciudad ligada a la ordenación del territorio próximo que incluyera El Escorial, La Granja y Aranjuez, es decir, una especie de área metropolitana que sería el marco de planeamiento a partir del cual se actuará en el primer tercio del siglo XX. La especulación y la subida de precios también se combinaron para evitar que el ensanche llegara a su plenitud durante el siglo XIX. A finales del mismo todavía eran visibles abundantes vacíos en el norte, este y sur del ensanche, a la par que se iba extendiendo, sin estar sujeto a ninguna clase de plan, un extrarradio, irregular en su ordenamiento pero más acorde con las frágiles economías de las masas de emigrantes que llegaban a Madrid. Tetuán de las Victorias, la Guindalera y La Prosperidad fueron los focos más importantes de ese extrarradio popular, degradado y con una preocupante carencia de servicios sobre todo a nivel higiénico y sanitario.

Tomando como modelos Madrid y Barcelona, otras ciudades españolas elaboraron sus respectivos proyectos de Ensanche. Bilbao lo hace en 1863, San Sebastián en 1864, Valencia en 1865, Elche en 1866, Zaragoza en 1894... En última instancia el ensanche suponía la ruptura con la idea de la ciudad histórica donde se entremezclaban los espacios, y el paso a la concepción de la ciudad moderna proveedora de servicios económicos y políticos.

Capítulo XXI

La reordenación de las elites del dinero y del poder. Los millonarios del siglo XIX. Las clases medias

21.1. Los límites del poder de la vieja nobleza en la sociedad liberal

El papel desarrollado por las antiguas noblezas en la organización política y social del siglo XIX es objeto especial del debate sobre las persistencias del Antiguo Régimen. ¿Continuaron siendo las viejas aristocracias las elites dirigentes con una incuestionable capacidad de cooptación de otros grupos sociales, en un proceso de ennoblecimiento para el conjunto de esas elites? o más bien ¿hubo un recambio en las altas esferas de los poderes políticos y económicos, en beneficio de unas burguesías con señas de identidad propias, que sustituyeron a las viejas aristocracias? Es posible que la solución no resida en ninguno de los dos extremos, sino en desvelar la mayor o menor intensidad de un pacto tácito entre nobleza de cuna y nuevas elites, que adquieren diversas versiones a lo largo del siglo, y es la sustancia del liberalismo moderado imperante en la España de mediados del XIX, como antídoto de las alternativas democrático-populares. En términos globales, puede argüirse que en todas partes la vieja nobleza pierde poder político y económico con respecto a su situación en la sociedad estamental.

En la dimensión jurídico-legal la nobleza desapareció como estamento privilegiado del Antiguo Régimen con la instalación del Estado liberal. Incluso, más que por su participación activa, por su aceptación pasiva, la nobleza facilitó enormemente la subida al poder del bloque liberal. No se trataba en absoluto de que la nobleza hubiera hecho suyos, al menos mayoritariamente, los presupuestos teóricos del liberalismo, pero sí percibía que su sistema de reproducción económica entraba en colisión con su cosmovisión mental, social y política. Ante el dilema, optó por conservar y recomponer su entramado económico en la dirección liberal, consciente de que el problema de la hegemonía política era cosa del pasado, un proceso irreversible de decadencia desvelado no por el discurso liberal, sino por la propia lógica de la mayor profesionalización y complejidad de las funciones públicas durante el siglo XVIII.

No obstante, la vieja nobleza de cuna no se *aburguesó* sin más a partir de 1840, por mucho que los textos jurídicos dejaran abolidos antiguos privilegios, basamento de antiguas hegemonías. No, la nobleza no se aburguesó, en términos reales, a corto plazo; es más, ofreció resistencias pasivas, expresadas consciente o inconscientemente, utilizando resortes de poder legales y paralegales o intentando socializar su escala de valores y su capital simbólico entre los individuos de la elite de origen burgués.

Antes de 1880, la vieja nobleza estableció las pautas de comportamiento, dirigió los marcos de sociabilidad de las elites, coadyuvó a reproducir la *cultura de la pobreza* entre las capas populares, esparció hábitos rentistas, desdeñó el capital trabajo, ensalzó el consumo suntuario y diseñó a su imagen los espacios físicos de sociabilidad de la cúspide de la pirámide social. Todo ello bien atrincherada en el Senado, pero, sobre todo, y mucho más importante, bien enquistada en las camarillas de Palacio, centro fundamental en la toma de decisiones políticas, más allá de lo que indiquen los textos constitucionales.

21.2. El horizonte económico de la antigua nobleza

Desde el punto de vista económico, en el contexto europeo, la situación varía según los países. En general las rentas de la vieja nobleza no mermaron. Desde el lado de los ingresos se sitúan en la cúspide de la pirámide económica. Su base de sustentación es la propiedad de la tierra. Sin embargo, una visión desde la perspectiva de los gastos ofrecería un panorama diferente: la cuestión del endeudamiento nobiliario, excesivo en el caso de las noblezas rusa y española, ejemplificado en la acumulación de ventas de tierras, e insignificante en el de la británica.

Contraponer a las noblezas rusa y española, de una parte, y a las británica y alemana, de otra, significa extraer dos modelos diferentes respecto a las mayores o menores dificultades de asimilación a la economía de mercado. Si la nobleza española absorbe el porcentaje mayor de la renta nacional a la altura de 1850, no sucederá lo mismo cuando el siglo XIX termine y sea sustituida en la punta del escalafón económico por una elite económica burguesa. La nobleza española estuvo ausente de los sectores punta de la evolución económica de la segunda mitad del siglo XIX.

Igual sucede con la nobleza rusa o italiana, pero no con los *junkers* prusianos o la inglesa, perfectamente imbricados en sus respectivos sistemas económicos desde el punto de vista empresarial, que en el ejemplo de la nobleza británica, su masa patrimonial presenta un brillante inventario en el que se entrelazan inversiones agrarias y extra-agrarias en un contexto que no se diferencia del burgués.

Al menos hasta 1880 la vieja nobleza española se mantuvo alejada del mundo de los negocios. Situación que no habría tenido mayor alcance si no fuera por el papel tan destacado que la nobleza desarrollaba en la percepción del ingreso nacional. A la altura de 1850, y teniendo en cuenta la importancia de la agricultura en la composición de la renta nacional española y el hecho de que este grupo social es en su conjunto el principal poseedor de tierras, es fácil llegar a la conclusión de que un porcentaje considerable de la renta agraria acabaría en manos de los nobles terratenientes.

Una valoración de las dimensiones patrimoniales en las mismas fechas proporciona idénticos resultados. En el caso madrileño —más que representativo dada la tendencia de la elite patrimonial a fijar su residencia en la capital del Estado— hasta 1860 ningún patrimonio burgués se acercaba en sus dimensiones al de cualquier miembro de la alta nobleza. Por término medio, la gran nobleza de cuna dispone de fortunas superiores a los cincuenta millones de reales, que en los títulos más notorios (Alba, Medinaceli) llegan a superar la barrera de los cien millones.

Como contraste a la baja, los ejemplos más destacados de patrimonios burgueses no traspasan los treinta millones de reales. Para el conjunto de cien patrimonios superiores al millón de reales, entre 1830 y 1860, que representan unos activos totales valorados en 1.150 millones de reales, el 42 por 100 corresponde a individuos pertenecientes a la vieja nobleza. A partir de 1860, la relación patrimonial entre nobles y burgueses cambia sustancialmente. En 1880, el vértice de la elite económica está compartido por integrantes de ambos fragmentos sociales. A fines de siglo, entre los 200 primeros contribuyentes de la capital, la presencia de la vieja nobleza queda diluida en un océano burgués.

Si en la primera mitad del siglo XIX las posiciones de la vieja nobleza, en cuanto a la absorción de renta, mantenían un predominio incontestable, durante la segunda mitad, la elite económica se nutre de nuevas incorporaciones provenientes de sectores burgueses, situación que pone de manifiesto la decadencia de la nobleza de cuna. Las conclusiones son evidentes: el coste de la instalación del sistema liberal ahondó la crisis económica de la vieja nobleza, y los sectores punta de la economía española durante la segunda mitad del siglo tuvieron como protagonistas a individuos ajenos, por sus orígenes, al escalafón nobiliario.

Esto último desvela el divorcio entre los antiguos nobles y el mundo empresarial. Alejamiento directo e indirecto. Directo porque la nobleza de sangre no desarrolló antes de 1880 ninguna iniciativa empresarial. El hecho de que determinados nobles de lustre se sentaran en los consejos de administración de algunas sociedades de crédito o ferroviarias, debe ser estimado como una cuestión de prestigio social con el fin de crear ambientes de confianza, en unos contextos de relaciones donde lo nobiliario marca el tono social, o, simplemente, como una cuestión de poder dadas las estrechas vinculaciones de la nobleza con los aledaños de la Corte.

Pero más significativa es la ausencia indirecta del mundo de los negocios, es decir, una insignificante inversión en efectos bursátiles y valores empresariales, ya fueran de ferrocarriles, mineros o industriales, además de su ausencia de los mercados inmobiliarios urbanos. Un enorme peso específico corresponde a la propiedad agraria, en forma de latifundios o no, en los patrimonios nobiliarios. En el caso de la nobleza titulada en época de los Austrias, sobre un total de 38 patrimonios conocidos, cuyo montante global supera los 1.113 millones de reales, solamente quince millones corresponden a valores de la deuda pública española, y 449.425 reales en acciones y obligaciones de ferrocarril y en participaciones empresariales.

En principio, podría suponerse que la nobleza titulada por los Borbones en el siglo XVIII es más dinámica y participa más decididamente en sectores económicos modernos que sus homólogos de época anterior. Al fin y al cabo se trata de una nobleza relativamente reciente, de tradición profesional, surgida del ambiente racional y crítico del siglo XVIII, con una base agraria menos sólida y cuya reproducción económica debería completarse a través de otros caminos apartados del mundo agrario. Sin embargo, las conclusiones que se derivan de la documentación notarial invalidan plenamente esta hipótesis.

En definitiva, la nobleza de sangre, los *millonarios* por excelencia de mediados del siglo XIX, tanto en rentas como en patrimonio, no contribuyeron directamente a la modernización económica española, salvo de forma ocasional en el sector agrario. El porqué plantearía varias hipótesis que entremezclan *percepciones, valoraciones mentales* y *condiciones objetivas*.

En primer lugar, la presencia de componentes mentales que fijan la estima personal más en la acumulación de capital simbólico que en el acopio de capital productivo. En segundo lugar, emerge un problema técnico, el *gigantismo* de los patrimonios sustentados en un amplísimo y sólido basamento agrario que no precisan para su reproducción buscar proyectos de inversión extra-agrarios. En tercer lugar, el sistema piramidal de extracción de rentas (trabajador-arrendatario-propietario) asegura el ingreso sin mayores riesgos, en un esquema de altos precios preservados por la política proteccionista, que desemboca en unos niveles de rentabilidad similares o superiores a los de cualquier otra oferta de inversión, lo que acaba por desaconsejar la diversificación patrimonial. Por último, debe considerarse la crisis patrimonial que sufre la mayoría de la antigua nobleza en los setenta primeros años del siglo XIX, crisis materializada en el encadenamiento anual de desfases entre ingresos y gastos.

Hasta finales de siglo la nobleza de cuna tendió a infraestimar, por omisión, los nuevos valores inherentes a una sociedad en proceso de industrialización, pero en esta actitud coincidió de pleno con otros sectores sociales igualmente remisos a la hora de incorporar a su escala de valores las nuevas pautas de comportamiento. En sentido estricto, una resistencia activa de la vieja nobleza contra el nuevo orden económico no se vislumbra en absoluto. Habrá que acudir a otras variables, más allá del mundo mental, que expliquen la tajante separación entre la nobleza y el mundo de los negocios extra-agrario. La clave explicativa reside en la combinación de tres factores: el *gigantismo* patrimonial, la inadecuada y anacrónica estructura del gasto, y, como trasfondo, la espiral de endeudamiento a que están sometidos los patrimonios nobiliarios, por lo menos hasta el último tercio del siglo XIX.

21.3. LA CRISIS PATRIMONIAL DE LA NOBLEZA DE CUNA

En suma, la vieja nobleza se encuentra presa de una cadena deudora. El desfase entre ingresos y gastos culminará en una serie de trasvases de fincas rústicas y urbanas a manos de comerciantes y hombres de negocios cuya ascensión económica se basa en parte en este fenómeno. Las ventas de bienes rústicos efectuadas por los Osuna, Alba, Altamira, Hijar, Salvatierra o Medinaceli colaboraron en gran medida a que la elite burguesa se convirtiera en gran terrateniente a finales de siglo.

Esta crisis patrimonial afecta tanto a la elite de la nobleza como a las pequeñas y medianas casas nobiliarias. Se trata, pues, de un modelo generalizado de crisis que incide más en la nobleza vinculada a la Corte, sujeta a un nivel de consumo suntuario más elevado, que a las noblezas regionales cuyos patrimonios son más modestos y el mantenimiento de su estatus menos costoso. De este último grupo surgen algunos empresarios agrarios en contraposición con el carácter de *rentistas activos,* es decir, excelentes recolectores de rentas agrarias, de la gran nobleza que habitualmente está ubicada en Madrid. La nobleza de provincias, al poseer un patrimonio más reducido, se ve obligada a desarrollar al máximo la potencialidad de sus propiedades, hecho favorecido por la proximidad física del propietario, que permite concentrar esfuerzos y actuar selectivamente.

La crisis presenta la siguiente evolución. Las economías nobiliarias arriban a principios del siglo XIX fuertemente endeudadas, hasta el punto de que el servicio de la deuda absorbe siempre un porcentaje considerable de los ingresos. Se trata de un déficit de carácter estructural que tiende a agravarse en coyunturas de recesión económica, dada la rigidez del gasto que contrasta con la elasticidad de las rentas. Así en épocas de depresión económica el mantenimiento de un elevado nivel de gastos, generalmente de naturaleza suntuaria, al coincidir con la disminución de los ingresos, provoca, y con el tiempo incrementa, sucesivos endeudamientos. A esta situación que acaba por transformarse en ordinaria, a lo largo de los siglos XVII y XVIII, se une a partir de 1750, y sobre todo en las filas de la Grandeza con residencia en Madrid, un nuevo aumento del gasto originado por unas previsiones optimistas de la coyuntura agraria alcista que desemboca en una costosa actividad inmobiliaria, de la que son testigos los numerosos palacios construidos en Madrid. Desde 1800, el cambio de coyuntura económica, la retracción de los ingresos durante la Guerra de la Independencia y la resistencia campesina al pago de los derechos señoriales, amplifican el endeudamiento hasta límites insostenibles, que ya precisan de unos mecanismos de financiación más ágiles que el característico censo del Antiguo Régimen.

La conversión jurídica de la propiedad nobiliaria, como consecuencia de la legislación desvinculadora, creó las primeras condiciones para que la vieja nobleza pusiera en marcha una política de saneamiento patrimonial, en estrecha conexión con una larga nómina de prestamistas y banqueros. De esta manera se abría un amplio periodo de tiempo que duró aproximadamente hasta 1880, en el que los esfuerzos de las clases nobiliarias se centraron en la limpieza de sus patrimonios: por un lado, en su mejor organización sobre la base de una gestión que llevase a *maximizar* la obtención de rentas; por otra parte, la liquidación de deudas.

Los resultados no fueron similares para el conjunto de la antigua nobleza. En el peor de los casos —Osuna o Altamira— la cuestión se saldó con la transferencia masiva de la práctica totalidad del patrimonio a manos de prestamistas y hombres de negocios. Pero en general, las grandes casas nobiliarias salieron mejor libradas, porque las pérdidas de patrimonio inmobiliario quedaron compensadas por la drástica reducción del servicio de la deuda y por el aumento de las rentas por finca arrendada, o sea la mayor presión sobre los arrendatarios, gracias a las nuevas prácticas contractuales del mercado.

A partir de 1880, aproximadamente, el grueso de las políticas de saneamiento ha culminado y las economías de las grandes casas buscarán un asentamiento más sólido, diversificando sus líneas de actuación con la incorporación de nuevas formas de inversión más allá del mundo agrario. En este resurgir del poder económico de la vieja nobleza, tiene mucho que ver su entronque matrimonial con la elite burguesa y con ello la mezcla de valores en principio antinómicos: las ideas nobiliarias tradicionales vinculadas a la posesión de la tierra, el linaje y el modo de vivir señorial se funden con nuevos valores de rentabilidad y éxito capitalista que fundamentan la existencia en términos monetarios.

21.4. Permeabilidad, cooptación e integración. La creación de nueva nobleza

El gran éxito de la vieja nobleza en toda Europa fue su capacidad de cooptación, integración y, por tanto, de reproducción, precisamente durante la segunda mitad del siglo, en unos marcos sociales que, al menos jurídicamente, ya no eran los suyos. Además del consenso antes aludido, las viejas noblezas se mostraron generosamente abiertas y receptivas, admitiendo en su seno, primero, a individuos de la elite militar, política y funcionarial, y, después, a la elite económica. La concesión de títulos nobiliarios se generalizó en la España isabelina o de la Restauración, en la Austro-Hungría de Francisco José, en la Inglaterra victoriana o en Prusia y el posterior Reich; en cambio en la Rusia zarista su nobleza se mostró posiblemente la más impermeable de Europa, rompiendo las pautas señaladas. En Francia, quizás el país europeo donde la vieja nobleza perdió mayor peso específico en todos los órdenes, el mecanismo de ennoblecimiento no fue la cooptación sino una especie de autoennoblecimiento de las nuevas elites que alcanza su máximo durante el II Imperio.

En el Imperio austriaco se crearon 9.000 títulos nobiliarios durante todo el siglo, de ellos un millar correspondió a la elite económica. En el Imperio alemán se otorgaron 1.129 nuevos títulos entre 1871 y 1918. En la España isabelina se libraron 400 títulos nuevos. En suma, en todas partes las burguesías de negocios o industriales valoraron la obtención de un título nobiliario como el culmen del éxito social. Hasta en los Estados Unidos de América, individuos de la elite económica compraron títulos de Europa, aunque no tuvieran reconocimiento oficial en su país.

El Estado español del siglo XIX fue un auténtico fabricante de títulos de nobleza en la Península y en las colonias. En este proceso colaboró activamente la vieja nobleza. En otros términos, no ofreció ninguna resistencia a la ampliación de su grupo social, sabedora de que precisamente tal extensión era condición necesaria para su reproducción a cualquier nivel. La nobleza española fue así una de las más permeables de Europa.

Los mecanismos de cooptación y de integración pasaban por tres niveles. En primer lugar, la aceptación del burgués enriquecido o con prestigio por sus actividades profesionales en el mundo social nobiliario. El emblema sería su presencia en los salones de la nobleza, espacio de sociabilidad a partir del cual se transmite una particular escala de valores y pautas de comportamiento que colaboran en la reproducción de un capital simbólico que la antigua nobleza tiende a universalizar.

En segundo lugar, la aquiescencia a que el Estado recompense con títulos de nobleza servicios de todo tipo. A este respecto existen dos estrategias diferentes a la hora de su concesión. En la España isabelina esta política se orientó casi exclusivamente a colectivos ligados al funcionamiento del Estado, en una especie de reconocimiento a aquellos individuos que participaron en su construcción: empleados públicos en los estratos superiores de la burocracia —algo ya potenciado por el Estado absoluto del siglo XVIII—, diplomáticos, y sobre todo militares, cuyo ennoblecimiento era prácticamente automático en los grados más altos del escalafón militar.

De todas formas el destino de esta práctica tiene un componente de viejo cuño en la concesión de títulos, ya que no era tan frecuente el ennoblecimiento de miembros procedentes de las profesiones liberales: juristas, médicos, ingenieros o catedráticos. Lo que sí se multiplicó fueron los títulos asignados a los servicios políticos. En el otro extremo fue excepcional la adjudicación de títulos de nobleza a individuos procedentes del mundo de los negocios. El caso de José de Salamanca, marqués del mismo nombre, debe ser relacionado más con su actividad de ministro y de cortesano que con la de empresario. La elite económica tuvo que recurrir a otro mecanismo de integración: el entronque matrimonial.

En última instancia, la concesión de títulos de nobleza se convirtió en una forma más de robustecer a la elite de poder que configuró la versión moderada del Estado liberal. No fue menor la asignación de títulos durante el reinado de Amadeo I, cuya política de ennoblecimiento pretendió compensar el contexto hostil hacia su persona de la antigua nobleza, partidaria de la Restauración borbónica. De esta época proceden los títulos de Urquijo y Casariego como ejemplos más significativos.

En la España de la Restauración, el Estado pone en marcha una segunda estrategia en cuanto a los destinatarios de los títulos. A los criterios utilizados durante el siglo se unen ahora las valoraciones de índole económica. Es el acceso masivo de hombres de negocios a los estratos nobiliarios. Síntoma de que las estimaciones que el conjunto social realizaba de sus elites económicas habían dado un giro significativo. Era el elogio del mundo del dinero estimado en sí mismo.

21.5. La política de ennoblecimiento en Cuba

Resulta llamativo que un número relevante de los títulos concedidos a lo largo del siglo estuviera asociado directamente al mundo colonial, sobre todo a la isla de Cuba. Igualmente se practicaron dos estrategias por parte del Estado metropolitano. Hasta 1870 aproximadamente el proceso de ennoblecimiento estuvo mediatizado por las nuevas directrices coloniales generadas por la metrópoli tras la pérdida del imperio continental americano y por la consolidación de la economía azucarera, con mano de obra esclava en la Gran Antilla.

El complejo acoplamiento político y económico entre colonia y metrópoli a lo largo del siglo XIX estableció una contradicción difícilmente salvable entre una España que se dota de un sistema liberal, aunque recortado, y una Cuba a la que se niega ese mismo ordenamiento con el objetivo de asegurar la soberanía metropolitana. Por eso, la concesión de títulos de nobleza y otras prebendas no sólo se otorgaron a comerciantes, militares y altos cargos de la Administración, peninsulares, sino también a la cúspide del sistema esclavista, es decir, a la figura del hacendado, siguiendo unas pautas establecidas por los Borbones del siglo XVIII, con el fin de activar unos instrumentos apropiados de atracción que favorecieran la *asimilación* de la oligarquía azucarera.

Durante el reinado de Amadeo I el criollo de viejo cuño pierde terreno en el ámbito de los ennoblecimientos, que están más bien determinados por motivaciones de vinculación personal, por peticiones no satisfechas anteriormente o por los apoyos financieros, y como trasfondo, el deseo de crear una clientela nobiliaria adicta a la persona del nuevo Rey. Así entraban en las filas nobiliarias reconocidos tratantes de esclavos como los Argudín y los Samá, o potentes financieros, que actuaban en el sólido triángulo Madrid-Londres-La Habana, como es el caso de Alonso Jiménez y Cantero, marqués de la Granja de San Saturnino.

Si durante el periodo 1758-1868, el 73 por 100 de los títulos creados se concedieron a familias hacendadas criollas de vieja raigambre antillana, instaladas en Cuba por lo menos desde el siglo XVIII, a partir de 1870 el contexto cambia sustancialmente. No es que la metrópoli deje de utilizar la concesión de títulos como instrumento de estrategia política, es decir, como mecanismo de atracción, sino más bien que se alteran los contenidos de esa estrategia. Ya no se dirigen los títulos preferentemente a la figura del hacendado. La simple política de cooptación del hacendado criollo queda subordinada a otro criterio predominante: el pago de la fidelidad a la metrópoli, no *a priori*, sino una vez que tal fidelidad ha sido claramente explicitada.

Todo parece señalar que los criterios de ennoblecimiento se han alterado en beneficio del sector declarado abiertamente prometropolitano, y muy especialmente de peninsulares, que además de su cualificación económica detentaron otros cargos relevantes. Es decir, confluyen en la persona de la mayor parte de los nuevos nobles el poder económico y la capacidad de decisión de facto. Los dos puntos álgidos en la creación de nobleza fueron el bienio 1875-76, directamente relacionado con el pago de los apoyos financieros y políticos a la causa de la Restauración, y el periodo 1878-1881 estrechamente ligado a los servicios prestados a la metrópoli durante la Guerra de los Diez Años.

21.6. El poder de hecho de la antigua nobleza. Senado, camarillas palatinas y salones nobiliarios

En el plano político la pérdida de poder de la vieja nobleza se hizo más evidente en lo referente al ejercicio directo del poder, pero no en cuanto a influencia en la toma de decisiones. Por regla general, el régimen del liberalismo moderado, dada su naturaleza consensuada, reservó una parcela de poder: el Senado electivo, que actúa como una especie de cordón umbilical que une a las monarquías con el Parlamento.

Pero todavía existen puntos oscuros sobre la función política real que desarrollaron los Senados en la Europa de la segunda mitad de siglo. Sí conocemos bien su papel teórico: servir de contrapeso a cualquier desviación radical de las Cámaras Bajas, pero desconocemos en gran medida el protagonismo jugado por las viejas noblezas en las discusiones y debates de las Cámaras Altas. En el modelo británico la Cámara de los Lores reacomodó con frecuencia decisiones tomadas en la de los Comunes, interponiendo su derecho de veto. En cambio, en el modelo español de la década moderada o de la Restauración, el Senado adoptó una posición más pasiva que evitó fricciones entre los cuerpos colegisladores. Una primera aproximación permite concluir que la vieja nobleza presente en el Senado español apenas tuvo iniciativa legislativa, jugando un papel marginal en el debate político.

Más allá del Parlamento la antigua nobleza está sobradamente representada en los aparatos de poder: ejército, diplomacia y, sobre todo, en los servicios personales de las Cortes europeas. Punto este último de singular importancia en aquellos países, como es el caso de España, donde el régimen constitucional está mediatizado por la existencia de *poderes de hecho*. Así la nobleza se convierte en pieza básica de las redes clientelares y como principal soporte de las camarillas palatinas.

La vieja nobleza no sólo aportó la atracción de los títulos como emblema de posición social, sino que sus modos de vida se convirtieron en el referente de unas burguesías ávidas de capital simbólico. Los palacios nobiliarios eran el espejo de la sinergia externa y de los valores sociales hacia los que aspiraban las burguesías. Sus salones eran el espacio de sociabilidad por antonomasia, que ejercía un papel de primera magnitud en la toma de decisiones, extensión de las ideas o de reconocimiento colectivo de la posición social. La resultante, sin embargo, no fue un producto mimético en el que se sustituyen protagonistas, sino una fusión de valores, al incorporarse los de las nuevas elites. En definitiva, la cima del éxito de la gran burguesía, conseguido en el terreno económico, tendía a completarse con un estilo de vida aristocrático, que a su vez quedó modificado al exigirse como pieza indispensable el dinero.

Esa apropiación mutua, ese trasvase de valores y modos de vida, constituyeron el basamento de la elite de poder del sistema liberal durante la segunda mitad del siglo XIX. Nobleza y grandes fortunas burguesas ocupaban al unísono el vértice de la pirámide social, a veces asociadas a unas estrategias matrimoniales de corte endogámico que actuaban como la infraestructura de la integración.

21.7. EL MITO DEL ASCENSO SOCIAL. LA MOVILIDAD SOCIAL RESTRINGIDA

Si la construcción del Estado constitucional creó nuevas pautas de organización política y racionalizó la senda administrativa, y si en la dimensión económica el cambio del estatus jurídico de la propiedad y la implantación de las libertades económicas tejieron las redes de una economía de mercado, desde el punto de vista social los ámbitos europeos del siglo XIX modificaron las normas de las relaciones entre los individuos plasmadas en un principio teórico sin concreción necesariamente en la práctica: el discurso insistía en que la movilidad social de los hombres se hacía posible para todos aquellos que poseyeran una especie de trilogía del éxito basada en el talento, el trabajo y la capacidad. En este esquema la riqueza venía a ser el criterio fundamental, pero no el único, de diferenciación social. El universo de las libertades individuales y la riqueza como principal instrumento de diferenciación social sustituyeron al estamento y al privilegio como categorías determinantes de las relaciones entre los individuos, cuyo norte cardinal residía en las expectativas de movilidad social en función de las calidades individuales. En efecto, el mito del ascenso social, la posibilidad de un rápido desclasamiento hacia los estratos superiores de la pirámide social, fueron los ingredientes interpretativos que los intelectuales liberales elaboraron y transmitieron bajo muy diversas formas a un conjunto social que en el primer tercio del siglo XIX se desprendió de forma más o menos radical de las ataduras que imponían las reglas del nacimiento durante el Antiguo Régimen. Ahora bien, este principio de *sociedad dinámica* encontró unos canales más o menos aptos de desarrollo en los diferentes países de Europa.

En el caso español este *dinamismo* teórico, este culto a las *clases medias,* en terminología del siglo XIX, como agente principal de la evolución social, tiene su contraste en una realidad que se nos ofrece bajo un prisma más estático que lo que aquellos teóricos podían suponer. En los años 40 los intelectuales del moderantismo usaron y abusaron del concepto de clases medias; detrás de él se escondía más un deseo que una realidad: la necesidad de encontrar o de producir una columna vertebral sobre la que descansara el sistema político constitucional por muy recortado que éste fuere; en otras palabras, asentar un poder civil que en la realidad quedó mediatizado por la presencia de los generales, un poder civil que descansara en un conjunto armónico de individuos capaces, inteligentes y propietarios. En realidad, los sistemas del liberalismo moderado tanto en España como en Europa encontraron su basamento más que en unas elites de nuevo cuño, en la confluencia e integración de elites económicas y políticas procedentes del Antiguo Régimen y de un conjunto de burguesías, concepto sociológico del siglo XX sinónimo de esas clases medias invocadas por los teóricos del XIX. Así en España la instalación del Estado constitucional no trajo consigo una sustitución global de elites, sino la conjunción antes apuntada.

Y es que los mecanismos del ascenso social básicos del discurso de la movilidad se encontraban sin el suficiente engrase en la España de mediados del siglo XIX. En principio estos mecanismos habían comenzado a operar desde el mismo momento en que el Antiguo Régimen quedó desmantelado. Porque por movilidad social se entendía en última instancia el acceso a la propiedad, la ampliación de una capa de propietarios o la reordenación de la renta nacional en el sentido de que un porcentaje mayor de ciudadanos obtuvieran un mayor porcentaje de renta. En la España del siglo XIX, la constitución de *nuevos propietarios* fue muy limitada y la distribución de la renta nacional apenas ofreció transformaciones, al menos en la primera mitad del siglo. A partir de 1850 la redistribución de la renta operó únicamente en una estrecha franja social que apenas englobaba a unas cuantas decenas de miles de españoles. Los datos que se desprenden del sufragio censitario nos llevan a la fragilidad numérica de esas clases medias, es decir, de esas burguesías: apenas 100.000 ciudadanos superaban la barrera fiscal de los 400 reales, según la legislación electoral moderada de 1846. Cuando se rebaje la *garantía* del elector a 200 reales, apenas recoge a un 3,5 por 100 de la población española. En suma, las elites económicas entre 1850 y 1870 estuvieron formadas por un conglomerado de nobles de sangre y de burgueses procedentes de las actividades comerciales o de los monopolios del Estado del Antiguo Régimen y de nuevos burgueses que al calor de la constitución del Estado liberal consiguen configurar un patrimonio de notables dimensiones entre 1830 y 1850. De aquí se desprende una primera conclusión: en esa amalgama burguesa coexisten comerciantes, hombres de negocios, especuladores más relacionados con el funcionamiento del Estado, con las relaciones personales de tipo político, que con las actividades económicas desempeñadas en el juego de la oferta y la demanda del nuevo mercado nacional. Así los procesos de definición de los grupos sociales ubicados en la cúspide de la pirámide social responden a variantes regionales y locales, cuya dinámica depende de las formas de reacomodo de las antiguas elites y los nuevos colectivos sociales en el sistema constitucional y en la economía de mercado. Se trata pues de un horizonte social del poder económico constituido a base de una apropiación mutua, de un trasvase de valores y modos de vida entre nobles y grandes fortunas, asociados a partir de la segunda mitad de siglo y sobre todo de los años 70 a unas estrategias matrimoniales de corte endogámico.

21.8. La burguesía nacional

Grandes fortunas cuyos mecanismos de reproducción patrimonial, más allá de espacios muy específicos como Cataluña, Asturias o el País Vasco, aparecían frecuentemente disociados del mundo industrial, ofreciendo unas características semejantes: predominio de la propiedad rústica y urbana, de los títulos de la deuda pública y de los valores bursátiles *sin riesgo* conformando un esquema de actuación económica de naturaleza rentista, muy alejado del ideal de los capitanes de empresa. No fueron, pues, los artífices directos de la industrialización durante el siglo XIX. A mediados del mismo ningún empresario industrial podía incluirse en el selecto cupo de los millonarios. A finales de siglo algunos casos aislados de las regiones más industrializadas de España se incorporaron a las elites del dinero. Por tanto el *burgués emprendedor,* el empresario industrial o comercial en sentido estricto, acabó incluyéndose en la elite del dinero después de varias generaciones, en una España finisecular en la que ya quedaba como un mito a extinguir el éxito económico individual a base del esfuerzo, el talento, la sagacidad y la audacia. El individualismo económico, aunque todavía siguió funcionando como mercancía ideológica, en la práctica quedó sustituido por una acción colectiva elitista bajo la forma de asociaciones y grupos de interés como pautas de la nueva organización social, que fue ampliándose al resto del conjunto social.

Las elites del dinero en la España del siglo XIX tienen un denominador común: su tendencia a ubicarse en Madrid en tanto que capital y al cobijo del Estado. Poseer un patrimonio próximo a los 50 millones de reales es un rasgo que caracteriza a esa gran burguesía con residencia en Madrid, que no rompe sus amarras con los lugares de origen. Un breve análisis comparativo con otros lugares de España permite un contraste relevante. Para la fachada cantábrica, Andalucía o incluso Cataluña, resulta extraño que un gran patrimonio supere la barrera de 10 millones de reales; en cambio en Madrid es habitual encontrar fortunas que traspasan esa cifra. Cabe hablar, más que de burguesía madrileña, de *burguesía nacional* localizada en Madrid. Se trata de un reducido grupo que junto a la nobleza de cuna posee un patrimonio global que hemos estimado a partir de las fuentes notariales en 8.000 millones de reales a la altura de 1860-70. Gozan, pues, de una situación económica inalcanzable para otros miembros de las burguesías españolas, ni tan siquiera la vasca o la catalana. Estos patrimonios se han ido formando a lo largo de la primera mitad del siglo XIX y, aunque no se consolidan necesariamente en la desamortización de Mendizábal, sí se sustentan en las transformaciones jurídicas de la propiedad durante los años 30 y en la consiguiente potenciación de los mercados inmobiliarios rurales y urbanos. En contraste con el estancamiento generalizado de los patrimonios nobiliarios, las fortunas burguesas presentan un crecimiento continuado, salvando sin mayores dificultades los envites de las crisis económicas modernas.

Esta elite burguesa está integrada entre 1800 y 1880 por tres capas sucesivas que encuentran su cohesión y solidez en unas prácticas e intereses económicos comunes y en las políticas matrimoniales que aglutinan y concentran las fortunas. La primera capa procede mayoritariamente de la fachada cantábrica y su primera presencia en la capital se detecta a finales del siglo XVIII con la llegada de los comerciantes-hidalgos, de origen santanderino y vasco, que desarrollaron sus actividades mercantiles en la Compañía de los Cinco Gremios Mayores y sustentaron el primer proyecto de Madrid como centro financiero a escala nacional. Sin embargo, el protagonismo económico a mediados de siglo no corresponderá a los herederos directos de estos comerciantes hidalgos que han perdido el vigor comercial de sus antecesores: paulatinamente se han ido transformando en propietarios rentistas o están situados en los altos cargos de la Administración del Estado. Parecen fiel reflejo de los personajes de Thomas Mann: la primera generación se dedica al comercio, la segunda y la tercera sustituyen las actividades comerciales por el mundo de la política y el disfrute de las rentas. En todo caso no consolidan a largo plazo dinastías mercantiles.

Las dos capas siguientes de esta elite burguesa se desarrollan y consolidan a partir de los años 30 y representan el ejemplo más convincente del ascenso económico y social, clave del discurso justificativo del nuevo Estado liberal. El *enriqueceos* de Guizot marca su trayectoria económica y son los protagonistas relevantes del mundo económico de la segunda mitad del siglo. Forman una clase de lujo estrechamente relacionada con los nuevos centros de poder, con el mundo de las profesiones liberales y con el capital extranjero y sus métodos de gestión. Sus fortunas son un *crescendo* continuado. Son patrimonios que descansan en la propiedad urbana en Madrid o agraria dispersada por toda la geografía española. Los otros dos pilares de las fortunas son la deuda pública del Estado y otros valores bursátiles relacionados con las transformaciones emprendidas por el capital extranjero en España y concretamente con el ferrocarril y los servicios a los centros urbanos, además de situar una parte de sus fortunas en el consolidado inglés y en la renta francesa del 4 y 5 por 100.

Los orígenes de estas dos capas burguesas enraizan en la época de Mendizábal y en el *boom* del periodo 1856-66. Muchos de ellos empezaron en el estrecho círculo de Mendizábal con ramificaciones en Palacio durante la Guerra Carlista. Los préstamos al Estado, las jugadas bursátiles, las concesiones estatales, el mundo de los ferrocarriles y el préstamo privado resumen los motores del crecimiento patrimonial. Después, viene el deslizamiento hacia la propiedad, hacia las rentas urbanas y rústicas. Al igual que en el caso de los herederos de los comerciantes hidalgos de principios del siglo XIX, la nueva rama de la elite burguesa tiende a transformarse en rentista. Ahora bien, conviene matizar una cuestión. El término *rentismo* no puede ser valorado enteramente como generador de un comportamiento antieconómico que frena la creación de riqueza y perfila un quietismo económico contrario a los rasgos que definen al burgués emprendedor. Esta elite burguesa de los años 70 u 80 del siglo XIX es una elite rentista pero no es una elite inmóvil. Conoce a la perfección los mecanismos del mercado, sabe poner en marcha los instrumentos necesarios para maximizar sus rentas y, paradójicamente, a base de unas prácticas rentistas, participa directamente en el remozamiento de los viejos cascos urbanos, está presente en los ensanches de las ciudades y colabora activamente en la expansión de la producción agraria. Desde luego no son capitanes de empresa, salvo excepciones, pero actúan con la misma lógica económica que sus homólogos parisinos, es decir, sus inversiones están seleccionadas con criterios de seguridad y rentabilidad y actúan en consecuencia. El sector bursátil, la deuda pública, la propiedad urbana y rústica acaban por atraer los excedentes producidos en otras actividades o colaboran en ampliar las plusvalías que posteriormente van a ser remitidas a lo largo y ancho del país.

21.9. Las relaciones entre burguesía nacional y burguesías regionales

Hemos señalado anteriormente la vinculación de esta burguesía con sus lugares de origen. Se trata de una vinculación resuelta en varias dimensiones. En lo que respecta al plano inmobiliario con la adquisición de tierras, en el plano simbólico con la construcción de residencias y el papel de mecenazgo de la vida local, que incluye actividades benéfico-caritativas bajo el rótulo de fomento de la cultura o de la estabilidad social. Pero el rasgo más interesante son las vinculaciones de *tipo moderno*. Nos referimos con ello a las inversiones en infraestructura o industria, sobre todo en la meseta norte o en la fachada cantábrica, que como hemos señalado son sus focos de procedencia mayoritarios. En esta última forma de vinculación se producen asociaciones complejas que ligan a su vez zonas geográficas diferentes del país. Sería el ejemplo de Adolfo Bayo con intereses agrarios en el sector vitivinícola e inversor en la siderurgia asturiana como uno de los principales accionistas de la Duro-Felguera. Igual de compleja es la secuencia seguida por Francisco de las Rivas, marqués de Mudela. Sus inversiones vitivinícolas en La Mancha, sirvieron de palanca para sus inversiones siderúrgicas en la cuenca del Nervión. Este padre de la siderurgia vasca había consolidado su fortuna como proveedor del ejército cristino y por sus influencias políticas en época de Mendizábal. En definitiva, una burguesía localizada en Madrid, influyente en los centros del poder político de la capital, con un patrimonio repartido a lo largo y ancho del país y con una racional política inversora cualitativamente diversificada y geográficamente dispersa.

Estas relaciones permiten establecer varios ejes fundamentales que unirían a través de estos burgueses Madrid con Asturias, Madrid con el País Vasco, como principales líneas de transmisión, y Madrid con Andalucía. En comparación resulta errática y minoritaria la línea de contacto entre esta burguesía y el espacio económico catalán.

En esta serie de relaciones la asociación entre rentas agrarias y otras formas de inversión resulta fundamental. Téngase en cuenta que, bien a través de la desamortización o por transferencias de propiedad nobiliaria, esta burguesía se convierte en terrateniente hasta ocupar este capítulo un tercio aproximadamente de sus patrimonios a comienzos de la Restauración. Del campo procede un porcentaje importante de las rentas que asegura la reproducción patrimonial en su conjunto de esta burguesía nacional.

Esta burguesía nacional genera pues una doble cultura económica: el rentismo y la inversión productiva. Es este último punto el más interesante porque auna los lazos con un conjunto de burguesías empresariales a nivel regional y local en las que reside el mayor esfuerzo de la modernización económica del país. Por los componentes de sus patrimonios la burguesía nacional está aquejada de un considerable *déficit empresarial*. Son más rentistas que empresarios, pero el funcionamiento de sus patrimonios con una gran dosis de racionalización impone la presencia a su cabecera de administradores preparados, auténticos profesionales del mundo de la economía a partir de los cuales se establecen las múltiples ramificaciones con el conjunto del mercado nacional. Aquí aparece la coalición con las burguesías regionales y locales según se desprende de los análisis de los consejos de administración de las más importantes sociedades de la época. Puede hablarse de una pirámide burguesa-empresarial cuya cúspide sería la burguesía nacional y los sucesivos escalones estarían configurados por empresarios asturianos, vascos, catalanes, valencianos, malagueños y gaditanos. Una estructura lógica de funcionamiento en la que la burguesía nacional provee de financiación y de influencias políticas y económicas tanto en España como fuera de ella, y los empresarios regionales y locales exponen su conocimiento específico de la zona, sus relaciones a escala más reducida y una capacidad empresarial. Ahora bien, estas burguesías regionales y locales no pueden ser entendidas únicamente como un apéndice de la gran burguesía nacional residente en Madrid. También desarrollan proyectos autónomos directamente relacionados con las tradiciones histórico-económicas de sus respectivas regiones. Sería el caso de Cádiz y el comercio ultramarino, aunque en decadencia con respecto a épocas anteriores; el de la región levantina y el comercio agrario de exportación que se desarrolla conforme avanza la segunda mitad del siglo XIX; el de Málaga, asociando en un primer momento industria y comercio para volcarse posteriormente en esta segunda dirección; el de Asturias y su industrialización y el del País Vasco, donde el debate historiográfico sigue abierto sobre la mayor o menor autonomía de su proyecto industrial-siderúrgico en las tres últimas décadas del siglo XIX, aunque el caso de Mudela, expuesto anteriormente, plantearía sus imbricaciones con el resto del país.

21.10 Unas relaciones erráticas: burguesía nacional y burguesía catalana

Como hemos señalado, las vinculaciones más débiles y erráticas dentro de este conjunto se producen entre la burguesía nacional y los industriales catalanes. Más allá de los casos de Bonaplata o los Safont, la presencia de comerciantes e industriales en el seno de la burguesía nacional es muy reducida. Si desde el punto de vista comercial el desarrollo industrial catalán sí es tributario del mercado nacional, sobre todo a partir de 1830, este proceso se gestiona directamente desde Barcelona, utilizando un sistema de comisionados y agentes que aseguran una comercialización más ágil de los productos industriales catalanes. En la nómina de las grandes empresas catalanas apenas emergen miembros de esa burguesía nacional. Prácticamente todo se reduce a los orígenes de la *España industrial* y poco más. La propia estructura familiar de las empresas catalanas nos lleva a un contexto que se resuelve a escala regional a través de sagas familiares y de alianzas matrimoniales en el interior de las mismas —procesos bien estudiados desde Vicens Vives a Angels Solá o McDonogh desde perspectivas diversas. Es un proceso autónomo que enraiza en una cultura económica histórica con unas plataformas propias que siguen su inercia natural a lo largo del siglo. No obstante, sí es observable una mayor presencia de la elite económica catalana en los centros de poder de la capital del Estado en los últimos decenios del siglo. Probablemente fueron agentes inductores los comerciantes ultramarinos que se asentaron definitivamente en Barcelona, como veremos posteriormente. En todo caso, el conjunto de las burguesías peninsulares tendieron a desarrollar un estilo de vida formalmente similar, aunque separados por una diferente cultura económica, y según más casos individuales que regionales, se tiende a primar el espíritu de empresa sobre el rentismo, o viceversa. A la altura de los años 70 y 80 los componentes patrimoniales de los diferentes estratos burgueses ofrecen una similitud apreciable. En la misma Barcelona, a pesar de lo arraigada que estaba la *cultura industrial,* la posesión de fincas urbanas en forma de inversión segura a partir de la cual extraer unas rentas fijas, predomina en los patrimonios.

21.11. La burguesía ultramarina. Negocios, política y azúcar

En los tramos intermedios y en la cúspide de la pirámide social española de la segunda mitad del siglo XIX aflora una abigarrada capa de individuos cuya fortuna y posición tiene sus bases en el ámbito colonial. Sonoros apellidos que van a ocupar un lugar preeminente en la España de la época como parte integrante de la elite del poder político o como primeros contribuyentes en las listas fiscales. Son los Manzanedo, Samá, Zulueta, Baró, Biada, Peñalver, Pastor Ojero, López y López, por citar los casos más conocidos, pero cuyo nutrido censo queda completado por la oleada de indianos que salpican la cornisa cantábrica, Barcelona, Cádiz o Madrid. Aquí y allá buscando consolidar y reproducir un protagonismo acuñado desde tiempos anteriores, principalmente en Cuba, sobre la base de un conjunto de relaciones privilegiadas, auspiciadas por los lazos coloniales, que cristalizan en sólidas influencias con un marcado carácter decisorio en el devenir político y económico de la metrópoli.

Desde mediados de siglo la política y la vida económica de la Península no se comprenden sin tener en cuenta las burguesías de origen ultramarino, sobre todo la de procedencia cubana, cuya capacidad de decisión en las cuestiones interiores españolas fue innegable. No resulta posible comprender la evolución política del Sexenio democrático si la disociamos de los grupos de interés surgidos en Cuba, con centro en el Casino de la Habana, formados por los nuevos comerciantes hispano-antillanos, siempre recelosos de que los nuevos rumbos políticos que tomaban cuerpo en la metrópoli después de septiembre de 1868 transformaran sustancialmente el estatuto colonial, bajo cuyo manto protector habían logrado acumular considerables patrimonios, ascensos sociales y cuotas de poder político realmente significativas. No es de extrañar, pues, que el retorno de la dinastía borbónica en 1876 esté íntimamente ligado al sostén prestado por esta elite hispano-ultramarina.

Tampoco sería explicable la evolución económica de la segunda parte de la centuria sin esta presencia de individuos curtidos en Ultramar. Baste con recordar al santanderino Juan Manuel de Manzanedo, *primus inter-pares* de las finanzas madrileñas entre 1845 y 1883, que llegó a poseer el patrimonio más importante en la España de su tiempo, después de amasar en Cuba una inmensa fortuna a través de la práctica mercantil que gravitaba en torno al mundo del azúcar, a su distribución allende el Caribe y al aprovisionamiento de esclavos a las haciendas cubanas. Manzanedo retornó a España en 1845 y fijó su residencia en Madrid, al cobijo de la capitalidad, pero conservando en todo momento sus numerosas relaciones con La Habana. En España desarrolló una variada gama de negocios que abarcaban un completo universo inversor: prestamista del Estado, banquero, contratista de tabacos, presidente y principal accionista del ferrocarril Alar del Rey-Santander, principal propietario de fincas urbanas, terrateniente preocupado de la gestión de sus predios. Sólidos cimientos económicos con su correlato en el mundo social y político. La consecución del título de nobleza en 1862, marqués de Manzanedo, le dio opción a abrirse camino en el complejo entramado de las camarillas palatinas. Astuta y hábil carrera cuyo coste quedó sobradamente compensado por los beneficios obtenidos.

Todo bien empleado, porque la rentabilidad, directa o indirecta, de tales inversiones en imagen, propiciaba sucesivos ascensos en el escalafón social, una mejor acogida en Palacio y el ambicionado escaño parlamentario, como senador o diputado, en las coordenadas del moderantismo histórico, que vinculaba la españolidad de Cuba, es decir, el mantenimiento del estatuto colonial y del régimen esclavista, al proyecto moderado de poder. Es comprensible que el marqués de Manzanedo acabara por ser en Madrid una especie de portavoz del conjunto de la burguesía hispano-antillana y de sus intereses comerciales cerca de la Corte.

La trayectoria seguida por el marqués de Manzanedo ejemplifica, eso sí a mayor escala, el modelo de comportamiento seguido por las burguesías hispano-ultramarinas cuando se integran en la sociedad peninsular, con el bagaje adquirido más allá de los mares. El retrato-tipo de esta elite económica ultramarina respondería al siguiente esquema. La procedencia geográfica hinca sus raíces, en la mayoría de las ocasiones, en la fachada cantábrica, Cataluña o Cádiz. Los orígenes sociales suelen ser modestos. El término modesto es preciso entenderlo en su exacto contenido semántico. Procedencia modesta, sí; pobres de solemnidad, no. En su inmensa mayoría, los que hicieron las Américas no pertenecían necesariamente a los estratos sociales más proletarizados. Además, en algunos casos poseían algún tipo de conocimiento mercantil: fueron enviados a Ultramar para el cumplimiento de algún cometido por una casa de comercio. Fueron contados ejemplos quienes desde lo más bajo de la pirámide social ascendieron hasta la elite económica. A este respecto resulta significativo que entre los grandes contribuyentes españoles de finales del siglo, que hubieran hecho fortuna y posición en América antes de 1890, sólo de forma excepcional procedieron de los contingentes migratorios de la Galicia interior o de Canarias. En general, quienes hicieron las Américas contaron con algún tipo de apoyo familiar o de algún convecino emigrado anteriormente. Los fundadores de las compañías, esto es, los comerciantes de la primera generación, eran de origen modesto. Los unos marcharon a la Gran Antilla en busca de fortuna y posición. Otros ya se habían iniciado como pequeños comerciantes antes de principiar la aventura americana. El caso más frecuente es que comenzaran como empleados subalternos de algún establecimiento comercial de menor categoría. A base de una gran capacidad de ahorro se instalaron por cuenta propia en un negocio todavía de escaso alcance. En otros casos, los orígenes del patrimonio podrían estar en relación con el ejercicio en Cuba de un empleo público.

La carrera colonial fue considerada, pues, como un instrumento de rápido ascenso económico y, por ende, social. Existe urgencia en ganar dinero y no se repara en medios. El ambiente colonial es propicio al negocio rentable. Sobre todo en el caso cubano, donde se forja la mayor parte de la elite económica española de marchamo ultramarino. Allí domina un contexto mercantil mucho más ágil, agresivo y cosmopolita que el metropolitano. Además existe un caldo de cultivo apropiado, porque el estatuto colonial reserva el mundo comercial al hombre de negocios peninsular. De ahí que el puerto y su entorno sea el lugar por excelencia que produce y reproduce patrimonios. El puerto significa apertura, conexiones y contactos con otros ambientes mercantiles plenamente desarrollados, como el británico. El comerciante aprende nuevas técnicas y con el tiempo acaba por diversificar su negocio y sus empresas se transnacionalizan. La secuencia seguida partiría de unas bases ligadas al tráfico de esclavos y a la comercialización del azúcar en Europa y Estados Unidos. Una vez conseguida una acumulación suficiente llega el momento de traspasar los límites del puerto, generalmente en dos direcciones: la adquisición de ingenios azucareros, haciendas o propiedad urbana, por un lado, y la exportación de parte del patrimonio a la *City* londinense, Estados

Unidos y España, por este orden de importancia. Así de forma progresiva, a la altura de 1860, los antiguos traficantes de esclavos y distribuidores exteriores del azúcar han mutado en capitalistas internacionales, cuyos patrimonios encuentran cimiento ahora a ambos lados del Atlántico.

Es preciso hacer hincapié en esta cuestión porque enmarcar a esta burguesía mercantil exclusivamente en el eje España-Cuba resulta insuficiente, por lo menos en lo que respecta a la elites de esas burguesías. Una de las características de sus patrimonios es la naturaleza transnacional de los mismos. Resultado lógico si tenemos en cuenta el necesario marco internacional en el que se inscribía la economía cubana del azúcar. La gran mayoría de esta elite indiana, aunque repatriara a España la mayor parte de su patrimonio, continuó conservando un caudal apreciable en Cuba, París, Londres o Estados Unidos, por señalar los polos de atracción más relevantes.

Las enormes fortunas de individuos tan caracterizados como Julián de Zulueta, el marqués de la Granja de San Saturnino o la familia Blanco han llegado a un nivel tal de internacionalización que pueden ser considerados al unísono comerciantes en La Habana, inversores y financieros en Londres y rentistas en España. En cada lugar los criterios económicos aplicados son diferentes y se acoplan a la perfección a las ofertas locales de inversión. Si para la elite criolla son los Estados Unidos el punto nodal de atracción, para la elite mercantil de origen peninsular, la cúspide de la burguesía portuaria, es Londres y su *City* el punto esencial de referencia, hasta tal punto que entre 1845 y 1870 la exportación de capitales cubanos se canaliza más a Londres que a Madrid, en una proporción de dos a uno.

No conviene olvidar esta cuestión, ya que tradicionalmente se han considerado a la España del siglo XIX y a su elite económica como importadores de capital extranjero, sin caer en la cuenta de que en Londres se agolpan varios miles de millones de reales allí canalizados por la burguesía hispano-antillana. Fenómeno muy relacionado con el hecho de que Gran Bretaña sea en los decenios centrales del siglo XIX el principal consumidor europeo de azúcar cubana, sobre todo cuando a finales de los años 40 la instalación del librecambismo posibilite la llegada de los productos cubanos sin ningún tipo de cortapisas. De ahí a la *britanización* de una parte considerable del patrimonio de la burguesía mercantil de los puertos cubanos, protagonista de esta corriente comercial, no había más que un paso. Londres y Liverpool se pueblan, en un número superior a 150 sucursales y filiales, de casas de comercio hispano-cubanas.

La llegada a España de capitales privados de origen ultramarino se extiende a lo largo de todo el siglo, dibujando un incremento continuado que intensifica el proceso en los tres últimos decenios de la centuria. Habrá, pues, que ir descargando de importancia a 1898 como año receptor masivo de este tipo de capitales y plantearse el trasvase en un periodo largo de tiempo, en el que el año de la pérdida de las colonias es un lugar más en ese amplio periodo cronológico. De hecho la gran época del trasvase corresponde a los tres decenios anteriores a 1898. Podemos distinguir dos grandes etapas separadas por la cesura de 1868. En efecto, el comienzo de la Guerra de los Diez Años aceleró un proceso ya en marcha desde años anteriores: los más destacados miembros de la burguesía portuaria hispano-antillana refuerzan el lado europeo de sus patrimonios y en sus mentes se hace más intenso el deseo de la vuelta definitiva. Unos, aprovechando los sólidos contactos mercantiles de épocas anteriores, se encaminan hacia Gran Bretaña; otros retornan a España.

Con respecto al grupo de hacendados esclavistas son perceptibles igualmente ciertos abandonos de la isla de Cuba, algunos temporales, otros definitivos. Estados Unidos, Inglaterra y Francia son sus emplazamientos favoritos, por encima de la metrópoli que, sin embargo, también acoge a algunos elementos significativos que acabarían aupándose a la cúspide social de la España de la Restauración. Baste indicar a modo de ejemplo al conde de Peñalver, alcalde de Madrid a finales de siglo.

Antes de 1868, por tanto, los capitales ultramarinos llegados a España entran dentro de la lógica comercial, ya que sirven para agilizar el intercambio mercantil metrópoli-colonia. Son beneficios comerciales que si en un primer momento son utilizados para la creación de un aparato comercial propio en los puertos receptores de productos coloniales, posteriormente tienden a escapar de este cometido para encuadrarse en el mundo bursátil, en los mercados inmobiliarios urbanos o en la compra de fincas rústicas. Después de 1868 a los beneficios comerciales, que ya han supuesto un no retorno al marco colonial, se añaden los recursos obtenidos por las ventas y liquidaciones totales de patrimonios. Es entonces cuando el caudal del trasvase se engrosa y alcanza su máximo nivel. En suma, desde esta perspectiva, 1898 y su entorno cronológico inmediato, no debe ser considerado como una fecha excepcional.

A partir de 1868 el estallido de la Guerra de los Diez Años en Cuba, la crisis interna del sistema esclavista y el paulatino proceso anterior de europeización patrimonial, se conjugan para favorecer la vuelta a la metrópoli de una elite opulenta de comerciantes. Pero también la guerra crea nuevas expectativas de negocios, actuando como plataforma reproductora de fortunas en España y en Cuba. En este ambiente echan sus raíces nuevos patrimonios, se consolidan los que otrora fueron modestos comerciantes o incrementan su ya denso caudal económico antiguos comerciantes del área caribeña, que a su influencia económica añaden la política, como firmes sostenedores del proyecto moderado de poder que en su versión canovista toma cuerpo en España con la Restauración borbónica. Así se constituye un cuadrilátero de negocios con vértices en Madrid, Barcelona, La Habana y Santiago de Cuba, protegido por el Estado.

Cabría hablar de doble protección: la que emana del estatuto colonial, y aquella otra derivada de una situación de emergencia, como es la guerra, en la que un Estado con problemas hacendísticos colabora en la creación de un andamiaje financiero que posibilite sufragar los costes del conflicto bélico. Es aquí donde surge el gran negocio. El Estado delega en manos particulares determinados compromisos que por naturaleza le son propios: el transporte de soldados y pertrechos militares de toda clase. Antonio López y López, marqués de Comillas, constituye el ejemplo más significativo de esta hornada de comerciantes cuyos patrimonios crecen al calor de la guerra. Con una experiencia en los asuntos cubanos por el desarrollo de empresas mercantiles en la Isla, el marqués de Comillas había obtenido desde mediados de siglo el monopolio de los correos entre España y la Gran Antilla. Fueron los orígenes de la futura Compañía Transatlántica, especializada en el transporte militar con Cuba. En 1872 tomó la iniciativa, en compañía de otros comerciantes catalanes, madrileños y cubanos, en la constitución del Banco Hispano-Colonial, encargado de recabar fondos para la financiación del conflicto bélico.

De todas formas esta generación de comerciantes tiene una menor importancia, al menos cuantitativamente, en el proceso de transferencia de capital antillano a la Península, si lo comparamos con las anteriores sagas mercantiles instaladas en Cuba desde los años 20. En última instancia su reproducción económica se basaba más en los recursos propios del Estado peninsular que en los excedentes extraídos de Cuba.

CUADRO 21.1

*Estructura patrimonial de la elite hispano-cubana en
España durante el siglo XIX (en reales de vellón)*

Componentes patrimoniales	1840-1868	%	1869-1890	%
Fincas urbanas	24.501.179	7,81	477.199.579	24,97
Créditos a favor	121.185.554	38,63	493.806.218	25,84
Deuda Pública	29.907.000	9,53	167.531.073	8,76
Títulos empresariales	15.134.675	4,82	194.966.476	10,20
Compañías navieras y buques consignados	70.684.703	22,53	145.698.287	7,62
Casas comercio	26.322.266	8,39	122.269.428	6,40
Participaciones en empresas	6.354.191	2,02	94.022.985	4,91
Propiedad rústica	14.226.357	4,53	121.748.589	6,37
TOTAL	313.719.137		1.911.136.891	

FUENTE: A. Bahamonde y J. Cayuela, *Hacer las Américas. Las elites coloniales españolas en el siglo XIX*, Madrid, Alianza, 1992, pág. 148.

21.12. FAMILIA Y ESTRATEGIAS MATRIMONIALES

Resulta obvio que la familia es secularmente la primera unidad de sociabilidad a partir de la que se reproduce el conjunto social en aspectos muy diversos. Ya hemos tenido en consideración la importancia de las estrategias familiares para las elites del dinero y del poder en la recomposición y ampliación de los patrimonios y a la hora de fijar alianzas en función asimismo de estrategias de poder. Aunque la familia es todavía una historia por hacer en la España contemporánea, lo realmente novedoso respecto al Antiguo Régimen es que la redefinición jurídica de la propiedad y la valoración mental de la misma asigna a la familia nuevas funciones económicas y políticas en los estratos superiores e intermedios de la sociedad. Téngase en cuenta que la supresión del mayorazgo y las vinculaciones supuso la quiebra del principal elemento reproductor de las elites del dinero y del poder. Aunque durante el siglo XIX siga practicándose, según puede comprobarse a través del análisis de las testamentarias de una especie de *mayorazgo encubierto,* éste quedaba limitado por las nuevas disposiciones legales respecto de las herencias. El mayorazgo encubierto se traducía en una tendencia a aplicar la mayor parte del tercio de mejoras al primogénito. Pero esta solución, a la larga no compensaría la dispersión de los patrimonios que era la principal fuente de poder y que además atentaba contra los criterios de rentabilidad y maximización de los beneficios derivados de un patrimonio coherente. Por eso las estrategias matrimoniales se encargaron de crear nuevas unidades familiares que aseguraran la reorganización y ampliación de los patrimonios. En este sentido las elites del siglo XIX supieron aprovechar las mayores dosis de movilidad de la *familia liberal* frente a la familia del Antiguo Régimen, atravesada en su funcionamiento por la lógica de las vinculaciones. Con respecto a la nobleza terrateniente y la burguesía nacional antes comentadas las estrategias matrimoniales se desarrollan a lo largo del siglo en una secuencia de amplia duración, que observada en su conjunto resulta plenamente operativa y repleta de racionalidad. Así en los procesos de saneamiento de las economías nobiliarias los entronques matrimoniales juegan un papel de primer orden. Igual sucede en la consolidación de las economías burguesas. Similar mimetismo, no siempre con buenos resultados, se desarrolla en los estratos intermedios de la sociedad. Sólo a partir de los años 70 las alianzas matrimoniales entre nobles y burgueses se generalizan para dar como resultado un ensamblaje más firme del conjunto de las elites. Ésta es la lógica de un proceso más profundo y más exacto que la imagen transmitida por la literatura, que apresuradamente casó nobles arruinados y burgueses enriquecidos antes de 1870, lo que, incluso posterior a esta fecha, sólo sucedió muy ocasionalmente. Cuando el criterio económico no era el dominante en la concreción de alianzas familiares, lo era el político, aunque ambas dimensiones estén intrínsecamente relacionadas.

En las economías familiares burguesas el negocio comercial o fabril, dada su estructura familiar, es muy sensible también a este tipo de alianzas. La herencia del negocio quedaría asegurada por los descendientes, a los que se educa en esa dirección, como depositarios de una misión transmitida generacionalmente. Las posibles dificultades de sucesión quedan resueltas también con estrategias de alianzas que reafirman una cultura económica y un sentimiento de grupo. Esto queda ejemplificado en algunas sagas mercantiles y financieras en Madrid, y fabriles en Cataluña y el País Vasco.

21.13. El palacio burgués, emblema de capital simbólico

En la secuencia del encumbramiento social burgués el palacio desempeña un papel primordial: constituye el elemento paradigmático de la representación social. Actúa como el *signo* por excelencia de una posición económica adquirida, que toma contextura colectiva como símbolo del ascenso social de un grupo. La construcción del palacio pretende significar, a través de la solidez de sus muros y la grandeza señorial de su fachada, el estatus alcanzado. Es la concreción material burguesa dirigida a la nobleza del *nos somos igual que vos y todos juntos valemos tanto como vos*.

El palacio burgués del siglo XIX —sobre todo en Madrid— busca la imitación de lo nobiliario, pero no es una copia mimética. El palacio burgués se proyecta hacia el exterior, quiere mostrar, más que blasones, el poderío económico. La ostentación se convierte pues, en categoría: expresa el modo de percepción y de pensamiento propio de una elite burguesa que busca en él la plasmación de sus aspiraciones de reconocimiento social, manifestándolas a través de su poderío económico. Además de ser un signo externo, actúa como espacio interior de representación social, mediante su apertura al grupo social al que se pertenece o se quiere pertenecer, a través de su funcionamiento como salón en el que se dan las fiestas, entendidas como formas sociales de encuentro y de identificación de las elites, como espacio de confluencia entre nobles y grandes fortunas burguesas. En última instancia el salón palaciego resume diversas formas de confluencia: la simbólica porque define un estatus, y la práctica porque concreta unos acuerdos económicos y matrimoniales que servirán de base posterior para amalgamar, aún más si cabe, en un conjunto las elites del dinero y del poder. Si en último término la aspiración máxima de la gran burguesía del dinero es su incorporación al mundo nobiliario, con la obtención de un título el palacio actúa como primer vector y el salón como el espacio definitivo. La secuencia seguida por la gran burguesía a lo largo del siglo XIX respondería al siguiente esquema: consolidación económica, divulgación del estatus a través del palacio, apertura de sus salones a la nobleza, consecución de un título nobiliario, encuentro matrimonial... La morfología urbana madrileña sintetiza a la perfección la extensión de estos espacios de representación social. Si el siglo XVIII había sido por excelencia el de las construcciones nobiliarias, el nuevo siglo lo es de los palacios burgueses hasta llegar a tipificar la propia morfología de la ciudad. Los palacios de Gaviria, las Rivas, Salamanca o Manzanedo ponen de manifiesto la pujanza económica de sus propietarios, todos ellos adquirientes de un título de nobleza a lo largo del siglo. En esta ambientación urbana el palacio burgués destaca más que las casas de las clases medias o de los edificios de las instituciones económicas. En este caso las limitaciones del siglo XIX emergen con fuerza. A la altura de 1870 un visitante que llegase a Madrid por primera vez admiraría sobre todo la casa palacio de Francisco de la Rivas o de Juan Manuel de Manzanedo. Ese mismo visitante tendría que esperar al menos veinte años para quedar deslumbrado por el edificio de la Bolsa o la nueva sede del Banco de España.

21.14. La fragilidad de las clases medias.
Propiedad y rentas como horizontes deseables

Las elites españolas del dinero, pues, formadas por una simbiosis consensuada de viejas noblezas terratenientes y grandes fortunas del mundo comercial, financiero y, subsidiariamente, industrial, observan cómo se desarrollan por debajo de ellas de forma muy limitada unos reducidos estratos intermedios de límites muy imprecisos. Son ante todo, y con la conciencia de serlo, *propietarios,* pero sin el estatus, y los niveles de riqueza de las elites descritas. Se trata de hombres de negocios, fabricantes, individuos procedentes de las profesiones liberales y del ejercicio de los empleos públicos. El dinero y la actividad económica o profesional se complementan con un estilo de vida definido por toda la simbología externa de un mundo material, por la distribución del tiempo de ocio y por unos parámetros educativos, que aspiran a ser de corte cosmopolita. El limitado crecimiento económico español del siglo XIX redujo la expansión de estas clases medias acomodadas con respecto a otros países europeos. Se rodearon de un estilo de vida más privado y doméstico, en el que el hogar tendió a diferenciarse externamente en el espacio urbano y a hacerse cómodo y seguro en el interior, colmado de toda suerte de objetos como signos de bienestar y de categoría social, que configuraban una específica cultura del gasto. Allí se desarrolla un espacio de sociabilidad que pretende imitar los salones nobiliarios y burgueses, mostrando un deseado horizonte de ascenso que la distribución de la renta encenaga.

La propiedad ocupa el norte cardinal de su escala de valores. Un término *propiedad* en el que subyace el más elemental principio de las formulaciones del universo liberal. Ser *propietario,* tener derecho al acceso a una propiedad libre y circulante, de mercado, era su máxima aspiración. La propiedad no solo representaba éxito económico y diferenciación social, sino capital simbólico que definía las actitudes de los individuos. La posibilidad teórica de acceder a ella era el salvoconducto para alcanzar distinción y prestigio social, bajo las fórmulas del rentismo o de una ocupación empresarial, que además aseguraba antes de 1869 la participación política en el régimen del sufragio censitario y exacerbaba el sentimiento complaciente de ser la columna vertebral del sistema liberal restringido. Claro está que, en la práctica, el grado y naturaleza de las propiedades de los individuos recogía una amplia gama de situaciones. Pero ser *propietario* en su sentido más genérico era una aspiración compartida y la situación emblemática de estos estratos intermedios en su vocación por acceder a la cúspide social. Su posición económica refleja una amplia casuística de situaciones. Sus fortunas, según los análisis notariales que se han realizado en diversas regiones españolas, oscilan entre los 100.000 y los cinco millones de reales, y no están necesariamente conectadas con el ámbito peninsular, sino más bien ligadas a las dinámicas de los núcleos urbanos o regionales donde residen. Su procedencia es, pues, muy diversa. Estos grupos intermedios engloban desde los empleados públicos a la clase media mercantil y al reducido círculo de las burguesías fabriles, pasando por la mayoría de los miembros de las profesiones liberales y los pequeños y medianos rentistas. En su conjunto estas clases medias no representaron antes de 1870 más allá del cinco por 100 del total español. Frágil colchón amortiguador, síntoma de los límites de la movilidad social y de la polarización de una sociedad entre unas reducidas elites, que percibían el grueso de la renta nacional, y unas capas populares fragmentadas, cuantitativamente numerosas y destinatarias de un segmento reducido de la renta nacional, situación que, en última instancia, condicionará la estabilidad y el desenvolvimiento del sistema liberal.

El censo de 1860 incluye como dos grandes colectivos a los empleados públicos y a las profesiones liberales. El modelo administrativo de gestión del Estado liberal reordenó el tejido burocrático, configurando una cohorte de empleados públicos que aumentó enormemente, para cubrir desde el punto de vista técnico la gama más amplia de funciones asumidas por el Estado, al mismo tiempo que se incrementó el número de aspirantes cuya meta era trabajar para la Administración: era la *empleomanía,* según los críticos contemporáneos. Existía una poderosa atracción hacia el empleo público. Se percibía al sector, aunque luego la realidad sea más matizable, como una de las palancas del ascenso social. No se trataba de una cuestión ya sólo de índole económica, ya que en este aspecto las remuneraciones podían ser muy dispares, sino de un asunto de mentalidad y valoración social que hacían que el empleado se considerara a sí mismo como embarcado en una carrera hacia el privilegio, que además su entorno social así percibía: un ciudadano ilustre partícipe de un mundo de influencias. No obstante, en palabras de Jover, «un anchísimo sector menesteroso de las clases medias españolas verá en la proliferación de empleos una dignificación de la clásica sopa boba, adecuada a sus necesidades de pan con respetabilidad». En efecto, a pesar de los ensayos de racionalización del sistema del funcionariado, se dibuja un cuadro de desorden, clientelismo político y de inseguridad en el empleo, sujeto a los vaivenes políticos que los empleados administrativos tuvieron que soportar. Son los empleados correspondientes al régimen general administrativo, desarrollando su carrera en los escalones de la Administración estatal. Desde el punto de vista retributivo, si nos atenemos a los datos aportados por Alejandro Nieto, resultan evidentes las diferencias de ingresos de estos empleados administrativos: desde el jefe superior con 4.166 reales mensuales a mediados de siglo, pasando por los jefes de administración con salarios fluctuantes entre 1.333 y 3.333 reales, hasta los oficiales con ingresos situados alrededor de los 1.000 reales mensuales.

Los grandes cuerpos técnicos y profesionales integrados en la maquinaria administrativa del Estado formaban la elite del conjunto. Gozaban de un carácter de privilegio y nutrían los cuerpos burocráticos de carácter técnico: carrera judicial, cuerpos de ingenieros, cuerpos del profesorado, técnicos de hacienda, jefes y oficiales militares...;

Cuadro 21.2

Censo de 1860

Profesiones y oficios		Habitantes
Eclesiásticos		42.765
Asistentes al culto		19.320
Institutos	Varones	1.683
religiosos	Hembras	18.819
Empleados	Activos	65.897
	Cesantes y jubilados	7.215
Ejército	Activos y de reemplazo	147.145
	Retirados	11.192
Armada	Activos	10.280
	Matriculados	41.444
Marina mercante	Capitanes de buques	5.009
	Marineros	39.437
Catedráticos y profesores		2.595
Maestros de enseñanza particular		1.396
Primera enseñanza	Maestros	15.537
	Maestras	7.789
Niños que van a la escuela		667.107
Niñas que van a la escuela		434.479
Colegiales de 1.ª y 2.ª enseñanza		9.783
Estudiantes de 2.ª enseñanzas		36.149
Estudiantes de estudios superiores		11.375
Estudiantes para carreras especiales		7.029
Abogados		11.991
Escribanos y Notarios		5.061
Procuradores		2.545
Médicos y cirujanos		13.994
Boticarios		3.989
Veterinarios y Albéitares		8.132
Dedicados a las bellas artes		5.853
Arquitectos y Maestros de obras		1.834
Agrónomos y Agrimensores		2.320
Propietarios		1.466.061
Arrendatarios		510.527
Dedicados al comercio		71.556
Fabricantes		13.457
Industriales	Varones	278.829
	Hembras	54.455
Empleados de ferrocarriles		5.066
Artesanos	Varones	551.093
	Hembras	114.558
Mineros		23.358
Jornaleros	Varones	99.728
en las fab.	Hembras	54.472
Jornaleros de campo		2.354.110
Sirvientes	Varones	401.833
	Hembras	416.560
Pobres de	Varones	83.657
solemnidad	Hembras	178.934
Sordo-mudos	Varones	6.346
	Hembras	4.559
Ciegos e	Varones	39.020
imposibilitados	Hembras	25.141

son sobre todo los miembros de las profesiones liberales que desarrollan su carrera dentro del Estado y ocupan altos puestos directivos en las distintas secciones del engranaje burocrático. Una actividad basada en lo minucioso, lo jerárquico y la preparación profesional, donde abundan los estudios de leyes en la universidad.

Más allá de la Administración cristaliza el profesionalismo liberal, que se va adecuando a las pautas del mercado con cuatro ámbitos principales de interés: el de las leyes y el derecho, con su legión de abogados, escribanos, notarios y registradores de la propiedad. Bien podría definirse como el siglo de los abogados, teniendo en cuenta que se ha generalizado un nuevo concepto de la propiedad y que debe ser esclarecido, sistematizado y respetado al máximo. Son su soporte legal y su garantía real, además de apadrinar las nuevas relaciones de todo tipo entre los individuos. El notario, en palabras de Tierno Galván, se convierte en el confidente y consejero de las familias propietarias, en una especie de confesor laico que domina los aspectos más importantes de la nueva sociedad del dinero. El desarrollo de los mercados inmobiliarios conforma un ámbito de especial importancia teniendo en cuenta la inflación de caseros que se reproducen en todos los núcleos urbanos españoles de la época: los administradores de fincas y los profesionales afines a este sector, desde el arquitecto hasta el prestamista hipotecario, pasando por una multitud de agentes de la propiedad de imprecisas funciones pero muy relacionados con los movimientos especulativos procedentes del suelo urbano. Su correlato en el mundo rural serán los administradores de los terratenientes, con la evidente influencia en los esquemas del caciquismo antropológico de mediados de siglo. El tercer ámbito sería el mundo de la sanidad —médicos y farmacéuticos— y, finalmente los altos empleados y asesores del entramado financiero y mercantil constituido desde mediados de siglo: administradores y agentes de negocios, corredores, agentes de cambio y bolsa, comisionistas de casas extranjeras...

Vivir de la propiedad se hace sinónimo de «vivir de las rentas» en la mentalidad de las clases medias. Una *cultura del rentismo* animada como fuente relativamente estable de ingresos y como medida de la columna de tipificación social: la propiedad. Las rentas, el ahorro y la austeridad eran valores invocados desde la publicística de la época, asociados como elementos de seguridad ante un futuro incierto y como medios de progreso, pero también de un estilo de vida proyectado desde la nobleza que se distorsionaba en cascada al conjunto social y acababa acomodándose como la ociosidad deseada. Era una vocación convertida en profesión o como complemento de otras actividades. La extensa capa de rentistas está sostenida por una larga nómina de caseros de fincas urbanas en una propiedad muy compartimentada, al igual que las rentas procedentes de la tierra como pieza esencial de los notables locales. Es la seguridad estable que tiende a predominar sobre el rentismo inestable. El mundo del rentismo, pues, también descansa en esos otros ingresos menos seguros, como la deuda pública o los valores de Bolsa en una carrera animada con sus fundamentos especulativos, que quedará frenada por la crisis de 1866. También el mundo del préstamo privado como principal fuente de circulación privada del dinero. Así el mundo del rentismo moldea una sociedad que en su espacio medio está compuesta más por caseros de fincas urbanas que por promotores inmobiliarios, más rentistas que empresarios, más prestamistas que banqueros, con un *déficit empresarial,* exceptuado por una cultura empresarial localizada geográfica y sectorialmente.

Capítulo XXII

El pueblo como categoría colectiva del siglo XIX. Artesanos, tenderos y jornaleros

22.1. Vivencias, espacios, expectativas e inquietudes comunes

Los amplios escalones inferiores del cuerpo social urbano están configurados por un heterogéneo conjunto al que los contemporáneos aplicaron el término *pueblo*. Unas capas populares compuestas por artesanos, tenderos y trabajadores asalariados. Estos últimos en los escasos núcleos industriales contemplan los primeros embriones de una clase obrera en proceso de definición, minoritaria y que antes de 1875 va ligada a una acción política y social todavía con escasas dosis de autonomía y muy vinculada a ese conglomerado pueblo. A escala global el mundo social de los oficios, del pequeño comercio y el servicio doméstico son los que predominan desde el punto de vista ocupacional, al igual que las relaciones específicas que de ellos emanan. Las relaciones sociales de corte industrial apenas están diseñadas, atravesadas por las cosmovisiones preindustriales y frecuentemente subsumidas en ellas. Antes de 1875 la sociedad española no estaba perfectamente segmentada en clases.

Así los límites por debajo de las *clases medias* son imprecisos. Una cohorte de artesanos, tenderos y pequeños productores independientes comparten el sentido de *propiedad* de las clases medias, pero su participación en la renta es sustancialmente menor y, a menudo, sus expectativas de movilidad social se ven frenadas por unos modos de vida y un estatus que se acerca más al mundo de los trabajadores asalariados. Ya hemos insistido en que en el siglo XIX el grueso de la producción y de la distribución de productos transcurre todavía por esta clase de circuitos, a base de pequeños establecimientos donde los lazos geográficos y de parentesco generan vínculos más fuertes que el mundo de la gran fábrica, más propicio a las relaciones de corte impersonal. El concepto *pueblo* es, pues, el más apropiado para referirse a la base social. Vivencias, espacios, expectativas e inquietudes comunes son los elementos que aglutinan a un conjunto social, cuya personalidad y sus rasgos definitorios van más allá de lo que pudiera suponer una primera aproximación economicista procedente de la división socio-profesional de los censos de la época. Individuos con diferentes, aunque aproximados, niveles de percepción de ingresos, propietarios o no, es decir, con situaciones objetivas diversas desde el punto de vista económico, confluyeron en respuestas políticas y actitudes colectivas similares.

En los dos primeros tercios del siglo XIX el pueblo sedimenta en las relaciones de subordinación y dependencia que constituyen el elemento mediatizador de las relaciones sociales de la época. Con ello nos referimos a los vínculos de clientelismo, dependencia, prácticas paternalistas, vínculos geográficos o de parentesco, configurando un código de conducta en el que cada elemento del cuerpo social ocupa su lugar establecido de antemano. Este tipo de relaciones posibilitaron unos apreciables niveles de estabilidad social, sólo rota en ocasiones límite cuando quedan alteradas coyunturalmente en su regular funcionamiento, hasta que la misma dinámica de estas relaciones de subordinación restablece el equilibrio.

A lo largo del siglo hemos tenido ocasión de apreciar el papel del *pueblo* en las diversas coyunturas políticas que van moldeando sus respuestas colectivas y enriqueciéndolos en una secuencia no lineal. Es a través de estas *coyunturas de experiencia* y no de abstracciones atemporales como se explica la morfología, protagonistas, actitudes y objetivos del pueblo y su papel activo en el trasunto social de la España del siglo XIX. El *pueblo* de la contemporaneidad se aglutinó con el referente *nacional* en 1808, en su oposición al invasor, pero todavía huérfano de una cobertura política precisa, que se irá haciendo sensible a los discursos bien de la opinión liberal, bien del absolutismo. Es durante el Trienio liberal cuando empieza a tomar cuerpo de la mano del liberalismo el colectivo *pueblo liberal*, y como contraposición de la mano del realismo el *pueblo absolutista*, sobre todo como respuestas emocionales más que fruto de una asimilación ideológica precisa que sí encontrará una configuración más consistente en los años 30. El *pueblo liberal juntero* que se va integrando en la versión progresista del liberalismo, mientras que el *pueblo realista* de las partidas y del carlismo se agota en el mundo de las resistencias más como nostalgia de un mundo perdido y de la tradición en el que encuentran su cobertura ideológica.

Con la configuración y asentamiento del Estado liberal, el *pueblo liberal* de las juntas, la milicia y, después, de las barricadas, fue adaptándose con diversos reacomodos y categorías políticas sucesivas de forma dinámica: vinculado al discurso progresista se irá orientando a partir de los años 40 hacia el discurso demócrata, que a su vez en sus versiones más radicales y sin solución de continuidad dará contenido social al republicanismo en los años 60 y 70, para desembocar no linealmente, y en parte, en los discursos socialistas en que los protagonistas quedan definidos como clases trabajadoras y adquieren un sentido autónomo como proyecto político. A la altura de los años 50 y 60, pues, este pueblo urbano pasa a ser la base de un primer republicanismo que hace suyas las teorías democrático-radicales de las que no están lejanos los postulados del socialismo utópico. Recelosos del mundo industrial que empieza a brotar, asumen como cosmovisión ideal de la sociedad un universo de pequeños propietarios. En ellos recaló un discurso crítico al industrialismo y sus consecuencias sociales, convirtiéndose posteriormente en una de las canteras del movimiento obrero organizado, pero siempre estarán más atentos a ese horizonte ideal que a cualquier proyecto de maximalismo colectivista.

22.2. El mundo de los oficios. El taller y la fábrica

En este conjunto pueblo destaca el *mundo de los oficios,* apoyado en la proliferación de establecimientos artesanales. Los escasos niveles de industrialización hacen pervivir un marco más industrioso que industrial que resuelve en un doble plano este mundo de los oficios: el maestro artesano y el trabajador asalariado. Es el mundo laboral más estable del siglo XIX, orgulloso del trabajo manual bien hecho, recelosos del vapor y en donde las relaciones de dependencia encuentran caldo de cultivo en la proximidad entre trabajador y patrón, en unas relaciones que huyen de lo impersonal, favorecidas por el contacto diario y la comunión de intereses y preocupaciones, en la medida en que la suerte de ambos estaba inextricablemente unida a los avatares de la coyuntura. Dan vida a esa extensa capa de talleres artesanales que cotidianamente bordean la quiebra y la proletarización, acorde con la fragilidad en que se desenvuelven y les impide acumular y crecer, salvo una minoría que forman las elites artesano-industriales, igualmente sujetas a sus propios recursos y los avatares de unas fluctuaciones económicas a las que se enfrentan sin apenas capacidad de resistencia: el tiempo del artesano se reduce a un presente limitado y comprometido por unas economías raquíticas que apenas les diferencian en lo económico de los escasos operarios que trabajan con él, compartiendo estrecheces y sinsabores, aunque sí les diferencia el hecho de la autoestima que siente el maestro artesano o el dueño del taller, como propietarios que son de instrumentos de producción y el profundo conocimiento de un oficio. En cambio, el reducido número de fabricantes en sentido estricto trabaja para el presente y el mañana, sus planteamientos y cálculos incluyen el tiempo futuro sobre la base de una dedicación constante en la que la satisfacción de ese trabajo manual bien hecho, clásico del artesano, en parte se sustituye por un mejor conocimiento de los mecanismos del mercado y por la firme creencia de las virtudes de la máquina y el vapor. El mundo de los oficios, aunque forme parte del mundo fabril, se complemente con él y le sirva como apoyatura, no siempre lleva la misma dinámica que el mundo de la fábrica propiamente hablando. Así, artesanos y fabricantes divergen por la propia lógica del crecimiento económico, si tenemos en cuenta la percepción asumida de que la consolidación del fabricante supone el riesgo de la desaparición del artesano, lo que en la realidad no siempre sucede. Además discrepan en su concepción de la cuestión social, y de las relaciones sociales con sus asalariados. En resumen, la reproducción económica impone a artesanos y fabricantes actitudes, comportamientos y respuestas no obligatoriamente concordantes ante cualquier conflicto, aunque el tema del proteccionismo actúe de ligazón circunstancial.

Existe además una cuestión mental que igualmente mediatiza una toma de conciencia uniforme entre maestros artesanos y fabricantes. Los artesanos se sienten herederos directos o reproducen componentes de la cultura gremial, es decir un código de comportamiento con pautas que pretenden ser inalterables, basadas en relaciones de protección que quieren escapar a los mecanismos del mercado. Oferta y demanda son términos en buena medida ajenos, o, en todo caso, no predominantes en el mundo gremial, acostumbrado históricamente a un conjunto de trabas dirigidas a asegurar la supervivencia del agremiado por encima del mercado. A veces los artesanos del mundo de los oficios sienten nostalgia del antiguo marco jurídico de ordenanzas y regulaciones bajo las cuales proyectan un horizonte de estabilidad.

En el interior del mundo de los oficios, antes del Sexenio democrático, el conflicto social tiende a dirimirse en un ámbito externo al enfrentamiento capital-trabajo. Son el motín de subsistencias y de consumos o a la oposición a las quintas, las dos formas más repetidas de rebeldía popular. Como hemos señalado, en el plano estrictamente político un sector de estas capas populares tiende a engrosar las filas de las corrientes democráticas del liberalismo español, siendo los protagonistas efectivos del fenómeno social de las barricadas. En 1854 el censo de los partícipes en el movimiento popular que acompañó a la «vicalvarada», y que en gran medida condicionó el triunfo del pronunciamiento, muestra la presencia activa del mundo de los oficios en las calles de la ciudad de Madrid. Siguiendo con el mismo espacio geográfico, en 1866 resonaron por primera vez en las barricadas los *«vivas a la república»* como ruptura importante que muestra el desmoronamiento del mito del *buen monarca,* que paternalmente escucha las lamentaciones de sus súbditos populares. Mito que tan bien había ejemplificado Isabel II, apegada a este tipo de mensajes paternalistas y a mostrar pautas de comportamiento casticistas que sectores de las capas populares reconocían como propias. A lo largo del Sexenio, como veremos, el ideal republicano tomará cuerpo en esta ambientación popular, trayendo consigo el primer ensayo organizativo del mundo de los oficios sobre la base de un mensaje proclive a sobrevalorar un universo social compuesto por pequeños productores. En este sentido el papel de los republicanos federales fue fundamental en el lento caminar de la toma de conciencia de las clases trabajadoras hacia el estadio de clase obrera. Los primeros pasos de la Internacional en España en 1869 estuvieron protagonizados por antiguos republicanos. En el desarrollo posterior de la Internacional coincidirán, pues, elementos preindustriales propios de las estructuras artesanales con sus raíces en el republicanismo federal y la experiencia propia de las clases trabajadoras en aquellos ámbitos urbanos con un desarrollo fabril superior, como es el caso de Barcelona, donde la fábrica se generaliza y se convierte en el espacio de sociabilidad predominante. Una experiencia basada en el lento y proceloso transcurrir del asociacionismo obrero autónomo que, como hemos señalado, se encontró con inmensas dificultades en su evolución a lo largo de los años 40 y el Bienio progresista, momento en el que las nuevas condiciones políticas parecían crear un horizonte proclive a la consolidación del asociacionismo, expectativas que sin embargo se vieron frustradas. Durante el Sexenio la primera consolidación del movimiento obrero organizado, integrará elementos de la cultura gremial clásica del mundo de los oficios, y de la experiencia fabril en sentido estricto. Cuando se constituya el Partido Socialista Obrero Español en 1879, sobre todo en su versión madrileña, su estructura organizativa y su acción cotidiana se verán tamizadas por esta cultura gremial.

En el otro extremo la importancia cualitativa de los núcleos fabriles en Cataluña, donde predominan las relaciones capital-trabajo y unas respuestas sociales que se apartan del paternalismo, el mundo de los oficios siguió teniendo su impronta aunque con mayor tendencia a desdibujarse en el último tercio del siglo.

22.3. La oferta laboral urbana. La eventualidad en el empleo y la lucha por la vida

A la altura de los años 70, todavía no era el obrero industrial, salvo en Barcelona, quien tipificaba el abigarrado conjunto de los asalariados urbanos, ni la fábrica era necesariamente el espacio de sociabilidad por excelencia. Los datos censales reflejan esta heterogeneidad en el marco ocupacional que, sin embargo, puede compartimentarse en varios sectores claves.

En primer lugar la ciudad aloja una larga nómina de asalariados del sector servicios, más visible en Madrid y en las capitales de provincia por la importancia de su función administrativa. De todas formas el concepto *sector servicios* para la época debe ser matizado, ya que en su seno se engloban realidades sociales diversas. En los núcleos urbanos de industrialización más desarrollada, el crecimiento de este sector estaba relacionado con un proceso global de modernización económica, mientras que en otras ciudades con menor nivel de desarrollo económico el sector servicios es indicativo del aumento de categorías socio-profesionales tradicionales, como el servicio doméstico que encuentra su máximo en Madrid —aunque forma parte del universo cotidiano y estilo de vida de las burguesías urbanas— y que nutre una terciarización hipertrofiada, especie de válvula de escape para un mercado laboral con una clara tendencia a ofertar trabajos eventuales. En conjunto, este sector servicios agrupa como categorías más importantes a los pequeños empleados públicos y privados en tareas administrativas o de transportes, trabajadores eventuales no cualificados, dependientes del comercio y del servicio doméstico. Además, los trabajadores de la construcción, al calor del crecimiento urbano, la remodelación de los cascos viejos de las ciudades y sus ensanches, que, dependientes de las oscilaciones del mercado inmobiliario, comparten temporalmente esta actividad con otros empleos. En el caso de los dependientes del comercio, su horizonte de estabilidad y relaciones con los propietarios de la tienda son similares a las del mundo de los oficios. Empleados y propietarios del pequeño comercio mantienen vínculos de parentesco geográfico, dominando las relaciones personales en términos de paternalismo.

Finalmente el empleo industrial más allá del mundo artesanal no se caracteriza por su estabilidad. El proletariado de la gran fábrica aumentó sus contingentes en el último tercio del siglo, en relación con modelos de industrialización más tardíos y en sectores que exigían mayor concentración de mano de obra, como el caso del País Vasco, pero en modo alguno fue una categoría dominante. Por ejemplo, conviene recordar la importancia de la producción manufacturera de corte doméstico, los empleos más cercanos al trabajo artesanal o el papel de la pequeña fábrica. Toda esta dispersión, además de las variables analizadas anteriormente, condicionó las actividades políticas y las respuestas sociales organizadas. El movimiento obrero tuvo que contar con unos protagonistas que a menudo seguían reproduciendo pautas y formulaciones preindustriales, propias de una sociedad todavía no claramente organizada en clases, o que articulaban instrumentos de respuesta ajenos al sindicalismo de clase.

En los decenios centrales del siglo XIX la situación social de las capas populares, en su versión asalariada, no mejoró sustancialmente con respecto al pasado. Al menos hasta los años 70 los salarios reales, salvo para trabajadores muy cualificados, no aumentaron significativamente. Difícil valoración la del salario, si tenemos en cuenta que detrás del término se esconde una percepción muy diferente a la actual y que a veces el historiador se acerca al concepto con excesivo presentismo. En efecto, el siglo XIX desarrolló una práctica salarial muy compleja en la que al salario directo, percibido por jornada de trabajo, de ahí la amplia utilización que los censos hacen del término «jornalero», habría que añadir otras formas de ingreso subsidiario de difícil cuantificación. Conviene hablar más de *salario familiar* que de *salario individual* y sacar a colación otras maneras de salario indirecto que provenían de una compleja búsqueda de la vida cotidiana o de la barojiana *lucha por la vida*. En lo referente al salario directo, el jornal de un trabajador cualificado fluctuó por término medio entre los 14 y 16 reales, según la coyuntura económica de menor o mayor nivel ocupacional. Sería la cúspide de una pirámide de jornales cuyos puntos intermedios se sitúan en torno a los 10 u 11 reales y en la base los trabajadores no cualificados obtienen unos jornales entre 6 y 8 reales. Sobre todo en el caso de las ciudades preindustriales los ingresos del cabeza de familia venían completados por los ingresos provenientes de otros familiares, de la mujer ocupada temporalmente en faenas propias del servicio doméstico, de la posible práctica de la mendicidad ocasional por parte de los vástagos menores del conjunto familiar, o compaginando trabajo preindustrial y faenas agrícolas, a lo que se unía la obtención de alimentos y medicinas de las espitas de la beneficencia pública, parroquial o privada. En suma una mezcolanza de salarios directos y de complementos de los ámbitos benéfico-caritativos que la gran burguesía y la nobleza imprimen en sus prácticas caritativas: una especie de legitimación o de justificación de un quehacer diario tamizado por unos evidentes componentes religiosos.

El valor semántico que los censos dan al término *jornalero* no se refiere únicamente a las formas de percepción del salario, sino que refleja a la perfección el problema de la inestabilidad del empleo. A lo largo del siglo XIX estamos ante unos mercados de trabajo de gran elasticidad. El nivel ocupacional depende, por supuesto, de la coyuntura económica específica, que antes de 1870 presentaría una fuerte inflexión para el decenio 1856-66 en el que coinciden la construcción del tendido básico ferroviario y un incremento notable del sector de la construcción, al abrigo del remozamiento de los viejos cascos urbanos y de las primeras estrategias de los ensanches. A este ritmo cíclico se une otro estacional, muy ligado al sector de la construcción, que ofrece fuertes contrastes entre las estaciones frías y húmedas y el verano, esta última estación mucho más apta para la construcción, además del complemento de las labores agrícolas, sobre todo en el caso del cereal. Elasticidad de los mercados laborales que también depende del mayor o menor grado de cualificación de los trabajadores. La inestabilidad en el empleo sólo es muy ocasional en el caso de los trabajadores muy cualificados continuamente demandados por el mundo de los oficios o el pequeño comercio, ansiosos de una mano de obra bien preparada pero muy escasa, a cuya ampliación no colaboran precisamente unas infraestructuras de formación profesional prácticamente inexistentes en la España anterior a los años 70. Téngase en cuenta que la cualificación de los trabajadores se obtiene dentro del mundo de los oficios o de la fábrica a través de una lenta experiencia en la realización del trabajo. Más allá de este frágil segmento de los trabajadores cualificados la inestabilidad ocupacional se transforma en un fenómeno secular. De ahí que los censos incluyan en la categoría de jornaleros en las ciudades a todos aquellos trabajadores sin conocimiento expreso de un oficio, cuyo quehacer cotidiano se mueve a lo largo de un año en ámbitos muy diferentes: peón de albañil, mozo de cuerda, recadero, mendigo involuntario..., una situación que afecta sobre todo a los campesinos que llegan a la ciudad y que encuentran difícil acomodo en los mercados de trabajo urbanos. De aquí se deriva una concepción sobre el paro diferente a la de las sociedades plenamente industrializadas.

En el sentido actual del término el paro absoluto no existe en los núcleos urbanos del siglo XIX, en la ciudad preindustrial el paro no actúa como regulador del mercado de reserva de mano de obra o de los salarios. Lo que marca la norma es la inestabilidad permanente del empleo sujeto a los vaivenes de una amplia gama de actividades subsidiarias del mundo preindustrial. Una inseguridad a la que se añade la inexistencia de prestaciones ante accidentes, enfermedad, vejez o invalidez, sólo en parte cubiertas en el caso de los trabajadores industriales a través de las sociedades de socorros mutuos. En suma, una situación global no muy alejada de la pobreza y que contrasta vivamente con la opulencia y la ostentación de las elites del dinero, en unos contextos sociales marcados por una enorme disparidad en la percepción de la renta bajo un esquema bipolar en el que un reducido número de familias absorben el mayor porcentaje de la renta nacional. Hemos calculado para el caso de Madrid que estas capas populares se aglutinan desde el punto de vista cuantitativo en cuatro espacios, a veces de imprecisas fronteras. El servicio doméstico absorbe a 5.866 varones, 27.913 mujeres, 2.605 porteros y 1.793 cocheros. Los trabajadores sin cualificar, los jornaleros, a 25.574 varones y 1.619 mujeres, cuyas funciones urbanas son difíciles de establecer: obreros de la construcción un día, mendigos involuntarios al siguiente; viven de jornal y limosna. El mundo de los oficios está surtido por un conglomerado de 9.241 maestros, 23.041 oficiales y 3.453 aprendices. En el ámbito comercial predominan los dependientes de comercio con 4.565 varones y 105 mujeres. En conjunto, estimamos los ingresos anuales de estas capas populares a la altura de los años 70, a partir de las diferentes realidades salariales, en unos 360 millones de reales, cantidad sensiblemente inferior al ingreso de las 400 familias que componen la cúspide de la pirámide social, con una renta media anual por familia situada por encima de los 120.000 reales, mientras que las clases medias, con una cifra máxima de 21.000 familias en 1870 y de 28.000 a finales de siglo, poseen unos ingresos globales anuales estimados en 550 millones de reales para el primero de los años indicados.

En términos generales las condiciones materiales de la vida popular experimentaron una lenta mejoría después de 1870. Aun así el aumento del bienestar público, el desarrollo de las condiciones socioambientales y la idea del progreso continuo de la sociedad liberal siguieron contrastando con las consecuencias sociales de la protoindustrialización y de la industrialización. Hasta finales de siglo no hubo significativas variaciones en la distribución de la renta con respecto a etapas anteriores, pero sí una perceptible caída del coste de la vida, que se tradujo en un aumento de los salarios reales, aunque los salarios nominales apenas se elevaran. La dieta popular tendió a diversificarse a la par que unos mecanismos de distribución más eficaces posibilitaban una mayor oferta de productos. Sin embargo el lado más oscuro de la vida cotidiana popular fue la vivienda. El hacinamiento continuó siendo la norma, sobre todo en aquellas ciudades polos de atracción de emigrantes rurales. A la altura de 1870 el fracaso relativo de los proyectos de ensanche, valga como ejemplo los casos de Madrid y Barcelona, impidieron la consolidación de un proceso que sedimentará a lo largo del primer tercio del siglo XX: la segregación social del espacio urbano. Habrá que esperar a los primeros decenios del nuevo siglo para que el tema de la vivienda se incorpore plenamente a las reivindicaciones de las clases trabajadoras.

22.4. Pobreza involuntaria y mendicidad voluntaria. La cultura de la pobreza

La mendicidad es una constante en la sociedad española del siglo XIX y su máximo exponente se ubica en los espacios urbanos, en consonancia con los flujos migratorios que disparan una población flotante de difícil acomodo en las estructuras económicas urbanas. Coexisten dos tipos de mendigos: el involuntario, directamente relacionado con los desajustes entre crecimiento económico y demográfico y con los desequilibrios más concretos entre las ofertas de trabajo exigentes de una mano de obra cualificada y la falta de formación generalizada; el mendigo voluntario, es decir, el indigente que vive exclusivamente de la mendicidad aún pudiendo desarrollar otro tipo de actividad más productiva. Existe, por tanto, una mendicidad provocada por las transformaciones sociales del siglo, pero también existe una cultura de la pobreza heredada del Antiguo Régimen que se reproduce a lo largo de la centuria. De ahí las imprecisiones que se observan entre los contemporáneos a la hora de definir al mendigo y las vinculaciones que aparecen entre categorías próximas: *parado, subempleado, mendigo, vago* y las contradicciones que emergen en los planteamientos que se elaboran para controlar la situación. No se trata siempre de castigar las *conductas desviadas;* ni siquiera se considera siempre como tal a la mendicidad. Mientras el mendigo se sitúe en los límites de la relación paternalismo-clientelismo, burgueses, nobles y clases medias alimentan la cultura de la pobreza y llegan a establecer el derecho a ser pobre como un elemento más de la ética cristiana. Así la cultura de la pobreza y su ampliación actúan como factor de estabilidad en las ciudades preindustriales, dándose la paradoja de que su represión adquiera mayores proporciones en momentos de crisis política que en épocas de bonanza económica. No se elabora, pues, el mismo cálculo económico que efectúa la elite protestante en los países anglosajones sobre las consecuencias de la mendicidad voluntaria. Allí las leyes contra la pobreza y la vagancia, además de perseguir un fin político, buscan un objetivo económico evidente: la ampliación del mercado de mano de obra y su mayor elasticidad. Aquí las prácticas caritativas, además de asegurar el orden público, pretenden la reproducción de unas relaciones de dependencia basadas en el binomio paternalismo-clientelismo. Todo individuo de las elites económicas tiene y protege a su pobre o a sus pobres, aun en las escasas coyunturas de abundancia de trabajo, hecho nada anormal cuando se percibe la cuestión como la quintaesencia de las virtudes cristianas justificativas de las actividades benéfico-caritativas. Incluso a la hora de la muerte se persigue la perpetuación de estas actividades mediante la legación de parte de la herencia para obras benéficas. Es en esta secuencia auspiciada por los poderes públicos donde se inscriben actuaciones clásicas a lo largo del siglo XIX: *pan barato,* reparto de medicinas o alimentos, expulsión de los forasteros de las ciudades, distribución de limosnas a la clientela pobre, reclusión en hospicios y asilos. En suma, un conjunto de medidas en las que se entremezclan prácticas paternalistas o represoras, adobadas de caridad cristiana o de necesidad política, según convenga.

Mendicidad estructural y ocasional aparecen entremezcladas. En el caso del mendigo involuntario las prácticas benéfico-caritativas le proporcionan un complemento necesario para las frágiles economías domésticas. La documentación de la época insiste en figuras tales como las del jornalero mendicante, el pobre vergonzante, la extensión de la mendicidad entre los menores de edad, la relación entre vejez y mendicidad y el papel que cumple la mujer aportando por esta vía suplementos económicos en cualquier época, pero sobre todo en momentos de crisis y en casos de enfermedad e incapacidad física del cabeza de familia o de viudedad. Todo ello adquiere su explicación si tenemos en cuenta los criterios liberales con que se enfoca la cuestión social durante los dos primeros tercios del siglo. No existe intervencionismo estatal regulador o corrector, vacío que es precisamente llenado por las medidas benéfico-caritativas. La libertad de trabajo, tal como fue aplicada en el siglo XIX, dejaba fuera de cualquier previsión problemas tan acuciantes como las enfermedades, los accidentes laborales, la vejez y la viudedad femenina. La ausencia del Estado entregaba las soluciones en manos de las iniciativas privadas a través de sus organismos de beneficencia y de las prácticas caritativas, subsanando a base de relaciones paternalistas bañadas de moral cristiana lo que en justicia y en el plano de las relaciones puramente humanas dejaba deshauciado. La cultura de la pobreza, pues, alimenta al mendigo profesional que desarrolla una especie de esbozo de contracultura frente a las nuevas relaciones sociales que emergen, al estilo de *Misericordia* de Galdós, y actúa como válvula de control social, instrumento de orden público y proveedor de complementos económicos para las economías populares.

Esta cultura de la pobreza se desarrolla institucionalmente en varios planos, no siempre relacionados. El público, el burgués-nobiliario y el parroquial. El inicio del proceso desamortizador planteó la necesidad de rescatar la beneficencia de manos del clero y nacionalizarla, bien en manos de las diputaciones o de los municipios, a la par que se intentaba la racionalización de su empleo para cercenar la mendicidad voluntaria del Antiguo Régimen. En este contexto se inscribe la Ley General de Beneficencia de 1821; sin embargo la falta de recursos y la poca operatividad demostrada reprodujeron los viejos canales privados benéfico-caritativos. En su acción, el Estado depositó parte de la actividad de la beneficencia en manos del clero. La Ley General de Beneficencia de 1849 recoge este espíritu compartiéndolo con los municipios: serían las juntas municipales las encargadas de «la organización y fomento de todo género de socorros domiciliarios, y muy particularmente los socorros en especie». De esta ley se desprende el carácter apuntado anteriormente de la beneficencia como complemento económico popular: «asistencia a las familias indigentes en buen estado de salud, suministrándolas un pequeño socorro, ínterin se las pueda proporcionar trabajo». Bien utilizando la estructura asistencial del Antiguo Régimen o incorporando nuevas instituciones se fue tejiendo desde 1830 en adelante el entramado de la beneficencia pública, con participación del clero y de la nobleza: asilos de pobres, hospicios, inclusas y un sistema hospitalario para todo el país. Especialización y concentración institucional en las grandes ciudades son las dos características en las que ha insistido Pedro Carasa al analizar el sistema hospitalario. Las *Juntas parroquiales* colaboran con los poderes públicos en el reparto de alimentos. Estos esbozos de racionalización se ven contrarrestados por las prácticas caritativas de las elites económicas, verdadero filón en el mantenimiento de la mendicidad voluntaria.

El plano asistencial está acompañado del control político de la mendicidad, sin que ello suponga la incorporación del *valor trabajo* a la contención de la misma. La Ley de Vagos de enero de 1845 identificaba de hecho al vago con el parado. El Código Penal de 1849 en su artículo 258, aunque de una manera menos precisa, seguía haciendo difícil la distinción entre vago y parado; continuaba, pues, considerándose el problema bajo la única óptica del orden público. La reforma de 1868 de este artículo reforzó todavía más si cabe la identificación.

22.5. Economía familiar, mujer y trabajo infantil

A escala popular también la familia es una de las estructuras básicas de estabilidad social en el siglo XIX tanto en ámbitos rurales como urbanos. En efecto, en contextos de extrema disparidad en la distribución de la renta, el entorno familiar permite asegurar el mantenimiento de sus miembros, que difícilmente hubiera podido asegurarse a escala individual. Es decir, las economías domésticas multiplican las aportaciones de cada uno de sus miembros en términos cuantitativos y cualitativos. Se trata del predominio de unas estructuras familiares de tipo ampliado como modelo predominante. Compuesta de varios miembros, en ella conviven al menos tres generaciones sucesivas, que a su vez se vinculan a través del parentesco con otras unidades familiares, creando una red endogámica de solidaridad interfamiliar que está en la base de las relaciones de dependencia, sobre todo en las regiones campesinas, y que favorece la acción del engranaje caciquil que se superpone a ellas. En las ciudades este esquema también tiende a reproducirse, favorecido por la elevada densidad de habitantes por vivienda, sobre todo en las *casas de vecindad,* cuya estructura facilita la comunicación confundiendo los espacios estrictamente privados y los lugares de utilidad común. Además, en las ciudades, a la unidad familiar estable se agregan otros miembros de mayor o menor parentesco o de similar origen geográfico, en una cohabitación temporal en relación con el funcionamiento de los mercados de trabajo.

En los contextos familiares la mujer es quien organiza el conjunto y maximiza el rendimiento de unas economías domésticas siempre inestables. Una cuestión que ha de ser entendida en la dimensión del ahorro social que la mujer produce. No nos referimos con ello exclusivamente a la incorporación de los mercados de trabajo extradomésticos, sino a una labor de *gestión* de las economías familiares a lo que se une el trabajo en el hogar, funciones por las que no recibe una retribución directa. La incorporación de la mujer a los mercados de trabajo es muy errática y discontinua durante el siglo. En los núcleos rurales es más activa esta participación, colaborando o protagonizando las faenas del campo. En los núcleos industriales, como es el caso de Barcelona, puede plantearse una temprana incorporación femenina al mundo fabril, siempre en actividades poco cualificadas y mal remuneradas. En los núcleos urbanos preindustriales esta participación de la mujer se hace más temporal, dependiendo de las coyunturas de los mercados de trabajo. Puede observarse a título de ejemplo un incremento del número de trabajadoras durante el decenio 1856-65 como consecuencia de la demanda provocada por el ferrocarril y el sector de la construcción. Vendría a sustituir al hombre que marcha al trabajo itinerante del ferrocarril. Hemos tenido ocasión de medir esta situación a escala madrileña. Por primera vez el mundo artesano-fabril abría sus puertas al personal femenino, más allá de la Fábrica de Tabacos, que desde su creación como Real Manufactura a finales del siglo XVIII había funcionado siempre con mano de obra femenina. Entre 1857 y 1865 el *Diario de Avisos* publicó un total de 1.566 anuncios solicitando *operarias de fábrica y artesanas,* empleos concentrados sobre todo entre 1857 y 1861, con un mínimo en 1865 como anuncio del fin de la coyuntura alcista. En esta década, aunque exista una discriminación salarial con respecto al hombre, el déficit global de mano de obra tiende a limar las diferencias a partir de 1860.

En los núcleos urbanos en general es el servicio doméstico el principal empleo femenino, con una estabilidad marcada a lo largo del siglo. En cambio el trabajo a domicilio sufre los vaivenes temporales de la coyuntura económica. Por otra parte la actividad de la mujer en las economías domésticas resulta imprescindible por el lado de la beneficencia. Mendiga ocasional, es quien establece el contacto necesario con la beneficencia parroquial o con los circuitos privados benéfico-caritativos en manos de la nobleza y de la gran burguesía. Aquí se produce el encuentro entre mujeres de distinta procedencia social. Por arriba la *Junta de Damas de Honor y Mérito* o instituciones similares encargadas de la gestión benéfica. Por abajo, la mujer popular demandando la ayuda médica o alimentos, sobre todo en épocas de crisis de subsistencia o de carestía. En suma, la actividad laboral desarrollada por la mujer fuera del hogar ofrece profundas diferencias entre los núcleos urbanos y los rurales, y dentro de los primeros las variantes se multiplican en relación al mayor o menor desarrollo fabril de los mismos. En todo caso la mujer se enfrenta a estas realidades desde unos escasos niveles de preparación. Las primeras voces encaminadas a amortiguar esta situación cuajaron en los años 60 en la *Asociación para la enseñanza de la mujer,* impulsada por Fernando de Castro, que tendrá su máximo apogeo en época de la Restauración. Esta asociación, creada en 1871, era tributaria en parte de la Escuela de Institutrices, fundada en 1869, y ésta a su vez era la culminación de las *Conferencias dominicales.* Panorama reforzado por las propuestas intelectuales de mujeres como Concepción Arenal, que empiezan a plantearse la cuestión desde la óptica de una real igualdad entre los géneros que incorporase en un futuro el pleno disfrute de los derechos políticos y el beneficio de la ideología *abierta* liberal, cuyos límites habían postergado amplios colectivos sociales por razón de edad y de sexo. En la práctica, la presencia de la mujer en el mundo político tuvo su primera expresión como componente del pueblo liberal en las barricadas y en las distintas formas de rebeldía o de protesta popular, tanto rural como urbana.

En las economías domésticas populares, los niños cumplen un papel activo como complemento de la renta familiar. La idea de escolarización del siglo XX como palanca del ascenso social no puede ser acoplada sin más matizaciones al siglo XIX. Objetivamente las familias populares no podían plantearse por razones económicas y mentales tal idea de escolarización. Como máximo se ligaba la idea de progreso social de la infancia con el aprendizaje de un oficio que asegurase un futuro. En la realidad social del siglo XIX emergen dos situaciones diferentes: la explotación del niño o el aprendizaje del oficio, con límites bien precisos. Bajo esta doble óptica debe contemplarse el trabajo infantil. La incorporación de los niños al trabajo en los núcleos urbanos fabriles fue muy temprana, sin que existieran limitaciones legales antes de 1873. Existen abundantes testimonios para el caso de Barcelona, pero también en los núcleos preindustriales se contempla un binomio que aglutina trabajo y mendicidad infantiles. Dadas las características de los mercados laborales en los núcleos preindustriales, su incorporación es también errática y coyuntural. Se produce sobre todo en épocas de pleno empleo, en aquellos ramos de la producción sin excesivas complicaciones técnicas o que no precisasen de una especialización manual. Un anuncio de julio de 1863 precisaba: «Se necesitan para un establecimiento fabril algunos muchachos de 9 a 12 años; es lo mismo que se presenten niñas de la misma edad pues también se les admitirá.» Una vez más el decenio 1856-1865 es el momento de máxima inflexión del trabajo infantil antes de 1875.

22.6. El peso de la sociedad agraria. Relaciones clientelares y hambre de tierras

Aunque a lo largo del siglo la sociedad española experimente cambios en su composición y funcionamiento, no puede hablarse de un proceso global de ruptura donde predominase la cultura urbana y sus agentes sociales. La importancia de los ingredientes del nuevo esquema es cualitativo, por eso la atención prestada a este conjunto de transformaciones ha sido mayor. Pero resulta casi obvio insistir en el peso de la sociedad rural que mayoritariamente sigue ocupando el mayor número de individuos, la mayor parte de la actividad económica y de la obtención de la renta nacional y sigue marcando pautas y comportamientos sociales todavía hegemónicos en la mayor parte del país. Esta situación ha quedado reflejada en anteriores capítulos a lo largo de todas las coyunturas precisas de experiencia del siglo XIX: el mundo rural del primer tercio del siglo trastocado en su funcionamiento en los años 30 por los márgenes introducidos por el sistema liberal, las consecuencias en la producción y la propiedad como resultado de la abolición del régimen señorial y las desamortizaciones, el asentamiento de los terratenientes, el hambre de tierras y los conflictos campesinos, y la evolución de una economía agraria menos inmóvil de lo que se había supuesto. Como se ha mencionado, pues, la sociedad agraria está presente como pieza fundamental del trasunto social español del siglo.

La relación campo-ciudad alteró la relativa quietud de los espacios rurales. En efecto, el cambio cualitativo que aportaron los procesos de urbanización no puede eclipsar el hecho de que en casi todas las regiones de España la mayor parte de la población residía aún en el campo, la economía estaba basada todavía en la agricultura y las formas y modos de vida seguían reproduciendo pautas seculares, apenas transformadas por la ampliación de los transportes o el impulso migratorio. La estructura ocupacional es bien reveladora. Aunque la terminología censal sea conceptualmente imprecisa y provoque equívocos interpretativos, la resultante no deja lugar a dudas. Aproximadamente, según el censo de 1860, el 80 por 100 de la población estaba ocupada en el sector primario, lo que ya representa una evidente disminución si tomamos como anterior referencia el censo de 1797.

La variada casuística de la estructura agraria y las formas de propiedad dependió de los mecanismos regionales y locales de la disolución del régimen señorial, de las desamortizaciones y de la estructura preexistente. Desaparecida la servidumbre jurídica, los campesinos en su conjunto siguieron sujetos a relaciones de tipo clientelar. Las creencias religiosas, la red de relaciones personales y los modos de vida continuaron vigentes, aunque matizados por su contacto con las nuevas culturas urbanas.

Significativa importancia tuvieron en la configuración social del campo el mantenimiento de las redes clientelares, en las que se incluyen ahora los nuevos propietarios, fruto de las desamortizaciones. Es la consolidación del caciquismo que reposa en una triple dimensión. Un caciquismo antropológico basado en las relaciones solidarias de las comunidades campesinas desarrolladas a lo largo de siglos, sobre las que se superpone la sumisión al notable; la dimensión sociológica que depura las formas de sumisión y las proyecta más allá del contexto rural específico para acoplarlas a los *propietarios lejanos,* ya sea la antigua nobleza o los nuevos propietarios, caldo de cultivo expandido por el binomio prestaciones sociales a cambio de sumisión, teniendo en cuenta que los administradores de los propietarios se convierten en la clave de ese conjunto de prestaciones sociales que el campesino por sí solo no puede conseguir. Por último, el caciquismo político que empieza a tomar cuerpo a mediados de siglo para llegar a su máxima culminación en tiempos de la Restauración. Significaría la subordinación del conjunto, como instrumento efectivo de poder, a la maquinaria política del Estado.

La disolución del régimen señorial y las desamortizaciones, como ya se ha expuesto en capítulos anteriores, no alteraron sustancialmente la estructura de la propiedad de la tierra. A grandes rasgos la disolución del señorío ofreció dos esquemas distintos de evolución en los espacios del antiguo Reino de Castilla o en los de la Corona de Aragón. En Castilla, Andalucía y Extremadura, los antiguos señores no sólo continuaron conservando en forma de propiedad plena sus posesiones, sino que salieron reforzados con el reconocimiento de propiedades sobre las que hasta entonces sólo disfrutaban de derechos muy dudosos, todo ello favorecido por la concesión de pleitos judiciales favorables. No hubo cambios significativos en la estructura de la propiedad, en todo caso concentrando la preexistente. En cambio, en Cataluña y Valencia los enfiteutas acomodados accedieron a la propiedad plena redimiendo censos, con lo que estas elites locales agrarias fueron los sujetos de la configuración de una estructura de pequeños y medianos propietarios. Las desamortizaciones, aunque incrementaron la nómina de propietarios, tampoco alteraron la estructura de la propiedad. Lo mismo cabe decir de las transferencias de tierra desde la nobleza de cuna a los terratenientes burgueses, cuestión atravesada por las alianzas matrimoniales de las últimas décadas del siglo, que apuntó nuevamente hacia la concentración. Todo ello desembocó en términos generales en una meseta sur con predominio del latifundio, mientras que en la meseta norte una pequeña y mediana propiedad diseña los espacios agrarios, degradándose en un minifundismo sujeto al sistema foral en Galicia y Asturias, con el consiguiente problema de la presión demográfica sobre unos recursos limitados. En Cataluña y Levante el predominio de campesinos acomodados dibuja dos zonas de mayor estabilidad agraria desde 1840, una vez superados los avatares de la rebeldía campesina ligados al realismo-carlismo.

En amplias zonas del país los campesinos sin tierra vieron insatisfechas sus aspiraciones a la propiedad de la tierra, percibiéndolo como el despojo de unas tierras que habían trabajado secularmente. A ello se unía la plena incorporación al campo del régimen contractual liberal, sujeto a los ritmos de las coyunturas. Como culminación, la desamortización de Madoz, al actuar sobre bienes de propios y comunes, alteró todavía más las comunidades rurales, dislocando sensiblemente las economías campesinas menos resistentes. El corolario fue el hambre de tierras, sobre todo en el sur del país.

Bernal ha estudiado *la lucha por la tierra en la crisis del Antiguo Régimen,* en Andalucía occidental, en un proceso por el que el campesinado sin tierras, como consecuencia del proceso de disolución del régimen señorial y las desamortizaciones, inicia diversas formas de respuesta social que irán cuajando en la formación de una conciencia de clase, para culminar en el Sexenio democrático. Junto a «manifestaciones espontáneas de un primitivismo rebelde casi incontrolado» y manifestaciones de protesta social, relacionadas con el bandolerismo, no ligadas estas últimas directamente al problema de la tierra, el campesinado andaluz llevó adelante una *acción concertada,* progresiva y sistemática en pueblos señoriales, desde principios de siglo hasta 1845 aproximadamente, es decir, planteó unas respuestas ante la forma de disolución del régimen señorial que llevó a los campesinos a los pleitos señoriales, en los que jornaleros, pequeños colonos y burguesía arrendataria coinciden, o la negativa a pagar la renta por parte de pequeños campesinos. Frustrada la eventual comunión de intereses con la burguesía agraria después de 1837-40, concluidos los pleitos señoriales, el campesinado sin tierras se orienta a la acción directa con las ocupaciones de tierras y a una acción política en la que encontrarán eco los discursos demócratas y republicanos y que se traducirán en revueltas armadas. Un punto de inflexión en todo este proceso lo constituyó la revuelta campesina de 1857 en El Arahal, Utrera, Morón... que más que una revuelta espontánea, fue una sublevación inspirada por los republicanos, que adquirió envergadura al superponerse el carácter social de las reivindicaciones campesinas con el problema de la tierra. Para Bernal, a pesar de la represión, «fue la espoleta que los campesinos necesitaban para adquirir clara conciencia de su quehacer revolucionario». Después, la revolución de 1868, frustradas todas las alternativas políticas ante el problema de la tierra, abría nuevas perspectivas para el campesinado andaluz, sensible a la penetración de los discursos republicanos y de la Internacional en una revolución social en marcha ya con tintes autónomos.

22.7. El fracaso de la escolarización y la extensión del analfabetismo

El analfabetismo —entendido como el fenómeno que engloba la población que no sabe leer ni escribir— es un excelente y reconocido indicador cultural de un país, además de reflejar la eficacia y extensión de su sistema de escolarización y educativo en general, que se sitúan en la raíz de los procesos de movilidad social. Para la España del siglo XIX estamos ante uno de los elementos clave que mediatiza las posibilidades de movilidad social, presenta los límites de la sociedad abierta y actúa de lastre de cualquier ingrediente de modernización. Cuando los regeneracionistas de principios del siglo XX se planteen con toda su crudeza el atraso español, una de las cuestiones más destacadas será la enorme expansión del analfabetismo y el atraso cultural en general. Con esta lamentación quedaba desvelado el fracaso del Estado liberal a lo largo del siglo XIX en la construcción de un sistema escolar eficiente y operativo, porque resultaba evidente la relación entre analfabetismo y escolarización. En este aspecto el siglo XIX contempla una dualidad entre teoría y práctica: el desajuste entre los textos legales y la realidad educativa. La tarea de extender la cultura a todos elementos de la sociedad había sido uno de los mensajes abordados por la filosofía ilustrada. La educación debía ser patrimonio universal, traspasando los límites tradicionales del privilegio exclusivo de determinadas capas sociales.

El testigo fue recogido por el pensamiento liberal. El mejor testimonio es la Constitución de 1812, que sentó las bases interpretativas de la política educativa a seguir. Es el texto constitucional más prolijo en esta cuestión, recogida en el título IX, en los artículos 366 a 370: diseña un sistema escolar definido y controlado por el Estado, aspecto que nunca sería cuestionado posteriormente, sobre la base de la uniformización y centralización y con la idea de crear escuelas de primeras letras para todos con una enseñanza que creara buenos ciudadanos, cristianos y mínimamente instruidos. Interpretación presente en el texto paradigmático que edificó toda la arquitectura educativa del siglo. Es el *Informe de la Junta creada por la regencia para proponer los medios de proceder al arreglo de los diversos ramos de la instrucción pública,* de 1813 y elaborado por Manuel José Quintana. Basado en la idea de utilidad social de la educación e intervención del Estado, recoge las premisas de uniformización y centralización de la enseñanza pública en materias, métodos y manuales, además de los principios de libertad y gratuidad de un sistema escolar concebido en tres niveles: primario, secundario y universitario. Esta filosofía quedó recogida en el *Reglamento general de instrucción pública* de 29 de junio de 1821 y actuó de referente a los sucesivos planes y leyes desde los años 30. Es el caso de *El Plan general de instrucción pública* de 4 de agosto de 1836 —llamado Plan del duque de Rivas—, que sin embargo cuestionó la noción de gratuidad total, de la ley de enseñanza y el *Reglamento de las escuelas públicas de instrucción primaria elemental* de 26 de noviembre de 1838, que insistía en la educación moral y religiosa, ratifica la ruptura del principio de la gratuidad y con ello la idea de universalidad de la enseñanza para todo el conjunto social: «No se establecen para todos; se destinan a una clase determinada aunque numerosa, cual es la clase media; y los conocimientos que en ellos se comunican no son indispensables para las clases pobres»: Por su parte el *Plan General de Estudios* de 17 de diciembre de 1845 —Plan Pidal— avanzaba en los principios de centralización y secularización de las enseñanzas secundaria y superior.

Por fin el texto clave para la organización del sistema educativo durante la segunda mitad del siglo fue la *Ley de Instrucción Pública* de 9 de septiembre de 1857, conocida como la ley Moyano. Más que un texto renovador consistió en la sistematización de todo el cuerpo legal anterior. Consagra el principio centralizador en la enseñanza pública y el intervencionista del Estado en la enseñanza privada, por tanto libertad de enseñanza limitada, además de la gratuidad relativa y una vocación secularizadora matizada en la práctica por las concesiones en materia educativa en el Concordato de 1851. Continuó dividiendo el sistema educativo en tres niveles anteriores y establecía para la enseñanza primaria un escrupuloso diseño de escuelas por todo el país con criterios de gratuidad y obligatoriedad, que en términos teóricos suponía la escolarización del país, pero las propias contradicciones de la ley señalan sus limitaciones y la imposibilidad de su aplicación efectiva. Proporcionaba un andamiaje legal y administrativo, pero el sistema de financiación propuesto ponía en evidencia su operatividad. En efecto, la financiación recaería sobre unos ayuntamientos con graves problemas hacendísticos, agravados por los efectos de la desamortización de Madoz, que recorta sus recursos. Un Estado igualmente escaso de recursos demostraba su falta de voluntad política para asegurar la demanda social de escolarización, situación que se prolongará al resto del siglo. El Estado va a dedicar el grueso de sus esfuerzos a la enseñanza superior bajo el régimen de monopolio, con una acción meramente subsidiaria con respecto a la enseñanza primaria. La insuficiencia de la enseñanza municipalizada intentó paliarse a través de actuaciones procedentes del asociacionismo privado, lo que se ha denominado segunda red de enseñanza a base de escuelas para adultos nocturnas y dominicales, promovidas sobre todo por círculos demócratas, obreros e instituciones religiosas. Según los datos recogidos por Gueretla, los presupuestos del Estado entre 1850 y 1875 aportaron poco más del 1 por 100 a la financiación de la enseñanza primaria. Tampoco los ayuntamientos pudieron cubrir la totalidad de la financiación necesaria. A la altura de 1860 los datos del *Anuario Estadístico* ponen de relieve la estructura de financiación en la enseñanza primaria: 87,6 por 100 y ayuntamientos; 9,34 por 100 familias y cerca del 2 por 100 procedía de fundaciones piadosas.

A mediados de la centuria anterior España se situaba dentro del concierto europeo en el grupo de países con alto porcentaje de analfabetismo entre las personas adultas. En 1857 existía un 75 por 100 de analfabetos, cifra corroborada por el censo de 1860. Sólo sabían leer y escribir 3.129.921 españoles de ambos sexos. Hasta finales de siglo la cifra de analfabetos será constante, situándose en torno a los 12 millones aproximadamente que, dado el incremento demográfico, supone el aumento de 3 a 6 millones aproximadamente de personas alfabetizadas. En este último año el analfabetismo seguía aquejando al 64 por 100 de la población, cifra comparativamente mucho más elevada que la de otros países europeos, como es el caso de Francia, cuya tasa de analfabetismo se situaba en torno al 20 por 100. Escolano ha establecido una secuencia de doscientos años de alfabetización, que permite ponderar el fracaso educativo del siglo XIX con la herencia negativa recibida, que arranca de la contrarreforma del siglo XVII, momento de máxima acumulación del retraso alfabetizador con respecto a otros países, para observarse una ligera recuperación en el siglo XVIII mucho más rápida en su segunda mitad. La crisis del Antiguo Régimen, la Guerra de la Independencia, los vaivenes políticos y las desamortizaciones enmarcan la secuencia que explica la recesión de la primera mitad del siglo XIX por lo menos hasta 1840, momento en que se aprecia una débil recuperación con un descenso muy lento del analfabetismo hasta 1900: 72 por 100 en 1877; 68 por 100 en 1887 y 64 por 100 en 1900. Este descenso, más que relacionarse con un significativo incremento de la escolarización, debe ser contemplado sobre todo como fruto de las actuaciones privadas dirigidas a la educación de adultos antes mencionadas y nuevos estímulos procedentes de la extensión de la literatura de divulgación, lecturas en grupo, bibliotecas populares y una mayor oferta editorial, sobre todo en el mundo urbano. Téngase en cuenta que el ritmo de la escolarización encontró su mayor impulso relativo entre 1830 y 1855, en el que el número de escuelas primarias pasó de 12.719 a 20.743. Entre 1850 y 1900 se crearon 12.006 escuelas primarias, de las cuales el 90 por 100 eran públicas. Una oferta inferior a la necesidad de una demanda ampliada por el incremento demográfico.

Un analfabetismo que no es uniforme ni por sexos, grupos sociales, regiones y ámbitos rurales y urbanos. El censo de 1860 ya señalaba unas tasas de analfabetismo muy superiores para las mujeres, por encima del 86 por 100; sin embargo, hasta 1900 la tasa de alfabetización femenina se acelera con respecto a la masculina, recortando unas distancias que todavía son muy apreciables a la altura de 1900. Desde el punto de vista geográfico, en 1860 los espacios más alfabetizados coinciden con los mayores índices de escolarización: País Vasco, Navarra, Cantabria, zonas de Castilla y León, Asturias y Madrid, que sitúan sus tasas de analfabetos entre el 36 y el 50 por 100 sobre el total de la población. Entre el 50 y el 60 por 100 se colocan Barcelona, Gerona, León, Zamora, Ávila, Guadalajara y Rioja. Entre el 60 y el 70 por 100 Lugo y Pontevedra, Aragón, Lérida, Tarragona, Cáceres, Huelva, Sevilla y Cádiz. El drama del analfabetismo adquiere cotas espectaculares por encima del 70 y 80 por 100 en el resto de Andalucía, todas las provincias de Castilla la Nueva y el País Valenciano, además de La Coruña, Orense, Badajoz, Murcia y las islas Baleares y Canarias. La pirámide demuestra una consistencia que hará reproducir la misma jerarquía sin alteraciones significativas en decenios posteriores. De todas formas, deben tomarse precauciones en los resultados de los censos, ya que los porcentajes de determinadas provincias y su situación en el escalafón no siempre coinciden con otras informaciones, y por tanto estarían distorsionando la realidad.

En definitiva, la alarmante cifra de 12 millones de analfabetos a finales de siglo mostraba el fracaso de la política educativa de un Estado que había abandonado la educación elemental en las frágiles economías locales y en las familias, sin que la influencia de otras instancias alfabetizadoras, a pesar de su labor positiva, suplieran enteramente el déficit educativo. En este aspecto el nacimiento seguía siendo clave a la hora de diseñar su futuro el ciudadano liberal. La movilidad social distó del discurso teórico liberal que hablaba del talento, el mérito y la capacidad como ingredientes del ascenso en una sociedad abierta.

Capítulo XXIII

Del mecenazgo de la Corte al del Estado liberal. Los espacios de sociabilidad cultural

23.1. La cultura oficial

En los siglos XVII y XVIII había quedado articulado un *mecenazgo cortesano* al que estaban vinculadas las elites nobiliarias, *mecenazgo* reforzado con su institucionalización al calor del reformismo ilustrado borbónico. La racionalización del saber, la extensión de las luces y la centralización del Estado, dieron su fruto en una *cultura oficial* desarrollada en las *Academias* —Lengua, Farmacia, Historia, Medicina...—, organismos de carácter científico como el *Gabinete de Historia Natural,* el *Observatorio Astronómico,* el *Jardín Botánico,* y en asociaciones, de naturaleza privada, pero apoyadas por los poderes públicos, como las *Reales Sociedades Económicas de Amigos del País.* A ello es preciso añadir el papel jugado por los *salones nobiliarios* como espacios de cultura y sociabilidad.

Los contenidos y mensajes culturales, desde la segunda mitad del siglo XVIII, empezaron a diversificarse, ensanchándose los contactos con el mundo cultural europeo. Arribaron las nuevas ideas y el pensamiento científico, impregnándose de los discursos reformistas y críticos de tono cosmopolita, en un ambiente de desacralización del saber, ejercido por unas elites ilustradas de marcada galofilia, pero que no desdeñaban lo que se producía en Italia, Inglaterra o el Imperio.

En el siglo XIX este tipo de mecenazgo y el modelo de cultura oficial protegida, en términos del Antiguo Régimen, entran en crisis, lo cual no significa su desaparición, sino su reorientación por parte del nuevo Estado liberal. La lógica del liberalismo ensanchó los cauces del debate cultural, en general, impulsando un asociacionismo que cuajó en diversas instituciones privadas, entre las que destaca el Ateneo en Madrid. Al mismo tiempo las nuevas pautas centralizadoras del Estado liberal relevaron el mecenazgo cortesano como instrumento estructural de cultura, para convertir a la capital de este Estado en foco de atracción donde confluye la intelectualidad del país al abrigo de los centros de poder. Es la capital la que atrae y no la ciudad, y el éxito en la carrera profesional, académica o propiamente intelectual está en función de la mayor o menor capacidad para destacar en los nuevos espacios de sociabilidad cultural que el sistema liberal concentra en Madrid. No se trata, pues, de la mera sustitución del mecenazgo de la Corte por el del Estado. Este último impulsó la centralización de la toma de decisiones, la unificación y centralización administrativa y coadyuvó a crear los marcos apropiados en la capital, donde se configuró un mercado cultural de nuevo cuño, tanto desde la oferta como desde la demanda.

Desde el punto de vista del mercado y la producción cultural impulsada desde el Estado liberal, Madrid se consolidó como escaparate de la cultura nacional, con instituciones oficiales que, rivalizando con asociaciones privadas, fueron ocupando espacios de la ciudad. Siguiendo la pauta ilustrada de la racionalización del saber, el Estado liberal en su actividad protectora perfiló Madrid como una *ciudad de museos,* es decir, referente cultural y artístico depositario de un legado histórico de la nación que precisa conservar. Las nuevas disciplinas científicas se van incorporando a la *cultura museo.*

En 1819 se inauguró el Museo del Prado, aprovechando el diseño de Villanueva para el *Gabinete de Historia Natural* del siglo anterior. En 1843 el Museo Naval, en 1867 el Museo Arqueológico Nacional —instalado en 1895 en el mismo edificio de la Biblioteca Nacional—, y en 1875 se terminó de construir el Museo Nacional de Etnología. Todos ellos en el eje norte-sur vertebrado por el paseo de Recoletos y del Prado, perpetuando el espacio urbano así concebido por los proyectos y realizaciones ilustradas del siglo XVIII.

El mecenazgo del Estado actuó de consagración de artistas y de instrumento que abría las puertas del mercado. Sería el primer gran marchante, a través de sus galerías: las Exposiciones Nacionales de Bellas Artes, inauguradas en 1856. Esquivel, Vicente López o Los Madrazo dan tono ahora a un ambiente pictórico más convencional, oficialista y, aunque en contacto con las escuelas europeas a través de las «pensiones» en Roma y París de muchos de ellos, menos permeable a los trazos *vanguardistas* que se empiezan a valorar en la Europa de la segunda mitad de siglo. En este aspecto, Madrid no desarrolló un mercado de arte similar al de París, Londres o Viena. El coleccionismo no traspasó el umbral de los centros oficiales y algunas excelentes pinacotecas privadas como la del marqués de Salamanca.

A medio camino entre el impulso del Estado y de la Corte se sitúa una institución cultural de naturaleza elitista, que se convierte en lugar de sociabilidad de la nobleza y gran burguesía, siguiendo la moda europea, y en particular de París. En noviembre de 1850 quedó inaugurado el Teatro Real de la Ópera. Emblema de una capital que pretendía ser moderna, el Teatro contempló y escuchó a los artistas más consagrados en este género. En la formación musical la atención del Estado dio como fruto en 1830 la creación del Real Conservatorio de Música y Declamación. Madrid fue igualmente sede de un proyecto de centralización de la cultura bibliográfica del país. Entre 1866 y 1892 el proyecto se consolidó con la construcción del nuevo edificio que albergó en lo sucesivo la Biblioteca Nacional.

En los presupuestos centralizadores del Estado liberal, ocupó un lugar primordial la *Universidad Central,* heredera de la Universidad Complutense de Alcalá de Henares, trasladada definitivamente a Madrid en 1836. Era la cúspide de la pirámide educativa y meta de la carrera académica que atrae a intelectuales y profesionales de todos los rincones del país. Pero esta Universidad, aunque aloje en los años centrales del siglo a un nutrido espectro de la intelectualidad, está disociada del tejido cultural más dinámico de la ciudad, entendida en términos de debate, crítica y recepción de las novedades del exterior. Por ello sociedades de hablar e instituciones privadas rivalizaron con la Universidad en estos cometidos. En este contexto se inscribe la *Institución Libre de Enseñanza*, creada en 1876 por un grupo de catedráticos expulsados de la Universidad por el ministro Orovio. Su proyecto se centraba en un amplio marco de reforma pedagógica, pero acabó yendo más allá para convertirse en una institución alternativa depositaria de las ideas de libre pensamiento, debate científico y formación integral del individuo. Con ella nacía el espíritu institucionista, de poso krausista, como nueva lectura del individualismo liberal y cantera de elites intelectuales.

23.2. Las instituciones privadas. «Sociedades de hablar» y la bohemia cultural

En la historia cultural del siglo XIX sobresale una institución privada, ligada a la consolidación y evolución del sistema liberal: el *Ateneo Científico, Literario y Artístico de Madrid*. Quizás esta institución simbolice más que cualquier otra la crisis de la cultura oficial tutelada, clásica del Antiguo Régimen, porque en última instancia sustituye a la Corona, la Iglesia, y la nobleza, por la figura del ciudadano en términos de individualismo liberal, libremente asociado para el debate, la crítica y la producción cultural. Fue autorizado por real orden de 16 de noviembre de 1835, en principio con un objetivo: el debate científico en conexión con las ideas y productos culturales europeos. Desde sus cátedras y salones se difundieron todas las ramas del saber hacia unas minorías, con evidente vocación en la formación de las elites culturales y cantera de políticos liberales.

Esta trayectoria de difusión crítica de la cultura y permanente oposición política se acentuó desde 1856 hasta 1868. El debate científico y político estuvo animado por una tripleta ideológica: krausismo, librecambismo y el ideario democrático. Durante estos años el Ateneo tuvo una enorme capacidad para crear opinión. Las conferencias dictadas desde sus cátedras calaron en los sectores ilustrados y constituyeron el *tejido cultural* de la revolución de septiembre de 1868.

A partir de 1876 se abriría una nueva fase en la evolución histórica del Ateneo. De foro de minorías pasó a ampliar sus funciones y su público. Su actividad cultural fue más abierta e incluyó a un público socialmente más heterogéneo. Conferencias y veladas artísticas, literarias y musicales, más orientadas a la opinión pública general, tendieron a sustituir y completar la enseñanza de sus cátedras. Su labor pedagógica se diversificó. La vieja vocación ateneísta por convertirse un día en la universidad libre por excelencia fructificó parcialmente en la creación de la *Escuela Superior del Ateneo* (1895-1907). Aquí coincidieron los profesionales más significativos de la cultura, el pensamiento y la vida científica, en contacto con las corrientes de mayor vigor intelectual en Europa, sobre todo el positivismo y el evolucionismo.

Con este mismo espíritu de asociación libre que cultiva de forma independiente las letras y las artes, en contraste con el sistema de protección cortesano, nobiliario o eclesiástico, nació en 1836 el *Liceo Artístico y Literario*. Era más un círculo de recreo cultural y artístico que un foro de debate político e intelectual propio del Ateneo. Lugar de encuentro y marco de sociabilidad, a través de tertulias, veladas, conferencias, conciertos, exposiciones, lecturas, representaciones, en él se dio cita el nuevo público ilustrado ligado a la bohemia cultural. Pero al mismo tiempo actuó de pieza integradora de un mercado cultural al reunir creadores y clientela. Divulgaba las obras de sus socios, actuaba de portavoz de la producción cultural a través de sus distintas secciones y exponía obras con la apertura de un salón público donde se despositaban en venta, protagonizando una embrionaria fórmula de marchante.

Hasta el siglo XIX la *cultura política* había sido patrimonio de unas reducidas elites que habían alcanzado su máxima expresión en el siglo XVIII en las Reales Sociedades Económicas de Amigos del País, como símbolo del ambiente racionalista y enciclopedista del despotismo ilustrado. Sin embargo la irrupción del liberalismo significó la apertura del debate político y su extensión a otros ámbitos sociales. En los núcleos urbanos se desarrolló con más intensidad esta cultura política, cuyos primeros inductores fueron las generaciones impregnadas de romanticismo de los años 20 y 30.

El liberalismo, consustancial a la idea del libre debate, extendió las *sociedades de hablar* desde los salones nobiliarios al conjunto del espacio urbano. El debate político y la producción cultural salió a la calle y encontró especial ubicación en las tertulias de los cafés. Las *sociedades patrióticas,* formas de clubs políticos en los inicios del liberalismo, sobre todo a partir del Trienio liberal, encontraron en esos cafés literarios sus foros naturales, en contacto con el público y con mayores dosis de espontaneidad, donde se articulaban discursos, se leían poemas y se perfilaban estrategias políticas. El político acuñado por la revolución liberal era a menudo inseparable de la producción cultural, cultivador de las letras, conocedor de idiomas, con formación humanística y jurídica,

Un *club* de debate político durante el Sexenio.

era muchas veces escritor (poesía, teatro, ensayo...), periodista y orador, limando el lenguaje de un discurso político capaz de penetrar en el público al que se dirige.

La sociedad *Amigos de la Libertad,* creada en marzo de 1820, se alojó en el café Lorencini de la Puerta del Sol de Madrid, continuada después por los *Amigos de la Constitución* en la *Fonda de la Cruz de Malta* de la calle de Caballero de Gracia. Otro ejemplo emblemático fue la sociedad patriótica *Los Amigos del Orden* en el café *La Fontana de Oro,* ambiente retratado en la primera novela de Galdós del mismo nombre. Este debate está dirigido por auténticos *agitadores culturales,* que conjugan esta cultura oral con otra tribuna de expresión característica a partir de estas fechas como es la prensa. Una prensa de naturaleza política, sin objetivos económicos inmediatos, con una finalidad más didáctica en el terreno político que informativa: el editorial prima sobre la noticia.

Las tertulias fueron espacio de producción cultural, más allá de lo político, sobre todo en el plano literario, además porque en los inicios del liberalismo lo político y lo literario rara vez aparecen disociados, como protagonistas de una bohemia cultural que se extiende desde los años 30. Las tertulias románticas dieron sus primeros pasos durante el Trienio liberal. En 1823 se fundó *La Academia poética del Mirto,* tertulia literaria de Lista, cuya denominación todavía evoca un espacio restringido de corte dieciochesco. Los años 30 están representados por *El Parnasillo,* café emblemático que reúne en un ambiente romántico a intelectuales, fuera de la cultura oficial, precediendo a instituciones privadas. Allí acudieron los escritores Larra, Espronceda, Ventura de la Vega, Patricio de la Escosura, Bretón de los Herreros, Gil y Zárate..., los pintores Madrazo, Villaamil, Esquivel, Jimeno..., los arquitectos Mariátegui, Colomer, Aníbal Álvarez..., el editor de obras teatrales Manuel Delgado, el director del Teatro Príncipe Grimaldi... Pasada la eclosión romántica, el café y la tertulia continuaron siendo espacios de intelectualidad en los que confluían producción cultural y debate político.

Con el fin del absolutismo retornaron del exilio el duque de Rivas, Martínez de la Rosa y Espronceda, literatos emblemáticos del romanticismo. En 1834 se estrenan *La conjuración de Venecia* de Martínez de la Rosa y *Macías* de Larra. La cultura romántica, en términos literarios, se contrapone al neoclasicismo anteriormente dominante, cuyas rígidas normas son rechazadas con la conquista de una nueva libertad a la hora de conjugar verso y prosa, aunque compartiendo con la Ilustración el desprecio por el fanatismo de los ultramontanos y la superstición enemiga de la cultura y el progreso. Alcalá Galiano, al defender el romanticismo, señala la liberación de la literatura del corsé de una antigüedad clásica adulterada por el neoclasicismo; paradójicamente esta condena del neoclasicismo por los románticos les lleva a redescubrir el teatro del Siglo de Oro. Se imita a Lope y Calderón, obteniendo un resonante éxito el duque de Rivas con *Don Álvaro o la fuerza del sino* (1835) o Zorrilla con su *Don Juan Tenorio,* compendio del ideal romántico en su conjugación del amor y la muerte. La temática histórica que caracteriza al romanticismo es un permanente recurso en la búsqueda del colorido local acorde con las ensoñaciones del espíritu romántico, donde la leyenda y los parajes y localizaciones de una idealización fantasmagórica constituyen una vía escapista de la realidad. Larra con su prosa irónica representa el contrapunto de ese desengaño por lo real, de la frustración ante la mediocridad circundante de alicorto alcance. La poesía de Espronceda con su canto de la libertad individual y heroica, representada en *Canción del pirata* y *Canto del cosaco,* expresada formalmente en la libertad métrica de su verso, en su fascinación por la muerte como tema de inspiración, nos revela bajo otros parámetros esa huida de la realidad.

El discurso romántico acabó por agotarse en las barricadas del 48. La extensión de la cultura democrática y social, la idea de pueblo relevando al individualismo liberal llevaba implícita una realidad social que invitaba al cambio de rumbo de las manifestaciones culturales. Nuevos temas, nuevos protagonistas, debían ser retratados, contados, cantados, mientras va tomando cuerpo la cuestión social.

Las tertulias y los círculos especializados de discusión y de crítica fueron correa de transmisión de la cultura y del pensamiento europeo de la época, a lo que no fueron ajenos la incorporación de los intelectuales del exilio a partir de los años 30, así como la llegada en años posteriores de los universitarios y profesionales españoles que completaron su formación en el extranjero. En el *Círculo filosófico* tuvieron lugar los primeros debates sobre el krausismo, introducido por Julián Sanz del Río, posteriormente incorporado a los debates ateneístas y asumido por la *Institución Libre de Enseñanza*. En la extensión de las corrientes culturales y de pensamiento también colaboraron activamente, junto a las instituciones privadas, las *Academias de Jurisprudencia y Legislación,* y de *Ciencias Morales y Políticas,* creada esta última en 1857. Mientras, una institución que había sido hegemónica durante el siglo XVIII, en cuanto a la recepción de las ideas extranjeras, como la *Real Sociedad Económica Matritense de Amigos del País,* perdía peso específico, después de haber colaborado a la creación del Ateneo, para especializarse como centro educativo y *sociedad de consultas* más que de debates, sin abandonar plenamente este último papel. Una decadencia extendida a las otras *Sociedades económicas de Amigos del País.*

23.3. LA CULTURA MILITANTE

En el siglo XIX la cultura popular ensancha sus horizontes para incorporar la idea de una *cultura militante,* ligada a las clases trabajadoras, bajo unos presupuestos teóricos que han venido en denominarse *obrerismo democrático,* ambigua denominación que englobaba contenidos muy diversos pero convergentes: desde el republicanismo democrático hasta el socialismo utópico. En este contexto se inscribe un tejido de formación de adultos, con proyección a la educación de menores, conducido por asociaciones demócratas y obreras que completan una labor no excesivamente desarrollada por el Estado, aunque la ley Moyano de 1857 incluyera este objetivo en su desarrollo legal. Lógicamente este tejido tendrá su expresión más acabada en las regiones que empiezan a imbuirse de una cultura industrial. Existe por tanto un correlato entre la emergencia de las organizaciones de socorros mutuos —*Sociedad protectora mutua de tejedores de Barcelona, Sociedad de protección mutua de oficiales carpinteros*— y este tejido educativo autónomo. Aquí se sitúa el proyecto de Abdó Terrades en 1841 que incluía, entre las actividades de un *Gabinete de lectura,* clases de instrucción primaria para adultos. En Madrid, bajo la dirección de Ramón de la Sagra se abrió en 1842 una *Escuela de Artesanos.*

También en este contexto se sitúa *El Fomento de las Artes,* institución cultural madrileña nacida al abrigo de los demócratas en 1859, directa sucesora de la *Velada de Artistas, Artesanos, Labradores y Jornaleros,* que ya funcionaba desde 1847. Más que su dimensión política, esta sociedad ejerció un papel educativo y formativo, abierto a esas capas populares madrileñas inmersas en el mundo de los oficios. A su vocación didáctica y técnica unió una tarea de adoctrinamiento y de formación cultural, a través de sus sesiones de conferencias, biblioteca y gabinete de lectura. Al año siguiente de su creación el *Fomento* contaba con 650 socios que se incrementaron hasta 1.436 en 1861, señalando una época de mayor esplendor que coincide con los primeros 60. Así la cifra de matriculados pasó de 357 alumnos adultos, 453 niños y 167 niñas, a 260 matriculados en 1866-67, en consonancia con los avatares políticos adversos que significaron la clausura de la sociedad en este año. A partir del Sexenio el Fomento perdió en gran medida su razón de ser: el aspecto de recreo fue sustituyendo paulatinamente la antigua vocación pedagógica obrerista. Actividades como exposiciones artísticas, certámenes musicales, señalaron una apertura de la sociedad hacia las clases medias, sobre todo a partir de 1876 en que la sociedad fijó este rumbo, al que no fue ajeno una cierta tutela estatal y el abandono de la cultura obrera. En los años 60 se multiplicaron las sociedades culturales que al igual que *El Fomento de las Artes* tenían como horizonte la instrucción de las clases populares, en una secuencia diaria que incluía un público infantil seguido de un público adulto, además de contar con bibliotecas y organizar actividades culturales conexas. Fueron cantera de futuros líderes del movimiento obrero. Guereña ha realizado un inventario de este tipo de sociedades con una mayor presencia de la industrial Cataluña: *Círculo de lectura* de Reus en 1859, *Ateneo catalán de la clase obrera* en 1861, *Ateneo igualadino de la clase obrera* en 1863, *Ateneo manresano de la clase obrera* en 1864; más allá de Cataluña surgía en 1864 en Valladolid la *Sociedad filantrópica artística* y en Cáceres un año después el *Círculo de artesanos*.

El Sexenio democrático abrió nuevas expectativas en el horizonte cultural al socializar el debate político. El corpus legislativo de corte democrático puesto en marcha implicó un interés en influir sobre una población hasta entonces apartada de los cauces políticos, y que ahora el sufragio universal transformaba en ciudadanía activa, al tiempo que las libertades de asociación, prensa y reunión brindaban nuevos instrumentos de participación. Así se observa un marcado interés por la transmisión de cultura política. Ya fuera en forma de asociaciones privadas, multiplicación de órganos de prensa, mítines, conferencias, catecismos políticos, clubs populares o a través del incremento diversificado de la producción editorial, todos los grupos políticos protagonizaron este fenómeno de socialización cultural, que acabó trascendiendo los límites de lo político para emitir mensajes ideológicos de mayor alcance. En ello pusieron empeño sobre todo grupos católicos, republicanos e internacionalistas.

Respecto a los primeros, ya habían surgido en 1857 las escuelas dominicales con la creación de la *Real Asociación de Escuelas Dominicales* a iniciativa del jesuita Mariano Cortés y de la duquesa de Humanes, orientadas sobre todo a la instrucción del servicio doméstico femenino. Por su parte, la *Asociación de católicos*, de extensión nacional, actuó principalmente en el primer semestre de 1869 con ocasión del debate parlamentario acerca de la libertad religiosa. Con un alcance madrileño se había formado en 1866 la *Asociación Protectora de Artesanos Jóvenes*. Más que una institución destinada específicamente a la formación técnica, incorporaba en sus objetivos la transmisión de mensajes ideológicos y culturales de carácter conservador, lo que se acentúa a partir de 1869 con la llegada de la Internacional a Madrid. Sus programas amalgaman enseñanzas técnicas y lecciones de moral y religión en relación al neocatolicismo de sus protectores. Entre sus fundadores cabe destacar al conde de Canillas, marqués de Pidal, conde de Plasencia, marqués de Gramosa, duque de Veragua, a los que se unían algunos significativos hombres de negocios como Hipólito Finat, Juan José de Muguiro y el marqués de Urquijo. Así las clases regulares se completaban con conferencias semanales impartidas los domingos dedicadas a temas políticos y religiosos. El número de alumnos, procedentes del mundo artesanal, pasó de 42 en 1860 a 280 en 1871, de los que el 70 por 100 estaban comprendidos entre catorce y dieciséis años. En la Memoria de la Asociación correspondiente al 30 de septiembre de 1871 se insistía en que el objetivo de la sociedad debería conjugar disciplina moral y el hábito de trabajo que «les enseñen que a pesar de los delirios que se propagan, Dios, la propiedad, la familia y la patria no son ideas absurdas y erróneas, sino santas y salvadoras en toda sociedad».

En este esfuerzo fueron los republicanos quienes mostraron mayores dosis de dinamismo. Recién formados como agrupación política autónoma, desgajada de los demócratas, comprendieron que su supervivencia y expansión política estaban en relación directa con su capacidad para transmitir cultura política entre las capas populares. De ahí que auspiciaran la constitución de *círculos* y *clubs* en los más importantes núcleos urbanos, a lo que se añadió la proliferación de mítines y discursos y de *catecismos electorales*, cuando no la publicación de nuevos órganos de prensa. Además de sus mensajes, la principal novedad consistió en la veta didáctica en consonancia con sus destinatarios, con un método sencillo y adecuado a la cultura oral, repetido asiduamente después por internacionalistas y socialistas. El grueso de la actividad de los clubs se realizaba los domingos, único día de descanso laboral para las capas populares. No dejaba de incorporar una nueva visión laica del descanso dominical, que pretendía sustituir la misa tradicional por la cultura política y al mismo tiempo trataba de desplazar un espacio de sociabilidad como la taberna por otro de carácter didáctico político, consustancial a la concepción del ciudadano que había elaborado el republicanismo español. En los círculos se discutían una variada gama de cuestiones, relativas sobre todo al contenido constitucional. Bien podría decirse que el libro de texto de estos círculos eran los catecismos electorales. Igualmente se leían y comentaban los periódicos republicanos, que se multiplicaron extraordinariamente al cobijo de la libertad de prensa. Una prensa constante en su número, aunque de publicación irregular, tuvo como emblema a *La Igualdad*, único periódico publicado ininterrumpidamente hasta 1874.

Ejemplo de estos círculos en la capital fueron el *Club Republicano de Antón Martín*, inaugurado el 10 de enero de 1869, con enorme influencia sobre la población trabajadora de los distritos de Inclusa y Latina. El *Club de los Demócratas Republicanos de Hospicio y Chamberí*, constituido el 29 de octubre de 1868, desarrollaba un papel similar en los distritos populares del norte de Madrid. Esta distribución espacial de la cultura popular urbana se completaba con el *Círculo de la Revolución*, ubicado en pleno centro de la ciudad y dirigido a un público socialmente más selecto. En este último disertaban los primeros espadas de la democracia madrileña, Nicolás Salmerón o Cristino Martos, y un personaje tan caracterizado de la cultura crítica como Francisco Giner de los Ríos. Aquí se desplegaba un discurso más teórico, en relación con un público más ilustrado, que contrastaba con la labor de *agitación cultural* ejercida en los barrios populares. Combinando cultura e instrucción elemental el dirigente republicano Diego María Quesada inauguraba en el Madrid de 1872 una escuela de adultos para obreros.

Durante el Sexenio este espacio cultural de hegemonía republicana fue disputado también por los internacionalistas recién constituidos. Su método difería del de los republicanos, recogiendo una herencia de clandestinidad tan propia de las sociedades secretas. Más proclives a la *reunión de iniciados*, con menos medios y más sensibles a la discusión teórica, tuvieron un alcance más reducido y condicionado tanto por el auge republicano como por la limitación de sus actividades por parte de los poderes públicos. Su aportación a la cultura popular madrileña se centró en tres periódicos de carácter obrerista, *La Emancipación, La Solidaridad* y *El Condenado,* y en Barcelona, *La Federación.*

23.4. El nacionalismo español. La «Historia nacional»

Si la idea de España como unidad administrativa es una creación del siglo XVIII y de la política uniformizadora de los Borbones, la *legitimación* de la idea de España y de la *nación española,* es un producto intelectual del siglo XIX, que corre paralelo a la construcción del Estado liberal, pero que alcanza sus frutos más logrados, sobre todo en el plano historiográfico, a mediados de siglo, es decir, pasado el esfuerzo uniformizador, centralista y reformista que a lo largo de los años 30 y 40 las elites políticas llevan adelante con respecto al Estado. El grueso del discurso nacionalista es, pues, posterior a los momentos cenitales de la construcción del Estado liberal. La construcción del discurso nacional español estaría ubicada en el grupo de países ya unificados territorialmente a principios del siglo XIX y por tanto sin una difusión explícita y emocional encaminada a la agitación popular para la constitución de su Estado-nación. Mientras intelectuales alemanes e italianos en sus más diversas formas de difusión —filósofos, historiadores, literatos o músicos— se lanzan a articular un discurso nacionalista apoyándose en ingredientes étnicos o lingüísticos que desemboquen en la creación de sus Estados, en España la articulación coherente de un discurso nacionalista se enfoca a la legitimación de la organización del Estado. Sus soportes eran la unidad territorial, la uniformización legislativa y política y la unidad religiosa. Pero también una identidad nacional. Independientemente de las versiones de las familias liberales, una idea es central en el discurso: la existencia inmemorial de la nación española. Llama la atención que un tema de la envergadura del nacionalismo español esté huérfano de estudios. Hasta ahora algunas incursiones precisamente en la labor de los intelectuales historiadores en la sistematización de las ideas y valores, pero falta estudiar los ingredientes intuidos, sentidos y dispersos que luego toman cuerpo en las historias de España, y también otros canales de expresión y difusión de los valores del nacionalismo. Los historiadores consolidan un sentimiento de nación y de España que tiene sus valores dibujados y expresados en coyunturas de experiencia anteriores.

Una primera socialización de los valores del nacionalismo dispersos que se han ido divulgando son asumidos por la nación en armas en 1808, o formando parte de la exaltación de los diputados de Cádiz o de los hombres del Trienio haciendo referencia a épocas de un pasado de Castilla y sus libertades. La reacción frente al invasor aglutina emocionalmente los elementos. Construido el Estado liberal, la justificación de sus formas se realiza buceando en el pasado. Los historiadores eran los encargados de sistematizar los valores del nacionalismo reconstruyendo un pasado que trataba de legitimar un presente. A lo largo del siglo XIX el nacionalismo español no tiene referentes exteriores a los que contraponerse, como los austriacos para los italianos o todos los países donde hubiera alemanes para éstos en una unificación sin fin, pero tampoco tiene una misión civilizadora universal que el nacionalismo francés había edificado sobre la exportación de valores universales, o del británico y la vocación del imperio. El nacionalismo español bucea en el pasado, pues, sin diseñar un proyecto de futuro inmediato.

A mediados del siglo XIX, en el contexto de la elaboración intelectual del nacionalismo español, se yuxtaponen, al menos, dos corrientes que, utilizando en términos generales los mismos ingredientes, enfocan el discurso para justificaciones diferentes. Jover ha definido estas dos elaboraciones intelectuales. Un nacionalismo próximo a la órbita del moderantismo, cuyo fin último buscaría la legitimación del Estado fuerte moderado con sus tintes oligárquicos, como estación término del liberalismo español. Otra corriente situada en los circuitos progresistas y demócratas y próxima a los contenidos populares del nacionalismo de los movimientos de 1848 en Europa. La primera pretende ser ecléctica, es retrospectiva, elitista, castellanizante e introvertida, sin proyecto de futuro, porque el último eslabón se sitúa en lo ya construido, legitimando un presente que se pretende conservar pero no transformar. De ahí su escasa capacidad integradora, su exclusivismo y por tanto, opuesta a la aceptación de otras realidades culturales diferenciadas. La segunda tiene una vocación descentralizadora «municipalista», una naturaleza más aperturista que insiste en la representatividad y «plenitud de la soberanía nacional», y es iberista, llegando esta corriente a su máxima expresión política con la incorporación de la idea federal por parte del republicanismo.

En el siglo XIX la historia en España no fue ajena, directa o indirectamente, a los múltiples referentes que en el campo del pensamiento desembocaron en la concepción de la historia como disciplina científica. Téngase en cuenta que a mediados de siglo otros países ya han elaborado lo fundamental de su historia nacional, que sirve como referente para el caso español. No obstante, ese principio cientifista, que encuentra su máxima expresión en la exégesis valorativa de la documentación utilizada, queda aparcado cuando convenga a la demostración de lo perenne en la existencia de la nación. Es decir, la cultura historiográfica española se alimentó en buena parte de las propuestas europeas que arrancan de la Ilustración, y los postulados del racionalismo para un análisis que desvelara las leyes en el tiempo según la idea del progreso. A las obras de Masdeu o Mayans en el siglo XVIII, se sumaron las traducciones de obras sobre todo procedentes de Francia, entre las que destacan los escritos de Thiers, Guizot o la *Historia de España* de Romey. El nacimiento de la historia como disciplina científica se articuló en el discurso liberal que rescataba y sistematizaba un pasado cuyo protagonista sería la nación. Así la «historia» nace ligada al estudio de la nación española. Pero hasta la segunda mitad del siglo XIX la obra más difundida continuó siendo la *Historia de España* del padre Mariana, escrita en el siglo XVII, convirtiéndose precisamente en el punto de referencia obligado para un discurso articulado en torno a la «Nación española». Tuvo numerosos críticos, sobre todo por sus múltiples invenciones, pero hasta esa época la escasez de investigaciones históricas era notable y aún ni se concebían éstas como tales. También gozó de numerosos elogios como testimonio escrito, organizado y fehaciente de los orígenes y etapas de la «historia nacional». Pi y Margall, autor del prólogo a la edición de la Biblioteca de Autores Españoles, escribía:

> El libro sigue gozando, sin embargo, de una popularidad inmensa que permite repetir una tras otra las ediciones y agota hasta los ejemplares de excesivo coste. Figura en los estantes de los literatos, y es aún obra de consulta. Recibe todavía homenajes hasta de los que más reconocen sus defectos. ¿De qué puede depender esto sino de que el lector halla sin saberlo explicado en aquellas páginas, no sólo la historia de su patria, sino las más de sus creencias y gran parte de las convicciones que han constituido hasta ahora su manera de juzgar acerca de la política que han seguido aquí sus gobiernos?

La obra tuvo numerosos continuadores, como Chao. Hasta la primera mitad de siglo, pues, la obra de Mariana y las traducciones extranjeras fueron las primeras piezas de la historia como articulación nacional. El relevo en esta función y representativa de nueva forma de hacer historia fue la *Historia de España* de Modesto Lafuente (1850-1859), considerada como el punto de partida de una historiografía nacional acorde con los nuevos planteamientos del método histórico. El objetivo era una «historia nacional» en busca de unas señas de identidad estudiando el origen, evolución, y factores que aceleraron o retrasaron un largo proceso histórico que culminaría en una realidad nacional unificada. Como es clásico de las historiografías nacionales la *nación* posee un carácter inmemorial en la obra de Modesto Lafuente. Los orígenes históricos quedan magnificados, Sagunto y Numancia representan las ansias de libertad de un pueblo indómito frente a la ocupación; la época goda sería un punto clave en la configuración de España, al aglutinar los ingredientes de territorialidad, unidad legislativa y unidad religiosa. En este aspecto el periodo histórico de la Reconquista responde a una interpretación maniquea en la que los reinos del norte buscarían la territorialidad y la unidad perdida por la invasión musulmana. Lógicamente el discurso exalta a los Reyes Católicos, sobre todo en cuanto a Isabel de Castilla. Valoración de esta región que queda suficientemente dimensionada en las referencias positivas a los comuneros como paladines de las libertades públicas. Valoración positiva asimismo en lo que respecta a Felipe II, a la Ilustración, culminando con la exaltación de la Guerra de la Independencia, en la que la nación encontraría nuevamente sus señas de identidad, acalladas después por el nocivo reinado de Fernando VII. La obra de Lafuente significó el acta de nacimiento de la historia nacional española por un conjunto de motivos duraderos en el tiempo y que informaron a otros historiadores, en una secuencia que supuso la nacionalización del pasado: Cavanilles, Aldama, Patxot y Ferrer...

Este último incorporaba algunas variantes significativas que reflejan la versión demócrata: la noción de Iberia sustituye a la de Hispania. El espíritu tribal que había desarrollado los deseos de independencia se considera como antecedente del sentimiento federal, mientras los godos son valorados negativamente, para situar también la Reconquista como el estímulo del inicio de una secuencia definitiva que cristalizaría con el paso de los siglos. La mayor parte de los «historiadores» estuvo ligada en mayor o menor medida a las distintas versiones del liberalismo: Lafuente, Marliani, Pirala, Alcalá Galiano, Fernández de los Ríos, Chao, Bermejo, Borrego, Patxot, Miraflores...

En los historiadores españoles cundió la idea, desarrollada no sin un cierto eclecticismo alimentado por el pensamiento francés y anglosajón, de que la historia no debía limitarse a describir unos hechos, la mayoría expuestos sin rigor, sino que debían extraerse generalizaciones a partir de estos hechos. En España, sin embargo, no abundaron en el pensamiento teórico, continuaron siendo narradores que sólo incluían planteamientos propios de la filosofía de la historia en las introducciones de sus obras. El relato fue la columna vertebral pero, en el contexto del positivismo de la segunda mitad del siglo, no sólo como narración de hechos ordenados, sino articulando una interpretación coherente con un análisis riguroso. Historia erudita y de tintes literarios que afirmaba los datos como base de sus propuestas. Se multiplicaron la recopilación de documentos, traducciones de textos antiguos, se editaron fuentes. Por otro lado el campo de interés en la búsqueda del pasado nacional se centró en la Edad Media, y temáticamente en la historia jurídico-institucional, ya que el derecho era la expresión de la *constitución de la nación española*.

El punto de llegada era la época liberal entendida como la culminación de «esas tendencias unificadoras —en palabras de Garzón—, y como la síntesis que aunaba libertad y unidad, dos elementos tan nacionales y tan españoles que sin ambos no podía darse esa realidad que desde ahora, y de forma definitiva, se coloca por encima de cualquier ciudadano, la Patria española».

El discurso nacionalista destaca, pues, el papel de Castilla como aglutinante del conjunto y se expresa en lengua castellana. Este proceso de castellanización lingüística, que había tomado cuerpo en el siglo XVIII, en cuanto el castellano se convierte en la lengua institucional de un Estado que persigue la uniformidad y el centralismo, tuvo su sistematización y racionalización en la actividad desarrollada por la Real Academia de la Lengua a través de sus normativas gramaticales y ortográficas. Sin embargo, y a pesar de las disposiciones legales que planteaban que en las escuelas de primeras letras la enseñanza se realizara en lengua castellana y que la Real Cédula de Carlos III de 1768 insistiera en el tema recomendándose su extensión a la Iglesia y a las universidades, a finales del siglo XVIII todavía resultaba evidente el incumplimiento relativo de las disposiciones legales. El Estado liberal intentó culminar el proceso utilizando, entre otros elementos, la escuela como punto nodal para la difusión del castellano y de las primeras nociones de historia de España, a la par que los anaqueles de las bibliotecas de las elites y las clases medias se nutrían de gramáticas, oratoria, diccionarios... y de historias de España. El informe de Quintana de 1813 disponía la enseñanza en lengua castellana. La ley Moyano de 1857 reiteraba el monopolio del castellano en la escuela. El castellano se convirtió en el vehículo único para aprender a leer y a escribir en detrimento de otras lenguas del país.

El problema reside en que la difusión de la conciencia nacional a partir de la escuela no tuvo la misma intensidad que en otros países europeos sencillamente por el fracaso de la política educativa a lo largo del siglo XIX. La escuela no pudo cumplir enteramente este papel porque los niveles de escolarización siempre fueron muy débiles. La socialización de la conciencia nacional, tal como la habían diseñado los intelectuales de la época, topó con estas limitaciones. Los doce millones de analfabetos que poblaban la España de la segunda mitad del siglo XIX no tuvieron ocasión de aprender a leer y a escribir ni en castellano ni en ninguna otra lengua, ni tampoco conocer los rudimentos de la historia nacional que los planes de enseñanza habían asignado a la educación primaria. Desde luego el fenómeno que se desarrolló en las tres últimas décadas del siglo en la vecina Francia, cuyo principal impulsor fue Jules Ferry y sus máximas de escuela laica, obligatoria y gratuita, no tuvo su correspondencia en España. La III República francesa «republicanizó» Francia y dio cohesión nacional, utilizando como primera célula la difusión de la escolarización. Sin embargo, en esa España de la segunda mitad del siglo XIX, quienes no asistían a la escuela sí tenían en cambio ocasión de ampliar sus conocimientos a partir de la cultura oral o de las lecturas en grupo de periódicos, novela popular, literatura de cordel, obras costumbristas. Todo ello ayudó a completar la asimilación de esa historia nacional tamizada por referentes regionales y locales, completando una amalgama en la que se entremezcla de forma desequilibrada lo nacional y lo particular. Así los costumbristas se afanaron en describir lo peculiar y lo pintoresco de lo español con sus rasgos diferenciadores del resto de pueblos europeos, en revistas como el *Semanario Pintoresco Español*, o en *Los españoles pintados por sí mismos*, y toda suerte de expresiones artísticas o literarias, con tono casticista y evocador. Así estos ambientes casticistas y costumbristas fueron difundidos desde diversos ángulos: pinturas y dibujos, relatos, la zarzuela, el baile o el teatro, universalizando tipos populares, y buscando una identidad diferenciadora, evocadora del gusto por lo propio y adversa a lo extranjerizante. Pero al mismo tiempo el costumbrismo canta las esencias de lo particular con una larga nómina de eruditos locales.

La pintura de historia fue la expresión visual de la historia nacional que asumen los ambientes académicos. En el siglo XIX este género se acaba de definir rescatando el interés por las épocas pasadas en función de la perdurabilidad de esa conciencia nacional. Los grandes cuadros de historia son, pues, el correlato de los textos de los historiadores, donde la narración es el criterio primordial en la concepción de la obra. Entre los autores principales cabe destacar a Eduardo Cano de la Peña, que obtuvo, en la Exposición de Bellas Artes de 1856, primera medalla por su cuadro *Colón en la Rábida*, pero sobre todo a José Casado del Alisal —*La rendición de Bailén*—, más próximo al ideal moderado, Antonio Gisbert, más inclinado al progresismo —*El fusilamiento de Torrijos*—, Vicente Palmaroli —*El tres de mayo de 1808*—, o Dióscoro Puebla —*Las hijas del Cid*. Los referentes al pasado en la pintura ya habían ocupado el campo de interés en el ambiente más neoclásico y oficialista de José Madrazo, con *La muerte de Viriato*, pintado en Roma siguiendo las pautas de David. Ya antes, la impar trayectoria de Goya había retratado el nacionalismo emocional de 1808 o había sido antesala del costumbrismo pictórico con los tipos populares del siglo XVIII, en el contexto de una crónica múltiple de los avatares de su tiempo.

23.5. LAS IDENTIDADES CULTURALES DIFERENCIADAS. LA «RENAIXENÇA»

Antes del último tercio del siglo los nacionalismos catalán, vasco y gallego como expresión política de una *conciencia colectiva* que asume el hecho de una diferenciación con respecto a otras regiones, todavía no ha tomado cuerpo en proyectos políticos articulados. Sin embargo, si partimos de la base de que estos nacionalismos tienen su fundamento y precedente inmediato en la recuperación particular de los respectivos pasados históricos, entendidos en términos culturales, lingüísticos, institucionales y etnográficos, este proceso se inicia lentamente a partir de 1840 aproximadamente. Elaboraciones intelectuales cuya consistencia depende del mayor o menor consenso social que logran vertebrar. Este fenómeno es común para todas las regiones españolas de la época que tratan de rescatar un disperso acervo cultural común, cuya base se sitúa en la pléyade de eruditos, literatos, artistas... locales y regionales. Lo que singulariza estos tres casos es que unas décadas después la secuencia desembocó en proyectos políticos estructurados, pero a mediados de siglo estas recuperaciones todavía no entraban en contradicción con la forma en que el moderantismo y su versión del nacionalismo español organizó el funcionamiento del Estado. La secuencia se resuelve en un largo periodo de integración cultural que tiene como pilares otros fenómenos de integración a escala económica, urbana, social, a lo que se añade la consolidación de unos instrumentos de divulgación de los mensajes elaborados en forma de prensa escrita o de otras formas de expresión. Por eso fue en Cataluña donde más arraigo tuvo la recuperación de sus referentes culturales.

La importancia de la *Renaixença* como movimiento cultural supera los límites marcados por su vinculación al romanticismo peninsular y europeo. Esta corriente, cuyo inicio podríamos fechar simbólicamente a partir de 1833 (oda *A la Pàtria* de Bonaventura Carles Aribau), constituye una de las raíces inspiradoras del catalanismo político. La relevancia histórica de este «renacimiento» frente al abandono secular de la cultura catalana supera, pues, el estricto marco literario, representando el único movimiento con marcado carácter nacional en la España de los dos primeros tercios del siglo XIX.

La eclosión de esta corriente debe contextualizarse en un doble sentido. Por un lado, el sustrato romántico con que se presenta permite explicar las líneas fundamentales de su producción cultural e ideológica. La importancia de este eje argumental, sobre todo en la primera generación de autores, supera incluso las matizaciones a causa de la filiación política de algunos de sus miembros más representativos, como el conservador Joaquim Rubió i Ors o los autores vinculados a la revista liberal *El Propagador de la Libertad*. De este modo, se definen como elementos esenciales del movimiento, cuestiones como la vindicación de una tradición particular, el sentido de colectividad o las alusiones místicas a un pasado idealizado. La heterogeneidad de estos trabajos queda puesta de manifiesto en el alcance social que obtienen. Más allá de las diferentes propuestas planteadas por la poesía —el ascetismo y la épica en Jacint Verdaguer, los elementos populares en Marià Aguiló, el clasicismo de Pons i Gallarza—, debe citarse también la más tardía madurez del teatro histórico, la comedia o el sainete costumbrista.

En segundo término, el sentido y alcance de la *Renaixença* no puede explicarse sin aludir a los fenómenos de industrialización y transformación social que sufre Cataluña durante estos años. En este sentido, la especificidad de este movimiento básicamente urbano ha sido vinculado a la formación paralela de una burguesía de carácter nacional necesitada de mecanismos ideológicos privativos. Su carácter estrictamente cultural supondría entonces la primera fase de una inquietud mucho más vasta que conduce a la formulación de plataformas y mensajes políticos que desembocarán en el nacionalismo. Sin embargo, la heterogeneidad de las generaciones que conforman esta corriente y la propia complejidad de su producción han de enfrentarse también con la peculiar evolución política de Cataluña y su papel en la formulación de un mercado peninsular. Los ya citados Aribau y Rubió i Ors forman parte de un ambiente cultural donde también se integrarán a partir de los años 60 personalidades como Abdó Terrades o Almirall.

En líneas generales, los principales problemas planteados por estos intelectuales se circunscriben a la normalización lingüística y, en menor medida, social del catalán. El principal esfuerzo de la recuperación de la «decadencia de las letras catalanas» debía orientarse entonces a la depuración de la lengua y su vulgarización. Los concursos literarios y, sobre todo, los *Jocs Florals* —iniciados en 1859— suponen el resultado más evidente de tales esfuerzos. La reivindicación cultural no se produce sino a la sombra de personalidades aisladas, como Illas i Vidal o Joan Cortada. Empero, el carácter historicista de estos certámenes favorecerá un clima general muy sensible al patriotismo y al orgullo por un pasado cultural en proceso de recuperación. Tampoco serán extrañas entonces las elaboraciones eruditas que evocan la historia y la lingüística medieval, aludiendo a ellas como el ámbito en que se produjo el florecimiento de la personalidad catalana. Los mejores ejemplos en este sentido serán los representados por las obras de Pere Bofarull y de Milà i Fontanals, o el creciente interés por el estudio de los materiales conservados en los Archivos de la Corona de Aragón. Una pujanza cultural cuyos símbolos externos comienzan a poblar los espacios urbanos catalanes, cuyo emblema es el Teatro del Liceo de Barcelona, espacio de sociabilidad cultural de una burguesía barcelonesa satisfecha de sus señas de identidad. Otros espacios similares como el Teatro de Reus ponen de manifiesto la cohesión de otras burguesías locales.

La multiplicación de órganos de expresión en catalán o la eclosión de asociaciones culturales o excursionistas deben fecharse con posterioridad a 1874. Pero, en buena medida, constituyen la prolongación lógica en el tiempo de los resultados culturales, e incluso sociales, del movimiento. En 1871, coincidiendo con la madurez del federalismo como manifestación política, Pere Aldavert funda en Barcelona el periódico *La Renaixença*, verdadera culminación de la recuperación cultural y órgano donde confluirán los intelectuales catalanes más prestigiosos durante el Sexenio, como Francesc Matheu, Víctor Balaguer o el propio Almirall.

Ya en las décadas centrales del siglo se habían sucedido también los esfuerzos para normalizar y difundir la lengua catalana en el medio rural. Tales medidas, que tienen en la publicación del *Calendari del Pagès* en 1856 su momento más importante, deben relacionarse tanto con la persistencia de formas lingüísticas como con la existencia de normas seculares de sucesión y herencia en el campo catalán. No debe olvidarse que el mito del Derecho Consuetudinario formará parte esencial en las formulaciones ideológicas de un romanticismo literario tan proclive a la evocación de la vida rural idealizada. Y que es en el marco agrario donde se han producido a partir de los años 20, las concreciones teóricas con mayor incidencia en el marco político —el también heterogéneo foralismo catalán— presente en los levantamientos de 1827 y 1846-49.

23.6. La recuperación cultural en Euskal Herria

Ya hemos tenido ocasión de analizar en capítulos anteriores la importancia de la cuestión foral antes de 1876 y de señalar las diferentes soluciones pactadas o no después de la Guerra Carlista. El tema foral añade, pues, un ingrediente político a tener en cuenta en las primeras definiciones intelectuales del particularismo vasco, en lo que podríamos denominar la trayectoria prenacionalista, que tomará cuerpo específico en pautas interpretativas diferentes a partir de 1876, cuando la abolición de los fueros provoque una viva reacción posteriormente culminada en la creación del nacionalismo político vasco. Un tema fuerista contemplado desde dos ámbitos contrapuestos: la visión religiosa asociada al binomio Dios-Fueros y la visión liberal que interpretaba las instituciones forales como formas particulares de gobierno democrático. Fue la primera la que se desarrolló con más intensidad en obras tales como *Defensa histórica del señorío de Vizcaya y provincias de Álava y Guipúzcoa*. Una contemplación religiosa de los fueros desarrollada sobre todo a partir de 1876, en el discurso reivindicativo del sistema foral recién abolido del que se derivarán posturas integristas entendidas como la defensa de la religión identificada con el pueblo vasco.

Con este telón político de trasfondo la recuperación de la cultura vasca había tenido sus primeras manifestaciones en el tema lingüístico durante el siglo XVIII, resaltando el carácter ancestral del euskara como la lengua más antigua de todas las peninsulares. Existía una dualidad marcada entre campo y ciudad en la utilización del euskara, sometida a su vez a una notable variedad dialectal. En las zonas rurales es muy elevado el desconocimiento del castellano a finales del siglo XVIII. La publicación de la primera gramática por Larramendi en 1729 y después su *Diccionario trilingüe vasco-español, vasco-*

latino, pondrá en marcha una secuencia investigadora sobre el euskara, a través de personajes tan diferentes como Astarloa, Erro, Humboldt o el príncipe Lucien Bonaparte, estudioso este último de las variedades dialectales. A finales del siglo XVIIII, la obra *Peru Abarka* defendía la plena relevancia de la lengua vasca para expresar y tratar cualquier cuestión cultural y científica sin necesidad de recurrir a neologismos procedentes del castellano. En esta publicística vasca adquieren especial importancia los catecismos religiosos en lengua vasca. La construcción del Estado liberal y su proyecto educativo en lengua castellana tuvo numerosas dificultades de aplicación en los ámbitos rurales, por lo que en la práctica favoreció un cierto bilingüismo escolar que en última instancia lo que perseguía era la propia imposición del castellano. En 1842 Agustín Pascual Iturriaga publicaba *Diálogos vasco-castellanos para las escuelas de primeras letras de Guipúzcoa*. Años después Juan María de Eguren, inspector de enseñanza en Guipúzcoa y Álava desde 1859 hasta 1876, reconocía que la masa general del pueblo guipuzcoano hablaba asiduamente el *vascuence* y que los niños «cuando empiezan a asistir a la escuela no entienden bien el castellano». La solución que brindaba era intensificar la escolarización en castellano, lo que ocurrió en la práctica. A lo largo de la Guerra Carlista de 1870-76 los carlistas se plantearon la enseñanza bilingüe en las escuelas primarias: «En todas las escuelas de la provincia de Guipúzcoa se dé la enseñanza de la lectura primero en la bascongada y después en la castellana», para lo que se editó una cartilla de lectura titulada *Iracurtzaren asierac*. La posterior derrota carlista cortó el proceso.

También se consideraba como inmemoral el pueblo que la hablaba, labrándose una visión legendaria del pueblo vasco en la que subyacen los estereotipos que se evocan como particulares y específicos de la identidad vasca, lo que supone una descripción etnográfica de la que se va desprendiendo la idea de etnia diferenciada, que, atravesada posteriormente por postulados racistas y xenófobos, desembocará en la idea de una raza superior, elemento de primera consideración en las formulaciones de Sabino Arana a finales de siglo. Un caldo de cultivo tamizado muy ligeramente por las corrientes románticas propias de la Europa del momento. Obras tales como *Las leyendas vascongadas* de José María de Goizueta en 1851, *Tradiciones vasco-cántabras* de Juan V. Araquistain en 1866, y *Amaya o los vascos en el siglo VIII* de Navarro Villoslada en 1876, alcanzaron una gran difusión. Con la lengua concebida como principal instrumento de referencia de la identidad vasca, que topa con el progreso de la alfabetización en castellano, se ensalzan otros referentes culturales expresados en las tradiciones, las costumbres, las fiestas, el folklore... El costumbrismo aportó su grano de arena en una visión idílica del mundo rural vasco, uno de cuyos ejemplos más notables fue el *Libro de los Cantares* de Antonio de Trueba en 1851. Idealización de lo rural como resistencia a un proceso de industrialización todavía en ciernes, pero que rompía los rasgos tradicionales de la identidad.

En la difusión de la cultura vasca jugaron un papel de primera magnitud asociaciones privadas durante la segunda mitad del siglo XIX, que tuvieron en la organización de juegos florales, como los de Iparralde, una de sus expresiones más características. También el surgimiento de revistas coadyuvó a la sistematización de la cultura vasca. Así la asociación *Euskara de Navarra* editará la revista *Euskara* (1878-1883). También en 1878 surge la *Revista de las provincias Euskara,* luego transformada en *Euskal Herria* desde 1880. La *Revista de Vizcaya* vio la luz en 1885 y *Euskalduna* en 1888. Todo ello como antesala del enorme esfuerzo divulgador y de análisis realizado por instituciones públicas y privadas desde finales del siglo XIX.

En suma, antes de que naciese el nacionalismo en términos políticos se habían ido constituyendo en las décadas centrales del siglo unos discursos particularistas de lo vasco, sobre todo en Vizcaya y Guipúzcoa, que convivían con una mayor presencia de la cultura española en Bilbao, San Sebastián y casi toda la provincia de Álava.

23.7. «O Rexurdimento»

La recuperación de la cultura gallega estuvo mediatizada por una marcada compartimentación social en el uso lingüístico: las elites del dinero y del poder habían abandonado desde los siglos anteriores la práctica de la lengua gallega, patrimonio, sin embargo, del campesinado. Como corolario, la decadencia de la producción literaria gallega desde hacía varios siglos era evidente. Las dificultades de integración de la economía gallega en un espacio coherente, la falta de cohesión social y la propia dispersión del hábitat fueron valores añadidos de corte negativo que retrasaron el renacimiento cultural particular, cuantitativa y cualitativamente, con respecto a Cataluña y el País Vasco. El rechazo de las elites urbanas hacia la enseñanza en gallego en las escuelas primarias goza de múltiples testimonios en los que se concibe la lengua gallega como subsidiaria de la lengua castellana. El uso del gallego en la escuela quedaba reservado a una mera función asimilista, para asegurar la penetración del castellano en los medios rurales. Entre 1850 y 1890 el galleguismo cultural alcanzó sus rasgos definitorios, sin que ello se concretara a medio plazo en un proyecto político nacionalista mayoritariamente asumido. *O Rexurdimento,* iniciado en los años 50, con su proyección inmediata en los juegos florales, se situó en el centro de la recuperación, sistematización y divulgación, a través de una doble dimensión, historiográfica y literaria. En el primer espacio abre la marcha Benito Vicetto con su obra *Hidalgos de Monforte,* pero sobre todo destaca la figura de Murguía, casado con Rosalía de Castro, a través de una prolífica producción que abarcó el pasado histórico gallego en múltiples facetas, con el objetivo de mostrar las raíces y la identidad diferenciadoras del pueblo gallego: *Historia de Galicia,* que empezó a publicarse en 1866, *El arte en Santiago en el siglo XVIII,* de 1884, *Galicia* en 1888, o *Los precursores,* editado en 1886, en cuyas páginas se plasman los orígenes del galleguismo cultural. En el plano literario destacan tres autores: Rosalía de Castro, que publica en 1863 *Cantares gallegos* y en 1880 *Follas novas;* Eduardo Pondal, uno de los impulsores del mito celta de Galicia, con *Queixumes dos pinos* en 1886, y Manuel Curros Enríquez con *Aires da miña terra* (1880) y *O divino sainete* (1888), autor comprometido en una poesía de hondo contenido social que expone los padecimientos del pueblo gallego. Por su parte, Alfredo Brañas ofrecería el primer contenido político al regionalismo gallego, a partir de su labor como periodista, al mismo tiempo que colabora intensamente en la modernización de la lengua. Basado en la idea de las dos patrias, la *patria española común* y la *patria gallega,* sistematizó una noción regionalista más apoyada en la descentralización administrativa del Estado que en el nacionalismo político propiamente hablando. Con una fuerte carga católica y tradicionalista su actividad política y cultural encontró eco en su colaboración en los juegos florales y en la formación de la *Asociación regionalista gallega* de 1891.

23.8. Oferta editorial. Libros y prensa

Durante el siglo XIX el mundo editorial, como vehículo esencial de manifestación y transmisión cultural, protagonizó un notable avance en sus distintas vertientes: producción, características formales, comercialización, contenido y función social. Avances técnicos, en el contexto de la limitada industrialización, liberalización de las leyes de imprenta y aumento relativo de la alfabetización, configuraron un marco apropiado para el salto cualitativo de la producción editorial, materializado en el aumento de la oferta y el abaratamiento de los costes, para un público más numeroso y plural. Modernización editorial que no sólo consistió en la difusión de libros sino también de la prensa; periódicos y revistas que actuaron de vehículo de expresión cultural, más rápido y espontáneo, incorporando a su contenido temas hasta entonces de tratamiento exclusivo de la cultura libresca. No cabe duda de que el desarrollo tecnológico comportó, junto a otro tipo de fenómenos, una cierta *democratización* de la cultura, entendiendo por ello la posibilidad que engendró —y las respuestas que se produjeron— de aproximar y extender la transmisión cultural, a través de la lectura, a mayores capas de las poblaciones urbanas, no sólo en número, sino en cuanto que contribuyó a la definición de nuevos tipos de público lector.

Si tomamos como ejemplo el caso de Madrid, que también puede ser aplicado a Barcelona o Valencia, el sector editorial se nos presenta a lo largo del siglo como uno de los ramos más dinámicos de la actividad económica. Entre los grandes impresores se encontraban nombres tan singulares como Mellado, Hidalgo, Aguado, Alegría, Ayguals de Izco, Hernando, Gaspar y Roig, Cabrerizo, Bergnes de las Casas, Salvá, o sociedades como *La Publicidad, La Ilustración* o *La Sociedad Literario-Tipográfica Española*. Antes de 1860 quizás el más importante impresor, editor y librero fue Francisco de Paula Mellado, tanto por el volumen de su negocio editorial como por los contenidos de interés de sus mismas producciones o ediciones. Hombre emprendedor, participó en diversas aventuras editoriales y estuvo en contacto con editores extranjeros. En 1843 colaboró en la fundación de la sociedad *Unión Literaria,* y posteriormente participó en la *Sociedad Española del Crédito Comercial*. En 1846 habían salido de su establecimiento 155.000 volúmenes. Publicó un importante repertorio de títulos entre los que se encuentran desde obras de Quevedo a Modesto Lafuente, o la *Biblioteca Popular Económica*, el *Diccionario Universal de Historia y Geografía* y la revista ilustrada *El Museo de las familias*. Por su parte Hidalgo es otro de los más ilustres libreros y editores de su tiempo. Empezó su carrera con el negocio de la compra-venta de bibliotecas particulares, para después desplegar una actividad singular en el mundo editorial. Entre 1847 y 1851 dirigió la sociedad anónima *La Publicidad*. En 1852 abrió una librería española en París. Su mayor éxito residió en la publicación del *Boletín Bibliográfico* y del *Diccionario General de Bibliografía Española*.

El fenómeno de la capitalidad supuso que Madrid se convirtiera en un importante centro distribuidor de cultura a escala nacional. Manuel Delgado, primer editor y comerciante de piezas teatrales de mediados de siglo, era el propietario de obras compradas a sus autores, a veces por adelantado, como Espronceda, Hartzenbusch, Zorrilla, con el derecho de impresión y representación, distribuidas en comisión para su venta a través de una extensa red de comercialización en Madrid, con ramificaciones a toda

España, ultramar y extranjero. Por su parte la casa editorial Gaspar y Roig se especializó en la novela por entregas, sistema que contribuyó a popularizar obras de autores extranjeros, como la edición en 1846 de *Nuestra Señora de París,* de Hugo. La conjunción de autor y editor se encuentra a la perfección en Ayguals de Izco. Fue director de la *Sociedad Literaria de Madrid* (1842), editor de novelas por entregas, de publicaciones periódicas de carácter crítico como *La Guindilla* o *El Domine Lucas,* y autor de obras de contenido social como *María o la hija de un jornalero.*

En la segunda mitad del siglo destacaron entre otras, las imprentas y librerías de Rivadeneyra, Aribau, Fernando Fe, Crespo Martín y Cía., o Bailly-Bailliere. El desarrollo del mundo editorial se relacionó con la transición de un *régimen inestable de prensa,* de marcado carácter político, a la prensa concebida y gestionada como empresa, es decir, un régimen estable que permite realizar estimaciones de futuro. Manuel Rivadeneyra fue el iniciador de una empresa editorial que trascenderá cronológicamente los límites del siglo XIX. Aprendiz de impresor en Francia, recorrió diversos puntos de Europa, recogiendo los adelantos técnicos en el ramo editorial. Se estableció definitivamente en Madrid en 1837 y su principal contribución fue la *Biblioteca de Autores Españoles.*

El comercio de librería en el siglo XIX tuvo que articularse en los mecanismos de mercado, despojándose, en cuanto a su gestión, de los viejos componentes gremiales. Tal articulación debió de tener en cuenta las especiales características de la demanda y ajustar la oferta a esa realidad. De ahí la proliferación de venta por entregas, el auge de las colecciones, la utilización de la propaganda callejera o en prensa, la publicación de catálogos, la existencia de gabinetes de lectura en algunas librerías, la revalorización del libro usado o de lance... El *tratante,* el comerciante librero sale a la calle, y con él el libro. Busca al público, sus lugares habituales son puestos ambulantes o portales, que se multiplicaron en los más populosos núcleos urbanos, fundiendo en cierta forma la tienda con la calle, y coadyuvando a ese fenómeno de democratización antes aludido. En suma, el mundo editorial, con una base técnica más depurada, supo espacializar sus funciones para obtener una oferta más eficaz. En la segunda mitad del siglo se observa una separación entre editor y librero, aunque la empresa de naturaleza familiar continuó predominando.

Mientras, las ciudades crean o consolidan sus espacios ambulantes de producción y difusión cultural, a modo de una sociabilidad de espacios móviles; las calles y plazas alojan un nutrido repertorio de voceadores que tienen como hilo conductor una cultura oral, a través de la copla o el rumor, o si se quiere la práctica de lectura colectiva, o de las representaciones, rivalizando con un instrumento de producción y difusión que irrumpe en la ciudad primero de forma ambulante, luego fijando los puntos de difusión, como la prensa. Como espacios culturales pues, no se entienden sólo espacios físicos ubicados en la geografía de las ciudades, sino también los espacios de sociabilidad móviles, en la calle, la circulación y difusión de la cultura y las ideas a partir de prácticas orales con sus principales emisarios en los pliegos de cordel voceados por ciegos, método tradicional de circulación cultural que socializaron y reinterpretaron multitud de obras.

A lo largo del siglo XIX la prensa se convirtió en uno de los principales instrumentos en la creación de estados de opinión, siguiendo una secuencia a largo plazo en la que el errático periódico político deja su espacio de forma paulatina al nacimiento de una prensa de información que adquiere lentamente presupuestos y características

La imprenta de *El Imparcial*.

empresariales, a la par que incorpora nuevos adelantos técnicos que le permiten la información puntual. De todas formas, dadas las trabas económicas y alfabetizadoras presentes, la difusión de la prensa no alcanzó la naturaleza masificadora de otros países europeos. Una prensa que pronto adquiere una dimensión nacional y por tanto de extensión cultural y creadora de opinión por todo el país. Predomina la prensa doctrinal política. Después de la proliferación de publicaciones del Trienio liberal, en los años 30 del siglo cobró nuevo impulso, cuyo máximo exponente fue el *Boletín de Comercio*, que jugó un papel notable en la difusión del ideario liberal. En el periodo isabelino cumplieron este cometido diarios como *La Época*, *El Clamor Público*, *La Iberia* o *La Democracia*. Los años 60 contemplaron además el nacimiento de un tipo de periódico, de información general, menos sujeto a directrices políticas concretas, más plural en sus planteamientos y con mayor tendencia a la difusión de noticias que de ideologías en términos doctrinales. En este plano destacó *La Correspondencia de España* y *El Imparcial*.

Junto a los diarios empezó a moldearse una prensa especializada, de periodicidad semanal o mensual, a veces vinculada a asociaciones profesionales, económicas o culturales, que actuó como vehículo de transmisión cultural tratando de captar tipos de público específicos. Con carácter más minoritario, fueron correa de transmisión de ideas y corrientes europeas en todos los planos del saber: revistas de ciencias, artes y letras, legislación, economía o medicina, y también de modas.

En los años 30 del siglo igualmente cuajó otra experiencia periodística de más amplia difusión: la revista ilustrada, que se alejaba del debate político, la noticia o la especialización, para difundir una variada gama de conocimientos con el apoyo de páginas ilustradas. En ello fue pionero, siguiendo las técnicas y objetivos ensayados en Francia y Gran Bretaña, el *Semanario Pintoresco Español*, inaugurado por Mesonero Romanos en 1836 y continuado después por Fernández de los Ríos. Tuvo su principal cantera de lectores en las clases medias (propietarios y rentistas, pequeñas y medianas burguesías del comercio y los negocios...). Se convirtió en un fecundo emisario del costumbrismo e influyó en las mentalidades y comportamientos de buena parte de las clases medias. Alentador de muchos tópicos, además transmitió los valores de la propiedad y el ahorro, el mundo ideal del rentismo, la austeridad y la buena conciencia y el ejercicio devoto. En el prospecto de la revista se definían sus objetivos de socialización: «Escribimos, pues, para toda clase de lectores y para toda clase de fortunas; pretendemos instruir a los unos, recrear a los otros y ser accesibles a todos.» La macedonia de temas, evitando la especialización, era sugerente: máximas morales, descripciones de países, recomendaciones pedagógicas, adelantos técnicos, medicina homeopática, anécdotas, relatos curiosos, biografías, ciudades, etc. Otras revistas de esta naturaleza que tuvieron alguna difusión fueron *El Observatorio Pintoresco, El Mundo Pintoresco, El Siglo Pintoresco, El propagador de conocimientos útiles, Los españoles pintados por sí mismos* o *El Museo de las familias*. En la segunda mitad del siglo las revistas incorporaron perfeccionamientos técnicos e incluyeron noticias y comentarios relacionados con la vida nacional. Destacó *La Ilustración Española y Americana*, revista que había sucedido a *El Museo Universal* en 1869.

23.9. El público lector

El proceso lento y plural de extensión de las ideas, el ensanchamiento de la demanda social de lectura y la irrupción cultural del siglo XIX que acompaña al desarrollo del liberalismo no se produjeron de forma súbita, sino a un plazo más largo que el marcado por la cronología política o jurídica. La apertura hacia un mayor número de lectores y la definición de nuevos tipos de público lector, no sólo está en relación con el avance de la técnica, el aumento de la oferta de libros más baratos y diversificados, el desarrollo del negocio editorial en el mercado, la elevación relativa de las cotas de alfabetización, el levantamiento de trabas de la censura por el régimen liberal y la explosión de publicaciones de libros, sino también como fruto de la herencia ilustrada.

La segunda mitad de la centuria dieciochesca relajó el aislamiento que había presidido el siglo XVII y el repliegue cultural respecto al mundo europeo. El estrechamiento de relaciones con Francia no se remitió a las relaciones dinásticas o políticas, sino que estuvo presente en la penetración de las *luces* en España, la arribada de las ideas ilustradas, la irrupción del cientifismo y la relativa desacralización del saber que una minoría de ilustrados españoles, bajo modelo francés, intentaron poner en práctica para escapar del secular aislamiento. Es preciso destacar el papel que en ello jugaron las Sociedades Económicas de Amigos del País, y el protagonismo de la llamada *nobleza de funcionarios* y de la nobleza de sangre, portadoras ambas de un espíritu cosmopolita, fruto de sus relaciones personales con la nobleza europea y de sus estancias temporales más allá de los Pirineos.

Por otro lado, el *cordón sanitario* que el absolutismo del Antiguo Régimen intentó imponer como freno a las ideas de la Revolución Francesa, con el control sobre la entrada de libros y folletos extranjeros, no surtió el efecto deseado y ni la censura gubernamental ni la acción inquisitorial lograron taponar eficazmente la avalancha de títulos que se cernía sobre la Península, y que llegaron a una inquieta minoría. Tampoco lo lograron los posteriores cerrojos del absolutismo fernandino.

En el siglo XIX se produjo un reforzamiento y una generalización de la lectura de libros que se conservan en primitivas ediciones o se reeditan. La herencia dieciochesca es bien perceptible a través del contenido de las bibliotecas particulares. De esta forma aparecen caladas del pensamiento crítico de Feijoó, Almeida y Jacquier, de las tesis de Campomanes o Cabarrús, de la literatura de Moratín e Iriarte, pero también de títulos sobre la Revolución Francesa y de los filósofos que con sus planteamientos coadyuvaron a ella. No es extraño observar el derecho político de Montesquieu, los tratados roussonianos sobre educación, las obras de Condillac, Voltaire, Holbach, Mably, Pascal, Buffon, o las ideas de Fenelón, sin olvidar las propias reacciones de la apologética católica, como *El Evangelio en triunfo,* del también ilustrado Olavide.

El reforzamiento temático y social de las lecturas en el siglo XIX está en relación asimismo con las transformaciones que trajo el nuevo Estado liberal. Lleva consigo las nuevas ideas que articulan el proceso de cambios sociales y que han ido sedimentando lentamente. En tal proceso dialéctico de cambios y pervivencias, en esa dualidad, se inscribe la producción bibliográfica que llega a los lectores.

En el siglo XIX se produjo un ensanchamiento de la base social de lectores, cuantitativa y cualitativamente, que osciló entre una minoría ilustrada con que despierta la centuria y una diversificación de grupos socio-profesionales que conforman un abanico de lectores en los dos primeros tercios del siglo, a la par que la riqueza temática se amplia en el campo del pensamiento y la cultura.

La ampliación social de la lectura no implicó su plena socialización. Fue ante todo un fenómeno urbano que afectó más que nada a las grandes ciudades embarcadas en un proceso de crecimiento, tanto de la oferta editorial como de la demanda de lectura. En el plano social, el incremento de esta demanda se hizo más visible en los estratos superiores de la pirámide social, que formaron copiosas bibliotecas, con su identidad perfectamente diferenciada en sus espacios domésticos, que superaban el centenar de títulos, con una temática variada, sobre todo como instrumentos profesionales y dotadas de un notable afán cosmopolita.

Por su parte, en el abigarrado y heterogéneo mundo de las clases medias se despierta un interés creciente por la lectura, que acaba por convertirse en un emblema y escaparate del hogar burgués. Claro está, aquí el porcentaje de lectores disminuye y se trata de pequeñas librerías, cuando no de libros sueltos, predominando la temática literaria y religiosa, como instrumentos de recreo y devoción. Los libros de procedencia extranjera son menos numerosos, al tiempo que se multiplican las traducciones, más que nada de origen francés.

23.10. Penetración de la cultura europea. La hegemonía francesa

Durante el periodo isabelino se intensificó en todos los órdenes lo que a la altura de los años 30, y con el sedimento de más de un siglo, era un hecho indiscutible: la presencia hegemónica de la cultura francesa respecto al resto del continente y el apego a «lo francés» en las elites españolas. Tal calado en los parámetros culturales, a través incluso de hábitos y formas de expresión no sólo lingüística, que se tornan en moda de la época, está en relación con el papel que Francia asume en el proceso de transformación de la sociedad occidental. Por otro lado, guarda estrecha relación con la galofilia de las elites y, en concreto, con los comportamientos de la nobleza de sangre. La recepción de la cultura francesa se realizó a través de diversos vehículos, entre los que cuentan cientos de títulos que, en lengua original francesa o traducidos, inundaron las bibliotecas de los lectores españoles, antes de los años 30 y desde la centuria anterior con el dique de la censura, después con la libertad relativa que impone la nueva legislación liberal. Literatura, filosofía, ciencia y técnica, geografía o derecho político, por situar algunos ejemplos, configuran una larga nómina de libros, originales o traducidos, que forman parte de las bibliotecas de los distintos grupos sociales.

Claro está que esta avalancha libresca contó tanto con detractores de sólido recelo antifrancés y quejoso de la invasión cultural en detrimento de lo nacional, como con impulsores acérrimos que abarcaron desde una inclinación moderada o pasajera hasta una avidez cultural, casi hipnótica, o una práctica mimética de aspectos culturales franceses.

La impronta de los títulos en idioma francés o traducidos del mismo hay que entenderla en una doble dimensión: como expresión y cauce de la cultura escrita francesa, en su sentido estricto, pero también como vehículo de transmisión de obras producidas en otros países occidentales, de tal manera que llegan a la Península bajo el filtro francés y cuyos conocimientos se difunden, por tanto, a partir de una óptica francesa, exceptuando una minoría cosmopolita que escapa a la función mediadora gala.

En efecto, el único cordón umbilical con el resto de Europa para muchos tipos de público lector fue la traducción francesa, y así numerosas obras de literatura, filosofía, derecho o economía procedentes de Inglaterra, Alemania e Italia llegaron por este conducto.

Esta hegemonía de libros franceses en las elites —y con un efecto multiplicador mimético hacia otros grupos sociales— hizo que la cultura anglosajona y otras del resto del continente quedaran relegadas a un segundo plano. Gran Bretaña fue, sin duda, la cuna de buena parte de las ideas y formulaciones culturales que coadyuvaron a la transformación del mundo europeo occidental en los siglos XVIII y XIX. La economía política, los tratados científico-técnicos, los escritos filosóficos o las obras literarias irradiaron hacia el continente, pero allí fueron asumidos, desarrollados o modificados por Francia, que se convirtió así, junto a su producción específica, en el vehículo difusor de la cultura anglosajona. El modelo inglés —cultura, formas y modos de vida de sus elites, usos y costumbres— se infiltró en las elites francesas, y de igual forma que la galofilia era un signo de distinción social en España, la anglofilia se había convertido en un signo distintivo de las elites francesas.

CUADRO 23.1

Títulos en idiomas extranjeros
en bibliotecas privadas (Madrid 1830-1870) (%)

	Francés	Inglés	Italiano	Alemán	Latín	Otros
Políticos y burócratas	17,26	2,60	1,26	0,01	6,95	0,28
Profesionales	10,73	0,54	1,52	0,07	5,17	0,02
Militares	9,50	0,96	0,17	0,10	0,43	—
Gran burguesía comercial y financiera	6,26	3,61	0,25	—	0,86	0,30
Fabricantes	6,18	0,66	0,16	—	1,50	0,16
Propietarios y rentistas	5,20	0,50	0,82	0,18	0,68	0,04
Pequeños y medianos negociantes	5,17	—	0,48	—	1,61	—
Empleados	4,15	0,44	0,22	—	1,21	—
Pequeños y medianos comerciantes	2,02	0,28	—	—	—	—
Presbíteros	2,01	—	0,33	—	23,48	—
Artesanos	1,18	—	—	—	0,59	—

Fuente: Martínez Martín, Jesús A., *Lectura y lectores en el Madrid del siglo XIX,* Madrid, CSIC, 1991, pág. 345.

El lector isabelino, por término medio, no es receptor inmediato de la producción europea en forma de libro. Con ello no queremos señalar un divorcio entre sus lecturas y las novedades que surgen allende los Pirineos, sino que esa producción europea es asumida en distintos escalones temporales según los modelos de lecturas de cada grupo socio-profesional.

La naturaleza temática tan diversa configura en su conjunto un amplio catálogo de títulos de estimables dimensiones. Desde ciencia y técnica a filosofía, de historia a derecho, o de economía a religión, que dan una idea de la penetración de la cultura francesa en España y su cada vez más acentuada universalidad.

CUADRO 23.2

Porcentajes por materias de libros en francés
en las bibliotecas privadas (Madrid 1830-1870)

Ciencia y técnica	22,08
Derecho y política	12,92
Historia	11,00
Literatura	8,2
Filosofía y pensamiento	6,70
Lingüística	6,59
Teología, moral y religión	6,32
Geografía	6,01
Economía	5,74
Arte y deporte	1,77
Miscelánea	1,36
Hemerografía	0,58
Varios	10,66

Fuente: Martínez Martín, Jesús A., *op. cit.*, pág. 346.

El mayor porcentaje corresponde a títulos de ciencia y técnica que, con notoria preponderancia, son los libros que mayor demanda adquieren en la Península y cuyos lectores, los *profesionales* españoles, acuden al país vecino como fuente imprescindible para la formación y desempeño de sus respectivas profesiones. En el mismo sentido obras de legislación, derecho y política.

A todo ello es preciso añadir multitud de traducciones, sobre todo literarias. Una fiebre de traducciones que criticara Larra con su habitual ironía. La presencia de diccionarios como el de *Taboada* —diccionario de francés-español más utilizado— o de la obra de Chantreau *Arte de traducir el francés,* incluso en bibliotecas privadas donde no existen libros en francés, tienen su sentido, en aparente paradoja, si se advierte su función oral y no sólo como instrumento de lectura, para pronunciar términos en francés que por la época inundan el idioma castellano, como elementos de moda y distinción social.

La cultura inglesa tuvo en Bentham o Walter Scott sus autores más representativos. Por otra parte, la tardanza, cuando no ausencia generalizada, de determinadas corrientes de pensamiento es bien patente. El idealismo alemán y, en general, la cultura alemana, sólo asoma en bibliotecas de la elite política, económica o cultural. Cabría citar las obras del historiador Weber, excepcionalmente las del dramaturgo Goethe, la filosofía de Kant y ocasionalmente Leibniz, Spinoza o Krause (junto con alguna obra de su difusor en España, Sanz del Río). Rara vez aparecen textos del socialismo utópico, sólo con los escritos de Fourier, Saint-Simón o Blanc y de forma muy dispersa, en bibliotecas de profesionales o de la clase política.

Algunos individuos de la nobleza de sangre desarrollan un similar cosmopolitismo cultural, reflejado en sus extraordinarias bibliotecas, dotadas de un enorme despliegue bibliográfico que abarca los aspectos más diferentes y los idiomas más variados. Claro está, habría que plantearse alguna duda con respecto a la paternidad intelectual de estos repertorios nobiliarios. Tengamos en cuenta el papel ejecutivo que ejercen en todas las cuestiones referentes al gobierno de las casas nobiliarias los administradores centrales. Individuos de la elite financiera, de la burocracia del Estado o de las profesiones liberales fueron los encargados de seleccionar las lecturas, con frecuencia siguiendo las propias indicaciones de estos nobles.

Hacia los años 70, un nuevo tipo de literatura —la novela realista— emerge con fuerza, la *Historia de España* de Lafuente se erige en la obra de historia por antonomasia, las nuevas corrientes de pensamiento empiezan a cundir en España: el krausismo y la Institución Libre de Enseñanza, el positivismo y la formulación de una filosofía propiamente burguesa, el darwinismo, el avance del socialismo utópico y las organizaciones obreras, y sobre todo la tarea efectiva de la aparición de otro nuevo tipo de lector, que se suma a los anteriores, como producto de la preocupación por la socialización de la cultura entre las clases trabajadoras urbanas. Todo ello se proyecta en la época de la Restauración.

23.11. La lenta apertura del pensamiento científico. Ciencias físicas y naturales

El reformismo ilustrado trató de remover las anquilosadas aguas de la enseñanza universitaria, mediante el desarrollo de la formación técnica y científica según los parámetros de la corriente renovadora que recorría Europa en la segunda mitad del siglo XVIII, considerada pieza esencial para el éxito del proyecto modernizador de naturaleza racionalista que perseguía situar al país dentro de la senda de los Estados más avanzados. El estatus de las ciencias y, en general, la organización de la enseñanza respondía aún a los criterios procedentes de la concepción escolástica del Saber: la física estaba integrada en la Facultad menor de Filosofía, preparatoria para el acceso a las Facultades mayores: Cánones, Leyes, Teología y Medicina. Las ciencias naturales, por tanto, tenían un marcado carácter subordinado y accesorio en la estructura académica. Esta situación se arrastrará al menos hasta 1857 cuando la Ley Moyano cree oficialmente la Facultad de Ciencias Exactas, Físicas y Naturales.

El plan de estudios de Olavide, aprobado el 22 de agosto de 1769, referido a la Universidad de Sevilla, aprovechando las instalaciones abandonadas por los jesuitas con motivo de su expulsión, constituyó una de sus primeras manifestaciones. Pretendía fundar las facultades de física, matemáticas, teología, jurisprudencia y medicina, y responder al doble objetivo de secularizar la enseñanza y posibilitar la formación de hombres al servicio del Estado. La propuesta de Olavide despertó el interés de Campomanes, que trató de extenderla a todo el país. Sin embargo, su ejecución no paso del mero proyecto, como consecuencia de la oposición de la Inquisición. En Madrid entretanto funcionaban los Reales Estudios de San Isidro (1770-1816), en lo que habían sido los Reales Estudios del Colegio Imperial regentado por los jesuitas. En ellos se pusó en marcha en 1771 un plan de estudios, con validez para todo el reino, en el que se introducía por vez primera la enseñanza de la física experimental. Sirviendo de modelo para otras instituciones que se ocupaban de la enseñanza de las ciencias exactas, físicas y naturales aplicadas al arte de la navegación, a la industria, al comercio y a la enseñanza militar.

En aquellos años, el estado de las ciencias naturales mostraba un evidente retraso respecto de los avances registrados a lo largo del siglo XVIII. Tanto es así que la obra de Andrés Piquer, *Física Moderna Racional y Experimental,* publicada en Valencia en 1745, anclada todavía en la física prenewtoniana, representaba la obra más avanzada publicada en castellano por su alejamiento de los postulados escolasticistas. El nombramiento en 1773 de Diego y Celedonio Rostiaga como artífices maquinistas de los gabinetes de San Isidro —puesto en el que permanecerían hasta 1804, para pasar al Real Gabinete de Máquinas, que, convertido en 1810 en Conservatorio de Artes y Oficios, sería el origen de la Escuela de Ingenieros de Caminos en 1834—, significó un importante apoyo para la enseñanza de la física experimental, por su destreza en la construcción de artefactos para la explicación de la Mecánica y la Cosmología, utilizados tanto en Madrid como en otros lugares del reino. El siguiente paso significativo en la renovación de las enseñanzas técnicas fue la creación, en 1796, del cuerpo de Ingenieros Cosmógrafos, dedicado al estudio de la astronomía y las matemáticas y sus aplicaciones a la navegación, la geografía, la agricultura, la medicina, la estadística y «todos los usos de la vida social en los varios renglones que dependen de estas ciencias o que con ellas tienen relación». Hacía su aparición el Instituto Geográfico y Catrastral, que tan importante papel jugaría en el siglo XIX para el desarrollo de las ciencias exactas en España. La estructura académica del Instituto muestra su evidente apuesta por la renovación de las ciencias naturales: existían cátedras de Aritmética, Cálculo infinitesimal y mecánica sublime, Trigonometría plana y esférica, Óptica, Astronomía práctica, Formación de cartas geográficas y geométricas, Meteorología y sus aplicaciones, Hidrostática e Hidráulica, Astronomía física y Diseño y formación de planos. De forma paralela se produjo el movimiento impulsado por Campomanes, materializado en la fundación de las Sociedades de Amigos del País, y dirigido a la elevación de la formación y capacitación de la sociedad española, imprescindible a los ojos de los ilustrados para sacar al país del atraso en el que se encontraba. Los objetivos de dicho movimiento quedaron enunciados en los discursos de Campomanes *Sobre el fomento de la industria popular* (1774) y *Sobre la educación popular de los artesanos y su fomento* (1775).

Dentro de los intentos de renovación de la enseñanza y aplicación de las ciencias por los ilustrados no puede olvidarse el proyecto frustrado del conde de Aranda, consistente en la fundación en Madrid de una universidad, que sirviera de ejemplo de la necesaria renovación de la enseñanza universitaria que demandaban los nuevos tiempos, aprovechando el eje vertebrador de las nuevas instituciones creadas en el paseo del Prado de Madrid: Gabinete de Historia Natural, Jardín Botánico, Hospital General de San Carlos, Observatorio Astronómico. Al mismo tiempo se intentó crear en 1787 la Academia de Ciencias, proyecto demorado hasta 1834 y cuya plena entrada en vigor se retrasó hasta 1847. Igualmente el espíritu ilustrado encontró proyección en el mundo editorial, mediante el auge registrado en la producción bibliográfica, en relación con el incremento sustancial del número de imprentas y el perfeccionamiento de las técnicas tipográficas, entre las que destacaron las de Alfonso López, Joaquín Ibarra, Antonio Sancha, Pedro Marín o la propia Imprenta Real. En el *Ensayo de una biblioteca española de los mejores escritores del reinado de Carlos III,* de Juan Sempere y Guarinos, publicado en seis volúmenes entre 1785 y 1789, se constata la aspiración de ampliar el horizonte de la cultura española por parte los ilustrados más allá del estrecho corsé impuesto por el *Índice* de libros prohibidos de la Inquisición.

Con la entrada del nuevo siglo el impulso del espíritu ilustrado aún se prolongó algunos años, aunque mostraba evidentes signos de debilitamiento, sobre todo en lo referente al impulso desde la Corte, como reacción a los acontecimientos de la Revolución Francesa. En 1807 se implantó el primer plan de estudios unificado para las universidades del reino, reflejo del esfuerzo centralizador de la monarquía borbónica. Este plan, aprobado durante la etapa de Caballero como Secretario de Estado, mantenía la tendencia secularizadora impulsada bajo el reinado de Carlos III, alejándose de los presupuestos teórico-metodológicos del escolasticismo al situar la enseñanza de las ciencias naturales bajo los postulados empírico-prácticos que se habían abierto camino en la Europa ilustrada a lo largo del siglo XVIII. El plan disponía que «La Física se enseñará únicamente en la cátedra conocida hasta aquí con el nombre de experimental, porque dándose en el teatro propio de su instituto, hace patentes con experiencias y observaciones prácticas las verdades que de otra suerte quedan envueltas en confusión y oscuridad». El Plan de Caballero, cuya apertura de miras era sensiblemente inferior a los proyectos ilustrados pergeñados bajo el reinado de Carlos III, no llegó a materializarse como consecuencia del retorno al trono de Fernando VII. Entre 1809 y 1813, se presentaron tres informes sobre Instrucción Pública inspirados en la política docente napoleónica, de marcado carácter centralista, en la que se configuraba a Madrid como el centro del Saber oficial. Los informes dirigidos por Jovellanos en 1809, el mariscal Thièbault en 1811 y Manuel José Quintana en 1813 tomaban como punto de referencia el *Rapport du project de dècret sur l'organisation générale de l'instruction publique,* de Condorcet, presentado a la Asamblea francesa en 1792, y la reforma educativa napoleónica de 1808. Por ella se instituían los Liceos como los centros de la enseñanza secundaria preparatoria para el acceso a la Universidad Imperial, formada por las facultades de Teología, Derecho, Medicina, Letras y Ciencias; además fueron fundados el Instituto de Francia, compuesto por todas las Academias, la Escuela Normal de París y la Escuela Politécnica. En los mencionados informes se propugnaba asimismo la adopción del castellano para la enseñanza académica, acabando con «ese guirigay bárbaro llamado latín de escuelas», la publicación y traducción al castellano de textos científicos, la modernización de la enseñanza de las ciencias, mediante la incorporación de la enseñanza experimental, la creación de gabinetes de historia natural, física, máquinas, química, jardín botánico, el estudio de la historia de cada disciplina científica, la existencia de bibliotecas actualizadas en las universidades y la creación en Madrid de una Universidad Central cúspide del saber académico, según el modelo napoleónico, recuperando la idea del conde de Aranda. Dichos informes no fueron tomados en consideración durante la etapa absolutista de Fernando VII, sin embargo, ejercieron una importante influencia en las reformas educativas emprendidas a raíz de la instauración del régimen liberal, dejando su impronta en la organización de la ciencia oficial de la segunda mitad del siglo XIX.

La época de Fernando VII significó el fin de los proyectos renovadores surgidos con la Ilustración. La ciencia y la enseñanza se resintieron por su estancamiento en modelos periclitados, que coadyuvaron al retraso cultural y científico de España, agravado por la persecución intelectual que sufrieron los *afrancesados,* provocando un importante éxodo o el ostracismo de buena parte de los hombres de ciencia y cultura del cambio de siglo. Las consecuencias se harían notar a lo largo del siglo XIX, constituyendo una de las razones de la escasez y debilidad de los *inputs* tecnológicos del país a la hora de afrontar los procesos de modernización económica emprendidos a partir de mediados del siglo XIX. A pesar de ello, algo quedó de los afanes renovadores durante la primera etapa del reinado de Fernando VII, entre 1814 y 1820, por Real Orden de 1-X-1815, se intentó organizar un *Plan para la enseñanza de las Ciencias en un solo establecimiento público,* que habría de ubicarse en el Real Museo de Ciencias Naturales, integrado por el Gabinete de Historia Natural, el Jardín Botánico, el Museo de Ciencias Naturales, el Laboratorio Químico, el Estudio de Mineralogía, el Observatorio Astronómico y la Cátedra de Física de Madrid. La enseñanza de las ciencias estuvo vinculada a la política regalista de la Corona. Esta concepción se manifestó en el Gabinete instalado por el infante Antonio, tío de Fernando VII, en el Palacio Real, dedicado al estudio de la Física y la Química modernas; o la enseñanza impartida en la Real Casa de Pajes, fundada en 1804, con una clara funcionalidad militar, combinación de la formación impartida por el Seminario de Nobles y la Academia Militar, su plan de estudios incorporaba las enseñanzas de Matemáticas, Mecánica, Astronomía, Óptica, Meteorología. Sólo podían ingresar 24 alumnos por año, que debían ser hijos legítimos de la nobleza.

El paréntesis liberal de 1820-1823 significó el intento, finalmente frustrado, de enlazar con los esfuerzos renovadores de los ilustrados. En 1821 las Cortes aprobaban el *Reglamento general de Instrucción Pública,* por el que se creaba la Universidad Central, la Escuela Politécnica y la Academia Nacional. La Universidad Central era concebida como la cúspide del sistema educativo. La educación quedaba organizada en tres niveles claramente delimitados: la primera enseñanza en las escuelas de primeras letras; la segunda enseñanza bajo la tutela de las universidades de provincias, antecedente de los Institutos de Segunda Enseñanza; la tercera enseñanza en las Facultades. En Madrid la tercera enseñanza quedaba incorporada a la Universidad Central, que además era la única en la que se establecían cátedras de ampliación, encargadas de la preparación de los profesores de las universidades de provincias y de las facultades, a imagen y semejanza de las funciones de la Escuela Normal Superior de París. La Escuela Politécnica, siguiendo el modelo francés, debía «proporcionar la enseñanza, común y preliminar para las diferentes escuelas de aplicación», formadas por las Escuelas de Artillería, Ingenieros, Minas, Canales, Puentes y Caminos, Ingenieros geógrafos y Construcción Naval. La Academia Nacional absorbería las Academias Reales excepto la de San Fernando, organizándose en tres secciones: Ciencias Físicas y Matemáticas, Ciencias Morales y Políticas, Literatura y Artes. Además se creó en 1820 el Ateneo español, con la función de proveer cátedras destinadas a la divulgación de las nuevas corrientes científicas y de pensamiento, estableciéndose las cátedras de Matemáticas puras, Economía política, Taquigrafía, Teoría de la cuenta y razón, Derecho natural, Derecho político constitucional, Alemán, Francés, Italiano, Física experimental y Mecánica elemental. La reacción absolutista arrambló con todos estos proyectos renovadores.

En 1824 la enseñanza quedó regulada por el plan realizado en la etapa ministerial de Tadeo Calomarde, que se mantuvo en vigor hasta 1843. Plan regresivo que introdujo a la enseñanza en la noche de los tiempos, al someter las ciencias a la férula de la Facultad menor de Filosofía, impartiéndose sus enseñanzas en latín y en el caso de la física sobre la base de los textos de Guevara, Goudin y Amat, manuales que ni siquiera alcanzaban los planteamientos de la física newtoniana, cuando ya en esas fechas se estaba desarrollando la teoría electromagnética. El retraso no era solo de décadas sino secular, los resultados fueron negativos para el desarrollo de la ciencia, las consecuencias demoledoras, al laminar de raíz cualquier posibilidad de formar en dos generaciones un mínimo sustrato de científicos y tecnólogos que pudieran hacer frente a las necesidades económicas del país.

Con la transición que desembocó en la instauración del régimen liberal en los años 30 se inició un largo proceso destinado a rehabilitar y actualizar el estado en que se encontraban las ciencias. En 1835 se fundó el Colegio Científico con los mismos objetivos que la frustrada Escuela Politécnica; sin embargo no pasó del mero proyecto pues nunca llegó a abrir sus puertas. En 1836 se trasladó la Universidad de Alcalá de Henares a Madrid, que en 1850 sería llamada Universidad Central, acabando con la situación paradójica de que en la capital del reino no existiera una universidad. En 1841 Vicente Santiago de Masarnau, que posteriormente sería catedrático de física experimental en la Central, fundaba el Colegio Preparatorio para todas las carreras, en Madrid, que pretendía paliar las lagunas provocadas por los intentos fallidos de la Escuela Politécnica y el Colegio Científico. El Colegio de Masarnau, reconocido oficialmente como de primera clase y adscrito a la Universidad de Madrid, inauguró una secuencia institucional al ser el precedente del Colegio Internacional creado por Nicolás Salmerón en 1866, antecedente inmediato a su vez de la Institución Libre de Enseñanza fundada por Giner de los Ríos en 1876, que tanta trascendencia tendría para la cultura española intersecular y el renacimiento intelectual y científico de la cultura española del primer tercio del siglo xx

La concepción educativa francesa, que partía de la convicción de que el motor del progreso residía en la educación, por lo que era deber del Estado garantizar el acceso de todos los ciudadanos a la misma, impregnará el ideario de los liberales españoles. En la Francia posrevolucionaria esta concepción se desarrollará en una doble dirección: la espiritualista y la material, a la hora de fijar la organización y jerarquización del saber en la estructura educativa. La primera en su versión conservadora fue expresada por Víctor Cousin, mientras que la segunda adquiría un marcado carácter progresista con Saint-Simon y, sobre todo, con la sistematización del positivismo por Augusto Comte. En España, los liberales gaditanos se decantaron por la versión espiritualista, al considerar más factible su aceptación por parte de la Iglesia. La influencia de Cousin en los liberales moderados será significativa, dando lugar también a la Escuela Histórica Catalana, fundada por Ramón Martí D'Eixalá. Esta corriente derivará contradictoriamente hacia el integrismo de las posiciones de Donoso Cortés y hacia el racionalismo espiritualista de Sanz del Río. La afirmación por este último de la autonomía del individuo y de su iniciativa le conectará con Laureano Figuerola, Segismundo Moret y Rafael María de Labra, impulsores de la Asociación Libre de Aranceles, El Círculo Mercantil de Madrid o la Sociedad Abolicionista, convirtiendo al krausismo en ideología dominante de los liberales progresistas de la segunda mitad del siglo xix.

23.12. Krausismo, darwinismo y positivismo

En 1843, Pedro Gómez de la Serna, ministro de la Gobernación, autorizó la constitución de una Facultad completa de Filosofía, que absorbería las cátedras de la Facultad de filosofía menor de la Universidad de Madrid, del Museo de Ciencias Naturales y del Observatorio Meteorológico. La nueva Facultad se encargaría de la formación de catedráticos de Filosofía para las universidades e institutos de segunda enseñanza del país. Su plan de estudios contemplaba las materias de Historia de la Filosofía, Nociones generales de Filosofía, Lógica, Ideología, Filosofía moral, Fundamentos de religión, Teología natural, Psicología, Mecánica racional, Astronomía, Cálculo diferencial e integral, Geometría analítica, Física experimental, Meteorología, Química orgánica e inorgánica, Zoología y Botánica. Las materias de letras y ciencias convivían en el plan de estudios, prolongándose la concepción procedente del Antiguo Régimen, al concederse los distintos grados académicos bajo la denominación genérica de filosofía, y poniendo de manifiesto la distancia de lo que era ya una realidad en las universidades europeas más avanzadas. El cuerpo de catedráticos seleccionado recogía a los más destacados científicos del limitado panorama que presentaba la ciencia española, entre ellos: Vicente Santiago Masarnau, Juan Cortázar, Andrés Alcón, Donato García, José Demetrio Rodríguez, Mariano de la Paz Graels y Joaquín Alfonso. Como catedráticos interinos: Lucas Tornos, Eduardo Rodríguez, Carlos María Coronado y Julián Sanz del Río. La caída de Espartero hizo que dicha reforma no se llevara adelante, suspendiéndose la creación de la nueva facultad.

La incorporación de Sanz del Río como catedrático interino encargado de la Historia de la Filosofía tendría consecuencias importantes para los derroteros seguidos por la cultura y las ciencias. Al estipular la real orden en la que se publicaba su nombramiento (14-6-1843) la obligación de ampliar sus conocimientos en Alemania, su estancia en la universidad alemana le puso en contacto con la filosofía de Krause, que se encargó de difundir en España. El krausismo irrumpía de esta forma en la cultura española.

En el campo de la Medicina la situación mejoró sustancialmente con el Gobierno provisional que sustituyó a Espartero. En octubre de 1843, Pedro Mata y Fontanet, médico progresista que se había formado en Francia con Orfila, llevó a cabo una reforma de la enseñanza de la Medicina, que suprimía los colegios de Medicina y Cirugía de 1827 con la creación en Madrid y Barcelona de dos facultades de Medicina, Cirugía y Farmacia; en el resto de España los cinco colegios de arte de curar de Santiago, Sevilla, Valencia, Valladolid y Zaragoza se encargarían de una enseñanza más limitada. En las nuevas facultades se introducían las materias de Medicina legal, Higiene pública y privada, así como las de Física, Química, Zoología, Botánica y Mineralogía. En 1844 el Colegio de Medicina y Cirugía de Cádiz se transformaba en Facultad. En 1845, Pedro José Pidal introducía un nuevo plan de estudios para la enseñanza universitaria y secundaria, que avanzaba en la senda reformista de los liberales frente al regresivo de Calomarde, permaneciendo con algunas modificaciones hasta la promulgación de la Ley Moyano de 1857. El Plan Pidal segregaba las Facultades de Medicina y Farmacia en Madrid y Barcelona, ampliando a cinco las primeras con Santiago y Valencia, quedando reservado para la Facultad de Madrid el doctorado que habilitaba para poder acceder al cuerpo de catedráticos. Respecto de las ciencias naturales su estatus mejoraba sin llegar a constituir una facultad mayor autónoma. En 1847, Pastor Díaz introducía definitivamente las Facultades de Filosofía en la Universidad, con cuatro secciones: dos de letras, literatura y filosofía, y dos de ciencias, naturales y físico-matemáticas, con una duración de cinco años. Las secciones de ciencias incorporaban las materias de álgebra superior y geometría analítica, cálculo diferencial e integral, mecánica, física, matemática, química, desgajada con posterioridad en orgánica e inorgánica, en la sección físico-matemática. En la sección de ciencias naturales se incluían física, química, zoología, anatomía comparada, zoomía y zoografía de los vertebrados e invertebrados, botánica, organografía y fisiología vegetales, litografía y geografía botánicas y mineralogía. A la Facultad de Madrid le quedaba reservado el doctorado.

En España el nuevo espíritu que recorría Europa encontró su primera manifestación en la enseñanza con la Ley Moyano de 1857, por la que se reorganizaba en profundidad la estructura académica del país, con la creación de las facultades de Ciencias Exactas, Físicas y Naturales. Anteriormente, en 1847, había hecho su aparición la Academia de Ciencias Exactas, Físicas y Naturales. El antecedente inmediato de la Ley Moyano se encontraba en el Plan Pidal de 1845. Aunque el interés por lo que sucedía en Alemania se había puesto de manifiesto con la estancia de Sanz del Río en Heidelberg, el modelo universitario desarrollado por la Ley Moyano se inspiró en Francia, cuyo carácter centralista engarzaba con las aspiraciones centralizadoras de los liberales en su proyecto articulador del Estado liberal. La Ley Moyano abarcaba todos los niveles educativos desde la enseñanza primaria a la universitaria. Se mantuvieron las cinco facultades de Medicina —Madrid, Barcelona, Cádiz, Santiago y Valencia—, mientras que la nueva Facultad de Ciencias Exactas, Físicas y Naturales se creaba sólo en la Universidad Central, a la que se asociaban el Museo de Ciencias y el Observatorio Astronómico. En Barcelona, Granada, Santiago, Valencia y Valladolid se podían seguir estudios de ciencias hasta el grado de bachiller, la licenciatura y el doctorado quedaban reservadas a Madrid.

La elección de Alemania para la ampliación de los estudios de Sanz del Río simbolizaba el creciente papel que en la cultura europea de mediados de siglo desempeñaba el pensamiento alemán. La filosofía en el siglo XIX había adquirido un marcado carácter alemán desde la aparición de Kant. La Universidad alemana, a partir del proyecto ilustrado de Wilhelm Humboldt materializado en la fundación de la Universidad Libre de Berlín en 1809, con su acento en el desarrollo del conocimiento científico, desde la filología al historicismo pasando por la filosofía y las ciencias exactas, particularmente las matemáticas, la física y la química, había comenzado a desplazar al modelo francés, hegemónico durante la primera mitad del siglo, como ejemplo a seguir en la organización de la vida académica. La definitiva autonomía de las ciencias naturales, denominadas exactas, respecto de la filosofía había encontrado en la universidad alemana su punto más avanzado. La identificación de las llamadas ciencias exactas con la *Ciencia*, en función de la capacidad predictiva de las leyes naturales y de su aplicabilidad práctica a través de la tecnología vinculada a la ciencia experimental, ganaba cada vez más espacio y prestigio social y académico en las sociedades industriales. El modelo prusiano de Humboldt basado en la libre investigación y la búsqueda de la verdad, centrado en el valor de la ciencia por sí misma, se ajustaba mejor a los nuevos vientos encarnados por el positivismo que el modelo napoleónico de universidad organizado sobre la base de la centralización del Saber, al servicio de la eficacia burocrática.

Es el momento en el que el positivismo hace su irrupción en el panorama cultural de Europa, a través de las obras de Comte en Francia y del utilitarismo británico representado por Stuart Mill. El nuevo espíritu positivo, heredero del racionalismo francés y del empirismo británico del siglo XVIII tamizados por la gran síntesis kantiana, comenzaba a imponerse en el mundo cultural europeo. Se trataba de descubrir las *leyes reales* que regían el comportamiento de la realidad objetiva, mediante el método científico de raíz newtoniana, que permitían *explicar* la realidad, pero también y no menos importante, dominarla, poner al servicio del hombre occidental a la Naturaleza domesticándola, haciendo real el sueño mitológico de Prometeo, sobre la base del nuevo culto rendido ante el altar de la Razón. El Progreso, mito y motor de la sociedad industrial, que avanzaba imparable tras la estela de humo dejada por las locomotoras en la nueva *odisea* emprendida por la civilización occidental.

El krausismo español desarrollado por Sanz del Río consistía en una concepción racionalista basada en una visión antropológica del mundo. Su organicismo antropológico parte de la identidad del hombre con el Ser, por lo que el conocimiento de la Naturaleza se hace posible a través de la introspección. Frente a la ley de la causalidad adoptada por la ciencia moderna, a partir de la síntesis absolutizadora del sistema newtoniano realizada por Kant y aceptada por el positivismo, los krausistas oponían una concepción del orden matemático del Mundo basado en la escala de los seres, que revelaba la unidad formal del Mundo. La ciencia experimental, a diferencia de lo que ocurría con la ciencia moderna, pasaba de ser el espacio de contrastación de las teorías y leyes que desvelaban las causas verdaderas a simple instrumento verificador de la evidencia establecida por la deducción filosófica. El distanciamiento con los postulados dominantes en la ciencia del XIX resultaban significativos. Lo fundamental era, pues, elaborar un complejo sistema de categorías, quedando reducida la comprobación empírica a la simple confirmación de una ciencia doctrinal. Por eso, el racionalismo antropológico de los krausistas generaba dificultades de orden epistemológico a la hora de establecer el estatus de la ciencia experimental. Los trabajos de Augusto González de Linares, Enrique Serrano y Fatigati, Salvador Calderón, Francisco Quiroga, Ignacio Bolívar y Eduardo Boscá, estudiantes de doctorado en ciencias con Giner de los Ríos entre 1867 y 1874, les llevaron desde la concepción organicista característica del krausismo hacia una visión adaptativa, acorde con los postulados de la teoría darwinista, para explicar el origen y evolución de los organismos vivos. Aunque Salmerón en el prólogo a la traducción de la obra de J. W. Draper *Los conflictos entre la religión y la ciencia,* publicada en 1876, defienda la generación espontánea excluida de la teoría darwinista, fueron los krausistas los primeros en aceptar en España la teoría de la evolución, a pesar de no compartir el principio de selección natural.

El krausismo animó el debate cultural y científico de los años 60 y proyectó en el último tercio de siglo, con su racionalismo antropológico, la idea de transformación íntima del individuo, traducido en una aspiración reformista del hombre y en un espíritu religioso en contacto íntimo e individual con Dios. Pero también el individualismo krausista llevaba implícito una dimensión social del hombre, un sentido democrático, que significaba un intento de moralización de la vida social española, la revisión democrática del universo liberal y la actividad pedagógica.

Por su parte, las ideas evolucionistas penetraron en España y se difundieron rápidamente, inaugurando un largo debate, al calor de las posibilidades abiertas por la revolución de 1868. Así el evolucionismo de Darwin, y también las obras de Haeckel, estuvieron asociados a la apertura intelectual y científica impulsada por el Sexenio democrático. Hasta esas fechas, en un contexto de relativo estancamiento de la vida científica, apenas se habían realizado alusiones a las teorías evolucionistas. Parece que el primer comentario específico sobre la evolución fue realizado en las conferencias del médico José de Letamendi en el Ateneo catalán en abril de 1867. La escasísima presencia del darwinismo contrastó con la penetración y difusión que se inicia entre 1868 y 1871, para animarse en 1872 con un debate sobre la mutabilidad de las especies y el origen del hombre. En este año se había publicado la traducción francesa, y más tarde se traducirán al español *Origen del hombre* (1876) y *Origen de las especies* (1877), en un debate que adquiere más intensidad entre seguidores y detractores en el último tercio del siglo. Durante el Sexenio jugaron un importante papel en la difusión de las ideas evolucionistas las sociedades científicas como la Sociedad Histológica, donde se discutían los avances científicos europeos. También el Ateneo de Madrid y la Sociedad Antropológica Española. Además de Madrid, se extendió el debate por todo el país, sobre todo en Sevilla, Granada, Barcelona, Valencia e Islas Canarias. El evolucionismo tuvo notable influencia en la ciencia y en la medicina, en particular en la escuela histológica, desde Simarro a Ramón y Cajal, pero además de cuestiones biológicas, implicó nuevos cauces de discusión sobre la concepción del hombre y del mundo.

Así pues, con la llegada del Sexenio democrático se van a difundir las nuevas tendencias naturalistas: darwinismo, naturalismo alemán, psicología y antropología científicas, a través de encendidas polémicas. El positivismo inicia su penetración en España. Patricio de Azcárate publicó en 1870 *Del materialismo y positivismo contemporáneos,* en el que expone el recorrido del naturalismo alemán desde el materialismo especulativo de Feuerbach al naturalismo positivo de la ciencia alemana de mediados del siglo XIX.

En 1871, Urbano González Serrano, discípulo de Nicolás Salmerón, introduce en *Los principios de la moral con relación a la doctrina positivista* una de las cuestiones que más claramente separarán el krausismo del positivismo: la fundamentación de la moral. La crítica del positivismo a toda metafísica representaba un ataque directo contra los presupuestos de la moral krausista, que para la coherencia de su sistema precisa recurrir al pensamiento metafísico, en su afirmación del conocimiento racional de lo absoluto. Francisco de Paula Canalejas, al publicar en 1872 sus *Estudios críticos de Filosofía, Política y Literatura,* presentaba al krausismo como la mejor alternativa para hacer frente a los «dos males del siglo»: el escepticismo criticista y el materialismo naturalista. Desde el hegelianismo de derechas de Antonio María Fabié se combatía en *Examen del materialismo moderno* (1875), recopilación de sus artículos de 1874 en la *Revista Europea,* el positivismo como introductor del materialismo, acusando de dicho *pecado* al darwinismo, naturalismo alemán, psicología empírica o a la filosofía de la historia positiva.

Las nuevas corrientes científicas encontraron un caldo de cultivo apropiado en los cambios introducidos por la revolución de septiembre. Las teorías naturalistas y antropológicas se abrieron camino con la publicación desde 1872 de los *Anales de la Sociedad Española de Historia Natural* y la *Revista de Antropología,* fundada en 1874 por la Sociedad Antropológica Española. En estos años se registra una explosión editorial, que trata de recuperar el tiempo perdido, mediante la reedición o primera edición de autores como Galileo, Newton, Leibniz, Bacon, Descartes, Voltaire, Spinoza, Pascal, Rousseau, Kant, Schelling, Comte, Condillac, Holbach, Goethe, Büchner... La polémica entre metafísicos, desde el hegelianismo de Montoro y Fabié y el krausismo de Serrano y Azcárate, eclécticos, como Moreno Nieto, y antimetafísicos, desde los neokantianos Perojo y Revilla a los positivistas Simarro, Cortezo, Estasén, Pompeyo Gener y Ustáriz, polarizó la vida intelectual del Sexenio democrático. En Cataluña esta polémica adquirió ribetes específicos en función de la cuestión nacional, desde los postulados idealistas, racionalistas, radicales y subjetivistas de Pi y Margall, influido por el pensamiento de Montesquieu, Herder, Hegel, Proudhon y Louis Blanc, al positivismo, realista, ecléctico y objetivista de Almirall, inspirado en Jefferson, Hamilton, Spencer y Darwin, que marca el nuevo rumbo de la *Reinaxença* catalana.

Por lo que respecta a la vida académica, el interés por la ciencias naturales se saldó con la aprobación durante la Primera República del Plan Chao, de 1873, por el que se creaban en Madrid las facultades de Matemáticas, de Física y Química y de Historia Natural, además de separar Filosofía y Letras en sendas facultades. En el plan se hacía hincapié en la necesidad de desarrollar la enseñanza experimental en ciencias, mediante la correspondiente dotación de laboratorios. El plan era el reflejo de la importancia que las nuevas autoridades otorgaban al desarrollo de la ciencia y, en general, de la educación para sacar a España del retraso acumulado respecto de los países más avanzados de Europa, en plena concordancia con los postulados del krausismo del cual eran herederos. El fin de la República en 1874 hizo que el Plan Chao no pasará de ser un mero proyecto, una vez más frustrado.

En 1875 el positivismo irrumpía así en España de la mano de José de Perojo, Luis Simarro, Manuel Revilla, Pompeyo Gener, Pedro Estasén y José Ustáriz, con un retraso de varios decenios respecto de su aparición en Europa: Comte había publicado su *Discurso sobre el espíritu positivo* en 1844. El positivismo adquirió en España, bajo la denominación dada por Ustáriz de *filosofía crítica,* unas señas específicas dadas por la confluencia entre naturalismo y neokantismo. José de Perojo fue el traductor de Kant al castellano, que frente al racionalismo antropológico del krausismo, trataba de fundamentar los presupuestos epistemológicos del conocimiento científico en sólidos criterios de verdad, mediante el conocimiento actualizado de la ciencia y los resultados por ella alcanzados, sin caer en prejuicios de carácter metafísico sobre una pretendida identidad entre hombre y Ser, en polémica directa con los postulados krausistas. El positivismo se configuró, pues, sobre la base de las ideas transformistas y neokantianas, dando lugar a un evolucionismo crítico de inspiración spenceriana compatible con los presupuestos comtianos, en el que se reclaman las figuras de Stuart Mill, Spencer, Bain, Lewes, Tyndall, Helmhotz, Fischer, Wundt, Ribot, más que las de Büchner, Vogt, Moleschott o Haeckel. El fracaso de la experiencia republicana saldado con el retorno de la dinastía borbónica influyó en el carácter moderado del positivismo español. El desorden en el que se sumió la República llevó a los krausistas abiertos a los nuevos postulados del positivismo, como Gumersindo de Azcárate, y a los positivistas, a la convicción de la bondad del enfoque comtiano de lo que debía ser la política positiva. Las posiciones reformistas del republicanismo, desde el posibilismo de Castelar al centrismo de Salmerón, creyeron encontrar justificación científica de la afirmación comtiana de la *necesidad simultánea de orden y progreso* que engarzaba perfectamente con el gradualismo spenceriano, según el cual «no se puede abreviar el camino entre la infancia y la madurez, evitando el enojoso proceso de crecimiento y desarrollo que se opera insensiblemente con leves incrementos, tampoco es posible que las formas sociales inferiores se hagan superiores sin atravesar pequeñas modificaciones sucesivas», impregnando el reformismo regeneracionista que caracterizaría el ideario de la Institución Libre de Enseñanza, fundada por Giner de los Ríos en 1876.

También los aires de libertad del Sexenio asisten al renacimiento de la novela española y su orientación realista y naturalista. No es de extrañar que la generación de Valera, Pérez Galdós, Pereda, Alarcón... recibiera el sobrenombre de generación de 1868. El costumbrismo de Fernán Caballero —Cecilia Böhl de Faber— o del mismo Pereda habían actuado de gozne transitorio entre el romanticismo y el realismo bajo los presupuestos del moderantismo histórico, que había encontrado en el casticismo y en el pintoresquismo una vía para hablar de la realidad sin tener que referirse a ella. La extensa vida literaria de Galdós le lleva desde el realismo de sus primeras obras, de agitación política dentro del marco de la revolución de 1868, como *La Fontana de Oro* y *El audaz*, hasta el espiritualismo de sus últimas creaciones, *Nazarín* o *Halma*, pasando por el naturalismo de *La desheredada* y *Tormento*, influenciadas por un cierto determinismo biológico, o *El amigo Manso*, en donde el naturalismo se carga de ironía, para llegar a su esplendor narrativo en *Fortunata y Jacinta*, alcanzando el cénit del naturalismo en una obra tardía, *Misericordia*, cuando las inquietudes espiritualistas de Galdós ya están presentes.

Juan Valera publica su *Pepita Jiménez* en 1874, como inicio de la novela psicológica. Pereda y Alarcon son representantes del conservadurismo narrativo. Pereda, carlista y diputado en 1868, publicó tres años después *Tipos y paisajes*. Alarcón, unionista, montpensierista y después alfonsino, publicó en 1873 *La Alpujarra*. José de Echegaray comienza a destacar en el teatro, mientras que Núñez de Arce lo hace en el plano poético.

CUARTA PARTE

*La construcción del Estado democrático
(1868-1874)*

Capítulo XXIV

La crisis de los años 60. La revolución de septiembre de 1868

24.1. La creación de un discurso alternativo

En los años 60, al tiempo que se va desfigurando el modelo de liberalismo doctrinario, acuñado desde la década de los años 30 del siglo, fueron cimentando nuevos elementos de índole ideológica, económica y técnica. En esta década bisectriz tomaron protagonismo nuevas condiciones técnicas, de indudables repercusiones futuras, como la construcción de la red básica del ferrocarril y del tendido telegráfico que consolidaron el mercado nacional, una mayor agilidad en la transmisión de ideas y una ampliación y perfecionamiento de los resortes del poder público, dando como resultado mayores dosis de coherencia al Estado-nación. Junto a ello, en el plano político, los años 60 estimularon la extensión cuantitativa del ideal democrático y la posibilidad cualitativa y real de ponerlo en práctica, rompiendo con la trayectoria doctrinaria que había tipificado al liberalismo español desde sus primeras formulaciones. No fue fruto de la casualidad que Rafael María de Labra insistiera en que estos años fueron los más prolijos y brillantes del Ateneo de Madrid en todo el siglo xix en cuanto a debate y producción intelectual.

La revolución de 1868 viene explicada por un conjunto de variables de índole diversa, cuyo alcance temporal se proyecta a lo largo y ancho de la década. Ya no basta como explicación unívoca de un hecho tan complejo como la septembrina, invocar a las condiciones materiales que lo permitieron. A través del prisma meramente económico, con su derivación de índole social, sólo alcanzamos a desvelar parte de la trama. Es preciso, pues, añadir a los condicionantes económicos, los elementos de crisis política del liberalismo doctrinario, la actuación de las elites políticas y militares, y la acción del mundo intelectual, tanto en la crítica a la situación existente como en la creación de un discurso alternativo. En este aspecto la revolución de 1868 no es heredera directa de la crisis de 1866, si así fuera no resultaría explicable el desfase de más de dos años entre ambos fenómenos. En cambio la asociación de los efectos causados por la crisis económica con las otras variables explicativas citadas configuran un cuadro de análisis más esclarecedor, cuyos emblemas sucesivos serían: el retraimiento electoral de progresistas y demócratas, la noche de San Daniel de 1865, la crisis financiera de 1866, las barricadas de San Gil de 1866, la eclosión del «mito Prim» como instrumento de movilización popular, el Pacto de Ostende de 1866 y el abandono de la Unión Liberal de las filas isabelinas, el inmovilismo del partido moderado, las muertes de O'Donnell y Narváez, y la crisis de subsistencias de 1867-68.

En términos políticos, el derrumbamiento del sistema isabelino vendría provocado por el enfrentamiento entre dos elites políticas. Una, heredada del moderantismo histórico, muy proclive a una concepción patrimonial del poder, con escasa capacidad de respuestas renovadoras ante las transformaciones culturales, económicas y sociales. En suma, una tendencia acusada al inmovilismo con nulas respuestas acomodantes al conjunto de demandas sociales. Este sector de la elite política quedó en parte desplazado del poder por el dominio de la Unión Liberal de la escena política entre 1856 y 1864, pero sin embargo recobrará un protagonismo político excluyente en los últimos años del reinado de Isabel II colaborando a la irreversibilidad de la crisis dinástica. Otra, procedente del progresismo y del partido demócrata, a la que se irán incorporando desde 1866 sectores de la Unión Liberal, era más receptiva a las demandas del conjunto social, hasta entrar en colisión con el sector anterior y desgajarse paulatinamente del sistema conforme se agudice su inmovilismo. El desajuste estaría provocado en última instancia por las resistencias opuestas por una elite tradicional, que había sido la médula del moderantismo, pero cuyo discurso, sus prácticas de gobierno y su adecuación a nuevas situaciones, habían quedado obsoletas, hasta suponer una traba a cualquier forma de cambio social. Como resultado, estas elites tradicionales tendieron cada vez más a utilizar como instrumento de poder político a las camarillas palatinas con la consiguiente influencia sobre la Corona, abusando del margen que a ésta concedía la Constitución de 1845, de ahí que se asociara a la persona de Isabel II con esta elite y fuera considerada como un lastre más para la modernización política. Progresistas y demócratas desde finales de 1863 empezaron a descartar la posibilidad de acceder al poder por vía electoral, de ahí los comienzos de una política de retraimiento que a medio plazo abriría las espitas para la utilización de la vía insurreccional. Con ello la Corona, en la persona de Isabel II y su dinastía, sufrió un proceso de aislamiento y, como respuesta, las camarillas palatinas y su falta de sensibilidad hacia las transformaciones del país acentuaron la secuencia de deterioro del trono.

Desde este marco de análisis la revolución de septiembre se nos aparece como un hecho de minorías, que se engendra en el interior de las elites políticas, más que como una revolución popular. Sin embargo, cuando se estudia la morfología de los hechos de septiembre de 1868, resulta evidente la importancia del elemento popular en todo el entramado. Al fin y al cabo la cultura política había ido calando con más fuerza en el tejido social, o, en otras palabras, había un mayor nivel de desarrollo de la socialización de esta cultura política. Pero ¿hasta qué extremos? Habría que recurrir una vez más a la sempiterna dualidad entre campo y ciudad. En los principales núcleos urbanos españoles, los niveles de información y debate político habían alcanzado un progreso notable con respecto a épocas anteriores. La mayor difusión de la prensa, la influencia de los intelectuales, el incremento del consumo de libros, una pedagogía cada vez más acoplada a la recepción de los mensajes políticos, lubrificaron los canales de transmisión entre emisores y receptores del discurso político. Otra cosa era el campo y los pequeños núcleos urbanos de corte rural, más proclives a la quietud y donde los mensajes llegaban con una mayor dificultad, tanto por las condiciones técnicas como por las peculiaridades del mundo mental de sus destinatarios, anclados en las resistencias al cambio en un contexto donde predominan relaciones preindustriales de espectro clientelar y paternalista que prolongan en el terreno de las relaciones sociales, y no en el aspecto jurídico, formas clásicas de un mundo anterior. Se hacía difícil una cobertura política que instrumentalizara unas respuestas huérfanas de cultura política. De aquí que el desajuste entre modernización política y cambio social adquiriera un tipo de conflicto en los medios rurales de connotaciones muy diferentes a los de la ciudad. La transmisión de ideas circuló sólo en espacios muy reducidos, de forma más lenta, con escaso margen de innovación y sometidas al filtro de un caciquismo antropológico y del púlpito parroquial que actuaban como instrumentos de enraizada influencia en la formación de opinión.

Es en este contexto donde adquiere plena validez el considerar la revolución de septiembre como hecho de minorías. Fue ante todo un producto urbano, en un país donde la civilización urbana era francamente minoritaria, por el simple hecho de que la mayor parte de la población estaba incorporada al campo y el desarrollo del mundo urbano alcanzaba un grado de evolución sensiblemente inferior al de otros países de la fachada occidental europea. El apoyo rural a la revolución de septiembre vino sobre todo de aquellas zonas donde los problemas ocasionados por las estructuras de la propiedad de la tierra eran más candentes. Sería el 68 rural, que circula con unos objetivos diferentes.

Aunque los niveles de cultura política alcanzaran mayores cotas en los principales núcleos urbanos, sin embargo las formas autónomas de organización de la sociedad civil todavía estaban en un estadio embrionario. Por ello los desajustes en el seno de las elites políticas no encontraban su correlato adecuado en el conjunto de la ciudadanía. No existían instrumentos consolidados que permitieran una perfecta comunicación entre las demandas sociales y las elites políticas. Por eso, en los años 60, una sociedad desprovista de fórmulas de asociacionismo organizado trasladó el protagonismo a aquellas instituciones como el Ateneo o la universidad donde los intelectuales desplegaban su crítica al sistema y contribuían doctrinalmente a la formación de opinión y difusión del ideario democrático. Claro está que desde estas tribunas de debate político no se resolvía directamente la comunicación entre demandas sociales y elites políticas, pero sí las capas populares urbanas y el mundo de las clases medias eran receptores indirectos. El mundo urbano en su versión popular contó con formas de organización que transmitían las propuestas democráticas y a la vez incorporaban demandas específicas. Así los clubs, o asociaciones como «El Fomento de las Artes», actuaron de vehículos de difusión, bajo formas de cultura oral.

24.2. Intelectuales frente al régimen. Una tripleta ideológica: democracia, krausismo, librecambismo

En la preparación de la revolución de septiembre ocupa, por tanto, lugar destacado un sector de la intelectualidad española, imbuido de ideas renovadoras que utilizaron como correas de transmisión la prensa, el Ateneo y las cátedras de la Universidad Central. Algunos de ellos ejercieron una notable actividad política en el partido demócrata, pero sería del todo inexacto identificar al intelectual que cuestiona el sistema político con una militancia activa en este partido o en el progresista. La influencia de los intelectuales debe ser considerada en un triple plano: la elaboración de una crítica al sistema político, la animación de un debate que llena de cuerpo doctrinal los principios políticos y económicos de la revolución de septiembre, y su actividad política individual. A la altura de 1865 impartían su magisterio en la Universidad Central una nómina de catedráticos que contribuyeron a la difusión de esa tripleta ideológica que fue el krausismo, el librecambismo y el ideario democrático. Todos ellos eran jóvenes en edad y en acceso a la cátedra, y fue en la década de los 60 cuando su mensaje adquirió una mayor resonancia política, coadyuvando eficazmente a la caída del régimen isabelino, sin que esto quiera decir que todos ellos vayan a ocupar puestos de responsabilidad política después de septiembre de 1868, o se magnifique su aportación al desencadenamiento de la revolución. Consolidaron un discurso alternativo, pero no engendraron las causas de la revolución. En este aspecto se ha señalado que el krausismo y el ideario democrático, sin necesidad de identificarlos, colaboraron en la configuración de una revisión de los principios del liberalismo doctrinario, al auge de las ideas librecambistas, a la formación de un basamento de religiosidad anticlerical, además de replantear una concepción descentralizante del Estado, todo ello guiado por una vocación reformista del hombre como eje del hecho social.

Desde la universidad ejercieron su magisterio personajes como Castelar, Salmerón, Figuerola, Sanromá, Montero Ríos, Francisco de Paula Canalejas, Fernández y González, Moret, Giner, como catedráticos de la Central a finales de los años 50 o en los años inmediatamente, anteriores a la revolución. Otros accedieron a la titularidad de la cátedra posteriormente, como Azcárate, Maranges o Revilla. Todos vinculados en mayor o menor grado a Sanz del Río, introductor de las ideas krausistas en España.

Entre los que desempeñaron una actividad más directa en la septembrina y ejercieron puestos de responsabilidad política durante el Sexenio es preciso destacar a Emilio Castelar, joven catedrático de Historia de España desde 1857, fundador de *La Democracia* en 1863 y significado ateneísta. Fue un activo parlamentario con extraordinarias dotes para la oratoria y sería presidente del Poder Ejecutivo durante la República. Nicolás Salmerón, catedrático de Filosofía desde 1866, también evolucionó hacia las filas republicanas ocupando igualmente la presidencia del Poder Ejecutivo en 1873. Laureano Figuerola, catedrático de Derecho y Legislación Mercantil en 1853, firme paladín de las ideas librecambistas y autor del viraje arancelario de 1869 como ministro de Hacienda. Discípulos suyos fueron Sanromá, catedrático en 1858 de Derecho Marítimo e Historia Mercantil, y su subsecretario de Hacienda, y Segismundo Moret, joven catedrático de Instituciones de Hacienda Pública y ateneísta, que sería ministro en tiempos de la Restauración. También es preciso citar al catedrático de Filosofía Gumersindo Azcárate, diputado y ministro de Gracia y Justicia en 1873, y a Montero Ríos, catedrático de Derecho Canónico en 1864, diputado y ministro de Gracia y Justicia durante el Sexenio.

Además de ejercer su docencia en la Universidad Central, muchos de ellos fueron asiduos oradores en el Ateneo de Madrid, que entre 1856 y 1868 fue un permanente foro de debate intelectual, trampolín de los nuevos discursos críticos e institución incómoda para los últimos Gobiernos moderados de Isabel II, hasta el punto de que en 1866 sus cátedras y salones quedaron clausurados por el capitán general de Madrid durante varios meses. Entre los principales ateneístas descollaron el citado Castelar, que precisamente inició allí su campaña democrática en 1858 aprovechando su cátedra de *Historia de la civilización de los cinco primeros siglos del cristianismo*. Francisco de Paula Canalejas, Sanromá, Moret y Figuerola fueron otros catedráticos que allí impartieron sus lecciones. También están presentes políticos de la talla de Rivero, Sagasta y Echegaray y economistas políticos como Colmeiro o Gabriel Rodríguez.

Resulta comprensible, pues, que tarde o temprano la colisión fuera inevitable entre los intelectuales comprometidos y los Gobiernos moderados de la época. El cierre del Ateneo no fue la excepción, sino la norma que se hace más visible a partir de 1865. La morfología de la *noche de San Daniel* en abril de este año lo confirma y saca a la palestra una nueva forma de conflicto. Una algarada de los estudiantes universitarios que alcanza la categoría de revuelta y trasciende del ámbito universitario gracias a la capacidad agitadora de progresistas y demócratas; así se configura como la primera gran «revuelta intelectual» del siglo XIX. En los orígenes del suceso están los artículos firmados por Castelar en su periódico *La Democracia*, críticos con una pretendida actitud benefactora de Isabel II. El más famoso de todos es el titulado «El rasgo». La Reina había decidido vender parte del patrimonio de la Corona con el fin de recabar fondos destinados a paliar el déficit de la hacienda pública, reservándose el 25 por 100 del producto de las ventas. Castelar planteó el tema en toda su crudeza: la Reina confundía patrimonio de la Corona con patrimonio nacional. En realidad la Reina usurpaba unas propiedades que no le pertenecían. El hecho adquirió enorme dimensión política. El ministro de Fomento pretendió que Castelar fuera separado de su cátedra. El rector Montalbán se negó a dar curso a la causa, siendo dimitido y sustituido por el marqués de Zafra. Pronto se puso en marcha la solidaridad entre profesores y estudiantes a favor de Castelar y de Montalbán. Los días 9 y 10 de abril las calles de Madrid contemplaron enfrentamientos entre la fuerza pública y los estudiantes que alcanzaron especial virulencia este último día. Como resultado el Gobierno sufrió una evidente derrota política y moral, de graves consecuencias en años posteriores sobre el rumbo preferente que la intelectualidad española iba a tomar a favor de las ideas demócratas. Fruto de ello serán las nuevas depuraciones entre los catedráticos universatarios realizadas por el ministro de Fomento Orovio en 1867, que alcanzó a la plana mayor del profesorado krausista y demócrata.

24.3. Una crisis económica dual: crisis tradicional y crisis moderna

Existe un trasfondo económico en el desmantelamiento del sistema isabelino de doble naturaleza: una crisis de tipo moderno, desencadenada por elementos de corte financiero e industrial y una crisis antigua manifestada en la crisis de subsistencias del invierno de 1867-68. Ambos aspectos de la crisis global desvelan en última instancia el agotamiento de la política económica y la incapacidad de los últimos Gobiernos isabelinos por encontrar un recambio adecuado que permitiera desbloquear la situación económica. Como resultado, la elite económica se separa progresivamente del *statu quo* político, buscando alternativas de gobierno de corte liberal que permitieran lubricar la maquinaria económica. Aunque la crisis, en su vertiente financiera tenga su epicentro a mediados de 1866, desde 1864 ya habían aparecido los primeros síntomas de recesión que daban por finalizada la onda de prosperidad iniciada en 1856.

Antes que nada, interesa precisar las conexiones que existen entre la versión española de la crisis y la crisis europea, ya que ambas estallan simultáneamente. En 1866 la crisis europea queda simbolizada por el cierre de la casa de banca inglesa Overend, Curney y Compañía. Muchos autores han atribuido a este hecho el inicio de la crisis en España. Sin embargo, ha quedado demostrado que esta banca londinense no estaba, en absoluto, relacionada con ninguno de los bancos extranjeros o nacionales que operaban en España. La conexión entre la crisis nacional y la europea hay que buscarla en la relativa *internacionalización* del capital español a partir de 1856, cuando la legislación de sociedades de crédito permitió la libre instalación en España de la banca extranjera.

En efecto, si los ferrocarriles empezaron a construirse, sobre todo, con capital francés y los ferrocarriles, a su vez, actuaron como punta de lanza de los demás sectores de la vida económica española, habrá que convenir que el cierre de los mercados internacionales cortaría las inversiones extranjeras en ferrocarril una vez que las principales líneas Madrid-Irún y Madrid-Levante empezaban a funcionar y eran necesarias las inyecciones exteriores de dinero para su ulterior explotación o para continuar el trazado de las restantes líneas. La orfandad de capitales hacia el negocio ferroviario provocará un efecto en cadena sobre los otros sectores económicos, que tuvo su eco en el desplome de la Bolsa, ejemplificado en la evolución del 3 por 100 consolidado, el valor de la deuda pública más aceptado: en 1864 su cotización media en el mercado bursátil está a 49,20 reales por 100 reales nominales; en 1865, ya se observa un descenso considerable: 41,75 reales, para bajar en picado en 1866 a 35,40 reales, situándose al año siguiente en 33 reales, valor mantenido en 1868.

Las acciones del Banco de España presentan un desplome todavía más acentuado: 190,35 reales en 1864, 133,25 en 1865, para alcanzar su cuota mínima en 1866, con 113 reales. Ahora bien, ¿cómo se materializa en la realidad el crac bursátil y la quiebra del negocio ferroviario? En la progresiva disolución, suspensión de pagos, cierres de empresas o quiebras bancarias. A partir de junio de 1866 cierran cinco de las diez sociedades de crédito que operaban en Madrid; 14 de las 28 sociedades de crédito instaladas en provincias también son disueltas, y son liquidados seis de los 21 bancos asentados en todo el país. Crisis ferroviaria, crisis bursátil, quiebra del frágil andamiaje bancario, pero también problemas para la industria textil catalana, aunque en este caso no directamente derivados de la crisis del 66, ya que enraizaban en los primeros años de la década de los 60 conforme la Guerra de Secesión norteamericana recortaba las exportaciones de algodón. La baja generalizada del consumo a partir de 1866 agudizará la crisis del textil catalán.

Todo lo dicho afecta al conjunto del país. Pero a su vez cada núcleo rural o urbano presenta una versión local de la crisis. En el caso madrileño es preciso señalar la quiebra del negocio inmobiliario. Desde 1860 a 1865 la especulación del suelo o la edificación de inmuebles, bien en el interior del casco urbano o en el proyectado Ensanche, atraen buena parte de los capitales disponibles, a la par que se convierte en el principal sector generador de empleo. En este periodo los precios del suelo se disparan: así, el precio medio del pie cuadrado (12,88 pies = 1 m²) edificado en Madrid pasa de 81,33 reales en 1860 a 172,55 reales en 1863. Tales beneficios no los reportaba ninguna otra actividad económica. A partir de 1866 el mercado inmobiliario madrileño ofrece un claro desfase entre oferta y demanda: se ha construido demasiado y muy caro para las escasas posibilidades de consumo de una sociedad como la madrileña; por otro lado, la especulación con terrenos en el Ensanche ha llegado al máximo, de tal forma que los precios del suelo inician una caída lenta a partir de 1865 que se transforma en desplome en 1866 y 1867: de 1444 reales/pie cuadrado en 1865 se pasa a 89 reales en 1866, alcanzando el mínimo en 1867, con 73,5 reales. Este descenso de los precios, unido a los inmuebles sin vender, se traduce en la disolución o quiebra de las compañías inmobiliarias y de las innumerables cajas de ahorros especializadas en este tipo de negocios. Tal es el caso de la célebre empresa *La Peninsular,* dirigida por Pascual Madoz.

Otro ingrediente de la crisis de tipo comercial proviene del agotamiento de la política proteccionista, freno al sistema industrial y a la agilidad del mercado interior, además de encarecer artificialmente a las economías domésticas y de agravar lo que los contemporáneos denominaron cuestiones de subsistencias. En suma, era preciso orientar a la manera liberal el restrictivo arancel. En el bienio 1865-1866 se introducen algunas reformas de corto alcance en esta dirección. El problema residía en la contradicción en la que estaban sumidos los últimos Gobiernos isabelinos. El déficit del presupuesto estatal añadido a que una de las fuentes básicas de alimentación de la hacienda pública procedía de la renta de aduanas, invalidaban las medidas radicales, aunque se fuese consciente de que a medio plazo la reducción del arancel y la consiguiente liberalización del comercio tendría efectos beneficiosos en el mayor auge de las corrientes comerciales en el mercado interior, y por ende habría significado una mayor recaudación fiscal.

Existía un conflicto a corto plazo entre el equilibrio presupuestario y la necesidad de una reforma profunda que abriera nuevos rumbos a la economía española, encorsetada en un ordenamiento restrictivo. El empeoramiento de la hacienda pública, secularmente frágil, se acentúa en la década de los 60, expresado en el aumento insostenible de los déficits presupuestarios. El problema radica no tanto en el aumento de gastos, cuyo crecimiento era menor, sino en la ralentizada evolución de los ingresos. Se hacía preciso aumentar los ingresos y la vía elegida por los últimos Gobiernos isabelinos desde 1866 fue el aumento de la presión fiscal directa, a corto plazo, ante el declive de los impuestos indirectos, motivado por la crisis, y de otros ingresos ordinarios, como los monopolios. Situación empeorada por el encarecimiento del crédito y la mayor dificultad para negociar empréstitos.

En la España del siglo XIX las estructuras productivas del campo español generaban cada diez años, con una precisión casi exacta, una crisis de producción con sus secuelas de carestía, hambre y mortalidad. En 1867-68 una nueva crisis de este tipo, herencia directísima de las crisis agrarias del Antiguo Régimen, asola el campo español, conjugando sus esfuerzos destructores con la crisis general económica, formando un binomio de carestía y paro de consecuencias calamitosas. Después de unos años de buenas cosechas (1864 y 1865) en los que incluso se exportaron granos al exterior, aprovechando la crisis agraria europea, los primeros síntomas afloran en 1866 con una subida sustancial del precio del trigo, que nos indica el comienzo de una época de escasez.

El inicio de la carestía está ejemplificado en el mercado madrileño: la fanega de trigo en septiembre del 65 costaba 38,40 reales, para elevarse en el mismo mes de 1866 a 47 reales. A pesar de que la situación requería ciertas dosis de prudencia, los cerealeros españoles siguieron exportando trigo al exterior, con lo cual cuando, efectivamente, estalle la crisis de manera definitiva en 1867, las paneras de las zonas trigueras españolas se encontrarán sin reservas. Por eso, en septiembre de 1867 ya alcanzaba en Madrid la fanega de trigo los 63 reales, para un año después situarse en 76,40 reales, es decir, un crecimiento del 100 por 100 entre 1865 y 1868.

A la altura de 1868 una crisis de subsistencias podía ser combatida más fácilmente que en tiempos anteriores, gracias a la presencia del ferrocarril, que hacía posible la integración del mercado interior. En agosto de 1867 el Gobierno recurre a una medida ya tradicional en otros momentos de crisis agrarias: la libre importación coyuntural de cereales extranjeros, que gracias al ferrocarril o bien contrarrestan la escasez de las regiones interiores o bien evitan la presión de los precios en estas zonas, al no tener que enviarse desde allí sus trigos a la periferia marítima, huérfana en su zona de influencia de este tipo de cultivo y que ahora se abastece del trigo extranjero que llega a sus puertos. La crisis de subsistencias coincide con un momento de paro y, por tanto, de pérdida del poder adquisitivo de los asalariados españoles. En esto se diferencia de la anterior crisis agraria, la de 1856-57, que coincidió, sobre todo en su última etapa, con un momento de pleno empleo provocado por el comienzo de la construcción del tendido ferroviario. Es decir, las medidas del Gobierno permitiendo la libre importación de cereales ocasionarán una más abundante oferta de trigo en el mercado y evitarán, por tanto, que los precios se disparen. Pero dada la situación de penuria, bastaba una leve subida del precio del pan, elemento esencial de la alimentación popular, para que las consecuencias fueran desastrosas. En efecto, tomando nuevamente como referencia el modelo madrileño, vemos cómo el precio medio del pan de dos libras (aproximadamente 930 gramos) pasa de 10,60 cuartos (8,5 cuartos = 1 real) en 1865 a 11,40 en 1866; 13 en 1867 y 15 en 1868. Si tal subida se hubiera dado en un contexto laboral como 1857 no hubiera tenido mayores repercusiones; pero ahora para el bolsillo popular tal subida incidiría negativamente en su frágil dieta alimentaria. Desde el punto de vista demográfico, la crisis se saldó con el incremento de la mortalidad y con la disminución temporal de las tasas de natalidad. Si tenemos en cuenta que parte de los muertos estaban todavía en edad de procrear, resultan explicables los efectos destructores de la crisis en el plano demográfico.

Desde el punto de vista político, las consecuencias de la crisis se tradujeron en una efervescencia del descontento popular, fenómeno comprendido por el Gobierno, que siempre enfocó la crisis agraria como un problema de orden público, procurando paliarlo con pan barato. Después del pleno empleo del periodo 1857-65, los años anteriores al pronunciamiento gaditano van a traducirse en un aumento impresionante de los niveles de paro, tanto en los núcleos urbanos como rurales. Esto era consecuencia lógica de la crisis generalizada.

Los primeros síntomas comenzaron en 1865 con la finalización de los principales tramos del esqueleto ferroviario español. El tendido del ferrocarril había absorbido gran número de trabajadores en años anteriores; en este sentido, por tanto, el recrudecimiento del paro es anterior al estallido de la crisis de 1866. Lo que hace ésta es agravarlo, igual que un año más tarde la crisis agraria lo intensificará. En Madrid la población se había nutrido a lo largo del siglo de los contingentes demográficos que las provincias enviaban. Entre 1866 y 1871 calculamos que llegan a la capital más de 40.000 inmigrantes procedentes de todas las regiones españolas, salvo la periferia marítima mediterránea. Casi todos pertenecen a los estratos sociales más populares: campesinos gallegos y asturianos, artesanos de las provincias próximas, pretendientes andaluces que buscan un empleo público, nodrizas y criadas de Cantabria, Asturias o País Vasco... Todos ellos llegan a Madrid buscando un trabajo que no encuentran en sus regiones. El hecho de que su condición sea tan variada, tanto en lo que se refiere a procedencia geográfica como en el aspecto socioprofesional, es indicativo suficiente de que el paro se extendía por toda la geografía española.

La prensa de la época nos indica cómo la situación que hemos esbozado para Madrid es común en otras regiones: los jornaleros gallegos que habitualmente bajan a la meseta para las tradicionales labores de la siega y recolección, ahora se ven vagando por los caminos en busca de comida y trabajo. En Andalucía se agudiza la secular hambre de tierras, y cuando estalle en Granada, en 1868, un motín de subsistencias los periódicos mostrarán su alarma ante el paro existente. Por eso, en los primeros momentos de *la septembrina* las nuevas autoridades procederán inmediatamente en Madrid a una contratación masiva de jornaleros para las obras públicas y lo mismo harán diferentes juntas revolucionarias en toda España.

24.4. La descomposición política de la monarquía isabelina. De «San Gil» a «Ostende»

En 1865, la *noche de San Daniel* —auténtico *distanciamiento* de importantes sectores de la intelectualidad— y los pronunciamientos fracasados, habían sido los primeros aldabonazos anunciadores de las múltiples fisuras del sistema. Por otro lado, en ese mismo año quedaba claro que el ficticio esplendor económico de la década anterior pasaba a mejor vida.

El 13 de enero de 1866 se produjo el primer ensayo de derrocamiento del Gobierno unionista. Militares progresistas, con Prim a la cabeza, se sublevaron en Villarejo de Salvanés, sin éxito, al no encontrar el suficiente eco en otras guarniciones ni haberse preparado de antemano la participación del elemento urbano, que resultará posteriormente decisivo. Pero si aparentemente Prim salió derrotado —tuvo que huir a Portugal—, en la práctica resultó cimentado el mito Prim a la vez que su papel como cabeza visible de la oposición al régimen. En los sucesivos pronunciamientos, motines..., se repetirá hasta la saciedad la lacónica frase *Prim libertad*. Ambas palabras pasaban a tener un mismo valor semántico entre los cada vez más amplios sectores sociales opuestos a la *situación*. Podemos decir que el mito Prim venía a sustituir al mito Espartero. También Villarejo significó una mayor restricción de las formas liberales. Al sistema se le presentaba una doble opción: resucitar el proyecto, frustrado de 1864, que contemplaba la instauración de un Gobierno-puente para provocar elecciones generales libres, que posibilitasen la subida al poder por la vía pacífica del partido progresista; o bien atrincherarse en sí mismo con la continuación del Gobierno O'Donnell.

La primera opción quedó frustrada por el propio O'Donnell. Se trataba de nombrar un Gobierno presidido por el general Lersundi, según acuerdo previo entre carac-

El fusilamiento de los sargentos de San Gil.

terizados hombres de negocios moderados (Carriquiri) y progresistas (Cantero y Ruiz Zorrilla). El ensayo de complot palaciego quedó desbaratado al nombrarse a Lersundi capitán general de Cuba. O'Donnell eligió la segunda opción, lo que se tradujo de inmediato en un aumento de las tensiones dentro de la Unión Liberal, concretamente la intransigencia de Ríos Rosas, hombre fuerte del ala izquierda del partido.

Los primeros días de junio de 1866 contemplaron la discusión en Cortes de la petición de plenos poderes por parte del ejecutivo. En otras palabras, O'Donell quería gobernar por decreto al margen de las Cortes, tanto en cuestiones políticas como económicas. Uno de los puntos solicitados no podía ser más elocuente: aumentar las fuerzas armadas. Sin embargo, las enconadas discusiones que recoge el *Diario de Sesiones* de Cortes mostraron cómo se había quebrado el respaldo unánime a la labor del Gobierno unionista. En suma, el intento de O'Donnell quedó frustrado, y no precisamente por las Cortes. Un nuevo ensayo de sublevación armada traería el fin de O'Donnell como hombre de gobierno, y con ello el derrumbe de la solución unionista. En efecto, el 22 de junio de 1866 estallan los sucesos de San Gil.

La anatomía de la cuartelada de San Gil no pudo ser más simple: una rebelión de sargentos de artillería —en buena parte crispados por las dificultades de ascenso—, que fue encauzada por elementos de oposición, sobre todo del partido demócrata, con el fin de desmantelar de una vez por todas el sistema político establecido, y en la que colaboraron contingentes civiles. Pero es preciso un análisis más profundo que nos explique, en especial, las causas del fracaso. En primer lugar, no existió un consenso claramente definido entre todos los elementos contrarios al régimen. En principio, el proyecto de sublevación no iba a quedar reducido al cuartel de San Gil, sino que presentaba bases más amplias. A la hora de la verdad buena parte de los hipotéticos insurrectos no sólo no se unieron al movimiento, sino que incluso participaron activamente en su sofocamiento. Un ejemplo sintomático lo tenemos en quien posteriormente será uno de los puntales del Sexenio democrático: el general Serrano, que no dudó en ponerse a las órdenes del Gobierno y llevar a cabo una gran actividad contra las barricadas y los militares rebeldes. Quizá la respuesta esté en que un movimiento generalizado contra el régimen a la altura del verano del 1866 hubiera requerido una preparación previa mucho más cuidada y la unificación de criterios entre todas las fuerzas de oposición, inexistente en aquel momento.

Y es que el verano de 1866 se inscribe en un contexto de profunda crisis, que en Madrid se traduce en un paro generalizado y en una degradación de los niveles de vida, tanto de las capas populares como de algunos sectores de las clases medias. Y destacamos el caso madrileño, ya que fue en la *villa y corte* donde se gestó este ensayo frustrado. Según Fernando Garrido, en las barricadas del 22 de junio participaron varios miles de civiles casi todos de adscripción popular. Cifra exagerada, pero demostrativa de que la idea insurreccional había empezado a calar en la base de la pirámide social. Leyendo la prensa, las memorias y testimonios de toda índole de la época, es visible cierta perplejidad ante tal participación. Porque está claro que los civiles de los barrios del sur de Madrid con su presencia en las barricadas expresaban algo más que la necesidad de un mero cambio de régimen: la *cuestión social* aparecía como trasfondo. Además, se repitió asiduamente en las barricadas el grito *¡abajo los borbones!,* en confusa asociación con los vivas a Prim y a la república. Por encima de esta mezcla conceptual emergía el descrédito de la Reina, cuyo discurso y prácticas casticistas la habían aproximado al elemento popular de la ciudad preindustrial.

La represión del movimiento cívico-militar fue llevada por el Gobierno O'Donnell, lo que provocó inmediatamente su caída. Parece que todo fue una maniobra preparada por la camarilla palatina con el fin de desacreditar a O'Donnell, evitar que la sangre de los sargentos salpicara a la Reina, permitir la entrega del poder a Narváez y con ello poner en marcha una solución drástica, próxima a la dictadura. Era la consecuencia lógica del debilitamiento del sistema, con el distanciamiento de la Unión Liberal, que acabó por desembocar en frontal oposición.

En agosto de 1866, la oposición al régimen establece una sólida plataforma que unificará su acción. Se trata de *Pacto de Ostende,* firmado el día 16 por progresistas y demócratas exiliados, en el que se configuran las mínimas bases de salida al éxito de su acción revolucionaria. El pacto era claramente antiisabelino —«destruir todo lo existente en las altas esferas del Poder español»— y por ende antidinástico. La cuestión de la forma de gobierno —monarquía o república— lo decidirían unas Cortes Constituyentes elegidas por sufragio universal; es decir, los demócratas conseguían hacer realidad uno de sus principios más queridos, el del sufragio universal; en cambio, aunque abundaran en sus filas individuos republicanos, sabrán ser eclécticos para que su pragmatismo posibilitase la deseada unión. En cuanto a los progresistas, ni el sufragio universal ni el derrocamiento de Isabel II estaba en la mente de todos ellos. En suma, los puntos importantes se dejaban a la voluntad del pueblo soberano, una vez que el pronunciamiento triunfara.

Desde San Gil hasta septiembre de 1868 el régimen isabelino no va a tener otro recurso que la utilización de la fuerza. Es la dinámica inherente a todo poder que pierde sus bases de sustentación. Para llevar a cabo esta labor nadie mejor que el *espadón de Loja,* Narváez, apoyado en los restos del moderantismo histórico. En un primer momento, su política se dirige en una triple dirección: clausurar los periódicos de oposición; mantener la Cortes en suspenso y establecer una depuración selectiva, tanto civil como militar, de los principales personajes desafectos: generales unionistas, políticos demócratas, progresistas e incluso alguno de la Unión Liberal. Biarritz —donde se traslada O'Donnell—, París y Londres se convertirán en centros de conspiración antiborbónica. Cara a la opinión, Narváez suspendió las ejecuciones de los sargentos y finalmente, el 30 de diciembre de 1866, intentó revestir con un cierto barniz de legitimidad a su Gobierno convocando elecciones a Cortes por sufragio censitario. Unas Cortes controladas desde el Ministerio de Gobernación por su lugarteniente González Bravo: todos los diputados electos pertenecían a los moderados o a los neocatólicos, salvo muy contados ejemplos de las filas unionistas, como el caso de Cánovas.

Durante 1867-68 la desintegración del sistema isabelino se acentuó de forma irreversible. En este espacio de tiempo los últimos ribetes de liberalismo político desaparecen, quedando la dinámica política reducida al juego de la camarilla palatina. Las frágiles bases de sustentación sociológica del sistema todavía menguan más. El ambiente represivo, como si fuera una prolongación de la *noche de San Daniel*, se extendió una vez más a los sectores intelectuales más críticos. Así, destacados catedráticos de universidad se transformaron en elementos peligrosos, sujetos a vigilancia cuando no depurados. A lo largo de 1867-68 perdieron su cátedra Sanz del Río, Salmerón, Giner de los Ríos...

Un hecho de capital importancia fue la adhesión de los unionistas al *Pacto de Ostende*, proceso consolidado a la muerte de O'Donnell en noviembre de 1867. Hay que resaltar un hecho fundamental: la fuerte impronta que los unionistas tenían en la cúspide de las fuerzas armadas, que se traducirá en un despegue progresivo del trono por parte del generalato. En segundo lugar, la presencia de los unionistas implicaba un giro a la derecha de la oposición. Es lo que quería Prim: marginar a los demócratas, es decir, apartar el espantajo de la revolución social, para inclinarse decididamente por la fórmula clásica del pronunciamiento, circunscrita únicamente a los elementos militares.

24.5. PREPARACIÓN Y MORFOLOGÍA DEL LEVANTAMIENTO CÍVICO-MILITAR

En abril de 1868 moría Narváez, y con él desaparecía el último bastión del trono y la solución militar que hasta ahora había contenido a duras penas la desintegración del sistema. Le sucedió en la cabecera del Gobierno González Bravo, que radicalizó la política de mano dura de su antecesor. Pero se trataba de un civil y de un elemento desprovisto del carisma que Narváez gozaba en las filas del ejército, lo que supuso que éste fuera basculando poco a poco hacia los altos mandos unionistas ya en franca oposición. Basta un ejemplo: la reducción del presupuesto naval decretada por el nuevo Gobierno favorecerá que los almirantes empezaran a conspirar, y entre ellos Topete, clave del pronunciamiento de la Armada en la bahía gaditana en septiembre del 68.

Por ello, la política represiva de González Bravo alcanzó incluso a las más altas instancias de las fuerzas armadas. En julio del 68 fueron desterrados de la Península la crema del generalato; entre ellos destacamos a Serrano —que tan activamente había actuado contra las barricadas de junio del 66—, Dulce, Zabala, Córdoba, Echagüe, Caballero de Rodas, Serrano Bedoya y Letona, a los que se unían en espíritu otros como Primo de Rivera, Nouvillas y Milans del Bosch. Inmediatamente se creó en Madrid un comité secreto, compuesto por unionistas y progresistas, del que significativamente quedaban apartados los demócratas, que sirviera de contacto entre Prim en Londres y los generales unionistas en Canarias.

Hasta qué punto el trono se vería cada vez más aislado, que la represión alcanzó incluso a miembros de la familia real. Si en enero de 1868 se había despojado al infante don Enrique de todos sus privilegios como Infante de España, en julio se decretaba el destierro del duque de Montpensier, cuñado de Isabel II, porque se sospechaba que aspiraba al trono una vez que estuviera vacante por el triunfo del futuro pronunciamiento.

La mayor parte de los generales unionistas se inclinaban por la solución Montpensier, una vez destronada Isabel II. Con ello se conseguiría evitar sobresaltos políticos, dado el conservadurismo en lo social del hipotético pretendiente, y además se establecería una cierta continuidad dinástica en el seno de los Borbones. Esta doble actitud del Gobierno frente a los generales unionistas y al duque de Montpensier era comprensible, porque a él le habían llegado noticias —más fantásticas que reales— de que el programa de sublevación estaba encadenado a estas sucesivas acciones: marcha de las fuerzas sublevadas a La Granja, una de las residencias veraniegas de la Reina, mandadas por Serrano y Dulce; pronunciamiento del general Caballero de Rodas; abdicación de Isabel II; formación de un Gobierno provisional; proclamación del príncipe de Asturias, durante cuya minoría estaría como Regente el duque de Montpensier.

Nos hemos referido al *Gobierno de camarilla*. Con ello queremos decir que a la altura del verano del 68 el sistema isabelino y con él el Gobierno González Bravo se encuentran desasistidos de la mayoría sociológica del país. Ambos cuentan con la enemistad de progresistas, demócratas, unionistas, es decir, de buena parte de la elite política; también el poder económico les vuelve las espaldas, al igual que sectores de las clases medias y populares del mundo urbano.

Hasta ahora hemos hablado de tensiones en las elites dirigentes. Pero ¿qué sucede con el elemento popular? Conviene plantearse la cuestión más que nada por la importancia que los contingentes civiles de extracción popular, sobre todo en los núcleos urbanos, tuvieron en la morfología del pronunciamiento de septiembre de 1868. Si en la preparación del derrocamiento de Isabel II fueron determinantes las elites políticas, intelectuales, militares y económicas del país, en el fenómeno concreto de la conversión de un pronunciamiento militar en un cambio de régimen político, los sectores populares urbanos desarrollaron un activo papel. Desde luego a la altura de 1868 hablar de clase obrera española resultaría excesivo. No puede existir clase obrera porque no se dan todavía los componentes para que esa realidad sociológica pueda existir. Teniendo en cuenta las diferencias regionales en el desarrollo económico y social del país, los sectores populares se desenvuelven en niveles de cultura política diferente. Desde los primeros núcleos organizativos de la industria catalana hasta el espontaneísmo más o menos visible en el campo andaluz, se suceden diversas situaciones. En todo caso sí resulta relevante la percepción colectiva que se tenía del derrocamiento de Isabel II. Aunque no existiesen formulaciones políticas precisas, sin embargo, en la mente del jornalero, del artesano o del obrero industrial, términos tales como *democracia* o *república* significaban una opción de transformación social. En cuanto al campo, ese espontaneísmo, expurgando lo que de peyorativo tiene tal concepto, estaba fuertemente mezclado con un milenarismo irredento de tierras. Así dadas estas condiciones, el conflicto social se materializaba en estos años, más que en formas clásicas de la socie-

El pueblo de Barcelona quemando los retratos del primero y último Borbón de España.

dad industrial, en los seculares motines de subsistencias, en las respuestas luddistas, en la lucha contra los derechos de puertas y en el rechazo de las quintas. El conflicto bajo la forma de la huelga fabril apenas se esbozaba fuera de Cataluña. A estos sectores populares se dirigía la labor proselitista de la coalición revolucionaria, que a través de comités clandestinos actuaba en las principales ciudades españolas por medio de periódicos o folletos también clandestinos.

El trono de Isabel II, más bien el sistema regulado por la Constitución de 1845, estaba fuertemente minado, de ahí que el pronunciamiento de septiembre en Cádiz se extienda como un reguero de pólvora por toda España sin encontrar apenas resistencia. En los primeros días del mes todo quedó ultimado. Ruiz Zorrilla y Sagasta se trasladaron a Londres para unirse con Prim, embarcando los tres en el vapor *Delta* con dirección a Gibraltar, donde llegaron el día 14, mientras que el *San Buenaventura* zarpaba rumbo a Canarias para recoger a los militares allí desterrados. Todos confluyeron en Cádiz, donde se pronunció la Escuadra al mando del almirante Topete, el día 18. En el Manifiesto de los militares sublevados, titulado *España con honra*, redactado por López de Ayala, se esgrimían las razones de la sublevación y el rumbo a seguir: «un gobierno provisional que represente a todas las fuerzas vivas del país y asegure el orden en tanto que el sufragio universal eche los cimientos de nuestra regeneración política y social». Significativamente el Manifiesto no hacía ninguna mención a la forma de gobierno, aunque no escatimaba sus críticas a la Reina, dando por hecho el fin de la dinastía borbónica.

Entre el 18 y el 22 de septiembre la rebelión gaditana prendió en toda Andalucía.

Posteriormente se unieron a la causa revolucionaria Santander, Ferrol, Béjar, Coruña, Zaragoza, Cartagena, Santoña, Alicante y Alcoy, diseñando modelos diferentes de sublevación, pero en todos los casos con una activa participación popular, generalmente estimulada por los demócratas en su versión republicana o no. Es perceptible en alguno de estos modelos insurreccionales la combinación de problemas estrictamente locales que actuaron de espoleta al socaire del llamamiento gaditano. El 19 dimitió el presidente del Consejo González Bravo. Su sucesor el general Concha, marqués de Habana, pronto se vio desbordado por la situación. El 28 de septiembre la suerte de la dinastía quedó sellada en la batalla de Alcolea. La derrota del general Novaliches dejó expedito a las fuerza sublevadas el camino hacia Madrid. El 29 de septiembre la capital se unía a la rebelión.

Isabel II marchó a Francia, a la par que sucesivos pronunciamientos en el resto del país aseguraban el triunfo revolucionario. Así comenzaban seis años de apretada y compleja dinámica política. La junta revolucionaria de Madrid conmemoró, el día 30, la caída de los Borbones con un decreto sumamente significativo, en el que se reconocían las aportaciones del mundo intelectual a la expansión de los valores democráticos: la destitución del rector marqués de Zafra y la reposición en sus cátedras de Sanz del Río, Castelar, García Blanco, Fernando de Castro, Nicolás Salmerón, Manuel María del Valle y Francisco Giner de los Ríos.

Capítulo XXV

El diseño de la democracia
(octubre 1868-junio 1869)

25.1. La dualidad de poderes: juntas revolucionarias y Gobierno provisional. La instauración de las libertades

El cambio político nacido en la bahía de Cádiz fue algo más que el derrocamiento de una Reina, y con ella de una dinastía. Se representaba el momento de concretar un conjunto de transformaciones que variasen la esencia del contexto político y racionalizasen la vida económica, en suma, que democratizasen la vida política y destruyesen las trabas que se oponían a la modernización del sistema económico. Estaba en juego la implantación, en toda su potencialidad, de los principios del liberalismo democrático que ensancharan los cauces participativos, en un intento de socializar la vida política, integrando al conjunto de la ciudadanía en un nuevo modelo de actuación liberal.

Desde finales de septiembre hasta las elecciones a Cortes Constituyentes de enero de 1869 la situación política pasó por dos fases sucesivas, que reflejaban el juego de las diferentes fuerzas políticas que habían participado en el derrocamiento de la dinastía. En un primer momento el poder de hecho residió en las diversas juntas revolucionarias que colmaron el mapa español. En ellas solía dominar cualitativamente el elemento demócrata, es decir, su discurso político más o menos proclive a la solución republicana. Estas juntas darán su impronta a todo el Sexenio democrático. En sus manifiestos y proclamas, casi todas ellas coincidieron en unos puntos básicos muy próximos al ideario demócrata: sufragio universal, libertad de imprenta, supresión de los derechos de puertas, libertad de cultos, libertad de industria y comercio, contribución única, abolición de las quintas... Esta organización juntera, nacida de forma espontánea, en general por iniciativa de los demócratas, encontró su sedimento legal en la constitución de la Junta Superior Revolucionaria el 5 de octubre. Elegida por sufragio

Gobierno provisional de 1868. De izquierda a derecha: Figuerola, Ruiz Zorrilla, Sagasta, Prim, Serrano, Topete, Ayala, Romero Ortiz y Lorenzana.

universal entre los ciudadanos madrileños, estaba compuesta por 21 miembros, de ellos sólo tres demócratas: Nicolás María Rivero, Cristóbal Sorni y Francisco García López. A pesar de esta escasa presencia cuantitativa, fue Rivero el inspirador de los contenidos teóricos que informaron el discurso de la Junta. En este aspecto es de una suma importancia la Declaración de Derechos que este organismo elaboró y dio publicidad el 8 de octubre. Al día siguiente en la *Gaceta de Madrid* se publicó esta pieza teórica que ha sido considerada como el núcleo de la filosofía política que impregnó al Sexenio democrático. La Declaración recogía los principios expresados por el conjunto de las juntas revolucionarias en semanas anteriores: «Sufragio universal. Libertad de cultos. Libertad de enseñanza. Libertad de reunión y asociación pacíficas. Libertad de imprenta sin legislación especial. Descentralización administrativa que devuelva su autonomía a los municipios y a la provincia. Juicio por jurado en materia criminal. Unidad de fueros en todos los ramos de la administración de justicia. Inamovilidad judicial. Seguridad individual e inviolabilidad de domicilio y correspondencia. Abolición de la pena de muerte». Sin embargo se denota un silencio significativo en lo que respecta a la forma de gobierno, sin duda para evitar tensiones entre las distintas fuerzas políticas allí presentes.

El mismo 8 de octubre se constituyó el primer Gobierno provisional, presidido por el general Serrano y compuesto por miembros de los partidos progresista y unionista, con los demócratas al margen: Sagasta, Gobernación; Prim, Guerra; Romero Ortiz, Estado; Topete, Marina; Figuerola, Hacienda; Ruiz Zorrilla, Fomento, y López de Ayala en Ultramar. Hasta el día 21 coexistieron dos poderes: el de las juntas y el del Gobierno provisional, situación política inaceptable finalmente resuelta, previas negociaciones, por el decreto gubernamental de disolución de las juntas. La revolución marchaba hacia su estabilidad legal, pero no sin discrepancias, derivadas más por un problema organizativo que por divergencias en los principios políticos. De todas formas si los demócratas no estaban representados en el Gobierno, éste hizo suyas la mayoría de las formulaciones doctrinales de aquellos y las convirtió en praxis gubernamental a través de un conjunto de decretos publicados en el último trimestre de 1868. En gran medida quedaba allanado el camino para la futura labor de las Cortes Constituyentes, que refrendaron todo este corpus legal en el articulado constitucional.

La labor del Gobierno provisional no iba a estar exenta de conflictos. Para empezar, el choque frontal con la jerarquía eclesiástica, que en un primer momento había tomado una actitud de expectativa a la espera de acontecimientos. Pero desde que el Gobierno provisional hizo suyo el principio de libertad de cultos, la relativa neutralidad eclesiástica se convirtió en franca oposición. El 12 de octubre salió publicado el decreto disponiendo la disolución de la Compañía de Jesús, acompañada de la expulsión de sus miembros y la incautación de sus bienes. Otro decreto del 19 de octubre establecía la extinción de conventos y casas de religiosas. Todavía exacerbó más los ánimos el decreto de 6 de diciembre derogando el fuero eclesiástico. Este recorte de los poderes de la Iglesia sería a la larga una de los más graves condicionantes de toda la dinámica política del Sexenio.

En el plano político la actividad gubernamental estuvo dirigida a plasmar en sendos decretos los principios básicos del liberalismo democrático, desde la libertad de asociación hasta la libertad de imprenta «suprimiendo el juzgado especial de imprenta y la fiscalía de novelas». Todo ello culminó el 9 de noviembre con el decreto sobre el ejercicio del sufragio universal, elaborado por Sagasta, que estableció como célula electoral la circunscripción, como alternativa al distrito unipersonal tan caro de los moderados.

Fue la cuestión de la forma de Gobierno la que produjo mayores dosis de crispación dentro del bloque revolucionario. La dicotomía entre posturas monárquicas y republicanas ya había quedado patente en los diferentes discursos de las juntas revolucionarias, más que nada por el entusiasmo propagandista de individuos afectos al partido demócrata. Una vez depuesta la dinastía borbónica, los republicanos creyeron que había llegado el momento de la proclamación de la República como culminación del ideario democrático. El debate acabó por bifurcar organizativamente al partido demócrata. Lo que hasta entonces había sido difícil coexistencia en el interior del partido entre dos corrientes, concluyó a mediados de octubre en la organización de dos formaciones distintas: los demócratas «cimbrios», incluidos en la coalición monárquico-democrática, y el republicanismo federal. A medio camino entre ambas opciones se situaba un reducido grupo de republicanos unitarios. Esta escisión había quedado anunciada en el «Manifiesto de coalición monárquico» de 12 de octubre, inspirado en su contenido por Nicolás María Rivero, cuya firma venía acompañada de las de otros dos caracterizados demócratas, Becerra y Martos. Los días 11, 18 y 25 de octubre se desarrollaron en Madrid tres reuniones de los simpatizantes demócratas, en las que se acabó por consumar la ruptura. En la primera de ellas surgieron dos posturas encabezadas respectivamente por Martos, defensor de la accidentalidad de la forma de gobierno y por Figueras, valedor de la República federal. Finalmente no se tomó ninguna deci-

La revuelta popular malagueña en diciembre de 1868.

sión. Sin embargo, en la segunda reunión la mayoría de los asistentes se inclinaron por la forma republicana federal. Los demócratas monárquicos no aceptaron la resolución. En la tercera reunión un replanteamiento hizo que se pospusiera la discusión de la forma de gobierno para el futuro. En realidad la división estaba consumada. Más todavía el debate entre los demócratas animó al Gobierno a definirse claramente por la solución monárquica. En este sentido se expresó el Manifiesto gubernamental del 25 de octubre en favor de la monarquía parlamentaria. A partir de este momento demócratas cimbrios y republicanos desarrollarían una actividad organizativa por separado.

En otras regiones españolas el debate entre monarquía y república alcanzó cotas más dramáticas. Sobre todo en Andalucía, donde el término «república» se equiparaba a la transformación de las estructuras de la propiedad que colmara unas ancestrales esperanzas de reparto de tierras. En un ambiente caldeado por la disolución de las juntas y el desarme de los *Voluntarios de la Libertad,* cuerpo armado civil de la revolución, el 6 de diciembre una sublevación prorrepublicana estalló en Cádiz, hasta el día 13 en que, tras violentos combates, las fuerzas al mando del general Caballero de Rodas restablecieron la situación. El 31 le tocó a Málaga, a la par que estallaban pequeños conatos en Sevilla y Jerez. El 8 de enero el mismo General entró en Málaga. El Gobierno provisional había sorteado sin excesivas dificultades sus primeros problemas de envergadura. Otra cosa será el estallido secesionista cubano, con el *Grito de Yara,* a las órdenes de Carlos Manuel de Céspedes. Aquí reside otro foco de tensión permanente durante todo el Sexenio.

25.2. Una vocación de economía extravertida

Los nuevos aires de libertad alcanzaron también al mundo de la economía. En primer lugar, era preciso dar rápida respuesta a una de las reivindicaciones populares más reiteradamente expresadas en los días de la revolución. Así el 12 de octubre un decreto del Ministerio de Hacienda suprimía la contribución de consumos, sustituyéndola por un impuesto personal y universal que no llegó a cuajar. El 19 de octubre otro decreto de Figuerola fijó la peseta como unidad monetaria. En el preámbulo del decreto se aprovechaba la situación para hacer un canto a la soberanía nacional: «La moneda de cada época ha servido para marcar los diferentes periodos de la civilización de un pueblo, presentando en sus formas y lemas el principio fundamental de la constitución y modo de ser de la soberanía, y no habiendo hoy en España más poder que la nación, ni otro origen de la autoridad que la voluntad nacional, la moneda debe ofrecer a la vista la figura de la Patria... borrando para siempre de este escudo las lises borbónicas.» La reforma monetaria se articulaba en el ambiente creado por la Unión Monetaria Latina formada por la convención que el 23 de diciembre de 1865 firmaron Francia, Bélgica, Suiza e Italia. En sustancia, al admitir la libre acuñación en oro y plata, estableció un patrón bimetálico, en el que la peseta de cien céntimos se convertía en la unidad monetaria de todos los territorios españoles. Tortella ha señalado que este patrón bimetálico a medio plazo no podía sostenerse y acabaría siendo sustituido por el predominio de la circulación fiduciaria. Seis años después, la concesión del monopolio de emisión al Banco de España, además de estar motivada por la crónica penuria recaudatoria del Estado, vendría a regular el ordenamiento monetario.

Los hombres del Sexenio habían heredado una situación hacendística caótica agravada por la crisis de 1866. Técnicamente el Estado estaba en suspensión de pagos. En 1868 el capital de la deuda pública se elevaba a 22.109 millones de reales con unos intereses de 591 millones de reales aproximadamente. Si a ello añadimos las deudas a corto plazo por anticipación de fondos de la banca extranjera, los efectos de la crisis agraria de 1867-68, y la reciente abolición de los derechos de puertas y consumos, se completa un panorama para cuya solución quedaban pocos márgenes de actuación. A fines de octubre el Gobierno recurrió a la suscripción de un empréstito en bonos del Tesoro por un valor de 2.000 millones de reales, con la garantía de banqueros extranjeros. Dada la escasa capacidad de negociación del Gobierno la operación fue muy gravosa: los títulos públicos se dieron al 80 por 100 por un interés del 6 por 100, comprometiéndose el Estado a la amortización de los bonos, por todo su valor nominal, en un plazo de veinte años como máximo. El sector minero quedó vinculado a esta operación financiera. A corto plazo las minas estatales servirían de garantía para el pago de los intereses. A largo plazo, se pensaba que una utilización más eficiente y dinámica de la explotación del subsuelo traería consigo una mejora en la recaudación de contribuciones. Además los principios de libertad económica entraban en abierta contradicción con la política seguida hasta entonces respecto de la minería. El 1 de enero de 1869 la *Gaceta de Madrid* publicó el «Decreto dando bases generales para la nueva legislación de minas». Había que facilitar el acceso a la propiedad de las minas y su explotación. «Facilidad para conceder» y «Seguridad para explotar», independientemente de la nacionalidad de su dueño, eran las máximas que guiaban tal decreto: «Vender todas las minas, o el dominio sobre ellas; dar salida a las substancias subterráneas y lanzarlas al mercado; arrancarse de la rutina y abrir nuevos caminos a la libertad, son cosas propias de una revolución que sólo con reformas radicales y enérgicas puede forzar el paso por entre las apiñadas y traidoras dificultades que la cercan.» La nueva ley de minas establecía un contexto legal innovador para el sector. En gran medida su filosofía respondía a los mismos parámetros de la desamortización de Mendizábal o Madoz: convertir la explotación minera en propiedad perfecta. Hasta entonces la legislación minera había reproducido un modelo que procedía de siglos anteriores, en el que el subsuelo español era propiedad de la Corona. Ahora quedaba *nacionalizada,* a la par que se reducían enormemente los trámites burocráticos para el acceso a la explotación. Todo ello unido a un régimen fiscal favorable, creó las condiciones para que las inversiones mineras fueran muy rentables. Inmediatamente se agolparon los capitales. Se trataba principalmente de inversiones exteriores, sobre todo de procedencia británica. Hay que tener en cuenta que en este momento el subsuelo del continente africano estaba todavía por explotar, al igual que sucedía con el cobre chileno, el estaño boliviano o las riquezas del subsuelo del oeste norteamericano. La legislación minera brindó la posibilidad muy ventajosa de invertir en el primer país productor de minerales, y así afluyeron hacia España los capitales procedentes de países hambrientos de materias primas en pleno proceso de industrialización. La reforma minera estuvo motivada por dos razones, doctrinales y fiscales. En primer lugar, los criterios doctrinales imponían la lógica liberal de la propiedad perfecta; los motivos fiscales planteaban la posibilidad de un incremento de las recaudaciones a partir del previsto auge del sector minero.

Auge que decididamente se dio a partir de 1869. Los resultados de la reforma han provocado fuertes controversias en el debate historiográfico. Quienes enfocaron el problema a partir de las teorías de la dependencia económica han insistido en que la legislación minera se tradujo en la subordinación acentuada del país a los principales centros capitalistas extranjeros, con los consiguientes efectos negativos a largo plazo basados en la esquilmación extravertida del subsuelo, lo que derivaría en que desde principios del siglo XX España acabara transformándose, conforme avance la industrialización, en un país importador de minerales. La visión opuesta destaca los efectos positivos en el comercio exterior, como pieza fundamental de la balanza comercial, y en la recepción de *inputs* tecnológicos. Motivos estrictamente recaudatorios, relacionados con una situación agobiante del erario público, tuvo el contrato con la casa Rothschild de la comercialización del azogue del Almaden en 1870 y la venta de las minas de Río Tinto a los británicos en 1873.

En este contexto de liberalismo económico todavía quedaba un punto de singular importancia: la liberalización de los intercambios exteriores. Ya estaba en la mente de Figuerola, que trabajaba sobre la cuestión, pero habrá que esperar a mediados de 1869 para que el nuevo ensayo librecambista tuviera entidad legal.

Excepto una breve presencia de Ardanaz en la cartera de Hacienda, durante el segundo ministerio Prim, fue Laureano Figuerola el hombre básico de las finanzas españolas encargado de llevar a su concreción práctica los nuevos aires liberales en economía, presentes en el discurso doctrinal de septiembre. Continuando la política esbozada en tiempos del Gobierno provisional, Figuerola preparó el viraje del sector exterior. El 12 de julio de 1869 la Ley de Bases Arancelarias transformó una realidad proteccionista, cuyas consecuencias habían agravado los efectos de la crisis de 1866. El nuevo arancel, además de eliminar la nómina de género prohibido para su importación, reducía sensiblemente las tarifas aduaneras. En lo fundamental establecía dos tipos de derechos: los fiscales, hasta un 15 por 100 *ad valorem,* y los extraordinarios, entre el 15 y el 30 por 100. La ley preveía en su base quinta, que a partir de 1875 se redujeran progresivamente los derechos extraordinarios hasta quedar igualados a los fiscales, es decir, un techo arancelario nunca superior al 15 por 100. Aunque con la Restauración borbónica, la aplicación de la base quinta quedó en suspenso por el decreto de 27 de julio de 1875, la corrección librecambista de Figuerola dejó su impronta en la política arancelaria hasta finales de siglo.

Habitualmente la historiografía ha entendido la política comercial de los Gobiernos del Sexenio democrático como una reorientación de la economía española con respecto a las emprendidas anteriormente. Sería el gran viraje que formaría una especie de islote librecambista en un siglo marcado por fuertes tendencias neomercantilistas. Sin embargo las últimas aportaciones permiten plantear las líneas de continuidad con las formulaciones y acciones de gobierno pretéritas y futuras. La política económica del Sexenio tiene un nombre propio: Laureano Figuerola. Bien a través de su gestión directa como ministro de Hacienda o de su inducción doctrinal, su sello quedó patente a lo largo de estos seis años. La acción del Gobierno posee un cuádruple contenido: fiscal, hacendístico, monetario y comercial, que se desarrollará desde una óptica liberalizadora. No podía ser de otra manera si se tiene en cuenta que Figuerola había sido uno de los hombres fuertes de una asociación paradigmática y de gran influencia doctrinal como era la *Asociación para la reforma de los aranceles.* Frente al proteccionismo del asociacionismo proteccionista de raíces catalanas y muy vinculado a los fabricantes algodoneros y con extensiones en los cerealeros del interior, el grupo de Figuerola había planteado la necesidad de una mayor apertura del sistema económico español y su articulación más profunda en el mercado mundial. De esta manera la política económica del Sexenio ha sido definida como una pausa librecambista en un contexto secular marcadamente proteccionista. Pero existe otra posible lectura, más a largo plazo, que inscribiría estas políticas liberalizadoras en una onda anterior cuya raíz estaría en el desmantelamiento del aparato económico del Antiguo Régimen. Cabe en este caso establecer una comparación con las políticas seguidas durante el Bienio progresista, e incluso los intentos durante la Regencia de Espartero; en todo caso el Bienio había marcado en política económica un antes y un después, divisoria que señala unas formas de actuación ampliadas durante el Sexenio democrático. La legislación bancaria y ferroviaria del Bienio había supuesto una apertura a la financiación y a la tecnología foráneas. En lo que toca al ámbito comercial los aranceles de 1841 y 1849 habían desembocado en suaves correcciones del excesivo marco prohibicionista de los últimos tiempos del Antiguo Régimen.

El problema del Sexenio es que el avance de la liberalización económica topó con un obstáculo prácticamente insalvable: la hemorragia del déficit presupuestario y la imposibilidad de acotarlo, o si queremos, la ausencia de vocación política, a partir de una reforma tributaria en profundidad. La política arancelaria, doctrinalmente tenía sus raíces en los presupuestos mantenidos por la Asociación para la reforma de los aranceles, pero a largo plazo, como hemos señalado, continuaba la línea reductora del proteccionismo, planteada tímidamente en anteriores disposiciones arancelarias. En este aspecto la moderna historiografía tiende a matizar la novedad librecambista, calificándola como política menos proteccionista. Lo importante del arancel era relacionarlo con toda la potencialidad librecambista emanada de la ley de Bases Arancelarias aprobaba al mismo tiempo. En principio el arancel abandonaba cualquier veleidad proteccionista y rebajaba sustancialmente los aranceles hasta dejarlos en un arco situado entre el 25 y el 35 por 100 *ad valorem*. Se acercaba pues a un contenido más fiscal, que propiamente hablando, proteccionista. Lo realmente significativo era la quinta base de la ley de Bases que entreveía para un futuro el librecambismo pleno. Figuerola partía de la siguiente composición: la rebaja arancelaria provocaría un mayor auge comercial con el exterior a partir de un nivel más elevado de competencia del sector económico interior, lo que a medio plazo redundaría en el remozamiento tecnológico y en el incremento de las exportaciones, y en general del comercio exterior, con el consiguiente aumento de la recaudación para las arcas del Estado.

La creación del Banco Hipotecario de España en enero de 1873 pretendió reordenar el endeudamiento estatal, buscando en esta institución el instrumento financiero de mediación entre los prestamistas extranjeros, entre ellos el Banco de París con el que se había negociado un empréstito de 250 millones de pesetas, y el Estado español. Con ello se querían evitar determinados abusos derivados de la frágil posición del Gobierno español a la hora de contratar empréstitos exteriores, por la falta de escrupulosidad en el pago de intereses y de amortizaciones.

25.3. La ampliación del mercado político.
Teoría y práctica del sufragio universal

El 15 de enero de 1869 dieron comienzo las elecciones para diputados a Cortes Constituyentes. A lo largo de tres días, incluido necesariamente un domingo para que votaran los asalariados, el pueblo iba a ser por primera vez en la historia protagonista teórico de su destino. Era la primera aplicación en España del sufragio universal directo, reservado a los varones mayores de veinticinco años, que trajo como consecuencia una enfebrecida actividad política en los dos meses anteriores y en la que subyacía el primer aprendizaje técnico del funcionamiento de un régimen democrático. La ley electoral de 10 de noviembre de 1868 y el reconocimiento de tres derechos fundamentales en toda actividad política democrática, las libertades de imprenta, reunión y asociación, dieron como resultado un embrionario proceso de modernización de la actuación política en todos sus niveles. Al fin y al cabo la instauración del sufragio universal no debe ser entendida como una mera extensión cuantitativa del derecho a voto, sino en toda su potencialidad transformadora que implica cambios cualitativos fundamentales. Hasta entonces el sufragio censitario permitía la resolución de las consultas electorales, independientemente de su mayor o menor grado de escrupulosidad, en una amplia red de relaciones personales, que no iba más allá de una elite del dinero o de la cultura, mientras que el sufragio universal significaba la irrupción en el mundo de la política de un extenso colectivo de naturaleza diversa y mayoritariamente anónima. Por su carácter innovador se trataba de un primer ensayo donde todavía no había arraigado, no había sido colectivamente asumida, la idea de que era posible transformar a partir del voto el signo del poder político y el cauce de los acontecimientos. En realidad las consultas electorales basadas en el sufragio censitario no eran más que apéndices legitimadores del poder político existente, mientras que ahora las consultas sobre la base del sufragio universal se convertían en la esencia misma del funcionamiento político.

El sufragio universal, como materialización última del régimen de libertades que las juntas revolucionarias y el Gobierno provisional habían ido construyendo apresuradamente en los últimos tres meses de 1868, supuso una reorientación de la vida ciudadana y un experimento, culminado con mayor o menor éxito, de socialización de la cultura política, en un ambiente adverso dada la trayectoria anterior opuesta a la participación, dadas las condiciones técnicas del país que dificultaban la transmisión de mensajes y dado el nivel de cultura general de la inmensa mayoría del país. Quizás por eso la clase política centró sus esfuerzos didácticos en aquellos lugares donde ya existían unas embrionarias formas de cultura política y de aprendizaje participativo, es decir, los núcleos urbanos, marcándose una dualidad en la actuación de esa clase política tendente a marginar los núcleos rurales, donde las relaciones seculares de subordinación podrían suprimir la ausencia de cultura política a la hora de expresar el voto, mientras que la mayor dosis de impersonalidad del mundo urbano exigía un tratamiento diferente a la cuestión.

La aplicación del sufragio universal tuvo importantes consecuencias en la organización de los partidos, en la extensión del asociacionismo, en la necesidad de depurar las técnicas de transmisión de contenidos políticos y en las nuevas formas de fraude electoral.

A partir de septiembre de 1868 se amplió el abanico de la oferta política. Diferentes programas, distintas opciones obligaron a una mayor operatividad de las formaciones políticas. Se asiste a un intento todavía inmaduro de configurar partidos políticos que sustituyeran a las formas preexistentes adecuadas a un régimen político restrictivo. Ello no supone tanto la crisis del partido clásico de notables, como la superación tanto en el orden estructural interno como en el ámbito geográfico del viejo sistema de las familias políticas. Entre octubre de 1868 y enero de 1869 coexisten en la nueva realidad política española residuos organizativos clásicos de la etapa anterior, agrupaciones de notables, y partidos que pretenden convertirse en partidos de masas, y en todo caso sí fue asumida la necesidad de conseguir un enraizamiento más profundo en el tejido social. Los carlistas y moderados funcionaron como familias políticas, los monárquicos, conjunción de unionistas liberales, progresistas y demócratas, se articularon como partidos de notables, y los republicanos intentaron, con mayor esfuerzo que éxito, convertirse en un partido plenamente representativo de su clientela política, sin que tal esfuerzo organizativo trascendiera más allá de los núcleos urbanos más importantes del país, hecho por otra parte significativo de que la clase política salía del entorno de la capital del Estado, su viejo refugio, para extenderse a otros ámbitos geográficos, siempre teniendo en cuenta la dualidad apuntada entre el mundo urbano y rural y las dificultades técnicas impuestas por el sistema de comunicaciones. El sufragio universal y la convocatoria a Cortes Constituyentes multiplicaron, pues, esta actividad reorganizativa. En el ensayo republicano de convertirse en un partido político en el sentido estricto del término, tuvo gran importancia la mecánica electoral; es decir, la estructura interna del partido tuvo su basamento en los comités electorales constituidos a lo largo del mes de noviembre. El proceso tuvo su punto culminante el 14 de noviembre con la constitución en el Circo de Price de Madrid del comité electoral central del partido republicano, en el que intervinieron un total de 13.735 electores. El comité lo formaban 30 miembros encargados de coordinar y dirigir toda la actividad electoral, que posteriormente formarán la cúpula del partido a lo largo del Sexenio: Orense, Castelar, Figueras, Pierrad, Barcia, Pi y Margall, García López, Sorni, Ordax y Avecilla, Chao, etc.

Igualmente el incremento de la oferta de proyectos políticos exigió la depuración de las técnicas de transmisión de contenidos ideológicos que posibilitasen la recepción del mensaje en las mejores condiciones posibles. La oferta era mayor y también la clientela. De ahí que los partidos políticos trataran de proyectar su producto, programa electoral, a un mayor número de consumidores. Los nuevos mecanismos puestos en marcha mostraron con evidencia la modernización del ambiente político. Una vez más el esfuerzo de la propaganda fue encaminado a los centros urbanos en un variado abanico de acciones que fueron desde la prensa, vehículo más bien alejado de los grupos sociales iletrados, hasta los clubs, el mitin o el catecismo electoral, cuya transmisión verbal los convertía en instrumento de difusión adecuado para el conjunto de los sectores populares. El decreto sobre libertad de prensa de 14 de octubre de 1868 fue entendido rápidamente como un valor absoluto, alcanzándose unas cotas de libertad de expresión en los tres últimos meses de 1868 que contrastaban vivamente con la atmósfera de represión de los dos últimos años del periodo isabelino. No hubo restricciones para nadie a la hora de editar un periódico. Resulta sintomático que al mes de derribada la dinastía iniciaran su publicación dos periódicos moderados partidarios del restablecimiento inmediato de Isabel II en el trono, *El Siglo* y *El Estandarte*. Asimismo los periódicos republicanos pudieron informar con todo lujo de detalles de las sublevaciones de Málaga y Cádiz en el mes de diciembre, lo que no es óbice para que hasta el 13 de enero de 1869 se hubieran incoado once procesos contra periódicos republicanos, que finalmente fueron sobreseídos y no llegaron a mayores consecuencias. En suma, la prensa conoció un auge inédito hasta entonces. Los moderados utilizaron como órganos principales los citados *El Siglo* y *El Estandarte*. La coalición monárquico-democrática encontró la adhesión de periódicos tan relevantes como *La Iberia, El Imparcial, Las Novedades* o *El Diario Español*. Los republicanos federales contaron con dos periódicos fundamentales, *La Discusión* y *La Igualdad*, este último auténtico órgano de partido que combinaba los contenidos doctrinales con información sobre la vida interna del partido y su clientela política. Por su parte, los carlistas se expresaban principalmente a través de *El Pensamiento español, La Esperanza* y *La Regeneración*. Todos estos periódicos gozaron de una amplísima difusión nacional, en consonancia con la expansión de los contenidos políticos más allá del epicentro madrileño.

Pero quizás tan importante como la prensa, sobre todo en lo referente a la ampliación de la cultura política entre los sectores más populares, fueron los otros instrumentos de propaganda electoral. En este aspecto son los demócratas y republicanos quienes protagonizaron una actuación más dinámica. En cada barrio y distrito de las grandes ciudades españolas multiplicaron los mítines y discursos. Igualmente proliferaron los catecismos electorales, especie de folletos destinados a instruir políticamente al elector. Redactados sin retórica, con lenguaje claro y conciso, algunos de ellos alcanzaron mucha difusión como el de Justo María Zabala o el de Juan Manuel Díez. Más que defensores de una idea política, eran, sobre todo, propagadores de los principios democráticos expresados por las juntas revolucionarias en los albores de la septembrina. Leídos con fruición en las reuniones electorales y en los clubs, cumplieron una notable labor didáctica de formación entre el elemento popular. El club de los demócratas republicanos de Hospicio y Chamberí de la capital, construido el 29 de octubre, dedicó sus primeras sesiones al problema de la libertad de cultos. El club republicano de Antón Martín, inaugurado el 10 de enero de 1869, tuvo gran influencia sobre los trabajadores de los barrios populares del sur de Madrid. Con un contenido más elitista en cuanto a su clientela, *El Círculo de la Revolución*, creado a mediados de octubre de 1868, contaba entre sus primeros socios a Nicolás Salmerón, Cristino Martos y Francisco Giner de los Ríos, de un total de 300 afiliados.

CUADRO 25.1

Los límites de la participación:
sufragio censatario y sufragio universal en el Madrid del 68

Distrito	Contribuyentes	Capacidades	A Núm. electores sufragio censatario (marzo 1868)	B Núm. electores sufragio universal (diciembre 1868)	% de A respecto a B
Audiencia	1.132	494	1.626	7.670	21,20
Buenavista	710	556	1.266	6.284	20,14
Centro	1.095	773	1.868	6.885	27,13
Congreso	1.061	599	1.660	7.321	22,70
Hospicio	703	602	1.305	7.786	16,76
Hospital	507	335	842	8.701	9,67
Inclusa	394	116	510	10.301	5,00
Latina	510	172	682	10.561	6,45
Palacio	604	598	1.202	8.139	14,76
Universidad	673	503	1.176	9.539	12,33
Total	7.389	4.748	12.137	83.187	14,59

Fuente: Elaboración propia a partir de las listas rectificadas de contribuyentes con derecho a voto en las elecciones censatarias, publicadas en el *Boletín Oficial de la Provincia de Madrid* (enero-abril de 1868), y de los fondos electorales del Archivo de Villa referentes a diciembre de 1868.

A mediados de enero de 1869 cuatro grandes tendencias ocupaban el arco político. A la derecha se situaban los carlistas, que habían iniciado su reorganización a partir de la reunión de Londres de julio de 1868 favorecida por la abdicación de don Juan, el 3 de octubre, y la incorporación al partido de neocatólicos como Nocedal, Aparisi Guijarro y Navarro Villoslada, que postularon la participación carlista en el proceso electoral. Esto supuso la aceptación temporal del juego parlamentario y el olvido de la lucha armada, que rebrotará de forma ocasional después de la aprobación de la Constitución y que desembocará en la sublevación general de 1872. En noviembre constituyeron su comité electoral. Ante la convocatoria a Cortes Constituyentes todos los programas carlistas insistieron en la defensa de la unidad religiosa del país, frente a la pluralidad de cultos defendida por monárquico-democráticos y republicanos, y en la monarquía católica: «Votemos, pues, la unidad religiosa y la monarquía; pero la monarquía de un rey que reine y gobierne para hacer la felicidad verdadera del pueblo, dándole la libertad justa, lícita, que cabe dentro de la Ley Santa de nuestro divino Salvador.» Como soporte para la transmisión de la idea de unidad religiosa en diciembre de 1868 el marqués de Viluma creó las Asociaciones de Católicos, en íntima relación con el partido. Los carlistas presentaron candidaturas en su feudo tradicional vasco-navarro y en algunas otras circunscripciones.

Los moderados no dieron señales de vida en los primeros momentos que siguieron al triunfo de la revolución. Iniciaron una tímida reorganización desde finales del mes de octubre. Su línea política quedó fijada en el manifiesto programático titulado «La cuestión preliminar», redactado por el conde de San Luis y editado el 10 de diciembre. En él presentaban como única solución política viable la *monarquía constitucional*, conducida por los *partidos medios*, ya que la república traería consigo la «anarquía» y el «comunismo», y la monarquía democrática resultaría imposible a la larga al convertir al monarca elegido en un rey de partido. En resumen, reclamaban el trono para Isabel II y su dinastía y el restablecimiento de la Constitución de 1845. Finalmente los moderados adoptaron una política de semirretraimiento contraria a la postura del conde de San Luis, incluso el 11 de enero de 1869 el general Calonge, autotitulándose presidente del Senado, enviaba una comunicación al cuerpo electoral afirmando que la convocatoria a Cortes era ilegal y anticonstitucional, lo que le valió que el ministro de la Guerra decretase su separación del ejército. No obstante los moderados presentaron candidaturas en algunas circunscripciones, reservando la de Madrid para sus notables: marqués de Novaliches, conde de San Luis, Francisco Lersundi, Fernando Álvarez, Claudio Moyano, conde de Sastago y Domingo Moreno. Conscientes de que no era su momento histórico, apenas potenciaron sus candidaturas, limitándose a aprovechar la campaña electoral para dar publicidad a la Restauración borbónica, convencidos de que antes o después ésta llegaría.

Ocupa el centro político la conjunción monárquico-democrática, integrada por los partidos signatarios del Pacto de Ostende de 1866, progresistas y demócratas, y la Unión Liberal. Su programa político quedó formulado en el manifiesto de «coalición electoral» de 12 de noviembre de 1868, firmado por los notables de los tres partidos que formaban la coalición, que a su vez, habían actuado como principal soporte civil de la revolución de septiembre: Ríos Rosas, Rivero, Dulce, marqués de Perales, Becerra, marqués de la Vega Armijo, Martos, Madoz, Olózaga... El contenido del manifiesto reproduce los principios emanados de las diversas juntas revolucionarias en los primeros días de octubre, añadiendo la defensa de la forma monárquica, subordinada a la soberanía nacional:

> Nuestra monarquía, la monarquía que vamos a votar es la que nace del derecho del pueblo; la que consagra el sufragio universal; la que simboliza la soberanía de la nación; la que consolida y lleva consigo todas las libertades públicas; la que personifica, en fin, los derechos del ciudadano, superiores a todas las instituciones y a todos los poderes. Es la monarquía que destruye radicalmente el derecho divino y la supremacía de la familia sobre la nación; la monarquía rodeada de instituciones democráticas; la monarquía popular.

Se trata de un manifiesto que, por su carácter abstracto, pone especial énfasis en evitar cualquier tensión de una coalición coyuntural en la que se marca el peso teórico de demócratas cimbrios y del ala izquierda del progresismo. Al fin y al cabo la coalición electoral estaba destinada a contrarrestar al partido republicano, cuya real incidencia quizá sobrevaloraron. A mediados de 1869, una vez aprobada la Constitución, la coalición empezó a desintegrarse. Los hombres de la Unión Liberal y el ala derecha de los progresistas siempre fueron partidarios de una visión más restringida del conjunto de los derechos fundamentales del individuo, parte de ellos, incluso, acabaron por encuadrarse a partir de 1872 en las filas alfonsinas, junto a miembros del partido moderado. El ala izquierda de los progresistas y el partido demócrata representaban al liberalismo más avanzado y se encontraban sólidamente asentados entre los sectores menos pudientes de las clases medias y el elemento popular, es decir, aquel abigarrado conjunto social que ha venido en denominarse el «pueblo». Fueron estos dos grupos, junto a los republicanos, quienes con su actuación en las Cortes Constituyentes, incorporaron a la Constitución de 1869 la serie de principios políticos que informaban el liberalismo radical. Una vez determinada su adscripción monárquica en el manifiesto del 12 de noviembre, las primeras fisuras aparecieron ante los esbozos de la discusión sobre el posible candidato al trono, cuando todavía el cuerpo electoral no se había pronunciado. En aquel otoño de 1868 la prensa ligada a la coalición empezó a barajar tres posibles candidaturas: la del duque de Montpensier, la de Espartero y la de Fernando de Portugal. La solución montpensierista era defendida por sectores de la Unión Liberal, dentro de un proyecto político de libertades recortadas, y la alternativa bragancista apenas era considerada por un periódico secundario como *La Voz del Siglo*. En cambio la candidatura de Baldomero Espartero fue postulada por un sector de la izquierda progresista y del partido demócrata como posible solución puente que permitiera el apoyo del partido republicano. En diciembre periódicos tan importantes como *El Imperial*, *La Reforma* y *La Iberia* comenzaron a postular la candidatura Aosta. Pero no era más que el preámbulo de un debate cuyo punto más álgido correspondió al periodo posterior a la aprobación de la Constitución. Para las elecciones de enero de 1869 la coalición monárquico-democrática presentó candidaturas en prácticamente todas las circunscripciones del país, incluyendo en la de Madrid a sus figuras más representativas: Rivero y Becerra por los demócratas, Prim, Ruiz Zorrilla y Sagasta por los progresistas y el general Serrano y el almirante Topete por la Unión Liberal.

A la izquierda del sistema se situaba el partido republicano, desgajado del demócrata a mediados de octubre de 1868 cuando se declararon monárquicos parte de sus miembros. El ala izquierda se separó constituyéndose en partido republicano federal. Su norte cardinal era la defensa de la forma republicana de gobierno, bajo articulación federal, y se consideraban los legítimos sucesores del espíritu revolucionario de las juntas. Cara al electorado se diferenciaban de los monárquicos, además de por la forma de gobierno, en su intransigente defensa de la abolición de las quintas, cuestión eludida en el manifiesto programático de la coalición y en su producción electoral posterior. Igualmente los republicanos plantearon un tema, todavía secundario y que en gran medida pasó desapercibido, pero que en años posteriores será clave en el debate político: la abolición de la esclavitud en las colonias. Por el momento, tal propuesta fue valorada por el conjunto de los grupos monárquicos como atentatoria al inviolable derecho de propiedad.

El partido republicano compartía con los demócratas una clientela de similares rasgos sociales. El núcleo de su electorado estaba compuesto por una amplia amalgama de artesanos, tenderos y trabajadores urbanos, junto a pequeños propietarios y jornaleros del campo. Por su dinamismo político, y por su actitud misionera en cuanto a la transmisión de un determinado mensaje ideológico, el partido republicano fue en gran medida el catalizador de esa irrupción en la vida política del *pueblo* impulsada por el nuevo régimen de libertades.

Del 15 al 18 de enero de 1869 se celebraron las elecciones a Cortes Constituyentes. La aplicación del sufragio universal se encontró con un reto: la primera experiencia de esta naturaleza para la mayor parte de la población. Además de la ausencia de cultura política de una población huérfana de experiencias electorales, la aplicación del sufragio universal también precisaba de un soporte técnico del que adolecían los censos electorales, al presentar inevitables deficiencias en este primer ensayo democrático.

Los resultados confirmaron una mayoría progubernamental de 236 escaños (monárquico-democráticos), acompañada de dos estimables minorías: 85 diputados republicanos y 20 carlistas. Los monárquico-democráticos consiguieron escaños en casi todas las circunscripciones, pero sus mayorías más consistentes procedían de la España interior, incluida la capital. Los principales focos republicanos se extendieron a lo largo del arco periférico mediterráneo, sobre todo en los núcleos urbanos. Fueron mayoritarios en Gerona, Barcelona, Lérida, Huesca, Valencia, Sevilla, Cádiz, Málaga, Alicante y Zaragoza, obtuvieron altos porcentajes de votación en Badajoz y Murcia, mientras que el interior agrario sólo eligió un diputado republicano por las provincias de Salamanca, Toledo, Valladolid y Teruel. En Madrid capital cosecharon 16.000 votos, pero ningún diputado. En cuanto a los carlistas, consiguieron sus mayorías en Vizcaya, Guipúzcoa y Navarra, pero también estuvieron representados por Gerona, Salamanca, Ciudad Real y Murcia.

Comparada con elecciones anteriores fue innegable la claridad y pulcritud del acto electoral, siempre teniendo en cuenta la inevitable intromisión del ministro de Gobernación, en este caso Sagasta, que según testimonios de la época actuó de eficaz aprendiz electorero. La prensa de matiz republicano, carlista o moderado, denunció algunas irregularidades que dieron lugar a la extensión de una frase muy reiterada: la «influencia moral» del Gobierno, es decir, la presión que el poder público efectuó sobre su cohorte de empleados civiles y militares, todo ello favorecido por los resultados de las elecciones municipales de noviembre que habían llevado al gobierno de los municipios a una mayoría muy holgada de candidatos progubernamentales. Esta influencia moral tuvo especial relieve en los núcleos urbanos, y sobre todo en la capital: dobles votaciones, actitudes en ocasiones incorrectas de las mesas electorales, presión por el gobernador militar sobre jefes, oficiales y tropa para que votasen la candidatura gubernamental. En cuanto a los distritos rurales, más que el «pucherazo» en el sentido estricto del término, lo que funcionó, en un ambiente de falta de cultura política y de experiencia participativa, fueron los mecanismos de presión basados en las relaciones de dependencia y subordinación, característicos de las pequeñas localidades rurales escasamente desarrolladas y donde la protección del notable tenía como contrapartida la vinculación del voto. Sería una forma de caciquismo antropológico donde el binomio protección-dependencia imponía sus normas. Un caciquismo que todavía no articula la vida política como en la España de la Restauración, pero que como fenómeno cultural mediatizaba la vida cotidiana. En estas elecciones tuvo gran alcance la voluntad política del Gobierno provisional en su acelerada actividad legislativa en lo referente a la promulgación de libertades públicas, y la excelente imagen que el propio Gobierno supo dar de su actuación en el discurso electoral. Mitos tales como Prim o Serrano en un momento álgido de pujanza, condicionaron el voto de una gran parte del electorado. En realidad, los votantes prolongaron su confianza en el Gobierno provisional que, salvo en el tema de las quintas, había intentado cumplir con las propuestas políticas surgidas de las juntas revolucionarias.

25.4. La Constitución de 1869, piedra angular del régimen democrático

El proyecto de Constitución fue aprobado por las Cortes el 1 de junio de 1869, por un total de 214 votos contra 55. La Constitución se promulgó solemnemente el 6 del mismo mes y fue publicada en la *Gaceta de Madrid* al día siguiente. Era el resultado de una rápida y prolija labor de la Comisión y de las Cortes, caracterizada por los profundos debates y la minuciosidad de planteamientos, a los que se acompañaron brillantes piezas de oratoria. En el Dictamen de la Comisión que redactó el proyecto se decía:

> Y esta elaboración, este solemne trabajo, ha sido hecho en breves días, sin esfuerzos, sin retrasos, con energía y, nos atrevemos a decirlo, con abnegación, con patriotismo [...] todos los individuos de la Comisión han discutido largo tiempo, todos han dudado, como los partidos y el país han dudado y vacilado también. Pero ante el espectáculo de la Patria perturbada, de la libertad amenazada, de la revolución comprometida, todos han dominado sus sentimientos personales...

Con este ánimo se dibujaba un pretendido consenso.

No sólo era la más liberal de todas las promulgadas anteriormente, no sólo un escalón más en la articulación jurídico-política del Estado liberal, sino que recogía el espíritu democrático. En efecto, su articulado recoge el ideario de los principios democráticos superadores del liberalismo doctrinario. Se puede considerar, pues, como la primera Constitución democrática del país, y como tal fue bautizada por el presidente de las Cortes Constituyentes, Nicolás María Rivero. El sufragio universal y una amplia y escrupulosa selección de derechos y libertades individuales, derechos «ilegislables», eran piedras angulares del texto, pero además las fórmulas de garantizarlos por un Gobierno que ejercería el poder con esta finalidad básica. De esta forma el cambio residió en que los derechos no aparecían como apéndice formal más o menos acabado del liberalismo, sino como esencia misma del funcionamiento democrático a los que están supeditados los poderes públicos. Se trataba de evitar los excesos autoritarios del régimen anterior.

Así el título I, compuesto por 31 artículos que comprenden casi la tercera parte del total de artículos de la Constitución, es una declaración de derechos individuales que se garantizan al ciudadano. Son los derechos naturales, imprescriptibles e inalienables del individuo: expresión, libre emisión de pensamiento, propiedad privada, seguridad personal, sufragio universal... incluidos los derechos hasta entonces marginados en el constitucionalismo español, como la inviolabilidad del domicilio y la correspondencia, la libertad de trabajo para los extranjeros, y sobre todo, los derechos de reunión y asociación (artículo 17). Era la primera vez que de forma tan explícita aparecía en una Constitución española una tabla de derechos del ciudadano, un amplio reconocimiento legal, y los medios de garantizarlos eficazmente. Tal minuciosidad se edificó sobre la idea de que eran la base del buen gobierno y tratando de impedir que pudieran ser lesionados por otras leyes posteriores. Se establecían sanciones para los funcionarios que infringieran los derechos, en el contexto de defensa frente a una Administración proclive a recortarlos, cuando no anularlos, de épocas anteriores. También se contemplaban indemnizaciones para los ciudadanos víctimas de atentados contra sus libertades. Ciertos derechos podrían quedar en suspenso temporal cuando la «seguridad» del Estado lo reclamase, pero para ello era preciso una ley específica. Entre ellos, el más polémico fue el artículo 21, referente a la cuestión religiosa, y que definitivamente establecía la libertad de cultos privado y público.

El sufragio universal y el derecho de asociación constituyeron las piezas maestras del funcionamiento político democrático. Abría las puertas a la participación política a todos los ciudadanos —masculino— por el hecho de serlo —independientemente de su nivel de rentas y ejercicio profesional—, y ofrecía la posibilidad del asociacionismo libre en todos sus sentidos, lo que daría lugar a organizaciones que superaban los partidos políticos liberales de notables dominantes de la época isabelina. La libertad de imprenta, por su parte, permitió la proliferación de órganos de expresión de muy distinto signo, cerrando, por el momento, uno de los capítulos más controvertidos en el avance del liberalismo. La prensa se consolidó como el lugar privilegiado de una propaganda política que debía de llegar a mayor número de electores, y como eco y difusión de las ideas. La filosofía del conjunto de derechos individuales asignaba al Gobierno una concepción nueva: instrumento para garantizar las libertades y no para frenarlas.

En el título II, «De los poderes públicos», se regulaban las instituciones. El principio básico es la soberanía nacional: «la soberanía reside esencialmente en la nación, de la cual emanan todos los poderes» (artículo 32), el mismo espíritu que comprendió el artículo 3.º de la Constitución de 1812. Este inequívoco reconocimiento iba por delante de la forma de Estado, tan debatida en el proyecto constitucional: se estableció un régimen monárquico (artículo 33) que basaba su legitimidad en la soberanía nacional. La división de poderes y la descentralización —expresión jurídica de la voluntad de cambiar la estructura centralista levantada por los moderados— son los principios sobre los que se articula la organización del Estado (artículos 34 a 37). La división de poderes quedaba diseñada categóricamente: el legislativo en manos de las Cortes, el ejecutivo en el rey y el judicial en los tribunales. Después se especificaba cada uno de ellos.

El centro de poder residía en las Cortes. La Constitución establecía un sistema bicameral: Congreso de los Diputados y Senado, cuerpos colegisladores con iguales atribuciones, ambos elegidos por sufragio universal, directo en el caso del Congreso e indirecto —a través de compromisarios— para el Senado. El Congreso de los Diputados era elegido en razón de un representante por cada 40.000 personas y los candidatos no precisaban más condiciones que la de ser electores. Por su parte, el Senado seguía dotado de un carácter elitista y conservador tanto por las condiciones exigidas a los candidatos como por el sistema de sufragio universal indirecto. Para ser candidato a senador era preciso reunir una serie de requisitos: cuarenta años —permaneciendo la idea secular de que la experiencia es un grado de equilibrio y ponderación para el funcionamiento político—, y haber desempeñado funciones públicas importantes en los aparatos del Estado (teniente general, almirante, embajador, consejero de Estado, ministro, magistrado de los Tribunales Supremos...), o poseer titulación superior, o representantes de ciertas instituciones culturales y de la jerarquía eclesiástica, o, en fin, estar entre los grandes propietarios agrarios e industriales —grandes contribuyentes...—. En realidad esta configuración más conservadora del Senado compensaba la posible radicalización de un Congreso elegido por sufragio universal directo, amortiguando un hipotético radicalismo, al tiempo que aseguraba en el poder legislativo a representantes de las elites tradicionales. Por otro lado, debían ser elegidos cuatro por provincia, dotando a esta cámara de un cierto carácter de representación territorial.

Es preciso destacar la importancia del legislativo, que asume totalmente la aprobación y sanción de las leyes; esta última facultad residía antes en el monarca. Las amplias atribuciones de las Cortes tenían como objetivo impedir que pudiera ser coartada su actuación por el rey o el Gobierno como había ocurrido en anteriores textos constitucionales. Las Cámaras eligen su propia mesa, tienen iniciativa legislativa, pero además se establecen plazos mínimos de reunión y fecha límite para ser convocadas: lo más tarde el 1 de febrero. De esta forma el Gobierno no podía prescindir de ellas. Por otro lado, en los diez días siguientes a su convocatoria el Gobierno debía presentarles el presupuesto y sin su aprobación no podían ponerse en marcha mecanismos fiscales.

El control parlamentario del Gobierno se exponía sin parquedad: pueden presentar mociones de censura, interpelaciones y además los ministros eran responsables ante las Cortes. En la práctica el poder legislativo se manifestará como poder soberano contraviniendo incluso el articulado de la misma Constitución (el artículo 47 prohibió la deliberación conjunta de Congreso y Senado) cuando Amadeo I abdique y se reúnan las dos Cámaras en Asamblea Nacional para proclamar la República.

Respecto al ejecutivo, el rey figura como un monarca constitucional. No es depositario de la soberanía, ni tiene las fuertes atribuciones que el moderantismo le adjudicó. Sus facultades deben ser ejercitadas por los ministros (artículos 67 y 87). En este sentido y siguiendo las pautas del derecho consuetudinario británico el rey reinaba, pero no gobernaba. Por otro lado, en sus manos quedaba el derecho de disolución de Cortes, pero compensado por los plazos límite en su convocatoria y las amplias atribuciones citadas de las Cámaras. Los ministros precisaban ser miembros de las Cámaras para asistir a sus sesiones, su actividad era controlada por ellas, y recordemos, eran responsables ante las mismas.

El poder judicial, basado en tribunales independientes de justicia no era una novedad. Sí lo eran los medios para conseguir tal independencia, evitando la arbitrariedad de nombramientos gubernamentales a través del sistema de oposición para el ingreso en la carrera judicial. Sería el Consejo de Estado quien entendería traslados y otros aspectos inherentes a su profesión. La democratización se perfiló con la institución del jurado. Además se estableció la acción pública contra los jueces por delitos que cometieran en el ejercicio de su cargo.

La Constitución también regulaba democráticamente ayuntamientos y diputaciones, y otros aspectos como la hacienda y el ejército. Preveía, asimismo, una futura reforma del régimen colonial: el título X hacía referencia a las provincias de Ultramar, asegurando que las Cortes reformarían su sistema de gobierno cuando los diputados de Cuba y Puerto Rico hubieran tomado asiento, para hacer extensivos a estos territorios los derechos constitucionales con sus modificaciones oportunas.

Por último, para la reforma constitucional se arbitraba un procedimiento basado en la disolución de las Cortes que hubieran optado por la reforma. Las nuevas Cortes elegidas decidirían sobre el proyecto, actuando como constituyentes para el tema y ordinarias para todos los demás asuntos.

El establecimiento de una nueva carta magna con un articulado rico doctrinalmente no era una condición suficiente para que el funcionamiento del país cambiase.

Sus supuestos —democracia, libertades, descentralización— debían calar en el tejido social y trasladarse del andamiaje jurídico al normal desarrollo de las instituciones. Y así lo expresaron sus redactores. No era labor fácil desmantelar el entramado que el moderantismo construyó en las décadas precedentes. La Constitución de 1869 se había basado en la obra legislativa del Gobierno provisional en los meses de octubre a enero, lo que equivale a decir que consolidaba los principios de la revolución, aquellos conservados por las fuerzas políticas que la abanderaron. Pero determinados principios resquebrajaban aquel consenso circunstancial: forma de Estado, cuestión religiosa... Por otro lado, no se alteraban las bases socio-económicas y un amplio espectro social fue desengañándose de un sistema que no respondía a sus aspiraciones. En todo caso constituía un nuevo modelo de la revolución liberal: el ensayo de liberalismo democrático.

Capítulo XXVI

La Regencia de Serrano
(junio 1869-diciembre 1870)

26.1. Reformismo administrativo y desarrollo constitucional

Una vez aprobada la Constitución quedaban por cumplir dos mandatos derivados del nuevo basamento jurídico-político: la titularidad de la Corona y, mientras tanto, la jefatura del Estado interina mediante la fórmula de la Regencia. Este paso fue dado a los nueve días de publicarse el texto constitucional. El 15 de junio la Cortes eligieron por 144 votos a favor y 45 en contra, como Regente al general Serrano. Tres días más tarde se realizaba de forma solemne el nombramiento.

Francisco Serrano Domínguez, capitán general y duque de la Torre —título de nobleza concedido por Isabel II en 1862 con grado de Grandeza de España— había protagonizado una densa trayectoria militar y política. Próximo al unionismo, se operó en su actividad política un cambio de rumbo que resumió en sí mismo el devenir seguido por parte de la elite política ligada al régimen isabelino. En 1866 se encargó de intervenir en la represión de San Gil, pero en la septembrina protagonizó un episodio capital del triunfo revolucionario: la batalla de Alcolea. Su encumbramiento a la Regencia tenía otro precedente de envergadura, el general Espartero. El objetivo era la búsqueda de una situación puente que permitiera en un contexto de estabilidad y equilibrio la elección de un monarca. El apoyo parlamentario que recibió su candidatura era el resultado del consenso del bloque monárquico-democrático, médula política del régimen, que por el momento prolongaba dosis de coherencia y se guiaba por el pragmatismo. La oposición que recibió, más que a su candidatura a la forma de Estado, era de color republicano.

El general Serrano se rodeó de toda la simbología y elementos externos de un jefe de Estado. En realidad se trataba de una «jaula de oro», como la denominó la agudeza verbal castelarina, ya que el artífice de la situación, quien mantenía los resortes del poder y el equilibrio de la coalición era otro militar de muy distinto signo y elevado a la categoría de mito: el general Prim.

En Prim se fundía el espíritu de la septembrina. Militar de prestigio, rodeado de una aureola de mito popular, contaba con todos los ingredientes para conducir el rumbo de la revolución. Este hábil político catalán, no sólo lideró el núcleo progresista, sino que se lanzó a la ardua tarea de mantener el consenso de la coalición democrática en un prudente equilibrio, mientras se buscaba un monarca para la Corona española, y el desarrollo de los principios democráticos de la «carta magna» a través de un conjunto legislativo que cimentase la estructuración del nuevo Estado.

Entre el 18 de junio de 1869 y el atentado que le costó la vida el 27 de diciembre de 1870, Prim fue jefe de Gobierno, cargo que compaginó con la cartera de Guerra, y dirigió las operaciones diplomáticas orientadas a la titularidad del trono. Entre ambos momentos el Gobierno Prim sufrió tres remodelaciones de distinta envergadura, todas ellas relacionadas con el difícil equilibrio del bloque monárquico-democrático, en el que se empezaban a vislumbrar fisuras de entidad, y entre los que figuraban hombres significativos y emblemáticos de la revolución de septiembre.

Sobre la columna vertebral del progresismo, Prim formó los tres Gobiernos con «notables» de la revolución: los progresistas Sagasta, Ruiz Zorrilla, Figuerola y Montero Ríos. En principio se reproducían los contenidos del Gobierno provisional, apoyándose en progresistas y unionistas. Pero apenas había transcurrido un mes cuando Prim incorporó a dos demócratas, Echegaray y Becerra, en detrimento de unionistas. Su tercer Gobierno, nombrado el 11 de enero de 1870, acentuó esta tendencia dando entrada a otro demócrata más en la persona de Rivero, quedando formado el Gabinete por Prim (Presidencia y Guerra); Sagasta, Estado; Montero Ríos, Gracia y Justicia; Figuerola, Hacienda, además del unionista Topete en Marina, y los demócratas, Echegaray, Becerra y Rivero en Fomento, Ultramar y Gobernación respectivamente. No figuraban de los ministerios anteriores el progresista Ruiz Zorrilla, que pasaba a ocupar la presidencia del Congreso de los Diputados, el demócrata Martos, anterior ministro de Estado, y los unionistas Manuel Silvela y Martín de la Herrera. Finalmente Ardanaz había sustituido durante varios meses a Figuerola en la cartera de Hacienda.

La política de Prim tenía que lograr al mismo tiempo las reformas del nuevo Estado democrático, en una situación de normalidad constitucional, y mantener un consenso mientras se encontraba rey. La Constitución sólo era el armazón jurídico y político del Estado, faltaba ahora el desarrollo de los principios constitucionales adaptándolos a la realidad del país. Suspendidas las Cortes en el verano de 1869, la reanudación de su labor en el mes de octubre hizo que tales principios fructificaran en un denso corpus legal durante el año 1870.

En esta fase se impulsó el proceso de modernización de la justicia, en un sentido democrático y unificador, iniciado, como en otros tantos capítulos, por la gestión del Gobierno provisional. El 6 de diciembre de 1868 había tomado forma legal uno de los puntos del programa de las juntas hecho suyo por el Gobierno provisional: la unidad de fueros en la administración de la justicia, suprimiendo tribunales especiales y fijando límites en la jurisdicción eclesiástica y militar. Promulgada la Constitución, la obra más importante, en esta dirección, fue la Ley Orgánica del Poder Judicial, de 15 de septiembre de 1870, por la que se ordenaba la administración de la justicia. Auspiciada por Montero Ríos, era una pieza indispensable que se contemplaba como base de futuras leyes de procedimiento civil y criminal. La primera no llegaría a formularse, prolongándose la de 1855. La segunda sería promulgada en 1872. Esta ley orgánica organizaba el sistema de funcionamiento de los tribunales, en el plano territorial y jurisdiccional, a partir de una jerarquización en cuya cúspide se situaba el Tribunal Supremo, y terminaba con los juzgados municipales, pasando por las Audiencias, los tribunales de partido y los juzgados de instrucción. También recogía el abanico de las funciones: magistratura, fiscalía, secretaría y auxiliaría, y racionalizaba la carrera judicial, dando normativas sobre provisiones, categorías, sueldos y ascensos.

Los días 15 y 16 de junio de 1870 fue discutida y aprobada la reforma del Código Penal que procedía del texto anterior de 1848, rectificado en 1850, que fue aprobada como ley provisional. Se acentuaban los criterios democráticos en el articulado del Código, adaptado la tipificación de los delitos y la proporcionalidad de las penas al nuevo régimen de libertades. En el terreno del derecho civil, no se consumó la realización de un código, complicada tarea que se prolongó desde 1851 hasta los años 80, pero se introdujeron algunos aspectos específicos en esta materia. El 17 de junio de 1870 se promulgó la Ley de Registro Civil, y al día siguiente la de Matrimonio Civil, una de las innovaciones jurídicas más destacadas del Sexenio, orientadas a la modernización de la sociedad española. A través de ella se regulaba la forma civil obligatoria del matrimonio, así como sus efectos en el ámbito civil y legislaba sobre diversas instituciones del derecho familiar.

En junio y agosto de 1870 fueron aprobadas respectivamente las leyes provincial y municipal, consolidando la fórmula democrática ya esbozada en el decreto del Gobierno provisional de 21 de octubre de 1868. La democratización de la vida local estaba en relación con otra ley de carácter más amplio de 23 de junio de 1870: la Ley Electoral que regulaba el sufragio universal masculino, ratificando así el modelo democrático de participación política. En 1870 se promulgó igualmente la Ley de Administración y Contabilidad, y se publicaron el decreto de reorganización de las secciones provinciales de Fomento y el reglamento que reformaba la carrera de registrador de la propiedad. Finalmente en las Cortes se empezaron a escuchar las primeras voces de demócratas o republicanos sobre la «cuestión social». Ninguna de las proposiciones adquirió forma legal, incluso las más afortunadas tendrán que esperar al reformismo zorrillista de 1872 o republicano de 1873. Algunas reclamaban la apertura de información parlamentaria sobre el «estado de la clase obrera». Otras, con propuestas concretas, entre las que destaca la del diputado republicano Alsina, de 18 de abril de 1870, sobre la introducción de la figura del jurado en el ámbito de las relaciones laborales.

26.2. La insurrección republicana de 1869. El pueblo republicano

En el seno del republicanismo español desde los primeros momentos de la septembrina coexisten dos tácticas de imprecisos límites: la línea parlamentaria y la vía insurreccional. Para hacer un diferenciación de urgencia podría señalarse que la primera estaría representada por los sectores intelectuales del partido que de hecho se planteaban la instauración de la república en términos de cultura política, es decir, de su extensión al conjunto de ciudadanía, y utilizaban la tribuna parlamentaria como caja de resonancia de su cuerpo doctrinal. La segunda, apoyada en los clubs republicanos, a su vez depositarios de una heterógenea y ambigua concepción del término «república», era más proclive a la instauración inmediata de la forma republicana a través de la insurrección armada: el mito de la federal. De todas formas, ambas tácticas se solapan y entremezclan. Entre los diputados republicanos a Cortes hubo divergencias notables en la valoración de la táctica insurrecional, incluso algunos estimularon su puesta en marcha con su presencia física. Por otra parte, el mito de la federal en los clubs republicanos incorporaba la idea de la federación republicana, *desde abajo,* es decir, los *pactos sinalagmáticos:* secuencia piramidal de federaciones locales hasta el Estado. Se trataba de una formulación doctrinal de la elite del partido, sobre todo a partir de Pi y Margall, que sin embargo se oponía al método insurreccional.

Con los primeros episodios de la revolución de septiembre se puso en funcionamiento una secuencia insurreccional que ofrece tres momentos sucesivos en su progresión: la insatisfacción provocada por los manifiestos y declaraciones del Gobierno provisional en favor de la monarquía, los resultados electorales de enero de 1869 y la promulgación de la Constitución, con las primeras gestiones para la búsqueda de un monarca. Las respuestas insurreccionales tomaron cuerpo sucesivamente en diciembre de 1868 en Málaga y Cádiz, en marzo de 1869 en Paterna y Jerez, hechos condenados por la mayoría de los diputados republicanos a Cortes, y la insurrección general republicana de septiembre y octubre del mismo año. Esta última, por su intensidad, duración y consecuencias políticas, fue la más importante y el primer conflicto de envergadura que se planteó al Gobierno del general Prim.

El 18 de mayo se firmó el Pacto de Tortosa, auspiciado por los comités provinciales de Cataluña, Valencia, Aragón y Baleares, primer eslabón de una cadena de pactos sinalagmáticos entre comités provinciales celebrados en Valladolid, Córdoba, La Coruña y Eibar, culminado con el «Pacto general» de 30 de junio en Madrid que creaba el Consejo federal. Dinámica organizativa que se vio acompañada durante el verano, aprovechando la suspensión de las Cortes, de la labor proselitista en toda España de diputados republicanos. La vía insurreccional tomó forma con la sublevación de septiembre de 1869 en diversos puntos del país, estimulada por algunos de estos diputados.

Según el Gobierno, participaron en el levantamiento armado una cifra aproximada a los 50.000 hombres. La prensa republicana hizo suya la estimación, que, sin embargo, parece exagerada. Ambas partes tenían intereses, aunque contrapuestos, en magnificar los hechos. La geografía insurreccional coincide con los focos republicanos más pujantes si tenemos en cuenta los resultados electorales, y a la par diseña el radio de acción del fenómeno cantonal del verano de 1873: Tarragona, Valls, Reus, el Ampurdán, Lérida, los llanos de Barcelona, Valencia, Alicante, Carmona, Arcos de la Frontera, Medina Sidonia, Puerto de Santa María, Béjar... El sistema seguido fue el clásico de las partidas, sin ligazón organizativa ni dirección militar, rompiendo el binomio insurreccional cívico-militar, característico hasta entonces en la morfología de los pronunciamientos de la revolución liberal. La respuesta del Gobierno fue doble: la intervención del ejército y la suspensión de las garantías constitucionales, además de la autorización por las Cortes para declarar el estado de guerra a principios de octubre. A finales de este mes la sublevación había sido totalmente sofocada. Como colofón, se ensancharon las grietas en el interior del republicanismo español, anunciando las discrepancias, incrementadas en años posteriores, siempre basadas más en divergencias tácticas sobre la forma de construir el Estado federal que en debates de índole ideológica.

El orden público fue, por tanto, principal asunto que ocupó numerosos debates en

Embarque de soldados hacia Cuba en 1871.

el Parlamento y se convirtió en un quebradero de cabeza durante el bienio Prim. Era la primera vez que el «orden» tal y como había sido concebido por el liberalismo doctrinario tenía que acoplarse con las libertades democráticas. Se hacía preciso legislar los límites de uno y otras, mantener el orden sin lesionar los derechos individuales, toda vez que la filosofía democrática incorporaba un nuevo planteamiento: el orden para garantizar las libertades y no para interrumpirlas. En plena crisis económica y con sectores de la oposición optando por la vía insurreccional, la cuestión adquirió tintes delicados. En octubre de 1869 la sublevación republicana había motivado la citada suspensión de las garantías constitucionales durante dos meses, ante las protestas de la minoría republicana en Cortes, y la autorización al Gobierno a declarar el estado de guerra. Por su parte, los efectos de la crisis económica se manifestaban en irregulares motines de subsistencias, tanto en el campo como en la ciudad, y la guerra cubana y las partidas carlistas desde junio de 1869, aunque todavía aisladas, hacían técnicamente inviable la supresión de las quintas, motivo de primer orden en el capítulo del descontento social y sus formas de protesta.

En abril de 1870 se aprobó la Ley de Orden Público que regulaba situaciones de excepción. En este mismo mes Barcelona protagonizó el rechazo a los abultados reemplazos que absorbían continuamente hombres. Pero fueron, sin duda alguna, los conflictos sociales en Andalucía y su represión, los que pusieron sobre el tapete el delicado asunto del funcionamiento del Estado democrático y las prácticas represivas paralelas al margen de la legalidad. La Ley de Orden Público no parece que brindara los instrumentos constitucionales necesarios desde la perspectiva de algunos responsables políticos de la oposición. El propio Sagasta ya había preconizado la existencia de ciudadanos armados como partidas de seguridad pública; al margen de la ley, para mantener el orden, en lo que se denominó como «partida de la porra». Los conflictos campesinos en Andalucía, en su versión del bandolerismo, como la formación de partidas de «rebeldía primitiva», hacían tambalearse el orden y la propiedad en 1870 en extensas zonas andaluzas, como las serranías cordobesas. Su represión acabó confundiendo medidas legales con instrumentos que se apartaban del imperativo constitucional y de su desarrollo orgánico en la Ley de Orden Público. Así, Zugasti, gobernador civil de Córdoba desde marzo de 1870, alternó prácticas legales, como el control de armas, caminos y lugares conflictivos, aumento de dotaciones, con actividades ilegales durante el verano de aquel año que trataban de justificar los medios con el fin y cuyo exponente más controvertido fue la aplicación de la *ley de fugas,* práctica expeditiva que evitaba el derecho a juicio y eliminaba directa y sistemáticamente a presuntos delincuentes. Esta actitud desde el poder tuvo su eco en las Cortes donde se denunció una práctica abusiva de la ley de fugas.

26.3. LA ECLOSIÓN DE LA CONFLICTIVIDAD SOCIAL. EL MODELO AGRARIO

Durante el Sexenio la conflictividad social se presentó convulsa y compleja. En seis años de agitada vida política y social se manifestaron una multiplicidad de conflictos sociales que configuraron el periodo como un auténtico laboratorio de historia social donde permanecieron enraizados conflictos arcaicos, se modificaron algunos preexistentes y se gestaron otros en una compleja correlación de fuerzas sociales. Y en ello reside justamente su singularidad: la confluencia de conflictos antiguos y modernos.

A grandes rasgos y según su origen y naturaleza, características, protagonistas e instrumentos de acción, la alta conflictividad social tuvo su expresión en tres modelos de conflicto que evolucionaron en un contexto de radicalismo y conservadurismo, y desembocaron en la frustración de distintos proyectos sociales y en la capacidad de integración política de las clases trabajadoras en cada uno de los sucesivos ensayos del Sexenio. La heterogeneidad de las fuerzas sociales que alumbraron la «Gloriosa» significó la disociación progresiva del contradictorio frente común septembrino, para tomar cuerpo en distintas respuestas y actividades que tuvieron su correlato en diversas expresiones del conflicto social.

La cronología del Sexenio está inundada de esta tipología de conflicto arcaico, antiguo en el sentido de su raíz milenaria, rebeliones que conformaron buena parte de los conflictos sociales de la edad moderna y que perviven en el siglo XIX, como consecuencia del «hambre de tierras».

Sus protagonistas son los campesinos no propietarios, geográficamente retratados en el campesinado andaluz. Una rebeldía siempre latente, se manifestó en momentos de crisis, malas cosechas, paro y miseria, explotando como un reguero por la «ruta del hambre». Coexisten aquellas que no forman parte de un proyecto calculado, consciente y racional, ni cuentan con una cobertura política, sino que se fundamentan en un sentido colectivo inconsciente, espontáneo, que reclama el acceso a la propiedad de la tierra y aquellas otras que se van adobando de una cobertura política que enraiza en las experiencias anteriores al Sexenio, bien en los momentos de la confrontación antiseñorial o luego al abrigo de la expansión de las corrientes demócratas y republicanas. Las ocupaciones de tierras, junto a la quema de registros de la propiedad, serán las expresiones más características de la acción directa.

La idea del reparto de tierras se extendió por amplias zonas de Andalucía, principalmente en la provincia gaditana, en una secuencia acelerada por la crisis agrícola, la sequía y el desempleo, a finales de 1868 y principios de 1869. Las sublevaciones contaron con la colaboración del republicanismo. En el verano de 1869 las ocupaciones de tierras se propagan también por Extremadura, La Mancha y Levante, en un ambiente agravado por la crisis de subsistencias en pueblos y la proliferación de bandas de desocupados. En septiembre y octubre de 1869, la insurrección general republicana tuvo en Andalucía nuevamente como transfondo el hambre de tierras; el reparto de tierras que los primeros pasos de la revolución de septiembre habían frenado. El fracaso de la sublevación republicana y su reprobación por los dirigentes del partido, provocó la primera fisura del republicanismo. El campesinado obtuvo un nuevo desengaño. Sólo quedaba la República, el «mito de la Federal», que abrió nuevamente expectativas, pero quebradas también muy pronto. Surge el mismo modelo de conflicto: reacciones por el hambre de tierras, con características y protagonistas idénticos, pero con mayor grado de consciencia política. En Andalucía y Extremadura proliferaron las ocupaciones y reparto de tierras, con la idea básica de que la hora del reparto social había llegado, sobre todo en febrero de 1873 en Montilla, con un movimiento revolucionario contra todo lo que fuese propiedad privada.

Para el campesinado andaluz terminó un ciclo revolucionario; 1873 marcó una ruptura hacia nuevas formas de consciencia y de acción, desengañados de la actitud de los partidos políticos, desde las primeras fases de la revolución liberal hasta el republicanismo. De ahí que durante el Sexenio se perfilen embrionariamente los pasos del campesinado andaluz hacia la versión bakuninista de la I Internacional. Hasta 1873 el internacionalismo en Andalucía era identificado con el federalismo, tampoco tenía una importancia cuantitativa, pero sí cualitativa al plantear nuevas respuestas del conflicto social. En el Congreso de Córdoba de la AIT, en 1872, se ratificó el bakuninismo: apoliticismo, antiestatismo, federalismo y colectivismo. El mensaje anarquista comenzó a calar en Andalucía, con un credo que encajaba con las seculares respuestas de rebeldía y la desconfianza hacia los partidos políticos.

El problema de la tierra se prolongó. El internacionalismo en su versión anarquista será todavía un hecho minoritario. Los estallidos de rebeldía continuarán salpicando las respuestas campesinas hasta el siglo xx. Pero las experiencias del Sexenio marcaron un punto de inflexión, de importantes dimensiones cualitativas, en el lento transcurrir organizativo de las clases trabajadoras del agro andaluz.

26.4. El conflicto preindustrial: los motines populares entre el espontaneísmo y la instrumentalización política

Se trata de «movimientos populares urbanos», protagonizados por las muchedumbres preindustriales, *the mob* en su versión británica, como reacción a problemas concretos y muchas veces cotidianos: motines de subsistencia o «revueltas del hambre», ante la escasez o carestía, protesta contra los consumos, y motines contra quintas. Geográficamente se presentaron sobre todo en zonas de marcado carácter preindustrial y de naturaleza urbana. Son motines que se presentan invariablemente durante todo el siglo y de forma acelerada durante el Sexenio.

Entre sus características es preciso destacar su naturaleza «prepolítica», es decir, una revuelta social sin articulación política, espontánea, sin organización, y acentuadas en coyunturas de crisis: escasez, paro, presión fiscal (protesta ante impuestos de consumos), presión militar (protesta ante el reclutamiento de quintas). No plantean ningún horizonte utópico, sino que se trata de manifestaciones con objetivos inmediatos y cotidianos, instrumentalizados a veces por la oposición política.

Sus acciones contemplan una variada gama de respuestas, desde manifestaciones ante organismos locales —ayuntamientos—, solicitando trabajo, comida, condonación de contribuciones o supresión de las quintas, protagonizadas muchas veces por las mujeres, hasta la acción directa con el asalto a mercados, panaderías o locales oficiales. Se trata de una versión diferenciada y urbana de los rebeldes primitivos. Las respuestas de las autoridades abarcan igualmente una amplia gama de medidas que incluyen desde el ofrecimiento de socorros o beneficencia, con el reparto de pan poniendo en práctica el mecanismo tradicional en las relaciones de subordinación de «pan y política», pasando por la contratación de jornaleros sin trabajo en las obras municipales. El último escalón es el sofoco de la revuelta de forma similar a las rebeliones campesinas.

Entre 1868 y 1874 este modelo de conflictividad social se multiplicó, auspiciado por un contexto de crisis, sin que las autoridades de los sucesivos ensayos políticos resuelvan los puntos reivindicativos más reiterados del siglo XIX por las capas populares. El triple contenido de los motines permanece inalterable: subsistencias, consumos y quintas, a veces entremezclados en un clima generalizado de malestar social. Las crisis de subsistencia se ven agudizadas por una crisis económica iniciada en 1866 y prolongada durante todo el Sexenio, especialmente en el verano de 1869, con un estallido espontáneo y generalizado de motines de subsistencia en pueblos y ciudades; también en 1871 cuando se acentúa la carestía y la subida de precios, y en julio de 1873.

La protesta contra los impuestos de consumos solió ir unida al motín de subsistencias mismo. La expresión *¡Abajo los consumos!* se había convertido en septiembre de 1868 en una de las banderas de la revolución, como objetivo prioritario de las capas populares, para suprimir un impuesto que gravaba de forma muy lesiva la dieta cotidiana; había sido una de sus más constantes reivindicaciones. En el verano de 1869 se propagaron las manifestaciones solicitando aplazar o abolir las contribuciones, unos impuestos de consumo que en realidad la revolución sólo había suprimido parcialmente. Todo ello coincidente con la caótica situación de la hacienda pública, que hubiera precisado de una reforma fiscal en profundidad.

La caseta de consumos.

Los motines contra quintas fueron otra de las constantes en la expresión de la conflictividad social durante el Sexenio. También había sido grito proritario de la septembrina: *¡Abajo las quintas!*, y formaba parte del programa de los pronunciados y de las juntas. Una nueva frustración del Sexenio. Los llamamientos a filas fueron constantes y crecientes; la supresión de las quintas se hacía técnicamente inviable por un Estado que precisaba hombres ante la guerra cubana y el levantamiento carlista. Ya en marzo de 1869 hubo un llamamiento a filas de 25.000 hombres. Los motines se propagaron por diversas localidades, sobre todo en Andalucía; en Madrid se produjo una manifestación de mujeres frente a las Cortes. En marzo de 1870, una nueva quinta provocó manifestaciones esta vez en Barcelona, con participación de miembros del Centro Federal de Sociedades Obreras, también en los arrabales fabriles de Málaga y Sevilla. Es preciso destacar igualmente los motines de octubre de 1872 en Barcelona, noviembre de 1872 en Alcoy y agosto de 1873 en Palma de Mallorca. La República proyectó la abolición de las quintas, pero el recrudecimiento de la Guerra Carlista suspendió el intento.

La conflictividad social preindustrial experimentó un cambio cualitativo durante el Sexenio: la quiebra de las relaciones preindustriales de subordinación. Antes de 1868 habían sido dominantes, basadas en las prácticas paternalistas, la dependencia y el clientelismo originados por razones de parentesco, la procedencia geográfica y las vinculaciones propias del mundo de los oficios, ya analizadas.

Durante el Sexenio la primera quiebra de estas relaciones significó el paso hacia un grado de organización, de acción y objetivos, a través de un republicanismo convertido en cauce de aspiraciones: consumos, quintas, opción de renovación social. El republicanismo aparece nuevamente como la cobertura ideológica que racionaliza el espontaneísmo. El republicanismo se percibía como una opción válida de renovación social, y no sólo de aspiraciones tradicionales, era el catalizador del elemento popular en la vida política: todo un síntoma de la evolución de la conciencia política.

También en los núcleos preindustriales el republicanismo empezó a encontrar la competencia del internacionalismo en un marco complejo de relaciones en el que ambas opciones pueden llegar a confundirse. Así la fórmula organizativa y los tipos de acción clásicos del republicanismo empezaron a yuxtaponerse con los primeros pasos autónomos del movimiento obrero y el surgimiento de la huelga como su expresión específica.

26.5. El conflicto industrial: del societarismo a la I Internacional

Durante el Sexenio empieza a extenderse el moderno conflicto industrial, el del movimiento obrero organizado, que tuvo como hecho más significativo la penetración de la Internacional en España. Son conflictos industriales, como consecuencia de los problemas de la industrialización en algunas zonas, de ahí que tengan pautas de conducta, objetivos y protagonistas distintos. Se trata de conflictos organizados, de naturaleza política y sindical, y dirigidos por fuerzas organizadas del movimiento obrero que sustituyen a la exaltación del líder carismático en otros modelos de conflicto. Sus objetivos: salarios, jornada laboral, condiciones de trabajo, es decir, las relaciones capital-trabajo. Su instrumento de acción: la huelga. Sus protagonistas: un colectivo organizado, el proletariado de centros urbanos, ejemplificado por los obreros catalanes.

Antes del Sexenio, entre 1840 y 1868, los obreros catalanes recogen una tradición societaria como consecuencia de las tensiones generadas por la industrialización. Junto a las formulaciones del socialismo utópico, van surgiendo embrionarias organizaciones bajo la forma de sociedades de resistencia y socorro mutuo. De vida corta y accidentada, el grado de legalidad de las asociaciones de obreros dependió de las circunstancias políticas: relativamente permisivas durante el Bienio progresista y adversas entre 1856 y 1868. Sus objetivos consistían en la reclamación de los derechos de asociación y problemas inmediatos en las condiciones de trabajo, pero no llegaron a definir un programa teórico obrerista, como ha destacado Termes.

El inicio de la revolución de septiembre brindó también aquí nuevas expectativas y cambios cualitativos. Se ampliaron horizontes con la legalidad del asociacionismo en el contexto de las libertades democráticas. Además coincidió con el máximo apogeo de la Asociación Internacional de Trabajadores (I Internacional) nacida en Londres en 1864. Durante el Sexenio se produce el crecimiento y difusión del movimiento obrero, en el que a la experiencia derivada de la práctica anterior se añaden ahora los postulados de la Internacional. Pero tuvo distintas etapas.

Hasta los meses de septiembre y octubre de 1869 el asociacionismo obrero fue unido al republicanismo y al cooperativismo en la línea reformista. Éstas eran las expresiones del obrerismo barcelonés. Durante todo el año de 1869 se multiplicaron huelgas urbanas en Madrid, Barcelona, Sevilla y Valencia como consecuencia de la inmovilidad de salarios y la escasez de empleos. Así, el modelo de conflictividad específicamente obrero, organizado a través de la huelga, hace su aparición en el escenario de la revolución septembrina. El conflicto principal tuvo lugar en el mes de agosto de aquel año en Barcelona, protagonizado por los obreros del textil con el apoyo de las asociaciones obreras catalanas. Pero el asociacionismo catalán, a la altura de 1868-69, estaba en relación y tenía como motivación ideológica el republicanismo federal. Los síntomas de esta vinculación se denotaban en aspectos tales como la recomendación a los obreros de las candidaturas republicanas en las elecciones de 1869, al tiempo que dirigentes obreros ocupaban cargos en el partido.

El fracaso de la insurrección general republicana de septiembre y octubre de 1869, junto a la falta de éxito de motines contra quintas con participación obrera, en marzo de 1870, y la frustración de las prometidas reformas septembrinas, fueron alejando al movimiento obrero de los partidos políticos y contribuyendo al proceso de despolitización del obrerismo que bascularía hacia la acción autónoma promovida por la Internacional. El internacionalismo tuvo sus primeros pasos en España con la llegada de Fanelli en octubre de 1868. En enero de 1869 se formó un núcleo provisional de la AIT en Madrid, sobre la cantera de obreros tipógrafos agrupados en torno al *Fomento de las Artes*. En mayo del mismo año, el obrerismo barcelonés, de tradición societaria, formó en aquella ciudad la primera sección de la AIT en España; siete meses más tarde se creaba la sección madrileña de la Internacional. La tendencia barcelonesa y madrileña de la AIT estaban relacionadas con la Alianza de la Democracia Socialista, es decir, la vertiente de Bakunin en la Internacional frente a los postulados de Marx. Dos peculiaridades, pues, de los inicios del internacionalismo en España y que caracterizaron al movimiento obrero español en sus primeros pasos: la adscripción a la corriente bakuninista —más por falta de información y por la influencia de Fanelli—, y la estrecha relación de una AIT que llegaba a España de la mano del republicanismo federal, teniendo su expresión, sobre todo en los trabajadores catalanes, en la doble militancia republicana e internacionalista.

Un hecho marca la clarificación de esta complejidad inicial y orienta el rumbo del movimiento obrero español: en junio de 1870 se celebró en Barcelona el I Congreso de la Federación Regional Española de la AIT, que quedaría constituida definitivamente el 1 de septiembre. Tuvo una importancia fundamental en la configuración del movimiento obrero español, estableciendo como norte la actuación autónoma colectiva de signo estrictamente clasista. En suma, los trabajadores lucharían por la «emancipación social» sin partidos políticos. Representó el triunfo de las tesis bakuninistas sobre las marxistas: apoliticismo y colectivismo.

La mayoría de las asociaciones obreras existentes, no todas, se adhirieron a la Internacional. En Cataluña, las dos terceras partes del sector textil dieron su adhesión. En aquellas fechas en Barcelona había 7.000 afiliados y unos centenares en Madrid. La difusión de la Internacional fue constante y se diversificó geográfica y sectorialmente en 1871 y 1872, aunque su implantación fue relativa. En 1872 el Congreso de Córdoba ratificó el bakuninismo. Más que la progresión cuantitativa el hecho fundamental residió en los cambios cualitativos producidos. Era el punto de partida de un movimiento obrero, que Anselmo Lorenzo, destacado dirigente obrero español, denominó para una de sus obras como el «proletariado militante». Despuntaba el conflicto industrial moderno.

26.6. En busca de un monarca

El trono estaba vacante. El problema residía en buscar un candidato óptimo, y así se emprendió una labor aparentemente fácil, dado el alto número de cabezas coronadas en una Europa predominante monárquica, pero que en la práctica agudizó los conflictos internos y fue un quebradero de cabeza para la mayoría de las cancillerías europeas en un complicado choque de intereses. El asunto trascendía el ámbito interno para convertirse en una cuestión de dimensiones internacionales. Además, el largo tiempo empleado en ello acarreó una profunda interinidad que dificultó la confianza en el nuevo sistema facilitando las iniciativas de la oposición: carlistas, republicanos, alfonsinos, ... Tampoco los partidos eran capaces de llegar a un acuerdo, pese a los denodados esfuerzos del general Prim.

Las candidaturas que se barajaron fueron múltiples. Quedaron excluidos de principio los carlistas, también fue invalidada la candidatura del príncipe Alfonso, ante la negativa de Prim a aceptar un candidato borbónico —expresado con su célebre «¡Jamás, jamás, jamás!»— a pesar de la abdicación de la destronada Isabel II en favor de su hijo en junio de 1870; una revolución que había aglutinado fuerzas en torno al lema *¡Abajo los borbones!* no podía ahora sentar en el trono a un nuevo Borbón. Sectores de las elites dirigentes confiaban en la estabilización moderada del proceso revolucionario a través de una de las candidaturas monárquicas en cuestión, sin necesidad de recurrir a una inmediata vuelta de los Borbones, desacreditados por la gestión política anterior a 1868.

Entre las candidaturas se contempló la posibilidad de nombrar rey al general Espartero. Para unos un contrasentido, para otros el viejo General reunía las condiciones de héroe popular y mito de la revolución liberal, pero durante su periodo de regencia (1840-1843) había fracasado en sus labores de elemento equilibrador del sistema. Su candidatura quedó desechada.

De esta forma el rey se buscó en Europa, donde surgieron diversas candidaturas: Fernando de Coburgo y Luis I de Portugal, los duques de Génova y Aosta de la casa italiana de Saboya, el príncipe Leopoldo de Hohenzollern-Sigmaringen de Prusia y el duque de Montpensier de la casa francesa de Orleans.

Las negociaciones de las candidaturas portuguesas fracasaron. En ellas subyacía el viejo mito de la unión ibérica. El Gobierno español anunció la candidatura prusiana de Leopoldo Hohenzollern, pero se mostró irrealizable ante la negativa de Napoleón III, que veía amenazada a Francia entre dos territorios de la misma casa real en un momento de máxima rivalidad franco-prusiana. De hecho, esto fue pretexto para el inicio de la guerra franco-prusiana de 1870-71. Por otro lado, la candidatura del duque de Montpensier, cuñado de la destronada Isabel II, provocó igualmente la oposición de Napoleón III como consecuencia del antagonismo entre las casas dinásticas francesas. El entronque familiar con los Borbones hizo que fuera muy poco apoyada por los partidos monárquico-democráticos españoles.

Sólo quedaba la salida italiana, la casa de Saboya, impulsada por Prim desde el verano de 1870, siendo su principal valedor. Las gestiones quedaron formalizadas en torno al duque Amadeo de Aosta, hijo de Víctor Manuel II de Italia, y el 16 de noviembre las Cortes Constituyentes elegían al nuevo Rey de España, con el nombre de Amadeo I, por 191 votos a favor, 100 negativos y 18 abstenciones. El 30 de diciembre

Amadeo I de Saboya llegaba a Cartagena, y fue proclamado Rey en Madrid el 2 de enero de 1871. Al día siguiente, y después de haber tomado juramento al nuevo Monarca, las Cortes Constituyentes quedaron disueltas.

Su aceptación distaba de ser unánime. Sólo contó con 191 votos de los 311 diputados presentes en su elección. En realidad fue la labor de Prim y el apoyo de los progresistas lo que le permitió acceder al trono. Los otros partidos monárquicos democráticos mantenían sus reservas. Era un claro indicador de las frágiles bases sociales con que la monarquía democrática nacía. En este sentido la opinión pública española mostró su escepticismo, cuando no frialdad, por el nuevo Monarca. Si a ello se suma el asesinato de Prim el 27 de diciembre de 1870 —tres días antes de la llegada de Amadeo de Saboya a Cartagena—, quedándose sin su principal apoyo, la nueva monarquía comenzaba con mal pie su andadura.

Toda Europa, excepto la Santa Sede (Pío IX mantenía sus cotroversias con Víctor Manuel II de Italia), se apresuró a reconocer a Amadeo I. Su elección fue acogida con alivio por las cancillerías europeas monárquicas, que le consideraban un freno a la extensión del republicanismo en Europa. El apoyo del Rey de Italia a la candidatura de su hijo no representó tanto una aspiración italiana a incrementar su influencia en el Mediterráneo, cuanto evitar que el republicanismo se propagara y consolidara como había ocurrido con Francia, que optó por la solución republicana en 1870.

Capítulo XXVII

La monarquía democrática (enero 1871-febrero 1873)

27.1. La debilidad del régimen

La monarquía de Amadeo I había nacido con una debilidad manifiesta. La historia del reinado es la historia de la pérdida progresiva de sus frágiles bases sociales y políticas. Un consenso débil impidió madurar al régimen y consolidar el modelo de monarquía democrática; mientras, una oposición cada vez más numerosa y desde múltiples frentes fue resquebrajando el sistema. En la imagen transmitida por los biógrafos se atribuyen importantes dosis de voluntad al Monarca. Pero sólo con voluntad no era suficiente.

Los dos años del reinado ofrecerán una continua inestabilidad política, a lo que se suman, en la raíz del proceso, la oposición frontal de la nobleza de sangre, de la Iglesia, el alejamiento de sectores del poder económico, la sublevación carlista, la beligerancia de un sector del republicanismo, el problema cubano ligado a los intentos de abolición del sistema esclavista, el avance del movimiento obrero organizado y la conflictividad social, la descomposición interna de partidos políticos como el progresista, de indudables consecuencias, y, como trasfondo, los rescoldos de una crisis económica arrastrada desde 1866. Con tan ensombrecedor panorama, multiplicado durante estos dos años, el intento de la monarquía democrática, casi sin apoyos, acabó frustrado, a la par que las dos alternativas posibles tomaban cuerpo: el ensayo republicano y la Restauración borbónica en la persona del príncipe Alfonso, hipótesis de futuro pero con evidentes progresos en el seno de las clases dirigentes. Es demostrativo de la inestabilidad política del régimen la celebración de tres elecciones generales a Cortes y la sucesión de seis Gabinetes ministeriales en dos años de reinado.

La desaparición de Prim no sólo privó al Monarca de un apoyo fundamental, sino que provocó una traumática descomposición repleta de tensiones de la coalición mo-

Amadeo I ante el cadáver del general Prim.

nárquico-democrática (demócratas, progresistas, unionistas). Es necesario advertir que el propio hecho de la descomposición monárquico-democrática no explica por sí sola la inestabilidad del nuevo régimen. Tengamos en cuenta que habría sido contradictorio el funcionamiento del sistema basado en un solo partido. Era precisa la remodelación del arco político, pero no como producto de disensiones basadas en los personalismos, sino de coherencias ideológicas. El régimen sólo podía encontrar su basamento político en el seno de este bloque, ya que el resto de opciones políticas negaban la propia esencia del sistema cuestionando su legitimidad.

27.2. 1871. La coalición inestable: el imposible bipartidismo

Inicialmente, la coalición se mantuvo unida, aunque con dificultades. Fruto de ello fue el primer Gobierno de la monarquía, de «concentración», al estar presentes los cabezas de fila de los tres partidos. Formado el 4 de enero de 1871 y presidido por Serrano, estaba integrado por figuras tan representativas como Sagasta, Ruiz Zorrilla, López de Ayala, Moret, Martos, Ulloa y Beranger. Fue un Gobierno de transición, cuyo cometido residió en preparar las primeras elecciones a Cortes ordinarias. Celebradas en marzo de 1871, fueron hábilmente intervenidas por el ministro de Gobernación, Sagasta, ayudado en su cometido por el subsecretario Romero Robledo, con el fin de asegurar una cómoda mayoría gubernamental. Esta «influencia moral del Gobierno» estuvo auspiciada por la remodelación del sistema electoral, sobre división territorial, por ley de enero de 1871, que estableció la vuelta a los distritos unipersonales, el viejo sistema moderado de distritos que sustituyó a la fórmula de circunscripciones utilizada en 1869. Este mecanismo permitió un considerable margen de maniobra en zonas rurales. La mayoría gubernamental triunfó en las elecciones. Obtuvo 235 actas frente a las 97 conseguidas por una oposición coaligada «contranatura» para el hecho electoral. Republicanos, montpensieristas, moderados y carlistas actuaron al unísono. Las características de esta coalición mostraban a las claras lo atípico de la situación y las dificultades que había de sortear el nuevo régimen. De todas formas debe matizarse el éxito gubernamental. En este aspecto la dualidad campo-ciudad desvela dos comportamientos electorales contrapuestos. Mientras que en las zonas rurales el Gobierno logró un éxito arrollador —205 escaños frente a 99—, en las capitales de provincia la coalición opositora sacó un mayor número de actas que la gubernamental —42 frente a 26. Una vez más quedaba puesto de manifiesto el divorcio entre cultura política y práctica electoral en las zonas rurales, cuya respuesta venía determinada sobre todo por ese conjunto de redes clientelares que forman el caciquismo.

Las tensiones en la coalición gubernamental hicieron crisis a partir de este momento, primavera de 1871. Era la hora de legislar. La escisión se produjo en el partido más sólido, y guía de la coalición: el progresista. Las fisuras entre los herederos políticos de Prim, es decir, Sagasta y Ruiz Zorrilla, fueron abriendo una brecha insalvable. Así, a mediados de 1871, de una coalición despedazada surgen dos partidos mayores: el constitucionalista, dirigido por Sagasta, y el radical, por Ruiz Zorrilla. Los progresistas de Sagasta tendían al acercamiento con los unionistas —el «ala derecha» de la coalición— y eran partidarios de un asentamiento posibilista de los principios democráticos. Mientras, los progresistas de Ruiz Zorrilla —«radicales»— buscaban la aproximación con los demócratas «cimbrios» de Martos y Rivero. Cuestiones tales como la abolición real de las quintas, la esclavitud en las colonias o la separación Iglesia-Estado, con sus derivaciones conexas como la libertad de enseñanza, representaron dos formas diferentes de concebir los principios abstractos del ideario democrático. En el terreno económico ambos partidos eran dos variables del mismo modelo de organización, a lo sumo se diferenciaban en la mayor proclividad librecambista de los zorrillistas, frente a la mayor dosis proteccionista de los sagastinos, o en el tratamiento de la crisis hacendística.

En realidad, más que partidos políticos homogéneos, el arco constitucional y de oposición se dispersaba en múltiples fragmentos dominados por los personalismos más que por diferencias estrictamente ideológicas. Conjunto de pequeñas clientelas del que debería surgir un sistema estable de partidos, condición necesaria para la consolidación del régimen monárquico-democrático. El problema residió en que el acusado choque de personalismos evitó tal solución y con ello condicionó el futuro de la monarquía de Amadeo. De hecho, las personas, y no los programas, definieron los embriones de partido. Personalidades como Ruiz Zorrilla, Martos, Rivero, Antonio Gabriel Rodríguez, Serrano, Candau, Moret o Ríos Rosas pretendieron crear su propio partido. Comprender el desarrollo parlamentario de la monarquía de Amadeo I exige, pues, articularlo en un contexto más amplio y complejo que el mero debate y enfrentamiento ideológico entre partidos estructurados y sujetos a una disciplina de voto.

No es extraño, por tanto, la parálisis y la falta de eficiencia política que mostró la vida parlamentaria, incapaz de cimentar el nuevo régimen. Una muestra del permanente bloqueo parlamentario se puede observar en la necesidad de prorrogar el presupuesto económico de 1870-71, ante la imposibilidad de elaborar uno nuevo para el ejercicio 1871-72.

Las discrepancias de los partidos, o más bien de sus elites, tuvieron su eco en continuas crisis ministeriales, mientras se aceleraban los problemas de fondo. El 20 de junio la inestabilidad gubernamental hizo crisis. El hecho detonante había sido la dimisión del ministro de Hacienda Moret ante una interpelación de los diputados Elduayen y Silvela sobre un contrato de suministro de tabaco, a lo que siguieron las intenciones de dimisión de Martos, ministro de Estado, y Beranger, ministro de Marina. Ante la imposibilidad de Serrano de constituir nuevo Gobierno, el 24 de julio el Rey encargó a Ruiz Zorrilla su formación, que obtuvo la confianza de la Cámara el mismo día. El ministerio radical suspendió las sesiones de Cortes hasta el 1 de octubre y gobernó por decreto. Al reanudarse las sesiones parlamentarias, el hecho de que Sagasta fuera elegido presidente del Congreso de Diputados fue interpretado por Ruiz Zorrilla como una muestra de desconfianza hacia su ministerio, dimitiendo el 5 de octubre. La solución provisional residió en el nombramiento del general Malcampo, en línea con los sagastinos, que gobernó hasta el 21 de diciembre. El año 1871 finalizaba con el nombramiento de un nuevo Gobierno, esta vez presidido por Sagasta, que obtuvo el decreto de disolución de Cortes para convocar nuevas elecciones. La vida parlamentaria quedó eclipsada por el choque de personalismos que se trasladó de las agrupaciones de notables a los Gobiernos. En una práctica parlamentaria viciada en su esencia y en un ambiente de frágil cultura política y débil organización de la sociedad civil, la proyección de los personalismos recuperó las viejas prácticas del periodo moderado utilizando el siguiente mecanismo constitucional: conseguir el nombramiento regio como presidente del Consejo y al mismo tiempo el decreto de disolución de las Cortes, para posteriormente y previa manipulación de la práctica electoral, fabricar una mayoría parlamentaria a su imagen y semejanza.

27.3. LAS RESISTENCIAS DE LAS ELITES TRADICIONALES

Un sector muy perfilado de la elite, la nobleza de sangre, nunca llegó a aceptar los principios del nuevo régimen. Desplazada de sus centros de poder en 1868, temía que su poder económico, basado en la propiedad de la tierra, pudiera ser cuestionado. Se trataba de una exagerada percepción de los límites reformistas de la septembrina. Si el articulado constitucional de 1869 en absoluto llegó a poner en duda el derecho «inviolable» de la propiedad, y la práctica económica de los distintos Gobiernos tampoco lo planteó, sin embargo, el hecho real de la continua conflictividad social, fundamentalmente en Andalucía a través de ocupaciones de fincas o quema de cosechas, y, a pesar de la represión gubernamental, tenía en vilo a este grupo social, inclinándole a soluciones más conservadoras.

La oposición de la vieja nobleza no venía motivada tanto por el temor a una legislación revolucionaria desde los aparatos del Estado, como por la firme convicción de que el desarrollo de los principios democráticos pudiese derivar en un desbordamiento de la situación. Que tal oposición se acentuase durante el bienio amadeísta se explica por el singular aumento de la conflictividad en el agro andaluz. Más aún durante la República. Para la inmensa mayoría de esta nobleza, la democracia desembocaría necesariamente en el *socialismo,* a pesar de que la práctica política del campesinado no planteaba una amplia cobertura política consistente. El temor cundió en alarma ante los planteamientos de la Internacional.

Además la oposición de la nobleza se manifestó en otro aspecto de no menor dimensión sociológica. Con su tradicional sentido de cuerpo cargado de matices casticistas —en el sentido de arrogarse como clase defensora de unos valores supuestamente nacionales— protagonizó continuos desaires a la persona del Rey que recordaban el origen extranjero de Amadeo. Su alejamiento de la Corte fue algo más que simbólico, y las casas aristocráticas de mayor peso como los Alba, Alcañices, Torrecilla, Sesto, Montijo... negaron su concurso al nuevo Rey, cuando no hicieron gala de su hostilidad. Como conclusión la nobleza de sangre optó de forma resuelta por la causa alfonsina. Algunos sectores de la elite militar, próximos al mundo nobiliario, mostraron su fría adhesión al Rey, puesta de manifiesto en la ceremonia de juramento de obediencia y fidelidad a su persona, incluso algunos miembros del generalato se negaron a prestar juramento como los casos del duque de Montpensier, Cheste y Novaliches.

Más pragmático, el mundo industrial y financiero no mostró al principio hostilidad al reinado de Amadeo, incluso colaboró con la monarquía. Algunos hombres de negocios fueron ennoblecidos tratando de llenar el hueco dejado por la nobleza y acercar nuevos títulos a la Corte. Pero la deserción fue abriéndose paso a medida que se radicaliza la dinámica política. Un grupo significativo será la burguesía de negocios ligada al mundo colonial, con intereses ultramarinos amenazados con cuestiones como el abolicionismo. Esta trayectoria podría aplicarse igualmente a banqueros y bolsistas, todos ellos formarán parte de la cantera del alfonsismo. Una actitud significativa es el caso del marqués de Manzanedo, uno de los principales hombres de negocios madrileños, que a finales del año 1870 era uno de los valedores de la candidatura de Amadeo y a finales de 1872 se había convertido en uno de los prohombres del alfonsismo en Madrid, al que prestó importante ayuda financiera. Lo mismo podría decirse del banquero Vinent o del bolsista Sainz de Indo.

En estos círculos fue gestándose el partido alfonsino de la mano de Antonio Cánovas del Castillo. Los salones nobiliarios actuaron de foro de organización de la alternativa, creándose la atmósfera que postulaba la restauración borbónica. Nobles, militares, sectores unionistas, antiguos progresistas, sectores de la elite económica, y, en fin, la reorganización de fuerzas apeadas del poder en 1868, fueron cerrando filas alrededor del príncipe Alfonso. Se trataba de restablecer los principios del doctrinarismo político, con la monarquía como garantía de orden, alejando el fantasma de la revolución.

La Iglesia, y sobre todo su jerarquía, fue otro foco de oposición. Esta actitud ya tuvo su punto de partida con el polémico artículo constitucional de la libertad religiosa. La separación Iglesia-Estado no era total, pero tanto el republicanismo como los radicales de Zorrilla, lo que causaba aun mayor preocupación, apuntaban en esta dirección. A ello se había sumado el decreto de Prim obligando al clero a jurar la Constitución, y finalmente, el propio Monarca heredaba las controversias entre su padre, Víctor Manuel II de Italia, y Pío IX, que le proporcionaron una imagen adversa. La Iglesia no sólo aportaba contenido a los sectores más conservadores de oposición, sino que ejercía una influencia de primer orden en la oposición de buena parte de las clases medias, y desplegaba diariamente, desde alocuciones en el púlpito, sus postulados contrarios al sistema. También seguía siendo un componente esencial enraizado en la mentalidad popular, no tanto en el mundo urbano como en el rural en su secular papel de filtro de las noticias de los acontecimientos del país y la formación de opinión sobre los mismos.

27.4. El carlismo. Entre el parlamentarismo y la insurrección

El carlismo cobró un nuevo impulso como fuerza política después del destronamiento de Isabel II, animado por las nuevas expectativas de sentar en el trono a la dinastía carlista, en la persona de Carlos VII, y en el contexto de libertad que imprimió la «Gloriosa», que además había optado constitucionalmente por la monarquía como forma de gobierno. Sus presupuestos ideológicos se alejaban de los partidos monárquicos democráticos, pero aceptaron inicialmente, aunque no con unanimidad, el juego electoral ante la oportunidad del poder después de la caída de los Borbones.

En las elecciones de 1869 obtuvieron mayoría en las provincias vascas y Navarra, su tradicional espacio geográfico. Otro síntoma del avance carlista se demostró en el aumento del número y tirada de sus periódicos con una activa campaña de propaganda. *La Reconquista, La Regeneración, El Pensamiento Español* y *La Esperanza,* se convirtieron en periódicos de alcance nacional. El carlismo salía de su habitual radio de acción.

En realidad, en la oposición carlista se fueron dibujando dos tendencias, que acabarían de perfilarse en 1871. Una, la sustentada por Cándido Nocedal y los neocatólicos, defensores del juego parlamentario como praxis política —«ala legalista» del carlismo—, y, otra, la línea propiamente antiparlamentaria, decidida partidaria de los métodos de la insurrección armada. Mientras la opción electoral del carlismo fue perdiendo fuerza y peduró hasta 1872, la postura de la rebelión armada fue ganando terreno, sobre todo después de la elección de Amadeo de Saboya como Rey. En 1871, en torno al mes de septiembre, se habían formado partidas armadas y manifestado esporádicos brotes insurreccionales. Pero 1871 fue también el año de mayor éxito electoral del carlismo, logrando 51 diputados y 28 senadores en las primeras Cortes de Amadeo; además se extendía fuera de sus focos tradicionales, obteniendo acta en 26 provincias y representados prácticamente en todas las regiones, excepto Andalucía. Estas elecciones, sin embargo, presentaron una nota inédita en la historia política del siglo: acudieron a las urnas, en una coyuntural y paradójica alianza electoral con los republicanos. Y el éxito tenía buena parte de explicación en la contradictoria coalición. Esta actitud sólo puede ser comprendida desde la óptica del pragmatismo político, y no desde unos principios ideológicos opuestos; los extremos del arco parlamentario se unían con el objetivo de acabar con el sistema monárquico amadeísta, y ambos contemplaban, sobre todo desde sus complejas bases sociales, la insurrección armada.

Las últimas elecciones en que participaron los carlistas fueron las de abril de 1872. Esta vez en solitario, y por ello se mostró su auténtica implantación: 38 escaños en 19 provincias, con mayoría absoluta en las capitales de Vizcaya, Navarra, Lugo, Cuenca y Ciudad Real.

La postura del juego parlamentario quedó desbordada por la rebelión armada, apenas contenida en los primeros meses de 1872. La sublevación general se produjo al mes siguiente de las elecciones. El 2 de mayo de 1872 el pretendiente Carlos VII entró en Vera de Bidasoa. El ejército carlista fue derrotado en Oroquieta por el general Moriones. Como consecuencia se firmó el Convenio de Amorebieta, entre el general Serrano y la diputación carlista vizcaína, que ponía fin teóricamente al conflicto vasconavarro. Supuso sólo una tregua temporal en estas zonas desde mayo hasta el otoño de 1872. Mientras tanto las partidas carlistas seguían actuando en Cataluña. En diciembre de 1872 se inició la insurrección nuevamente en Navarra. La Guerra Carlista se prolongó hasta 1876, convirtiéndose en un permanente foco de tensión en lo que restaba de evolución al Sexenio. En sentido estricto, las operaciones militares hasta 1873 no revistieron enfrentamientos de envergadura, pero provocaron la inquietud en todo el país, crearon una atmósfera negativa para el sistema democrático envuelto en la guerra civil, e incapaz de sofocarla completamente, además de generar tensiones en los distintos Gobiernos, y de absorber hombres —nuevas «quintas»— y recursos de una maltrecha economía.

27.5. La oposición republicana. La Internacional y el debate político

Tampoco los republicanos gozaron de homogeneidad en la oposición. El republicanismo español era una compleja amalgama donde convivían proyectos políticos dispares, supuestos sociales de muy distinto signo y referentes ideológicos diversos. Todos bajo el manto mítico de la república, concepto que albergaba opciones bien distintas y a veces contradictorias.

En el republicanismo confluyeron tanto defensores a ultranza del principio de la

Primer retrato de Marx en España (noviembre de 1871).

propiedad, a la manera constitucional, como socialistas utópicos o individuos que cuestionaban tal principio. Es preciso recordar que la Internacional en España vino inicialmente de la mano del republicanismo, y en sectores de las bases del partido durante un cierto tiempo confluyeron ambas opciones.

Por otro lado, había republicanos cuyo horizonte era en sentido estricto la república como forma de Estado, «republicanos a secas», para los que se acuñó el apellido de «unitarios», frente a los partidarios de la estructuración federal del Estado: «federales». Desde el punto de vista de la estrategia, existían republicanos «benévolos», partidarios de la vía electoral y abiertos a la colaboración con los radicales, y republicanos «intransigentes», defensores de la vía insurreccional.

El centro equilibrador del partido, la línea parlamentaria y federalista de Pi y Margall, tenderá a verse desbordado a medida que avance el periodo 1871-72, por la opción intransigente, al mismo tiempo que un grupo dirigido por Castelar basculará hacia posiciones más moderadas. Por otro lado, las fisuras entre el directorio y las bases del partido —sobre todo a partir de la citada insurrección armada del otoño de 1869— se acentuaron. Las bases eran más proclives al levantamiento armado. Las tensiones por la base cuajaron en partidas armadas a finales de año. Además, el mayor auge del asociacionismo obrero de clase radicalizará posturas entre los republicanos ante el temor de perder parte de sus bases sociales ahora atraídas por una Internacional que se alejaba del partido republicano.

Los relativos progresos de la Internacional en España, con el aumento de afiliaciones, su extensión geográfica y su diversificación social (trabajadores de la ciudad y del campo), convirtieron el tema del naciente movimiento obrero en un asunto preocupante para las clases conservadoras. Pesó más la percepción que se tuvo del hecho como inminente peligro de subversión social que la incidencia real que el movimiento internacionalista tenía en la sociedad española. Sólo así se entiende el lugar destacado que ocupó esta cuestión en la prensa y las Cortes, sobre todo entre los meses de abril y noviembre de 1871. Las noticias de la Comuna de París (primavera 1871) y sus hipotéticas repercusiones actuaron de caja de resonancia. Percepciones exageradas y rumores alarmistas amplificaron un fenómeno cuyas dimensiones auténticas eran más limitadas. Así, el miedo a la revolución transformó la llegada a España de exiliados políticos en una supuesta entrada masiva de internacionalistas dispuestos a una inmediata acción revolucionaria. En todo caso, quedaba clara la necesidad de interrumpir un discurso que minaba las bases del orden establecido. De ahí el empeño por impedir las actividades de la Internacional.

Los primeros síntomas de esta actitud alcanzan a Barcelona en el mes de abril de 1871, cuando el gobernador civil prohibió huelgas y reuniones. El día 29 fue detenido Clemente Bove, presidente de las «Tres Clases del Vapor», organización obrera que se había adherido a la sección barcelonesa de la Internacional, y sus locales asaltados por la policía. A la par estallaba una huelga en la casa Batlló. El 22 de mayo los republicanos presentaron en el Congreso una proposición declarando su repulsa por la conducta del gobernador de Barcelona, siendo rechazada por 152 votos en contra y 54 a favor.

El 28 de mayo Sagasta envió una circular a los gobernadores civiles concediéndoles amplios poderes para reprimir las actividades de la Internacional. El propio Sagasta resumía en el Congreso días más tarde —14 de junio— todo el pensamiento conservador sobre la Internacional, que pretendía «destruir la propiedad, destruir la familia, destruir la sociedad, destruir la patria». La prensa de naturaleza conservadora jugó aquí un papel de primer orden acentuando los temores por la difusión de la Internacional. Un amplio repertorio de información periodística, editoriales y comentarios se orientaron en tal sentido. Así *La Época* publicó con asiduidad visiones apocalípticas sobre el orden público, cuyo trasunto eran las consecuencias que había traído la revolución de septiembre a la que indirectamente se acusaba: «que había venido a subvertir todo el orden político, subvirtiendo a su vez los fundamentos del orden social». Otro hecho significativo del alcance de este asunto en la vida nacional fue la convocatoria, realizada por la Real Academia de Ciencias Morales y Políticas en agosto, de dos concursos extraordinarios sobre temas basados en la legitimidad de la propiedad, en las relaciones capital-trabajo y en la ilegalidad de la Internacional.

Y la polémica se trasladó a las Cortes. A partir del 16 de octubre la Internacional fue la preocupación máxima de los diputados del Congreso, estableciéndose un debate sobre su legalidad o no. Los planteamientos de los grupos conservadores se expresaron en parecidos términos a los de Sagasta: la subversión del orden social, el ataque a la propiedad, al orden, la familia y la patria. En defensa de la Internacional, las palabras de Fernando Garrido fueron representativas de un sector del republicanismo: «El trabajo es el fundamento de la sociedad. Todas las otras clases pueden no existir sin que deje de haber sociedad; pero no hay sociedad posible sin las clases trabajadoras.»

Todos los grupos monárquicos cerraron filas en torno a la ilegalidad de la Internacional. Sólo estuvieron en contra los republicanos, y no todos, lo que insistía en la heterogeneidad ideológica del partido. Así por 192 votos a favor y 38 en contra, el Congreso dio vía libre a la proposición del ministro de Gobernación, Candau, encaminada a presentar un proyecto de ley que disolviera la Internacional como atentatoria de la seguridad del Estado. Era declararla anticonstitucional.

La resolución del Congreso no llegó a hacerse efectiva. La actitud del fiscal del Tribunal Supremo la descalificaba al insistir en la legalidad del derecho de asociación. Las crisis ministeriales también impidieron su materialización. Aun así se practicaron detenciones y registros en locales obreros, y en enero de 1872, Sagasta, desde la presidencia del Gobierno, autorizó a los gobernadores civiles la disolución de sindicatos y secciones de la Internacional. En suma, la resolución de ilegalidad de la Asociación Internacional de Trabajadores (AIT) no llegó a cumplir los tramos jurídicos necesarios, pero en la práctica gubernamental se contempló durante 1872 la represión de sus actividades. Incluso, en febrero de este año, el Gobierno español trasladó la polémica al plano internacional proponiendo a los demás Gobiernos europeos aunar posturas contra la AIT.

Durante 1871 y 1872 la Internacional se había difundido en gran parte de la Península. Su mayor fuerza seguía residiendo en Cataluña al adherirse la mayoría —aunque no todas— de las sociedades obreras catalanas de etapas anteriores. Se extendió por Andalucía, con principales núcleos en Carmona, Sanlúcar, Sevilla, proporcionando una diversificación social: la penetración de la Internacional en los jornaleros del campo. También se propagó por Levante, sobre todo en las zonas fabriles de Alcoy y Valencia, y con menor importancia por zonas de Extremadura, Aragón, País Vasco, Galicia y Castilla. En diciembre de 1872 se cifra el núcleo de afiliados en 30.000, de los que 10.000 procedían de Barcelona y su entorno fabril.

Su implantación era relativa si se contempla el conjunto de asalariados, aunque el ritmo de afiliación en estos primeros pasos fue notorio. Su importancia reside en el cambio cualitativo del rumbo del movimiento obrero español, con un programa teórico propio y la separación del republicanismo y del societarismo reformista.

Mientras tanto las disensiones en el seno de la AIT repercutieron en la Federación Regional Española. Las discrepancias entre marxistas y bakuninistas resultaron insalvables. Mientras, en España se mantuvieron los principios del bakuninismo (los de la Alianza Democrática Social) frente a la línea marxista: el grupo madrileño en torno al periódico *La Emancipación* (órgano de prensa, en contacto con el marxista Lafargue), inició desde noviembre de 1871 su evolución hacia las tesis marxistas. En abril de 1872 el Congreso de Zaragoza de la Federación Regional Española reafirmó, apoyado por todas las federaciones, las tesis bakuninistas, y el grupo madrileño de *La Emancipación* fue expulsado de la Federación constituyendo la *Nueva Federación Madrileña* de tendencia marxista y reconocida por el Consejo de Londres. La ruptura del internacionalismo en España estaba consumada. Era la génesis del marxismo español, y a partir de este grupo madrileño y de la *Asociación del Arte de Imprimir* —obreros tipógrafos— se formará la cantera del Partido Socialista Obrero Español.

En el Congreso de la Internacional en La Haya, en 1872, se produjo la escisión definitiva. La gran mayoría de la Internacional española continuó bajo los presupuestos del bakuninismo, y el citado Congreso de Córdoba, celebrado entre el 25 de diciembre de 1872 y el 3 de enero de 1873, consolidó esta línea anarquista, de naturaleza apolítica, abrumadoramente mayoritaria en el movimiento obrero español. Esto significaba apartarse de los partidos políticos, y de la vida parlamentaria, incluso de la formación de un partido político estrictamente obrero. El politicismo quedó representado por la citada línea marxista del nuevo grupo madrileño, y por algunas sociedades obreras catalanas que siguieron vinculadas al federalismo.

27.6. LAS CRISIS POLÍTICAS DE 1872. EL ABSTENCIONISMO

El 21 de diciembre de 1871 Sagasta formó nuevo Gobierno. Su primer objetivo era diáfano: disolver las Cortes y convocar elecciones para obtener una cómoda mayoría parlamentaria. En efecto, el 22 de enero de 1872, tras acalorados debates, el Congreso denegó su confianza al Gobierno. Dos días más tarde Amadeo I firmó el decreto de disolución. Las elecciones se celebraron entre los días 3 y 6 de abril. Frente a los conservadores de Sagasta la oposición estableció una coalición electoral, esta vez formada por radicales de Ruiz Zorrilla, republicanos federales y carlistas. Curioso amasijo ideológico que recordaba la extraña alianza electoral de la oposición en las elecciones de 1871. La coalición recibió el nombre de «pacto de coalición nacional». Quienes más arriesgaban eran los republicanos. Ya la alianza con los carlistas en 1871 había provocado la incomprensión de algunos sectores del partido. En esa incomprensión subyacían las diferencias tácticas cada vez más visibles en el seno del republicanismo. Ante las elecciones de abril de 1872 se exacerbaron las discrepancias. En un ambiente apasionado la III Asamblea federal celebrada el 15 de febrero aprobó la táctica del pacto por 57 votos a favor y 25 en contra, acentuando las fisuras en el partido. Por encima de las variantes ideológicas, las diferencias, en este caso, eran de índole táctica. La bifurcación enriqueció la terminología política del momento: republicanos benevolentes e intransigentes, en función de la adopción de una táctica posibilista o más bien insurreccional. Aunque formalmente se mantuvo la unidad del partido, en la práctica la minoría intransigente optó por el retraimiento. En cuanto a los carlistas, ya surtos en los cauces insurreccionales, retrasaron el levantamiento a la espera de los resultados electorales, último episodio de la línea parlamentaria representada por Nocedal.

El fin justificaba los medios. El Gobierno de Sagasta no escatimó esfuerzos en conseguir la anhelada mayoría parlamentaria y para ello utilizó todo tipo de mecanismos coercitivos. La prensa de oposición y la opinión pública cuestionaron la limpieza del proceso electoral. Como era de prever, los resultados confirmaron una neta mayoría sagastina: 236 diputados conservadores, 52 republicanos, 42 radicales, 38 carlistas y 11 moderados. Si tomamos en consideración nuevamente la dualidad campo-ciudad, el éxito gubernamental radicó en el voto rural; por el contrario, las candidaturas de oposición ganaron en los más importantes centros urbanos, manifestándose un notable incremento del abstencionismo de variada interpretación. De hecho, las tres consultas electorales generales realizadas hasta entonces bajo la fórmula del sufragio universal (1869, 1871 y abril de 1872) mostraban una evidente estabilidad del voto, más allá de la *influencia moral del Gobierno*. Desde 1869 los partidos integrantes del bloque monárquico-democrático, ahora fragmentado, prácticamente repiten resultados a lo largo de las tres consultas; otro tanto sucede con los republicanos y carlistas, es decir, estamos ante un proceso de consolidación de corrientes de opinión, sobre todo en las grandes ciudades. En lo que respecta al aumento del abstencionismo, la explicación agrupa diversas variables: errores del censo, dificultades técnicas, saturación de consultas electorales, además de la propaganda activa en favor de la abstención realizada por los republicanos intransigentes y los internacionalistas. En este contexto se inscriben las pérdidas sufridas por los republicanos en alguno de sus feudos tradicionales. Las nuevas Cortes, de éxito aparente, nacieron sin vida por el escándalo, que trascendió a la opinión pública, de la transferencia de dos millones de reales del presupuesto del Ministerio de Ultramar al de Gobernación con fines electorales. Ello provocó la crisis del Gobierno Sagasta, que presentó la dimisión el 22 de mayo, cuyas posiciones comenzaron a valorar como hipótesis de futuro el alfonsismo.

Un nuevo Gobierno, esta vez encabezado por el general Serrano, que empieza a acostumbrarse a ser nombrado para soluciones de emergencia y transición, se mantuvo desde el 26 de mayo hasta el 10 de junio. Serrano llegó a Madrid el 3 de junio, y en el ínterin se hizo cargo de la presidencia el almirante Topete, a la espera de que Serrano ultimase el Convenio de Amorebieta con los carlistas. ¿Por qué el duque de la Torre? Con ello el Rey trató de evitar una temprana disolución de las Cortes, a sabiendas de que unas Cortes sagastinas no darían su voto de confianza a Ruiz Zorrilla, mientras que posiblemente Serrano sí podía alcanzar el mínimo consenso necesario para desarrollar su labor de gobierno. La respuesta de los zorrillistas no se hizo esperar; su protesta se tradujo en su oposición al presidente de las Cortes, Ríos Rosas. Ante el deterioro parlamentario, Serrano solicitó del Rey la suspensión de las garantías constitucionales. La negativa de Amadeo precipitó la dimisión del Gobierno el 10 de junio.

No existía más alternativa que llamar a Ruiz Zorrilla, después de fracasar las gestiones ante Espartero y Fernández de Córdova. El 13 de junio fue nombrado presidente del Consejo. Además ocupó la cartera de Gobernación, rodeándose del siguiente gobierno: Martos, Estado; Montero Ríos, Gracia y Justicia; Ruiz Gómez, Hacienda; Fernández de Córdova, Guerra; Beranger, Marina; Echegaray, Fomento, y Gasset y Artime, Ultramar. Posteriormente remodeló su composición dando entrada a Mosquera y Becerra en sustitución de Gasset y Echegaray, y mientras que éste último sustituía a Ruiz Gómez. Ruiz Zorrilla intentó crear un estado de opinión: con él renacían en toda su pujanza los principios democráticos de la revolución de septiembre. Nuevo talante reformista que pretendía completar la labor iniciada por el Gobierno provisional en el ya lejano último trimestre de 1868, partiendo de la idea de que el desarrollo práctico del programa revolucionario había sufrido un parón desde la promulgación de la Constitución de 1869. Las Cortes fueron suspendidas el 14 de junio como paso previo para su disolución el 28 del mismo mes, acompañando la convocatoria de elecciones legislativas para el 24 de agosto. El sentido reformista quedó patente en la circular de 16 de julio enviada a los gobernadores civiles, base de su programa electoral. Se recogían dos viejas reivindicaciones en suspenso: la implantación del jurado y la abolición de las quintas. Se prometía debatir dos problemas políticos que afectaban incluso a la propia estructura del Estado: avanzar en la separación Iglesia-Estado y redefinir el *statu quo* colonial como mejor solución para la pacificación en Cuba. A ello se añadían las sempiternas promesas de cualquier Gobierno del Sexenio: mayores dosis de liberalización a los intercambios comerciales y a la industria y el equilibrio del presupuesto del Estado.

Entre el 24 y el 27 de agosto tuvo lugar la cuarta consulta electoral general del Sexenio y la tercera de la monarquía parlamentaria. Ruiz Zorrilla pretendió dar un ejemplo de independencia del Gobierno ante el hecho electoral. En todo caso la opinión pública de la época valoró estas elecciones como las más escrupulosas y limpias habidas hasta entonces bajo el sistema del sufragio universal. De todas formas el Gobierno no necesitaba ser demasiado escrupuloso para obtener la mayoría: más que el éxito de la opción radical, el retraimiento de los otros partidos favorecería el triunfo. En efecto, el retraimiento de casi todas las fuerzas políticas fue la norma. Se abstuvo el 54 por 100 del electorado. A las razones antes comentadas para las elecciones de abril habría que añadir ahora un nuevo elemento: por primera vez uno de los partidos, antes integrante de la coalición-democrática, y por tanto básico para la consolidación del trono de Amadeo, los conservadores de Sagasta, también se sumaron al retraimiento, con lo que significaba de negación de legitimidad al hecho electoral y de cuestionamiento al propio sistema político. Los republicanos intransigentes también optaron por la vía abstencionista, al igual que los carlistas en plena insurrección armada, y los trabajadores internacionalistas. Los radicales consiguieron el 70 por 100 de los votos y 274 diputados, los republicanos configuraron una importante minoría de 79 diputados, respaldada por el 20 por 100 de los votantes. Además completaban el espectro parlamentario 14 diputados independientes, con etiqueta sagastina, 9 antiguos moderados, que por primera vez se autodenominaron alfonsinos, y 3 diputados independientes. Era significativa la ausencia del hemiciclo parlamentario de determinados personajes considerados emblemáticos del «espíritu de la septembrina» y que habían dominado resortes del poder político hasta la fecha: Sagasta, Cánovas, López de Ayala, Serrano, Topete, Romero Robledo... se apearon de unas Cortes cada vez más huérfanas de figuras significativas. Si recordamos la importancia de los personalismos por encima de los partidos se comprenderá que el juego parlamentario quedó devaluado. Estas elecciones mostraban la imposibilidad de un bipartidismo estable, basado en un turno de partidos más o menos pactado. De continuar así el tono de la vida política, no sólo el Rey, sino el régimen monárquico-parlamentario estaba condenado al fracaso.

Emergían síntomas evidentes del deterioro del sistema. Los radicales realizaban un esfuerzo reformista, pero su mayoría parlamentaria era engañosa. Un sector relevante de la elite política abandonaba paulatinamente el barco del Sexenio. Aunque todavía era prematura la alternativa alfonsino-canovista como recambio político para un futuro inmediato, sí resulta palpable que sectores del antiguo unionismo y del conservadurismo sagastino ampliaran su horizonte político, incorporando en él el proyecto de Cánovas, sin desechar otras opciones. Sin lugar a dudas, Cánovas sacó abundantes enseñanzas del fracaso del bipartidismo amadeísta. El régimen de Amadeo, sólo apoyado *en* y no *por* los radicales, se quedó sin las suficientes bases políticas y representativas de sustentación. La soledad de Amadeo I se acentuaba y la idea de abdicación tomaba cuerpo. En su fuero interno germinaba con fuerza un sentimiento de repulsa, correlato de las frecuentes muestras de rechazo de la mayoría sociológica del país. Debió de pesar decisivamente en el ánimo del Rey el atentado fallido que sufrió la noche del 18 de julio de 1872, en la calle del Arenal, cuando volvía a Palacio.

Hasta el 11 de febrero de 1873, el gobierno Ruiz Zorrilla intentó poner en práctica su programa reformista. Pasar de la teoría a la acción en un ambiente político convulsionado. En el balance final los resultados no acompañaron a las previsiones, aunque sí logró dejar sobre el tapete un talante proclive a las reformas posteriormente continuado por los Gobiernos republicanos. Así, la abolición de las quintas y la reforma de las matrículas del mar, previstas en el proyecto de ley sobre reorganización del ejército, entró en contradicción con el llamamiento a filas de 40.000 hombres. El tema de la separación Iglesia-Estado, apenas quedó esbozado. La regulación de las relaciones capital-trabajo no pasaron de los proyectos inconclusos presentados por Becerra sobre la protección del trabajo infantil y por Cisa relativo al establecimiento de jurados mixtos entre fabricantes y obreros. La cuestión de la esclavitud en Cuba quedó abortada por la presión de los grupos antiabolicionistas hispano-cubanos. En el haber de Ruiz Zorrilla destaca la ley de enjuiciamiento criminal de 22 de diciembre de 1872, como continuación del esfuerzo modernizador de la justicia iniciado en 1869, que reguló el juicio oral y estableció el jurado.

27.7. La cuestión de la esclavitud en Cuba y Puerto Rico

En pleno conflicto carlista y con intentonas armadas republicanas en el otoño-invierno de 1872, otra cuestión radicalizó el panorama político: el tema cubano, ahora en su cenit con la discusión del proyecto abolicionista de la esclavitud a finales de 1872.

Las tesis abolicionistas eran apoyadas sólo por los radicales —que ahora desde el poder tratan de fomentar— y los republicanos. Pero también existe un grupo de presión *La Sociedad Abolicionista Española*, entre cuyos miembros se encuentran José María Orense, Fernando de Castro, Gabriel Rodríguez, Emilio Castelar, Rafael María de Labra, Pi y Margall, Félix Bona, Nicolás Salmerón, Francisco Giner de los Ríos, Estanislao Figueras... Esta sociedad presentó una exposición de abolición en el Senado y en el Congreso los días 26 y 27 de septiembre de 1872.

Los antiabolicionistas —o esclavistas— se agrupan a su vez en otro grupo de presión, *El Centro Hispano-Ultramarino de Madrid,* con filiales en provincias. Estos centros eran una proyección del Casino Español de La Habana creado el 11 de junio de 1869.

Alegoría de la evolución de la esclavitud.

El Centro de Madrid había sido fundado en noviembre de 1871, y lo presidían Laureano Sanz y el marqués de Manzanedo, que debía en buena parte el origen de su espectacular fortuna a sus actividades como traficante de esclavos en los años 30. En el Centro colaboraron desde sus inicios los hombres más destacados del partido alfonsino. En total se fundaron en España 87 centros con una estructura organizativa y composición social similar al de Madrid. En ellos confluyeron no sólo los propietarios ultramarinos, sino también importantes propietarios peninsulares. En tal sentido es significativa la adhesión de 177 nobles, entre los que se encontraba lo más selecto de la Grandeza de España. Asimismo tuvo representación del grupo de presión catalán *Fomento del Trabajo Nacional*.

En diciembre de 1872 —momento más vivo de la polémica— el Centro, que contaba con una indudable fuerza y resumía los intereses del mundo de la propiedad, manifestó su más enérgico rechazo a cualquier medida abolicionista, en una exposición dirigida al presidente del Consejo de Ministros. El intento reformista quedó frustrado. Se suspendió el tema de la abolición en Cuba —en realidad la base del problema— y el Gobierno Ruiz Zorrilla sólo consiguió prosperar en la abolición de la esclavitud el 24 de diciembre en la isla de Puerto Rico, donde existían 30.000 esclavos.

El peligro de la abolición en Cuba engrosó las filas del partido alfonsino. El 25 de enero de 1873, 300 miembros de lo más selecto de la sociedad madrileña se reunieron en el *Círculo Moderado* para solemnizar el cumpleaños del príncipe Alfonso. Por otro lado, los Centros se transformaron en *Liga Nacional* alfonsina encabezada por Cánovas, López de Ayala, Manzanedo, Moyano, Romero Robledo, Caballero de Rodas... Mientras tanto la guerra cubana se endurecía, en un panorama enquistado que absorbió hombres y recursos hasta su finalización, ya fuera de los límites del Sexenio, con la paz de Zanjón en 1878, inestable compromiso que prolongó un estado latente de conflictos hasta la independencia de la Isla en 1898.

A principios de 1873, en un ambiente de tal inestabilidad, el Monarca, consciente de su escasa implantación y de la quiebra final de un ficticio consenso, sólo esperaba un pretexto para la abdicación. Y este papel lo jugó el conflicto surgido en el cuerpo de Artillería. El motivo ocasional fue el nombramiento del general Hidalgo como capitán general de las *Vascongadas,* al que acusaban de haber colaborado en la abortada sublevación de los sargentos de San Gil en junio de 1866; la oposición se produjo en la petición de separación colectiva del servicio. El Gobierno Ruiz Zorrilla, decidido a reafirmar el poder civil sobre el ejército, mantuvo el nombramiento y firmó el decreto de separación del cuerpo de los jefes y oficiales protagonistas del plante, con el visto bueno de las Cortes. El conflicto de los artilleros expresaba la división interna del ejército, en el que algunos generales, que habían participado activamente en el pronunciamiento de septiembre de 1868, se inclinaban también por la solución alfonsina.

La actitud del Gobierno tuvo como respuesta un ambiente de conspiración e intentos de golpes de fuerza propuestos al mismo Rey por sectores del ejército. Entre ambos polos del conflicto el Monarca no esperó más para abdicar. El 10 de febrero lo hacía en su nombre y en el de sus descendientes. Mientras el Congreso se reunía en sesión permanente, Amadeo I de Saboya se disponía a regresar a Italia. En su estela quedó grabado el mito, tan oportunista para soluciones involucionistas en la posterior historia de España, de la «ingobernabilidad de los españoles».

Capítulo XXVIII

La República (febrero 1873-enero 1874)

28.1. Las «cinco Repúblicas» de 1873

La República ha sido asociada —en sus dos experiencias, 1873 y 1931-36— con radicalismo y desviación revolucionaria. Quizá por la imagen que se proyectó de la República de los años 30 del siglo XX. De todas formas, el régimen nacido en febrero de 1873 se convirtió en sinónimo de inestabilidad política y subversión del orden social; este último aspecto más en el terreno de las percepciones que en contenidos reales. Para ilustrar la fragilidad y desorden de la República se la ha recordado de forma emblemática por sus cuatro presidentes en tan breve lapso de tiempo. Poco más acertaban a desentrañar muchos manuales al uso, como no fuera el símil de la experiencia traumática. También se adobó la imagen de la República como un «patinazo» que desvió la historia de España en su devenir natural. Veleidad del radicalismo ajena a la trayectoria monárquica.

Pero lo cierto es que la República no representó un viraje sustancial en el transcurrir del Sexenio democrático, ni un punto de inflexión que cambiaba el orden y las piezas del rompecabezas histórico español. Fue, sin embargo, la salida lógica ante un proceso democrático, de frágiles bases de sustentación, que se encontraba en un callejón sin salida. Había más de continuismo que de ruptura, más de reformismo que de radicalización revolucionaria, más de solución de urgencia, por exclusión de otras, que de proyecto alternativo global. Ni aún hubo una sola República. De hecho, durante meses, existió una secuencia de varias «repúblicas», en sus contenidos y en sus estrategias, de características distintas y a veces opuestas entre sí.

Los dirigentes republicanos aportaban refresco intelectual, humanismo, una fervorosa defensa de los principios democráticos, y una creencia, no sin fundamentos utópicos, en el hombre como ser social, blanco de la educación y protagonista de una sociedad civil capaz de decidir sobre su propio destino. Este discurso encontraba su

Los recelos internacionales ante la proclamación de la República española.

molde político en la alternativa republicana, al identificar la monarquía como responsable de los males que aquejaban al país.

Pero ni siquiera los dirigentes del republicanismo formaban un todo compacto. La consolidación de la República, para algunos diputados en Madrid y dirigentes de provincias, debía lograrse mediante una estructura federal de *abajo a arriba,* de forma inmediata y con tintes insurreccionales. Los medios se ponían al servicio del fin.

Así la República nació como *indefinida* en febrero de 1873, fruto de un pacto con los radicales que habían antepuesto la preservación de los principios democráticos a la forma de Estado. Un continuismo de la situación anterior a la espera de una definición más precisa del régimen. Las disputas entre los dos aliados accidentales hicieron crisis, en el mismo mes de febrero y en abril, para inclinarse la balanza hacia el terreno de los republicanos.

A principios de junio una nueva República, esta vez definida como federal, cumplía las expectativas de parte de sus dirigentes: la federación *desde arriba* con basamento legal. Su orientación era de signo reformista. Era la presidencia de Pi y Margall. Sin embargo, en el mes de julio se pusieron en marcha otras dos «repúblicas», o formas de entender la República, y a menudo mezcladas entre sí. Frente a la República oficial, los intransigentes ensayaron, a través de la vía insurreccional, el establecimiento de la federación *desde abajo*. Era la República cantonal. Pero también emergía de nuevo la «cuestión social», que no aparecía colmada por el reformismo republicano; la conflictividad social en las ciudades y el campo se derivaba de una percepción distinta: la República como emblema del igualitarismo social, la República social. Ambas visiones, alternativas a la trayectoria de la República federal «oficial», y a menudo confundidas, corrieron paralelas a ella en el verano de 1873 y provocaron una reorientación del régimen. Nacía la «quinta» versión, la República del «orden» adivinada por la presidencia de Salmerón desde julio de 1873, pero inequívocamente conservadora, en los límites quizá de la dictadura con la presidencia de Castelar hasta enero de 1874, cuyas características distaban mucho de la República indefinida y de la República federal de Pi. Cabría hablar, por tanto, de «cinco» repúblicas, como otras tantas formas de concebir, como proyecto y como estrategia, el régimen republicano. Porque el golpe de Pavía de enero de 1874 no trajo consigo ninguna ruptura con respecto a la orientación castelarina, más bien intentó evitar una nueva desviación radicalizada, implícita en el debate parlamentario cerrado violentamente por el golpe militar. Así la República *híbrida o ducal* de 1874, liderada por Serrano, siguió por la senda de la República de orden de Castelar.

La República llegó quizá inesperadamente y de una forma súbita en las previsiones de sus partidarios. La cuestión residía entonces en dotarla de contenidos, poner en práctica un modelo que distaba de ser unánime, sobre todo en el campo de las estrategias, pero principalmente el desafío iba más allá del triunfo nominal de la República como forma de Estado. Se trataba de republicanizar el Estado y de republicanizar la sociedad española.

28.2. La República indefinida

El 11 de febrero de 1873 el Congreso y el Senado reunidos en Asamblea Nacional proclamaron la República, por 258 votos a favor y 32 en contra:

> La Asamblea Nacional resume todos los poderes y declara como forma de Gobierno de la Nación la República, dejando a las Cortes Constituyentes la organización de esta forma de gobierno.

La llegada de la República no fue el resultado de la presión de las masas republicanas ni de una opción política con sólidos apoyos, que era en realidad minoritaria en el conjunto del país. Era consecuencia de un pacto político protagonizado por los componentes de las Cámaras ante la difícil situación que se había generado tras la abdicación de Amadeo I. Una alternativa de circunstancias más por exclusión de las fórmulas ensayadas hasta entonces que por convicción y resultado político objetivo del triunfo del republicanismo. La República, en suma, vino a llenar un vacío de poder en un contexto hostil, el que había acabado con la monarquía amadeísta. Emilio Castelar, durante la sesión de las Cortes del 10 de febrero de 1873, un día antes de la renuncia formal de Amadeo de Saboya, expresaba: «Nadie la trae la República; la traen todas las circunstancias, la trae una conjuración de la Sociedad, de la Naturaleza y de la Historia.»

La práctica unanimidad con la que había sido proclamada distaba de ser real. Ni tales votos resumían las alternativas políticas del país —estas Cámaras, según se recordará, fueron elegidas con el lastre del abstencionismo—, ni representaban el fruto de un convencido republicanismo. En realidad, era, paradójicamente si se quiere, consecuencia de una mayoría de radicales monárquicos que coyunturalmente pactaron esta salida con la minoría de republicanos federales, ante una situación muy comprometida, ante un vacío de poder. La forma en que fue proclamada llevaba gérmenes que condicionaron su evolución. Más allá de los supuestos jurídicos, la orientación dada por los radicales, por un lado, y por los federales, en su intento de construir con escrupulosidad la República federal desde arriba, por otro, quebraron una frágil República.

El nuevo régimen había sido proclamado por una sesión conjunta del Congreso y del Senado que no estaba contemplada constitucionalmente. Por otro lado, tal proclamación debería haber sido producto de la labor de las Cortes Constituyentes, con lo que las Cortes tenían que haber sido disueltas y nombrado un Gobierno provisional. Sólo cambiaba la forma de gobierno, sin llevar a cabo una reforma constitucional. Pero lo delicado de la situación invitó a radicales y republicanos federales a evitar cualquier situación de interinidad, y a adoptar el compromiso de una República indefinida.

Los radicales habían llegado al pacto de una salida republicana como última solución. Antepusieron el mantenimiento del ideario democrático de la septembrina a la forma de gobierno. Se trataba de salvar el cuerpo doctrinal de la revolución del 68, pero también de impedir la pendiente de desorden y violencia que habría encarrilado a las clases conservadoras a las filas alfonsinas. Su modelo de República era la antítesis de la federal, es decir, una República unitaria. Eran, en suma, los principios del 68, pero con otra forma de gobierno. Los republicanos sacrificaron la proclamación inmediata de la República federal. Esto lo debían realizar unas Cortes Constituyentes, que establecerían el federalismo desde la legalidad. Pero de esta manera los dirigentes se distanciaron de ciertos sectores de las masas federales que veían frustrada su estrategia basada en la proclamación inmediata de la «federal» y empezaron a actuar por su cuenta, tratando de construir de abajo a arriba el nuevo Estado.

El primer Gobierno de la República fue nombrado inmediatamente. Reflejo del pacto de coalición radical-republicana, era de mayoría radical y estaba presidido por el federal Estanislao Figueras —en sentido estricto no era el primer presidente de la República sino presidente del Poder Ejecutivo. Lo componían además tres figuras significativas del republicanismo, que alcanzarían a la postre la cabecera del Estado: Pi y Margall, en Gobernación, Nicolás Salmerón en Gracia y Justicia, y Castelar, en Estado. Los radicales estaban representados en cinco carteras: Echegaray (Hacienda), Córdova (Guerra), Beranger (Marina), y Becerra (Fomento), los cuatro también ministros del último Gobierno de la monarquía, y, finalmente, Francisco Salmerón, en Ultramar.

La actuación del primer Gobierno estuvo orientada más al mantenimiento del orden que a ensayar cualquier fórmula de transformación social o a alterar el proceso legal de transformación del Estado. El propio ministro republicano de Gobernación, Pi y Margall, desautorizó la sustitución de los ayuntamientos amadeístas por juntas revolucionarias. La actitud pragmática de Pi demostraba las contradicciones entre el ideario y la práctica política: mientras que los dirigentes habían postulado que el método de acceso al poder sería fruto de un proceso revolucionario, cuyo protagonismo correspondía a las bases y que por delegación de sus juntas obtendrían el poder, ahora frenaban lo que en realidad era el mecanismo trazado por su ideario: disolución de juntas revolucionarias, reponiendo antiguos ayuntamientos hasta que el cambio llegara, pero desde la legalidad, es decir, respaldado electoralmente.

En Andalucía, reaparecieron enseguida brotes insurreccionales protagonizados por campesinos sin tierras. La República abría nuevas expectativas de reparto de tierras, pero también engendraba nuevos desengaños respecto a los partidos políticos. En localidades andaluzas la República se percibía como la hora del reparto, y así los campesinos exigieron la inmediata parcelación de tierras a sus ayuntamientos, a la par que se sucedían nuevamente las ocupaciones de tierras. Destacan los sucesos del 12 y 13 de febrero en Montilla, movimiento revolucionario de los trabajadores locales que superó a los mismos republicanos.

Ensayos frustrados de cambios sociales y políticos por la base tendrán su correlato también en centros urbanos. A primeros de marzo, los comités republicanos, con intervención de obreros internacionalistas —aunque el binomio republicanismo/internacionalismo todavía estaba sujeto a ambigüedad—, intentaron proclamar el Estado Catalán dentro de la República Federal Española. La respuesta gubernamental fue percibida como una rotunda contradicción: los dirigentes federales que habían insistido en que la República unitaria era cambiar sólo la forma de gobierno y perpetuar los males de una centralización identificada con la monarquía, ahora decidían esperar a que unas Cortes Constituyentes se pronunciaran sobre una República unitaria o federal, y abortaban los intentos de estructuración federal inmediata y desde abajo. En Cataluña, las tensiones se habían acelerado en el contexto de la Guerra Carlista. Aquí se hizo más sensible el cuarteamiento de la disciplina militar, de soldados que abandonaban unidades y dependían de los comités republicanos. Representantes catalanes en el Gobierno, Pi y Margall, y Figueras, frenaron el intento, mientras que se permitía la disolución del ejército en Cataluña y se sustituía por un cuerpo de voluntarios armados, el 9 de marzo, y organizado por la Diputación Provincial de Barcelona. Sólo tuvo un carácter provisional, ya que el recrudecimiento de la Guerra Carlista en Cataluña determinó el restablecimiento de hecho del ejército en su forma tradicional.

En relación con ello, la cuestión de las quintas afloró nuevamente con la llegada de la República. También los consumos. Dos aspiraciones básicas populares en el programa republicano. La abolición de ambas no frenó la radicalización. A primeros de marzo la Asamblea Nacional suprimió las quintas, sustituidas por una nueva concepción del ejército a base de voluntarios con una peseta de salario diario. Pero el fin de las quintas quedará en letra muerta, al hacerlo inviable la extensión de la guerra civil carlista y la posterior sublevación cantonal. En Madrid, la actividad de los centros y comités republicanos, y de los voluntarios de la República, de composición popular, tuvo su contrapunto en la organización por los comerciantes del cuerpo de vecinos honrados o *Voluntarios de la Propiedad*. Además las actitudes de las burguesías, en el juego radicalismo-conservadurismo, también contemplaron la emigración, proceso que se aceleró en el verano de 1873. En este sentido una selecta emigración, que es descrita expresamente por Galdós, partió para Francia: «No cesaban de salir de Madrid las familias monárquicas y reaccionarias de más viso, generales de cuartel, banqueros, bolsistas, todo el elemento que llamaban sensato y la flor y nata de la gente de orden.»

Por su parte, los obreros catalanes, a través de la *Sociedad Obrera* de Barcelona, manifestaban claramente cuál debía ser la tarea inmediata de la República: reducción de la jornada laboral, aumentos salariales, enseñanza obligatoria, higiene en el trabajo y protección del trabajo infantil.

Mientras tanto, el pacto coyuntural entre radicales y republicanos hacía aguas. Más que una cuestión de desconfianza, el problema residía en la divergencia de sus proyectos políticos. Los radicales temían que la efervescencia social arrastrara a los republicanos a determinaciones más consecuentes con las reivindicaciones de las capas populares, no querían perder el control de la situación y no sólo parlamentariamente, y además querían impedir una República federal. Su proyecto tenía como objetivo una República unitaria y laica reagrupando la atomizada coalición septembrina en torno al partido radical. Para ello, usando de su mayoría parlamentaria, debían impedir la convocatoria de unas Cortes Constituyentes que posibilitasen legalmente el advenimiento de la República federal.

El 23 de febrero —escasos días después del nacimiento del régimen— el dirigente radical Cristino Martos, presidente de la Asamblea Nacional, intentó derribar al Gobierno por la fuerza con ayuda de algunos generales y del gobernador civil de Madrid. Los ministros federales, apoyados por *Voluntarios de la República,* frenaron el golpe, y los radicales comprometidos tuvieron que dimitir. Al día siguiente Figueras imponía a la Asamblea un nuevo Gobierno, esta vez controlado por los federales, aunque los radicales conservaban dos carteras de importancia: Guerra (Acosta) y Marina (Oreiro), y entraban en el Gobierno los federales Tutau (Hacienda), Chao (Fomento) y Sorní (Ultramar). Era el primer enfrentamiento que aceleró los acontecimientos y venció la resistencia de la Asamblea Nacional a autodisolverse. La mayoría radical sólo pretendía la realización de unas elecciones a Cortes ordinarias bajo la vigencia de la Constitución de 1869, salvo su apartado referente a la monarquía. Sin embargo, los republicanos impulsaron unas elecciones a Cortes Constituyentes previa disolución de la Asamblea Nacional, no sin antes terminar de aprobar proyectos pendientes: ratificación de la abolición de la esclavitud en Puerto Rico, derogación de las matrículas del mar y de las quintas.

Una ley de 11 de marzo convocaba elecciones a Cortes Constituyentes del 10 al 13 de mayo. El 22 de marzo la Asamblea suspendió sus sesiones, al tiempo que quedaba elegida una Comisión Permanente, controlada por los radicales. El último acto del conflicto entre radicales y federales tuvo lugar el 23 y 24 de abril. Aquéllos intentaron nuevamente derribar al Gobierno, con la colaboración de batallones de voluntarios de tendencia monárquica apostados en la plaza de toros de Madrid, y la connivencia del capitán general de Castilla, general Pavía. El golpe planeado fue abortado con la actuación de los voluntarios de la República, y al día siguiente fueron disueltos por decreto la Comisión Permanente y los batallones de voluntarios rebeldes. Los republicanos que gobernaron solos a partir de entonces, lograron las posibilidades legales de una República federal, pero a costa de alejar a los radicales del régimen. Era la República de los federales, sin más apoyos, con un amplio abanico de oposición, incluso sujeta a las tensiones que se agravaron en el seno de los propios federales.

Entre el 10 y el 13 de mayo de 1873 se celebraron las elecciones a Cortes Constituyentes. El sufragio universal se había ampliado por la ley de convocatoria de marzo, para los varones mayores de veintiún años. Las previsiones de Pi y Margall eran válidas: abrumadora mayoría de republicanos federales con 343 diputados y el 91 por 100 de los votos emitidos, salvo que la característica dominante de las elecciones fue la abstención: más del 60 por 100 del censo electoral no participó en los comicios. Se podían cumplir los objetivos de proclamar legalmente la República Federal, pero el resultado era engañoso, dado el amplio retraimiento del electorado que expresaba así su indiferencia o rechazo al régimen. Se retrayeron de la consulta electoral los radicales, apeados del poder, para negar representatividad al nuevo régimen. También los conservadores constitucionalistas de Sagasta, los alfonsinos y moderados, los carlistas, y la postura de abstencionismo de los internacionalistas, que en su versión bakuninista mayoritaria decidieron dejar libertad a los electores, y los votos internacionalistas que se emitieron favorecieron al republicanismo federal. Bien es verdad que algunos radicales, constitucionalistas y alfonsinos se presentaron como independientes, sin representar a los partidos formalmente, con objeto de estar presentes en los debates constituyentes. Así obtuvieron actas de diputados 1 candidato republicano unitario, 20 de procedencia radical, 7 de procedencia conservadora-constitucionalista, y 3 de procedencia alfonsina.

28.3. La República federal o la federación desde arriba

El 1 de junio de 1873 se abrieron las Cortes Constituyentes, y el 8 del mismo mes el nuevo régimen era definido como una República federal. Fue nombrado un nuevo Gobierno bajo la presidencia de Pi y Margall, tres días más tarde. El objetivo de la legalidad estaba conseguido por mecanismos democráticos. Pero los federales estaban solos para enfrentarse a la ardua tarea de estructurar de nuevo el Estado, con un amplio abanico de oposición, sin una base social sólida y la animadversión de amplios sectores del ejército. En realidad había sido producto de la voluntad republicana en una situación política propicia, no de la voluntad nacional. Tampoco estaban unidos. Desde la propia apertura de las Cortes se agudizaron las tensiones en el partido y pronto se dibujaron tres vertientes más o menos definidas: un centro de precario equilibrio dirigido por el nuevo presidente, Pi, una tendencia más conservadora abanderada por Castelar, y los intransigentes representados en la dirección política por el nuevo presidente de las Cortes, José María Orense. Todos entraron prematuramente en conflicto a la hora de formar Gobierno y elegir presidente de las Cortes. En un plazo de apenas dos semanas se dieron sucesivos cambios de cargos en los aparatos políticos, demostrativos de la falta de cohesión del partido.

Habían heredado un Estado de estructura centralizada, no contaban con medios ni instituciones propias para una transformación real: la de «republicanizar» el Estado. No controlaban realmente los hilos del poder en un contexto en el que confluían una larga serie de problemas: guerras carlista y cubana, crisis económica, un difícil equilibrio entre el orden y las reformas sociales.

Para consolidar el régimen era preciso dotarle de una Constitución. Las Cortes elaboraron un proyecto de estructura federal del Estado. No hubo unanimidad, ya que la Comisión encargada a tal efecto pronto se dividió, y el proyecto oficial redactado por Castelar, quedó sólo en tal, por los problemas urgentes que se agolpaban. La idea básica residía en acabar con la centralización del Estado, como causante principal de los males del país, y consolidar la democracia a partir de la estructura federal. La declaración de derechos respetaba prácticamente el enunciado de la Constitución de 1869, consolidando así los principios democráticos. Albergaba como innovaciones la cuestión religiosa, con la separación total Iglesia-Estado y la prohibición de subvenciones a cualquier culto, la ampliación del derecho de asociación, de regulación más democrática, y la exigencia de sanción civil de matrimonios, nacimientos y defunciones.

Se mencionaba expresamente por primera vez en el constitucionalismo español la soberanía popular. Los tres poderes quedaban diseñados en su forma ya clásica. El legislativo en manos de las Cortes, formadas por dos Cámaras, pero su innovación radicaba en las diferentes funciones: el Congreso, con poderes legislativos superiores, y el

Senado, de representación territorial por Estados, que carecía de iniciativa legislativa y ejercía el control de la constitucionalidad de las leyes. El poder judicial gozaba de la extensión del juicio por jurados, de la ausencia de influencia gubernamental en el nombramiento y de competencias para resolver conflictos entre los Estados. El ejecutivo estaba formado por el Gobierno y su presidente. La peculiaridad residía en que a estos tres poderes se añadía el llamado relacional, el del presidente de la República, encargado de nombrar el Gobierno, pero no intervenía en la función ejecutiva que correspondía íntegramente al Gobierno. La función principal del presidente de la República, elegido por un sistema indirecto, era mantener el equilibrio entre los Estados de la federación.

La división territorial, con criterios históricos, estructuraba la *nación española* como una federación integrada por 17 Estados. Con ello se pretendía asegurar la unidad nacional y se descentralizaba el país. La división no fue muy afortunada a juzgar por las protestas y enmiendas que provocó: Andalucía Alta, Andalucía Baja, Aragón, Asturias, Baleares, Canarias, Castilla la Nueva, Castilla la Vieja, Cataluña, Extremadura, Galicia, Murcia, Navarra, Valencia y Vascongadas, a lo que había que sumar Cuba y Puerto Rico, tratando de resolver el problema colonial. Otras regiones ultramarinas adquirirían la denominación de territorios. En esta nómina extraña la ausencia de León. Cada Estado podría elaborar su Constitución, tenía sus poderes legislativo, ejecutivo y judicial, y poseía como límite en su organización la Constitución federal.

Por otro lado, las estructuras socio-económicas habían permanecido intactas. El republicanismo, erigido durante la oposición en portavoz de reivindicaciones populares —incluso de los obreros industriales—, tenía ahora un reto importante; además ello posibilitaría la ampliación de su base social. La República no había abordado en sus primeros momentos el tema de la tierra, ni planteado ningún cambio efectivo en las relaciones capital-trabajo. Ahora, durante la presidencia de Pi, se intentó afrontarlos legalmente y se presentaron en las Cortes una serie de proyectos de ley sobre reformas sociales, que en su mayoría no traspasaron el umbral de proyectos, pero que podrían haber sido el embrión de futuras transformaciones de mayor alcance.

La gran cuestión pendiente, la situación rural, era muy difícil de abordar sin cuestionar el tema de la propiedad. Los estallidos insurreccionales hasta entonces habían encontrado ocasionalmente en el republicanismo el instrumento utópico del reparto. En los proyectos, en su mayoría quedan en este tramo jurídico y algunos sólo son aplicados breve e ineficazmente, que hacían referencia a la estructura de la propiedad de la tierra subyacían críticas, en el mismo tono de las de Flórez Estrada cuarenta años antes, a los resultados de la desamortización, sobre todo la de bienes comunales que había alterado de raíz el ecosistema social campesino, y también se expresaba la convicción de acabar con algunos residuos de índole feudal. Así el 23 de junio se realizó una proposición de reparto de tierras a censo reservativo, solicitando la no inclusión en las leyes de desamortización de los bienes propios de los pueblos. El 12 de julio, un proyecto de ley sobre venta a censo reservativo de los bienes de aprovechamiento común. El 18 de agosto un proyecto de ley sobre reparto a braceros de terrenos faltos de cultivo. Ninguno llegó a prosperar. Sólo el proyecto de 20 de agosto, que culminará en ley sobre redención de foros, de escasa vigencia, no tuvo operatividad, y acabó derogado el 20 de febrero del año siguiente.

En el ámbito de la legislación social y de las reivindicaciones obreras, la fecundidad legal no fue mayor, pero por primera vez desde el poder se establecían premisas enfocadas a tratar de regular la «cuestión social». El 24 de julio se aprobó una ley sobre protección del trabajo de los menores de dieciséis años, que no tuvo aplicación práctica pero estuvo vigente hasta 1900. Asimismo el 14 de agosto un proyecto, que no llegó a convertirse en ley, regulaba la constitución de Jurados Mixtos de patronos y obreros, que venía a dar forma legal a una práctica, todavía ocasional, de solventar los conflictos por pactos entre empresarios y trabajadores. En este sentido se contempla como ejemplo las comisiones de obreros y fabricantes de Barcelona que en febrero habían llegado a un acuerdo sobre reducción de la jornada de trabajo a sesenta y cuatro horas en Barcelona y sesenta y ocho en el resto de Cataluña, y a un aumento salarial del 7,5 por 100. Tampoco adquirió naturaleza de ley la proposición fijando las horas de trabajo en las fábricas de vapor y talleres en un máximo de nueve horas.

28.4. La República social. La República cantonal o la federación desde abajo

El mes de julio marca un punto de inflexión en la trayectoria de la República, el rumbo definido por las Cortes Constituyentes, y la presidencia de Pi se resquebraja acosado por problemas de toda índole y sin apoyos sólidos en los que sustentarse. En efecto, en este mes emergen de forma acumulada todos los factores que inclinaran a la deriva la ya de por sí frágil plataforma política republicana. Estallan sucesivamente los alzamientos cantonales y los sucesos de Alcoy, a la par que se extiende la Guerra Carlista, y, en medio, la caída de Pi y Margall, que supuso un viraje a la derecha del régimen.

La conflictividad social se multiplicó. El 8 de julio estalló en Alcoy una huelga revolucionaria de largo alcance promovida por los internacionalistas y precipitada por la actitud de las autoridades locales. La ciudad alicantina era la sede de la Comisión Federal, órgano directivo de la Internacional en España, y allí había calado el obrerismo de forma muy acentuada. Ya en el mes de marzo, mientras en Barcelona se desarrollaban manifestaciones en la calle de internacionalistas, Alcoy protagonizaba una nutrida manifestación obrera reivindicando aumento de salario y reducción de la jornada laboral. Después de la proclamación de la República Federal, el 8 de junio, la posición insurreccionalista postulaba la «revolución social», con un golpe de fuerza en la ciudad. Así, la huelga general del 8 de julio, nacida en demanda de mejoras laborales, era concebida como el antecedente inmediato de la «revolución». La huelga se extendió a todos los oficios, con la participación masiva de trabajadores alcoyanos. Durante varios días un Comité de Salud Pública fue dueño de la ciudad. El 13 de julio entró en la ciudad el general Velarde y la Comisión Federal se refugió en Madrid. Las necesidades del frente carlista y de la sublevación cantonal, que empezaba a extenderse, distrajeron tropas, hecho que permitió continuar sus actividades a los internacionalistas hasta que la ciudad fue ocupada militarmente a finales de verano.

Entre el 14 y el 16 de julio, a renglón seguido de los sucesos de Alcoy, y en medio de los primeros chispazos cantonalistas, se desarrolló una huelga general en Barcelona que, sin embargo, no tuvo un carácter insurreccionalista. Era una protesta contra la utilización del ejército en la represión de Alcoy y la denuncia de la pasividad gubernamental ante el peligroso avance del carlismo en Cataluña. De tal forma, que los inicios de la sublevación cantonal y la huelga alcoyana provocaron divergencias en el seno del movimiento internacionalista. Así, la federación barcelonesa acabó manteniendo un equilibrio que consistía en no reprobar la táctica seguida por los trabajadores alcoyanos, pero sin empujar a sus seguidores al insurreccionalismo, reivindicando exclusivamente cuestiones laborales y una política más eficaz contra el carlismo. Los insurreccionalistas (aliancistas radicales) de la federación barcelonesa quedaron en minoría frente a los sindicalistas apolíticos que, incluso, propiciaron una cierta participación en la lucha política a través de las elecciones municipales de aquel mes. En suma, la federación local de Barcelona (en un contexto donde el carlismo acentuaba sus posiciones militares), siendo la más nutrida del movimiento obrero organizado en España, no planteó la huelga general revolucionaria, aunque la aceptara a largo plazo. El fracaso de Alcoy hizo desconfiar además de la validez de una insurrección en una sola ciudad. La «revolución social» todavía no tenía su hora. En 1873 algunas sociedades obreras catalanas abandonaron la Internacional, rescatando posiciones estrictamente laborales. Estas sociedades de tendencia reformista, difusoras del cooperativismo, no llegaron a cuajar en ninguna organización general.

En este año existían 162 federaciones locales de la Internacional y 454 secciones de oficio y 77 de oficios varios. El 40 por 100 de las federaciones locales y el 63 por 100 de los sindicatos internacionalistas tenían su sede en Cataluña, lo que equivale a decir que dos terceras partes de la Internacional en España estaban localizadas en aquel territorio. En segundo lugar se situaba Andalucía —17 por 100 de los sindicatos— con una tendencia a la concentración en determinadas localidades como Sanlúcar de Barrameda, y a continuación Valencia y Castilla, confirmando una modesta expansión de la Internacional fuera de los tradicionales núcleos fabriles barceloneses, para diversificarse profesional y espacialmente. En conjunto, la Federación Regional española de la Internacional contaba en 1873 con una cifra que basculaba entre los 50.000 y 60.000 miembros, según los cálculos más optimistas.

La cuestión del *cantonalismo* es todavía uno de los fenómenos más complejos del Sexenio, al confundirse una serie de variables entre sus características, protagonistas y objetivos. Coinciden, aunque no siempre, las aspiraciones autonomistas con la resolución política auspiciada por los intransigentes, y con atisbos de transformación social, todo bajo el mito de la federación. Lo cierto es que en el verano de 1873, desde el mes de julio, los cantones surgieron como un reguero por Levante, Murcia y Andalucía, convirtiéndose en un ingrediente de la pendiente por la que resbalaba el régimen republicano. El movimiento cantonalista era la lógica del programa de los federales intransigentes de establecer de inmediato y de forma directa la estructura federal del Estado, sin esperar a que ésta se formulase orgánicamente desde las Cortes Constituyentes, sino configurándola, de abajo a arriba, sobre la federación de unidades más pequeñas en progresivo ascenso hasta la cúspide del Estado.

Así lo exponía un diputado intransigente: «El cantón es la consecuencia lógica de la república federal.» Era el argumento que servía para identificar la República con la violencia y el desorden. Los debates parlamentarios habían sido enconados entre los propios federales, durante el mes de junio: entre la dirección del partido (y los benévolos), y los intransigentes se consumaba la ruptura a partir de métodos irreconciliables de estructurar el federalismo, sin que la presidencia de Pi pudiera atemperar las posturas. El 1 de julio de 1873 la minoría intransigente se retiró de las Cortes, e invitó a la inmediata formación de cantones, con respuesta en el arco periférico del Mediterráneo y Andalucía, regiones de añeja implantación republicana. Desde Madrid, por tanto, se exhortó a la rebeldía regional y los intransigentes madrileños encontraron un eco amplificado en muchas localidades. En Madrid, a propuesta de Roque Barcia, y con la adhesión de la minoría intransigente en las Cortes, se formó un Comité de Salud Pública —especie de directorio del federalismo intransigente—, en contacto con los elementos revolucionarios de provincias. Así, la revolución política a escala nacional estaba en marcha, y planificada desde Madrid, desplazándose diputados a diversas localidades para la sublevación y la proclamación de cantones. Sin embargo, el intento de dirigir el movimiento federal acabó difuminándose, y la iniciativa pasó a los revolucionarios locales.

El día 12 de julio de 1873 se proclamó el cantón en Cartagena, el 19 en Sevilla, Cádiz, Torrevieja y Almansa, el 20 en Granada y Castellón, el 21 en Málaga, el 22 en Salamanca, Valencia, Bailén, Andújar, Tarifa, Algeciras y Alicante. El estallido cantonal se generalizó a partir de la caída del Gobierno Pi y Margall, el 18 de julio, quien se encontró en la disyuntiva de utilizar poderes delegados por las Cortes para sofocar la rebelión, o practicar una política de persuasión y concesiones. En último término se quebraba la política de legalismo y se disipaban los intentos de construir una República federal sólida.

La trayectoria del cantonalismo corrió distinta suerte, aunque, en general, los cantones fueron sometidos muy pronto. Fracasó en algunas localidades como Alicante o Béjar, y la mayoría de los cantones andaluces y levantinos fueron sofocados militarmente, entre finales de julio y mediados de agosto. La excepción fue el cantón malagueño, en el que las propias autoridades locales se habían puesto al frente de la insurrección, prolongándose hasta el 19 de septiembre, y sobre todo el cantón de Cartagena, de trayectoria muy específica.

La sublevación cartagenera, aunque partió de la iniciativa federalista local en la noche del 11 al 12 de julio, capitaneada por Manuel Cárceles, formaba parte del proyecto de insurrección generalizada. Allí se desplazaron inmediatamente para dirigir el movimiento y organizar la resistencia el diputado Antonio Gálvez, y el general Contreras, militar de agitación y presidente de la Comisión de Guerra del Comité de Salud Pública formado en Madrid. Las condiciones de defensa en Cartagena eran más propicias, una fortaleza amurallada y una privilegiada situación orográfica, a lo que se sumó la adhesión de la marinería a la sublevación, lo que significaba contar con parte de los mejores navíos de la Armada. El objetivo revolucionario era esencialmente político, la descentralización, a través del federalismo frente al poder central, acompañados del ideario de reformas y medidas humanitarias defendidas por el federalismo durante el Sexenio. El 27 de julio se constituyó en Cartagena un Gobierno provisional de la Federación española presidido por Roque Barcia. Se convertía, así, en la sede de un movimiento que trascendía del localismo, para intentar articular el Estado federal de abajo a arriba.

Durante el primer mes de sublevación, el cantón cartagenero trató de extender la insurrección a otras zonas próximas, por tierra en la expedición a Chinchilla, y por mar en localidades próximas de la costa. A partir de agosto la actitud es claramente defensiva, extinguidos el resto de los cantones, frenando por mar el ataque de las fuerzas del Gobierno central, como hecho más significativo la batalla de cabo de Palos, y después por tierra. Tras frecuentes bombardeos de la ciudad, el cantón capitulaba el 12 de enero de 1874, con la entrada de las tropas del general López Domínguez.

Aunque en el movimiento cantonal subyacen contradicciones y peculiaridades de índole local, fue protagonizado en general por ese conglomerado social heterogéneo compuesto de artesanos, tenderos y asalariados, las «masas federales», que de forma inmediata, directa y revolucionaria intentaron trastocar el rumbo que el federalismo legalista y benévolo había imprimido a la República. Pero, a su vez, el componente social del cantonalismo tuvo límites imprecisos. En él participaron y se confundieron sectores de las clases trabajadoras que tenían su propia versión del federalismo, pero nunca, salvo contadas excepciones, protagonizaron la sublevación. En el movimiento cantonal estuvieron presentes obreros internacionalistas por iniciativa individual y espontánea y no de la organización. Así tomaron parte activa en Sevilla, Málaga, Granada y Valencia, pero los dirigentes internacionalistas no participaron directamente, incluso adoptaron una posición crítica. Marcharon a remolque de los federales intransigentes, al tiempo que éstos trataban de evitar que se les confundiera con internacionalistas, incluso frenando actitudes revolucionarias en lo social en algunas zonas. A la postre se les acabó asociando, sobre todo por las exageraciones de la prensa conservadora. Una excepción despunta en la naturaleza de la participación de obreros internacionalistas: el cantón de Sanlúcar de Barrameda. Sí fue iniciado por la sección local de la Internacional destituyendo a las autoridades, pero su horizonte era la «revolución social» y no lo estrictamente cantonal.

El cantonalismo fue sofocado militarmente. Fue la política de Nicolás Salmerón, sucesor de Pi desde el 18 de julio, que dio por terminados los métodos persuasivos de su antecesor. La República basculaba a la derecha. Las tropas enviadas a reprimir la revolución cantonal procedían de los frentes carlistas. En realidad el éxito inicial de algunos cantones se había debido a la debilidad de tropas gubernamentales en aquellas regiones. Excepto en Cartagena, triunfó la rápida y enérgica acción de los generales encargados de ello: Pavía, en Andalucía, y Martínez Campos en Levante, que serán artífices al año siguiente del fin del régimen. Resulta paradójico que la legalidad republicana del Gobierno central fuera restablecida por generales monárquicos, lo que plantea una vez más la falta de instrumentos de poder propios de la República.

28.5. La República del orden

El 18 de julio de 1873 Nicolás Salmerón fue nombrado presidente por 119 votos. Con él la República inició un giro de tinte conservador, que cuestionaba incluso el principio federal, de hecho enterrado en la sublevación cantonal. La política de Salmerón se orientó a la solución de cuestiones urgentes: la Guerra Carlista y la insurrección cantonal, con el consiguiente recurso al ejército. En este sentido, su discurso del 30 de agosto fue significativo, al resumir su actuación dirigida a aplastar la revolución que aterrorizaba a «las clases conservadoras, sin las cuales no puede arraigar ninguna institución». Se ayudó en su programa de restablecimiento del orden público con la ampliación de la plantilla de la Guardia Civil hasta 30.000 hombres. La actividad política de Salmerón no se limitó únicamente al cantonalismo, sino también al freno de las actividades de la Internacional, que vio estrechado el campo de acción permitido en las anteriores fases republicanas. Eran las consecuencias de la revolución alcoyana de julio. El 6 de septiembre dimitió Salmerón. Las razones inmediatas de tal dimisión eran de índole moral: la negativa a satisfacer dos penas de muerte impuestas por la autoridad militar.

Las Cortes eligieron presidente por 133 votos a Emilio Castelar, frente a los 67 que apoyaban la vuelta de Pi y Margall. En realidad, dada la política desarrollada por Salmerón, resulta explicable el ascenso de Castelar el 8 de septiembre, que marcó de forma definitiva el golpe de timón hacia la derecha del régimen. Castelar ya se había significado en sus intervenciones parlamentarias por representar la corriente más conservadora del federalismo benévolo. En su opinión, las libertades no podían descuidar el orden, y ahora se imponía este último.

El retorno a España de los emigrados de abril era señal inequívoca de que las aguas volvían a su cauce. Es llamativo que un alfonsino tan caracterizado como el marqués de Manzanedo no escatimase sus elogios al nuevo presidente cuando éste nombró, para sustituir al general Pieltain, como capitán general de Cuba, en octubre de 1873, al general Jovellar, significado militar monárquico que ocupará la cartera de Guerra en el primer Gabinete de Alfonso XII, sin olvidar que Cuba era uno de los focos de conspiración en favor de la Restauración borbónica.

En síntesis, el programa de Castelar se reducía al restablecimiento de una legalidad republicana de nuevo cuño que descendiese de los grandes principios teóricos a las realizaciones prácticas: «lo que necesitamos es orden, autoridad y gobierno». Pero en realidad el significado de este programa a la altura de septiembre de 1873 tenía unas connotaciones que superaban la represión de un cantonalismo agotado, salvo las excepciones de Málaga y Cartagena, de unas masas federales desorientadas y una Internacional frenada en su proceso de expansión. El restablecimiento del orden pasaba por la consolidación del Estado en cuanto tal y el robustecimiento de sus aparatos de poder. La República era huérfana de instrumentos propios y el Estado distaba mucho de estar «republicanizado», con unas estructuras del régimen anterior apenas alteradas. El problema era que entre el robustecimiento de los aparatos del poder con la primacía del orden y el recorte de las libertades y los principios del federalismo había sólo un paso. Además es que tal reafirmación se hacía con generales próximos a la causa alfonsina. Esta contradicción determinará el destino de la República.

En esta dirección, Castelar gobernó por decreto, suspendiendo las garantías constitucionales. Su programa contempló las siguientes medidas. El 13 de septiembre quedaba investido de poderes extraordinarios. El 18 de septiembre disolvió los Voluntarios de la República, cuerpo armado ciudadano que había participado activamente frenando los intentos de golpe de Estado de los radicales en febrero y abril, y en la sublevación cantonal. El 20 de septiembre las Cortes eran suspendidas hasta enero de 1874; al día siguiente las libertades constitucionales fueron recortadas, en especial la de información. El 22 de septiembre restablecía el cuerpo de Artillería a su estado anterior a 1873, al tiempo que se estrechaba más el margen de actuación de los internacionalistas. En suma, un Gobierno autoritario con un soporte de militares no republicanos.

La acentuación de la Guerra Carlista hizo que el ejército jugara cada vez un papel más activo. La movilización efectiva de los mozos reservistas, 80.000, acababa con uno de los puntos básicos del programa republicano. Por otro lado, además del restablecimiento del arma de Artillería, el Gobierno Castelar rehabilitó las ordenanzas militares en toda su extensión. De esta forma restableció las antiguas direcciones generales de las distintas armas y daba un mayor protagonismo a la jerarquía para el nombramiento de mandos castrenses.

La revolución cantonal no había supuesto difíciles operaciones militares de envergadura para su represión, excepto la resistencia de Cartagena. El problema fundamen-

tal era el conflicto carlista, convertido en una guerra en toda regla, pasando de ser una sublevación diseminada a base de partidas a constituirse durante el verano y otoño de 1873 en un frente abierto, costoso, con un auténtico ejército y un embrión de Estado independiente en los territorios dominados por los carlistas. El nacimiento de la República había acelerado la Guerra Carlista. En el mes de julio se extendió por toda Cataluña tras el desastre del ejército gubernamental en Alpens, al tiempo que consolidaban su dominio en las provincias vascas y en el Maestrazgo. El 16 de julio el pretendiente carlista entraba en España. Después fueron significadas las acciones de Estella, Montejurra, Tolosa y el sitio de Bilbao. La guerra continuaba en Cataluña y desde el Ebro se organizaron incursiones hacia el interior: Teruel y Cuenca, y hacia el litoral. Incluso no se descartaba una marcha sobre Madrid. Asimismo, hubo partidas de menor entidad en Castilla, Asturias, Galicia y Andalucía. Mientras tanto se fue articulando un Estado dentro de estos territorios, con sus mecanismos administrativos (en 1874 se crearían tres ministerios, llamados Secretarías). Los ayuntamientos y diputaciones, base del Estado carlista y principales financiadores de las cargas militares, se reorganizaron bajo principios forales. Intentaron regularizar la vida económica e impulsaron la instrucción pública favoreciendo la lengua autóctona y restableciendo viejas instituciones culturales. El carlismo contaba, además, con una base sociológica amplia y su composición social rebasaba el tradicional espacio rural para extenderse a núcleos urbanos, a pesar de su fracaso ante el sitio de Bilbao.

La expansión del carlismo se vio favorecida por el aislacionismo del régimen republicano en el contexto internacional. De hecho, salvo Estados Unidos y Suiza, ninguna potencia había reconocido la República española, incluso veían con recelo el nacimiento de un régimen que consideraban fermento de inestabilidad en una Europa de marcado carácter conservador, después de la Comuna de París. El carlismo se movió más cómodamente, sobre todo en la frontera hispano-francesa con libertad manifiesta de movimientos, contrabando de armas y aprovisionamiento. El Gobierno de París, que se negó a reconocer al régimen republicano, consintió esta ayuda decisiva del prefecto del departamento fronterizo de los Bajos Pirineos a la causa carlista, que además gozó de apoyos de Rusia y la Santa Sede y simpatías de otros Estados.

La República controlaba difícilmente los resortes del poder y menos aún del poder militar. Existía una incapacidad manifiesta para sofocar militarmente al carlismo. Así, una contradicción estaba latente: la República se veía obligada a apoyarse en militares adversos al régimen para ganar la partida al carlismo. En este contexto se inscribe la política de Castelar y el protagonismo militar de los hombres que precipitaron la caída de un régimen, el republicano (golpe de Pavía), y el nacimiento de otro, la Restauración (pronunciamiento de Martínez Campos).

En Cuba, donde la guerra continuaba, la República nunca controló la situación. Durante la monarquía de Amadeo se había convertido además en un foco de actividades conspirativas y de ayuda económica a la causa alfonsina. Ahora la situación se acentuaba, y las autoridades de la Isla actuaban con un gran margen de independencia respecto al poder central, que ni el proyecto de estructuración federal del Estado había logrado amortiguar. El problema cubano también se movía en coordenadas internacionales de indudable magnitud. El reconocimiento norteamericano de la República respondió más a móviles de política pragmática que a una cuestión de principios. En él subyacía la expectativa de que el nuevo régimen español llevara a cabo reformas ultramarinas de corte autonomista que favorecieran una mayor presencia de Estados Unidos en las Antillas. En este contexto se enmarca el delicado incidente del *Virginius*, barco de pabellón norteamericano que transportaba armas y pertrechos a los independentistas cubanos, que fue apresado y parte de la tripulación, de nacionalidad norteameriana y británica, fusilada por las autoridades locales, generando un grave problema diplomático entre Estados Unidos y la República española, y una gran tensión, con solapada amenaza de intervención norteamericana, que contribuyó a enturbiar más la situación del Gobierno Castelar en los meses de noviembre y diciembre.

En diciembre de 1873 un sector considerable de los diputados a Cortes estaban dispuestos a plantear la cuestión de confianza al Gobierno Castelar con ocasión de la reapertura de sesiones el 2 de enero de 1874. Su política conservadora se había apartado de la inicial orientación de la República Federal. El 31 diciembre, Figueras, Pi y Salmerón decidieron la caída de Castelar, de tal forma que antes de la apertura de Cortes la salida del Gobierno era un hecho anunciado. Ello supondría un desplazamiento hacia la izquierda, es decir, hacia los postulados del federalismo intransigente. Esta era la opinión de un sector de los diputados y del ejército. De hecho, los antiguos partidarios de Sagasta y Ruiz Zorrilla, en proceso de reorganización, estaban dispuestos a medidas excepcionales con tal de que ese hipotético vuelco a la izquierda no se produjera.

Finalmente el ejército, que había adquirido cada vez más importancia con el recrudecimiento de las guerras carlista y cubana, protagonizará una salida de fuerza. El general Pavía estaba identificado con la política de orden de Castelar, pero temía que su derrota —Castelar quería ser respetuoso con la legalidad y había anunciado que se marcharía del poder si era reprobado por las Cortes— significara dar paso al federalismo intransigente. De esta forma, si la izquierda triunfaba, como era previsible, estaba dispuesto a conservar el orden a costa de la República, utilizando la fórmula del golpe de Estado. Este general, de antecedentes ligados al partido radical y comprometido con el fallido golpe de Estado de abril de 1873, había sido jefe del ejército de Andalucía con Salmerón, y fue nombrado capitán general de Castilla por Castelar, con lo que se había convertido en el árbitro de la situación política. En la madrugada del 3 de enero de 1874, una vez derrotado Castelar, el general Pavía, previa invasión del hemiciclo por fuerzas de la Guardia Civil, disolvió la Asamblea. La resistencia al golpe no existió. Era todo un síntoma de la fragilidad de una República que no tenía apenas bases en las que sustentarse.

Capítulo XXIX

1874: la república interina. Entre la indefinición y la consolidación del proyecto canovista

La situación política nacida del golpe de Pavía representa el epílogo del 68 y el prólogo de la Restauración borbónica; una situación entendida como puente e inscrita en el viraje conservador ya puesto en marcha en los últimos meses de 1873 por Castelar. 1874 es otro de los tiempos sin historia del siglo XIX. La historiografía no se ha ocupado de la dinámica interna de esta solución interina, sino para buscar las claves inmediatas de la Restauración, lo que prejuzga la imposible consolidación de una República unitaria bajo la Constitución de 1869 o de una República autoritaria de nuevo cuño tutelada por el general Serrano. Se analiza, pues, el régimen de 1874 con la lógica de la inevitabilidad de un próximo retorno de los Borbones y la forma monárquica en la persona del príncipe Alfonso. En efecto, el golpe de Pavía abría un horizonte político en el que teóricamente eran posibles tres salidas. En primer lugar, la recuperación de la Constitución de 1869, convenientemente reformada en el tema de la forma de gobierno, que establecería en España una República unitaria. En segundo lugar, una nueva solución republicana personificada en el general Serrano, tomando como semejanza la República presidencialista de hecho de Mac Mahón en Francia. En tercer lugar, el restablecimiento de una monarquía. En la práctica, 1874 se aupó en un régimen indefinido y sin fundamentos sólidos, cuya indeterminación precipitó el relevo alfonsino. Y es que las dos primeras salidas se mostraron inviables al no conseguir un consenso mínimo de las elites políticas.

Formalmente, continuaba un híbrido sistema republicano sin Constitución, no promulgada la de 1873 y dejada en suspenso la de 1869. Serrano era el presidente del Poder Ejecutivo. Título indefinido en un contexto de indeterminaciones, como ya se puso de relieve en el Manifiesto a la nación de 8 de enero de 1874 disolviendo las Cortes Constituyentes, en el que se reclamaba la necesidad de «un poder robusto, cuyas deliberaciones sean rápidas y sigilosas, donde el discutir no retarde el obrar», al tiempo que se reconocía en vigor la Constitución de 1869, pero suspendida por tiempo indefinido, hasta que retornase la normalidad de la vida pública. Las invocaciones institucionales y sociales del Manifiesto buscaban afanosamente un contexto de apoyo. Para empezar se reconocía el papel arbitral del ejército como dueño de la situación, es decir, como la única institución vertebrada y asentada en la «opinión pública unánime» y en la «voluntad de una nación divorciada». La realidad es que el golpe de Pavía había acentuado la capacidad de los generales en la toma de decisiones, en un clima de triple conflictividad bélica: la Guerra Carlista en el norte, la guerra de independencia cubana y los rescoldos del cantonalismo. Aunque Pavía era un general asociado a los radicales y gustoso de la trayectoria más conservadora y de orden que Castelar había imprimido a la República, no realizó el golpe en nombre del partido radical ni de una opción política, como había sido habitual en los pronunciamientos. Lo había hecho con el concurso del ejército. Y ello representaba un cambio cualitativo respecto a la situación anterior. Desde estos momentos, y sobre todo desde la Restauración, en el papel del ejército primará una actitud de cuerpo y de arbitraje, argumentada como misión por encima de partidismos y que, como consecuencia, le llevará en el siglo XX a aplicar una cirujía militar de intervención. Pero todavía en 1873 el ejército estaba diversificado en sus opciones políticas, y tampoco tenía una alternativa unívoca, y mucho menos autónoma de la sociedad política. En enero de 1873 una mayoría de los generales ya se inclinaba, con más o menos decisión, por la solución alfonsina, que era considerada como la única opción a largo plazo capaz de garantizar estabilidad y orden. De todas formas no existía unanimidad al respecto, todavía pesaba mucho el prestigio de Serrano y el infatigable Cánovas vislumbraba una Restauración monárquica sin pronunciamiento y por aclamación de la sociedad civil.

Es significativo que el Manifiesto no utilice el término republicano, aunque sí apela al apoyo de los partidos liberales —constitucionalistas y radicales—, distanciándose de las familias republicanas federales. Si a ello se añade las invocaciones a los grupos sociales —«nobleza, clases acomodadas, los buenos católicos, los hombres sinceramente religiosos»— se concluye que el Manifiesto presenta el golpe de Pavía como la disidencia de un sector importante de la sociedad civil y política que ha utilizado como brazo ejecutor al General, y que utiliza como recambio de Gobierno temporal a otro general del ejército. El tono del Manifiesto indica una naturaleza híbrida, interina y casi simbólica del papel de Serrano como nuevo presidente del Poder Ejecutivo, lo que desvela sus limitaciones posteriores. Si Serrano hubiera contado con una clientela social, militar y política bien definida y dispuesta a apoyar con su concurso la opción personal del General como aglutinante de un proyecto político, se habría articulado y consolidado una alternativa distinta. Pero Serrano, independientemente de su mayor o menor vocación a ensayar una fórmula de macmahonismo como expresión de la República, no contaba con un consenso político, social y militar, y tampoco con unas clientelas naturales como tenía Cánovas, ni fue capaz de conseguirlas, ya que la propia trayectoria política y la vinculación de su suerte a la guerra del norte lo impidieron. Serrano era otra vez en 1874 el hombre de la situación al que las circunstancias le colocaban como referente, pero otra cosa muy distinta era vertebrar una alternativa y liderarla con apoyos clientelares de convicción y no de emergencia. En el Manifiesto se elude cualquier exaltación personalista, y en su lenguaje se transmite esa falta de consenso en torno al General.

El golpe de Pavía sí había contado con el pronunciamiento favorable de buena parte de las elites políticas y sociales y del ejército. Pero de ahí a la existencia de una convergencia de actitudes respecto a un proyecto político y la propia definición del régimen distaba la realidad de la situación. Sí suponía la negación del rumbo que había tomado la República y de su versión federal. La idea de República empezaría a percibirse como espacio de desórdenes e inestabilidad. De hecho el Manifiesto evita cualquier concurso del pueblo federal y de los republicanos federales, en sus reclamos políticos y sociales. Pero no articula un proyecto político como se había derivado en cualquier manifiesto anterior como fruto de la mutación formal del poder. Contra la República federal, pero con las soluciones de poder abiertas, y sin estrategia concreta, dejaba enunciadas todas las piezas de un rompecabezas, y con varias posibles alternativas pero sin formularse ninguna. Ello dependería de la forma, habilidad y circunstancias para soldarlas, y la partida la acabaría ganando Cánovas.

Así en el Manifiesto no existe un programa político, ni programas políticos, sino una serie de indeterminaciones que desvelan, eso sí, los actores de la trama: partidos liberales, ejército, Serrano, elites. En suma, quien ensamblara todos los elementos en un proyecto político de régimen estable se habría convertido en la única alternativa viable a largo plazo. El Manifiesto sólo abría un horizonte de alternativas, pero la única que cuajaría, no por inevitable, sería la Restauración alfonsina. Cánovas supo percibir desde el primer momento esa ausencia de una alternativa política bien diseñada como consecuencia del golpe de Pavía. Pero también atisbaba la necesidad de no contribuir en absoluto a incrementar las posibles apoyaturas personales que consiguiera el general Serrano. En su carta dirigida a Isabel II el 9 de enero testimonia este estado de opinión: «El propósito del duque de la Torre es consolidar la república unitaria con su presidencia vitalicia... ahora aplaza su propósito hasta la reunión de las Cortes que serán elegidas a viva fuerza... por eso no he querido ayudar a su encumbramiento actual, a pesar de que no faltaban alfonsistas que esperaban que su triunfo sería el de nuestra causa... de aquí en adelante el ejército es dueño de toda la situación en España. La república, la democracia, los principios democráticos están heridos de muerte. El pueblo está desengañado y aborreciendo más que a nadie a sus actuales dominadores... De todos modos, y por todas las sendas posibles, se llegará, un poco antes un poco después, al patriótico triunfo que V. M. apetece. Para eso necesita hoy más que nunca opinión, mucha opinión en favor de don Alfonso; se necesita calma, serenidad, paciencia, tanto como perseverancia y energía. Se necesita no abrir abismos innecesarios, no hacer imposible ninguna inteligencia que pueda ser conveniente, incluso, por supuesto, la del duque de la Torre, para el día del desengaño...»

Consumado el golpe del 3 de enero, el general Pavía propició una reunión política con significados elementos militares y representantes de los partidos políticos opuestos a la República federal. De esa reunión salió un Gobierno de circunstancias, más que de coalición, sin la presencia de Cánovas ni de Castelar que, por razones diferentes, rehusaron su participación. La presidencia del poder ejecutivo, que asumía las funciones de la jefatura del Estado y del Gobierno, quedó encomendada al general Serrano. El resto del Gabinete estaba compuesto por: Sagasta (Estado); García Ruiz (Gobernación); general Zavala (Guerra); almirante Topete (Marina); Martos (Gracia y Justicia); Balaguer (Ultramar); Echegaray (Hacienda) y Mosquera (Fomento). Todos ellos personajes de entidad política durante las diferentes andaduras del Sexenio, en un arco político que incluía sobre todo radicales, algún constitucionalista, además de un republicano unitario y algún militar proclive a Cánovas.

Como práctica inmediata de Gobierno la veta autoritaria debería caracterizar a un ejecutivo que se entiende fuerte y que quiere proyectar esta imagen, en una línea que apenas se desmarca de la que había emprendido Castelar durante su gestión en el otoño de 1873, y adquirir así un capital político que atrajera a las «gentes de orden» temerosas del verano federal anterior. A este respecto su disposición al «restablecimiento del orden» se concretó en el decreto de 10 de enero disolviendo la Internacional y sus órganos de prensa por atentar «contra la propiedad, contra la familia y demás bases sociales». En realidad el decreto no se dirigía sólo contra la AIT sino también contra las sociedades políticas que conspiraran «contra la seguridad pública, contra los altos y sagrados intereses de la Patria, contra la integridad del territorio español y contra el poder constituido». Por tanto, los republicanos federales quedaban en la ilegalidad, lo mismo que sus clubs, y suspendida su prensa. La llamada a la integridad del territorio español debe articularse con la cuestión cubana, de tal manera que el cuestionamiento de cualquier elemento alterador del *statu quo* colonial podía ser objeto de delito.

Muy pronto cualquier capacidad de autonomía del ejecutivo quedó mermada. Cánovas tenía razón cuando asignaba el papel de árbitro al ejército, en un contexto de acentuación de las operaciones militares carlistas en el mes de febrero. Además de los costes políticos derivados de la guerra en el norte, también de Cuba, el ejecutivo se veía abocado a enfrentarse con unos agobios financieros que se multiplicaban. Agotado el crédito internacional, la falta de recursos para los conflictos militares hacían del Gobierno un rehén en manos de los prestamistas. La solución ensayada en diciembre de 1872 se había bloqueado por el desorden financiero de 1873. En efecto, se había pensado que la creación del Banco Hipotecario de España resolvería y pondría orden en los asuntos hacendísticos. Aunque la función primordial de este Banco, según los estatutos, fuera la de extender y abaratar el crédito territorial, en unos momentos en que la carestía de dinero dificultaba la consecución de proyectos de todo tipo, de hecho el Hipotecario se convirtió en agente del Gobierno para todo lo relacionado con la deuda pública. En la primavera de 1874 la penuria de recursos imponía nuevas soluciones. En la transformación del Banco de España en *banco nacional* por decreto de 19 de marzo de 1874 del ministro Echegaray, subyace la agravación de los problemas hacendísticos de un Estado en virtual quiebra y que precisaba de los préstamos del Banco de España para hacer frente a las obligaciones contraídas. Como contrapartida, al Banco se le otorgaba el privilegio de emisión de billetes —frente a la pluralidad emisora anterior— por un monto equivalente a cinco veces su capital efectivo. El Banco se obligaba a garantizar los billetes en circulación con un depósito de oro y plata igual en valor, como mínimo, al 25 por 100 del total de billetes emitidos. Con esta medida, además de asegurarse un prestamista sólido, el Estado conseguía regular la circulación fiduciaria y poner dosis de racionalización en el mercado del dinero.

Necesidades hacendísticas en un momento de especial dificultad por la marcha de la guerra civil. Desde principios de año los carlistas, que ya controlaban buena parte del territorio vasco-navarro, orientaron su estrategia a los principales núcleos urbanos, y entre ellos la ciudad símbolo de Bilbao. El 22 de enero tomaron Portugalete y al mes siguiente iniciaban el sitio de Bilbao. El mismo día en que los carlistas entraban en Tolosa, 8 de marzo, el general Serrano se ponía al frente del ejército del norte para levantar el cerco de Bilbao. Esta decisión desvelaba la posible rentabilidad política de la campaña del norte. Para Serrano resolver el sitio de Bilbao podría acarrear un aumento de su prestigio político y social, de su capital político. Lo contrario provocaría un aumento de la influencia de los generales más proclives a la causa alfonsina. El fracaso de un pronto levantamiento del cerco se saldó con el envío en el mes de abril de una división al mando del general de la Concha, marqués del Duero, con el general Martínez Campos, como jefe de su Estado Mayor. Dos significativos mandos próximos al alfonsismo que iban a compartir la entrada en Bilbao con Serrano el 2 de mayo. A pesar de la iniciativa, las tropas gubernamentales no culminaron con éxito la acción programada de la toma de Estella, el 27 de junio, capital del carlismo, donde cayó el marqués del Duero. Fracaso gubernamental y nueva reactivación de los ejércitos carlistas que en el mes de julio acentuaron la presión militar. El día 20 de julio la parada militar de Montejurra con 20.000 hombres demostraba la consolidación de sus posiciones como preludio de la expansión desde Cataluña hacia el Ebro, Teruel, Cuenca y Albacete y otras zonas del interior.

El recambio gubernamental del 13 de mayo puso de relieve la importancia política de la Guerra Carlista. Fernández Almagro ha señalado que el origen de la crisis parcial de Gobierno estaba en la «contrariedad de los radicales por los nombramientos habidos en el ejército del norte que fortalecían a los monárquicos». La cuestión es que los radicales perdieron peso específico en el Gobierno, lo que implicaba cuestionar definitivamente cualquier alternativa de futuro protagonizada por ellos. Augusto Ulloa entró en Estado, Alonso Martínez en Gracia y Justicia, Juan Francisco Camacho en Hacienda, el contralmirante Rodríguez Arias en marina, Alonso Colmenares en Fomento, Romero Ortíz en Ultramar, mientras que el general Zavala —nombrado para la jefatura del Gobierno el 26 de febrero con ocasión de la marcha del general Serrano a la campaña del norte, que disociaba las funciones del jefe del Estado y jefe del Gobierno— continuaba como jefe del Gobierno. Por último Sagasta conservaba la cartera de Gobernación. Un cambio gubernamental que parecía, aunque no lo fuera, diseñado por Cánovas. La desaparición del republicano unitario García Ruiz y de los destacados prohombres radicales del Gabinete facilitaba la estrategia restauracionista. Además Serrano volvía a Madrid sin poder capitalizar el éxito parcial del sitio de Bilbao, mientras que mandos más próximos a la causa alfonsina ocupaban puestos claves en los ejércitos de maniobra. La situación política y militar jugaba, pues, a favor de los planes de Cánovas, hecho confirmado por una nueva crisis gubernamental en septiembre que despejó todavía más el camino. El general Zavala, ocupado sin éxito desde julio a la cabecera del ejército del norte, fue sustituido en la presidencia del Consejo por Sagasta, que conservaba Gobernación; entraban como nuevos ministros el general Serrano Bedoya en Guerra y Carlos Navarro Rodrigo en Fomento.

En síntesis, en el último trimestre del año era evidente el agotamiento de cualquier opción política que no fuera la Restauración borbónica en la persona del príncipe Alfonso. Independientemente de la hábil estrategia canovista sustentada en una política de captación que estaba dando sus frutos, la trayectoria política y militar estaba colaborando de forma autónoma a la consecución de su proyecto. Serrano no había conseguido aglutinar unas sólidas clientelas políticas en torno a su persona. Cualquier alternativa republicana por tímida que fuese, seguía demostrando su inviabilidad a corto plazo. La inclinación del ejército hacia la Restauración era manifiesta, al socaire de unos conflictos bélicos no resueltos ni en la Península ni en Cuba. Cánovas supo percibir perfectamente la coyuntura y el Manifiesto de Sandhurst de 1 de diciembre de 1874 dejó explícitos los puntos básicos de la Restauración. Todo este conjunto de elementos que actuaban de forma autónoma con respecto a Cánovas explica el pronunciamiento de 31 de diciembre de 1874 en los campos de Sagunto por el general Martínez Campos.

El triunfo político de Cánovas dependió, por tanto, de una situación a principios de 1874 en la que unos partían con objetivos indeterminados y sin estrategias bien definidas, mientras que él sí supo situar las piezas claves del tablero político. Confluyen en la explicación de la Restauración, de un lado, la estrategia de Cánovas, y de otro, la trayectoria política y militar de 1874 como variable independiente que el primero supo aprovechar. Esa estrategia canovista se sustentaba en un conjunto de intereses en cuya cúspide se emplazaban las elites políticas, económicas y militares.

A lo largo de 1874 las elites políticas del Sexenio, salvo el republicanismo federal, se fueron adaptando más o menos estrechamente al proyecto canovista más que articulando un proyecto distinto. El caso de Sagasta es paradigmático. Vislumbraron acertadamente el futuro, aunque su incorporación al sistema político de la Restauración no fuera inmediata y mostraran alguna leve resistencia. Pero a la larga el grueso del conglomerado político que había girado en torno a los dos partidos de la época amadeista, el constitucionalista y el radical, acabó por integrarse, salvo excepciones como la de Ruiz Zorrilla. El propio Serrano, después de un breve exilio, optó por la colaboración.

Más rotunda resultó la actitud de las elites económicas de ambos lados del Atlántico, fenómeno comprendido en la búsqueda de una estabilidad política definitiva. Pero que en el caso cubano ofrece una dimensión complementaria. Ya se ha aludido a la influencia de los poderosos comerciantes peninsulares de Cuba en el retorno de los Borbones. Es el trasfondo cubano en los orígenes de la monarquía de Alfonso XII, como ha puesto de relieve Espadas Burgos. Una activa colaboración que tenía un vital componente en la ayuda financiera, ya puesta en marcha al menos desde 1872. El tema de la abolición de la esclavitud y la posible alteración del *statu quo* colonial fueron los acicates de una actuación básica en el proyecto de Cánovas. El comportamiento de un Juan Manuel de Manzanedo o de la familia Zulueta lo ejemplifican y marcan una norma seguida masivamente por el conjunto de las elites económicas hispano-antillanas. Con respecto a la nobleza de sangre sus actitudes quedaron puestas de relieve claramente desde el mismo día de la revolución de septiembre. Conformaron las bases de sustentación del exilio isabelino y alfonsino y sus dineros y salones fueron una apoyatura de primer orden para la difusión de la causa.

En cuanto al ejército, el fracaso de una posible alternativa por parte del general Serrano provocó su confluencia política con el alfonsismo. Jover Zamora ha señalado las claves de esta confluencia en su escala de valores ideológicos y mentales: «Cánovas del Castillo venía a presentar, convenientemente explícitos y anudados, aquellos elementos de la ideología política de los militares más decantados y consolidados a lo largo del siglo xix: su monarquismo y su liberalismo. Un monarquismo no absolutista, como el de Carlos VII; no extranjero, como el de Amadeo; no éticamente sospechoso, como había sido el de Isabel II. Y un liberalismo compatible con la disciplina, con el mantenimiento del orden social, con los elementos de la ideología nobiliaria y estamental muy presentes también, como sabemos, en la mentalidad de los generales, que hicieron su carrera durante la era isabelina». Los escasos militares de mando todavía renuentes se sumaron en el último semestre de 1874, y precisamente la acción del ejército a través del pronunciamiento de 31 de diciembre fue lo que precipitó, de forma no deseada por Cánovas, la Restauración. Cánovas había aglutinado y dado razón política a todo el entramado, atrayendo las clientelas políticas y las clientelas naturales a su proyecto. Desde los inicios del Sexenio, en las Cortes del 69, había defendido la alternativa personificada en el príncipe Alfonso, de acuerdo a su legitimidad histórica. El trayecto más difícil del camino fue poner orden en las filas del exilio borbónico y entre sus partidarios del interior. Su proyecto empezó, pues, independientemente del exilio. Isabel II, aconsejada por sus colaboradores más próximos, era renuente a la abdicación. Cuando ésta se produjo en junio de 1870 se abrieron las perspectivas, aunque sin encomendarse el liderazgo a Cánovas. Cuando fracasaron otras personas como posibles conductores hacia la Restauración, como el caso de Serrano en 1872, Cánovas quedó como jefe indiscutible del alfonsismo. A partir de aquí la evolución política de 1873 y 1874 crearon el contexto apropiado.

Aunque la Restauración no fue inevitable en sí misma, desde la perspectiva de 1875 el proceso, con su situación puente del año anterior, fue entendido y se presentó como tal inevitabilidad en un discurso político que Cánovas vertebró y difundió como «la continuación de la historia de España».

Bibliografía

OBRAS GENERALES

ABELLÁN, J. L., *Historia crítica del pensamiento español*, Madrid, 1975-1984, 4 vols.
AGUIRREAZKUENAGA, J., SERRANO, S., URQUIJO, J. R. y URQUIJO, M., *Diccionario biográfico de los parlamentarios de Vasconia (1808-1876)*, Vitoria, 1993.
ALARCÓN, M., *El derecho de asociación obrera en España, 1839-1900*, Madrid, 1975.
ALONSO BAQUER, M., *El modelo español de pronunciamiento*, Madrid, 1983.
ARTOLA, M., *La burguesía revolucionaria (1808-1874)*, Madrid, 1974.
— *Partidos y programas políticos, 1808-1936*, Madrid, 1974, 2 vols. (reed., 1991).
— (dir.), *Enciclopedia de Historia de España*, Madrid, Alianza, 1988-1993, 7 vols.
AUBERT, P. (ed.), *Religión y sociedad en España. Siglos XIX y XX*, Madrid, 2002.
BAHAMONDE, A. y OTERO, L. E. (coords.), *Madrid en la sociedad del siglo XIX*, Madrid, 1986, 2 vols.
BALCELLS, A., *Historia contemporánea de Calaluña*, Barcelona, 1983.
BALLBE, M., *Orden público y militarismo en la España constitucional (1812-1983)*, Madrid, 1983.
BARCIELA, C., CARRERAS, A., COMÍN, F. et alii, *Estadísticas históricas de España. Siglos XIX y XX*, Madrid, 1989.
BARREIRO, X. R., *Historia contemporánea de Galicia*, La Coruña, 1982-1984, 4 vols.
BOIX, V. y RUIZ TORRES, P., *Historia del País Valenciano*, Madrid, 1981, 6 vols.
BOYD, C. (coord.), *Religión y política en la España contemporánea*, Madrid, 2007.
CARDONA, G., *El poder militar en la España contemporánea hasta la guerra civil*, Madrid, 1983.
CARR, R., *España, 1808-1975*, Barcelona, 1982.
CARRERAS. A. y TAFUNELL, X. (coords.), *Estadísticas históricas de España. Siglos XIX y XX*, Madrid, 2005, 3 vols.
CASTRO, C., *La revolución liberal y los municipios españoles (1812-1868)*, Madrid, 1979.
CUENCA TORIBIO, J. M., *Relaciones Iglesia-Estado en la España Contemporánea (1833-1985)*, Madrid, 1986.
ERICE SEBARES, F. y URÍA, J., *Historia de Asturias*, Oviedo, 1988.
ESPADAS BURGOS, M. y URQUIJO GOITIA, J. R. de, *Guerra de la Independencia y época constitucional (1808-1898)*, en vol. 11 de *Historia de España*, Madrid, Gredos, 1990.
FERNÁNDEZ BASTARRECHE, F., *El Ejército español en el siglo XIX*, Madrid, 1978.
FERNÁNDEZ CLEMENTE, E. y FORCADELL, C., *Estudios de Historia Contemporánea de Aragón*, Zaragoza, 1978.

Fernández García, A. (dir.), *Historia de Madrid*, Madrid, 1993.
— (coord.), «Los fundamentos de la España liberal (1834-1900). La sociedad, la economía y las formas de vida», en J. M.ª Jover (dir.), *Historia de España* de Menéndez Pidal, tomo XXXIII, Madrid, 1997.
Fernández García, A. et alii, *Documentos de Historia Contemporánea de España*, Madrid, 1996.
Fernández Sarasola, I., *Los partidos políticos en el pensamiento español (De la Ilustración a nuestros días)*, Madrid, 2009.
Fernández Sebastián, J. y Fuentes, J. F. (dirs.), *Diccionario político y social del siglo XIX español*, Madrid, 2002.
Ferrer Benimelli, J. A., *Masonería española contemporánea*, Madrid, 1980, 2 vols.
Fontana, J., *Cambio económico y actitudes políticas en la España del siglo XIX*, Barcelona, 1975.
— «La época del liberalismo», en J. Fontana y R. Villares (dirs.), *Historia de España*, vol. 6, Barcelona, 2007.
Forcadell, C. y Romeo, M.ª C. (eds.), *Provincia y nación. Los territorios del liberalismo*, Zaragoza, 2006.
Fuentes, J. F., *El fin del Antiguo Régimen (1808-1868). Política y sociedad*, Madrid, 2007.
Fusi, J. P. (dir.), *España. Autonomías*, Madrid, 1989.
Fusi, J. P. y Palafox, J., *España, 1808-1936. El desafío de la modernidad*, Madrid, 1997.
García-Nieto, M.ª C., Donézar, J. M.ª y López Puerta, L., *Bases documentales de la España contemporánea*, Madrid, 1971-1972.
García-Nieto, M.ª C. e Yllán, E., *Historia de España, 1808-1978. Vol. 1: La Revolución liberal, un proceso discontinuo, 1808-1868*, Barcelona, 1987.
Historia de Catalunya, P. Vilar (dir.), J. Termes (coord.), vol. VIII: *Antologia d'estudis històrics*, Precedits de *Catalunya avui*, de P. Vilar, Barcelona, 1990.
Huici, V., Sorauren, M. y Jimeno, J. M., *Historia contemporánea de Navarra*, San Sebastián, 1982.
Jover Zamora, J. M. (dir.), *El siglo XIX en España: Doce estudios*, Barcelona, 1974.
— *Política, diplomacia y humanismo popular en la España del siglo XIX*, Madrid, 1976.
La Parra, E. y Suárez Cortina, M. (eds.), *El anticlericalismo español contemporáneo*, Madrid, 1998.
Montero, J. (ed.), *Constituciones y códigos políticos españoles, 1808-1978*, Barcelona, 1998.
Pereira, J. C., *Introducción al estudio de la política exterior de España (siglos XIX y XX)*, Madrid, 1983.
Pérez Ledesma, M., *Estabilidad y conflicto social. España, de los iberos al 14-D*, Madrid, 1990.
— (coord.), *El Senado en la historia*, Madrid, 1995.
— (ed.), *De súbditos a ciudadanos. Una historia de la ciudadanía en España*, Madrid, 2007.
Pérez Ledesma, M. y Cruz, R. (coords.), *Cultura y movilización en la España contemporánea*, Madrid, 1997.
Puelles Benítez, M., *Educación e ideología en la España contemporánea, 1767-1975*, Barcelona, 1980.
Ringrose, D., *España, 1700-1900. El mito del fracaso*, Madrid, 1996.
Rodríguez Alonso, M. (ed.), *Los manifiestos políticos en el siglo XIX (1808-1874)*, Barcelona, 1998.
Rueda, G., *La desamortización en España: Un balance (1766-1924)*, Madrid, 1997.
Ruiz, D. et alii, *Asturias contemporánea, 1808-1975. Síntesis histórica. Textos y documentos*, Madrid, 1981.
Sánchez Agesta, L., *Historia del constitucionalismo español*, Madrid, 1964.
Sánchez Jiménez, J., *La España Contemporánea*, vol. I, Madrid, 1991.
Seco Serrano, C., *Sociedad, literatura y política en la España del siglo XIX*, Barcelona, 1973.
— *Militarismo y civilismo en la España contemporánea*, Madrid, 1984.
Seoane, M. C., *Historia del periodismo en España*, vol. II: *El siglo XIX*, Madrid, 1983.
Simón Segura, F., *La desamortización española en el siglo XIX*, Madrid, 1973.
Solé Tura, J., *Constituciones y periodos constituyentes en España*, Madrid, 1977.
Suárez Cortina, M. (ed.), *Las máscaras de la libertad. El liberalismo español, 1808-1950*, Madrid, 2003.
Temime, E., Broder, A. y Chastagnaret, G., *Historia de la España Contemporánea desde 1808 hasta nuestros días*, Barcelona, 1982.
Tomás y Valiente, F., *El marco político de la desamortización en España*, Barcelona, 1971.
— *Códigos y Constituciones. 1808-1978*, Madrid, Alianza, 1989.
— *Manual de historia del derecho español*, Madrid, 1992.

Tuñón de Lara, M., *Estudios sobre el siglo XIX español*, 2.ª ed., Madrid, 1972.
— (dir.), «Revolución burguesa, oligarquía y constitucionalismo (1834-1923)», en *Historia de España*, tomo VIII, Barcelona, Labor, 1981.
— *La España del siglo XIX*, Barcelona, 1981.
— *El movimiento obrero en la historia de España*, Madrid, 1985, 2 vols.
Varela Suanzes-Carpegna, J., *Política y Constitución en España (1808-1978)*, Madrid, 2007.
Vicens Vives, J, *Historia social y económica de España y América*, Barcelona, 1957-1961.
— *Cataluña en el siglo XIX*, Madrid, 1960.
Vilar, J. B., *La España del exilio. Las emigraciones políticas españolas de los siglos XIX y XX*, Madrid, 2006.
Villares, R., *Historia de Galicia*, Madrid, 1985.
VV.AA, *Mujer y sociedad en España, 1700-1975*, Madrid, 1982.
VV.AA., *Historia de España*, Madrid, Historia 16, 1986.
VV.AA., *Desamortización y Hacienda Pública en España*, Madrid, 1986, 2 vols.
VV.AA., «La transición del Antiguo al Nuevo régimen (1789-1874)», en vol. 9 de *Historia de España*, Barcelona, Planeta, 1988.

Primera parte: Ruptura y continuidad en la definición del Estado liberal (1808-1843)

Alejandre Sintes, L., *La guerra de Cochinchina. Cuando los españoles conquistaron Vietnam*, Barcelona, 2006.
Ardit Lucas, M., *Revolución liberal y revuelta campesina. Un ensayo sobre la desintegración del régimen feudal en el País Valenciano (1793-1840)*, Barcelona, 1977.
Arnalte, A., *Delirios de grandeza. Las quimeras coloniales del siglo XIX español*, Madrid, 2009.
Aróstegui, J., «El manifiesto de la Federación de Realistas Puros (1826). Contribución al estudio de los grupos políticos en el reinado de Fernando VII», en *Estudios de Historia Contemporánea I*, Madrid, 1976, págs. 119-186.
Aróstegui, J. et alii, *El carlismo y las guerras carlistas. Hechos, hombres e ideas*, Madrid, 2003.
Artola, M., *Los orígenes de la España Contemporánea*, Madrid, 1975-1976, 2 vols.
— «La España de Fernando VII», vol. XXXII de la *Historia de España* dirigida por Ramón Menéndez Pidal, Madrid, 1978.
— *Antiguo Régimen y Revolución Liberal*, Barcelona, 1978.
— *Los afrancesados*, Madrid, 1976 (2.ª ed., 1989).
— (ed.), «Las Cortes de Cádiz», *Ayer*, 1 (1991).
Aymes, J.-R., *La Guerra de la Independencia en España (1808-1814)*, Madrid, 1980.
Bernal, A. M., *La lucha por la tierra en la crisis del Antiguo Régimen*, Madrid, 1979.
Blanco Valdés, R. L., *Rey, Cortes y Fuerza Armada en los orígenes de la España liberal, 1808-1823*, Madrid, 1988.
Burdiel, I., *La política de los notables. Moderados y avanzados durante el régimen del Estatuto Real (1834-36)*, Valencia, 1987.
Butrón, G., *La ocupación francesa de España (1823-1828)*, Cádiz, 1996.
Canal, J., *El carlismo. Dos siglos de contrarrevolución en España*, Madrid, 2000.
Cárcel Ortí, V., *Iglesia y revolución en España*, Pamplona, 1979.
Castells, I., *La utopía insurreccional del liberalismo. Torrijos y las conspiraciones liberales de la década ominosa*, Barcelona, 1989.
Castells, I. y Moliner, A., *Crisis del Antiguo Régimen y Revolución Liberal en España (1789-1845)*, Barcelona, 2000.
Castells, I., Robledo, R. y Romeo, M.ª C. (eds.), *Orígenes del liberalismo. Universidad, política, economía*, Salamanca, 2002.
Cepeda Gómez, J., *El Ejército español en la política española (1787-1843). Conspiraciones y pronunciamientos de los comienzos de la España liberal*, Madrid, 1990.

Céspedes, G., *La independencia de Hispanoamérica*, Madrid, 1989.
Clavero, B., *Mayorazgo. Propiedad feudal en Castilla (1369-1836)*, Madrid, 1974.
Clavero, B. et alii, *Estudios sobre la revolución burguesa en España*, Madrid, 1978.
Demange, C., *El 2 de mayo. Mito y fiesta nacional*, Madrid, 2004.
Dufour, G., *La Guerra de la Independencia*, Madrid, 1989.
Escudero, J. A., *Los orígenes del Consejo de Ministros en España*, vol. II, Madrid, 1979.
Esdaile, Ch., *La guerra de la Independencia: Una nueva historia*, Barcelona, 2004.
— *España contra Napoleón: guerrillas, bandoleros y el mito del pueblo en armas (1808-1814)*, Barcelona, 2006.
Fontana, J., *Hacienda y Estado en la crisis final del Antiguo Régimen, 1823-1833*, Madrid, 1973.
— *La quiebra de la monarquía absoluta (1814-1820)*, Barcelona, 1978.
— *La crisis del Antiguo Régimen, 1808-1833*, Barcelona, 1979.
— *De en medio del tiempo: la segunda restauración española, 1823-1834*, Barcelona, 2006.
Fraser, R., *La maldita guerra de España*, Barcelona, 2006.
Gallego Anabitarte, A., *Poder y Derecho. Del Antiguo Régimen al Estado Constitucional en España. Siglos XVIII y XIX*, Madrid, 2009.
García Cárcel, R., *El sueño de la nación indomable: los mitos de la Guerra de la Independencia*, Madrid, 2007.
Gates, D., *La úlcera española. Historia de la Guerra de la Independencia*, Madrid, 1987.
Gil Novales, A., *Las Sociedades Patrióticas (1820-1823)*, Madrid, 1975, 2 vols.
— *El Trienio Liberal*, Madrid, 1980.
Herr, R., «Hacia el derrumbe del Antiguo Régimen. Crisis fiscal y desamortización en el reinado de Carlos IV», *Moneda y Crédito*, núm. 118 (1971).
Higueruela, L., *La Diócesis de Toledo durante la Guerra de la Independencia española*, Toledo, 1983.
Janke, P., *Mendizábal y la instauración de la monarquía constitucional en España (1790-1853)*, Madrid, 1974.
Juretschke, H., *Los afrancesados en la Guerra de la Independencia*, Madrid, 1962.
La Parra, E., *El primer liberalismo español y la Iglesia. Las Cortes de Cádiz*, Alicante, 1985.
— *Manuel Godoy. La aventura del poder*, Barcelona, 2002.
— *Los Cien Mil Hijos de San Luis. El ocaso del primer impulso liberal en España*, Madrid, 2007.
Llorens, V., *Liberales y románticos. Una emigración española en Inglaterra, 1823-1834*, Valencia, 1968.
López Tabar, J., *Los famosos traidores*, Madrid, 2001.
Lovett, G. H., *La Guerra de la Independencia*, Barcelona, 1974.
Lynch, J., *Las revoluciones hispanoamericanas, 1808-1826*, Barcelona, 1980.
Marichal, C., *La revolución liberal y los primeros partidos políticos en España, 1834-1844*, Madrid, 1980.
Martínez de Velasco, A., *La formación de la Junta Central*, Pamplona, 1972.
Mercader Riba, J., *José Bonaparte, Rey de España (1808-1813)*, 2 vols., Madrid, 1971 y 1983.
Millán, J., *Rentistas y campesinos. Desarrollo agrario y tradicionalismo político en el sur del País Valenciano, 1680-1840*, Alicante, 1984.
— (coord.), *Carlismo y contrarrevolución en la España contemporánea*, *Ayer*, núm. 38 (2000).
Mina, M. C., *Fueros y revolución liberal de la monarquía constitucional en España (1780-1853)*, Madrid, 1974.
Moliner, A., *La guerrilla en la Guerra de la Independencia*, Madrid, 2004.
Moral Roncal, A. M., *El reinado de Fernando VII en sus documentos*, Barcelona, 1998.
Moral Ruiz, J., *Hacienda y sociedad en el trienio constitucional*, Madrid, 1977.
Moreno Pastor, L., *Los orígenes del Tribunal Supremo (1812-1838)*, Madrid, 1989.
Moxó, S. de, *La disolución del régimen señorial en España*, Madrid, 1965.
Nieto, A., *Los primeros pasos del Estado constitucional. Historia administrativa de la Regencia de María Cristina*, Barcelona, 1996.
Pegenaute, P., *Represión política en el reinado de Fernando VII: las Comisiones militares*, Pamplona, 1974.
Pérez Garzón, J. S., *Milicia nacional y revolución burguesa. El prototipo madrileño*, Madrid, 1978.
— *Las Cortes de Cádiz. El nacimiento de la nación liberal (1808-1814)*, Madrid, 2007.

Portillo Valdés, J. M., *Revolución de nación. Orígenes de la cultura constitucional en España, 1780-1812*, Madrid, 2000.
Ramos Santana, A. (ed.), *La ilusión constitucional: Pueblo, Patria, Nación*, Cádiz, 2004.
Revuelta González, M., *La política religiosa de los liberales en el siglo XIX. El Trienio Constitucional*, Madrid, 1973.
Rueda, G., *La desamortización de Mendizábal y Espartero en España*, Madrid, 1986.
Ruiz Torres, P., *Señores y propietarios. Cambio social en el sur del País Valenciano 1650-1850*, Valencia, 1981.
— «Del antiguo al nuevo régimen: carácter de la transformación», en *Antiguo régimen y liberalismo. Homenaje a Miguel Artola. 1. Visiones generales*, Madrid, 1994, págs. 159-192.
Rújula, P. (ed.), *1823. Los Cien Mil Hijos de San Luis. El mapa olvidado de la expedición*, Zaragoza, 2010.
Sánchez Mantero, R., *Liberales en el exilio*, Madrid, 1975.
— (ed.), «Fernando VII. Su reinado y su imagen», *Ayer*, núm. 41 (2001).
Seco Serrano, C., *Tríptico carlista. Estudios sobre la historia del carlismo*, Barcelona, 1973.
Solís, R., *El Cádiz de las Cortes*, Madrid, 2000 (1958).
Suarez, F, *Cortes de Cádiz*, Cádiz, 1967-1974.
Tomás Villarroya, J., *El sistema político del Estatuto Real, 1834-1836*, Madrid, 1968.
Torras, J., *Liberalismo y rebeldía campesina, 1820-1823*, Barcelona, 1976.
Tulard, J, *Napoleón*, París, 1977.
Villares, R., *La propiedad de la tierra en Galicia, 1500-1936*, Madrid, 1982.
Zavala, I. M., *Masones, comuneros y carbonarios*, Madrid, 1971.

Segunda parte: La construcción del Estado liberal (1843-1868)

Capítulos 13 al 17

Alarcón, P. A. de, *Diario de un testigo de la Guerra de África*, Sevilla, 2005 (1859).
Anguera, P., *El general Prim. Biografía de un conspirador*, Barcelona, 2003.
Azagra Ros, J., *El bienio progresista en Valencia. Análisis de una situación revolucionaria a mediados del siglo XIX (1854-1856)*, Valencia, 1978.
Bello, J., *Frailes, intendentes y políticos: los bienes nacionales, 1835-1850*, Madrid, 1997.
Benet, J. y Martí, C., *Barcelona a mitjan segle XIX. El moviment obrer durant el Bienni progressista (1854-1856)*, Barcelona, 1976, 2 vols.
Burdiel, I. (dir.), «La política en el reinado de Isabel II», *Ayer*, núm. 29 (1998).
— *Isabel II: no se puede reinar inocentemente*, Madrid, 2004.
— *Isabel II. Una biografía (1830-1904)*, Madrid, Taurus, 2010.
Burdiel, I. y Pérez Ledesma, M. (eds.), *Liberales eminentes*, Madrid, 2008.
Cánovas Sánchez, F., *El partido moderado*, Madrid, 1982.
Cayuela, G., *Bahía de ultramar. España y Cuba en el siglo XIX. El control de las relaciones coloniales*, Madrid, 1993.
Comellas, J. L., *Los moderados en el poder, 1844-1854*, Madrid, 1970.
Díez del Corral, L., *El liberalismo doctrinario*, Madrid, 1945.
Durán, N., *La Unión Liberal y la modernización de la España isabelina. Una convivencia frustrada, 1854-1868*, Madrid, 1979.
Eiras Roel, A., *El partido demócrata español (1849-1868)*, Madrid, 1961.
Estape, F., *La reforma tributaria de 1845*, Madrid, 1971.
Estrada Sánchez, M., *El significado político de la legislación electoral en la España de Isabel II*, Santander, 1999.
Fontana, J. (dir.), *Catalunya i Espanya al segle XIX*, Barcelona, 1987.
Jover Zamora, J. M. (dir.), «La era isabelina y el sexenio democrático (1834-1874)», vol. XXXIV de la *Historia de España* de Menéndez Pidal, Madrid, 1981.

Kiernan, V. G., *La revolución de 1854 en España,* Madrid, 1970.
López Garrido, D., *La Guardia Civil y los orígenes del Estado centralista,* Barcelona, 1982.
Maluquer de Motes, J., *El socialismo en España, 1833-1868,* Barcelona, 1977.
Marcuello, J. I., *La práctica parlamentaria en el reinado de Isabel II,* Madrid, 1986.
Nieto, A., *La retribución de los funcionarios en España. Historia y Actualidad,* Madrid, 1967.
Paredes Alonso, F. J., *Pascual Madoz. 1805-1870. Libertad y progreso en la monarquía isabelina,* Pamplona, 1991.
Peyrou, F., *Tribunos del pueblo. Demócratas y republicanos durante el reinado de Isabel II,* Madrid, 2008.
Riquer, B. de (dir.), *Historia de la Diputació de Barcelona,* Barcelona, 1987-1988, 3 vols.
Robles Muñoz, C., *Paz en Santo Domingo (1854-1865). El fracaso de la anexión a España,* Madrid, 1987.
Sainz Guerra, J., *La administración de Justicia en España (1810-1870),* Madrid, 1992.
Sánchez García, R., *Alcalá Galiano y el liberalismo español,* Madrid, 2005.
Urquijo, J. R., *La revolución de 1854 en Madrid,* Madrid, 1987.
Vilches, J., *Progreso y libertad. El partido progresista en la revolución liberal española,* Madrid, 2001.

Capítulos 18 y 19

Anes, G. (coord.), *Historia económica de España: siglos XIX y XX,* Madrid, Círculo de Lectores, 1999.
Artola, M. (dir.), *Los ferrocarriles en España (1844-1943),* Madrid, 1978, 2 vols.
Bahamonde, A. (dir.), *Las comunicaciones en la construcción del Estado contemporáneo en España: 1700-1936,* Madrid, 1993.
Carreras, A., *Industrialización española. Estudios de historia cuantitativa,* Madrid, 1990.
Comín Comín, F., *Hacienda y economía en la España contemporánea (1800-1936),* Madrid, 1988, 2 vols.
Costas Comesaña, A., *Apogeo del liberalismo en «La Gloriosa». La reforma económica en el Sexenio Liberal (1868-1874),* Madrid, 1988.
Fradera, J. M., *Industria i mercat. Les bases comercials de la indústria catalana moderna (1814-1845),* Barcelona, 1987.
García Sanz, A. y Garrabou, R. (eds.), *Historia agraria de la España contemporánea,* Madrid, 1985, vols. I y II.
Germán, L. et alii, *Historia económica regional de España. Siglos XIX y XX,* Barcelona, 2001.
Gómez Mendoza, A., *Ferrocarriles y cambio económico en España, 1855-1913,* Madrid, 1982.
González Portilla, M., *La formación de la sociedad capitalista en el País Vasco (1876-1913),* vol. I, San Sebastián, 1981.
Kondo, A., *La agricultura española en el siglo XIX,* Madrid, 1990.
Madrazo, S., *La edad de oro de las diligencias. Madrid y el tráfico de viajeros en España antes del ferrocarril,* Madrid, 1991.
Muñoz, J. et alii, «Minería y capital extranjero en la articulación del modelo de desarrollo subordinado y dependiente de la economía española en la segunda mitad del siglo XIX y primeros años del siglo XX», *Información Comercial Española,* núm. 514 (1976), págs. 59-89.
Nadal, J., *El fracaso de la revolución industrial en España, 1814-1913,* Barcelona, 1975.
— (dir.), *Atlas de la industrialización de España (1750-2000),* Barcelona, 2003.
Nadal, J. y Carreras, A. (coords.), *Pautas regionales de la industrialización española (siglos XIX-XX),* Barcelona, 1990.
Nadal, J. y Catalá, J. (eds.), *La cara oculta de la industrialización española,* Madrid, 1994.
Ojeda, G., *Asturias en la industrialización española, 1833-1907,* Madrid, 1985.
Prados de la Escosura, L., *De imperio a nación. Crecimiento y atraso económico en España (1780-1930),* Madrid, 1988.
Pujol, J. et alii, *El pozo de todos los males. Sobre el atraso de la agricultura española contemporánea,* Barcelona, 2001.

Ringrose, D. R., *Madrid y la economía española, 1560-1850: Ciudad, Corte y País en el Antiguo Régimen,* Madrid, 1985.
Saiz Pastor, C. y Vidal Olivares, J., *El fin del Antiguo Régimen (1808-1868). Economía,* Madrid, Síntesis, 2001.
Sánchez Albornoz, N., *España hace un siglo: una economía dual,* Madrid, 1968.
— *Jalones en la modernización de España,* Barcelona, 1975.
— (comp.), *La modernización económica de España, 1830-1930,* Madrid, 1985.
Tortella, G., *Los orígenes del capitalismo en España. Banca, industria y ferrocarriles en el siglo XIX,* Madrid, 1975.
Vallejo Pousada, R. y Martín Aceña, P. (coords.), *Los ministros de la Hacienda Liberal, 1845-1899,* Zaragoza, 2006.
VV.AA., *Ensayos sobre la economía española a mediados del siglo XIX,* Madrid, 1970.
VV.AA., «La nueva cara de la Historia Económica de España», *Papeles de Economía Española,* núm. 20 (1984).

Tercera parte: Los límites de la sociedad abierta

Capítulos 20, 21 y 22

Bahamonde Magro, A., «Los dos lados de la emigración transoceánica», en *Historia General de la emigración española a Iberoamérica,* Madrid, vol. II, 1992.
— «Crisis de la nobleza de cuna y consolidación burguesa», en *Madrid en la sociedad del siglo XIX,* Madrid, 1986, vol. I.
Bahamonde Magro, A. y Cayuela. J., *Hacer las Américas. Las elites coloniales españolas del siglo XIX,* Madrid, 1992.
Bahamonde Magro, A. y Toro, J., *Burguesía, especulación y cuestión social en el Madrid del siglo XIX,* Madrid, 1978.
Bernal, A. M., *La propiedad de la tierra y las luchas agrarias andaluzas,* Barcelona, 1974.
Calero, A. M., *Movimientos sociales en Andalucía (1820-1936),* Madrid, 1979.
Carasa Soto, P., *El sistema hospitalario español del siglo XIX,* Valladolid, 1985.
Chust, M. (ed.), *De la cuestión social a la cuestión señorial,* Homenaje al profesor Enric Sebastiá, Valencia, 2002.
Cruz, J., *Los notables de Madrid. Las bases sociales de la revolución liberal española,* Madrid, 2000.
Elorza, A. y Trias, J. J., *Federalismo y reforma social en España (1840-1870),* Madrid, 1975.
Erice, F., *La burguesía industrial asturiana,* Gijón, 1980.
Escolano, A. (dir.), *Leer y escribir en España. Doscientos años de alfabetización,* Madrid, 1992.
Estébanez Álvarez, J., *Las ciudades. Morfología y estructura,* Madrid, 1991.
Feijóo, A., *Quintas y protesta social en el siglo XIX,* Madrid, 1996.
Fernández, A., *Epidemias y sociedad en Madrid,* Barcelona, 1985.
Fernández Sarasola, I. (ed.), *La redención del pueblo. La cultura progresista en la España liberal,* Santander, 2006.
González, R. M., *La pasión revolucionaria. Culturas políticas republicanas y movilización popular en la España del siglo XIX,* Madrid, 2007.
Guereña, J. F., «L'État et l'École au XIXe siècle», en *École et société en Espagne et en Amérique latine (XVIIIe-XXe siècles),* Université de Tours, 1983.
Izard, M., *Manufactureros, fabricantes y revolucionarios. Las burguesías industriales catalanas y el control del poder en España, 1868-1875,* Barcelona, 1979.
Maza, E., *Pobreza y beneficencia en la España contemporánea (1808-1936),* Barcelona, 1999.
Morales Moya, A., *Poder político, economía e ideología en el siglo XVIII español: la posición de la nobleza,* Madrid, 1983.

NADAL, J., *La población española (siglos XVI al XX)*, Barcelona, 1984.
PÉREZ MOREDA, V., *La crisis de mortalidad en la España interior (siglos XVI-XIX)*, Madrid, 1980.
PONS, A. y SERNA, J., *La ciudad extensa*, Valencia, 1992.
PUELLES BENÍTEZ, M., *Estado y educación en la España liberal (1809-1857). Un sistema educativo nacional frustrado*, Barcelona, 2004.
QUIRÓS LINARES, F., *Las ciudades españolas en el siglo XIX*, Valladolid, 1991.
RAMOS SANTANA, A., *La burguesía gaditana en la época isabelina*, Cádiz, 1987.
ROMERO DE SOLÍS, P., *La población española en los siglos XVIII y XIX*, Madrid, 1973.
SÁNCHEZ MARROYO, F., *El proceso de formación de una clase dirigente. La oligarquía agraria en Extremadura a mediados del siglo XIX*, Cáceres, 1991.
SOLÁ, A., «Tres notes entorn les actituds i valors de l'alta burgesía barcelonina a mitjan segle XIX», *Cuaderns de l'Institut Catalá de l'Antropología*, 3-4 (1981), págs. 121-128.
VICENS VIVES, J., *Los catalanes en el siglo XIX*, Madrid, 1986.
VV.AA., *Urbanismo e historia urbana. Actas del II Congreso...*, Madrid, Universidad Complutense, 1986, 2 vols.
YÁNEZ GALLARDO, C., *La emigración española a América (siglos XIX y XX): dimensión y características cuantitativas*, Colombres, 1994.
ZOZAYA MONTES, M., *Del ocio al negocio. Redes y capital social en el Casino de Madrid, 1836-1901*, Madrid, 2007.

Capítulo 23

ALMUIÑA, C., *Aproximación a la evolución cuantitativa de la prensa española entre 1868 y 1930*, Valladolid, 1980.
ÁLVAREZ JUNCO, J., *Mater Dolorosa. La idea de España en el siglo XIX*, Madrid, 2001.
ANGUERA, P., *El Centre de lectura de Reus*, Reus, 1979.
— *De les lletres i les arts. Notes d'història cultural*, Reus, 2005.
ANGUERA, P. et alii, *IIIes Jornades de Debat. Orígens i formació dels nacionalismes a Espanya*, Reus, 1994.
ANGUERA, P. et alii, *Simbols i mites a L'Espanya contemporánia*, Reus, 2001.
BOTREL, J.-F., *La diffusion du livre en Espagne (1868-1914)*, Madrid, 1988.
— *Libros, prensa y lectura en la España del siglo XIX*, Madrid, 1993.
BOZAL, V., *La ilustración gráfica del siglo XIX en España*, Madrid, 1979.
CARO BAROJA, J., *Ensayo sobre la la literatura de cordel*, Madrid, 1969.
CASTELLS, L., CAJAL, A. y MOLINA, F. (eds.), *El País Vasco y España: identidades, nacionalismos y Estado (siglos XIX y XX)*, San Sebastián, 2007.
CIRUJANO MARÍN, P., ELORRIAGA PLANAS, T. y PÉREZ GARZÓN, J. S., *Historiografía y nacionalismo español, 1834-1868*, Madrid, 1965.
FONTANELLA, L., *La Imprenta y las letras en la España romántica*, Bremen y Frankfurt, 1982.
FOX. I., *La invención de España. Nacionalismo liberal e identidad nacional*, Madrid, 1997.
FRADERA, J. M., *Cultura nacional en una sociedad dividida. Cataluña, 1838-1868*, Madrid, 2003.
FUSI, J. P., *España. La evolución de la identidad nacional*, Madrid, 2000.
JOVER ZAMORA, J. M., *La civilización española a mediados del siglo XIX*, Madrid, 1992.
LÓPEZ ARANGUREN, J. L., *Moral y sociedad. La moral social española en el siglo XIX*, Madrid, 1965.
LÓPEZ MORILLAS, J., *El krausismo español*, México, 1956.
LÓPEZ PIÑERO, J. M. (ed.), «La ciencia en la España del siglo XIX», *Ayer*, 7 (1992).
MARRAST, R., *Espronceda et son temps. Littérature, société, politique au temps du Romantisme*, Fontenay-le-Comte, 1974.
MARTÍNEZ MARTÍN, J. A., «El mundo cultural europeo en las bibliotecas de las elites madrileñas 1830-1870», *Aula de Cultura. Ayuntamiento de Madrid*, 8 (1991).
— *Lectura y lectores en el Madrid del siglo XIX*, Madrid, 1992.

— (dir.), *Historia de la edición en España, 1836-1936*, Madrid, 2001.
— (dir.), *Orígenes culturales de la sociedad liberal (España. Siglo XIX)*, Madrid, 2003.
— *Vivir de la pluma. La profesionalización del escritor en España (1836-1936)*, Madrid, 2009.
MORENO ALONSO, M., *Historiografía romántica española. Introducción al estudio de la historia en el siglo XIX*, Sevilla, 1979.
NÚÑEZ RUIZ, D., *La mentalidad positiva en España: desarrollo y crisis*, Madrid, 1975.
PEERS, E. A., *Historia del movimiento romántico español*, Madrid, 1973.
PÉREZ SÁNCHEZ, A., *El Liceo Artístico y Literario de Madrid (1837-1851)*, Madrid, 2005.
PESET, J. L., GARMA, S. y PÉREZ GARZÓN, J. S., *Ciencias y enseñanza en la revolución burguesa*, Madrid, 1978.
PESET, M. y PESET, J. L., *La Universidad española (siglos XVIII y XIX). Despotismo ilustrado y revolución liberal*, Madrid, 1974.
REYERO, C., *La imagen histórica de España (1850-1900)*, Madrid, 1987.
— *La pintura de historia en España*, Madrid, 1989.
— *La escultura conmemorativa en España. La edad de oro del monumento público, 1820-1914*, Madrid, 1999.
RIQUER, B. de, «Nacionalidades y regiones. Problemas y líneas de investigación en torno a la débil nacionalización española del siglo XIX», en A. Morales Moya y E. de Vega (eds.), *La historia contemporánea en España*, Salamanca, 1996.
— *Escolta Espanya. La qüestió catalana en la época liberal*, Madrid, 2001.
SÁNCHEZ RON, J. M. (ed.), *Ciencia y sociedad en España. De la Ilustración a la Guerra Civil*, Madrid, 1988.
SERRANO, C., *El nacimiento de Carmen. Símbolos, mitos y nación*, Madrid, 1999.
SERRANO GARCÍA, R., *El fin del Antiguo Régimen (1808-1868). Cultura y vida cotidiana*, Madrid, 2001.
TIERNO GALVÁN, E., *Idealismo y pragmatismo en el siglo XIX español*, Madrid, 1977.
VILLACORTA BAÑOS, F., *Burguesía y cultura. Los intelectuales españoles en la sociedad liberal, 1808-1931*, Madrid, 1980.
VV.AA., «La sociabilidad en la España contemporánea», en *Estudios de Historia Social*, núms. 50-51 (1989).
ZAVALA, I. et alii, *La época del romanticismo (1808-1874). Las letras, las artes, la vida cotidiana*, vol. XXXV, II, de la *Historia de España* de Menéndez Pidal, Madrid, 1988.

CUARTA PARTE: LA CONSTRUCCIÓN DEL ESTADO DEMOCRÁTICO (1868-1874)

ÁLVAREZ JUNCO, J., *La ideología política del anarquismo español, 1869-1910*, Madrid, 1976.
ARÓSTEGUI, J., *El carlismo alavés y la guerra civil, 1870-76*, Vitoria, 1970.
BARCIA, C., *Élites y grupos de presión en Cuba, 1868-1898*, La Habana, 1998.
BERNAL, A. M. y PAREJO BARRANCO, A., *La España liberal (1868-1913). Economía*, Madrid, 2001.
CATALINA, J. L. y ECHENAGUSIA, J., *La Primera República. Reformismo y revolución social*, Madrid, 1973.
CHUST, M. (ed.), *Federalismo y cuestión federal en España*, Castellón, 2002.
CORCUERA, J., *Orígenes, ideología y organización del nacionalismo vasco, 1876-1904*, Madrid, 1979.
DÍAZ DEL MORAL, J., *Historia de las agitaciones campesinas andaluzas*, Madrid, 1979, 3.ª ed.
DONEZAR, J., *La Constitución de 1869 y la revolución burguesa*, Madrid, 1985.
DUARTE, A. y GABRIEL, P. (eds.), «El republicanismo español», *Ayer*, núm. 39 (2000).
ESPADAS BURGOS, M., *Alfonso XII y los orígenes de la Restauración*, Madrid, 1975 (reed., Madrid, 1990).
FERNÁNDEZ ALMAGRO, M., *Historia política de la España contemporánea (1868-1902)*, Madrid, 1972-1974, vol. I.
FUENTE MONGE, G. de la, *La revolución de 1868. Elites y poder en la España liberal*, Madrid, 2000.
GARMENDIA, V., *La ideología carlista, 1868-1876*, San Sebastián, 1984.
HENNESSY, C. A. M., *La República federal en España. Pi y Margall y el movimiento republicano federal, 1868-1874*, Madrid, 1966.
JUTGLAR, A., *Pi y Margall y el federalismo español*, 2 vols., Madrid, 1976.
LIDA, C. E., *Anarquismo y revolución en la España del siglo XIX*, Madrid, 1972.

Lida, C. E. y Zavala, I. M., *La revolución de 1868. Historia. Pensamiento. Literatura*, Nueva York, 1970.
López Cordón, M. V., *El pensamiento político internacional del federalismo español*, Barcelona, 1975.
— *La revolución de 1868 y la I República*, Madrid, 1976.
López Estudillo, A., *Republicanismo y anarquismo en Andalucía. Conflictividad social agraria y crisis finisecular (1868-1900)*, Córdoba, 2001.
Martí Gilabert, F., *La cuestión religiosa en la revolución de 1868-1874*, Madrid, 1989.
Martín Niño, J., *La hacienda española y la revolución de 1868*, Madrid, 1972.
Martínez Cuadrado, M., *Elecciones y partidos políticos en España (1868-1931)*, vol. I, Madrid, 1969.
Maurice, J., *El anarquismo andaluz. Campesinos y sindicalistas, 1868-1936*, Barcelona, 1989.
Mendioni, M. A., *El cantón de Cartagena*, Madrid, 1979.
Montero Díaz, J., *El Estado carlista: principios teóricos y práctica política (1872-1876)*, Madrid, 1992.
Morales, M., *Cultura e ideología en el anarquismo español, 1870-1910*, Málaga, 2002.
Pascual Sastre, I. M.ª, *La Italia del Risorgimento y la España del Sexenio Democrático (1868-1874)*, Madrid, 2001.
Pérez Roldán, C., *El Partido Republicano Federal, 1868-1874*, Madrid, 2001.
Petschen, S., *Iglesia-Estado, un cambio político: las Constituyentes de 1869*, Madrid, 1975.
Piqueras, J. A., *La revolución democrática (1868-1874)*, Madrid, 1992.
Piqueras, J. A. y Chust, M. (coords.), *Republicanos y repúblicas en España*, Madrid, 1996.
Rupérez, P., *La cuestión universitaria y la noche de San Daniel*, Madrid, 1975.
Suárez Cortina, M., *La España liberal (1868-1917). Política y sociedad*, Madrid, 2006.
— (ed.), *Utopías, quimeras y desencantos: el universo utópico en la España liberal*, Santander, 2008.
Tavera, S. (ed.), «El anarquismo español», *Ayer*, núm. 45 (2002).
Termes, J., *Anarquismo y sindicalismo en España. La Primera Internacional (1864-1881)*, Barcelona, 1977.
Trías Bejarano, J. J., *Almirall y los orígenes del catalanismo*, Madrid, 1975.
Trujillo, G., *Introducción al federalismo español. Ideología y fórmulas constitucionales*, Madrid, 1967.
Uría, J., *La España liberal (1868-1917). Cultura y vida cotidiana*, Madrid, 2008.
Vilar, J. B., *El Sexenio democrático y el Cantón murciano (1868-1874)*, Murcia, 1983.

Índice onomástico

A

Abad y Lasierra, Agustín, 77
Abad y Queiro, Manuel (obispo de Michoacan), 121
Abarca, Joaquín (obispo), 180
Abascal, José de, 108, 114
Abrés, Narcis, 164
Acevedo, general, 118, 119
Acosta, 591
Agar, Pedro, 75, 76
Aguado, Juan, 505
Aguilar, Manuel, 296
Aguirre, Joaquín, 313
Ahumada, duque de, 277
Alagón, duque de, 87
Alameda, Cirilo de, 94
Alarcón, Pedro Antonio, 522
Alba, duque, 449, 450, 575
Alcalá Galiano, Antonio, 118, 205, 206, 212, 213, 247, 492, 498
Alcañices, marqués de, 575
Alcón, Andrés, 517
Alcudia, conde de, 178
Aldama, Dioniso, 498
Aldavert, Pere, 502
Alegría, José Martín, 505
Alfonso XII, 22, 598, 607
Alfonso, Joaquín, 517
Alfonso, Príncipe, 344, 569, 571, 575, 584, 602, 608
Almagro, Mariano Luis de, 163
Almeida, 509
Almirall, Vicente, 501, 502, 521
Alonso, José, 315
Alonso Colmenares, Eduardo, 606
Alonso Martínez, Manuel, 329, 330, 333, 339, 352, 353, 355, 606
Alos, José María, 98
Alsina, Joan, 329, 330, 560
Altamira, conde de, 450, 451
Altamira, marqués de, 247
Álvarez, Anibal, 492
Álvarez, Fernando, 551
Álvarez de Castro, Manuel, 32
Álvarez Rivera, Vicente, 163
Allende Salazar, José, 315
Amadeo de Saboya, 22, 259, 453, 556, 569, 570-573, 575, 576, 580-582, 585, 588
Amarillas, marqués de las (Girón, Pedro Agustín), 121
Amat, 516
Angulema, duque de, 151, 152, 155, 157, 172
Antonini, barón, 178
Antonio, Infante, 30, 50, 86, 515
Aparisi Guijarro, Antonio, 550
Arana, Sabino, 503
Aranda, conde de, 408, 514, 515
Araquistanai, Juan V., 503
Arco-Agüero, 128
Ardanaz, Constantino de, 545, 559
Arenal, Concepción, 481
Argudín, familia, 453
Argüelles, Agustín de, 54, 55, 62, 121, 123, 128, 198, 209, 211, 231
Aribau, Bonaventura Carles, 501, 506
Arjona, José Manuel, 160
Armero, Francisco, 247, 250, 251, 289, 336
Arrazola, Lorenzo, 288, 352, 353
Arteta, Fermín, 300, 305

Artigas, José Gervasio, 112
Astarloa, 503
Astorga, marqués de, 53, 54
Aumela, duque de, 290
Ayguals de Izco, Wenceslao, 505, 506
Aymerich, José (general), 159, 161, 163
Azanza, Miguel José de, 30, 43, 46, 50
Azcárate, Gumersindo de, 521, 522, 528, 529
Azcárate, Patricio de, 520

B

Bacon, 521
Baiges y Mure, José, 170
Bailly-Baillière, Carlos, 506
Bain, 522
Bakunin, 568
Balaguer, Víctor, 502, 604
Balanzat, Ignacio, 141
Balboa, 171
Baldasano, José, 291
Balmes, Jaime, 247, 253, 289
Ballesteros, Francisco (general), 90, 119, 121, 142, 151, 159
Barata, Antonio, 95, 139
Barceló, José, 326
Barcia, Roque, 549, 596
Bardají, Eusebio, 128, 139, 140, 195, 212
Baró, José, 461
Barras, Antonio de, 435
Bassa, Pedro Nolasco, 203
Bauer, Ignacio, 361
Bayo, Adolfo, 459
Bayo, Vicente, 393
Bazán, Antonio y Juan Fernández, 167
Beccaria, Cesare, 60, 138, 270
Becerra, Manuel de, 296, 542, 551, 552, 559, 582, 583, 589
Bedmar, marqués de, 298
Beira, princesa de, 180, 344
Belgrano, Manuel, 107, 108, 110
Beltrán, Joan, 329
Benavides, Antonio, 292
Bentham, 138, 270, 512
Beranger, José, 572, 574, 581, 589
Bergnes de las Casas, Antonio, 505
Bermejo, Ildefonso, 498
Bermúdez de Castro, Manuel, 304, 355
Bertrán de Lis, Manuel, 170, 280, 292, 300
Bessieres, Jorge, 161, 163
Betancourt, Agustín, 406, 407, 408, 415
Bexon, 138
Biada, familia, 461
Blake, Joaquín, 74
Blanc, Louis, 512, 521
Blanco, familia, 463
Blaser, Anselmo, general, 309

Bobes, José Tomás, 113
Bodega, Manuel de la, 141
Bofarull, Pere, 501
Bolívar, Ignacio, 520
Bolívar, Simón, 14, 105, 113, 115
Bona, Félix de, 583
Bonald, 82
Bonanda, Agustí, 329
Bonaparte, Lucien, 503
Bonaplata, Ramón, 203, 361, 460
Borja Tarrius, Bernardo de, 121
Borrego, Andrés, 248, 326, 498
Boscá, Eduardo, 520
Bosoms, José, 164, 166
Bove, Clemente, 578
Boyd, Robert, 169
Brañas, Alfredo, 504
Bravo Murillo, Juan, 259, 262, 269, 280, 291, 298, 299, 300, 301, 302, 303, 304, 338, 377
Breguet, Abraham lovis, 415
Bretón de los Herreros, 492
Bruil, Juan, 326
Brunelli, Nuncio, 280
Buceta, coronel, 309
Büchner, 521, 522
Buffon, 509
Burgos, Javier de, 161, 172, 178, 179, 181, 183, 201, 203, 228, 247, 261, 263, 288, 299
Burlamaqui, 60
Busi, Antonio, 361
Bustamante, León Valentín, 307
Bustillo, José María, 300, 352

C

Caballero, Fermín, 198, 216
Caballero, José Antonio, 514
Caballero de Rodas, 536, 537, 543, 584
Cabarrús, Francisco, 46, 53, 509
Cabrera, Ramón, 196
Cabrerizo, Mariano, 505
Cafranca, José de, 179, 180
Calatrava, José María, 129, 145, 168, 169, 195, 208, 209, 212
Calderón, Salvador, 520
Calderón, Saturnino, 340
Calomarde, Francisco Tadeo de, 155, 159, 160, 161, 162, 164, 166, 172, 178, 212, 516, 518
Calonge, Eusebio, general, 551
Calvo de Rozas, Lorenzo, 52, 54, 145, 169
Calleja, virrey, 110
Camacho, Juan Francisco, 606
Cámara, Sixto, 296
Campillo, José, 106
Campo, José de, 361
Campo Sagrado, marqués de, 90, 94, 95, 100
Campo Sagrado, marqués de (hijo), 393

Campomanes, Pedro Rodríguez, 407, 408, 509, 513, 514
Canalejas, Francisco de Paula, 521, 528, 529
Candau, Francisco de Paula, 573, 579
Canga Argüelles, José, 72, 121, 136
Canillas, conde de, 494
Cano, Vicente, 139, 140
Cano de la Peña, Eduardo, 500
Cánovas del Castillo, Antonio, 22, 243, 246, 288, 291, 305, 306, 307, 309, 337, 352, 354, 355, 536, 575, 582-584, 603-605, 607, 608
Canterac, José, 202, 230
Cantero, Manuel, 311, 339, 340, 534
Capapé, Joaquín (brigadier), 161, 163
Capaz, Dionisio (marino), 144, 234
Cárceles, Manuel, 596
Carlos III, 16, 106, 262, 499, 514
Carlos IV, 15, 16, 26, 28, 47, 53, 81, 90, 160, 172, 415
Carlos Luis de Borbón (véase conde de Montemolín)
Carlos María Isidro, Infante, 20, 86, 94, 147, 161, 162, 164, 166, 176, 177, 178, 180, 188, 193, 195, 253, 344
Carlos VII, 344, 507, 576
Carlos X de Francia, 177
Carlota, Infanta, 84, 108, 178
Caro, Francisco Javier, 54
Carriquiri, Nazario, 390, 534
Casa-Irujo, marqués de (Carlos Martínez de Irujo), 77, 97, 98, 158, 159
Casado del Alisal, José, 500
Casariego, marqués de, 453
Castañedo, Francisco, 54
Castaños, Francisco Javier, 32, 55, 84
Castelar, Emilio, 522, 528, 529, 539, 549, 578, 583, 588, 589, 592, 598, 600, 601, 603, 604, 605
Castelar, marqués de, 75
Castelreach, 92
Castillejos, marqués de (véase Prim)
Castillón, Jerónimo, 84
Castro, Alejandro, 307
Castro, Carlos M.ª de, 443, 444, 445
Castro, Fernando de, 481, 539, 583
Castro, Rosalía de, 504
Castro Orozco, José, 247, 304
Cavanilles, Antonio, 498
Chacón, Guillermo (almirante), 305
Chantreu, 512
Chao, Eduardo, 497, 498, 521, 549, 591
Chappe, 414, 415
Chateaubriand, François-René, 82
Cheste, conde de (véase Juan de La Pezuela)
Cea Bermúdez, Francisco, 94, 159, 160, 162, 169, 171, 178, 179, 180, 181, 184, 185
Ceballos, Pedro, 46, 53, 88, 89, 90, 91, 93, 94, 95, 101

Cerdá (comandante milicia nacional), 329
Cerdá, Ildefonso, 443, 444, 445
Céspedes, Carlos Manuel, 543
Cisa, Pedro, 583
Ciscar, Gabriel, 75, 76
Cleonard, conde de, 292
Coello, Diego, 307
Colmeiro, 529
Colomer, 492
Collado, José Manuel, 87, 315, 322
Comte, Augusto, 517, 519, 521
Concha, Hermanos, José (marqués de la Hebana) y Manuel (marqués del Duero) Gutiérrez de la (generales del ejército) 233, 237, 245, 248, 291, 302, 305, 307, 352, 539, 606
Conde González, Antonio, 313
Condillac, 60, 509, 521
Condorcet, 515
Contreras, general, 596
Copóns, Francisco, 140
Cornell, Antonio, 53
Coronado, Carlos María, 517
Cortada, Juan, 501
Cortázar, Juan, 517
Cortés, Mariano, 494
Cortezo, Carlos María, 521
Cortina, Manuel, 236, 291, 294, 296, 297, 339
Corvera, marqués de, 340
Coulomb, 415
Cousin, Víctor, 517
Crespo, Manuel, 313
Crespo de Tejada, Francisco, 121
Creus (diputado provincial de Barcelona), 329
Creux, Jaime (arzobispo), 149
Cruz, José de la, 158, 159, 163, 171, 180
Curros Enríquez, Manuel, 504

D

Daoiz, Luis, 30
Darwin, 520, 521
David, 500
De Maistre, 82
Delgado, Manuel, 492, 505
Descartes, 521
Diego de León, 232
Díez, Juan Manuel, 549
Díez Caneja, Joaquín, 289
Díez del Moral, Antonio, 145
Díez Porlier, Juan (véase Porlier)
Doménech, Jacinto Félix, 304
Donoso Cortés, Juan, 247, 255, 296, 299, 517
Draper, J. W., 520
Dulce, Domingo, 305, 308, 536, 537, 551
Dumani, 407
Dupont, 32
Duro, Pedro, 393

Duro, Julián, 393
Duroc, Michel, 26

E

Echagüe, Rafael, 308, 347, 348, 536
Echegaray, José, 522, 529, 559, 581, 582, 589, 604, 605
Egaña, Pedro, 289, 304
Egea, Mariano, 144
Eguía, Francisco, 85, 88, 90, 94, 95, 97, 98, 101, 155, 158, 192, 250
Eguren, Juan María de, 503
Elduayen, 574
Empecinado, El (Juan Martín Díaz), 38, 39, 161
Encima y Piedra, Victoriano de, 179, 261
Enrique, Infante, 289, 290, 537
Eraso, general, 193
Eroles, barón de (véase Joaquín Ibáñez)
Erro, 503
Escalante, Alfonso, 313
Escaño, Antonio, 53, 55
Escoiquiz, Juan, 27, 28, 87, 91
Escosura, Patricio de la, 292, 332, 492
Escudero, Francisco de Paula, 139, 140
España, conde de, 166, 192
Espartero, Baldomero, 20, 180, 192, 195, 196, 208, 209, 210, 212, 214, 215, 216, 217, 221, 229-237, 242, 244, 245, 248, 250, 266, 293, 302, 306, 311, 313, 315, 316, 317, 329, 331, 332, 333, 334, 359, 517, 518, 533, 546, 552, 558, 569, 581
Espiga, José, 62
Espoz y Mina, Francisco, general, 37, 39, 101, 102, 151, 162, 167, 168, 169, 170, 171, 177
Espronceda, José de, 492, 505
Esquivel, Antonio María, 489, 492
Estasen, Pedro, 521
Esteban Collantes, Agustín, 304, 311
Ezpeleta, general, 205

F

Fabié, Antonio María, 521
Fanelli, 568
Fe, Fernando, 506
Feijoo, 509
Felipe V, 261, 262
Feliú, Ramón, 139, 140
Fenelon, 509
Fernán Caballero (Cecilia Böhl de Faber), 522
Fernán Núñez, duque de, 92
Fernández y González, Francisco, 528
Fernández de León, Esteban, 55
Fernández de la Hoz, José María, 248
Fernández de los Ríos, Ángel, 305, 307, 313, 444, 445, 498, 508
Fernández Gascó, José, 144
Fernández Negrete, Santiago, 300, 340
Fernández Pino, Francisco, 180
Fernando de Coburgo, 569
Fernández de Córdova, Fernando, general, 193, 245, 247, 248, 292, 293, 310, 536, 581, 589
Fernando de Portugal, 552
Fernando VII, 15, 17, 25, 28, 29, 32, 40, 42, 47, 50, 57, 63, 64, 68, 77, 80, 81, 83-90, 92, 94, 95, 98, 99, 108-111, 113, 145, 149, 150, 152, 153, 155, 157, 158, 162-166, 170-172, 176, 178, 180, 183, 188, 191, 196, 434, 498, 514, 515
Fernando, príncipe de Asturias, 26, 27, 28
Ferraz, Valentín, 230
Ferrer, Joaquín María, 209, 216, 217
Ferry, July, 499
Feuerbach, 520
Figueras, Estanislao, 542, 549, 583, 589, 590, 591, 600
Figuerola, Laureano, 370, 371, 517, 528, 529, 541, 544, 545, 546, 559
Filangieri, 60, 138
Finat, Hipólito, 494
Fischer, 522
Florensa, 407
Flores Calderón, Manuel, 168
Flórez Estrada, Álvaro, 145, 224, 326, 593
Floridablanca, conde de, 51-55, 406, 407, 408, 415
Fourier, 512
Frances, Pere, 329
Francisco de Asís, Infante, 290
Francisco de Paula, Infante, 30, 288, 289, 290
Francisco José, Emperador de Austria, 452
Franquet, 328
Freire, general, 88, 119
Frías, duque de, 213, 247
Fulgencio, Fray, 298
Fulgosio, general, 245

G

Galilea, Alejo, 307
Galileo, 521
Gálvez, Antonio, 596
Gándara, Joaquín de, 311
Garay, Martín de, 53, 91, 95, 96, 97, 98, 133, 273, 376
García, Donato, 517
García Blanco, 539
García Camba, Andrés, 230
García Goyena, Florencio, 292
García Herreros, Manuel, 59, 121
García León y Pizarro, José, 77, 92, 93, 94, 97
García López, Francisco, 541, 549
García Ruiz, Eugenio, 604, 606
Garelly, Nicolás, 141
Garrido, Fernando, 294, 296, 536, 579

Gaspar y Roig, 505, 506
Gasset y Artime, Eduardo, 581, 582
Gaviria, Antonio, 390, 467
Gener, Pompeyo, 521
Génova, duque de, 569
Gil de Lemos, Francisco, 50
Gil y Zárate, Antonio, 276, 492
Giner de los Ríos, Francisco, 495, 517, 520, 522, 528, 536, 539, 550, 583
Girón, Pedro Agustín (marqués de las Amarillas), 121
Gisbert, Antonio, 500
Godoy, Manuel, 25-27, 28, 47, 71, 81, 89, 90, 292, 408, 410, 424, 425
Goethe, 512, 521
Goicoechea, teniente, 30
Goizueta, José María, 503
Gómez, general, 194
Gómez Becerra, Álvaro, 236
Gómez Calderón, Antonio, 156
Gómez de la Serna, Pedro, 311, 517
Gómez Labrador, Pedro, 92, 93
Góngora, Cristóbal de, 77, 88
González, Juan Gualberto, 181
González, Mariano Rufino, 160
González Bravo, Luis, 237, 247, 248, 249, 260, 269, 277, 307, 319, 352, 356, 537, 539
González Gónzalez, Antonio, 209, 216, 231, 234
González Linares, Augusto, 520
González Moreno, Vicente, 192, 193
González Romero, Ventura, 300
González Salmón, Antonio, 162, 177
González Salmón, Manuel, 98
González Serrano, Urbano, 521
González Vallejo, Felipe, 89, 90, 91
Goudin, 516
Goya, Francisco, 500
Gramosa, marqués de, 494
Grases, José, coronel, 170
Gravière, Julien de la, 349
Gravina, monseñor, 77
Gregorio XVI, 191, 234
Gribalja, 171
Grimaldi, Jerónimo, 408
Guergue, Juan Antonio, 194
Guevara, 516
Guilhou, 404
Guizot, 458, 497
Gurrea, Manuel, coronel, 170

H

Haeckel, 520, 522
Hamilton, 521
Hartzenbusch, Eugenio, 505
Hegel, 521
Helmhotz, 522
Herder, 521
Heredia, familia, 391
Hermida, Benito Ramón de, 53
Hernando, Victoriano, 505
Hidalgo, Dionisio, 505
Hidalgo, general, 585
Hidalgo, Miguel, 110
Hidalgo de Cisneros, Baltasar, 97, 108
Hijar, duque de, 450
Hohenzollern-Sigmaringen, Leopoldo, 569
Holbach, 509, 521
Hore, brigadier, 307
Hoyos, Isidoro, 340
Hualde, 56
Hugo Abel, general, 38
Hugo, Victor, 506
Humanes, duquesa de, 494
Humbolt, Wilhelm, 503, 519
Hurtado, Francisco, 415

I

Ibáñez, Joaquín (barón de Eroles), 149, 155
Ibarra, Joaquín, 514
Ibarra, José, 90
Iguanzo, Pedro Cardenal, 62
Illas i Vidal, 501
Imaz, José de, 97, 140
Infantado, duque de, 27, 75, 86, 87, 162, 163
Infante, Facundo, general, 234, 305
Iriarte, 509
Iriarte, Martín José, general, 234, 313
Isabel, Infanta, 177, 178, 180
Isabel de Braganza, 94
Isabel II, 20, 22, 191, 192, 193, 232, 249, 279, 281, 289, 301, 302, 307, 308, 317, 319, 320, 337, 344, 348, 474, 526, 529, 535, 537, 538, 539, 558, 569, 576, 604, 607
Istúriz, Francisco Javier, 118, 169, 199, 205, 206, 207, 232, 248, 288, 289, 290, 291, 336
Iturriaga, Agustín Pascual, 503
Iturriagaray, virrey, 108
Ivernois, Francis de, 37
Izquierdo de Rivera, Eugenio, 26

J

Jacquier, 509
Jefferson, 521
Jiménez y Cantero, Alonso, 453
Jimeno, 492
José I, 24, 28, 29, 30, 32, 34, 35, 40, 41, 42, 43, 45, 46, 47-50, 53, 62, 73, 81, 90
Jovellanos, Gaspar Melchor de, 52-54, 56, 58, 73, 443, 515
Jovellar, Joaquín, general, 598
Juan de Borbón, 344

Juan de Braganza, 26
Juan VI de Portugal, 162
Juárez, Benito (Presidente de México), 349
Junot, mariscal, 26

K

Kant, 512, 519, 521
Krause, 512, 518

L

La Bisbal, conde de (véase O'Donnell, Enrique)
La Serna, José de, 114, 229
Labra, Rafael María, 517, 522, 583
Lacy, Luis de, 102
Lafargue, Paul, 580
Lafayette, 168, 169
Lafuente, Modesto, 497, 498, 505, 512
Landáburu, Marmerto (teniente), 141
Landazuri, 230
Lannes, Juan, mariscal de Francia, 34
Laodicea, arzobispo de, 53, 54
Laplace, 415
Lara, general, 309
Lardizábal, Miguel de, 55, 84, 88, 94, 121
Larra, Mariano José de, 492, 512
Larramendi, 502
Lavañini, 407
Lefebvre, 34
Leibniz, 512, 521
Leopoldo Sajonia-Coburgo, 290
Lerena, Juan José, 415-416
Lersundi, Francisco, 298, 303, 304, 353, 533, 534, 551
Letamendi, José de, 520
Letone, 536
Lewes, 522
Linaje, general, 234, 236
Liniers, virrey, 108
Llauder, Manuel, 102, 184, 201
Llevet, capitán, 164
Locke, 60
López, Alfonso, 514
López, Antonio, 69
López, Joaquín María, 198, 216, 236, 237, 248, 304, 305, 319
López, Vicente, 489
López Araujo, Manuel, 90
López Ballesteros, Luis, 95, 158, 160, 161, 162, 171, 172, 173-175, 178, 179, 203, 247, 261, 269, 273, 299, 376
López Baños, Miguel, 118, 128, 144
López de Ayala, Adelardo, 538, 541, 572, 582, 584
López Domínguez, general, 596
López Juana Pinilla, José, 95
López Mollinedo, Gregorio, 313

López Pelegrín, Ramón, 139, 140
López Pinto, 102
López Roberts, Dioniso, 307
López y López, Antonio (marqués de Comillas), 412, 461, 464
Lorenzana, Juan de, 307
Lorenzo, Anselmo, 568
Lozano de Torres, Juan Esteban, 94, 95, 101
Luis Bonaparte, 28
Luis de Portugal, 569
Luis Felipe de Orleáns, 290, 293, 294
Luis María de Borbón, arzobispo, 76, 77, 121
Luis Napoleón Bonaparte, 302
Luis XVIII de Francia, 82, 85, 97, 124, 150, 151, 155, 157
Luisa Carlota, Infanta, 289
Luján, Manuel, 57
Luján, Francisco, 315, 352
Luzuriaga, Claudio, 339

M

Mably, 509
Mac Crohon, José, 340
MacMahon, 602
Macanaz, Pedro, 88
Madoz, Pascual, 72, 136, 219, 222, 223, 225, 294, 324, 325, 327, 328, 352, 354, 370, 385, 432, 441, 483, 485, 531, 545, 551
Madrazo, los, 489, 492, 500
Malcampo, José, general, 574
Manso, comandante, 310
Manzanedo, Juan Manuel, marqués de, 377, 461, 462, 467, 575, 584, 607
Manzano, Joaquín, general, 307
Maranges, José María, 528
Marco-Artu, Agustín, 171
Mariá Aguiló, 501
María Cristina de Borbón, 20, 177, 178, 179, 180, 181, 192, 207, 210, 214, 215, 216, 217, 230, 231, 232, 249, 250, 254, 290, 296, 303, 304, 308, 311, 318
María de la Gloria, de Portugal, 162
María de Portugal, 162, 163
María Francisca de Braganza, 94, 178
María Josefa Amalia de Sajonia, 176
María Luisa, archiduquesa de Austria, 93, 96
María Luisa, Infanta, 92, 96, 232
Mariana, Padre, 497, 498
Mariategui, 492
Marín, Pedro, 514
Marliani, Manuel, 498
Marmont, Augusto, mariscal, 39
Maroto, Rafael, 195, 230
Martí D'Eixalá, Ramón, 517
Martín de La Herrera, Cristóbal, 559

Martínez, Antonio, 181
Martínez Campos, 22, 597, 600, 606, 607
Martínez de la Rosa, Francisco, 128, 139, 141, 178, 185, 198, 199, 202, 247, 252, 492
Martínez Marina, Francisco, 60
Martos, Cristina, 296, 495, 542, 550, 551, 559, 572, 573, 574, 581, 591, 604
Marx, Karl, 568
Masarnau, Vicente Santiago de, 516, 517
Masdeu, 497
Massena, 34
Mata y Fontanet, Pedro, 518
Mataflorida, marqués de (véase Mozo de Rosales)
Mateu, Manuel, 315
Mathé, 416
Matheu, Frances, 502
Maximiliano de Austria, 349
Mayans, Luis, 247, 250, 251, 311, 497
Mazarredo, José de, 46
Mazarredo, Manuel, 292
Meda, 330
Medinaceli, duque de 449, 450
Meléndez Valdés, Juan, 181
Mellado, Francisco de Paula, 505
Méndez Núñez, Casto, 350
Méndez Vigo, Pedro, 170
Mendizábal, Juan Álvarez, 118, 170, 177, 191, 199, 203-204, 205, 208, 209, 219, 221, 222, 223, 224, 225, 233, 291, 294, 297, 299, 301, 325, 326, 370, 441, 442, 457, 458, 459, 545
Merino, cura, 38
Mesonero Romanos, Ramón de, 444, 508
Messina, Félix María de, general, 305, 308, 309
Metternich, Klemens Lothar, príncipe de, 92
Miguel de Portugal, 162, 163
Miguel Mateo, 170
Milá i Fontanals, 501
Milans del Bosch, Lorenzo, 102, 177, 309
Mill, Stuart, 519, 522
Millar, 177
Mina, maqués de, 443
Miraflores, marqués de, 183, 193, 288, 300, 352, 353, 354, 498
Miranda, Francisco de, 107, 113, 170
Mirasol, conde de, 300
Molart, Joaquín, 329, 330
Moleschott, 522
Mon, Alejandro, 138, 204, 247, 250, 251, 253, 254, 273-275, 279, 288, 289, 300, 301, 303, 305, 352, 353, 354, 355, 373, 376, 384, 393
Monares, Rafael, 353
Moncey, Jeannot, mariscal, 32
Monet, Juan Antonio, 179, 180
Montalbán, 529
Monte, Manuel del (Presidente Congreso Nacional Dominicano), 348

Montemolín, conde de (véase Carlos Luis de Borbón), 247, 252, 253, 289, 344
Montenar, duque de 86, 155
Montero Ríos, Eugenio, 528, 529, 559, 581
Montes de Oca, Manuel, 216, 232, 233
Montesquieu, 58, 60, 509, 521
Monteverde, Domingo de, 113
Montijo, condesa de, 575
Montpensier, duque de, 537, 552, 569, 575
Moore, 34, 35, 36
Moratín, 509
Morelos, José María, 110
Moreno, Antonio Guillermo, 304
Moreno, Domingo, 551
Moreno Daoiz, Tomás, 139
Moreno López, Manuel, 353
Moreno Nieto, José, 521
Moret, Segismundo, 341, 517, 528, 529, 572-574
Morillo, Pablo, general, 109, 142, 151, 229
Moriones, general, 576
Mortier, 34
Moscoso, José María, 141
Mosquera, Joaquín de, 75
Mosquera, Tomás María, general, 581, 604
Moyano, Claudio, 304, 326, 336, 342, 353, 485, 493, 499, 513, 518, 551, 584
Mozo de Rosales, Bernardo (marqués de Mataflorida), 84, 98, 149
Muguido, Juan José, 494
Muley-el-Abbas, 347
Munts, Juan, 235
Muñoz, Fernando, 304
Muñoz Torrero, Diego, 57, 62
Murat, Joaquín, 28, 29, 30, 31, 34, 42, 50
Murguía, 504
Musante, 407

N

Nadal, 407
Napoleón, 25-42, 46-50, 53-54, 57, 63, 67, 78, 81-86, 90, 92-93, 100, 410
Napoleón III, 345, 349, 350, 569
Narváez, Ramón María, 213, 216, 233, 237, 243, 244, 245, 247-251, 253, 254, 260, 261, 273, 279, 280, 288, 289, 290, 292, 293, 294, 296, 298, 299, 301, 303, 334-336, 338, 343, 344, 349, 352, 355, 356, 526, 535, 536
Navarro, Felipe Benicio, 144
Navarro Rodrigo, Carlos, 606
Navarro Villoslada, 503, 550
Negrete, Francisco Javier, 30
Newton, 521
Ney, mariscal, 34
Nocedal, Cándido, 550, 576, 581
Nogueras, Agustín, 307, 310
Norzaragay, Domingo, 390

Nouvillas, general, 536
Novaliches, marqués de, general, 539, 551, 575
Núñez de Arce, Gaspar, 522

O

O'Donnell, Enrique (La Bisbal, conde de), 75, 76, 118, 119, 151
O'Donnell, Leopoldo, 232, 233, 244, 245, 304, 305, 307, 308, 309, 315, 331, 332, 333-336, 337-340, 342-344, 346-349, 352-356, 526, 533, 534-536
O'Farril, Gonzalo, 30, 46, 50
O'Higgins, Bernardo, 112
Ofalia, conde de, 158, 159, 160, 181, 212, 215
Oksza Orzechovski, Tadeo, 417
Olañeta, Antonio Pedro, 115
Olavarría, 167
Olavide, Pablo, 509, 513
Oliveros, Antonio, 62
Olives, Alberto, 166
Olózaga, Salustiano, 209, 234, 248, 249, 291, 292, 352, 354, 551
Ordax y Avecilla, José, 294, 313, 549
Oreiro, José, 591
Orense, José María, 294, 549, 583, 592
Orense, obispo de, 55
Orfila, 518
Orlando, Francisco de Paula, 289, 293
Orovio, Manuel, 490, 529
Ortega, general, 344
Ostolaza, Blas de, 87
Osuna, duque de, 450, 451

P

Pacheco, Joaquín Francisco, 248, 252, 291, 292, 299, 315, 338, 354
Palacín, Joaquín, 84
Palacio, Pedro, 75
Palafox, José, 32
Palanca, coronel, 350
Palarea, Juan, general, 168, 142
Palmaroli, Vicente, 500
Palmerston, 193
Pascal, 509, 521
Pastor Díaz, Nicomedes, 248, 338, 352, 518
Pastor Ojero, 461
Patrocinio, sor, 298
Patxot y Ferrer, Fernando, 498
Pavía, general, 247, 291, 588, 591, 597, 600-604
Paz Graels, Mariano de la, 517
Pedro, emperador de Brasil, 162
Peña Aguado, José, 288
Peñaflorida, marqués de, 247
Peñalver, Nicolás de, conde de, 461, 464
Perales, marqués de, 339, 551

Pereda, José María, 522
Pérez de Castro, Evaristo, 121, 128, 213
Pérez Galdós, Benito, 148, 479, 492, 522, 590
Pérez Villamil, Juan, 75, 84, 88
Perier, Casimir, 172, 361, 364
Perojo, José de, 521
Perry, Horacio J., 417
Pezuela, Ignacio, 121
Pezuela, Juan (conde de Cheste), 237, 575
Pezuela, Manuel de (marqués de Viluma), 247, 251, 252, 289, 550
Pi y Margall, Francisco, 330, 497, 521, 549, 561, 578, 583, 587, 588, 589, 590, 591, 592, 593, 594, 596-598, 600
Pidal, Pedro José (marqués de Pidal), 247, 250, 251, 253, 254, 258, 263, 267, 276, 288, 292, 303, 305, 393, 494, 518
Pieltain, general, 598
Pierrad, general, 549
Pineda, Mariana, 177
Piñuela, Sebastián, 46, 50
Pío IX, 280, 570, 575
Piquer, Andrés, 232, 513
Pirala, Antonio, 498
Plasencia, conde de, 494
Pondal, Eduardo, 504
Pons i Gallarza, 501
Porcel, Antonio, 121
Porlier, general, 90, 102, 119
Posada Herrera, José, 340, 341, 355
Pou, 329
Pozzo di Borgo, conde de, 97, 157, 159
Prim, Juan 237, 244, 340, 347, 348, 349, 354, 355, 526, 533, 535-538, 541, 545, 552, 553, 559, 561, 562, 569-573, 575
Primo de Rivera, 536
Prost, 361, 404
Proudhon, 521
Puebla, Dióscoro, 500
Puig, José María, 75, 296

Q

Quesada, Diego María, 495
Quesada, Vicente Genaro, general, 184, 205
Quevedo, Francisco de, 505
Quintana, Manuel José, 52, 54, 485, 499, 515
Quiroga, Antonio, 118, 128
Quiroga, Francisco, 520

R

Rafí Vidal, Juan, 165, 166
Ramón y Cajal, Santiago, 520
Rances, Manuel, 307
Ranz, Antonio, 55
Recacho, 171

Reinoso, Mariano Miguel de, 300,
Remón Zarco del Valle, Antonio, 184, 247
Revilla, Manuel, 521, 528
Ribot, 522
Riego, Rafael de, 103, 109, 117-119, 128, 140-142, 145, 152, 167, 171
Ríos Rosas, Antonio, 248, 252, 305, 311, 338, 339, 343, 352, 353, 354, 551, 573, 581
Riquelme, Rodrigo, 54
Rivadeneyra, Manuel, 506
Rivas (duque de), 206, 305, 310, 313, 485, 492
Rivas, Francisco de las (marqués de Mudela), 393, 459, 460, 467
Rivero, Nicolás María, 294, 341, 529, 542, 551, 552, 554, 559
Roca de Togores, Mariano, 291, 304
Roda, Miguel de, 311
Rodil, José Ramón, general, 193, 230, 234, 236
Rodríguez, Eduardo, 517
Rodríguez, Gabriel, 529, 573, 583
Rodríguez, José Demetrio, 517
Rodríguez Arias, contralmirante, 606
Rodríguez Peña, Hermanos, 108
Rodríguez Rivas, Ignacio, 75
Rodríguez Vaamonde, Florencio, 292, 353
Romay, Ramón, 145
Romero Alpuente, Juan, 102, 123, 129, 141
Romero Ortiz, Antonio, 541, 606
Romero Robledo, Francisco, 572, 582, 584
Romey, Carlos, 497
Roncali, Federico, 288, 298, 303
Rondeau, José, 111
Ros Olano, Antonio, 248, 292, 293, 302, 304, 305, 308, 309, 347
Rostiaga, Diego y Celedonio, 513
Rothschild, 361, 364, 371, 377, 403, 545
Rousseau, 60, 521
Rua Figueroa, José, 307
Rubio i Ors, Joaquim, 501
Ruiz, teniente, 30
Ruiz Gómez, Servando, 581, 582
Ruiz Zorrila, Manuel, 22, 354, 534, 538, 541, 552, 559, 572-575, 580-585, 600

S

Saavedra, Cornelio de, 111
Saavedra, Francisco, 53, 55, 408
Saez, Víctor Damián, 156, 157
Safont, José, 460
Sagasta, Mateo Práxedes, 22, 23, 529, 538, 541, 552, 553, 559, 563, 572, 573, 574, 578, 579-582, 591, 600, 604, 606
Sagra, Ramón de la, 493
Saint-Simon, 512, 517
Sainz de Andino, 138, 176, 279, 305
Sainz de Indo, Manuel, 575

Salamanca, marqués de, 248, 292, 311, 322, 361, 377, 401, 403, 442, 445, 453, 467, 489
Salaverría, Pedro, 340, 352, 354
Salazar, Luis María, 77, 88, 158, 162, 171
Salmerón, Francisco, 589
Salmerón, Nicolás, 495, 516, 520, 521, 522, 528, 536, 539, 550, 583, 587, 589, 597, 598, 600
Salvá, Pedro, 505
Salvatierra, 450
Sama, familia, 453, 461
San Carlos, duque de, 27, 84, 87, 88, 91
San Fernando, duque de, 98
San Martín, José de, 104, 111, 112, 114, 115
San Miguel, Evaristo, 129, 142, 144, 168, 305, 313, 319, 320, 340
San Román, general, 205
Sancha, Antonio, 514
Sánchez, 330
Sánchez Salvador, Estanislao, 140
Sancho, Vicente, 169, 209, 212
Sanromá, Joaquín, 528, 529
Santa Cruz, Francisco, 315
Santana, general (Presidente Rep. Dominicana), 348
Santillán, Ramón de, 273, 291, 308, 373, 376
Sanz, Laureano (general), 289, 584
Sanz del Río, Julián, 512, 517, 518, 519, 528, 536, 539
Saperes, Agustín, 165
Saravia (coronel), 329
Sarsfield, Pedro, general, 118, 192
Sartorius, Luis (conde de San Luis), 247, 293, 298, 303, 304, 305, 310, 311, 551
Sastago, conde de, 551
Scott, Walter, 512
Schelling, 521
Seijas Lozano, Manuel, 271, 291
Sempere y Guarinos, 514
Seoane, general, 235, 236
Serrano Bedoya, Francisco, 352, 536, 606
Serrano Domínguez, Francisco (general), 233, 237, 244, 245, 248, 292, 302, 304, 305, 307, 309, 349, 535, 536, 537, 541, 558, 573, 574, 576, 581, 582, 588, 602-608
Serrano y Fatigati, Enrique, 520, 521
Sesto, duque de, 575
Sevillano, Juan, 313, 322
Sierra, Felipe, 141
Sierra, José, 353
Silvela, Manuel, 559, 574
Simarro, Luis, 520, 521
Simón y Badía, 330
Smith, Adam, 60
Sol y Padris, José, 329
Solís (coronel), 290
Sorní, Cristobal, 541, 549, 591
Sotelo, Juan de Dios, 292

Sotomayor, duque de, 247, 291, 299, 307
Soult, Nicolás, mariscal, 34, 35, 40
Spencer, 521, 522
Spinoza, 512, 521
Suchet, Louis Gabriel, mariscal, 35, 39, 40
Sucre, Antonio José de, 115

T

Taboada, conde de, 121
Tabuérniga, marqués de (Florán, Juan), 313
Tacón, general, 258
Talleyrand, 92, 93
Tatischeff (embajador ruso), 87, 94, 97
Terrades, Abdó, 235, 296, 493, 501
Tetuán, duque de (véase O"Donnell)
Thièbault, mariscal, 515
Thiers, 497
Topete, Juan Bautista, 288, 536, 538, 541, 552, 559, 581, 582, 604
Toreno, conde de (José María Queipo de Llano), 24, 56, 62, 128, 169, 199, 202, 203
Tornos, Lucas, 517
Torrecilla, marqués de, 575
Torres, Juan de la, 177
Torrijos, José M., 102, 145, 162, 167, 169, 171, 177
Trapani, conde de (véase Francisco de Paula, Infante)
Trillas, comandante, 164
Trueba, Antonio de, 503
Tutau, Felipe, 591
Tyndall, 522

U

Ubril (embajador ruso), 159
Ugarte, Antonio, 87, 94, 157, 158, 159, 161
Ulloa, Augusto, 572, 606
Ulloa, Francisco Javier, 179
Urbiztondo, general, 232
Urquijo (marqués de), 377, 453, 495
Urquijo, Mariano Luis, 43, 46, 408, 415
Ustádiz, José de, 521

V

Vadillo, José Manuel, 145, 169
Valdemoro, Mateo, 121, 139
Valdés, Cayetano, 54
Valdés, Francisco de Paula (coronel), 159-160, 167, 168, 170, 177, 313
Valdés, Jerónimo, 230
Valera, Juan, 522
Valle, Manuel María, 330, 539
Vallejo, Ángel, 139
Van Halen, 102, 212, 235
Vattel, 60

Vázquez Figueroa, José, 77, 94, 97, 98
Vega de Armijo, marqués de la, 248, 305, 313, 340, 352, 355, 551
Vega, Ventura de la, 492
Velarde, Pedro, 30
Velarde, general, 594
Vélez, Padre, 77
Venegas, general, 158
Veragua, duque de, 86, 494
Verdaguer, Jacinto, 501
Vicetto, Benito, 504
Víctor, mariscal, 34, 35
Víctor Manuel II de Italia, 596-570, 575
Victoria Lecea, Federico, 393
Vidal, Joaquín, 102
Vigodet, general, 94
Viluma, marqués de (véase marqués de La Pezuela)
Villaamil, 492
Villacampa, Pedro (general), 151
Villalobos, militar, 230
Villanueva, Joaquín Lorenzo, 62
Villavicencio, Juan María, 75
Vinent, Antonio, 575
Vinuesa, Matías, 146
Vistahermosa, 311
Vogt, 522
Voltaire, 509, 521

W

Wall, 408
Weber, 512
Weiswciller, 361
Wellington, vizconde de, 31, 39, 40
Wundt, 522

Y

Ybarra, familia, 393

Z

Zabala, Justo María, 549
Zabala, Juan de, general (305), 307, 340, 347, 604, 606
Zafra, marqués de, 529, 539
Zambrano, marqués de, 161, 162, 171
Zapatero, general, 328
Zariategui, general, 195
Zorraquín, José, 145
Zorrilla, José, 492, 505
Zugasti, 563
Zulueta, Julián, 451, 463, 607
Zumalacárregui, Tomás de, 184, 189, 192, 193, 196
Zurbano, general, 234, 236, 253

Índice

Prólogo 9

Primera parte
RUPTURA Y CONTINUIDAD EN LA DEFINICIÓN
DEL ESTADO LIBERAL (1808-1843)

Capítulo Primero. El diálogo entre cambios y pervivencias en la España del siglo xix . 13
    1.1. La crisis del Estado transoceánico 14
    1.2. El liberalismo español del siglo xix: la permanencia del constitucionalismo .. 18

Capítulo II. La nación en armas (1808-1814) 24
    2.1. Tres legitimidades confrontadas 24
    2.2. Una pieza del sistema napoleónico 25
    2.3. La crisis política interna. Conjuras en Palacio 26
    2.4. El 2 de mayo. De motín xenófobo a referente patriótico 29
    2.5. Pueblo, nación y resistencia 31
    2.6. Los ecos de Bailén 34
    2.7. El fracaso de la guerra de conquista 35
    2.8. Guerrilleros y guerra popular. El aprendizaje de la rebeldía colectiva 37
    2.9. La derrota francesa 39

Capítulo III. El proyecto reformista del Estado josefino 41
    3.1. Un proyecto equidistante de Napoleón y de Cádiz 41
    3.2. La Constitución de Bayona y la versión josefina del desmantelamiento del Antiguo Régimen 43
    3.3. Proyecto nacional josefino *versus* proyecto imperial napoleónico 46
    3.4. Un embrión de Estado 47

Capítulo IV. La nación en las Cortes de Cádiz 50
    4.1. La insurrección institucionalizada: las Juntas 50
    4.2. La Junta Central y el debate sobre la convocatoria a Cortes 51

631

4.3.	La primera afirmación de la soberanía nacional	56
4.4.	La Constitución de 1812 y el proyecto de Estado liberal	59
4.5.	La disolución del régimen señorial y el debate sobre la propiedad de la tierra	68
4.6.	La creación de los moldes desamortizadores del siglo XIX	71
4.7.	Hacia una definición del mercado nacional	73
4.8.	La práctica política de las Cortes. Las tensiones entre los poderes ejecutivo y legislativo	74
4.9.	La acentuación de las resistencias. Contrarrevolución, púlpito y pueblo	76

Capítulo V. El retorno del Estado absoluto (1814-1820) 80

5.1.	Un modelo extremo de Estado absoluto	80
5.2.	El absolutismo español en el marco de la Europa restaurada	82
5.3.	La morfología de un golpe de Estado	83
5.4.	La recuperación administrativa y política del Estado absoluto	85
5.5.	La práctica política y las contradicciones insalvables	88
5.6.	España y el Congreso de Viena	91
5.7.	El espejismo reformista	93
5.8.	La crisis política irreversible. Las intrigas en la Corte	97
5.9.	Represión, liberalismo y «pronunciamientos»	99

Capítulo VI. El desmoronamiento del Estado transoceánico: La emancipación americana . 104

6.1.	Unas «revoluciones mínimas»	104
6.2.	El reformismo borbónico	105
6.3.	La independencia desde América	107
6.4.	La independencia desde la Península	108
6.5.	Las independencias como procesos regionales	109
6.6.	México: De la revolución de Hidalgo y Morelos a la solución Imperial	110
6.7.	El Río de la Plata y la Banda Oriental del Uruguay	111
6.8.	El movimiento de independencia en Nueva Granada	112
6.9.	La resistencia en el virreinato de Perú	113

Capítulo VII. El liberalismo en el poder. Trienio liberal (1820-1823) 116

7.1.	La insurrección de Riego y la instalación del régimen constitucional	117
7.2.	La transición institucional	120
7.3.	La extensión de la cultura política. Sociedades patrióticas, prensa y pueblo liberal	121
7.4.	Las elites políticas y las bases de sustentación del régimen. Los anuncios de las disidencias	124
7.5.	La dinámica política y las tensiones Palacio-Cortes	126
7.6.	Las versiones de la familia liberal. Moderados y exaltados	128
7.7.	La milicia nacional con la lógica de la revolución	130
7.8.	Los perfiles del Estado liberal: Desmantelamiento del Antiguo Régimen y los ensayos de reforma	131
7.9.	La dinámica política y la protesta popular (1821-1822)	139
7.10.	Los exaltados en el gobierno (1822-1823)	143
7.11.	La dialéctica revolución-contrarrevolución	145
7.12.	La intervención extranjera	149

Capítulo VIII. El Estado absoluto y la transición. Entre las resistencias, la reforma o la ruptura (1823-1834) 153

8.1.	La vuelta al Estado absoluto. Represión y posibilismo	154
8.2.	Realismo-carlismo y la revuelta de los agraviados	163
8.3.	La utopía insurreccional del liberalismo español	167
8.4.	El reformismo técnico del Estado absoluto	171

8.5.	La cuestión dinástica y la transición política	176
8.6.	El reformismo desde arriba o la transición pactada. Cea Bermúdez, Javier de Burgos y Martínez de la Rosa	178
8.7.	La transición institucionalizada: El Estatuto Real	183

Capítulo IX. La Guerra Carlista (1833-1840) 188

9.1.	El mundo de las resistencias	188
9.2.	Las estrategias militares y políticas	192

Capítulo X. El régimen del Estatuto. De la reforma a la ruptura (1834-1836) 197

10.1.	El Estatuto y la proyección de una opinión liberal	197
10.2.	La emergencia del pueblo liberal. Difusión doctrinal y agitación política. Juntas, milicia, prensa	199
10.3.	Mendizábal y la primera ruptura liberal	203

Capítulo XI. La ruptura liberal (1836-1840) 207

11.1.	La consolidación de la ruptura liberal	207
11.2.	La Constitución de 1837	209
11.3.	Moderados y progresistas depuran sus proyectos	212
11.4.	La cuestión municipal y la crisis política de 1840. El municipio y la estructuración del Estado	214
11.5.	La desamortización eclesiástica y la desvinculación	218
11.6.	La disolución del régimen señorial	226
11.7.	Las libertades de mercado	227

Capítulo XII. La Regencia de Espartero 229

12.1.	El mito Espartero. El grupo ayacucho	229
12.2.	El recurso moderado al pronunciamiento	232
12.3.	Las Cortes y las reformas pendientes	233
12.4.	La insurrección del pueblo barcelonés	235
12.5.	El aislamiento de Espartero	236

Segunda parte
LA CONSTRUCCIÓN DEL ESTADO LIBERAL (1843-1868)

Capítulo XIII. Moderantismo y liberalismo 241

13.1.	La versión moderada del liberalismo. El liberalismo doctrinario	241
13.2.	Los liberales y el proyecto político moderado	244
13.3.	Moderantismo y partido moderado	246
13.4.	Del antiesparterismo al moderantismo en el poder (1843-1844)	248
13.5.	Narváez y las primeras prácticas de Gobierno moderado (1844-1846)	251

Capítulo XIV. La construcción política y administrativa del Estado liberal 255

14.1.	La reforma constitucional. La Constitución de 1845	255
14.2.	El sistema electoral y la legislación de imprenta. Un mercado político restringido	258
14.3.	La reorganización de la Administración	261
14.4.	La cuestión foral	265
14.5.	La Administración del Estado y la organización burocrática	268
14.6.	Codificación. El Código Penal y el proyecto de Código Civil. La administración de la Justicia	269
14.7.	La reforma hacendística	273
14.8.	La instrucción pública	276

14.9.	El orden público. La creación de la Guardia Civil	277
14.10.	Relaciones Iglesia-Estado. El Concordato con la Santa Sede	279

Capítulo XV. Teoría y práctica del régimen constitucional. Parlamento, Gobierno, Palacio ... 283

15.1.	La mediatización del parlamentarismo	283
15.2.	El matrimonio real: un asunto de Estado. El debate sobre la legalidad y la tolerancia (1846-1847)	288
15.3.	El orden sobre la revolución. Las barricadas del 48 y el ideario demócrata (1847-1851)	292
15.4.	El ensayo de Bravo Murillo. La Administración sobre la política (1851-1852)	298
15.5.	La crisis interna del régimen (1853-1854)	303
15.6.	Las tres «revoluciones». De Vicálvaro a las barricadas. El pueblo demócrata	305

Capítulo XVI. La alternativa progresista y la superación de su proyecto político (1854-1858) ... 314

16.1.	Una versión de continuismo doctrinario	314
16.2.	Los progresistas entre los moderados y los demócratas	315
16.3.	La Constitución *non nata* de 1856	320
16.4.	La reorientación de la economía	322
16.5.	En los orígenes del movimiento obrero. Asociacionismo, conflicto fabril y huelga general en Cataluña	327
16.6.	Milicia nacional, crisis política y límites del Bienio progresista. La ruptura del pacto Espartero-O'Donnell	331
16.7.	El primer ensayo O'Donnell y la rectificación del Bienio progresista (1856)	333
16.8.	Narváez y la alternativa moderada al Bienio progresista (1856-1858)	334

Capítulo XVII. La Unión Liberal en el poder (1858-1863). El liberalismo pragmático ... 337

17.1.	Una versión estratégica del doctrinarismo	337
17.2.	La acción de gobierno: «influencia moral», apertura política y parlamentarismo	340
17.3.	Las disidencias insurreccionales. De La Rápita a Loja	343
17.4.	Una política exterior de prestigio	345
17.5.	La crisis de la Unión Liberal	352
17.6.	El retorno de los moderados y los «obstáculos tradicionales»	353
17.7.	Hacia la vía autoritaria	355

Capítulo XVIII. La evolución del mercado nacional. Entre una economía cerrada y la apertura al exterior ... 357

18.1.	Estado, mercado nacional y fracaso de la estrategia «cerrada» de los años 40	357
18.2.	La apertura al exterior. Inversiones extranjeras y ordenamiento financiero (1854-1868)	360
18.3.	La economía española y el mercado mundial. Librecambismo «versus» proteccionismo, reformas económicas y comercio exterior (1869-1874)	365
18.4.	El sempiterno problema de la crisis hacendística	373
18.5.	El inmovilismo agrario en cuestión. Producción y productividad en el campo español	378
18.6.	¿Fracaso o atraso de la industrialización española?	388
18.7.	La industria siderúrgica. Málaga, Asturias, Vizcaya	391
18.8.	Cataluña, la fábrica de España	394
18.9.	Otras formas de industria. Artesanías y talleres	398

Capítulo XIX. Las comunicaciones en la construcción del Estado y en la formación del mercado nacional ... 401

19.1.	Los ferrocarriles	401

19.2.	Caminos y diligencias	405
19.3.	El correo: de renta de la Corona a servicio público	408
19.4.	El telégrafo	413
19.5.	La socialización del telégrafo	418

Tercera parte
LOS LÍMITES DE LA SOCIEDAD ABIERTA

Capítulo XX. El componente humano en la sociedad española: régimen demográfico y movilidad espacial 423

20.1.	La caracterización del régimen demográfico	423
20.2.	Crecimiento y crisis poblacionales	425
20.3.	Las pautas regionales	428
20.4.	Movimientos migratorios y movilidad espacial de la población. Un fenómeno rural	429
20.5.	Emigrantes españoles hacia América	432
20.6.	Los principales centros emisores. Galicia, Asturias, Cataluña, Canarias	436
20.7.	Los límites de la urbanización. La jerarquía de las ciudades	439
20.8.	Los espacios urbanos. De la ciudad histórica a los ensanches	442

Capítulo XXI. La reordenación de las elites del dinero y del poder. Los millonarios del siglo xix. Las clases medias 447

21.1.	Los límites del poder de la vieja nobleza en la sociedad liberal	447
21.2.	El horizonte económico de la antigua nobleza	448
21.3.	La crisis patrimonial de la nobleza de cuna	450
21.4.	Permeabilidad, cooptación e integración. La creación de nueva nobleza	452
21.5.	La política de ennoblecimiento en Cuba	453
21.6.	El poder de hecho de la antigua nobleza. Senado, camarillas palatinas y salones nobiliarios	454
21.7.	El mito del ascenso social. La movilidad social restringida	455
21.8.	La burguesía nacional	456
21.9.	Las relaciones entre burguesía nacional y burguesías regionales	458
21.10.	Unas relaciones erráticas: burguesía nacional y burguesía catalana	460
21.11.	La burguesía ultramarina. Negocios, política y azúcar	461
21.12.	Familia y estrategias matrimoniales	465
21.13.	El palacio burgués, emblema de capital simbólico	466
21.14.	La fragilidad de las clases medias. Propiedad y rentas como horizontes deseables	467

Capítulo XXII. El pueblo como categoría colectiva del siglo xix. Artesanos, tenderos y jornaleros 471

22.1.	Vivencias, espacios, expectativas e inquietudes comunes	471
22.2.	El mundo de los oficios. El taller y la fábrica	473
22.3.	La oferta laboral urbana. La eventualidad en el empleo y la lucha por la vida	475
22.4.	Pobreza involuntaria y mendicidad voluntaria. La cultura de la pobreza	478
22.5.	Economía familiar, mujer y trabajo infantil	480
22.6.	El peso de la sociedad agraria. Relaciones clientelares y hambre de tierras	482
22.7.	El fracaso de la escolarización y la extensión del analfabetismo	484

Capítulo XXIII. Del mecenazgo de la Corte al del Estado liberal. Los espacios de sociabilidad cultural 488

23.1.	La cultura oficial	488

23.2.	Las instituciones privadas. «Sociedades de hablar» y la bohemia cultural	490
23.3.	La cultura militante	493
23.4.	El nacionalismo español. La «Historia nacional»	496
23.5.	Las identidades culturales diferenciadas. La «Renaixença»	500
23.6.	La recuperación cultural en Euskal Herria	502
23.7.	«O Rexurdimento»	504
23.8.	Oferta editorial. Libros y prensa	505
23.9.	El público lector	508
23.10.	Penetración de la cultura europea. La hegemonía francesa	509
23.11.	La lenta apertura del pensamiento científico. Ciencias físicas y naturales	513
23.12.	Krausismo, darwinismo y positivismo	517

CUARTA PARTE
LA CONSTRUCCIÓN DEL ESTADO DEMOCRÁTICO (1868-1874)

CAPÍTULO XXIV. La crisis de los años 60. La revolución de septiembre de 1868 525

24.1.	La creación de un discurso alternativo	525
24.2.	Intelectuales frente al régimen. Una tripleta ideológica: democracia, krausismo, librecambismo	528
24.3.	Una crisis económica dual: crisis tradicional y crisis moderna	529
24.4.	La descomposición política de la monarquía isabelina. De «San Gil» a «Ostende»	533
24.5.	Preparación y morfología del levantamiento cívico-militar	536

CAPÍTULO XXV. El diseño de la democracia (octubre 1868-junio 1869) 540

25.1.	La dualidad de poderes: juntas revolucionarias y Gobierno provisional. La instauración de las libertades	540
25.2.	Una vocación de economía extravertida	544
25.3.	La ampliación del mercado político. Teoría y práctica del sufragio universal	547
25.4.	La Constitución de 1869, piedra angular del régimen democrático	554

CAPÍTULO XXVI. La Regencia de Serrano (junio 1869-diciembre 1870) 558

26.1.	Reformismo administrativo y desarrollo constitucional	558
26.2.	La insurrección republicana de 1869. El pueblo republicano	560
26.3.	La eclosión de la conflictividad social. El modelo agrario	563
26.4.	El conflicto preindustrial: Los motines populares entre el espontaneísmo y la instrumentalización política	565
26.5.	El conflicto industrial: del societarismo a la I Internacional	567
26.6.	En busca de un monarca	569

CAPÍTULO XXVII. La monarquía democrática (enero 1871-febrero 1873) 571

27.1.	La debilidad del régimen	571
27.2.	1871. La coalición inestable: el imposible bipartidismo	572
27.3.	Las resistencias de las elites tradicionales	574
27.4.	El carlismo. Entre el parlamentarismo y la insurrección	576
27.5.	La oposición republicana. La Internacional y el debate político	577
27.6.	Las crisis políticas de 1872. El abstencionismo	580
27.7.	La cuestión de la esclavitud en Cuba y en Puerto Rico	583

CAPÍTULO XXVIII. La República (febrero 1873-enero 1874) 586

28.1.	Las «cinco repúblicas» de 1873	586
28.2.	La República indefinida	588

28.3	La República federal o la federación desde arriba	592
28.4	La República social. La República cantonal o federación desde abajo	594
28.5	La República del orden	597

CAPÍTULO XXIX. 1874: La República interina. Entre la indefinición y la consolidación del proyecto canovista 602

BIBLIOGRAFÍA 609

ÍNDICE ONOMÁSTICO 619